번역·주해 **이영길**

졸업하고 이스라엘 외무성 장학생,
이스라엘에 유학해 예루살렘 히브리대학교
로스버그 스쿨 유대문명학과에서 석사학위를 받았다.
텔아비브대학교 성서학 박사후보생 시기에 출산과 육아로 공부를 중단했으나,
이후 학업을 재개하여 2023년 영국 셰필드대학교에서 박사학위를 받았다.
현재 셰필드대학교 '학제간 성서연구센터'(Sheffield Centre
for Interdisciplinary Biblical Studies: SCIBS)의 객원 연구원으로 있다.
호산나미디어 객원기자 및 번역가로 활동했으며,
대산문화재단 한국문학번역 연구지원 사업 일환으로 한국단편소설집
『도둑맞은 가난』(דלות גנובה: סיפורים קוריאניים, Hakibbutz Hameuchad, 2004)을
루스 아라지(Dr. Ruth Arazi)와 히브리어로 공동번역했다.
저서로는 『생식에서 조작까지: 히브리 성서의 출생 서사 속 여성 인물 묘사』
(*From Fertility to Manipulation*, Bloomsbury, 출판 예정)가 있고,
주요 논문으로 「유대 종교법 미쉬나에 나타난 여성의 권익:
혼인법과 이혼법을 중심으로」 「오염과 정화: 삼손 서사에 대한
인류학적 접근」 등이 있다.

HANGIL
GREAT BOOKS

인류의위대한지적유산

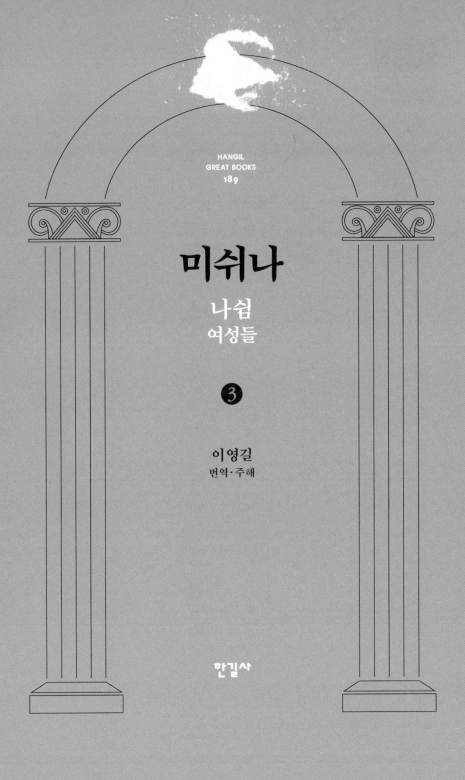

HANGIL
GREAT BOOKS
189

미쉬나

나쉼
여성들

③

이영길
번역·주해

한길사

משנה
סדר נשים

MISHNAH: Seder Nashim
Translated & Commentary by Lee Young-Gil

Published by Hangilsa Publishing Co., Ltd., Korea 2024

유대 전통문헌『미쉬나』번역·주해서를 펴내며

　2017년 9월에 이 사업을 시작하여 2021년 여름까지 꼬박 만 4년의 세월이 흐르는 동안 연구에 참여한 아홉 명의 연구원들은 혼연일체가 되어 혼신의 노력 끝에 '유대 전통문헌『미쉬나』번역·주해서'를 탈고했다. 우리나라 최초의 일이자, 동아시아 전체에서도 처음 있는 일이다.

　『미쉬나』(משנה, *Mishnah*)는『구약성서』『탈무드』와 함께 히브리-유대학의 3대 고전으로 불린다. 고전학으로서 히브리-유대학의 범주는『히브리 성서』(*Hebrew Bible*)를 비롯하여 고전 랍비 문헌(ספרות ל"חז, Classical Rabbinic Literature)을 포함한다.『히브리 성서』가 대략 기원전 10세기부터 3세기까지 생산된 문헌이라면, 랍비 문헌은 기원전 3세기 초부터 6세기 말까지 생산된『미쉬나』와『탈무드』두 권을 주로 가리킨다. 특히『미쉬나』는 기원후 200년 랍비 예후다 한나씨(Rabbi Judah ha-Nassi)가 편집하여 집대성한 유대 랍비 전통의 문헌을 일컫는다.『미쉬나』는 성문토라(모세법)를 기초로 삼고 새 시대에 맞는 계율을 보충하여 더 명료하게 체계화한 구전토라(Oral Torah) 모음집이자『탈무드』의 모체(母體)다.

오래전부터 우리가 『미쉬나』를 번역해보자는 데 의기투합한 까닭은 '현실'과 '이상' 사이의 괴리 때문이었다. '현실'이란 우리나라에 소개된 수백 종의 『탈무드』 관련 서적들이 거의 예외 없이 흥미 위주의 번역서이고, 실제로는 방대한 『탈무드』 또는 그 뿌리인 『미쉬나』와 전혀 맥락을 같이하고 있지 않다는 것이다. '이상'이란 이스라엘에서 유학을 하거나 히브리-유대학을 전공한 사람들이 있으니 본격적으로 일을 벌여도 좋지 않을까 하는 막연한 희망을 말한다. 우리의 지식 시장이 이렇게 혼탁해진 이유가 어느 정도 전공자들의 수수방관 때문이라는 도의적 책임감도 느끼면서, 뜻을 함께하는 사람들이 모이게 되었다.

넘치는 의욕은 우리에게 엄청난 중압감으로 다가왔다. 나름 히브리어에 일가견이 있다는 연구자들로 팀을 구성했고, 사업 착수 초기부터 매주 모여(코로나-19 이후에는 영상으로) 각자 맡은 본문을 한 줄씩 읽어나가면서 토론하고 의견을 교환했다. 하지만 『미쉬나』가 매우 '불친절한' 텍스트인 것을 깨닫는 데는 그리 오랜 시간이 걸리지 않았다. 끊임없이 등장하는 생소한 어휘가 우리를 한 걸음도 앞으로 나아갈 수 없게 가로막았으며, 1,800년의 시간 간격 때문에 맥락을 알 수 없는 내용이 우리를 미궁으로 빠뜨렸다.

'번역 없이는 사상의 교류도 없다'는 우리의 신념은 맥을 추지 못했다. 원문의 뜻을 분명하게 파악한 후에 그것을 어법에 맞게 표현하는 것은 번역의 기본 원칙이다. 하지만 우리 스스로 뜻을 파악할 수 없다면 번역해놓아도 소용이 없는 일이다. 시행착오를 거쳐 조금씩 미로를 빠져나오는 데 오랜 시간이 걸렸다. 하지만 여전히 '원문을 읽는 번역자'와 '번역문을 읽는 독자' 사이에 이해의 간극을 없애기란 결코 쉬운 일이 아니다.

'유대 전통문헌『미쉬나』번역·주해서' 발간사업을 진행하면서 이미『히브리 성서』에 나오는 고유명사(인명과 지명)의 경우 독자들이 어느 정도 익숙해진 용어이므로 그대로 따랐다.『미쉬나』만의 개념을 담은 어휘는 우리말로 번역하는 대신 히브리어 음가를 그대로 차용했으며, 전문용어 색인에 따로 정리해서 덧붙였다. 각 마쎄켓에 등장하는 같은 낱말의 번역어 통일에도 힘썼다. 번역체는 역자의 주체성을 존중하여 직역이나 의역 모두 수용했다. 주해는 히브리어 뜻풀이를 충실히 하면서 본문의 이해를 돕는 데 역점을 두었고, 많은 주석가들의 해석 차이는 최소한으로 제한했다. 이는 후속 연구자들의 과제가 되어야 한다고 판단했기 때문이다.

아무쪼록 한국어로 최초 발간되는 '유대 전통문헌『미쉬나』번역·주해서'를 초역(抄譯)으로 여겨주기 바란다. 완역(完譯)으로 가기 위한 길라잡이랄까. 앞으로 후속 세대의 비판과 질정, 해석과 재해석이 교차하면서 명실공히 우리 사회에서 고전 랍비 문헌의 연구가 활발해지는 계기가 되기를 희망한다. 원문 대조본을 고집한 이유이기도 하다.

이 책이 나오기까지 지원해준 한국연구재단과 어려운 시기에 출판을 맡아준 한길사 김언호 대표님께 진심으로 감사드린다. 누구보다도 부족한 사람을 따라 끝까지 책임감 있게 참여해준 연구원 모두에게 사의(謝意)를 표한다.

최창모[*]
'유대 전통문헌『미쉬나』번역·주해서' 연구책임자

---

[*] 건국대학교 중동연구소 소장으로 '『미쉬나』번역·주해서' 출판 작업을 준비하던 최창모 교수는 2022년 초 갑작스러운 병환으로 타계했다.

미쉬나 ❸ 나쉼(여성들)

유대 전통문헌 『미쉬나』 번역·주해서를 펴내며 | 최창모 · **5**

일러두기 · **14**
히브리어 한글음역 원칙 · **16**

억압과 보호의 시각이 공존하는 여성 관련법 | 이영길 · **21**

1 예바못(יבמות, 역연혼법)

개요 · **41**	제1장 · **45**	제2장 · **59**	제3장 · **76**	제4장 · **92**
제5장 · **113**	제6장 · **120**	제7장 · **127**	제8장 · **139**	제9장 · **147**
제10장 · **154**	제11장 · **170**	제12장 · **180**	제13장 · **190**	제14장 · **206**
제15장 · **214**	제16장 · **226**			

2 케투봇(כתובות, 혼인계약서)

개요 · **241**	제1장 · **245**	제2장 · **255**	제3장 · **269**	제4장 · **281**
제5장 · **293**	제6장 · **305**	제7장 · **311**	제8장 · **320**	제9장 · **330**
제10장 · **342**	제11장 · **349**	제12장 · **354**	제13장 · **359**	

3 네다림(נדרים, 서원)

개요 · **373**	제1장 · **375**	제2장 · **384**	제3장 · **393**	제4장 · **405**
제5장 · **415**	제6장 · **423**	제7장 · **432**	제8장 · **441**	제9장 · **450**
제10장 · **460**	제11장 · **468**			

4 **나지르**(נזיר, 나실인)

개요 · **485**　　제1장 · **487**　　제2장 · **493**　　제3장 · **503**　　제4장 · **509**

제5장 · **516**　　제6장 · **523**　　제7장 · **535**　　제8장 · **540**　　제9장 · **543**

5 **쏘타**(סוטה, 간음)

개요 · **553**　　제1장 · **555**　　제2장 · **565**　　제3장 · **571**　　제4장 · **579**

제5장 · **584**　　제6장 · **590**　　제7장 · **594**　　제8장 · **605**　　제9장 · **613**

6 **기틴**(גיטין, 이혼증서)

개요 · **633**　　제1장 · **635**　　제2장 · **644**　　제3장 · **651**　　제4장 · **660**

제5장 · **669**　　제6장 · **678**　　제7장 · **686**　　제8장 · **694**　　제9장 · **705**

7 **키두쉰**(קידושין, 약혼)

개요 · **719**　　제1장 · **721**　　제2장 · **732**　　제3장 · **743**　　제4장 · **758**

옮긴이의 말 | 늦깎이 공부의 괴로움과 즐거움을 안겨준 『미쉬나』· **773**

미쉬나 ❶ 제라임(농경)

유대 전통문헌『미쉬나』번역 · 주해서를 펴내며 ı 최창모
랍비 유대교 전통의 출발점이 된 고전『미쉬나』ı 윤성덕

하나님의 복 주심과 한 해의 농사짓기 ı 권성달

1 브라홋(ברכות, 기도 · 축복)
2 페아(פאה, 모퉁이)
3 드마이(דמאי, 의심 소산물)
4 킬아임(כלאים, 혼합 금지)
5 슈비잇(שביעית, 제7년 안식년)
6 트루못(תרומות, 봉헌물)
7 마아쎄롯(מעשרות, 첫째 십일조)
8 마아쎄르 쉐니(מעשר שני, 둘째 십일조)
9 할라(חלה, 가루반죽 제물)
10 오를라(ערלה, 식용금지 열매)
11 빅쿠림(ביכורים, 첫 열매)

옮긴이의 말 ı 이스라엘에서의 고난을 지나『미쉬나』의 산을 넘다

미쉬나 ❷ 모에드(절기)

여러 절기법과 관련된 세부 규칙들 ı 김성언

1 샤밧(שבת, 안식일)
2 에루빈(עירובין, 혼합)
3 페싸힘(פסחים, 유월절)
4 쉐칼림(שקלים, 쉐켈)
5 요마(יומא, 그날)

6 쑤카(סוכה, 초막)

7 베짜(ביצה, 계란)

8 로쉬 하샤나(ראש השנה, 신년)

9 타아닛(תענית, 금식)

10 메길라(מגילה, 두루마리)

11 모에드 카탄(מועד קטן, 소절기)

12 하기가(חגיגה, 축제)

옮긴이의 말 ㅣ 랍비들의 생각과 주장을 이해하기까지

미쉬나 ❹ 네지킨(손해)

유대 공동체의 정의를 실현하는 초석 ㅣ 최영철

1 바바 캄마(בבא קמא, 첫째 문)

2 바바 메찌아(בבא מציעה, 중간 문)

3 바바 바트라(בבא בתרא, 마지막 문)

4 산헤드린(סנהדרין, 공의회)

5 마콧(מכות, 태형)

6 쉬부옷(שבועות, 맹세)

7 에두욧(עדיות, 증언)

8 아봇(אבות, 선조들)

9 아보다 자라(עבודה זרה, 이방 제의)

10 호라욧(הוריות, 판결)

옮긴이의 말 ㅣ 이 일은 하루아침에 이루어지지 않았다

미쉬나 ❺ 코다쉼(거룩한 것들)

성전과 제의 중심의 이상적 세계관 | 전재영

1 제바힘(זבחים, 제사들)

2 메나홋(מנחות, 소제들)

3 훌린(חולין, 속된 것들)

4 브코롯(בכורות, 초태생들)

5 아라킨(ערכין, 가치·몸값)

6 트무라(תמורה, 제물의 교환)

7 크리톳(כריתות, 끊어짐)

8 메일라(מעילה, 배임·배반)

9 타미드(תמיד, 상번제)

10 미돗(מידות, 규격)

11 키님(קינים, 새들)

옮긴이의 말 | 유대학 불모지에서 첫발을 떼다

미쉬나 ❻ 토호롯(정결한 것들)

'정결함'과 '부정함'으로 세상 이해하기 | 윤성덕

1 켈림(כלים, 그릇·도구)

2 오홀롯(אהלות, 덮기 부정)

3 네가임(נגעים, 피부병)

4 파라(פרה, 붉은 암소)

5 토호롯(טהרות, 정결한 음식)

6 미크바옷(מקואות, 정결례장)

7 닛다(נידה, 월경)

8 마크쉬린(מכשירין, 음료수)

9 자빔(זבים, 유출병자)

10 테불 욤(טבול יום, 낮에 씻은 사람)

11 야다임(ידיים, 손)

12 우크찜(עוקצים, 열매·줄기)

옮긴이의 말 | 그날 나는 새로운 언어를 만났다

미쉬나 길라잡이

미쉬나의 세계로 독자들을 초대하며
미쉬나는 탈무드의 뿌리다 | 최중화

1 미쉬나, 이것만은 꼭 알자

2 미쉬나는 어떤 책인가

3 미쉬나는 어떻게 구성되어 있는가

4 미쉬나 판본들은 어떤 것이 있는가

5 랍비 유대교의 시작을 알리다

6 랍비들의 시대와 역사를 재구성하다

7 미쉬나의 문학장르는 무엇인가

8 미쉬나 히브리어는 어떤 언어인가

9 미쉬나의 해석은 계속되고 있다

10 미쉬나와 성경은 어떤 관계인가

부록

미쉬나에 나오는 주요 화폐와 도량형 환산표

성경과 미쉬나 찾아보기

미쉬나 주제·용어 찾아보기

일러두기

1. 이 책을 번역하고 주해하는 데 다음과 같은 자료를 참고했다. 예루살렘 탈무드(Jerusalem Talmud), 바벨 탈무드(The Babylonian Talmud, Soncino Press), 주석가들인 라브(Rav)·라쉬(Rash)·람밤(Rambam) 등의 주석은 물론 하녹 알벡(Hanokh Albeck)의 비평판 주해서, 허버트 댄비(Herbert Danby), 필립 블랙먼(Philip Blackman), 제이콥 뉴스너(Jacob Neusner) 등의 미쉬나 번역서를 참고했으며, 야드 아브라함(Yad Abraham), 옥스퍼드 미쉬나 주해(The Oxford Annotated Mishnah), 조슈아 컬프(Joshua Kulp)의 해설서도 보조자료로 사용했다. 번역에 사용한 본문은 하녹 알벡판을 참조했다.

2. 기본적으로 본문을 직역하면서 주해로 보충설명하는 원칙을 따랐다. 하지만 미쉬나 본문은 축약과 생략이 많아서 그대로 직역하면 비문이 되거나 뜻을 이해하기가 매우 어렵기 때문에 때로 의역이 불가피했다. 이에 문장의 흐름과 이해를 돕기 위해 본문에 생략되어 있다고 추정되는 내용을 대괄호〔 〕에 넣었다. 소괄호( )는 본문 속에서 문법적으로나 구문론적으로 꼭 필요하지는 않으나 주해자의 판단에 따라 도움이 될 말을 첨가한 것이다.

3. 미쉬나 본문에는 시제가 불분명한 경우가 적지 않으며, 과거와 현재 시제를 하나의 미쉬나에서 혼용하기도 한다. 이에 가능한 한 우리말로 자연스럽게 읽히면서 원문이 훼손되지 않게 번역했다. 히브리어 동사에는 성(性)과 수(數)가 이미 포함되어 있기에 주어가 따로 표기되지 않는 일이 빈번하다. 역자는 가독성을 위해 이 생략된 주어를 문맥에 따라 내용을 해치지 않는 선에서 집어넣기도 했다. 반면 경우에 따라 소유격 인칭대명사는 굳이 번역하지 않고 생략했다. 유럽어 문법의 이식 과정에서 생겨난 3인칭 대명사 '그녀'의 사용을 최대한 피하되, 필요하면 소괄호( )를 사용해 지시대상을 보충설명했다. 미쉬나 문체에서 계속 등장하는 הרי(하레이: 영어 번역본에서는 hereby로 번역되거나 생략됨)는 극히 일부 경우를 제외하고는 가독성을 위해 굳이 번역하지 않았다.

4. 미쉬나는 방대한 하나의 책으로 상위 범주인 '쎄데르'와 하위 범주인 '마쎄켓'으로 구성된다. 쎄데르(סדר, Seder)는 '질서' '절차'를 뜻하며 미쉬나의 6개 큰 주제(큰 책)를 가리키고, 마쎄켓(מסכת, Masekhet)은 '묶음'을 뜻하며 미쉬나의 63개 작은 주제(작은 책)를 가리킨다. 두 용어에 해당하는 정확한 우리말은 없지만 이번 번역·주해서에서는 편집 체계상 일반 책과 같이 '권'(卷)과 '부'(部)의 개념을 적절히 사용했다.

5. 이 번역·주해서는 6개 '쎄데르'를 각 권으로 편집해 전 6권으로 구성했다. 1. 제라임 (농경), 2. 모에드(절기), 3. 나쉼(여성들), 4. 네지킨(손해), 5. 코다쉼(거룩한 것들), 6. 토호롯(정결한 것들)이다. 각 쎄데르는 6~12개의 마쎄켓(부)으로, 그 아래 다시 '장'(페렉)과 '미쉬나'로 구성된다. 따라서 미쉬나는 하나의 책이며 동시에 가르침의 최소 단위를 의미한다.

6. 미쉬나의 구성과 체계를 명확히 구분하고 드러내기 위해 쎄데르는 겹낫표『 』, 마쎄켓은 홑낫표「 」로 표시한다. 특히 미쉬나는 세부적인 주제인 마쎄켓 이름이 더 중요하고 그것으로 통용되므로 출처는 마쎄켓 이름에 장과 미쉬나의 숫자로 표시한다. 예를 들어「브라홋」1, 2는 "마쎄켓 브라홋 1장의 두 번째 미쉬나"라는 의미다. 많고 복잡한 마쎄켓들을 쉽게 파악할 수 있게 『제라임』「브라홋」1, 2'처럼 쎄데르(권) 이름을 같이 제시하기도 했다.

7. 본문의 이해를 돕기 위해 각 마쎄켓(부), 장, 미쉬나에 들어가기에 앞서 다룰 내용과 주제를 간략하게 소개하는 개요문이나 짧은 요약문을 제시했다.

8. 미쉬나에 나오는 주요 화폐와 도량형 환산표(무게, 거리, 부피, 넓이), 성경과 미쉬나 관련 구절 찾아보기, 번역·주해서 전 6권에서 정리한 주제·용어 찾아보기는 『미쉬나 길라잡이』 부록에 수록했다.

9. 주해와 각주 설명에서 미쉬나, 성경, (예루살렘/바벨) 탈무드, 토쎕타, 랍비문학서, 주석(서) 등의 출처를 소괄호( )로 병기했다. 이는 관련된 내용과 구절, 주장으로 그 자료를 참조하라는 표시다. 특히, 탈무드(게마라)를 인용할 때 a는 앞면(오른쪽), b는 뒷면(왼쪽)을 나타낸다.

10. 미쉬나에 나오는 히브리어 낱말의 풀이는 주로 마르쿠스 야스트로(Marcus Jastrow) 사전을 참조했다.

11. 본문에서 미쉬나, 성경, (예루살렘/바벨) 탈무드, 토쎕타, 랍비문학서, 주석서 등은 별도의 책 표시를 하지 않았다.

12. 인명·용어 등 히브리어 표기는 다음 면에 실은 히브리어 한글음역 원칙에 따랐다.

히브리어 한글음역 원칙

1. 이 음역 원칙은 히브리어 문법을 설명하기 위한 것이 아니고, 미쉬나 본문을 한글로 번역하기 위한 방법이다. 히브리어 자모를 완벽하게 한글로 표기하는 것이 목적이 아니며, 미쉬나 히브리어 낱말을 가장 히브리어답게 모사하는 것이 목적이다.

2. 미쉬나 본문은 유대인들의 전통이므로 성서 히브리어를 표기하는 목적으로 고안된 영미권 학자들의 발음이 아니라 서아시아 문화권의 특징을 반영하는 유대인들의 발음을 기준으로 음역한다(바브나 셰바의 문제).

3. 문교부(1986.1.7)의 외래어 표기 원칙은 가능한 한 존중하되 히브리어 자음을 표기하는 데 꼭 필요한 된소리도 사용했다.

4. 음역법의 방향

   1) 일반론

      • 묵음이 아니더라도 발음이 되지 않는 경우 표기하지 않는다.

      • 음절 단위로 쓰는 한글의 특성을 살려서 히브리어의 음절 구분을 살린다.

      • 서로 다른 히브리어 자음은 음역도 달리한다.

   2) 모음

      • 모음의 장단은 따로 표시하지 않는다.

      • 유성 셰바는 'ㅔ'나 'ㅡ'로 표기한다.

      • 무성 셰바는 표기하지 않는 것을 원칙으로 하되, 종성의 자음가를 표기하기 위해 'ㅡ'를 붙여 적는 것을 허용한다.

   3) 자음

      • z은 'ㅈ', ṣ는 'ㅉ', k와 q는 'ㅋ', ṭ와 t는 'ㅌ', p는 'ㅍ'으로 음역하고, š은 '샤, 셰, 쉬, 쇼, 슈'로 음역한다.

      • 연강점이 없는 v, g, d, k, f, t는 구별하여 적지 않는다.

      • 자모의 위치에 따른 음역을 고려한다.

5. 그 외 세목은 박동현의 안을 따른다(박동현, 「개역한글판 히브리어 고유명사 한글 음역 방식과 히브리어 한글 음역 시안」, 『성경원문연구』(8), 2001, 106–157쪽).

히브리어	라틴음역	한글: 초성	한글: 음절 종성	한글: 낱말 종성
א	'	ㅇ	-	-
ב	b/v	ㅂ	ㅂ/브	ㅂ
ג	g	ㄱ	ㄱ/그	ㄱ
ד	d	ㄷ	ㅅ/드	ㅅ
ה	h	ㅎ	흐	-
ו	w	ㅂ	브	브
ז	z	ㅈ	즈	즈
ח	ḥ	ㅎ	흐/크	흐/크
ט	ṭ	ㅌ	ㅅ/ㅌ	ㅅ/ㅌ
י	y	이(+모음)	-	이
כ	k	ㅋ	크/ㄱ	ㄱ
ל	l	ㄹ/ㄹ-ㄹ	ㄹ/ㄹ-르	ㄹ
מ	m	ㅁ	ㅁ/므	ㅁ
נ	n	ㄴ	ㄴ/느	ㄴ
ס	s	ㅆ	ㅅ/쓰	ㅅ/쓰
ע	'	ㅇ	-	-
פ	p/f	ㅍ	프/ㅂ	ㅂ
צ	ṣ	ㅉ	쯔	쯔
ק	q	ㅋ	ㄱ/ㅋ	ㄱ
ר	r	ㄹ	르	르
שׂ	ś	ㅅ	스	스
שׁ	š	시(+ 모음)	쉬	쉬
ת	t	ㅌ	ㅅ/트	ㅅ/트

미쉬나

나쉼
여성들

이영길

번역·주해

억압과 보호의 시각이 공존하는 여성 관련법

• 들어가며

이영길 셰필드대학교 '학제간 성서연구센터' 객원 연구원

히브리어 '나쉼'(נשים)은 문자 그대로 우리말로 옮기면 '여성들'이다. 따라서 쎄데르(제3권)『나쉼』에는 다양한 종류의 여성들을 규정하고 설명한다. 그 종류를 열거해보면 다음과 같다.

나이 어린 여아(크타나), 12세의 젊은 여성(나아라), 성인 여성(보게렛), 처녀인 여성, 사고로 처녀막이 손상된 여성(무카트 에쯔), 불임 여성(아일로닛), 성폭행을 당한 여성, 기혼녀(이샤), 약혼(에루씬)한 여성, 혼인(니쑤인)한 여성, 이혼녀, 남편이 사망한 여성, 재혼한 여성, 남편의 형제와 역연혼(逆緣婚)을 해야 하는 여성(예바마), 역연혼을 해소하는 신 벗는 의례를 한 여성(할루짜), 역연혼을 기다리는 여성(쇼메렛 야밤), 역연혼 의무에 놓인 여성(제쿠카), 역연혼을 해야 하는 여성의 동료 아내(짜라), 근친 등의 이유로 금지되는 여성(에르바), 제사장과 혼인하기에 부적합한 여성, 금지된 성관계를 한 여성(조나), 일반 이스라엘 여성, 제사장의 딸, 제사장의 아내, 부친을 잃은 여성, 청각·언어장애를 앓는 여성, 지적장애가 있는 여성, 장애가 없는 여성, 유대인과의 혼인이 금지된 여성, 사마리아 여성(쿠팃), 사생아(맘제

렛), 기브온 자손인 여성(네티나), 포로로 잡힌 여성, 이방인 여성, 노예 여성, 포로에서 해방된 여성, 노예에서 자유민이 된 여성, 이방인이었으나 유대교로 개종한 여성, 월경 중인 여성(닛다), 서원한 여성(네지라), 혼인 중 부정한 행위가 의심되는 여성(쏘타) 등이다.

이 다양한 여성들을 규정하는 것은 나이, 성구별, 처녀성, 혼인 종류, 공동체 지위, 신분, 종교적 금기 등 (가부장) 사회제도가 부여한 가치관과 그 구성원 사이의 관계성이다. 그러나 본문은 여성만을 다루지 않고,[1] 여성이 연루되거나 또는 그 이상의 광범위한 행위를 규정하고 규율한다. 오히려 『나쉼』에 더 적절해보이는 '닛다'는 정결법 모음인 쎄데르(제6권) 『토호롯』에 수록되어 있다.[2] 사회제도와 관계성을 고려해볼 때, 『나쉼』은 기본적으로 남녀간에 맺어진 가족관계에서 발생하는 제반 행위를 중심으로 편집된 듯하다.

1. 『나쉼』의 구성과 내용

『나쉼』은 7개 마쎄켓[3]으로 이뤄진다. 다음은 그 구성과 내용을 간략하게 표로 나타낸 것이다.[4]

---

1) 법행위의 주체는 여성일 때도 있고, 남성일 때도 있다.
2) Jacob Neusner, *A History of the Mishnaic Law of Women*: Part 5, *The Mishnaic System of Women,* Leiden: E. J. Brill, 1980, p.18.
3) מסכת(복수는 마쎄크톳, 영어로는 tractate). '짜임'에 준하는 뜻으로 미쉬나 및 탈무드 작품을 주제별로 분류하는 구성 단위다. 각 마쎄켓은 '장'(פרק, 페렉)으로 이뤄진다. 미쉬나는 6개의 쎄데르와 63개의 마쎄크톳으로 구성된다.
4) 이 표는 본 역자가 『기독교사상』에 실은 것을 참고로 수정했다. 이영길, 「미쉬나 제3권 '나쉼': "그 여자는 그의 집에서 나가서 다른 사람의 아내가 되려니와"」, 『기독교사상』(4), 대한기독교서회, 2019, 129-141쪽.

마쎄켓(부)	제목	의미	장 수	주요 내용
1	예바못[5] (יבמות)	역연혼법	16	형제 역연혼으로 재혼해야 하는 상배 여성(喪配女性) 관련법 및 신 벗는 의례, 금지된 근친혼, 사망 진술 증언 등을 다룬다.
2	케투봇 (כתובות)	혼인 계약서	13	혼인할 때 케투바에 기록해야 하는 내용(케투바 금액, 지참금 등), 남편과 아내의 권리·의무, 재산 상속, 그리고 사별이나 이혼 시에 어떻게 케투바를 수령하는지 등을 다룬다.
3	네다림 (נדרים)	서원	11	어떤 대상을 자신에게 금지하는 서원을 할 때, 그 서원의 형식, 효력 및 폐기/철회에 관한 내용을 논한다.
4	나지르 (נזיר)	나실인	9	일정 기간 자신을 성별하는 서원과 그 의례규정, 효력 상실 등을 다룬다.
5	쏘타[6] (סוטה)	간음	9	아내의 간음 행위가 의심될 경우에 행하는 신성재판(쓴 물 의례)에 대해 다룬다.
6	기틴 (גיטין)	이혼증서	9	혼인 관계를 해소하고자 할 때 남편이 아내에게 써주어야 하는 이혼증서(게트)의 형식, 작성, 전달법 및 유무효 사례, 대리인 지정, 증인 및 이혼 사유 등을 다룬다.
7	키두쉰[7] (קידושין)	약혼	4	약혼의 성립 조건, 과정, 징표, 대리인 지정 등을 논한다.

「예바못」「케투봇」「쏘타」「기틴」「키두쉰」에는 크게 혼인의 계약·종료·해소 행위와 관련된 내용이 담겨 있다. 약혼, 혼인, 이혼, 사망

---

5) 사망한 형제의 아내들을 말하며 '형제의 상배여성들'이라는 뜻이다.
6) '부정한 행위가 의심되는 여성'이라는 뜻이다.
7) '축성'이라는 뜻이다.

신고, 상속, 재혼, 혼인 가능한 친족 범위, 혼인계약서, 사망 증언과 맹세, 이혼서류 작성법, 의례준칙(신 벗는 예식, 쏘타 의례), 관련 소송절차 등이다. 쏘타는 그 중심 가치관이 기혼녀에게 요구되는 정절이기에, 역시 혼인이라는 제도의 연장선상에 놓인다.

마쎄켓 「네다림」 「나지르」는 엄밀히 말해 신과 인간 사이의 계약이지만,[8] 그 서원 내용은 사람의 생활양식 전반에 맥이 닿아 있다. 여성이 서원[9]할 때는 혼인 전에는 아버지, 혼인 후에는 남편이 승인해야 하며 서원을 무효화할 수 있는 권한도 이들에게 있다. 혼인이라는 법률 행위와 서원의 상관성은 아마도 「네다림」과 「나지르」가 『나쉼』에 수록된 이유 중 하나일 것이다.

『나쉼』 바로 다음에 오는 쎄데르(제4권) 『네지킨』이 재산 및 상거래에서 발생하는 손해와 소송에 대해 다룬다면, 『나쉼』은 가족법 모음에 가깝다. 또 한편으로는 혼인을 남자가 여자를 재산으로 취하는 개념[10]으로 인식해 처녀냐 아니냐로 신부의 가치를 매기고, 처녀성 훼손이 발견되면 재산상 손해로 간주한다는 점, 여성의 케투바[11] 수령

---

8) 뉴스너는 '하늘과 땅'이라 표현했다. J. Neusner, *Androgynous Judaism: Masculine and Feminine in the Dual Torah*(Macon, Ga.: Mercer University Press, 1993), p. 29.

9) 여성도 나지르 서원을 할 수 있다.

10) '혼인하다'에 사용하는 히브리어로 '나싸' 외에 '카나'가 자주 사용된다. '카나'의 기본 뜻은 "[~을 소유물로] 사다"다. 신랑이 합의작성된 케투바를 정식으로 받아들임으로 혼인이 성립되는 것을 기술적 용어로 '키니얀'(קנין, kinyan)이라고 한다. 여기에는 아내를 소유물로 취득한다는 뜻이 반영되어 있다. "일부 학자들은 이것이 고대 근동에서 돈이나 물품 등 일정 금액을 신부값을 지불하고 아내를 데려오던 계약관계에서 비롯되었다고 주장한다"(이영길, 「유대 종교법 미쉬나(Mishnah)에 나타난 여성의 권익: 혼인법과 이혼법을 중심으로」, 『종교문화비평』(38), 종교문화연구소, 2020, 97~130쪽. [Raymond Westbrook, *Property and the Family in Biblical Law*, LHBOTS 113 (Sheffield: JSOT Press), 1991, 72쪽의 Kaufehe P. Koschaker 인용] 재인용).

11) 남편과의 사별 또는 이혼으로 혼인이 종료될 때 찾아가기로 혼인계약서에 합

권리를 일종의 채무관계로 이해한다는 점에서 『네지킨』과 결을 같이할 때도 있다. 성폭행범에게 부과되는 벌금을 논하다거나 근친상간[12]을 범죄로 인식하는 부분에서는 형법에 준하는 내용을 다루기도 한다. 그밖에 제사장의 딸이나 제사장과 혼인한 여성이 거제를 먹을 수 있는 자격을 세세하게 논한 규정들은 제의적 영역인 동시에 여성의 생존권에 대한 문제이기도 하다. 사실 미쉬나의 모든 조항들은 종교법의 울타리 안에 있다. 성문법으로서의 토라를 뼈대로 삼아 보전하는 한편, 거기에 가지를 쳐서 발전시키고 해석을 덧입혀 적용하고 전승한 구전율법,[13] 그것을 추려 한데 모아 문서화한 것이 미쉬나이기 때문이다. 본문 주해에는 '성서법적' 또는 '랍비법적'이라는 표현들이 종종 나오는데, 쉽게 말해 전자는 토라의 율법을, 후자는 랍비들이 이 토라를 준거로 확대 적용하는 것이라 이해하면 되겠다.

『나쉼』이 다루는 여성 관련법에는 가부장적 질서를 수립하고 가치체계를 형성한 남성들의 시각이 반영되어 있다. 여기에는 여성을 바라보는 차별적 시각과 포용적 시각이 공존한다.[14] 전자에는 소유물로서의 지배와 통제의 원리가, 후자에는 사회적 약자를 보호하는 원리가 내재해 있다. 가령 이혼이라는 행위의 주체는 늘 남성이며 아내의 사소한 실수로도 남편이 이혼을 요구할 수 있다는 내용이 있는가 하면(「기틴」9, 10), 증인 입회, 서명, 이혼 의중 확인, 송달에 걸쳐 이혼서류의 작성과 절차를 까다롭고 엄격하게 만듦으로써 아내가 쉽게 이혼당하는 것을 방지하고자 노력했음이 「기틴」 전반에 드러난다. 특히 여성이 혼인할 때 작성하는 케투바는 남편의 섣부른 이혼을 제지하기

의해 적은 금액을 말한다. 마쎄켓(제2부) 「케투봇」에서 상세히 다룬다.
12) 그 범위와 종류에 대해서는 마쎄켓(제1부) 「예바못」에서 다룬다.
13) 구전토라의 전승 과정은 쎄데르(제4권) 『네지킨』 「아봇」을 참조하라.
14) J. Neusner, *Androgynous Judaism*, p. 32.

위한 대표적인 장치로 이해할 수 있다.[15]

덧붙여 각 마쎄켓(부)의 배열 순서를 간략히 언급하고자 한다. 흥미로운 점은, 「키두쉰」(축성·약혼)으로 시작해 「기틴」(이혼)으로 끝나는 것이 아니라, 재혼의 한 형태인 「예바못」으로 시작해 「기틴」을 거쳐 「키두쉰」으로 끝난다는 것이다. 이는 혼인관계의 해제(남편의 사망 또는 남편과의 이혼)로 여성의 삶이 종결되는 것이 아니라, 새로운 혼인 (재혼)으로 이어져야 한다는 의미로 해석할 수도 있다(「기틴」 9, 3).

2. 『나쉼』을 이해하기 위한 미쉬나의 기본 특징

1) 문서화

『미쉬나 길라잡이』에서 자세히 다루고 있기에 요점만 정리해본다. 미쉬나 속에서 발언하는 랍비들은 주로 기원후 70년부터 200년까지의 타나임[16]들이다. 제2차 성전 멸망 이전의 사람들 이름은 드물게 등장한다.[17] 뉴스너에 따르면, 현인들[18]은 대략 70~130년, 135~200년

---

15) 케투바에 적힌 이혼수당은 상당히 높은 편이었고 아내가 가져온 지참금도 돌려주어야 하기 때문에 남편이 이혼을 하려면 경제적 손실을 감수해야 했다. 이영길, 「유대 종교법 미쉬나(Mishnah)에 나타난 여성의 권익」, 114-121쪽.

16) 또는 탄나임(תנאים). 아람어로 '반복하는 사람들', '교사들'을 뜻하며 단수는 '탄{탄}나'(תנא)다. '주곳'(Zugot) 시대 이후, 대략 1세기부터 3세기 초반까지 팔레스타인에서 활동했던 랍비를 일컫는다. 타나임을 계승한 학자들을 아모라임(אמוראים, [~위에] 말하는 사람들)이라고 하는데, 이들은 기원후 200-500년 팔레스타인과 바벨에서 활동했다. 이들이 미쉬나를 해석한 것을 게마라라고 하며 미쉬나와 게마라를 합친 것이 탈무드다. 보다 자세한 내용은 『미쉬나 길라잡이』(최중화 지음)를 참조하라.

17) Alan J. Avery-Peck and Jacob Neusner(eds), *The Mishnah in Contemporary Perspective,* Vol 1, Atlanta GA: SBL Press, 2002, x.

에 살았던 두 그룹으로 나뉘며, 후자가 전자보다 훨씬 많이 언급되는데, 약 3분의 2가 2세기 중반에 활약한 권위자들에 속한다.[19] 그러나 그 이전에 살았던 주곳[20]이나 더 거슬러 올라가 쏘프림[21]의 권위도 인용되는 것을 볼 때, 미쉬나에 포함된 내용은 대략 기원전 2세기 전반에서 기원후 2세기 후반에 걸쳐 형성된 유대법규와 종교적·문화적 관습을 아우른다고 볼 수 있겠다. 성전 제의나 정결법, 제사장과 관련한 전승은 훨씬 더 오래 전으로 소급될 것이다.

약 400여 년에 걸쳐 내려온 구전전승의 문서화, 즉 미쉬나가 마무리된 시기는 약 2세기 말이며 편의상 약 200년으로 이야기한다.[22] 미쉬나의 최종 편집자는 랍비 예후다 한나씨다.[23] 그는 마지막 5대 주곳이었던 힐렐의 6대손이며 대대로 산헤드린의 수장을 지낸 감리엘 가문 사람이었다.[24] 미쉬나에서 예후다 한나씨는 '랍비'라고만 불린

---

18) 미쉬나에서 랍비를 집단적으로 가리킬 때 '하카밈'(חכמים)이라는 표현을 쓰며, 영어로는 sages로 번역된다. 이 책에서는 '현인들'로 번역했다.

19) J. Neusner, *The Mishnah in Contemporary Perspective*, Vol 1, xi; 6.

20) 타나임 이전에 활약했던 할라카(율법) 권위자들이며, '쌍'(Pairs)이라는 뜻을 지닌다. 이들은 유대 대법원(בית דין הגדול)에서 판결을 내렸으며 기원전 150-30년까지 총 다섯 주곳이 있었다. 1) 예호슈아 벤 요에제르 & 요쎄 벤 요하난, 2) 예호슈아 벤 페라히야 & 니타이 하아르벨리(아르벨라의 니타이), 3) 예후다 벤 타바이 & 쉼온 벤 셰타흐, 4) 셰마이아 & 아브탈리온, 5) 힐렐 & 샴마이.

21) סופרים(서기관들, scribes). 타나임 이전에 활약한 학자들이며 주곳과 쏘프림을 합쳐 자카님 하리쇼님(זקנים הראשונים)이라 칭한다(Philip Blackman, *Mishnayot*, Vol 1, *Zeraim*, London: Mishna Press, Ltd, 1951, p. 13(General Introduction).

22) J. Neusner, *The Mishnah in Contemporary Perspective*, Vol 1, p. 6.

23) 예후다 한나씨(יהודה הנשיא, Judah{Yehudah} ha-nasi{HaNasi}, 약 135-217)의 '나씨'는 (대)산헤드린 수장에 붙이는 명칭이다. 전승에 따르면 그는 랍비 아키바가 사망한 날 태어났다. 미쉬나 자체에는 예후다 한나씨가 편찬했다는 언급이 없지만, 미쉬나 편찬자로서 그의 권위는 탈무드 전승 등에 기반한다(Herbert Danby, *The Mishnah*, Oxford: Oxford University Press, 1933, xx-xxi).

24) 힐렐 - 쉼온 벤 힐렐 - 라반 감리엘 1세 - 라반 쉼온 벤 감리엘 - 라반 감리엘 2

다.[25] 허버트 댄비는 그의 미쉬나 번역 서문에서, "후대 자료에 따르면 랍비는 그의 미쉬나 작성에 13개의 개별 할라콧 모음집을 사용했다"라고 이야기한다.[26] 당대 권위 있는 랍비들이 학교에서 자기 제자를 양성함에 있어, 선대 권위자로부터 전승된 문서들이 존재한 듯하다. 예후다 한나씨는 랍비 메이르(4세대 랍비, 약 139-163)의 제자였고, 랍비 메이르는 랍비 아키바(3세대 랍비, 약 50-135)의 수제자 중 하나였기 때문에, "그의 스승인 랍비 아키바와 제자인 예후다 한나씨 사이 가교 역할"[27]을 했다. 필립 블랙먼은 이미 힐렐이 할라카[28]를 6개로 구분해놓았으며, 이것이 랍비 아키바에서 랍비 메이르를 거쳐 예후다 한나씨에게 전승되었다고 이야기한다.[29] 아마도 예후다 한나씨는 랍비 아키바와 랍비 메이르의 할라카 모음집은 물론, 스승들이 구두로 가르치고 제자들의 기억 속에 남아 전승된 여러 다양한 자료들을 사용했을 것이다.[30] 『나쉼』에도 랍비 아키바[31]와 랍비 메이르[32]가 상당히 많이 인용됨을 볼 수 있다. 그러나 이들뿐 아니라 이들의 전 세대, 동세대, 그리고 예후다 한나씨와 같은 세대에 속하는 다양한 랍비들이 법령 및 해석의 권위로 인용된다.

세-쉼온 벤 감리엘 2세-랍비 예후다 한나씨.

25) 「네다림」3, 11과 「쏘타」9, 5에는 여러 현인들의 사망을 나열하는 목록에 랍비(예후다 한나씨)가 속해 있으므로 후대 삽입된 내용으로 추정한다.

26) H. Danby, *The Mishnah*, xxi.

27) H. Danby, *The Mishnah*, xx.

28) 할라카(הלכה)는 성경의 계명과 랍비법, 관습, 도덕법 생활 속에서 준수하도록 전승된 유대교의 종교법이다. 『미쉬나 길라잡이』를 참조하라.

29) P. Blackman, *Mishnayot*, Vol 1, *Zeraim*, p. 6.

30) H. Danby, *The Mishnah*, xxii.

31) 「네다림」7, 1;9, 5-6;11, 4;「나지르」4, 5;6, 6;7, 4;「쏘타」5, 1-4 등.

32) 「예바못」16,4;「케투봇」1, 3;5, 1;5, 4;6, 7;7, 8;8, 3;8, 7;12,4;「네다림」1, 4; 2, 4-5;3, 9;7, 2;7, 4-5;「기틴」6, 7;「키두쉰」2, 8;3, 4;3, 9;4, 14 등.

2) 미쉬나에서 인용되는 권위자

미쉬나는 불친절하게도 장소·시간·배경 등 내용의 정황을 설명해주지 않는다. 누가 논쟁에 참여하는 사람이고 누가 인용되는 사람인지 구분하기 어렵고, 직접화법으로 전달되는 언술의 시작과 종료 지점, 인용 속에서 전개되는 또 다른 대화의 처음과 끝을 구별하기도 쉽지 않다. 「예바못」16, 7은 그 전형적인 예다. 현인들에게 직접화법으로 전개하는 랍비 아키바의 긴 이야기 속에 벳 들리 사람 네헤미야와 나눈 대화가 들어 있고, 그 대화 속에서 네헤미야는 간접화법으로 라반 감리엘 1세를 인용한다. 네헤미야의 말이 어디서 끝나는지 파악하기란 쉽지 않다. 이어지는 랍비 아키바의 진술에는 다시 라반 감리엘 2세와 나누는 대화가 삽입되어 있다. 보통 같은 세대의 랍비들끼리 논쟁을 벌이며 전 세대의 스승이나 권위자를 인용할 때가 많기에, 현인들에 대한 약간의 기초지식이 독자들에게 도움이 될 것이다.

다음 표는 미쉬나에 등장하는 주요 랍비들을 시대별로 구분한 것이다.[33] 고딕 활자체로 처리된 인명은 미쉬나를 통틀어 가장 많이 언급되는 권위자들이다.

타나임 시대 이전 (약 기원후 10년 이전)
쉼온 하짜딕(2차 성전시대 대제사장, 기원전 3세기), 쏘코의 안티그노스(쉼온 하짜딕의 아들, 기원전 2세기), 요하난 하짜딕(요한 호르카노스〔하스모니안 시대 대제사장, 기원전 2세기〕), 요쎄 벤 요에제르(기원전 2세기, 초기 마카비 시대), 요쎄 벤 요하난(기원전 2세기), 압탈리온(기원전 1세기), 바바 벤 부타(기원전 1세기), 힐렐(기원전 110-기원후 10), 예후다 벤 타바이, 삼마이(기원전 50-30), 슈마야(기원전 1세기), 쉼온 벤 셰타흐(기원전 1세기)

---

33) 인스톤브루어의 책을 참조해 『나쉼』을 위주로 수정·보완하고 재정리했다. David Instone-Brewer, *Traditions of the Rabbis in the Era of the New Testament*, Vol. 1, *Prayer and Agriculture*, Grand Rapids: Eerdman, 2004, 서론.

억압과 보호의 시각이 공존하는 여성 관련법 29

1세대 (기원후 약 10~80)

아드몬, 라반 감리엘(1세[연장자])[34], 하난 벤 아비샬롬, 하니나(쎄간[대제사장 대행]), 이쉬마엘 벤 파아비, 요하난 벤 구드게다, (라반) 요하난 벤 자카이, 메데 사람 나훔, 라반 쉼온 벤 감리엘(1세)[35]

2세대 (기원후 약 80~120)

압바 요쎄 벤 하난, (짜드얀의) 압바 구르얀[시돈 출신 구리욘], 벤 베테라, 도싸 벤 하르키나스, 엘아자르 벤 아자르야, 엘리에제르 (벤 호르카노스), 라반 감리엘 (2세)[36], 하니나 벤 도싸, 하나니야[하니나] 벤 감리엘 (2세), 요쎄 벤 호니, 요쎄 하짜딕, 예호슈아 (벤 하나니야), 예호슈아 벤 베테라, 예호슈아 벤 호르카노스, 팝프야스, 예후다 벤 베테라, 쉼온 벤 쎄간, 짜독, 즈카리야 벤 하카짜브

3세대 (기원후 약 120~140)

아키바[37], (쉼온) 벤 아자이, (쉼온) 벤 난나스[나노스], (쉼온) 벤 조마, 엘아자르 벤 파르타, 엘리샤 벤 아부야, 하니나 벤 안티그노스, 이쉬마엘(벤 엘리샤), 요하난 벤 로카, 요하난 벤 예호슈아, 요하난 벤 누리, 갈릴리 사람 요쎄[요쎄 하갈릴리], 예후다 벤 바바, 예후다 하짜딕, 타르폰

4세대 (기원후 약 140~165)

압바 샤울, 엘아자르 (벤 샤무아), 엘아자르 벤 마티야, 엘리에제르 벤 야아콥, 엘리에제르 벤 요쎄 하갈릴리[갈릴리 사람 요쎄의 아들 엘리에제르], 하나니아 벤 아카비아, 오노 사람 하니나, (이쉬마엘 벤) 요하난 벤 베로카, 요하난 하산들라르, 예호슈아 벤 코르카, 요쎄 (벤 할라프타), 예후다 (벤 일라이), 메이르,[38] 네헤미야, 라반 쉼온 벤 감리엘 (2세), 쉼온 쉐주리, 쉼온 (벤 요하이)

5세대 (기원후 약 165~200)

도싸, 엘아자르 벤 쉼온 (벤 요하이), 엘리에제르 벤 짜독 (2세), 이쉬마엘 벤 요쎄, 요쎄 벤 예후다 (벤 일라이), 네호라이, 핀카스 벤 야이르, 랍비 (예후다 한나씨)[39], 쉼온 벤 엘아자르, 쉼온 벤 할라프타

6세대 (기원후 약 200~220)

쉼온 벤 예후다 (한나씨) {쉼온 벤 랍비}

---

34) 힐렐의 손자로 사도행전 5:34, 22:3에서 언급되는 인물이다.

35) 라반 감리엘 1세의 아들. 제1차 유대-로마 전쟁 때 대산헤드린의 수장이었으며, 제2차 성전 멸망 직전에 사망했다.

36) 라반 쉼온 벤 감리엘 1세의 아들이자 라반 감리엘 1세의 손자로, 라반 감리엘 1세와 구별하기 위해 야브네의 감리엘(Gamaliel of Yavne)이라고도 한다. 제2

예를 들어 「케투봇」 8, 1의 흐름을 위 표를 이용해 파악해보자면, 샴마이와 힐렐(타나임 시대 이전 사람들)을 이어받은 두 학파의 해석이 먼저 나오고, 랍비 예후다(4세대)가 두 세대 전의 권위자인 라반 감리엘 2세를 인용하며 자기 주장을 펼친다. 다시 샴마이 학파와 힐렐 학파 간 해석이 나오고 이번에는 하나니아 벤 아카비아(4세대)가 역시 라반 감리엘 2세를 인용하여 자기 주장을 펼친다. 하나니아 벤 아카비아는 랍비 예후다와 동시대 사람이다. 「케투봇」 13, 1-9의 경우, 각 미쉬나마다 먼저 2차 성전 시대의 판관이었던 하난 벤 아비살롬 및 아드몬의 다양한 의견들이 소개되고, 이에 대한 성전 멸망 이후 세대인 후대 랍비들의 의견이 이어진다. 그중 「케투봇」 13, 1-2에서는 도싸 벤 하르키나스(2세대)와 요하난 벤 자카이(1세대)의 각기 다른 해석이 인용된다. 「쏘타」 5, 5에는 예호슈아 벤 하나니야(2세대)와 라반 요하난 벤 자카이(1세대) 사이, 「키두쉰」 2, 8에는 랍비 메이르(4세대)와 랍비 예후다(4세대) 사이 이견이 등장하기도 한다.

3) 미쉬나의 성격

미쉬나의 성격을 한마디로 정의하기는 어렵다. 뉴스너 역시 이 부분을 짚어 말한다. 랍비 학교의 교과서라고 하기에는 선생에 관한 설명, 교육 환경, 교육 목적, 교육제도에 대한 정보가 결여되어 있다. 또 법전이라고 하기에는 위반했을 때의 처벌에 관한 내용이 부족하고, 그렇다고 전통의 집합체라 하기도 어려운데, 즉 인용된 랍비들이 존

차 성전 멸망 이후의 첫 산헤드린 수장이었다.
37) 랍비문학을 체계화한 인물로 바르 코크바 전쟁 때 로마에 의해 처형당했다.
38) 랍비 아키바의 수제자 중 한 명이며, 예후다 하나씨의 스승이다.
39) 미쉬나의 최종 편집자이며 랍비 메이르의 제자다.

경받는 인물이라는 이유로 무조건적 권위나 의미를 주장하는 확실한 가르침은 아니라는 것이다.[40] 그러므로 뉴스너는 최종 형태의 미쉬나가 위 세 가지를 다 아우르는 "다목적성 문서"라고 평가한다. 『나쉼』만 해도 관습 및 판례, 랍비들의 토론, 법 해석, 가르침 및 교훈, 미드라쉼,[41] 의례에 대한 설명, 할라카(율법)라기보다 이야기(아가다)에 가까운 내용[42]들이 망라되어 있다.

4) 알아두어야 할 사항들

■ 유대 모든 구전율법이 미쉬나에 수록된 것은 아니다

미쉬나 외에도 동시대 타나임 전통이자 미쉬나에 포함되지 않은 내용을 모은 바라이타, 미쉬나 한 세대 후에 미쉬나를 추가하여 보충한 토쎕타가 있다. 나아가 탈무드는 보다 광범위한 미쉬나의 또 다른 해석과 적용이다. 분파적으로 볼 때 미쉬나는 전반적으로 프루쉼(바리새파) 전통을 계승한다.[43] 쩨도킴(사두개파), 에세네파 등이 아닌 프루쉼 기준이 주류로 살아남아 랍비 전통으로 이어졌다고 볼 수 있다. 그러나 프루쉼이 곧 랍비들이라고 말할 수는 없다. 내·외부적으로 오랜 토론과 논쟁을 거치면서 비주류의 사고와 가치관도 부분적이나마 흡수했을 가능성이 높기 때문이다. 랍비들은 미쉬나에서 자신들을 대변할 때 프루쉼이 아니라 '하카밈'(현인들)이라 말한다.

---

40) J. Neusner, *The Mishnah in Contemporary Perspective,* Vol 1, p. 18.

41) 성서 주해를 통해 종교적 질문에 답을 구하며 가르치던 방법이다(「예바못」 12, 6; 「쏘타」 1, 8-9; 7, 3-5; 7, 8; 8, 1-6; 9, 1; 9, 6 등).

42) 「나지르」 3, 6; 「쏘타」 7, 8.

43) 사두개파(쩨도킴)와의 관계는 쎄데르(제5권) 『코다쉼』 '들어가며'를 참조하라.

■ 최종적인 유대법을 정리하여 반포한 것이 아니다

단일화한 법률체계를 보이지도 않는다. 한 예로 「예바못」 16, 7은 여성의 재혼을 위한 사망 증인 숫자에 있어 바벨 공동체와 팔레스타인(에레쯔 이스라엘) 공동체 사이에 법 해석과 적용이 달리 이뤄지고 있었음을 알려준다. 상기 미쉬나에 따르면 팔레스타인 내에서도 랍비 예후다 벤 바바는 독자적 법 적용을 하고 있었으며, 이후 랍비 아키바 주도로 기존 법규를 수정했다는 내용이 담겨 있다. 지역에 따라 혼인 및 이혼 관습도 차이가 있었음을 알 수 있다.[44] 미쉬나가 400여 년, 또는 그 이상에 걸친 전승임을 유념하면 오히려 자연스러운 일이다. 미쉬나를 통해 우리는 지역과 시대, 시기[45]에 따라 때로는 엄하고 때로는 유연하게 법 해석과 적용이 이뤄졌음을 알 수 있다. 할라카는 미쉬나에서 끝나지 않고 계속되고 있음을 숙지할 필요가 있다.

■ 논쟁과 이견이 존재한다

미쉬나에 실린 율법들이 모두 절대적 권위가 있었던 것은 아니다. 상당 부분 서로 다른 학파의 상반된 견해, 소수의견, 이견들로 구성되어 있다. 특히 미쉬나는 어떤 법규를 정하거나 해석함에 있어 랍비들 사이에 주장하는 바가 다를 때, 각자의 의견을 모두 다 기록하는 특징을 보인다. 예를 들어 샴마이 학파와 힐렐 학파 사이의 이견을 비롯해, 2세대 랍비 엘리에제르 벤 호르카노스가 랍비 예호슈아 벤 하나니야와, 3세대 랍비 아키바가 동시대 랍비들인 갈릴리 출신 요쎄, 요하난 벤 누리, 타르폰 등과 논쟁한다. 4세대 랍비 예후다(벤 일라이)와 랍비 네헤미야 사이에 의견 불일치가 있음도 찾아볼 수 있다.[46] 누구의 해

---

44) 「예바못」 4, 10; 「케투봇」 4, 2; 4, 12; 9, 9; 「네다림」 2, 4 등.

45) 가령 전쟁 등의 위기 상황에서(「예바못」 15, 1; 「케투봇」 9, 9; 「쏘타」 9, 14; 「기틴」 3, 4; 5, 6 등).

석이 받아들여졌는지 언급되지 않을 때가 많은 반면, 종종 "현인들은 이렇게 말한다"라는 어구를 사용해 과거에 이미 받아들였거나 새로 합의된 결정을 설명하기도 한다.[47]

■ 미쉬나의 내용이 현실에서 시행되지 않는다.

미쉬나의 내용 중 절반 이상이 오늘날 유대사회에서 시행되지 않는 것은 물론, 미쉬나가 편찬되던 당시에도 더는 시행되지 않던 것(성전 제의[48], 제사장 직무, 국가 통치체제, 성물, 성전 봉헌, 나지르 의례, 쏘타 신성재판 등)이 많았다.[49] 가령 「쏘타」는 쓴 물 의례와 암송아지 의례를 설명하지만, 9, 9에서는 이 의례들이 이미 폐지되었음을 밝히고 있다. 미쉬나의 화자들은 대부분 유대-로마 전쟁의 생존자들(성전 파괴 후 3세대)이다. 유대국가가 사라진 이후 왕이나 대제사장 관련 규정 등은 더는 기능하지 못했으며,[50] 제2차 성전이 무너지고 예루살렘에 접근하는 것이 금지된 상황에서 성전에서의 종교 제의나 희생제사 등도 당연히 불가능한 일이었다.[51] 그럼에도 방대한 양의 세세한 관련 자료들이 구전으로 계승되어 미쉬나에 기록된 것을 보면, 랍비들은 제1차 성전 멸망 이후에 제2차 성전 재건이 가능했던 것처럼, 언젠가 시스템이 재정비되고 질서가 회복되리라 믿으며 그에 대비하여 과거의 전통을 계속 논하고 보전하려 애썼음에 분명하다.[52] 그러므로 독

---

46) H. Danby, *The Mishnah*, xx.

47) H. Danby, *The Mishnah,* xxvi.

48) 「예바못」11, 7; 「나지르」5, 4 등.

49) H. Danby, *The Mishnah,* xxvi.

50) 「쏘타」7, 2; 7, 8; 「쏘타」8, 1; 8, 5-7; 「기틴」4, 5 등.

51) 기원후 70년 베스파시아누스와 그 아들 티투스에 의해 예루살렘이 함락되고 성전이 파괴되었으며, 이후 계속된 항쟁 끝에 기원후 135년 바르 코크바 전쟁 패배로 유대인은 예루살렘에서 추방되었다.

자는 미쉬나에 수록된 법 조항들과 그 법이 현실적인 제도로서 실제 시행되고 있었는지를 구별할 필요가 있다.

예를 들어 사형집행은 이론과 실제가 달랐을 것이다. 탈무드(「산헤드린」 52b)에 제2차 성전 멸망 이후로 사형집행이 그쳤다는 내용이 있고, 미쉬나에도 사형집행 찬반 논쟁이 있는 것을 보면(『네지킨』 「마콧」 1, 10), 미쉬나 편집 당시 사형제도는 랍비들의 학문적 테두리 안에서 이론으로만 존재했을 가능성이 높다.[53] 따라서 『나쉼』에서 논하는 사형집행이나 투석형도 당대 실제 시행되었는지 의문의 여지가 있다. 쎄데르(제1권) 『제라임』이 많은 부분을 할애하는 제사장 관련 거제(「트루못」)나 십일조(「마아쎄롯」) 관련법의 경우, 제2차 성전 멸망 이후 존속되어야 하는지 그 당위성을 두고 랍비들 사이에 논쟁이 있었다.[54] 나아가 『나쉼』 「키두쉰」 1, 9는 땅에서 나는 것과 연관된 계명은 이스라엘 땅(에레쯔 이스라엘)에 한정되어 있기 때문에, 디아스포라 유대인은 거제와 십일조를 바칠 필요가 없다고 주장하는 반면, 『토호롯』 「야다임」 4, 3은 디아스포라 공동체도 '안식년마다' 거제와 십일조를 따로 떼어 바치는 관습이 있었다고 진술한다.[55]

■ 미쉬나의 언어는 난해하다
히브리어(미쉬나 히브리어[56])를 사용한다. 내용이 반복될 때 동사

---

52) J. Neusner, *The Mishnah in Contemporary Perspective*, Vol 1, p. 8.

53) "Capital Punishment," in *Encyclopaedia Judaica*, The Gale Group, 2008(2022년 1월 30일 검색).

54) "Terumot and Ma'aserot," in *Encyclopaedia Judaica*(2022년 1월 31일 검색). "타나임 시대가 끝나갈 무렵 새로운 경향이 생겼는데, 십일조는 특별히 학자인 제사장과 레위인에 주어졌고, 시간이 흐르면서 심지어 제사장이나 레위인이 아닌 학자들에게도 주어졌다"("Terumot and Ma'aserot," in idem).

55) "Terumot and Ma'aserot." in *Encyclopaedia Judaica*.

의 주어, 서술어 전체, 문장을 구성하는 절 하나를 통째로 생략하는 일이 비일비재하다. 종종 과거와 현재 시제가 혼용되기도 한다. 어휘와 문법 등에서 아람어의 영향을 받은 것으로 보이며, 간략화, 단순화, 생략과 압축이라는 구문적 특징은 구어체를 기반으로 암기하기 쉽게 만든 구전전승의 특성을 반영한 듯하다.[57] 아울러 이 같은 미쉬나의 언어적 특성은, 그 내용을 이해하는 데 어려움이 없는 랍비 집단을 독자로 상정했음을 시사한다. 이렇듯 독특하고 난해한 언어적 특수성으로 인해, 게마라(탈무드) 없이는 미쉬나 본문을 파악하기가 거의 불가능하다. 따라서 미쉬나를 연구하고 이해하고 해석하는 것이 이후 랍비들의 과업이었던 것이다. 이 책의 번역과 주해 역시 옳은 해석이라 단정할 수 없다. 어디까지나 가이드 라인을 제시할 뿐이며 미쉬나의 해석은 열려 있고 여전히 진행형이다.

---

56) 미쉬나 히브리어는 제2차 성전시대에 발달한 언어로 성서 히브리어와는 다소 차이가 있다. 일상어에서 히브리어를 아람어 방언이 대체한 대신, 현인들은 고전 히브리어를 발전시켜 법률과 전례 관련 용도로만 사용했다(P. Blackman, *Mishnayot*, Vol 1, p. 6).

57) P. Blackman, *Mishnayot*, Vol 1 ; J. Neusner, *The Mishnah in Contemporary Perspective*, Vol 1, pp. 6 ; 8-21.

참고문헌

Albeck, Hanokh. 1957-59. *Shishah Sidrei Mishnah*. 6 vols. Jerusalem: Mosad Bialik; Tel Aviv: Devir.(Hebrew)

Blackman, Philip. 1964. *Mishnayoth*. 7 vols. New York: Judaica Press.

Cohen, Shaye J. D. et al eds. 2022. *The Oxford Annotated Mishnah*, Oxford: Oxford University Press.

Danby, Herbert. 2011. *The Mishnah: Translated from the Hebrew with Introduction and Brief Explanatory Notes*. Peabody, Mass: Hendrickson. (Oxford: Oxford University Press, 1933)

Skolnik, Fred and Michael Berenbaum eds. 2007. *Encyclopedia Judaica*. 22 vols. Detroit: Macmillan Reference USA.

Guggenheimer, Heinrich W. ed. 2006-2008. *The Jerusalem Talmud. Third Order: Našim*(5 vols). Tractate Yebamot; Tractates Sotah and Nedarim; Tractates Gittin and Nazir; Tractate Kiddushin; Tractate Ketubot & Sixth Order: Tahorot Niddah. Studia Judaica. Berlin: De Gruyter.

Jastrow, Marcus. 1950. *A Dictionary of the Targumim, the Talmud Babli and Yerushalmi, and the Midrashic Literature*. Reprint, New York: Pardes Publishing House.

Neusner, Jacob. 1988. *The Mishnah: A New Translation*. New Haven: Yale University.

Neusner, Jacob. 1993. *Androgynous Judaism: Masculine and Feminine in the Dual Torah*. Macon, Ga.: Mercer University Press.

Neusner, Jacob. 2011. *The Babylonian Talmud: A Translation and Commentary*. Rev. ed. Peabody, Mass: Hendrickson.

Neusner, Jacob and Alan J. Avery-Peck. eds. 2002. *The Mishnah in Contemporary Perspective*. Vol.1. HdO 65. Atlanta, GA: SBL Press.

Neusner, Jacob and Alan J. Avery-Peck. eds. 2002. *The Mishnah in Contemporary Perspective*. Vol.2. HdO 87. Atlanta, GA: SBL Press.

Rosenberg, A. J. et al. 2007-2011. *The Mishnah: With Translation and an Anthologized Commentary*. Yad Avraham יד אברהם Mishnah ArtScroll Mishnah Series. Brooklyn, New York: Mesorah Publications.

Segal, M. H. 1927. *A Grammar of Mishnaic Hebrew*. Oxford: Clarendon.

Sokoloff, Michael. 2002. *A Dictionary of Jewish Palestine Aramaic of the Talmudic and Geonic Periods*. Ramat-Gan: Bar-Ilan University Press.

Epstein, Isidor ed. 1935-1952. *The Soncino Babylonian Talmud*. Translated into English with Notes, Glossary and Indices under the Editorship of Isidor Epstein. *Seder Nashim* in 4 volumes, vol 3 of 35 vols. London: The Soncino Press. Online version: Reformatted Soncino Talmud (RST), R. Brauner, Raanar, Israel http://www.halakhah.com/indexrst.html.

Westbrook, Raymond. 1991. *Property and the Family in Biblical Law*. LHBOTS113 Sheffield: JSOT Press.

이영길. 2019.「미쉬나 제3권 '나쉼': "그 여자는 그의 집에서 나가서 다른 사람의 아내가 되려니와"」.『기독교사상』(4). 서울: 대한기독교서회.

토쎕타, 람밤 주해, 탈무드 원어본, 기타 랍비 문학 등의 온라인 자료.
https://mechon-mamre.org/
https://www.rabbinictraditions.com/
https://www.sefaria.org/texts

יבמות

1

예바못
역연혼법

형제가 있는 경우, 여하 막론하고 그 형제의 아내에게 역연
혼을 행해야 한다. 노예나 이방 여성에서 태어난 경우가 아
니라면 어쨌든 그는 형제로 간주된다. 아들이 있는 경우, 여
하 막론하고 그의 아버지의 아내를 역연혼에서 면제한다. 또
한 이 아들이 부친을 치거나 저주할 경우 책임을 져야 한다.
그러나 노예나 이방 여성에서 태어난 경우가 아니라면 그는
어쨌든 아들로 간주된다. _「예바못」2, 5

개요

레위기 18:16의 율법에 따르면 자기 형제의 아내였던 여성과 혼인할 수 없다. 그러나 신명기 25:5-10에 따르면 형제가 자식 없이 사망했을 때 다른 형제가 그 죽은 자의 아내를 취하라고 한다. 이것을 형제역연혼법(兄弟逆緣婚法, Levirate marriage), 히브리어로 '이붐'(יבום)이라 한다. 레위기법과 신명기법이 서로 상충하지만 긍정율법('~하라'법)을 부정율법('~하지 말라'법)보다 우위에 놓는 원칙에 따라 예외적으로 형제의 아내였던 사람을 아내로 취하는 것을 허용한다. 그러나 이 레위기법 때문에 역연혼은 까다로운 원리원칙에 입각해 행해진다. 역연혼 성립의 필요조건이 충족되지 않은 상태에서 형제의 아내와 혼인한 경우에는 레위기법을 어기게 되고 태어난 자식은 사생아가되어 이스라엘 총회에 들어갈 수 없다.

형제역연혼법을 이해하기 위한 기본 개념은 다음과 같다.
(1) 역연혼을 행해야 하는 형제는 야밤(יבם), 역연혼을 통해 재혼해야 하는 여성은 예바마(יבמה, 복수로 예바못יבמות)라 한다.
(2) 역연혼은 아버지가 같은 형제 사이에 허용된다. 따라서 어머니

가 같든 다르든 상관없이 아버지가 같은 형제간에는 역연혼과 이 의무를 해소하는 '신 벗는 예식'(חליצה, 할리짜)이 가능하다. 그러나 어머니만 같고 아버지가 다른 형제 사이에는 허용되지 않는다.[1]

(3) 역연혼 관련법은 오직 자녀 없이 사망한 형제에게만 해당한다. 자녀가 있었는데 부친보다 먼저 사망했다면 여전히 역연혼이 필요하다. 즉 사망 당시 자식이 있느냐 없느냐가 관건이 된다. 만일 그때 손주나 증손주 등 직계 후손이 생존해 있었다면 역연혼 규정이 적용되지 않는다.

(4) 형제가 사망한 다음에 태어난 시형제는 그 형수와 역연혼을 하지 않는다(1, 2). 기타 생식력에 문제가 있거나(8, 4) 사생아 등 이스라엘 회중에 들어갈 수 없는 이도 역연혼을 시행할 수 없다(8장).

(5) 핏줄상 혹은 결혼으로 형성된 친족 관계에 있는 자는 촌수가 매우 가깝기 때문에 근친상간으로 간주하여 역연혼이 금지된다. 이를 에르바(ערווה, 복수는 아라욧ערויות)라 한다. 또는 이 에르바 규정으로 인해 혼인이 금지되는 여성도 에르바라고 부른다. 에르바에는 스물한 가지 경우가 있으며 1, 1과 1, 2는 이 중 열다섯 가지 경우를, 1, 3은 나머지 여섯 가지 경우를 다룬다.

(6) 에르바 이외에 간통·불임 등 다른 이유로 역연혼이 금지되는 사례들도 있다.

(7) 일부다처제에서 생기는 여러 명의 아내를 '동료 아내'(צרה, 짜라)라고 하는데, 위 에르바 규정은 동료 아내에게도 연대 규정처럼 적용된다.

(8) 혼인은 약혼(약조물로 혼인을 약속하고 케투바를 작성하여 성립

---

1) 역연혼의 각 사례를 설명할 때, 특정한 예를 제외하고는 대개 '아버지가 같은 형제로 자녀 없이 사망한'이라는 말이 생략되었음을 밝힌다.

하며 '키두쉰' 또는 '에루씬'이라고 칭한다)과 혼인(후파[2])에서의 혼인 예식 후 신방에 들이는 것으로 '니쑤인'이라 칭함) 두 단계로 구성되며, '약혼' 단계에 있는 신랑·신부도 아직 함께 살지 않지만 이미 부부로 간주한다. 따라서 약혼자가 사망했을 때도 그 상배여성에게 역연혼 규정이 적용된다.

(9) 역연혼은 야밤과 예바마와의 성관계를 통해 그 효력이 발생한다. 다만 랍비들은 역연혼 전에 일종의 약혼 표시로 예바마에게 마아마르(מאמר, 선언)를 하도록 후대에 규정을 추가했다. 이는 혼인에 준하는 효력을 발휘한다. 그러나 성서법상은 마아마르 없이 성관계만으로 역연혼이 성립된다. 마아마르를 한 예바마는 이중 지위에 놓인다. 즉 토라법으로는 역연혼이 필요한 예바마이고, 랍비법으로는 이미 야밤과 혼인한 배우자다. 이로 인해 특수상황이 발생한다(제2~5장).

(10) 형제가 없거나, 형제들이 모두 사망했거나, 에르바 규정에 걸리지 않는 이상 예바마는 역연혼 구속력에 놓이며, 신 벗는 예식을 해야 시형제가 아닌 이와 재혼할 수 있다. 원칙적으로 결혼은(배우자의 사망 제외) 이혼증서(גט, 게트)로 말소되고, 역연혼 의무는 신 벗는 예식으로 말소된다. 다만 랍비들은 특정 사례에 한해 이혼증서로도 역연혼 의무가 해소된다고 인정했다(제5장).

(11) 역연혼은 야밤과 예바마의 의지에 반해 강제적으로 행하지 않는다. 그러므로 시형제 또는 예바마가 역연혼을 거절하는 경우, 신 벗는 예식이라는 공식 의례를 통해 역연혼의 구속력을 해소한다. 신 벗는 예식 의례에 대해서는 신명기 25:7-10에 명시되어 있다. 자식 없이 사망한 형제의 아내인 예바마가, 고인의 형제로서 역연혼 의무가 있는

---

2) 후파(חופה, Chuppah)는 네 기둥을 세우고 천을 지붕처럼 드리운 일종의 천막 및 캐노피다. 유대 결혼예식은 후파 아래서 신랑·신부가 함께 선 채 진행된다.

시형제인 야밤의 신발을 벗겨 던지는 행위 등을 수반한다(제12장). 이 의례를 행한 상배여성은 시형제가 아닌 다른 남성과 재혼할 수 있다. 재혼을 원치 않는 여성이라면 신 벗는 예식을 반드시 해야 할 필요는 없다.

(12) 신 벗는 예식을 행한 여성은 '신 벗긴 여자'(חלוצה, 할루짜)라고 부르며, 랍비들은 신 벗긴 여자와 제사장과의 혼인을 금지했다.

(13) 역연혼법으로 인해 역연혼이나 신 벗는 예식을 기다려야만 하는 여성(예바마)과 이를 행사하는 시형제(야밤) 사이에 생기는 법적 구속력을 '지카'(זיקה)라 하며, 지카에 놓인 상배여성을 '제쿠카'(זקוקה)라 부른다.

(14) 역연혼 의무는 생존한 형제 중 연장자순으로 돌아오지만, 반드시 이를 따르는 것은 아니다. 역연혼은 원칙적으로는 13세 이상의 성년 남성이 할 수 있다.

(15) 미쉬나 시대 약혼(키두쉰/에루씬) 기간은 대개 초혼의 경우 1년, 재혼의 경우 1개월(「케투봇」 5, 2)이다.

제1장

역연혼(יבום, 이붐)[3] 중 친족 관계에 있어 근친혼에 해당하거나 신
벗는 예식(חליצה, 할리짜)을 통해 그 의무에서 면제되거나, 그리고 일
부다처제에서 '동료 아내'(צרה, 짜라)의 관계에 있거나 하는 여자들에
게 역연혼 의무를 어떻게 적용하는지 다룬다.

1, 1

חֲמֵשׁ עֶשְׂרֵה נָשִׁים פּוֹטְרוֹת צָרוֹתֵיהֶן וְצָרוֹת צָרוֹתֵיהֶן מִן הַחֲלִיצָה וּמִן הַיִּבּוּם
עַד סוֹף הָעוֹלָם. וְאֵלּוּ הֵן, בִּתּוֹ, וּבַת בִּתּוֹ, וּבַת בְּנוֹ, בַּת אִשְׁתּוֹ, וּבַת בְּנָהּ,
וּבַת בִּתָּהּ, חֲמוֹתוֹ וְאֵם חֲמוֹתוֹ, וְאֵם חָמִיו, אֲחוֹתוֹ מֵאִמּוֹ, וַאֲחוֹת אִמּוֹ,
וַאֲחוֹת אִשְׁתּוֹ, וְאֵשֶׁת אָחִיו מֵאִמּוֹ, וְאֵשֶׁת אָחִיו שֶׁלֹּא הָיָה בְעוֹלָמוֹ, וְכַלָּתוֹ,
הֲרֵי אֵלּוּ פּוֹטְרוֹת צָרוֹתֵיהֶן וְצָרוֹת צָרוֹתֵיהֶן מִן הַחֲלִיצָה וּמִן הַיִּבּוּם עַד
סוֹף הָעוֹלָם. וְכֻלָּן אִם מֵתוּ, אוֹ מֵאֲנוּ, אוֹ נִתְגָּרְשׁוּ, אוֹ שֶׁנִּמְצְאוּ אַיְלוֹנִיּוֹת,
צָרוֹתֵיהֶן מֻתָּרוֹת. וְאִי אַתָּה יָכוֹל לוֹמַר בַּחֲמוֹתוֹ וּבְאֵם חֲמוֹתוֹ וּבְאֵם חָמִיו
שֶׁנִּמְצְאוּ אַיְלוֹנִיּוֹת אוֹ שֶׁמֵּאֲנוּ:

열다섯 〔가지 사례에 놓인〕 여성은 동료 아내들[4] 및 동료 아내의

---

3) '취수혼'(娶嫂婚)이나 '형사취수제'(兄死娶嫂制)라는 용어가 많이 쓰인다. 이는
형의 아내를 아우가 취한다는 뜻으로, 엄밀히 말해 역연혼에 상응하지 않는다.
역연혼은 남편이 사망한 후 아내가 남편의 형제 가운데 한 사람과 재혼하는 혼
인 형태로서, 그 대상이 '형'에 국한되지 않기 때문이다. 따라서 이 번역·주해서
에서는 형제역연혼, 줄여서 '역연혼'이라는 용어를 사용하거나 경우에 따라 원
어인 '이붐'을 그대로 사용한다.

4) 히브리어 '짜라'는 경쟁자(rival)라는 의미도 있는데, 이는 '짜라'의 어근인 히
브리어 동사צרר에 '억압하다'는 뜻이 있기 때문이다. 히브리 성서 사무엘상 1:6
에 등장하는 엘가나의 두 아내 중 프닌나(브닌나)가 한나의 '동료 아내'로 묘사
되며, 개역성경은 이를 '적수'로 번역했다. 레위기 18:18도 같은 동사를 사용하
여 '경쟁자'의 어감을 담았다. 이는 일부다처제에서 한 남자와 결혼하여 함께
사는 아내들이 서로 경쟁 관계에 놓이는 상황을 반영한다. 영어 번역판에서는

동료 아내들[5]을 신 벗는 예식과 역연혼으로부터 영원히[6] 면제해 준다.

그 [대상은] 다음과 같다. 그의 딸, 그의 딸의 딸, 그의 아들의 딸, 그의 아내의 딸, 그의 아내의 아들의 딸, 그의 아내의 딸의 딸, 그의 장모, 그의 장모의 어머니, 그의 장인의 어머니, 그와 어머니가 같은 여자 형제, 그의 어머니의 여자 형제, 그의 아내의 여자 형제, 그와 어머니가 같은 형제의 아내, 그가 세상에 태어나기 전에[7] 이미 사망한 형제의 아내, 그의 며느리.[8]

이들[9]은 모두 동료 아내와 동료 아내의 동료 아내들을 신 벗는 예식과 역연혼으로부터 영원히 면제해준다.

이들 중 누구라도 [남편보다 먼저] 사망했거나, 거부권을 행사했거나, 불임[10]으로 판명되었을 경우, 이들의 동료 아내들은 역연혼이 허락된다.

동료 아내(co-wife)를 쓰는 경우와 경쟁자(rival)를 쓰는 경우가 혼재한다. 미쉬나와 탈무드에서는 전자의 의미를 나타내는 기술적 용어로 사용한다. 즉 일부다처제 제도 안에서 아내가 여럿일 때 이들은 본부인과 첩의 관계가 아닌, 동등한 지위에 있는 동료 아내다.

5) 일부다처제의 특성상 동료 아내가 남편을 잃고 역연혼을 하면 그에게도 동료 아내가 생길 수 있다. 이 조항은 1, 2에서 더 자세히 다뤄진다.

6) 직역하면 '세상 끝까지'다.

7) 원문은 "그의 세상에 없었을 때"이다. 즉, 그와 동시대에 살았던 적이 없는 형제로, 그(역연혼을 해야 하는 장본인, 즉 야밤)가 태어났을 때 이미 사망하고 세상에 없는 형제를 말한다.

8) 예전에 그의 며느리였으나 그의 형제와 재혼한 여성이다.

9) 앞에서 열거한 열다섯 가지 사례에 놓인 여자들이다.

10) 원문 '아일로닛'(אַיְלוֹנִית)은 아이를 못 낳는 것뿐 아니라 나이를 먹어도 신체적으로 성숙기에 들어서지 않는 여성까지 포함한다. 어원은 '아일'(אַיִל, 숫양)로 추정된다. 즉 남자 같은 여자를 가리키는 데서 유래한 것으로 보인다(야스트로 사전. Marcus Jastrow, "אַיְלוֹנִית/אַיְלוֹנִית", *Dictionary of Targumim, Talmud and Midrashic Literature*, 1926).

그러나 그의 장모와 그의 장모의 어머니, 그의 장인의 어머니의 경우에는 '불임 판명'이나 '거부권 선언'을 논할 수 없다.

- 이 미쉬나는 레위기 18:6 이하 근친혼 금지 규정에 기인하여, 상배여성으로서 역연혼 의무에 놓이는 여성(예바마)이, 역연혼 의무가 있는 고인의 형제(야밤)와 근친혼 관계인 '에르바'에 놓이는 사례를 다룬다. 토라에 명시된 근친 금지혼 종류는 더 많으나, 이 미쉬나는 사망한 형제와 혼인이 가능했을 여성 사례에 국한하여 정리하고 있다. 예를 들어 어머니나 할머니와는 야밤이든 그 형제든 애초에 혼인이 금지되므로 역연혼 대상이 되느냐 안 되느냐 논의할 필요가 없다. 이 열다섯 가지 유형에 속하는 여성, 이들의 동료 아내(들)은 역연혼도 신 벗는 예식도 하지 않는다.

- 그의 딸: 르우벤과 시므온이 형제인데, 르우벤의 딸 한나가 시므온과 결혼하였으며(삼촌과 조카 사이는 혼인이 허용된다), 시므온에게는 여러 아내가 있다고 하자. 시므온이 자식 없이 사망했을 경우, 르우벤은 죽은 시므온의 아내인 한나가 자기 딸이므로 한나와 역연혼도, 이를 면제하는 신 벗는 예식 의례도 하지 않는다. 또한 과부가 된 시므온의 다른 아내들도 자기 딸(한나)과 동료 아내 관계에 있기 때문에 아내로 취할 수 없다. 라브[11])에 의하면 여기서 '그의 딸'은 혼외로 태어난 딸을 가리키며, 혼인 관계에서 태어난 딸은 '그의 아내의 딸'에 포함된다(게마라 3a).

---

11) 랍비 압바 아리카(אבא אריכא, Abba Arika, Rav Abba bar Aybo, 라브/Rab, רב). 3세기에 활동한 저명한 아모라(Amora)이며, 랍비 예후다 한나씨의 제자다. 바빌로니아에 수라(Sura) 아카데미를 설립했다. 게마라(바벨 탈무드)에서 보통 '라브'(the Master)로 불린다. 이하 '라브'는 바벨 탈무드 게마라에 등장하는 랍비 압바 아리카의 의견을 가리킨다.

- 그의 딸의 딸, 그의 아들의 딸: 혼외손녀를 가리키는 것으로 보인다 (라브; 야드 아브라함).
- 그의 아내의 딸, 그의 아내의 아들의 딸, 그의 아내의 딸의 딸: 아내와의 혼인관계에서 태어난 딸과 손녀뿐 아니라 아내와 전남편 사이에서 생긴 딸, 손녀를 포함한다. 어떤 남자(A)가 형제(B)의 아내의 딸이나 손녀와 혼인했는데 자식 없이 사망하고 죽었다면, 그 상배여성(B의 딸/손녀)은 역연혼을 해야 할 야밤(B)이 자기 어머니나 할머니의 남편이므로 역연혼도 신 벗는 예식도 하지 않는다.
- 장모, 장모의 어머니(아내의 외조모), 장인의 어머니(아내의 친조모): 예를 들어 A의 장인이 사망한 후 장모가 A의 형제인 B와 재혼했는데, B가 자식 없이 사망했다면 A는 전에 장모였던 그 상배여성(아내의 어머니이자 B의 아내)을 역연혼으로 취할 수 없다. 장모에게는 이전 결혼에서 자기가 낳은 자식(즉 A의 아내)이 있지만, B에게는 자식이 없으므로 원칙적으로 역연혼 대상이 된다.
- 어머니가 같은 여자 형제: 어머니만 같고 아버지는 다른 여자 형제를 말한다.

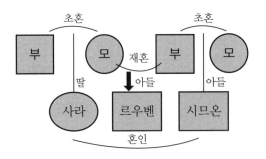

도식화해보면 이 사례는 다음과 같이 나타난다. 어떤 여자와 남자가 혼인을 했는데 여자는 전남편 사이에 딸 사라가, 남자는 전처 사이

에 아들 시므온이 있다. 재혼한 이 부부에게 아들 르우벤이 태어나면, 르우벤과 시므온은 아버지가 같은 형제로서 서로 역연혼 의무를 지닌다. 사라와 시므온은 피가 섞이지 않았기 때문에 혼인이 가능한데, 이 경우 시므온이 자식 없이 사망하면, 야밤이 된 르우벤은 예바마가 된 사라를 아내로 취할 수 없다. 사라는 르우벤과 어머니가 같은 여자 형제이기 때문이다. 성서는 아버지 쪽이 같든(1, 3) 어머니 쪽이 같든 여자 형제와 혼인을 금한다(레 18:9). 아버지가 같은 여자 형제가 거론되지 않은 이유는, 애초에 이 여자 형제가 야밤의 형제와 혼인하는 것이 불가하기 때문이다. 역연혼은 아버지가 같은 형제 사이에만 가능하므로, 야밤과 야밤의 형제, 야밤의 여자 형제 모두 부친이 동일해야 이 경우가 성립된다.

- 그의 어머니의 여자 형제, 그의 아내의 여자 형제: 예바마(사망한 형제의 아내)가 야밤의 이모이거나, 야밤의 처형이나 처제, 즉 자기 아내의 자매라면 역연혼이나 신 벗는 예식이 필요 없다. 전자는 다음과 같은 사례에서 발생할 수 있다. 어떤 남자에게 아내가 둘 있는데 각각 사이에 아들을 하나씩 두었다 하자. 이 아들들은 친모가 아닌 쪽 어머니의 여자 형제, 즉 아버지만 같은 형제의 이모와 혼인이 가능하다. 만일 그가 자식 없이 사망하면 원칙상 남은 형제가 야밤이 되는데, 상배여성이 그의 이모이므로 금지혼이 된다.

  후자의 사례는 다음과 같다. 두 형제가 두 자매와 결혼했는데, 이 형제들 중 한 명이 사망하면 상배여성은 남은 형제와 역연혼을 해야 하지만, 그가 자매의 남편이므로 금지된다.

- 어머니가 같은 형제의 아내: 어머니는 같지만 아버지가 다른 형제의 아내를 말한다. 예를 들어 르우벤과 시므온은 어머니가 같고 아버지는 다른 형제이고, 시므온과 레위는 아버지는 같으나 어머니가 다른 형제다. 르우벤과 레위는 서로 어머니도 아버지도 다르기 때문에 친

족관계가 성립되지 않는다. 라헬이 르우벤과 혼인했는데 그가 사망하여 레위와 재혼했다. 한데 레위가 자식 없이 죽으면 원칙상 아버지가 같은 형제인 시므온이 라헬과 역연혼을 해야 한다. 그러나 라헬은 어머니가 같은 형제인 르우벤의 아내였었기 때문에 시므온과의 역연혼, 신 벗는 예식이 금지된다.

- 그가 세상에 태어나기 전 이미 사망한 형제의 아내: A가 결혼했는데, 형제인 B가 태어나기 전에 죽었고, A의 아내는 역연혼을 통해 A의 형제인 C와 결혼했다. B가 성장한 후 C 또한 자녀 없이 죽었다고 하면, B는 이 상배여성을 아내로 취할 수 없다. 본디 이 여성은 B가 세상에 태어나기 전 이미 사망한 A의 아내였기 때문이다(2, 1).

- 며느리: 야곱의 아들 시므온이 사망하자 시므온의 아내 드보라(야곱의 며느리)가 야곱의 형제인 에서와 재혼했다고 하자. 만일 에서도 자식 없이 사망하면 그 형제인 야곱은 전에 며느리였던 드보라에게 역연혼이나 신 벗는 예식을 할 수 없다.

- 다음으로 미쉬나는 위 언급한 여성들, 즉 열다섯 가지 사례에 놓이는 에르바의 동료 아내들에게 역연혼이 가능한 경우를 설명한다. 금지 관계에 있는 여성이 남편 사망 전에 이미 세상을 떠났거나 이혼했거나 불임이거나, '메운'(미성년 여성의 혼인 거부권)을 행사했다면 이들의 혼인 관계는 이미 소멸되었기에 동료 아내들은 역연혼이 가능하다는 것이다.

성서법상으로는 미성년인 딸이 성년(12세 6개월)이 되기 전까지 아버지가 한 번 혼인(약혼)시킬 수 있다. 그렇다면 아버지를 여읜 미성년 딸의 경우 혼인이 불가능해지므로 랍비법은 이 경우 미성년 여아의 부친을 대신해 어머니 및 남자형제에게 혼인시킬 권리를 부여한다. 대신 이혼/사별에 의해서만 혼인이 종료되는 성서 규정과 달리, 이들이 성인이 되기 전 거부권인 '메운'을 행사하여 혼인을 무효화할 수 있게 했다. 메운법은 부친 생전에 행한 혼사에서 이혼하고 여전히 미성년인 상태에서 부친이 또 약혼(혼인)시키는 경우, 부친 사후에 어머니나 형제가 약혼(혼인)시키는 경우 둘 모두에 적용된다. 이 조항을 통해 약혼만 한 여성도 역연혼의 대상이 된다는 것을 알 수 있다(댄비[237쪽 각주 5]; 블랙먼).[12]

약혼/혼인한 여성이 불임인 '아일로닛'(אילונית)으로 밝혀지면 혼인은 자동 취소된다. 이는 일종의 '메칵흐 타웃'(מקח טעות, Mekach Taut, 실수로 취득·구입했다는 뜻[「바바 메찌아」 6장])으로 간주한다. 만일 남편이 이를 이미 인지하고 있었다면 혼인은 유효하다. 이에 따라 본 미쉬나는 두 가지로 해석이 가능하다. 첫째, 남편이 혼인 후에야 아내의 불임을 인지한 경우 혼인 자체가 무효이므로 그 동료 아내는 역연혼 대상이 된다. 둘째, 남편이 혼인 전에 '아일로닛'임을 이미 인지하고 있었다면 혼인은 유효하지만, 사망자의 대를 잇게 하는 것이 역연혼법의 주목적인 만큼 불임 여성은 애초에 역연혼이 불가하고(「닛다」 5, 9), 동료 아내는 역연혼 대상이 된다. 두 번째 해석의 경우, 본문은 "불임으로 판명되었을"(נמצאו) 경우가 아닌 "불임인 경우"로 번역되어야 한다.

- 바로 전 미쉬나 규정이 "이들 중 누구라도~"라고 하였으나, 열다섯 가지 사례 에르바 중 여기에 해당될 수 없는 세 가지 경우를 설명하고 있다. 장모나 장모의 어머니, 장인의 어머니는 이미 출산했음을 전제하기에 불임을 말하기에는 어폐가 있다. 여성이 출산하면 더는 미성년자로 취급되지 않으며, 메운(혼인 거부권)을 행사할 수 없다. 따라서 메운법은 상기 여성들에 적용되지 않는다.

---

12) 「예바못」'개요'에서 기술한 것처럼 아직 혼인 전인 약혼 단계에서부터 이미 신랑·신부는 부부로 간주된다.

한편 혼외 관계로 아들 A를 낳은 여성이 A의 형제인 B와 혼인했는
데 B가 자식 없이 사망하면, 아들인 A가 역연혼 대상자가 되어버린
다. 이것은 열여섯 번째 에르바 사례가 될 수 있겠으나, 본문은 이 가
능성을 다루지 않는다. 이는 부친과 혼외 성관계를 했던 여성과 혼인
이 가능한가라는 부차적 질문을 낳는다. 이 문제에 대한 논의는 11,
1에 다뤄진다.

1, 2

כֵּיצַד פּוֹטְרוֹת צָרוֹתֵיהֶן. הָיְתָה בִתּוֹ אוֹ אַחַת מִכָּל הָעֲרָיוֹת הָאֵלּוּ נְשׂוּאָה
לְאָחִיו, וְלוֹ אִשָּׁה אַחֶרֶת, וָמֵת, כְּשֵׁם שֶׁבִּתּוֹ פְטוּרָה, כָּךְ צָרָתָהּ פְּטוּרָה.
הָלְכָה צָרַת בִּתּוֹ וְנִשֵּׂאת לְאָחִיו הַשֵּׁנִי, וְלוֹ אִשָּׁה אַחֶרֶת, וָמֵת, כְּשֵׁם שֶׁצָּרַת
בִּתּוֹ פְטוּרָה, כָּךְ צָרַת צָרָתָהּ פְּטוּרָה, אֲפִלּוּ הֵן מֵאָה. כֵּיצַד אִם מֵתוּ
צָרוֹתֵיהֶן מִתְּרוֹת, הָיְתָה בִתּוֹ אוֹ אַחַת מִכָּל הָעֲרָיוֹת הָאֵלּוּ נְשׂוּאָה לְאָחִיו,
וְלוֹ אִשָּׁה אַחֶרֶת, מֵתָה בִתּוֹ אוֹ נִתְגָּרְשָׁה, וְאַחַר כָּךְ מֵת אָחִיו, צָרָתָהּ
מֻתֶּרֶת. וְכָל הַיְכוֹלָה לְמָאֵן וְלֹא מֵאֲנָה, צָרָתָהּ חוֹלֶצֶת וְלֹא מִתְיַבֶּמֶת:

어떻게 하면 이들의[13] 동료 아내들을 [역연혼에서] 면제할 수 있는
가? 만일 그의 딸 혹은 위 에르바[14]에 있는 여성 중 하나가 [이미] 다
른 아내가 있는 그의 형제와 결혼했는데, 그가 사망했다고 하자. 그의

---

13) 위 1, 1에 언급한 열다섯 가지 경우에 있는 여성들이다.
14) 원전은 עריות(아리욧, עריה[아리야]의 복수)으로 표현한다. עריה는 본래 '발
가벗음'이란 뜻으로, 성서 히브리어의 에르바(ערוה, 동사 ערה)에 해당한다(cf.
창 3:10). 미쉬나 히브리어에서 גילוי עריין은 근친상간을 완곡하게 표현하는
어구로, 성서 히브리어 לגלות ערוה(직역하면, '나체를 드러내게 하다'[uncover
nakedness])에서 유래한다. Michael Sokoloff, "עריה", *A Dictionary of Jewish
Palestine Aramaic of the Byzantine Period*(Bar Ilan University Press, 1992[1990]). 레
위기 18:6-19 등의 근친상간 규정에 이 히브리어 어구가 반복하여 쓰이는데,
개역개정에서는 '하체를 범하다', 공동번역에서는 '부끄러운 곳을 벗기다'로
번역하고 있다. 따라서 여기서도 단순한 '나체'가 아닌, 앞서 1, 1에서 언급한
역연혼 금기 규정에 놓이는 근친상간 사례들을 가리킨다.

딸과 마찬가지로[15) 동료 아내 역시 [역연혼에서] 면제된다.

이후 그 동료 아내가 이미 아내가 있는 또 다른 형제와 결혼했는데, 그도 사망한다면, 그 딸의 동료 아내와 마찬가지로 그 동료 아내의 동료 아내[16) 역시 [역연혼에서] 면제된다. 백 명의 [형제가] 있다 해도 같은 규정이 적용된다.

그렇다면 언제 동료 아내들의 역연혼이 허락되는가? 만일 그의 딸 혹은 위의 금지 규정에 있는 여성이 [이미] 다른 아내가 있는 형제와 결혼했는데, 그의 딸이 사망했거나, 이혼한 후 그 형제가 죽었다면, 딸의 동료 아내는 역연혼이 허락된다.

거부할 수 있는데도 거부권을 행사하지 않은 여성의 경우, 그 동료 아내는 신 벗는 예식을 하고 역연혼을 하지 않는다.[17)

- 1, 2는 1, 1의 연장으로, 앞서 언급한 열다섯 가지 사례의 여성들에게 동료 아내가 있을 경우, 이들의 역연혼이 허용되지 않거나 허용되는 경우를 설명한다. 시므온과 요셉이 형제이고, 시므온이 요셉의 딸 레아와 결혼했다고 가정하자. 시므온이 자녀 없이 죽었다면, 요셉은 시므온의 아내인 자기 딸(레아)과 역연혼을 할 수 없다. 1, 1에서 금하는 첫 조항에 해당하기 때문이다. 시므온에게 또 다른 아내 드보라가 있다면, 드보라는 레아의 동료 아내이므로 역시 요셉과의 역연혼이 금지된다.

- 위 사례를 확대시켜, 만일 시므온과 요셉에게 아버지가 같은 또 다

---

15) 위 1, 1의 열다섯 가지 사례 중 첫 번째인 딸과의 혼인 금지 규정 때문이다.

16) 딸의 동료 아내가 새로 결혼했을 때, 그 남편에게 있는 또 다른 아내를 말한다.

17) 여성이 역연혼을 할 때는 재귀형 동사(מתיבמת)를, 남성이 역연혼을 할 때는 사동형 동사 '메야벰'(מיבם)을 쓰므로 남성은 역연혼을 행하는 주체이고, 여성은 역연혼의 대상이 되는 수동적 존재라는 인식이 드러난다.

른 형제 유다가 있다면, 레아(요셉의 딸)나 드보라(레아의 동료 아내)는 유다와 역연혼으로 결혼할 수 있다. 유다가 이들 중 드보라와 역연혼을 했는데,[18] 유다에게는 이미 또 다른 아내 시모나가 있다고 하자. 한데 유다 또한 자식 없이 사망하면, 그의 생존한 형제인 요셉에게 역연혼 의무가 생긴다. 그러나 드보라는 요셉의 딸 레아와 함께 시므온의 아내였던 동료 아내(에르바의 동료 아내)로서 요셉과의 역연혼이 금지되었던 사람이다. 이 규정은 여전히 유효하여 요셉은 드보라를 아내로 취할 수 없다. 마찬가지로 유다의 다른 아내 시모나는 요셉의 딸의 동료 아내의 동료 아내(레아의 동료 아내인 드보라의 동료 아내)라는 신분 때문에 요셉과의 역연혼이 금지된다. 형제가 몇 명이든 이 규정은 똑같이 적용된다.

- 1, 2 후반부는 동료 아내들의 역연혼이 허락되는 예를 설명한다. 전술한 것과 같은 똑같은 상황을 가정했을 때, 시므온이 죽기 전 이미 요셉의 딸이 사망했거나 이혼했다면, 시므온의 다른 아내 드보라는 더는 요셉의 딸의 동료 아내가 아니다. 이에 요셉과 역연혼을 할 수 있다. 마지막 조항은 앞서 열다섯 가지 범주에 속하는 여성 중 아버지를 여읜 미성년으로서, 남편 사망 시 메운을 행사할 권리가 있음에도 하지 않고 역연혼이 필요한 예바마가 된 특수한 사례를 설명한다. 이 경우, 그 동료 아내는 역연혼에서 면제되는 공식적 의례인 신 벗는 예식을 행하고 역연혼을 하지 않는다.[19]

---

18) 시므온의 상배여성 중 한 명인 드보라가 역연혼을 했기 때문에, 남은 아내인 레아는 역연혼의 구속력으로부터 벗어난다.
19) 2, 1의 예에서도 알 수 있듯, 역연혼 여부의 판단이 모호할 때 주로 신 벗는 예식을 행한다.

שֵׁשׁ עֲרָיוֹת חֲמוּרוֹת מֵאֵלוּ, מִפְּנֵי שֶׁנְּשׂוּאוֹת לַאֲחֵרִים, צָרוֹתֵיהֶן מֻתָּרוֹת.
אִמּוֹ, וְאֵשֶׁת אָבִיו, וַאֲחוֹת אָבִיו, אֲחוֹתוֹ מֵאָבִיו, וְאֵשֶׁת אֲחִי אָבִיו, וְאֵשֶׁת
אָחִיו מֵאָבִיו:

이것들보다 여섯 가지 에르바가 더 엄격한데, 이 여성들은 타인과 [만] 혼인[가능]하기 때문이다. 이들의 동료 아내들은 [죽은 이의 형제와 혼인이] 허용된다.

그의 어머니, 그의 아버지의 아내[20], 그의 아버지의 여자 형제, 아버지가 같은 여자 형제, 아버지의 형제의 아내, 아버지가 같은 형제의 아내[가 이에 해당한다].

- 이전 미쉬나에서 진술한, 역연혼이 금지되는 열다섯 가지 사례의 에르바보다, 이 미쉬나가 거론하는 여성들에게 더 엄격한 법규정이 적용된다. 이들은 애초에 아버지가 같은 형제의 아내가 될 수 없는 사람들이기 때문이다. 뉴스너(Neusner)의 경우 "이들은 [아버지가 같은 형제가 아닌] 타인과[만] [합법적으로] 혼인이 되기 때문"으로 번역했다. 언급된 여성들이 형제와 혼인했다면 그 혼인 자체가 무효다. 본문이 말하는 '타인'(אחרים)은 형제가 아닌 사람을 말한다. 탈무드[21]는 형제가 아닌 타인과 결혼하고 남편을 여읜 여자에게는 역

---

20) 일부다처제 사회에서는 그를 낳은 모친 외에도 아버지의 아내가 존재한다.
21) 이 번역·주해서에서 '탈무드'는 특정하지 않는 한 '바벨 탈무드'를 말한다. 한편 '게마라'(גמרא, '끝내다, 완성하다'라는 뜻의 아람어)는 탈무드에서 미쉬나를 후대에 분석, 해석, 토론 및 논쟁한 부분을 말한다. 따로 지칭하지 않는 한 이 번역·주해서에서 '게마라'는 바벨 탈무드의 게마라를 가리키며, 본문과 동일한 마쎄켓을 다룰 때는 마쎄켓 제목을 생략했다. 예를 들어 아래 각주의 게마라 3b는 마쎄켓 「예바못」에 대한 바벨 탈무드의 게마라 부분으로, 3쪽 뒷면(a는 앞면, b는 뒷면)에 해당한다.

연혼 의무가 없기 때문에, 동료 아내들의 역연혼/신 벗는 예식 금지 규정(1, 1)이 적용되지 않는다고 해석한다.[22]

- 람밤[23]은 여기 언급된 이들이 근친혼 금지 조항을 어기고 사망한 이 (야밤의 형제)와 결혼했고 자식 없이 과부가 되었다고 간주한다. 이에 따르면 위에 언급된 여성들은 불법 근친혼을 한 셈으로 원칙상 혼인이 무효이기 때문에, 실제 죽은 이의 아내로 인정되는 동료 아내들만 야밤과 역연혼이 허용된다. 원전만으로는 정확한 해석이 불가능하다.

- 그의 어머니: 라브는 혼외 관계로 아들을 낳은 경우라고 말한다. 혼외 자식으로 태어난 아들 A의 부계 형제 B는 자기 아버지와 혼외 성관계를 가졌던 A의 친모와 혼인할 수 없다.

그의 아버지의 아내: 생물학적 어머니가 아니어도 아버지의 아내와는 혼인이 불가하다(레 18:8). 예를 들어, 야곱의 아내 레아는 배다른 아들인 요셉이나 베냐민과 재혼이 허용되지 않는다. 만일 레아가 이

---

22) 게마라 3b; Heinrich W. Guggenheimer(ed.), *The Jerusalem Talmud, Third Order: Nashim, Tractate Yebamot, Edition, Translation, and Commentary*(SJ 29; Berlin: de Gruyter, 2004), pp. 52-54.

23) 람밤(רמב״ם)은 중세 주석가인 랍비 모세 벤 마이몬(Moses ben Maimon, 1138-1204)을 말하며, 마이모니데스(Maimonides)로도 불린다(이하 람밤). 스페인에서 태어나 모로코에서 얼마간 거주한 후 이집트에 정착하여 그곳에서 유대 공동체의 수장이 되었다. 이슬람 지도자 살라딘의 궁정의사를 지내는 한편, 철학, 할라카, 주해서, 레스폰사(할라카에 대한 질의응답 편지) 등을 저술했다. 히브리어 알파벳을 사용하여 고전 아랍어로 7년에 걸쳐 완성한 그의 미쉬나 주해서 『키타브 알-시라즈』(Kitab al-Siraj, 히브리어 번역은 '페루쉬 하미쉬나욧' פירוש המשניות)는 미쉬나 전체를 다룬 최초의 주석집이다. 10년(1170-1180)에 걸쳐 저술한 『미쉬네 토라』(משנה תורה, The Mishneh Torah, 쎄페르 야드 하하자카[ספר יד החזקה, '강한 손의 책'이라는 뜻]로도 불림)는 람밤의 기념비적 작품이다. 히브리어로 된 총 14권의 책으로 성전시대뿐 아니라 중세 유대법과 관습을 체계적으로 분류하고 포괄적으로 설명한 최초의 법전이다.

를 어기고 요셉과 재혼했고, 요셉이 자식 없이 사망했다면 베냐민은
아버지의 아내였던 레아와 역연혼을 해서는 안 된다.

아버지의 여자 형제: 혼인하는 것은 레위기 18:12에서 금지하고 있다.
역연혼 의무를 지는 형제는 아버지가 같기 때문에 당연히 같은 고모
를 두고 있을 수밖에 없다.

아버지가 같은 여자 형제: (레 18:9) 예를 들어 야곱의 아들 시므온과
르우벤, 딸 디나는 모두 아버지가 같다. 애초에 디나는 시므온이나 르
우벤과 혼인이 불가하므로 이들의 예바마가 될 수 없다. 아버지만 같
든 어머니만 같든, 자기 여자 형제와는 혼인이 불가능하다(1, 1 해석).

아버지의 형제의 아내(백모, 숙모): 레위기 18:14에 따라 혼인이 금지
된다.

아버지가 같은 형제의 아내: A와 아버지가 같은 형제 B가 '자식을 남
기고' 사망한 경우에 해당한다. B의 상배여성은 A를 포함하여 B의
남은 형제들과 혼인이 불가하다. 역연혼은 (아버지가 같은) 형제가
자식을 남기지 않고 사망했을 때에만 적용된다.[24]

1, 4

בֵּית שַׁמַּאי מַתִּירִין הַצָּרוֹת לָאַחִים, וּבֵית הִלֵּל אוֹסְרִים. חָלְצוּ, בֵּית שַׁמַּאי
פּוֹסְלִין מִן הַכְּהֻנָּה, וּבֵית הִלֵּל מַכְשִׁירִים. נִתְיַבְּמוּ, בֵּית שַׁמַּאי מַכְשִׁירִים,
וּבֵית הִלֵּל פּוֹסְלִין. אַף עַל פִּי שֶׁאֵלּוּ אוֹסְרִין וְאֵלּוּ מַתִּירִין, אֵלּוּ פוֹסְלִין וְאֵלּוּ
מַכְשִׁירִין, לֹא נִמְנְעוּ בֵּית שַׁמַּאי מִלִּשָּׂא נָשִׁים מִבֵּית הִלֵּל, וְלֹא בֵית הִלֵּל
מִבֵּית שַׁמַּאי. כָּל הַטָּהֳרוֹת וְהַטֻּמְאוֹת שֶׁהָיוּ אֵלּוּ מְטַהֲרִין וְאֵלּוּ מְטַמְּאִין, לֹא
נִמְנְעוּ עוֹשִׂין טָהֳרוֹת אֵלּוּ עַל גַּבֵּי אֵלּוּ:

삼마이 학파는 동료 아내들을[25] 그 형제들에게[26] 허용한다. 그러나

---

24) 1, 1의 '어머니가 같은 형제의 아내'와 비교하라.
25) 남편을 잃었을 경우다.

힐렐 학파는 이를 금한다.

이들이 신 벗는 예식을 했다면, 샴마이 학파는 제사장과의 결혼자격을 박탈하는[27] 반면, 힐렐 학파는 자격을 부여한다.[28] 이들이 역연혼을 했다면 샴마이 학파는 [제사장과 결혼할] 자격을 부여하지만 힐렐 학파는 자격을 박탈한다.

이들은 금지하는데 저들은 허용하고, 이들은 자격을 박탈하는데 저들은 자격을 부여하지만 그렇다 하여 샴마이 학파는 힐렐 학파 여성과의 혼인을[29] 금하지 않았다. 마찬가지로 힐렐 학파도 [샴마이 학파 여성과의 혼인을] 금하지 않았다.

이들은 정결하다 하고 저들은 부정하다 하는, 정한 것과 부정한 것 [에 관한] 모든 것(논쟁)에도 불구하고 이들은 정결법[과 관련하여 상대측의 도구] 쓰기를 삼가지 않았다.

- 이 미쉬나는 「에두욧」 4, 8에도 등장하며, 힐렐 학파(Beit Hillel)와 샴마이 학파(Beit Shammai)의 상반된 주장을 다룬다. 먼저 샴마이 학파는 앞 미쉬나들에서 말한 에르바의 동료 아내들이 역연혼에서 면제되는 규정에 반대하여, 동료 아내들도 역연혼이나 신 벗는 예식을 해야 한다고 주장한다.[30]

---

26) 고인이 된 남편의 생존 형제들과 다시 결혼하는 것이다.

27) 원문 פוסלין(포슬린)은 뒤의 מכשירין(마크쉬린)과 짝을 이룬다.

28) 원문 מכשירין(마크쉬린)은 유대인의 음식정결법을 가리키는 코셔(כשר)와 같은 어근을 지닌다. 정결법은 정해진 기준에 적합한지 부적합한지 그 자격을 논하는 것이다. 정결에 관해 다루는 쎄데르(제6권) 『토호롯』의 마쎄켓(제8부) 「마크쉬린」이다. 그러므로 '마크쉬린'과 '포슬린'에도 정한 것과 부정한 것의 어감이 담겨 있다. '유효하다', '무효하다'로 번역하는 경우도 종종 있다.

29) 직역하면 '아내로 취하는 것'을 말한다.

30) 대체로 샴마이 학파의 법 적용이 힐렐 학파보다 엄격하다.

- 레위기 21:7에 의하면, 제사장은 이혼한 여성과 혼인할 수 없다. 랍비들은 신 벗는 예식을 행한 여성을 이혼녀와 마찬가지로 간주하여 제사장과 혼인을 금지한다.[31] 샴마이 학파는 에르바의 동료 아내들이 신 벗는 예식을 했을 경우 이를 유효한 것으로 인정하며, 따라서 이들은 이혼녀이기에 제사장과 혼인할 수 없다고 주장한다.
- 힐렐 학파에게 에르바의 동료 아내들은 역연혼도 신 벗는 예식도 할 필요가 없다. 이들이 신 벗는 예식을 했다면 무의미할 뿐, 제사장과 혼인할 수 있다는 주장이다.
- 에르바의 동료 아내들이 역연혼으로 결혼했는데 그 남편이 사망하면, 샴마이 학파는 이들이 적법한 혼인 후 상배여성이 된 것이기에 제사장과 결혼해도 좋다고 주장한다. 그러나 에르바의 동료 아내들에게 역연혼을 허용하지 않는 힐렐 학파의 견해로는, 금지된 역연혼을 한 이 여성은 부정한 조나(זונה)로 간주되며(6, 5), 따라서 제사장과 결혼할 수 없다고 주장한다. 이 조항은 뒤에 등장하는 법규(2, 4)에서 더 자세하게 다뤄진다.
- 샴마이 학파와 힐렐 학파 간 법 해석의 차이가 이들의 상호 대인관계를 침해하지는 않았다.

제2장

제2장에서는 제1장에 설명된 규정들 중 태어나기 전에 이미 세상을 떠난 형제의 아내 관련 역연혼 및 랍비들이 확대한 에르바 조항, 정결

---

31) 그러나 이 규정에 반대하는 이들은, 이혼은 남편과 하는 것이지만 신 벗는 예식은 남편 아닌 이와 하는 것이기에 이혼으로 볼 수 없다고 주장한다. (Guggenheimer, *The Jerusalem Talmud, Third Order: Nashim, Yebamot*, pp. 54-55).

법에 따른 역연혼 금지 및 범죄나 불순한 의도가 의심될 때의 혼인 금지 규정을 다룬다.

2, 1

כֵּיצַד אֵשֶׁת אָחִיו שֶׁלֹּא הָיָה בְעוֹלָמוֹ. שְׁנֵי אַחִים, וּמֵת אֶחָד מֵהֶם, וְנוֹלַד לָהֶן אָח, וְאַחַר כָּךְ יִבֵּם הַשֵּׁנִי אֶת אֵשֶׁת אָחִיו, וָמֵת, הָרִאשׁוֹנָה יוֹצֵאת מִשּׁוּם אֵשֶׁת אָחִיו שֶׁלֹּא הָיָה בְעוֹלָמוֹ, וְהַשְּׁנִיָּה מִשּׁוּם צָרָתָהּ. עָשָׂה בָהּ מַאֲמָר וָמֵת, הַשְּׁנִיָּה חוֹלֶצֶת וְלֹא מִתְיַבֶּמֶת:

〔역연혼 의무를 지닌 자(야밤)가 태어나기 전에〕 이미 세상을 뜬 형제의 아내는 어떻게 〔동료 아내들을 역연혼 의무에서 면제하는가〕?

두 형제가 있었는데, 그중 한 명이 〔자식 없이〕 죽었고 이들에게 또 형제가 태어난 경우, 두 번째〔형제〕가 그 형제의 아내와 역연혼을 했으나 그도 사망한다면, 첫 번째 여성은 〔원래 셋째가 태어나기 전 이미〕 이 세상 사람이 아니었던 형제의 아내였기 때문에 〔셋째와의 역연혼이나 신 벗는 예식 의무에서〕 벗어난다. 〔역연혼을 행사한 형제의 원래 아내로서 과부가 된〕 두 번째 여성은 〔첫 번째 여성의〕 동료 아내이므로 〔역시 역연혼이나 신 벗는 예식 의무에서〕 벗어난다.

만일 〔역연혼 의무를 지닌 야밤이〕 마아마르만 행하고 죽었다면, 그 두 번째 여성은 〔셋째와〕 신 벗는 예식을 하고 역연혼은 하지 않는다.

- 열다섯 가지 사례 중 열네 번째 사례를 구체적으로 다룬 조항이다. 예를 들어 르우벤은 라헬과, 시므온은 레아와 결혼했다. 르우벤이 자식 없이 죽고 셋째인 레위가 태어났다. 이후 르우벤의 상배여성인 라헬이 시므온과 역연혼을 했는데, 시므온 역시 자식 없이 죽었다면 라헬은 다시 레위와 역연혼을 해야 한다. 그러나 이 경우, 레위가 르우벤 사후에 태어났기 때문에 한때 르우벤의 아내였던 라헬과 결혼할

수 없다. 반면에 시므온이 살아 있을 때 레위가 태어났기 때문에 시므온의 아내였던 레아는 레위와 역연혼이나 신 벗는 예식을 행해야 한다. 그러나 연대 규정상 레아는 라헬의 동료 아내이므로 역시 역연혼과 신 벗는 예식에서 면제된다(야드 아브라함; 조슈아 컬프).

- 위 사례에서 시므온이 라헬과 역연혼 전 단계, 즉 역연혼을 하겠다고 약속하는 '이붐'(역연혼)용 약혼인 마아마르를 하고 나서 죽었다면, 시므온과 라헬은 랍비법상 혼인에 준하는 상태이면서, 동시에 성관계로서 완성되는 역연혼에는 이르지 못한 셈이다. 즉 레아는 라헬의 온전한 동료 아내라고 보기 애매한 상태가 된다. 이에 레아는 레위와의 역연혼에서는 면제되지만 신 벗는 예식 의례는 행해야 한다(3, 6).

2, 2

שְׁנֵי אַחִים וּמֵת אֶחָד מֵהֶן, וְיִבֵּם הַשֵּׁנִי אֶת אֵשֶׁת אָחִיו, וְאַחַר כָּךְ נוֹלַד לָהֶן אָח, וָמֵת, הָרִאשׁוֹנָה יוֹצֵאת מִשּׁוּם אֵשֶׁת אָחִיו שֶׁלֹּא הָיָה בְעוֹלָמוֹ, וְהַשְּׁנִיָּה מִשּׁוּם צָרָתָהּ. עָשָׂה בָהּ מַאֲמָר, וָמֵת, הַשְּׁנִיָּה חוֹלֶצֶת וְלֹא מִתְיַבֶּמֶת. רַבִּי שִׁמְעוֹן אוֹמֵר, מְיַבֵּם לְאֵיזוֹ מֵהֶן שֶׁיִּרְצֶה, אוֹ חוֹלֵץ לְאֵיזוֹ מֵהֶן שֶׁיִּרְצֶה:

두 형제 중 하나가 사망하여 두 번째[형제]가 그 형제의 아내와 역연혼으로 결혼한 다음, 그들에게 또 형제가 태어났는데[역연혼을 행한 형제마저 자식 없이] 죽었다면, 첫 번째 여성은 [셋째가] 세상에 있기 전 형제의 아내였고, 두 번째 여성은 [첫 번째 여성의] 동료 아내이므로 [역연혼이나 신 벗는 예식에서] 벗어난다.

만일 [역연혼 의무를 지닌 야밤이] 마아마르를 행하고 죽었다면, 그 두 번째 여성은 [셋째와] 신 벗는 예식을 하고 역연혼은 하지 않는다.

그러나 랍비 쉼온은 말한다. "[셋째는 둘 중] 원하는 여성과 역연혼을 하거나 신 벗는 예식을 하면 된다."

- 이 미쉬나는 2, 1과 달리 역연혼 전이 아니라 역연혼 후에 셋째가 태어난 사례를 다루지만 결과는 동일하다. 두 형제 중 르우벤은 라헬과, 시므온은 레아와 결혼했는데, 르우벤이 자식 없이 죽자 시므온이 라헬을 아내로 취했고, 이후 셋째인 레위가 태어났으나 시므온마저 자식 없이 사망했다고 가정하자. 라헬('첫 번째 여성')의 원래 남편인 르우벤은 셋째인 레위가 태어나기 전 이미 사망했으므로, 레위와 함께 세상에 살았던 적이 없다. 따라서 '이미 세상을 뜬 형제(르우벤)의 아내'였던 라헬은 셋째인 레위와 역연혼이나 신 벗는 예식을 할 수 없다(2, 1). '두 번째 여성'은 역연혼을 행사한 형제, 즉 시므온의 원래 아내인 레아다. 레아는 시므온과 라헬의 역연혼으로 인해 라헬의 동료 아내가 되기 때문에, 남편(시므온) 사후 셋째 레위와 역연혼이나 신 벗는 예식을 할 수 없다.

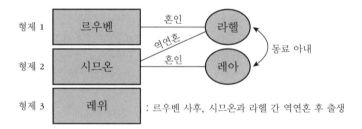

- 시므온이 라헬에게 정식 역연혼 전 단계인 마아마르만 하고 사망한 경우에 2, 1에서 설명한 것처럼 신 벗는 예식을 한다.
- 그러나 랍비 쉼온(Shimon bar Yochai / Shimon ben Yochai)은 반대 의견을 표한다. 라헬이 시므온과 역연혼으로 결혼한 이상 르우벤과의 혼인관계는 이미 해소되었기 때문에, 라헬에게 시므온의 아내 자격으로 새로운 규정을 적용해야 한다는 것이다. 이 경우 레아도 연대 금지 규정에서 풀리며, 따라서 레위는 라헬과 레아 누구와도 역연혼

이나 신 벗는 예식을 할 수 있다고 말한다.

2, 3

כְּלָל אָמְרוּ בַיְבָמָה. כָּל שֶׁהִיא אָסוּר עֶרְוָה, לֹא חוֹלֶצֶת וְלֹא מִתְיַבֶּמֶת.
אָסוּרָה אָסוּר מִצְוָה, וְאָסוּר קְדֻשָּׁה, חוֹלֶצֶת וְלֹא מִתְיַבֶּמֶת. אֲחוֹתָהּ שֶׁהִיא
יְבִמְתָּהּ, חוֹלֶצֶת אוֹ מִתְיַבֶּמֶת:

예바마에 관한 원칙에 있어 [현인들은] 말했다.[32)]

에르바로 인해 금지되는 여자는 누구든 신 벗는 예식도 역연혼도
하지 않는다.

계명[에 의한] 금지나 거룩함[에서 비롯된] 금지로 [예바마의 역연
혼이] 금지되는 경우, 신 벗는 예식을 행하고 역연혼은 하지 않는다.

만일 그 자매도 상대의[33)] 예바마인 경우, 신 벗는 예식이나 역연혼
을 한다.

● 이 미쉬나 조항은 예바마와 관련하여 통용되는 원칙에 대해 설명한
다. 역연혼을 불허하는 금지 종류는 크게 세 가지다.

1) 에르바에 의한 금지(אִיסוּר עֶרְוָה, 이쑤르 에르바): 레위기 18장에
근거한 근친혼 금지규정을 말하며, 1, 1 첫 조항에서 명시했듯이
이 규칙은 동료 아내에도 해당한다.

2) 계명에 의한 금지(אִיסוּר מִצְוָה, 이쑤르 미쯔바): 랍비들이 추가한
금지혼 조항이다(2, 4).

3) 거룩함에서 비롯된 금지(אִיסוּר קְדֵשָׁה, 이쑤르 크데샤): 친족 관계

---

32) 어떤 것에 관한 일반원칙을 설명할 때 쓰는 "כלל אמרו ב…"(클랄 아므로 바…)
라는 이 표현은 「페아」 1, 4; 「마아쎄롯」 1, 1; 「토호롯」 8, 6에서도 볼 수 있다.
33) 원문은 "그녀의"다. 즉 자매가 동일한 시형제의 예바마인 경우를 말한다.

와 상관없이 거룩함을 훼손하지 않기 위해 랍비들이 정한 조항이
다(2, 4).

● 마지막 조항이 다루는 사례는 다음과 같다. 르우벤, 시므온, 레위 삼
형제가 있는데 르우벤은 라헬과, 시므온은 레아와 결혼했으며, 라헬
과 레아는 자매다. 르우벤과 시므온이 자식 없이 죽은 경우, 자매 사
이인 라헬과 레아 둘 다 남은 형제인 레위와 역연혼을 해야 하는 상
황에 놓이게 된다. 금혼 규정상 아내의 자매와는 혼인을 할 수 없다.
앞서 서론에서 지카(역연혼 구속력)에 매이는 상배여성을 제쿠카라
설명했는데, 라헬과 레아는 서로 제쿠카의 자매이므로 레위는 두 여
성 모두와 원칙상 역연혼이 불가능하다. "예바마의 자매가, 야밤인
시형제의 동료 예바마"가 될 수 있는 가능한 사례가 있다면, 위 레위
가 라헬의 딸과 이미 혼인한 상태인 경우다. 만일 레위가 라헬과 역
연혼을 하게 되면 어머니와 딸을 동시에 아내로 삼게 되므로 에르바
규정에 걸린다. 그러므로 라헬은 역연혼에서 제외되어 라헬과 레아
사이 '제쿠카의 자매'라는 관계가 소멸된다. 결국 역연혼이 가능한
예바마는 레아 한 명만 남는다. 따라서 레아에게는 레위와의 신 벗는
예식이나 역연혼이 허용된다.

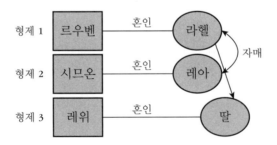

אִסּוּר מִצְוָה, שְׁנִיּוֹת מִדִּבְרֵי סוֹפְרִים. אִסּוּר קְדֻשָּׁה, אַלְמָנָה לְכֹהֵן גָּדוֹל, גְּרוּשָׁה וַחֲלוּצָה לְכֹהֵן הֶדְיוֹט, מַמְזֶרֶת וּנְתִינָה לְיִשְׂרָאֵל, וּבַת יִשְׂרָאֵל לְנָתִין וּמַמְזֵר:

계명〔에 의한〕 금지는 서기들이 정한 이차적 〔에르바〕를 말한다. 거룩함〔에서 비롯된〕 금지 〔대상은〕 다음과 같다. 과부와 대제사장의 〔역연혼〕, 이혼녀 및 신 벗긴 여자와 일반 제사장〔의 역연혼〕, 여자 사생아(맘제렛) 및 네티나와 이스라엘 남자〔의 역연혼〕, 이스라엘 여자와 나틴 및 사생아(맘제르)〔의 역연혼이 이에 해당한다〕.

● 이 미쉬나는 바로 전 미쉬나(2, 3)에서 소개한 역연혼을 불허하는 세 가지 금지 조항 중, 계명에 의한 금지와 거룩함에서 비롯된 금지 규정을 보완 설명한다.

1) 계명에 의한 금지: 성서가 금지하는 근친혼(에르바)은 아니지만, 혹시 모를 근친혼을 우려하여 랍비들이 강화한 법적 조항을 말한다. 이들은 조모, 증손녀(외손주/친손주의 딸, 친손녀/외손녀의 딸), 증조모, 손주며느리, 조부의 아내, 백부나 숙부의 아내 등 한 세대를 더 확장하여 근친혼을 적용한다(게마라 21a; 에벤 하에제르[34] 15). 이는 이차적 단계의 에르바며, 일차적 단계의 에르바는 토라가 규정하는 스물한 가지 근친이다(1, 1과 1, 3).

2) 거룩함에서 비롯된 금지: 역시 랍비들이 정한 규율로 근친혼과는

---

34) 에벤 하에제르(Even HaEzer, '도움의 돌'이라는 뜻)는 16세기에 랍비 요셉 카로(Yosef Karo, 1488-1575)가 집대성한 유대법전『슐칸 아룩』(שלחן ערוך, The Shulchan Arukh, '상을 차리라'는 뜻)의 셋째 편으로, 혼인·이혼·역연혼 등 여성과 가족 관련법을 논한다.『슐칸 아룩』은 1563년 싸페드(Safed, 현 이스라엘 북부 도시)에서 저술되어, 2년 후 베네치아에서 출판되었다. 총 네 편으로 구성되었으며 가장 영향력 있고 널리 알려진 유대 할라카 법전이다.

상관없다. '거룩함'이라는 용어는 레 21:15에서 유래한다.

○ 과부와 대제사장과의 역연혼 금지: 성서 원칙상 대제사장에게도 역연혼이 허용되어야 하지만, 동시에 과부와의 결혼이 금지된다 (레 21: 14). 긍정법이 부정법을 우선한다(עשה דוחה לא תעשה) 는 할라카 원칙에 따라 대제사장과 예바마의 역연혼은 한시적 으로 허용되었다.[35] 즉 역연혼을 위한 첫 부부관계를 이행하고 난 후 이혼해야 한다. 그러나 랍비들의 법령은 이 첫 부부관계 조차 불허하며, 더 이상의 관계로 대제사장이 부정해지는 것을 막기 위해 아예 대제사장과 과부와의 역연혼을 금했다(야드 아 브라함).

○ 일반 제사장[36]은 과부와 결혼할 수 있으나 이혼녀와는 결혼할 수 없다(레 21:7). 일반 제사장이 금지 규정에도 불구하고 이혼 녀와 결혼했을 경우 그는 다시 이혼해야 한다(게마라 23a).

○ 사생아(맘제르, 맘제렛)는 근친혼이나 간통 등 금지된 성관계에 의해 태어난 자식을 일컬으며 이들의 후손도 사생아로 간주된 다(신 23:2, 히브리 성서는 23:3).

○ 나틴(남성)과 네티나(여성)는 기브온(Gibeon)의 거민이었던 히 위인들(Hivites)의 후손을 말하며(수 9), 복수는 네티님이다(스 8:20). 이스라엘 사람들과 네티님과의 결혼은 허용되지 않는다.

---

35) 자녀 없이 사망한 형제가 에루씬만 했을 경우에 한한다.
36) 일반 제사장을 가리키는 코헨 헤드욧(כוהן הדיווט)의 헤드욧은 고대 그리스어 이디오테스(ἰδιώτης, '평범한 보통 사람')에서 유래했다. 영어의 idiot(바보) 역 시 이 단어에서 왔다.

מִי שֶׁיֶּשׁ לוֹ אָח מִכָּל מָקוֹם, זוֹקֵק אֶת אֵשֶׁת אָחִיו לְיַבּוּם, וְאָחִיו לְכָל דָּבָר,
חוּץ מִמִּי שֶׁיֶּשׁ לוֹ מִן הַשִּׁפְחָה וּמִן הַנָּכְרִית. מִי שֶׁיֶּשׁ לוֹ בֵּן מִכָּל מָקוֹם, פּוֹטֵר
אֵשֶׁת אָבִיו מִן הַיִּבּוּם, וְחַיָּב עַל מַכָּתוֹ וְעַל קִלְלָתוֹ, וּבְנוֹ הוּא לְכָל דָּבָר, חוּץ
מִמִּי שֶׁיֶּשׁ לוֹ מִן הַשִּׁפְחָה וּמִן הַנָּכְרִית:

형제가 있는 경우, 여하 막론하고 그 형제의 아내에게 역연혼을 행
해야 한다. 노예나 이방 여성에서 태어난 경우가 아니라면 어쨌든 그
는 형제로 간주된다.

아들이 있는 경우, 여하 막론하고 그의 아버지의 아내를 역연혼에
서 면제한다. 또한 이 아들이 부친을 치거나 저주할 경우 책임을 져야
한다. 그러나 노예나 이방 여성에서 태어난 경우가 아니라면 그는 어
쨌든 아들로 간주된다.

- 역연혼을 이행하는 데 있어 형제의 기준을 어디까지 적용해야 하는
  지를 말하고 있다. 사생아, 개종자, 배교자일지라도 그는 형제로 인
  정된다. 모계를 따르는 전통에 의해 노예 여성에게서 난 자식은 노예
  이고, 비유대인 여성에게서 난 자식은 비유대인이다.
- 역연혼은 형제가 자식 없이 죽었을 때 행하는 제도이므로(신 25:5),
  고인에게 태어난 아들을 무조건 다 인정해야 하는지 그 범위에 대한
  질문이 따른다. 여기에는 위와 비슷한 규정이 적용되며 따라서 사생
  아라 할지라도 아들로 인정해야 한다. '부친을 치거나 저주하는 아
  들'에 대한 처벌은 출애굽기 21:15, 17에 기반하며 사형죄에 맞먹는
  다. 사생아라 하더라도 패륜죄는 처벌받아야 마땅하지만, 만일 노예
  여성이나 비유대인 여성이 낳은 아들일 경우 그는 아버지의 법적 자
  식이 아니기 때문에 처벌받지 않는다. 랍비들은 만일 그 부모가 토라
  를 어긴 명백한 죄인이 분명하다면 부친을 때리거나 저주해도 처벌

받지 않는다고 주장한다. 즉 사생아의 경우, 금지된 성관계를 한 부모는 명백한 죄인이기 때문에 아버지를 치거나 때려도 처벌받지 않는다. 따라서 위 미쉬나 조항은 그 부모가 자신이 저지른 죄를 회개했음에도 아들이 치거나 저주한 예에 해당한다(게마라 22a). 한편 생존한 딸이나 손주, 증손 등 직계 후손이 있으면, 역시 자식이 있는 것으로 간주한다(토싸폿[37] 22b).

2, 6

מִי שֶׁקִּדֵּשׁ אַחַת מִשְׁתֵּי אֲחָיוֹת וְאֵינוֹ יוֹדֵעַ אֵיזוֹ מֵהֶן קִדֵּשׁ, נוֹתֵן גֵּט לָזוֹ וְגֵט לָזוֹ. מֵת, וְלוֹ אָח אֶחָד, חוֹלֵץ לִשְׁתֵּיהֶן. הָיוּ לוֹ שְׁנַיִם, אֶחָד חוֹלֵץ וְאֶחָד מְיַבֵּם. קָדְמוּ וְכָנְסוּ, אֵין מוֹצִיאִין מִיָּדָם:

어떤 사람이 두 자매 중 하나와 약혼했는데 둘 중 누구와 약혼했는지 알지 못하면, 이쪽에도 저쪽에도 이혼증서를 주어야 한다.

그 사람이 〔자식 없이〕 사망했고 형제가 하나만 있다면 그 〔생존한 형제〕는 두 자매 모두와 신 벗는 예식을 해야 한다.

〔위 고인에게〕 형제가 둘 있다면 한 명은 신 벗는 예식을 하고 한 명은 역연혼을 한다.

〔만일 두 형제 모두 위 두 자매와 이미 역연혼을〕 진행하여 〔혼인을〕 완성했다면[38] 이 여자들을 그들에게서 빼앗을 수 없다.[39]

---

37) 토싸폿(Tosafot)은 '추가, 보충'(additions)이라는 뜻으로 라쉬 이후 대략 12-13세기 이탈리아와 독일, 주로 프랑스의 유대 학자들이 기록한 주석 모음집이다. 거의 모든 탈무드의 바깥쪽 여백(왼쪽. 오른쪽 여백에 있는 라쉬 주석의 반대편)에 인쇄되어 있는데, 크게 '게마라'의 주석이라는 의견과 '라쉬 주해'의 주석이라는 의견으로 갈린다.

38) 원문은 וכנסו קדמו(카드무 붸 칸쑤). '진행하고 맞아들인다'는 의미로 약혼하고 신랑의 집으로 맞아들이는 혼인의 2단계를 반영한다.

39) 원문은 '그들의 손에서 빼앗다/내보내다'로, 뉴스너는 "법정은 이 여자들을

- 약혼은 보통 부친이 정하며, 특히 중매혼일 경우 제삼자가 개입되므로 자매 사이 이름을 혼동하거나 신원을 제대로 특정하지 않는 일이 발생할 수 있다. 자매를 동시에 아내로 삼는 것은 금지되며(레 18:18), 약혼은 이미 결혼으로 취급되기에 두 자매 모두에게 이혼증서를 주어야 한다.
- 둘 중 누구와 약혼했는지 확실하지 않은 상태에서 약혼한 당사자가 죽고 남아 있는 형제가 한 명인 경우, 두 자매 중 어느 쪽이 역연혼이 필요한 예바마인지 알 수 없다. 이에 신 벗는 예식을 통해 양쪽 모두 자유롭게 해야 한다.
- 고인의 생존한 형제가 두 명이라면 상황이 달라진다. 이 경우 형제 중 하나가 자매 중 하나와 신 벗는 예식을 하고, 다른 형제가 그 나머지 자매와 역연혼을 하면 된다. 행여 이 여성이 사망한 형제의 본디 약혼녀였다 해도 이제 예바마로 간주되므로 역연혼에 문제가 없다. 만일 그 다른 자매가 원래 약혼녀였다면 신 벗는 예식 이후 역연혼에 매이지 않기에 더는 제쿠카(지카〔역연혼 구속력〕에 매이는 여성)가 아니다. 따라서 제쿠카의 자매라는 신분이 소멸된 그 남은 여성(두 자매 중 신 벗는 예식을 하지 않은 쪽)은 이제 역연혼 금지 대상이 아니다.
- 이 두 형제가 랍비 법정에 문의하지 않고 임의로 혼인을 진행했다면, 이혼시키지 않고 혼인으로 인정한다. 라브는 이를 두고 이렇게 해석한다. 만일 형제 1이 진짜 예바마가 아닌 사람과 역연혼을 했다면 위

그들의 소유물에서 제할 수 없다"라고 번역한다. 어근은 יצא(야짜) 동사로, 일차적 의미는 '나가다'다. 혼인 관계에서 자유로워지거나 법적 구속력에서 해소됨을 암시한다고 볼 수도 있겠다. 미쉬나는 יצא의 사동형을 '이혼시킨다'의 의미로 사용한다. 본 역자는 문맥에 따라 '내보내다', '빼앗다', '이혼시키다'로 번역했다.

법이지만, 동시에 형제 2가 진짜 예바마와 역연혼을 했기 때문에 그 순간 지카는 소멸되었다. 따라서 형제 1과 혼인한 여성은 더는 제쿠카의 자매가 아니고, 그 혼인은 위법이 아니다(야드 아브라함).

2, 7

שְׁנַיִם שֶׁקִּדְּשׁוּ שְׁתֵּי אֲחָיוֹת, זֶה אֵינוֹ יוֹדֵעַ אֵיזוֹ קִדֵּשׁ, וְזֶה אֵינוֹ יוֹדֵעַ אֵיזוֹ
קִדֵּשׁ, זֶה נוֹתֵן שְׁנֵי גִטִּין, וְזֶה נוֹתֵן שְׁנֵי גִטִּין. מֵתוּ, לָזֶה אָח, וְלָזֶה אָח, זֶה
חוֹלֵץ לִשְׁתֵּיהֶן, וְזֶה חוֹלֵץ לִשְׁתֵּיהֶן. לָזֶה אֶחָד וְלָזֶה שְׁנַיִם, הַיָּחִיד חוֹלֵץ
לִשְׁתֵּיהֶן, וְהַשְּׁנַיִם, אֶחָד חוֹלֵץ וְאֶחָד מְיַבֵּם, קָדְמוּ וְכָנְסוּ, אֵין מוֹצִיאִין מִיָּדָם.
לָזֶה שְׁנַיִם וְלָזֶה שְׁנַיִם, אָחִיו שֶׁל זֶה חוֹלֵץ לְאַחַת, וְאָחִיו שֶׁל זֶה חוֹלֵץ
לְאַחַת, אָחִיו שֶׁל זֶה מְיַבֵּם חֲלוּצָתוֹ שֶׁל זֶה, וְאָחִיו שֶׁל זֶה מְיַבֵּם חֲלוּצָתוֹ שֶׁל
זֶה. קָדְמוּ שְׁנַיִם וְחָלְצוּ, לֹא יְיַבְּמוּ הַשְּׁנַיִם, אֶלָּא אֶחָד חוֹלֵץ וְאֶחָד מְיַבֵּם.
קָדְמוּ וְכָנְסוּ, אֵין מוֹצִיאִין מִיָּדָם:

두 남자가 두 자매와 약혼했는데 이쪽도 자기가 어느 자매와 약혼했는지 모르고, 저쪽도 자기가 어느 자매와 약혼했는지 모르면, 이쪽도 이혼증서 두 장을 [한 여성당 하나씩] 주고, 저쪽도 이혼증서 두 장을 [한 여성당 하나씩] 준다.

[그들 모두 자식 없이] 사망했고 이쪽에 형제가 하나, 저쪽에 형제가 하나 있다면, 이쪽도 둘 다와 신 벗는 예식을 하고, 저쪽도 둘 다와 신 벗는 예식을 해야 한다.

[고인들에게] 한 명은 형제 하나가, 다른 한 명은 형제가 둘 있다면, 혼자인 형제는 둘 다와 신 벗는 예식을 한다. [나머지] 두 형제의 경우, 한 명은 신 벗는 예식을, 다른 한 명은 역연혼을 한다.

[만일 위 두 형제가 이미] 혼인을 진행하여 완성했다면, 이 여자들을 그들에게서 빼앗을 수 없다.

[고인들 중] 한 명에 형제가 둘, 다른 한 명에 형제가 둘 있다면, 이쪽 형제 [하나]가 [자매 중] 하나와 신 벗는 예식을 하고, 저쪽 형제

〔하나〕가 〔자매 중〕 하나와 신 벗는 예식을 한다.

〔신 벗는 예식을 한〕 이쪽 형제가 저쪽 형제의 신 벗긴 여자와 역연혼을 하고, 〔신 벗는 예식을 한〕 저쪽 형제가 이쪽 형제의 신 벗긴 여자와 역연혼을 한다.

〔만일 한쪽 형제들이 모두〕 그 두 자매와 이미 신 벗는 예식을 해버렸다면, 〔남은 쪽〕 두 형제가 〔모두〕 이들과 역연혼을 하는 대신 한 명은 신 벗는 예식을, 〔다른〕 한 명은 역연혼을 한다.

그러나 이들이 이미 혼인을 진행하여 완성했다면, 이 여자들을 그들에게서 **빼앗을** 수 없다.

- 이 미쉬나는 2, 6을 세분화하여 다룬다. 즉 두 자매 중 누구와 약혼했는지 확실하지 않은 약혼 당사자가 한 명에서 두 명인 경우와, 이들 모두 이 문제를 가리지 않은 상태에서 사망했을 때, 각각 생존한 형제가 몇 명이냐에 따라 역연혼 적용이 달라진다. 기본 규정은 2, 6과 동일하다.

- 사망한 이들에게 각각 형제가 두 명씩 있을 경우 상황은 좀더 복잡해지는데, 2, 6의 규정 두 번째와 세 번째 조항을 혼합하여 차례로 적용한다. 한쪽 형제들 중 하나씩 두 자매 중 하나와 신 벗는 예식을 하면, 두 자매는 모두 각기 다른 쪽 형제 하나와 신 벗는 예식을 하는 셈이 된다. 두 쌍의 형제들 중 남은 형제들이 각 형제의 신 벗긴 여자가 된 두 자매와 역연혼을 하면 된다.

2, 8

מִצְוָה בַגָּדוֹל לְיַבֵּם. וְאִם קָדַם הַקָּטָן, זָכָה. הַנִּטְעָן עַל הַשִּׁפְחָה וְנִשְׁתַּחְרְרָה, אוֹ עַל הַנָּכְרִית וְנִתְגַּיְּרָה, הֲרֵי זֶה לֹא יִכְנוֹס. וְאִם כָּנַס אֵין מוֹצִיאִין מִיָּדוֹ. הַנִּטְעָן עַל אֵשֶׁת אִישׁ, וְהוֹצִיאוּהָ מִתַּחַת יָדוֹ, אַף עַל פִּי שֶׁכָּנַס, יוֹצִיא:

〔형제 중〕 연장자가 역연혼을 하는 것이 계명이지만, 만일 어린 쪽이 앞서 이를 이행한다면 〔그 역연혼은〕 유효하다.[40]

어떤 남자가 여종과 〔관계를 가졌다고〕 의심되는 상황에서 〔이후〕 그 여종이 해방되었거나, 이방 여성과 〔관계를 가졌다고〕 의심되는데 〔이후〕 그 여성이 〔유대인으로〕 개종했다면, 그 〔의심을 받는〕 남성은 〔당사자와〕 혼인할 수 없다. 그러나 이미 혼인을 진행하여 완성했다면, 〔그 여성을〕 그에게서 빼앗을 수 없다.[41]

어떤 사람이 다른 남자의 아내와 관계했다고 의심되면, 그에게서 이 여성을 빼앗아야 한다. 즉 이 여성과 혼인했다 해도[42] 그는 이혼해야 한다.

- 만일 자식 없이 사망한 남자에게 형제가 여럿이라면 토라 율법은 가장 나이 많은 형제가 역연혼을 이행해도록 명한다. 근거가 되는 신명기 25:6은 장자(בכור)라는 낱말을 사용하지만, 생존한 형제가 꼭 장자라는 법이 없기 때문에 연장자를 의미하는 것으로 보아야 한다(라쉬의 민수기 주석〔Sifrei Devarim〕 289:1; 게마라 24a). 역연혼 의무 이행 순서로는 두 가지가 주장된다. 첫째, 가장 연장자가 역연혼을 거부할 경우, 남은 형제들이 나이순으로 역연혼을 이행한다(게마라 24a). 둘째, 가장 연장자가 사망하고 없다면 남은 형제들에게 나이에 상관없이 동등한 역연혼 의무가 부과된다(람밤의 『미쉬네 토라』 중 「힐콧 이붐 봐할리짜」[43] 2:7, 2:12).

---

40) 원문은 '자카'(זכה)로 '얻는다'는 뜻이다.
41) 이혼을 강요할 수 없다는 뜻이다.
42) 전 남편과 이혼 후 재혼함을 의미한다.
43) *Mishneh Torah: Hilchot Yibbum Vachalitzah*(역연혼과 그 해소법). 이하 이 책에서 '람밤 주해'는 『미쉬네 토라』를 지칭한다.

- 노예에서 해방된 여성이나 유대교로 개종한 여성은 유대 남성과의 혼인이 원칙적으로 허락되지만, 이를 빌미로 성관계를 하도록 조장할 우려가 있으므로 관계가 의심되는 남자와의 혼인을 불허한다.
- 남편이 있는 아내의 경우, 바로 위 규정보다 더 엄격한 규정이 적용된다. 보통 이미 혼인이 완성되었을 경우 이혼을 강제하지 못하지만, 전 남편과 이혼 후 부적절한 관계로 의심되는 남자와 재혼했다면 법정은 이혼을 명한다.

2, 9

הַמֵּבִיא גֵט מִמְּדִינַת הַיָּם, וְאָמַר בְּפָנַי נִכְתַּב וּבְפָנַי נֶחְתַּם, לֹא יִשָּׂא אֶת אִשְׁתּוֹ. מֵת, הֲרַגְתִּיו, הֲרַגְנוּהוּ, לֹא יִשָּׂא אֶת אִשְׁתּוֹ. רַבִּי יְהוּדָה אוֹמֵר, הֲרַגְתִּיו, לֹא תִנָּשֵׂא אִשְׁתּוֹ. הֲרַגְנוּהוּ, תִּנָּשֵׂא אִשְׁתּוֹ:

어떤 사람이 이혼증서를 타국[44]에서 가져와 "〔이 증서가〕 내가 보는 앞에서 쓰였고, 내가 보는 앞에서 서명되었다"라고 말했을 경우, 이 사람은 그 이혼증서를 쓴 이의 아내와 결혼할 수 없다.

만일 어떤 사람이 〔법정에서〕 "이 남자는 죽었다", "내가 그를 죽였다" 또는 "우리가 그를 죽였다"라고 선언할 경우, 〔죽었다고 간주되는〕 그 남자의 아내는 재혼이 허락된다.

〔그러나〕 랍비 예후다는 말한다. " '내가 그를 죽였다'라고 선언할 경우 〔죽었다고 간주되는〕 남자의 아내는 재혼할 수 없다. 하지만 '우리가 그를 죽였다'라고 선언할 경우, 위 여성은 재혼할 수 있다."

- 타국에서 이혼증서를 가져온 자, 부고를 전하는 자 등 제삼자의 진술

---

44) 원문은 '메디나트 하얌'(מדינת הים, overseas)으로, 직역하면 '바다 건너 나라'이지만 바다와 상관없이 이스라엘 바깥에 있는 모든 외국을 가리킨다. 이 용어는 계속 등장한다.

이 위증일 가능성으로 인해 진술 당사자와의 재혼을 금한다. 즉 타국에 있는 본래 남편의 생사 여부, 이혼 의사 여부 진위를 확인할 수 없는 상황에서, 그의 아내와 재혼하기 위해 위증할 가능성을 배제할 수 없다. 법정에서 진술한 이와의 재혼을 불허하다는 말은 곧 그를 제외한 다른 이들의 재혼은 허한다는 의미를 포함한다. 이혼증서를 타국에서 가져오는 제삼자 관련 사례는 마쎄켓 「기틴」 제1장에서 자세히 다룬다.

- 타살 진술인 경우, 증인의 선서에 의해 사망 또는 살해되었다고 간주되는 남성의 배우자는 재혼이 가능하다. 이는 증인이 살인에 직간접으로 연루되었을 경우에도 마찬가지로 적용된다.

- 랍비 예후다(Yehudah ben Ilai /Judah bar Ilai)는 반대 의견을 내놓는다. "내가 죽였다"라고 말했을 경우, 스스로 유죄라고 진술한 이상 범죄자의 진술은 법정에서 인정되지 않으며, 남편 사망의 증거 진술로 채택되지 않는 바, 그 배우자의 재혼은 불가하다는 주장이다. 반면 "우리가 그를 죽였다"라고 말했을 경우는 방관했다는 뜻으로, 살인에 직접 연루되었다고 보기 힘들기 때문에 진술로 인정된다는 주장이다. 그러나 이는 랍비 예후다의 소수 의견일 뿐이다. "내가 그를 죽였다"라는 진술의 경우, 자백은 유죄를 입증할 수 있는 증거능력이 없다. 진술자의 자백만으로는 유죄를 판단할 수 없다는 원칙에 따라 자백 당사자를 범죄자로 간주할 수 없지만, 그의 사망 진술은 이전 사례에서와 같이 법정에서 증언으로 채택된다. 이에 사망한 남성의 배우자는 혼인관계가 해소되었기에 재혼이 가능하다.

2, 10

הֶחָכָם שֶׁאָסַר אֶת הָאִשָּׁה בְּנֶדֶר עַל בַּעְלָהּ, הֲרֵי זֶה לֹא יִשָּׂאֶנָּה. מֵאֲנָה, אוֹ
שֶׁחָלְצָה בְּפָנָיו, יִשָּׂאֶנָּה, מִפְּנֵי שֶׁהוּא בֵית דִּין. וְכֻלָּן שֶׁהָיוּ לָהֶם נָשִׁים, וָמֵתוּ,

מֻתָּרוֹת לִנָּשֵׂא לָהֶם. וְכֻלָּן שֶׁנִּשְּׂאוּ לָאֲחֵרִים וְנִתְגָּרְשׁוּ אוֹ שֶׁנִּתְאַלְמְנוּ, מֻתָּרוֹת
לִנָּשֵׂא לָהֶן. וְכֻלָּן מֻתָּרוֹת לִבְנֵיהֶם אוֹ לַאֲחֵיהֶן:

어떤 현인이 〔아내가 한〕 서원으로 인해 남편에게 아내를 금했을 경
우, 그는 이 여자를 아내로 취할 수 없다. 〔그러나〕 이 여자가 그 사람
(현인) 앞에서 거부권을 행사했거나 신 벗는 예식을 한 경우에는 아
내로 취할 수 있는데, 이 경우 그는 법정의 일원이었기 때문이다.

이들 중 누구든 아내가 있었는데 〔나중에〕 죽었다면, 〔이들과의〕 결
혼이 허용된다. 만일 〔이 여자들이〕 다른 사람들과 결혼했다가 이혼
하거나 과부가 되었다면, 이들과의 재혼이 허용된다.

〔이 여자들〕 모두 이들의 아들이나 형제와는 결혼이 허용된다.

- 첫 규정은 서원(네데르)과 관련된다. 아내가 어떤 이득이나 성적 즐
거움을 남편으로부터 취하지 않겠다고 서원했을 경우, 남편은 이 서
원을 들은 당일에 그 서원을 깨야만 한다(민 30:7, 12). 그렇지 않을
경우 아내의 서원은 계속 유효하여 성관계를 할 수 없고, 이혼해야
한다. 단 현인은 서원 철회 청원이 있는 경우 타당한 근거가 있는지
를 검토하여 이를 취소할 수 있다. 위 규정은 현인이 남편의 서원 철
회 청원을 받아들이지 않아 이혼이 강제되는 상황을 말한다. 이 경우
현인이 이들의 이혼을 조장하여 혼인관계를 해소시키고 청원 당사
자의 아내를 자신이 취하고자 불허 판결을 낼 가능성이 있다. 따라서
중립적 입장을 유지하고 불온한 의도를 막기 위해, 판결을 내린 현인
이 위 여성과 재혼하는 것을 금한다. 서원에 대한 규정은 마쎄켓 「네
다림」에서 자세하게 다룬다.

거부권은 1, 1과 1, 2에서 다룬 메운 조항을 가리킨다. 이 사례의 현
인은 메운 내지 신 벗는 예식을 위한 법정의 일원으로 배석했음을
말한다. 법정은 보통 3인으로 구성되므로 위 현인이 혼자 불온한 사

견으로 판단을 내렸다고 보기 어렵다. 따라서 이 경우, 그 현인은 메운이나 신 벗는 예식을 행한 여성과 결혼할 수 있다. '메운'에 대하여는 제13장에서 더 자세히 다룬다.

- 여기서 말하는 '이들'은 이혼 내지 사망한 남성의 배우자를 혼인에서 해소시키는 역할을 한 제삼자로, 2, 9에서 언급된 타국에서 이혼증서를 가져오고 그것이 자기 앞에서 작성·서명되었다고 진술한 사람, 남편의 사망을 증언한 자, 그리고 이 미쉬나의 서원 철회를 받아들이지 않은 현인 등 세 종류의 남자를 가리킨다. 진술 및 판결 당시 이들에게 아내가 있었다면 결혼을 목적으로 위증할 근거가 희박하다고 판단된다. 이미 혼인 관계에 있는 이상 중혼이 되기 때문이다. 그러므로 이들의 배우자가 후에 사망하면 위 사례의 여자들과 결혼이 허락된다. 이 조항을 통해 미쉬나 시대 두 여자와 결혼하는 것이 허용되었음에도 중혼은 일반적이지 않았음을 알 수 있다. 위 언급한 여자들이 위 세 종류 외 다른 남자와 결혼하고 후에 이혼하거나 사별하면, 이들의 첫 결혼 해소에 영향을 끼친 법정 진술, 증언자나 판결을 내린 현인과의 결혼이 허락된다.
- 증언 및 판결 당사자가 혼인을 해소시켜 자신이 그 배우자와 결혼하려는 목적으로 위증할 수는 있어도, 그 혼인 대상자를 아들이나 형제로 설정하여 일을 꾸몄다고 보기는 어렵다고 판단한다. 따라서 상기 언급된 남자들의 아들이나 형제와는 결혼을 허락한다.

제3장

제3장은 2, 7에서 다룬 지카(역연혼 구속력)와 제쿠카(역연혼 구속력에 매이는 여성) 규정에 관한 세부 조항이다. 랍비들이 정한 규율에 따

라 지카는 결혼과 거의 동일하게 취급된다. 가령 제쿠카의 자매는 아내의 자매나 마찬가지이므로 야밤과 결혼할 수 없다.

제3장의 여덟째부터 열째 미쉬나는 2, 7의 마지막 조항에서 언급한 법규정을 위반했을 때의 사례를 다룬다.

3, 1

אַרְבָּעָה אַחִין, שְׁנַיִם מֵהֶן נְשׂוּאִים שְׁתֵּי אֲחָיוֹת, וּמֵתוּ הַנְּשׂוּאִים אֶת הָאֲחָיוֹת,
הֲרֵי אֵלּוּ חוֹלְצוֹת וְלֹא מִתְיַבְּמוֹת. וְאִם קָדְמוּ וְכָנְסוּ, יוֹצִיאוּ. רַבִּי אֱלִיעֶזֶר
אוֹמֵר, בֵּית שַׁמַּאי אוֹמְרִים יְקַיְּמוּ, וּבֵית הִלֵּל אוֹמְרִים יוֹצִיאוּ:

네 형제가 있는데, 이 중 두 명이 두 자매와 결혼했고, 이 자매와 결혼한 이들이 죽었다면, [상배여성이 된 그 두 자매는 남은 두 형제와] 신 벗는 예식을 하되 역연혼은 하지 않는다. 이미 혼인을 진행하여 완성했다면, [이들을] 이혼시켜야 한다.

랍비 엘리에제르는 말한다. "샴마이 학파는 '[혼인]이 성립된다'라고 말하는 반면 힐렐 학파는 '[이들을] 이혼시켜야 한다'라고 말한다."

- 두 자매는 생존한 두 형제에게 예바마이면서 동시에 제쿠카이고, 제쿠카의 자매가 된다. 제쿠카의 자매에게 역연혼을 금지하는 것은 랍비들이 정한 규정이며, 성서법적으로는 생존한 시형제와 역연혼을 해야 한다. 이에 신 벗는 예식을 통해 역연혼 구속력(지카)에서 벗어나게 해준다.

- 보통 샴마이 학파가 힐렐 학파보다 더 엄격한 규정을 적용하는데, 랍비 엘리에제르(Eliezer b. Hyrcanus)는 샴마이 학파가 힐렐 학파보다 더 관대한, 특이 사례를 이야기하고 있다. 한편 압바 샤울(Abba Saul)은 게마라(28a)에서 이를 반대로 언급한다. 즉 샴마이 학파는 이혼을, 힐렐 학파는 혼인 유지를 주장한다는 것이다.

הָיְתָה אַחַת מֵהֶן אֲסוּרָה עַל הָאֶחָד אִסּוּר עֶרְוָה, אָסוּר בָּהּ וּמֻתָּר בַּאֲחוֹתָהּ,
וְהַשֵּׁנִי אָסוּר בִּשְׁתֵּיהֶן אִסּוּר מִצְוָה וְאִסּוּר קְדֻשָּׁה, חוֹלֶצֶת וְלֹא מִתְיַבֶּמֶת:

[만일 이 두 자매 중] 하나가 [남은 두 형제 중] 하나와 에르바 규정
으로 인해 금지된다면, 그는 이 여자에게 금지되지만 그 자매에게는
허락된다. 다른 한쪽 형제의 경우 두 자매 모두에게 금지된다. 반면 율
법으로 인한 금지나 거룩함 문제로 인한 금지에 해당하는 경우, 신 벗
는 예식을 하고 역연혼은 하지 않는다.

- 3, 1의 부연설명이며 2, 3과 2, 4 조항에 근거한다. 두 자매 중 하나가
  위 남은 두 형제 중 하나에게 에르바라면 그는 이 여성과 역연혼을
  할 수 없다. 한편 에르바인 여성과는 지카(역연혼 구속력)가 소멸되
  기 때문에 남은 여성은 자매이더라도 역연혼이 가능하다. 나머지 형
  제의 경우, 에르바로 인한 금지혼에 걸리지 않기 때문에 두 자매 모
  두와 지카가 살아 있으나, 두 여성이 서로 제쿠카(역연혼 구속력하
  에 있는 여성)의 자매가 되므로 양쪽 모두와 역연혼이 금지된다. 그
  러나 랍비들이 이차적으로 부과한, 계명에 의한 금지나 거룩에서 비
  롯된 금지 때문에 역연혼이 불허되는 경우(2, 4), 자매는 각각 신 벗
  는 예식 의례를 하고 역연혼은 하지 않는다. 이는 성서적 에르바가
  신 벗는 예식과 역연혼을 다 면제하는 것과 구별된다.

הָיְתָה אַחַת מֵהֶן אֲסוּרָה עַל זֶה אִסּוּר עֶרְוָה, וְהַשְּׁנִיָּה אֲסוּרָה עַל זֶה אִסּוּר
עֶרְוָה, הָאֲסוּרָה לָזֶה מֻתֶּרֶת לָזֶה, וְהָאֲסוּרָה לָזֶה מֻתֶּרֶת לָזֶה. וְזוֹ הִיא
שֶׁאָמְרוּ, אֲחוֹתָהּ כְּשֶׁהִיא יְבִמְתָּהּ, אוֹ חוֹלֶצֶת אוֹ מִתְיַבֶּמֶת:

만일 두 자매 중 하나가 에르바 금지 규정 때문에 〔생존한 두 형제 중〕 한 명과 〔역연혼이〕 금지되고, 나머지 자매 〔역시〕 에르바 금지 규정 때문에 나머지 형제에게 금지된다면, 한쪽 형제에게 금지된 여성이 다른 한쪽 형제에게는 허락되고, 한쪽 형제에게 허락되는 여성이 다른 한쪽 형제에게는 금지된다.

〔이 사례에 있어 현인들은〕 말한다. "〔만일 위 여성의〕 자매도 상대의 예바마인 경우 신 벗는 예식이나 역연혼을 한다."

- 역시 앞의 미쉬나 조항의 연장선상에 있으며, 2, 3에서 다룬 조항으로 돌아간다.
- 예를 들어 르우벤, 시므온, 레위, 유다 네 형제가 있는데, 이 중 레위와 유다가 자매인 한나, 드보라와 각각 혼인했으며, 한나는 시므온의, 드보라는 르우벤의 장모라 하자. 레위와 유다가 자녀 없이 사망하면 남은 형제인 르우벤과 시므온이 한나, 드보라와 역연혼을 해야 한다. 그러나 한나는 시므온의, 드보라는 르우벤의 장모, 즉 에르바이므로 이들간 혼인이 금지된다. 반면 에르바와는 역연혼 구속력이 사라져 '제쿠카의 자매로 인한 금지 규정'이 더는 적용되지 않기 때문에(3, 1; 3, 2) 다른 한쪽과는 역연혼이 가능하다. 즉 시므온에게 금지된 한나가 다른 한쪽 형제인 르우벤에게 허락되며, 르우벤에게 금지된 드보라가 다른 한쪽 형제인 시므온에게 허락된다.

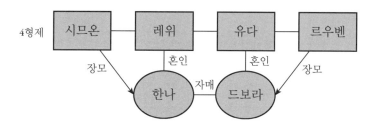

- 에르바로 인해 역연혼이 금지되는 여성은 신 벗는 예식도, 역연혼도 하지 않는 것이 일반적 규칙이다. 그러나 이것이 계명 때문이거나 거룩함 문제 때문이라면, 신 벗는 예식을 행하고 역연혼은 하지 않는다.
- 이 미쉬나 둘째 조항에서 현인들이 하는 말은 2, 3 마지막 조항의 재인용이다.

3, 4

שְׁלשָׁה אַחִין, שְׁנַיִם מֵהֶן נְשׂוּאִין שְׁתֵּי אֲחָיוֹת, אוֹ אִשָּׁה וּבִתָּהּ, אוֹ אִשָּׁה וּבַת בִּתָּהּ, אוֹ אִשָּׁה וּבַת בְּנָהּ, הֲרֵי אֵלּוּ חוֹלְצוֹת וְלֹא מִתְיַבְּמוֹת. וְרַבִּי שִׁמְעוֹן פּוֹטֵר. הָיְתָה אַחַת מֵהֶן אֲסוּרָה עָלָיו אִסּוּר עֶרְוָה, אָסוּר בָּהּ וּמֻתָּר בַּאֲחוֹתָהּ. אִסּוּר מִצְוָה אוֹ אִסּוּר קְדֻשָּׁה, חוֹלְצוֹת וְלֹא מִתְיַבְּמוֹת:

세 형제가 있는데 이 중 두 명이 결혼했는데, 그 여성이 각각 자매 사이거나, 모녀 사이거나, 할머니와 외손녀 사이거나, 할머니와 친손녀 사이이고, 그 결혼한 형제들이 자식 없이 죽었다면, 〔그 사망한 이의 아내였던〕이들은 신 벗는 예식은 하되 역연혼은 하지 않는다. 그러나 랍비 쉼온은 허용한다.

만일 〔야밤이〕 자매 중 한쪽과 에르바에 걸린다면 이 여성과의 역연혼은 금지되나 그 자매와는 허용된다. 만일 계명으로 인한 금지나 거룩함 문제로 인한 금지에 해당하는 경우, 신 벗는 예식은 하되 역연혼은 하지 않는다.

- 세 형제 중 사망하지 않고 남은 한 형제는 어느 누구와도 역연혼을 할 수 없다. 왜냐하면 고인들의 아내 두 명 모두 친족 관계에 따라 상대방의 제쿠카가 되기 때문이다. 제쿠카의 자매와 결혼할 수 없듯이 제쿠카의 어머니나 딸, 외손녀, 친손녀와도 결혼할 수 없다.

- 랍비 쉼온은 이에 반대하는 의견을 낸다. 둘 중 어느 한쪽 여성이 에르바로서 금지되면, 그 여성은 이미 역연혼 의무에서 해소되어 예바마가 아니고, 따라서 남은 여성과의 지카 관계가 성립되지 않기에 에르바가 아닌 다른 쪽 여성과는 역연혼이 가능하다는 주장이다. 이는 3, 2에 이미 설명된 바 있다.

3, 5

שְׁלֹשָׁה אַחִין, שְׁנַיִם מֵהֶם נְשׂוּאִים שְׁתֵּי אֲחָיוֹת, וְאֶחָד מֻפְנֶה, מֵת אֶחָד מִבַּעֲלֵי אֲחָיוֹת, וְעָשָׂה בָהּ מֻפְנֶה מַאֲמָר, וְאַחַר כָּךְ מֵת אָחִיו הַשֵּׁנִי, בֵּית שַׁמַּאי אוֹמְרִים, אִשְׁתּוֹ עִמּוֹ, וְהַלָּה תֵּצֵא מִשּׁוּם אֲחוֹת אִשָּׁה. וּבֵית הִלֵּל אוֹמְרִים, מוֹצִיא אֶת אִשְׁתּוֹ בְּגֵט וּבַחֲלִיצָה, וְאֵשֶׁת אָחִיו בַּחֲלִיצָה. זוֹ הִיא שֶׁאָמְרוּ, אוֹי לוֹ עַל אִשְׁתּוֹ וְאוֹי לוֹ עַל אֵשֶׁת אָחִיו:

세 형제가 있는데 이 중 두 명이 두 자매와 결혼했고, 나머지 한 명은 혼인하지 않았다. 이 자매의 남편들 중 한 명이 〔자식 없이〕 죽었고, 혼인하지 않은 형제가 〔사별한 예바마에게〕 마아마르를 했다. 한데 이어서 〔혼인했던〕 다른 형제마저 〔자식 없이〕 사망했다고 하자. 샴마이 학파는 말한다. "〔먼저 과부가 된〕 그 〔형제〕의 아내는 〔미혼으로 마아마르를 한〕 시형제와 함께한다. 그러나 다른 한쪽은 아내의 자매가 되기 때문에 〔역연혼 없이〕 나간다."[45]

그러나 힐렐 학파는 말한다. "그는 이혼증서와 신 벗는 예식을 통해, 〔마아마르를 한〕 여성을 내보내야 한다. 또한 〔사망한 두 번째〕 형제의 아내도 신 벗는 예식을 통해 내보낸다.

이로 인하여 사람들은 다음과 같이 말했다. "슬프도다 아내[46]를 잃

---

45) 또는 "〔역연혼에서〕 벗어난다."

46) 역연혼을 하겠다는 약속인 마아마르는 랍비법상 약혼에 해당하며, 약혼한 이들을 이미 기혼으로 간주하기 때문에 '아내'라고 표현한다.

은 자여, 슬프도다, 형제의 아내를 취할 수 없는 자여."

- 예를 들어 레위, 시므온, 르우벤 세 형제 중 레위는 레아와, 시므온은 라헬과 결혼했고, 르우벤은 미혼이며, 레아와 라헬은 자매 사이다. 한데 시므온이 자식 없이 죽었다면, 레위는 아내 레아의 자매인 라헬과 역연혼을 할 수 없으므로, 아직 미혼인 르우벤만 라헬과 역연혼이 가능하다. 르우벤이 라헬에게 마아마르를 한 상태에서, 레위까지 자식 없이 사망하여 레아도 과부가 되었다면 어떻게 해야 하는지에 대한 규정이다.

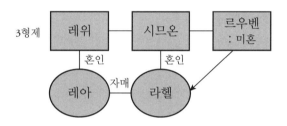

- 샴마이 학파는 위 사례에 있어, 르우벤은 이미 마아마르를 했던 라헬과 역연혼을 해야 하고, 레아는 아내의 자매인 까닭에 에르바 규정에 걸려 역연혼에서 면제된다고 주장한다.
- 힐렐 학파는 샴마이 학파와 다른 주장을 한다. 힐렐 학파에 따르면 역연혼을 하겠다는 약속인 마아마르를 일반 혼인의 약혼과 마찬가지로 간주하는 것은 성서법이 아니고 랍비들이 결정한 법이다.[47] 반면 이후에 과부가 된 레아와 르우벤과의 역연혼 구속력은 성서법상으로도 유효하기에 이것이 라헬과 르우벤의 마아마르보다 더 우선

---

47) 성서법상 유효한가, 후대 랍비법상으로 유효한가를 논할 때 전자는 '데 오라이타'(de'oraita, '토라로부터' דאורייתא), 후자는 '데 라바난'(derabanan, '우리 랍비들로부터' דרבנן)이라는 용어(아람어)를 사용한다.

한다. 따라서 레아는 르우벤의 제쿠카이고, 라헬은 이미 마아마르를 했다 하여도 제쿠카(레아)의 자매이기 때문에 르우벤과 혼인이 금지된다. 그러므로 르우벤은 라헬과 우선 이혼을 하여 마아마르로 발생한 혼인 의무를 종결함은 물론, 다음으로 라헬과 신 벗는 예식을 하여 성서가 부여한 역연혼 구속력도 소멸시켜야 한다. 또한 라헬의 자매인 레아와는 신 벗는 예식을 하여 역연혼 의무를 면제한다. 할라카는 힐렐 학파의 주장을 따른다(에벤 하에제르 175:6).

● 마지막은 힐렐 학파의 주장에 따른 부연 설명이다. 야밤인 르우벤이 마아마르를 통해 이미 아내나 마찬가지가 된 여자(라헬)와 이혼해야 하니 슬프고, 남은 여자(레아)와는 신 벗는 예식 의례를 하여 역연혼을 할 수 없으니 이또한 슬프다는 뜻이다.

3, 6

שְׁלֹשָׁה אַחִין, שְׁנַיִם מֵהֶן נְשׂוּאִים שְׁתֵּי אֲחָיוֹת, וְאֶחָד נְשׂוּי נָכְרִית, מֵת אֶחָד מִבַּעֲלֵי אֲחָיוֹת, וְכָנַס נְשׂוּי נָכְרִית אֶת אִשְׁתּוֹ, וָמֵת, הָרִאשׁוֹנָה יוֹצְאָה מִשּׁוּם אֲחוֹת אִשָּׁה, וּשְׁנִיָּה מִשּׁוּם צָרָתָהּ. עָשָׂה בָהּ מַאֲמָר, וָמֵת, נָכְרִית חוֹלֶצֶת וְלֹא מִתְיַבֶּמֶת. שְׁלֹשָׁה אַחִים, שְׁנַיִם מֵהֶם נְשׂוּאִים שְׁתֵּי אֲחָיוֹת, וְאֶחָד נְשׂוּי נָכְרִית, מֵת הַנָּשׂוּי נָכְרִית, וְכָנַס אֶחָד מִבַּעֲלֵי אֲחָיוֹת אֶת אִשְׁתּוֹ, וָמֵת, הָרִאשׁוֹנָה יוֹצְאָה מִשּׁוּם אֲחוֹת אִשָּׁה, וּשְׁנִיָּה מִשּׁוּם צָרָתָהּ. עָשָׂה בָהּ מַאֲמָר, וָמֵת, נָכְרִית חוֹלֶצֶת וְלֹא מִתְיַבֶּמֶת:

세 형제가 있는데 이 중 두 명이 두 자매와 결혼했고, 남은 한 명은 〔위 자매와 친족관계에 있지 않은〕 타인[48]과 결혼했다. 이 중 한 자매의 남편[49]이 〔자식 없이〕 죽자 그 타인과 결혼한 자가 그의 아내와 혼

---

48) 히브리어 원문은 '노크리트'(נכרית)로, 외부인 즉 '이방인'이라는 뜻이다(2, 5; 2, 8). 여기서는 문맥상 자매와 친족관계에 있지 않은 여성을 의미한다(3, 7).
49) 원문은 '자매의 남편들 중 하나'다.

인했는데 그 역시 [자식 없이] 사망했다면, 첫 번째 여성[50]은 [남은 형제의] 아내와 자매 사이기 때문에, [자매관계가 아닌] 두 번째 여성[51]은 [첫 번째 여성의] 동료 아내이므로 [둘 다 역연혼에서] 면제된다.

[만일 위 자매와 관련 없는 제삼자와 결혼했던] 남자가 마아마르를 하고 죽었다면 타인 여성[52]은 신 벗는 예식을 하고 역연혼을 하지 않는다.

- 이 미쉬나는 바로 전 미쉬나에서 힐렐 학파가 제시한 규정을 보충 설명한다. 예를 들어 시므온, 레위, 르우벤 세 형제 중 시므온은 라헬과, 레위는 레아와 결혼했고, 레아와 라헬은 자매 사이다. 르우벤은 이 자매와 친족관계가 아닌 한나와 결혼했다. 시므온이 자식 없이 죽자 라헬과 르우벤이 역연혼으로 결혼하여 한나는 라헬의 동료 아내가 되었는데 르우벤도 자식 없이 사망했다. 이에 라헬(본문의 '첫 번째 여성'), 그리고 르우벤의 원래 아내였던 한나(본문의 '두 번째 여성')가 예바마가 되었고, 역연혼이 가능한 생존 형제는 레위만 남았다. 한데 라헬은 레위의 아내인 레아와 자매간이므로 레위와 역연혼이 불가능하며, 한나는 레아와 친족관계는 아니지만 자매혼 금지 규정에 놓인 라헬의 동료 아내이기 때문에 역시 역연혼이 불가능하다.
- 위 사례에서 르우벤이 라헬과 역연혼 대신 마아마르만 한 상태에서 죽었다면, 마아마르를 혼인이나 마찬가지로 간주하는 전통상 한나는 라헬―레아와 자매 사이인―의 동료 아내이므로 레위와 신 벗는 예식도 역연혼도 하지 않아야 한다. 그러나 앞서 힐렐 학파의 해석에 따르면, 마아마르는 성서적으로 혼인에 해당하지 않기에 라헬은

---

50) 먼저 예바마가 된 여자다.
51) 나중에 예바마가 된 여자다.
52) 사망한 이의 원래 아내다.

르우벤의 아내가 된 적이 없고, 따라서 한나는 라헬의 진정한 동료 아내라 보기 어렵다. 이렇게 법 적용이 애매한 경우에는 통상 신 벗 는 예식 의례를 한다.

3, 7

שְׁלֹשָׁה אַחִים, שְׁנַיִם מֵהֶן נְשׂוּאִים שְׁתֵּי אֲחָיוֹת, וְאֶחָד נָשׂוּי נָכְרִית, מֵת אֶחָד מִבַּעֲלֵי אֲחָיוֹת, וְכָנַס נָשׂוּי נָכְרִית אֶת אִשְׁתּוֹ, וּמֵתָה אִשְׁתּוֹ שֶׁל שֵׁנִי, וְאַחַר כָּךְ מֵת נָשׂוּי נָכְרִית, הֲרֵי זוֹ אֲסוּרָה עָלָיו עוֹלָמִית, הוֹאִיל וְנֶאֶסְרָה עָלָיו שָׁעָה אַחַת. שְׁלֹשָׁה אַחִים, שְׁנַיִם מֵהֶן נְשׂוּאִין שְׁתֵּי אֲחָיוֹת, וְאֶחָד נָשׂוּי נָכְרִית, גֵּרֵשׁ אֶחָד מִבַּעֲלֵי אֲחָיוֹת אֶת אִשְׁתּוֹ, וּמֵת נָשׂוּי נָכְרִית, וּכְנָסָהּ הַמְגָרֵשׁ, וָמֵת, זוֹ הִיא שֶׁאָמְרוּ, וְכֻלָּן שֶׁמֵּתוּ אוֹ נִתְגָּרְשׁוּ, צָרוֹתֵיהֶן מֻתָּרוֹת:

세 형제가 있는데 이 중 두 명이 두 자매와 결혼했고, 남은 한 명은 〔위 자매와 친족관계에 있지 않은〕 타인과 결혼했다. 이 중 한 자매의 남편이 〔자식 없이〕 죽자 타인과 결혼한 자가 그의 아내와 혼인했다. 그런데 두 번째 〔형제의〕[53] 아내가 사망하고, 타인과 결혼했던 형제 도 〔자식 없이〕 사망했다면, 〔자매 중 생존한 첫 번째〕 여성은 〔생존 한〕 형제에게 영원히 금지된다. 왜냐하면 한때나마 〔아내의 자매로서 그에게〕 금지되었기 때문이다.

세 형제가 있는데 이 중 두 명이 두 자매와 결혼했고, 남은 한 명은 〔위 자매와 친족관계에 있지 않은〕 타인과 결혼했다. 한데 자매와 결 혼한 형제 중 하나가 그 아내와 이혼했고, 타인과 결혼한 형제는 사망 했다. 이후 이혼한 형제가 사망한 형제의 아내와 결혼한 후 사망했다. 이 사례에 있어 〔현인들은〕 말한다. "이 여자들 중 누구라도 사망하거 나 이혼한다면 그 동료 아내들은 〔자매 중 하나와 결혼한 생존 형제인 야밤에게〕 허락된다."

---

53) 두 자매와 결혼한 형제 중 사망하지 않은 이를 말한다.

- 3, 7은 아내의 자매와 결혼할 수 없는 에르바 규정을 사망, 이혼 등 각각 다양한 사례에서 어떻게 적용하는지 다룬다.[54] 기본 법리는 다음과 같다. 한번 야밤과 에르바 관계에 놓였던 예바마는 금혼 사유가 소멸되더라도 평생 그와 혼인이 금지된다. 단 사망하거나 이혼한 에르바의 동료 아내(들)에게는 역연혼이 허용된다.

3, 8

וְכֵלָן שֶׁהָיוּ בָּהֶן קִדּוּשִׁין אוֹ גֵרוּשִׁין בְּסָפֵק, הֲרֵי אֵלּוּ צָרוֹת, חוֹלְצוֹת וְלֹא
מִתְיַבְּמוֹת. כֵּיצַד סְפֵק קִדּוּשִׁין, זָרַק לָהּ קִדּוּשִׁין, סָפֵק קָרוֹב לוֹ סָפֵק קָרוֹב
לָהּ, זֶהוּ סְפֵק קִדּוּשִׁין. סְפֵק גֵרוּשִׁין, כָּתַב בִּכְתַב יָדוֹ וְאֵין עָלָיו עֵדִים, יֵשׁ
עָלָיו עֵדִים וְאֵין בּוֹ זְמָן, יֵשׁ בּוֹ זְמָן וְאֵין בּוֹ אֶלָּא עֵד אֶחָד, זֶהוּ סְפֵק גֵרוּשִׁין:

[에르바 규정으로 역연혼에서 면제되는 예바마가 그들의 동료 아내들 역시 면제하는] 모든 사례에서, 의심스러운 약혼이나 이혼의 경우, 이들의 동료 아내들은 신 벗는 예식을 하고 역연혼은 하지 않는다.

의심스러운 약혼이란 무엇인가? 약혼증표[55]를 여자에게 던졌는데 남자 쪽에 가깝게 떨어졌는지 여자 쪽에 가깝게 떨어졌는지 판단하기 어려운 경우가 의심스러운 약혼이다.

의심스러운 이혼이란 무엇인가? [배우자인 남자가] 자필로 [증서를] 작성했으나 그 위에 증인들 [서명]이 없는 경우, 증인들 [서명은] 있는데 날짜 기입이 없는 경우, 날짜 기입은 있으나 증인 서명이 하나인 경우가 의심스러운 이혼이다.

---

54) 현대 일부 수정 판본들은 3, 7을 이분하여 3, 8과 3, 9에, 3, 8을 3. 10에, 3, 9를 3, 11과 3, 12에, 3, 10을 3, 11에 넣기도 한다.

55) 원문은 '키두쉰'(קדושין)으로 일차적 의미는 약혼이다. 여기서는 약혼에 수반되는 돈이나 선물 등을 의미한다.

- 3, 8은 야밤과 혼인이 금지되는 예바마의 동료 아내는 신 벗는 예식도 역연혼도 면제된다는 미쉬나 1장의 주제로 돌아간다. 한편 바로 전 미쉬나는 사망하거나 이혼한 에르바의 동료 아내는 역연혼이 가능하다고 규정한다. 이에 더 나아가 여기서는 에르바의 약혼[56]과 이혼의 법적 성립요건이 의심되는 경우 동료 아내에게 적용되는 역연혼 규정을 다룬다. 사망한 남편과의 혼인이 적법하지 않았거나, 이미 적법하게 이혼했다면, 그 동료 아내는 더 이상 에르바의 동료 아내가 아니므로 역연혼 의무에 놓인다.

- 이 미쉬나의 기본 법리는 약혼과 이혼의 적법성에 논란의 요지가 있는 경우, 즉 유·무효를 판단하기 애매한 상황일 때, 그 당사자의 동료 아내(들)은 신 벗는 예식을 하고 역연혼은 하지 않는다는 것이다.

- 의심스러운 약혼 관련 조항은 사물 취득권을 그 배경으로 한다. 공공장소에 떨어져 있는 소유자를 알 수 없는 물건의 경우 4아마[57] 내 있는 습득자가 그 물건의 소유권을 취득한다는 판례가 있다.[58] 만일 남자가 약혼을 위해 여자를 향해 돈이나 반지, 약혼 서류 등을 던졌는데 그 떨어진 지점이 4아마 내 남자 쪽에 가깝다면 여자는 약혼 증표의 법적 소유권을 갖지 못하므로 약혼 효력이 발생하지 않는다. 반대로 4아마 내 여자 쪽에 가깝게 떨어졌다면 약혼 효력이 발생한다.

---

56) 사망한 남편과 했던 약혼을 말한다.

57) 히브리어로 '아마'(אמה)는 고대에 길이를 재는 단위로, 보통 성인의 가운 뎃 손가락 끝에서 팔꿈치 끝까지의 길이다. 시대와 상황에 따라 다양한 아마가 존재했다. 영문 번역에서는 아마를 라틴어 '큐빗'으로 옮기며, 이것은 약 45센티미터에 해당한다. W. Gunther Plaut(ed.), *The Torah: A Modern Commentary*, NY: Union of American Hebrew Congregations, 1981.

58) 「기틴」 8, 2; 게마라 「바바 메찌아」 10a; Lynn Kaye, *Time in the Babylonian Talmud: Natural and Imagined Times in Jewish Law and Narrative*, Cambridge University Press, 2018, p. 4.

이 조항은 여자 쪽에 가까운지 남자 쪽에 가까운지 판단이 애매한 경우를 말한다. 가령 상황을 목격한 증인들이 떨어진 위치를 확신하지 못하거나 서로 증언이 상치될 경우도 이에 속한다.

• 남편이 직접 이혼증서를 작성했으나 증인 서명이 없다면 성서적으로는 유효하나(신 24:1-3) 랍비법으로는 무효다. 증인 없이는 날짜 위조가 가능하기 때문이다. 동일한 맥락에서 날짜 기입 누락은 토라의 계율로 볼 때 유효하나, 후대 랍비 전통이 정한 계율로는 무효다. 간통죄 처벌 여부를 결정할 때 그 행위 발생 시기가 이혼 전이냐 후냐가 주요 관건이 되기 때문이다(게마라「기틴」17a; 미쉬나「기틴」). 또한 날짜 위조 등을 막기 위해 이혼증서 작성 시 두 명의 증인이 필요하다.

3, 9

שְׁלֹשָׁה אַחִין נְשׂוּאִין שָׁלֹשׁ נָכְרִיּוֹת, וּמֵת אֶחָד מֵהֶן, וְעָשָׂה בָהּ הַשֵּׁנִי מַאֲמָר,
וָמֵת, הֲרֵי אֵלּוּ חוֹלְצוֹת וְלֹא מִתְיַבְּמוֹת, שֶׁנֶּאֱמַר, וּמֵת אֶחָד מֵהֶם יַבָּמָהּ
יָבֹא עָלֶיהָ, שֶׁעָלֶיהָ זִקַּת יָבָם אֶחָד, וְלֹא שֶׁעָלֶיהָ זִקַּת שְׁנֵי יְבָמִין. רַבִּי שִׁמְעוֹן
אוֹמֵר, מְיַבֵּם לְאֵיזוֹ שֶׁיִּרְצֶה, וְחוֹלֵץ לַשְּׁנִיָּה. שְׁנֵי אַחִין נְשׂוּאִין לִשְׁתֵּי אֲחָיוֹת,
וּמֵת אֶחָד מֵהֶן, וְאַחַר כָּךְ מֵתָה אִשְׁתּוֹ שֶׁל שֵׁנִי, הֲרֵי זוֹ אֲסוּרָה עָלָיו עוֹלָמִית,
הוֹאִיל וְנֶאֶסְרָה עָלָיו שָׁעָה אֶחָת:

세 형제가 있는데 각각 [친족 관계에 있지 않은] 타인 여성 세 명과 결혼했다. 이 형제들 중 하나가 [자식 없이] 죽어 두 번째 형제가 [고인의 아내에게] 마아마르를 행하였으나 그 역시 사망하면, 이들[두 상배여성]은 [생존한 형제와] 신 벗는 예식을 하고 역연혼은 하지 않는다. "이들 중 하나가 죽고 [아들이 없거든] 그의 남편의 형제가 그에게로 들어가서…"(신 25: 5)는 [예바마의] 지카가 한 명의 야밤에게 발생하지 두 명의 야밤에게 발생하지 않는다는 말이기 때문이다.

랍비 쉼온은 말한다. "[야밤은 이 중] 원하는 여성 누구와든 역연혼을 하고 남은 여성과 신 벗는 예식을 한다."

두 형제가 두 자매와 결혼했는데 이들 중 하나가 [자식 없이] 사망했다. 이후 두 번째 [형제]의 아내가 사망했다면, [생존한 자매는 생존한 형제에게] 영원히 금지된다. 왜냐하면 한때나마 [아내의 자매로서 그에게] 금지되었기 때문이다.

- 르우벤, 유다, 레위 삼형제가 있는데, 르우벤은 라헬과, 유다는 한나와, 레위는 야엘과 결혼했으며 이 여자들 모두 자매 관계가 아니라고 하자. 르우벤이 자식 없이 죽어 라헬이 예바마가 되자, 유다가 라헬과 마아마르를 한 상태에서 역시 자식 없이 죽었다. 그렇다면 라헬과 한나 두 여자가 남은 형제인 레위와 역연혼 또는 신 벗는 예식을 해야 한다고 생각하기 마련이다. 그러나 이 미쉬나는 두 여자 모두 레위와 역연혼을 하면 안 된다고 말한다. 랍비법은 마아마르를 약혼에 준하는 것, 즉 혼인 성립으로 인정하지만 성서법상 역연혼은 성관계로 완성되기에 아직 라헬은 유다와 온전한 역연혼을 행했다고 볼 수 없다. 따라서 첫 남편인 르우벤의 사망으로 인해 라헬에게 생긴 지카가 소멸된 것은 아니다. 다시 말해, 라헬은 사망한 형제 두 명, 즉 르우벤과 유다의 아내로서 레위에게 이중으로 역연혼 대상이 되기에 역연혼을 할 수 없다는 것이다.[59] 위 해석의 근거로 제시하는 것이 신명기 25:5, "이들 중 하나가 죽고"라는 구절이다.[60] 역연혼 구속력은 형제들 중 하나가 죽었을 때이지, 둘이 죽었을 때가 아

---

59) 반면, 각각 다른 형제의 상배여성들과 동시 역연혼이 가능하다. 이 조항은 4, 11에서 다뤄진다.

60) 이처럼 입법을 위해 참조(인용)하는 성서 본문을 '아쓰마크타'(אסמכתא, Asmakhta)라고 한다(야스트로 사전).

니라는 주장이다. 라헬이 레위에게 금지된다면, 라헬의 동료 아내인 한나 또한 역연혼에서 면제된다. 그러나 두 여성 모두 신 벗는 예식을 해야 한다.

- 랍비 쉼온은 위 결정에 동의하지 않는다. 만일 유다가 라헬에게 한 마아마르가 혼인으로 인정되지 않는다면, 라헬은 유다와 혼인한 적이 없는 것으로 간주하며, 원래 남편인 르우벤의 상배여성으로 레위와 역연혼이 필요하다. 이 경우 한나는 라헬의 동료 아내가 아닌 유다의 상배여성으로 역시 역연혼이 필요하다. 만일 마아마르가 혼인으로 인정된다면, 라헬의 첫 혼인, 즉 르우벤과의 관계는 종결되고, 오직 유다의 상배여성으로서 레위와 역연혼이 필요하다(2, 2와 3, 2). 그러므로 어느 경우든 라헬이 동시에 두 형제의 상배여성이 되는 것은 아니라는 주장이다. 한편 이때 라헬과 한나는 둘 다 유다와 혼인했던 동료 아내이자 유다의 상배여성으로 역연혼이 필요하다. 그러므로 레위는 둘 중 하나와 역연혼을 하고[61] 남은 여성과는 신 벗는 예식을 해야 한다.
- 마지막 조항은 3, 7의 기본 법리를 재차 확인한다.

3, 10

שְׁנַיִם שֶׁקִּדְּשׁוּ שְׁתֵּי נָשִׁים, וּבִשְׁעַת כְּנִיסָתָן לַחֻפָּה הֶחֱלִיפוּ אֶת שֶׁל זֶה לָזֶה, וְאֶת שֶׁל זֶה לָזֶה, הֲרֵי אֵלוּ חַיָּבִים מִשּׁוּם אֵשֶׁת אִישׁ. הָיוּ אַחִין, מִשּׁוּם אֵשֶׁת אָח. וְאִם הָיוּ אֲחָיוֹת, מִשּׁוּם אִשָּׁה אֶל אֲחוֹתָהּ. וְאִם הָיוּ נִדּוֹת, מִשּׁוּם נִדָּה. וּמַפְרִישִׁין אוֹתָן שְׁלֹשָׁה חֳדָשִׁים, שֶׁמָּא מְעֻבָּרוֹת הֵן. וְאִם הָיוּ קְטַנּוֹת שֶׁאֵינָן רְאוּיוֹת לֵילֵד, מַחֲזִירִין אוֹתָן מִיָּד. וְאִם הָיוּ כֹהֲנוֹת, נִפְסְלוּ מִן הַתְּרוּמָה:

두 남자가 두 여성과 약혼하고 [혼인식을 위해] 결혼식장에 들어섰을 때 [의도하지 않게] 이쪽 신부와 저쪽 신부가 바뀌었다면, 타인의

---

61) 야밤은 사망한 한 형제의 두 아내와 동시에 역연혼을 할 수는 없다.

아내〔와 성관계를 했기〕 때문에 유죄다.

이들이 형제라면 형제의 아내〔와 성관계를 했기〕 때문에 유죄다.

이들이 자매라면 아내의 자매〔와 성관계를 했기〕 때문에 유죄다.

이들이 월경하는 여자들인 경우 월경하는 여성〔관련법을 어기고 성관계를 했기〕 때문에 유죄다.

이들이 임신했을 가능성이 있기 때문에 〔남편들로부터〕 3개월 간 격리한다. 그러나 만일 아이를 낳을 수 없는 미성년이라면 즉시 원 남편에게 돌려보낸다.

이들이 제사장의 딸이라면 거제물[62]을 〔먹을〕 자격이 박탈된다.

- 이 미쉬나는 뜻하지 않게 신부가 뒤바뀐 사례를 다룬다. 만일 의도 적인 바꿔치기라면 양쪽 다 이혼해야 한다.
- 바뀐 여성과 성관계를 했다는 전제 아래 타인의 아내와 동침하지 말 라는 율법(레 18:20)을 어겼기 때문에 속죄제물을 드려야 한다(알벡; 블랙먼; 야드 아브라함).
- 이하, 기타 발생할 수 있는 잠재적 위법 행위에 대해 기술한다. 두 남 자가 형제일 경우, 형제의 아내의 하체를 범하지 말라는 율법(레 18: 16)을 어기게 된다. 바뀐 여자들이 자매일 경우, '아내가 생존할 동안 그의 자매를 데려다가 하체를 범하지 말라'는 율법(레 18:18)을 어 기게 된다.
- 월경 중에 있는 여성(닛다)은 월경하는 동안 부정한데, 이런 여성을 가까이하여 하체를 범하지 말라는 율법(레 18:19)을 어기는 것이다 (「닛다」). 레위기에 따르면 유출이 계속되지 않는 한, 유출 시작일부 터 이레를 기다려야 한다. 그러나 랍비들의 규정은 이를 더 확대 적

---

62) 거제의 성물(תרומה, heave offering)이다(레 22:12; 「트루못」).

용하여 유출 종료일로부터 이레를 기다리도록 명한다(요레 데아[63] 183, 196).

- 부정한 관계로 낳은 자식은 사생아로(2, 4-5; 10, 1), 이스라엘 총회에 들지 못하기 때문에 임신 여부나 친부가 누구인지 확인해야 한다.
- 거제물은 제사장과 그 아내, 그 자식들만 먹을 수 있다. 제사장의 딸이 제사장이 아닌 일반인과 결혼하면 거제물을 먹지 못하지만, 자식 없이 과부가 되거나 이혼을 당해 친정으로 돌아오면 다시 먹을 수 있다(레 22:12-13). 그러나 부적절한 관계에 연루되었다면 그 의도와 상관없이 다시는 거제물을 먹을 수 없다(게마라 35a).

제4장

예바마가 신 벗는 예식이나 역연혼을 한 이후 사망한 전남편의 아이를 임신했음을 알게 된 경우(4, 1-2), 쇼메렛 야밤(שומרת יבם, 야밤과의 역연혼을 기다리는 여성)이 사망했을 때의 재산 상속 문제(4, 3-4), 쇼메렛 야밤, 예바마, 신 벗긴 여자의 친족간 혼인 문제, 이혼이나 사별 후 재혼하기까지 지켜야 할 유예 기간 등을 다룬다.

4, 1

הַחוֹלֵץ לִיבִמְתּוֹ, וְנִמְצֵאת מְעֻבֶּרֶת וְיָלְדָה, בִּזְמַן שֶׁהַוָּלָד שֶׁל קַיָּמָא, הוּא מֻתָּר
בִּקְרוֹבוֹתֶיהָ, וְהִיא מֻתֶּרֶת בִּקְרוֹבָיו, וְלֹא פְסָלָהּ מִן הַכְּהֻנָּה. אֵין הַוָּלָד שֶׁל
קַיָּמָא, הוּא אָסוּר בִּקְרוֹבוֹתֶיהָ, וְהִיא אֲסוּרָה בִּקְרוֹבָיו, וּפְסָלָהּ מִן הַכְּהֻנָּה:

---

63) 요레 데아(יורה דעה, Yoreh De'ah)는 '그가 가르침을 줄 것이다'(사 28:9)라는 뜻으로 『슐칸 아룩』의 네 번째 편이며 제의적 도살, 음식규정, 자선, 개종, 애도, 닛다 등 다양한 법을 다룬다.

만일 〔야밤이〕 예바마와 신 벗는 예식을 했는데 〔그 예바마가〕 임신한 것으로 밝혀져 아이를 낳았고, 태어난 아이가 생존할 것으로 보이면, 그 〔야밤은〕 이 여자의 친족과 〔결혼이〕 허용된다. 또한 이 여자도 그의 친족과 결혼할 수 있으며, 제사장과 〔혼인할 자격이〕 무효가 되지 않는다. 그 아이가 생존할 것 같지 않으면, 그는 이 여자의 친족과 〔결혼이〕 금지되고, 이 여자는 그의 친족과 〔결혼이〕 금지된다. 또한 그〔야밤〕는 이 여자의 제사장과 〔혼인할 자격을〕 무효화한다.

- 예바마가 신 벗는 예식을 했는데, 사망한 남편의 아이를 임신했음을 알게 된 경우다. 즉 고인에게 자식이 생기기 때문에 역연혼을 할 필요가 없고, 따라서 역연혼 의무에서 면제하는 신 벗는 예식 의례도 무효가 된다. 단, 태어난 아이의 생존 확률에 따라 적용되는 규정이 달라진다.

- 신 벗긴 여자와 야밤의 친족, 야밤과 신 벗긴 여자의 친족은 혼인이 금지되는 것이 원칙이나, 신 벗는 예식이 무효가 되었으므로 이 금지 규정에서도 벗어난다. 신 벗는 예식을 한 여자, 즉 신 벗긴 여자는 이혼한 것과 마찬가지로 간주하여 제사장과의 혼인이 금지되는 것이 원칙이지만(1, 4; 2, 4) 사망한 남편 사이에 자녀가 있다면 역연혼 자체가 필요 없는 것이므로, 신 벗는 예식도 무효이니 제사장과의 혼인이 허락된다. 신생아가 생존 가능한지 가능하지 않은지를 판가름하는 기준은, 유산 및 사산 없이 달 수, 즉 만 9개월을 다 채워 태어났느냐다. 만일 정확한 달 수를 알 수 없는 경우, 아이가 태어나 30일을 넘기면 생존 가능하다고 판단한다(블랙먼; 야드 아브라함; 에벤 하에 제르 156:4, 164:2; 토쎄펫 욤 토브[64] 「닛다」 5:3).

---

64) 토쎄펫 욤 토브(Tosefet Yom Tov, 또는 토싸폿 욤 토브Tosafot Yom Tov)는 보헤

- 태어난 아이가 상기 기준에 의해 생존 불가능하다고 판단되면, 고인 사이에 자녀가 없는 것이므로 신 벗는 예식은 여전히 유효하고, 신 벗긴 여자에 적용되는 규정들도 변함없이 유효하다. 즉 제사장과 혼인은 금지된다.

4, 2

הַכּוֹנֵס אֶת יְבִמְתּוֹ, וְנִמְצֵאת מְעֻבֶּרֶת וְיָלְדָה, בִּזְמַן שֶׁהַוָּלָד שֶׁל קַיָּמָא, יוֹצִיא
וְחַיָּבִין בַּקָּרְבָּן. וְאִם אֵין הַוָּלָד שֶׁל קַיָּמָא, יְקַיֵּם. סָפֵק בֶּן תִּשְׁעָה לָרִאשׁוֹן,
סָפֵק בֶּן שִׁבְעָה לָאַחֲרוֹן, יוֹצִיא וְהַוָּלָד כָּשֵׁר, וְחַיָּבִין בְּאָשָׁם תָּלוּי:

만일 [야밤이] 예바마와 결혼했는데 [그 예바마가] 임신한 것으로 밝혀지고, 아이를 낳았는데 태어난 아이가 생존한다면, 그는 [이 여성과] 이혼해야 하며 쌍방이 희생제물을 바쳐야 한다.

그러나 태어난 아이가 생존하기 힘들다면, 그는 [이 여성을 계속 아내로] 둔다.

[만일 아이가] 첫 [남편의] 9개월생 아이인지, 나중 [남편의] 7개월 생 아이인지 확실하지 않다면, 그는 [이 여성과] 이혼해야 하지만 아이는 인정되며, 쌍방 모두 아샴 탈루이를 바쳐야 한다.

- 이 미쉬나는 신 벗는 예식이 아닌 역연혼을 한 이후 사망한 남편의 아이를 임신했음을 알게 된 경우를 다룬다. 앞의 미쉬나와 마찬가지로 태어난 아이가 생존 가능성이 높으면 고인에게 자식이 생기기 때문에 이미 역연혼을 했더라도 이혼해야 한다. 또한 남자 쪽에서는 역연혼 의무가 없는 형제의 아내와, 그리고 여자 쪽에서는 남편의 형제

미아 출신의 저명한 랍비이자 탈무드 학자인 욤 토브 리프만 헬러(Yom-Tov Lipmann Heller, 1579-1654)의 미쉬나 주해서로 1613-1617년경 프라하에서 집필되었다.

와 성관계를 가진 셈이므로 속죄하는 희생제물을 드려야 한다.

- 태어난 아이의 생존이 희박하면 전남편이 자식 없이 사망한 것으로 보아 역연혼은 유효하다.

- 통상 임신 기간은 만 9개월이지만 달수를 못 채우고 태어나기도 한다. 예바마가 남편 사망 2개월 후 역연혼을 하고 역연혼 7개월 만에 출산한다면 전남편의 아이가 아니라, 재혼한 남편의 칠삭둥이일 가능성도 있다. 이 경우 이혼해야 하지만, 태어난 아이는 사생아가 아니라 적법한 소생으로 인정한다.

- 아샴 탈루이(אשם תלוי)는 죄인지 아닌지 분간하기 어려울 때 바치는 속죄제물이다(레 5: 14-19; 「크리톳」 4, 1).

4, 3

שׁוֹמֶרֶת יָבָם שֶׁנָּפְלוּ לָהּ נְכָסִים, מוֹדִים בֵּית שַׁמַּאי וּבֵית הַלֵּל שֶׁמּוֹכֶרֶת,
וְנוֹתֶנֶת, וְקַיָּם. מֵתָה, מַה יַעֲשׂוּ בִכְתֻבָּתָהּ וּבַנְּכָסִים הַנִּכְנָסִים וְיוֹצְאִין עִמָּהּ,
בֵּית שַׁמַּאי אוֹמְרִים, יַחְלְקוּ יוֹרְשֵׁי הַבַּעַל עִם יוֹרְשֵׁי הָאָב. וּבֵית הַלֵּל
אוֹמְרִים, נְכָסִים בְּחֶזְקָתָן, כְּתֻבָּה בְּחֶזְקַת יוֹרְשֵׁי הַבַּעַל, נְכָסִים הַנִּכְנָסִים
וְיוֹצְאִים עִמָּהּ בְּחֶזְקַת יוֹרְשֵׁי הָאָב:

쇼메렛 야밤이 재산을 상속받는 경우 샴마이 학파와 힐렐 학파 모두 이 여성이 그것을 팔거나 증여할 수 있고 〔그 행위가 법적으로〕 유효하다는 데 동의한다.

〔쇼메렛 야밤이〕 사망하면 〔이 여성의〕 케투바 및 들어오고 나가는 재산은 어떻게 해야 하는가?

샴마이 학파는 말한다. "〔사망한〕 남편의 상속인들과 〔친정〕아버지의 상속인들이 이를 나누어 가진다."

〔그러나〕 힐렐 학파는 말한다. "재산은 원상태로 〔남는다〕." 케투바는 남편의 상속인들 소유로, 들어오고 나가는 재산은 〔친정〕아버지의

상속인들 소유로 [남는다]."

- 역연혼 또는 신 벗는 예식을 기다리는 상배여성을 쇼메렛 야밤이라 한다. 쇼메렛 야밤이 남편 사후 부친이나 친척으로부터 재산을 상속받았다면,[65] 이를 야밤의 동의 없이 매매할 수 있다. 다시 말해, 야밤은 쇼메렛 야밤의 결정에 반대하거나 관여할 수 없다. 이 건에 대하여 샴마이 학파와 힐렐 학파의 의견이 합치됨을 볼 수 있다(cf. 「케투봇」8, 1; 8, 6).
- 약혼증서인 케투바에는 이혼이나 사별 시 받을 금액[66]을 상정하여 기록하는데, 여자가 가져온 고정자산인 쫀 바르젤(아래 참조)도 기록한다.
- 이 미쉬나를 이해하기 위해서는 지참금에 대한 배경지식이 필요하다. 지참금에는 두 가지 형태가 있다.
  1) 멜로그(מלוג): 용익 가능한 재산. 멜로그는 '(깃털을) 뽑다'라는 뜻이다. 아내가 친정에서 가져온 재산으로, 혼인 종료 시 다시 아내가 가지고 나간다. 닭의 몸통에는 손대지 못하고 깃털을 뽑듯 남편은 이 재산에서 나오는 수익물만 용익할 수 있다. 가령 토지를 가져왔으면 토지소유권은 아내에게 있으나 남편에게는 그 토지에서 산출한 수확물을 사용할 용익권이 있다. 남편은 이 재산에서 발생하는 가치 하락, 손실, 멸실 등에 있어 책임을 지지 않지만, 이혼 및 사별 시 모든 용익권을 잃으며 멜로그는 다시 아내가 가지고 간다. 멜로그를 케투바에 기록할 필요는 없다(7, 1).
  2) 쫀 바르젤(צאן ברזל): 고정가치 재산. '쫀 바르젤'은 직역하면 '쇠

---

65) 증여도 포함된다(알벡).
66) 초혼일 경우 최소 200주즈(זוז, 은전으로 1/4쉐켈이다. 야스트로 사전), 재혼일 경우 최소 100주즈다.

로 만든 양'(iron sheep)이다. 양은 재산을 대유적으로 표현하며, 쇠는 고정성을 나타낸다. 케투바에 기록되는 재산이며, 멸실·도난·분실 시 남편에게 책임이 있다. 남편은 이 재산을 사용할 수 있고, 재산 가치가 상승하면 남편이 이익을 얻는다. 그러나 이혼 및 사별 시 케투바에 적힌 고정된 가치대로 원상회복해 돌려줄 의무가 있다(7, 1).

- "케투바 및 들어오고 나가는 재산": 케투바로 표현된 재산은 남편의 재산에서 이혼/사별한 배우자에게 지불되어야 하는 기본 금액(기본 100주즈 또는 200주즈)과, 케투바에 기록되는 쫀 바르젤(고정재산) 두 가지를 의미한다. '들어오고 나가는 재산'은 멜로그를 말한다. 즉 혼인하면서 아내와 함께 들어오고 혼인이 종료될 때 다시 아내와 함께 나가는 재산이다.

- 샴마이 학파의 견해는 처음에 전제한 법규와 상충한다. 역연혼이나 신 벗는 예식을 기다리는 쇼메렛 야밤이 재산을 매각·증여할 수 있다는 결정은 재산 소유권이 야밤이 아닌 예바마에게 있다는 말이다. 아직 역연혼, 즉 혼인의 성사 여부가 불명확하기 때문이다. 샴마이 학파도 이 규정에 동의했으므로, 쇼메렛 야밤이 사망한 경우, 재산 소유권은 예바마의 부친에게 이전되어야 한다.[67] 그러므로 야밤(사망한 남편의 상속인)이 예바마의 부친과 동순위로 공동상속한다는 것은 이치에 맞지 않다. 이러한 이유로 게마라는 이를 야밤이 위 여성과 마아마르를 한 경우라고 해석한다(38a, 38b, 39a). 샴마이 학파는 마아마르가 혼인에 준하는 효력을 발휘한다고 간주한다(3, 5). 그러나 이 약속이 혼인 구성의 첫 단계인 약혼(אירוסין, 에루씬)에 상응하는지, 다음 단계인 혼인(נישואין, 니쑤인)에 상응하는지는 판단하기

---

67) 미혼 여성의 재산은 그 부친이 상속하게 되어 있다.

어렵다. 약혼 단계에서는 남편에게 상속권이 없다. 이처럼 애매한 상황으로 인해 야밤과 예바마의 부친을 공동 상속인으로 규정하고 있다.[68]

- 남편의 상속인들(יורשי הבעל): 사망한 남편의 상속인이란 그의 생존 형제, 즉 예바마와 역연혼을 해야 하는 야밤을 가리킨다고 보는 견해가 지배적이다.[69]

- [친정]아버지의 상속인들(יורשי האב): 피상속인인 예바마의 상속인 대신 '아버지의 상속인들'로 표현한다.

- 마아마르를 한 상태에서 사망했다는 가정하에 힐렐 학파는 야밤과 예바마 부친의 균등 상속 대신 이들이 재산의 종류에 따라 나누어 상속해야 한다고 주장한다.

"재산은 원상태로〔남는다〕"(נכסים בחזקתן)는 그 원문이 너무 간략하여 해석이 분분하다. 댄비, 블랙먼, 야드 아브라함의 주해는 문맥상 이 '재산'이 지참금의 하나인 쫀 바르젤이라고 해석한다. 그러나 이 문장이 원상태, 다시 말해 '원 소유주'가 누구인지 정확히 명시하지 않는다는 문제가 남는다. 원 소유주를 최초 소유주로 보느냐 최종 소유주로 보느냐가 관건인데, 전자인 경우 쫀 바르젤의 최초 소유주인 여자 쪽 집안에, 후자인 경우, 알벡은 이 문장을, 이어지는 두 조항의 대전제로 해석한다. 쇼메렛 야밤이 사망하면 그 재산은 각각 그 원 소유주에 귀속된다는 법적 원칙을 이 문장을 통해 먼저 제시한 후, 이어지는 문장에서 그 세칙을 설명한다는 것이다. 이에 따라 케투

---

68) 재산 상속 및 유증에 관한 법정상속 순위는 「바바 바트라」8, 1-2를 보라.

69) 소수 의견으로 랍비 메나켐 메이리(Menachem Meiri, 1249-1315, 카탈루냐 출신의 랍비이자 탈무드 학자)는 '남편의 상속인'이 사망한 남편의 부친을 가리킬 수도 있다고 말한다(메이리의 주석 벳 하브키라[בית הבחירה, Beit HaBechira, '선택받은 집'이라는 뜻] 중 「예바못」38a, 6. 랍비 메이리의 '벳 하브키라'는 이하 '메이리'로 표기한다).

바는 이혼이나 사별 시 남편이 아내에게 주는 것이므로 원 소유주인 남편의 상속인, 즉 야밤에게 귀속된다. 이 경우 케투바에 기록되는 쫀 바르젤 역시 남편의 상속인에 귀속된다. "들어오고 나가는 재산"인 멜로그 소유권은 아내에게 있는 것이 원칙이므로, 아내 쪽, 즉 친정아 버지 상속인에 귀속된다. 「예바못」 4, 3은 「케투봇」 8, 6에 중복되어 나온다.

4, 4

כְּנָסָהּ, הֲרֵי הִיא כְּאִשְׁתּוֹ לְכָל דָּבָר, וּבִלְבַד שֶׁתְּהֵא כְתֻבָּתָהּ עַל נִכְסֵי בַעְלָהּ הָרִאשׁוֹן:

[야밤이 예바마와] 혼인을 한 이상,[70] [예바마의] 케투바가 첫 남편 의 재산에서 [청구되는] 것을 제외하면, [이 여성은] 모든 면에서 그 의 아내[로 인정된]다.

- "모든 면에서 그의 아내[로 인정된]다"라는 것은 일반 혼인으로 결 혼한 아내에게 적용되는 규정이 역연혼으로 혼인한 아내에게도 동 일하게 적용된다는 뜻이다. 만일 이들이 혼인관계 소멸을 원하면 신 벗는 예식이 아니라 이혼을 해야 한다. 보통의 혼인관계에서 이혼한 부부가 (아내가 재혼 후 이혼/사별하지 않은 경우에) 재결합할 수 있는 것처럼 역연혼을 했다가 이혼한 이들도 재결합이 가능하다. 아 내가 사망 시 남편이 상속권을 취득한다. 다만 역연혼으로 혼인한 남 편(야밤)의 사망 및 이혼 시 케투바는 첫 남편의 재산에서 지급된다. 그러나 그 첫 남편이 무일푼으로 사망했다면 야밤이 케투바를 지급

---

70) 문자적으로는 "[신방으로] 그녀를 들이다"(He brought her in)이며, 야밤이 예 바마와 성관계를 맺었음을 의미한다.

한다. 이 미쉬나는 「케투봇」 8, 7에 재등장한다.

4, 5

מִצְוָה בַגָּדוֹל לְיַבֵּם. לֹא רָצָה, מְהַלְּכִין עַל כָּל הָאַחִין. לֹא רָצוּ, חוֹזְרִין אֵצֶל
גָּדוֹל וְאוֹמְרִים לוֹ, עָלֶיךָ מִצְוָה, אוֹ חֲלֹץ אוֹ יַבֵּם:

계명에 따라 〔형제 중〕 연장자가 역연혼을 〔시행해야〕 한다.

그가 원하지 않는다면 〔그 의무는〕 다른 모든 형제들에게 간다.

이들 모두 원하지 않을 경우 다시 연장자를 찾아가 그에게 다음과
같이 말한다. "이 계명은 당신의 의무이니, 신 벗는 예식이나 역연혼
을 수행하라."

- 2, 8에서 이미 다루었듯이 역연혼 의무는 신명기 25:6에 기반하며,
  일차적으로 형제 중 가장 연장자에게 그 의무가 있다.[71] 연장자가
  거부하면 남은 형제에게로 의무가 법정이 이들과 차례로 접촉한다.
- '모든' 형제라 해도 연령 제한이 있다. 역연혼은 13세 이상, 즉 성년
  남성만 할 수 있다. 소수의견으로 랍비 메이리는 미성년 남성도 의
  무는 아니나 역연혼이 가능하다고 주장한다. 메이리는 법적 혼인이
  인정되는 9세 이상을 역연혼 가능 최소 연령으로 상정한다(게마라
  61b, 111b; 「닛다」, 5. 5).

  라쉬(Rashi: Rab. Shlomo Yitzhaki의 머릿글자를 따서 부름)는 남은
  형제들에게도 나이순으로 역연혼 의무가 돌아간다고 주장하는 반면
  (토쎄펫 욤 토브 「예바못」 2, 8), 람밤은 가장 연장자가 거부하고 나면
  나머지 형제들에게는 나이와 상관없이 역연혼 시행 의무가 넘어간

---

71) 현대 일부 수정판본들은 4, 5-6을 합쳐 4, 5에, 4, 7을 이분하여 4, 6과 4, 7에
  넣기도 한다.

다고 주장한다(람밤의 『미쉬네 토라』 중 「힐콧 이붐 봐할리짜」 2, 12).

- 다른 형제들도 역연혼 및 신 벗는 예식을 거부한다면 법정은 다시 가장 연장자에게 신 벗는 예식을 하도록 강제한다(게마라 39b).

4, 6

תָּלָה בַקָּטָן עַד שֶׁיַּגְדִּיל, אוֹ בַגָּדוֹל עַד שֶׁיָּבֹא מִמְּדִינַת הַיָּם, אוֹ בַחֵרֵשׁ, אוֹ בַשּׁוֹטֶה, אֵין שׁוֹמְעִין לוֹ, אֶלָּא אוֹמְרִים לוֹ, עָלֶיךָ מִצְוָה, אוֹ חֲלֹץ אוֹ יַבֵּם:

〔야밤이〕〔미성년〕 아우가 성장할 때까지, 또는 〔가장 연장자가〕 타국에서 돌아올 때까지 〔결정을〕 미루거나, 청각·언어장애인이거나 지적장애인이거나 형제에게 〔결정을〕 미룬다면, 그의 말을 들을 필요 없이 〔법정은〕 다음과 같이 선언한다. "이 계명은 당신의 의무이니, 신 벗는 예식이나 역연혼을 이행하라."

- 성년인 야밤이 역연혼도 신 벗는 예식도 하지 않고 다른 형제에게 이를 미루는 경우를 나열하고 있다. 첫 번째는 아직 미성년인 형제가 13세가 될 때까지 기다리겠다는 것이다. 두 번째는 더 연장자인 형제가 외국에 있으니 그가 돌아와 의사표현을 할 때까지 기다리겠다는 것이다. 세 번째는 가장 맏이인 형제가 청각·언어장애인(חרש, 헤레쉬)이거나 지적장애인(שוטה, 쇼테)(제13장, 제14장)인 탓에 다른 형제가 야밤이 된 경우에 해당하는데, 여기에는 두 가지 해석이 가능하다. 청각이나 언어, 또는 지적장애인인 형제가 회복될 때까지 기다리겠다는 의견과(라브; 람밤), 인지력이 부족하지만 연장자인 만큼 회복을 기다릴 필요 없이 그 상태에서 역연혼을 행해야 한다는 의견이 있다(토싸폿 39a).
- 법정은 율법의 이행이 지연되어서는 안 된다는 이유로 위 야밤의 핑계를 받아들이지 않는다(창 38; 게마라 39a).

הַחוֹלֵץ לִיבִמְתּוֹ, הֲרֵי הוּא כְּאֶחָד מִן הָאַחִין לַנַּחֲלָה. וְאִם יֵשׁ שָׁם אָב, נְכָסִים שֶׁל אָב. הַכּוֹנֵס אֶת יְבִמְתּוֹ, זָכָה בַּנְּכָסִים שֶׁל אָחִיו. רַבִּי יְהוּדָה אוֹמֵר, בֵּין כָּךְ וּבֵין כָּךְ, אִם יֵשׁ שָׁם אָב, נְכָסִים שֶׁל אָב. הַחוֹלֵץ לִיבִמְתּוֹ, הוּא אָסוּר בִּקְרוֹבוֹתֶיהָ, וְהִיא אֲסוּרָה בִּקְרוֹבָיו. הוּא אָסוּר בְּאִמָּהּ, וּבְאֵם אִמָּהּ, וּבְאֵם אָבִיהָ, וּבְבִתָּהּ, וּבְבַת בִּתָּהּ, וּבְבַת בְּנָהּ, וּבַאֲחוֹתָהּ בִּזְמַן שֶׁהִיא קַיֶּמֶת. וְהָאַחִין מֻתָּרִין. וְהִיא אֲסוּרָה בְּאָבִיו, וּבַאֲבִי אָבִיו, וּבִבְנוֹ, וּבְבֶן בְּנוֹ, בְּאָחִיו, וּבְבֶן אָחִיו. מֻתָּר אָדָם בִּקְרוֹבַת צָרַת חֲלוּצָתוֹ, וְאָסוּר בְּצָרַת קְרוֹבַת חֲלוּצָתוֹ:

예바마와 신 벗는 예식을 한 이도 〔사망한 형제의 재산〕 상속에 있어 다른 형제들과 동등하게 취급된다. 만일 부친이 살아 있다면[72] 〔고인의〕 재산은 부친의 것이다.

예바마와 혼인한 자는 〔사망한〕 형제의 재산을 취득한다. 〔그러나〕 랍비 예후다는 말한다. "어떤 경우든[73] 부친이 살아 있다면 재산은 부친의 것이다."

예바마와 신 벗는 예식을 한 이는 〔예바마의〕 친족과 혼인이 금지된다. 또한 예바마도 그의 친족과 혼인이 금지된다. 〔야밤은 그와 신 벗는 예식을 한 예바마의〕 모친, 모친의 어머니, 부친의 어머니, 딸, 딸의 딸, 아들의 딸 비롯, 〔예바마가〕 살아 있는 한 그녀의 자매와 혼인이 금지된다. 그러나 〔신 벗는 예식을 하지 않은〕 다른 형제들은 〔예바마의 친족과 혼인이〕 허락된다.

〔예바마는 신 벗는 예식을 한 이의〕 부친, 아버지의 아버지, 아들, 아들의 아들, 형제, 형제의 아들과 혼인이 금지된다.

〔신 벗는 예식을 한 남성은〕 신 벗긴 여자의 동료 아내의 친족과 혼

---

72) 문자적으로는 '만일 거기 부친이 있다면'이다.
73) 야밤이 역연혼을 했든 신 벗는 예식을 했든을 말한다.

인이 허용되나, 신 벗긴 여자의 친족의 동료 아내와는 혼인이 금지
된다.

- 전반부는 사망한 형제의 재산 상속 문제를 다룬다. 후반부는 신 벗는 예식을 한 남성과 신 벗긴 여자의 친척 간 혹은 신 벗긴 여자와 신 벗는 예식을 한 남성의 친척 간 혼인 금지와 그 친척의 범위를 설명한다. 사망한 형제에게 자식이 없고 부친도 사망했다면 그 재산은 형제들이 균등 상속한다(민 27:8; 「바바 바트라」 8, 1). 신 벗는 예식(사망한 형제의 아내와)을 했다고 하여 상속 대상에서 제외되지 않는다(게마라 40a).
- 사망한 형제에게 자식이 없고 부친이 살아 있다면, 그 재산은 부친이 상속한다(「바바 바트라」 8, 2).
- 예바마와 신 벗는 예식이 아닌 역연혼을 한 형제는 그 사망한 형제(예바마의 원 남편)의 재산을 단독 상속한다. 이 규정은 신명기 25:6. "그 여인이 낳은 첫 아들이 그 죽은 형제의 이름을 잇게 하여 그 이름이 이스라엘 중에서 끊어지지 않게 할 것이니라"(개역개정)에 기반하는데, 구전 전승은 '첫 아들'을 생존한 형제의 연장자인 야밤으로 해석한다(게마라 24a; 신 25:6에 대한 라쉬의 주석〔Sifrei Devarim〕289:1-3, 5).
- 랍비 예후다는 신 벗는 예식을 하든지 역연혼을 하든지 간에 부친이 생존해 있다면, 형제가 아닌 사망한 이의 부친이 재산을 상속한다고 주장한다. 따라서 역연혼을 한 형제보다 생존한 부친에게 상속 우선순위가 있다(게마라 40a). 그러나 다수 의견은 이를 받아들이지 않으며, 부친이 생존해 있더라도 야밤에게 상속 우선 순위가 있다고 본다(게마라 40a; 에벤 하에제르 163:1).
- 성서법적으로 남자와 여자가 혼인하면 그들이 이혼하더라도 각 배

우자(전처/전남편)의 친족과 재혼할 수 없다. 성서법은 역연혼 구속력을 혼인과 동일하게 보지 않기 때문에 위 규정을 신 벗는 예식에는 적용하지 않는다. 그러나 랍비법은 율법을 확장 해석하여 적용하는 경향이 있기에 신 벗는 예식도 이혼으로 간주하여 신 벗긴 여자와 신 벗긴 이의 친족 간에 혼인을 금지한다. "예바마가 살아 있는 한 그 자매와 혼인이 금지된다"라는 것은 반대로 예바마가 사망하면 그 자매와 혼인할 수 있다는 뜻이다.

한 형제가 신 벗는 예식을 하면 예바마와 다른 모든 형제와의 지카도 소멸된다(게마라 10b). 이들이 직접 신 벗는 예식을 하지 않았으므로 예바마의 친족과 혼인이 가능하며, 예바마 또한 그들의 친족과 혼인할 수 있다.

- 성서적으로 남편의 형제와는 혼인이 불가능하다(레 18:16). 역연혼은 예외적으로 아버지가 같은 형제들(paternal brothers)에게만 발생하는 의무다. 아버지가 같은 형제들은 역연혼이나 신 벗는 예식을 할 수 있으나, 한 명이 신 벗는 예식을 하고 나면 예바마는 역연혼 의무에서 해소된다. 랍비법상 신 벗긴 여자는 이혼녀이고, 이혼한 여성이 전남편의 형제와 재혼하는 것은 성서적으로 금지된다.[74]

- 한 번 신 벗는 예식을 한 야밤은 그 예바마(신 벗긴 여자)의 동료 아내와 혼인할 수 없다. 그러나 동료 아내의 친족과는 혼인이 허용된다. 반면 신 벗긴 여자의 친족의 동료 아내와는 혼인할 수 없는데, 이 경우를 예로 들면 다음과 같다. 르우벤이 아내 라헬을 남기고 사망했는데, 시므온이 라헬과 신 벗는 예식을 했다. 한편 라헬의 자매인 레아는 시므온과 친족 관계에 있지 않은 남자와 결혼했는데, 그에게는

---

74) 성서적 에르바 및 랍비들이 이차적으로 확대한 에르바에 대해서는 1,1; 1,4; 2,4를 참조하라.

또 다른 아내 한나가 있다고 하자. 시므온은 신 벗긴 여자인 라헬의 친족 레아와 혼인할 수 없으며, 신 벗긴 여자의 친족 레아의 동료 아내인 한나와도 역시 혼인할 수 없다(라쉬).[75]

4, 8

הַחוֹלֵץ לִיבִמְתּוֹ, וְנָשָׂא אָחִיו אֶת אֲחוֹתָהּ, וָמֵת, חוֹלֶצֶת וְלֹא מִתְיַבֶּמֶת. וְכֵן הַמְגָרֵשׁ אֶת אִשְׁתּוֹ, וְנָשָׂא אָחִיו אֶת אֲחוֹתָהּ, וָמֵת, הֲרֵי זוֹ פְּטוּרָה מִן הַחֲלִיצָה וּמִן הַיִּבּוּם:

〔야밤이〕예바마와 신 벗는 예식을 했는데, 그의 형제가 예바마의 자매와 결혼한 후 사망했다면, 〔이 상배여성은 위의 야밤과〕신 벗는 예식을 하되 역연혼은 할 수 없다.

마찬가지로[76] 어떤 남자가 그 아내와 이혼했는데, 그의 형제가 〔이 이혼녀의〕자매와 결혼한 후 〔자식 없이〕사망했다면, 〔이혼한 전처의 자매는 신 벗는 예식과 역연혼에서 모두〕면제된다.

- 전 미쉬나의 조항에 따라 신 벗는 예식을 하지 않은 다른 형제들은 예바마의 친족과 혼인할 수 있기 때문에, 본문의 형제가 예바마의 자매와 결혼한 것은 합법이다. 남편을 잃은 이 여성은 신 벗긴 여자의 자매로서 야밤과 혼인할 수 없다.

- 아내의 자매는 에르바이기 때문에 신 벗는 예식과 역연혼 모두 면제된다(1, 1). 아내와 이혼한다 해도 한 번 금지되었던 여성은 영원히 금지된다(3, 7).

---

75) 또 다른 해석은 토쎄펫 욤 토브(게마라 41a에 대한)를 참조하라.
76) 문맥상 역접 관계가 자연스러우므로, 게마라는 이를 "마찬가지로"(וכן) 대신 "그러나"(אבל)로 치환했다(게마라 41a "מאי וכן אימא אבל המגרש"). 댄비 주해는 이를 따른다.

שׁוֹמֶרֶת יָבָם שֶׁקִּדֵּשׁ אָחִיו אֶת אֲחוֹתָהּ, מִשּׁוּם רַבִּי יְהוּדָה בֶן בְּתֵירָא אָמְרוּ,
אוֹמְרִים לוֹ, הַמְתֵּן עַד שֶׁיַּעֲשֶׂה אָחִיךָ הַגָּדוֹל מַעֲשֶׂה. חָלַץ לָהּ אָחִיו, אוֹ
כְנָסָהּ, יִכְנֹס אֶת אִשְׁתּוֹ. מֵתָה הַיְּבָמָה, יִכְנֹס אֶת אִשְׁתּוֹ. מֵת יָבָם, יוֹצִיא אֶת
אִשְׁתּוֹ בְגֵט, וְאֵשֶׁת אָחִיו בַּחֲלִיצָה:

야밤의 [손아래] 형제가 쇼메렛 야밤의 자매와 약혼한 경우에 있
어,[77] [현인들은] 랍비 예후다 벤 바티라[78]의 이름으로 다음과 같이
말했다. "그 [손아래 형제]에게 '그대의 [손위] 형제가 행동을 취할
때까지 기다리시오'라고 말해야 한다."

[야밤인] 그의 형제가 [쇼메렛 야밤]과 신 벗는 예식을 하거나 혼인
을 하면, [그 손아래 형제는 약혼한] 아내[79]와 혼인할 수 있다.

만일 예바마가 사망하면, [그 자매와 약혼한 손아래 형제는 약혼한]
아내와 혼인할 수 있다.

만일 야밤이 사망하면 [예바마의 자매와 약혼했던 손아래 형제는
약혼한] 아내에게 이혼증서를 주어 내보내고[80] 그 형제의 아내(예바
마)와 신 벗는 예식을 한다.

- 시므온, 레위, 유다 세 형제가 있는데 시므온은 레아와 혼인했다. 유
  다는 레위보다 손위 형제로 레아의 자매인 라헬과 약혼, 즉 혼인 구
  성의 일단계인 약혼(אירוסין)을 했다. 시므온이 자식 없이 사망한다
  면 가장 연장자인 유다에게 레아와 역연혼이나 신 벗는 예식을 해

---

77) 또는 "[예바마] 야밤을 기다리는 동안 그의 형제가 [예바마의] 자매와 결혼했
   다면."
78) יהודה בן בתירא (Judah ben Bathyra/Yehudah b. Betera). 일부 문헌에서는 '벤 바
   티라'가 생략되었다(블랙먼, 각주 7).
79) 약혼도 혼인으로 간주하는 랍비법에 의해 '아내'로 칭한다.
80) 또는 '이혼하고'.

야 할 의무가 주어진다. 만일 유다가 이를 거절하면, 그 의무는 레위에게 돌아간다. 이 경우 라헬은 제쿠카의 자매이기 때문에(2, 6; 3, 9) 레위와 혼인을 진행할 수 없다. 레아 역시 라헬의 자매이기 때문에(2, 6; 3, 9).[81] 레위와의 혼인이 금지된다. 따라서 레위는 형인 유다의 결정을 우선 기다려야 한다. 할라카는 랍비 예후다 벤 바티라의 이 같은 주장을 따른다(게마라 41a).

- 유다가 레아와 역연혼이나 신 벗는 예식을 한다면, 레아와 레위 사이의 지카가 소멸된다. 이 경우 라헬은 이제 제쿠카의 자매가 아니므로, 레위는 예식(니쑤인)을 진행하여 라헬과의 혼인을 완성할 수 있다.

- 쇼메렛 야밤인 레아가 사망한다면 라헬은 더는 제쿠카의 자매가 아니다. 이에 레위는 라헬과 혼인할 수 있다.

- 야밤, 즉 손위 형제인 유다가 사망하면 유일하게 생존한 형제인 레위에게 역연혼 의무가 돌아간다. 첫 번째 사례에서 언급했듯이 라헬은 제쿠카인 레아의 자매이므로 레위와 이혼해야 한다. 한편 레아는 레위와 약혼한 라헬의 자매이므로 에르바다. 에르바라면 신 벗는 예식과 역연혼 모두 면제되는 것이 일반률이지만(4, 8 둘째 조항), 레아와의 지카가 아직 혼인을 완성하지 않은 라헬과의 약혼보다 더 큰 효력을 발휘하므로, 랍비들은 여전히 지카가 유효하다고 간주한다. 그러므로 레아와 역연혼은 금지하더라도 신 벗는 예식은 해야 한다는 것이다(토쎄펫 욤 토브). 신 벗는 예식은 랍비법상 이혼으로 간주되기에 레위의 원 약혼녀였던 라헬은 신 벗긴 여자의 자매로서 또다시 레위에게 금지된다(4, 7 다섯째 조항).

---

81) 약혼도 혼인으로 간주하는 랍비법에 근거한다.

הַיְבָמָה לֹא תַחֲלֹץ וְלֹא תִתְיַבֵּם, עַד שֶׁיֵּשׁ לָהּ שְׁלֹשָׁה חֳדָשִׁים. וְכֵן כָּל שְׁאָר
הַנָּשִׁים לֹא יִתְאָרְסוּ וְלֹא יִנָּשְׂאוּ, עַד שֶׁיִּהְיוּ לָהֶן שְׁלֹשָׁה חֳדָשִׁים. אֶחָד
בְּתוּלוֹת וְאֶחָד בְּעוּלוֹת, אֶחָד גְּרוּשׁוֹת וְאֶחָד אַלְמָנוֹת, אֶחָד נְשׂוּאוֹת וְאֶחָד
אֲרוּסוֹת. רַבִּי יְהוּדָה אוֹמֵר, הַנְּשׂוּאוֹת יִתְאָרְסוּ, וְהָאֲרוּסוֹת יִנָּשְׂאוּ, חוּץ
מִן הָאֲרוּסוֹת שֶׁבִּיהוּדָה, מִפְּנֵי שֶׁלִּבּוֹ גַס בָּהּ. רַבִּי יוֹסֵי אוֹמֵר, כָּל הַנָּשִׁים
יִתְאָרְסוּ, חוּץ מִן הָאַלְמָנָה, מִפְּנֵי הָאִבּוּל:

[남편 사후] 3개월이 지나기 전까지 예바마는 신 벗는 예식도 역연혼도 할 수 없다.

마찬가지로 다른 모든 여성들도 처녀든 성경험자든, 이혼녀든 과부든, 혼인[82]했든 약혼했든 3개월이 지나기 전에는 혼인도 약혼도 할 수 없다.

[그러나] 랍비 예후다는 말한다. "혼인했던 사람은 [즉시] 약혼을, 약혼했던 사람은 [즉시] 혼인을 할 수 있다. 단 유다[지역]의 약혼녀들은 제외하는데, [거기서는] 신랑이 약혼녀와 친밀하기 때문이다."

랍비 요쎄는 말한다. "모든 [혼인했던] 여성은 즉시 약혼해도 된다. 단 [상배여성]은 애도해야 하므로 제외한다."

- 역연혼의 전제 조건은 남편이 자식을 남기지 않고 사망하는 것이다. 따라서 그 상배여성이 사망한 남편의 아이를 임신했는지 그 여부가 확인될 수 있는 3개월을 유예 기간으로 둔다(3, 10; 게마라 41b).[83] 3개월은 90일이며, 남편 사망 당일 및 이혼일, 약혼 당일은 포함하지 않는다(에벤 하에제르 13:1). 임신 중인 사실을 모르고 역연혼을 해

---

82) 니쑤인을 말한다.
83) 보통 초혼의 경우, 약혼 후 혼인까지 기다리며 준비하는 시간은 1년이다(「케투봇」 5, 2).

버리면, 형제의 아내를 취하지 말라는 율법을 어긴 것이 된다. 사망한 형제에게 아이가 있으니, 이 상배여성은 예바마가 아니고, 따라서 애초에 역연혼이 필요 없었기 때문이다. 다른 모든 여성들이란 사별이든 이혼이든, 혼인이 종료되어 재혼을 앞둔 여성들을 말한다. 재혼을 위해 약혼과 혼인을 하려거든 혹 임신 가능성을 염두에 두어 그 징후가 나타날 수 있는 3개월을 기다려야 한다. 아이가 전남편 소생인지 두 번째 남편 소생인지 확인해야 하기 때문이다(게마라 42a). 랍비들은 부친을 판가름하는 일이 왜 중요한지 두 가지 이유를 든다. 첫째는 창세기 17:7의 언약이다. "나와 너 및 네 대대 후손" 사이에 영원한 언약을 삼는다 하였기에 '너', 즉 자녀의 부친을 판명해야 한다는 것이다. 두 번째는 부친이 확실하지 않다면 그 자녀가 에르바 규정을 위반하는 죄를 저지를 수 있으므로, 이를 막기 위함이다(게마라 42a).

• 랍비 예후다는 반대 의견을 내세운다. 사별이나 이혼 전에 혼인 단계(성관계가 허락되는 니쑤인)까지 했던 여성은, 전남편 아이를 임신했을 가능성에도 불구하고 3개월을 기다릴 필요 없이 즉시 약혼해도 좋다는 것이다. 그는 혼인까지 했던 여성이 재혼을 위해 약혼한다 해도, 약혼 기간 동안 신랑과 육체적 접촉을 하지 않기 때문에 임신할 리가 없고 따라서 곧바로 아이를 낳는다면 그는 첫 남편의 자식이라고 주장한다. 약혼, 즉 에루씬/키두쉰 단계에서 이혼하거나 사별한 여성 역시 신랑과 육체적 접촉이 없으므로 임신할 리 없고, 따라서 아이가 태어나면 두 번째 남편의 자식이라는 주장이다. 단, 그는 예외 조항을 둔다. 미쉬나 시대 유다 지역에서는 약혼 축제날 서로 친밀해지도록 신랑될 자와 신부될 자만 따로 놔두는 전통이 있었다(「케투봇」 1, 5). 이에 약혼 기간에도 신부와 신체적으로 접촉, 임신할 확률이 있으므로 랍비 예후다는 이 지역 약혼녀는 3개월을 기

다려야 한다고 말한다.

- 랍비 요쎄(Yose b. Halafta/Halpetha)는 혼인했던 사람이 즉시 약혼해도 된다는 랍비 예후다의 의견에 동의한다. 그러나 사별이 아닌 이혼했을 경우로 이를 제한한다. 사별한 아내는 90일(3개월) 애도 기간을 채워야 하며, 여기서 사별은 '니쑤인'까지 했을 경우를 말한다(요레 데아 374:4). 랍비 예후다와 요쎄의 주장은 채택되지 않았다(에벤 하에제르 13).

4, 11

אַרְבָּעָה אַחִין נְשׂוּאִין אַרְבַּע נָשִׁים, וָמֵתוּ, אִם רָצָה הַגָּדוֹל שֶׁבָּהֶם לְיַבֵּם אֶת
כֻּלָּן, הָרְשׁוּת בְּיָדוֹ. מִי שֶׁהָיָה נָשׂוּי לִשְׁתֵּי נָשִׁים, וָמֵת, בִּיאָתָהּ אוֹ חֲלִיצָתָהּ
שֶׁל אַחַת מֵהֶן פּוֹטֶרֶת צָרָתָהּ. הָיְתָה אַחַת כְּשֵׁרָה, וְאַחַת פְּסוּלָה, אִם הָיָה
חוֹלֵץ, חוֹלֵץ לַפְּסוּלָה. וְאִם הָיָה מְיַבֵּם, מְיַבֵּם לַכְּשֵׁרָה:

네 명의 형제가 네 명의 여성과 각각 결혼했는데 [두 명 이상이 자식 없이] 사망했다고 하자. 만일 생존한 형제 중 연장자가 [예바마] 모두와 역연혼하기를 원하면 그 요청을 수락한다.[84]

어떤 남자가 두 여성과 결혼한 후 [자식 없이] 죽었을 때, [야밤이] 그중 한 명과 성관계하거나[85] 신 벗는 예식을 하면 동료 아내는 [역연혼과 신 벗는 예식에서] 면제된다.

만일 이들 중 하나는 [제사장과 혼인] 자격이 있고, 다른 하나는 자격이 없다면, [야밤이] 신 벗는 예식을 할 경우, 제사장과 혼인 자격이 없는 [예바마와] 한다. 만일 역연혼을 할 경우, [제사장과 혼인] 자격이 있는 [예바마와] 한다.

---

84) 직역하면 "허가가 그의 손에 있다"(הרשות בידו).
85) 성관계, 즉 역연혼 행위를 말한다.

- 각각 남편이 다른 여러 예바마라면 한 야밤이 모두와 역연혼하는 것이 가능하다.
- 남편이 같은 여러 예바마인 경우 이 중 한 명과만 신 벗는 예식이나 역연혼이 허용된다(3, 9).
- 신 벗긴 여자는 이혼녀로 간주되어 제사장과 혼인할 수 없다. 따라서 야밤이 신 벗는 예식을 하려거든 제사장과의 혼인에 결격사유가 있는 예바마와 하여 나머지 한 명은 제사장과 혼인할 수 있는 가능성을 열어둔다. 역연혼을 택했을 때, 제사장과 혼인 자격이 없는 여성과 하라고 야밤에게 강요할 수 없음을 의미하는 듯하다.

4, 12

הַמַּחֲזִיר גְּרוּשָׁתוֹ, וְהַנּוֹשֵׂא חֲלוּצָתוֹ, וְהַנּוֹשֵׂא קְרוֹבַת חֲלוּצָתוֹ, יוֹצִיא, וְהַוָּלָד מַמְזֵר, דִּבְרֵי רַבִּי עֲקִיבָא. וַחֲכָמִים אוֹמְרִים, אֵין הַוָּלָד מַמְזֵר. וּמוֹדִים בְּנוֹשֵׂא קְרוֹבַת גְּרוּשָׁתוֹ, שֶׁהַוָּלָד מַמְזֵר:

이혼한 아내를 다시 데려오거나, 신 벗긴 여자와 혼인하거나, 신 벗긴 여자의 친족과 혼인한 경우 내보내야 한다.[86] 또한 태어난 자식은 사생아다. 이는 랍비 아키바의 말이다.

그러나 현인들은 말한다. "그 자식은 사생아가 아니다."

이들은 이혼한 전처의 친족과 혼인하여 태어난 자식은 사생아라는 데만 동의한다.

- 이혼한 아내와 재결합은 가능하다. 그러나 이 아내가 다른 이와 재혼하고 다시 이혼하거나 과부가 된 경우에는 불가능하다. 따라서 이 규정은 후자의 상황에 속한다(신 24:4; 뉴스너; 블랙먼). 신 벗긴 여자

---

86) 이혼증서를 주어야 한다.

의 혼인에 있어서는 4, 7을 참조하라.

- 랍비 아키바(Akiva/Akiba)와 현인들은 언급된 세 경우 이혼해야 한
다는데 동의한다. 하지만 랍비 아키바와 달리 현인들은 이 관계에서
태어난 자식이 사생아가 아니라고 주장한다.

4, 13

אֵיזֶהוּ מַמְזֵר, כָּל שְׁאֵר בָּשָׂר שֶׁהוּא בְלֹא יָבֹא דִּבְרֵי רַבִּי עֲקִיבָא. שִׁמְעוֹן
הַתֵּימָנִי אוֹמֵר, כָּל שֶׁחַיָּבִין עָלָיו כָּרֵת בִּידֵי שָׁמַיִם. וַהֲלָכָה כִּדְבָרָיו. רַבִּי
יְהוֹשֻׁעַ אוֹמֵר, כָּל שֶׁחַיָּבִים עָלָיו מִיתַת בֵּית דִּין. אָמַר רַבִּי שִׁמְעוֹן בֶּן עַזַּאי,
מָצָאתִי מְגִלַּת יֻחֲסִין בִּירוּשָׁלַיִם וְכָתוּב בָּהּ, אִישׁ פְּלוֹנִי מַמְזֵר מֵאֵשֶׁת אִישׁ,
לְקַיֵּם דִּבְרֵי רַבִּי יְהוֹשֻׁעַ. אִשְׁתּוֹ שֶׁמֵּתָה, מֻתָּר בַּאֲחוֹתָהּ. גֵּרְשָׁהּ וָמֵתָה,
מֻתָּר בַּאֲחוֹתָהּ. נִשֵּׂאת לְאַחֵר וָמֵתָה, מֻתָּר בַּאֲחוֹתָהּ. יְבִמְתּוֹ שֶׁמֵּתָה, מֻתָּר
בַּאֲחוֹתָהּ. חָלַץ לָהּ וָמֵתָה, מֻתָּר בַּאֲחוֹתָהּ:

어떤 이가 사생아인가?

"[토라가] 성관계를 금지한 모든 근친 [간에 태어난 자식이다]." 이
는 랍비 아키바의 말이다.

예멘 사람 쉼온[87]은 말한다. "하늘의 손에 의해 끊어져야만[88] 하는
자들이며 할라카는 이를 따른다."

랍비 예호슈아[89]는 말한다. "법정에서 사형선고 받아 마땅한 [이
들의 관계로 태어난] 모든 [자식]이다."

랍비 쉼온 벤 아자이[90]는 다음과 같이 말했다. "내가 예루살렘에서
발견한 족보 두루마리에는 이렇게 쓰여져 있었다. '아무개는 남편이
있는 아내가 [낳은] 사생아다.' 이것은 랍비 예호슈아의 말을 뒷받침

---

87) שמעון התימני (Shimon haTimni/Simeon the Yemenite).
88) 이를 '카렛'(כרת) 형벌이라 한다. 자세한 내용은 마쎄켓 「크리톳」을 참조하라.
89) יהושע (Yehoshua [b. Hananyah]).
90) שמעון בן עזאי (Simeon b. Azzai/Shimon b. Azzai).

한다."

아내가 사망하면, 〔그 남편은〕 아내의 자매와 〔혼인이〕 허용된다. 〔아내와〕 이혼하고 난 후에도 그 아내가 사망하면 아내의 자매와 〔혼인이〕 허용된다.

만일 〔아내가〕 다른 사람과 재혼하고 나서 사망하면, 〔전남편은 그〕 아내의 자매와 〔혼인이〕 허용된다. 만일 〔그와〕 신 벗는 예식을 한 여자가 사망한다면, 〔신 벗긴 여자의〕 자매와 혼인이 허용된다.

- 사생아 규정은 신명기 23:3(개역개정 23:2)에 근거한다(2, 4; 2, 5).
- '〔법에〕 어긋난 성관계'는 에르바 관계를 말한다.
- 마지막 규정은 4, 7의 법규를 다시 설명한다. 아내나 신 벗긴 여자가 사망한 다음에야 그 자매와의 혼인이 허락된다.

제5장

역연혼과 관련하여 마아마르, 이혼증서, 성관계 등 적용되는 절차와 그 효력 발생에 관한 논의다.

5, 1

רַבָּן גַּמְלִיאֵל אוֹמֵר, אֵין גֵּט אַחַר גֵּט, וְלֹא מַאֲמָר אַחַר מַאֲמָר, וְלֹא בְעִילָה אַחַר בְּעִילָה, וְלֹא חֲלִיצָה אַחַר חֲלִיצָה. וַחֲכָמִים אוֹמְרִים, יֵשׁ גֵּט אַחַר גֵּט, וְיֵשׁ מַאֲמָר אַחַר מַאֲמָר, אֲבָל לֹא אַחַר בְּעִילָה וְלֹא אַחַר חֲלִיצָה כְּלוּם:

라반 감리엘은 말한다. "이혼증서 이후 이혼증서, 마아마르 이후 마아마르〔의 효력은〕 없으며, 성관계 이후 성관계, 신 벗는 예식 이후 신 벗는 예식〔의 효력도〕 없다.

그러나 현인들은 말한다. "이혼증서 이후 이혼증서, 마아마르 이후 마아마르[의 효력은] 있으나, 성관계 이후 성관계, 신 벗는 예식 이후 신 벗는 예식[의 효력은] 없다."

- 라반 감리엘의 주장은 다음과 같다. 형제에게 아내가 둘 있었는데, 그가 자식 없이 죽어 예바마가 두 명이 되었다고 하자. 야밤이 한 예바마에게 이혼증서를 써주고 다시 나머지 한 명에게 이혼증서를 써 주었다면, 두 번째 이혼증서는 효력을 발휘하지 못한다. 이혼증서를 처음 받은 예바마와는 이혼이 성립되어 그 친족과 야밤의 혼인이 금지된다. 이혼증서를 나중에 받은 여자와는 이혼이 성립되지 않기 때문에 그 친족과 야밤의 혼인이 가능하고, 이혼녀로 간주되지 않으므로 제사장과의 혼인도 유효하다(4, 7). 만일 두 야밤이 예바마 한 명에게 이혼증서를 써주었다면, 먼저 이혼증서를 쓴 야밤과의 이혼만 인정된다. 마아마르도 마찬가지가 적용된다. 성관계(בעילה)의 경우, 만일 한 야밤이 두 예바마와 모두 성관계를 했다면 첫 번째 관계한 여성만 아내로 인정되고, 두 번째 행위는 부도덕한 성관계로 간주된다. 두 번째 여성은 성관계는 했으나 혼인으로 인정되지 않기에 이혼 증서를 받을 필요도 없다. 야밤 한 명이 두 예바마와 신 벗는 예식을 하거나, 또는 두 야밤이 한 예바마와 신 벗는 예식을 한 경우, 첫 번째 신 벗는 예식만 그 효력이 인정된다. 그러므로 두 번째로 신 벗는 예식을 한 여성은 신 벗긴 여자, 즉 이혼녀로 볼 수 없고 제사장과의 결혼도 허락된다.
- 현인들은 위 라반 감리엘의 주장에 동의하지 않는다. 즉 나중에 한 이혼증서나 마아마르 모두 효력을 발휘한다는 것이다. 그렇다면 두 번째로 이혼증서를 받은 여성 또한 이혼녀로 간주되므로 제사장과 혼인할 수 없고 그 친척과 야밤의 혼인도 불가능하다. 그러나 성관

계와 신 벗는 예식에 있어서는 라반 감리엘과 같은 의견을 보인다. 할라카는 현인들의 의견을 따른다.

5, 2

כֵּיצַד. עָשָׂה מַאֲמָר בִּיבִמְתּוֹ, וְנָתַן לָהּ גֵּט, צְרִיכָה הֵימֶנּוּ חֲלִיצָה. עָשָׂה מַאֲמָר וַחֲלִיצָה, צְרִיכָה הֵימֶנּוּ גֵט. עָשָׂה מַאֲמָר וּבָעַל, הֲרֵי זוֹ כְמִצְוָתָהּ:

어떻게 그러한가?

예바마에게 마아마르를 하고 나서 이혼증서를 준 경우, 〔예바마는 야밤과〕 신 벗는 예식을 해야 한다.

마아마르를 하고서 신 벗는 예식을 한 경우, 〔예바마는 야밤에게서〕 이혼증서를 받아야 한다.

마아마르를 하고 나서 성관계를 한 경우, 이는 율법에 부합된다.

- 5, 1에 대한 부연설명이다. 토라에 따르면 역연혼 구속력에서 벗어나게 하는 것은 오직 신 벗는 예식이다. 이혼증서는 신 벗는 예식과 다르며, 만일 신 벗는 예식 대신 이혼증서를 받았다면 여전히 신 벗는 예식을 해야 역연혼에서 면제된다는 것이 원칙이다. 또한 확장된 랍비법에 따라 발생한 관계 또한 함께 소멸시켜야 한다. 즉 후대에 받아들여진 마아마르는 랍비법에 따라 혼인으로 간주되기 때문에, 이혼증서도 함께 받아야 한다. 마아마르 이후 이혼증서만 주었으면 신 벗는 예식도 하여 남은 관계(역연혼)를 소멸시키고, 마아마르 후 신 벗는 예식만 했으면 이혼증서도 주어 남은 관계(마아마르로 인한 혼인)를 소멸시킨다.

נָתַן גֵּט וְעָשָׂה מַאֲמָר, צְרִיכָה גֵּט וַחֲלִיצָה. נָתַן גֵּט וּבָעַל, צְרִיכָה גֵּט וַחֲלִיצָה. נָתַן גֵּט וְחָלַץ, אֵין אַחַר חֲלִיצָה כְּלוּם. חָלַץ וְעָשָׂה מַאֲמָר, נָתַן גֵּט, וּבָעַל, אוֹ בָעַל וְעָשָׂה מַאֲמָר, נָתַן גֵּט וְחָלַץ, אֵין אַחַר חֲלִיצָה כְּלוּם. אַחַת יְבָמָה אַחַת לִיבָם אֶחָד, וְאַחַת שְׁתֵּי יְבָמוֹת לִיבָם אֶחָד:

이혼증서를 주고 나서 마아마르를 했다면, 이혼증서와 신 벗는 예식이 필요하다.

이혼증서를 준 이후 성관계를 했다면, 이혼증서와 신 벗는 예식이 필요하다.

이혼증서를 준 이후 신 벗는 예식을 했다면, 신 벗는 예식 다음에는 아무것도 [필요] 없다.

신 벗는 예식을 하고 나서 마아마르를 하거나 이혼증서를 주거나 성관계를 한 경우, 또는 성관계를 하고 나서 마아마르를 하거나 이혼증서를 주거나 신 벗는 예식을 한 경우, 신 벗는 예식 다음에는 아무것도 [필요] 없다.

한 명의 야밤과 한 명의 예바마 사이든, 한 명의 야밤과 여러 예바마 사이든 [같은 규정이 적용된다].

● 5, 2는 마아마르를 먼저 하고나서 이혼증서나 신 벗는 예식, 성관계가 뒤따른 경우를, 5, 3은 이혼증서 이후에 마아마르, 신 벗는 예식, 성관계가 진행된 경우를 논한다. 예바마에게 신 벗는 예식 대신 이혼증서를 주었다면 이혼을 해버린 것으로 상대와 역연혼이 금지된다. 그러므로 역연혼을 면제하는 신 벗는 예식이 필요하다. 한데 다시 마아마르를 하여 혼인에 준하는 이중행위를 발생시켰기에 이를 소멸

하기 위해 다시 이혼증서를 주고, 신 벗는 예식도 해야 한다(5, 2).

- 이혼증서를 주고나서 성관계를 했으면 혼인이 이뤄진 것과 마찬가지나, 이혼증서를 준 이상 그 상대와 역연혼이 금지되므로, 다시 혼인을 해소하는 이혼증서를 주고 신 벗는 예식을 하여 이 예바마가 타인과 재혼할 수 있도록 한다.

- 이혼증서를 주고나서 신 벗는 예식을 했다면, 신 벗는 예식으로 역연혼 의무가 해소되었으며, 예바마와 신 벗긴 이 사이에는 성서법상 어떤 혼인도 불가능하다. 다른 절차를 밟을 필요 없이 이 예바마는 타인과 재혼이 가능하다.

- 신 벗는 예식 이후에 마아마르, 이혼증서, 성관계 등 역연혼 관련 다른 행위를 진행한 경우, 신 벗는 예식 이후에 한 행위들은 법에 어긋난다. 랍비 아키바는 이후에 한 마아마르나 성행위 등은 이미 무효이기에 다시 이혼할 필요가 없다는 의견이다. 그러나 할라카는 이들이 다시 이혼해야 한다고 판결한다(게마라 52b). 성관계 이후에 마아마르, 이혼증서, 신 벗는 예식을 진행한 경우에 대한 설명은 생략되어 있다. 다만 5, 1의 내용으로 미루어 "성관계 다음에는 아무것도 [필요] 없다"로 추정할 수 있겠다.

- 마지막 조항에 대한 세부 내용은 5, 4와 5, 5에 설명된다.

5, 4

כֵּיצַד. עָשָׂה מַאֲמָר בָּזוֹ וּמַאֲמָר בָּזוֹ, צְרִיכוֹת שְׁנֵי גִטִּין וַחֲלִיצָה. מַאֲמָר בָּזוֹ
וְגֵט בָּזוֹ, צְרִיכָה גֵט וַחֲלִיצָה. מַאֲמָר בָּזוֹ וּבָעַל אֶת זוֹ, צְרִיכוֹת שְׁנֵי גִטִּין
וַחֲלִיצָה. מַאֲמָר בָּזוֹ וְחָלַץ לָזוֹ, הָרִאשׁוֹנָה צְרִיכָה גֵט. גֵט לָזוֹ וְגֵט לָזוֹ, צְרִיכוֹת
הֵימֶנּוּ חֲלִיצָה. גֵט לָזוֹ וּבָעַל אֶת זוֹ, צְרִיכָה גֵט וַחֲלִיצָה. גֵט לָזוֹ וּמַאֲמָר בָּזוֹ,
צְרִיכָה גֵט וַחֲלִיצָה. גֵט לָזוֹ וְחָלַץ לָזוֹ, אֵין אַחַר חֲלִיצָה כְּלוּם:

만일 그가 한 사람과 마아마르를 하고 다른 한 사람에게는 이혼증서를 주었다면, 〔마아마르를 한〕 여성에게 이혼증서와 신 벗는 예식이 필요하다.

만일 그가 한 사람과 마아마르를 하고 다른 한 사람과는 성관계를 했다면, 두 이혼증서와 신 벗는 예식〔한 번〕이 필요하다.

만일 그가 한 사람과 마아마르를 하고 다른 한 사람과는 신 벗는 예식을 했다면, 첫 번째 여성은 이혼증서가 필요하다.

만일 그가 한 사람에게 이혼증서를 주고, 다른 한 사람에게도 이혼증서를 주었다면, 둘 다 그와 신 벗는 예식을 해야 한다. 만일 그가 한 사람에게 이혼증서를 주고 다른 한 사람과 성관계를 했다면 이 〔성관계를 한〕 여성은 이혼증서와 신 벗는 예식이 필요하다.

만일 그가 한 사람에게 이혼증서를 주고 다른 한 사람과 신 벗는 예식을 했다면 신 벗는 예식 다음에는 아무것도 〔필요〕 없다.

- 5, 3의 마지막 규정을 상술했으며, 야밤 한 명과 예바마 두 명 사이 어떻게 법규를 적용하는가에 대한 내용이다.

5, 5

> חָלַץ וְחָלַץ, אוֹ חָלַץ וְעָשָׂה מַאֲמָר, נָתַן גֵּט וּבָעַל, אוֹ בָעַל וּבָעַל, אוֹ בָעַל
> וְעָשָׂה מַאֲמָר, נָתַן גֵּט וְחָלַץ, אֵין אַחַר חֲלִיצָה כְּלוּם, בֵּין יָבָם לִשְׁתֵּי
> יְבָמוֹת, בֵּין שְׁנֵי יְבָמִין לִיבָמָה אֶחָת:

만일 야밤이 예바마 한 명과 신 벗는 예식을 하고 다른 한 명과도 신 벗는 예식을 한 경우, 한 명과 신 벗는 예식을 하고 다른 한 명에게 마아마르를 한 경우, 이혼증서를 주고 성관계를 한 경우, 한 명과 성관계를 하고 다른 한 사람과도 성관계를 한 경우, 한 명과 성관계를 하고 다른 한 사람에게 마아마르를 한 경우, 이혼증서를 주고 신 벗는 예식을 한 경우, 신 벗는 예식 다음에는 아무것도 〔필요〕 없다.

야밤 한 명과 예바마 두 명이든, 야밤 두 명과 예바마 한 명이든, 〔같은 규정이 적용된다〕.

5, 6

חָלַץ וְעָשָׂה מַאֲמָר, נָתַן גֵּט וּבָעַל, אוֹ בָעַל וְעָשָׂה מַאֲמָר, וְנָתַן גֵּט וְחָלַץ, אֵין
אַחַר חֲלִיצָה כְלוּם, בֵּין בַּתְּחִלָּה, בֵּין בָּאֶמְצַע, בֵּין בַּסּוֹף. וְהַבְּעִילָה, בִּזְמַן
שֶׁהִיא בַתְּחִלָּה, אֵין אַחֲרֶיהָ כְלוּם. בָּאֶמְצַע וּבַסּוֹף, יֵשׁ אַחֲרֶיהָ כְלוּם. רַבִּי
נְחֶמְיָה אוֹמֵר, אַחַת בְּעִילָה וְאַחַת חֲלִיצָה, בֵּין בַּתְּחִלָּה, בֵּין בָּאֶמְצַע, בֵּין
בַּסּוֹף, אֵין אַחֲרֶיהָ כְלוּם:

〔야밤이〕 신 벗는 예식을 하고 나서 마아마르를 한 경우, 이혼증서를 주고 성관계를 한 경우, 또는 성관계를 하고 나서 마아마르를 한 경우, 이혼증서를 주거나 신 벗는 예식을 한 경우, 신 벗는 예식 다음에는 아무것도 〔필요〕 없다. 처음이든 중간이든 끝이든 〔신 벗는 예식을 하고 나면 다른 행위는 필요 없다〕.

성관계의 경우, 처음 성관계를 했으면 그 다음에는 아무것도 〔필요〕 없다. 그러나 중간이나 끝단계에 했다면 이후 다른 행위가 필요하다. 그러나 랍비 네헤미야는 말한다. "처음이든 중간이든 끝이든, 성관계와 신 벗는 예식 모두 그다음에는 아무것도 〔필요〕 없다."

- 신 벗는 예식을 하고 난 다음에 이어진 역연혼 관련 행위들은 불필요하다. 이는 신 벗는 예식이 가장 처음에 이뤄지든, 중간(이혼과 마아마르 사이)이나 끝에 이뤄지든 마찬가지다. 이 기본 원칙은 5, 3에 이미 설명되어 있다.

- 성관계가 중간(이혼증서와 마아마르 사이)이나 맨 마지막에 이뤄졌다면 다른 절차가 필요하다. 야드 아브라함 주해에 따르면, 라브 (Rav)와 라쉬(Rash)는 이 규정을, 한 남자가 예바마인 동료 아내 세

명 중 첫째 여성에게 먼저 이혼증서를 주고, 둘째 여성과는 성관계를 하고, 마지막 여성과 마아마르를 했다면, 마아마르는 효력을 발생하고, 마아마르를 한 여성의 친족과 혼인할 수 없다는 내용으로 풀어 설명한다.

- "다른 행위가 필요하다"는, 이후에 이뤄진 행위가 효력을 발휘한다는 뜻이다.
- 랍비 네헤미야(Nehemiyah/Nehemiah)는 위 조항에 반대하여 일단 예바마와 성관계를 했다면, 그전에 이혼증서를 주었든 마아마르를 했든 역연혼 의무가 완전히 종결되었다고 주장한다. 그 이후에 행한 다른 행위에 효력이 없다는 해석이다.

제6장

제6장에서 다루는 주요 내용은 이렇다. 과실이나 고의로 예바마와 성관계가 행해졌을 때 혼인의 효력, 금지된 성관계를 한 여성이 제사장과 혼인할 수 있는지에 대한 질문, 혼인관계의 발생과 소멸이 제사장 딸의 거제 먹을 자격에 미치는 영향, 대제사장과 제사장에게 허용된 혼인, 출산의무에 따른 부부의 노력 등이다.

6, 1

הַבָּא עַל יְבִמְתּוֹ, בֵּין בְּשׁוֹגֵג, בֵּין בְּמֵזִיד, בֵּין בְּאֹנֶס, בֵּין בְּרָצוֹן, אֲפִלּוּ הוּא שׁוֹגֵג וְהִיא מְזִידָה, הוּא מֵזִיד וְהִיא שׁוֹגֶגֶת, הוּא אָנוּס וְהִיא לֹא אֲנוּסָה, הִיא אֲנוּסָה וְהוּא לֹא אָנוּס, אֶחָד הַמְעָרֶה וְאֶחָד הַגּוֹמֵר, קָנָה, וְלֹא חָלַק בֵּין בִּיאָה לִבְיאָה:

만일 [야밤이] 예바마와 성관계를 했으면 과실이든 고의든, 강간이

든 자의든 혼인이 성립한다. 남자 쪽이 과실이고 여자 쪽이 고의이거
나, 남자 쪽이 고의고 여자 쪽이 과실이거나, 남자 쪽이 강간이고 여자
쪽은 강간이 아니거나, 여자 쪽이 강간이고 남자 쪽은 강간이 아니라
하더라도, 그가 성행위를 하다 중지했든 끝냈든 간에 마찬가지다.

이 법은 성행위의 종류에 구애받지 않는다.

● 이미 성관계가 이뤄지고 난 후는 혼인으로 인정된다.

6, 2

וְכֵן הַבָּא עַל אַחַת מִכָּל הָעֲרָיוֹת שֶׁבַּתּוֹרָה, אוֹ פְּסוּלוֹת, כְּגוֹן אַלְמָנָה לְכֹהֵן
גָּדוֹל, גְּרוּשָׁה וַחֲלוּצָה לְכֹהֵן הֶדְיוֹט, מַמְזֶרֶת וּנְתִינָה לְיִשְׂרָאֵל, בַּת יִשְׂרָאֵל
לְמַמְזֵר וּלְנָתִין, פְּסָל. וְלֹא חָלַק בֵּין בִּיאָה לְבִיאָה:

마찬가지로 만일 누군가 토라가 말한 에르바 내지 부적격인 여성
들 중 하나, 즉 대제사장에게 금지된 과부, 일반 제사장에게 금지된
이혼녀, 신 벗긴 여자, 유대인 및 이스라엘 여성에게 금지된 사생아나
네티나 등과 성관계를 하면, 그는 [이 여자의 자격을] 박탈한다. 이 법
은 성행위의 종류에 구애받지 않는다.

● 이스라엘 총회의 적법 구성원과 사생아/여자 사생아의 성관계는 성
  서가 금지하고 있다(신 23:3; 8:3).
● 2, 4에도 비슷하게 언급한 바 있는 조항이다. 위 금지된 성관계를 한
  여성은 제사장과 혼인할 자격과 거제를 먹을 자격을 박탈당한다. 만
  일 미혼인 제사장 딸이 위 금지된 성관계를 했다면 영원히 거제를
  먹을 자격을 상실한다(6, 3).
● 6, 1과 마찬가지로 금지혼이라 해도 이미 성관계를 했다면 법적 혼
  인이 성립된 것으로 간주된다

אַלְמָנָה לְכֹהֵן גָּדוֹל, גְּרוּשָׁה וַחֲלוּצָה לְכֹהֵן הֶדְיוֹט, מִן הָאֵרוּסִין לֹא יֹאכְלוּ
בַּתְּרוּמָה. רַבִּי אֱלִיעֶזֶר וְרַבִּי שִׁמְעוֹן מַכְשִׁירִין. נִתְאַרְמְלוּ אוֹ נִתְגָּרְשׁוּ, מִן
הַנִּשּׂוּאִין פְּסוּלוֹת, מִן הָאֵרוּסִין כְּשֵׁרוֹת:

대제사장과 약혼한 이혼녀, 일반 제사장과 약혼한 신 벗긴 여자는 거제를 먹을 수 없다. 그러나 랍비 엘리에제르[92]와 랍비 쉼온은 [이들이 거제 먹는 것을] 허락한다.

[이들이] 과부가 되거나 이혼녀가 된 것이 혼인 이후라면 [거제 먹을] 자격을 상실하지만, 약혼 이후라면 [먹을] 자격이 있다.

- 제사장의 딸이 금지된 결혼을 했을 때 거제를 먹을 자격을 상실한다는 규정을 이야기한다(3, 10).[93]

  1) 과부는 대제사장과 결혼이 금지되고, 이혼녀와 신 벗긴 여자는 일반 제사장과 결혼이 금지된다. 만일 이들이 혼인하면 비록 (대)제사장의 가족이 되었다 해도 거제를 먹을 수 없다. 거제는 제사장과 그 가족만 먹을 수 있다. 대제사장은 과부, 이혼녀, 신 벗긴 여자 모두와 혼인이 금지된다.

  2) 제사장의 결혼하지 않은 딸은 결혼할 때까지 거제를 먹을 수 있다. 혼인 후 과부나 이혼녀가 된 경우 출산하지 않은 상태에서 친정으로 돌아오면 거제를 먹을 수 있다. 제사장의 딸이 비제사장과 결혼하면 그 혼인이 지속되는 한, 그리고 그 사이에서 낳은 아들/손주가 생존한 이상 거제를 먹을 수 없다(9, 6).

---

92) 6, 3과 6, 4의 랍비 '엘리에제르'가 카우프만 사본 등에서는 랍비 '엘아자르'로 표기된다. 이 번역·주해서는 하녹 알벡판 히브리어를 따르고 있으므로, '엘리에제르'를 택했다.
93) 정결 문제로 금지된 랍비들이 정한 금혼 규정은 「예바못」 2, 4를 참조하라.

- 금지된 사람과 성관계를 맺으면 거제를 먹을 수 없다.
- 약혼하는 순간 거제 먹을 자격을 상실한다는 규정에 있어, 랍비 엘리에제르와 랍비 쉼온은 혼인을 해야 상실한다고 주장한다.

6, 4

כֹּהֵן גָּדוֹל לֹא יִשָּׂא אַלְמָנָה, בֵּין אַלְמָנָה מִן הָאֵרוּסִין, בֵּין אַלְמָנָה מִן
הַנִּשּׂוּאִין, וְלֹא יִשָּׂא אֶת הַבּוֹגֶרֶת. רַבִּי אֱלִיעֶזֶר וְרַבִּי שִׁמְעוֹן מַכְשִׁירִין
בְּבוֹגֶרֶת. לֹא יִשָּׂא אֶת מֻכַּת עֵץ. אֵרַס אֶת הָאַלְמָנָה, וְנִתְמַנָּה לִהְיוֹת כֹּהֵן
גָּדוֹל, יִכְנֹס. וּמַעֲשֶׂה בִיהוֹשֻׁעַ בֶּן גַּמְלָא שֶׁקִּדֵּשׁ אֶת מָרְתָּא בַת בַּיְתּוֹס, וּמִנָּהוּ
הַמֶּלֶךְ לִהְיוֹת כֹּהֵן גָּדוֹל, וּכְנָסָהּ. שׁוֹמֶרֶת יָבָם שֶׁנָּפְלָה לִפְנֵי כֹהֵן הֶדְיוֹט,
וְנִתְמַנָּה לִהְיוֹת כֹּהֵן גָּדוֹל, אַף עַל פִּי שֶׁעָשָׂה בָהּ מַאֲמָר, הֲרֵי זֶה לֹא יִכְנֹס.
כֹּהֵן גָּדוֹל שֶׁמֵּת אָחִיו, חוֹלֵץ וְלֹא מְיַבֵּם:

대제사장은 약혼 후에 과부가 되었거나 혼인(에루씬) 후에 과부가 되었거나 상관없이 과부를 아내로 맞을 수 없다. 또한 성인 여성(보게렛)을 아내로 맞을 수 없다. 그러나 랍비 엘리에제르와 랍비 쉼온은 이를 허용한다.

〔대제사장은〕 무카트 에쯔와 혼인할 수 없다

과부와 약혼한 이후 대제사장으로 임명되었다면 혼인을 이행한다. 예호슈아 벤 가믈라의 경우 바이투스의 딸인 마르타와 약혼했는데 왕이 그를 대제사장으로 임명했고, 그는 혼인을 이행했다.

쇼메렛 야밤이 일반 제사장과 역연혼을 하기로 되어 있는데 그가 대제사장으로 임명되면, 비록 마아마르를 했을지라도 혼인에 들지 않는다.

대제사장은 그 형제가 사망한 경우, 신 벗는 예식을 하되 역연혼은 하지 않는다.

- 이 미쉬나는 대제사장과 혼인할 수 없는 여자들에 대해 자세히 다룬

다(레 21:14).

- 미성년인 여자아이(קטנה, 크타나)가 2차 성징 징후가 나타나는 12세가 되면 젊은 여성(נערה, 나아라)이 되는데, 아직 부친에게 일부 권한이 있다(「케투봇」4, 14; 「네다림」10, 1; 「키두쉰」2, 1). 젊은 여성이 12세에서 6개월을 넘기면 완전한 권한을 행사할 수 있는 성인 여성(בוגרת, 보게렛)이 된다. 대제사장의 경우 아내가 처녀임이 보다 확실해야 하므로, 성인 여성 나이에 도달하기 전의 여성과 혼인해야 한다는 주장이다(게마라 59a).
- 성행위 외적 이유, 즉 외상으로 처녀막이 손상된 여자를 '무카트 에쯔'(מכת עץ)라 하는데, 이는 '나무(조각)에 상처입다'는 뜻이다.
- 진위 여부가 확인되지 않은 일화로, 마르타라는 여자는 과부로 보인다.
- 마지막 구절은 『네지킨』「산헤드린」2, 1을 인용하고 있다.

6, 5[94]

כֹּהֵן הֶדְיוֹט לֹא יִשָּׂא אַיְלוֹנִית, אֶלָּא אִם כֵּן יֶשׁ לוֹ אִשָּׁה וּבָנִים. רַבִּי יְהוּדָה אוֹמֵר, אַף עַל פִּי שֶׁיֶּשׁ לוֹ אִשָּׁה וּבָנִים, לֹא יִשָּׂא אַיְלוֹנִית, שֶׁהִיא זוֹנָה הָאֲמוּרָה בַּתּוֹרָה. וַחֲכָמִים אוֹמְרִים, אֵין זוֹנָה אֶלָּא גִּיּוֹרֶת וּמְשֻׁחְרֶרֶת וְשֶׁנִּבְעֲלָה בְעִילַת זְנוּת:

일반 제사장은 이미 아내와 자식이 있는 경우가 아니라면, 생식력이 없는 여자[95]를 아내로 맞을 수 없다.

〔그러나〕 랍비 예후다는 말한다. "이미 아내와 자식이 있다 하더라

---

94) 현대 수정 판본에서는 6, 5를 이분하여 6, 5와 6, 6에, 6, 6을 6, 7에 배분하기도 한다.
95) 이에 해당하는 히브리어 아일로닛(אַיְלוֹנִית)에 대해서는 「예바못」1, 1의 각주를 참조하라.

도 생식력 없는 여자와는 결혼할 수 없다. 왜냐하면 〔이 여자는〕 토라에 언급된 조나이기 때문이다."

그러나 현인들은 말한다. "'조나'란 오직 〔유대교로〕 개종한 여자, 해방된 노예, 그리고 부정한 성관계를 한 여자를 가리킨다."

- 레위기 21:7에 따르면 일반 제사장은 부정한 창녀와 결혼할 수 없다고 말한다. '창녀'에 해당하는 히브리어는 '조나'(זונה)인데, 랍비 문학에서 이 단어는 창녀라기보다 제사장에게 부정한 여자를 가리키는데 쓰인다. 이 미쉬나는 과연 어떤 여자가 조나에 해당하는지를 논하고 있다. 현인들의 해석은 8, 5에서 다시 드러난다.

6, 6

לֹא יִבְּטֵל אָדָם מִפְּרִיָּה וּרְבִיָּה, אֶלָּא אִם כֵּן יֶשׁ לוֹ בָנִים. בֵּית שַׁמַּאי אוֹמְרִים, שְׁנֵי זְכָרִים. וּבֵית הִלֵּל אוֹמְרִים, זָכָר וּנְקֵבָה, שֶׁנֶּאֱמַר, זָכָר וּנְקֵבָה בְּרָאָם. נָשָׂא אִשָּׁה, וְשָׁהָה עִמָּהּ עֶשֶׂר שָׁנִים, וְלֹא יָלְדָה, אֵינוֹ רַשַּׁאי לִבָּטֵל. גֵּרְשָׁהּ, מֻתֶּרֶת לִנָּשֵׂא לְאַחֵר. וְרַשַּׁאי הַשֵּׁנִי לִשְׁהוֹת עִמָּהּ עֶשֶׂר שָׁנִים. וְאִם הִפִּילָה, מוֹנֶה מִשָּׁעָה שֶׁהִפִּילָה. הָאִישׁ מְצֻוֶּה עַל פְּרִיָּה וּרְבִיָּה, אֲבָל לֹא הָאִשָּׁה. רַבִּי יוֹחָנָן בֶּן בְּרוֹקָא אוֹמֵר, עַל שְׁנֵיהֶם הוּא אוֹמֵר, וַיְבָרֶךְ אֹתָם אֱלֹהִים וַיֹּאמֶר לָהֶם אֱלֹהִים פְּרוּ וּרְבוּ:

이미 자식이 있는 경우가 아니라면 자식을 낳고 번성〔할 의무를〕 멈추지 말아야 한다. 샴마이 학파는 "아들 둘〔을 낳을 때까지〕"라고 말하고, 힐렐 학파는 "'〔하느님이〕 이들을 남자와 여자를 창조하셨다' (창 5:2)라고 일컫기 때문에 아들 하나 딸 하나〔를 낳을 때까지〕"라고 말한다.

만일 남자가 혼인하여 십 년을 함께 살았는데 아내가 자식을 낳지 못했다 해도, 그는 〔자녀 낳을 의무를〕 포기해서는 안 된다. 그가 이혼하면 여자는 다른 남자와 혼인할 수 있다. 두 번째 남편도 십 년을 함께 살아야 한다. 유산한다면, 유산한 날로부터 〔십 년을〕 계산한다.

생산은 남성의 의무이지 여성의 의무가 아니다. 〔그러나〕 랍비 요하난 벤 베로카는 말한다. "양쪽 모두의 의무다. 왜냐하면 '하느님[96] 께서 그들을 축복하시고 자식을 낳고 번성하라…'하셨기 때문이다."

- 생식력이 없는 여성에 대한 이전 미쉬나에서의 주제를 연장하여 자녀 낳을 의무에 대해 논한다.
- 샴마이 학파가 '아들 둘'을 주장한 이유에 관해 미드라쉬는 모세가 두 아들을 낳았기 때문이라고 말한다. 샴마이 학파와 힐렐 학파는 자녀를 두 명 낳았다면 출산과 번성의 의무를 완수한 것으로 해석한다.
- 십 년으로 상정한 시간은 충분히 아이를 갖기 위해 노력했음을 의미한다. 아내가 자식을 낳지 못하면 위 의무를 완수하지 못한 것이기 때문에 남편은 아내를 더 얻어 아이를 갖고자 노력해야 한다. 그러나 중혼이 허용되지 않는다면 자식을 낳지 못한 아내와 이혼하고 새 아내를 얻는 수밖에 없다.
- 아이를 낳지 못했다 하여 이혼한 여성의 재혼이 금지되는 것은 아니다. 불임의 사유가 남자에게 있을 수도 있기 때문이다. 따라서 재혼한 남편과도 적어도 십 년을 함께하여 임신 여부를 보아야 한다.
- 요하난 벤 베로카(Yohanan b. Berokah / Johanan b. Baroka)는 생산은 남성의 의무라는 의견에 반대하며 그 근거로 창세기 1:28을 든다. 그러나 할라카는 남성의 의무라는 견해를 따른다.

---

96) 표준국어대사전은 하느님과 하나님 모두를 표준어로 인정하나, 하나님은 개신교에서, 하느님은 가톨릭에서 사용한다. 또한 보다 포괄적인 종교 개념으로 하느님을 사용한다. 우리말에서 '하나님'은 본디 '하느님'에서 파생하였고, 가톨릭과 개신교가 함께 번역한 공동번역에서 '하느님'이라는 용어를 채택한 바, 본 번역은 종교성에 상관없이 객관성을 견지하기 위해 God에 상응하는 단어로 '하느님'을 사용한다.

제7장[97]

레위기 22:10-16을 토대로 하여 거제를 먹을 수 있는 자격에 대하여 여러 사례로 나누어 논한다. 특히 제사장의 아내와 아내가 데려온 노예들에게 어떻게 적용되는지가 중점 사항이다. 후반부는 제사장의 딸을 중심으로 거제를 논하며, 거제 먹을 자격을 앗아가거나 부여하는 원칙을 알려준다.

7, 1

אַלְמָנָה לְכֹהֵן גָּדוֹל, גְּרוּשָׁה וַחֲלוּצָה לְכֹהֵן הֶדְיוֹט, הִכְנִיסָה לוֹ עַבְדֵי מְלוֹג וְעַבְדֵי צֹאן בַּרְזֶל, עַבְדֵי מְלוֹג לֹא יֹאכְלוּ בַתְּרוּמָה, עַבְדֵי צֹאן בַּרְזֶל יֹאכֵלוּ. וְאֵלּוּ הֵן עַבְדֵי מְלוֹג, אִם מֵתוּ, מֵתוּ לָהּ, וְאִם הוֹתִירוּ, הוֹתִירוּ לָהּ. אַף עַל פִּי שֶׁהוּא חַיָּב בִּמְזוֹנוֹתָן, הֲרֵי אֵלּוּ לֹא יֹאכְלוּ בַתְּרוּמָה. וְאֵלּוּ הֵן עַבְדֵי צֹאן בַּרְזֶל, אִם מֵתוּ, מֵתוּ לוֹ, וְאִם הוֹתִירוּ, הוֹתִירוּ לוֹ. הוֹאִיל וְהוּא חַיָּב בְּאַחֲרָיוּתָן, הֲרֵי אֵלּוּ יֹאכְלוּ בַתְּרוּמָה:

만일 과부가 대제사장과 [혼인하면서], 또는 이혼녀나 신 벗긴 여자가 일반 제사장과 [혼인하면서] 멜로그 노예들이나 쫀 바르젤 노예들을 데려왔다면, 멜로그 노예들은 거제를 먹을 수 없다. 그러나 쫀 바르젤 노예들은 거제를 먹어도 된다.

[위] 멜로그 노예들에게 적용되는 법규는 다음과 같다. 이들이 사망하면 [그 경제적] 손실은 아내에게 있다. 이들의 가치가 상승하면 [그 경제적] 수익 또한 아내에게 돌아간다. 이들을 부양할 책임은 [제사장]에게 있지만, 그렇다고 하여 거제를 먹을 수는 없다.

쫀 바르젤 노예들에게 적용되는 법규는 다음과 같다. 이들이 사망

---

97) 현대 수정 판본은 7, 2-3을 한데 묶어 7, 2에, 7, 4를 7, 3에, 7, 5를 이분하여 7, 4와 7, 5에 수록하기도 한다.

하면 〔그 경제적〕 손실은 남편에게 있다. 이들의 가치가 상승하면 〔그 경제적〕 수익 또한 남편에게 돌아간다. 쫀 바르젤은 남편에게 그 책임이 있으므로 이들은 거제를 먹을 수 있다.

- 이 미쉬나는 (대)제사장과 결혼한 여자가 거제를 먹을 자격이 없을 때, 지참금으로 데려온 노예의 경우는 어떠한지의 사례를 다룬다.
- 대제사장은 이혼녀 및 과부와의 혼인이 금지되고(레 21:14), 일반 제사장은 이혼녀(신 벗긴 여자 포함)와의 혼인이 금지된다(레 21:7). 따라서 금지혼을 한 과부, 이혼녀, 신 벗긴 여자는 아무리 제사장의 아내라 해도 거제를 먹을 자격이 없다.
- 여주(女主)가 데려온 노예의 경우, 소유주가 남편이냐 아내냐에 따라 거제를 먹을 수 있는지 여부가 갈린다. 4, 3에서 여자가 혼인 시 지참금으로 가져오는 재산을 이미 다루었는데, 멜로그는 남편이 손실 및 가치 하락에 있어 책임을 지지 않기 때문에 멜로그로 따라온 노예는 아내의 재산으로 간주하여, 거제를 먹을 자격이 없다. 그러나 용익은 가능하므로 남편인 제사장은 이들의 노동력을 제공받거나 타인에게 인적 용역으로 제공하여 수익을 올릴 수 있다.
- 쫀 바르젤(고정가치 재산)은 멸실·손실 등에 있어 남편이 책임을 지며, 이혼이나 사별 시 남편이 아내에게 지불하는 케투바에 기록된다. 따라서 쫀 바르젤로 따라온 노예는 남편의 재산으로 간주, 제사장에 속하여 거제를 먹을 수 있다.
- 멜로그 노예는 아내 소유이지만 혼인을 유지하는 동안 그 부양 의무는 남편이 진다. 이를 소홀히 하여 사망과 도주 발생 시, 아내에게 재정적 손실이 발생하기 때문이며, 부양 의무를 준수한다는 조건하에 남편에게 용익권이 주어진다. 이혼이나 사별 시 멜로그 노예는 다시 아내가 데려가는데, 노예의 재산 가치가 상승했어도 이를 남편이나

남편의 상속자에게 보상할 필요가 없다.

- 쫀 바르젤의 법적 소유주는 남편이다. 따라서 노예의 가치 상승이나 하락에 대한 몫도 남편에게 주어지며, 이혼이나 사별 시 케투바에 적힌 노예의 경제적 가치에 상응하는 원금만 아내에게 지불하면 된다.

7, 2

בַּת יִשְׂרָאֵל שֶׁנִּשֵּׂאת לְכֹהֵן וְהִכְנִיסָה לוֹ עֲבָדִים, בֵּין עַבְדֵי מְלוֹג, בֵּין עַבְדֵי צֹאן בַּרְזֶל, הֲרֵי אֵלּוּ יֹאכְלוּ בַּתְּרוּמָה. וּבַת כֹּהֵן שֶׁנִּשֵּׂאת לְיִשְׂרָאֵל, וְהִכְנִיסָה לוֹ, בֵּין עַבְדֵי מְלוֹג, בֵּין עַבְדֵי צֹאן בַּרְזֶל, הֲרֵי אֵלּוּ לֹא יֹאכְלוּ בַּתְּרוּמָה:

일반 이스라엘 여성[98])으로 제사장과 혼인하면서 그에게 노예들을 데려왔다면 멜로그 노예든 쫀 바르젤 노예든 가리지 않고 이들은 거제를 먹을 수 있다.

제사장의 딸로 〔일반〕 이스라엘 남성과 혼인하면서 그에게 노예들을 데려왔다면 멜로그 노예든 쫀 바르젤 노예든 가리지 않고 이들은 거제를 먹을 수 없다.

- 여주가 제사장과 혼인하는데 결격 사유가 없으면 혼인하면서 제사장의 가족으로 거제를 먹을 자격이 생기므로, 그 노예는 어떤 재산으로 분류되느냐와 상관없이 거제를 먹을 수 있다.
- 한편 제사장의 딸이 일반 남성과 혼인하면 이 여성은 거제 먹을 자격을 상실하므로, 이 여성이 데려온 노예는 어떤 재산으로 분류되느냐와 상관없이 거제를 먹을 수 없다.

---

98) 문자적으로는 '이스라엘의 딸'이다.

בַּת יִשְׂרָאֵל שֶׁנִּשֵּׂאת לְכֹהֵן, וּמֵת, וְהִנִּיחָה מְעֻבֶּרֶת, לֹא יֹאכְלוּ עֲבָדֶיהָ
בַּתְּרוּמָה, מִפְּנֵי חֶלְקוֹ שֶׁל עֻבָּר, שֶׁהָעֻבָּר פּוֹסֵל וְאֵינוֹ מַאֲכִיל, דִּבְרֵי רַבִּי יוֹסֵי.
אָמְרוּ לוֹ, מֵאַחַר שֶׁהֵעַדְתָּ לָנוּ עַל בַּת יִשְׂרָאֵל לְכֹהֵן, אַף בַּת כֹּהֵן לְכֹהֵן, וּמֵת,
וְהִנִּיחָה מְעֻבֶּרֶת, לֹא יֹאכְלוּ עֲבָדֶיהָ בַּתְּרוּמָה, מִפְּנֵי חֶלְקוֹ שֶׁל עֻבָּר:

만일 일반 이스라엘 여성이 제사장과 결혼했는데 그가 사망하고 임산부(임신한 그의 아내)를 남겼다면, 이 여성의 노예들은 거제를 먹을 수 없다. 왜냐하면 그것은 태아의 몫이기 때문이다. 태아는 [거제 먹을 자격을] 앗아가지 [자격을] 부여하지는[99] 않는다. 이는 랍비 요쎄의 말이다.

[현인들은] 그(랍비 요쎄)에게 이렇게 말했다. "당신이 제사장과 결혼한 일반 이스라엘 여성에 관해 진술했으니, [그렇다면] 제사장과 결혼한 제사장 딸의 경우에 그가 사망하고 임산부(임신한 그의 아내)를 남겼다면 이 여성(임산부)의 노예 또한 거제를 먹을 수 없어야 한다. 왜냐하면 그것은 태아의 몫이기 때문이다."

- 제사장이 사망해도 그 핏줄의 아이가 살아 있으면 상배여성은 제사장 자손의 어머니로서 계속 거제를 먹을 수 있다(7, 5; 9, 5). 또한 이 여성의 멜로그 노예들도 거제를 먹을 수 있다. 이 미쉬나는 남편 사망 시에 아내가 임신 중이었을 경우를 논하는데, 이 상배여성은 제사장 자손의 어머니로서 계속 거제를 먹을 수 있고 문제가 되는 것은 이 여성의 쫀 바르젤 노예다(라브). 혼인 시 남편 소유가 되었던 이 노예들은 남편 상속자들의 소유로 넘어간다. 남편의 상속자들도 제사장이지만, 상배여성의 태중 아이도 상속자로 간주되니 데려온

---

99) 문자적으로는 '먹게 하지 않다'다.

쫀 바르젤 노예들은 거제를 먹을 수 없다는 것이 랍비 요쎄의 해석이다(라브).

- 제사장 딸이 비제사장과 혼인했을 때 사망이나 이혼으로 남편과 헤어지면 제사장 딸 신분으로 돌아와 거제 먹을 자격이 복권된다. 단 비제사장 사이에 자식이 없어야 한다. 반대로 비제사장 딸이 제사장과 결혼했을 때는 그 사이에 자식이 생존하는 한 계속 거제를 먹을 수 있다. 그러나 다른 자식이 없고 태중 아이만 있다면 그 태중 아이가 이 여성에게 거제 먹을 자격을 부여하지는 않는다(9, 5-6). 랍비 요쎄가 말하는 "태아는 〔거제 먹을 자격을〕 앗아가지 〔자격을〕 부여하지는 않기 때문"(7, 4)이라는 규정은 위 맥락에서 이해된다.

- 현인들은, 랍비 요쎄의 논지대로라면 제사장과 결혼했다가 과부가 된 일반 이스라엘 여성뿐 아니라 제사장과 결혼했다가 과부가 된 제사장 딸에게도 똑같은 규칙이 적용되어야 한다고 주장한다. 따라서 이들은 랍비 요쎄의 의견에 반대한다. 비제사장 딸의 경우에도 태중 아이는 아직 노예들을 법적으로 상속한다고 볼 수 없기에, 임신한 상배여성의 노예들은 사망한 제사장의 다른 상속자들의 재산으로 간주되어 거제를 먹을 수 있어야 한다는 견해다(야드 아브라함).

7, 4

הָעֻבָּר, וְהַיָּבָם, וְהָאֵרוּסִין, וְהַחֵרֵשׁ, וּבֶן תֵּשַׁע שָׁנִים וְיוֹם אֶחָד, פּוֹסְלִין וְלֹא מַאֲכִילִין. סָפֵק שֶׁהוּא בֶן תֵּשַׁע שָׁנִים וְיוֹם אֶחָד סָפֵק שֶׁאֵינוֹ, סָפֵק הֵבִיא שְׁתֵּי שְׂעָרוֹת סָפֵק שֶׁלֹּא הֵבִיא, נָפַל הַבַּיִת עָלָיו וְעַל בַּת אָחִיו וְאֵין יָדוּעַ אֵי זֶה מֵת רִאשׁוֹן, צָרָתָהּ חוֹלֶצֶת וְלֹא מִתְיַבֶּמֶת.

태아, 야밤, 약혼, 청각언어장애〔가 있는〕 남자, 아홉 살에서 하루〔를 넘겨 성관계를 한〕 남자는 〔거제 먹을 자격을〕 앗아가며 〔자격을〕 부여하지 않는다.

그가 아홉 살에서 하루를 넘겼는지 아닌지, 터럭 두 가닥이 났는지 안 났는지 불명확한 경우, 만일 집이 〔야밤의 형제인〕 남성과 그의 형제의 딸(즉 조카) 위로 무너져내렸는데 〔둘 중〕 누가 먼저 사망했는지 알 수 없는 경우, 동료 아내는 신 벗는 예식을 하되 역연혼은 하지 않는다.

- 만일 아내가 임신 중에 남편인 제사장이 사망했다면, 더는 거제를 먹을 수 없다. 그 태아가 제사장 핏줄이라 하여 거제 먹을 자격을 부여하는 것은 아니다. 반면 제사장의 딸이라 애초에 거제를 먹을 수 있는 여성이라 해도 임신 중에는 거제 먹을 자격을 상실한다(7, 5).
- 청각·언어장애인은 의사 표현의 한계로 인해 법적 계약을 할 수 없다고 간주한다(4, 6). 이들의 혼인은 랍비법으로만 인정되는데, 이들이 제사장이라 해도 그 아내는 거제를 먹을 수 없다.
- 합법적 성관계는 아홉 살이 지난 남자, 즉 태어난 지 9년과 하루가 지난 남자만 할 수 있다. 그러나 온전한 성관계로 간주하지 않는데, 아직 법적 행위를 할 수 있는 연령인 13세에 도달하지 않았기 때문이다 (4, 5와 10, 5 이하). 제사장 딸이 금지혼 관계에 있는 이 연령의 남자와 성관계를 하면 거제 먹을 자격을 상실한다. 그가 제사장이라 해도 성관계한 여성에게 거제 먹을 자격을 부여할 수 없는데, 아직 결혼 적령기에 들어서지 않은 이상 약혼 및 혼인 계약을 행사하지 못하기 때문이다.
- 람밤은 "만일 집이~"로 시작되는 문장 이전을 이 미쉬나의 두 번째 규정(할라카)으로 분리하여 해석한다. 미성년 여부가 불확실한 경우, 신 벗는 예식을 다시 해야 한다는 것이다.
- '터럭 두 가닥'은 2차 성징 징후를 나타내는 표현이다.
- 역연혼을 하려거든 고인에게 자녀가 없어야 하는데, 집이 무너져 부

친이 먼저 사망했다면 자녀를 남기고 죽었기에 그 상배여성은 역연
혼이 필요 없고, 딸이 먼저 사망했다면 자녀를 남기지 않고 죽은 것
이 되므로 그 상배여성은 역연혼을 해야 한다. 보통 불확실한 경우에
는 신 벗는 예식을 한다.

7, 5

הָאוֹנֵס, וְהַמְפַתֶּה, וְהַשּׁוֹטֶה, לֹא פוֹסְלִים וְלֹא מַאֲכִילִים. וְאִם אֵינָם רְאוּיִין
לָבֹא בְיִשְׂרָאֵל, הֲרֵי אֵלּוּ פוֹסְלִין. כֵּיצַד, יִשְׂרָאֵל שֶׁבָּא עַל בַּת כֹּהֵן, תֹּאכַל
בַּתְּרוּמָה. עִבְּרָה, לֹא תֹאכַל בַּתְּרוּמָה. נֶחְתַּךְ הָעֻבָּר בְּמֵעֶיהָ, תֹּאכַל. כֹּהֵן
שֶׁבָּא עַל בַּת יִשְׂרָאֵל, לֹא תֹאכַל בַּתְּרוּמָה. עִבְּרָה, לֹא תֹאכַל. יָלְדָה,
תֹּאכַל. נִמְצָא כֹחוֹ שֶׁל בֵּן גָּדוֹל מִשֶּׁל אָב. הָעֶבֶד פּוֹסֵל מִשּׁוּם בִּיאָה, וְאֵינוֹ
פוֹסֵל מִשּׁוּם זֶרַע. כֵּיצַד, בַּת יִשְׂרָאֵל לְכֹהֵן, בַּת כֹּהֵן לְיִשְׂרָאֵל, וְיָלְדָה הֵימֶנּוּ
בֵן, וְהָלַךְ הַבֵּן וְנִכְבַּשׁ עַל הַשִּׁפְחָה, וְיָלְדָה הֵימֶנּוּ בֵן, הֲרֵי זֶה עֶבֶד. הָיְתָה
אֵם אָבִיו בַּת יִשְׂרָאֵל לְכֹהֵן, לֹא תֹאכַל בַּתְּרוּמָה. בַּת כֹּהֵן לְיִשְׂרָאֵל, תֹּאכַל
בַּתְּרוּמָה. מַמְזֵר פּוֹסֵל וּמַאֲכִיל. כֵּיצַד, בַּת יִשְׂרָאֵל לְכֹהֵן, וּבַת כֹּהֵן לְיִשְׂרָאֵל,
וְיָלְדָה הֵימֶנּוּ בַת, וְהָלְכָה הַבַּת וְנִשֵּׂאת לְעֶבֶד, אוֹ לְגוֹי, וְיָלְדָה הֵימֶנּוּ בֵן,
הֲרֵי זֶה מַמְזֵר. הָיְתָה אֵם אִמּוֹ בַת יִשְׂרָאֵל לְכֹהֵן, תֹּאכַל בַּתְּרוּמָה. בַּת כֹּהֵן
לְיִשְׂרָאֵל, לֹא תֹאכַל בַּתְּרוּמָה:

강간자, 유혹자, 지적장애인은 〔제사장 딸이 거제 먹을 자격을〕 앗
아가지도 부여하지도 않는다. 〔그러나 이들이〕 이스라엘 회중에 들어
오는데 부적격인[100] 사람들이라면 〔거제 먹을 자격을〕 앗아간다.

어떻게 〔그러한가?〕 만일 이스라엘 일반인이 제사장의 딸과 성관
계하면 〔이 여자는 계속 거제를〕 먹을 수 있다. 만일 임신하면 거제를
먹을 수 없다. 〔그러나〕 아이가 태중에서 유산되면 〔거제를〕 먹을 수
있다.

---

100) 이스라엘 회중에 있는 사람과 혼인하기에 부적격인 자, 즉 사생아나 네티님,
　　모압과 암몬 사람 등을 가리킨다(6, 2와 8장).

제사장이 이스라엘 일반인 딸과 성관계하면 〔그 여자는〕 거제를 먹을 수 없다. 임신해도 거제를 먹을 수 없다. 〔그러나〕 출산 후에는 거제를 먹을 수 있다. 〔따라서〕 아들이 미치는 힘이 아버지가 미치는 힘보다 크다.

노예는 성관계로 인해 〔거제 먹을〕 자격을 앗아가지만, 자손으로서는 앗아가지 않는다.

어떻게 〔그러한가〕? 만일 이스라엘 일반인 딸이 제사장과, 제사장 딸이 이스라엘 일반 남성과 〔혼인하여〕 아들을 낳았는데, 그 아들이 가서 노예 여성에게 눌렸고,[101] 그 사이에서 아들을 낳으면 그 아들은 노예다.

만일 〔그 태어난 노예의〕 부친의 어머니가 이스라엘 일반인의 딸로 제사장과 혼인했다면 거제를 먹을 수 없다. 반면 제사장의 딸로 이스라엘 일반 남성과 혼인했다면 거제를 먹을 수 있다.

사생아는 〔거제 먹을 자격을〕 앗아가기도 하고 〔자격을〕 부여하기도 한다.

어떻게 〔그러한가〕? 이스라엘 일반인 딸이 제사장과, 제사장 딸이 이스라엘 일반 남성과 〔혼인하여〕 딸을 낳았는데, 그 딸이 노예나 이방인과 결혼하고 그 사이에서 아들을 낳았다면, 그 아들은 사생아다.

만일 〔그 태어난 사생아의〕 모친의 어머니가 이스라엘 일반인 딸로 제사장과 결혼했다면 거제를 먹을 수 있다. 그러나 제사장 딸이 이스라엘 일반 남성과 결혼했다면 거제를 먹을 수 없다.

● 제사장이 아닌 남성이 제사장 딸을 강간하거나 유혹한다 하더라도

---

101) '니크바쉬'(נכבש, crushed/pressed/assaulted)라는 말은 노예와 금지된 관계를 가졌음을 경멸적으로 표현한다.

이 여성은 계속해서 거제 먹을 자격이 있다.[102] 제사장 딸은 비제사장과 혼인한 경우에만 거제 먹을 자격을 박탈당한다(9, 4-6). 만일 지적장애인과 혼인했을 경우, 그 혼인은 무효이며 거제 먹을 자격을 박탈하지 않는다. 혼인은 법적 계약인데, 지적장애인은 계약을 체결할 능력이 없다고 간주하기 때문이다(게마라 69b).[103] 만일 제사장이 강간 및 유혹을 하거나 지적 능력이 없다면 그와 성관계한 여성에게 거제 먹을 자격을 부여하지 못한다.

- 만일 제사장 딸과 성관계한 자가 사생아나 나틴 등 이스라엘 회중과의 혼인이 금지된 자인 경우, 그와 적법한 혼인을 하지 않았다 해도 거제를 먹을 수 없다.

- 미쉬나 후반부는 이에 해당하는 구체적 사례들을 논한다. 이스라엘 일반인이 제사장의 딸과 혼인하지 않고 성관계만 했을 때는 이 여성의 거제 먹을 자격이 유지된다. 그러나 임신했다면 태중에 비제사장의 핏줄이 있기 때문에 거제를 먹을 수 없다. 아이가 태중에서 유산되면 이 여성은 본래 속한 제사장 가문 신분으로 복귀하여 다시 거제를 먹는다.

- 반대로 제사장이 이스라엘 일반 여성과 혼인하지 않고 성관계만 했다면 이 여성은 거제를 먹을 수 없다. 임신을 하더라도 마찬가지다. 그러나 출산을 하면 제사장 아버지를 둔 아들의 어머니로서 거제 먹을 자격이 생긴다. 제사장인 부친은 혼인을 통해서만 여성에게 거제 먹을 자격을 주지만, 아들은 비록 혼외 출산이더라도 그 모친에게 거제 먹을 자격을 부여하므로 "아들이 미치는 힘이 아버지가 미치는 힘보다 크다"라고 말하고 있다.

---

102) 강간자와 유혹자에 대해서는 「케투봇」 3장에서 자세히 다룬다.
103) 블랙먼은 지적장애인과 약혼만 한 경우로 해석한다.

- 제사장 딸이 노예와 성관계를 하면 거제를 먹을 수 없다(레 22:13; 게마라 69a). 그러나 노예를 자손으로 두었다고 하여 거제 먹을 자격을 빼앗기지는 않는다. 다음은 적법한 혼인을 한 여성에게서 어떻게 노예가 후손으로 생기는지 그 예를 소개한다. 이스라엘 일반 여성이 제사장과 결혼하면 혼인으로 인해 거제 먹을 자격이 생긴다(9, 5). 제사장의 딸이 이스라엘 일반인과 결혼하면 이 혼인으로 인해 거제 먹을 자격이 박탈된다(9, 4). 어느 쪽 경우든 적법한 아들을 낳았는데 그 아들이 가서 노예와 관계해 아들을 얻었다면, 그 사이에서 태어난 아들과 모친(노예여성)은 둘 다 노예다. 태어난 자식은 모친의 신분을 따른다(2, 5).

- 위 사례에서 태어나 노예 신분을 이어받은 아들의 친조모가 이스라엘 일반 여성으로서 제사장과 혼인했다면, 그 혼인이 유지되는 동안, 또 남편의 사후라도 그 사이에서 낳은 아들이 살아 있는 동안은 거제를 먹을 수 있다(9, 6). 아들이 사망해도 손주가 생존해 있다면 역시 거제를 먹을 수 있다. 그러나 생존한 유일한 혈육이 이 노예 신분인 아이라면 거제 먹을 자격을 박탈당한다. 반면에 노예 신분을 이어받은 아들의 친조모가 제사장의 딸로, 이스라엘 일반인과 혼인했다면, 남편 살아생전, 그리고 남편 사후 그 사이에서 낳은 자식이나 손주가 살아 있는 한 거제를 먹을 수 없다. 만일 생존한 유일한 혈육이 이 노예 신분의 아이라면 어떻게 될까? 노예는 법적으로 이 여성의 자손으로 인정되지 않는다. 따라서 이 여성은 남편도 자손도 없는, 본디 제사장의 딸 신분으로 돌아가 거제를 먹을 수 있다.

- 다음은 사생아(맘제르)가 어떤 경우에는 여성으로부터 거제 먹을 자격을 박탈하지만, 어떤 경우에는 자격을 부여하기도 하는 사례를 논한다. 제사장과 혼인한 일반 이스라엘 여성은 거제 먹을 자격을 얻고, 일반 이스라엘 남성과 혼인한 제사장의 딸은 거제 먹을 자격을

상실한다. 어느 쪽 여성이든 적법한 혼인으로 딸을 낳았는데, 그 딸이 노예나 이방인과 결혼하고 그 사이에서 아들을 낳았다면 그 아들은 사생아다. 노예이거나 비유대인인 부친과 유대 모친 사이에서 태어난 자식은 사생아로 이스라엘 회중의 사람과 혼인이 금지된다 (8, 3).[104] 그러나 유대 여성의 자식은 아버지가 비유대인이거나 노예거나 상관없이 여전히 유대인으로, 사생아라 해도 자손으로 인정된다.

- 위 사례에서 태어난 사생아의 외조모가 제사장과 결혼한 이스라엘 일반 여성인 경우, 그 혼인이 유지되는 동안, 또 남편의 사후라도 그 사이에서 낳은 아들이 살아 있는 동안은 거제를 먹을 수 있다. 아들이 사망해도 손주가 생존해 있다면 역시 거제를 먹을 수 있다. 생존한 유일한 혈육이 이 사생아라면, 앞서 노예의 경우와는 달리 자손으로 인정되므로 계속해서 거제를 먹을 수 있다. 반면에 그 외조모가 이스라엘 일반 남성과 혼인한 제사장 딸인 경우, 남편 살아생전, 그리고 남편 사후 그 사이에서 낳은 아들이나 손주가 살아 있는 한 거제를 먹을 수 없다. 생존한 유일한 혈육이 이 사생아라 해도 사생아는 자손으로 인정되기에 여전히 거제를 먹을 수 없다(9, 6).

7. 6

כֹּהֵן גָּדוֹל פְּעָמִים שֶׁהוּא פוֹסֵל. כֵּיצַד, בַּת כֹּהֵן לְיִשְׂרָאֵל, וְיָלְדָה הֵימֶנּוּ בַת,
וְהָלְכָה הַבַּת וְנִסֵּת לְכֹהֵן, וְיָלְדָה הֵימֶנּוּ בֵן, הֲרֵי זֶה רָאוּי לִהְיוֹת כֹּהֵן גָּדוֹל
עוֹמֵד וּמְשַׁמֵּשׁ עַל גַּבֵּי הַמִּזְבֵּחַ, מַאֲכִיל אֶת אִמּוֹ וּפוֹסֵל אֶת אֵם אִמּוֹ, וְזֹאת
אוֹמֶרֶת, לֹא כִבְנִי כֹהֵן גָּדוֹל, שֶׁהוּא פוֹסְלֵנִי מִן הַתְּרוּמָה:

104) 이 규정에 반대하여 태어난 자식도 합법적으로 인정해야 한다는 논쟁이 존재한다(게마라 44b, 45a).

대제사장은 때로 [외조모가 거제 먹을 자격을] 앗아간다.

어떻게 [그러한가]? 만일 제사장의 딸이 이스라엘 일반인과 결혼하여 딸을 낳았는데, 그 딸이 가서 제사장과 혼인하고 아들을 낳은 경우, 그 아들은 제단 앞에 서서 집례하는 대제사장이 될 자격을 얻는다. 이 경우 그는 모친에게는 거제를 먹을 수 있는 자격을 부여하나, 외조모에게는 그 자격을 부여하지 않는다. 이에 그 여성이 말하기를 "내게 거제 먹을 자격을 부여하지 않는 대제사장, 내 손자와 같은 경우가 없기를"이라 한다.

- 7, 5에서 사생아인 자손이 외조모에게 거제 먹을 자격을 부여하는 것과 반대되는 사례로, 대제사장이 외조모에게서 거제 먹을 자격을 박탈하는 경우를 다룬다. 제사장의 딸이 이스라엘 일반인과 결혼하면 거제 먹을 자격을 상실한다. 그 사이에 태어난 딸은 이스라엘 일반 여성으로 제사장과 혼인하면 거제를 먹을 수 있다. 그 사이에서 태어난 아들이 대제사장이 되면, 그는 제사장인 부친 사후에도 모친(제사장의 딸로 비제사장인 이스라엘 일반인과 혼인한 여성의 딸)에게 거제 먹을 자격을 부여한다. 그러나 이는 외조모에게는 해당하지 않는다. 외조모는 본디 제사장의 딸로 일반인과 혼인했기에 거제 먹을 자격이 없고, 남편과 아들이 모두 사망해야 제사장 딸 신분으로 복귀해 다시 거제를 먹을 수 있다(9, 6). 그러나 예로 든 경우, 대제사장인 외손주가 자손으로 '생존'해 있기 때문에 이 외조모(이스라엘 일반 남성과 혼인한 제사장 딸)는 거제를 먹을 수 없다. 7, 5의 사생아를 외손주로 두었음에도 거제를 먹을 수 있는 외조모(제사장과 결혼한 이스라엘 일반 여성)에 비하면 역설적인 상황이다.

제8장

8장은 7장에서 논한 거제 먹을 자격에 대해 계속 다루는데, 신체 일부(남성 생식기)가 상한 제사장이 거제를 먹을 수 있느냐 없느냐, 그 아내의 경우는 어떠한가, 그리고 야훼의 총회에 들어올 수 없는 사람들의 혼인 등을 논한다.

8, 1

הֶעָרֵל וְכָל הַטְּמֵאִים, לֹא יֹאכְלוּ בַתְּרוּמָה. נְשֵׁיהֶן וְעַבְדֵיהֶן, יֹאכְלוּ בַתְּרוּמָה. פְּצוּעַ דַּכָּא וּכְרוּת שָׁפְכָה, הֵן וְעַבְדֵיהֶן יֹאכְלוּ, וּנְשֵׁיהֶן לֹא יֹאכֵלוּ. וְאִם לֹא יָדְעָה מִשֶּׁנַּעֲשָׂה פְצוּעַ דַּכָּא וּכְרוּת שָׁפְכָה, הֲרֵי אֵלּוּ יֹאכֵלוּ:

할례받지 않았거나[105] 부정한 모든 〔제사장〕은 거제를 먹을 수 없다. 그러나 이들의 아내와 노예[106]는 거제를 먹을 수 있다.

음낭이 상하거나 음경이 잘린 경우 그들과 그들의 노예들은 거제를 먹을 수 있다. 그러나 이들과 혼인한 자들은 먹을 수 없다.

그러나 음낭이 상하거나 음경이 잘린 이후에 성관계를 하지 않았다면, 그 아내는 거제를 먹을 수 있다.

- 할례받지 않았거나 시신과 접촉하는 등 기타 제사장이 부정한 상태가 되면 거제를 먹을 수 없다. 할례받지 않았는데 제사장이 될 수 있는가라는 질문이 제기될 수 있다. 가족력 등으로 포피절제술이 생명

---

105) 아렐(עָרֵל)은 '덮다'라는 뜻의 '아랄' 동사에서 유래한다. (포피로) 덮여 있는 상태, 즉 음경의 포피를 절제(관련 '부정'에 대해서는 『토호롯』, 특히 「켈림」1장과 「오홀롯」 1장)하지 않았다는 의미인데 비할례자를 완곡하게 표현하는 말이다.

106) 원문은 '이들의 아내들과 노예들'이다.

에 치명적 위험을 초래하여 할례를 받지 못한다면 제사장은 될 수 있으나, 거제는 먹을 수 없다. 이 경우 아내와 노예에게는 영향을 끼치지 않는다.

- 신명기 23:2(개역개정 23:1)은 '고환이 상한 자나 음경이 잘린 자'가 하느님의 총회에 들어가지 못한다고 기록한다. 생식기가 상했다 하여 제사장이 될 수 없는 것은 아니다. '총회에 들어가지 못한다'는 것은 이스라엘 여성과 혼인을 할 수 없다는 의미이지 제사장 직분과는 상관없다는 해석이다. 그러므로 생식기가 손상된 제사장들과 그들의 노예는 거제를 먹을 수 있다. 하지만 그의 아내의 경우, 이스라엘 여성과 혼인이 금지되었는데도 이들이 혼인했기에 부정한 관계가 되고, 따라서 정식 아내로 인정받을 수 없으므로 거제 먹을 자격을 상실한다(6, 2).

- 생식기 손상의 시기에 따라 제사장의 아내가 거제 먹을 수 있는 여부가 갈린다. 혼인 이후에 생식기가 손상하여 성관계를 하지 않았다면, 그 아내는 여전히 거제를 먹을 수 있다. 아내에게서 거제 먹을 자격을 박탈하는 것은 혼인 그 자체가 아니라 성관계다. 이는 혼인 당시에는 건강했으나 후에 생식기가 손상된 경우에만 적용된다.

8, 2

אֵיזֶהוּ פְצוּעַ דַּכָּא, כֹּל שֶׁנִּפְצְעוּ הַבֵּיצִים שֶׁלּוֹ, וַאֲפִלּוּ אַחַת מֵהֶן. וּכְרוּת שָׁפְכָה, כֹּל שֶׁנִּכְרְתָה הַגִּיד. וְאִם נִשְׁתַּיֵּר מֵהָעֲטָרָה אֲפִלּוּ כְּחוּט הַשַּׂעֲרָה, כָּשֵׁר. פְצוּעַ דַּכָּא וּכְרוּת שָׁפְכָה, מֻתָּרִין בְּגִיּוֹרֶת וּמְשֻׁחְרֶרֶת, וְאֵינָן אֲסוּרִין אֶלָּא מִלָּבֹא בַקָּהָל, שֶׁנֶּאֱמַר, לֹא יָבֹא פְצוּעַ דַּכָּא וּכְרוּת שָׁפְכָה בִּקְהַל ה':

'음낭이 상한 자'는 누구를 말하는가? 고환에 부상을 입은 모든 자로, 두 쪽 중 한쪽만 상한 경우도 마찬가지다.

'음경이 잘린 자'는 누구를 말하는가? (성기) 근육이 잘린 모든 자를 말한다. 그러나 그 귀두[107]가 터럭 한 가닥만큼이라도 남아 있다면 그는 〔음경이 잘린 자〕가 아니다.

음낭이 상한 자와 음경이 잘린 자는 개종자나 해방노예와 혼인이 허락된다. 이들은 '음부가 상한 자나 음경이 잘린 자는 야훼의 총회에 들어오지 못하리라'고 말한 대로 이스라엘 총회에 들어오는 것만 금지된다.

- 음낭이 상한 자는 '프쭈아 다카'(פצוע דכא), 음경이 잘린 자는 '케룻 쇼프카'(כרות שפכה)라고 부른다(신 23:1).
- 총회에 들어오는 것이 금지된다는 말은 유대 여성과 혼인하는 일이 금지된다는 뜻이다. 신명기 23:1-3에 따라 위 언급한 이들, 사생자, 암몬 사람과 모압 사람 등은 야훼의 총회에 들어올 수 없다.

8, 3

עַמּוֹנִי וּמוֹאָבִי, אֲסוּרִים, וַאֲסוּרָן אִסּוּר עוֹלָם, אֲבָל נְקֵבוֹתֵיהֶם מֻתָּרוֹת מִיָּד. מִצְרִי וַאֲדוֹמִי אֵינָם אֲסוּרִים אֶלָּא עַד שְׁלֹשָׁה דוֹרוֹת, אֶחָד זְכָרִים וְאֶחָד נְקֵבוֹת. רַבִּי שִׁמְעוֹן מַתִּיר אֶת הַנְּקֵבוֹת מִיָּד. אָמַר רַבִּי שִׁמְעוֹן, קַל וָחֹמֶר הַדְּבָרִים, וּמָה אִם בְּמָקוֹם שֶׁאָסַר אֶת הַזְּכָרִים אִסּוּר עוֹלָם, הִתִּיר אֶת הַנְּקֵבוֹת מִיָּד, מָקוֹם שֶׁלֹּא אָסַר אֶת הַזְּכָרִים אֶלָּא עַד שְׁלֹשָׁה דוֹרוֹת, אֵינוֹ דִין שֶׁנַּתִּיר אֶת הַנְּקֵבוֹת מִיָּד. אָמְרוּ לוֹ, אִם הֲלָכָה נְקַבֵּל, וְאִם לַדִּין, יֵשׁ תְּשׁוּבָה. אָמַר לָהֶם, לֹא כִי, הֲלָכָה אֲנִי אוֹמֵר. מַמְזֵרִין וּנְתִינִין, אֲסוּרִין, וַאֲסוּרָן אִסּוּר עוֹלָם, אֶחָד זְכָרִים, וְאֶחָד נְקֵבוֹת:

암몬 사람과 모압 사람은 〔이스라엘 총회에 들어오는 것이〕 금지되며 이들의 금지는 영원한 금지다. 그러나 그들(암몬과 모압)의 여자

---

107) 원문은 아타라(עטרה)로, 남근(membrum virile)에서 관(corona) 모양인 귀두를 가리킨다(야스트로 사전).

들은 즉시 허락된다.

이집트와 에돔 사람은 삼대까지 금지되며 남녀 모두에 해당한다.

그러나 랍비 쉼온은 〔이집트와 에돔〕 여자가 〔이스라엘 총회에 들어오는 것을〕 즉시 허용한다. 랍비 쉼온은 말한다. "이는 '칼 바호메르'다. 남자가 영원히 금지되는 경우 여자가 즉시 허락되었다면, 남자가 삼대까지만 금지되는 경우의 여자는 당연히 즉시 허락되어야 한다." 그들은 그(랍비 쉼온)에게 말했다. 〔전승받은〕 "할라카가 그렇다면, 우리는 이를 받아들일 것이다. 그러나 〔그저 당신만의〕 논리적 추론이라면 〔이 주장에 대한〕 반박이 있을 것이다." 〔그러자 랍비 쉼온이〕 그들에게 말했다. "그렇지 않다. 나는 할라카를 말하고 있는 것이다."

사생아와 네티님은 〔이스라엘 총회에 들어오는 것이〕 금지되고, 또 그 금지는 남녀 구별 없이 영원하다.

- 8, 1과 8, 2에 이어 야훼(이스라엘)의 총회에 들어오는 것, 즉 이스라엘 여성과의 혼인이 금지되는 사람들과 관련한 해석이다. 암몬과 모압 남성은 유대교로 개종하더라도 이스라엘 총회에 속하는 여성과 영원히 혼인할 수 없다(신 23:4〔개역개정 3절〕; 「키두쉰」 4, 3). 반면 유대교로 개종한 암몬과 모압 여성은 이스라엘 총회에 속하는 남성과 혼인할 수 있다. 한데, 영원히 금지되는 암몬과 모압보다 상대적으로 짧은 기간인 '삼대'(三代)까지 금지되는 이집트와 에돔인은, 남녀 모두 이스라엘 총회에 속한 이와 혼인이 금지된다.
- 이에 랍비 쉼온은 '칼 바호메르'(קל וחמר) 논법으로 이 판결을 반박한다. '칼 바호메르'란[108] 라틴어 '아 포르티오리'(a fortiori 또는

─────────────
108) 문자적 의미는 '관대하고 엄중한'이다.

Argumentum a fortiori)에 상응하는 법률 용어로, 더 엄격한 것이 받아들여졌다면 이보다 덜 엄격한 것은 당연히 받아들여져야 한다는 논법이다. 이에 따라 랍비 쉼온은 에돔과 이집트의 제1세대 여성 개종자도 이스라엘 총회에 속한 남성과의 혼인이 허락되어야 한다고 주장한다.

- 현인들은 랍비 쉼온의 주장이 '할라카', 다시 말해 스승으로부터 전해받은 전승이라면 받아들이겠지만, 논리적 추론에 의한 자신만의 판결이라면 받아들이지 않겠다고 말한다. 랍비들이 논리보다 전통을 선호하고 있음을 시사하는 대목이다. 그것이 구전으로 전승된 계율이라는 랍비 쉼온의 주장은 인정되지 않았고 현인들의 주장이 받아들여졌다.

- 총회에 들어올 수 없는 또 다른 집단은 사생아와 네티님(2, 4)으로, 이들은 남자든 여자든 모두 이스라엘 총회에 속한 이들과의 혼인이 영원히 금지된다.

8, 4

אָמַר רַבִּי יְהוֹשֻׁעַ, שָׁמַעְתִּי שֶׁהַסָּרִיס חוֹלֵץ, וְחוֹלְצִין לְאִשְׁתּוֹ, וְהַסָּרִיס לֹא
חוֹלֵץ וְלֹא חוֹלְצִין לְאִשְׁתּוֹ, וְאֵין לִי לְפָרֵשׁ. אָמַר רַבִּי עֲקִיבָא, אֲנִי אֲפָרֵשׁ.
סְרִיס אָדָם חוֹלֵץ וְחוֹלְצִין לְאִשְׁתּוֹ, מִפְּנֵי שֶׁהָיְתָה לוֹ שְׁעַת הַכֹּשֶׁר. סְרִיס
חַמָּה לֹא חוֹלֵץ וְלֹא חוֹלְצִין לְאִשְׁתּוֹ, מִפְּנֵי שֶׁלֹּא הָיְתָה לוֹ שְׁעַת הַכֹּשֶׁר. רַבִּי
אֶלְעָזָר אוֹמֵר, לֹא כִי, אֶלָּא סְרִיס חַמָּה חוֹלֵץ, וְחוֹלְצִין לְאִשְׁתּוֹ, מִפְּנֵי שֶׁיֵּשׁ
לוֹ רְפוּאָה. סְרִיס אָדָם לֹא חוֹלֵץ וְלֹא חוֹלְצִין לְאִשְׁתּוֹ, מִפְּנֵי שֶׁאֵין לוֹ רְפוּאָה.
הֵעִיד רַבִּי יְהוֹשֻׁעַ בֶּן בְּתֵירָא עַל בֶּן מְגוּסַת שֶׁהָיָה בִירוּשָׁלַיִם סְרִיס אָדָם,
וְיִבְּמוּ אֶת אִשְׁתּוֹ, לְקַיֵּם דִּבְרֵי רַבִּי עֲקִיבָא:

랍비 예호슈아가 말한다. "싸리스도 신 벗는 예식을 할 수 있고, [또 그의 형제들도] 그의 아내에게 신 벗는 예식을 할 수 있다 들었소.[109] 또 싸리스는 신 벗는 예식을 못하고 [그의 형제들도 그의 아내에게]

신 벗는 예식을 하지 못한다는 [이야기도] 들었소. [그러나] 나는 [이를] 설명하지 못하겠소."

랍비 아키바가 말했다. "제가 이를 설명해보겠습니다. 싸리스 아담이 신 벗는 예식을 하고 [다른 이들도] 그 아내에게 신 벗는 예식을 할 수 있음은, 한때나마 그에게 성적 능력이 있었기 때문입니다. 그러나 싸리스 하마는 신 벗는 예식을 할 수 없고 [형제들도] 그 아내에게 신 벗는 예식을 할 수 없는 이유는 그에게 성적 능력이 있었던 적이 아예 없었기 때문입니다."

랍비 엘리에제르가 말했다. "그렇지 않소. [오히려] 싸리스 하마가 신 벗는 예식을 하고 [다른 형제들도] 그 아내에게 신 벗는 예식을 하는데, 이는 [아마도] 치료가 가능하기 때문이오. 그러나 싸리스 아담이 신 벗는 예식을 못 하고 [다른 형제들도] 그 아내에게 신 벗는 예식을 못 하는 것은 치료가 불가능하기 때문이오."

랍비 예호슈아 벤 바티라는 예루살렘에 살았던 벤 메구사트라는 사람에 대해 증언했다. 그는 싸리스 아담이었지만 [그의 형제들이 그] 아내에게 역연혼을 했다는 것이다. 이는 랍비 아키바의 주장을 확인한다.

- 싸리스(סריס, 2차 성징 징후가 발달하지 않아 생식기관이 불완전하거나 제거된 남성)는 싸리스 하마(סריס חמה)와 인위적으로 생식기관을 제거한 후천적 싸리스 아담(סריס אדם)으로 나뉜다.
- 싸리스가 신 벗는 예식을 할 수 있느냐 여부에 관해 랍비들이 토론하고 있는데, 랍비 예호슈아와 랍비 엘리에제르는 2세대 탄나임에 속하며(약 기원후 80-120년에 활동), 랍비 아키바는 3세대 탄나이고

---

109) 또는 "내 스승들로부터 들었소"(「페싸힘」9, 6에 관한 라쉬의 주해; 게마라 96b).

(약 기원후 120-140년에 활동) 랍비 예호슈아의 제자다.[110] 랍비 예호슈아 벤 바티라(2세대 탄나)는 랍비 아키바의 주장을 지지하는 증언을 한다. 할라카는 랍비 아키바의 의견을 따른다.

8, 5

הַסָּרִיס לֹא חוֹלֵץ וְלֹא מְיַבֵּם. וְכֵן אַיְלוֹנִית לֹא חוֹלֶצֶת וְלֹא מִתְיַבֶּמֶת. הַסָּרִיס שֶׁחָלַץ לִיבִמְתּוֹ, לֹא פְסָלָהּ. בְּעָלָהּ, פְּסָלָהּ, מִפְּנֵי שֶׁהִיא בְעִילַת זְנוּת. וְכֵן אַיְלוֹנִית שֶׁחָלְצוּ לָהּ אַחִין, לֹא פְסָלוּהָ. בְּעָלוּהָ, פְּסָלוּהָ, מִפְּנֵי שֶׁבְּעִילָתָהּ בְּעִילַת זְנוּת:

싸리스는 신 벗는 예식도 역연혼도 할 수 없다. 마찬가지로 아일로닛 역시 신 벗는 예식도 역연혼도 하지 않는다.

싸리스가 예바마에게 신 벗는 예식을 했다 하여, 〔그 예바마에게서 제사장과 혼인할〕 자격을 앗아가지 않는다.

만일 그가 성관계를 하면 〔예바마에게서 제사장과 혼인할 자격을〕 앗아간다. 이는 부정한 성관계이기 때문이다.

마찬가지로 형제들[111]이 아일로닛에게 신 벗는 예식을 한 경우, 〔제사장과 혼인할〕 자격을 앗아가지 않는다. 그러나 〔이들이 아일로닛인 예바마와〕 성관계를 했다면 〔제사장과 혼인할 자격을〕 앗아간다. 이 여성과의 성관계는 부정한 성관계이기 때문이다.

● 이 미쉬나는 생식력에 문제가 있는 남녀의 경우에 적용되는 역연혼법을 상술한다.

---

110) David Instone-Brewer, *Traditions of the Rabbis in the Era of the New Testament* (T-R-E-N-T), Vol. 1: *Prayer and Agriculture,* Grand Rapids: Eerdmans, 2004. 의 분류를 따른다.

111) 자식 없이 사망한 이의 형제로 아일로닛 예바마의 시형제들을 말한다.

- 신 벗는 예식을 한 예바마는 이혼녀로 간주되어 제사장과 혼인이 금 지되지만(2, 5), 싸리스와 신 벗는 예식을 했다면 무효이기에 제사장 과 혼인할 수 있다.
- 싸리스에게는 역연혼이 금지됨에도 불구하고 이를 어기고 예바마와 성관계를 했다면, 형제의 아내와 근친혼을 한 것이 된다.
- 아일로닛 역시 생식능력이 없기에 역연혼이나 신 벗는 예식에서 제 외된다. 이들이 신 벗는 예식을 했다면 무효이며, 따라서 이혼녀로 간주되지 않고 제사장과도 혼인이 가능하다. 이 해석은 모든 아일로 닛은 제사장과 혼인할 자격이 없다고 본 랍비 예후다의 의견(6, 5)에 반대입장을 견지한다.

8, 6

סְרִיס חַמָּה כֹּהֵן שֶׁנָּשָׂא בַת יִשְׂרָאֵל, מַאֲכִילָהּ בַּתְּרוּמָה. רַבִּי יוֹסֵי וְרַבִּי שִׁמְעוֹן אוֹמְרִים, אַנְדְּרוֹגִינוֹס כֹּהֵן שֶׁנָּשָׂא בַת יִשְׂרָאֵל, מַאֲכִילָהּ בַּתְּרוּמָה. רַבִּי יְהוּדָה אוֹמֵר, טֻמְטוּם שֶׁנִּקְרַע וְנִמְצָא זָכָר, לֹא יַחֲלֹץ, מִפְּנֵי שֶׁהוּא כְסָרִיס. אַנְדְּרוֹגִינוֹס נוֹשֵׂא, אֲבָל לֹא נִשָּׂא. רַבִּי אֱלִיעֶזֶר אוֹמֵר, אַנְדְּרוֹגִינוֹס חַיָּבִים עָלָיו סְקִילָה, כְּזָכָר:

만일 싸리스 하마[112]인 제사장이 이스라엘 일반 여성과 결혼하면, 그는 이 여성에게 거제 먹을 자격을 부여한다. 랍비 요쎄와 랍비 쉼온 은 이렇게 말한다. "만일 이 제사장이 남녀추니[113]이며 이스라엘 일 반 여성과 결혼했다면, 그는 이 여성에게 거제 먹을 자격을 부여한 다." 랍비 예후다는 말한다. "외성기이상자의 〔은밀한 곳이〕 찢어졌

---

112) 8, 4의 해석에 따라 선천적 싸리스인 싸리스 하마를 가리킨다.

113) 남성의 생식기와 여성의 생식기를 둘 다 지닌 사람으로, 어지자지 또는 양 성구유라고도 한다. 원문은 그리스어 안드로구노스(ἀνδρόγυνος, 영어의 androgyne)를 그대로 사용하며 헤르마프로디테(hermaphrodite)라고도 부 른다.

고 남자임이 밝혀져도, 그는 신 벗는 예식을 할 수 없다. 왜냐하면 그는 싸리스와 마찬가지이기 때문이다."

남녀추니는 아내를 취할 수 있으나 아내가 될 수는 없다. 랍비 엘리에제르는 말한다. "남녀추니〔와 성관계를 한〕 남자는 남자〔와 성교한 것과 마찬가지이므로〕 돌로 쳐죽여야 마땅하다."

● 랍비들의 성 분류가 여섯 가지로 세분화되어 있음을 알게 하는 미쉬나다. 첫째, 남성인 자카르, 둘째, 여성인 네케바, 셋째, 남성 성기와 여성 성기를 동시에 지닌 남녀추니(אנדרוגינוס, 안드로구노스), 넷째, 생식기를 가늠하기 어려운 외성기이상자(טמטום, 툼툼), 다섯째, 여성으로서 2차 성징 징후가 발달하지 않아 불임인 아일로닛, 여섯째, 남성으로서 2차 성징 징후가 발달하지 않았거나 생식기관이 제거된 싸리스다.[114]

제9장

제9장에서는 남편과 남편의 형제들에게 허용되거나 금지되는 다양한 여성들의 사례를 다룬다. 또한 상황에 따른 거제 먹을 자격에 대한 추가적 논의가 이어진다.

---

114) 툼툼과 안드로구노스에 대해서는 「나지르」2, 7; 「빅쿠림」1,5; 4,5; 「하기가」 1,1; 「닛다」3,5; 「자빔」2,1; 「아라킨」1,1 등에도 등장한다.

יֵשׁ מֻתָּרוֹת לְבַעֲלֵיהֶן וַאֲסוּרוֹת לִיבָמֵיהֶן, מֻתָּרוֹת לִיבָמֵיהֶן וַאֲסוּרוֹת לְבַעֲלֵיהֶן,
מֻתָּרוֹת לָאֵלּוּ וְלָאֵלּוּ, וַאֲסוּרוֹת לָאֵלּוּ וְלָאֵלּוּ. וְאֵלּוּ מֻתָּרוֹת לְבַעֲלֵיהֶן וַאֲסוּרוֹת
לִיבָמֵיהֶן, כֹּהֵן הֶדְיוֹט שֶׁנָּשָׂא אֶת הָאַלְמָנָה וְיֶשׁ לוֹ אָח כֹּהֵן גָּדוֹל, חָלָל שֶׁנָּשָׂא
כְשֵׁרָה וְיֶשׁ לוֹ אָח כָּשֵׁר, יִשְׂרָאֵל שֶׁנָּשָׂא בַת יִשְׂרָאֵל וְיֶשׁ לוֹ אָח מַמְזֵר, מַמְזֵר
שֶׁנָּשָׂא מַמְזֶרֶת וְיֶשׁ לוֹ אָח יִשְׂרָאֵל, מֻתָּרוֹת לְבַעֲלֵיהֶן וַאֲסוּרוֹת לִיבָמֵיהֶן:

남편에게는 허락되지만 남편의 형제들(야밤)에게는 금지되는 여성들이 있다. [반대로] 남편의 형제들(야밤)에게는 허락되지만 남편에게는 금지되는 여성들도 있다. 일부는 이들에게 그리고 저들에게 허락되며, 일부는 이들에게 그리고 저들에게 금지된다.

남편에게는 허락되지만 그의 형제들(야밤)에게는 금지되는 여성의 사례는 다음과 같다. 과부가 일반 제사장과 결혼했는데 그의 형제가 대제사장인 경우, 제사장과 혼인할 자격이 되는 여성[115]이 [혈통 때문에 제사장] 자격을 잃은 남성[116]과 결혼했는데 그의 형제가 [제사장으로] 적법한 경우, [적법한] 일반 이스라엘 여성[117]이 일반 이스라엘 남성과 결혼했는데 그의 형제가 사생아인 경우, 사생아 여성이 사생아 남성과 결혼했는데 그의 형제가 일반 이스라엘 남성인 경우다. [이런 모든 경우에] 남편에게는 허락되지만 그의 형제들(야밤)에게는 [역연혼이] 금지된다.

---

115) 여기서 사용한 용어는 '크쉐라'(כשרה)다.
116) 이 용어는 '할랄'(חלל)인데, 제사장과 이혼녀 사이에서 태어난 아들이 이에 해당한다. 이들은 제사장이라는 거룩한 신분(כהונה, 케후나)을 상실한다. 할랄은 일반 이스라엘 여성과 혼인할 수 있다(「키두쉰」 4, 1; 4, 6).
117) 원문에는 '이스라엘의 딸'(בת ישראל)이라고 기록했다.

וְאֵלוּ מֻתָּרוֹת לִיבָמֵיהֶן וַאֲסוּרוֹת לְבַעֲלֵיהֶן. כֹּהֵן גָּדוֹל שֶׁקִּדֵּשׁ אֶת הָאַלְמָנָה
וְיֶשׁ לוֹ אָח כֹּהֵן הֶדְיוֹט, כָּשֵׁר שֶׁנָּשָׂא חֲלָלָה וְיֶשׁ לוֹ אָח חָלָל, יִשְׂרָאֵל שֶׁנָּשָׂא
מַמְזֶרֶת וְיֶשׁ לוֹ אָח מַמְזֵר, מַמְזֵר שֶׁנָּשָׂא בַת יִשְׂרָאֵל וְיֶשׁ לוֹ אָח יִשְׂרָאֵל,
מֻתָּרוֹת לִיבָמֵיהֶן וַאֲסוּרוֹת לְבַעֲלֵיהֶן. אֲסוּרוֹת לָאֵלּוּ וְלָאֵלּוּ, כֹּהֵן גָּדוֹל שֶׁנָּשָׂא
אֶת הָאַלְמָנָה וְיֶשׁ לוֹ אָח כֹּהֵן גָּדוֹל אוֹ כֹהֵן הֶדְיוֹט, כָּשֵׁר שֶׁנָּשָׂא חֲלָלָה וְיֶשׁ
לוֹ אָח כָּשֵׁר, יִשְׂרָאֵל שֶׁנָּשָׂא מַמְזֶרֶת וְיֶשׁ לוֹ אָח יִשְׂרָאֵל, מַמְזֵר שֶׁנָּשָׂא בַת
יִשְׂרָאֵל וְיֶשׁ לוֹ אָח מַמְזֵר, אֲסוּרוֹת לָאֵלּוּ וְלָאֵלּוּ. וּשְׁאָר כָּל הַנָּשִׁים, מֻתָּרוֹת
לְבַעֲלֵיהֶן וְלִיבָמֵיהֶן:

다음의 여성들은 남편의 형제들(야밤)에게는 허락되지만 남편에게
는 금지된다. 과부가 대제사장과 약혼했고 그 형제가 일반 제사장인
경우, 〔제사장과 혼인할〕 자격을 잃은 여성이 〔제사장에〕 적합한 자와
결혼했고 그 형제가 〔혈통 때문에〕 자격을 잃은 경우, 일반 이스라엘
남자가 여자 사생아와 결혼했고 그에게 사생아 형제가 있는 경우, 사
생아가 일반 이스라엘 여성과 결혼했고 그에게 이스라엘 일반인 형제
가 있는 경우다. 이들은 모두 〔사망한 남편의〕 형제들과 〔역연혼으로
혼인이〕 허락되지만 남편에게는 금지된다.

이들 그리고 저들에게 금지되는 여성은 다음과 같다. 과부가 대제
사장과 결혼했는데 그의 형제가 대제사장이나 일반 제사장인 경우,
〔제사장과 혼인할〕 자격을 잃은 여성이 〔제사장으로〕 적법한 남성과
결혼했는데 그 형제도 적법한 경우, 사생아 여성이 일반 이스라엘 〔남
성과〕 혼인했는데 그의 형제도 일반 이스라엘 남성인 경우다. 〔이런
경우에〕 이들에게 그리고 저들에게 금지된다.

그 외 나머지 여성들은 남편과 그리고 그 형제들(야밤)에게 허락된다.

---

118) 현대 수정판본에서는 9, 2를 이분하여 후반부의 미쉬나를 9, 3 전반부에 배
     치하기도 한다.

שְׁנִיּוֹת מִדִּבְרֵי סוֹפְרִים, שְׁנִיָּה לַבַּעַל וְלֹא שְׁנִיָּה לַיָּבָם, אֲסוּרָה לַבַּעַל וּמֻתֶּרֶת
לַיָּבָם. שְׁנִיָּה לַיָּבָם וְלֹא שְׁנִיָּה לַבַּעַל, אֲסוּרָה לַיָּבָם וּמֻתֶּרֶת לַבַּעַל. שְׁנִיָּה
לָזֶה וְלָזֶה, אֲסוּרָה לָזֶה וְלָזֶה. אֵין לָהּ לֹא כְתֻבָּה, וְלֹא פֵרוֹת, וְלֹא מְזוֹנוֹת,
וְלֹא בְלָאוֹת, וְהַוָּלָד כָּשֵׁר, וְכוֹפִין אוֹתוֹ לְהוֹצִיא. אַלְמָנָה לְכֹהֵן גָּדוֹל, גְּרוּשָׁה
וַחֲלוּצָה לְכֹהֵן הֶדְיוֹט, מַמְזֶרֶת וּנְתִינָה לְיִשְׂרָאֵל, בַּת יִשְׂרָאֵל לְנָתִין וּלְמַמְזֵר,
יֵשׁ לָהֶן כְּתֻבָּה:

다음은 서기들이 이차적 친족관계이고 [에르바에 해당한다고 결정한] 사례들이다. 남편과 이차 친족관계이나 [남편의] 형제들(야밤)과 이차적 친족관계가 아닌 경우, 남편에게 금지되나 그 형제에게는 허락된 경우. [남편의] 형제와 이차적 친족관계이지만 남편과 이차 친족관계가 아닌 경우, 그 형제에게는 금지되지만 남편에게는 허락되는 경우. 이쪽저쪽 [다] 이차적 친족관계인 경우, 이쪽저쪽 [모두에] 금지된 경우.

[이러한] 여성에게는 케투바가 없고, 열매[상환]이 없고, 부양비가 없고, 해진 옷[에 대한 권한]이 없다. 그러나 태어난 자식은 적법하며, [법정은] 그가 [자기 아내를] 내쫓게[119] 해야 한다.

대제사장과 [결혼한] 과부, 일반 제사장과 [결혼한] 이혼녀와 신 벗긴 여자, 이스라엘 일반 남성과 [결혼한] 여자 사생아이자 네티나. 나틴이나 사생아와 [결혼한] 이스라엘 일반 여성은 케투바를 [요구할 권리를] 지닌다.

• 이 미쉬나는 토라 법규정에 따라 근친혼으로 금지된 관계들 이외에 후대 서기들이 추가로 금지한 관계들이 무엇이고, 그에 관련된 처리규정이 어떠한지 설명한다.

---

119) 문자적으로는 '내보내야'다.

- 열매란 남편이 혼인 기간 중 아내가 지참금으로 가져온 멜로그 재산을 용익하여 얻은 수익이나 증가액을 말한다(4, 3; 7, 1). 이차적으로 추가된 근친혼인 경우 남편에게는 멜로그 용익권이 발생하지 않는다(멜로그법 관련해서는 4, 3과 7, 1). 그러나 이미 용익하여 이득을 얻었다면 이를 아내에게 줄 필요가 없다. 이 조항은 이차적 금지혼을 저질렀을 경우 쌍방, 즉 남녀 모두 법적 불이익을 받는 예가 된다(대개는 여자 쪽이 받는 처벌이 더 강하다). 부양비는 의식주를 포함한다. '해진 것'(בלאות, 블라옷)은 일차적으로는 아내가 입던 낡은 옷을 의미하며, 그 소유권은 아내에게 있다. 이차적으로는 아내가 지참금으로 가져온 재산이 혼인 중에 멸실, 훼손, 손실되었을 경우 남편에게 배상을 청구할 권리를 의미한다(야스트로 사전).
- 성서에서 규정한 것이 아닌 랍비들이 추가한 이차적 단계 금지혼(이차적 에르바)으로 태어난 자녀는 사생아가 아닌 것으로 간주한다. '적법하다'에 대하여 댄비, 알벡, 뉴스너의 주해는 '제사장직에 오를 자격이 있다'로, 야드 아브라함 주해는 토쎄펫 욤 토브에 근거하여 '제사장과 결혼할 자격이 있다'로 해석한다.

9, 4

בַּת יִשְׂרָאֵל מְאֹרֶסֶת לְכֹהֵן, מְעֻבֶּרֶת מִכֹּהֵן, שׁוֹמֶרֶת יָבָם לְכֹהֵן, וְכֵן בַּת כֹּהֵן לְיִשְׂרָאֵל, לֹא תֹאכַל בַּתְּרוּמָה. בַּת יִשְׂרָאֵל מְאֹרֶסֶת לְלֵוִי, מְעֻבֶּרֶת מִלֵּוִי, שׁוֹמֶרֶת יָבָם לְלֵוִי, וְכֵן בַּת לֵוִי לְיִשְׂרָאֵל, לֹא תֹאכַל בַּמַּעֲשֵׂר. בַּת לֵוִי מְאֹרֶסֶת לְכֹהֵן, מְעֻבֶּרֶת מִכֹּהֵן, שׁוֹמֶרֶת יָבָם לְכֹהֵן, וְכֵן בַּת כֹּהֵן לְלֵוִי, לֹא תֹאכַל בַּתְּרוּמָה וְלֹא בַּמַּעֲשֵׂר:

제사장과 약혼하거나 제사장 아이를 임신한 일반 이스라엘 여성, 제사장의 쇼메렛 야밤, 그리고 일반 이스라엘 남성과 혼인한 제사장 딸은 거제를 먹을 수 없다.

레위인과 약혼하거나 레위인의 아이를 임신한 한 일반 이스라엘 여성, 레위인의 쇼메렛 야밤, 그리고 일반 이스라엘 남성과 혼인한 레위인의 딸은 십일조를 먹을 수 없다.

제사장과 약혼하거나 제사장의 아이를 임신한 레위인의 딸, 제사장의 쇼메렛 야밤, 그리고 레위인과 혼인한 제사장의 딸은 거제도 십일조도 먹을 수 없다.

- 9, 4-9, 6은 특히 임신 및 태어난 아들의 생존에 따라 달라지는 거제 먹을 자격을 다룬다(7장).
- 성서법상으로는 제사장과 약혼한 여성도 거제를 먹을 수 있지만, 랍비법은 약혼 기간 이 여성이 친정에서 지내며 비제사장 가족과 거제를 나눠먹을 우려가 있기 때문에 이를 금지한다. 제사장과 이혼이나 사별한 여성은 그에게서 낳은 아이가 살아 있을 때에 한해 거제를 먹을 수 있지만, 임신만 한 상태에서는 불가능하다. 아이가 태어나야 거제를 먹을 수 있다(9, 5).
- 제사장과 사별한 일반 이스라엘 여성이 제사장인 시형제와의 역연혼을 기다리는 동안은 거제 먹는 것이 불가능하다. 성관계로 역연혼이 이뤄진 다음에는 가능하다.
- 같은 원칙이 십일조 먹을 권리에도 적용된다.

9, 5

בַּת יִשְׂרָאֵל שֶׁנִּשֵּׂאת לְכֹהֵן, תֹּאכַל בַּתְּרוּמָה. מֵת, וְלָהּ הֵימֶנּוּ בֵן, תֹּאכַל בַּתְּרוּמָה. נִשֵּׂאת לְלֵוִי, תֹּאכַל בַּמַּעֲשֵׂר. מֵת, וְלָהּ הֵימֶנּוּ בֵן, תֹּאכַל בַּמַּעֲשֵׂר. נִשֵּׂאת לְיִשְׂרָאֵל, לֹא תֹאכַל לֹא בַתְּרוּמָה וְלֹא בַמַּעֲשֵׂר. מֵת, וְלָהּ הֵימֶנּוּ בֵן, לֹא תֹאכַל לֹא בַתְּרוּמָה וְלֹא בַמַּעֲשֵׂר. מֵת בְּנָהּ מִיִּשְׂרָאֵל, תֹּאכַל בַּמַּעֲשֵׂר. מֵת בְּנָהּ מִלֵּוִי, תֹּאכַל בַּתְּרוּמָה. מֵת בְּנָהּ מִכֹּהֵן, לֹא תֹאכַל לֹא בַתְּרוּמָה וְלֹא בַמַּעֲשֵׂר:

제사장과 결혼한 일반 이스라엘 여성은 거제를 먹을 수 있다. 만일 〔남편이〕 사망하고 이 여성에게 그로부터 〔낳은〕 아들이 있다면 거제를 먹을 수 있다.

〔이후〕 레위인과 결혼한 〔그 일반 이스라엘 여성은〕 십일조를 먹을 수 있다. 〔만일 그 레위인 남편이〕 사망하고 이 여성에게 그로부터 〔낳은〕 아들이 있다면 십일조를 먹을 수 있다.

〔이후〕 일반 이스라엘 남성과 결혼한 〔그 일반 이스라엘 여성은〕 거제도 십일조도 먹을 수 없다. 〔만일 그 남편이〕 사망하고 이 여성에게 그로부터 〔낳은〕 아들이 있으면 거제도 십일조도 먹을 수 없다.

〔이후〕 일반 이스라엘 남편에게서 〔낳은〕 아들이 사망하면, 십일조는 먹을 수 있다. 〔만일〕 레위인에게서 〔낳은〕 아들이 사망하면 거제는 먹을 수 있다. 〔만일〕 제사장에게서 〔낳은〕 아들도 사망하면 거제도 십일조도 먹을 수 없다.

9, 6

בַּת כֹּהֵן שֶׁנִּשֵּׂאת לְיִשְׂרָאֵל, לֹא תֹאכַל בַּתְּרוּמָה. מֵת וְלָהּ הֵימֶנּוּ בֵן, לֹא
תֹאכַל בַּתְּרוּמָה. נִשֵּׂאת לְלֵוִי, תֹאכַל בַּמַּעֲשֵׂר. מֵת, וְלָהּ הֵימֶנּוּ בֵן, תֹאכַל
בַּמַּעֲשֵׂר. נִשֵּׂאת לְכֹהֵן, תֹאכַל בַּתְּרוּמָה. מֵת, וְלָהּ הֵימֶנּוּ בֵן, תֹאכַל בַּתְּרוּמָה.
מֵת בְּנָהּ מִכֹּהֵן, לֹא תֹאכַל בַּתְּרוּמָה. מֵת בְּנָהּ מִלֵּוִי, לֹא תֹאכַל בַּמַּעֲשֵׂר.
מֵת בְּנָהּ מִיִּשְׂרָאֵל, חוֹזֶרֶת לְבֵית אָבִיהָ. וְעַל זוֹ נֶאֱמַר, וְשָׁבָה אֶל בֵּית אָבִיהָ
כִּנְעוּרֶיהָ מִלֶּחֶם אָבִיהָ תֹאכֵל:

제사장의 딸이 일반 이스라엘 남성과 결혼하면 거제를 먹을 수 없다. 〔만일 남편이〕 사망했는데 이 여성에게 그에게서 〔낳은〕 아들이 있다면 거제를 먹을 수 없다. 이후 레위인과 결혼하면 십일조를 먹을 수 있다. 〔이 남편이〕 사망했는데 이 여성에게 그에게서 〔낳은〕 아들이 있다면 십일조를 먹을 수 있다. 〔이후〕 제사장과 결혼하면 거제를 먹을 수 있다. 〔이 남편이〕 사망했는데 이 여성에게 그에게서 〔낳은〕

아들이 있다면 거제를 먹을 수 있다.

〔이후에〕제사장에게서 〔낳은〕아들이 사망하면 거제를 먹을 수 없다. 레위인에게서 〔낳은〕아들이 사망하면 십일조를 먹을 수 없다. 일반 이스라엘 남성에게서 〔낳은〕아들이 사망하면 친정아버지의 집으로 돌아간다. "그가 친정에 돌아와서 젊었을 때와 같으면 그는 그의 아버지의 몫의 음식을 먹을 것이다"(레 22:13)는 이러한 여성에 대해 일컫는 것이다.

- 9, 5와 달리 제사장 딸이 일반 이스라엘 사람과 혼인했다가 사별하고 이후 레위인, 그리고 제사장과 재혼한 경우다. 남편과 자식 모두 사망하고 친정으로 돌아가면 제사장 딸인 본래 신분으로 돌아가 거제 먹을 자격이 복권된다.

제10장

제10장 전반부는 남편이 사망했다고 생각하고 재혼하여 아이를 낳았는데 남편이 살아 돌아왔을 때, 배우자 관계와 재산 관련법, 재혼하여 태어난 자녀의 적법성 등에 대하여 다룬다. 후반부는 미성년자의 역연혼에 적용되는 규칙을 논한다.

10, 1

הָאִשָּׁה שֶׁהָלַךְ בַּעְלָהּ לִמְדִינַת הַיָּם, וּבָאוּ וְאָמְרוּ לָהּ, מֵת בַּעְלֵךְ, וְנִשֵּׂאת, וְאַחַר כָּךְ בָּא בַעְלָהּ, תֵּצֵא מִזֶּה וּמִזֶּה, וּצְרִיכָה גֵט מִזֶּה וּמִזֶּה. וְאֵין לָהּ כְּתֻבָּה וְלֹא פֵרוֹת וְלֹא מְזוֹנוֹת וְלֹא בְלָאוֹת, לֹא עַל זֶה וְלֹא עַל זֶה. אִם נָטְלָה מִזֶּה וּמִזֶּה, תַּחֲזִיר. וְהַוָּלָד מַמְזֵר מִזֶּה וּמִזֶּה. וְלֹא זֶה וָזֶה מִטַּמְּאִין לָהּ, וְלֹא זֶה וָזֶה זַכָּאִין לֹא בִמְצִיאָתָהּ וְלֹא בְמַעֲשֵׂה יָדֶיהָ, וְלֹא בַהֲפָרַת נְדָרֶיהָ. הָיְתָה בַת

יִשְׂרָאֵל, נִפְסְלָה מִן הַכְּהֻנָּה, וּבַת לֵוִי מִן הַמַּעֲשֵׂר, וּבַת כֹּהֵן מִן הַתְּרוּמָה. וְאֵין יוֹרְשִׁים שֶׁל זֶה וְיוֹרְשִׁים שֶׁל זֶה יוֹרְשִׁים אֶת כְּתֻבָּתָהּ. וְאִם מֵתוּ, אֶחָיו שֶׁל זֶה וְאֶחָיו שֶׁל זֶה חוֹלְצִין וְלֹא מְיַבְּמִין. רַבִּי יוֹסֵי אוֹמֵר, כְּתֻבָּתָהּ עַל נִכְסֵי בַעְלָהּ הָרִאשׁוֹן. רַבִּי אֶלְעָזָר אוֹמֵר, הָרִאשׁוֹן זַכַּאי בִּמְצִיאָתָהּ וּבְמַעֲשֵׂה יָדֶיהָ, וּבַהֲפָרַת נְדָרֶיהָ. וְרַבִּי שִׁמְעוֹן אוֹמֵר, בִּיאָתָהּ אוֹ חֲלִיצָתָהּ מֵאֶחָיו שֶׁל רִאשׁוֹן פּוֹטֶרֶת צָרָתָהּ, וְאֵין הַוָּלָד מִמֶּנּוּ מַמְזֵר. וְאִם נִסֵּת שֶׁלֹּא בִרְשׁוּת, מֻתֶּרֶת לַחֲזֹר לוֹ:

어떤 여자의 남편이 외국에 나갔는데 사람들이 와서 "당신의 남편이 죽었다"라고 말해 재혼했다. 한데 이후 그 남편이 [살아] 돌아왔다면, 이 여성은 양쪽 모두와 헤어져야[120] 하며, [전남편 및 재혼한 남편] 모두에게서 이혼증서가 필요하다. 또한 이 여성에게는 이쪽에게든 저쪽에게든 케투바가 없고, 열매[상환]이 없고, 부양비가 없고, 해진 것[에 대한 권한]이 없다. 만일 어느 한쪽에게서 [위의 어떤 것이든] 받았을 경우 [이를] 반환해야 한다.

이쪽 및 저쪽에서 태어난 자식은 사생아다.

어느 [쪽 남자이든] 이 여성[의 사망 시 접촉하여] 부정해져서는 안된다. 또한 이 여성의 습득물 및 수예품[121]에 대해 [소유권]이 없고, 서원을 무효화할 권리도 없다.

이 여성이 이스라엘 여성이라면 제사장[과 혼인하는데] 부적격해지고, 레위 가문 여성이라면 십일조를, 제사장 딸이라면 거제를 먹을 수 없다.

[남자의] 어느 쪽 상속인도 이 여성의 케투바를 물려받을 수 없다.

그들(두 남편) [모두] 사망할 경우, 이쪽 형제 및 저쪽 형제들은 신

---

120) 문자적으로는 '떠나야 하며'다.

121) 마아쎄 야드(מעשה יד)의 문자적 의미는 '손으로 만든 물건'으로, 직접 만든 실, 편물, 자수, 천, 옷, 바구니 등을 가리킨다. 이하 '수예품', '손으로 만든 물품', '손수 만든 것'으로 번역했다.

벗는 예식을 하되 역연혼은 하지 않는다.

[그러나] 랍비 요쎄는 말한다. "이 여성의 케투바는 첫 남편의 재산 [에서 나가야] 한다."

랍비 엘아자르는 말한다. "여성의 습득물 및 수예품에 대한 [소유권과] 서원을 무효화할 권리는 모두 첫 남편에게 있다."

랍비 쉼온은 말한다. "첫 남편의 형제가 [이 여성과] 성관계를 갖거나[122] 신 벗는 예식을 하면 동료 아내를 [역연혼 규정에서] 면제한다. 또한 [첫 남편에게서 낳은] 자식은 사생아가 아니다."

만일 이 여성이 [법정의] 허가[를 요청할 필요] 없이 혼인(재혼)했다면, 그 [첫 남편]에게 돌아갈 수 있다.

- 남편이 살아 있는데도 재혼했으므로 두 번째 결혼은 법적 효력을 지니지 못한다. 또한 증언 채택에 따라 법정의 허락을 받은 재혼이지만 본인의 부주의로 간주한다. 이에 간통을 저지른 것과 마찬가지가 되어 전남편 및 재혼한 남편 모두와 헤어지는 처벌을 받는다. 만일 제삼의 남자와 혼인하려거든 위 두 남자 모두로부터 이혼증서를 받아야 한다. 두 번째 결혼은 사실상 무효이기 때문에 이혼증서가 필요 없어야 하나, 첫 번째 남편이 살아 있는 걸 본 사람들은 이 여성이 이 남자와 '이혼' 후에 재혼했다고 생각할 것이며, 당연히 두 번째 남편과의 이혼 후 제삼자와의 혼인을 기대할 것이다. 적법한 혼인이 이혼증서 없이 해소될 수 있다고 오해하는 일을 막기 위해 후대 랍비 전통은 양쪽 모두로부터 이혼증서를 받도록 입법했다. 케투바에는 이혼 시 아내에게 지불해야 할 일종의 위자료 금액이 기록되며, 남편이 쉽게 아내와 이혼하지 못하도록 상당한 금액을 상정한다(4장 및 「케

---

122) 이 표현은 역연혼을 했다는 의미다. 역연혼은 성관계로 효력이 발생한다.

투봇」). 그러나 위 사례는 남편이 이혼하도록 하는 것이 목적이므로 여자의 케투바 권리를 인정하지 않는다. 여자는 혼인 때 지참금으로 가져온 것에 대한 권리를 상실함은 물론 두 남자에게서 어떠한 재정적 이득을 취할 수 없다. 멜로그 재산을 용익하여 얻은 수익을 배상받지 못하고(9, 3), 증가액을 이미 받은 것은 불법 취득물로 간주되므로 반환해야 한다(9, 3).

- 두 번째 남자에게서 낳은 자식, 또한 두 번째 남자와 아직 이혼하지 않은 상태에서 첫 번째 남편의 아이를 임신하여 낳은 자식은 사생아다(사생아와 관련해서는 2, 4; 2, 5; 4, 2; 4, 12; 4, 13; 7, 5; 8, 3).
  남편과 이혼하지 않은 상태에서 두 번째 남자와 관계하여 낳은 자식은 간통에 의한 사생아로, 성서법에 준한다.
  후대 랍비 전통은 첫 번째 남편과 이혼 후에 두 번째 남자에게서 얻은 자식도 사생아로 간주하는데, 이는 위 여자가 두 번째 남자와 계속 함께 사는 것을 방지하기 위함이다.
  두 번째 남자와 이혼한 후 첫 번째 남편의 자식을 낳았다면 사생아가 아니다. 그러나 첫 번째 남편에게 되돌아갈 수는 없다.

- 제사장이 시신과 접촉하면 부정해지지만, 그 시신이 직계가족일 경우에는 예외다(레 21: 1-3). 그러나 위 여성이 사망했는데 한쪽 또는 양쪽 남자가 제사장이라면, 시신과의 접촉이 금지된다. 습득물 관련 조항은 「바바 메찌아」 1, 5 및 「케투봇」 4, 4에서 다루고 있다. 보통 남편이 아내를 부양하는 대신 그는 아내가 손으로 제작한 물품에 대한 소유권을 갖도록 되어 있다. 토라에 의하면 남편은 아내의 서원을 무효화할 수 있다(2, 10; 「네다림」).

- 이혼한 여성은 제사장과의 혼인이 금지된다. 이혼을 하지 않은 상태에서 두 남자 모두 사망한다 해도 간통한 여성으로 간주되므로 제사장과의 혼인이 금지된다(레 21:14; 6, 5). 십일조의 경우 성서법으로

는 먹을 수 있으나, 후대에 랍비들이 정한 법으로는 법적 처벌 의미에서 먹는 것을 금지한다. 거제도 마찬가지다(레위인이 먹는 십일조는 9, 4).

- 역연혼 규칙: 랍비들은 남편의 사망 여부를 확인하는 데 부주의했음에 대한 처벌의 의미로 역연혼을 금지한다(라쉬). 두 번째 남자와의 혼인은 무효이기 때문에 사후 그 형제에게 역연혼 의무가 없으나, 랍비들은 첫 번째 조항에서 이혼증서를 주게 한 것과 동일한 이유, 즉 법적용의 혼란을 방지하는 차원에서 역연혼 의무를 해소하는 신 벗는 예식 의례를 시킨다(게마라 91a).

- 랍비 요쎄, 엘아자르(Elazar b. Shamu'a/Eleazar b. Shammua), 쉼온은 위 여섯 조항에 대해 반대 의견을 내세운다. 랍비 요쎄는 4, 4 조항에서 정한대로 첫 남편이 케투바를 지급해야 한다고 주장한다. 랍비 엘아자르는 혼인으로 발생하는 일반 권리가 여전히 첫 남편에게 있다고 주장한다. 랍비 쉼온은 "그 양쪽 형제들은 신 벗는 예식을 하되 역연혼은 하지 않는다"라는 규정에 반대하여, 첫 번째 남편이 이혼 전에 사망할 경우 그 형제들이 역연혼 내지 신 벗는 예식을 할 수 있으며, 따라서 상배여성의 동료 아내는 역연혼 규정에서 해소된다고 주장한다. 할라카는 이 세 명의 주장을 받아들이지 않았다(라브; 에벤 하에제르 17:56).

- 첫 번째 남편이 사망했다고 진술한 증인이 두 명이어서 법정에 증언 채택 허락을 요청할 필요 없이 재혼한 경우, 불가피한 우발적 사고로 간주하여 면책하고, 첫 남편에게 돌아가도록 허락한다. 내용상 10, 2와 연결된다.

נִסֵּת עַל פִּי בֵית דִּין, תֵּצֵא, וּפְטוּרָה מִן הַקָּרְבָּן. לֹא נִסֵּת עַל פִּי בֵית דִּין,
תֵּצֵא, וְחַיֶּבֶת בַּקָּרְבָּן. יָפֶה כֹּחַ בֵּית דִּין, שֶׁפּוֹטְרָה מִן הַקָּרְבָּן. הוֹרוּהָ בֵּית דִּין
לְנָשֵׂא, וְהָלְכָה וְקִלְקְלָה, חַיֶּבֶת בַּקָּרְבָּן, שֶׁלֹּא הִתִּירוּהָ אֶלָּא לְנָשֵׂא:

만일 위 여성이 법정[의 허가]에 따라 혼인했다면, 헤어져야 하며,
희생제물은 면제된다. 법정[의 허가]에 따르지 않은 재혼이라면, 헤어
져야 하며, 희생제물[을 드릴] 의무가 있다. 법정의 힘은 희생제물을
면제할 만큼 크다.

만일 법정이 혼인해도 좋다고 판결했는데 이 여성이 가서 부정한
행위를 했다면, 희생제물[을 드릴] 의무가 있다. 왜냐하면 법정은 혼
인만 허용했기 때문이다.

- 첫 남편이 살아 있으므로 재혼한 남편을 떠나야 한다. 부지불식간에
  저지른 허물에 대해서는 속죄제물을 드려야 하는 것이 원칙이나(레
  4:27), 이 경우 법정의 판단에 기초하여 행위가 이루어졌으므로 속죄
  제물을 바칠 필요가 없다고 규정한다.
- 증인이 두 명이었기 때문에 법정의 허가를 요청할 필요 없이 재혼한
  경우다. 역시 재혼한 상대 남성을 떠나야 한다. 또한 법정 판단과 상
  관없이 본인이 의도하지 않고 저지른 죄이기 때문에 이를 속죄하는
  제물을 바쳐야 한다.
- 여기서 부정한 행위란 법정에 정확한 정보를 제공하지 않고 금지된
  혼인을 했을 경우다. 법정은 남편의 죽음에 대해 인정하고 혼인을 허
  용했을 뿐이지 금지혼을 허락하지는 않았다. 따라서 금지혼은 법정
  의 판단에 기초하여 이뤄진 행위가 아니며, 이 여성은 속죄제물을 바
  쳐야 한다.
- 기본 법리: 법정에 허가를 요청할 필요 없이 증인 두 명의 진술에 의

해 남편 사망이 인정되어 재혼했을 경우, 재혼이 약혼(에루씬) 단계까지만 갔을 때는 살아 돌아온 전남편에게 돌아갈 수 있다.

10, 3

הָאִשָּׁה שֶׁהָלַךְ בַּעְלָהּ וּבְנָהּ לִמְדִינַת הַיָּם, וּבָאוּ וְאָמְרוּ לָהּ, מֵת בַּעְלֵךְ וְאַחַר כָּךְ מֵת בְּנֵךְ, וְנִשֵּׂאת, וְאַחַר כָּךְ אָמְרוּ לָהּ, חִלּוּף הָיוּ הַדְּבָרִים, תֵּצֵא, וְהַוָּלָד רִאשׁוֹן וְאַחֲרוֹן מַמְזֵר. אָמְרוּ לָהּ, מֵת בְּנֵךְ וְאַחַר כָּךְ מֵת בַּעְלֵךְ, וְנִתְיַבְּמָה, וְאַחַר כָּךְ אָמְרוּ לָהּ, חִלּוּף הָיוּ הַדְּבָרִים, תֵּצֵא, וְהַוָּלָד רִאשׁוֹן וְאַחֲרוֹן מַמְזֵר. אָמְרוּ לָהּ, מֵת בַּעְלֵךְ, וְנִסֵּת, וְאַחַר כָּךְ אָמְרוּ לָהּ, קַיָּם הָיָה וָמֵת, תֵּצֵא, וְהַוָּלָד רִאשׁוֹן מַמְזֵר, וְהָאַחֲרוֹן אֵינוֹ מַמְזֵר. אָמְרוּ לָהּ, מֵת בַּעְלֵךְ, וְנִתְקַדְּשָׁה, וְאַחַר כָּךְ בָּא בַעְלָהּ, מֻתֶּרֶת לַחֲזֹר לוֹ. אַף עַל פִּי שֶׁנָּתַן לָהּ אַחֲרוֹן גֵּט, לֹא פְסָלָהּ מִן הַכְּהֻנָּה. אֶת זוֹ דָּרַשׁ רַבִּי אֶלְעָזָר בֶּן מַתְיָא, וְאִשָּׁה גְרוּשָׁה מֵאִישָׁהּ, וְלֹא מֵאִישׁ שֶׁאֵינוֹ אִישָׁהּ:

만일 어떤 여자의 남편과 아들이 타국에 나갔는데 사람들이 와서 "당신의 남편이 사망했고, 이후 아들도 사망했다"라고 전했다. 이에 재혼했는데 〔다시 와서〕 말하기를 그 전한 내용〔곧 사망 순서가〕 바뀌었다고 하면, 〔재혼한 남편과〕 헤어져야 하며, 〔정정된 보고〕 이전 및 이후에 태어난 자식은 모두 사생아다.

사람들이 "당신의 아들이 죽고, 이후 당신의 남편이 죽었다"라고 말하여 역연혼을 했는데, 다시 와서 말하기를 그 전한 내용〔곧 사망 순서가〕 바뀌었다고 하면, 〔재혼한 남편과〕 헤어져야 하며, 〔정정된 보고〕 이전 및 이후에 태어난 자식은 모두 사생아다.

사람들이 와서 "당신의 남편이 사망했다"라고 하여 재혼했는데, 나중에 〔다시〕 "당신이 재혼할 때는 〔남편이〕 살아 있었는데, 이후에 사망했다"라고 말하면, 〔재혼한 남편과〕 헤어져야 한다. 〔정정된 보고〕 이전에 태어난 자식은 사생아이나, 이후에 태어난 자식은 사생아가 아니다.

사람들이 와서 "당신의 남편이 사망했다"라고 말하여 이 여성이 약혼했는데, 이후 남편이 〔살아〕 돌아왔다면, 그에게 돌아가는 것이 허락된다. 〔약혼한〕 나중 남자가 이혼증서를 주었다 해도, 이 여성은 제사장〔과 혼인할 자격을〕 상실하지 않는다.

이에 대하여 랍비 엘아자르 벤 마티야는 〔다음과 같이〕 해석한다. 〔성서가 말하는 것은〕 "남편으로부터 이혼당한 여자"(출 21:7)이지, 남편이 아닌 남자로부터 이혼당한 여자가 아니다.

- 먼저 남편과 자식의 사망 순서가 중요한 이유를 살펴볼 필요가 있다. 자식보다 남편의 사망이 먼저라면 후사를 남기고 죽은 것이므로, 상배여성은 역연혼이나 신 벗는 예식을 할 필요가 없다. 하지만 남편보다 자식의 사망이 먼저라면 이 여성은 역연혼을 할 의무가 있다.

- 첫째 조항은 남편이 먼저 사망했다고 하여 남편의 형제와 역연혼이나 신 벗는 예식을 하지 않고 외부인과 재혼한 경우다. 그런데 사망 순서가 바뀌었다고 하면, 이 여성은 역연혼법을 어긴 셈이 된다. 그러므로 이 재혼은 법에 어긋나는 것이며, 따라서 사망 순서가 바뀌었다는 소식을 알게 된 전이든 후이든, 재혼한 남자에게서 낳은 자식은 사생아로 간주한다. 이는 4, 13에서 랍비 아키바가 말한 사생아 규정을 따른 것이다.

- 둘째 조항은 첫 조항과 반대되는 예다. 자식이 먼저 사망했다고 하여 남편의 형제와 역연혼으로 재혼했는데, 나중에 알고보니 자식이 남편보다 나중에 죽었다고 한 경우로, 이 여성에게는 역연혼 의무가 없는데 남편의 형제와 금지혼을 한 셈이다. 따라서 사망 순서가 바뀌었다는 소식을 알게 된 전이든 후이든, 재혼한 남자에게서 낳은 자식은 사생아가 된다.

- 셋째 조항: 남편이 살아 있는데 재혼했으므로 재혼한 상대 남성과 헤

어져야 한다. 정정보고에 따르면 전남편의 사망 시기는 이 여성의 재혼 후다. 임신 및 출산 시기가 첫 번째 남편의 사망 전이면 태어난 아이는 사생아로 간주된다. 그러나 첫 번째 남편의 사망 후에 임신하여 출산했다면 사생아로 간주하지 않는다.

- 만일 남편이 죽었다고 알고 결혼의 일단계인 약혼까지만 했다면 아직 나중 남자와 성관계를 갖지 않았기 때문에, 남편이 살아 돌아왔을 때 그에게 돌아가는 것이 허락된다. 또한 약혼한 남자가 이혼증서를 주었다 하더라도 약혼 자체가 무효이기 때문에 이혼녀가 되지 않는다. 그러므로 후에 남편이 사망했을 때 제사장과 혼인할 수 있는 자격이 유지된다. 또는 첫 남편이 제사장이더라도 그에게 돌아가는 데 아무 문제가 없다.

- 마지막 조항은 바로 위 규정을 뒷받침하기 위해 제사장이 취할 수 없는 여성에 대해 설명하는 레위기 21:7을 제시한다. 랍비 엘아자르 벤 마티야(Elazar ben Matya)에 따르면, 히브리 성서 본문은 '남편으로부터 이혼당한 여자'로 한정하고 있다. 위 재혼한 남자는 법적으로 혼인이 무효이기 때문에 남편이 아니고, 따라서 이혼증서를 받았어도 남편이 아닌 남자로부터 받았다는 해석이다.

10, 4[123]

מִי שֶׁהָלְכָה אִשְׁתּוֹ לִמְדִינַת הַיָּם, וּבָאוּ וְאָמְרוּ לוֹ, מֵתָה אִשְׁתְּךָ, וְנָשָׂא אֶת
אֲחוֹתָהּ, וְאַחַר כָּךְ בָּאת אִשְׁתּוֹ, מֻתֶּרֶת לַחֲזֹר לוֹ. הוּא מֻתָּר בִּקְרוֹבוֹת
שְׁנִיָּה, וּשְׁנִיָּה מֻתֶּרֶת בִּקְרוֹבָיו. וְאִם מֵתָה רִאשׁוֹנָה, מֻתָּר בַּשְׁנִיָּה. אָמְרוּ לוֹ,
מֵתָה אִשְׁתְּךָ, וְנָשָׂא אֶת אֲחוֹתָהּ, וְאַחַר כָּךְ אָמְרוּ לוֹ, קַיֶּמֶת הָיְתָה, וּמֵתָה,
הַוָּלָד רִאשׁוֹן מַמְזֵר, וְהָאַחֲרוֹן אֵינוֹ מַמְזֵר. רַבִּי יוֹסֵי אוֹמֵר, כָּל שֶׁפּוֹסֵל עַל יְדֵי

---

123) 현대 수정판본은 10, 4를 이분하여 후반부를 10, 5에, 10, 5를 10, 6에, 그리고 10, 6-7 및 8의 전반부를 함께 묶어 10, 7에 배치하기도 한다.

אֲחֵרִים, פּוֹסֵל עַל יְדֵי עַצְמוֹ. וְכָל שֶׁאֵין פּוֹסֵל עַל יְדֵי אֲחֵרִים, אֵינוֹ פּוֹסֵל עַל יְדֵי עַצְמוֹ:

만일 어떤 남자의 아내가 타국에 갔는데, 사람들이 와서 "당신의 아내가 사망했다"라고 말해 〔아내의〕 자매와 혼인했는데, 이후 그 아내가 〔살아〕 왔다면, 〔원래 아내는〕 그에게 돌아가는 것이 허락된다.

그는 두 번째 〔결혼했던〕 여성의 친족들과 혼인이 허락되고, 두 번째 〔결혼했던〕 여성도 그의 친족들과 혼인할 수 있다. 만일 첫 번째 여성(원래 아내)이 사망하면, 그는 〔혼인했던〕 두 번째 여성과 혼인이 허용된다.

사람들이 와서 "당신의 아내가 사망했다"라고 말해서 〔아내의〕 자매와 혼인했는데, 이후 사람들이 말하기를 "당신이 재혼할 때 〔당신의 아내가〕 살아 있었는데, 이후에 사망했다"라고 하면, 〔정정 보고〕 이전에 태어난 자식은 사생아이며, 이후에 태어난 자식은 사생아가 아니다.

랍비 요쎄는 말한다. "누구든 타인의 자격을 박탈하면 자신의 자격도 박탈한다. 누구든 타인의 자격을 박탈하지 않으면 자신의 자격도 박탈하지 않는다."

- 아내가 살아 있는데 그 아내의 자매와 결혼했기 때문에 금지혼이며, 이 재혼은 무효다. 나중에 한 결혼이 그 효력을 발생하지 않으므로, 재혼했던 여성(아내의 자매)의 친족과 혼인이 가능하며, 이 여성도 이 남자의 친족과 혼인할 수 있다. 아내의 사망으로 '아내의 자매'라는 금기 규정이 해소되면 '두 번째 여성', 즉 아내의 자매와 다시 결혼할 수 있다.
- 세 번째 조항은 10, 3과 같은 맥락이나 남녀가 뒤바뀐 사례다.
- 탈무드는 랍비 요쎄가 말한 난해한 진술을 다음과 같은 상황으로 설

명한다. 르우벤은 레아와, 모세는 레아의 자매인 라헬과 결혼했다. 레아와 모세가 타국에 나갔는데 둘 다 사망했다는 증언에 따라 르우벤은 아내의 자매이자 모세의 상배여성인 라헬과 재혼했다(아내가 사망하면 아내의 자매와 혼인할 수 있게 되므로). 그런데 레아와 모세가 둘 다 살아 돌아왔다면, 10, 1의 처벌원칙에 따르면 라헬은 원래 남편 및 재혼한 남편 모두와 이혼해야 한다. 반면 레아는 원래 남편이었던 르우벤에게 돌아갈 수 있다. 그러나 랍비 요쎄는, 라헬이 모세에게 돌아가는 것이 금지되는 경우면 레아도 르우벤에게 돌아가는 것이 금지되고, 라헬이 모세에게 돌아가는 것이 허용되면 레아도 르우벤에게 돌아가는 것이 허용되어야 한다고 주장한다(게마라 95b). 전자는 라헬이 르우벤과 니쑤인 단계의 혼인까지 했을 경우에 해당하겠다. 후자는 라헬이 르우벤과 에루씬(약혼)만 했거나, 증인이 두 명이어서 법정의 허락을 받을 필요 없이 재혼한 예라 할 수 있다(10, 1 마지막 조항; 10, 2).

10, 5

אָמְרוּ לוֹ, מֵתָה אִשְׁתְּךָ, וְנָשָׂא אֲחוֹתָהּ מֵאָבִיהָ, מֵתָה, וְנָשָׂא אֲחוֹתָהּ מֵאִמָּהּ,
מֵתָה, וְנָשָׂא אֲחוֹתָהּ מֵאָבִיהָ, מֵתָה, וְנָשָׂא אֲחוֹתָהּ מֵאִמָּהּ, וְנִמְצְאוּ כֻלָּן
קַיָּמוֹת, מֻתָּר בָּרִאשׁוֹנָה, בַּשְּׁלִישִׁית, וּבַחֲמִישִׁית, וּפוֹטְרוֹת צָרוֹתֵיהֶן, וְאָסוּר
בַּשְּׁנִיָּה וּבָרְבִיעִית, וְאֵין בִּיאַת אַחַת מֵהֶן פּוֹטֶרֶת צָרָתָהּ. וְאִם בָּא עַל הַשְּׁנִיָּה
לְאַחַר מִיתַת הָרִאשׁוֹנָה, מֻתָּר בַּשְּׁנִיָּה וּבָרְבִיעִית, וּפוֹטְרוֹת צָרוֹתֵיהֶן, וְאָסוּר
בַּשְּׁלִישִׁית וּבַחֲמִישִׁית, וְאֵין בִּיאַת אַחַת מֵהֶן פּוֹטֶרֶת צָרָתָהּ:

[어떤 사람에게 증인들이 말하기를] "당신의 아내가 사망했다" 하여 그가 자기 [아내]의 부계 자매와 혼인했다. 이후 "[당신의 아내가] 사망했다"라고 말해 그(두 번째 아내)의 모계 자매와 혼인했다. 이후 "[당신의 아내가] 사망했다"라고 말해 그(세 번째 아내)의 부계 자매

와 혼인했다. 이후 "〔당신의 아내가〕 사망했다"라고 말해 그(네 번째 아내)의 모계 자매와 혼인했다. 〔만일 이 다섯 여성〕 모두 살아 있다 〔고 밝혀지〕면, 처음, 세 번째, 다섯 번째 여성은 허용되며, 이들의 동료 아내들은 〔역연혼 의무에서〕 면제된다. 그러나 두 번째와 네 번째 여성은 금지되며, 이들 중 누구와의 성관계도 동료 아내를 면제하지 못한다.

만일 첫 번째 아내 사후 두 번째 여성과 성관계를 가졌다면, 그는 두 번째, 네 번째 여성에게 허용되고, 이들은 동료 아내들을 역연혼 의무에서 면제한다. 그러나 세 번째, 다섯 번째 여성은 금지되며 이들 중 누구의 성관계도 동료 아내를 〔역연혼 의무에서〕 면제하지 않는다.

- 아내의 자매와는 이복자매(부계든 모계든)라 해도 혼인할 수 없다. 이 미쉬나는 10, 4의 판결을 확장한 예로, 사망 증언을 듣고 나서 각각 이복자매인 다섯 여성과 혼인한 남자의 경우를 다룬다. 라브 (Rav)의 해석에 따르면 이 다섯 여성을 편의상 1에서 5로 지칭할 때, 2는 1과 3의 자매이지만, 1과 3은 자매 사이가 아니다. 4는 3의 자매지만, 2와 1의 자매는 아니다. 5는 4와 자매이지만, 1, 2, 3의 자매는 아니다. 1이 살아 있다고 하면 1의 자매인 2와의 혼인은 무효다. 따라서 2의 자매인 3(1의 자매가 아님)과의 혼인은 유효하다. 3과 혼인이 유효하므로 3의 자매인 4와의 혼인은 무효다. 따라서 4의 자매인 5(1과 3은 5의 자매가 아님)와의 혼인은 유효하다.
- 두 번째 예는 1만 정말로 사망했고, 2-5는 생존한 경우다. 사망한 아내의 자매와는 혼인이 가능하므로 2와의 혼인은 유효하다. 위 설명한 내용과 같은 논리에 의해 2의 자매인 3과의 혼인은 무효다. 따라서 3의 자매인 4와의 혼인은 유효하며, 4의 자매인 5와의 혼인은 무효다.

בֶּן תֵּשַׁע שָׁנִים וְיוֹם אֶחָד, הוּא פוֹסֵל עַל יְדֵי אַחִין, וְהָאַחִים פּוֹסְלִין עַל יָדוֹ,
אֶלָּא שֶׁהוּא פוֹסֵל תְּחִלָּה, וְהָאַחִין פּוֹסְלִין תְּחִלָּה וָסוֹף. כֵּיצַד, בֶּן תֵּשַׁע שָׁנִים
וְיוֹם אֶחָד שֶׁבָּא עַל יְבִמְתּוֹ, פָּסַל עַל יְדֵי אַחִין. בָּאוּ עָלֶיהָ אַחִין, וְעָשׂוּ בָהּ
מַאֲמָר, נָתְנוּ גֵט אוֹ חָלְצוּ, פָּסְלוּ עַל יָדוֹ:

아홉 살에서 하루를 넘긴 〔야밤〕은 〔예바마를〕 그의 형제들에게 부
적격으로 만든다. 또한 그 형제들도 〔예바마를〕 그(아홉 살에서 하루
를 넘긴 형제)에게 부적격으로 만든다. 그(미성년 야밤)는 먼저일 때
만 그리하지만, 형제들은 먼저나 나중이나 〔예바마를〕 부적격으로 만
든다.

어떻게 〔그러한가〕? 만일 아홉 살에서 하루를 넘긴 〔야밤〕이 예바
마와 성관계를 가졌다면 〔예바마를〕 그 형제들에게 부적격으로 만든
다. 〔만일 그의 성인〕 형제들이 〔예바마와〕 성관계를 하거나, 마아마
르를 하거나, 이혼증서를 주거나, 신 벗는 예식을 한다면 그들은 〔미
성년 야밤을〕 부적격으로 만든다.

- 미성년이 역연혼이나 마아마르를 하면 인정하되, 성년 야밤의 것만
  큼 효력을 발휘하지 않는다는 것이 10, 6의 주된 원칙이다. 법적 행위
  가 가능한 남자의 연령은 13세부터이나, 9세에서 하루를 넘기면 신
  체적으로 성관계가 가능하다고 인정한다. 랍비들은 이 연령의 남성
  은 법적 책임을 지기엔 미성숙하기 때문에, 미성년 야밤과 예바마의
  성관계를 역연혼 완성이 아닌 마아마르에 준하는 상태로 간주했다.
  따라서 미성년 야밤이 예바마와 성관계를 했다 해도, 이후 그의 '성
  년' 형제 중 하나가 이 여성과 성관계(역연혼), 마아마르, 이혼, 신 벗
  는 예식을 하면 더 효력이 있을 수 있다(5, 1 비교). 미성년 야밤은 그
  의 성인 형제들보다 먼저 관계했을 경우에만 인정된다. 성인 형제들

사이에서는 먼저 마아마르를 한 형제가 나중에 마아마르를 한 형제보다 우선한다.

- "그(미성년 야밤)는 먼저일 때만 그리하지만, 형제들은 먼저나 나중이나 〔예바마를〕 부적격으로 만든다"라는 조항은 해석하기에 난해하다. 게마라는 여기에 빠졌으리라 보이는 구절을 덧붙여 이렇게 설명한다. "미성년 야밤은 먼저 할 경우에만 부적격으로 만들지만 형제들은 먼저든 나중이든 부적격으로 만든다. 이것은 마아마르의 경우에만 그러하다. 성관계의 경우 나중에 했을 경우에도 그러하다." 이어지는 "어떻게 〔그런하가〕?"는 나중에도 효력을 발휘하는 미성년 야밤의 성관계 내용이라는 것이다(게마라 96a). 다시 말해 성인 형제가 먼저 마아마르를 하고 미성년 야밤이 이후에 성관계를 했다면 후자의 효력이 우선한다는 해석이다(라쉬).

10, 7

בֶּן תֵּשַׁע שָׁנִים וְיוֹם אֶחָד שֶׁבָּא עַל יְבִמְתּוֹ, וְאַחַר כָּךְ בָּא עָלֶיהָ אָחִיו שֶׁהוּא בֶּן תֵּשַׁע שָׁנִים וְיוֹם אֶחָד, פָּסַל עַל יָדוֹ. רַבִּי שִׁמְעוֹן אוֹמֵר, לֹא פָסָל:

아홉 살에서 하루를 넘긴 〔야밤〕이 예바마와 성관계를 가졌는데 이후 〔역시〕 아홉 살에서 하루를 넘긴 그의 형제가 〔이 예바마와〕 성관계를 갖는다면, 그(후자)는 〔예바마를〕 그(전자)에게 부적격으로 만든다. 〔그러나 랍비〕 쉼온은 말한다. "그는 부적격으로 만들지 않는다."

10, 8

בֶּן תֵּשַׁע שָׁנִים וְיוֹם אֶחָד שֶׁבָּא עַל יְבִמְתּוֹ, וְאַחַר כָּךְ בָּא עַל צָרָתָהּ, פָּסַל עַל יְדֵי עַצְמוֹ. רַבִּי שִׁמְעוֹן אוֹמֵר, לֹא פָסָל. בֶּן תֵּשַׁע שָׁנִים וְיוֹם אֶחָד שֶׁבָּא עַל יְבִמְתּוֹ, וּמֵת, חוֹלֶצֶת וְלֹא מִתְיַבֶּמֶת. נָשָׂא אִשָּׁה וּמֵת, הֲרֵי זוֹ פְּטוּרָה:

아홉 살에서 하루를 넘긴 [야밤]이 예바마와 성관계를 가졌는데 이후 [이 예바마의] 동료 아내와도 성관계를 갖는다면, 자신에게 [그들을] 부적격으로 만든다. [그러나 랍비] 쉼온은 말한다. "부적격으로 만들지 않는다."

아홉 살에서 하루를 넘긴 [야밤]이 예바마와 성관계를 가지고 나서 사망했다면, [그 예바마는] 신 벗는 예식을 하고 역연혼은 하지 않는다. 만일 그가 [역연혼이 아닌 일반] 혼인을 하고 사망했다면, [이 여성은 신 벗는 예식과 역연혼 모두] 면제된다.

- 탄나 캄마(처음에 말하는 탄나)는 미성년 야밤의 역연혼은 마아마르 상태나 마찬가지로 본다. 마아마르 다음 또 마아마르를 한 것이기에 5, 4 첫째 조항에 따라 두 여성 다 그에게 금지된다. 반면 랍비 쉼온에게 미성년 야밤의 역연혼 행위는 완전히 인정되거나 아니면 아예 인정되지 않아야 한다. 인정된다면, 첫 번째 여성은 그의 아내이지만, 두 번째 여성(동료 아내)은 더 이상 그의 예바마가 아니기에 금지된다. 인정되지 않는다면, 두 여성과의 혼인은 무효이고, 둘 다 여전히 그의 예바마로 남는다.

- A가 자식 없이 사망한 다음 그 형제인 B가 상배여성과 혼인했으나 또 자식 없이 사망하면, 이 여성과 남은 형제 C 사이에는 다시 역연혼 의무인 지카가 발생한다. 하지만 B가 미성년이라면 역연혼이 아닌 마아마르만 한 것이 된다. 이 경우 A의 사망으로 생긴 C와의 지카가 아직 살아 있는 가운데 B의 사망으로 C와 또 지카가 생겨버린다. 이렇게 이중 지카에 놓이면 역연혼은 금지된다(3, 9).

- 마지막 조항은 미성년 남성이 역연혼이 아닌 보통의 혼인을 하고 사망했을 경우다. 역연혼만 예외적으로 인정했을 뿐 미성년의 혼인은 무효이기 때문에 이 여성은 그의 법적 상배여성이 아니다. 따라서 이

여성은 시형제와 역연혼이나 신 벗는 예식을 할 필요 없이 다른 이
와 재혼이 가능하다.

10, 9

בֶּן תֵּשַׁע שָׁנִים וְיוֹם אֶחָד שֶׁבָּא עַל יְבִמְתּוֹ, וּמִשֶּׁהִגְדִּיל נָשָׂא אִשָּׁה אַחֶרֶת
וּמֵת, אִם לֹא יָדַע אֶת הָרִאשׁוֹנָה מִשֶּׁהִגְדִּיל, הָרִאשׁוֹנָה חוֹלֶצֶת וְלֹא
מִתְיַבֶּמֶת, וְהַשְּׁנִיָּה אוֹ חוֹלֶצֶת אוֹ מִתְיַבֶּמֶת. רַבִּי שִׁמְעוֹן אוֹמֵר, מְיַבֵּם לְאֵיזוֹ
שֶׁיִּרְצֶה, וְחוֹלֵץ לַשְּׁנִיָּה. אֶחָד שֶׁהוּא בֶּן תֵּשַׁע שָׁנִים וְיוֹם אֶחָד, וְאֶחָד שֶׁהוּא
בֶּן עֶשְׂרִים שָׁנָה שֶׁלֹּא הֵבִיא שְׁתֵּי שְׂעָרוֹת:

아홉 살에서 하루를 넘긴 (야밤)이 예바마와 성관계를 가졌는데 이
후 성년이 되어 다른 (예바마)와 혼인을 하고 사망한 경우, 만일 그가
성인이 된 이후 이 첫 번째 여성과 성관계를 하지 않았다면, 이 여성은
신 벗는 예식을 하고 역연혼은 하지 않는다. 또한 두 번째 여성은 신
벗는 예식을 하거나 역연혼을 한다.

(그러나) 랍비 쉼온은 말한다. "(생존한 야밤은) 둘 중 원하는 이와
역연혼을 하고 남은 여성과 신 벗는 예식을 하면 된다.

이는 아홉 살에서 하루를 넘긴 연령의 남성과 스무 살이면서 두 터
럭이 나지[124] 않은 남성에게 똑같이 적용된다.

- 미성년으로서 예바마와 성관계를 한 후 13세인 성인이 된 다음 또 역
  연혼을 한 경우다. 탄나 캄마에 따르면 첫 번째 여성은 마아마르 아
  내일 뿐이다. 이전 미쉬나에서 설명한 대로 이 여성과 남은 시형제
  사이에는 이중 지카가 발생하기 때문에 역연혼이 금지된다(3, 9; 10,
  8). 만일 성인이 된 다음 다시 성관계를 하고 사망했다면 완전한 혼
  인으로 인정된다.

---

124) 문자적으로는 '가져오다', '생산하다'(הביא)라는 뜻이다.

- 랍비 쉼온은 다른 의견을 취한다. 첫 번째 여성과의 성관계가 완전한 역연혼으로 인정된다면, 이 미성년 야밤의 법적 상배여성으로서, 남은 시형제 사이에 하나의 지카만 발생한다. 만일 아예 역연혼으로 인정되지 않는다면, 전남편의 상배여성으로서, 남은 시형제 사이에 역시 하나의 지카만 발생한다.
- 20세가 넘어도 2차 성징이 나타나지 않는 남성은 미성년으로 간주한다(8, 4의 '싸리스 하마'). 두 터럭은 음모를 가리킨다.

제11장

11, 1은 강간과 유혹을 당한 여성이 가해자의 아들이나 부친과 혼인할 수 있는지, 가해자가 피해 여성의 친족과 혼인할 수 있는지 등을 논한다. 11, 2는 개종자의 역연혼에 대하여, 11, 3 이하는 다수 모친의 자식들이 뒤섞여 자라 누가 누구의 아들인지 불명확할 때의 사례들을 다룬다.

11, 1

נוֹשְׂאִין עַל הָאֲנוּסָה וְעַל הַמְפֻתָּה. הָאוֹנֵס וְהַמְפַתֶּה עַל הַנְּשׂוּאָה, חַיָּב. נוֹשֵׂא אָדָם אֲנוּסַת אָבִיו וּמְפֻתַּת אָבִיו, אֲנוּסַת בְּנוֹ וּמְפֻתַּת בְּנוֹ. רַבִּי יְהוּדָה אוֹסֵר בַּאֲנוּסַת אָבִיו וּמְפֻתַּת אָבִיו:

[자신이] 강간하거나 유혹한[125] 여성[의 친족과] 혼인할 수 있다. 자신과 혼인한 여자의 [친족을] 강간하거나 유혹한 자는 처벌받는다. 자기 부친에게 강간당하거나 유혹당한 여성, 또는 자기에게 강간당

---

125) 본문은 수동형을 사용함. 직역하면 '강간당하거나 유혹당한 여성'이다.

하거나 유혹당한 여성과 혼인할 수 있다. 〔그러나〕 랍비 예후다는 아들이 아버지 여자와 혼인하는 것을 금한다.

- 혼외 성관계에 있어 여성은 강간당한 자와 유혹당한 자 두 부류로 나뉜다. 자신이 강간하거나 유혹한 여성의 친족과는 혼인이 가능하지만, 아내의 친족을 강간하거나 유혹했다면 근친상간죄가 된다. 토라는 정식 혼인한 여성의 친족에게만 금지혼 규정을 적용하기 때문이다(게마라 97a). 전자의 경우, 피해 여성이 사망하면 그 친족과 혼인할 수 있다.
- 레위기 18:8, 15는 부친의 아내, 아들의 아내를 범하지 말라고 되어 있으나, 이 경우는 혼외관계로 '아버지의 아내'라 할 수 없기 때문에 결혼할 수 있다.
- 랍비 예후다는 위 조항 중 첫 번째 사항, 즉 아버지가 강간하거나 유혹한 여성은 혼인 가능한 대상에서 제외해야 한다고 말한다. 그는 신명기 23:1(한글성경은 22:30)의 "누구도 아버지의 이불자락을 들치지 못한다"(공동번역)는 구절을 아버지와 성관계한 여성과 혼인할 수 없다는 것으로 해석한다(토쎄펫 욤 토브).

11, 2

הַגִּיּוֹרֶת שֶׁנִּתְגַּיְּרוּ בָנֶיהָ עִמָּהּ, לֹא חוֹלְצִין וְלֹא מְיַבְּמִין, אֲפִלּוּ הוֹרָתוֹ שֶׁל רִאשׁוֹן שֶׁלֹּא בִקְדֻשָּׁה וְלֵדָתוֹ בִקְדֻשָּׁה, וְהַשֵּׁנִי הוֹרָתוֹ וְלֵדָתוֹ בִקְדֻשָּׁה. וְכֵן שִׁפְחָה שֶׁנִּשְׁתַּחְרְרוּ בָנֶיהָ עִמָּהּ:

개종한 여성의 아들들이 그 모친과 함께 개종한 경우, 신 벗는 예식도 역연혼도 할 수 없다. 첫째 〔아들〕는 〔모친이〕 거룩하지 않은 상태에서 잉태되어 거룩한 상태에서 태어나고, 둘째 〔아들〕는 〔모친이〕 거룩한 상태에서 잉태되고 태어났다 해도, 〔동일한 법이 적용된다〕.

노예 여성의 아들들이 그 모친과 더불어 자유민이 된 경우에도 역시 마찬가지 법이 적용된다.

- '거룩한 상태'란 유대인인 상태를 말한다. 유대교로 개종한 이는 이전 가족과의 법적 관계가 끊어진다. 어떤 여성이 아들들과 함께 유대교로 개종했다면, 이들은 그 부친과 법적 관계가 끊어지므로 더는 아버지가 같은 형제로 볼 수 없다. 역연혼은 아버지가 같은 형제 간에만 이행할 수 있기 때문에 이 경우 형제들 중 하나가 사망해도 그 상배여성과 역연혼이나 신 벗는 예식을 할 수 없다.
- 어떤 여성이 임신 상태에서 유대교로 개종하고 아들을 출산했다. 이어 개종 후 임신하고 또 아들을 출산했다. 그렇다면 이 두 아들 사이에는 아버지가 같은 형제로서의 관계가 성립되지 않는다(신 23:1). 첫째 아들의 경우 임신 당시 모친이 유대인이 아니었기에 유대인인 부친과 법적 관계가 형성되지 않는 까닭이다. 만일 이들 모두 모친이 유대교로 개종 후에 잉태되고 출산되었다면 형제 관계가 성립된다. 단, 역연혼을 하려거든 아버지가 동일해야 한다.
- 여성 노예가 자유민이 되면 완전한 유대인으로 인정되며 이는 개종한 것과 마찬가지로 간주된다.

11, 3

חָמֵשׁ נָשִׁים שֶׁנִּתְעָרְבוּ וַלְדוֹתֵיהֶן, הִגְדִּילוּ הַתַּעֲרֹבוֹת וְנָשְׂאוּ נָשִׁים וָמֵתוּ,
אַרְבָּעָה חוֹלְצִין לְאַחַת, וְאֶחָד מְיַבֵּם אוֹתָהּ. הוּא וּשְׁלֹשָׁה חוֹלְצִים לְאַחֶרֶת,
וְאֶחָד מְיַבֵּם. נִמְצְאוּ אַרְבַּע חֲלִיצוֹת וְיִבּוּם לְכָל אַחַת וְאֶחָת:

만일 다섯 여성이 출산하여 그 아이들이 뒤섞였고 이들이 [누구의 자식인지] 분간할 수 없는 상태로 성장하여 [각각] 아내를 얻고 모두 [자식 없이] 사망했다면, 남성 네 명은 한 여성에게 신 벗는 예식을 하고, 남성 한 명이 그녀와 역연혼을 한다.[126) 그 [야밤이] 세 형제와 함께 다른 여성에게 신 벗는 예식을 하고, 남은 남성 한 명이 역연혼을 한다. [그 결과] 예바마들은 각각 네 번 신 벗는 예식을 하고 한 번 역연혼을 하게 된다.

- 역연혼은 아버지가 같은 형제 사이에서 가능한데, 누가 누구의 형제인지 불명확할 때의 법 적용을 다룬다. 본문이 제시하는 정보로 추정하건대, 다섯 여성이 이미 자기 아들로 신원확인이 가능한 아들 하나씩이 있고, 이후 아들을 하나씩 더 낳았는데 나중에 낳은 아들들이 한데 섞여 누가 누구의 아들인지 확인이 안 되는 경우로 보인다(라브; 뉴스너). 신원 확인이 안 되는 이 다섯 아들이 각기 혼인했는데 모두 자식 없이 사망하여 다섯 명의 예바마가 생기면, 생존한 나머지 다섯 명(신원 확인이 가능한) 중 누가 누구에게 역연혼이 가능한가가 관건이다.
- 먼저, 예바마 한 명을 상대로 야밤 네 명이 신 벗는 예식을 하고 남은 야밤 한 명이 그 여성과 역연혼을 한다. 다음, 예바마에게 역연혼을 한 사람을 포함한 네 명이 신 벗는 예식을 하고 남은 야밤이 역연혼을 한다. 만일 예바마가 진짜 자기 형제의 아내였다면 역연혼을 한 셈이고, 형제의 아내가 아니었다면 다른 이와 신 벗는 예식을 한 이상 타인과 재혼이 가능한 여성 신분으로 일반혼을 한 셈이 된다. 이 과정을 반복하면 결국 모든 예바마가 네 번 신 벗는 예식을 하고 한 번 역연혼을 하게 된다.

---

126) 뒤섞여 자란 아이들 외에 누구 소생인지 확인된 아들이 각각 하나씩 총 다섯 명이 있는 경우다(댄비).

הָאִשָּׁה שֶׁנִּתְעָרֵב וְלָדָהּ בְּוָלַד כַּלָּתָהּ, הִגְדִּילוּ הַתַּעֲרֹבוֹת, וְנָשְׂאוּ נָשִׁים, וָמֵתוּ,
בְּנֵי הַכַּלָּה חוֹלְצִין וְלֹא מְיַבְּמִין, שֶׁהוּא סָפֵק אֵשֶׁת אָחִיו סָפֵק אֵשֶׁת אֲחִי
אָבִיו. וּבְנֵי הַזְּקֵנָה, אוֹ חוֹלְצִין אוֹ מְיַבְּמִין, שֶׁהוּא סָפֵק אֵשֶׁת אָחִיו וְאֵשֶׁת בֶּן
אָחִיו. מֵתוּ הַכְּשֵׁרִים, בְּנֵי הַתַּעֲרֹבוֹת לִבְנֵי הַזְּקֵנָה חוֹלְצִין וְלֹא מְיַבְּמִין, שֶׁהוּא
סָפֵק אֵשֶׁת אָחִיו וְאֵשֶׁת אֲחִי אָבִיו, וּבְנֵי הַכַּלָּה, אֶחָד חוֹלֵץ וְאֶחָד מְיַבֵּם:

어떤 여자의 아들이 며느리의 아들과 뒤섞였고, 이들이 섞인 채 자라 아내를 맞은 후 둘 다 사망한다면, 며느리의 [확실한] 아들들이 신 벗는 예식을 하되 역연혼은 하지 않는다. [누가] 형제의 아내이고 아버지의 형제의 아내인지 불명확하기 때문이다. [그러나] 나이 많은 쪽 여자(시어머니)의 [확실한] 아들들은 신 벗는 예식이나 역연혼을 한다. 이들의 경우 형제의 아내인지, 그의 형제의 아들의 아내인지 의심스럽기 때문이다.

[만일] 유효한 이들(확실한 아들들)이 사망하면 뒤섞여 자란 아들들이 나이 많은 여성의 아들들 쪽 [상배여성들]에 신 벗는 예식을 하되 역연혼은 하지 않는다. [누가] 형제의 아내이고 [누가] 아버지의 형제의 아내인지 불명확하기 때문이다. 며느리의 아들들 쪽 [상배여성들]에게는 [확실한 쪽의] 한 명이 신 벗는 예식을 하고 다른 한 명이 역연혼을 한다.

- 시어머니와 며느리가 같은 시기에 출산을 하여 양쪽 자식들이 뒤섞여 자란 경우다. 누가 아들이고 손주인지, 달리 말해 누가 삼촌이고 누가 조카인지 확실하지 않은 상황이다.

כֹּהֶנֶת שֶׁנִּתְעָרֵב וְלָדָהּ בִּוְלַד שִׁפְחָתָהּ, הֲרֵי אֵלּוּ אוֹכְלִים בַּתְּרוּמָה, וְחוֹלְקִים
חֵלֶק אֶחָד בַּגֹּרֶן, וְאֵינָן מְטַמְּאִין לַמֵּתִים, וְאֵין נוֹשְׂאִין נָשִׁים, בֵּין כְּשֵׁרוֹת
בֵּין פְּסוּלוֹת. הִגְדִּילוּ הַתַּעֲרֹבוֹת, וְשִׁחְרְרוּ זֶה אֶת זֶה, נוֹשְׂאִין נָשִׁים רְאוּיוֹת
לַכְּהֻנָּה, וְאֵינָן מְטַמְּאִין לַמֵּתִים. וְאִם נִטְמְאוּ, אֵינָן סוֹפְגִין אֶת הָאַרְבָּעִים.
וְאֵינָן אוֹכְלִים בַּתְּרוּמָה. וְאִם אָכְלוּ, אֵינָן מְשַׁלְּמִין קֶרֶן וָחֹמֶשׁ. וְאֵינָן חוֹלְקִין
עַל הַגֹּרֶן. וּמוֹכְרִין אֶת הַתְּרוּמָה, וְהַדָּמִים שֶׁלָּהֶם. וְאֵינָן חוֹלְקִים בְּקָדְשֵׁי
הַמִּקְדָּשׁ, וְאֵין נוֹתְנִין לָהֶם קָדָשִׁים, וְאֵין מוֹצִיאִין שֶׁלָּהֶם מִיָּדָם, וּפְטוּרִין מִן
הַזְּרוֹעַ וּמִן הַלְּחָיַיִם וּמִן הַקֵּבָה, וּבְכוֹרוֹ יְהֵא רוֹעֶה עַד שֶׁיִּסְתָּאֵב, וְנוֹתְנִין עָלָיו
חֻמְרֵי כֹהֲנִים וְחֻמְרֵי יִשְׂרְאֵלִים:

제사장 아내의 아들이 그녀의 여종의 아들과 뒤섞여 자랐다면, 양쪽 다 거제를 먹을 수 있으며, 타작마당에서 한 사람 몫을 받는다. 양쪽 모두 시신[과 접촉하여] 부정해져서는 안 된다. 또한 [제사장에] 적법한 여성이든 부적법한 여성이든 아내로 맞이할 수 없다.

이들이 성장하여 서로 [노예신분에서] 해방시키면, 이들은 제사장에 적법한 여성과 혼인할 수 있고, 시신[과 접촉하여] 부정해져서는 안 된다. 만일 이들이 부정해져도 [태형] 40대를 치지는 않는다. 이들은 거제를 먹을 수 없으나, [거제를] 먹었다 해도 전체와 [그 성물의] 1/5을 [더한 액수를] 배상하지 않는다. 이들은 타작마당에서의 몫을 받을 수 없으나, 거제를 팔 수는 있으며 그 수익은 그들 것이다. 성전의 성물을 취할 수 없고, 이들에게 성물을 주어도 안 된다. 그러나 이들의 것을 [성물로] 이들 손에서 가져가지 않는다.

[다른 제사장에게] 앞다리, 두 볼, 위를 제공하는 것에서 면제되며, 그의 초태생 [동물]은 흠이 생길 때까지 풀밭에 내어놓는다.

이들에게는 제사장의 엄중한 규율과 일반 이스라인의 엄중한 규율 모두 부과된다.

- 제사장의 아내의 아들과 노예의 아들이 뒤섞여 자라 누가 누구의 자식인지 불명확한 사례를 다룬다.
- 제사장의 노예들은 거제를 먹을 수 있다(레 22:11;「예바못」7, 1-2). 그러나 주위 사람들이 노예를 제사장으로 오인하여 유대 여성과 혼인시키는 일을 미연에 방지하기 위해, 랍비들은 주인인 제사장이 타작마당에 동석한 경우에만 노예들이 거제를 받을 수 있게 했다(야드 아브라함). 어느 쪽이 제사장이고 어느 쪽이 노예인지 알 수 없으므로 둘 다 제사장의 정결법(레 21:1)을 지켜야 한다. 노예와 제사장에게 모두 혼인이 허용되는 여성은 없기 때문에, 이들은 결혼할 수 없다.
- 성장하여 법적 행위가 가능한 13세가 되었을 때 서로 노예해방을 시키면 혼인이 가능하다. 그러나 한쪽이 진짜 제사장일 경우를 생각하여 둘 다 제사장과의 혼인에 적법한 여성을 아내로 맞아야 한다.
- 서로 양쪽을 해방시켰을 경우에 해당하는 세칙들이다. "누가 부지중에 성물을 먹으면 그 성물에 그것의 1/5을 더하여 제사장에게 줄지니라"라는 명령에 따라(레 22:14) 거제 섭취가 금지된 자가 이를 먹으면 그 1/5을 배상해야 하는 규정이 있다. 해방노예의 경우 이제 제사장 소유가 아니므로 거제를 먹을 수 없는데, 어느 쪽이 해방노예인지 정확히 알 수 없기 때문에 둘 다 거제를 먹지 못하도록 한다. 그러나 배상금은 면제된다. 어느 한쪽은 제사장일 수 있기 때문에 제사장에게 거제를 바칠 필요가 없지만 어느 한쪽은 제사장이 아니므로 거제를 먹어서도 안 된다. 대신 각자 자기밭의 소출로 거제를 제사장에게 팔아 그 수익만 취한다. 또한 둘 중 하나는 제사장이 아닐 수도 있으므로 성전에서 희생제사를 집례하거나 그 제물을 먹어서는 안 된다. 둘 중 하나는 제사장일 수도 있기 때문에, 이들에게서 제사장에게 바칠 초태생 동물을 취하지 않는다.

- '앞다리, 두 볼, 위'는 제사장 몫으로 되어 있다(신 18:3; 「훌린」 10, 4). 이스라엘 사람이면 초태생을 바칠 의무가 있다. 동물 중 초태생을 제사장에게 주면 제사장은 희생제의를 집도하고 그 고기를 먹는다. 둘 중 하나가 제사장이라면 초태생을 바칠 필요가 없지만 제사장이 아니면 초태생을 바쳐야 하는데, 이를 해결하기 위해 '흠 있는 초태생은 바칠 수 없다'(신 15:21)는 규정을 이용하고 있다. 그러나 초태생에 일부러 흠을 만들면 율법을 어기는 것이 되므로, 초지에 풀어놓아서 돌아다니다가 자연스럽게 흠이 생기도록 한다. 흠이 생긴 이 초태생은 이제 거룩한 성물이 아니기 때문에 먹든지 가지고 있든지 알아서 유익할 수 있다(초태생의 흠 관련해서는 「브코롯」 5, 2-3).

11, 6

מִי שֶׁלֹּא שָׁהֲתָה אַחַר בַּעְלָהּ שְׁלֹשָׁה חֳדָשִׁים וְנִשֵּׂאת, וְיָלְדָה, וְאֵין יָדוּעַ אִם
בֶּן תִּשְׁעָה לָרִאשׁוֹן אִם בֶּן שִׁבְעָה לָאַחֲרוֹן. הָיוּ לָהּ בָּנִים מִן הָרִאשׁוֹן וּבָנִים
מִן הַשֵּׁנִי, חוֹלְצִין וְלֹא מְיַבְּמִין. וְכֵן הוּא לָהֶם, חוֹלֵץ וְלֹא מְיַבֵּם. הָיוּ לוֹ אַחִים
מִן הָרִאשׁוֹן וְאַחִים מִן הַשֵּׁנִי שֶׁלֹּא מֵאוֹתָהּ הָאֵם, הוּא חוֹלֵץ וּמְיַבֵּם, וְהֵם,
אֶחָד חוֹלֵץ וְאֶחָד מְיַבֵּם:

〔만일〕 남편과 헤어진 후 3개월을 기다리지 않고 재혼하여 〔아들을〕 낳았는데, 그 아들이 첫 남편의 9개월 된 아들인지, 두 번째 남편의 7개월 된 아들인지 알 수 없다고 하자. 이 여자에게 첫 번째 남편에게서 낳은 다른 아들들이 있고 두 번째 남편에게서 낳은 다른 아들들이 있는 경우, 그들은 〔부친이 누구인지 정확하지 않은 그 형제가 자식 없이 사망할 경우 예바마와〕 신 벗는 예식을 하되 역연혼은 하지 않는다. 마찬가지로 〔부친이 누구인지 정확하지 않은 그 형제도〕 그들의 〔예바마에게〕 신 벗는 예식을 하되 역연혼은 하지 않는다.

그에게 〔어머니의〕 첫 번째 〔남편 소생〕과 두 번째 〔남편 소생〕 형

제들이 있는데, 어머니가 다른 경우, 그는 〔이 형제들의 예바마에게〕
신 벗는 예식이나 역연혼을 한다. 그러나 〔어머니가 다른〕 그 형제들
은 〔부친이 누구인지 정확하지 않은 그 형제의 예바마에게 그들 중〕
한 명이 신 벗는 예식을 하고 나서 다른 한 명은 역연혼을 한다.

- 어떤 여성이 남편과 이혼이나 사별 후 3개월을 기다리지 않고 재혼
하여 아이를 낳았는데, 아홉 달을 채우고 나온 첫 남편의 아이인지,
나중 남편의 칠삭둥이인지 알지 못할 경우에 역연혼 관련 일어날 수
있는 문제들을 다룬다(4, 2).

11, 7

הָיָה אֶחָד יִשְׂרָאֵל וְאֶחָד כֹּהֵן, נוֹשֵׂא אִשָּׁה רְאוּיָה לְכֹהֵן, וְאֵינוֹ מִטַּמֵּא
לְמֵתִים, וְאִם נִטְמָא, אֵינוֹ סוֹפֵג אֶת הָאַרְבָּעִים. וְאֵינוֹ אוֹכֵל בַּתְּרוּמָה, וְאִם
אָכַל, אֵינוֹ מְשַׁלֵּם קֶרֶן וְחֹמֶשׁ. וְאֵינוֹ חוֹלֵק עַל הַגֹּרֶן. וּמוֹכֵר הַתְּרוּמָה,
וְהַדָּמִים שֶׁלּוֹ. וְאֵינוֹ חוֹלֵק בְּקָדְשֵׁי הַמִּקְדָּשׁ, וְאֵין נוֹתְנִים לוֹ אֶת הַקֳּדָשִׁים,
וְאֵין מוֹצִיאִין אֶת שֶׁלּוֹ מִיָּדוֹ. וּפָטוּר מִן הַזֶּרַע וְהַלְּחָיַיִם וְהַקֵּבָה. וּבְכוֹרוֹ יְהֵא
רוֹעֶה עַד שֶׁיִּסְתָּאֵב. וְנוֹתְנִין עָלָיו חֻמְרֵי כֹהֲנִים וְחֻמְרֵי יִשְׂרְאֵלִים. הָיוּ שְׁנֵיהֶם
כֹּהֲנִים, הוּא אוֹנֵן עֲלֵיהֶם, וְהֵם אוֹנְנִים עָלָיו. הוּא אֵינוֹ מִטַּמֵּא לָהֶם, וְהֵם אֵינָן
מִטַּמְּאִין לוֹ. הוּא אֵינוֹ יוֹרֵשׁ אוֹתָן, אֲבָל הֵם יוֹרְשִׁין אוֹתוֹ. וּפָטוּר עַל מַכָּתוֹ
וְעַל קִלְלָתוֹ שֶׁל זֶה וְשֶׁל זֶה, וְעוֹלֶה בְמִשְׁמָרוֹ שֶׁל זֶה וְשֶׁל זֶה, וְאֵינוֹ חוֹלֵק.
אִם הָיוּ שְׁנֵיהֶם בְּמִשְׁמָר אֶחָד, נוֹטֵל חֵלֶק אֶחָד:

〔두 남편 중〕 하나가 이스라엘 일반이고 다른 한 명은 제사장이
면, 그 〔아버지가 누구인지 확실치 않은 아들은〕 제사장에게 적법한
여성과 혼인할 수 있다. 그는 시신〔과 접촉하여〕 자신을 더럽혀서는
안 된다. 〔그러나 더럽혔다 해도〕 40대 태형에 처하지는 않는다. 그는
거제를 먹을 수 없다. 만일 먹었다고 해도 전체와 〔그 성물의〕 1/5을
〔더한 액수를〕 배상하지 않는다. 또한 타작마당에서 자기 몫을 받을

수 없다. 그러나 거제를 팔 수 있고 그 수익은 그들 것이다. 성전의 성물을 취할 수 없고 이들에게 성물을 주어서도 안 된다. 그러나 이들의 것을 [성물로] 이들 손에서 가져가지 않는다. [다른 제사장에게] 앞다리, 두 볼, 위를 제공하는 것에서 면제되며, 그의 초태생 [동물]은 흠이 생길 때까지 풀밭에 내어놓는다. 이들에게는 제사장의 엄중한 규율과 일반 이스라엘인의 엄중한 규율 모두 부과된다.

두 [남편] 모두 제사장일 경우, 그(아들)는 그들을 위해 오넨법을 지켜야 하며 그들 [역시] 그(아들)을 위해 오넨법을 지켜야 한다. 그러나 이 사람은 그들 [시신에 접촉하여] 자기를 더럽혀서는 안 되며, 그두 사람 역시 그로 인해 자신들을 더럽혀서는 안 된다. 그는 이들의 상속자가 될 수 없으나 그들은 이 사람의 상속자가 될 수 있다. 그가 이쪽 사람이든 저쪽 사람이든 치거나 저주하더라도 면죄된다. 그는 이쪽 및 저쪽 반차 [모두와] 성전에 올라가야 하지만, [제물에서] 그 몫을 받지는 못한다. 만일 둘 다 같은 반열에 속할 경우, 그는 한쪽 몫을 받는다.

- 11, 6의 연속으로, 부친이 정확히 누구인지 모른 채 태어난 남자의 경우, 친부 가능성이 있는 두 사람 중 하나가 이스라엘 일반인이고, 다른 하나가 제사장일 때, 또는 둘 다 제사장일 때 그에게 적용되는 규칙이 달라진다고 설명하고 있다.

- 거제에 대한 보다 자세한 규정은 「트루못」을 참조하라. 어머니의 두 남편 중 누가 사망하여도 이 자식은 오넨법(상을 당한 이를 '오넨' אוֹנֵן이라고 부르는데, 사망에서 매장까지를 일컫는 '아니눗' 기간, 오넨은 장례법 준수 외 다른 종교 의무가 면제된다)을 준수해야 한다. 첫 번째 남편과 두 번째 남편 모두, 혹시 자기 아들일지 모를 이 자식이 사망하면 오넨법을 준수한다. 둘 다 제사장이기에 이 아들 포함

모두 제사장의 오넨법을 지켜야 한다(신 26:14; 「제바힘」 2, 1). 제사장은 부친 사망 시 시신 접촉이 용인되지만 이 아들의 경우 어느 쪽이 부친인지 불명확하기에 접촉이 금지된다. 마찬가지 논리로 두 남편 모두 이 자식의 시신과 접촉해서는 안 된다.

- 부모를 치거나 저주하는 자식은 사형당해 마땅하나(출 21:15, 17), 어느 쪽이 친부인지 알 수 없기 때문에 면죄된다. 게마라 101a는 만일 두 남자 모두를 치거나 저주했다면 이 중 친부가 당연히 포함되어 있기에 처벌받는다고 이야기한다.

- 「타아닛」 2, 6에 따르면(댄비), 제사장은 24개 반열(반차)로 나뉘어(대상 24:4) 주마다 돌아가며 성전 일을 보게 되어 있다. 누가 부친인지 모르기 때문에 이 사람은 양쪽 반열 임무에 다 참여한다. 희생제물과 성물은 같은 반열에 속하는 사람들에게 분배되는데, 어느 쪽에 속하는지 불명확하므로 그 몫을 받을 수 없다. 하지만 양쪽 모두 같은 반열 사람이면 어느 쪽 아들인지 미심쩍은 이 사람도 하나의 몫을 받을 수 있다.

제12장

제12장은 신 벗는 예식 의례 관련한 세부 조항들을 다룬다. 신명기 25장에 따라 상배여성은 재판관들 앞에서 역연혼 의무를 거절한 시형제의 신발을 벗기도록 되어 있다. '신 벗는 예식'(할리짜) 용어는 '(신발을) 벗기다'라는 동사에서 유래한다.

מִצְוַת חֲלִיצָה בִּשְׁלֹשָׁה דַיָּנִין, וַאֲפִלּוּ שְׁלָשְׁתָּן הֶדְיוֹטוֹת. חָלְצָה בְּמִנְעָל, חֲלִיצָתָהּ כְּשֵׁרָה. בְּאַנְפִּילְיָא, חֲלִיצָתָהּ פְּסוּלָה. בְּסַנְדָּל שֶׁיֵּשׁ לוֹ עָקֵב, כָּשֵׁר. וְשֶׁאֵין לוֹ עָקֵב, פָּסוּל. מִן הָאַרְכֻּבָּה וּלְמַטָּה, חֲלִיצָתָהּ כְּשֵׁרָה. מִן הָאַרְכֻּבָּה וּלְמַעְלָה, חֲלִיצָתָהּ פְּסוּלָה:

신 벗는 예식 계명은 재판관 세 명 앞에서 [행해야] 하며, 이 세 명 모두 일반인이라 해도 [상관없다].

만일 [예바마가 가죽] 구두로 신 벗는 예식을 했다면 이 여성의 신 벗는 예식은 유효하나, 천으로 된 구두[127]로 한 경우 이 여성의 신 벗는 예식은 무효다. 굽 있는 샌들로 하면 유효하지만, 굽 없는 것으로 하면 무효다. 무릎 아래에서 [내려오는 샌들로 할 경우 그 예바마의] 신 벗는 예식은 유효하나, 무릎 위로 올라올 경우 이 여성의 신 벗는 예식은 무효다.

- 신 벗는 예식을 시행하려면 「산헤드린」 1, 1에 따라 재판관 세 명이 필요하다. 한데, 이 미쉬나는 전문 법관이 아닌 일반인도 이 의례를 주관할 수 있다고 말한다. 신 벗는 예식이 법규를 해석하는 재판이라기보다 의례에 가깝기 때문으로 추정된다. 그러나 적어도 정해진 성구(12, 6)를 읽을 수 있는 문해 능력을 갖추어야 한다. 후대 랍비들은 실제로는 다섯 명의 재판관을 두었다. 이와 관련해 탈무드는 신명기 25:7의 "장로들" 두 명과 8절의 "장로들" 두 명을 의미해 도합 네 명이 필요한데, 법정에서 의견이 동률을 이루는 것을 막기 위해 한 명을 추가하여 다섯 명의 재판관이 배석해야 한다고 해석한다(게마라 101a; 블랙먼). 재판관을 늘림은 이를 통해 해당 여성이 신 벗는 예식

---

127) אנפילין(안필린). 알벡은 천이나 펠트(felt)로 된 구두로, 댄비와 블랙먼은 펠트 양말(felt sock)로 해석한다.

을 시행했다는 사실을 공공연히 알려(게마라 101b),[128] 제사장이 부지불식간에 신 벗긴 여자와 결혼하는 것을 미연에 방지함은 물론 역연혼 의무에서 벗어났음을 알게 된 다른 (시형제가 아닌) 남성의 구혼을 유발하여, 해당 여성의 재혼을 용이하게 하려는 데 있다(라쉬).

- 샌들은 단단한 가죽으로 밑창을 만들고 끈으로 발을 고정하게 되어 있는 신발이고, 밑창 외에 뒤꿈치와 발 전체를 감싸는 것이 구두이다(라쉬; 야스트로 사전). 구두는 보통 단단한 가죽으로 밑창을 제작하고 윗부분을 무른 가죽으로 덧대어 만든다. 토라는 신 벗는 예식을 위해 샌들과 구두를 모두 허용하지만, 랍비들은 샌들만 사용하도록 제한했다(샌들과 관련하여 「켈림」 26, 4). 해져 일상에서 착용할 수 없는 신발은 신 벗는 예식에 부적합한데, 구두의 경우 무른 가죽 부분이 해져도 발을 고정할 수 있어 계속 신을 수 있지만 샌들은 밑창이 해지면 아예 신을 수 없기 때문이다. 그러나 이미 구두로 신 벗는 예식을 해버렸다면, 천이나 펠트가 아니라 가죽으로 만든 구두에 한해 이를 인정한다. 처음부터(*ab initio*) 허용하는 것이 아니라, 추후(*ex post facto*) 인정의 의미다(게마라 102a). 샌들 착용이 일반적이지 않은 지역에서는 구두로 신 벗는 예식을 대신하는데, 단단한 가죽으로 제작하는 한편 그 외형이 샌들과 비슷해야 한다(에벤 하에제르 169:16). 샌들은 단단한 가죽으로 만들었다는 전제하에 굽이 있어야 신 벗는 예식 의례에 유효하다.

- 신명기 25: 9의 "그의 발에서 신을 벗기고"[129] (חלצה נעלו מעל רגלו) 라는 구절에 기반하여, 샌들 끈이 무릎 아래로 묶여 있어야 '발'에서 신을 벗긴 것으로 간주한다. 이 미쉬나의 마지막 조항을 두고 신 벗

---

128) 미쉬나가 규정한 세 명 외 추가로 둔 두 명은 문맹이어도 상관없다.
129) 직역하면 '그의 다리/발 위에서부터 그의 신발을 벗기고'다.

는 예식을 행하는 야밤의 다리가 절단된 사례로 이해하기도 하는데, 무릎 위에서 다리가 절단되었다면 신 벗는 예식 의례를 할 수 없으며, 절단되었더라도 다리 일부가 무릎 아래 남아 있어 그 부위에 신을 끈으로 고정할 수 있다면 신 벗는 예식이 가능하다고 해석한다 (라쉬).

12, 2

חָלְצָה בְּסַנְדָּל שֶׁאֵינוֹ שֶׁלּוֹ, אוֹ בְסַנְדָּל שֶׁל עֵץ, אוֹ בְשֶׁל שְׂמֹאל בַּיָּמִין, חֲלִיצָתָהּ כְּשֵׁרָה. חָלְצָה בְּגָדוֹל שֶׁהוּא יָכוֹל לַהֲלוֹךְ בּוֹ, אוֹ בְקָטָן שֶׁהוּא חוֹפֶה אֶת רֹב רַגְלוֹ, חֲלִיצָתָהּ כְּשֵׁרָה. חָלְצָה בַלַּיְלָה, חֲלִיצָתָהּ כְּשֵׁרָה, וְרַבִּי אֱלִיעֶזֶר פּוֹסֵל. בַּשְּׂמֹאל, חֲלִיצָתָהּ פְּסוּלָה, וְרַבִּי אֱלִיעֶזֶר מַכְשִׁיר:

그(야밤)의 것이 아닌 샌들로 신 벗는 예식을 하거나, 나무로 된 샌들, 오른발에 착용한 왼발용 신으로 신 벗는 예식을 했을 경우 이는 유효하다. 신이 크지만 신고 걸을 수 있거나, 작지만 발 대부분을 덮는다면 그 신 벗는 예식은 유효하다. 밤에 신 벗는 예식을 했다면, 그 신 벗는 예식은 유효하다. 그러나 랍비 엘리에제르는 무효라고 말한다. 왼발에서 [신을 벗겼다면] 신 벗는 예식은 무효다. 그러나 랍비 엘리에제르는 유효하다고 본다.

- 12, 1에 따르면 신 벗는 예식에 쓰는 신은 원칙상 가죽이어야 한다. 샌들일 경우 가죽이고 굽이 있다면 허용한다. 따라서 여기서 말하는 '나무로 된 샌들'은 나무로 제작했으되 가죽을 씌운 샌들을 가리키는 것으로 보인다(라브[게마라 103b]). 신 벗는 예식은 역연혼을 거부한 시형제(야밤)의 오른발에서 신을 벗겨야 한다. 위 사례는 짝을 바꿔 신은 경우다. 야밤의 오른발에서 벗겼다면 그것이 왼발용 신이더라도 그 신 벗는 예식은 유효하다. 신명기에 적힌 신 벗는 예

식 의례의 '발'이 오른발을 특정하지 않지만 랍비들은 레위기의 '메
쪼라'(מְצֹרָע, 악성 피부병자)[130] 정결 의례에서 그 근거를 찾는다
(레 14:1-32). 제사장이 정결례를 행하는 과정에서 반복되어 나오는
'발'(רֶגֶל)이 오른발(רַגְלוֹ הַיְמָנִית)[131]을 지칭하므로, 의례에 해당하는
신 벗는 예식의 발 또한 오른발을 가리킨다는 해석이다(게마라 104a).

- 너무 크거나 작은 신발에 관한 규정은 '추후 인정'의 개념으로, 일부
러 이런 신발을 선택해서는 안 된다.

- 신 벗는 예식 의례가 끝난 후에야 예바마는 케투바 지급을 요청할 수
있는데, 이 민사업무는 낮시간대에 행해져야 한다. 이 건에 대하여
할라카는 랍비 엘리에제르의 의견을 받아들였으나, 그의 다른 주장,
즉 왼발에서 신을 벗긴 것이 유효하다는 의견은 받아들이지 않았다
(에벤 하에제르 169:25).

12, 3

חָלְצָה וְרָקְקָה, אֲבָל לֹא קָרְאָה, חֲלִיצָתָהּ כְּשֵׁרָה. קָרְאָה וְרָקְקָה, אֲבָל לֹא
חָלְצָה, חֲלִיצָתָהּ פְּסוּלָה. חָלְצָה וְקָרְאָה, אֲבָל לֹא רָקְקָה, רַבִּי אֱלִיעֶזֶר אוֹמֵר,
חֲלִיצָתָהּ פְּסוּלָה. רַבִּי עֲקִיבָא אוֹמֵר, חֲלִיצָתָהּ כְּשֵׁרָה. אָמַר רַבִּי אֱלִיעֶזֶר,
כָּכָה יֵעָשֶׂה, כָּל דָּבָר שֶׁהוּא מַעֲשֶׂה, מְעַכֵּב. אָמַר לוֹ רַבִּי עֲקִיבָא, מִשָּׁם
רְאָיָה, כָּכָה יֵעָשֶׂה לָאִישׁ, כָּל דָּבָר שֶׁהוּא מַעֲשֶׂה בָאִישׁ:

[예바마가 야밤의] 신을 벗기고 침을 뱉었으나 [공식 문구] 낭독을
안 했을 경우, 그 신 벗는 예식은 유효하다. [공식 문구를] 낭독하고

---

130) 공동번역, NIV. 많은 번역들이 '나병'(leprous desease)이라고 번역하지만, 히
브리어 단어가 '나병'(한센병)을 특정한다고 보기는 어렵다. 이 단어에 대한
연구는 유윤종, 「짜라앗 레프라 레프로스의 올바른 이해와 번역」(『성경원문
연구』제36호, 2015, 206-230쪽)을 참조하라.

131) 제사장이 속건제물의 피와 기름을 정결함 받을 자의 오른쪽 귓부리, 오른쪽
엄지손가락, 오른쪽 엄지발가락에 바르도록 하는 의례다.

침을 뱉었으나, 신을 벗기지 않았다면 그 신 벗는 예식은 무효다. 신을 벗기고 〔공식 문구〕 낭독은 했으나 침을 뱉지 않은 경우에 대해 랍비 엘리에제르는 말한다. "그 신 벗는 예식은 무효다." 그러나 랍비 아키 바는 말한다. "그 신 벗는 예식은 유효하다."

랍비 엘리에제르가 그에게 말했다. "이같이 될지니라"라는 말은 〔위 세 행위〕 모두 〔신 벗는 예식 의례에〕 필수적임을 〔의미한다〕." 랍비 아 키바가 그에게 말했다. "거기에서 논거를 〔찾은 것인가〕? 〔그렇다면〕 '그 남자에게 이같이 될지니라'〔고 했으니〕, 그 남자를 향한 행위만 〔필수적이라고 봐야 한다〕."

- 신 벗는 예식 의례는 세 가지 행위로 구성된다. 첫째, 야밤의 신발 벗 기기, 둘째, 침 뱉기, 셋째, 신명기 성구 낭독이다. 12, 3은 이 중 한 가 지라도 빠졌을 때 그 신 벗는 예식을 인정할 것인가 말 것인가에 대 한 논의다. 신 벗는 예식 의례가 인정되지 않을 경우, 예바마는 역연 혼을 할 필요는 없으나 재혼이 불가하다.
- 성구 낭독 행위를 빠뜨린 경우는 신 벗는 예식을 한 것으로 인정하지 만, 신을 벗기는 행위는 신 벗는 예식 의례에 반드시 필요하다.
- 침 뱉는 행위에 있어 랍비 엘리에제르가 랍비 아키바와 대립한다. 랍 비 엘리에제르는 침 뱉는 행위가 신 벗는 예식 의례를 구성하는 필 수요소라고 해석하는 반면, 랍비 아키바는 그렇지 않다고 주장한다. 랍비 엘리에제르는 "이같이 될지니라"(신 25:9)라는 문구의 '이같 이'가 물리적 행위를 지칭한다고 해석하여 침 뱉는 행위 역시 신 벗 는 예식의 필수요소라고 주장한다. 랍비 아키바는 이에 반론을 펼 치는데, 랍비 엘리에제르가 논거로 든 신명기 구절 바로 뒤에 "그 남 자에게"라는 부사구가 이어지므로, "그 남자에게 이같이 될지니라" 로 함께 묶어 읽어야 한다는 의견이다. 랍비 아키바의 주장에 따르

면, 야밤의 신발을 벗기는 것은 '그 남자'(야밤)가 행위 대상이기 때문에 신 벗는 예식의 필수 요소이지만, 침은 남자(야밤)가 아닌 땅에 뱉는 것이므로 그 행위가 누락되었다 해도 신 벗는 예식은 유효하는 것이다. 랍비 아키바는 대개 "그 얼굴에 침을 뱉다"(신 25:9)로 번역되는 히브리어 בפניו וירקה의 'בפניו'를 '그의 얼굴에'가 아닌 '그 앞(면전)에서'로 해석하고 있음을 유추할 수 있다.

12, 4

הַחֵרֵשׁ שֶׁנֶּחֱלַץ וְהַחֵרֶשֶׁת שֶׁחָלְצָה, וְהַחוֹלֶצֶת לְקָטָן, חֲלִיצָתָהּ פְּסוּלָה. קְטַנָּה שֶׁחָלְצָה, תַּחֲלֹץ מִשֶּׁתַּגְדִּיל. וְאִם לֹא חָלְצָה, חֲלִיצָתָהּ פְּסוּלָה:

〔만일〕 청각언어장애 남성이나 청각언어장애 여성이 신 벗는 예식을 할 경우, 또는 〔예바마가〕 미성년 〔야밤〕에게 신 벗는 예식을 하거나, 여자아이인 〔미성년 예바마가〕 신 벗는 예식을 할 경우 그 신 벗는 예식은 무효다. 〔만일〕 미성년 〔예바마가〕 신 벗는 예식을 했다면, 성인이 되었을 때 〔다시〕 신 벗는 예식을 해야 한다. 〔성인이 되어 다시〕 신 벗는 예식을 하지 않으면 그 신 벗는 예식은 무효다.

- 비록 셋째 미쉬나(12, 3)에서 성구낭독을 빠트린 경우도 신 벗는 예식을 했다고 인정하지만, 적어도 신 벗는 예식 당사자는 기본적으로 읽고 들을 수 있는 능력을 갖추고 있어야 한다. 그러므로 청각언어장애인의 신 벗는 예식은 인정되지 않는다(4, 1; 7, 4). 미성년인 여자아이(크타나)의 경우 법적 행위가 인정되지 않기 때문에 신 벗는 예식 역시 무효로 간주한다(4, 1; 7, 4).

חֲלָצָה בִשְׁנַיִם, אוֹ בִשְׁלשָׁה, וְנִמְצָא אֶחָד מֵהֶן קָרוֹב אוֹ פָסוּל, חֲלִיצָתָהּ
פְּסוּלָה. רַבִּי שִׁמְעוֹן וְרַבִּי יוֹחָנָן הַסַּנְדְּלָר מַכְשִׁירִין. וּמַעֲשֶׂה בְּאֶחָד שֶׁחָלַץ
בֵּינוֹ לְבֵינָהּ בְּבֵית הָאֲסוּרִין, וּבָא מַעֲשֶׂה לִפְנֵי רַבִּי עֲקִיבָא וְהִכְשִׁיר:

〔예바마가 재판관〕두 명 앞에서 신 벗는 예식을 한 경우, 세 명 앞
에서 했지만 그중 하나가 친족이거나 〔재판관으로서의〕 자격이 없다
면, 그 신 벗는 예식은 무효다. 그러나 랍비 쉼온과 랍비 요하난 하산
들라르는 유효하다고 말한다.

한 번은 감옥에서 어떤 남자와 여자가 그들끼리 신 벗는 예식을 한
사례가 랍비 아키바에게 왔는데, 그는 〔이를〕 유효하다고 〔판결〕했다.

- 12, 1에서 세 명의 재판관이 필요하다고 했기 때문에 아무 결격 사유
가 없어도 두 명이라면 그 신 벗는 예식은 무효다. 세 명의 재판관이
있었지만, 그중 한 명에게 결격 사유가 있다면 역시 무효다. 여기서
결격 사유란 재판관이 신 벗는 예식 의례 당사자인 예바마 또는 야
밤의 친족이거나 율법을 위반했을 경우를 말한다.

- 랍비 쉼온과 랍비 요하난 하산들라르(יוחנן הסנדלר, Johanan HaSan-
dlar, 문자적으로는 '구두〔샌들〕장이 요하난')의 의견은 랍비 아키바
가 내렸던 판례에 기초한다. 전승에 의하면 랍비 아키바가 토라를 가
르친 죄로 로마인들에게 잡혀 수감되었을 때, 같은 감옥에 갇혀 있던
남녀가 재판관 없이 자기들끼리 신 벗는 예식을 한 사례에 대한 판
결을 문의받았다(라브〔게마라 105b〕). 랍비 아키바가 이를 유효하다
고 인정했으니, 두 명의 재판관 앞에서 행한 신 벗는 예식도 인정해
주어야 한다는 주장이다. 그러나 할라카는 세 명의 재판관이 동석해
야 신 벗는 예식이 유효라는 원칙을 고수한다(람밤; 에벤 하에제르
169:1).

מִצְוַת חֲלִיצָה. בָּא הוּא וִיבִמְתּוֹ לְבֵית דִּין, וְהֵן מַשִּׂיאִין לוֹ עֵצָה הַהוֹגֶנֶת לוֹ,
שֶׁנֶּאֱמַר, וְקָרְאוּ לוֹ זִקְנֵי עִירוֹ וְדִבְּרוּ אֵלָיו. וְהִיא אוֹמֶרֶת, מֵאֵן יְבָמִי לְהָקִים
לְאָחִיו שֵׁם בְּיִשְׂרָאֵל, לֹא אָבָה יַבְּמִי. וְהוּא אוֹמֵר, לֹא חָפַצְתִּי לְקַחְתָּהּ.
וּבִלְשׁוֹן הַקֹּדֶשׁ הָיוּ אוֹמְרִים. וְנִגְּשָׁה יְבִמְתּוֹ אֵלָיו לְעֵינֵי הַזְּקֵנִים וְחָלְצָה נַעֲלוֹ
מֵעַל רַגְלוֹ וְיָרְקָה בְּפָנָיו, רֹק הַנִּרְאֶה לַדַּיָּנִים. וְעָנְתָה וְאָמְרָה כָּכָה יֵעָשֶׂה
לָאִישׁ אֲשֶׁר לֹא יִבְנֶה אֶת בֵּית אָחִיו, עַד כָּאן הָיוּ מַקְרִין. וּכְשֶׁהִקְרָא רַבִּי
הַרְקָנוֹס תַּחַת הָאֵלָה בִּכְפַר עֵיטָם וְגָמַר אֶת כָּל הַפָּרָשָׁה, הֻחְזְקוּ לִהְיוֹת
גּוֹמְרִין כָּל הַפָּרָשָׁה. וְנִקְרָא שְׁמוֹ בְּיִשְׂרָאֵל בֵּית חֲלוּץ הַנָּעַל. מִצְוָה בַּדַּיָּנִין,
וְלֹא מִצְוָה בַּתַּלְמִידִים. רַבִּי יְהוּדָה אוֹמֵר, מִצְוָה עַל כָּל הָעוֹמְדִים שָׁם לוֹמַר,
חֲלוּץ הַנָּעַל, חֲלוּץ הַנָּעַל, חֲלוּץ הַנָּעַל:

신 벗는 예식 계명[의 이행 절차는 다음과 같다]. 남자와 그의 예바
마가 법정에 오면, "그 성읍 장로들은 그를 불러 그에게 말할 것이며"
(신 25:8)라고 [성서에] 일컫는 바, 그(야밤)에게 적절한 조언을 제시
한다.

[예바마는] 다음과 같이 말한다. "내 남편의 형제[132]가 그 형제의 이
름을 이스라엘 중에 잇기를 싫어하여 남편의 형제된[133] 의무를 내게
행치 아니하나이다"(신 25:7).

[그러면] 그는 "내가 그 여자 취하기를 즐겨 아니하노라"(신 25:8)
라고 말한다.

이들은 거룩한 언어로 [위의 내용을] 말해야 한다.

다음으로, 그의 예바마가 장로들 눈 앞에서 그에게 나아가 그의 발
에서 그의 신을 벗기고 그 앞에[134] 침을 뱉되, 그 타액이 재판관들에
게 보여야 한다.

---

132) 직역하면 "내 야밤"이다.
133) 직역하면 "내 야밤으로서의"다.
134) 또는 "그 얼굴에"이다. 위 12, 3 주해를 참조하라.

〔예바마는〕대답하여 말하기를 "그 형제의 집을 세우기를 즐겨 아니하는 자에게는 이같이 할 것이라"(신 25:9). 여기까지가 그들이 낭독할 내용이다.

그러나 랍비 후르카노스가 크파르 에탐(대하 11:6)의 상수리나무[135] 밑에서 낭독하게 할 때 단락 모두를 〔읽는 것으로〕 끝맺은 이래, 단락 전체를 읽는 것이 관습으로 받아들여졌다.

"이스라엘 중에서 그의 이름을 신 벗김 받은 자의 집이라 부를 것이니라"(신 25:10). 〔이는〕 재판관들에게 〔부여된〕 계명이며 제자들에게 〔부여된〕 계명은 아니다.

그러나 랍비 예후다는 말한다. "이것은 거기 참석한[136] 모든 사람들이 '신 벗김 받은 자! 신 벗김 받은 자! 신 벗김 받은 자!'라고 선언하도록 되어 있는 계명이다."

- 야밤이 거주하는 지역 법정으로 예바마가 와야 하며, 여행 중이거나 그가 사는 곳에 유대법정이 없다면 야밤이 직접 예바마의 거주지로 와야 한다(메이리의 「산헤드린」 31b:7; 에벤 하에제르 166:1). 법정이 제시하는 적절하는 조언이란 야밤에게 역연혼과 신 벗는 예식 중 하나를 선택하도록 하는 것을 말한다.
- 신명기 25:7-9에 기록된 대로 신 벗는 예식 의례를 이행한다. "거룩한 언어"는 히브리어를 말하며, 성서에 기록된 대로 낭독해야 함을 뜻한다. 당사자가 히브리어를 이해하지 못할 경우, 법정은 이들이 알아듣는 언어로 그 내용을 추가 설명한다(「쏘타」 7, 2; 7, 4; 에벤 하에제르 69).

---

135) 테레빈나무(אלה, terebinth)라고도 한다.
136) 직역하면 "서 있는"이다.

- "장로들 눈 앞에서"[137]라는 어구 때문에, 예바마가 뱉는 침은 장로들의 눈으로 인식 가능해야 한다(게마라 106b).
- 신명기 25:7에서 시작한 낭독은 9절에서 끝난다. 그러나 랍비 후르카노스([Eliezer b.] Hurcanus/Horkenos/Hyrcanus)가 10절까지 낭독하게 하여 신 벗는 예식 의례를 마친 이래, 10절까지 단락 전체를 낭독하는 것이 관습으로 채택되었다. 이 미쉬나에 인용한 성경 본문은 개역개정을 따랐다.
- 10절은 랍비 법정의 재판관들이 낭독해야 하는 것이지 신 벗는 예식 의례를 참관하는 제자들은 낭독할 필요가 없다는 주장에 랍비 예후다는 동의하지 않는다. 신 벗는 예식에 참석한 모든 사람들이 함께 낭독해야 하기 때문에 참관하는 제자들도 함께 해야 한다는 주장이다. 할라카는 랍비 예후다의 의견을 따른다(라브; 에벤 하에제르 169:42).
- 현인들은 회중 선언의 경우 세 번 반복하도록 요구한다(토쎄펫 욤 토브 중 「파라」 3, 10).

제13장

미성년 여성이 성년에 이르러 혼인에 대해 거부권을 행사하는 '메운' 조항에 대해 상세하게 다룬다(1, 1; 1, 2; 2, 10).

---

137) לעיני הזקנים. 공동번역은 "장로들 면전에서"로, 개역개정은 "장로들 앞에서"로 번역한다. 영어 성경의 경우 대부분 "in the presence of the elders"로 번역하며, New American Standard Bible, Christian Standard Bible, Holman Christian Standard Bible 등이 "in the sight of the elders"를, New English Translation이 "in view of the elders"를 택하고 있다.

בֵּית שַׁמַּאי אוֹמְרִים, אֵין מְמָאֲנִין אֶלָּא אֲרוּסוֹת. וּבֵית הִלֵּל אוֹמְרִים, אֲרוּסוֹת
וּנְשׂוּאוֹת. בֵּית שַׁמַּאי אוֹמְרִים, בַּבַּעַל וְלֹא בַיָּבָם. וּבֵית הִלֵּל אוֹמְרִים, בַּבַּעַל
וּבַיָּבָם. בֵּית שַׁמַּאי אוֹמְרִים, בְּפָנָיו. וּבֵית הִלֵּל אוֹמְרִים, בְּפָנָיו וְשֶׁלֹּא בְּפָנָיו.
בֵּית שַׁמַּאי אוֹמְרִים, בְּבֵית דִּין. וּבֵית הִלֵּל אוֹמְרִים, בְּבֵית דִּין וְשֶׁלֹּא בְּבֵית
דִּין. אָמְרוּ לָהֶן בֵּית הִלֵּל לְבֵית שַׁמַּאי, מְמָאֶנֶת וְהִיא קְטַנָּה, אֲפִלּוּ אַרְבָּעָה
וַחֲמִשָּׁה פְעָמִים. אָמְרוּ לָהֶן בֵּית שַׁמַּאי, אֵין בְּנוֹת יִשְׂרָאֵל הֶפְקֵר, אֶלָּא
מְמָאֶנֶת וּמַמְתֶּנֶת עַד שֶׁתַּגְדִּיל, וּתְמָאֵן וְתִנָּשֵׂא:

샴마이 학파는 말한다. "약혼한 [미성년] 여성 외에는 [혼인을] 거부
할 수 없다." 그러나 힐렐 학파는 "약혼 및 혼인한 [미성년] 여성 [모
두 혼인을 거부할 수 있다]"라고 말한다.

샴마이 학파는 말한다. "[메운은] 야밤이 아닌, 남편에게만 [행사할
수 있다]." 그러나 힐렐 학파는 "남편이나 야밤 [모두에게 행사할 수
있다]"라고 말한다.

샴마이 학파는 말한다. "그의 면전에서 [거부해야 한다]." 그러나 힐
렐 학파는 "그의 면전이든 면전이 아니든 [혼인을 거부할 수 있다]"라
고 말한다.

샴마이 학파는 말한다. "법정에서 [혼인을 거부해야 한다]." 그러나
힐렐 학파는 "법정에서든 법정이 아닌 곳에서든 [혼인을 거부할 수 있
다]"라고 말한다.

힐렐 학파는 샴마이 학파에게 말했다. "[미성년인] 여자아이라면
네 번이든 다섯 번이든 [혼인을] 거부할 수 있다." 그러자 샴마이 학
파가 그들에게 말했다. "이스라엘 딸들은 소유물이 아니다. 오히려
[혼인을] 거부하고 성인이 될 때까지 기다리거나, 거부하고 나서 [니
쑤인으로] 혼인을 해야 한다."

● 여기서 약혼은 혼인을 이루는 첫 번째 단계(에루씬)를 말한다. 힐렐

학파는 혼인(니쑤인)까지 했더라도 메운이 가능하다고 주장한다.

- 역연혼일 경우에도 메운이 가능한가, 남편이나 야밤이 당사자와 함께 배석하지 않았을 때 거부권 행사가 가능한가, 거부하는 일은 꼭 법정에서만 가능한가에 대해 샴마이 학파와 힐렐 학파의 의견이 갈리고 있다.

- 힐렐 학파는 가족이 미성년 여아를 혼인시키려고 여러 번 시도할 때 계속 거부할 수 있다고 주장하며, 샴마이 학파는 윤리적 이유로 이를 반대한다.

13, 2

אֵיזוֹ הִיא קְטַנָּה שֶׁצְּרִיכָה לְמָאֵן, כֹּל שֶׁהִשִּׂיאוּהָ אִמָּהּ וְאַחֶיהָ לְדַעְתָּהּ. הִשִּׂיאוּהָ שֶׁלֹּא לְדַעְתָּהּ, אֵינָהּ צְרִיכָה לְמָאֵן. רַבִּי חֲנִינָא בֶּן אַנְטִיגְנוֹס אוֹמֵר, כָּל תִּינוֹקֶת שֶׁאֵינָהּ יְכוֹלָה לִשְׁמֹר קִדּוּשֶׁיהָ, אֵינָהּ צְרִיכָה לְמָאֵן. רַבִּי אֱלִיעֶזֶר אוֹמֵר, אֵין מַעֲשֵׂה קְטַנָּה כְלוּם, אֶלָּא כִמְפֻתָּה. בַּת יִשְׂרָאֵל לְכֹהֵן, לֹא תֹאכַל בַּתְּרוּמָה. בַּת כֹּהֵן לְיִשְׂרָאֵל, תֹּאכַל בַּתְּרוּמָה:

어떤 [미성년인] 여자아이가 혼인 거부권(메운)을 행사하는가?

본인 동의하에 그 모친이나 남자 형제가 혼인시킨 모든 [미성년] 여자다. 반면 본인 동의 없이 혼인시켰다면 거부권을 행사할 필요가 없다.

랍비 하나 벤 안티그노스는 말한다. "[혼인] 약조물을 간수할 수 없는 여자아이들은 누구든 혼인 거부권을 행사할 필요가 없다. [그러나] 랍비 엘리에제르는 말한다. "[미성년인] 여자아이의 행위는 아무것도 아니며 (효력이 없으며), 유혹당한 것과 진배없다. [그러므로 미성년] 이스라엘 여성이 제사장과 [혼인했다면] 거제를 먹을 수 없다. [미성년인] 제사장의 딸이 일반 이스라엘 남성과 [혼인하면] 거제를 먹을 수 있다."

● 성서에는 '아버지'더러 딸을 혼인시키라 기록되어 있다. 이 성서법을 따르자면 아버지가 없는 딸은 혼인할 수 없게 된다. 이에 랍비법은 아버지가 없을 때는 딸의 어머니나 남자 형제가 혼인시켜도 적법하다고 했다. 그러나 반드시 딸의 동의가 전제되어야 한다. 적법하게 혼인한 모든 미성년 여자는 거부권을 행사할 수 있다. 그러나 딸의 동의 없이 혼인시켰다면 그 혼인은 효력이 없기에, 거부권을 행사할 필요조차 없다.

랍비 하니나 벤 안티그노스(חנינא בן אנטיגנוס, Hanina b. Antigonus)는 위에 더하여 조건 하나를 덧붙인다. 신랑에게서 받은 반지, 금전, 약혼문서(「키두쉰」 1, 1) 등을 간수할 있는 정도의 나이는 되어야 혼인이 효력을 발휘한다는 것이다.

● 랍비 엘리에제르는 미성년 여아의 혼인은 아예 효력이 없다고 주장한다. 그의 의견은 받아들여지지 않았다.

13, 3

רַבִּי אֱלִיעֶזֶר בֶּן יַעֲקֹב אוֹמֵר, כָּל עַכָּבָה שֶׁהִיא מִן הָאִישׁ, כְּאִלּוּ הִיא אִשְׁתּוֹ.
וְכָל עַכָּבָה שֶׁאֵינָה מִן הָאִישׁ, כְּאִלּוּ אֵינָה אִשְׁתּוֹ:

랍비 엘리에제르 벤 야아콥[138]은 말한다. "[혼인의] 방해 요인이 남자(약혼자)이면 [미성년으로 약혼한 여성은] 마치 그의 아내인 것과 같다. 반면 [혼인의] 방해 요인이 남자(약혼자)가 아니면, 이 여성은 마치 그의 아내가 아닌 것과 같다."

● 이 규정에 대한 해석을 바벨 탈무드에서 찾아볼 수 있다. 랍비 예후다는 사무엘을 인용하여 이렇게 해석한다. 어떤 남자가 미성년으로

---

138) אליעזר בן יעקב(Eliezer b. Yaʼakov II/Eliezer b. Jacob).

이미 약혼한 여자에게 혼인을 신청했는데, 이 여자가 자기에게는 남편인 아무개가 있기 때문에 혼인을 못하겠다고 하면 이것은 남편(약혼자)이 원인이다. 이 여자는 자신을 이미 그의 아내로 인정하기 때문이다. 그러나 여자 쪽에서 혼인을 신청한 남자가 자기에게 적당하지 않아 거절한다면, 이것은 약혼자가 원인이라고 할 수 없다. 이 경우 이 여자는 약혼자의 아내로 간주할 수 없다. 반면 '아바예 바르 아빈'(Abaye b. Abin)과 랍비 '하니나 바르 아빈'(Hanina b. Abin)은 다른 상황으로 해석한다. 만일 미성년 여성과 약혼한 남자가 이혼증서를 주었다면 남자 때문에 혼인이 결렬된 것이고, 이혼증서를 주었다는 말인즉 이미 그의 아내로 간주했다는 것이다. 따라서 그는 이 여자의 친족과, 이 여자는 그의 친족과 혼인이 금지된다. 또한 이 여자는 이혼녀이기 때문에 제사장과 혼인할 수 없다. 그러나 여자 쪽에서 혼인 거부권(메운)을 행사했다면, 혼인 결렬 책임이 남자에게 있지 않다. 거부의사는 소급하여 약혼 자체를 무효로 만들므로, 이 여자는 그의 친족과, 그는 이 여자의 친족과 혼인이 가능하고, 여자는 제사장과 혼인할 수 있다(게마라 108a). 아바예 바르 아빈과 하니나 바르 아빈의 이 해석은 이어지는 13, 4의 첫째 미쉬나, 둘째 미쉬나의 법리와 일맥상통한다.

13, 4

הַמְמָאֶנֶת בָּאִישׁ, הוּא מֻתָּר בִּקְרוֹבוֹתֶיהָ, וְהִיא מֻתֶּרֶת בִּקְרוֹבָיו, וְלֹא פְסָלָהּ מִן הַכְּהֻנָּה. נָתַן לָהּ גֵּט, הוּא אָסוּר בִּקְרוֹבוֹתֶיהָ, וְהִיא אֲסוּרָה בִּקְרוֹבָיו, וּפְסָלָהּ מִן הַכְּהֻנָּה. נָתַן לָהּ גֵּט וְהֶחֱזִירָהּ, מֵאֲנָה בוֹ וְנִשֵּׂאת לְאַחֵר וְנִתְאַרְמְלָה אוֹ נִתְגָּרְשָׁה, מֻתֶּרֶת לַחֲזֹר לוֹ. מֵאֲנָה בוֹ וְהֶחֱזִירָהּ, נָתַן לָהּ גֵּט וְנִשֵּׂאת לְאַחֵר וְנִתְאַרְמְלָה אוֹ נִתְגָּרְשָׁה, אֲסוּרָה לַחֲזֹר לוֹ. זֶה הַכְּלָל, גֵּט אַחַר מֵאוּן, אֲסוּרָה לַחֲזֹר לוֹ. מֵאוּן אַחַר גֵּט, מֻתֶּרֶת לַחֲזֹר לוֹ:

〔미성년 여자가 약혼한〕 남자에게 메운(혼인 거부권)을 행사하면, 그는 이 여자의 친족과 〔혼인이〕 허용되며, 이 여자도 그의 친족과 〔혼인이〕 허용된다. 그는 이 여자에게서 제사장과 〔혼인할 수 있는〕 자격을 박탈하지 않는다.

만일 그가 이혼증서를 주었다면, 그는 이 여자의 친족과 〔혼인이〕 금지되며 이 여자도 그의 친족과 〔혼인이〕 금지된다. 그는 이 여자로부터 제사장과 〔혼인할 수 있는〕 자격을 박탈한다.

만일 그가 이혼증서를 주고 다시 그 여자와 혼인했는데, 이 여자가 그를 상대로 메운을 행사한 다음 다른 남자와 혼인했다가 과부가 되거나 이혼하면, 그에게 돌아가는 것이 허용된다.

만일 그를 상대로 메운을 행사했다가 그와 혼인했는데, 그가 이혼증서를 주어 다른 남자와 혼인했다가 과부가 되거나 이혼하면, 그에게 돌아가는 것이 금지된다.

원칙은 이렇다. 메운 다음에 이혼증서가 오는 경우에는 남자에게 돌아가는 것이 금지된다. 이혼증서 다음에 메운이 오는 경우에는 남자에게 돌아가는 것이 허용된다.

- 셋째 조항 "만일 그가 이혼증서를 주고 다시 그 여자와 혼인했는데 ~": A가 약혼한 미성년 여자와 이혼하고 다시 혼인했으나, 이 여자가 혼인 거부권을 행사한 후 B와 혼인했다. 이 경우 B와 이혼하거나 사별할 시 A에게 돌아갈 수 있다. 신명기 24:1-4에 의해 재혼한 남편과 이별이나 사별했을 때는 전남편에게 돌아갈 수 없다. 그러나 이 경우 두 번의 혼인 다 미성년일 때 이뤄졌기 때문에 성서법상 온전히 효력을 발휘하는가는 의문의 여지가 있다. 또한 마지막 A와 헤어질 때 거부권을 행사했기 때문에 A와의 이전 혼인(약혼), 이혼이 다 무효가 된다. A와 한 번도 혼인한 적 없는 사람이나 마찬가지기 때문

에 B와 헤어진 후 A에게 돌아가는 것이 허락된다(라브; 메이리 13, 5)

- 넷째 조항 "만일 그를 상대로 메운을 행사했다가 그와 혼인했는데
~": 거부권 행사로 헤어진 후, 다시 혼인하고 이혼했을 때 미성년이
었다는 말은 없다. 일반적 규칙상 '이혼' 후 다른 남자와 재혼한 여성
은 전남편에게 돌아갈 수 없다.

13, 5

הַמְמָאֶנֶת בָּאִישׁ וְנִשֵּׂאת לְאַחֵר וְגֵרְשָׁהּ, לְאַחֵר וּמֵאֲנָה בּוֹ, לְאַחֵר וְגֵרְשָׁהּ,
לְאַחֵר וּמֵאֲנָה בּוֹ, כֹּל שֶׁיָּצְאָת הֵימֶנּוּ בְּגֵט, אֲסוּרָה לַחֲזֹר לוֹ. בְּמֵאוּן, מֻתֶּרֶת
לַחֲזֹר לוֹ:

[어떤 여성이 약혼한] 남자에게 메운을 행사하고 다른 남자와 혼인
했다가 이혼했고, 이후 [다른 남자에게] 메운을 행사한 다음 다른 남
자와 혼인했다가 또 이혼했다. 이후에 또 메운을 했다고 하자.[139]
[이 남자들 중] 누구에게서든 이혼증서를 받고 갈라섰다면 그에게
되돌아가는 것은 금지된다. 그러나 메운으로 갈라섰다면 그에게 되돌
아가는 것이 허락된다.

- 아직 여자가 미성년인 동안에는 메운과 이혼을 몇 번 했든지, 이혼
증서를 받고 정식 이혼한 남자와는 재혼이 금지되지만, 메운을 행사
하여 혼인 구속력이 해소된 경우에는 그 상대 남성과 혼인하는 것이
허락된다.

---

139) 마지막 문구는 일부 사본에서 생략되어 있다.

הַמְגָרֵשׁ אֶת הָאִשָּׁה וְהֶחֱזִירָהּ, מֻתֶּרֶת לַיָּבָם. וְרַבִּי אֱלִיעֶזֶר אוֹסֵר. וְכֵן הַמְגָרֵשׁ
אֶת הַיְתוֹמָה וְהֶחֱזִירָהּ, מֻתֶּרֶת לַיָּבָם. וְרַבִּי אֱלִיעֶזֶר אוֹסֵר. קְטַנָּה שֶׁהִשִּׂיאָהּ
אָבִיהָ וְנִתְגָּרְשָׁה, כִּיתוֹמָה בְּחַיֵּי הָאָב. הֶחֱזִירָהּ, דִּבְרֵי הַכֹּל, אֲסוּרָה לַיָּבָם:

아내와 이혼했다가 다시 아내로 취한 〔다음 자식 없이 사망한〕 경
우, 이 여자는 야밤에게 허용된다. 그러나 랍비 엘리에제르는 이를 불
허한다.

마찬가지로 부친을 여읜 〔미성년〕 여자와 이혼했다가 다시 아내로
취한 〔다음 자식 없이 사망한〕 경우, 〔이 여자는〕 야밤에게 허용된다.
그러나 랍비 엘리에제르는 이를 불허한다.

부친이 혼인시킨 〔미성년〕 여아가 이혼한 경우, 부친 살아생전인데
도 부친을 여읜 자처럼 〔간주된다〕. 〔만일 남편이〕 다시 아내로 취할
경우에는 모두 한목소리로 이 여자가 야밤에게 금지된다고 했다.

- 남편과 이혼 후 재결합했는데 그 남편이 자식 없이 사망하면 상배여
  성은 역연혼 대상이 된다.
- 부친을 여읜 미성년 여자를 어머니나 남자 형제가 혼인시켰는데, 남
  자와 이혼 후 재결합하면, 그 남자가 자식 없이 사망한 후 역연혼 대
  상이 된다(13, 4). 이에 반대하는 랍비 엘리에제르의 의견은 받아들
  여지지 않았다.
- 부친이 혼인시킨 미성년 여아가 니쑤인 후 이혼하면, 부친은 더 이상
  권한 행사를 할 수 없다. 따라서 부친 없는 미성년 여아처럼 간주하
  여 어머니나 남자 형제가 재혼시킬 수 있으며, 랍비법상으로만 혼인
  으로 인정된다.
- 위 여성이 남편과 재결합하면 성서법상으로는 인정되지 않는 혼인
  이기 때문에 남편이 사망해도 역연혼 대상이 아니다.

שְׁנֵי אַחִין נְשׂוּאִין לִשְׁתֵּי אֲחָיוֹת יְתוֹמוֹת קְטַנּוֹת, וּמֵת בַּעְלָהּ שֶׁל אַחַת מֵהֶן,
תֵּצֵא מִשּׁוּם אֲחוֹת אִשָּׁה. וְכֵן שְׁתֵּי חֵרְשׁוֹת. גְּדוֹלָה וּקְטַנָּה, מֵת בַּעְלָהּ שֶׁל
קְטַנָּה, תֵּצֵא הַקְּטַנָּה מִשּׁוּם אֲחוֹת אִשָּׁה. מֵת בַּעְלָהּ שֶׁל גְּדוֹלָה, רַבִּי אֱלִיעֶזֶר
אוֹמֵר, מְלַמְּדִין אֶת הַקְּטַנָּה שֶׁתְּמָאֵן בּוֹ. רַבָּן גַּמְלִיאֵל אוֹמֵר, אִם מֵאֲנָה,
מֵאֲנָה. וְאִם לָאו, תַּמְתִּין עַד שֶׁתַּגְדִּיל, וְתֵצֵא הַלָּזוּ מִשּׁוּם אֲחוֹת אִשָּׁה. רַבִּי
יְהוֹשֻׁעַ אוֹמֵר, אִי לוֹ עַל אִשְׁתּוֹ, וְאִי לוֹ עַל אֵשֶׁת אָחִיו. מוֹצִיא אֶת אִשְׁתּוֹ
בְּגֵט, וְאֵשֶׁת אָחִיו בַּחֲלִיצָה:

두 형제가 미성년이자 부친을 여읜 두 자매와 [각각] 혼인했는데,
이들 중 한 남편이 사망했다면, [상배여성은 야밤의] 아내의 자매이
기 때문에 [역연혼에서] 면제된다. 자매가 청각언어장애인인 경우에
도 마찬가지다.

[만일 자매 중 한 명은] 성년자이고 [다른 한 명은] 미성년인 경우
미성년자의 남편이 사망했다면, 그 미성년 여자는 [야밤의] 아내의 자
매이기 때문에 [역연혼에서] 면제된다.

성년자의 남편이 사망한 경우에 대하여 랍비 엘리에제르는 이렇게
말한다. "미성년 여자에게 혼인을 거부하도록 지도한다." [그러나] 라
반 감리엘은 말한다. "만일 혼인을 거부하고자 하면 그렇게 할 것이
다. 그렇지 않다면 성인이 될 때까지 기다리게 하라. 이후 [야밤의] 아
내의 자매로서 [역연혼에서] 면제될 것이다." 랍비 예호슈아는 말한다.
"슬프도다, 아내를 [잃은] 자여. 슬프도다, 형제의 아내를 [취할 수 없
는] 자여. 아내는 이혼증서로 내보내고 그 형제의 아내는 신 벗는 예
식으로 [내보내는도다]."

• 자매를 둘 다 아내로 맞는 것은 금지되어 있다. 미성년으로 부친을
  여읜 자매의 경우 시므온과 레위는 형제로, 시므온은 미성년인자 라
  헬과, 레위는 성년인 레아와 혼인했고, 라헬과 레아는 자매 사이라고

하자. 레아의 남편인 레위가 사망할 경우, 시므온은 레아와 역연혼이나 신 벗는 예식을 해야 한다. 그러나 라헬과 레아가 자매 사이기 때문에 둘 다 아내로 맞이하는 것은 금지된다. 또한 라헬은 제쿠카(역연혼 구속력에 제한을 받는 여성)의 자매로서 시므온과 혼인하는 것이 금지된다('제쿠카' 규정은 2, 6과 제3장에서 다룬다). 이에 시므온은 아내인 라헬에게 이혼증서를 주어 이혼하고, 레아와는 신 벗는 예식을 해야 한다. 랍비 예호슈아의 말은 3, 5를 참조하라.

13, 8

מִי שֶׁהָיָה נָשׂוּי לִשְׁתֵּי יְתוֹמוֹת קְטַנּוֹת, וָמֵת, בִּיאָתָהּ אוֹ חֲלִיצָתָהּ שֶׁל אַחַת מֵהֶן פּוֹטֶרֶת צָרָתָהּ. וְכֵן שְׁתֵּי חֵרְשׁוֹת. קְטַנָּה וְחֵרֶשֶׁת, אֵין בִּיאַת אַחַת מֵהֶן פּוֹטֶרֶת צָרָתָהּ. פִּקַּחַת וְחֵרֶשֶׁת, בִּיאַת הַפִּקַּחַת פּוֹטֶרֶת אֶת הַחֵרֶשֶׁת, וְאֵין בִּיאַת הַחֵרֶשֶׁת פּוֹטֶרֶת אֶת הַפִּקַּחַת. גְּדוֹלָה וּקְטַנָּה, בִּיאַת הַגְּדוֹלָה פּוֹטֶרֶת אֶת הַקְּטַנָּה, וְאֵין בִּיאַת הַקְּטַנָּה פּוֹטֶרֶת אֶת הַגְּדוֹלָה:

어떤 남자가 미성년이자 부친을 여읜 두 여성과 혼인하고 사망하면, 이 중 성관계나 신 벗는 예식을 한쪽이 그 동료 아내를 [신 벗는 예식이나 역연혼에서] 면제한다. 청각언어장애인 여성 두 명[과 혼인한 남자가 사망한 경우에도] 그러하다. [위 두 아내 중] 한 명은 미성년이고 다른 한 명은 청각언어장애인인 경우, 성관계를 한쪽이 그 동료 아내를 면제하지 않는다.

한 명은 듣고 다른 한 명은 청각언어장애인인 여성인 경우, 듣는 여성의 성관계가 청각언어장애인 여성을 면제한다. 그러나 청각언어장애인 여성의 성관계가 듣는 여성을 면제하지는 않는다. 한 명은 성인 여자이고 다른 한 명은 [미성년인] 여자아이인 경우, 성인 여자의 성관계가 미성년자를 면제한다. 그러나 미성년자의 성관계가 성인 여자를 면제하지는 않는다.

- 두 예바마 중 한쪽이 신 벗는 예식이나 역연혼을 하면 다른 한쪽의 역연혼 의무는 자동으로 소멸된다(4, 11). 역연혼은 성관계로 완성된 다(10, 6). 부친 사망 후 미성년 여성을 모친이나 형제가 혼인시키면 그 혼인은 랍비법상으로만 유효하다. 원칙적으로 미성년인 예바마 는 신 벗는 예식을 하지 않는다(12, 4). 따라서 이 경우는 미성년으로 혼인하여 남편을 여읜 여성이 성년이 된 후에 신 벗는 예식을 한 것 으로 추정된다(라브). 청각언어장애인의 혼인도 성서법이 아닌 랍비 법으로만 인정되는데, 이들이 예바마가 되면 신 벗는 예식을 하지 않 는다(4, 6; 7, 4; 12, 4; 14, 2-3). 따라서 이 경우는 한쪽이 야밤과 성관 계를 통해 역연혼을 완성한 경우로 추정된다(게마라 110a).

- 두 아내 가운데 한 명은 미성년이고 한 명은 청각언어장애인인 경우, 이 혼인 역시 랍비법상으로만 유효하기에 일반 역연혼 규정을 적용 하기 어렵다. 미성년 아내는 시간이 지나면 성년이 되겠지만 청각언 어 장애가 있는 아내의 상황은 바뀌지 않는다. 반면 후자는 이미 성 년이므로 성관계를 하기에 더 적합할 수 있다. 어느 쪽 여성이 역연 혼을 하기에 더 적합한지 판단을 내리기 어려우므로 둘 중 한쪽의 성관계가 다른 한쪽의 역연혼을 면제하지 않는다(게마라 110b).

- 장애가 없는 '듣는' 여성의 혼인은 성서법상 유효하므로 신 벗는 예 식이나 역연혼을 할 수 있고, 동료 아내인, 청각언어장애가 있는 여 성은 신 벗는 예식과 역연혼 의무에서 면제된다. 그러나 청각언어장 애가 있는 여성의 혼인은 랍비법상으로만 유효하므로 성관계를 통 해 역연혼을 완성한다 해서 듣는 동료 아내의 역연혼 의무를 면제해 주지 못한다.

- 성년 여성의 혼인은 성서법상 인정되나, 미성년 여성의 혼인은 랍비 법상으로만 인정된다. 따라서 미성년 예바마가 아닌 성인 예바마가 역연혼을 한다. 위 규정들이 중요한 이유는 상배여성의 재혼을 위해

서다. 역연혼 구속력으로부터 해제되기까지 이들은 타인(시형제 아닌)과 재혼을 할 수 없다.

13, 9

מִי שֶׁהָיָה נָשׂוּי לִשְׁתֵּי יְתוֹמוֹת קְטַנּוֹת, וּמֵת, בָּא יָבָם עַל הָרִאשׁוֹנָה, וְחָזַר
וּבָא עַל הַשְּׁנִיָּה, אוֹ שֶׁבָּא אָחִיו עַל הַשְּׁנִיָּה, לֹא פָסַל אֶת הָרִאשׁוֹנָה. וְכֵן
שְׁתֵּי חֵרְשׁוֹת. קְטַנָּה וְחֵרֶשֶׁת, בָּא יָבָם עַל הַקְּטַנָּה, וְחָזַר וּבָא עַל הַחֵרֶשֶׁת,
אוֹ שֶׁבָּא אָחִיו עַל הַחֵרֶשֶׁת, לֹא פָסַל אֶת הַקְּטַנָּה. בָּא יָבָם עַל הַחֵרֶשֶׁת,
וְחָזַר וּבָא עַל הַקְּטַנָּה, אוֹ שֶׁבָּא אָחִיו עַל הַקְּטַנָּה, פָּסַל אֶת הַחֵרֶשֶׁת:

미성년자이며 부친을 여읜 두 여성과 혼인한 남자가 사망했는데 야밤이 〔이 중〕 첫 번째 〔예바마〕와 관계하고 나서 다시 두 번째 〔예바마〕와 관계하거나, 그 〔야밤〕의 형제가 이 두 번째 〔예바마〕와 관계하는 경우, 첫 번째 〔예바마의 아내 지위〕를 무효화하지 않는다. 청각언어장애 여성 두 명〔과 혼인한 남자가 사망한 경우에도〕 마찬가지다.

〔두 예바마 중〕 한 명은 〔미성년인〕 여자아이고 다른 한 명은 청각언어장애 여성인 경우, 야밤이 〔이 중〕 미성년 〔예바마〕와 관계하고 나서 다시 청각언어장애 〔예바마〕와 관계하거나, 그 〔야밤〕의 형제가 이 청각언어장애 〔예바마〕와 관계하는 경우, 미성년 쪽의 〔아내 지위를〕 무효화하지 않는다. 그러나 야밤이 청각언어장애 〔예바마〕와 성관계하고 나서 다시 미성년 〔예바마〕와 성관계하거나 그 〔야밤〕의 형제가 미성년 〔예바마〕와 성관계하는 경우, 청각언어장애가 있는 〔아내 지위를〕 무효화한다.

- 13, 8과 비슷한 상황에서 두 명 모두와 성관계했을 경우 어떻게 되는지를 논한다. 미성년자이며 부친을 여읜 두 여성의 혼인은 랍비법으로 유효하다. 첫 번째 예바마가 성관계로 야밤의 아내가 된 이상 역

연혼은 종결되었다. 그런데 이미 역연혼을 한 이 남자가 남은 예바마와 또 성관계를 하면 이는 위법이다. 또한 다른 형제가 남은 예바마와 성관계를 해도 이미 끝난 역연혼을 거듭하는 것이기에 위법이다. 이 경우 처음 성관계를 한 여성은 여전히 야밤의 아내로 인정된다. 두 여성이 청각언어장애인이더라도 같은 법을 적용한다.

- 미성년 여성과 청각언어장애 여성 둘 중 야밤이 미성년 여성과 먼저 성관계하고 나서 다시 청각언어장애 여성과 (또는 다른 형제가 청각언어장애 여성과) 성관계를 했다면 전자는 여전히 아내로 인정된다. 순서가 바뀌어 청각언어장애 여성과 먼저 성관계를 하고 이후 미성년 여성과 성관계를 했다면, 청각언어장애 여성은 아내 지위를 상실한다(13, 8 후반 두 규정).

13, 10

פְּקַחַת וְחֵרֶשֶׁת, בָּא יָבָם עַל הַפִּקַּחַת, וְחָזַר וּבָא עַל הַחֵרֶשֶׁת, אוֹ שֶׁבָּא אָחִיו עַל הַחֵרֶשֶׁת, לֹא פָסַל אֶת הַפִּקַּחַת. בָּא יָבָם עַל הַחֵרֶשֶׁת וְחָזַר וּבָא עַל הַפִּקַּחַת, אוֹ שֶׁבָּא אָחִיו עַל הַפִּקַּחַת, פָּסַל אֶת הַחֵרֶשֶׁת:

만일 한 명은 듣는[140] 여성이고 다른 한 명은 청각언어장애인인데, 야밤이 듣는 쪽 〔예바마와〕 성관계한 후 다시 청각언어장애 〔예바마〕와 성관계하거나, 그 〔야밤〕의 형제가 이 청각언어장애 〔예바마〕와 성관계하는 경우, 듣는 쪽의 〔아내 지위를〕 무효화하지 않는다.

〔그러나〕 야밤이 청각언어장애 〔예바마〕와 관계하고 난 후 다시 듣는 쪽 〔예바마〕와 성관계하거나, 〔야밤〕의 형제가 듣는 쪽 〔예바마〕와

---

140) 청각언어장애인을 지칭하는 '헤레쉬'의 반대개념으로 남성 단수는 피케악 (פקח), 여성형 단수는 피칵핫(פקחת)이다. 청각과 언어에 이상이 없는 사람으로, 기본적으로 '듣는' 데 기반한 의사표현 능력에 문제가 없어 계약 이행에 무리가 없는 자를 말한다. 이하 모두 '듣는'으로 번역한다.

성관계하는 경우, 청각언어장애 쪽〔아내 지위를〕무효화한다.

- 듣는 쪽, 즉 장애가 없는 여성은 이미 역연혼을 완성했기에, 청각언어장애 여성이 같은 야밤 또는 다른 시형제와 성관계를 했어도 여전히 처음 야밤의 아내로 인정된다.
- 순서가 바뀌어 청각언어장애 여성과 먼저 성관계를 하고 나중에 듣는 여성과 다시 성관계를 했다면, 청각언어장애가 없는 이〔듣는 여성〕의 혼인은 성서법상으로도 인정되기에 랍비법으로만 인정되는 청각언어장애인의 혼인보다 그 효력이 더 강하다.

13, 11

גְּדוֹלָה וּקְטַנָּה, בָּא יָבָם עַל הַגְּדוֹלָה, וְחָזַר וּבָא עַל הַקְּטַנָּה, אוֹ שֶׁבָּא אָחִיו
עַל הַקְּטַנָּה, לֹא פָסַל אֶת הַגְּדוֹלָה. בָּא יָבָם עַל הַקְּטַנָּה, וְחָזַר וּבָא עַל
הַגְּדוֹלָה, אוֹ שֶׁבָּא אָחִיו עַל הַגְּדוֹלָה, פָּסַל אֶת הַקְּטַנָּה. רַבִּי אֶלְעָזָר אוֹמֵר,
מְלַמְּדִין הַקְּטַנָּה שֶׁתְּמָאֵן בּוֹ:

만일 한〔예바마는〕성인이고 다른 한〔예바마는 미성년인〕여자아이인데, 야밤이 성년〔예바마〕와 성관계한 후 다시 미성년〔예바마〕와 성관계하거나, 그〔야밤〕의 형제가 미성년〔예바마〕와 성관계하면, 이는 성년 쪽〔아내 지위를〕무효화하지 않는다.

〔그러나〕만일 야밤이 미성년〔예바마〕와 성관계하고 나서 다시 성년〔예바마〕와 성관계하거나, 그(야밤)의 형제가 성년〔예바마〕와 관계하는 경우, 이는 미성년 쪽〔아내 지위를〕무효화한다. 그러나 랍비 엘아자르는 말한다. "그를 상대로〔혼인을〕거부하도록 미성년〔예바마〕를 지도한다."

- 이전 미쉬나들과 같은 원리에 의해, 성서법상으로도 인정되는 성년

예바마의 혼인이 역연혼에 있어 더 강한 효력을 발휘한다.

13, 12

יָבָם קָטָן שֶׁבָּא עַל יְבָמָה קְטַנָּה, יִגְדְּלוּ זֶה עִם זֶה. בָּא עַל יְבָמָה גְדוֹלָה,
תְּגַדְּלֶנּוּ. הַיְבָמָה שֶׁאָמְרָה בְּתוֹךְ שְׁלֹשִׁים יוֹם, לֹא נִבְעַלְתִּי, כּוֹפִין אוֹתוֹ
שֶׁיַּחֲלֹץ לָהּ. לְאַחַר שְׁלֹשִׁים יוֹם, מְבַקְשִׁים הֵימֶנּוּ שֶׁיַּחֲלֹץ לָהּ. וּבִזְמַן שֶׁהוּא
מוֹדֶה, אֲפִלּוּ לְאַחַר שְׁנֵים עָשָׂר חֹדֶשׁ כּוֹפִין אוֹתוֹ שֶׁיַּחֲלֹץ לָהּ:

만일 미성년인 야밤이 [미성년] 여자아이인 예바마와 관계한 경우,
이들을 함께 키워야 한다. 만일 성년 예바마와 관계한 경우 그 예바마
가 그[가 성년이 될 때까지] 키워야 한다.

만일 예바마가 역연혼 후 30일 내에 진술하기를 "그가 나와 성관계
를 하지 않았다"[141]라고 하면, [법정은] 그에게 이 여성과 신 벗는 예
식을 하도록 강제한다. 만일 30일이 지난 후 위와 같이 진술하면 [법
정은] 그에게 신 벗는 예식을 하도록 권고한다. 그가 성관계하지 않은
사실을 시인한다면, 12개월이 지났다 해도 [법정은] 그에게 신 벗는
예식을 하도록 강제한다.

- 전 미쉬나들과 달리 예바마 대신 야밤이 미성년인 경우를 다룬다.
- 부부관계를 하지 않았을 경우 그 역연혼은 무효가 된다. 역연혼 30
  일 내 여성의 증언이 있으면, 이 여성이 역연혼으로부터 자유로워져
  다른 남성과 재혼할 수 있도록 신 벗는 예식을 강제집행한다. 법정
  이 정한 30일이 경과한 경우 강제집행이 아닌 권고가 이뤄진다. 그러
  나 법정이 정한 기한과 상관없이 남자가 성관계를 하지 않은 사실을
  시인하면 신 벗는 예식을 강제집행한다.

---

141) 원문은 수동형으로, 직역하면 "내가 성관계되지 않았다"다.

הַנּוֹדֶרֶת הֲנָאָה מִיבָמָהּ בְּחַיֵּי בַעְלָהּ, כּוֹפִין אוֹתוֹ שֶׁיַּחֲלֹץ לָהּ. לְאַחַר מִיתַת
בַּעְלָהּ, מְבַקְשִׁין הֵימֶנּוּ שֶׁיַּחֲלֹץ לָהּ. וְאִם נִתְכַּוְּנָה לְכָךְ, אֲפִלּוּ בְחַיֵּי בַעְלָהּ,
מְבַקְשִׁין הֵימֶנּוּ שֶׁיַּחֲלֹץ לָהּ:

어떤 여성이 야밤(시형제)으로부터 어떤 혜택도 얻지 않겠다고 남편의 살아생전 서원한 경우, 〔법정은〕 그에게 신 벗는 예식을 하도록 강제한다. 〔서원한 시기가〕 남편 사후라면 〔법정은〕 그(야밤)에게 신 벗는 예식을 하도록 권고한다.

만일 〔예바마가〕 의도적으로 그리했다면, 〔서원이 이뤄진 시기가〕 남편이 살아 있었을 때여도 그(야밤)에게 신 벗는 예식을 하도록 권고한다.

- 여성이 역연혼으로 발생하는 경제적 소득이나 이득을 포기하겠다고 서원하는 데 남편의 영향력이 있었느냐가 관건이다.
- 서원에 의해 이 여성은 남편의 시형제와 혼인하는 것이 불가능하다. 혜택에는 역연혼으로 발생하는 경제적 소득과 이득 등이 포함된다. 남편이 살아 있었을 때 이 서원을 했다면 역연혼을 회피하려는 의도라기보다 단순히 시형제에게 화가 나 있는 상황이었을 수 있다. 법정은 야밤에게 신 벗는 예식을 강제하고 예바마는 케투바를 찾아간다(라브). 그러나 남편 사후에 이 서원을 했다면 역연혼을 하지 않으려는 의도가 다분하다. 이때는 야밤에게 신 벗는 예식을 하도록 권고할 뿐 강제하지는 못한다(신 벗는 예식을 못 하면 여성의 케투바는 몰수된다).
이 여성의 서원이 역연혼을 피하려는 의도에서 이뤄졌음이 분명하다고 법정이 판단하면, 남편 살아생전에 이뤄진 서원이더라도 신 벗는 예식은 강제가 아닌 권고사항이 된다(야드 아브라함; 블랙먼).

제14장

랍비법상으로 인정되는 혼인 관련 판례들을 계속 다룬다.

14, 1

חֵרֵשׁ שֶׁנָּשָׂא פִקַּחַת, וּפִקֵּחַ שֶׁנָּשָׂא חֵרֶשֶׁת, אִם רָצָה יוֹצִיא, וְאִם רָצָה יְקַיֵּם.
כְּשֵׁם שֶׁהוּא כּוֹנֵס בִּרְמִיזָה, כָּךְ הוּא מוֹצִיא בִּרְמִיזָה. פִּקֵּחַ שֶׁנָּשָׂא פִקַּחַת,
וְנִתְחָרְשָׁה, אִם רָצָה יוֹצִיא, וְאִם רָצָה יְקַיֵּם. נִשְׁתַּטֵּית, לֹא יוֹצִיא. נִתְחָרֵשׁ
הוּא אוֹ נִשְׁתַּטָּה, אֵינוֹ מוֹצִיא עוֹלָמִית. אָמַר רַבִּי יוֹחָנָן בֶּן נוּרִי, מִפְּנֵי מָה
הָאִשָּׁה שֶׁנִּתְחָרְשָׁה יוֹצְאָה, וְהָאִישׁ שֶׁנִּתְחָרֵשׁ אֵינוֹ מוֹצִיא. אָמְרוּ לוֹ, אֵינוֹ
דוֹמֶה הָאִישׁ הַמְגָרֵשׁ לְאִשָּׁה מִתְגָּרֶשֶׁת, שֶׁהָאִשָּׁה יוֹצְאָה לִרְצוֹנָהּ וְשֶׁלֹּא
לִרְצוֹנָהּ, וְהָאִישׁ אֵינוֹ מוֹצִיא אֶלָּא לִרְצוֹנוֹ:

청각언어장애 남성이 듣는 여성과 혼인하거나, 듣는 남성이 청각언어장애 여성과 혼인한 경우, 남자가 원한다면 이혼할 수 있고, 또 원한다면 혼인을 지속할 수도 있다. 몸짓을 통해 〔의사를 밝혀〕 혼인했으니, 역시 몸짓을 통해 〔의사를 밝혀〕 이혼한다. 듣는 남성이 듣는 여성과 혼인했는데, 〔이후 아내가〕 청각언어장애인이 된 경우, 남자가 원한다면 이혼할 수 있고, 또 원한다면 혼인을 지속할 수도 있다.

〔아내가〕 지적장애인이 된 경우에는 이혼할 수 없다. 남편이 청각언어장애인이 되거나 지적장애인이 된 경우, 절대 이혼할 수 없다.

랍비 요하난 벤 누리[142]가 말했다. "아내가 청각언어장애인이 되었을 때는 이혼할 수 있는데, 남편이 청각언어장애인이 되었을 때는 왜 이혼할 수 없는가?" 그러자 〔랍비들이〕 그에게 대답했다. "이혼하는 남편과 이혼당하는 아내는 경우가 다르다. 아내는 본인 의사와 상관없이[143] 이혼할 수 있으나, 남편은 본인 의사에 반해 이혼할 수 없기

---

142) יוֹחָנָן בֶּן נוּרִי(Yohanan/Yochanan b. Nuri).

때문이다."

- 토라 법에 따르면 청각언어장애인(חרש, 헤레쉬)은 인지력 부족으로 의사 표현에 제한이 있기 때문에 혼인계약에 부적격이지만 후대 랍비법은 이들의 혼인을 인정해주었다. '듣는 남성', '듣는 여성'은 청각과 언어 능력에 이상이 없는 사람을 말한다. 혼인이 유효하기에 이혼 역시 유효하며, 머리나 손짓으로 혼인·이혼 의사를 표현할 수 있다(「기틴」 5, 7). 이혼의 경우 아내는 본인 의사와 상관없이 이혼당할 수 있으나, 남편은 본인이 원할 경우에만 이혼할 수 있다.

- 혼인 당시에는 둘 다 장애인이 아니었지만 이후 남편 또는 아내가 청각언어장애인 또는 지적장애인(שוטה, 쇼테)이 된 사례를 다룬다. 남편은 아내의 의사와 상관없이 이혼할 수 있다. 이혼당하는 아내에게는 이혼증서를 간수할 수 있을 정도의 지적 능력이 요구된다는 의견도 있다(게마라 113b).

- 아내가 지적장애인이 되었을 때에는 이혼이 불가하다. 돌봐주는 남편이 없다면, 타인이 부도덕한 일에 이 여성을 이용할 수 있기 때문이다. 이는 최소한의 보호 장치로 보인다.

14, 2

הֵעִיד רַבִּי יוֹחָנָן בֶּן גֻּדְגְּדָה עַל הַחֵרֶשֶׁת שֶׁהִשִּׂיאָהּ אָבִיהָ, שֶׁהִיא יוֹצְאָה בְגֵט.
אָמְרוּ לוֹ, אַף זוֹ כַּיּוֹצֵא בָהּ:

랍비 요하난 벤 구드게다[144]는 부친이 혼인시킨 청각언어장애 여성의 경우, 이혼증서를 받고 이혼할 수 있다고 진술했다. 〔그러자 현

---

143) 또는 "원하든 원하지 않든"이다.
144) 또는 '구드가다'로 발음한다.

인들은〕 그에게 다음과 같이 말했다. "이 〔여자〕 역시도 이와 같다."

- 랍비 요하난 벤 구드게다(יוֹחָנָן בֶּן גֻדְגְּדָה, Yohanan b. Gudgada)는 청각언어장애 여성의 이혼 인정을 뒷받침하기 위해 이 사례를 들고 있다. 「기틴」 5, 5에 재등장한다.
- 이 사례는 『네지킨』 「에두욧」 7, 9 에도 등장한다. 랍비들은 14, 1에서 랍비 요하난 벤 누리가 한 질문에 대답하고 있다. 청각언어장애가 없는 여성이 혼인 후 청각언어장애인이 되었다면, 이 또한 부친이 혼인시킨 청각언어장애 여성과 마찬가지라고 말하고 있다. 즉, 이 두 경우 다 이혼증서를 받고 이혼해야 한다.

14, 3[145]

שְׁנֵי אַחִים חֵרְשִׁים, נְשׂוּאִים לִשְׁתֵּי אֲחָיוֹת חֵרְשׁוֹת, אוֹ לִשְׁתֵּי אֲחָיוֹת
פִּקְחוֹת, אוֹ לִשְׁתֵּי אֲחָיוֹת, אַחַת חֵרֶשֶׁת וְאַחַת פִּקַּחַת, אוֹ שְׁתֵּי אֲחָיוֹת
חֵרְשׁוֹת נְשׂוּאוֹת לִשְׁנֵי אַחִים פִּקְחִים, אוֹ לִשְׁנֵי אַחִים חֵרְשִׁין אוֹ לִשְׁנֵי אַחִין,
אֶחָד חֵרֵשׁ וְאֶחָד פִּקֵּחַ, הֲרֵי אֵלּוּ פְטוּרוֹת מִן הַחֲלִיצָה וּמִן הַיִּבּוּם. וְאִם הָיוּ
נָכְרִיּוֹת, יִכְנֹסוּ, וְאִם רָצוּ לְהוֹצִיא, יוֹצִיאוּ:

청각언어장애인인 두 형제가 청각언어장애인인 두 자매, 또는 듣는 두 자매와 혼인하거나, 한 명은 청각언어장애인이고 다른 한 명은 듣는 자매와 〔각각〕 혼인한 경우, 혹은 청각언어장애인인 두 자매가 청각언어장애인인 두 형제 또는 듣는 두 형제와 혼인하거나, 한 명은 청각언어장애인이고 다른 한 명은 듣는 형제와 〔각각〕 혼인한 경우, 이들은 신 벗는 예식 및 역연혼으로부터 면제된다. 만일 이들이 자매가 아니면,[146] 〔야밤은 이들과〕 혼인해야 하며, 〔추후 그들이〕 이혼을 원

---

145) 현대 일부 수정판본은 14, 3과 14, 4를 묶어 14, 4에 배치하거나 14, 4를 분할하여 14, 5-9로 재배치하기도 한다.

한다면 이혼할 수 있다.

- 청각언어장애인의 혼인은 '데라바난'(토라법이 아닌, 랍비들이 후에 추가한 법규)상으로만 인정되며 이들의 역연혼 또한 랍비법상으로만 부여되는 의무다.
- 나열된 사례 중 두 형제와 혼인한 두 여성이 자매인 경우, 자매의 남편과는 결혼할 수 없는 규정에 따라 이들은 역연혼과 신 벗는 예식 모두에서 면제된다.
- 자매 사이가 아니라면 역연혼 구속력에 놓인다. 문제는 청각언어장애인은 신 벗는 예식을 할 수 없다는 것이다(12, 4). 따라서 신 벗는 예식과 역연혼 중 선택권 없이 무조건 역연혼을 해야 한다. 이에 야밤의 의사를 고려하여 추후 이혼할 수 있도록 허용한다.

14, 4

שְׁנֵי אַחִים, אֶחָד חֵרֵשׁ וְאֶחָד פִּקֵּחַ, נְשׂוּאִים לִשְׁתֵּי אֲחָיוֹת פִּקְחוֹת, מֵת חֵרֵשׁ בַּעַל הַפִּקַּחַת, מַה יַּעֲשֶׂה פִּקֵּחַ בַּעַל הַפִּקַּחַת, תֵּצֵא מִשּׁוּם אֲחוֹת אִשָּׁה.
מֵת פִּקֵּחַ בַּעַל הַפִּקַּחַת, מַה יַּעֲשֶׂה חֵרֵשׁ בַּעַל הַפִּקַּחַת, מוֹצִיא אִשְׁתּוֹ בְּגֵט, וְאֵשֶׁת אָחִיו אֲסוּרָה לְעוֹלָם.
שְׁנֵי אַחִים פִּקְחִים נְשׂוּאִים לִשְׁתֵּי אֲחָיוֹת, אַחַת חֵרֶשֶׁת וְאַחַת פִּקַּחַת, מֵת פִּקֵּחַ בַּעַל הַחֵרֶשֶׁת, מַה יַּעֲשֶׂה פִּקֵּחַ בַּעַל הַפִּקַּחַת, תֵּצֵא מִשּׁוּם אֲחוֹת אִשָּׁה. מֵת פִּקֵּחַ בַּעַל הַפִּקַּחַת, מַה יַּעֲשֶׂה פִּקֵּחַ בַּעַל הַחֵרֶשֶׁת, מוֹצִיא אֶת אִשְׁתּוֹ בְּגֵט, וְאֶת אֵשֶׁת אָחִיו בַּחֲלִיצָה.
שְׁנֵי אַחִים, אֶחָד חֵרֵשׁ וְאֶחָד פִּקֵּחַ, נְשׂוּאִים לִשְׁתֵּי אֲחָיוֹת, אַחַת חֵרֶשֶׁת וְאַחַת פִּקַּחַת, מֵת חֵרֵשׁ בַּעַל הַחֵרֶשֶׁת, מַה יַּעֲשֶׂה פִּקֵּחַ בַּעַל הַפִּקַּחַת, תֵּצֵא

---

146) 원문은 "노크리옷(נכריות)이면"이다. 여기서는 '노크리트'(여성 단수)가 '이방인'이 아닌, 서로 친족 관계에 있지 않은 사람의 의미로 쓰인다. 즉, 각각 혼인한 두 여성이 서로 자매였던 이전 사례와 달리, 여기서 두 형제는 자매 관계에 있지 않은 두 여성과 각각 혼인했다.

מִשּׁוּם אֲחוֹת אִשָּׁה. מֵת פִּקֵּחַ בַּעַל הַפִּקַּחַת, מַה יַּעֲשֶׂה חֵרֵשׁ בַּעַל הַחֵרֶשֶׁת, מוֹצִיא אִשְׁתּוֹ בְּגֵט, וְאֵשֶׁת אָחִיו אֲסוּרָה לְעוֹלָם.

שְׁנֵי אַחִים, אֶחָד חֵרֵשׁ וְאֶחָד פִּקֵּחַ, נְשׂוּאִים לִשְׁתֵּי נָכְרִיּוֹת פִּקְחוֹת, מֵת חֵרֵשׁ בַּעַל פִּקַּחַת, מַה יַּעֲשֶׂה פִּקֵּחַ בַּעַל הַפִּקַּחַת, אוֹ חוֹלֵץ אוֹ מְיַבֵּם. מֵת פִּקֵּחַ בַּעַל הַפִּקַּחַת, מַה יַּעֲשֶׂה חֵרֵשׁ בַּעַל פִּקַּחַת, כּוֹנֵס, וְאֵינוֹ מוֹצִיא לְעוֹלָם.

שְׁנֵי אַחִים פִּקְחִים נְשׂוּאִים לִשְׁתֵּי נָכְרִיּוֹת, אַחַת פִּקַּחַת וְאַחַת חֵרֶשֶׁת, מֵת פִּקֵּחַ בַּעַל הַחֵרֶשֶׁת, מַה יַּעֲשֶׂה פִּקֵּחַ בַּעַל הַפִּקַּחַת, כּוֹנֵס, וְאִם רָצָה לְהוֹצִיא, יוֹצִיא. מֵת פִּקֵּחַ בַּעַל הַפִּקַּחַת, מַה יַּעֲשֶׂה פִּקֵּחַ בַּעַל הַחֵרֶשֶׁת, אוֹ חוֹלֵץ אוֹ מְיַבֵּם.

שְׁנֵי אַחִים, אֶחָד חֵרֵשׁ וְאֶחָד פִּקֵּחַ, נְשׂוּאִים לִשְׁתֵּי נָכְרִיּוֹת, אַחַת חֵרֶשֶׁת וְאַחַת פִּקַּחַת, מֵת חֵרֵשׁ בַּעַל הַחֵרֶשֶׁת, מַה יַּעֲשֶׂה פִּקֵּחַ בַּעַל הַפִּקַּחַת, כּוֹנֵס, וְאִם רָצָה לְהוֹצִיא, יוֹצִיא. מֵת פִּקֵּחַ בַּעַל הַפִּקַּחַת, מַה יַּעֲשֶׂה חֵרֵשׁ בַּעַל הַחֵרֶשֶׁת, כּוֹנֵס, וְאֵינוֹ מוֹצִיא לְעוֹלָם.

한 명은 청각언어장애인이고 다른 한 명은 듣는 두 형제가, 들을 수 있는 두 자매와 〔각각〕 혼인한 경우, 듣는 여성과 혼인한 청각언어장애인 형제가 사망하면 듣는 여성과 혼인한 나머지 듣는 형제는 어떻게 해야 하는가? 〔예바마가〕 아내의 자매로 〔신 벗는 예식 및 역연혼에서〕 면제되기에 〔아무것도 할 필요가 없다〕. 듣는 여성의 남편인 듣는 형제가 사망하면, 듣는 여성과 혼인한 청각언어장애 형제는 어떻게 해야 하는가? 그는 이혼증서를 주어 자기 아내를 내보내야 하며, 그 형제의 아내(예바마)는 〔재혼이〕 영원히 금지된다.

듣는 두 형제가, 한 명은 청각언어장애인이고 다른 한 명은 듣는 자매와 〔각각〕 혼인한 경우, 청각언어장애 여성과 혼인한 듣는 형제가 사망하면 듣는 여성과 혼인한 듣는 형제는 어떻게 해야 하는가? 〔예바마가〕 아내의 자매로 〔신 벗는 예식 및 역연혼에서〕 면제되기에 〔아무것도 할 필요가 없다〕. 듣는 여성의 남편인 듣는 형제가 사망하면, 청각언어장애 여성과 혼인한 듣는 형제는 어떻게 해야 하는가? 그는 자기 아내에게는 이혼증서를 주고, 〔사망한〕 형제의 아내에게는 신 벗는 예식을 하여 〔양쪽 다〕 내보내야 한다.

한 명은 청각언어장애인이고 다른 한 명은 듣는 두 형제가, 한 명은 청각언어장애인이고 다른 한 명은 듣는 두 자매와 〔각각〕 혼인한 경우, 청각언어장애 여성과 혼인한 청각언어장애 형제가 사망하면, 듣는 여성과 혼인한 듣는 형제는 어떻게 해야 하는가? 〔예바마가〕 아내의 자매로 〔신 벗는 예식 및 역연혼에서〕 면제되기에 〔아무것도 할 필요가 없다〕. 만일 듣는 여성과 혼인한 듣는 형제가 사망하면 청각언어장애 여성과 혼인한 청각언어장애 형제는 어떻게 해야 하는가? 그는 자기 아내에게는 이혼증서를 주어 내보내야 하며, 〔사망한〕 형제의 아내는 영원히 〔재혼이〕 금지된다.

한 명은 청각언어장애인이고 다른 한 명은 듣는 두 형제가, 자매 관계가 아니고 듣는 두 여성과 〔각각〕 혼인한 경우, 듣는 여성과 혼인한 청각언어장애 형제가 사망하면, 듣는 여성과 혼인한 듣는 형제는 어떻게 해야 하는가? 그는 〔예바마에게〕 신 벗는 예식이나 역연혼을 행한다. 만일 듣는 여성과 혼인한 듣는 형제가 사망하면, 듣는 여성과 혼인한 청각언어장애 형제는 어떻게 해야 하는가? 그는 〔예바마와〕 혼인하되 절대 〔그 예바마와〕 이혼할 수 없다.

듣는 두 형제가, 한 명은 청각언어장애인이고 다른 한쪽은 듣는, 자매관계가 아닌 두 여성과 〔각각〕 혼인한 경우, 청각언어장애 여성과 혼인한 듣는 형제가 사망하면, 듣는 여성과 혼인한 듣는 형제는 어떻게 해야 하는가? 그는 〔예바마와〕 혼인하는데, 만일 〔그 예바마와〕 이혼을 원할 경우 그렇게 해도 좋다. 만일 듣는 여성과 혼인한 듣는 형제가 사망하면, 청각언어장애 여성과 혼인한 듣는 형제는 어떻게 해야 하는가? 그는 〔예바마에게〕 신 벗는 예식이나 역연혼을 행한다.

한 명은 청각언어장애인이고 다른 한 명은 듣는 두 형제가, 한 명은 청각언어장애인이고 다른 한 명은 듣는 자매관계가 아닌 두 여성과

〔각각〕 혼인한 경우, 청각언어장애 여성과 혼인한 청각언어장애 형제가 사망하면, 듣는 여성과 혼인한 듣는 형제는 어떻게 해야 하는가? 그는 〔예바마와〕 혼인하며, 만일 〔그 예바마와〕 이혼을 원할 경우 그렇게 해도 좋다. 만일 듣는 여성과 혼인한 듣는 형제가 사망했을 때, 청각언어장애 여성과 혼인한 청각언어장애 형제는 어떻게 해야 하는가? 그는 〔예바마와〕 혼인하되 절대 〔그 예바마와〕 이혼할 수 없다.

- 청각언어장애 형제가 듣는 자매와 결혼한 경우, 그것은 데라바난(랍비법적) 혼인이다. 듣는 형제가 듣는 자매와 결혼한 경우, 그것은 데오라이타(성서법적) 혼인이다. 청각언어장애 형제가 사망하면, 그의 아내는 자매의 남편과 결혼할 수 없기 때문에 역연혼과 신 벗는 예식 모두에서 면제된다. 두 형제 외 다른 형제가 없다는 전제로, 듣는 형제가 사망하면 청각언어장애 형제는 성서적으로 인정되는 야밤이 된다. 그의 아내는 랍비법에 따라 인정되는 반면 예바마는 성서법으로 인정되므로, '제쿠카의 자매'인 자기 아내는 이제 그에게 금지된다(3, 1). 따라서 그는 아내와 이혼해야 한다. 한편 예바마가 아내의 자매라 역연혼을 할 수 없기 때문에 신 벗는 예식을 해야 하는데, 청각언어장애인은 신 벗는 예식을 할 수 없다. 역연혼도 신 벗는 예식도 하지 못한 이 예바마는 결국 재혼할 수 없게 된다.
- 듣는 형제가 청각언어장애 자매와 결혼한 경우, 그것은 랍비법적 혼인이다. 듣는 형제가 듣는 자매와 결혼한 경우, 그것은 성서법적 혼인이다. 전자가 사망하면 그의 아내는 자매의 남편과 결혼할 수 없기 때문에 역연혼과 신 벗는 예식 모두에서 면제된다. 후자가 사망하면 청각언어장애 자매와 결혼한 듣는 형제는 성서적으로 인정되는 야밤이 된다. 상기 미쉬나의 원리가 적용되어 그는 아내와 이혼해야 하며 예바마와는 신 벗는 예식을 한다.

- 청각언어장애 형제가 청각언어장애 자매와 결혼한 랍비법적 혼인과, 듣는 형제가 듣는 자매와 결혼한 성서법적 혼인의 경우를 논한다. 앞서 원리들이 적용되는데, 전자가 사망하면 상배여성인 예바마는 '아내의 자매'로서 역연혼과 신 벗는 예식 모두에서 면제된다. 후자가 사망하면 청각언어장애 형제는 성서적으로 인정되는 야밤이 되며, 첫째 조항 후반에 제시된 원리에 따라 그는 아내와 이혼해야 하고 예바마는 재혼이 불가능하다.
- 형제 관계인 청각언어장애 남성과 듣는 남성이 자매 관계가 아닌 두 듣는 여성과 결혼한 경우다. 청각언어장애 형제가 사망하면 예바마가 아내의 자매가 아니므로 듣는 형제는 역연혼이나 신 벗는 예식을 할 수 있다. 듣는 형제가 사망하면 청각언어장애 형제는 성서적으로 인정되는 야밤이 되는데, 청각언어장애인은 신 벗는 예식을 할 수 없기 때문에 예바마와 역연혼을 해야 한다. 또한 청각언어장애인은 성서적으로 받아들여지는 이혼을 할 수 없기 때문에 이들은 이혼이 불가능하다.
- 형제 관계인 두 듣는 남성이, 자매 관계가 아닌 청각언어장애 여성, 듣는 여성과 각각 결혼한 경우다. 원칙적으로 두 여성이 자매 관계가 아니므로 역연혼이나 신 벗는 예식이 가능하다. 그러나 예바마가 청각언어장애 여성이면 신 벗는 예식을 할 수 없으므로 역연혼만 가능하고, 이에 따라 추후 이혼이 허용된다(14, 3).
- 형제 관계인 청각언어장애 남성과 듣는 남성이, 자매 관계가 아닌 청각언어장애 여성, 듣는 여성과 각각 결혼한 경우다. 청각언어장애 형제가 사망하면, 예바마가 된 상배여성은 청각언어장애인이므로 신 벗는 예식을 할 수 없다. 따라서 역연혼만 가능하며, 이후 이혼이 허용된다. 듣는 형제가 사망한 경우, 청각언어장애인 형제는 성서적으로 야밤이 된다. 청각언어장애인은 신 벗는 예식을 할 수 없고 성서

적으로 받아들여지는 이혼도 할 수 없으므로, 예바마와 역연혼만 해
야 하며 이혼은 불가능하다.

제15장

남편이나 야밤, 자식 관련 사망 진술에 관한 법을 다룬다.

15, 1

הָאִשָּׁה שֶׁהָלְכָה הִיא וּבַעְלָהּ לִמְדִינַת הַיָּם, שָׁלוֹם בֵּינוֹ לְבֵינָהּ וְשָׁלוֹם בָּעוֹלָם,
וּבָאתָה וְאָמְרָה, מֵת בַּעְלִי, תִּנָּשֵׂא. מֵת בַּעְלִי, תִּתְיַבֵּם. שָׁלוֹם בֵּינוֹ לְבֵינָהּ
וּמִלְחָמָה בָּעוֹלָם, קְטָטָה בֵּינוֹ לְבֵינָהּ וְשָׁלוֹם בָּעוֹלָם, וּבָאתָה וְאָמְרָה, מֵת
בַּעְלִי, אֵינָהּ נֶאֱמֶנֶת. רַבִּי יְהוּדָה אוֹמֵר, לְעוֹלָם אֵינָהּ נֶאֱמֶנֶת, אֶלָּא אִם כֵּן
בָּאתָה בוֹכָה וּבְגָדֶיהָ קְרוּעִין. אָמְרוּ לוֹ, אַחַת זוֹ וְאַחַת זוֹ, תִּנָּשֵׂא:

만일 아내와 남편이 타국에 나갔는데 서로 사이가 원만했고[147] 세
상도 평화로웠다. 〔아내가〕 와서 말하기를 "내 남편이 사망했다" 하면
〔이 여성은〕 재혼할 수 있다. 또는 "내 남편이 사망했다"〔라고 했는데,
둘 사이 자녀가 없다면〕 역연혼을 한다.

이들 사이가 원만했으나 세상에 전쟁이 났거나, 세상이 평화롭지만
둘 사이가 틀어졌다고 하자. 〔아내가〕 와서 말하기를 "내 남편이 사망
했다"라고 하면 이 여성〔의 진술은〕 신뢰할 수 없다.

랍비 예후다는 말한다. "옷이 찢어진 채[148]로 울면서 오지 않는 한
이 여성의 말은 결코 믿을 수 없다." 〔그러자 현인들은〕 그에게 말했
다. "이 경우든 저 경우든 〔그 여성은〕 재혼할 수 있다."

---

147) 직역하면 "그와 그녀 사이에 평화"〔가 있었다〕.
148) 옷을 찢는 것은 애도의 행위다.

- 전쟁이 난 경우, 포로로 끌려가거나 중상을 입은 채 행방불명되었을 때 남편이 실제로는 생존해 있는데도 사망했다고 오인할 수 있다. 따라서 이 경우 아내의 진술을 인정하지 않는다. 그러나 자연사를 증언했다면 이를 받아들인다(게마라 114b). 남편과 아내의 사이가 원만하지 않았다면, 남편이 살아 있는데도 재혼하기 위해 위증할 가능성이 있기 때문에 남편 사망에 대한 진술을 인정할 수 없다.
- 랍비 예후다는 남편과 아내 사이가 원만하고, 전쟁이 없는 시기라 해도, 남편의 죽음을 충분히 애통해하는 모습을 보여야 사망 진술에 신빙성이 있다고 주장한다. 그러나 랍비들은 이에 반대한다. 교활한 여성이라면 거짓으로 애도행위를 표할 수 있다는 이유에서다.

15, 2

בֵּית הַלֵּל אוֹמְרִים, לֹא שָׁמַעְנוּ אֶלָּא בְּבָאָה מִן הַקָּצִיר, וּבְאוֹתָהּ מְדִינָה, וּכְמַעֲשֶׂה שֶׁהָיָה. אָמְרוּ לָהֶן בֵּית שַׁמַּאי, אַחַת הַבָּאָה מִן הַקָּצִיר, וְאַחַת הַבָּאָה מִן הַזֵּיתִים, וְאַחַת הַבָּאָה מִן הַבָּצִיר, וְאַחַת הַבָּאָה מִמְּדִינָה לִמְדִינָה. לֹא דִבְּרוּ חֲכָמִים בַּקָּצִיר אֶלָּא בַהֹוֶה. חָזְרוּ בֵית הַלֵּל לְהוֹרוֹת כְּבֵית שַׁמַּאי:

힐렐 학파는 말한다. "그것과 유사하게 어떤 여성이 자국에서 추수〔에서〕 돌아와 〔남편 사망을 증언하여 인정된〕 경우를 제외하고는 우리는 〔아내의 남편 사망 진술이 받아졌다는 말을〕 들은 적이 없다."

〔그러나〕 샴마이 학파는 그들에게 말했다. "어떤 여성이 추수에서 돌아오든, 올리브를 〔수확하다〕 오든, 포도를 〔따다〕 오든, 이 나라에서 저 나라로 왔든 간에 〔그 증언은 인정되어야 한다〕. 현인들은 오직 현재 〔상황으로서의〕 추수를 언급했을 뿐이다."

〔이에〕 힐렐 학파는 〔그들의 주장을〕 철회하고 샴마이 학파처럼 판결했다.

- 15, 1에 이어 아내가 남편 사망을 진술했을 때 받아들여야 하는지 여부를 계속 논의한다. 힐렐 학파는 아내의 사망 진술이 인정된 유일한 사례를 언급한다. 추수기에 남편과 함께 일하러 갔다가 돌아와서 남편 사망을 증언한 경우이며, 이들은 타국에서 돌아온 게 아니라 자국에 있었다. 바벨 탈무드는 보충 설명하기를, 열 명의 남자가 들판에 일하러 갔는데 한 명이 뱀에 물려 사망하고, 아내가 돌아와 남편의 죽음을 증언하자 법정은 조사단을 파견하여 아내의 진술이 사실임을 확인하고 이를 받아들였다고 말한다. 그러나 힐렐 학파는 이 경우 남편의 사망이 너무 자명하여 아내가 위증했다고 볼 수 없기에 법정이 인정했을 뿐이라고 주장한다.[149]
- 샴마이 학파는 실제 일어난 사례를 이야기하다 보니 '추수'라는 특정 상황이 언급되었을 뿐, 해당 여성이 어디서 돌아오든 상관없이 남편 사망에 대한 그 진술이 받아들여져야 한다고 주장한다. 힐렐 학파는 샴마이 학파의 설명을 듣고 그들의 주장을 철회했다.

15, 3

בֵּית שַׁמַּאי אוֹמְרִים, תִּנָּשֵׂא וְתִטֹּל כְּתֻבָּתָהּ. בֵּית הִלֵּל אוֹמְרִים, תִּנָּשֵׂא וְלֹא תִטֹּל כְּתֻבָּתָהּ. אָמְרוּ לָהֶן בֵּית שַׁמַּאי, הִתַּרְתֶּם עֶרְוָה חֲמוּרָה, לֹא תַתִּירוּ אֶת מָמוֹן הַקַּל. אָמְרוּ לָהֶן בֵּית הִלֵּל, מָצִינוּ שֶׁאֵין הָאַחִים נִכְנָסִים לַנַּחֲלָה עַל פִּיהָ. אָמְרוּ לָהֶם בֵּית שַׁמַּאי, וַהֲלֹא מִסֵּפֶר כְּתֻבָּתָהּ נִלְמַד, שֶׁהוּא כוֹתֵב לָהּ, שֶׁאִם תִּנָּשְׂאִי לְאַחֵר, תִּטְּלִי מַה שֶּׁכָּתוּב לִיכִי. וְחָזְרוּ בֵּית הִלֵּל לְהוֹרוֹת כְּדִבְרֵי בֵּית שַׁמַּאי:

삼마이 학파는 말한다. "[그 상배여성은] 재혼할 수 있고 케투바를

---

149) 게마라 116b. 예루살렘 탈무드는 일사병을 언급하는데, 랍비 마나(מנא)는 열왕기하 18:20을 예로 들며 추수기에는 일사병으로 사망자가 많이 발생한다고 설명한다(77b, 78a).

요구할 수 있다." 힐렐 학파는 말한다. "〔그 상배여성은〕 재혼할 수 있으나 케투바는 요구할 수 없다."

그들에게 샴마이 학파가 말했다. "당신들은 아주 큰 에르바〔위법〕은 허락하고, 〔어째서〕 더 작은 금전〔관련 위법〕은 허락하지 않는가?" 힐렐 학파가 그들에게 말했다. "우리는 그 여성의 진술에 근거하여 그 형제들이 상속받을 수 없다고 판단한다."

샴마이 학파가 그들에게 말했다. "우리는 이 여성의 케투바 두루마리로부터 그(남편)가 다음과 같이 기록했음을 알게 되지 않았는가! '당신이 다른 남자와 혼인하게 되면 여기 적힌 대로 받게 될 것이다.'" 〔이에〕 힐렐 학파는 〔그들의 주장을〕 철회하고 샴마이 학파처럼 판결했다.

15, 4

הַכֹּל נֶאֱמָנִים לַהֲעִידָהּ, חוּץ מֵחֲמוֹתָהּ, וּבַת חֲמוֹתָהּ, וְצָרָתָהּ, וִיבִמְתָּהּ, וּבַת בַּעְלָהּ. מַה בֵּין גֵּט לְמִיתָה, שֶׁהַכְּתָב מוֹכִיחַ. עֵד אוֹמֵר מֵת, וְנִשֵּׂאת, וּבָא אַחֵר וְאָמַר לֹא מֵת, הֲרֵי זוֹ לֹא תֵצֵא. עֵד אוֹמֵר מֵת, וּשְׁנַיִם אוֹמְרִים לֹא מֵת, אַף עַל פִּי שֶׁנִּשֵּׂאת, תֵּצֵא. שְׁנַיִם אוֹמְרִים מֵת, וְעֵד אוֹמֵר לֹא מֵת, אַף עַל פִּי שֶׁלֹּא נִשֵּׂאת, תִּנָּשֵׂא:

시모, 시모의 딸, 동료 아내, 시형제(야밤)의 아내,[150] 남편의 딸[151]을 제외한 누구든 〔이 여성의 남편이 사망했다고〕 증언하면 신뢰할 수 있다.

사망 진술과 이혼증서의 차이는 무엇인가? 〔이혼증서는〕 기록하여 입증을 한다〔는 것이다〕.

어떤 증인이 "그가 죽었다"라고 말해 〔그 상배여성이〕 재혼했는데,

---

150) 원문은 그녀의 예바마(יבמתה)다.
151) 즉 배다른 딸이다.

다른 사람이 와서 말하기를 "그가 죽지 않았다"라고 하면, 〔새로 재혼한 남편을〕 떠날 필요가 없다. 어떤 증인이 "그가 죽었다"라고 말했는데, 두 명의 〔증인들이〕 말하기를 "그가 죽지 않았다"라고 하면, 〔상배여성이 이미〕 재혼했어도 이혼해야 한다. 두 증인이 "그가 죽었다"라고 했고, 〔그의 아내가 아직〕 재혼하지 않은 상태에서 다른 한 증인이 "그가 죽지 않았다"라고 말해도, 〔이 여성에게〕 재혼이 허용된다.

- 일반적으로 여성이 법정에서 증언하는 것은 허락되지 않으나, 재혼의 용이성을 위해 사망 증언은 채택된다. 그러나 상배여성과 특정 가족관계에 있는 여성은 사익으로 인한 위증 우려가 있기에 제외된다. 시모나 시누이의 경우 며느리 및 올케가 마음에 들지 않아 가족관계에서 제하려는 의도로, 동료 아내는 시기 및 질투로 인해, 시형제의 아내는 위 여성이 잠재적 동료 아내가 되는 것을 막기 위해, 또는 기타 재산 상속 문제가 걸려 위증할 수 있다.
- 「기틴」 2, 7에 의하면, 상기 언급된 여성 모두 타국에서 송달한 이혼증서를 법정에 전달하는 것이 허락된다. 그렇다면 왜 이들의 사망 증언은 안 되는가를 논한다. 이혼과 사망은 둘 다 혼인의 종식이라는 결과를 가져오지만 혼인 해소를 입증하는 이혼서류는 이미 그 자체로 증거 효력을 발휘한다. 따라서 이혼증서를 가져오는 행위는 증거의 '전달자' 역할일 뿐 '증인' 역할이 아니다. 반면 누군가의 사망을 진술하는 행위는 '증언'으로서 그 효력을 발휘한다.
- 서로 다른 증언을 하는 증인의 숫자가 각각 동일할 때, 이미 재혼한 경우 새 남편을 떠날 필요가 없다. 그러나 아직 혼인 전이라면 상반된 증언이 나왔기 때문에 재혼을 금한다.
- 첫 증언과 상반된 두 번째 증언의 증인 수가 더 많으므로, 첫 판결을 뒤집어 다수가 한 나중 증언을 채택한다. 따라서 재혼은 무효다.

- 첫 증언과 상반된 두 번째 증언의 증인 수가 더 적기 때문에 이미 내린 판결을 고수한다.

15, 5

אַחַת אוֹמֶרֶת מֵת וְאַחַת אוֹמֶרֶת לֹא מֵת, זוֹ שֶׁאוֹמֶרֶת מֵת תִּנָּשֵׂא וְתִטֹּל
כְּתֻבָּתָהּ. וְזוֹ שֶׁאוֹמֶרֶת לֹא מֵת לֹא תִנָּשֵׂא וְלֹא תִטֹּל כְּתֻבָּתָהּ. אַחַת אוֹמֶרֶת
מֵת וְאַחַת אוֹמֶרֶת נֶהֱרָג, רַבִּי מֵאִיר אוֹמֵר, הוֹאִיל וּמַכְחִישׁוֹת זוֹ אֶת זוֹ, הֲרֵי
אֵלּוּ לֹא יִנָּשֵׂאוּ. רַבִּי יְהוּדָה וְרַבִּי שִׁמְעוֹן אוֹמְרִים, הוֹאִיל וְזוֹ וְזוֹ מוֹדוֹת שֶׁאֵינוֹ
קַיָּם, יִנָּשֵׂאוּ. עֵד אוֹמֵר מֵת וְעֵד אוֹמֵר לֹא מֵת, אִשָּׁה אוֹמֶרֶת מֵת וְאִשָּׁה
אוֹמֶרֶת לֹא מֵת, הֲרֵי זוֹ לֹא תִנָּשֵׂא:

한 〔아내는 "남편이〕 죽었다"라고 말하고, 다른 아내는 "〔남편이〕 죽지 않았다"라고 말하면, "〔남편이〕 죽었다"라고 말한 쪽은 재혼해도 좋으며 케투바를 받을 수 있다. 반면 "〔남편이〕 죽지 않았다"라고 말한 쪽은 재혼할 수 없고 케투바도 받지 못한다.

한 〔아내는 "남편이〕 죽었다"라고 말하고, 다른 아내는 "〔남편이〕 살해당했다"라고 말할 경우, 랍비 메이르는 말한다. "서로 〔진술이〕 상충하므로 둘 다 재혼할 수 없다." 그러나 랍비 예후다와 랍비 쉼온은 말한다. "서로 그 〔남편이 세상에〕 존재하지 않음을 진술했으므로 〔둘 다〕 재혼할 수 있다."

〔한〕 증인이 말하기를 "그가 죽었다"라고 하고, 〔다른〕 증인은 "그가 죽지 않았다"라고 하거나, 〔한〕 여자는 "그가 죽었다"라고 말하고, 〔다른〕 여자는 "그가 죽지 않았다"라고 말하는 경우, 그 여성은 재혼할 수 없다.

- 이 미쉬나는 남편의 죽음을 확인하는 사람들의 증언이 서로 상충되는 경우 아내의 재혼가능 여부를 논하고 있다.
- 어떤 남자에게 아내가 여럿 있는데, 한 아내는 남편이 사망했다 하고

다른 아내는 사망하지 않았다고 하면, 사망했다고 증언하는 여자만 재혼과 케투바 수령이 가능하다.

- 사망 사실에는 동의하지만 그냥 죽었는지 죽임을 당했는지에 대한 증언이 엇갈리는 경우, 랍비 메이르는 세부적인 진술이 서로 모순되기 때문에 둘 다 재혼할 수 없다고 주장한다. 랍비 예후다와 랍비 쉼온은 두 여성 다 남편이 살아 있지 않다는 데에는 동의하므로 재혼할 수 있다고 주장하며, 이들의 의견이 받아들여졌다.
- 남편 사망에 대한 두 증인의 의견이 상충되면 그 아내는 재혼할 수 없다. 그러나 이미 재혼하고 난 후에 사망하지 않았다고 진술하는 두 번째 증인이 나타나는 경우, 재혼한 남편을 떠나지 않아도 된다.

15, 6

הָאִשָּׁה שֶׁהָלְכָה הִיא וּבַעְלָהּ לִמְדִינַת הַיָּם, וּבָאָה וְאָמְרָה מֵת בַּעְלִי, תִּנָּשֵׂא
וְתִטֹּל כְּתֻבָּתָהּ, וְצָרָתָהּ אֲסוּרָה. הָיְתָה בַת יִשְׂרָאֵל לְכֹהֵן, תֹּאכַל בַּתְּרוּמָה,
דִּבְרֵי רַבִּי טַרְפוֹן. רַבִּי עֲקִיבָא אוֹמֵר, אֵין זוֹ דֶרֶךְ מוֹצִיאַתָּהּ מִידֵי עֲבֵרָה, עַד
שֶׁתְּהֵא אֲסוּרָה לִנָּשֵׂא, וַאֲסוּרָה מִלֶּאֱכֹל בַּתְּרוּמָה:

어떤 여자가 남편과 함께 타국에 갔는데, 아내가 돌아와 말하기를, "내 남편이 사망했다"라고 하면, 이 여성은 재혼 가능하며 케투바를 받을 수 있다. 그러나 이 여성의 동료 아내는 〔재혼이〕 금지된다.

"만일 〔동료 아내가〕 일반 이스라엘 여성으로서 제사장과 혼인한 경우라면 거제를 먹을 수 있다." 〔이는〕 랍비 타르폰의 말이다. 〔그러나〕 랍비 아키바는 말한다. "그것은 〔누군가를〕 범죄에서 구하는 길이 아니다. 오히려 이 여성의 재혼을 금지하고, 거제 먹는 것을 금지해야 한다."

- 남편의 사망을 진술한 아내는 남편과 함께 타국에 있었으나, 다른

아내, 즉 동료 아내는 자국에 있었으므로 사망의 진위 여부를 알 수가 없다.

- 일반 이스라엘 여성이 제사장과 혼인하면 거제를 먹을 수 있으나, 남편이 사망하고 자녀가 없는 경우 거제 먹을 자격이 상실된다. 랍비 타르폰(טרפון, Tarfon/Tarphon)의 주장에 따르면 상기 동료 아내가 이에 해당할 경우, 재혼이 금지된다는 것은 곧 제사장인 남편이 생존해 있다고 보는 것이기에 여전히 거제를 먹을 수 있다(거제 관련 규정은 9, 6). 랍비 아키바는 이에 동의하지 않는데, 거제를 계속 먹게 하면 이는 죄를 짓게 하는 것이라고 주장한다. 남편이 실제 사망했을 수 있기 때문이다. 랍비 아키바는 남편의 생존 가능성으로 인해 동료 아내의 재혼을 금지함과 동시에, 사망 가능성으로 인해 거제 먹는 것을 금하는 등 엄격한 법 적용을 주장한다.

15, 7

אָמְרָה מֵת בַּעְלִי וְאַחַר כָּךְ מֵת חָמִי, תִּנָּשֵׂא וְתִטֹּל כְּתֻבָּתָהּ, וַחֲמוֹתָהּ אֲסוּרָה. הָיְתָה בַת יִשְׂרָאֵל לְכֹהֵן, תֹּאכַל בַּתְּרוּמָה, דִּבְרֵי רַבִּי טַרְפוֹן. רַבִּי עֲקִיבָא אוֹמֵר, אֵין זוֹ דֶרֶךְ מוֹצִיאַתָּה מִידֵי עֲבֵרָה, עַד שֶׁתְּהֵא אֲסוּרָה לְנָשֵׂא, וַאֲסוּרָה לֶאֱכֹל בַּתְּרוּמָה. קִדֵּשׁ אַחַת מֵחָמֵשׁ נָשִׁים וְאֵינוֹ יוֹדֵעַ אֵיזוֹ קִדֵּשׁ, כָּל אַחַת אוֹמֶרֶת אוֹתִי קִדֵּשׁ, נוֹתֵן גֵּט לְכָל אַחַת וְאֶחָת, וּמַנִּיחַ כְּתֻבָּה בֵּינֵיהֶן וּמִסְתַּלֵּק, דִּבְרֵי רַבִּי טַרְפוֹן. רַבִּי עֲקִיבָא אוֹמֵר, אֵין זוֹ דֶרֶךְ מוֹצִיאָתוֹ מִידֵי עֲבֵרָה, עַד שֶׁיִּתֵּן גֵּט וּכְתֻבָּה לְכָל אַחַת וְאֶחָת. גָּזַל אֶחָד מֵחֲמִשָּׁה וְאֵין יוֹדֵעַ מֵאֵיזֶה גָּזַל, כָּל אֶחָד אוֹמֵר אוֹתִי גָּזַל, מַנִּיחַ גְּזֵלָה בֵּינֵיהֶן וּמִסְתַּלֵּק, דִּבְרֵי רַבִּי טַרְפוֹן. רַבִּי עֲקִיבָא אוֹמֵר, אֵין זוֹ דֶרֶךְ מוֹצִיאָתוֹ מִידֵי עֲבֵרָה, עַד שֶׁיְּשַׁלֵּם גְּזֵלָה לְכָל אֶחָד וְאֶחָד:

"어떤 여성이 내 남편이 사망하고 이후 시부가 사망했다고 하면, 이 여성은 재혼 가능하며 케투바를 받을 수 있다. 만일 시모가 이스라엘 일반 여성으로서 제사장과 혼인한 경우라면, 〔그 시모는〕 거제를 먹

을 수 있다.”〔이는〕 랍비 타르폰의 말이다. 〔그러나〕 랍비 아키바는
말한다. “그것은 〔누군가를〕 범죄에서 구하는 길이 아니다. 오히려 이
여성의 재혼을 금지하고, 거제 먹는 것을 금지해야 한다.”

어떤 남자가 다섯 여성 중 하나와 약혼했으나 누구와 약혼했는지
모르고, 각 여성마다 모두 “나와 약혼했다”라고 말하는 경우, “남자는
이들 모두에게 각각 이혼증서를 주어야 하며 그들에게 케투바를 남
기고 물러난다.”〔이는〕 랍비 타르폰의 말이다. 〔그러나〕 랍비 아키바
는 말한다. “그것은 〔누군가를〕 범죄에서 구하는 길이 아니다. 오히려
〔다섯 명〕 모두에게 각각 이혼증서와 케투바를 주어야 한다.”

어떤 사람이 다섯 명 중 한 명 것을 도둑질했는데 누구에게서 훔
쳤는지 알지 못하고 모두 저마다 “내 것을 훔쳤다”라고 말하는 경우,
“〔훔친〕 자는 도둑질한 〔것에 상응하는〕 금액을 그들에게 남기고 물
러난다.”〔이는〕 랍비 타르폰의 말이다. 〔그러나〕 랍비 아키바는 말
한다. “그것은 〔누군가를〕 범죄에서 구하는 길이 아니다. 오히려 〔훔
친〕 자가 도둑질한 〔것에 상응하는〕 금액을 모두에게 각각 지불해야
한다.”

● 이 미쉬나는 랍비 타르폰과 랍비 아키바의 논쟁을 계속 다룬다. 이
들은 세 가지 사안에서 의견의 불일치를 보인다.

15, 8

הָאִשָּׁה שֶׁהָלְכָה הִיא וּבַעְלָהּ לִמְדִינַת הַיָּם וּבְנָהּ עִמָּהֶם, וּבָאָה וְאָמְרָה מֵת
בַּעְלִי וְאַחַר כָּךְ מֵת בְּנִי, נֶאֱמֶנֶת. מֵת בְּנִי וְאַחַר כָּךְ מֵת בַּעְלִי, אֵינָהּ נֶאֱמֶנֶת,
וְחוֹשְׁשִׁים לִדְבָרֶיהָ, וְחוֹלֶצֶת וְלֹא מִתְיַבֶּמֶת:

어떤 여자가 남편과 함께 타국에 갔고, 아들도 함께했는데, 아내가
돌아와 말하기를, “내 남편이 사망하고 나서 내 아들도 사망했다”라고

하면, 이 여성을 신뢰한다.[152]

〔그러나〕 "내 아들이 〔먼저〕 사망하고 그다음에 내 남편이 사망했다"라고 하면, 이 여성을 신뢰할 수 없지만 그 진술을 고려해야 한다. 따라서 이 여성은 신 벗는 예식을 하되 역연혼은 하지 않는다.

- 타국에 체류하기 전 이 여자는 자식이 있었으므로, 남편이 사망할 시 역연혼을 할 필요가 없는 상황이었다. 타국에 나간 다음 남편 사망 시점에는 아들이 생존해 있었고, 그 후에야 아들이 사망했기 때문에 여전히 역연혼을 할 필요가 없다. 진술한 여성의 역연혼 면제 상태는 변함이 없기에 그 사망 증언은 신뢰성이 있다.

- 아들이 남편보다 먼저 사망했다면 상황이 바뀌어 여자는 역연혼 면제에서 역연혼에 매이는 상태가 된다. 이 경우 역연혼을 하기 위해 위증했을 가능성을 배제할 수 없기에 그 사망 증언을 신뢰하지 않는다. 그러나 이 여성의 말이 사실일 수도 있기 때문에 신 벗는 예식을 시켜 역연혼이 아닌 재혼을 할 수 있게 한다.

15, 9

נָתַן לִי בֵן בִּמְדִינַת הַיָּם, וְאָמְרָה מֵת בְּנִי וְאַחַר כָּךְ מֵת בַּעְלִי, נֶאֱמֶנֶת. מֵת בַּעְלִי וְאַחַר כָּךְ מֵת בְּנִי, אֵינָהּ נֶאֱמֶנֶת, וְחוֹשְׁשִׁים לִדְבָרֶיהָ, וְחוֹלֶצֶת וְלֹא מִתְיַבֶּמֶת:

〔만일 어떤 여성이〕 "타국에 있는 동안 내게 아들이 태어났다"라고 하고 "그런데 그 아들이 사망한 다음 남편도 사망했다"라고 말하면 이 여성을 신뢰한다.

---

152) 원문은 피동형으로 직역하면 "[이 여자가] 신뢰된다"다. 여성의 진술이 사실로 믿긴다는 뜻이며, 이하 동일하게 능동형으로 번역했다.

"남편이 사망한 다음 아들이 사망했다"라고 하면 이 여성을 신뢰할 수 없으나 그 진술을 고려해야 한다. 따라서 이 여성은 신 벗는 예식을 하되 역연혼은 하지 않는다.

- 타국에 체류하기 전 이 여성은 자식이 없었으므로, 남편이 사망할 시 역연혼을 해야 하는 상황이었다. 아들이 태어났다 해도 그 아들이 남편보다 먼저 사망하면 역연혼 구속력에 변함이 없다. 따라서 그 증언을 신뢰할 수 있다(남편과 자식의 사망 순서로 인해 발생 가능한 사례들 또는 판례들은 10, 4).
- 아들이 나중에 사망했다면, 남편은 자식이 있는 가운데 사망한 것이기에 상배여성은 역연혼을 할 필요가 없다. 이 경우 역연혼을 하지 않기 위해 위증했을 가능성이 있으므로 그 진술을 신뢰할 수 없다. 그러나 이 여성의 말이 사실일 수도 있기 때문에 신 벗는 예식을 시켜 역연혼이 아닌 재혼을 할 수 있게 한다.

15, 10

נָתַן לִי יָבָם בִּמְדִינַת הַיָּם, אָמְרָה מֵת בַּעְלִי וְאַחַר כָּךְ מֵת יְבָמִי, יְבָמִי וְאַחַר כָּךְ בַּעְלִי, נֶאֱמֶנֶת. הָלְכָה הִיא וּבַעְלָהּ וִיבָמָהּ לִמְדִינַת הַיָּם, אָמְרָה מֵת בַּעְלִי וְאַחַר כָּךְ מֵת יְבָמִי, יְבָמִי וְאַחַר כָּךְ בַּעְלִי, אֵינָהּ נֶאֱמֶנֶת. שֶׁאֵין הָאִשָּׁה נֶאֱמֶנֶת לוֹמַר מֵת יְבָמִי, שֶׁתִּנָּשֵׂא. וְלֹא, מֵתָה אֲחוֹתִי, שֶׁתִּכָּנֵס לְבֵיתוֹ. וְאֵין הָאִישׁ נֶאֱמָן לוֹמַר מֵת אָחִי, שֶׁיְּיַבֵּם אִשְׁתּוֹ. וְלֹא, מֵתָה אִשְׁתִּי, שֶׁיִּשָּׂא אֲחוֹתָהּ:

[만일 어떤 여성이] "타국에 있는 동안 내게 야밤이 생겼다"라고 하고 "그런데 남편이 사망한 다음 야밤도 사망했다"라고 하거나, "야밤이 사망하고 나서 남편이 사망했다"라고 하면, 이 여성[의 진술을] 신뢰한다.

어떤 여자가 남편과 야밤과 함께 타국에 갔는데, 이 여자가 돌아와 말하기를, "남편이 사망하고 나서 야밤이 사망했다"라고 하거나, "야밤이 사망하고 나서 남편이 사망했다"라고 하면, 이 여성〔의 진술을〕 신뢰할 수 없다. 이 여성이 재혼하려는 의도로 "내 야밤이 사망했다"라고 할 수 있기에 그 진술은 신뢰할 수 없다.

〔마찬가지로〕 그(자매의 남편)의 집에 들어가려는 의도로 "내 자매가 사망했다"라고 할 수 있기에 그 진술은 신뢰할 수 없다.

어떤 남자가 "내 형제가 사망했다"라고 하면 그의 아내와 역연혼을 하려는 의도가 있을 수 있기에 그 진술을 신뢰할 수 없다. 〔마찬가지로〕 아내의 자매와 혼인하기 위해 "내 아내가 죽었다"라고 할 수 있기에 그 진술을 신뢰할 수 없다.

- 사망자의 죽음이 진술자에 미치는 결과 때문에, 사망 진술 의도가 의심되는 사례들을 설명한다. 첫 번째 예는 가족이 고국을 떠나기 전에는 남편에게 형제가 없었는데 외국에 나가 있는 동안 남편에게 형제가 생겼다고 주장한다. 이미 타국에 나가기 전에 역연혼이 필요 없는 상황이었으므로 야밤이 생겼다가 사망했다는 진술이 큰 영향을 끼치지 않는다. 그러므로 그 진술에 신빙성이 있다.

- 두 번째 경우는 남편과 시형제가 다 살아 있는 상태에서 타국에 나갔기 때문에, 이 여성에게는 남편이 자식 없이 사망하면 역연혼이 필요한 상황이었다. 이 여성이 돌아와 남편과 야밤(시형제)의 사망을 주장한다면, 다른 남자와 재혼하기 위한 위증일 수 있으므로 신빙성을 잃는다.

- 자기 자매가 사망했다는 주장은 자매의 남편과, 자기 형제가 사망했다는 주장은 형제의 아내와, 자기 아내가 사망했다는 주장은 아내의 자매와 결혼하기 위한 위증이 의심된다.

제16장

증언 관련한 내용들이 계속되며, 사망자의 시신이 온전하지 못할 때, 누구인지 알 수 없는 이가 목소리로만 증언했을 때를 비롯하여, 여성의 증언 및 여성의 재혼과 관련해 증인이 한 명일 경우 등을 다룬다.

16, 1

הָאִשָּׁה שֶׁהָלַךְ בַּעְלָהּ וְצָרָתָהּ לִמְדִינַת הַיָּם, וּבָאוּ וְאָמְרוּ לָהּ מֵת בַּעְלֵךְ, לֹא תִנָּשֵׂא וְלֹא תִתְיַבֵּם, עַד שֶׁתֵּדַע שֶׁמָּא מְעֻבֶּרֶת הִיא צָרָתָהּ. הָיְתָה לָהּ חָמוֹת, אֵינָהּ חוֹשֶׁשֶׁת. יָצְתָה מְלֵאָה חוֹשֶׁשֶׁת. רַבִּי יְהוֹשֻׁעַ אוֹמֵר, אֵינָהּ חוֹשֶׁשֶׁת:

만일 어떤 여자의 남편과 동료 아내가 타국에 갔는데 〔증인들이〕 와서 "당신의 남편이 〔타국에서〕 사망했다"라고 하면, 이 여자는 동료 아내의 임신 여부가 밝혀질 때까지 재혼이나 역연혼을 할 수 없다.

만일 시모가 〔타국에〕 있고 〔자식 없이 사망한 남편에게 형제가 없다면 예바마는 역연혼을〕 고려할 필요가 없다. 〔그러나 시모가〕 임신한 상태에서 떠났다면 〔역연혼을〕 고려한다. 그러나 랍비 예호슈아는 "고려할 필요가 없다"라고 말한다.

- 남편과 동료 아내가 타국에 나갔을 당시에는 자녀가 없었으나, 타국에서 동료 아내가 임신했을 가능성이 있다. 따라서 남편이 사망했지만 역연혼을 해야 하는지 여부를 파악하기 전까지는 재혼할 수 없다.
- 남편이 형제가 없는 상태에서 사망했고 시모가 타국에 있다면 시형제가 없기 때문에 그 상배여성은 역연혼을 할 필요가 없다. 그러나 시모가 임신한 상태에서 여행을 떠났다면 상황이 달라진다. 남편 사망 전에 시모가 사내 아이를 낳으면 남편에게 형제, 즉 야밤이 생기기 때문이다(남편 사망 '후' 사내 아이를 낳았다면 역연혼을 할 수

없다[2, 1]).

- 랍비 예호슈아는 이 경우에도 역연혼과 상관없이 상배여성이 즉시 재혼할 수 있다고 말한다. 시모의 연령을 고려할 때 유산할 가능성이 높고, 유산하지 않더라도 태어난 아이가 여아일 수 있기 때문이다. 할라카는 랍비 예호슈아의 의견을 따르지 않는다.

16, 2

שְׁתֵּי יְבָמוֹת, זוֹ אוֹמֶרֶת מֵת בַּעְלִי וְזוֹ אוֹמֶרֶת מֵת בַּעְלִי, זוֹ אֲסוּרָה מִפְּנֵי בַעְלָהּ שֶׁל זוֹ וְזוֹ אֲסוּרָה מִפְּנֵי בַעְלָהּ שֶׁל זוֹ. לָזוֹ עֵדִים וְלָזוֹ אֵין עֵדִים, אֶת שֶׁיֵּשׁ לָהּ עֵדִים, אֲסוּרָה. וְאֶת שֶׁאֵין לָהּ עֵדִים, מֻתֶּרֶת. לָזוֹ בָנִים וְלָזוֹ אֵין בָּנִים, אֶת שֶׁיֵּשׁ לָהּ בָּנִים, מֻתֶּרֶת. וְאֶת שֶׁאֵין לָהּ בָּנִים, אֲסוּרָה. נִתְיַבְּמוּ וּמֵתוּ הַיְבָמִין, אֲסוּרוֹת לְהִנָּשֵׂא. רַבִּי אֶלְעָזָר אוֹמֵר, הוֹאִיל וְהֻתְּרוּ לַיְבָמִין, הֻתְּרוּ לְכָל אָדָם:

두 예바마가 있는데, 한 명이 말하기를 "내 남편이 사망했다" 하고, 다른 한 명도 "내 남편이 사망했다"라고 하면, 서로 상대방의 남편으로 인해 [재혼이] 금지된다.

만일 한 명에게는 [남편 사망에 대한] 증인들이 있고, 다른 한 명에게는 증인이 없다면, 증인들이 있는 여성은 [재혼이] 금지되나, 증인이 없는 여성은 [재혼이] 허용된다.

만일 한쪽 여성에게는 자녀가 있고, 다른 한쪽 여성에게는 자녀가 없다면, 자녀가 있는 쪽은 [재혼이] 허용되고 자녀가 없는 쪽은 [재혼이] 금지된다.

만일 이 [두] 여성이 역연혼으로 혼인했는데 야밤들이 [자식 없이] 사망했다면, 이들의 재혼은 금지된다. 그러나 랍비 엘아자르는 말한다. "이들이 야밤들과 재혼하는 것이 허용되었으므로 따라서 [이후] 어느 남자와 혼인하든 허용된다."

- 친족 관계에 있지 않은 여성 두 명이 두 형제와 각각 결혼했고 자식이 없는 경우다. 남편이 사망하고 야밤(역연혼 의무가 있는, 남편의 형제)이 존재한다면 신 벗는 예식이나 역연혼을 하지 않는 이상 외부인과의 재혼이 불가능하되 야밤이 존재하지 않으면 재혼할 수 있는 것이 역연혼법의 원칙이다. 이 미쉬나의 첫 번째 사례에서 "내 남편이 사망했다"라는 두 여성의 증언은 각각 그 효력을 발휘해야 한다(15, 1). 그러나 이 경우 자기 남편의 사망은 곧 상대 여성의 야밤(시형제)이 사망했다는 진술이 된다. 만일 한쪽이 위증했을 시, 이는 다른 한쪽의 야밤이 살아 있다는 말이 되며, 그와 신 벗는 예식(할리짜)을 해야만 상대 여성은 역연혼 의무에서 벗어나 시형제 외 남자와 재혼이 가능해진다. 사망 여부를 확인해줄 다른 증인이 없는 이상 서로 상대 여성을 곤궁(15, 4)에 빠트리기 위해 자기 남편이 사망했다고 거짓 진술했을 가능성을 배제할 수 없기에, 양쪽 모두 재혼이 금지된다(여성의 사망 증언을 채택할지 여부에 대해서는 15, 4를 참조하라).
- 같은 상황에서 증인이 있는 경우: 증인이 있는 쪽 여성이 확인하는 것은 상대 여성의 야밤인 자기 남편의 사망 사실이다. 따라서 증인이 없는 상대방 여성은 본인의 증언으로 남편 사망이 확인되었고, 상대 여성의 증인으로 야밤의 사망도 확인되었기에 외부인과 재혼할 수 있다.
- 같은 상황에서 자녀가 있는 경우: 자녀가 있다면 역연혼 대상이 아니기 때문에 야밤의 사망 여부와 관계없이 외부인과 재혼 가능하다.
- 같은 상황(자녀도 증인도 없는)에서, 생존한 다른 두 형제가 있어 역연혼을(10, 3) 했는데 이들도 자식 없이 사망하면, 두 여성은 다시 첫째 조항에서 설명한 상황에 놓이게 되므로 재혼이 금지된다. 그러나 랍비 엘아자르는 이에 반대한다. 이미 남편들이 사망했다는 가정하

에 이들이 역연혼으로 혼인한 이상, 이들(두 여성의 남편이자 상대의 야밤)이 살아 있을 수도 있다는 추정 자체가 비논리적이라는 이유다(할라카는 랍비 엘아자르의 의견을 따르지 않는다).

16, 3

אֵין מְעִידִין אֶלָּא עַל פַּרְצוּף פָּנִים עִם הַחֹטֶם, אַף עַל פִּי שֶׁיֵּשׁ סִמָּנִין בְּגוּפוֹ וּבְכֵלָיו. אֵין מְעִידִין אֶלָּא עַד שֶׁתֵּצֵא נַפְשׁוֹ, וַאֲפִלּוּ רָאוּהוּ מְגֻיָּד, וְצָלוּב, וְהַחַיָּה אוֹכֶלֶת בּוֹ. אֵין מְעִידִין אֶלָּא עַד שְׁלֹשָׁה יָמִים. רַבִּי יְהוּדָה בֶּן בָּבָא אוֹמֵר, לֹא כָּל הָאָדָם וְלֹא כָּל הַמָּקוֹם וְלֹא כָּל הַשָּׁעוֹת שָׁוִין:

시신의 몸이나 옷에 〔신원 확인이 가능한〕 표시가 있어도, 코를 포함한 얼굴을 보았을 때에만 〔사망을〕 증언할 수 있다.

신체 일부가 절단되거나, 십자가형에 처해졌거나, 짐승이 잡아먹었다 해도, 오직 숨을 거둔 이후에야 〔사망을〕 증언할 수 있다. 〔그러나〕 사망 후 3일 안에 〔시신을 보았을 때에만〕 증언할 수 있다. 랍비 예후다 벤 바바[153]는 말한다. "〔시신이 부패하는 정도는〕 사람, 장소, 시간에 따라 모두 다르다."

16, 4

נָפַל לְמַיִם, בֵּין שֶׁיֵּשׁ לָהֶן סוֹף, בֵּין שֶׁאֵין לָהֶן סוֹף, אִשְׁתּוֹ אֲסוּרָה. אָמַר רַבִּי מֵאִיר, מַעֲשֶׂה בְּאֶחָד שֶׁנָּפַל לְבוֹר הַגָּדוֹל, וְעָלָה לְאַחַר שְׁלֹשָׁה יָמִים. אָמַר רַבִּי יוֹסֵי, מַעֲשֶׂה בְּסוּמָא שֶׁיָּרַד לִטְבֹּל בִּמְעָרָה, וְיָרַד מוֹשְׁכוֹ אַחֲרָיו, וְשָׁהוּ כְדֵי שֶׁתֵּצֵא נַפְשָׁם, וְהִשִּׂיאוּ נְשׁוֹתֵיהֶם. וְשׁוּב מַעֲשֶׂה בְּעַסְיָא בְּאֶחָד שֶׁשִּׁלְשְׁלוּהוּ לַיָּם, וְלֹא עָלָה בְיָדָם אֶלָּא רַגְלוֹ, אָמְרוּ חֲכָמִים, מִן הָאַרְכֻּבָּה וּלְמַעְלָה, תִּנָּשֵׂא. מִן הָאַרְכֻּבָּה וּלְמַטָּה, לֹא תִנָּשֵׂא:

153) יהודה בן בבא (Yehudah b. Bava).

어떤 남자가 물에 빠졌다면, 그 끝이 보이든 보이지 않든[154] 그 아내는 〔재혼이〕 금지된다. 랍비 메이르가 말했다. "어떤 사람이 큰 구덩이[155]에 빠졌다가 3일 후에 떠오른 사례가 있다."

랍비 요쎄는 말한다. "눈먼 남자가 〔몸을〕 담그려고 동굴로 내려갔고 수행원이 그 뒤를 따라 내려갔다. 그가 숨이 떠나기까지 〔거기 머물러〕 있었던 사례가 있었는데, 그 아내들에게 재혼이 허락되었다."

아쓰야[156]에서 또 다른 사건이 있었는데, 어떤 사람이 바다에 빠졌다가 다리만 떠올랐다. 현인들은 말한다. "만일 무릎 위까지 발견되었다면 그 아내는 재혼할 수 있다. 그러나 〔다리가〕 무릎 아래에서 〔시작되〕면 재혼할 수 없다."

- '물의 끝'이란 사람이 서서 보았을 때 사방에서 물이 끝나는 지경이 육안으로 보이는지를 말한다(알벡).
- 둘째 조항의 동굴은 물이 있는 동굴로 보인다. 블랙먼은 세 시간이 지나도 물 밖으로 나오지 않을 정도로 시간이 경과된 것으로 해석하며, 익사로 인해 숨이 차서 호흡이 멎음을 의미한다.
- 물에 빠지거나 동굴에서 실종되었는데 시신이 발견되지 않으면 사망으로 처리하기가 어렵다.
- 발견된 시신 일부인 다리가 무릎 아래부터 시작되면 누군가의 시신으로 특정하기에 부족하다고 판단한다. 남편의 사망이 확인되지 않은 이상 그 아내는 재혼할 수 없다.

---

154) 직역하면 "그 물에 끝(סוף)이 있거나 끝이 없거나"다.
155) 물 저장고나 저수지로 추정된다.
156) 사해 근처 요단강 동편 경사지의 칼리로레(Callirhoe)를 말한다(블랙먼).

אֲפִלּוּ שָׁמַע מִן הַנָּשִׁים אוֹמְרוֹת, מֵת אִישׁ פְּלוֹנִי, דַּיּוֹ. רַבִּי יְהוּדָה אוֹמֵר, אֲפִלּוּ
שָׁמַע מִן הַתִּינוֹקוֹת אוֹמְרִים, הֲרֵי אָנוּ הוֹלְכִין לִסְפֹּד וְלִקְבֹּר אֶת אִישׁ פְּלוֹנִי,
בֵּין שֶׁהוּא מִתְכַּוֵּן וּבֵין שֶׁאֵינוֹ מִתְכַּוֵּן. רַבִּי יְהוּדָה בֶן בָּבָא אוֹמֵר, בְּיִשְׂרָאֵל עַד
שֶׁיְּהֵא מִתְכַּוֵּן. וּבְגוֹי, אִם הָיָה מִתְכַּוֵּן, אֵין עֵדוּתוֹ עֵדוּת:

여자들이 "아무개가 사망했다"라고 말하는 걸 누군가 들은 경우라 해도 증언 [채택이 가능하다]. 랍비 예후다는 말한다. "아이들이 '우리가 가서 아무개를 애곡하고 매장할 것이다'라고 말하는 걸 [누군가] 들었다 해도 [충분하다]."

[증언자의 증언] 의사가 있든 없든 [증언 채택이 가능하다]. 랍비 예후다 벤 바바는 말한다. "유대인의 경우[157] 의도했다 해도[158] [그의 증언은 효력을 지닌다]. 그러나 이방인의 경우 의도했다면 그의 증언은 증언이 아니다."

- 어떤 사람이 누군가의 사망을 직접 목격한 것이 아니라 제삼자로부터 전해들었을 경우에도 그 증언은 효력을 지닌다. 이 미쉬나는 상배여성의 재혼이 용이하도록 사망 증언 채택에 유연성을 두고 있음을 보여준다.
- 심지어 장례와 매장을 이야기하고 있는 사람들이 아이들이더라도 증언으로서의 효력이 있다. 증언자의 증언 의사 여부와 상관없이 사망 확인자로서의 증언 채택이 가능하다.
- 랍비 예후다 벤 바바의 의견을 설명한 본문은 명확한 뜻을 파악하기가 어렵다. 가령 뉴스너는 "이스라엘인인 경우 증언하려고 의도한 경우에만 유효하다"라고 번역한다. 바벨 탈무드가 인용하는 미쉬나에

---

157) 원문은 "이스라엘의 경우"-(בישראל)다. 여기서는 뒤에 나오는 비유대인과 이방인(גוי, 고이)의 반대 개념으로 쓰여 유대인을 지칭한다.

따라 번역·주해하자면, 어떤 의도를 가지고 증언하는 경우 증언자가 비유대인이면 받아들이지 않고 유대인일 때만 받아들인다는 의견으로 보인다. 바벨 탈무드에서 랍비들은 이 미쉬나에 대해 논하며, 어떤 여성의 남편이 사망했다는 사실만 증언하는 것은 단순증언이지만, 사망했으니 이 여자의 재혼을 허락해달라 하면 의도성 있는 증언이라고 설명한다.

16, 6

מְעִידִין לְאוֹר הַנֵּר וּלְאוֹר הַלְּבָנָה, וּמַשִּׂיאִין עַל פִּי בַת קוֹל. מַעֲשֶׂה בְּאֶחָד
שֶׁעָמַד עַל רֹאשׁ הָהָר וְאָמַר, אִישׁ פְּלוֹנִי בֶן פְּלוֹנִי מִמָּקוֹם פְּלוֹנִי מֵת, הָלְכוּ
וְלֹא מָצְאוּ שָׁם אָדָם, וְהִשִּׂיאוּ אֶת אִשְׁתּוֹ. וְשׁוּב מַעֲשֶׂה בְּצַלְמוֹן בְּאֶחָד
שֶׁאָמַר, אֲנִי אִישׁ פְּלוֹנִי בֶן אִישׁ פְּלוֹנִי, נְשָׁכַנִי נָחָשׁ, וַהֲרֵי אֲנִי מֵת, וְהָלְכוּ וְלֹא
הִכִּירוּהוּ, וְהִשִּׂיאוּ אֶת אִשְׁתּוֹ:

등불이나 달빛[159]으로 [시신을 확인했어도] 증언할 수 있다. 또한 소리[160]에 기반해서[도] 재혼을 허락한다.

산꼭대기에 선 어떤 남성이 "아무개의 아들 아무개가 이러이러한 장소에서 사망했다"라고 말한 사례가 있다. 사람들이 [산꼭대기에] 갔을 때 거기서 어떤 사람도 발견하지 못했으나, [그 사망했다는] 남자의 아내에게 재혼을 허용했다.

---

158) 알벡 등 본문에 기록된 עד שיהא מתכון 대신 바벨 탈무드에서 인용한 미쉬나는 אף על פי שהוא מתכון로 기록한다(게마라 121b). 전자는 "~까지"의 의미가, 후자는 "~비록 ~라 해도"의 의미가 있으며, 다른 여러 주석들(댄비; 블랙먼, 야드 아브라함 등)을 따라 여기서도 후자를 채택하여 번역했다.

159) 직역하면 "하얀 빛"이다.

160) 문자적으로는 '바트 콜'(בת קול, 소리의 딸)이다. 하늘의 소리를 지칭하는 표현으로 보통 신적인 메시지를 통한 신의 계시를 가리킨다. 그러나 여기에서는 신원을 알 수 없는 자가 목소리만으로 증언하는 것을 말한다.

또 다른 사례로 짤몬[161]에서 어떤 사람이 "나는 아무개의 아들 아무개이며, 뱀이 나를 물어 죽어가오"라고 말한 사례가 있다. 사람들이 [찾아]갔지만 그 [죽은 자]를 알아보지 못했고, 그럼에도 그의 아내에게 재혼을 허용했다.

- 이전 미쉬나의 연장선에서 증언에 대해 다룬다. 낮이 아니라 밤, 즉 어두울 때 시신을 보았어도 증언으로 채택하여 사망자의 아내에게 재혼을 허락한다.

- 목소리만 가지고 증언으로 채택한 판례가 이어진다. 증인의 얼굴은 보지 못했으나, 사망자의 신원과 사망 장소를 특정한 목소리를 증언으로 인정하여, 그 상배여성에게 재혼을 허락한 경우다.

- 뱀독으로 인해 사망자의 얼굴을 알아볼 수 없게 되었으나, 죽기 전에 신원을 밝혀 스스로 증언한 내용을 인정하고 있다. 그러나 뱀에 물렸다 해도 해독될 가능성이 있기에 사망 처리가 되려면 적어도 시신이 발견되어야 한다.[162]

16, 7

אָמַר רַבִּי עֲקִיבָא, כְּשֶׁיָרַדְתִּי לִנְהַרְדְּעָא לְעַבֵּר הַשָּׁנָה, מָצָאתִי נְחֶמְיָה אִישׁ
בֵּית דְּלִי, אָמַר לִי, שָׁמַעְתִּי שֶׁאֵין מַשִּׂיאִין אֶת הָאִשָּׁה בְּאֶרֶץ יִשְׂרָאֵל עַל
פִּי עֵד אֶחָד, אֶלָּא רַבִּי יְהוּדָה בֶן בָּבָא. וְנוֹמֵתִי לוֹ, כֵּן הַדְּבָרִים. אָמַר לִי,
אֱמֹר לָהֶם מִשְּׁמִי, אַתֶּם יוֹדְעִים שֶׁהַמְּדִינָה מְשֻׁבֶּשֶׁת בִּגְיָסוֹת, מְקֻבְּלָנִי מֵרַבָּן
גַּמְלִיאֵל הַזָּקֵן, שֶׁמַּשִּׂיאִין אֶת הָאִשָּׁה עַל פִּי עֵד אֶחָד. וּכְשֶׁבָּאתִי וְהִרְצֵיתִי
הַדְּבָרִים לִפְנֵי רַבָּן גַּמְלִיאֵל, שָׂמַח לִדְבָרַי, וְאָמַר, מָצָאנוּ חָבֵר לְרַבִּי יְהוּדָה
בֶן בָּבָא. מִתּוֹךְ הַדְּבָרִים נִזְכַּר רַבָּן גַּמְלִיאֵל, שֶׁנֶּהֶרְגוּ הֲרוּגִים בְּתֵל אַרְזָא,
וְהִשִּׂיא רַבָּן גַּמְלִיאֵל הַזָּקֵן נְשׁוֹתֵיהֶם עַל פִּי עֵד אֶחָד, וְהֻחְזְקוּ לִהְיוֹת מַשִּׂיאִין

161) 짤몬(צלמון, Zalmon)은 갈릴리 하부에 있는 도시다. 블랙먼은 세겜 인근 지역의 언덕 이름으로 추정한다.

עַל פִּי אֶחָד. וְהֻחְזְקוּ לִהְיוֹת מְשִׂיאִין עֵד מִפִּי עֵד, מִפִּי עֶבֶד, מִפִּי אִשָּׁה,
מִפִּי שִׁפְחָה. רַבִּי אֱלִיעֶזֶר וְרַבִּי יְהוֹשֻׁעַ אוֹמְרִים, אֵין מַשִּׂיאִין אֶת הָאִשָּׁה עַל
פִּי עֵד אֶחָד. רַבִּי עֲקִיבָא אוֹמֵר, לֹא עַל פִּי אִשָּׁה, וְלֹא עַל פִּי עֶבֶד וְלֹא עַל
פִּי שִׁפְחָה, וְלֹא עַל פִּי קְרוֹבִים. אָמְרוּ לוֹ, מַעֲשֶׂה בִּבְנֵי לֵוִי שֶׁהָלְכוּ לְצֹעַר
עִיר הַתְּמָרִים, וְחָלָה אֶחָד מֵהֶם בַּדֶּרֶךְ, וֶהֱבִיאוּהוּ בְּפֻנְדָּק, וּבַחֲזָרָתָם אָמְרוּ
לַפֻּנְדָּקִית אַיֵּה חֲבֵרֵנוּ, אָמְרָה לָהֶם מֵת וּקְבַרְתִּיו, וְהִשִּׂיאוּ אֶת אִשְׁתּוֹ. אָמְרוּ
לוֹ, וְלֹא תְהֵא כֹהֶנֶת כַּפֻּנְדָּקִית. אָמַר לָהֶם, לִכְשֶׁתְּהֵא פֻּנְדָּקִית נֶאֱמֶנֶת.
הַפֻּנְדָּקִית הוֹצִיאָה לָהֶם מַקְלוֹ וְתַרְמִילוֹ וְסֵפֶר תּוֹרָה שֶׁהָיָה בְיָדוֹ:

랍비 아키바가 말했다. "내가 윤년(閏年)을 선언하기 위해 네하르
데아[163]에 내려갔을 때, 벳 들리 사람 네헤미야를 만난[164] 적이 있다.
그가 나에게 말하기를 '이스라엘 땅에서는 오직 랍비 예후다 벤 바바
만이 증인 한 명에 입각해서 여성을 재혼시킨다고 들었소'라고 했다.
이에 '그 말이 맞다'고 그에게 대답했다. 〔그러자 네헤미야가〕 내게 말
했다. '그들에게 내 이름으로 전해주시오. 당신들도 알다시피 이 나라
는 약탈군으로 인해 혼란한 상태요. 〔때문에 내가 직접 갈 수가 없소〕.
나는 라반 감리엘 연장자로부터 증인 한 명에 근거해서도 여성을 재
혼시켜야 한다는 전승을 받았소.' 내(랍비 아키바)가 〔돌아〕와 라반
감리엘[165] 앞에서 이를 이야기하자, 그는 내 말에 기뻐하며 '우리가
랍비 예후다 벤 바바의 동료[166]를 찾았소'라고 말했다. 대화 중에 라

---

162) 아브라함 히르쉬 아이젠슈타트(Abraham Hirsch Eisenstadt)가 약 1830년
    에서 1836년에 출간한 『슐칸 아룩』에 대한 주해서 『피트케이 츄바』(פתחי
    תשובה, Pitchei Teshuvah) 중 '에벤 하에제르' 편 17, 92.

163) 네하르데아(נהרדעא, Neharde'a)는 바벨의 도시로, 사무엘 바르 압바(Samuel
    bar Abba)가 설립한 아카데미의 소재지로 유명했다.

164) 일부 미쉬나 권위자들은 '마짜티'(מצאתי, 내가 만났다) 대신 '마짜니'(מצאני,
    그가 나를 〔찾아와〕 만났다)로 읽는다(블랙먼; 야드 아브라함). 이 경우, 벳 들
    리 사람 네헤미야가 랍비 아키바를 찾아와 만났다는 의미가 된다.

165) 야브네 출신 라반 감리엘(רבן גמליאל דיבנה, Rabban Gamaliel II)을 말하며 라
    반 감리엘 연장자(Rabban Gamaliel the Elder)의 손자다.

반 감리엘은, 텔 아르자[167]에서 [어떤] 사람들이 살해된 적이 있었는데 그때 라반 감리엘 연장자가 증인 한 명의 진술만으로도 그 아내들의 재혼을 허락한 사례를 기억해냈다. (그리하여 그들은 증인 한 명의 진술에 근거하여 여성이 재혼할 수 있는 법을 제정했고),[168] 전해들은 진술, 노예의 진술, 여성의 진술, 여자 노예[169]의 진술에 의해서도 [여성들이] 재혼할 수 있도록 입법했다."

랍비 엘리에제르와 랍비 예호슈아는 말한다. "증인 한 명의 진술로는 여성을 재혼시킬 수 없다."

랍비 아키바는 말한다. "여성의 진술, 노예의 진술, 여종의 진술, 친족들의 진술로는 [그 여성을 재혼시키는 것이] 불가하다."

[그러자 현인들이] 그(랍비 아키바)에게 말했다. "한 번은 레위 자손 사람들이 종려나무 성읍인 쪼아르[170]에 갔는데, 그들 중 하나가 길에서 병이 나는 바람에 그를 여관에 맡기고 떠났다. 그들이 돌아와 여관 여주인에게 '우리 친구가 어디 있소?'하고 물었다. [그러자 여주인이] '그가 사망했기에 매장하였소'라고 대답했고, 이에 그들이 그 아내의 재혼을 허락했다. [그러면서 현인들은] 그(아키바)에게 말했다. "[여관 여주인의 말은 믿고,] 제사장의 아내 말은 믿지 못한단 말인가?"[171] [이에] 그(랍비 아키바)가 그들(현인들)에게 말했다. "여관 여주인의 경우, 그들에게 그(죽은 이)의 지팡이, 가방, 그리고 그가 지

---

166) 네헤미야를 가리키며, 랍비 예후다 벤 바바(יהודה בן בבא)와 벳 들리 사람 네헤미야(נחמיה איש בית דלי)가 동일한 의견을 가지고 있음을 뜻한다.

167) 텔 아르자(תל ארזא)는 팔레스타인의 지명으로 '삼나무 숲'이란 뜻을 지닌다. 바르 코크바 전쟁 때 이곳에서 벌어졌던 학살을 이야기하고 있다.

168) 괄호 부분은 일부 사본들에서 생략되어 있다(블랙먼; 알벡).

169) 쉬프하(שפחה)의 일차적 의미는 '여종'인데, 여기서는 이방인 여성 노예다.

170) 쪼아르(צער, Zoar).

171) 이방 여성의 말은 신뢰하면서, 유대 여성의 말은 신뢰하지 못하느냐는 의미다.

넜던[172] 토라 두루마리를 [증거로] 가져왔기 때문에 그 말을 믿은 것이다."

- 이 미쉬나는 남편의 부고를 전하는 증인이 한 명일 때, 그 아내의 재혼을 허용할지 여부를 두고 벌인 랍비들의 긴 논쟁을 다룬다. 랍비 아키바는 증인이 한 명이어도 재혼을 허락해야 한다는 쪽이며 할라카는 이를 받아들인다. 아키바가 랍비 법정의 수장으로서 윤년 지정을 위해 바벨의 도시 네하르데아에 간 적이 있는데, 그때 만난 네헤미야와의 대화를 빌려 논지를 펼친다. 네헤미야는 네하르데아의 정세로 인해 직접 예루살렘에 가서 전할 수 없음을 먼저 말한 후, 라반 감리엘 연장자의 권위를 빌려 증인 한 명의 진술로도 여성이 재혼할 수 있어야 한다고 주장한다. 랍비 아키바가 라반 감리엘—라반 감리엘 연장자(רבן גמליאל הזקן, Gamaliel I)의 손자—에게 가서 네헤미야의 말을 전한 이래, 한 명의 증인에 기반해 재혼을 허용하는 것은 물론, 제삼자가 다른 증인에게서 들은 사망 진술이나 노예·여성·여종의 사망 진술을 받아들여 상배여성이 재혼할 수 있는 법이 확립되었다.
- 랍비 예호슈아와 랍비 엘리에제르의 기존 주장이 소개된다. 이들은 증인 한 명의 사망 진술에 의한 여성의 재혼에 반대하며, 이는 새 법안이 마련되기 전이다.
- 랍비 아키바는 라반 감리엘의 의견에 부분적으로 찬성한다. 즉 증인 한 명의 사망 진술에 의한 여성의 재혼에는 찬성하나, 여성·노예·여종의 진술, 친족들의 진술에 의한 재혼은 반대한다. 그러나 상술한 새 법이 채택된 후에는 이를 받아들였다(게마라 122a).

---

172) 직역하면 "그의 손에 있었던"(שהיה בידו)이다.

- 마지막 예화는 랍비 아키바를 향한 현인들의 반론으로, 이 현인들은 랍비 엘리에제르와 랍비 예호슈아가 아닌 다른 랍비들로 추정된다. 랍비 엘리에제르와 랍비 예호슈아는 랍비 아키바보다 한 세대 전 사람들이기 때문이다. 이들은 여자의 진술도 증언으로 채택되어야 한다는 주장을 펼치기 위해, 이방 여관 주인의 진술이 받아들여진 판례(랍비 법정은 비유대 여성인 여관 주인의 증언을 인정하여 사망자의 아내에게 재혼을 허락했다)를 소개하고 있다.
- 랍비 아키바의 반론에 대해 다양한 추정이 가능하다. 이 경우 증언뿐 아니라 증거품도 있었기 때문이라는 해석(블랙먼), 또는 이 여관 주인은 사망을 '증언'하려는 의도 없이 단지 그의 소지품을 돌려주며 진술했기에 신빙성이 있다는 해석 등이다(게마라 122b; 비유대인의 증언에 대해서는 16, 5).
- 할라카는 사망 진술에 있어 증인 한 명의 진술, 제삼자가 다른 증인에게서 들은 내용의 진술, 노예·여성·여종의 진술 모두 허용했다.

כתובות

—2—

케투봇
혼인계약서

만일 그(아내)에게 케투바를 써주지 않았다면, 처녀의 경우 200주즈, 과부의 경우 100주즈를 가져간다. 이는 법정이 규정한 조건이기 때문이다. 그(아내)에게 200주즈 대신에, 1마네(100주즈)에 상응하는 밭을 케투바에 써주면서, "내가 소유한 모든 재산이 당신의 케투바를 보증한다"라고 적지 않았다 해도 그는 200주즈 전액을 지불할 의무가 있다. 이는 법정이 규정한 조건이기 때문이다. _「케투봇」4, 7

개요

케투바는 '기록하다'라는 뜻의 '카타브' 동사에서 파생했으며, 문자적으로는 '기록된 것', 즉 문서·증서를 의미한다(케투봇은 케투바의 복수형태다). 케투바는 혼인계약서이며, 이혼이나 사별 시 여성이 남성 배우자의 재산에서 받게 되는 몫을 주요 골자로 한다.[1] 미쉬나에서는 케투바에 명시된 금액도 통상 케투바로 일컫는다. 기타 케투바에는 혼인 관계로 발생하는 남편과 아내의 의무, 아내가 가져온 재산(쫀 바르젤) 등을 기록한다. 케투바는 혼인의 첫 단계인 약혼(키두쉰/에루씬) 때 작성하는데, 처녀로서 혼인하는 경우 기본 200주즈,[2] 사별하거나 이혼한 여성이 재혼할 때는 100주즈를 혼인이 해소될 때 남편의 재산에서 받게 된다. 혹 남편이 케투바에 금액을 적지 않았다고 해도 이 법규는 효력을 발휘한다(4, 7).

---

1) 남편이 사망할 경우, 상배여성인 배우자는 혼인계약서인 케투바에 적힌 몫을 찾아가지만 남편의 재산을 상속하지는 못한다.
2) 신명기 22:29에 의하면 성폭행자는 벌금 50쉐켈을 내야 하는데(「케투봇」제3장), 이 은 50쉐켈은 200주즈(디나르)다. 이는 처녀가 이혼이나 사별 시 받게 되는 케투바 금액에 상응한다.

케투바 의무가 성서법인지 랍비법인지는 논란이 있는 사안이다.[3] 전자를 주장하는 이들은 출애굽기 22:15-17에서 그 근거를 찾는다. 후자를 주장하는 이들은 남편이 쉽게 아내와 이혼하는 것을 막기 위해 케투바법을 제정했다고 말한다(게마라 11a). 200주즈는 한 사람이 일 년 동안 생계를 유지하는 데 드는 비용에 준하는 금액이다(「페아」 8, 8). 남편 사망 시에 케투바를 수령하는 것은, 배우자의 부재로 발생할 수 있는 재정적 어려움으로부터 상배여성을 보호하기 위한 것으로 이해된다.

케투바는 당사자의 거주 지역에서 통용되는 화폐로 지급할 수 있다.[4] 단, 이를 환산할 때 케투바에 정해진 금액에 상응하거나 상회해야 한다. 신랑은 신부가 동의한다 해도 법으로 정해진 케투바 금액을 깎을 수 없다. 다만 금액을 올릴 수는 있다. 기타 신부의 지참금을 케투바에 기록하기도 한다.[5] 배우자가 혼인의 의무를 준수하지 않았을 때 위약금의 일환으로 남편은 케투바 금액을 깎을 수 있고, 아내는 케투바 금액을 올릴 수 있다(5, 7; 7, 6).

마쎄켓 「케투봇」은 케투바 금액, 처녀가 아닌 것이 밝혀졌을 때 남편의 이의 제기(손해배상 청구), 케투바 수령방법과 상속, 그리고 케투바에 기록되어야 하는 아내와 남편의 의무 및 권리 등을 논한다. 그

---

3) 어느 쪽이든 이미 존재하던 기존 관습에 기반하는 것으로 추정된다.

4) 각 통화 가치와 관련해서는 『모에드』 「쉐칼림」을 보라.

5) 지참금에는 두 종류, 니크쎄 쫀 바르젤(고정가치 재산)과 니크쎄 멜로그(용익 재산)가 있으며, 전자를 케투바에 기록한다. 쫀 바르젤의 경우 남편은 재산을 증식하여 이윤을 창출하는 것이 가능하나, 손실·멸실 등에 대해 책임을 져야 한다. 또한 케투바에 기록될 당시의 가치대로 반환할 의무가 있다. 혼인 시 가져온 소유물이나 이후에 상속한 재산인 멜로그의 경우 남편은 용익만 할 수 있으며 손실·멸실 등에 있어 책임을 지지 않는다. 멜로그는 이혼이나 사별 시 원 소유주인 아내에게 귀속된다. 자세한 내용은 「예바못」 4, 3; 7, 1을 참조하라.

밖에 혼인으로 인해 부친에게서 남편으로 이양되는 권한, 혼인준비 기간, 처녀를 성폭한 자의 처벌과 벌금, 아내의 수익, 지참금, 상속 받은 재산에 대한 남편의 권한, 일반혼이 아닌 역연혼일 때의 규정들, 아내가 여럿일 때의 케투바 수령, 의붓딸의 권리 등을 자세히 다룬다.

제1장

혼인하는 여성의 처녀성 여부와 관련해 일어날 수 있는 법적 분쟁에 대해 논하고 있다. 또한 성관계가 아닌 외상으로 인해 처녀막이 손상된 경우, 미성년 여성 및 혼인의 첫 단계인 약혼까지만 한 상태에서 혼인관계가 해소되어 재혼하는 여성의 케투바, 비유대교에서 유대교로 개종하거나 포로에서 풀려난 여성, 이방인의 노예였으나 해방된 여성 등의 케투바 사례를 논한다.

1, 1

בְּתוּלָה נִשֵּׂאת לְיוֹם הָרְבִיעִי, וְאַלְמָנָה לְיוֹם הַחֲמִישִׁי. שֶׁפַּעֲמַיִם בַּשַּׁבָּת בָּתֵּי דִינִין יוֹשְׁבִין בָּעֲיָרוֹת, בַּיוֹם הַשֵּׁנִי וּבַיוֹם הַחֲמִישִׁי, שֶׁאִם הָיָה לוֹ טַעֲנַת בְּתוּלִים, הָיָה מַשְׁכִּים לְבֵית דִּין:

처녀는 〔일주일 중〕 네 번째 요일에, 과부는 다섯 번째 요일에 혼인해야 한다. 도시의 법정이 한 주에 두 번, 두 번째 요일과 다섯 번째 요일에 개정하므로, 만일 〔신랑이 신부의〕 처녀성〔과 관련해〕 소송하려면 〔다섯 번째 요일〕 아침 일찍 법정에 갈 수 있다.

- 유대인의 일주일은 일요일부터 시작된다. 법정이 열리는 날은 월요일과 목요일이며, 처녀는 수요일에 혼인하고 과부는 목요일에 혼인하라고 말한다.
- 신명기 22:13-22에는 신부의 처녀성에 의심을 품고 법정에 고발하는 내용이 담겨 있다. 고대 사회에서 신부의 처녀성은 매우 중요하게 취급된다. 성교 후 출혈이 없어 신부가 처녀가 아니라는 신랑의 주장이 법정에서 인정되면, 그는 케투바를 지불하지 않고 이혼할 수 있었다. 그러나 혼인 직후, 날이 밝는 즉시 법정에 고발하지 않으면 아내

를 용서하고 혼인을 지속하겠다는 의사로 볼 수 있기에 수요일에 혼
인하여 익일인 목요일에 법정에 갈 수 있게 한다. 여자가 약혼 기간
중 다른 남자와 성관계했다면 간음한 것으로 본다(「쏘타」5, 1).

- 과부가 목요일에 혼인해야 하는 이유에 대한 설명은 생략되어 있다.

1, 2

בְּתוּלָה, כְּתֻבָּתָהּ מָאתַיִם. וְאַלְמָנָה, מָנֶה. בְּתוּלָה אַלְמָנָה, גְּרוּשָׁה, וַחֲלוּצָה,
מִן הָאֵרוּסִין, כְּתֻבָּתָן מָאתַיִם, וְיֵשׁ לָהֶן טַעֲנַת בְּתוּלִים. הַגִּיּוֹרֶת, וְהַשְּׁבוּיָה,
וְהַשִּׁפְחָה שֶׁנִּפְדּוּ וְשֶׁנִּתְגַּיְּרוּ, וְשֶׁנִּשְׁתַּחְרְרוּ, פְּחוּתוֹת מִבְּנוֹת שָׁלֹשׁ שָׁנִים וְיוֹם
אֶחָד, כְּתֻבָּתָן מָאתַיִם, וְיֵשׁ לָהֶן טַעֲנַת בְּתוּלִים:

처녀의 경우, 그 케투바는 200〔주즈〕, 과부는 100[6]〔주즈〕다.

처녀로서 약혼 단계에서 과부가 되거나 이혼하거나 신 벗긴 여자가
된 경우, 이들의 케투바는 200〔주즈〕며 이들은 처녀성 〔관련〕 소송대
상이 된다.

세 살 하루 미만일 때 개종하거나 풀려나거나 해방된, 개종자·포로·
노예여성의 경우[7] 그 케투바는 200〔주즈〕며, 이들은 처녀성 〔관련〕
소송대상이 된다.

- 주즈(zuz)는 은전으로, 디나르라고도 한다. 이혼이나 사별 시 지불
  받는 케투바 금액이 처녀와 과부 사이에 차이가 있는 이유는, 과부
  의 경우 처음 혼인했을 때 적힌 케투바에 따라 이미 받은 재산이 있
  기 때문이다.

---

6) 원문은 1마네(מנה)다.
7) 주어는 '개종자', '포로', '노예' 순인데, 동사는 '(몸값을 내고) 풀려나다', '개종
하다', '해방되다'로, 주어와 동사 간 순서에 불일치를 보인다. 이하 반복되는 어
구에서도 계속 동일한 어순을 보인다.

- 약혼(에루씬)을 한 여성은 이미 혼인한 것으로 간주하지만, 남편과 함께 살기 전이라 성관계를 하지 않았기에, 이혼이나 사별, 또는 신 벗는 예식을 했어도 재혼 시 그 케투바는 처녀에 상응하는 200주즈 다. 재혼한 남편은 아내가 처녀가 아니라고 의심될 때 소송을 걸 수 있다.
- 비유대교인 여성, 포로로 잡혔던 여성, 이방인의 노예였던 여성은 이미 처녀성을 잃었다고 간주한다. 그러나 만 세 살과 하루 미만일 때는 처녀막이 재생된다고 보고, 그 연령 이전에 유대교로 개종한 여성, 포로로 잡혔다가 풀려난 여성, 이방인의 노예였다가 해방된 여성은 처녀로 인정하여 케투바를 200으로 상정한다. 따라서 남편 은 이들이 처녀가 아니라고 의심될 때 소송을 걸 수 있다.

1, 3

הַגָּדוֹל שֶׁבָּא עַל הַקְּטַנָּה, וְקָטָן שֶׁבָּא עַל הַגְּדוֹלָה, וּמֻכַּת עֵץ, כְּתֻבָּתָן מָאתַיִם, דִּבְרֵי רַבִּי מֵאִיר. וַחֲכָמִים אוֹמְרִים, מֻכַּת עֵץ, כְּתֻבָּתָה מָנֶה:

성인 남성이 [미성년인] 여자아이와 성관계하거나 미성년인 남자 가 성인 여자와 성관계할 경우, 또는 무카트 에쯔인 경우, 이들의 케투 바는 200[주즈]다. 이는 랍비 메이르의 말이다. [그러나] 현인들은 말 한다. "무카트 에쯔의 경우, 그 케투바는 100[주즈]다."

- 남성은 만 13세가 되어야 성인으로 인정받는데, 남성의 성관계는 9세 에서 하루 지난 시기부터 가능하다고 본다. '여자아이'에 상응하는 '크타나'는 만 12세에서 하루가 되기 전 연령의 여성을 일컫는다. 만 3세에서 하루 지나 성관계를 하면 그 처녀막은 재생되지 않는 것으 로 간주한다. 만 9세에서 하루 지난 남성과 성관계를 했다면 처녀막 이 손상되지 않았다 해도 처녀 자격을 상실한다.

- 성관계가 아닌 사고 등의 외상으로 인해 처녀막을 상실한 여성인 무카트 에쯔의 경우, 랍비 메이르는 처녀로 간주하여 케투바를 200주즈로 상정해야 한다고 주장하지만, 현인들은 이 의견에 반대한다. 할라카는 현인들의 판결을 따른다(무카트 에쯔에 대해서는 「예바못」 6, 4).

1, 4

בְּתוּלָה אַלְמָנָה, גְּרוּשָׁה, וַחֲלוּצָה, מִן הַנִּשּׂוּאִין, כְּתֻבָּתָהּ מָנֶה, וְאֵין לָהֶן טַעֲנַת בְּתוּלִים. הַגִּיּוֹרֶת, וְהַשְּׁבוּיָה, וְהַשִּׁפְחָה, שֶׁנִּפְדּוּ, וְשֶׁנִּתְגַּיְּרוּ, וְשֶׁנִּשְׁתַּחְרְרוּ, יְתֵרוֹת עַל בְּנוֹת שָׁלֹשׁ שָׁנִים וְיוֹם אֶחָד, כְּתֻבָּתָן מָנֶה, וְאֵין לָהֶן טַעֲנַת בְּתוּלִין:

처녀로서 혼인(니쑤인 단계)에서 과부가 되거나 이혼하거나 신 벗긴 여자가 된 경우, 이들의 케투바는 100〔주즈〕며, 이들은 처녀성〔관련〕 소송대상이 되지 않는다.

개종하거나 풀려나거나 해방된 개종자, 포로, 노예 여성의 경우, 그 케투바는 100〔주즈〕며, 이들은 처녀성〔관련〕 소송대상이 되지 않는다.

- 혼인의 둘째 단계인 니쑤인을 하고나서 이혼, 사별, 신 벗는 예식을 했다면 성관계를 하지 않은 처녀라 하더라도 재혼할 때 그 케투바는 100주즈다. 혼인 기간에 월경 주기가 겹쳐 성관계를 할 수 없었다고 주장할 수 있으나, 그 진위 파악이 불가하므로 이미 혼인(니쑤인)한 이상 신체적으로 처녀가 아닌 것으로 간주한다. 재혼할 경우, 남편은 이 여성이 처녀가 아니라는 이유로 소송을 걸 수 없다.
- 만 세 살과 하루 이상의 여성은 성관계 후 처녀막이 다시 회복된다고 보지 않는다(1, 2; 1, 3).

הָאוֹכֵל אֵצֶל חָמִיו בִּיהוּדָה שֶׁלֹּא בְעֵדִים, אֵינוֹ יָכוֹל לִטְעוֹן טַעֲנַת בְּתוּלִים,
מִפְּנֵי שֶׁמִּתְיַחֵד עִמָּהּ. אַחַת אַלְמְנַת יִשְׂרָאֵל וְאַחַת אַלְמְנַת כֹּהֵן, כְּתֻבָּתָן
מָנֶה. בֵּית דִּין שֶׁל כֹּהֲנִים הָיוּ גוֹבִין לַבְּתוּלָה אַרְבַּע מֵאוֹת זוּז, וְלֹא מִחוּ בְיָדָם
חֲכָמִים:

유다 〔지역〕에서 증인 없이 장인 〔집에서〕 식사한[8] 남자는 〔신부의〕 처녀성〔과 관련하여〕 소송할 수 없다. 〔이미〕 그녀와 함께 따로 있었기 때문이다.

이스라엘 일반 여성으로 과부가 되었든 제사장 딸로 과부가 되었든 그 케투바는 100주즈다.

제사장 법정은 〔그들의 딸이〕 처녀일 경우 〔케투바로〕 400주즈를 책정하곤 했다. 그러나 현인들은 항의하지 않았다.

- 이 미쉬나는 케투바 관련, 예외적인 관습을 논한다. 「예바못」 4, 10에서 언급한 것처럼 일부 유다 지역에서는 약혼 축제날 서로 친밀해지도록 신랑될 자와 신부될 자만 따로 놔두는 전통이 있었다. 이때 이미 이들이 성관계를 가질 수 있으므로, 첫날밤 신부에게서 혈흔을 발견하지 못했다 해도 처녀가 아니라고 법정에 소를 제기할 수 없다. 소송당사자인 남편이 다름 아닌 처녀성을 앗아간 장본인일 수 있기 때문이다. 갈릴리 지역에는 이러한 전통이 없다.
- 혼인까지 하고 나서 과부가 되었다면, 제사장 딸이든 일반 이스라엘 여성(비제사장 딸)이든 그 케투바는 100주즈다. 게마라에 따르면 한때 제사장들은 그들의 품위 유지를 위해 제사장의 딸이 재혼할 시 케투바를 200주즈로 높게 책정하여 두 번째 남편이 쉽게 이혼하지

---

8) 약혼 축제를 의미한다.

못하도록 했다. 그 결과 같은 케투바 가격이면 과부가 된 제사장 딸 대신 처녀인 비제사장 딸과의 혼인을 선호하게 되었기에 다시 100주즈로 내리게 되었다(게마라 12b).

- 제사장의 딸로 처녀일 경우, 일반인과 차별을 두고 혼인 시 400주즈라는 고액의 케투바를 책정했다. '제사장 법정'(בית דין של כהנים)이라는 용어를 통해 제사장들에게는 그들만의 법정이 따로 존재했으며, 이러한 예외적 관습은 별다른 이의 제기 없이 용인되었음을 추정할 수 있다.

1, 6

הַנּוֹשֵׂא אֶת הָאִשָּׁה וְלֹא מָצָא לָהּ בְּתוּלִים, הִיא אוֹמֶרֶת, מִשֶּׁאֵרַסְתַּנִי נֶאֱנַסְתִּי, וְנִסְתַּחֲפָה שָׂדֵךָ. וְהַלָּה אוֹמֵר, לֹא כִי, אֶלָּא עַד שֶׁלֹּא אֵרַסְתִּיךְ, וְהָיָה מִקָּחִי מֶקַּח טָעוּת. רַבָּן גַּמְלִיאֵל וְרַבִּי אֱלִיעֶזֶר אוֹמְרִים, נֶאֱמֶנֶת. רַבִּי יְהוֹשֻׁעַ אוֹמֵר, לֹא מִפִּיהָ אָנוּ חַיִּין, אֶלָּא הֲרֵי זוֹ בְחֶזְקַת בְּעוּלָה עַד שֶׁלֹּא תִתְאָרֵס, וְהִטְעַתּוּ, עַד שֶׁתָּבִיא רְאָיָה לִדְבָרֶיהָ:

어떤 남자가 어떤 여자와 혼인했는데 그 여자에게서 처녀〔라는 신체적 징후〕를 발견하지 못하자, 여자는 "당신이 나와 약혼한 이후에 내가 강간당했다. 이는 당신의 밭이 범람한 것〔과 마찬가지다〕"라고 말하고, 남자는 "그렇지 않다. 이 일은 내가 당신과 약혼하기 전에 일어났으므로 나의 매입은 실수로 이뤄진 매입이다"라고 할 경우, 라반 감리엘과 랍비 엘리에제르는 말한다. "여자를 신뢰한다."

〔그러나〕 랍비 예호슈아는 말한다. "우리는 그 여자의 말에 의존하지 않는다.[9] 오히려 자기가 한 말〔을 입증할〕 증거를 가져오기까지는 약혼 전에 성관계를 했으면서 그를 속였다고 추정해야 한다."

---

9) 직역하면 "우리는 그녀의 입[에서 나오는 말]에 의해 사는 것이 아니다."

- 약혼 후 강간당했다면 처녀라고 속이고 약혼한 것이 아니다. 자의로 성관계하지 않았기에 간음에 해당하지도 않는다. 법정이 이 여성의 주장을 믿으면 케투바 수령이 가능하다. 미쉬나는 약혼 후 강간당한 사례를 밭[10]의 범람이라는 은유를 사용하여 설명한다. 밭이 자연 범람하여 남자의 소유물에 상해를 일으켰다는 것이다. 또한 자연 범람은 흔히 발생할 수 있는 일이다.

- 남자는 구매실수인 '메칼흐 타웃'(מקח טעות)을 주장한다. 처녀가 아니니 100주즈를 내고 헤어지겠다는 것인지, 아예 케투바를 지급하지 않겠다는 것인지 남자의 의사는 불명확하다. 라반 감리엘과 랍비 엘리에제르는 상기 여성의 주장을 받아들인다. 즉, 이 여성은 200주즈의 케투바를 받아야 한다.

- 여자 쪽 주장이 인정되는 것은 미고(מיגו) 원칙에 근거한다. '미고'란 진술자가 자신에게 더 유리한 진술을 꾸밀 수 있었음에도 불구하고 덜 유리하게 진술했을 때, 그가 진실을 말한다고 인정하는 것이다. 가령 위 사례의 여성은 자신에게 더 유리하도록 부상으로 처녀막을 상실한 무카트 에쯔가 되었다고 진술할 수도 있었다. 그러나 강간을 당했다는 덜 이로운 진술[11]을 했기에 법정은 이 여성이 진실을 말하고 있다고 여긴다. 또는 하자카(חזקה) 원칙에 입각한다고 볼 수도 있는데, 이는 반대되는 증거가 나오지 않는 이상 이전 상태를 고수한다는 원칙이다. 처녀성을 잃은 것이 약혼 전이라는 남자의 주장을 입증할 수 없기에, 약혼 이후에 일어났다고 간주한다.

- 랍비 예호슈아는 위 의견에 반대하여 약혼 당시에도 처녀였다는 것을 입증해야 케투바를 받을 수 있다고 주장한다. 미고 원칙을 적용

---

10) 여성이라는 밭에 남성이 씨를 뿌린다는 은유다.
11) 강간당한 여성은 제사장과의 혼인이 금지된다.

할 수 없다는 그의 주장은 2, 2에서도 반복된다. 할라카는 라반 감리엘과 랍비 엘리에제르의 판결을 따른다.

1, 7

הִיא אוֹמֶרֶת מֻכַּת עֵץ אָנִי, וְהוּא אוֹמֵר, לֹא כִי, אֶלָּא דְרוּסַת אִישׁ אָתְּ, רַבָּן
גַּמְלִיאֵל וְרַבִּי אֱלִיעֶזֶר אוֹמְרִים, נֶאֱמֶנֶת. וְרַבִּי יְהוֹשֻׁעַ אוֹמֵר, לֹא מִפִּיהָ אָנוּ
חַיִּין, אֶלָּא הֲרֵי זוֹ בְחֶזְקַת דְרוּסַת אִישׁ, עַד שֶׁתָּבִיא רְאָיָה לִדְבָרֶיהָ:

〔만일 위와 같은 사례에서〕 여자가 "나는 무카트 에쯔다"라고 하고, 남자는 "그렇지 않다. 당신은 남자에게 밟힌 것이다"라고 할 경우, 라반 감리엘과 랍비 엘리에제르는 말한다. "여자를 신뢰한다."

〔그러나〕 랍비 예호슈아는 말한다. "우리는 그 여자의 말에 의존하지 않는다. 오히려 이 여성이 자기가 한 말〔을 입증할〕 증거를 가져오기까지는 남자에게 짓밟혔다고 추정해야 한다."

● 라반 감리엘, 랍비 엘리에제르, 그리고 랍비 예호슈아의 논쟁이 계속된다. 아내가 처녀가 아님을 남편이 법정에 고발했을 때, 아내는 타인과의 성관계가 아니라 외상으로 처녀막이 파열된 무카트 에쯔라고 주장하고, 남편은 성관계로 처녀막을 잃었다고 주장하는 경우다. 현인들은 무카트 에쯔가 받는 케투바를 100주즈로 책정했다(1, 3). 따라서 여자 쪽 주장이 받아들여지면 남자는 100주즈를 주어야 한다. 반면 남자 쪽 주장이 받아들여지면 여자는 케투바를 받지 못한다. 여자 쪽 주장이 인정되는 것은 1, 6에서 다룬 미고 원칙을 적용할 때뿐이다. 가령 위 사례의 여성이 "약혼 이후에 무카트 에쯔가 되었다"라고 진술했다면, 200주즈의 케투바를 받을 수 있었을 것이다. 그러나 약혼 이전에 무카트 에쯔라고 진술했기에 케투바 권리는 100주즈로 내려간다. 따라서 자신에게 덜 유리한 진술을 한 이 여성의 주장이

받아들여진다.

- 이 미쉬나는 무카트 에쯔라는 여자의 말이 사실일 경우, 신랑이 그
  상태를 사전에 인지하지 못했더라도 그 케투바는 100주즈라고 이야
  기하고 있다.[12] 라반 감리엘과 랍비 엘리에제르는 여자 쪽 주장을
  받아들인다.

- 반면 랍비 예호슈아는 여자가 증거를 제시하기 전까지는 성관계로
  인해 처녀성을 잃었다고 간주하여, 케투바를 받을 수 없다고 주장한
  다. 할라카는 라반 감리엘과 랍비 엘리에제르의 판결을 따른다.

1, 8

רָאוּהָ מְדַבֶּרֶת עִם אֶחָד בַּשּׁוּק, אָמְרוּ לָהּ מַה טִּיבוֹ שֶׁל זֶה. אִישׁ פְּלוֹנִי וְכֹהֵן
הוּא. רַבָּן גַּמְלִיאֵל וְרַבִּי אֱלִיעֶזֶר אוֹמְרִים, נֶאֱמֶנֶת. וְרַבִּי יְהוֹשֻׁעַ אוֹמֵר, לֹא
מִפִּיהָ אָנוּ חַיִּין, אֶלָּא הֲרֵי זוֹ בְחֶזְקַת בְּעוּלָה לְנָתִין וּלְמַמְזֵר, עַד שֶׁתָּבִיא
רְאָיָה לִדְבָרֶיהָ:

어떤 여성이 거리에서 어떤 남자와 〔친밀하게〕 대화하는 것이 목격
되어 사람들이 이 여성에게 "저 남자가 누구냐"[13]라고 묻자, "그는 아
무개 아무개로, 제사장이다"〔라고 할 경우〕, 라반 감리엘과 랍비 엘리
에제르는 말한다. "여자를 신뢰한다."

〔그러나〕 랍비 예호슈아는 말한다. "우리는 그 여자의 말에 의존하
지 않는다. 오히려 이 여성이 자기가 한 말〔을 입증할〕 증거를 가져오
기까지는 나틴이나 사생아와 성관계했다고 추정해야 한다."

---

12) 이 사례가 1, 3(여자는 케투바로 200을 요구하고, 남편은 100을 주겠다고 하는)의
   연장이라는 해석도 있다(게마라 13a).
13) 직역하면 "저 남자의 종류/성격이 무엇인가?"(מה טיבו של זה)이며, 이는 신원
   을 묻는 표현이라 할 수 있다.

- 위 사례의 여성은 미혼으로 추정되는데, 만일 성관계한 남자가 사생아나 나틴이면, 이 여성은 제사장과의 혼인이 금지된다. '대화하다'는 말에 관하여 랍비 제이리(זעירי)는 이 여성이 외딴 곳에 숨어 남자와 대화했다고 해석하며, 랍비 아씨(אסי)는 '대화를 나누다'는 성관계를 완곡하게 표현하는 것이라 해석한다(게마라 13a).

- '제사장'이라는 신분은 그가 이스라엘 여성과 혼인이 금지되지 않은 남자임을 제유적으로 표현한다. 라반 감리엘과 랍비 엘리에제르는 이 여성의 진술을 인정하여 제사장과 혼인할 수 있다고 주장한다. 그러나 랍비 예호슈아는 이 여성이 증거를 가져오기 전까지는, 나틴이나 사생아와 성관계를 한 '조나'(זונה), 즉 제사장과의 혼인에 부적격한 여성으로 간주해야 한다고 주장한다(나틴 및 사생아에 대해서는 「예바못」 2, 4; 9, 3을, 조나와 관련해서는 「예바못」 6, 5; 10, 1을 보라). 할라카는 라반 감리엘과 랍비 엘리에제르의 판결을 따른다.

1, 9

הָיְתָה מְעֻבֶּרֶת, וְאָמְרוּ לָהּ מַה טִּיבוֹ שֶׁל עֻבָּר זֶה. מֵאִישׁ פְּלוֹנִי וְכֹהֵן הוּא. רַבָּן גַּמְלִיאֵל וְרַבִּי אֱלִיעֶזֶר אוֹמְרִים, נֶאֱמֶנֶת. רַבִּי יְהוֹשֻׁעַ אוֹמֵר, לֹא מִפִּיהָ אָנוּ חַיִּין, אֶלָּא הֲרֵי זוֹ בְחֶזְקַת מְעֻבֶּרֶת לְנָתִין וּלְמַמְזֵר, עַד שֶׁתָּבִיא רְאָיָה לִדְבָרֶיהָ:

어떤 여성이 임신하여 사람들이 "그 태아[의 아버지가] 누구인가"라고 묻자 "그는 아무개 아무개로, 제사장이다"[라고 대답하는 경우], 라반 감리엘과 랍비 엘리에제르는 말한다. "여자를 신뢰한다."

[그러나] 랍비 예호슈아는 말한다. "우리는 그 여자의 말에 의존하지 않는다. 오히려 이 여성이 자기가 한 말[을 입증할] 증거를 가져오기까지는 나틴이나 사생아로부터 임신했다고 추정해야 한다."

- 전 미쉬나에서와 마찬가지로 할라카는 라반 감리엘과 랍비 엘리에 제르의 의견을 따른다.

1, 10

אָמַר רַבִּי יוֹסֵי, מַעֲשֶׂה בְּתִינוֹקֶת שֶׁיָּרְדָה לְמַלֹּאת מַיִם מִן הָעַיִן, וְנֶאֱנְסָה. אָמַר רַבִּי יוֹחָנָן בֶּן נוּרִי, אִם רֹב אַנְשֵׁי הָעִיר מַשִּׂיאִין לַכְּהֻנָּה, הֲרֵי זוֹ תִנָּשֵׂא לַכְּהֻנָּה:

랍비 요쎄는 말한다. "어린 여자아이가 물을 길으러 샘가에 내려갔다가 강간당한 사건이 있다." 랍비 요하난 벤 누리는 말한다. "만일 그 성읍 사람들 대다수가 [딸들을] 제사장직 [남자들]과 혼인시킨다면 이 소녀는 제사장직[남성]과 혼인할 수 있다."

- 강간한 남자가 이스라엘 사람에게 금지된 자라면, 제사장 가문의 정결한 혈통 유지를 위해 이 소녀는 제사장과의 혼인이 금지된다. 성읍 인구 대다수가 딸을 제사장과 혼인시킨다는 것은 거주자들의 혈통이 좋음을 뜻한다. 즉 소녀를 강간한 남자 역시 이스라엘 여성에게 금지되지 않은 혈통을 지녔다고 추정된다. 그러므로 제사장과의 혼인이 가능하다. 할라카는 랍비 요하난 벤 누리의 판결을 따랐다.

제2장

케투바 금액 관련, 이혼 시 남편과 아내 사이에 벌어질 수 있는 분쟁, 또는 사별 시 남편의 상속인과 상배여성 사이에 일어날 수 있는 분쟁 등을 다룬다.

הָאִשָּׁה שֶׁנִּתְאַרְמְלָה אוֹ שֶׁנִּתְגָּרְשָׁה, הִיא אוֹמֶרֶת בְּתוּלָה נְשָׂאתַנִי, וְהוּא
אוֹמֵר, לֹא כִי אֶלָּא אַלְמָנָה נְשָׂאתִיךְ, אִם יֵשׁ עֵדִים שֶׁיָּצָאת בְּהִנּוּמָא וְרֹאשָׁהּ
פָּרוּעַ, כְּתֻבָּתָהּ מָאתַיִם. רַבִּי יוֹחָנָן בֶּן בְּרוֹקָא אוֹמֵר, אַף חִלּוּק קְלָיוֹת רְאָיָה:

과부가 되었거나 이혼당한 여성이 "당신이 나와 혼인할 당시 나는
처녀였다"라고 하고, 남자는 "그렇지 않다. 내가 당신과 혼인할 때 당
신은 과부였다"라고 말할 경우, 만일 이 여성이 푼 머리카락[14]을 하고
히누마로 가는 것을 본 증인들이 있다면, 그 케투바는 200〔주즈〕다.

랍비 요하난 벤 베로카는 말한다. "구운 곡물 이삭을 나누는 것도
증거가 된다."

- 이혼으로 인해 케투바를 요구하고 있으며, 정황상 기록된 케투바를
  분실했거나 기록하지 않은 경우다. 만일 사별했다면 논쟁 대상은 남
  편의 상속인이다. 이 경우 "남편이 나와 혼인할 당시 나는 처녀였다"
  와 "그렇지 않다. 아버지가 당신과 혼인할 때 당신은 과부였다"로 바
  꿔 읽을 수 있다. 처녀로서 혼인했다면 케투바는 200주즈지만 과부
  인 상태로 재혼했다면 100주즈다. 처녀로 혼인했음을 입증할 증인이
  있다면 여자 쪽 의견을 받아들인다.
- 히누마(הנומא)가 정확히 무엇을 지칭하는지 불분명하다. 알벡은 처
  녀의 혼인에 부르는 노래(hymn에서 유래한)라고 해석한다.[15] 탈무
  드는 처녀만 두르는 특별한 베일[16] 또는 처녀를 위해 도금양으로

---

14) 처녀가 혼인할 때의 단장 풍습으로, 거주지에서 혼인식장까지 행렬할 때 머리
   카락을 덮어 가리지 않고 어깨까지 풀어 늘어뜨린다(블랙먼).
15) 헬라어 '히메나이오스'(Hymenaios, '혼인의 신' 또는 '혼인 송가')에서 유래한 말
   이다(야스트로 사전; 알벡).
16) '트누마'(תנומה, 수면)에서 유래한 것으로 추정하기도 하는데, 베일이 신부의

만든 덮개(캐노피)라고 히누마를 설명한다(게마라 17b). 요하난 벤
베로카가 살던 곳에서는 처녀가 혼인할 때 혼인식에서 아이들에게
마른 낟알/이삭을 나눠주는 전통(חֲלוּק קְלָיוֹת)이 있었다.

- 만일 처녀로 혼인했음을 입증해줄 증인이나 케투바 기록이 없다면,
  남자 쪽 주장을 받아들여 상기 여성은 100주즈를 수령한다. 남자는
  맹세로서 진술을 확인해야 한다(13, 4).

2, 2

וּמוֹדֶה רַבִּי יְהוֹשֻׁעַ בְּאוֹמֵר לַחֲבֵרוֹ שָׂדֶה זוֹ שֶׁל אָבִיךָ הָיְתָה וּלְקַחְתִּיהָ הֵימֶנּוּ,
שֶׁהוּא נֶאֱמָן, שֶׁהַפֶּה שֶׁאָסַר הוּא הַפֶּה שֶׁהִתִּיר. וְאִם יֵשׁ עֵדִים שֶׁהִיא שֶׁל
אָבִיו וְהוּא אוֹמֵר לְקַחְתִּיהָ הֵימֶנּוּ, אֵינוֹ נֶאֱמָן:

랍비 예호슈아는, 어떤 사람이 그의 동료에게 "이 밭이 당신 아버지
소유였는데 내가 그에게서 매입했다"라고 말하는 경우에 있어, 그를
신뢰한다며 (그 진술의 신빙성을) 인정한다. 구속하는 입이 곧 해소하
는 입이기 때문이다.

그러나 그 밭이 그 (원고의) 부친 소유라는 증인들이 있고, 그 (피고
가) "내가 그에게서 매입했다"라고 할 경우, 그 (피고의) 말은 신뢰할
수 없다.

- 1, 6에서 랍비 예호슈아는 라반 감리엘 및 랍비 엘리에제르의 의견에
  반대하며 여자 쪽 진술을 믿지 않는 이유를 말한 바 있다. 이 미쉬나
  는 랍비 예호슈아가 남자 쪽 진술을 믿는 경우다. 1, 6에서 그는 여성
  에게 미고 원칙을 적용하지 않았지만 여기서는 다른 유형의 미고

눈을 가려 졸음을 유발하기 때문이다. 또는 헬라어 '후메누스'(humenus, 눈을
덮는 베일)에서 유래했다고 보는 견해도 있다(야드 아브라함; 야스트로 사전).

를 적용할 것을 주장한다. 이는 "구속하는 입이 곧 해소하는 입이다"
(הפה שאסר הוא הפה שהתיר)라는 논리인데, 어떤 사람이 자기 진술로
서만 법적 구속력이 발생하는 무언가를 진술하였고 동시에 법적 구
속력을 무효화하는 진술을 하면 이를 신뢰해야 한다는 것이다. 밭
의 원 소유주가 타인이었다는 추정은 매입했다고 주장하는 동일 인
물의 진술에 의해서만 입증되고 있다. 만일 이 사람에게 타인의 밭을
불법점유할 의도가 있었다면 밭의 원 소유주를 군이 밝힐 필요가 없
었을 것이다. 이에 밭을 매입했다는 진술을 뒷받침할 증거를 제출할
수 없다 해도 그의 진술은 사실로 인정된다. 이 논리는 다음 미쉬나
들에서도 계속 반복된다.

● 그러나 원 소유주가 원고의 부친이었음을 입증할 증인들이 있다면,
"구속하는 입이 곧 해소하는 입이다"라는 원칙을 적용할 수 없다. 피
고의 진술이 원 소유주가 타인임을 확인하는 유일한 정보제공처가
아니기 때문이다. 따라서 불법 점유로 기소된 피고가 자신이 이를 매
입했다고 주장해도 그것은 인정되지 않는다.

2, 3

הָעֵדִים שֶׁאָמְרוּ כְּתַב יָדֵינוּ הוּא זֶה, אֲבָל אֲנוּסִים הָיִינוּ, קְטַנִּים הָיִינוּ, פְּסוּלֵי
עֵדוּת הָיִינוּ, הֲרֵי אֵלּוּ נֶאֱמָנִים. וְאִם יֵשׁ עֵדִים שֶׁהוּא כְּתַב יָדָם אוֹ שֶׁהָיָה
כְּתַב יָדָם יוֹצֵא מִמָּקוֹם אַחֵר, אֵינָן נֶאֱמָנִין:

증인들이 말하기를 "이것은 우리 필체다. 그러나 우리는 이를 강요
받았다"라고 하거나, "[서명 당시] 우리는 미성년이었다" 또는 "[서명
은 했으나] 우리는 [법적으로] 증인 자격이 없었다"라고 할 경우, 이들
[의 말을] 신뢰한다.

그러나 다른 증인들이 있어 그 필체가 자기들 것이라고 하거나, 다
른 자료에서 가져온 필체라고 하면 이들을 신뢰하지 않는다.

- 2, 2가 증언을 다루고 있으므로 이 주제가 이어진다. 증인의 주장에 의해서만 문서 서명이 입증되고, 동시에 이들은 자신에게 서명 자격이 없었다는 사실을 증언한다. 앞서 말한 "구속하는 입이 곧 해소하는 입이다"라는 원리에 의해 이들의 진술은 사실로 인정된다. 강요에 의한 서명, 미성년자의 서명, 송사 관련자의 가까운 친척 등 이해관계가 얽혀 있어 법적으로 증인 자격이 없는 이의 서명은 효력을 발휘할 수 없다.
- 그러나 위 진술자들의 서명을 증언해주는 다른 이들이 있다면 "구속하는 입이 곧 해소하는 입이다"라는 원리를 적용하지 못한다. 따라서 서명 자격이 없다는 진술자의 증언은 채택되지 않고, 그 문서는 효력을 발휘한다.

2, 4

זֶה אוֹמֵר זֶה כְתַב יָדִי וְזֶה כְתַב יָדוֹ שֶׁל חֲבֵרִי, וְזֶה אוֹמֵר זֶה כְתַב יָדִי וְזֶה כְתַב יָדוֹ שֶׁל חֲבֵרִי, הֲרֵי אֵלּוּ נֶאֱמָנִין. זֶה אוֹמֵר זֶה כְתַב יָדִי וְזֶה אוֹמֵר זֶה כְתַב יָדִי, צְרִיכִים לְצָרֵף עִמָּהֶם אַחֵר, דִּבְרֵי רַבִּי. וַחֲכָמִים אוֹמְרִים, אֵינָן צְרִיכִין לְצָרֵף עִמָּהֶם אַחֵר, אֶלָּא נֶאֱמָן אָדָם לוֹמַר זֶה כְתַב יָדִי:

〔만일〕 어떤 사람이 "이것은 내 필체이고, 저것은 내 동료의 필체요"라 하고, 또 다른 증인이 "이것은 내 필체이고, 저것은 내 동료의 필체요"라고 하면, 이들을 신뢰한다.

〔만일〕 어떤 사람이 "이것은 내 필체요"라고 하고, 다른 사람 역시 "이것은 내 필체요"라고 하면, 증인 한 명을 더 세워야 한다. 〔이는〕 랍비 〔예후다 한나씨〕의 말이다. 그러나 현인들은 말한다. "그들에게 다른 증인을 더 세울 필요가 없다. '이것이 내 서명이다'라고 말하는 자를 신뢰한다."

- 어떤 문서가 그 효력을 발휘하기 위해서는 증인 두 명이 필요하다. 증인이 자신을 포함해 두 서명자 모두의 서명을 승인하는 경우, 그 문서는 효력이 있는 것으로 인정한다.
- 랍비 예후다 한나씨는 두 증인이 자신의 서명만 인정하고 상대방의 서명은 확인해주지 못하는 경우, 이들의 서명을 검증해줄 제3의 증인을 신청해야 한다고 주장한다(게마라 21a).
- 그러나 현인들은 각각 자기 서명을 인정한 이상 그 문서는 효력을 발휘한다고 주장한다. 할라카는 현인들의 의견을 따른다(라브; 람밤).

2, 5

הָאִשָּׁה שֶׁאָמְרָה אֵשֶׁת אִישׁ הָיִיתִי וּגְרוּשָׁה אָנִי, נֶאֱמֶנֶת, שֶׁהַפֶּה שֶׁאָסַר
הוּא הַפֶּה שֶׁהִתִּיר. וְאִם יֵשׁ עֵדִים שֶׁהָיְתָה אֵשֶׁת אִישׁ וְהִיא אוֹמֶרֶת גְּרוּשָׁה
אָנִי, אֵינָהּ נֶאֱמֶנֶת. אָמְרָה נִשְׁבֵּיתִי וּטְהוֹרָה אָנִי, נֶאֱמֶנֶת, שֶׁהַפֶּה שֶׁאָסַר
הוּא הַפֶּה שֶׁהִתִּיר. וְאִם יֵשׁ עֵדִים שֶׁנִּשְׁבֵּית וְהִיא אוֹמֶרֶת טְהוֹרָה אָנִי, אֵינָהּ
נֶאֱמֶנֶת. וְאִם מִשֶּׁנִּשֵּׂאת בָּאוּ עֵדִים, הֲרֵי זוֹ לֹא תֵצֵא:

어떤 여성이 "나는 유부녀[17]였으나 이혼했다"라고 하면 이 여성을 신뢰한다. '구속하는 입이 곧 해소하는 입'이기 때문이다. [그러나] 만일 이 여성이 유부녀라고 하는 증인들이 있을 때 이 여성이 "나는 이혼했다"라고 말하면, 이 여성을 신뢰하지 않는다.

만일 [어떤 여성이] "내가 [이방인에게] 포로로 잡혔었지만, 나는 정결하다"[18]라고 말하면 이 여성을 신뢰한다. '구속하는 입이 곧 해소하는 입'이기 때문이다. 만일 이 여성이 [이방인에게] 포로로 잡혔었다고 하는 증인들이 있는데 이 여성이 "나는 정결하다"라고 하면 이 여성을 신뢰하지 않는다. 그러나 이 여성이 혼인한 이후에 증인들

---

17) 직역하면 '남자의 아내'(אשת איש)다.
18) "나는 정결하다"는 말은 이교도에게 강간당하지 않았다는 뜻이다.

이 왔다면 이 여성은 이혼하지 않는다.[19]

- "구속하는 입이 곧 해소하는 입이다"라는 원리는 금전소송뿐 아니라 이 미쉬나에서처럼 금지 규정에도 적용된다. 첫 번째 예는 아마도 새로 이주해온 어떤 여성이 남편 없이 살고 있어 미혼으로 추측했는데, 스스로 이혼녀임을 고백했지만 이를 입증할 이혼증서는 없는 사례로 추정된다. 해당 여성의 혼인과 이혼은 오직 당사자의 진술에 의존하고 있다. 혼인했다가 이혼한 사실을 본인 입으로 굳이 밝힌 이상, 이혼증서가 없다 해도 당사자의 혼인 해소 진술을 사실로 받아들인다. 이에 이 여성이 혼인할 때는 이혼녀의 재혼으로 간주하여 케투바에 100주즈를 기록하게 된다. 그러나 이 여성이 혼인한 적이 있음을 증언하는 다른 이들이 있다면 "구속하는 입이 곧 해소하는 입이다"라는 원리가 적용되지 않음으로, 이혼했다는 진술 또한 받아들여지지 않는다. 그러므로 여전히 기혼녀로 간주되어 재혼이 불가하다.
- 비슷한 원리가 포로로 잡혔던 여성의 진술에도 적용된다. 포로로 잡혔던 여성은 이방인에게 강간당한 '조나'로 간주되며, 부정하기 때문에 제사장과 혼인할 수 없다. 만일 이미 배우자가 있는 기혼녀이면 이혼해야 한다. 본 사례에서 포로로 잡혔던 사실을 증언할 다른 이들이 없는데도 굳이 자기에게 불리한 진술을 했기 때문에 '정결하다'. 즉 강간당하지 않았다는 두 번째 진술 역시 진실을 말했다고 인정된다. 그러나 이 여성이 포로로 잡혔음을 입증할 다른 증언자들이 있다면 "구속하는 입이 곧 해소하는 입이다"라는 원리가 적용되지 않기에 정결하다(강간당하지 않았다)는 진술을 인정하지 않는다.
- '정결하다'는 진술을 법정이 받아들여 혼인을 허락한 이후에, 또는

---

19) 직역하면 "나가지 (떠나지) 않는다"(לא תצא)다.

원래 기혼이었던 여성이 법정의 승인하에 혼인 생활을 유지하고 있는데 증인이 나타나 이 여성이 "포로로 잡혔었다"고 진술하면, 이 여성은 혼인 상태를 계속 유지한다.

2, 6

שְׁתֵּי נָשִׁים שֶׁנִּשְׁבּוּ, זֹאת אוֹמֶרֶת נִשְׁבֵּיתִי וּטְהוֹרָה אָנִי, וְזֹאת אוֹמֶרֶת נִשְׁבֵּיתִי וּטְהוֹרָה אָנִי, אֵינָן נֶאֱמָנוֹת. וּבִזְמַן שֶׁהֵן מְעִידוֹת זוֹ אֶת זוֹ, הֲרֵי אֵלּוּ נֶאֱמָנוֹת:

두 여성이 포로로 잡혔었는데, 한 명이 "포로로 잡혔었지만, 나는 정결하다"라고 하고, 다른 한 명 〔역시〕 "포로로 잡혔었지만, 나는 정결하다"라고 하면, 누구의 말도 신뢰하지 않는다. 그러나 이들이 각각 서로를 위해 증언할 때는 이들을 신뢰한다.

- 포로로 잡힌 사람이 두 명이기 때문에 자기 진술 외에도 서로 상대방(함께 잡혀간 동료)이 '포로로 잡힌' 일에 대한 증인이 되는 셈이다.[20] 따라서 "금지하는 입이 곧 해소하는 입이다"라는 원리가 적용되지 않는다. 이에 둘 다 제사장과의 혼인이 불허된다.

- 서로를 위해 증언한다는 말은 각각 상대방 여성이 강간당하지 않았다고 진술한다는 이야기다. 일반적으로 여성의 증언을 받아들이는 경우는 드물지만, 랍비들은 이 사안에 있어 관용적 태도를 보인다. 포로로 잡힌 정황상 잠재적으로 이방인에게 강간당했다고 추정할 뿐 이를 확증할 수 없기 때문이다. 토쎄프타(「케투봇」2, 6)[21]에 따르면

---

20) 라브(게마라 23b)·라쉬·람밤 주석은 이 둘이 포로로 잡혀간 데 대한 증인들이 있는 상황으로 추정한다.

21) 토쎄프타(תוספתא, Tosefta)는 아람어로 '추가'라는 뜻이다. 미쉬나와 동시대의 구전전승이지만, 랍비 예후다 한나씨가 집대성한 미쉬나 안에 들어가지 못한 할라카 및 아가다 전승을 모은 일종의 미쉬나 보충집이다. 기본적으로 미쉬나

"나는 더럽혀졌으나 상대방은 정결하다"라고 진술하면 이를 사실로 받아들이고, "나는 정결하나 상대방은 더럽혀졌다"라고 진술하면 받아들이지 않는다. "나와 상대방 모두 더럽혀졌다"라고 할 경우에는 자신에 대한 진술만 사실로 받아들이고, "나와 상대방 모두 정결하다"라고 진술하면 상대를 향한 진술만 받아들이되 자신에 대한 진술은 받아들이지 않는다.

2, 7

וְכֵן שְׁנֵי אֲנָשִׁים, זֶה אוֹמֵר כֹּהֵן אָנִי וְזֶה אוֹמֵר כֹּהֵן אָנִי, אֵינָן נֶאֱמָנִין. וּבִזְמַן שֶׁהֵן מְעִידִין זֶה אֶת זֶה, הֲרֵי אֵלּוּ נֶאֱמָנִין:

마찬가지로 두 남자가 있는데 한 명이 "나는 제사장이다"라고 하고, 다른 한 명 또한 "나는 제사장이다"라고 하면, 누구의 말도 신뢰하지 않는다. 그러나 각각 서로를 위해 증언할 때는 이들을 신뢰한다.

- 스스로 자기 신분에 대해 진술할 때는 이를 받아들이지 않는다. 따라서 제사장에게 허락된 거제를 먹을 수 없다.
- 각각 상대방이 제사장이라고 증언할 때, 이를 인정하여 이들은 거제를 먹을 수 있다. 금전 관련 송사의 증인은 대개 두 명이 필요하지만 금지규정에서는 증인 한 명도 가능하다.

2, 8

רַבִּי יְהוּדָה אוֹמֵר, אֵין מַעֲלִין לִכְהֻנָּה עַל פִּי עֵד אֶחָד. אָמַר רַבִּי אֶלְעָזָר, אֵימָתַי, בְּמָקוֹם שֶׁיֵּשׁ עוֹרְרִין. אֲבָל בְּמָקוֹם שֶׁאֵין עוֹרְרִין, מַעֲלִין לִכְהֻנָּה עַל

의 구조를 따르지만, 추가 세부사항 및 입법 이유, 적용, 논의 등을 더 상세하게 다루기에 그 분량이 미쉬나의 서너 배에 달한다.

פִּי עֵד אֶחָד. רַבָּן שִׁמְעוֹן בֶּן גַּמְלִיאֵל אוֹמֵר מְשׁוּם רַבִּי שִׁמְעוֹן בֶּן הַסְּגָן, מַעֲלִין
לִכְהֻנָּה עַל פִּי עֵד אֶחָד:

랍비 예후다는 말한다. "증인 한 명의 말에 근거하여 누군가를 제사
장 신분으로 올릴 수 없다." 그러나 랍비 엘아자르는 이렇게 말한다.
"언제 [그러한가]? 이의를 제기하는 자들이 있을 때다. 그러나 이의를
제기하는 자들이 없다면 증인 한 명에 근거하여 그를 제사장 신분으
로 올린다." 라반 쉼온 벤 감리엘은 [대제사장] 대리인[22]의 아들 랍비
쉼온의 이름으로 말한다. "증인 한 명의 말에 근거하여 제사장 신분으
로 올린다."

- 2, 7에 이어 랍비 예후다는 증인 한 명은 불충분하다고 주장한다. 랍
  비 엘아자르는 랍비 예후다의 주장을 제한적으로 받아들인다. 제사
  장직을 의심하여 이의를 제기하는 사람이 있다면 이 사람이 제사장
  임을 입증하기 위해 두 명의 증인이 필요하지만, 이의를 제기하는 사
  람이 없다면 한 사람의 증언으로도 충분하다는 것이다.
- 라반 쉼온 벤 감리엘(רבן שמעון בן גמליאל, Rabban Shimon b. Gamaliel)
  은 한 사람의 증언으로도 제사장 신분이 인정된다고 말했고, 그의 주
  장이 받아들여졌다(블랙먼).

---

22) 대리인(הסגן)을 고유명사로 취급해 '쎄간의 아들 랍비 쉼온'으로 읽기도 한다.
'쎄간'(「쏘타」 7, 7)은 '쎄간 하코하님'의 준말이다. '랍비 하나나 쎄간 하코하
님'(대제사장 대리인 랍비 하나나를 말하며 제1세대 탄나이자 위 랍비 쉼온의 부
친이다)은 대제사장이 집례에 부적절할 때 이를 대행하기 위해 '쎄간'을 임명
해야 한다고 설명한다(게마라 「쏘타」 42a).

הָאִשָּׁה שֶׁנֶּחְבְּשָׁה בִידֵי גוֹיִם עַל יְדֵי מָמוֹן, מֻתֶּרֶת לְבַעְלָהּ. עַל יְדֵי נְפָשׁוֹת,
אֲסוּרָה לְבַעְלָהּ. עִיר שֶׁכְּבָשָׁהּ כַּרְכּוֹם, כָּל כֹּהֲנוֹת שֶׁנִּמְצְאוּ בְתוֹכָהּ, פְּסוּלוֹת.
וְאִם יֵשׁ לָהֶן עֵדִים, אֲפִלּוּ עֶבֶד, אֲפִלּוּ שִׁפְחָה, הֲרֵי אֵלּוּ נֶאֱמָנִין. וְאֵין נֶאֱמָן
אָדָם עַל יְדֵי עַצְמוֹ. אָמַר רַבִּי זְכַרְיָה בֶן הַקַּצָּב, הַמָּעוֹן הַזֶּה, לֹא זָזָה יָדָהּ
מִתּוֹךְ יָדִי מִשָּׁעָה שֶׁנִּכְנְסוּ גוֹיִם לִירוּשָׁלַיִם וְעַד שֶׁיָּצְאוּ. אָמְרוּ לוֹ, אֵין אָדָם
מֵעִיד עַל יְדֵי עַצְמוֹ:

[어떤 기혼] 여성이 이방인에게 투옥되었는데 이것이 채무 때문이라면, 남편에게 [돌아가는 것이] 허락된다. [그러나] 목숨과 [관련된 범죄] 때문이라면, 남편에게 [돌아가는 것이] 금지된다.

[이방 군대에게] 포위당하고 점령당한 도시의 경우, 그 안에 있는 제사장과 혼인한 모든 여자들은 [제사장인 남편에게 돌아가는 것에] 부적합하다. 그러나 [이들이 더럽혀지지 않았다고 증언하는] 증인들이 있다면 [그 증인이] 노예이든 여자노예이든 그들을 신뢰한다. 그러나 자기 자신에 대해 [스스로 증언하는] 사람은 신뢰하지 않는다.

랍비 즈카리야 벤 하카짜브는 말했다. "이 성전[에 대고 맹세하건대], 이방인들이 예루살렘에 들어온 순간부터 떠날 때까지 [내 아내의] 손이 내 손에서 움직이지 않았다." [그러나 현인들은] 그에게 말했다. "자기 자신에 대해 스스로 증언하는 사람은 없다."

- 채무 때문에 이방인에게 감금된 뒤 풀려나면 남편에게 돌아가는 것이 허락된다. 그 아내를 강간했다면 남편의 분노를 일으켜 돈을 받지 못했을 것이기 때문이다. 투옥당했던 여자의 남편이 제사장이라 해도 이는 동일하게 적용된다. 그러나 목숨과 관련된 범죄 때문에 감금했는데 도망치거나 풀려났다면, 목숨 부지를 위해 이방인에 몸을 허락했을 가능성이 있으므로 남편에게 돌아가는 것을 불허한다.

- 이방 군대에 점령당했다면 강간당했을 가능성이 높고, 제사장은 부정해지면 안 되기에 군대가 떠난 후 남편에게 돌아갈 수 없다. 단 이들이 이방인에 더럽혀지지 않았다고 진술하는 증인이 있다면, 증인이 노예이더라도 그 증언을 받아들인다. 그러나 자기의 이익을 위해 관련자가 직접 증언할 수는 없다. 다음은 그 사례를 소개하고 있다.
- 제사장인 랍비 즈카리야 벤 하카짜브가 자기 아내와 계속 살기 위해 스스로 증언하였으나, 현인들은 바로 전에 소개된 규정을 들어 그 증언을 받아들이지 않는다. 남편과 아내는 한 사람이나 마찬가지이므로 자신에 대해 스스로 증언하는 것과 진배없다(야드 아브라함). 아내의 손이 그의 손에서 움직이지 않았다는 것은 자기 아내가 한시도 빼놓지 않고 계속 자신과 함께 있었으므로 이방인에 강간당했을 리가 없다는 표현이다.

2, 10

וְאֵלוּ נֶאֱמָנִין לְהָעִיד בְּגָדְלָן מַה שֶׁרָאוּ בְקָטְנָן. נֶאֱמָן אָדָם לוֹמַר, זֶה כְתַב יָדוֹ שֶׁל אַבָּא, וְזֶה כְתַב יָדוֹ שֶׁל רַבִּי, וְזֶה כְתַב יָדוֹ שֶׁל אָחִי. זָכוּר הָיִיתִי בִּפְלוֹנִית שֶׁיָּצְתָה בְהִנּוּמָא, וְרֹאשָׁהּ פָּרוּעַ. וְשֶׁהָיָה אִישׁ פְּלוֹנִי יוֹצֵא מִבֵּית הַסֵּפֶר לִטְבֹּל לֶאֱכֹל בַּתְּרוּמָה. וְשֶׁהָיָה חוֹלֵק עִמָּנוּ עַל הַגֹּרֶן. וְהַמָּקוֹם הַזֶּה בֵּית הַפְּרָס. וְעַד כָּאן הָיִינוּ בָאִין בְּשַׁבָּת. אֲבָל אֵין אָדָם נֶאֱמָן לוֹמַר, דֶּרֶךְ הָיָה לִפְלוֹנִי בַּמָּקוֹם הַזֶּה, מַעֲמָד וּמִסְפֵּד הָיָה לִפְלוֹנִי בַּמָּקוֹם הַזֶּה:

다음은 미성년일 때 본 것을 성인이 된 후 증언할 때 신뢰하는 경우다. "이것은 내 부친의 필체다"라거나, "이것은 내 스승의 필체다"라거나, "이것은 내 형제의 필체다"라거나, "내 기억에[23] 머리를 풀고 히누마로 가는 아무개 여성[24]을 보았다"라거나, "아무개가 거제를 먹기

---

23) 이 표현(זכור הייתי)은 과거형을 사용하지만 일부 사본은 현재형(זכור אני)으로 되어 있다. 토싸폿(16b)도 זכורני라는 현재형으로 인용한다(야드 아브라함).

위해 〔몸을〕 담그려고 학교를 나서곤 했다"라거나, "이 사람은 우리와 타작마당을 공유했다"라거나, "이 장소는 〔무덤을〕 깨뜨린 밭이었다" 또는 "우리는 안식일에 이 지점까지 가곤 했다"〔라고 말할 때다〕.

〔그러나〕 "이 장소의 통행〔권〕이 아무개에게 있었다"라거나, "멈춰 서서 추모하는[25] 이 장소의 〔권리가〕 아무개에게 있었다"라고 말하는 사람의 말은 신뢰하지 않는다.

- 보통 증언하고자 하는 내용을 목도한 시점에서부터 증언하는 시기까지, 진술자는 법적으로 증언에 부합하는 사람이어야 한다. 이 미쉬나가 열거하는 사례들에서 진술자는 미성년일 때 그 사안을 목격하였기에 원칙적으로는 증인으로 채택되지 않아야 하지만, 랍비들은 관용을 베풀어 이를 허용한다. 또한 이 진술자는 엄밀히 말해 법적 증언이라기보다 누군가의 증언을 확인해주는 역할을 한다.
- 당시 미성년이었다 해도 가까운 가족, 스승의 필적을 접했던 사람이므로 문서 서명의 친필 확인이 가능하다.
- 히누마는 처녀혼을 입증해주는 예다(2, 1). 그러므로 혼인 당사자인 여성의 케투바는 200주즈가 된다. 탈무드에 따르면 혼인예식의 신부는 대부분 처녀이기 때문에 증언 없이도 이 여성의 잠정적 상태는 처녀로 간주되며, 따라서 미성년인 상태에서 이 혼인예식을 목격했다 해도 그의 진술은 사안을 뒤집는 것이 아닌 잠정적 추정을 뒷받침하는 확인으로서 인정된다(게마라 28a).
- 거제를 먹기 전에는 정결례인 미크베(몸을 담가 씻는 정결례용 욕

---

24) 이 표현(בפלונית)에 관해 예루살렘 탈무드 및 람밤은 '아무개의 아내'(פלונית באשת)라고 읽는다.

25) 이 표현(מעמד ומספד)을 일부 사본은 '서고 앉고 추모하는'(מעמד ומושב ומספד)이라고 기록한다.

조)가 필요하며, 미크베는 저녁 바로 전에 행한다. 학급 동료가 미크베 의식을 하기 위해 일찍 학교를 나섰다는 진술자의 증언을 토대로, 이 학급 동료가 제사장으로서 거제를 먹을 수 있었다고 추정할 수 있다. 한편 탈무드는 그가 제사장이 아니라 제사장의 노예[26]일 수도 있다는 가설에 대해, 노예에게 토라를 가르치는 것은 금지되어 있으므로[27] 이 학급 동료는 당연히 제사장이라고 말한다(랍비 예호슈아 벤 레비의 의견[게마라 28a]). 그러나 바라이타[28]에 노예에게도 토라를 가르치는 내용이 언급되어 있어 탈무드에서 논쟁이 계속된다. 이에 탈무드는, 랍비들이 정한 거제에 한한 진술―미성년일 때 목격한 내용을 성인이 되어 확인해주는―만 받아들이되, 성서가 정한 거제, 즉 이스라엘 땅에서 생산한 곡물, 포도주, 기름으로 바치는 거제의 경우 제사장 자격을 검증할 때 좀더 강한 법적 잣대가 적용되어야 한다고 말한다.

- 제사장은 타작마당에서 거제를 받아간다. '타작마당을 공유했다'는 진술로써 소송 당사자의 제사장 신분을 확인하며, 전술한 바와 같이 그는 랍비들이 정한 거제에 한해 먹을 수 있다.

- '[무덤을] 깨뜨린 밭'(בית הפרס, 벳 합페라스)이란 매장지인지 모르고 쟁기질을 하여 뼈들이 주위에 흩어졌을 우려가 있는 밭이다. 그 둘레 100아마까지 모두 부정하다고 간주하며, 이 지역에 들어간 사람도 부정해진다(관련법은 「오홀롯」 17, 1; 18, 2). 이 진술의 목적은 무덤을 깨뜨린 밭 주변에 들어간 이의 접촉 부정 여부와 관련하여 정확한 위치를 확인하는 것이다.

- 안식일이나 특정 절기에는 거주지에서 2,000아마 이상 벗어나 다닐

---

26) 제사장의 노예도 거제를 먹을 수 있다(「예바못」 11, 5).
27) 노예는 이방인이다. 유대인은 유대인 노예를 둘 수 없다.
28) 미쉬나에는 포함되지 않은 탄나 랍비들의 진술을 말한다.

수 없다.[29] 미성년일 때 부모가 안식일에 어느 특정 지점까지 가는 것을 허락했고 진술자가 이를 기억한다면, 굳이 실측할 필요 없이 안식일에 허용된 범위(תחום שבת, 특훔 샤밧)를 파악할 수 있다.

- 전술한 사례들과 달리 두 가지 사안에 있어서는 미성년일 때 목격한 것을 성년이 되어 진술할 수 없다. 그 하나는, 어떤 이가 다른 이 소유인 밭을 통과하는 길의 소유권을 지녔다고 진술하는 것이다. 다른 하나는 장례 의례와 관련된 내용이다. 고인을 매장하러 가는 도중 고인을 기리는 의례를 하기 위해 잠시 장례 행렬을 멈춰 세우는 풍습이 있었는데, 어떤 이가 그 장소(묘지에서 도시로 가는 길에 있는)를 소유하고 있었다고 진술하는 것이다. 이 두 사안은 토지 소유권과 연관되므로 더 강한 증언을 필요로 한다.

제3장

출애굽기 22: 16-17(히브리 성서 22:15-16)과 신명기 22:26, 27을 바탕으로, 성범죄(강간)를 저지른 사람에게 적용되는 법규를 골자로 하고 있다. 유혹자와 강간자로 구분되는 성폭행범에 부과되는 보상금의 종류와 액수, 피해자에게 내야 하는 배상금 50쉐켈, 피해자와의 혼인 강제 여부, 배상금을 내지 않는 경우, 부친 대신 피해자인 여성이 직접 배상금을 수령하는 경우, 가해자가 자백했을 때와 사형수일 때의 배상금 적용 문제 등을 다룬다.

---

29) '안식일 한계'(תחום שבת) 규정 및 안식일 한계선에서 추가적으로 허용하는 에루브(עירוב) 등 더 자세한 관련법은 『모에드』「에루빈」(특히 5, 5)을 참조하라.

אֵלּוּ נְעָרוֹת שֶׁיֵּשׁ לָהֶן קְנָס. הַבָּא עַל הַמַּמְזֶרֶת, וְעַל הַנְּתִינָה, וְעַל
הַכּוּתִית. הַבָּא עַל הַגִּיֹּרֶת, וְעַל הַשְּׁבוּיָה, וְעַל הַשִּׁפְחָה, שֶׁנִּפְדּוּ וְשֶׁנִּתְגַּיְּרוּ
וְשֶׁנִּשְׁתַּחְרְרוּ פְּחוּתוֹת מִבְּנוֹת שָׁלֹשׁ שָׁנִים וְיוֹם אֶחָד. הַבָּא עַל אֲחוֹתוֹ, וְעַל
אֲחוֹת אָבִיו, וְעַל אֲחוֹת אִמּוֹ, וְעַל אֲחוֹת אִשְׁתּוֹ, וְעַל אֵשֶׁת אָחִיו, וְעַל אֵשֶׁת
אֲחִי אָבִיו, וְעַל הַנִּדָּה, יֵשׁ לָהֶן קְנָס. אַף עַל פִּי שֶׁהֵן בְּהִכָּרֵת, אֵין בָּהֶן מִיתַת
בֵּית דִּין:

다음에 해당하는 젊은 여성들(네아롯)[30]에게는 배상금[31]이 있다.
[어떤 남성이] 사생아나 네티나 또는 쿠타 여성[32]과 성관계를 한 경
우, 세 살 하루 전에 개종했거나 풀려났거나 해방된, 개종자, 포로, 노
예 여성과 성관계를 한 경우다. 자신의 여자 형제, 부친의 여자 형제,
모친의 자매, 자기 아내의 자매, 자기 형제의 아내, 부친의 형제의 아
내 또는 월경 중인 여성과 성관계를 했을 경우, 그 여성들에게는 배상
금이 있다. [상기] 행위들은 카렛에 해당하는 [범죄이지만], 법정이 언
도하는 사형 대상은 아니다.

- 이 미쉬나는 일종의 성관계나 유혹 등으로 인해 입은 피해에 대해 금
  전적 보상을 받을 권리를 규정하며, 신명기 22:26-27에 기반한다.
- 약혼하지 않은 처녀인 젊은 여성(나아라)을 강간하면 그 부친에게
  50쉐켈(200주즈)을 지불하고, 그 여성과 결혼해야 한다. 랍비법에서
  나아라(나아롯)는 나이가 12세에서 12세 반 사이의 젊은 여성을 가
  리킨다. 12세에 도달하면 성숙기의 신체적 징후를 보이는데, 이 시기
  를 단 6개월로 상정하고 있다. 젊은 여성의 시기를 지나면 성인 여성

---

30) '젊은 여성들'(נערות, 네아롯)은 나아라의 복수 형태다.
31) '배상금'으로 번역한 단어는 크나쓰(קנס)다. 이하 문맥에 따라 '배상금' 또는
    '벌금'으로 번역했다.
32) 미쉬나에서 '쿠타' 사람은 사마리아 사람을 가리킨다.

(보게렛)으로 간주한다(「예바못」 6, 5). 성인 여성을 강간했을 때는 배상금을 지불하지 않는다. 배상금은 젊은 여성(나아라)인 처녀에게만 지불한다.

- 여자 사생아, 네티나(기브온 여성), 쿠타 여성(사마리아 여성)은 일반 이스라엘 남성과 혼인이 금지되어 있다. 그러나 이들을 강간했다면 배상금을 지불해야 한다. 비유대인 여성, 포로, 노예 등은 처녀가 아닌 것으로 간주된다. 그러나 이들이 세 살에서 하루를 넘긴 나이가 되기 전에 개종했거나 석방 및 해방되었을 때는 이후에 처녀막이 회복되었다고 보기 때문에 역시 배상금을 지불한다(1, 2). 이 미쉬나에서 '성관계'는 강간을 의미한다.

- 에르바 규정이 적용되는 여성들과의 성관계, 즉 근친혼 규정 위반은 카렛 처벌을 받기에 마땅하다(레 18:9-19; 20:17-21). 그러나 카렛은 신이 내리는 것이지 법정 사형집행이 아니다. 따라서 이 여성들을 강간했을 때도 배상금을 지불해야 한다. 이 조항이 언급된 이유는 사형수에게는 배상금을 물리지 않기 때문이다.

월경 중인 여성과는 성관계가 금지되며(레 15:19-30), 이를 어기면 정결법 위반이 된다.

- 만일 위 여성들이 강간당할 당시 혼인한 상태였다면 처녀가 아니기에 배상금을 내지는 않지만, 타인의 아내를 범했기 때문에 사형당해야 한다. 사형을 언도받은 이의 배상금에 대해서는 바로 다음 미쉬나에서 다룬다.

3, 2

וְאֵלּוּ שֶׁאֵין לָהֶן קְנָס, הַבָּא עַל הַגִּיוֹרֶת וְעַל הַשְּׁבוּיָה וְעַל הַשִּׁפְחָה שֶׁנִּפְדּוּ
וְשֶׁנִּתְגַּיְּרוּ וְשֶׁנִּשְׁתַּחְרְרוּ יְתֵרוֹת עַל בְּנוֹת שָׁלֹשׁ שָׁנִים וְיוֹם אֶחָד. רַבִּי יְהוּדָה
אוֹמֵר, שְׁבוּיָה שֶׁנִּפְדֵּית, הֲרֵי הִיא בִּקְדֻשָּׁתָהּ, אַף עַל פִּי שֶׁגְּדוֹלָה. הַבָּא עַל
בִּתּוֹ, עַל בַּת בִּתּוֹ, עַל בַּת בְּנוֹ, עַל בַּת אִשְׁתּוֹ, עַל בַּת בְּנָהּ, עַל בַּת בִּתָּהּ,

אֵין לָהֶן קְנָס, מִפְּנֵי שֶׁמִּתְחַיֵּב בְּנַפְשׁוֹ, שֶׁמִּיתָתוֹ בִּידֵי בֵית דִּין. וְכָל הַמִּתְחַיֵּב
בְּנַפְשׁוֹ, אֵין מְשַׁלֵּם מָמוֹן, שֶׁנֶּאֱמַר, וְלֹא יִהְיֶה אָסוֹן עָנוֹשׁ יֵעָנֵשׁ:

다음에 해당하는 여성에게는 배상금을 내지 않는다. 〔어떤 남성이〕
세 살〔에서〕하루〔를 넘긴〕나이에 풀려났거나 개종했거나 해방된,
개종자, 포로, 노예 여성과 성관계한 경우다.

랍비 예후다는 말한다. "〔몸값을 내고〕풀려난 포로라면, 성인이더
라도 처녀 상태[33]로 보아야 한다."

자기 딸, 자기 딸의 딸, 자기 아들의 딸, 자기 아내의 딸, 아내의 아들
의 딸이나 아내의 딸의 딸과 성관계한 자는 벌금을 내지 않는다. 그는
법정 손에 의해 사형을 언도받아 숨을 거둬야 할 사람이기 때문이다.
말하기를, "다른 해가 없으면 반드시 벌금을 내되"(출 21:22)라고 하
므로, 사형에 처해질 자는 누구든 돈을 물지 않는다.

- 3, 1과 달리 배상금을 내지 않는 경우를 다룬다. 세 살에서 하루를 넘
  긴 나이에 개종하거나 포로에서 풀려나거나 노예 신분에서 해방된
  여성은 이미 처녀가 아니라고 간주되므로, 배상금을 낼 필요가 없다.
  랍비 예후다는 이에 반대한다. 할라카는 랍비 예후다의 주장을 받아
  들이지 않는다.
- 3, 1이 언급한 근친 성관계는 '법정' 사형이 아닌, 신의 손에 달린 '카
  렛' 처분 대상이다. 반면 이 미쉬나가 열거한 직계비속(딸, 외손녀,
  친손녀 등)과의 성관계는 카렛이 아닌 법정 사형(화형)의 대상이다
  (「산헤드린」9, 1). 범죄자가 법률상 동시에 두 가지 처벌대상에 해당
  하고 유죄가 선고되면, 이중으로 처벌받는 대신에 더 엄한 처벌만 받
  는다. 이 미쉬나의 경우, 법정 사형 대상자인 가해자는 큰 처벌인 사

---

33) 원문은 '거룩한 상태'(בקדשתה)다.

형을 당하는 만큼 작은 처벌인 배상금은 면제된다.

3, 3

נַעֲרָה שֶׁנִּתְאָרְסָה וְנִתְגָּרְשָׁה, רַבִּי יוֹסֵי הַגְּלִילִי אוֹמֵר, אֵין לָהּ קְנָס. רַבִּי
עֲקִיבָא אוֹמֵר, יֵשׁ לָהּ קְנָס, וּקְנָסָהּ לְעַצְמָהּ:

약혼을 했다가 이혼한 젊은 여성의 경우, 랍비 갈릴리 사람 요세는
말한다. "배상금〔을 받을 권리가〕 없다."〔그러나〕랍비 아키바는 말
한다. "배상금〔을 받을 권리가〕 있으며 그 배상금은 이 젊은 여성이
직접 받는다."

- 배상금을 받을 수 있는 젊은 여성(나아라)의 범위를 어떻게 특정하느
  냐가 이 미쉬나의 주제다. 혼인이 아닌 약혼 상태에서 이혼한 후 강
  간당했을 때 배상금을 받을 수 있는가? 랍비 갈릴리 사람 요세(הגלילי
  יוסי, Yose HaGelili)는 이 젊은 여성이 약혼을 한 적이 있으므로 처녀
  가 아니라고 간주, 배상금을 낼 필요가 없다고 주장한다.
- 랍비 아키바의 주장에 따르면, 위 사례의 여성은 약혼만 했기 때문
  에 신체적으로 여전히 처녀인(약혼 단계에서는 성관계가 금지되므
  로) 젊은 여성(나아라)으로서 배상금을 받아야 한다. 나아가 약혼하
  지 않은 처녀를 강간하면 그 부친에게 배상금을 지불하지만, 약혼했
  던 여성은 이혼했을지라도 아버지의 영역에서 벗어났다고 보고 배
  상금을 직접 받는다는 주장이다. 할라카는 랍비 아키바의 의견을 받
  아들인다.

3, 4

הַמְפַתֶּה נוֹתֵן שְׁלֹשָׁה דְבָרִים, וְהָאוֹנֵס אַרְבָּעָה. הַמְפַתֶּה נוֹתֵן בֹּשֶׁת וּפְגַם
וּקְנָס. מוֹסִיף עָלָיו אוֹנֵס, שֶׁנּוֹתֵן אֶת הַצַּעַר. מַה בֵּין אוֹנֵס לִמְפַתֶּה. הָאוֹנֵס

נוֹתֵן אֶת הַצַּעַר, וְהַמְפַתֶּה אֵינוֹ נוֹתֵן אֶת הַצַּעַר. הָאוֹנֵס נוֹתֵן מִיָּד, וְהַמְפַתֶּה
לִכְשֶׁיּוֹצִיא. הָאוֹנֵס שׁוֹתֶה בַּעֲצִיצוֹ, וְהַמְפַתֶּה אִם רָצָה לְהוֹצִיא, מוֹצִיא:

유혹자는 세 가지를, 강간자는 네 가지를 〔피해자의 아버지에게〕 주
어야 한다. 유혹자는 불명예와 흠〔에 대한 보상금〕 그리고 배상금을
지불한다. 강간자는 추가로 고통〔에 대한 보상금〕을 지불한다.

〔그렇다면 처벌에 있어〕 강간자와 유혹자 사이에 어떤 차이가 있는
가? 강간자는 고통〔에 대한 보상금〕을 지불하지만 유혹자는 고통〔에
대한 보상금〕을 지불하지 않는다. 강간자는 즉시 지불해야 하지만,
유혹자는 〔혼인하지 않고〕 헤어질 때만 지불한다. 강간자는 자기 그
릇에 담아 마셔야[34] 하지만, 유혹자는 이혼하기 원하면 〔자신이 유혹
하여 혼인한 여자와〕 이혼할 수 있다.

- 불명예와 흠에 대한 보상금은 3, 7에서 자세히 다룬다. 강간자는 실
  제 성관계까지 한 경우다. 강간자(אונס, 오네쓰)와 유혹자(מפתה, 메
  파테)는 모두 불명예 및 흠에 대한 보상금 50쉐켈을 내야 하며, 강간
  자는 추가로 피해자가 받은 고통에 대한 벌금을 내야 한다(출 22:15-
  16; 신 22:28-29; 「바바 캄마」 8, 1).

- "만일 처녀의 아버지가 딸을 그에게 주기를 거절하면 그는 처녀에게
  납폐금으로 돈을 낼지니라"(출 22:16)라는 구절에 근거하여 랍비들
  은 '딸을 그에게 주면 처녀에게 납폐금을 낼 필요가 없다'는 법규를

---

34) 직역하면 '그의 그릇으로 마시다'(שותה בעציצו)다. 비유적으로는 잔을 물릴 수
없는 상황, 즉 거부가 불가하다는 의미다. 어떤 종류의 그릇(עציץ, 아찌쯔)인
지는 불명확하다. 꽃병(토쎄펫 욤 토브), 오물 그릇(람밤), 침실용 변기(레켐 샤
마임) 등 다양한 의견이 존재한다. 레켐 샤마임(Lechem Shamayim, '하늘의 빵'
이라는 뜻)은 독일 탈무드 학자인 랍비 야콥 엠덴(Yaakov Emden, 히브리어 이
름인 야아콥 벤 쯔비의 두문자어인 '야아베쯔'[Ya'avetz]로도 불림)이 약 1722-
1728년에 기록한 미쉬나 및 람밤의 미쉬네 토라 일부에 대한 주해서이다.

도출해냈다. 그러나 신명기 22:29에는 '처녀의 아버지가 딸을 그에게 주기를 거절하면'이라는 조건이 붙지 않는다. 그러므로 강간자는 납폐금, 즉 50쉐켈의 배상금을 무조건 지불하되 피해자와 혼인할 의무가 있다(피해자가 나아라, 처녀, 미혼일 경우). 유혹자의 경우 피해 여성과 혼인하지 않을 때만 배상금을 지불한다. 혼인할 경우에는 배상금을 지불하지 않는다.

- "강간자는 자기 그릇으로 마셔야 한다"라는 말은 부득불 자기가 택한 잔이니 추해도 물릴 수 없다는, 즉 피해자와 혼인해야 하며 절대 이혼할 수 없다는 의미다. 이혼이 불가능하기 때문에 케투바는 지불하지 않는다. 케투바의 주된 목적은 남편이 아내와 쉽게 이혼하지 못하게 하는 것이기 때문이다. 반면 유혹자는 이혼이 가능하다. 이어지는 미쉬나에서 보충설명한다.

3, 5

כֵּיצַד שׁוֹתֶה בַעֲצִיצוֹ, אֲפִלּוּ הִיא חִגֶּרֶת, אֲפִלּוּ הִיא סוּמָא, וַאֲפִלּוּ הָיְתָה מֻכַּת שְׁחִין. נִמְצָא בָהּ דְּבַר עֶרְוָה, אוֹ שֶׁאֵינָהּ רְאוּיָה לָבֹא בְיִשְׂרָאֵל, אֵינוֹ רַשַּׁאי לְקַיְּמָהּ, שֶׁנֶּאֱמַר, וְלוֹ תִהְיֶה לְאִשָּׁה, אִשָּׁה הָרְאוּיָה לוֹ:

"자기 그릇에 담아 마셔야 한다"는 어떠한 〔경우에 해당하는가〕?
〔그가 강간한 여자가〕 다리를 저는 사람[35]이거나, 시각장애인[36]이거나, 종기를 앓는[37] 해도 〔그는 혼인을 거부할 수 없다〕.

그 여자에게서 부정한 행위가 발견되거나, 이스라엘 〔회중〕에 들어가기 부적합한 여자라면, 그는 이 여자를 〔계속 아내로〕 둘 수 없다. 일컫는 바 "그의 아내로 삼을 것이라"(신 22:29)는 '그에게 〔법적으로〕

---

35) חגרת(히게렛).
36) סומא(쑤마).
37) מכת שחין(무카트 슈힌). 이 용어에 대해서는 7, 10을 보라.

적절한 아내'를 시사하기 때문이다.

- 3, 4의 마지막 조항에 대한 부연설명이다. 강간자는 피해 여성이 신체적 질병을 앓고 있어도 혼인해야 한다.
- 만일 혼인 후에 이 여성이 성적으로 부정한 행위를 저지르면 혼인을 유지할 필요가 없다.
- 이스라엘 회중에 들어갈 수 없는 여성이란, 유대인 남성과의 혼인이 금지되는 맘제렛 등을 의미한다. 람밤은 여기에 랍비법이 정한 이차적 에르바(「예바못」2, 4)가 포함된다고 해석한다.

3, 6

יְתוֹמָה שֶׁנִּתְאָרְסָה וְנִתְגָּרְשָׁה, רַבִּי אֶלְעָזָר אוֹמֵר, הַמְפַתֶּה פָּטוּר, וְהָאוֹנֵס
חַיָּב:

부친을 여읜 여성이 약혼했다가 이혼했을 경우,[38] 랍비 엘아자르는 말한다. "유혹자는 〔배상금이〕면제된다. 그러나 강간자는 〔배상금을 지불할〕의무가 있다."

- 3, 3에서 랍비 아키바가 주장한 것과 동일한 규정이 적용된다. 약혼했다가 이혼한 여성이 강간을 당했는데, 배상금을 받을 부친이 생존하지 않으면 피해 여성이 강간자로부터 직접 배상금을 받는다.
- 상기 조항에 있어 게마라는, 약혼했다가 이혼한 여성이 강간당한 경우와 부친을 잃은 여성이 강간당한 경우 동일한 규정을 적용하여, 남편이나 부친에 예속되지 않은 독립적 주체로서 피해 여성이 직접 배상금을 받는다고 해석한다(게마라 40a). 랍비 엘아자르는, 배상금을

---

38) 부친을 잃은 여성이 "강간이나 유혹을 당한 경우"로 읽는 본문들도 있다.

받을 권리가 본인에게 있는 상기 여성의 경우 유혹에 동의함으로써 배상금에 대한 권리를 포기한 것이며, 따라서 유혹자는 배상금 지급에서 면제된다고 추론한다(라브).

3, 7

אֵיזוֹהִי בֹשֶׁת, הַכֹּל לְפִי הַמְבַיֵּשׁ וְהַמִּתְבַּיֵּשׁ. פְּגָם, רוֹאִין אוֹתָהּ כְּאִלּוּ הִיא
שִׁפְחָה נִמְכֶּרֶת, כַּמָּה הָיְתָה יָפָה וְכַמָּה הִיא יָפָה. קְנָס, שָׁוֶה בְּכָל אָדָם. וְכֹל
שֶׁיֶּשׁ לוֹ קִצְבָּה מִן הַתּוֹרָה, שָׁוֶה בְּכָל אָדָם:

불명예에 [대한 보상금은] 어떻게 [정하는가]? 모두 수치를 준 자와 수치를 당한 자[의 지위]에 달려 있다.

흠에 [대한 보상금은 어떻게 정해지는가]? 흠을 입은 여성을 매매되는 여종처럼 보아, 가치가 전에 얼마였고 지금은 얼마인지[를 견준다].

배상금은 누구에게나 똑같이 적용된다. 어떤 [금전적 의무든] 그 고정금액이 토라법에 의해서 [책정되었다]면, 누구에게나 똑같이 적용된다.

- 불명예에 대한 보상금은 피해자(여성)의 사회적 지위가 높고, 가해자(남성)의 사회적 지위가 낮을수록 높아진다.
- 흠에 대한 보상금은, 피해 여성이 흠을 입기 전의 가치와 현재의 가치를 비교하여 판단한다.
- 제사장의 딸이든 개종자의 딸이든 사생아의 딸이든, 젊은 여성(나아라)인 성폭행 피해 여성이 받을 배상금은 50쉐켈이다. 기타 토라에 적시된 여러 배상금은(출 21:32; 신 22:19; 레 27:1-8) 모두에게 똑같이 적용된다.

בָּל מָקוֹם שֶׁיֵּשׁ מֶכֶר, אֵין קְנָס. וְכָל מָקוֹם שֶׁיֵּשׁ קְנָס, אֵין מֶכֶר. קְטַנָּה יֵשׁ
לָהּ מֶכֶר וְאֵין לָהּ קְנָס. נַעֲרָה יֵשׁ לָהּ קְנָס וְאֵין לָהּ מֶכֶר. הַבּוֹגֶרֶת אֵין לָהּ לֹא
מֶכֶר וְלֹא קְנָס:

〔부친의〕 매매권이 있는 경우에는 배상금이 없다. 반면 배상금이 있는 경우에는 매매권이 없다.

〔미성년인〕 여자아이(크타나)에게는 매매권이 있고 배상금이 없다. 젊은 여성(나아라)에게는 배상금이 있고 매매권이 없다. 성인 여성(보게렛)에게는 매매권이 없고 배상금도 없다.

● 출애굽기 21:7에 의하면 부친에게는 딸을 매매할 권리가 있다. 몸값을 치르거나, 주인 내지 그 아들과 혼인하지 않는 이상 종으로 팔린 그 딸은 젊은 여성(나아라)이 되어야 자유의 몸이 된다. 젊은 여성 시기부터는 부친에게 딸의 매매권이 없다. 성폭행자가 내야 하는 배상금은 매매권 대상이 아닌 젊은 여성(나아라)에게만 적용된다. 성인 여성(보게렛)에게는 부친의 매매권도 성폭행자의 배상금도 없다. 이 미쉬나는 어떤 연령의 여성의 경우 배상금을 지불해야 하는지를 잘 기억하기 위한 방법의 일환으로 부친의 매매권과 배상금을 연결하고 있다. 부친의 매매대상이 '아닌' 여성에게만 배상금이 '있다'. 즉 '크타나'(여자아이)는 부친의 매매대상 '이'므로 배상금이 '없'고, 나아라(젊은 여성)는 매매대상이 '아니'므로 배상금이 '있'다. 나아라에서 6개월이 지나면 보게렛(성인)으로 인정되는데, 이 시점에서 부친은 이 딸에 대한 거의 모든 권한을 잃는다. 보게렛은 법적으로 독립된 존재이므로 부친이 팔거나 혼인을 시킬 수 없다. 또한 보게렛을 강간하거나 유혹했을 때는 배상금을 내지 않는다.

הָאוֹמֵר פִּתִּיתִי אֶת בִּתּוֹ שֶׁל פְּלוֹנִי, מְשַׁלֵּם בֹּשֶׁת וּפְגָם עַל פִּי עַצְמוֹ, וְאֵינוֹ מְשַׁלֵּם קְנָס. הָאוֹמֵר גָּנַבְתִּי וְטָבַחְתִּי וּמָכַרְתִּי, מְשַׁלֵּם אֶת הַקֶּרֶן עַל פִּי עַצְמוֹ, וְאֵינוֹ מְשַׁלֵּם תַּשְׁלוּמֵי כֶפֶל וְתַשְׁלוּמֵי אַרְבָּעָה וַחֲמִשָּׁה. הֵמִית שׁוֹרִי אֶת פְּלוֹנִי אוֹ שׁוֹרוֹ שֶׁל פְּלוֹנִי, הֲרֵי זֶה מְשַׁלֵּם עַל פִּי עַצְמוֹ. הֵמִית שׁוֹרִי עַבְדּוֹ שֶׁל פְּלוֹנִי, אֵינוֹ מְשַׁלֵּם עַל פִּי עַצְמוֹ. זֶה הַכְּלָל כָּל הַמְשַׁלֵּם יָתֵר עַל מַה שֶּׁהִזִּיק, אֵינוֹ מְשַׁלֵּם עַל פִּי עַצְמוֹ:

"내가 아무개의 딸을 유혹했다"라고 〔자백〕하는 자는 그 〔자백에〕 기반하여 불명예와 흠에 대해 보상해야 한다. 그러나 배상금은 내지 않는다.

〔비슷하게〕 "내가 〔아무개의 가축을〕 훔치고 도살한 다음 팔았다" 라고 하는 자는 스스로 한 말(자백)에 근거해 〔훔친 것의〕 원금을 지급해야 한다. 그러나 갑절, 그리고 네 갑절 및 다섯 갑절〔의 벌금을〕 낼 필요는 없다. "내 소가 아무개[39]를, 또는 아무개의 소를 죽였다"라고 하는 자는 스스로 한 말(자백)에 근거해 〔해당 금액을〕 지급해야 한다. "내 소가 아무개의 노예를 죽였다"라고 하는 자는 스스로 한 말(자백)에 근거해 〔벌금을〕 내지 않는다.

원칙은 이렇다. 누구든 〔실제〕 해를 입힌 것보다 더 많이 벌금을 내야 하는 사람은 자백에 기반해 내지 않는다.

- 이 미쉬나는 유혹자가 자백했을 때 배상금이 면제되는 논리를 상해 죄 규정에 비추어 설명한다. 상해나 재물손괴에 따르는 금전 손배상 금은 크게 손실에 대한 보상금(ממון, 마몬), 범죄행위가 반복되는 것을 억제하기 위해 토라가 규정한 배상금(קנס, 크나쓰) 두 종류로 나뉜다. 배상금은 네 가지 예가 있는데, 유혹자와 강간자가 내야 하는

---

39) 유대인을 말한다.

50쉐켈, 도둑질을 하고 갚아야 하는 갑절의 액수(כפל, 출 22:4, 9), 양을 훔치고 도살 혹은 매매한 도둑이 갚아야 하는 네 갑절의 액수, 또는 소를 그렇게 했을 때 내야 하는 다섯 갑절의 액수(출 22:1), 그리고 이방노예를 죽인 소의 주인에게 부과되는 30쉐켈이다(출 21:32). 이 배상금들은 자백에 기반하지 않고 증인의 진술에 의해 범죄사실이 입증될 때에만 가해자에게 지급의무가 있다. 출애굽기 22: 29에 "재판장이 죄 있다고 하는 자가 그 상대편에게 갑절을 배상할지니라"고 하기 때문이다. 이와 달리 손실에 대한 보상금(마몬)은 자백과 상관없이 피해/상해를 입은 대상의 원가치에 상응하는 금액을 물어내야 한다. 불명예나 흠에 지급해야 하는 보상금이나 절도, 상습적으로 들이받는 소가 일으킨 상해의 경우가 이에 해당한다(출 21:28-36; 「바바 캄마」 6장 및 7, 1).

- 위 원칙에 기반하여 자백한 유혹자는 불명예와 흠에 대한 보상금을 지불하되, 50쉐켈의 배상금은 내지 않는다. 요컨대 범죄를 자백하는 경우에는 본디 손실에 대한 보상금(마몬)만 물고, 갑절, 몇 갑절에 해당하는 배상금(크나쓰)은 면제된다.

- "내 소가 아무개의 노예를 죽였다"라고 자백한 예에서 노예는 이방인이다. 출애굽기 21:32에 따르면 이방인에 대한 배상금은 은 30쉐켈로 그 주인에게 지급하며, 이는 노예의 원 몸값과 상관없이 (몸값이 30쉐켈에 밑돌더라도) 균일하게 정해진 금액이다. 자백이 아닌 증인들의 증언에 의해 결정된다.

- "[실제] 해를 입힌 것보다 더 많이 벌금을 내야 하는": 상기 언급한 갑절, 네 갑절, 다섯 갑절의 벌금이나 은 30쉐켈의 배상금(크나쓰)을 지칭한다. 남편이 처녀인 아내더러 처녀가 아니라고 누명을 씌웠을 때 부과되는 은 100쉐켈도 이에 포함된다(신 23: 13-19)(4, 3). 이처럼 자신이 초래한 실제 피해보다 더 많은 금액을 물어야 하는 경우, 초

과 금액은 일종의 벌금 개념으로, 자백이 아닌 손해나 손실의 정도를 입증하는 타인의 증언 또는 증거에 의해서만 지급 의무가 결정된다.

제4장

제4장에서는 보상금·배상금의 수령과 관련한 세칙뿐 아니라 상황에 따라 케투바 수령인이 어떻게 달라지는지, 아버지가 딸에게, 남편이 아내에게 어떻게 권한을 행사하는지를 비롯하여 권한의 종류와 발생 및 이동 시기, 케투바가 보장하는 남편의 의무 등을 논한다.

4, 1

נַעֲרָה שֶׁנִּתְפַּתְּתָה, בָּשְׁתָּהּ וּפְגָמָהּ וּקְנָסָהּ שֶׁל אָבִיהָ, וְהַצַּעַר בַּתְּפוּסָה.
עָמְדָה בַדִּין עַד שֶׁלֹּא מֵת הָאָב, הֲרֵי הֵן שֶׁל אָב. מֵת הָאָב, הֲרֵי הֵן שֶׁל
אַחִין. לֹא הִסְפִּיקָה לַעֲמֹד בַּדִּין עַד שֶׁמֵּת הָאָב, הֲרֵי הֵן שֶׁל עַצְמָהּ. עָמְדָה
בַדִּין עַד שֶׁלֹּא בָגְרָה, הֲרֵי הֵן שֶׁל אָב. מֵת הָאָב, הֲרֵי הֵן שֶׁל אַחִין. לֹא
הִסְפִּיקָה לַעֲמוֹד בַּדִּין עַד שֶׁבָּגְרָה, הֲרֵי הֵן שֶׁל עַצְמָהּ. רַבִּי שִׁמְעוֹן אוֹמֵר,
אִם לֹא הִסְפִּיקָה לִגְבּוֹת עַד שֶׁמֵּת הָאָב, הֲרֵי הֵן שֶׁל עַצְמָהּ. מַעֲשֵׂה יָדֶיהָ
וּמְצִיאָתָהּ, אַף עַל פִּי שֶׁלֹּא גָבְתָה, מֵת הָאָב, הֲרֵי הֵן שֶׁל אַחִין:

유혹당한 젊은 여성(나아라)의 경우, 불명예, 흠〔에 대한 보상금〕 및 배상금은 그 부친의 것이다. 유린당한 〔젊은〕 여성의 고통〔에 대한 보상금〕도 마찬가지다.

만일 〔이 젊은 여성이〕 부친 사망 전에 법정에 섰다면, 그것들(위 지급금들)은 부친의 것이다. 부친이 사망했다면 남자형제들의 것이다. 부친 사망 후에 법정에 섰다면[40] 그것들은 자기의 것이다.

---

40) 원문은 "부친이 사망하기까지 법정에 서기에 충분하지 못했다면"이다.

성인이 되기 전에 법정에 섰다면 그것들은 부친의 것이다. 부친이 사망하면 남자형제들의 것이다. 성인이 된 후에 법정에 섰다면[41] 그것들은 자기의 것이다.

랍비 쉼온은 말한다. "부친이 사망하기 전에 수령하지 못했으면 그것들은 자기의 것이다."〔이 여성의〕 수예품이나 습득한 물건의 경우, 아직 수령하지 못했다 하더라도 부친이 사망했으면 이는 남자형제들의 것이다.

- 이 미쉬나는 젊은 여자를 유혹하거나 강간했을 때, 보상금·배상금은 피해 여성의 부친에게 지불한다는 기본 원칙을 제시한 다음, 부친이 사망한 다양한 경우에 있어 적용되는 세칙을 논한다. 부친이 사망했을 시, 보상금·배상금을 부친의 상속자인 아들들(피해 여성의 남자형제)이 갖느냐, 피해 여성 본인이 갖느냐가 관건이다.

  부친 생전에 피해 여성이 소를 제기하고 지급 판결이 나면 부친에게 보상금·배상금이 가야 한다. 그가 이를 수령하기 전에 사망하면 상속자인 아들들(피해 여성의 남자형제)이 갖게 된다. 부친 사망 후 소를 제기했다면 피해 여성 본인이 지급받는다.

  보상금·배상금을 아직 수령하지 않은 상태에서, 젊은 여성(나아라)이었던 피해 여성이 성인이 된 경우, 1) 피해 여성이 성인이 되기 전에 소를 제기했다면 보상금·배상금은 부친의 것이다. 따라서 부친이 사망하면 그 아들들(피해 여성의 남자형제)이 갖는다. 2) 성인이 된 다음에 소를 제기했다면 부친 생존 여부와 상관없이 피해 여성이 직접 보상금·배상금을 받는다.

  랍비 쉼온은 부친 생전에 소를 제기하고 지급 판결이 났으나 실제

---

41) 원문은 "성인이 되기까지 법정에 서기에 충분하지 못했다면"이다.

배상금을 수령하기 전에 부친이 사망한 경우에도 그 돈은 딸인 피해 여성에게 지급되어야 한다고 주장한다. 할라카는 이를 받아들이지 않았다. '수예품'(מעשה יד, 마아쎄 야드, 손으로 만든 것)이란 손으로 만든 물품(「예바못」 10, 1)을 팔거나 그 일에 대한 대가를 받아 얻은 수익이며, 여기서는 부친 생존 시 이 여성이 직접 번 소득을 의미한다. 그 판매금이나 보수를 아직 수령하지 못했다 해도,[42] 부친 생전에 딸이 손수 만든 물품이나 습득물은 아버지 소유이므로 아들들(딸의 남자형제)이 상속받는다.

4, 2

הַמְאָרֵס אֶת בִּתּוֹ, וְגֵרְשָׁהּ, אֵרְסָהּ וְנִתְאַרְמְלָה, כְּתֻבָּתָהּ שֶׁלּוֹ. הִשִּׂיאָהּ וְגֵרְשָׁהּ, הִשִּׂיאָהּ וְנִתְאַרְמְלָה, כְּתֻבָּתָהּ שֶׁלָּהּ. רַבִּי יְהוּדָה אוֹמֵר, הָרִאשׁוֹנָה שֶׁל אָב. אָמְרוּ לוֹ, מִשֶּׁהִשִּׂיאָהּ, אֵין לְאָבִיהָ רְשׁוּת בָּהּ:

만일 딸을 약혼(에루씬)시켰는데 〔신랑이〕 그(딸)와 이혼했고, 〔다시 딸을〕 혼인시켰는데 과부가 되었다면, 케투바는 그(아버지)의 것이다.

만일 혼인(니쑤인)을 시켰는데 〔신랑이〕 그녀와 이혼했고, 〔그 부친이 다시 딸을〕 약혼시켰는데 과부가 되었다면, 〔첫 번째〕 케투바〔도〕 딸의 것이다. 랍비 예후다는 말한다. "첫 번째 〔케투바〕는 부친의 것이다."〔그러자〕 그들(현인들)이 그에게 말했다. "〔딸을〕 혼인(니쑤인)시킨 순간부터 부친은 딸에 대한 권한을 주장할 수 없다."

• 첫 번째 조항: 약혼(에루씬) 단계에서 이혼이나 사별했을 때는 첫 번째 혼인 및 두 번째 혼인 소멸로 수령하는 케투바 모두 부친의 소유

---

42) 게마라는 '아직 수령하지 못한 것'에 습득물은 포함되지 않는다고 해석한다.

라는 해석이다(정황상 약혼한 딸은 미성년 또는 '나아라'일 것이다).

- 두 번째 조항: 약혼이 아닌 '니쑤인'까지 이뤄진 상태에서 이혼이나 사별했다면 첫 번째 혼인 및 두 번째 혼인 소멸로 수령하는 케투바가 모두 딸의 것이라는 해석이다. 랍비 예후다는 이에 부분적으로 반대하는데, 첫 번째 혼인의 케투바는 딸이 아버지의 법적 권한 아래 있을 때 작성되었으므로 부친의 소유라고 주장한다. 현인들은 이에 반대하여, '혼인'(니쑤인)을 하고 난 뒤로는 딸이 독립적 권한을 행사하기에 직접 케투바를 수령하고 소유한다고 설명한다(권한에 대한 세칙은 4, 4). 할라카는 랍비 예후다의 의견을 받아들이지 않았다.

4, 3

הַגִּיּוֹרֶת שֶׁנִּתְגַּיְּרָה בִּתָּהּ עִמָּהּ, וְזִנְּתָה, הֲרֵי זוֹ בְּחֶנֶק. אֵין לָהּ לֹא פֶּתַח בֵּית הָאָב, וְלֹא מֵאָה סֶלַע. הָיְתָה הוֹרָתָהּ שֶׁלֹּא בִקְדֻשָּׁה וְלֵדָתָהּ בִּקְדֻשָּׁה, הֲרֵי זוֹ בִּסְקִילָה. אֵין לָהּ לֹא פֶּתַח בֵּית הָאָב וְלֹא מֵאָה סֶלַע. הָיְתָה הוֹרָתָהּ וְלֵדָתָהּ בִּקְדֻשָּׁה, הֲרֵי הִיא כְּבַת יִשְׂרָאֵל לְכָל דָּבָר. יֵשׁ לָהּ אָב וְאֵין לָהּ פֶּתַח בֵּית הָאָב, יֵשׁ לָהּ פֶּתַח בֵּית הָאָב וְאֵין לָהּ אָב, הֲרֵי זוֹ בִּסְקִילָה. לֹא נֶאֱמַר פֶּתַח בֵּית אָבִיהָ, אֶלָּא לְמִצְוָה:

［어떤 여성이］ 자기 딸과 함께 개종했는데, ［젊은 여성인 그 딸이 약혼하고］ 간통했다면, ［그 딸을］ 교수형에 처한다. 이 여성에게는 그 아비의 집 문 ［앞에 끌어다놓는 것］이나 100쎌라도 없다.

만일 이 여성(어머니)이 ［딸을］ 거룩하지 않은 상태에서 임신했으나 거룩한 상태에서 출산했다면, 그(딸)는 투석형에 처하지만, 이 여성에게는 그 아비의 집 문 ［앞에 끌어다놓는 것］이나 100쎌라도 없다. 그러나 거룩한 상태에서 임신했고 거룩한 상태에서 출산했다면, 이 여성은 모든 면에서 이스라엘의 딸과 마찬가지다. 부친이 있되 부친의 집 문이 없든, 부친의 집 문이 있되 부친은 없든 상관없이 투석형에 처한다. 〔토라는〕 '아비의 집 문' 앞이 아닌 계명 자체에 〔중점을 두고〕 말하고 있기 때문이다.

- 첫째 조항은 개종 후에 약혼했으나 부정한 행위를 저지른 딸에 부과되는 형벌을 논한다. 이 딸은 개종 전에 태어났으므로 유대여성에게 주어지는 투석형이 아닌 교수형에 처해야 한다. 그 아비의 집 문 앞에 끌어다놓는 것, 무고죄가 입증될 경우 남편이 내야 하는 벌금 50쉐켈은 유대인으로 태어난 여성에 한한다. "거룩하지 않은 상태에서 임신했으나 거룩한 상태에서 태어났다"라는 것은 개종 전에 임신하고 개종 후에 출산했음을 말한다. 이 경우 태어난 딸은 유대여성으로 간주되지만 부친은 이방인이며, 할라카상 법적 아버지로 인정되지 않는다. "거룩한 상태에서 임신하고 거룩한 상태에서 출산"했다는 것은 개종 후에 임신과 출산이 모두 이루어졌다는 뜻이다. 태어난 딸은 온전한 이스라엘 여성으로 간주되며 그에 따른 율법 준수 및 처벌이 요구된다.
- 투석형은 신명기 22:21에 따른 처벌이다.
- 100쩰라는 100쉐켈에 해당한다.
- 부친이 있는데 부친에게 집이 없을 경우, 부친은 사망하고 부친이 남긴 집만 있는 경우, 부친의 집에 출입구가 없는 경우 등 위 성구에 정확히 부합하지 않더라도 투석형을 행한다.

4, 4

הָאָב זַכַּאי בְּבִתּוֹ בְּקִדּוּשֶׁיהָ, בַּכֶּסֶף בַּשְּׁטָר וּבַבִּיאָה, וְזַכַּאי בִּמְצִיאָתָהּ,
וּבְמַעֲשֵׂה יָדֶיהָ, וּבַהֲפָרַת נְדָרֶיהָ. וּמְקַבֵּל אֶת גִּטָּהּ, וְאֵינוֹ אוֹכֵל פֵּרוֹת בְּחַיֶּיהָ.
נִשֵּׂאת, יָתֵר עָלָיו הַבַּעַל שֶׁאוֹכֵל פֵּרוֹת בְּחַיֶּיהָ, וְחַיָּב בִּמְזוֹנוֹתֶיהָ, בְּפִרְקוֹנָהּ,
וּבִקְבוּרָתָהּ. רַבִּי יְהוּדָה אוֹמֵר, אֲפִלּוּ עָנִי שֶׁבְּיִשְׂרָאֵל, לֹא יִפְחֹת מִשְּׁנֵי חֲלִילִים
וּמְקוֹנָנֶת:

아버지는 돈이나, 문서 및 성관계[를 통해 효력이 발생하는] 약혼에 있어 그의 딸에 권한을 지닌다. 그는 [또한] 딸이 습득한 물건, 수예품에 [대한 권한] 및 서원 무효화의 [권한을] 지닌다. [그는 딸이 미성년인 경우] [대신] 이혼증서를 받지만 딸의 살아생전 [상속 재산 등을] 용익할 수 없다.[43)

[딸이] 혼인한 경우, 남편[의 권한이] 그(아버지)를 능가하는데, 남편은 아내의 살아생전 [상속 재산 등을] 용익하기 때문이다. [대신] 그는 [아내에게] 양식을 제공하고 [포로가 되었을 때] 몸값을 지불하며 [사망 시] 매장할 의무가 있다.

랍비 예후다는 말한다. "이스라엘의 가난한 자라 할지라도 [아내의 장례 시에] 적어도 피리 두 개와 곡하는 여자 한 명 이상을 두어야 한다."

- 딸이 미성년 또는 젊은 여성(나아라)일 때는 부친에게 딸에 대한 권한이 있으나, 혼인하면 그 권한은 남편에게로 옮겨간다. 남편의 권한이 아버지를 능가한다는 것은, 딸의 혼인 전 아버지에게 없던 권한인 용익권이 하나 더 추가되기 때문이다. 만일 아내가 혼인 후 토지를 상속받으면, 남편은 그 토지를 용익할 수 있다. 서원 무효화 관련 조항은 「네다림」에서 자세히 다뤄진다. 남편은 권한뿐 아니라 여러 의무도 지니게 된다.

4, 5

לְעוֹלָם הִיא בִרְשׁוּת הָאָב, עַד שֶׁתִּכָּנֵס לִרְשׁוּת הַבַּעַל לַנִּשּׂוּאִין. מָסַר הָאָב
לִשְׁלוּחֵי הַבַּעַל, הֲרֵי הִיא בִרְשׁוּת הַבַּעַל. הָלַךְ הָאָב עִם שְׁלוּחֵי הַבַּעַל, אוֹ

---

43) '용익하다'는 문자적으로는 '열매들을 먹는다'를 의미한다.

שֶׁהָלְכוּ שְׁלוּחֵי הָאָב עִם שְׁלוּחֵי הַבַּעַל, הֲרֵי הִיא בִרְשׁוּת הָאָב. מָסְרוּ שְׁלוּחֵי
הָאָב לִשְׁלוּחֵי הַבַּעַל, הֲרֵי הִיא בִרְשׁוּת הַבַּעַל:

그(딸)는 혼인으로써 남편의 권한 아래 들어가기 전에는 늘 부친의
권한 아래 있다.

만일 그 부친이 〔딸을〕 남편 대리인들에게 넘긴다면, 그(딸)는 남편
의 권한 아래 있다. 부친이 〔딸의〕 남편 대리인들과 함께 〔예식장으
로〕 갔거나, 부친의 대리인들이 남편 대리인들과 함께 갔다면, 그(딸)
는 〔여전히〕 부친의 권한 아래 있다. 부친의 대리인들이 〔딸을〕 남편
의 대리인들에게 넘기면, 그(딸)는 남편의 권한 아래 놓인다.

- 약혼(에루씬)을 했어도 혼인(니쑤인) 전까지는 부친이 딸에게 권한
  을 행사한다.
- 남편의 거주지와 친정의 거주지 사이에 상당한 거리가 있어 여행해
  야 하는 경우, 남편 대신 권한을 위임받은 대리자에게 인도되면 이
  여성에 대한 권한 행사는 부친에게서 남편에게로 이양된다. 그러나
  부친이나 부친 대리인이 딸과 동행하면 여전히 부친이 딸에 대한 권
  한을 지닌다.

4, 6

הָאָב אֵינוֹ חַיָּב בִּמְזוֹנוֹת בִּתּוֹ. זֶה מִדְרָשׁ דָּרַשׁ רַבִּי אֶלְעָזָר בֶּן עֲזַרְיָה לִפְנֵי
חֲכָמִים בַּכֶּרֶם בְּיַבְנֶה, הַבָּנִים יִרְשׁוּ וְהַבָּנוֹת יִזּוֹנוּ, מָה הַבָּנִים אֵינָן יוֹרְשִׁין
אֶלָּא לְאַחַר מִיתַת הָאָב, אַף הַבָּנוֹת אֵינָן נִזּוֹנוֹת אֶלָּא לְאַחַר מִיתַת אֲבִיהֶן:

부친은 그의 딸을 부양할 의무가 없다.
이 설명을 두고 랍비 엘아자르 벤 아자르야는, 야브네 포도원[44]에

---

44) 야브네 아카데미를 말하며, '포도원'(케렘)이라는 표현은 제자들이 포도원의

서 현인들을 앞에 두고 설명했다. "'아들들은 상속을 받고, 딸들은 부양받는다'〔는 규정은〕 부친이 사망해야 아들들이 상속받듯, 딸들도 부친이 사망해야 부양받는다는 뜻이다."

- 이전 미쉬나들이 부친이 갖는 권한을 다루었다면, 이 미쉬나는 부친의 의무에 대해 이야기한다. 딸의 부양에 대해서만 이야기하고 있으나, 탈무드에 따르면 이 규정은 아들에게도 해당된다. 부친은 살아생전 이들을 부양할 법적 의무가 없으나 도덕적 의무가 있으며(게마라 49a, 49b) 미성년 자녀의 부양을 거부하면 법정은 다양한 수단을 동원한다(야드 아브라함). 탈무드는 이 미쉬나에 대해 여러 설명을 제공한다. 이 규정이 자녀가 6세 이상이고 부친에게 돈이 없을 때만 적용된다는 주장, 부친이 자선을 베풀 수 있는 정도의 경제적 능력이 있음에도 부양을 거부하면 아이들을 먹이기 전까지는 자신을 위해 돈을 쓸 수 없으며, 법정이 자선 기부를 강요할 수 있듯이 6세 이상의 자녀도 부양하라고 강요할 수 있다는 주장, 경제적 능력이 없는데 일하기를 거부하는 아버지라면 법정은 부양을 강제하는 대신 공개적으로 망신을 줄 수 있다는 주장 등이다(게마라 49a, 49b, 50a). 블랙먼은 '부양'의 예로 의복, 음식 및 매장을 든다.
- 케투바에는 아들들은 어머니의 케투바를 상속받고, 딸은 아버지의 재산에서 부양받는다는 내용이 들어간다. 아들들이 어머니 사후 그 케투바를 상속받으려면 아버지 역시 사망한 상태여야 한다(라쉬). 마찬가지로 딸도 아버지 사망 후에야 부양받는다는 해석이다(4, 11).

포도처럼 줄지어 앉아 있는 데서 유래했다(블랙먼; 야드 아브라함).

4, 7

לֹא כָתַב לָהּ כְּתֻבָּה, בְּתוּלָה גּוֹבָה מָאתַיִם, וְאַלְמָנָה מָנֶה, מִפְּנֵי שֶׁהוּא תְנַאי בֵּית דִּין. כָּתַב לָהּ, שָׂדֶה שָׁוֶה מָנֶה תַּחַת מָאתַיִם זוּז, וְלֹא כָתַב לָהּ, כָּל נְכָסִים דְּאִית לִי אַחֲרָאִין לִכְתֻבְּתִיךְ, חַיָּב, שֶׁהוּא תְנַאי בֵּית דִּין:

〔만일〕그(아내)에게 케투바를 써주지 않았다면, 처녀의 경우 200 〔주즈〕, 과부의 경우 100〔주즈〕를 가져간다. 이는 법정〔이 규정한〕조 건이기 때문이다.

그(아내)에게 200〔주즈〕 대신에, 1마네(100주즈)에 상응하는 밭을 〔케투바에〕써주면서, "내가 소유한 모든 재산이 당신의 케투바를 보 증한다"라고 적지 않았다 해도 그는 〔200주즈 전액을 지불할〕 의무 가 있다. 이는 법정〔이 규정한〕조건이기 때문이다.

- 이 미쉬나에 이어 제4장의 남은 미쉬나들은 케투바가 보장하는 남 편(아버지)의 의무, 즉 기록했든 기록하지 않았든 간에 법적으로 효 력을 발휘하는 케투바의 세부조항들에 대하여 논한다.

4, 8

לֹא כָתַב לָהּ, אִם תִּשְׁתַּבָּאי אֶפְרְקִנֵּךְ וְאוֹתְבִנֵּךְ לִי לְאִנְתּוּ, וּבְכֹהֶנֶת, אַהֲדְרִנֵּךְ לִמְדִינְתָּךְ, חַיָּב, שֶׁהוּא תְנַאי בֵּית דִּין:

〔케투바에〕 "당신이 포로가 되는 경우 몸값을 지불하고 다시 내 아 내로 데려올 것이다" 또는 제사장의 아내인 경우에 "당신 나라로 되 돌아올 수 있게 하겠다"라고 기록하지 않았다 해도 그(남편)는 〔상기 내용을〕이행해야 한다. 이는 법정〔이 규정한〕조건이기 때문이다.

- 포로가 된 아내의 몸값을 지불하는 것은 남편의 의무다(4, 4; 4, 9).
- 제사장의 아내는 부정해져서는 안 된다. 포로로 잡혔던 제사장 아내

는 강간당했을 가능성이 있기 때문에 다시 아내로 데려오는 것이 금지된다(2, 9). 따라서 남편이 제사장일 때에는 케투바에 "…내 아내로 데려올 것이다" 대신 몸값을 지불하여 "당신 나라", 즉 친정으로 무사히 돌아갈 수 있게 한다고 적는다.

4, 9

נִשְׁבֵּית, חַיָּב לִפְדּוֹתָהּ. וְאִם אָמַר, הֲרֵי גִטָּהּ וּכְתֻבָּתָהּ, תִּפְדֶּה אֶת עַצְמָהּ, אֵינוֹ רַשַּׁאי. לְקָתָה, חַיָּב לְרַפְּאֹתָהּ. אָמַר, הֲרֵי גִטָּהּ וּכְתֻבָּתָהּ, תְּרַפֵּא אֶת עַצְמָהּ, רַשַּׁאי:

만일 〔아내가〕 포로로 잡힐 경우 〔남편은〕 그 몸값을 지불할 의무가 있다. 만일 그가 "여기 〔이 여자의〕 이혼증서와 케투바가 있으니 직접 몸값을 지불하라"고 말해도, 그는 〔그렇게 하는 것이〕 허용되지 않는다.

〔아내가〕 아프면 〔남편은〕 치료할 의무가 있다. "여기 〔이 여자의〕 이혼증서와 케투바가 있으니 직접 치료하라"고 말하면, 〔그렇게 하는 것이〕 허용된다.

- 아내가 포로가 되었을 때, 이혼과 함께 케투바를 지급하고 그 돈으로 몸값을 지불하라고 하는 것은 금지된다. 그러나 병에 걸린 아내와 이혼하며 지급한 케투바로 직접 치료비를 감당하게 하는 것은 허용된다.

4, 10

לֹא כָתַב לָהּ, בְּנִין דִּכְרִין דְּיֶהֱוֹן לִיכִי מִנַּאי אִנּוּן יִרְתוּן כְּסַף כְּתֻבְתִּיךְ יַתֵּר עַל חוּלְקֵיהוֹן דְּעִם אֲחוּהוֹן, חַיָּב שֶׁהוּא תְנַאי בֵּית דִּין:

"당신이 내게서 낳을 아들들이, 그 형제들과 공동 상속받는 몫 외에, 당신의 케투바 재산을 상속할 것이다"라고 그(아내)를 위해 [케투바에] 기록하지 않았다 해도, 그는 [상기 내용을] 이행해야 한다. 이는 법정[이 규정한] 조건이기 때문이다.

- 여기서 케투바 재산은 아내가 혼인하며 가져온 지참금으로, 아내 사후 남편이 물려받아 공식적으로 남편의 재산이 된 것을 말한다. 만일 아내가 두 명인데 한 명은 지참금을 더 많이 가지고 왔다고 하자. 남편(상속자들의 부친) 사망 후 지참금을 많이 가지고 온 아내의 아들들이 지참금을 적게 가져온 쪽 아내의 아들들과 재산을 균등상속한다면 이는 형평성에 어긋난다. 또한 부친이 딸을 시집보낼 때 지참금을 어느 선 이상으로 주기 꺼려하는 요인이 될 수 있다. 이 폐단을 막기 위해 더 적은 액수의 케투바(지참금) 금액에 맞추어 형제들 간에 균등상속한 후, 그 차액은 지참금을 많이 가져온 쪽 아들들이 상속받도록 한다.

4, 11

בְּנָן נֻקְבִין דְּיֶהֶוְיָן לִיכִי מְנַּאי, יֶהֶוְיָן יָתְבָן בְּבֵיתִי וּמִתְזָנָן מִנִּכְסַי עַד דְּתִתְנַסְבָן לְגֻבְרִין, חַיָּב, שֶׁהוּא תְּנַאי בֵּית דִּין:

"당신 사이에 낳게 될 딸들은, 남편들과 혼인할 때까지 내 집에 거주하고 내 재산으로 부양될 것이다"라고 [케투바에] 기록하지 않았다 해도, 그는 [상기 내용을] 이행해야 한다. 이는 법정[이 규정한] 조건이기 때문이다.

- 딸들은 약혼(에루씬)할 때까지, 또는 성년인 보게렛(12세 6개월)이 될 때까지 아버지의 부양을 받아야 한다(게마라 53b; 관련 논쟁은

13, 3). 이후에는 부친 살아생전 딸을 부양할 의무는 없고(4, 6), 부친 사후 아들은 상속받는 대신 딸은 부친 재산에서 부양, 즉 재정 지원을 받게 되어 있다. 이는 본디 케투바에 기록되어야 하는 내용이기에 누락되었다 해도 법적 효력을 지닌다.

4, 12

אַתְּ תְּהֵא יָתְבָא בְּבֵיתִי וּמִתְּזָנָא מִנִּכְסַי, כָּל יְמֵי מִגַּד אַלְמְנוּתִיךָ בְּבֵיתִי, חַיָב,
שֶׁהוּא תְּנַאי בֵּית דִּין. כָּךְ הָיוּ אַנְשֵׁי יְרוּשָׁלַיִם כּוֹתְבִין. אַנְשֵׁי גָּלִיל הָיוּ כּוֹתְבִין
כְּאַנְשֵׁי יְרוּשָׁלָיִם. אַנְשֵׁי יְהוּדָה הָיוּ כּוֹתְבִין, עַד שֶׁיִּרְצוּ הַיּוֹרְשִׁים לִתֵּן לִיךְ
כְּתֻבְּתִיךְ. לְפִיכָךְ אִם רָצוּ הַיּוֹרְשִׁין, נוֹתְנִין לָהּ כְּתֻבָּתָהּ וּפוֹטְרִין אוֹתָהּ:

"당신이 내 집에 과부로 있는 동안 내 집에 내내 거주하고 내 재산으로 부양될 것이다"라고 [케투바에] 기록하지 않았다 해도, 그는 [상기 내용을] 이행해야 한다. 이는 법정[이 규정한] 조건이기 때문이다. [따라서] 예루살렘 사람들은 그렇게 [케투바에] 기록하곤 했다. 갈릴리 사람들도 예루살렘 사람들처럼 그렇게 기록하곤 했다.

[그러나] 유다 사람들은 "상속자들이 당신에게 케투바를 지급하기 원할 때까지 [당신은 내 집에서 거주하고 내 재산에서 부양받을 것이다]"라고 기록하곤 했다. 따라서 그 상속자들이 원한다면 [과부가 된 여성에게] 케투바를 지급하고서 내보낼 수 있다.

- 갈릴리와 예루살렘 지역 사람들은, 상배여성이 사망한 남편의 집에 거주하는 한, 다시 말해 재혼하지 않는 한 고인의 상속자들은 이 여성을 부양해야 한다는 의견이다.
- 이와 달리 유다 사람들은 상속자들이 케투바를 지급하고서 부양의 의무에서 벗어날 수 있다고 보았다. 할라카는 갈릴리와 예루살렘 주민에 의견을 같이한다. 즉 상배여성이 재혼하지 않고 케투바 수령도

요구하지 않는 한 남편의 집에서 계속 살며 그 재산에서 부양받아야
한다(12, 3).

제5장

케투바 작성 시 상한선과 하한선, 혼인 준비기간, 혼인으로 발생하
는 남편과 아내의 의무, 부부관계 횟수, 의무 불이행에 따른 케투바 차
감, 남편이 아내에게 제공해야 하는 것과 아내가 해야 하는 일의 양 등
에 대해 논한다.

5, 1

אַף עַל פִּי שֶׁאָמְרוּ, בְּתוּלָה גּוֹבָה מָאתַיִם וְאַלְמָנָה מָנֶה, אִם רָצָה לְהוֹסִיף,
אֲפִלּוּ מֵאָה מָנֶה, יוֹסִיף. נִתְאַרְמְלָה אוֹ נִתְגָּרְשָׁה, בֵּין מִן הָאֵרוּסִין בֵּין מִן
הַנִּשּׂוּאִין, גּוֹבָה אֶת הַכֹּל. רַבִּי אֶלְעָזָר בֶּן עֲזַרְיָה אוֹמֵר, מִן הַנִּשּׂוּאִין, גּוֹבָה
אֶת הַכֹּל. מִן הָאֵרוּסִין, בְּתוּלָה גּוֹבָה מָאתַיִם וְאַלְמָנָה מָנֶה, שֶׁלֹּא כָתַב לָהּ
אֶלָּא עַל מְנָת לְכָנְסָהּ. רַבִּי יְהוּדָה אוֹמֵר, אִם רָצָה, כּוֹתֵב לִבְתוּלָה שְׁטָר שֶׁל
מָאתַיִם, וְהִיא כוֹתֶבֶת, הִתְקַבַּלְתִּי מִמְּךָ מָנֶה, וּלְאַלְמָנָה, מָנֶה, וְהִיא כוֹתֶבֶת,
הִתְקַבַּלְתִּי מִמְּךָ חֲמִשִּׁים זוּז. רַבִּי מֵאִיר אוֹמֵר, כָּל הַפּוֹחֵת לִבְתוּלָה מִמָּאתַיִם
וּלְאַלְמָנָה מִמָּנֶה, הֲרֵי זוֹ בְעִילַת זְנוּת:

〔현인들은〕 "처녀는 200〔주즈〕를 받아가고 과부는 100〔주즈를 가
져간다〕"라고 말했지만, 만일 〔남편이 금액을〕 추가하기 원하면 100
마네(10,000주즈)라 할지라도 추가할 수 있다.

약혼(에루씬) 후든 혼인(니쑤인) 후든 과부가 되거나 이혼당할 경우
전액을 가져간다. 그러나 랍비 엘아자르 벤 아자르야는 말한다. "혼인
(니쑤인) 이후부터 전액을 가져간다. 약혼 이후라면 처녀는 200〔주즈〕
을, 과부는 1마나(100주즈)를 가져간다. 왜냐하면 혼인(니쑤인)을 해

야 지급한다고 기록했기 때문이다."

랍비 예후다는 말한다. "만일 원한다면 그는 처녀에게 200주즈 계약서를 써주되, 그(처녀)는 '나는 당신에게서 1마나(100주즈)를 [이미] 받았다'라고 기입할 수 있다. 과부에게는 1마나(100주즈) [계약서를 써주되 그(과부)는] '나는 당신에게서 50주즈를 [이미] 받았다'라고 기입할 수 있다." 그러나 랍비 메이르는 말한다. "누구든 처녀에게 [책정된] 200주즈, 과부에게 [책정된] 100주즈 밑으로 깎는다면 [그 혼인은] 부정한 성관계와 다름없다."

- 법적으로 정한 금액 외에 케투바 금액을 더 올려주고 싶다면 상한선 없이 가능하다는 의견이다. 법이 정한 액수 밑으로 하한선은 없다.
- 랍비 엘아자르 벤 아자르야(אלעזר בן עזריה, Elazar b. Azaryah)는 이에 반대하여 약혼(에루씬) 상태에서의 사별/이혼과 혼인(니쑤인) 상태에서의 사별/이혼 간에는 케투바 수령액에 차별을 두어야 한다고 주장한다.
- 랍비 예후다는 남편과 아내가 서로 동의하에 케투바 금액을 깎을 수 있다고 말한다. 즉 처녀의 경우 200주즈를 케투바에 쓰지만 이미 100 주즈를 받았다고 허위 계약서를 작성해 이혼이나 사별 시 나머지 절반인 100주즈만 받게 하는 것이다. 마찬가지로 과부가 재혼할 때, 남편은 케투바에 100주즈를 적되 아내될 여성은 이미 50주즈를 수령했다고 허위로 계약서를 작성해 이혼이나 사별 시 실제 받아야 할 몫의 절반인 50주즈만 지급하는 편법이 가능하다는 주장이다.
- 랍비 메이르는 이에 반대하는데, 이렇게 기록한 케투바는 애초에 혼인계약서를 전혀 작성하지 않은 것과 같기에, 이들의 부부관계는 부정한 성행위와 마찬가지라는 것이다. 할라카는 랍비 메이르의 의견을 따른다.

נוֹתְנִין לִבְתוּלָה שְׁנֵים עָשָׂר חֹדֶשׁ מִשֶּׁתִּבְעֶהָ הַבַּעַל לְפַרְנֵס אֶת עַצְמָהּ. וּכְשֵׁם
שֶׁנּוֹתְנִין לָאִשָּׁה, כָּךְ נוֹתְנִין לָאִישׁ לְפַרְנֵס אֶת עַצְמוֹ. וְלָאֲלְמָנָה שְׁלֹשִׁים יוֹם.
הִגִּיעַ זְמָן וְלֹא נִשְּׂאוּ, אוֹכְלוֹת מִשֶּׁלּוֹ וְאוֹכְלוֹת בַּתְּרוּמָה. רַבִּי טַרְפוֹן אוֹמֵר,
נוֹתְנִין לָהּ הַכֹּל תְּרוּמָה. רַבִּי עֲקִיבָא אוֹמֵר, מֶחֱצָה חֻלִּין וּמֶחֱצָה תְּרוּמָה:

남편의 [혼인을] 청한 시점부터 [계산하여] 12개월을 처녀에게 [혼
인 준비기간]으로 준다. 아내에게 준 것처럼 남편에게도 [동일한 시
간을] 주어 자기 자신을 준비하게 하며, 과부에게는 30일[을 준다].

때가 왔는데도 혼인을 하지 않은 경우, 여자는 남편으로부터 음식
을 제공받고[45], [그가 제사장이라면] 거제도 먹을 수 있다.

랍비 타르폰은 말한다. "[아내에게 필요한] 모든 것을 거제[에서]
준다." 반면 랍비 아키바는 말한다. "속된 음식(훌린)으로 절반을, 거
제로 절반[을 제공한다]."

- 약혼(에루씬) 후 혼인(니쑤인)까지 처녀에게는 12개월의 준비기간
  을 주어 혼인예식에 필요한 의복 및 장신구 등을 마련할 수 있게 한
  다. 반면 과부가 재혼할 때는 초혼 때 이미 사용한 것들이 있기에 한
  달의 준비기간을 준다. 남편 쪽의 지연으로 인해 혼례식을 올리기로
  한 시기를 넘기고 니쑤인이 지체되면, 여자는 남자 쪽 재산으로 부양
  받아야 한다.
- 랍비 타르폰은 남편이 제사장일 때 부양비를 거제로 지급해도 된다
  는 의견이다. 여자 쪽에서 월경 등 제의적으로 부정한 기간에도 신성
  한 음식인 거제를 먹을 우려가 있지만, 부정해진 기간에는 테루마를
  제사장에게 팔고 받은 돈으로 비신성한 음식을 사먹으면 되기 때문

---

45) אוכלות משלו. 직역하면 "그(녀)들은 그의 것에서 먹는다"이다. 그러나 일부 판
본에서는 문맥상 여성 단수동사(אוכלת)를 사용한다.

이다(라브; 라쉬).

- 랍비 아키바는 제의적으로 거룩한 음식과 속된 음식을 절반씩 섞어 부양하면 된다는 절충안을 내놓는다. 제의적으로 부정한 시기에는 속된 음식에서 먹으면 되기 때문이다(속된 음식에 대해서는 「훌린」).

5, 3

הַיָּבָם אֵינוֹ מַאֲכִיל בַּתְּרוּמָה. עָשְׂתָה שִׁשָּׁה חֳדָשִׁים בִּפְנֵי הַבַּעַל וְשִׁשָּׁה חֳדָשִׁים בִּפְנֵי הַיָּבָם, וַאֲפִלּוּ כֻלָּן בִּפְנֵי הַבַּעַל חָסֵר יוֹם אֶחָד בִּפְנֵי הַיָּבָם, אוֹ כֻלָּן בִּפְנֵי הַיָּבָם חָסֵר יוֹם אֶחָד בִּפְנֵי הַבַּעַל, אֵינָהּ אוֹכֶלֶת בַּתְּרוּמָה. זוֹ מִשְׁנָה רִאשׁוֹנָה. בֵּית דִּין שֶׁל אַחֲרֵיהֶן אָמְרוּ, אֵין הָאִשָּׁה אוֹכֶלֶת בַּתְּרוּמָה, עַד שֶׁתִּכָּנֵס לַחֻפָּה:

야밤은 〔그의 예바마에게〕 거제를 먹을 〔자격을 부여하지〕 않는다. 어떤 여성이 〔제사장인〕 남편〔과 혼인〕을 기다리는데[46] 〔12개월 중〕 6개월을 보내던 중 〔그가 사망하여〕 야밤을 기다리는데[47] 〔다시〕 6개월을 보낸 경우, 심지어 야밤을 기다리는데 보낸 하루를 제외하곤 〔12개월〕 모두 남편을 기다렸거나 남편을 기다리는 데 보낸 하루를 제외하곤 〔12개월〕 모두 야밤을 기다렸다 해도, 이 여성은 거제를 먹을 수 없다. 이것이 애초〔에 정해졌던〕 미쉬나다. 그 후의 법정은 〔이렇게〕 판결했다. "여성이 후파(천막)에 들어서기까지는 거제를 먹을 수 없다."

- 약혼 단계에서 과부가 된 여성이 역연혼으로 제사장인 시형제(야밤) 와 재혼할 때, 역연혼이 완전히 이루어진 후에야 제사장 아내 자격으

---

46) 본문은 "남편 앞에서"다.
47) 본문은 "야밤 앞에서"다. 이하 가독성을 위해 '남편 앞에서'나 '야밤 앞에서' 를 남편을 기다리거나 야밤을 기다리는 것으로 번역한다.

로서 거제를 먹을 수 있다.

- 이 미쉬나는 혼인 준비로 허용된 기간이 다 지나지 않았다면 거제를 먹을 수 없는 규정(5, 2)을 이야기한다. 처녀의 혼인 준비기간은 12개월, 과부의 혼인 준비기간은 30일이다(「케투봇」 5, 2; 「네다림」 10, 5). 제사장인 약혼자(남편)와 혼인을 준비하는 데 12개월에서 하루 모자란 시간이 흐른 시점에서 약혼자가 사망했고, 다시 야밤(시형제)과의 역연혼을 준비하며 하루가 흘러 총 12개월이 되었다 해도, 중간에 12개월이 중단되었기 때문에 거제 먹을 자격이 생기지 않는다. 만일 제사장인 약혼자(남편)가 살아 있을 때 혼인 준비기간 12개월을 다 채워 거제를 먹을 수 있게 되었다 해도 그가 사망하는 즉시 거제 먹을 자격을 잃는다. 혼인 준비기간 하루가 지났을 때 제사장인 약혼자가 사망하고, 12개월에서 하루 모자라게 야밤과 역연혼을 기다렸다 해도, 마찬가지로 거제 먹을 자격이 주어지지 않는다.

- 약혼만 했어도 혼인 준비기간을 넘겼으면 거제를 먹을 수 있게 허용한다는 것이 기존에 정해진 규정이었다. 그러나 법정은 후파 아래 서서 혼인 예식을 하는 니쑤인이 이뤄져야만 거제를 먹을 수 있다고 이를 변경했다.

5, 4

הַמַּקְדִּישׁ מַעֲשֵׂה יְדֵי אִשְׁתּוֹ, הֲרֵי זוֹ עוֹשָׂה וְאוֹכֶלֶת. הַמּוֹתָר, רַבִּי מֵאִיר אוֹמֵר, הֶקְדֵּשׁ. רַבִּי יוֹחָנָן הַסַּנְדְּלָר אוֹמֵר, חֻלִּין:

만일 [남편이] 아내가 손수 만든 것을 [성전에] 봉헌하면, 아내는 [스스로] 일하고 먹어도 좋다. 잉여분[에 있어] 랍비 메이르는 말한다. "봉헌된 것[이다]." 그러나 랍비 요하난 하산들라르는 말한다. "속된 것(훌린)[이다]."

- 남편은 아내를 부양할 의무가 있고 아내는 남편에게 손수 만든 물품을 제공한다(4, 1; 4, 4; 「예바못」 10, 1). 이 미쉬나를 두고 1) 남편의 아내 부양에 중점을 두어, 그 대가로 남편은 아내의 수예품(아내가 생산한 물건)에 대한 권리를 지닌다는 견해와, 2) 아내의 수예품에 대한 남편의 권리에 중점을 두어, 그 대가로 남편이 아내를 부양해야 한다는 견해로 갈리어 복잡한 논쟁과 해석 차이가 있다. 또한 이 미쉬나는 아직 존재하지 않는 것을 봉헌할 수 있는지에 대한 의문을 제기한다(게마라 「케투봇」 58b, 「네다림」 85a:9-85b:1; 토쎄펫 욤 토브).

- 할라카는 1)의 견지를 취해 아내에게 남편의 부양을 거부할 수 있는 선택권을 주고 있다. 즉 남편이 아내가 생산물을 통해 번 소득을 성전에 바치기로 하면, 아내는 남편의 부양을 거부하고 스스로 일해 자신을 부양할 수 있다. 부양을 하지 않는 이상 남편은 아내가 손으로 만든 물품에 대한 소유권을 주장할 수 없다(5, 9). 아내가 손수 만든 것들은 아내의 생계유지 수단이며 남편 것이 아니기에, 남편은 이를 성전에 봉헌할 수 없다는 말이다.

- 위 아내가 자기 생계를 위해 스스로 번 수입이, 남편이 아내의 부양을 위해 드는 비용을 초과한다면 그만큼 차감한 잉여분을 봉헌할 수 있다는 것이 랍비 메이르의 주장이다. 랍비 하산들라르는 아직 존재하지 않는 것은 봉헌 불가능하다고 말한다(게마라 59a; 「네다림」 11, 4). 할라카는 랍비 요하난 하산들라르의 의견을 받아들인다.

5, 5

אֵלּוּ מְלָאכוֹת שֶׁהָאִשָּׁה עוֹשָׂה לְבַעְלָהּ, טוֹחֶנֶת, וְאוֹפָה, וּמְכַבֶּסֶת, מְבַשֶּׁלֶת, וּמֵנִיקָה אֶת בְּנָהּ, מַצַּעַת לוֹ הַמִּטָּה, וְעוֹשָׂה בַצֶּמֶר. הִכְנִיסָה לוֹ שִׁפְחָה אַחַת, לֹא טוֹחֶנֶת, וְלֹא אוֹפָה וְלֹא מְכַבֶּסֶת. שְׁתַּיִם, אֵינָהּ מְבַשֶּׁלֶת וְאֵינָהּ מֵנִיקָה אֶת בְּנָהּ. שָׁלֹשׁ, אֵינָהּ מַצַּעַת לוֹ הַמִּטָּה וְאֵינָהּ עוֹשָׂה בַצֶּמֶר. אַרְבָּעָה,

יוֹשֶׁבֶת בַּקַּתֶּדְרָא. רַבִּי אֱלִיעֶזֶר אוֹמֵר, אֲפִלּוּ הִכְנִיסָה לוֹ מֵאָה שְׁפָחוֹת, כּוֹפָה
לַעֲשׂוֹת בַּצֶּמֶר, שֶׁהַבַּטָּלָה מְבִיאָה לִידֵי זִמָּה. רַבָּן שִׁמְעוֹן בֶּן גַּמְלִיאֵל אוֹמֵר,
אַף הַמַּדִּיר אֶת אִשְׁתּוֹ מִלַּעֲשׂוֹת מְלָאכָה, יוֹצִיא וְיִתֵּן כְּתֻבָּתָהּ, שֶׁהַבַּטָּלָה
מְבִיאָה לִידֵי שִׁעֲמוּם:

다음은 남편을 위해 아내가 해야 할 일이다. 〔아내는〕 〔곡식을〕 갈
고, 〔빵을〕 굽고, 빨래하고, 요리하고, 자식을 키우고, 그의 잠자리를
준비하고, 양털〔로 실 잣는〕 일을 해야 한다. 만일 〔혼인할 때〕 여종 한
명을 데려왔다면 〔곡식〕 갈기, 〔빵〕 굽기, 빨래를 하지 않는다. 〔데려
온 여종이〕 두 명이면 요리와 육아도 하지 않는다. 〔데려온 여종이〕
세 명이면 잠자리 준비와 양털〔로 실 잣는〕 일도 하지 않는다. 〔데려
온 여종이〕 네 명이면 안락의자[48])에 앉아 있으면 된다.

랍비 엘리에제르는 말한다. "여종 백 명을 데려왔다 해도 남편은 아
내에게 양털〔로 실 잣는〕 일을 시켜야 한다. 나태함은 부적절한 행실
을 초래할 수 있기 때문이다." 라반 쉼온 벤 감리엘은 말한다. "심지어
서원을 통해 아내가 일하는 것〔을 금지한〕 사람은 이혼하고 그(아내)
의 케투바를 주어야 한다. 나태함은 어리석은 행위[49])를 초래하기 때
문이다."

- 〔곡식〕 가는 일은 직접 손맷돌을 써서 밀가루 등을 빻거나, 큰 맷돌의
  경우 갈릴 곡식을 준비해 용기에 넣고 가루를 모아담는 것을 말한다.
  양털〔로 실을 잣는〕 일은 방직·직조와 관련된 일이다. 아내의 경제
  력이 높을수록 가사노동 의무가 줄어든다. 즉 데리고 온 여종에게 일
  을 분담시킬 수 있다. 또는 가지고 온 지참금으로 사람을 고용해 일

---

48) 카테드라(קתדרא)라고 하며 등받이가 있는 귀부인용 의자다.
49) '정신이상'(블랙먼; 야드 아브라함), '나약한 정신'(댄비), '따분함'(뉴스너)으
   로 번역하기도 한다.

을 대신 시킬 수 있다.

- 랍비 엘리에제르는 아무리 경제력이 높아도 아내가 남편에게 행해야 할 최소 일을 행해야 한다고 주장한다. 라반 쉼온 벤 감리엘도 같은 의견이다.

5, 6

הַמַּדִּיר אֶת אִשְׁתּוֹ מִתַּשְׁמִישׁ הַמִּטָּה, בֵּית שַׁמַּאי אוֹמְרִים, שְׁתֵּי שַׁבָּתוֹת. בֵּית הִלֵּל אוֹמְרִים, שַׁבָּת אֶחָת. הַתַּלְמִידִים יוֹצְאִין לְתַלְמוּד תּוֹרָה שֶׁלֹּא בִרְשׁוּת, שְׁלֹשִׁים יוֹם. הַפּוֹעֲלִים, שַׁבָּת אֶחָת. הָעוֹנָה הָאֲמוּרָה בַתּוֹרָה, הַטַּיָּלִין, בְּכָל יוֹם. הַפּוֹעֲלִים, שְׁתַּיִם בַּשַּׁבָּת. הַחַמָּרִים, אַחַת בַּשַּׁבָּת. הַגַּמָּלִים, אַחַת לִשְׁלֹשִׁים יוֹם. הַסַּפָּנִים, אַחַת לְשִׁשָּׁה חֳדָשִׁים, דִּבְרֵי רַבִּי אֱלִיעֶזֶר:

어떤 남자가 서원을 통해 아내와 잠자리를 같이하는 것을 금할 경우, 샴마이 학파는 말한다. "두 주[까지 그렇게 할 수 있다]." [그러나] 힐렐 학파는 말한다. "한 주[만 그렇게 할 수 있다]."

제자들은 토라를 공부하기 위해 30일[에 한해] 아내의 동의 없이 출타할 수 있다. 노동자의 경우 한 주[만 가능하다].

토라에 명시된 [의무인] 부부관계[는 그 빈도수가 다음과 같다]. 노는 사람[50]은 매일, 노동자는 한 주에 두 번, 나귀를 모는 사람은 한 주에 한 번, 낙타를 모는 사람은 30일에 한 번, 뱃사람은 여섯 달에 한 번이다. 이는 랍비 엘리에제르의 말이다.

- 부부관계는 토라에 적시된 의무다(출 21:10). 직업에 따라 집에 머무는 날짜가 달라지므로 부부관계의 의무 횟수도 그에 따라 차별성을 띤다. 노동이나 상거래를 하지 않는 자는 매일 밤 집에 있으므로 매

---

50) 일에 매이지 않는 한가한 사람이다.

일 부부관계가 요구된다. 거주지에서 일하는 자는 일주일에 두 번, 거주지 바깥에서 일하는 자는 일주일에 한 번 부부관계할 의무가 있다. 랍비 엘리에제르에 따르면 나귀 모는 자는 시장에서 파는 곡물을 사기 위해 도시 밖으로 나가는 사람으로, 주로 3일 길을 여행한다. 낙타 모는 자는 상품을 원거리에서 들여오는 일을 하는데 주로 보름길을, 뱃사람은 지중해를 따라 긴 항해를 하며 약 여섯 달이 소요된다. 한편 월경, 출산 등 아내가 제의적으로 부정한 기간에는 성관계가 금지된다.

- 토라를 연구하는 사람은 그 일이 직업이나 마찬가지며, 주중에는 밤에도 율법 공부에 매진해야 하기 때문에 일주일에 한 번 안식일 저녁에 부부관계를 한다. 몸이 건강하다 해도 율법을 공부하는 데 체력 소모가 크다고 보아 부부관계를 권하지 않는다(야드 아브라함).

5, 7

הַמּוֹרֶדֶת עַל בַּעְלָהּ, פּוֹחֲתִין לָהּ מִכְּתֻבָּתָהּ שִׁבְעָה דִינָרִין בַּשַּׁבָּת. רַבִּי יְהוּדָה
אוֹמֵר, שִׁבְעָה טַרְפְּעִיקִין. עַד מָתַי הוּא פוֹחֵת, עַד כְּנֶגֶד כְּתֻבָּתָהּ. רַבִּי יוֹסֵי
אוֹמֵר, לְעוֹלָם הוּא פוֹחֵת וְהוֹלֵךְ, שֶׁמָּא תִפּוֹל לָהּ יְרֻשָּׁה מִמָּקוֹם אַחֵר, גּוֹבֶה
הֵימֶנָּה. וְכֵן הַמּוֹרֵד עַל אִשְׁתּוֹ, מוֹסִיפִין לָהּ עַל כְּתֻבָּתָהּ שְׁלֹשָׁה דִינָרִין
בַּשַּׁבָּת. רַבִּי יְהוּדָה אוֹמֵר, שְׁלֹשָׁה טַרְפְּעִיקִין:

만일 아내가 남편을 거스르면 그 케투바는 한 주에 7디나르씩 삭감된다. 랍비 예후다는 말한다. "7타르페익[51]이다." 삭감은 언제까지 계속할 수 있는가? 아내의 케투바 총액에 도달할 때까지다. 랍비 요쎄는 말한다. "그는 삭감을 계속할 수 있으며, 아마도 어딘가에서 유산

---

51) 그리스어 트로파이코스에서 유래했으며 로마 시대 은전인 빅토리아투스(Victoriatus) 또는 퀴나리우스(Quinarius)에 상응한다. 1/2디나르(데나리우스)의 가치를 지닌다.

이 그(아내)에게 떨어질 테고, [그렇다면] 거기에서 [아내가 남편에게 진 빚을] 가져가면 된다."

비슷하게, 남편이 자기 아내를 거스르면 한 주에 3디나르를 케투바에 추가한다. 랍비 예후다는 말한다. "3타르페익이다."

● '거스르다'가 어떤 행동을 뜻하는지 규정하기는 어렵다. 5, 5에 열거된 가사노동 의무를 이행하지 않거나 남편과의 잠자리를 거절하는 경우라고 해석할 수 있다. 마찬가지로 남편이 아내를 거스른다는 것은 남편의 의무를 게을리한다는 뜻으로 이해할 수 있다.

5, 8

הַמַּשְׁרֶה אֶת אִשְׁתּוֹ עַל יְדֵי שָׁלִישׁ, לֹא יִפְחֹת לָהּ מִשְּׁנֵי קַבִּין חִטִּין, אוֹ מֵאַרְבָּעָה קַבִּין שְׂעוֹרִים. אָמַר רַבִּי יוֹסֵי, לֹא פָסַק לָהּ שְׂעוֹרִים אֶלָּא רַבִּי יִשְׁמָעֵאל שֶׁהָיָה סָמוּךְ לֶאֱדוֹם. וְנוֹתֵן לָהּ חֲצִי קַב קִטְנִית וַחֲצִי לֹג שֶׁמֶן, וְקַב גְּרוֹגָרוֹת, אוֹ מָנֶה דְבֵלָה. וְאִם אֵין לוֹ, פּוֹסֵק לְעֻמָּתָן פֵּרוֹת מִמָּקוֹם אַחֵר. וְנוֹתֵן לָהּ מִטָּה, מַפָּץ, וּמַחֲצֶלֶת. וְנוֹתֵן לָהּ כִּפָּה לְרֹאשָׁהּ, וַחֲגוֹר לְמָתְנֶיהָ, וּמִנְעָלִים מִמּוֹעֵד לְמוֹעֵד, וְכֵלִים שֶׁל חֲמִשִּׁים זוּז מִשָּׁנָה לְשָׁנָה. וְאֵין נוֹתְנִין לָהּ, לֹא חֲדָשִׁים בִּימוֹת הַחַמָּה, וְלֹא שְׁחָקִים בִּימוֹת הַגְּשָׁמִים. אֶלָּא נוֹתֵן לָהּ כֵּלִים שֶׁל חֲמִשִּׁים זוּז בִּימוֹת הַגְּשָׁמִים, וְהִיא מִתְכַּסָּה בִּבְלָאוֹתֵיהֶן בִּימוֹת הַחַמָּה, וְהַשְּׁחָקִים שֶׁלָּהּ:

어떤 사람이 제삼자를 통해 아내가 [필요한 물품을] 제공할 경우, [한 주에] 밀 2카브나 보리 4카브보다 적게 주어서는 안 된다. 랍비 요쎄는 말한다. "에돔 근처에 살았던 랍비 이쉬마엘만이 [아내에게] 보리 [4카브를] 제공했다." 그(남편)는 또한 콩 1/2카브와 기름 1/2로그, 말린 무화과 1카브 또는 눌린 무화과 1마네[52]를 그(아내)에게

---

52) 또는 '누른 무화과 과자'. 말린 무화과는 눌러서 덩어리로 만들어 무게를 달아 팔았다. 마네는 무게 측정 단위로 1마네는 100디나르 무게에 상응하며, 약

주어야 한다. 만일 그에게 〔이러한 것들이〕 없으면, 〔그 상응하는 양만큼〕 다른 산물로 대신 제공한다.

그(남편)는 아내에게 침대, 침대요, 깔개[53]를 제공해야 한다. 또한 그(아내)의 머리를 위한 모자, 허리 부분을 위한 허리띠 및 절기마다 신발을 제공하는 한편, 매년 50주즈 값어치의 의복을 제공해야 한다. 여름[54]에 새 것을 주거나 겨울[55]에 낡은 것을 주지 않되 겨울에는 50주즈 값어치의 옷을 주어야 한다. 그(아내)는 그 해진 것을 여름에 〔도〕 입되 낡은 것들은 그(아내) 소유가 된다.

- 함께 살면서 먹지는 않지만 제삼자를 지정하여 그를 통해 아내를 부양하는 남편의 경우, 아내에게 무엇을 제공해야 하는지를 다룬다. 대부분의 권위자들은, 남편이 다른 도시에서 일하거나 공부하거나 가르치려면 아내의 동의가 필요하다는 의견이다(블랙먼; 7, 1). 반면 람밤은 아내의 동의 없이도 가능하다고 했다.

- 밀 2카브는 달걀 48개 부피에 해당한다. 당시 사람들은 하루 두 끼를 먹었고, 한 주면 열네 끼가 필요하다(야드 아브라함). 랍비 요쎄는 보리를 밀의 두 배인 4카브나 주는 것에 의문을 던지면서, 그렇게 한 사람은 랍비 이쉬마엘밖에 없다고 말한다. 바벨 탈무드는 랍비 이쉬마엘(Yishmael 〔b. Elisha〕)이 거주한 에돔 지역의 보리는 품질이 좋

400그램으로 추정된다.

53) 침대, 침대요(매트리스), 깔개(매트)는 잠자리용 침구를 가리킨다. '깔개' 대신 '이불'로 번역하거나, "침대와 침대요, 침대요가 없을 때는 깔개"로 번역하기도 한다(블랙먼; 옥스퍼드 Hayim Lapin, Robert Goldenberg, Shaye J. D. Cohen[eds], *The Oxford Annotated Mishnah*, Oxford: Oxford University Press, 2022).

54) 문자적으로 '더운 날들'이다.

55) 문자적으로 '비 오는 날들', 즉 우기인 겨울이다.

지 않았기 때문에 그만한 양을 준 것이라 설명한다(게마라 64b). 댄비 주해는 에돔 지역에는 보리가 밀보다 많았다고 설명한다.

- 여름에 두껍고 무거운 새 옷을 주면 더워서 힘들 것이고, 비 오는 겨울에 낡은 옷을 주면 얇아서 추울 것이다. 그렇기 때문에 새 옷은 겨울에 제공하고, 입어서 해진 그 옷은 아내는 여름에도 계속 입는다는 내용이다. 다음 해에 또 새 옷을 받아도 낡은 옷을 버리지 않고 두었다가 제의적으로 부정한 기간에 입을 수 있다(라브; 라쉬).

5, 9

נוֹתֵן לָהּ מָעָה כֶסֶף לְצָרְכָּהּ, וְאוֹכֶלֶת עִמוֹ מִלֵּילֵי שַבָּת לְלֵילֵי שַבָּת. וְאִם אֵין נוֹתֵן לָהּ מָעָה כֶסֶף לְצָרְכָּהּ, מַעֲשֵה יָדֶיהָ שֶלָּהּ. וּמֶה הִיא עוֹשָה לוֹ, מִשְקַל חָמֵש סְלָעִים שְתִי בִּיהוּדָה, שֶהֵן עֶשֶר סְלָעִים בַּגָּלִיל, אוֹ מִשְקַל עֶשֶר סְלָעִים עֵרֶב בִּיהוּדָה, שֶהֵן עֶשְרִים סְלָעִים בַּגָּלִיל. וְאִם הָיְתָה מֵנִיקָה, פּוֹחֲתִים לָהּ מִמַּעֲשֵה יָדֶיהָ, וּמוֹסִיפִין לָהּ עַל מְזוֹנוֹתֶיהָ. בַּמֶּה דְבָרִים אֲמוּרִים, בְּעָנִי שֶבְּיִשְרָאֵל. אֲבָל בַּמְכֻבָּד, הַכֹּל לְפִי כְבוֹדוֹ:

〔그 외, 남편은〕 그(아내)의 필요에 따라 〔매주〕 은 1마아[56]를 주어야 하고 아내는 안식일 저녁마다 그(남편)와 함께 식사해야 한다. 만일 아내에게 필요한 은 1마아를 주지 않으면, 아내가 손으로 만든 물품은 아내 소유다.

아내는 그(남편)를 위해 무엇을 〔해야〕 하는가? 유대 지역에서는 날실 5쎌라 무게만큼인데, 이것은 갈릴리에서 10쎌라에 상응한다. 또는 유대 지역에서 씨줄 10쎌라 무게이며 이것은 갈릴리에서 20쎌라에 상응한다.[57] 만일 수유 중이면 직접 손으로 만들어야 하는 일감은 줄이고, 아내〔에게 주는〕 부양비(식비)는 늘린다.

---

56) 마아(מעה)는 은전 중에서 가장 적은 것이며, 보리이삭 16개에 해당한다.
57) 그 무게만큼 털로 실을 잣는 일의 양을 만든다.

위 내용은 〔이떤 지위의 사람에〕 해당하는가? 모든 이스라엘의 하층민에 해당한다. 그러나 〔경제적〕 지위가 높은 남자라면 전부 그의 지위에 따른다.

- 언급된 내용은 최하위 계층을 기준으로 책정한 최소 요건이다. 사회적 지위, 재력, 명성 또는 거주지역 관습에 따라 합당하게 그 액수가 늘어난다.

제6장

제6장은 지참금과 관련한 세칙들을 다룬다.

6, 1

מְצִיאַת הָאִשָּׁה וּמַעֲשֵׂה יָדֶיהָ, לְבַעְלָהּ. וִירֻשָּׁתָהּ, הוּא אוֹכֵל פֵּרוֹת בְּחַיֶּיהָ.
בָּשְׁתָּהּ וּפְגָמָהּ, שֶׁלָּהּ. רַבִּי יְהוּדָה בֶן בְּתֵירָא אוֹמֵר, בִּזְמַן שֶׁבַּסֵּתֶר, לָהּ שְׁנֵי
חֲלָקִים, וְלוֹ אֶחָד. וּבִזְמַן שֶׁבַּגָּלוּי, לוֹ שְׁנֵי חֲלָקִים, וְלָהּ אֶחָד. שֶׁלּוֹ, יִנָּתֵן מִיָּד.
וְשֶׁלָּהּ, יִלָּקַח בָּהֶן קַרְקַע, וְהוּא אוֹכֵל פֵּרוֹת:

아내의 습득물 및 손수 만든 것은 남편 소유다. 아내가 상속받은 재산에 있어 남편은 거기서 발생한 이득을 아내가 살아 있는 동안 용익할 수 있다. 불명예나 흠과 관련하여 받은 보상금은 아내 소유다.

랍비 예후다 벤 베테라는 말한다. "〔상처가〕 눈에 보이지 않을 때는 〔보상금의〕 2/3가 〔피해자인〕 아내 소유이며 1/3이 남편 몫이다. 〔만일 몸에〕 드러나는 부위에 〔상처를 입었다면〕 남편이 2/3를, 아내가 1/3을 갖는다. 남편은 자기 몫을 즉시 지급받되, 아내 몫으로는 땅을 매입하며 그는 그것을 용익한다."

- 아내가 발견한 유실물이나 직접 손으로 만든 물건으로 번 수입은 남편 것이다. 불명예나 흠과 관련하여 받은 보상금이란 성폭행 피해로 인해 강간자나 유혹자에게서 받은 보상금을 말한다(4, 4). 상처/부상의 유형에 따라 남편과 아내가 보상금을 차등 소유한다는 랍비 예후다 벤 베테라(יהודה בן בתירא, Judah ben Bathyra/Betera)의 의견이 받아들여졌다. 아내 몫의 땅을 매입하여 용익할 경우(8, 3), 이혼 시에 그 땅은 아내 소유다.

6, 2

הַפּוֹסֵק מָעוֹת לַחֲתָנוֹ, וּמֵת חֲתָנוֹ, אָמְרוּ חֲכָמִים, יָכוֹל הוּא שֶׁיֹּאמַר, לְאָחִיךָ הָיִיתִי רוֹצֶה לִתֵּן, וּלְךָ אִי אֶפְשִׁי לִתֵּן:

사위에게 일정 금액을 할당했는데 그 사위가 사망했을 경우, 현인들은 말한다. "그는 야밤에게 '네 형제에게 주려고 한 것이지 네게 줄 수는 없다'고 말할 수 있다."

- 지참금 조로 얼마간 돈을 사위에게 따로 떼어 주기로 약속했는데 그 돈을 받기 전에 사위가 사망해버린 경우에 해당한다. 지참금에 있어 사위와 맺은 약정은 그의 형제들, 즉 고인의 형제이자 이제 딸과 역연혼할 의무가 있는 야밤에게 이양되지 않는다.

6, 3

פָּסְקָה לְהַכְנִיס לוֹ אֶלֶף דִּינָר, הוּא פוֹסֵק כְּנֶגְדָּן חֲמִשָּׁה עָשָׂר מָנֶה. וּכְנֶגֶד הַשּׁוּם, הוּא פוֹסֵק פָּחוֹת חֹמֶשׁ. שׁוּם בְּמָנֶה וְשָׁוֶה מָנֶה, אֵין לוֹ אֶלָּא מָנֶה. שׁוּם בְּמָנֶה, הִיא נוֹתֶנֶת שְׁלֹשִׁים וְאֶחָד סֶלַע וְדִינָר. וּבְאַרְבַּע מֵאוֹת, הִיא נוֹתֶנֶת חֲמֵשׁ מֵאוֹת. מַה שֶּׁחָתָן פּוֹסֵק, הוּא פוֹסֵק פָּחוֹת חֹמֶשׁ:

〔신부가〕 지참금으로 〔현금〕 1,000디나르를 가져오기로 했으면,

〔신랑은〕 이에 맞추어 15마네(1,500디나르)를 〔주기로 케투바에〕 약정해야 한다.

〔물품〕 감정의 경우, 〔그 감정가보다〕 1/5 적게 〔케투바에〕 약정한다. 〔물품의〕 감정가가 1마네이고 실제 가치도 1마네가 나가면, 그에게는 오직 1마네만 있다

1마네로 감정가치〔가 케투바에 기록되려면〕, 그(신부)는 31쎌라와 1디나르〔어치를〕 주어야 한다. 400〔디나르로 기록되려면, 그(신부)는 500〔디나르어치〕를 주어야 한다.

무엇이든 신랑이 〔케투바에〕 약정할 때, 그는 1/5 적게 약정한다.

- 현금의 경우, 아내가 가져오는 지참금이 클수록 케투바에 기록하는 약정 금액(이혼이나 사별 시 아내에게 지불하는)도 증가한다. 50퍼센트를 더 케투바에 약정하는 것은 신부가 가지고 온 현금으로 수익을 올릴 수 있기 때문이다.

- 현금이 아닌 의복, 보석, 장신구 등 가격 감정이 필요한 물품을 지참금으로 가져오는 경우, 예상되는 금액보다 1/5 적게 케투바에 기록한다. 신랑의 환심을 사기 위해 신부 쪽에서 지참금 물품을 실제 가치보다 부풀려 말할 가능성이 있기 때문이다(블랙먼).
  물품의 감정가와 시장가가 100디나르(1마네)로 동일하면, 남편은 100디나르어치에 대한 권리만 갖는다. 다르게 말하면, 이 경우에 신부는 케투바에 기록되는 액수보다 1/5 더 얹어서 물품을 가지고 올 필요가 없다(알벡).

- 예상 감정보다 1/5 적게 케투바에 기록된 두 가지 예를 소개하고 있다. 1마네는 100디나르이며 25쎌라. 즉 1쎌라는 4디나르다.
  신부가 지참금으로 31쎌라와 1디나르어치 물품을 가져온다고 약속하면, 이는 125디나르(31×4+1)에 해당한다. 감정가보다 1/5 적은

액수를 케투바에 기록한다 했으므로, 신랑은 125디나르에서 25디나르(125×1/5)를 뺀 100디나르, 즉 1마네를 케투바에 기록한다. 신부는 125디나르어치 물품을 혼례식 때 신랑에게 주어야 한다. 신부가 500디나르어치 물품을 가져온다고 약속하면, 이보다 1/5 적은 액수, 즉 100디나르를 뺀 400디나르를 케투바에 적는다.

6, 4

פָּסְקָה לְהַכְנִיס לוֹ כְסָפִים, סֶלַע כֶּסֶף נַעֲשֶׂה שִׁשָּׁה דִינָרִים. הֶחָתָן מְקַבֵּל עָלָיו עֲשָׂרָה דִינָרִין לַקֻפָּה, לְכָל מָנֶה וּמָנֶה. רַבָּן שִׁמְעוֹן בֶּן גַּמְלִיאֵל אוֹמֵר, הַכֹּל כְּמִנְהַג הַמְּדִינָה:

신부가 현금으로 〔지참금을〕 가져오겠다고 약속하면, 은 1쎌라는 6디나르가 된다. 신랑은 〔신부가 지참금으로 가져오는〕 1마네, 1마네마다 함을 위한 10디나르를 책임져야 한다.

랍비 쉼온 벤 감리엘은 말한다. "위 모든 내용은 지역별 관습에 따라야 한다."

- 앞 미쉬나 첫째 조항에서 신부가 현금으로 1,000디나르를 가져올 때 신랑은 1,500디나르(15마네)를 케투바에 기록한다고 한 내용에 기반한다. 1쎌라는 4디나르지만, 신랑은 이보다 50퍼센트 높은 금액을 케투바에 약정해야 하므로, 1쎌라마다 6디나르로 기록한다.
- '함'은 향유, 향수, 화장품 등을 가리킨다. 신부가 지참금으로 가져오는 매 1마네, 즉 100디나르마다 10디나르씩 아내의 치장품비로 제공하라는 내용인데, 그 횟수나 주기는 명확하게 설명하고 있지 않다.

הַמַּשִּׂיא אֶת בִּתּוֹ סְתָם, לֹא יִפְחֹת לָהּ מֵחֲמִשִּׁים זוּז. פָּסַק לְהַכְנִיסָהּ עֲרֻמָּה,
לֹא יֹאמַר הַבַּעַל כְּשֶׁאַכְנִיסָהּ לְבֵיתִי אֲכַסֶּנָּה בִכְסוּתִי, אֶלָּא מְכַסָּהּ וְעוֹדָהּ
בְּבֵית אָבִיהָ. וְכֵן הַמַּשִּׂיא אֶת הַיְתוֹמָה, לֹא יִפְחֹת לָהּ מֵחֲמִשִּׁים זוּז. אִם יֵשׁ
בַּכִּיס, מְפַרְנְסִין אוֹתָהּ לְפִי כְבוֹדָהּ:

딸을 그냥[58] 혼인시키는 사람은 그(딸)에게 50주즈 아래 주어서는
안 된다.

맨몸[59]으로 딸을 데려가는 데 동의했다면 그 남편(사위)은 "내 집
에 [신부를] 들일 때 내 옷으로[60] 입히겠소"라고 말할 수 없으며, [신
부가] 아버지 집에 거주하는 동안에도 옷을 입혀야 한다.[61]

마찬가지로 [기부금 담당자가] 부친을 여읜 여성을 혼인시킬 때
50주즈 아래로 주어서는 안 된다. 돈궤[62]에 [충분히 돈이] 있다면, 이
여성의 지위에 부합되게 부양한다.

- 기금을 담당하는 회계 담당자는 부친을 잃은 여성(יתומה, 예투마)에
  게 의복, 지참금 등을 제공한다. 돈이 충분하지 않으면 빌려서라도
  최소 50주즈를 주어야 한다는 해석, 기금의 돈이 부족하다면 50주즈
  아래로 주어야 한다는 해석 등이 있다.

6, 6

יְתוֹמָה שֶׁהִשִּׂיאַתָּה אִמָּהּ אוֹ אַחֶיהָ מִדַּעְתָּהּ, וְכָתְבוּ לָהּ בְּמֵאָה אוֹ בַחֲמִשִּׁים
זוּז, יְכוֹלָה הִיא מִשֶּׁתַּגְדִּיל לְהוֹצִיא מִיָּדָן מַה שֶּׁרָאוּי לְהִנָּתֵן לָהּ. רַבִּי יְהוּדָה

---

58) 지참금 내용을 구체적으로 명시하지 않은 것을 뜻한다.
59) 지참금 없이 빈 손으로라는 뜻이다.
60) "내 옷으로"(בכסות)는 람밤 등 일부 사본에는 빠져 있다.
61) 즉, 약혼 기간에도 의복을 제공해야 한다.
62) 구제 기금.

אוֹמֵר, אִם הִשִּׂיא אֶת הַבַּת הָרִאשׁוֹנָה, יִנָּתֵן לַשְּׁנִיָּה כְּדֶרֶךְ שֶׁנָּתַן לָרִאשׁוֹנָה. וַחֲכָמִים אוֹמְרִים, פְּעָמִים שֶׁאָדָם עָנִי וְהֶעֱשִׁיר אוֹ עָשִׁיר וְהֶעֱנִי, אֶלָּא שָׁמִין אֶת הַנְּכָסִים וְנוֹתְנִין לָהּ:

어머니나 남자형제들이 부친을 여읜 여성을 동의하에 혼인시켰고, 이들이 지참금으로 100 또는 50주즈를 [주기로 케투바에] 기록한 경우 이 여성이 자랐을 때, 자신에게 합당하게 주어져야 할 것을 그들 (어머니나 남자형제)로부터 거둬갈 수 있다.

랍비 예후다는 말한다. "만일 [부친이 생전에] 큰딸을 혼인시켰다면, 둘째 역시 첫째가 받은 만큼 받아야 한다." 그러나 현인들은 말한다. "가난한 자가 부유해지기도, 부유한 자가 가난해지기도 한다. 오히려 [고인이 된 부친의] 재산을 평가하여 [타당한 금액을] 이 딸에게 주어야 한다."

- 지참금 최소액인 50주즈보다는 많이 주었고, 설령 그렇게 받겠다고 동의했다 해도, 미성년일 때 벌어진 일이었기에 성인이 되어서 정당한 자기 법적 권리를 주장할 수 있다. 보통 부친 재산의 1/10을 지참금으로 받아야 적당하다(라브; 라쉬). 부친을 잃은 미성년 여성의 혼인에 대해서는 「예바못」 13, 1-2에서 다룬 바 있다.

6, 7

הַמַּשְׁלִישׁ מָעוֹת לְבִתּוֹ, וְהִיא אוֹמֶרֶת נֶאֱמָן בַּעְלִי עָלַי, יַעֲשֶׂה הַשְּׁלִישׁ מַה שֶּׁהֻשְׁלַשׁ בְּיָדוֹ, דִּבְרֵי רַבִּי מֵאִיר. רַבִּי יוֹסֵי אוֹמֵר, וְכִי אֵינָהּ אֶלָּא שָׂדֶה וְהִיא רוֹצָה לְמָכְרָהּ, הֲרֵי הִיא מְכוּרָה מֵעַכְשָׁיו. בַּמֶּה דְבָרִים אֲמוּרִים, בִּגְדוֹלָה. אֲבָל בִּקְטַנָּה, אֵין מַעֲשֵׂה קְטַנָּה כְּלוּם:

어떤 사람이 자기 딸을 위한 일정 금액을 제삼자에게 위탁했는데 그 딸이 [약혼 후] "내 남편을 신뢰하니 [그에게 그 돈을 주시오.]"라고 말해도 그 제삼자는 자기에게 위탁된 내용대로 행해야 한다. 이는 랍비 메이르의 말이다.

〔그러나〕 랍비 요쎄는 말한다. "그것이 다름 아닌 밭이라 하면, 그 (딸)가 팔고 싶어할 경우 지금 이순간부터 매도되었을 것이다."

어떤 경우에 하는 말인가? 성인 여성의 경우다. 그러나 〔미성년〕 여자아이(크타나)의 경우, 〔미성년〕 여자아이의 행위는 무의미하다(법적 효력이 없다).

- 랍비 요쎄는 밭을 처분할 권한이 딸에 있듯이, 부친이 제삼자에게 위탁한 돈을 처리할 권한도 딸에게 있다고 주장한다. 다만 이 딸은 성년이어야 한다.

제7장

남편이 아내의 권리를 빼앗는 서원을 할 경우 이혼하고 케투바를 지불해야 한다는 내용을 다룬다. 다만 즉시 이혼하는 것이 아니라 남편이 생각을 바꿀 수 있도록 조정 기간을 둔다.

7, 1

הַמַּדִּיר אֶת אִשְׁתּוֹ מִלֵּהָנוֹת לוֹ, עַד שְׁלֹשִׁים יוֹם, יַעֲמִיד פַּרְנָס. יָתֵר מִכֵּן,
יוֹצִיא וְיִתֵּן כְּתֻבָּה. רַבִּי יְהוּדָה אוֹמֵר, בְּיִשְׂרָאֵל, חֹדֶשׁ אֶחָד יְקַיֵּם, וּשְׁנַיִם,
יוֹצִיא וְיִתֵּן כְּתֻבָּה. וּבְכֹהֶנֶת, שְׁנַיִם יְקַיֵּם, וּשְׁלֹשָׁה, יוֹצִיא וְיִתֵּן כְּתֻבָּה:

〔어떤 남자가〕 서원을 통해 아내가 그에게서 어떤 혜택도 얻지 못하게 하면 〔그 기간은〕 30일에 한하고 그는 〔다른〕 부양자를 세워야 한다. 그 이상(장시간) 그렇게 한다면 이혼하고 케투바를 지급해야 한다.

랍비 예후다는 말한다. "그가 일반 이스라엘 남성일 경우, [그 서원 기간이] 한 달이면 [아내와 혼인 관계를] 지속하지만 두 달이 [넘어가]면 이혼하고 케투바를 지급해야 한다. 그가 제사장일 경우 [그 서원 기간이] 두 달이면 [아내와 혼인 관계를] 지속하지만 석 달이 [넘어가]면 이혼하고 케투바를 지급해야 한다."

- 이 미쉬나가 말하는 '혜택'이 경제적 소득인지 부부관계를 이야기하는 것인지 확실치 않다. 탈무드에 따르면 서원의 최대 기한은 12개월이다.
- 일반 이스라엘 남자는 전처와 재결합이 가능하므로 서원을 무효화한 다음 다시 합칠 수 있다. 하지만 제사장의 경우에는 이혼한 여성과 혼인할 수 없다는 규정으로 인해 전처와 재결합이 불가능하므로 더 긴 시간을 허용해야 한다는 것이 랍비 예후다의 의견이다. 할라카는 이를 받아들이지 않았다.

7, 2

הַמַּדִּיר אֶת אִשְׁתּוֹ שֶׁלֹּא תִטְעֹם אַחַד מִכָּל הַפֵּרוֹת, יוֹצִיא וְיִתֵּן כְּתֻבָּה. רַבִּי יְהוּדָה אוֹמֵר, בְּיִשְׂרָאֵל, יוֹם אֶחָד יְקַיֵּם, שְׁנַיִם, יוֹצִיא וְיִתֵּן כְּתֻבָּה. וּבְכֹהֶנֶת, שְׁנַיִם יְקַיֵּם, שְׁלֹשָׁה, יוֹצִיא וְיִתֵּן כְּתֻבָּה:

[어떤 남자가] 서원을 통해 아내가 특정 종류의 열매를 맛보지 못하게 하면, 그는 [아내와] 이혼하고 케투바를 지급해야 한다.

랍비 예후다는 말한다. "그가 일반 이스라엘 사람일 경우, [그 서원 기간이] 하루이면 [아내와 혼인 관계를] 지속하지만, 이틀을 [넘기면 아내와] 이혼하고 케투바를 지급해야 한다. 그가 제사장일 경우 [그 서원 기간이] 이틀이면 [아내와 혼인 관계를] 지속하지만, 사흘이 [넘어가]면 이혼하고 케투바를 지급해야 한다."

- 남편은 아내의 서원을 승인하거나 무효화할 수 있는데(민 30:7-17), 특정 종류의 소출물을 먹지 않겠다는 아내의 서원을 무효화하지 않고 승인한 경우로 이해된다. 서원에 대한 자세한 내용은 「네다림」에서 다뤄진다. 랍비 예후다의 의견은 받아들여지지 않았다.

7, 3

הַמַּדִּיר אֶת אִשְׁתּוֹ שֶׁלֹּא תִתְקַשֵּׁט בְּאַחַד מִכָּל הַמִּינִין, יוֹצִיא וְיִתֵּן כְּתֻבָּה. רַבִּי יוֹסֵי אוֹמֵר, בַּעֲנִיּוֹת, שֶׁלֹּא נָתַן קִצְבָּה. וּבַעֲשִׁירוֹת, שְׁלֹשִׁים יוֹם:

〔어떤 남자가〕 서원을 통해 아내를 어떤 특정한 종류의 물건으로 치장하지 못하게 하면, 그는 〔아내와〕 이혼하고 케투바를 지급해야 한다.

랍비 요쎄는 말한다. "가난한 여성의 경우, 〔서원〕 유효기간을 두지 않았다면 〔그렇게 한다〕. 부유한 아내의 경우, 30일 〔넘게 금지하면 그렇게 한다〕."

- 아내가 부유한 여성일 경우 보석이나 향수 등으로 치장하는 데 익숙할 것이고, 장기간 이를 금지할 때 입는 타격이 더 클 것으로 여겨진다. 가난한 여성일 경우 하인을 두지 않고 직접 일하기 때문에, 악취를 가시게 하는 향품을 사용하리라 추정된다. 따라서 치장하는 것을 무한정 금지한다면 이혼하고 케투바를 지급해야 한다.

7, 4

הַמַּדִּיר אֶת אִשְׁתּוֹ שֶׁלֹּא תֵלֵךְ לְבֵית אָבִיהָ, בִּזְמַן שֶׁהוּא עִמָּהּ בָּעִיר, חֹדֶשׁ אֶחָד יְקַיֵּם. שְׁנַיִם, יוֹצִיא וְיִתֵּן כְּתֻבָּה. וּבִזְמַן שֶׁהוּא בְּעִיר אַחֶרֶת, רֶגֶל אֶחָד יְקַיֵּם. שְׁלֹשָׁה, יוֹצִיא וְיִתֵּן כְּתֻבָּה:

〔어떤 남자가〕 서원을 통해 아내를 자기 아버지집(친정)에 가지 못하게 하면, 〔서원〕 당시 그(장인)가 아내와 〔같은〕 도시에 거주하고 있을 경우, 〔서원 유효기간이〕 한 달이면 〔혼인을〕 지속하되 두 달이 〔넘어가〕면 〔아내와〕 이혼하고 케투바를 지급해야 한다. 〔서원〕 당시 그(장인)가 다른 도시에 거주하고 있을 경우, 〔서원 유효기간이〕 한 절기이면 〔혼인을〕 지속하되, 석 달이 〔넘어가〕면 〔아내와〕 이혼하고 케투바를 지급해야 한다.

7, 5

הַמַּדִּיר אֶת אִשְׁתּוֹ שֶׁלֹּא תֵלֵךְ לְבֵית הָאֵבֶל אוֹ לְבֵית הַמִּשְׁתֶּה, יוֹצִיא וְיִתֵּן
כְּתֻבָּה, מִפְּנֵי שֶׁנּוֹעֵל בְּפָנֶיהָ. וְאִם הָיָה טוֹעֵן מִשּׁוּם דָּבָר אַחֵר, רַשָּׁאי. אָמַר
לָהּ, עַל מְנָת שֶׁתֹּאמְרִי לִפְלוֹנִי מַה שֶׁאָמַרְתְּ לִי אוֹ מַה שֶׁאָמַרְתִּי לָךְ, אוֹ
שֶׁתְּהֵא מְמַלְּאָה וּמְעָרָה לָאַשְׁפָּה, יוֹצִיא וְיִתֵּן כְּתֻבָּה:

〔어떤 남자가〕 서원을 통해 아내를 상갓집이나 잔치집에 못 가게 하면, 그는 〔아내와〕 이혼하고 케투바를 지급해야 한다. 이는 아내 앞에서 〔문을〕 걸어잠근 것이기 때문이다. 만일 어떤 다른 이유 때문에 금지했다고 주장하면 〔그 서원은〕 허용된다.

만일 그(아내)에게 "당신이 내게 말한 것을 아무개에게 말한다는 조건으로", "내가 당신에게 말한 것〔을 아무개에게 말해야 한다는 조건으로〕," 또는 "당신이 채우고[63) 〔그것을〕 쓰레기에 부어야 한다〔는 조건으로〕"라고 말하는 경우,[64) 그는 〔아내와〕 이혼하고 케투바를 지급해야 한다.

---

63) 블랙먼은 '물을 길어서 채우는' 것으로 해석한다.
64) 블랙먼은 서원에서 해소해달라는 아내의 요청에 남편이 이러한 조건을 건 경우로 해석한다.

- 애도하고 조문하는 일, 혼인식 등에 참석하는 일을 막는다면 이는 아내가 사람들과 교류하고 친교하는 것을 막는 것이며, 이웃들 또한 아내가 상을 당하는 등 경조사가 있을 때 찾아오지 않을 것이다.
- 아내에게 치욕을 주는 등 터무니없는 조건을 거는 것은 용인될 수 없다.

7, 6

וְאֵלוּ יוֹצְאוֹת שֶׁלֹּא בִכְתֻבָּה, הָעוֹבֶרֶת עַל דָּת מֹשֶׁה וִיהוּדִית. וְאֵיזוֹ הִיא דָּת מֹשֶׁה, מַאֲכִילָתוֹ שֶׁאֵינוֹ מְעֻשָּׂר, וּמְשַׁמַּשְׁתּוֹ נִדָּה, וְלֹא קוֹצָה לָהּ חַלָּה, וְנוֹדֶרֶת וְאֵינָהּ מְקַיֶּמֶת. וְאֵיזוֹהִי דָּת יְהוּדִית, יוֹצְאָה וְרֹאשָׁהּ פָּרוּעַ, וְטוֹוָה בַשּׁוּק, וּמְדַבֶּרֶת עִם כָּל אָדָם. אַבָּא שָׁאוּל אוֹמֵר, אַף הַמְקַלֶּלֶת יוֹלְדָיו בְּפָנָיו. רַבִּי טַרְפוֹן אוֹמֵר, אַף הַקּוֹלָנִית. וְאֵיזוֹ הִיא קוֹלָנִית, לִכְשֶׁהִיא מְדַבֶּרֶת בְּתוֹךְ בֵּיתָהּ וּשְׁכֵנֶיהָ שׁוֹמְעִין קוֹלָהּ:

다음의 경우 케투바를 지급하지 않고 아내와 이혼한다.

[아내가] 모세법이나 유대법을 어겼을 때다. 무엇이 모세법[을 어기는 것]인가? 십일조를 떼지 않은 음식을 남편에게 먹이는 것, 월경 중에 남편과 성관계를 가지는 것, 할라[65]를 구별하지 않는 것, 서원하고 이행하지 않는 것이다. 무엇이 유대법[을 어기는 것]인가? 머리를 가리지 않고 나가는 것, 시장에서 실을 잣는 것,[66] 아무 남자나 가리지 않고 대화하는 것이다.

압바 샤울은 말한다. "그(남편) 면전에서 그를 낳으신 분들을 저주하는 여자[도 그렇다]." 랍비 타르폰은 말한다. "큰 소리를 내는 여자[도 그렇다]." 큰 소리를 내는 여자란 어떤 사람인가? 집안에서 말할

---

65) 할라(חלה)는 반죽 일부를 떼어 제사장에게 바치는 것이다.
66) 공공 장소나 길거리에서 실을 자으면, 사람들 앞에 팔을 드러내게 된다(라브; 블랙먼).

때 이웃에게 그 목소리가 들리는 사람이다.

7, 7

הַמְקַדֵּשׁ אֶת הָאִשָּׁה עַל מְנָת שֶׁאֵין עָלֶיהָ נְדָרִים וְנִמְצְאוּ עָלֶיהָ נְדָרִים, אֵינָהּ
מְקֻדֶּשֶׁת. כְּנָסָהּ סְתָם וְנִמְצְאוּ עָלֶיהָ נְדָרִים, תֵּצֵא שֶׁלֹּא בִכְתֻבָּה. עַל מְנָת
שֶׁאֵין בָּהּ מוּמִין וְנִמְצְאוּ בָהּ מוּמִין, אֵינָהּ מְקֻדֶּשֶׁת. כְּנָסָהּ סְתָם וְנִמְצְאוּ בָהּ
מוּמִין, תֵּצֵא שֶׁלֹּא בִכְתֻבָּה. כָּל הַמּוּמִין הַפּוֹסְלִין בַּכֹּהֲנִים, פּוֹסְלִין בַּנָּשִׁים:

〔신부될 여성이〕 아무런 서원도 하지 않았다는 조건하에 어떤 남자
가 약혼했는데, 그 여자에게 서원한 것이 있음이 밝혀지면, 그 여자는
약혼되지 않는다. 그가 그냥(아무 조건을 두지 않고) 혼인했는데, 여자
에게서 서원한 것이 발견되면, 그 여자는 케투바 없이 나가야(이혼해
야) 한다.

〔신체에〕 흠이 없다는 조건하에 약혼했는데, 여자에게서 흠이 발
견되면, 그 여자는 약혼되지 않는다. 그가 그냥 혼인했는데, 여자에게
서 〔신체적〕 흠이 있는 것이 발견되면, 그 여자는 케투바 없이 나가야
한다.

제사장을 부적격하게 만드는 모든 흠은 여성〔의 혼인〕도 부적격하
게 만든다.

• 동일한 내용이 「키두쉰」 2, 5에 실려 있다.

7, 8

הָיוּ בָהּ מוּמִין וְעוֹדָהּ בְּבֵית אָבִיהָ, הָאָב צָרִיךְ לְהָבִיא רְאָיָה שֶׁמִּשֶּׁנִּתְאָרְסָה
נוֹלְדוּ בָהּ מוּמִין הַלָּלוּ וְנִסְתַּחֲפָה שָׂדֵהוּ. נִכְנְסָה לִרְשׁוּת הַבַּעַל, הַבַּעַל צָרִיךְ
לְהָבִיא רְאָיָה שֶׁעַד שֶׁלֹּא נִתְאָרְסָה הָיוּ בָהּ מוּמִין אֵלּוּ וְהָיָה מִקְחוֹ מֶקַח
טָעוּת, דִּבְרֵי רַבִּי מֵאִיר. וַחֲכָמִים אוֹמְרִים, בַּמֶּה דְּבָרִים אֲמוּרִים, בְּמוּמִין
שֶׁבַּסֵּתֶר. אֲבָל בְּמוּמִין שֶׁבַּגָּלוּי, אֵינוֹ יָכוֹל לִטְעֹן. וְאִם יֵשׁ מֶרְחָץ בְּאוֹתָהּ

〔어떤〕 여성에게 신체적 흠이 있고 아직 부친의 집에 거주하고 있으면, 부친은 〔그 흠이〕 약혼 후에 생겼다는 증거를 제시해야 한다. 이 경우 그(약혼자)의 밭이 범람한 것과 같다.

만일 그 딸이 남편의 권한하에 들어간 후면, 남편은 약혼 전에 이 여성에게 이미 흠이 있었다는 증거를 제출해야 한다.[67] 이 경우 그의 취득은 실수로 인한 것이 된다. 이는 랍비 메이르의 말이다.

현인들은 말한다. "〔위 규정은〕 어떤 경우에 적용되는가? 숨은 부위에 흠이 있는 경우다. 그러나 드러난 부위의 흠일 경우에는 그는 어떠한 주장도 할 수 없다."

도시에 목욕탕이 있다면 그는 숨은 흠에 대해서 주장할 수 없다. 왜냐하면 그의 여자 친척들을 통해 사전에 이를 점검했을 〔가능성이〕 있기 때문이다.

- 혼인을 구매나 취득의 거래 개념으로 이해하고, 밭을 매입했는데 운 나쁘게 범람한 것 또는 구매 실수인 '메칵흐 타웃'에 비유하는 내용은 1, 6에도 등장한다.

7, 9

הָאִישׁ שֶׁנּוֹלְדוּ בוֹ מוּמִין, אֵין כּוֹפִין אוֹתוֹ לְהוֹצִיא. אָמַר רַבָּן שִׁמְעוֹן בֶּן גַּמְלִיאֵל, בַּמֶּה דְבָרִים אֲמוּרִים, בַּמּוּמִין הַקְּטַנִּים. אֲבָל בַּמּוּמִין הַגְּדוֹלִים, כּוֹפִין אוֹתוֹ לְהוֹצִיא:

〔혼인 후〕 남편에게 〔신체적〕 흠이 생겼다면 〔아내와〕 이혼하도록

---

67) 혼인(니쑤인) 후에야 아내에게 신체적 흠이 있다는 사실을 알게 되면, 남편은 그 흠이 이미 약혼(에루씬) 전에 존재했음을 밝혀야 한다.

그를 강제할 수 없다.

라반 쉼온 벤 감리엘은 말한다. "〔위 규정은〕 어떤 경우에 적용되는가? 작은 흠일 경우다. 그러나 큰 흠일 경우 아내와 이혼시킬 수 있다."[68]

7, 10

וְאֵלּוּ שֶׁכּוֹפִין אוֹתוֹ לְהוֹצִיא, מֻכֵּה שְׁחִין, וּבַעַל פּוֹלִיפּוֹס, וְהַמְקַמֵּץ, וְהַמְצָרֵף נְחֹשֶׁת, וְהַבֻּרְסִי, בֵּין שֶׁהָיוּ בָם עַד שֶׁלֹּא נִשְּׂאוּ וּבֵין מִשֶּׁנִּשְּׂאוּ נוֹלָדוּ. וְעַל כֻּלָּן אָמַר רַבִּי מֵאִיר, אַף עַל פִּי שֶׁהִתְנָה עִמָּהּ, יְכוֹלָה הִיא שֶׁתֹּאמַר, סְבוּרָה הָיִיתִי שֶׁאֲנִי יְכוֹלָה לְקַבֵּל, וְעַכְשָׁיו אֵינִי יְכוֹלָה לְקַבֵּל. וַחֲכָמִים אוֹמְרִים, מְקַבֶּלֶת הִיא עַל כָּרְחָהּ, חוּץ מִמֻּכֵּה שְׁחִין, מִפְּנֵי שֶׁמְּמַקְּתוֹ. מַעֲשֶׂה בְצִידוֹן בְּבֻרְסִי אֶחָד שֶׁמֵּת וְהָיָה לוֹ אָח בֻּרְסִי, אָמְרוּ חֲכָמִים, יְכוֹלָה הִיא שֶׁתֹּאמַר, לְאָחִיךָ הָיִיתִי יְכוֹלָה לְקַבֵּל, וּלְךָ אֵינִי יְכוֹלָה לְקַבֵּל:

종기를 앓는 자, 축농증이 있는 자, 수거하는 자, 구리 제련자, 무두장이의 경우, 혼인 전에 그런 상태에 있었든 혼인 후에 그렇게 되었든, 〔아내와〕 이혼시킬 수 있다. 위 모든 조항에 대해 랍비 메이르는 말한다. "남자 쪽에서 〔그가 앓고 있는 이러한 질병이나 직업을 미리〕 여자에게 밝혔다 해도, 아내는 '그를 받아들일 수 있을 거라 생각했었지만 지금은 못 하겠다'라고 말할 수 있다." 〔그러나〕 현인들은 말한다. "자기 의지에 반한다 해도 그를 받아들여야 한다. 단 종기가 있는 자는 예외다. 성관계를 할 때 그를 상하게 만들기 때문이다."

시돈에서 무두장이가 사망했는데 그 형제도 무두장이였던 사례가 있다. 현인들은 말한다. "〔과부가 된 그 여자는〕 '당신의 형제는 받아들였지만 당신은 받아들일 수가 없다'라고 말할 수 있다."

• 종기를 앓는 자(מכה שחין, 무케 슈힌): 피부에 고름이 생기는 화농균

---

68) 할라카는 라반 쉼온 벤 감리엘의 의견을 받아들이지 않는다 (라브: 람밤).

이 일으키는 염증. 악성 피부병자인 메쪼라(מצרע)로 보는 견해도 있다(라브. 같은 표현이 3, 5에도 등장한다). 한센병 환자(블랙먼; 야드 아브라함)로 번역하기도 한다. 축농증인 '폴리포쓰'(פוליפוס)는 헬라어에서 왔으며, 탈무드는 축농증 환자는 호흡에 문제가 있어 악취가 난다고 보았다. '수거하는 자'에 관해 원문에 정확하게 명시되지 않았지만, 탈무드는 개 배설물을 모으는 자로 해석한다. 개 배설물이 어떠한 용도에 쓰였는지 확실하지 않다. 일부 랍비들은 개 배설물이 가죽을 무두질하는 데 쓰였다고 주장한다(랍비 아키바 아이거의 토 싸폿; 바르테누라).[69] 종기, 축농증, 〔개 배설물을〕 수거하는 자, 구리 채굴자, 무두장이 등은 시각적 또는 후각적 불쾌감을 유발하는 것으로 보고 있다.

- 랍비 메이르는 혼인 전에 남편이 그런 사람임을 인지하고 있었고 참을 수 있겠다고 판단한 아내라 해도, 실제 경험해보니 혼인생활을 지속하기 어렵다고 판단하여 이혼을 요구할 수 있다고 주장한다. 현인들은 위 랍비 메이르의 의견에 반대한다. 다만 남편에게 종기가 있는 경우 성관계는 그 상태를 더 악화시킬 수 있기에 건강상의 이유로 예외를 둔다.[70]

---

69) 랍비 아키바 아이거(Akiva Eiger, 1785-1835)의 토싸폿은 이탈리아 출신 랍비 오바디야 미바르테누라(Ovadia MiBartenura/de Bertinoro, 1445-1515?)의 미쉬나 주해 및 토쎄펫 욤 토브를 집중적으로 분석하고 논한 책이다. 바르테누라 주해는 위 랍비 오바디야 미바르테누라의 미쉬나 주해인데, '바르테누라'는 이탈리아 소도시 '베르티노로'에서 왔다. 바르테누라는 예루살렘에 정착하여 랍비 수장을 지내며 유대 공동체 부흥을 위해 노력했으며, 라쉬와 마이모니데스를 주요 기반으로 하되 대중의 접근이 수월한 히브리어로 작성한 그의 미쉬나 주해는 유대 공동체의 미쉬나 연구 확산에 크게 공헌했다(이하 바르테누라).

70) 아내가 증인 앞에서 성관계를 하지 않겠다고 서약한다면 혼인관계를 지속할 수 있다는 견해도 있다(토쎄펫 욤 토브).

- 고인은 무두장이였지만 그와 혼인할 수 있었다. 그가 사망한 후, 역연혼을 이해해야 할 야밤 역시 무두장이일 경우, 동일한 직종에 종사하지만 상배여성은 혼인을 거부할 수 있다.

제8장

여성이 재산을 상속받았을 때 매각, 증여 등과 관련한 재산처분권, 이혼하거나 사망할 때 동산 및 부동산 소유권, 기타 재산 상속 및 쇼메렛 야밤의 케투바 관련 조항 등을 다룬다.

8, 1

הָאִשָּׁה שֶׁנָּפְלוּ לָהּ נְכָסִים עַד שֶׁלֹּא תִתְאָרֵס, מוֹדִים בֵּית שַׁמַּאי וּבֵית הִלֵּל שֶׁמּוֹכֶרֶת וְנוֹתֶנֶת וְקַיָּם. נָפְלוּ לָהּ מִשֶּׁנִּתְאָרְסָה, בֵּית שַׁמַּאי אוֹמְרִים, תִּמְכֹּר, וּבֵית הִלֵּל אוֹמְרִים, לֹא תִמְכֹּר. אֵלּוּ וָאֵלּוּ מוֹדִים, שֶׁאִם מָכְרָה וְנָתְנָה, קַיָּם. אָמַר רַבִּי יְהוּדָה, אָמְרוּ לִפְנֵי רַבָּן גַּמְלִיאֵל, הוֹאִיל וְזָכָה בָאִשָּׁה, לֹא יִזְכֶּה בַנְּכָסִים. אָמַר לָהֶם, עַל הַחֲדָשִׁים אָנוּ בוֹשִׁין, אֶלָּא שֶׁאַתֶּם מְגַלְגְּלִין עָלֵינוּ אֶת הַיְשָׁנִים. נָפְלוּ לָהּ מִשֶּׁנִּשֵּׂאת, אֵלּוּ וָאֵלּוּ מוֹדִים שֶׁאִם מָכְרָה וְנָתְנָה שֶׁהַבַּעַל מוֹצִיא מִיַּד הַלָּקוֹחוֹת. עַד שֶׁלֹּא נִשֵּׂאת וְנִשֵּׂאת, רַבָּן גַּמְלִיאֵל אוֹמֵר, אִם מָכְרָה וְנָתְנָה, קַיָּם. אָמַר רַבִּי חֲנִינָא בֶּן עֲקִיבָא, אָמְרוּ לִפְנֵי רַבָּן גַּמְלִיאֵל, הוֹאִיל וְזָכָה בָאִשָּׁה, לֹא יִזְכֶּה בַנְּכָסִים. אָמַר לָהֶם, עַל הַחֲדָשִׁים אָנוּ בוֹשִׁין, אֶלָּא שֶׁאַתֶּם מְגַלְגְּלִים עָלֵינוּ אֶת הַיְשָׁנִים:

어떤 여자에게 약혼(에루씬)하기 전에 재산이 생겼을[71] 경우, 샴마이 학파와 힐렐 학파는 이 여성의 매각 및 증여가 유효하다고 인정한다. 약혼 후에 〔재산이〕 생긴 경우, 샴마이 학파는 말한다. "매각이 가능하다." 그러나 힐렐 학파는 "매각이 불가능하다"라고 말한다. 이미

---

71) 원문은 "재산이 떨어지다"다.

매각하거나 증여했다면, 이쪽도 저쪽도(양쪽 학파 모두) 〔그 행위가〕 유효하다고 인정한다.

랍비 예후다가 말했다. "그들(현인들)이 라반 감리엘 앞에서 '〔남편이〕 아내를 얻었다면 재산도 얻는 것이 마땅하지 않은가?'라고 하자 그(라반 감리엘)는 그들에게 대답했다. '새 〔재산에 대한 권리가 남편에게 귀속되는〕 것에 있어 우리는 부끄러움을 느낀다. 그런데 당신들은 옛 것〔에까지〕 우리가 〔비슷한 규정을〕 부과하도록 하려 하는가?'"

혼인(니쑤인) 후 아내에게 재산이 생겼는데 그(아내)가 매각하거나 증여했다면, 남편은 〔그 재산을〕 취한 사람에게서 이를 되찾아올 수 있다고 이쪽도 저쪽도(양쪽 학파 모두) 인정한다. 혼인 전에 〔재산이 생겼고〕 이후 혼인한 경우, 라반 감리엘은 말한다. "만일 이 여성이 이미 매각이나 증여를 했다면 〔그 법적 행위는〕 유효하다."

랍비 하니나 벤 아키바[72]는 말한다. "그들(현인들)이 라반 감리엘 앞에서, '〔남편이〕 아내를 얻었다면 재산도 얻는 것이 마땅하지 않은가?'라고 말하자 그(라반 감리엘)는 이렇게 대답했다. '새 〔재산에 대한 권리가 남편에게 귀속되는〕 것에 있어 우리는 부끄러움을 느낀다. 그런데 당신들은 옛 것〔에까지〕 우리가 〔비슷한 규정을〕 부과하도록 하려 하는가?"

- 상속, 증여, 습득 등으로 여자가 취득한 재산을 처분할 권리가 여자(아내)에게 있느냐 남자(남편)에게 있느냐의 논쟁이다. 약혼(에루씬) 전에 취득한 '옛' 재산은 여자에게 처분권이 있다. 약혼 중에 생긴 '새' 재산의 경우, 샴마이 학파는 여자에게 처분권이, 힐렐 학파는

---

72) חנינא בן עקיבא(Hananiah b. Akavia/Hananyah b. Akabia).

남자(약혼자이자 남편)에게 처분권이 있다고 주장한다.

이미 처분해버렸다면 법적으로 유효하다고 양쪽 학파가 동의한 데
대해 이의가 제기될 수 있는데, 이에 랍비 예후다는 이전 세대에서
벌어졌던 라반 감리엘과 현인들의 토론을 인용한다. 반면, 아내가
혼인(니쑤인) 후에 취득한 재산을 임의로 이미 처분해버렸다면 그
법적 행위를 무효화해야 한다는 데 두 학파의 의견이 일치한다.

- 일부 현인들은 여성이 혼인 전에 취득한 재산마저 남편에게 권리를
  주도록 법을 확장하려 했고, 라반 감리엘은 이에 반대했다.

8, 2

רַבִּי שִׁמְעוֹן חוֹלֵק בֵּין נְכָסִים לִנְכָסִים. נְכָסִים הַיְדוּעִים לַבַּעַל, לֹא תִמְכֹּר. וְאִם
מָכְרָה וְנָתְנָה, בָּטֵל. שֶׁאֵינָן יְדוּעִים לַבַּעַל, לֹא תִמְכֹּר. וְאִם מָכְרָה וְנָתְנָה,
קַיָּם:

랍비 쉼온은 〔한 유형의〕 재산과 〔다른 유형의〕 재산을 구분한다.
남편에게 알려진 재산의 경우 〔아내는〕 이를 매각할 수 없다. 만일 이
미 매각이나 증여를 했다면 그 행위는 〔법적으로〕 무효가 된다. 남편
에게 알려지지 않은 〔재산의〕 경우, 〔아내는〕 이를 매각할 수 없다. 만
일 이미 매각이나 증여를 했다면 〔법적으로〕 유효하다.

- 랍비 쉼온은 8, 1의 규정에 반대한다. 그는 재산 취득 시기가 아니라,
  남편이 인지하고 있었느냐 아니냐의 유형으로 구분하여 해석한다.
  양쪽 다 아내에게 재산 처분권이 없지만, 남편이 인지하지 못한 재
  산을 이미 처분했다면 그 매매를 인정해야 한다는 주장이다. 할라카
  는 랍비 쉼온의 의견을 따른다.

נָפְלוּ לָהּ כְּסָפִים, יִלָּקַח בָּהֶן קַרְקַע וְהוּא אוֹכֵל פֵּרוֹת. פֵּרוֹת הַתְּלוּשִׁין מִן
הַקַּרְקַע, יִלָּקַח בָּהֶן קַרְקַע וְהוּא אוֹכֵל פֵּרוֹת. וְהַמְחֻבָּרִין בַּקַּרְקַע, אָמַר רַבִּי
מֵאִיר, שָׁמִין אוֹתָן כַּמָּה הֵן יָפִין בְּפֵרוֹת וְכַמָּה הֵן יָפִין בְּלֹא פֵרוֹת, וְהַמּוֹתָר,
יִלָּקַח בָּהֶן קַרְקַע וְהוּא אוֹכֵל פֵּרוֹת. וַחֲכָמִים אוֹמְרִים, הַמְחֻבָּרִין לַקַּרְקַע,
שֶׁלּוֹ. וְהַתְּלוּשִׁין מִן הַקַּרְקַע, שֶׁלָּהּ, וְיִלָּקַח בָּהֶן קַרְקַע וְהוּא אוֹכֵל פֵּרוֹת:

혼인 중에 아내가 금전을 얻게 된 경우, 그것으로 땅을 사야 하며 남편은 이를 용익한다.[73] 땅에서 분리된 〔거둬들인〕 소출물[74]〔을 얻은 경우〕, 그것으로 땅을 사야 하며 그(남편)는 이를 용익한다.

땅에 붙어 있는 〔거둬들이지 않은〕 소출물에 있어 랍비 메이르는 말한다. "소출물이 있을 때와 없을 때로 나누어 그 밭의 가치를 매긴 다음, 그 차액으로 땅을 사야 하며 이를 용익한다."

현인들은 말한다. "땅에 붙어 있는 것은 남편 것이다. 반면 땅에서 분리된 것은 아내 것이며, 그것으로 땅을 사고 남편은 이를 용익한다."

● 혼인 후 습득, 증여, 상속 등으로 아내에게 금전이 생긴 경우 이것으로 땅을 사야 하며, 땅은 아내가 갖되 남편은 그 땅에서 얻은 농산물 등을 용익할 수 있다. 아내에게 땅에서 거둬들인 소출물이 생겼으면, 이를 금전과 마찬가지로 취급한다.

● 아직 소출물을 거둬들이지 않은 땅을 아내가 얻은 경우, 랍비 메이르는 땅에 붙어 있는 (아직 추수하지 않은) 작물도 몸통인 원금처럼 간주하여(「예바못」 4, 3) 남편이 용익할 수 없다는 의견을 보인다. 그는 작물이 있을 때와 없을 때의 땅 가격을 매겨 그 차액을 남편이 아내에게 지불하고 그 돈으로 땅을 산 다음에야 남편이 용익권을 갖는다

---

73) 직역하면 '그 열매를 먹는다'다.
74) 직역하면 '땅과 분리된 열매'다.

는 주장이다. 이 의견은 받아들여지지 않았다.

- 아내가 얻을 당시 이미 밭에서 자라고 있던 작물은 남편에게 속한다는 것이 랍비들 의견이다. 즉 땅(밭)은 몸통이고, 남편은 땅에 붙어 있는 소출물을 용익할 수 있다. 반면 땅에서 분리된 이미 추수한 소출물은 아내 것이다. 아내가 혼인 시 가져오는 돈처럼 취급하여 팔아서 그 돈으로 땅을 사고, 그렇게 구입한 땅의 산물은 남편이 용익할 수 있다(첫째 조항 참조).

8, 4

רַבִּי שִׁמְעוֹן אוֹמֵר, מְקוֹם שֶׁיָּפָה כֹחוֹ בִכְנִיסָתָהּ, הוּרַע כֹחוֹ בִיצִיאָתָהּ. מְקוֹם שֶׁהוּרַע כֹחוֹ בִכְנִיסָתָהּ, יָפָה כֹחוֹ בִיצִיאָתָהּ. פֵּרוֹת הַמְחֻבָּרִין לַקַּרְקַע, בִּכְנִיסָתָהּ שֶׁלּוֹ וּבִיצִיאָתָהּ שֶׁלָּהּ. וְהַתְּלוּשִׁין מִן הַקַּרְקַע, בִּכְנִיסָתָהּ שֶׁלָּהּ וּבִיצִיאָתָהּ שֶׁלּוֹ:

랍비 쉼온은 말한다. "혼인으로 이득을 얻은 남자의 경우, 이혼할 때는 손해를 입는다. (반대로) 혼인으로 손해를 입은 남자는 이혼할 때 이득을 얻는다.[75] (즉) 혼인 시 땅에 붙어 있던 (거둬들이지 않은) 소출물은 남편 것이지만, 이혼 시 아내 것이다. 땅에서 분리된 (거둬들인) 소출물은 아내 것이지만, 이혼시 남편 것이다."

- 이전 미쉬나에서 추수 전과 추수 후의 소출물에 따라 그 소유권을 구분해 다루었다면, 이 미쉬나는 이혼 시에 그것이 어떻게 적용되는지를 논한다.
- 랍비 쉼온에 따르면, 남편은 혼인으로 취득하게 된 재산의 소유권을

---

75) 직역하면 "그녀(아내)가 들어옴에 따라 그의 힘(권리)이 커진 곳이라면, 그녀가 나감으로 그의 힘이 줄어든다. 그녀가 들어옴에 따라 그의 힘이 줄어든 곳이라면, 그녀가 나감으로 그의 힘이 커진다."

이혼하면서 상실하고, 반대로 혼인 시 소유권이 없던 재산을 이혼하면서 취득한다. 그 예로 소출물을 들고 있다.

- 아내가 혼인할 때, 추수하지 않은 작물을 소유하고 있었다면 혼인과 함께 남편 것이 된다. 반면 이혼할 때는 아내에게 소유권이 귀속된다. 혼인 시 아내에게 이미 추수한 작물이 있었다면, 몸통(원금)으로 간주하여 아내의 소유다(이것으로 땅을 사서 남편이 용익할 수 있다 [8, 3]). 그러나 혼인 후 그 땅에서 추수한 작물은 이혼할 때 남편에게 귀속된다(이혼 전에 추수가 이뤄졌으므로 용익물로 간주되어 남편 몫이 된다).

할라카는 랍비 쉼온의 의견을 받아들였다.

8, 5

נָפְלוּ לָהּ עֲבָדִים וּשְׁפָחוֹת זְקֵנִים, יִמָּכְרוּ וְיִלָּקַח בָּהֶן קַרְקַע וְהוּא אוֹכֵל פֵּרוֹת. רַבָּן שִׁמְעוֹן בֶּן גַּמְלִיאֵל אוֹמֵר, לֹא תִמְכֹּר, מִפְּנֵי שֶׁהֵן שֶׁבַח בֵּית אָבִיהָ. נָפְלוּ לָהּ זֵיתִים וּגְפָנִים זְקֵנִים, יִמָּכְרוּ לְעֵצִים וְיִלָּקַח בָּהֶן קַרְקַע וְהוּא אוֹכֵל פֵּרוֹת. רַבִּי יְהוּדָה אוֹמֵר, לֹא תִמְכֹּר, מִפְּנֵי שֶׁהֵן שֶׁבַח בֵּית אָבִיהָ. הַמּוֹצִיא הוֹצָאוֹת עַל נִכְסֵי אִשְׁתּוֹ, הוֹצִיא הַרְבֵּה וְאָכַל קִמְעָא, קִמְעָא וְאָכַל הַרְבֵּה, מַה שֶׁהוֹצִיא הוֹצִיא, וּמַה שֶׁאָכַל אָכַל. הוֹצִיא וְלֹא אָכַל, יִשָּׁבַע כַּמָּה הוֹצִיא וְיִטֹּל:

[어떤 여성이] 나이 많은 종들과 여종들을 [상속]받았을 때, [이들을] 팔아야 하며, 그것(판 돈)으로 땅을 매입하고 그(남편)는 이를 용익한다. 라반 쉼온 벤 감리엘은 말한다. "팔아서는 안 된다. [나이가 많은 하인과 하녀들은] 가문(친정)[76]의 자부심이기 때문이다."

오래된 올리브나무나 포도를 [상속]받으면, 목재로 팔아야 하며, 그것(판 돈)으로 땅을 매입하며 이를 용익한다. 랍비 예후다는 말한다. "팔아서는 안 된다. 이것들은 가문(친정)의 자부심이기 때문이다."

---

76) 문자적으로는 "그녀의 아버지의 집"이다.

만일 어떤 사람이 아내의 재산에 비용을 지출한다면 많이 쓰고 적게 용익했든, 적게 쓰고 많이 용익했든 지출은 지출이며 용익은 용익이다. 만일 지출만 하고 용익하지 않았다면, 얼마나 지출했는지 맹세해야 하며, 그는 〔지출금을〕 회수한다.

- 아내의 재산처분권과 관련된 내용이 이어지고 있다. 용익하기 위해 남편이 매매를 주장할 때 이를 거부할 수 있다는 라반 쉼온 벤 감리엘과 랍비 예후다의 의견이 받아들여졌다. 자부심으로 번역한 히브리어 셰바흐(שבח)는 '자산', '이득', '명예' 등으로 번역되기도 한다 (라쉬 주석; 알벡; 옥스퍼드).

- "아내의 재산에 비용을 지출…": 아내의 멜로그(혼인과 함께 들어왔다가 혼인 종료 시 다시 나가는) 재산(「예바못」 7, 1)을 가리키며, 재산증식을 위해 아내의 땅을 일군다거나 거기에 집을 짓는 등의 투자를 말한다.

- 투자를 많이 한 데 비해 회수액이 적거나, 적은 지출로 땅을 일군 데 비해 많은 작물을 거두었을 때, 남편은 이혼 시에 아내에게 지출금을 회수해달라고 요구할 수 없다. 지출만 하고 아내 재산에서 아무것도 용익하지 않았다면, 남편은 이혼 시에 들인 돈을 돌려받는데, 실제 증식된 재산의 가치보다 더 많이 돌려받을 수는 없다(라브). 가령 80주즈를 들여 농수로를 파고 밭의 가치를 55주즈 올렸다면, 55주즈만 회수한다. 가치를 100주즈만큼 올렸으면 지출 금액인 80주즈만 회수한다.

8, 6

שׁוֹמֶרֶת יָבָם שֶׁנָּפְלוּ לָהּ נְכָסִים, מוֹדִים בֵּית שַׁמַּאי וּבֵית הַלֵּל שֶׁמּוֹכֶרֶת
וְנוֹתֶנֶת וְקַיָּם. מֵתָה, מַה יַּעֲשׂוּ בִכְתֻבָּתָהּ וּבַנְּכָסִים הַנִּכְנָסִין וְהַיּוֹצְאִין עִמָּהּ.

בֵּית שַׁמַּאי אוֹמְרִים, יַחֲלֹקוּ יוֹרְשֵׁי הַבַּעַל עִם יוֹרְשֵׁי הָאָב. וּבֵית הִלֵּל
אוֹמְרִים, נְכָסִים בְּחֶזְקָתָן, כְּתֻבָּה בְּחֶזְקַת יוֹרְשֵׁי הַבַּעַל, נְכָסִים הַנִּכְנָסִים
וְהַיּוֹצְאִים עִמָּהּ בְּחֶזְקַת יוֹרְשֵׁי הָאָב:

쇼메렛 야밤이 재산을 상속받는 경우, 삼마이 학파와 힐렐 학파 모
두 이 여성이 그 재산을 팔거나 증여할 수 있고, 〔그 행위가 법적으로〕
유효하다는 데 동의한다.

〔쇼메렛 야밤이〕 사망하면 이 여성의 케투바 및 들어오고 나가는 재
산(멜로그)을 어떻게 처리해야 하는가?

삼마이 학파는 말한다. "〔사망한〕 남편의 상속인들과 〔친정〕아버지
의 상속인들이 나누어 가진다." 〔그러나〕 힐렐 학파는 말한다. "재산
은 원상태로 〔남는다〕. 케투바는 남편의 상속인들 소유로, 들어오고
나간 재산은 〔친정〕아버지의 상속인들 소유로 〔남는다〕."

- 역연혼을 하기 위해 야밤을 기다리던 중 사망한 여성의 재산과 케투
  바에 관한 조항이다. 「예바못」 4, 3과 동일한 내용이다.

8, 7

הִנִּיחַ אָחִיו מָעוֹת, יִלָּקַח בָּהֶן קַרְקַע וְהוּא אוֹכֵל פֵּרוֹת. פֵּרוֹת הַתְּלוּשִׁין מִן
הַקַּרְקַע, יִלָּקַח בָּהֶן קַרְקַע וְהוּא אוֹכֵל פֵּרוֹת. הַמְחֻבָּרִין בַּקַּרְקַע, אָמַר רַבִּי
מֵאִיר, שָׁמִין אוֹתָן כַּמָּה הֵן יָפִין בְּפֵרוֹת וְכַמָּה הֵן יָפִין בְּלֹא פֵרוֹת, וְהַמּוֹתָר,
יִלָּקַח בָּהֶן קַרְקַע וְהוּא אוֹכֵל פֵּרוֹת. וַחֲכָמִים אוֹמְרִים, פֵּרוֹת הַמְחֻבָּרִים
בַּקַּרְקַע, שֶׁלּוֹ. וְהַתְּלוּשִׁין מִן הַקַּרְקַע, כָּל הַקּוֹדֵם זָכָה בָּהֶן. קָדַם הוּא, זָכָה.
קָדְמָה הִיא, יִלָּקַח בָּהֶן קַרְקַע וְהוּא אוֹכֵל פֵּרוֹת. כְּנָסָהּ, הֲרֵי הִיא כְּאִשְׁתּוֹ
לְכָל דָּבָר, וּבִלְבַד שֶׁתְּהֵא כְתֻבָּתָהּ עַל נִכְסֵי בַעְלָהּ הָרִאשׁוֹן:

〔만일 사망한〕 형제가 돈을 남겼다면, 그것으로 땅을 사야 하며 그
(야밤)는 그것을 용익한다. 땅에서 분리된 소출물을 남겼다면 그것으
로 땅을 사야 하며 그(야밤)는 그것을 용익한다. 〔남긴 것이〕 땅에 붙

어 있는 소출물일 경우, 랍비 메이르는 말한다. "소출물이 있을 때와 없을 때로 나누어 그 밭의 가치를 매긴 다음 그 차액으로 땅을 사야 하며, 〔야밤은〕 이를 용익한다." 그러나 현인들은 말한다. "땅에 붙어 있는 소출물은 그(야밤)의 것이지만, 땅에서 분리된 소출물은 먼저 그것을 취득하는 사람 것이다. 〔만일〕 그(야밤)가 먼저 취득하면 그가 이를 소유한다. 〔그러나〕 그녀(예바마)가 먼저 취득하면 그것으로 땅을 사야 하고 그(야밤)는 이를 용익한다. 〔야밤이 예바마와〕 혼인하면, 이 여성은 첫 남편의 재산에서 케투바가 지급되는 것을 제외하고는, 모든 면에서 그의 아내다."

- 고인(야밤의 형제)이 남긴 재산에 있어 상배여성과 야밤 사이의 권리에 대한 내용이다. 상배여성이 고인과 작성한 케투바는 유치권 역할을 하여, 야밤이 함부로 고인의 재산을 건드리지 못한다. 다시 말해, 사망한 남편의 모든 재산은 케투바를 위한 담보로 잡히므로 야밤은 고인의 재산을 매도하거나 증여할 수 없다. 만일 고인이 남긴 재산이 토지라면 야밤은 토지에서 나온 수확물들을 용익만 할 수 있다.
- 첫째 탄나는, 동산(금전, 땅에 붙어 있지 않은 작물)은 케투바에 담보로 잡힌다는 이야기를 하고 있다.
- 랍비 메이르의 주장은 땅에 붙어 있는 작물도 동산(금전, 땅에서 분리된 소출 등)처럼 간주하여(8, 3) 케투바에 담보로 잡힌다는 것이며, 이에 반대하는 현인들의 의견이 이어진다.
- 현인들은 선취득하지 않는 이상 동산(금전, 땅에서 분리된 소출물)은 케투바에 담보되지 않는다는 입장을 취하며(라브; 라쉬), 할라카는 현인들의 의견을 따른다(후대 게오님[Geonim/Gaonim, 6–11세기]은 동산도 케투바에 담보된다고 입법했다). 현인들의 말, "땅에 붙어 있는 소출물은 그(야밤)의 것이지만"은 이어지는 8, 8에 등장하

는 사망한 형제의 모든 재산이 케투바에 담보가 된다는 규정에 모순
된다. 이에 게마라는 "그(야밤)의 것"을 "그녀(예바마)의 것"으로 고
쳐 읽는다(게마라 82a).

- 마지막 조항은 「예바못」 4, 4의 반복이다.

8, 8

לֹא יֹאמַר לָהּ, הֲרֵי כְתֻבָּתִיךְ מֻנַּחַת עַל הַשֻּׁלְחָן, אֶלָּא כָּל נְכָסָיו אַחֲרָאִין
לִכְתֻבָּה. וְכֵן לֹא יֹאמַר אָדָם לְאִשְׁתּוֹ, הֲרֵי כְתֻבָּתִיךְ מֻנַּחַת עַל הַשֻּׁלְחָן, אֶלָּא
כָּל נְכָסָיו אַחֲרָאִין לִכְתֻבָּתָהּ. גֵּרְשָׁהּ, אֵין לָהּ אֶלָּא כְתֻבָּתָהּ. הֶחֱזִירָהּ, הֲרֵי
הִיא כְּכָל הַנָּשִׁים וְאֵין לָהּ אֶלָּא כְתֻבָּתָהּ בִּלְבָד:

〔야밤은〕 "여기 탁자 위에 당신의 케투바를 지급할 돈이 있다"라고
말해서는 안 된다. 그의 모든 재산이 그〔예바마〕의 케투바 보증금이
다. 마찬가지로, 남편은 아내에게 "여기 탁자 위에 당신의 케투바가 있
다"라고 말해서는 안 된다. 그의 모든 재산이 그〔아내〕의 케투바 보
증금이다.

그(야밤)가 이혼할 경우 그(역연혼으로 그와 혼인한 여성)에게는 케
투바〔에 대한 권리〕만〔있다〕. 만일 그가〔이 여성과〕재결합하면, 다
른 모든 여성들과 마찬가지로 이 여성에게는 오직 케투바만 있다.

- 사망한 형제에게서 상속받은 재산을 팔아 케투바를 지불하겠다는
  의도가 있어서는 안 된다. "그의 모든 재산"은 사망한 형제로부터
  상속받는 재산을 의미한다. 즉 사망한 형제의 재산은 모두 케투바에
  담보되므로(8, 7; 4, 7) 야밤이 함부로 팔 수 없다.
- 야밤, 곧 남편의 시형제와 역연혼으로 혼인하는 여성은 야밤과는 케
  투바를 작성하지 않는다.
- 야밤과 역연혼한 다음 이혼하게 되면, 첫 번째 남편과 작성한 케투바

를 받되, 더는 사망한 첫 남편의 재산에 대한 권리가 없다. 야밤은 케투바 지불 후 고인이 된 형제의 재산을 처분할 수 있다. 야밤과 이혼하고 재결합할 때는 첫 남편과 혼인했을 때 작성된 케투바만 유효할 뿐(아직 수령하지 않았다면), 또 케투바를 작성하지 않는다. 이때는 예바마 자격으로 재혼한 것이 아니기 때문에, 이제 첫 남편의 재산은 케투바에 담보로 잡히지 않는다(9, 9와 비교).

제9장

케투바를 수령할 때 맹세가 요구되는 경우와 면제되는 경우, 이혼 증서를 분실했을 때의 케투바 수령, 이혼했다가 재결합한 다음 다시 이혼하거나 남편이 사망했을 때의 케투바 수령, 미성년이 작성한 케투바 및 이방인이 개종 전에 작성한 케투바의 효력 등에 관해 논한다.

9, 1

הַכּוֹתֵב לְאִשְׁתּוֹ, דִּין וּדְבָרִים אֵין לִי בִנְכָסַיִךְ, הֲרֵי זֶה אוֹכֵל פֵּרוֹת בְּחַיֶּיהָ. וְאִם מֵתָה, יוֹרְשָׁהּ. אִם כֵּן לָמָּה כָתַב לָהּ דִּין וּדְבָרִים אֵין לִי בִנְכָסַיִךְ, שֶׁאִם מָכְרָה וְנָתְנָה, קַיָּם. כָּתַב לָהּ, דִּין וּדְבָרִים אֵין לִי בִנְכָסַיִךְ וּבְפֵרוֹתֵיהֶן, הֲרֵי זֶה אֵינוֹ אוֹכֵל פֵּרוֹת בְּחַיֶּיהָ. וְאִם מֵתָה, יוֹרְשָׁהּ. רַבִּי יְהוּדָה אוֹמֵר, לְעוֹלָם אוֹכֵל פֵּרֵי פֵרוֹת, עַד שֶׁיִּכְתֹּב לָהּ דִּין וּדְבָרִים אֵין לִי בִנְכָסַיִךְ וּבְפֵרוֹתֵיהֶן וּבְפֵרֵי פֵרוֹתֵיהֶן עַד עוֹלָם. כָּתַב לָהּ, דִּין וּדְבָרִים אֵין לִי בִנְכָסַיִךְ וּבְפֵרוֹתֵיהֶן וּבְפֵרֵי פֵרוֹתֵיהֶן בְּחַיַּיִךְ וּבְמוֹתֵךְ, אֵינוֹ אוֹכֵל פֵּרוֹת בְּחַיֶּיהָ. וְאִם מֵתָה, אֵינוֹ יוֹרְשָׁהּ. רַבָּן שִׁמְעוֹן בֶּן גַּמְלִיאֵל אוֹמֵר, אִם מֵתָה, יִירָשֶׁנָּה, מִפְּנֵי שֶׁהִתְנָה עַל מַה שֶּׁכָּתוּב בַּתּוֹרָה, וְכָל הַמַּתְנֶה עַל מַה שֶּׁכָּתוּב בַּתּוֹרָה, תְּנָאוֹ בָּטֵל:

남편이 아내에게 "당신의 재산에 나는 법적 권리도 주장도 없다"라고 [케투바에] 적었어도, 그는 아내 살아생전 [그 생산물을] 용익할 수 있다. 또한 아내 사망 시 그는 재산을 상속한다. 그렇다면 왜 "당신의 재산에 나는 법적 권리도 주장도 없다"라고 썼는가? 〔아내가〕 재산을 팔거나 증여했을 때 그 행위가 법적으로 유효함을 뜻한다. "당신의 재산 및 〔그로부터 발생하는〕 생산물에 있어 나는 법적 권리도 주장도 없다"라고 쓸 경우, 아내 살아생전 그는 재산을 용익할 수 없지만 아내 사후 이를 상속한다.

랍비 예후다는 말한다. "'당신의 재산 및 〔그로부터 발생하는〕 생산물, 또한 생산물의 생산물에 영원히 법적 권리도 주장도 없다'라고 쓰지 않는 한, 그는 언제든지 이를 용익할 수 있다. 만일 '당신이 살아생전이나 사망 후에도 당신의 재산과 그로부터 발생하는 생산물, 생산물의 생산물에 나는 영원히 법적 권리도 주장도 없다'라고 쓰면 그는 아내 살아생전 그 재산을 용익할 수 없으며, 사후에도 이를 상속할 수 없다."

〔그러나〕 라반 쉼온 벤 감리엘은 말한다. "〔아내〕 사망 시 남편은 그녀(아내의 재산)를 상속한다. 왜냐하면 그가 토라에 쓰인 것에 〔어긋나는〕 조건을 걸었기 때문이다. 누구든 토라에 반하는 조건을 내세우면 그의 조건은 효력이 없다."

- 남편에게는 생산물에 대한 용익권이 있으므로, 이를 구체화하지 않았어도 이 권리는 유효하다. 살아생전 권리포기와 사후 상속을 구별하여 법이 적용되고 있다.
- 랍비 예후다는 권리가 상실되는 대상을 구체화하는 한편 "영원히" 또는 "살아생전 및 사망 후"라고 명확히 특정해야, 위 남편은 아내의 살아생전 용익권과 사후 상속권도 상실한다고 주장한다.
- 라반 쉼온 벤 감리엘의 말은 판결에 해당한다. 그는 민수기 27:11을 근거로 해석한다. 그러나 게마라에 따르면 남편의 아내 재산 상속은

토라에 의한 것이 아닌 랍비법이다. "누구든 토라에 반하는 조건을 내세우면 그 조건은 효력이 없다"라는 명제는 「바바 메찌아」 7, 11과 「바바 바트라」 8, 5에도 등장한다.

9, 2

מִי שֶׁמֵּת וְהִנִּיחַ אִשָּׁה וּבַעַל חוֹב וְיוֹרְשִׁין, וְהָיָה לוֹ פִקָּדוֹן אוֹ מִלְוֶה בְּיַד אֲחֵרִים, רַבִּי טַרְפוֹן אוֹמֵר, יִנָּתְנוּ לַכּוֹשֵׁל שֶׁבָּהֶן. רַבִּי עֲקִיבָא אוֹמֵר, אֵין מְרַחֲמִין בַּדִּין, אֶלָּא יִנָּתְנוּ לַיּוֹרְשִׁין, שֶׁכֻּלָּן צְרִיכִין שְׁבוּעָה וְאֵין הַיּוֹרְשִׁין צְרִיכִין שְׁבוּעָה:

어떤 남자가 사망하면서 아내, 채권자, 상속인들을 남겼고, 그(고인)에게 타인 소유에서 [상환받을] 보증금이나 대출금이 있는 경우, 랍비 타르폰은 말한다. "그들(아내, 채권자, 상속인들) 중 최약자에게 주어야 한다." [그러나] 랍비 아키바는 말한다. "법을 [적용할 때] 자비가 [앞서서는] 안 된다. 오히려 [그 돈은] 상속인들에게 가야 한다. 다른 이들의 경우 맹세가 필요하지만 상속인들은 맹세가 필요 없기 때문이다."

- 아내, 채권자, 상속인들 모두 자기 몫을 주장하는 경우다. 랍비 아키바가 우선권을 주장하는 '최약자'가 누구인지에 대해서는 의견이 분분하다. 탈무드의 경우 채무를 증명하는 문서의 날짜가 가장 나중인 사람을 가리킨다는 의견(랍비 요쎄)과 케투바를 받아야 하는 아내를 가리킨다(랍비 요하난, 랍비 엘아자르)는 두 가지 해석으로 갈린다(게마라 84a). 랍비 아키바는 법은 엄정하게 적용해야 한다고 주장한다. 여기서 맹세란 보증금이나 대출금을 아직 못 받았다고 선서하는 것을 말한다. 채무자가 사망하여 부재하므로 맹세해야 돈을 수령할 수 있다.

8, 7에 이어 동산에 대한 규정들을 볼 수 있다. 고인(부친)의 상속인들(아들들)은 물려받은 '동산'에서 부친의 빚을 대신 갚을 의무가 없다. 이 미쉬나는 아직 동산이 상속자들 손에 들어오지 않은 특수 상황을 다루고 있다.

9, 3

> הִנִּיחַ פֵּרוֹת תְּלוּשִׁין מִן הַקַּרְקַע, כָּל הַקּוֹדֵם זָכָה בָּהֶן. זָכְתָה אִשָּׁה יוֹתֵר
> מִכְּתֻבָּתָהּ, וּבַעַל חוֹב יוֹתֵר עַל חוֹבוֹ, הַמּוֹתָר, רַבִּי טַרְפוֹן אוֹמֵר, יִנָּתְנוּ לַכּוֹשֵׁל
> שֶׁבָּהֶן. רַבִּי עֲקִיבָא אוֹמֵר, אֵין מְרַחֲמִין בַּדִּין, אֶלָּא יִנָּתְנוּ לַיּוֹרְשִׁים, שֶׁכֻּלָּם
> צְרִיכִין שְׁבוּעָה וְאֵין הַיּוֹרְשִׁים צְרִיכִין שְׁבוּעָה:

〔만일 어떤 사람이〕 땅에서 분리된 소출물을 남겼다면, 누구든[77] 먼저 그것을 취득하는 자가 이를 소유한다.

〔만일〕 아내가 케투바〔에 적힌 액수〕보다 더 많이 이를 취득하거나, 채권자가 〔그가 받을〕 금액보다 더 많이 〔취득하게 될 경우〕, 그 잉여분에 있어 랍비 타르폰은 말한다. "그들 중 최약자에게 주어져야 한다." 〔그러나〕 랍비 아키바는 말한다. "법을 〔적용할〕 때 자비가 〔앞서서는〕 안 된다. 오히려 〔그 잉여분은〕 상속인들에게 주어야 한다. 다른 이들의 경우 맹세가 필요하지만 상속인들은 맹세가 필요 없기 때문이다."

- 9, 2의 연장선상에서 역시 사망자가 남긴 동산을 다루는데, 여기서는 땅에서 분리된 소출물(추수한 작물)을 예로 들고 있다(8, 7).

---

77) 구체적으로 '아내든 채권자든 상속자든'이다.

הַמּוֹשִׁיב אֶת אִשְׁתּוֹ חֶנְוָנִית אוֹ שֶׁמִּנָּה אַפּוֹטְרוֹפָּא, הֲרֵי זֶה מַשְׁבִּיעָהּ כָּל זְמָן
שֶׁיִּרְצֶה. רַבִּי אֱלִיעֶזֶר אוֹמֵר, אֲפִלּוּ עַל פִּלְכָּהּ וְעַל עִסָּתָהּ:

어떤 사람이 자기 아내를 점원이나 재정관리인으로 지목할 경우,
원한다면 언제든 그 아내에게 맹세하도록 할 수 있다. 랍비 엘리에제
르는 말한다. "물레가락이나 밀가루 반죽에 대해서도〔그렇게 할 수
있다〕."

- 맹세는 미심쩍을 때가 아니라 확실한 정황 증거가 있을 때 시킬 수
  있다. 그러나 횡령 등이 의심되는 몇 가지 사안에 있어서는 사업 동
  료, 소작인, 유산 관리인, 재정 및 집안 가계부를 관리하는 여자, 공
  동유산의 관리자 등에 맹세를 시킬 수 있다(『네지킨』「쉬부옷」7, 8).
  상거래 관리하는 일을 아내에게 맡길 때 남편 몰래 돈을 중간에서
  착복하지 않도록 맹세시킬 수 있다.
- 랍비 엘리에제르는 금전상 횡령, 남용, 유용 등이 아닌 가사일에 있
  어서까지 아내에게 맹세를 시킬 수 있다고 주장한다. 유산에 관계된
  맹세는 이어지는 미쉬나들에서 다뤄진다.

כָּתַב לָהּ, נֶדֶר וּשְׁבוּעָה אֵין לִי עָלַיְךָ, אֵין יָכוֹל לְהַשְׁבִּיעָהּ, אֲבָל מַשְׁבִּיעַ הוּא
אֶת יוֹרְשֶׁיהָ וְאֶת הַבָּאִים בִּרְשׁוּתָהּ. נֶדֶר וּשְׁבוּעָה אֵין לִי עָלַיְךָ וְעַל יוֹרְשַׁיְךָ
וְעַל הַבָּאִים בִּרְשׁוּתֵיךְ, אֵינוֹ יָכוֹל לְהַשְׁבִּיעָהּ, לֹא הִיא וְלֹא יוֹרְשֶׁיהָ וְלֹא אֶת
הַבָּאִים בִּרְשׁוּתָהּ. אֲבָל יוֹרְשָׁיו מַשְׁבִּיעִין אוֹתָהּ, וְאֶת יוֹרְשֶׁיהָ וְאֶת הַבָּאִים
בִּרְשׁוּתָהּ. נֶדֶר וּשְׁבוּעָה אֵין לִי וְלֹא לְיוֹרְשַׁי וְלֹא לַבָּאִים בִּרְשׁוּתִי עָלַיְךָ וְעַל
יוֹרְשַׁיְךָ וְעַל הַבָּאִים בִּרְשׁוּתֵיךְ, אֵינוֹ יָכוֹל לְהַשְׁבִּיעָהּ, לֹא הוּא וְלֹא יוֹרְשָׁיו
וְלֹא הַבָּאִים בִּרְשׁוּתוֹ, לֹא אוֹתָהּ וְלֹא יוֹרְשֶׁיהָ וְלֹא הַבָּאִין בִּרְשׁוּתָהּ:

"당신에게 서원도 맹세도 시키지 않겠다"라고 〔케투바에〕 써주었다면, 그는 그녀에게 맹세를 시킬 수 없다. 그러나 그 여성의 상속자나 후임자에게는 맹세를 시킬 수 있다.

"당신에게 서원도 맹세도 시키지 않겠다"〔라고 써주었다면〕, 그 여성의 상속자나 후임자에게 맹세를 시킬 수 없다. 그러나 그의 상속자는 〔상기〕 여성 및 그 여성의 상속자나 후임자에게 맹세를 시킬 수 있다.

"나와 내 상속자 또는 내 후임자가 당신과 당신의 상속자, 당신의 후임자에게 맹세를 시키지 않겠다"〔라고 써주었다면〕 그는 그녀에게 맹세를 시킬 수 없다. 그와 그의 상속자, 그의 후임자도 〔상기〕 여성 및 그 여성의 상속자나 후임자에게 맹세를 시킬 수 없다.

- 상배여성이 케투바를 수령할 때는 먼저 맹세해야 한다(9, 8; 「기틴」 4, 3)는 규정이 이 미쉬나의 배경이다. 사망한 남편의 상속자들은 케투바의 일부를 이미 받아갔는지 등 여러 다양한 맹세를 상배여성에 요구할 수 있다. 이 미쉬나와 9, 6은 이 같은 맹세가 면제되는 경우를 설명한다. '그녀의 후임자'를 직역하면 '그녀의 권한에 있어 다음에 온 사람들'로, 아내가 케투바를 다른 이들에게 팔고 사망한 경우에 해당한다.

9, 6

הָלְכָה מִקֶּבֶר בַּעְלָהּ לְבֵית אָבִיהָ אוֹ שֶׁחָזְרָה לְבֵית חָמִיהָ, וְלֹא נַעֲשֵׂית אַפּוֹטְרוֹפָּא, אֵין הַיּוֹרְשִׁין מַשְׁבִּיעִין אוֹתָהּ. וְאִם נַעֲשֵׂית אַפּוֹטְרוֹפָּא, הַיּוֹרְשִׁין מַשְׁבִּיעִין אוֹתָהּ עַל הֶעָתִיד לָבֹא וְאֵין מַשְׁבִּיעִין אוֹתָהּ עַל מַה שֶׁעָבָר:

〔남편으로부터 맹세를 면제받은 여자가〕 남편 무덤에서 제 아버지 집으로 갔거나, 또는 시아버지의 집으로 돌아갔지만 〔재정〕관리인이

되지 않은 경우, 그 상속자들은 [상기] 여성에게 맹세를 시킬 수 없다.

만일 [상기 여성이] [재정]관리인이 되었다면, 그 상속자들은 오는 미래에 있어 이 여성에게 맹세를 시킬 수 있다. 그러나 [이미] 지나간 것에 있어서는 맹세를 시킬 수 없다.

- 남편으로부터 맹세를 면제받은 여성(9, 5)이 사망한 남편을 매장한 다음 곧장 친정집으로 갔거나, 시댁으로 돌아와서 고인의 재산 관리인이 되지 않은 경우다. 남편 사망부터 매장까지 그 기간에 행한 재산 처리와 관련해서 맹세를 시킬 수 없다. 매장이 지연될 뿐 아니라 고인의 명예를 훼손할 것이기 때문이다(라브; 람밤).
- "미래에 있어~": 고인을 매장한 '후'에 이뤄진 재산 처리와 관련해서는 맹세를 시킬 수 있다는 뜻이다.
  "[이미] 지나간 것~": 고인의 살아생전에 이뤄진 재산 처리건에 대해서는 맹세를 시킬 수 없다는 뜻이다.

9, 7

הַפּוֹגֶמֶת כְּתֻבָּתָהּ, לֹא תִפָּרַע אֶלָּא בִשְׁבוּעָה. עֵד אֶחָד מְעִידָהּ שֶׁהִיא
פְרוּעָה, לֹא תִפָּרַע אֶלָּא בִשְׁבוּעָה. מִנְּכְסֵי יְתוֹמִים וּמִנְּכָסִים מְשֻׁעְבָּדִין וְשֶׁלֹּא
בְפָנָיו, לֹא תִפָּרַע אֶלָּא בִשְׁבוּעָה:

자기 케투바를 훼손한 여성은 맹세해야만 [케투바를] 지급받는다.

증인 한 명이 [케투바가 이미] 지급되었다고 증언하면, [위 여성은] 맹세해야만 [케투바를] 지급받는다.

아버지를 여읜 자식들이 [물려받은] 재산, 저당 잡힌 재산, 부재중인 [남편의] 재산에서 [케투바가 지급될 경우] 맹세해야만 [케투바를] 지급받는다.

- '자기 케투바를 훼손'했다 함은 케투바의 일부를 이미 지급받아서 본디 수령해야 할 총액이 삭감된 경우 등을 말한다. 이어지는 미쉬나에서 더 자세한 사례를 다룬다.
- 둘째 조항 내용은 케투바를 받지 못했다는 아내의 말에 반하는 증인을 남편이 세운 경우다. 증인은 보통 두 명이어야 하는데, 남편이 한 명의 증인을 세웠으므로 아내는 맹세를 통해 케투바를 지급받을 수 있게 된다. 맹세는 토라 두루마리 등과 같은 성물을 손에 쥔 상태에서 이뤄져야 한다(라브; 람밤).
- 마지막 조항은 이어지는 미쉬나에서 다룬다.

9, 8

הַפּוֹגֶמֶת כְּתֻבָּתָהּ כֵּיצַד, הָיְתָה כְתֻבָּתָהּ אֶלֶף זוּז, וְאָמַר לָהּ הִתְקַבַּלְתְּ כְּתֻבָּתֵךְ, וְהִיא אוֹמֶרֶת לֹא הִתְקַבַּלְתִּי אֶלָּא מָנֶה, לֹא תִפָּרַע אֶלָּא בִשְׁבוּעָה. עֵד אֶחָד מְעִידָהּ שֶׁהִיא פְרוּעָה כֵּיצַד, הָיְתָה כְתֻבָּתָהּ אֶלֶף זוּז, וְאָמַר לָהּ הִתְקַבַּלְתְּ כְּתֻבָּתֵךְ, וְהִיא אוֹמֶרֶת לֹא הִתְקַבַּלְתִּי, וְעֵד אֶחָד מְעִידָהּ שֶׁהִיא פְרוּעָה, לֹא תִפָּרַע אֶלָּא בִשְׁבוּעָה. מִנְּכָסִים מְשֻׁעְבָּדִים כֵּיצַד, מָכַר נְכָסָיו לַאֲחֵרִים, וְהִיא נִפְרַעַת מִן הַלָּקוֹחוֹת, לֹא תִפָּרַע אֶלָּא בִשְׁבוּעָה. מִנְּכְסֵי יְתוֹמִים כֵּיצַד, מֵת וְהִנִּיחַ נְכָסָיו לִיתוֹמִים, וְהִיא נִפְרַעַת מִן הַיְתוֹמִים, לֹא תִפָּרַע אֶלָּא בִשְׁבוּעָה. וְשֶׁלֹּא בְפָנָיו כֵּיצַד, הָלַךְ לוֹ לִמְדִינַת הַיָּם, וְהִיא נִפְרַעַת שֶׁלֹּא בְפָנָיו, אֵינָהּ נִפְרַעַת אֶלָּא בִשְׁבוּעָה. רַבִּי שִׁמְעוֹן אוֹמֵר, כָּל זְמַן שֶׁהִיא תוֹבַעַת כְּתֻבָּתָהּ, הַיּוֹרְשִׁין מַשְׁבִּיעִין אוֹתָהּ. וְאִם אֵינָהּ תוֹבַעַת כְּתֻבָּתָהּ, אֵין הַיּוֹרְשִׁין מַשְׁבִּיעִין אוֹתָהּ:

'자기 케투바를 훼손한 여성'이란 어떤 경우를 말하는가? 〔아내〕의 케투바가 1,000주즈인데, 〔남편〕은 "당신은 이미 케투바를 지급받았다"라고 하고, 〔아내〕는 "나는 1마네(100주즈)만 받았다"라고 할 경우, 이 여성은 맹세를 해야만 〔그 잔액을〕 지급받는다.

'증인 한 명이 〔케투바가 이미〕 지급되었다고 증언한다'는 것은 어떤 경우를 말하는가? 케투바가 1,000주즈인데, 〔남편〕은 "당신은 이미 케투바를 지급받았다"라고 하고 〔아내〕는 "받지 않았다"라고 할 경우, 증인 한 명이 이 여성에게 케투바가 이미 지급되었다고 증언하면, 〔그 해당 여성은〕 맹세해야만 〔케투바를〕 지급받는다.

'저당 잡힌 재산'[78]이란 어떤 경우를 말하는가? 〔남편〕이 재산을 다른 이들에게 매각했고 그(아내)는 구매자에게서 〔케투바를〕 수령하고자 할 때, 맹세해야만 〔케투바를〕 지급받는다.

'아버지를 여읜 자녀들의 재산'이란 어떤 경우를 말하는가? 〔남편〕이 사망했고 그의 자식들[79]이 재산을 물려받았는데, 〔상배여성이〕 그 자식들로부터 케투바를 받으려 할 경우, 맹세해야만 〔케투바를〕 지급받는다.

'부재중인 〔남편의 재산〕'이란 어떤 경우를 말하는가? 만일 남편이 타국으로 나갔는데 그의 부재중에 아내가 케투바를 지급받고자 하면, 맹세해야만 〔케투바를〕 지급받는다.

랍비 쉼온은 말한다. "케투바를 요구한다면 어떤 경우든, 상속자들은 이 여성에게 맹세를 시켜야 한다. 그러나 케투바를 요구하지 않는다면 어떤 경우든 상속자들은 이 여성에게 맹세를 시킬 수 없다."

• 앞 미쉬나에 대한 보충 설명이다. 남편이 재산을 팔아버려 케투바를 지급할 재산이 남아 있지 않은 경우, 아내는 그 재산을 취득한 사람에게 케투바를 달라고 요구할 수 있다. 자신에게 주어야 할 케투바가 그 재산에 저당 잡혀 있는 것과 마찬가지기 때문이다. 그러나 구매자 입장에서는 이 여성에게 케투바가 이미 지급되었는지 아닌지

---

78) 또는 양도 재산, 선취득권/유치권이 설정된 재산, 채권자가 추심하기 위해 채무자로부터 구입한 재산을 말한다.
79) 히브리어로는 '예투밈'(יתומים)이며, 아버지를 여읜 자식들을 가리킨다. 재산은 아들만 상속받기 때문에 문맥상 고인의 아들들에 해당한다.

확인할 수 없다. 따라서 해당 여성이 맹세를 해야 케투바 지급이 가능하다.

- 남편이 사망하면서 재산을 그의 자식들에게 남겼고 아내는 그 자식들로부터 케투바를 받으려 할 경우로, 역시 맹세를 해야 한다. 일부다처 사회 특성상, 또는 재혼으로 인해, 아버지를 여의고 그의 재산을 물려받은 자식은 케투바를 요구하는 여성의 소생이 아닐 수 있다.

- 남편 부재 시에 이혼증서를 제출하고 케투바를 지급받으려 하는 경우, 만일 남편의 소재지가 사람을 보내 전언했을 때 30일 이내 돌아올 수 있는 거리라면, 연락을 취해 위 사실을 통고하며, 남편이 그래도 오지 않을 경우 아내는 맹세하고서 케투바를 수령할 수 있다(로쉬[80] 「케투봇」9, 27; 토쎼펫 욤 토브 9, 7). 만일 남편이 아내를 유기한 채 떠나 이혼해주지 않을 경우, 법적으로 여전히 부부이므로 케투바를 받을 수 없다. 이 경우 남편은 계속 아내를 부양할 의무가 있다(람밤 「케투봇」9, 7).

- 고인이 맹세를 시키지 말라고 명했다 해도, 이와 별개로 그 상속자들은 케투바 수령을 원하는 여성(고인의 아내)에게 맹세를 요구할 수 있다.

9, 9

הוֹצִיאָה גֵט וְאֵין עִמּוֹ כְתֻבָּה, גּוֹבָה כְתֻבָּתָהּ. כְּתֻבָּה וְאֵין עִמָּהּ גֵּט, הִיא אוֹמֶרֶת אָבַד גִּטִּי וְהוּא אוֹמֵר אָבַד שׁוֹבְרִי, וְכֵן בַּעַל חוֹב שֶׁהוֹצִיא שְׁטָר חוֹב וְאֵין עִמּוֹ פְרוֹזְבּוּל, הֲרֵי אֵלּוּ לֹא יִפָּרֵעוּ. רַבָּן שִׁמְעוֹן בֶּן גַּמְלִיאֵל אוֹמֵר,

---

80) 로쉬(ש"רא, Rosh)는 '우리의 랍비 아셰르'(Rabbenu Asher)의 히브리어 두문자어로, 랍비 아셰르 벤 예히엘(Asher ben Yehiel, 1250-1327)을 가리킨다. 로쉬는 프랑스, 독일, 스페인 등지에서 활약한 저명한 할라카 권위자이자 탈무드 학자이며, 미쉬나 주해 및 탈무드에 대한 토싸폿 등을 남겼다.

מִן הַסַּכָּנָה וְאֵילָךְ, אִשָּׁה גּוֹבָה כְתֻבָּתָהּ שֶׁלֹּא בְגֵט, וּבַעַל חוֹב גּוֹבֶה שֶׁלֹּא בִּפְרוֹזְבּוּל. שְׁנֵי גִטִּין וּשְׁתֵּי כְתֻבּוֹת, גּוֹבָה שְׁתֵּי כְתֻבּוֹת. שְׁתֵּי כְתֻבּוֹת וְגֵט אֶחָד, אוֹ כְתֻבָּה וּשְׁנֵי גִטִּין, אוֹ כְתֻבָּה וְגֵט וּמִיתָה, אֵינָהּ גּוֹבָה אֶלָּא כְתֻבָּה אַחַת, שֶׁהַמְגָרֵשׁ אֶת אִשְׁתּוֹ וְהֶחֱזִירָהּ, עַל מְנָת כְּתֻבָּה הָרִאשׁוֹנָה מַחֲזִירָהּ. קָטָן שֶׁהִשִּׂיאוֹ אָבִיו, כְּתֻבָּתָהּ קַיֶּמֶת, שֶׁעַל מְנָת כֵּן קִיְּמָהּ. גֵּר שֶׁנִּתְגַּיֵּר וְאִשְׁתּוֹ עִמּוֹ, כְּתֻבָּתָהּ קַיֶּמֶת, שֶׁעַל מְנָת כֵּן קִיְּמָהּ:

케투바 없이 이혼증서를 보여줄 경우, 그 여성은 케투바를 받아간다.

이혼증서 없이 케투바만 보여주면서 〔아내는〕 "이혼증서를 분실했다"라고 말하고, 〔남편은〕 "내〔가 이미 케투바를 지급했다는〕 영수증을 분실했다"라고 말하는 경우, 또는 비슷하게 채권자가 프로즈불 없이 채무증서만 보여줄 경우, 〔이들은 모두 돈을〕 지급받을 수 없다. 라반 쉼온 벤 감리엘은 말한다. "위기가 닥친 이후에, 여자는 이혼증서 없이 케투바만 가지고 〔돈을〕 받고, 채권자는 프로즈불 없이 〔돈을〕 받아갈 수 있다."

이혼증서 두 개와 케투바 두 개〔를 보여주는 경우〕, 두 케투바 〔금액을〕 받아간다. 케투바 두 개와 이혼증서 하나, 또는 케투바 하나와 이혼증서 두 개, 케투바 하나와 이혼증서 하나 그리고 〔남편〕 사망 〔증거를 보여주는 경우〕, 케투바 하나만 받아간다. 아내와 이혼하고 나서 다시 합치는 남자는 처음 케투바〔만 수령한다는〕 조건으로 재결합했을 것이기 때문이다.

아버지가 〔미성년인〕 남자아이를 혼인시킨 경우, 〔성인이 된 후에도 아내로〕 유효하다는 조건〔으로 작성했을 것〕이기에 그 아내의 케투바는 유효하다.

아내와 함께 개종한 개종자의 경우, 〔개종 후에도 아내로〕 유효하다는 조건〔으로 작성했을 것〕이기에 그 여성의 케투바는 유효하다.

- 기록된 케투바를 분실했더라도 이혼증서가 있다면 케투바를 받아갈 수 있다.
- 프로즈불(פרוזבול): 헬라어 프로쓰볼레(προσβολή)에서 유래한 문서 양식인데, 안식년에 빚을 탕감해주라는 토라법(신 15:1 이하)을 보완하기 위해 후대에 제정된 규정이다. 채권자는 안식년법으로 인해 금전적 손해를 보게 되고 그렇다 해서 이 의무를 지키지 않으면 명백한 토라법 위반이 되므로, 아예 안식년 전에는 대출해주는 것을 꺼려하게 되었다. 이 문제를 해결하기 위해 랍비 힐렐(약 기원전 110-기원후 10)은 프로즈불을 입법했다. 안식년 전에 채권자는 대출증서를 작성하여 법정에 그 집행을 맡긴다. 이렇게 되면 채무자는 엄밀히 말해 '법정'에 빚을 지는 셈이므로, 채권자는 안식년에 빚을 탕감하라는 토라의 명령을 위반하지 않으면서, 안식년이 지난 다음 이 프로즈불을 토대로 대출해준 돈을 상환받을 수 있다. 프로즈불은 채권자에게는 손해보지 않도록 법으로 보장하는 한편 채무자에게는 돈을 융통할 수 있는 기회를 열어주기 때문에, 부자와 빈자를 동시에 보호하는 법이라고 볼 수 있다(게마라 「기틴」 37a; 「페아」 3, 6; 「슈비잇」 10, 3-8). '위기가 닥친 시기'는 로마에 맞서 일어난 바르 코크바 항쟁이 진압된 135년 이후를 가리키는 것으로 추정된다. 로마 당국이 유대교 율법 준수를 금하는 법령을 내렸기 때문에 게트(이혼증서) 및 프로즈불 소지는 위험하다고 판단되어 여성 및 채권자는 이를 불태우곤 했다(게마라 89b; 바르테누라; 조슈아 컬프).
- "이혼증서 두 개와 케투바 두 개": 남편이 아내와 혼인하고 이혼 후 재결합하면서 또 케투바를 작성한 다음 다시 이혼한 경우인데, 두 케투바 날짜가 이혼 날짜보다 우선하면 둘 다 수령하는 것으로 해석한다.

  "케투바 두 개와 이혼증서 하나": 남편이 케투바를 두 번 작성하며 혼인했다가 아내와 이혼한 경우다. 두 번째 케투바는 첫 번째 케투바와 동일하지만 무엇이 더 추가되었는데, 이 중 하나만 선택해 수령하라는 의도로 그리했다고 해석한다.

"케투바 하나와 이혼증서 두 개": 남편이 아내와 혼인하고 이혼했다가 재결합한 후 다시 이혼한 경우다. 케투바를 수령하기 전에 재결합했고, 재결합할 때는 케투바를 다시 작성하지 않았다.

"케투바 하나와 이혼증서 하나, 그리고 [남편] 사망 증거": 남편이 아내와 혼인하고 이혼했다가 재결합한 후, 사망한 경우다. 역시 케투바를 수령하기 전에 재결합했고, 재결합할 때는 케투바를 작성하지 않았다.

• 남자가 미성년일 때 아내에게 작성한 케투바는 유효하며, 이방인이 유대교로 개종한 경우 개종 전에 작성한 케투바라 해도 유효하다.

제10장

아내가 여럿이고 저마다 수령하게 되어 있는 케투바 액수가 다른데 고인의 재산이 충분하지 않을 때의 지불방법, 그리고 부친 사후에 상속자들이 각기 모친의 케투바를 수령할 때의 재산가치, 동산과 부동산이 미치는 영향 등에 대해 다룬다.

10, 1

מִי שֶׁהָיָה נָשׂוּי שְׁתֵּי נָשִׁים וּמֵת, הָרִאשׁוֹנָה קוֹדֶמֶת לַשְּׁנִיָּה, וְיוֹרְשֵׁי הָרִאשׁוֹנָה
קוֹדְמִין לְיוֹרְשֵׁי שְׁנִיָּה. נָשָׂא אֶת הָרִאשׁוֹנָה וָמֵתָה, נָשָׂא שְׁנִיָּה וּמֵת הוּא,
שְׁנִיָּה וְיוֹרְשֶׁיהָ קוֹדְמִים לְיוֹרְשֵׁי הָרִאשׁוֹנָה:

어떤 사람이 두 여성과 결혼한 후 사망[했고 두 여성 모두에게 케투바를 지불하기에는 재산이 부족한] 경우, 첫 번째 [아내]가 두 번째 [아내]에 우선하며, [두 아내 모두 사망했을 경우에는] 첫 번째 [아내]의 상속자들이 두 번째 [아내]의 상속자들에 우선한다.

만일 그가 첫 번째 [아내]와 결혼했는데 이 여성이 사망하고, [이후] 그가 두 번째 [아내]와 결혼한 후 사망했다면, 두 번째 [아내]와 그 상속자들이 첫 번째 [아내]의 상속자들에 우선한다.

- 아내가 두 명인데 고인의 유산이 두 명에게 케투바를 지급하기에 부족할 때는, 먼저 혼인한 쪽, 즉 케투바에 적힌 날짜가 앞서는 아내에게 케투바를 수령할 우선권이 있다. 케투바를 수령하게 되어 있는 여성이 사망하면, 이 여성이 낳은 아들들이 상속하게 되어 있다(4, 10). 10, 5에서 더 자세히 다뤄진다.
- 두 번째 예는 아내 사후 재혼한 남자가 사망한 경우다. 고인과 사망한 전처의 상속인들 사이에는 '상속' 관계가, 고인과 재혼한 아내 사이에는 '채무' 관계가 있는 것과 같다. 전처의 상속인들은 부채(두 번째 아내에게 지불할 케투바)를 먼저 정산하고 난 재산에서 그 몫을 받게 된다.

10, 2

מִי שֶׁהָיָה נָשׂוּי שְׁתֵּי נָשִׁים וּמֵתוּ וְאַחַר כָּךְ מֵת הוּא, וִיתוֹמִים מְבַקְשִׁים כְּתֻבַּת אִמָּן וְאֵין שָׁם אֶלָּא שְׁתֵּי כְתֻבּוֹת, חוֹלְקִין בְּשָׁוֶה. הָיָה שָׁם מוֹתַר דִּינָר, אֵלּוּ נוֹטְלִין כְּתֻבַּת אִמָּן וְאֵלּוּ נוֹטְלִין כְּתֻבַּת אִמָּן. אִם אָמְרוּ יְתוֹמִים, אֲנַחְנוּ מַעֲלִים עַל נִכְסֵי אָבִינוּ יָתֵר דִּינָר, כְּדֵי שֶׁיִּטְּלוּ כְתֻבַּת אִמָּן, אֵין שׁוֹמְעִין לָהֶן, אֶלָּא שָׁמִין אֶת הַנְּכָסִים בְּבֵית דִּין:

어떤 사람이 두 여성과 결혼했는데 둘 다 사망하고, 이후 그 남편도 사망한 경우, 부친을 여읜 그 자식들이 자기 모친의 케투바를 요구하는데 두 〔몫의〕 케투바 금액 외 다른 〔재산이〕 없다면, 〔모두〕 균등하게 나눠 갖는다. 만일 1디나르라도 여유 재산이 있다면, 한쪽이 자기 모친 몫의 케투바를 받고 다른 한쪽도 자기 모친 몫의 케투바를 받는다.

만일 부친을 여읜 자식들이 자기 모친의 케투바를 지급받기 위해 "1디나르씩 우리 아버지의 재산 〔가치를〕 올릴 것이다"라고 말한다면, 그 의견을 받아들이지 않으며, 오직 법정에서 그 재산 가치를 평가한다.

- 두 아내가 먼저 사망하는 바람에 케투바 수령을 못했고 남편이 그들의 재산을 상속받았다. 이후 남편이 사망하면 그 아들들이 재산을 상속받는데, 각각 자기 모친의 케투바에 적힌 금액을 수령하려는 상황이다. 고인의 재산이 딱 두 케투바 총액밖에 안 되면, 한쪽 모친의 케투바 액수가 높더라도 이와 상관없이 재산은 양쪽 아들들에 똑같이 균등 분할되어야 한다. 재산이 두 케투바 총액보다 적어도 1디나르는 여유가 있어야 각각 모친의 케투바 액수대로 그 금액을 수령할 수 있다.
- 더 높은 가치의 케투바를 받아야 할 자격이 있는 모친의 아들들이 그 권리를 포기하고 싶지 않아 꼼수를 부리려는 상황이다. 양쪽 케투바 총액보다 1디나르는 웃돌게끔 동산 가치를 시장가보다 높이 쳐서 평가하겠다는 것인데, 재산은 부친 사망 시점의 가치로 평가된다. 이후에 재산가치가 올라갔다 해도 불소급 적용될 수는 없다.

10, 3

הָיוּ שָׁם נְכָסִים בְּרָאוּי, אֵינָן כְּבַמֻחְזָק. רַבִּי שִׁמְעוֹן אוֹמֵר, אֲפִלּוּ יֵשׁ שָׁם נְכָסִים שֶׁאֵין לָהֶם אַחֲרָיוּת, אֵינוֹ כְלוּם, עַד שֶׁיִּהְיוּ שָׁם נְכָסִים שֶׁיֵּשׁ לָהֶן אַחֲרָיוּת יוֹתֵר עַל שְׁתֵּי הַכְּתֻבּוֹת דִּינָר:

〔수입이〕 예상되는 재산이 있다 해도 실제 소유물로 간주되지 않는다. 랍비 쉼온은 말한다. "두 케투바 〔총액〕보다 1디나르 〔가치가〕 넘는 부동산이 있기 전엔, 거기 동산이 있다 하더라도 아무 의미가 없다."

● 10, 2의 연속선상에 있는 규정이다. 아직 상환받지 못한 대출금 내지 수익금 등의 동산은 재산 총가치를 매길 때 소유재산으로 인정되지 못한다. 현재 고인의 재산, 즉 담보가 될 수 있는 부동산이 두 케투바 총액을 합친 것에서 1디나르를 넘지 못하기 때문에 그 아들들은 모친의 케투바를 상속할 수 없다. 대신 부친의 재산을 균등 상속할 뿐이다(10, 2). 할라카는 랍비 쉼온의 의견을 채택했다.

10, 4

מִי שֶׁהָיָה נָשׂוּי שָׁלֹשׁ נָשִׁים וּמֵת, כְּתֻבְּתָהּ שֶׁל זוֹ מָנֶה וְשֶׁל זוֹ מָאתַיִם וְשֶׁל זוֹ שְׁלֹשׁ מֵאוֹת וְאֵין שָׁם אֶלָּא מָנֶה, חוֹלְקוֹת בְּשָׁוֶה. הָיוּ שָׁם מָאתַיִם, שֶׁל מָנֶה נוֹטֶלֶת חֲמִשִּׁים, שֶׁל מָאתַיִם וְשֶׁל שְׁלֹשׁ מֵאוֹת, שְׁלֹשָׁה שְׁלֹשָׁה שֶׁל זָהָב. הָיוּ שָׁם שְׁלֹשׁ מֵאוֹת, שֶׁל מָנֶה נוֹטֶלֶת חֲמִשִּׁים, וְשֶׁל מָאתַיִם, מָנֶה, וְשֶׁל שְׁלֹשׁ מֵאוֹת, שִׁשָּׁה שֶׁל זָהָב. וְכֵן שְׁלֹשָׁה שֶׁהִטִּילוּ לְכִיס, פִּחֲתוּ אוֹ הוֹתִירוּ, כָּךְ הֵן חוֹלְקִין:

어떤 사람이 세 여성과 결혼한 후 사망한 경우, 한 여성의 케투바가 1마네(100디나르)이고 다른 여성은 200〔디나르〕, 또 다른 여성이 300 〔디나르〕인데 〔고인의 재산이〕 1마네(100디나르)뿐이라면, 이들은 그것을 균등하게 나눠 갖는다.

만일 200〔디나르에 해당하는 재산〕이 있다면, 〔케투바가〕 1마네(100 디나르)인 아내는 50〔디나르를〕 가져가고, 200〔디나르〕와 300 〔디나르〕인 아내들은 각각 금화 3개씩을 가져간다.[81]

만일 300〔디나르에 해당하는 재산〕이 있다면, 〔케투바가〕1마네 (100디나르)인 아내는 50〔디나르〕를 가져가고, 200〔디나르인〕 아내는 1마네(100디나르)를, 300〔디나르〕인 아내는 금화 6개(150디나르)를 받는다.[82]

마찬가지로 세 명이 한 주머니에 그들의 돈을 넣었다면, 그 금액이 늘었든 줄었든 그렇게 분배한다.

- 아내가 여럿이고 수령할 케투바 가치가 각각 다른데, 고인의 재산이 얼마 안 되는 경우다. 단, 이 케투바들은 한날에 쓰여졌다고 보아야 한다(10, 1; 10, 5).
- 1마네는 100디나르(주즈)이며 케투바에 쓰이는 최소 금액이다. 금화 하나는 25디나르에 해당한다.
- "한 주머니에 그들의 돈을 넣었다면"은 각각 서로 다른 금액을 공동 투자했다는 뜻이다.

10, 5

מִי שֶׁהָיָה נָשׂוּי אַרְבַּע נָשִׁים וָמֵת, הָרִאשׁוֹנָה קוֹדֶמֶת לַשְּׁנִיָּה, וּשְׁנִיָּה לַשְּׁלִישִׁית, וּשְׁלִישִׁית לָרְבִיעִית. הָרִאשׁוֹנָה נִשְׁבַּעַת לַשְּׁנִיָּה, וּשְׁנִיָּה לַשְּׁלִישִׁית, וּשְׁלִישִׁית לָרְבִיעִית, וְהָרְבִיעִית נִפְרַעַת שֶׁלֹּא בִשְׁבוּעָה. בֶּן נַנָּס

---

81) 각 75디나르에 해당한다. 게마라는 이 분배가 일반적이지 않음을 언급한다. 보통은 100디나르를 세 명에게 균등 분배하고, 남은 100디나르를 케투바가 높은 상위 두 명에게 주어야 한다. 토싸폿 역시 이 사안이 불명확함을 언급한다.

82) 게마라(라브) 및 라쉬 주석에 따르면 300디나르 중 첫 100디나르는 세 명에게 균등하게 분배하고, 100디나르는 케투바가 높은 상위 두 명에게 분배하며, 나머지 100은 최상위 케투바 여성에게 돌아가야 한다. 따라서 이 사례는 케투바가 300디나르인 여성이 첫 100디나르 중 자기 몫을 포기하고 그것을 남은 두 여성에게 양도한 사례라는 것이다(게마라 93a). 이 건에 대해서는 여러 해석이 있다(바르테누라).

אוֹמֵר, וְכִי מִפְּנֵי שֶׁהִיא אַחֲרוֹנָה נִשְׂכֶּרֶת, אַף הִיא לֹא תִפָּרַע אֶלָּא בִשְׁבוּעָה. הָיוּ יוֹצְאוֹת כֻּלָּן בְּיוֹם אֶחָד, כָּל הַקּוֹדֶמֶת לַחֲבֶרְתָּהּ אֲפִלּוּ שָׁעָה אַחַת, זָכְתָה. וְכָךְ הָיוּ כוֹתְבִין בִּירוּשָׁלַיִם שָׁעוֹת. הָיוּ כֻלָּן יוֹצְאוֹת בְּשָׁעָה אַחַת וְאֵין שָׁם אֶלָּא מָנֶה, חוֹלְקוֹת בְּשָׁוֶה:

네 명의 아내와 결혼한 남자가 사망했다면, 첫 번째 〔아내〕가 두 번째 〔아내〕에, 두 번째 〔아내〕가 세 번째 〔아내〕에, 세 번째 〔아내〕가 네 번째 〔아내〕에 우선한다. 첫 번째 〔아내〕는 두 번째 〔아내〕에게 〔공동 소유 재산에서 아무것도 불법으로 취하지 않았다고〕 맹세해야 한다. 두 번째 〔아내는〕 세 번째 〔아내〕에게, 세 번째 〔아내〕는 네 번째 〔아내〕에게 맹세해야 한다. 그러나 네 번째 〔아내〕는 맹세할 필요 없이 〔케투바를〕 지급받는다.

벤 난나스는 말한다. "마지막이기 때문에 〔네 번째 아내가〕 이점을 얻는가? 이 여성 역시 맹세한 후에 〔케투바를〕 지급받아야 한다."

만일 〔이 네 명의〕 케투바가 모두 한날에 쓰였다면, 누구든 그 동료 〔아내〕보다 〔작성 시간이〕 한 시간이라도 앞선 이가 〔우선권을〕 얻는 다. 그러므로 예루살렘에서는 케투바에 시간까지 적어 넣었다. 만일 〔이 네 명의〕 케투바가 모두 같은 시각에 작성되었고, 1마네에 해당 하는 재산만 있다면, 이를 균등하게 나눠 갖는다.

- 10, 1의 기본 규정을 더 자세히 설명하고 있다.
- 벤 난나스(בן ננס, 〔Shimon〕 b. Nannas)의 의견은 받아들여지지 않았다.
- 세 번째 조항의 마지막 규정(동시에 작성된 여러 케투바와 1마네의 재산)은 10, 4 맨 첫 조항의 반복이다.

מִי שֶׁהָיָה נָשׂוּי שְׁתֵּי נָשִׁים, וּמָכַר אֶת שָׂדֵהוּ, וְכָתְבָה רִאשׁוֹנָה לַלּוֹקֵחַ
דִין וּדְבָרִים אֵין לִי עִמְּךָ, הַשְּׁנִיָּה מוֹצִיאָה מֵהַלּוֹקֵחַ, וְרִאשׁוֹנָה מִן הַשְּׁנִיָּה,
וְהַלּוֹקֵחַ מִן הָרִאשׁוֹנָה, וְחוֹזְרוֹת חֲלִילָה עַד שֶׁיַּעֲשׂוּ פְשָׁרָה בֵּינֵיהֶם. וְכֵן בַּעַל
חוֹב. וְכֵן אִשָּׁה בַעֲלַת חוֹב:

두 여성과 결혼한 어떤 사람이 자기 밭을 팔았는데 첫 번째 〔아내〕
가 매수자에게 "당신에 대해 나는 법적 권리도 주장도 없다"라고 쓴
경우, 두 번째 〔아내〕는 매수자로부터, 첫 번째 〔아내〕는 두 번째 〔아
내〕로부터, 매수자는 첫 번째 〔아내〕로부터 〔밭을〕 가져갈 수 있다.
그들 사이에 합의가 이뤄질 때까지 이 과정을 반복한다. 〔이는〕 채권
자에게도 여성 채권자에게도 적용된다.

● 첫 번째 아내는 밭을 매수한 사람에게 법적 소송이나 분쟁을 하지 않
겠다고 했지만, 두 번째 아내는 권리포기 맹세를 안 했으므로 매수자
에게 자기 몫의 케투바로 밭을 요구할 수 있다. 그 땅은 매매가 이뤄
지기 전에 이미 케투바에 담보로 잡힌 것이기 때문이다(9, 8). 한편
첫 번째 아내의 케투바는 두 번째 아내의 케투바보다 앞서기 때문에
두 번째 아내에게 케투바 값으로 밭을 요구할 수 있다. 매수자는 다
시 첫 번째 아내에게 권리포기한 밭을 요구할 수 있다. 이 관계는 이
들 사이에 타협이 이뤄질 때까지 순환된다. 이 원칙은 채무자가 밭을
두 사람에게 판 경우에 채무자, 채권자, 밭을 매입한 두 사람 이 넷 사
이에도 적용된다. '여성 채권자'는 남편이 케투바 금액을 지불하지
못해 아내에게 채무가 발생한 경우다. 남편이 밭을 두 사람에게 팔았
을 때 남편(채무자), 아내(여성 채권자), 밭을 매입한 두 사람 이 넷
사이에 상기 원칙이 적용된다.

제11장

남편 사후 상배여성을 부양하는 문제와 상배여성이 남편의 재산을
매각할 때의 세칙 등을 다룬다.

11, 1

אַלְמָנָה נִזּוֹנֶת מִנִּכְסֵי יְתוֹמִים, מַעֲשֵׂה יָדֶיהָ שֶׁלָּהֶן, וְאֵין חַיָּבִין בִּקְבוּרָתָהּ.
יוֹרְשֶׁיהָ, יוֹרְשֵׁי כְתֻבָּתָהּ, חַיָּבִין בִּקְבוּרָתָהּ:

과부는, 아버지를 여읜 자식들(남편의 상속인들)의 재산에서 부양
받되 이 여성이 손수 만든 것은 그들 것이다. 그러나 이들에게 위 여
성을 매장할 의무는 없다. 상기 여성의 케투바를 물려받는 상속자들
에게 이 여성을 매장할 의무가 있다.

- 케투바의 조건 중 하나는 아내가 재혼하거나 케투바를 수령하기 전
  까지 남편 재산에서 부양받는다는 것이다(4, 12). 남편의 재산을 물
  려받은 자식들(이 여성이 낳지 않았더라도)이 그 재산에서 부양비
  를 충당해야 하며, 재산은 동산과 부동산을 포함한다. '손수 만든 것'
  (마아쎄 야드)은 상배여성이 자기 손으로 만든 편물, 자수 등의 수예
  품(또는 그것을 팔아서 얻은 수익)을 가리킨다. 남편이 부양에 대한
  보상조로 '마아쎄 야드'를 가져가는 것과 같은 원리다(4, 1; 4, 4; 5, 9;
  6, 1; 라쉬).
- 매장할 의무란 매장에 드는 비용을 감당해야 한다는 뜻이다.

11, 2

אַלְמָנָה, בֵּין מִן הָאֵרוּסִין בֵּין מִן הַנִּשּׂוּאִין, מוֹכֶרֶת שֶׁלֹּא בְּבֵית דִּין. רַבִּי
שִׁמְעוֹן אוֹמֵר, מִן הַנִּשּׂוּאִין, מוֹכֶרֶת שֶׁלֹּא בְּבֵית דִּין. מִן הָאֵרוּסִין, לֹא תִמְכֹּר

אֶלָּא בְּבֵית דִּין, מִפְּנֵי שֶׁאֵין לָהּ מְזוֹנוֹת, וְכָל שֶׁאֵין לָהּ מְזוֹנוֹת, לֹא תִמְכֹּר
אֶלָּא בְּבֵית דִּין:

약혼 [상태]에서건 혼인 [상태]에서건 과부의 경우, 법정 [승인] 없이 [남편의 재산을] 매각할 수 있다.

랍비 쉼온은 말한다. "혼인 [상태]에서 [과부가 되었다면] 법정 [승인] 없이 매각할 수 있지만, 약혼 [상태]에서는 [남편의 재산에서] 부양받지 않기 때문에, 법정 [승인]이 있어야만 매각할 수 있으며, [남편의 재산에서] 부양받지 않는 여성은 누구든 법정 [승인]이 있어야만 [남편의 재산을] 매각할 수 있다."

● 남편의 재산은 부양비 및 케투바를 위해 담보되는데, 남편 사후 아내가 이 비용을 받고자 그의 재산을 처분하려 할 때의 규정을 논하고 있다. 약혼(에루씬) 중에는 남편(약혼자)에게 아내 부양의 의무가 없으나 혼인(니쑤인) 후에는 부양 의무가 있다.

탄나 캄마(처음에 말하는 탄나)의 의견에 의하면, 약혼(에루씬) 상태에서 사별했을 때는 오직 케투바 수령을 위해, 혼인(니쑤인) 상태에서 사별했을 때는 케투바 수령이나 부양비를 받기 위해 남편의 재산을 매각하는 것이 가능한데(라브; 라쉬), 양쪽 경우 모두 법정 승인 없이 그렇게 할 수 있다고 판결한다. 어떤 남편도 아내를 법정에 세워 모멸감 주기를 원치 않으리라는 이유에서 그렇게 해석한다(게마라 97b; 알벡). 단, 부동산 가격 평가에 정통한 세 명의 전문가들에게 자문을 구해야 한다(람밤 「바바 메찌아」 32a; 블랙먼).

랍비 쉼온은 약혼(에루씬)만 하고 사별한 여성과 혼인(니쑤인)까지 하고 사별한 여성 간에 차이를 두어, 전자의 경우(일회성으로 케투바를 수령하는)에만 법정 승인이 필요하다고 주장한다. 후자의 경우, 부양비 마련, 곧 음식이나 의복을 사려고 재산을 처분할 때마다 일일이 법원의 허가를 기다리는 것은 번거로운 일이며, 법원의 검토를 기다리는 동안 굶주리게 될 수도 있기 때문이라는 해석이다(라브; 라쉬; 조슈아 퀼프).

랍비 쉼온의 의견은 거부되었다.

11, 3

מָכְרָה כְתֻבָּתָהּ אוֹ מִקְצָתָהּ, מִשְׁכְּנָה כְתֻבָּתָהּ אוֹ מִקְצָתָהּ, נָתְנָה כְתֻבָּתָהּ לְאַחֵר אוֹ מִקְצָתָהּ, לֹא תִמְכֹּר אֶת הַשְּׁאָר אֶלָּא בְּבֵית דִּין. וַחֲכָמִים אוֹמְרִים, מוֹכֶרֶת הִיא אֲפִלּוּ אַרְבָּעָה וַחֲמִשָּׁה פְעָמִים, וּמוֹכֶרֶת לִמְזוֹנוֹת שֶׁלֹּא בְּבֵית דִּין, וְכוֹתֶבֶת, לִמְזוֹנוֹת מָכָרְתִּי. וּגְרוּשָׁה לֹא תִמְכֹּר אֶלָּא בְּבֵית דִּין:

자기 케투바 혹은 그 일부를 팔거나 저당 잡혔거나 다른 사람에게 양도한 여성은 그 나머지를 팔 때 법정 〔승인〕이 필요하다.

그러나 현인들은 말한다. "네 번이든 다섯 번이든 팔 수 있다. 또한 그 여성은 법정 〔승인〕 없이 생계를 위해 〔남편의 재산을〕 매각할 수 있으며, 〔그 매매 영수증에〕 '내가 생계를 위해 〔이것을〕 팔았다'라고 기입한다. 그러나 이혼한 여성은 법정 〔승인〕이 있어야만 팔 수 있다."

● 처음 등장하는 의견은 전 미쉬나의 연장선상에서 랍비 쉼온이 주장하는 말이다. '나머지'란 남은 케투바를 받기 위해 남편의 재산을 판다는 것인지, 남은 케투바를 말하는지 불명확하다. 할라카는 현인들의 의견을 받아들였다.

11, 4

אַלְמָנָה שֶׁהָיְתָה כְתֻבָּתָהּ מָאתַיִם וּמָכְרָה שָׁוֶה מָנֶה בְמָאתַיִם אוֹ שָׁוֶה מָאתַיִם בְּמָנֶה, נִתְקַבְּלָה כְתֻבָּתָהּ. הָיְתָה כְתֻבָּתָהּ מָנֶה וּמָכְרָה שָׁוֶה מָנֶה וְדִינָר בְּמָנֶה, מִכְרָהּ בָּטֵל. אֲפִלּוּ הִיא אוֹמֶרֶת אַחֲזִיר אֶת הַדִּינָר לַיּוֹרְשִׁין, מִכְרָהּ בָּטֵל. רַבָּן שִׁמְעוֹן בֶּן גַּמְלִיאֵל אוֹמֵר, לְעוֹלָם מִכְרָהּ קַיָּם עַד שֶׁתְּהֵא

שָׁם כְּדֵי שֶׁתִּשַׁיֵּר בְּשָׂדֶה בַת תִּשְׁעָה קַבִּים, וּבְגִנָּה בַת חֲצִי קַב, וּכְדִבְרֵי רַבִּי
עֲקִיבָא בֵּית רֹבַע. הָיְתָה כְּתֻבָּתָהּ אַרְבַּע מֵאוֹת זוּז, וּמְכָרָה לָזֶה בְּמָנֶה וְלָזֶה
בְּמָנֶה וְלָאַחֲרוֹן יָפֶה מָנֶה וְדִינָר בְּמָנֶה, שֶׁל אַחֲרוֹן בָּטֵל וְשֶׁל כֻּלָּן מִכְרָן קַיָּם:

케투바가 200주즈인 과부가 1마네 가치를 200주즈에, 또는 200주
즈 가치를 1마네에 팔았다면, 이 여성은 케투바를 〔모두〕 받은 것으
로 〔간주된다〕. 만일 케투바가 1마네인데, 1마네 1디나르 가치를 1마
네에 팔았다면, 이 매매는 무효다. 이 여성이 "1디나르를 상속자들에
게 반환하겠다"라고 해도 그 매매는 무효다.

라반 쉼온 벤 감리엘은 말한다. "밭에는 9카브 〔면적〕, 정원에는 1/2
카브 〔면적〕—랍비 아키바에 따르면 1/4카브—이상 남기기에 충분
했다면, 이 여성의 매매는 늘 유효하다."

만일 케투바가 400주즈인데 이쪽에 1마네에 팔고, 저쪽에 1마네에
팔고, 〔또 다른 쪽에 1마네에 팔고〕, 마지막 사람에게는 1마네 1디나
르 가치를 1마네에 팔았다면, 가장 나중 사람과 한 매매는 무효고, 나
머지 사람들과 한 매매는 유효하다.

- 케투바가 1마네(100디나르)인 여성은 고인의 재산 중 1마네 가치의
  땅만 팔 수 있다. 그 이상의 땅을 팔 권리는 없기 때문이 이 매매 자
  체가 무효가 된다.
- 라반 쉼온 벤 감리엘이 한 말은 의미 파악이 쉽지 않아 해석이 분분
  하다. 심한 실수가 없는 한 매매를 무효로 간주하지 않는다는 주장으
  로 추정된다. 9카브의 종자를 파종할 수 있는 면적은 밭이라 칭할 수
  있는 최소 면적이고, 1/2카브의 종자를 파종할 수 있는 면적은 정원
  이라 칭할 수 있는 최소 면적이다(라브; 람밤). 할라카는 라반 쉼온
  벤 감리엘의 의견을 받아들이지 않는다.
- 마지막 조항은 케투바가 400디나르(주즈)인 여성이 세 사람에게 각

각 100디나르 가치의 땅을 100디나르(1마네)에 팔았고, 마지막 사람에겐 101디나르 가치의 재산을 100디나르에 판 경우다. 이 미쉬나 첫 규정에서 제시된 이유에 따라 마지막 매매만 무효가 된다. 자기 케투바에 담보로 되어 있는 가치 이상의 땅은 이 여성의 재산이 아니므로 팔 수 없다. 400디나르는 제사장 딸들이 관습적으로 받는, 상대적으로 높은 액수의 케투바다.

11, 5

שׁוּם הַדַּיָּנִין שֶׁפָּחֲתוּ שְׁתוּת אוֹ הוֹסִיפוּ שְׁתוּת, מִכְרָן בָּטֵל. רַבָּן שִׁמְעוֹן בֶּן גַּמְלִיאֵל אוֹמֵר, מִכְרָן קַיָּם. אִם כֵּן מַה כֹּחַ בֵּית דִּין יָפֶה. אֲבָל אִם עָשׂוּ אִגֶּרֶת בִּקֹּרֶת, אֲפִלּוּ מָכְרוּ שָׁוֶה מָנֶה בְּמָאתַיִם, אוֹ שָׁוֶה מָאתַיִם בְּמָנֶה, מִכְרָן קַיָּם:

만일 재판관들의 [재산가치] 평가가 시장가보다 1/6 모자르거나 1/6을 넘으면, 이들의 매매는 무효다. 라반 쉼온 벤 감리엘은 말한다. "이들의 매매는 유효하다. 그렇지 않다면 법정의 권위[83]가 무슨 소용이 있겠는가?"

만일 [재판관들이] 검사 문서를 만든 경우, 1마네 [가치의 재산]을 200주즈에, 또는 200주즈 [가치의 재산]을 1마네(100주즈)에 팔았다 해도 이들의 매매는 유효하다.

- 상배여성에게 케투바를 지불하기 위해 법정에서 고인의 토지를 매매한 경우다. 시장가와 감정가 오차가 1/6 밑이면 매매는 유효한 것으로 간주된다(「바바 메찌아」 4, 3).
- 검사 문서(אגרת בקרת, 이게렛 비코렛)는 법정을 통해 매매가 이뤄진다는 절차를 알리고, 현장 조사 및 입찰을 위해 만든 공개적인 문

---

83) 문자적으로는 '힘'이다.

서다. 이 경우 거래가 공개적으로 합의되고 수행되었기에, 시장가와 감정가 사이의 오차에 상관없이 매매는 유효한 것으로 인정한다.

11, 6

הַמְמָאֶנֶת, הַשְּׁנִיָּה, וְהָאֵילוֹנִית, אֵין לָהֶם כְּתֻבָּה וְלֹא פֵּרוֹת, וְלֹא מְזוֹנוֹת, וְלֹא בְלָאוֹת. וְאִם מִתְּחִלָּה נְשָׂאָהּ לְשֵׁם אֵילוֹנִית, יֵשׁ לָהּ כְּתֻבָּה. אַלְמָנָה לְכֹהֵן גָּדוֹל, גְּרוּשָׁה וַחֲלוּצָה לְכֹהֵן הֶדְיוֹט, מַמְזֶרֶת וּנְתִינָה לְיִשְׂרָאֵל, בַּת יִשְׂרָאֵל לְנָתִין וּלְמַמְזֵר, יֵשׁ לָהֶן כְּתֻבָּה:

[모친이나 남자형제에 의해 미성년으로서 혼인한 후] 거부권을 행사했거나, 이차적 [금지혼에 해당하거나], 아일로닛[84)인 여성에게는 케투바가 없고, 열매[상환]이 없고, 부양비가 없고, 해진 것[에 대한 권한]도 없다. 만일 처음부터 [남편이 아내가] 아일로닛임을 인지하고 혼인했다면, 해당 여성에게는 케투바 [받을 권리]가 있다.

대제사장과 혼인한 과부, 일반 제사장과 혼인한 신 벗긴 여성이나 이혼녀, 일반 이스라엘 남성과 혼인한 여자 사생아나 네티나, 사생아나 나틴과 혼인한 이스라엘 여성에게는 케투바 [받을 권리]가 있다.

● 「예바못」 9, 3; 10, 1; 「케투봇」 5, 8; 「기틴」 8, 5 등.

제12장

부양비 및 상배여성의 거주문제, 케투바 수령 유효기간 등에 대해 다룬다.

---

84) 아이를 낳을 수 없는 불임여성을 말한다.

הַנּוֹשֵׂא אֶת הָאִשָּׁה וּפָסְקָה עִמּוֹ כְּדֵי שֶׁיָּזוּן אֶת בִּתָּהּ חָמֵשׁ שָׁנִים, חַיָּב לְזוּנָהּ
חָמֵשׁ שָׁנִים. נִשֵּׂאת לְאַחֵר וּפָסְקָה עִמּוֹ כְּדֵי שֶׁיָּזוּן אֶת בִּתָּהּ חָמֵשׁ שָׁנִים, חַיָּב
לְזוּנָהּ חָמֵשׁ שָׁנִים. לֹא יֹאמַר הָרִאשׁוֹן לִכְשֶׁתָּבֹא אֶצְלִי אֲזוּנָהּ, אֶלָּא מוֹלִיךְ
לָהּ מְזוֹנוֹתֶיהָ לִמְקוֹם אִמָּהּ. וְכֵן לֹא יֹאמְרוּ שְׁנֵיהֶם הֲרֵי אָנוּ זָנִין אוֹתָהּ כְּאֶחָד,
אֶלָּא אֶחָד זָנָהּ וְאֶחָד נוֹתֵן לָהּ דְּמֵי מְזוֹנוֹת:

어떤 여자가 혼인하면서 남편에게 〔전남편에게서 낳은〕 딸에게
5년 동안 양식을 제공하라는 조건을 명시했다면, 그는 〔상기 딸에게〕
5년간 양식을 주어야 한다. 〔이혼 후〕 이 아내가 다른 이와 혼인했고
자기 딸에게 5년 동안 양식을 제공하기로 그와 협의했다면, 그는 〔상
기 딸에게〕 5년간 양식을 주어야 한다.

전자(전남편)는 "이 딸이 내게 오면 양식을 제공하겠다"라고 말할
수 없고, 딸의 어머니가 있는 곳으로 그 양식을 보내야 한다. 마찬가지
로 두 남편 모두 "우리가 이 딸을 하나처럼 부양하겠다"라고 말할 수
없고, 한 명은 양식을 제공하고 다른 한 명은 양식에 준하는 금액을 주
어야 한다.

- 여기서 "하나처럼 부양하겠다"라는 말은 공동부양을 뜻하는데, 각각
  부양비(양식)를 지급하지 않고 서로 돈을 합쳐 한 명의 부양비만 내
  겠다는 것이다. 법은 두 남편이 혼인 시 협의한 내용 모두를 이행하
  도록 규정한다. 한 명은 양식을 주고, 한 명은 그 양식값에 해당하는
  돈을 주어야 한다.

נִשֵּׂאת, הַבַּעַל נוֹתֵן לָהּ מְזוֹנוֹת וְהֵן נוֹתְנִין לָהּ דְּמֵי מְזוֹנוֹת. מֵתוּ, בְּנוֹתֵיהֶן
נִזּוֹנוֹת מִנְּכָסִים בְּנֵי חוֹרִין וְהִיא נִזּוֹנַת מִנְּכָסִים מְשֻׁעְבָּדִים, מִפְּנֵי שֶׁהִיא

כְּבַעֲלַת חוֹב. הַפִּקְחִים הָיוּ כוֹתְבִים, עַל מְנָת שֶׁאִזּוּן אֶת בִּתֵּךְ חָמֵשׁ שָׁנִים כָּל זְמַן שֶׁאַתְּ עִמִּי:

〔만일 양식을 제공하기로 한 5년이 지나기 전 그 딸이〕 혼인하면, 딸의 남편이 양식을 제공하고 그들(어머니의 전남편과 현재 남편)은 〔각각〕 양식에 준하는 금액을 주어야 한다.

〔만일 모친의 남편들이〕 사망하면, 그들〔핏줄〕의 딸들은 〔상속자들 소유의〕 팔리지 않은 재산에서 양식을 제공받는다. 그러나 그(위 언급한 딸)는 〔이미 팔린〕 저당 잡힌 재산에서 양식을 제공받아야 한다. 왜냐하면 이 딸은 채권자나 마찬가지기 때문이다.

현명한 남자들은 "당신이 나와 함께 사는 동안〔에만〕 당신의 딸에게 5년간 양식을 제공하겠다"라고 적곤 했다.

- 12, 1에서 이어지는 내용이다. 아직 약정한 5년이 지나지 않았기 때문에 이들은 계약 내용을 이행해야 한다. 계약 당사자인 두 남자들의 친딸들의 경우, 부친이 사망하면 그 재산에서 양식을 제공받아야 하는데(「케투봇」 4, 6), 담보되지 않은 재산에서 받아야 한다(「기틴」 5, 3). 위 의붓딸의 경우, 상속이 아닌 채무관계로 보아, 고인의 상속인들에게 재산이 없다면 이미 매각된 재산에서라도 부양비를 받아야 한다.

- "당신이 나와 함께 사는 동안"만으로 약정하면, 이 남편은 자신이나 아내가 사망하거나 이혼했는데도, 또는 의붓딸의 혼인 후에도 계속해서 부양비가 지출되는 것을 막을 수 있다.

12, 3

אַלְמָנָה שֶׁאָמְרָה אִי אֶפְשִׁי לָזוּז מִבֵּית בַּעְלִי, אֵין הַיּוֹרְשִׁין יְכוֹלִין לוֹמַר לָהּ לְכִי לְבֵית אָבִיךְ וְאָנוּ זָנִין אוֹתָךְ, אֶלָּא זָנִין אוֹתָהּ בְּבֵית בַּעְלָהּ וְנוֹתְנִין לָהּ

מָדוֹר לְפִי כְּבוֹדָהּ. אָמְרָה אִי אֶפְשִׁי לָזוּז מִבֵּית אַבָּא, יְכוֹלִים הַיּוֹרְשִׁים לוֹמַר לָהּ, אִם אַתְּ אֶצְלֵנוּ יֵשׁ לִיךְ מְזוֹנוֹת, וְאִם אֵין אַתְּ אֶצְלֵנוּ אֵין לִיךְ מְזוֹנוֹת. אִם הָיְתָה טוֹעֶנֶת מִפְּנֵי שֶׁהִיא יַלְדָּה וְהֵן יְלָדִים, זָנִין אוֹתָהּ וְהִיא בְּבֵית אָבִיהָ:

[만일] 어떤 과부가 "[사망한] 내 남편의 집에서 움직이고[85] 싶지 않다"라고 말할 경우, 상속자들은 "당신 아버지 집으로 가면 우리가 당신을 부양하겠다"라고 말할 수 없다. 대신, 그(상배여성)를 [고인이 된] 남편 집에서 부양해야 하며 이 여성의 지위에 따라[86] 거처를 마련해주어야 한다.

[만일] 이 여성이 "[내] 아버지의 집에서 움직이고 싶지 않다"라고 말하면, 상속자들은 그(상배여성)에게 "우리 곁에서 살아야만 당신에게 양식비가 있고, 우리 곁에서 살지 않는다면 당신에게 양식비가 없다"라고 말할 수 있다.

만일 이 여성이, 자신이 어리고 그들(상속자들)도 어려서 [함께 살고 싶지 않다고] 주장한다면, 이들(상속자들)은 상기 여성이 자기 아버지 집(친정)에 거주한다 해도 그를 부양해야 한다.

- 남편을 잃은 여성의 생계는 케투바에 보장되는 내용이다. 남편이 사망해도 남편과 함께 살던 집에서 계속 살아갈 권리가 있다(4, 12).
- 반대로 남편의 집을 떠나 친정집에서 계속 머무르겠다 하면, 상속인들은 부양의무를 거부할 수 있다.
- 마지막 조항은, 상배여성과 상속자인 의붓아들들이 둘 다 젊어서 한 집에 같이 살면 구설에 오를 수도 있기 때문에 친정으로 돌아가겠다는 상황이다.

---

85) 또는 '떠나다, 옮기다'라는 뜻이다.
86) '명예에 합당하게, 조건에 적합하게'라는 뜻이다.

כָּל זְמַן שֶׁהִיא בְּבֵית אָבִיהָ, גּוֹבָה כְּתֻבָּתָה לְעוֹלָם. כָּל זְמַן שֶׁהִיא בְּבֵית
בַּעְלָהּ, גּוֹבָה כְּתֻבָּתָה עַד עֶשְׂרִים וְחָמֵשׁ שָׁנִים, שֶׁיֵּשׁ בְּעֶשְׂרִים וְחָמֵשׁ שָׁנִים
שֶׁתַּעֲשֶׂה טוֹבָה כְּנֶגֶד כְּתֻבָּתָהּ, דִּבְרֵי רַבִּי מֵאִיר שֶׁאָמַר מִשּׁוּם רַבָּן שִׁמְעוֹן
בֶּן גַּמְלִיאֵל. וַחֲכָמִים אוֹמְרִים, כָּל זְמַן שֶׁהִיא בְּבֵית בַּעְלָהּ, גּוֹבָה כְּתֻבָּתָה
לְעוֹלָם. כָּל זְמַן שֶׁהִיא בְּבֵית אָבִיהָ, גּוֹבָה כְּתֻבָּתָה עַד עֶשְׂרִים וְחָמֵשׁ שָׁנִים.
מֵתָה, יוֹרְשֶׁיהָ מַזְכִּירִין כְּתֻבָּתָה עַד עֶשְׂרִים וְחָמֵשׁ שָׁנִים:

〔상배여성이〕 자기 부친의 집(친정)에 거주하는 한, 언제든 케투바를 찾아갈 수 있다. 그러나 남편의 집(시댁)에 거주하는 한, 25년 〔기한 내에만〕 케투바를 찾아갈 수 있다. 그 25년 동안 케투바 금액에 상응하는 호의를 입었을 것이기 때문이다. 이는 라반 쉼온 벤 감리엘의 이름을 빌려 랍비 메이르가 한 말이다.

반면 현인들은 말한다. "자기 남편의 집에 머무는 한 언제든 케투바를 찾아갈 수 있다. 그러나 자기 부친의 집(친정)에 머물면 25년 〔기한 내에만〕 케투바를 찾아갈 수 있다."

이 여성이 사망할 시 그 상속자들(여자의 아들들)은 25년 〔내에 한에〕 케투바를 요구할 수 있다.

● 할라카는 현인들의 주장을 받아들였다.
● 마지막 조항은, 이 여성이 사망하기 전에 이미 자기 케투바 수령에 대한 맹세를 한 경우로 추정된다(9, 5).

제13장

13, 1-9는 법정 판결에 대한 하난 벤 아비샬롬(חנן בן אבשלום, Hanan ben Avshalom)과 아드몬(אדמון, Admon)의 일부 의견 내지 이견을, 13, 10 이하는 거주지 이전에 대한 동의 문제, 혼인과 이혼 지역이 다를 때 케투바 수령에 적용되는 통화 문제를 다룬다.

13, 1

שְׁנֵי דַיָּנֵי גְזֵרוֹת הָיוּ בִירוּשָׁלַיִם, אַדְמוֹן וְחָנָן בֶּן אֲבִישָׁלוֹם. חָנָן אוֹמֵר שְׁנֵי דְבָרִים, אַדְמוֹן אוֹמֵר שִׁבְעָה. מִי שֶׁהָלַךְ לִמְדִינַת הַיָּם וְאִשְׁתּוֹ תוֹבַעַת מְזוֹנוֹת, חָנָן אוֹמֵר, תִּשָּׁבַע בַּסּוֹף וְלֹא תִשָּׁבַע בַּתְּחִלָּה. נֶחְלְקוּ עָלָיו בְּנֵי כֹהֲנִים גְּדוֹלִים וְאָמְרוּ, תִּשָּׁבַע בַּתְּחִלָּה וּבַסּוֹף. אָמַר רַבִּי דּוֹסָא בֶן הַרְכִּינַס כְּדִבְרֵיהֶם. אָמַר רַבָּן יוֹחָנָן בֶּן זַכַּאי, יָפֶה אָמַר חָנָן, לֹא תִשָּׁבַע אֶלָּא בַסּוֹף:

예루살렘에 〔뛰어난〕 민법 판관들이[87] 두 명 있었는데 아드몬과 하난 벤 아비샬롬이었다. 하난은 판결 두 가지를, 아드몬은 일곱 가지를 말했다.

어떤 사람이 외국에 간 사이 그의 아내가 부양비를 요구한 경우, 하난은 말한다. "이 여성은 끝에 맹세하고, 처음에는 맹세하지 않는다." 그러나 대제사장들의 아들들은 의견을 달리하여 처음과 끝에 모두 맹세를 해야 한다고 판결했다. 랍비 도싸 벤 하르키나스[88]는 그들의 의견에 동의했으나, 라반 요하난 벤 자카이는 "하난이 잘 말했다. 이 여성은 끝에만 맹세하면 된다"라고 말했다.

● 바벨 탈무드는 예루살렘에 394개의 랍비 법정, 그 수에 상응하는 많

---

87) דיני גזרות. 어떤 사본에서는 '형사법 판관'(דיני גזילות)이라고 한다(블랙먼).
88) דוסא בן הרכינס (Dosa b. Harkinas).

은 회당과 학습실, 선생들의 집이 있었다고 말한다(게마라 105a; 야드 아브라함).

- 여기서 맹세란 남편이 외국으로 나가면서 아무 생활비도 남기지 않았음이 사실임을 인정하는 맹세다. '끝'이란 남편이 사망했다는 소식을 들어 혼인이 종료되는 때(라브; 라쉬) 또는 남편이 여행에서 돌아온 다음을(람밤), '처음'은 남편이 외국으로 떠난 직후를 말한다.

- 하난의 주장에 동의하는 라반 요하난 벤 자카이(רבן יוחנן בן זכאי, Rabban Yochanan b. Zakkai)의 말이 받아들여졌다.

13, 2

מִי שֶׁהָלַךְ לִמְדִינַת הַיָּם וְעָמַד אֶחָד וּפִרְנֵס אֶת אִשְׁתּוֹ, חָנָן אוֹמֵר, אִבֵּד אֶת מְעוֹתָיו. נֶחְלְקוּ עָלָיו בְּנֵי כֹהֲנִים גְּדוֹלִים וְאָמְרוּ, יִשָּׁבַע כַּמָּה הוֹצִיא וְיִטֹּל. אָמַר רַבִּי דּוֹסָא בֶן הַרְכִּינַס כְּדִבְרֵיהֶם. אָמַר רַבָּן יוֹחָנָן בֶּן זַכַּאי, יָפֶה אָמַר חָנָן, הִנִּיחַ מְעוֹתָיו עַל קֶרֶן הַצְּבִי:

어떤 사람이 외국에 나간 사이 누군가 나서서 그의 아내를 부양한 경우, 하난은 말한다.[89] "그는 자기 돈을 잃은 것이다." 그러나 대제사장들의 아들들은 의견을 달리하여 "그는 자기가 얼마나 돈을 썼는지 맹세하고, 이 〔금액을〕 상환받는다"라고 말했다. 랍비 도싸 벤 하르키나스는 그들의 의견에 동의했으나, 라반 요하난 벤 자카이는 "하난이 잘 말했다. 그 사람은 사슴뿔 속에 그의 돈을 둔 것과 같다"라고 말했다.

- 외국에 나간 자의 아내를 자비를 들여 도운 것은 사슴뿔 속에 돈을 놔둔 것과 같다. 사슴이 달릴 때 그 돈이 떨어져 되찾을 수 없듯이,

---

89) 일부 사본에서는 "말했다"다.

자의로 쓴 돈을 갚으라고 할 수 없다. 하난의 의견에 동의하는 라반
요하난 벤 자카이의 말이 받아들여졌다.

13, 3

אַדְמוֹן אוֹמֵר שִׁבְעָה. מִי שֶׁמֵּת וְהִנִּיחַ בָּנִים וּבָנוֹת, בִּזְמַן שֶׁהַנְּכָסִים מְרֻבִּין,
הַבָּנִים יוֹרְשִׁים וְהַבָּנוֹת נִזּוֹנוֹת. וּבִנְכָסִים מֻעָטִים, הַבָּנוֹת יִזּוֹנוּ וְהַבָּנִים יְחַזְרוּ
עַל הַפְּתָחִים. אַדְמוֹן אוֹמֵר, בִּשְׁבִיל שֶׁאֲנִי זָכָר הִפְסַדְתִּי. אָמַר רַבָּן גַּמְלִיאֵל,
רוֹאֶה אֲנִי אֶת דִּבְרֵי אַדְמוֹן:

아드몬은 일곱 〔건에 대한 의견〕을 말했다.

어떤 사람이 사망했고 자녀를 남겼는데, 그 재산이 많다면 아들들
은 〔그것을〕 상속하고 딸들은 〔그 재산에서〕 부양받는다. 그러나 그
재산이 적다면 딸들은 〔그 재산에서〕 부양받고 아들들은 구걸한다.[90]
〔이 법규에 대해〕 아드몬은 말한다. "단지 남자라는 이유로 손해를 보
아야 한다는 말인가!"

라반 감리엘은 "나는 아드몬의 의견에 동의한다"라고 말했다.

- 13, 1의 서두에 따르면 하난은 두 가지, 아드몬은 일곱 가지를 말했다.
  13, 1과 2는 하난이 말한 내용을 다뤘고, 13, 3부터 13, 9까지는 아드
  몬이 말한 내용을 다룬다.

- 아드몬은 랍비들의 판결들 중 일곱 건에 이견을 보인다.
  부친이 사망하면 아들이 재산을 상속하고, 딸들은 아들이 상속받은
  그 재산에서 성인이 되거나 약혼할 때까지 부양받는다(4, 6; 4, 11;
  「바바 바트라」 8, 8). 이 미쉬나의 규정에 따르면, 만일 고인의 재산이
  충분하지 않고 딸들이 아직 미성년이면, 아들들은 상속받은 재산 전

---

90) '아들들이 구걸하다'(הבנים יחזרו על הפתחים)는 '사람들의 문을 찾아 돌아다니
다'에서 유래한 표현이다.

부를 그 딸들(상속인들의 여자형제)을 부양하는데 쓰게 된다. 아드
몬은 이것이 부당하다는 의견이다.

● 아드몬의 말에 동의하는 라반 감리엘의 주장은 받아들여지지 않았다.

13, 4

הַטּוֹעֵן אֶת חֲבֵרוֹ כַּדֵּי שֶׁמֶן, וְהוֹדָה בַקַּנְקַנִּים, אַדְמוֹן אוֹמֵר, הוֹאִיל וְהוֹדָה
בְמִקְצָת הַטַּעֲנָה, יִשָּׁבֵעַ. וַחֲכָמִים אוֹמְרִים, אֵין זוֹ הוֹדָאָה מִמִּין הַטַּעֲנָה.
אָמַר רַבָּן גַּמְלִיאֵל, רוֹאֶה אֲנִי אֶת דִּבְרֵי אַדְמוֹן:

〔어떤 사람이〕 이웃에게 기름병을 〔빌려주었다고〕 주장하는데, 〔상
대방은〕 병이라고 대답한 경우 아드몬은 말한다. "그가 주장을 부분
적으로 인정하는 만큼, 그 사람은 이를 맹세해야 한다." 그러나 현인
들은 말한다. "그가 인정한 내용은 〔상대방의〕 주장과 다른 종류다."
라반 감리엘은 "나는 아드몬의 의견에 동의한다"라고 말했다.

● 『네지킨』「쉬부옷」6, 3에 동일한 미쉬나가 기록되어 있다.

● A는 B가 자기 기름병을 빌려갔다고 주장하고, B는 A의 병은 빌렸지
만 기름은 빌리지 않았다고 주장하는 경우다. 아드몬은 기름은 아니
고 병만 빌렸다는 것은 부분 인정이나 마찬가지기 때문에, 피고는 자
기가 인정한 부분을 두고 맹세해야 한다는 의견이다. 반면 현인들은
'기름'의 반환을 요구하는 원고의 주장과 '병'을 빌려갔다는 피고의
인정은 그 내용이 다르다고 판단하며, 이에 피고는 맹세할 필요가 없
다고 말한다.

● 할라카는 아드몬과 라반 감리엘의 의견에 동의한다.

הַפּוֹסֵק מָעוֹת לַחֲתָנוֹ וּפָשַׁט לוֹ אֶת הָרֶגֶל, תֵּשֵׁב עַד שֶׁיַּלְבִּין רֹאשָׁהּ. אַדְמוֹן
אוֹמֵר, יְכוֹלָה הִיא שֶׁתֹּאמַר, אִלּוּ אֲנִי פָסַקְתִּי לְעַצְמִי, אֵשֵׁב עַד שֶׁיַּלְבִּין רֹאשִׁי.
עַכְשָׁיו שֶׁאַבָּא פָסַק עָלַי, מָה אֲנִי יְכוֹלָה לַעֲשׂוֹת, אוֹ כְנֹס אוֹ פְטֹר. אָמַר רַבָּן
גַּמְלִיאֵל, רוֹאֶה אֲנִי אֶת דִּבְרֵי אַדְמוֹן:

〔어떤 사람이〕 사위될 사람에게 〔딸의 지참금으로〕 돈을 약조했는
데 파산했다면 〔그의 딸은〕 머리가 하얘질 때까지 〔친정집에〕 앉아 있
어야 한다.

아드몬은 말한다. "〔그 딸은〕 이렇게 말할 수 있다. '돈을 약속한 사
람이 바로 나 자신이었다면, 내 머리가 하얗게 될 때까지 앉아 있겠다.
그러나 돈을 약속한 사람은 내 아버지인데, 내가 어찌할 수 있겠는가?
나와 혼인하든지, 나를 〔자유롭게〕 놓아달라.'" 라반 감리엘은 "나는
아드몬의 의견에 동의한다"라고 말했다.

- 약혼한 상태에서 장인이 사위에게 약속한 지참금을 주지 못해 혼인
  을 이행할 수 없다면, 여자 쪽에서는 이러지도 저러지도 못하는 상황
  이 된다. 약혼자(남편)가 이혼증서를 써주어야 이혼이 성립되어 다
  른 이와 혼인할 수 있는데, 이혼증서도 써주지 않고 혼인을 완성하지
  도 않는 경우다. 할라카는 아드몬과 라반 감리엘의 의견에 동의한다.

הָעוֹרֵר עַל הַשָּׂדֶה וְהוּא חָתוּם עָלֶיהָ בְּעֵד, אַדְמוֹן אוֹמֵר, יָכוֹל הוּא שֶׁיֹּאמַר,
הַשֵּׁנִי נֹחַ לִי וְהָרִאשׁוֹן קָשֶׁה הֵימֶנּוּ. וַחֲכָמִים אוֹמְרִים, אִבֵּד אֶת זְכוּתוֹ.
עֲשָׂאָהּ סִימָן לְאַחֵר, אִבֵּד אֶת זְכוּתוֹ:

〔어떤 사람이〕 밭〔의 소유권〕을 두고 소송하는데, 그 자신이 매매
에 증인으로 서명되어 있는 경우, 아드몬은 말한다. "그는 '두 번째

사람이 내게 더 편하다. 첫 번째 사람은 그보다 [상대하기가] 더 어려 웠다'라고 말할 수 있다." 그러나 현인들은 말한다. "그는 자기 권리 (땅 소유권)를 잃는다."

만일 그것[자기 땅]을 타인을 위한 경계표로 삼았다면 그는 자기 권리(땅 소유권)를 잃는다.

- 소유권 분쟁에 휘말린 밭의 현재 소유주를 단이라고 하자. 그는 이 밭을 레위에게서 샀다. 그런데 르우벤이라는 사람이 나타나 그 밭의 원래 소유주는 자신이고, 레위가 자기에게서 이를 훔쳐 단에게 팔았다고 주장한다. 만일 소유권을 주장하는 소송 당사자 르우벤이 레위가 단에게 매각한 땅의 매매계약서에 증인으로 서명했다면 어떻게 판단해야 할까? 아드몬은 르우벤의 상황을 변호하여 설명한다. 그가 말하는 '첫 번째 사람'은 레위로, 폭력이나 협박을 통해 르우벤으로부터 땅을 빼앗았다. 르우벤은 강압에 못 이겨 스스로 증인으로 서명했고 권력자인 레위에게 아무 저항도 하지 못했을 수 있다. 그 후 르우벤은 '두 번째 사람', 즉 보다 수월해 보이는 단을 상대로 소유권을 다투는 소송에 나섰다는 해석이다. 그러나 현인들은, 직접 매매 계약의 증인으로 계약에 참여한 이상 르우벤은 밭에 대한 소유권을 주장할 수 없다고 말한다. 할라카는 현인들의 의견을 따른다.

- 두 번째 사례는 다음과 같은 상황이다. 단이라는 사람이 르우벤 소유지에 인접한 밭을 레위에게 팔았고, 소유지 경계를 정하는 문서에 르우벤이 직접 서명했다. 한데 레위가 산 밭이 사실은 르우벤(서명자) 소유 땅으로 밝혀진 경우, 르우벤은 그 땅에 대한 소유권을 잃는다. 이 결정에 대해서는 아드몬도 동의하고 있다.

מִי שֶׁהָלַךְ לִמְדִינַת הַיָּם וְאָבְדָה דֶרֶךְ שָׂדֵהוּ, אַדְמוֹן אוֹמֵר, יֵלֵךְ בַּקְצָרָה. וַחֲכָמִים אוֹמְרִים, יִקְנֶה לוֹ דֶרֶךְ בְּמֵאָה מָנֶה, אוֹ יִפְרַח בָּאֲוִיר:

어떤 남자가 외국에 나간 사이 자기 밭에 이르는 길을 잃은 경우, 아드몬은 말한다. "그에게 지름길로 걸어가도록 허락하라." 그러나 현인들은 말한다. "100마네를 주고서라도 길을 사던가 아니면 공중을 날아서 가게 하라."

- 남의 밭을 질러야 자기 땅에 도달할 수 있는 길의 소유주가 장기간 부재 중, 그 길이 잡초 등으로 무성하게 되어 인접한 밭 소유주(들)의 땅과 구분할 수 없게 되었고, 길의 정확한 위치를 알 수 없는 가운데, 밭 소유주들이 사유지 침범을 이유로 그의 통행권을 거부하는 경우다. 현인들의 의견이 받아들여졌다.

13, 8

הַמּוֹצִיא שְׁטַר חוֹב עַל חֲבֵרוֹ, וְהַלָּה הוֹצִיא שֶׁמָּכַר לוֹ אֶת הַשָּׂדֶה, אַדְמוֹן אוֹמֵר, יָכוֹל הוּא שֶׁיֹּאמַר, אִלּוּ הָיִיתִי חַיָּב לָךְ, הָיָה לְךָ לְהִפָּרַע אֶת שֶׁלְּךָ כְּשֶׁמָּכַרְתָּ לִי אֶת הַשָּׂדֶה. וַחֲכָמִים אוֹמְרִים, זֶה הָיָה פִקֵּחַ שֶׁמָּכַר לוֹ אֶת הַקַּרְקַע, מִפְּנֵי שֶׁהוּא יָכוֹל לְמַשְׁכְּנוֹ:

[어떤 사람이] 그의 이웃이 자기에게 빚을 졌다는 증서를 내보였는데, 상대방은 그가 자기에게 밭을 팔았음[을 입증하는 것]을 내보인 경우, 아드몬은 말한다. "그는 '내가 당신에게 [정말로] 빚을 졌다면, 당신이 내게 밭을 팔았을 때 그 돈을 돌려받았어야만 한다'라고 말할 수 있다." 그러나 현인들은 말한다. "그(채무자)에게 밭을 판 것은 현명했다. 그것(판 밭)을 담보로 확보할 수 있기 때문이다."

- A는 B에게 돈을 빌려주었다는 문서를 증거로 내밀고, B는 그 빚문 서보다 날짜가 뒤인 매매계약서를 내민다. 요약하면, A는 자신이 채 권자고 B가 채무자라 주장하고, B는 자신이 밭 매수자고 A가 밭 매 도자라 주장한다. B는 자신이 진짜로 A에게 빚을 졌다면, 그가 밭을 팔았을 때 이미 자기에게 꿔준 돈을 받았어야 한다는 논리다. 그러 나 현인들에 따르면 B의 말은 증거가 되지 못하고, 오히려 A는 지금 그 밭을 B의 채무불이행에 대한 담보로 확보할 수 있다. 현인들의 의견이 받아들여졌다.

13, 9

שְׁנַיִם שֶׁהוֹצִיאוּ שְׁטָר חוֹב זֶה עַל זֶה, אַדְמוֹן אוֹמֵר, אִלּוּ הָיִיתִי חַיָּב לְךָ, כֵּיצַד אַתָּה לֹוֶה מִמֶּנִּי. וַחֲכָמִים אוֹמְרִים, זֶה גּוֹבֶה שְׁטַר חוֹבוֹ וְזֶה גּוֹבֶה שְׁטַר חוֹבוֹ:

만일 두 남자가 채무증서를 서로 내보이는 경우, 아드몬은 말한다. "[나중에 작성된 증서의 소유자가 상대방에게 이렇게 말할 수 있다.] '만일 내가 당신에게 빚을 졌다면, 어떻게 내게 돈을 빌렸는가?'" 그 러나 현인들은 말한다. "이쪽도 빚을 돌려받고, 저쪽도 빚을 돌려받 는다."

- 아드몬 대신, 양쪽 모두 자기 채무액을 회수할 자격이 있다는 현인들 의 의견이 받아들여졌다.

13, 10

שָׁלֹשׁ אֲרָצוֹת לַנִּשּׂוּאִין, יְהוּדָה, וְעֵבֶר הַיַּרְדֵּן, וְהַגָּלִיל. אֵין מוֹצִיאִין מֵעִיר לְעִיר וּמִכְּרַךְ לִכְרַךְ. אֲבָל בְּאוֹתָהּ הָאָרֶץ, מוֹצִיאִין מֵעִיר לְעִיר וּמִכְּרַךְ לִכְרַךְ, אֲבָל לֹא מֵעִיר לִכְרַךְ וְלֹא מִכְּרַךְ לְעִיר. מוֹצִיאִין מִנָּוֶה הָרָעָה לְנָוֶה הַיָּפָה, אֲבָל לֹא מִנָּוֶה הַיָּפָה לְנָוֶה הָרָעָה. רַבָּן שִׁמְעוֹן בֶּן גַּמְלִיאֵל אוֹמֵר, אַף לֹא מִנָּוֶה רָעָה לְנָוֶה יָפָה, מִפְּנֵי שֶׁהַנָּוֶה הַיָּפָה בּוֹדֵק:

혼인에 있어 유다, 요단강 동편, 갈릴리 세 지방〔으로 구분된다〕.

〔위 세 지방 중 하나에서 혼인한 경우, 남편은 그의 아내를〕 한 도시에서 〔그 지방 밖의〕 다른 도시로, 한 소도시에서 〔그 지방 밖의〕 다른 소도시로 데려갈 수 없다. 그러나 같은 지방 내에서는 한 도시에서 다른 도시로, 한 소도시에서 다른 소도시로 데려갈 수 있다. 그러나 〔같은 지방 내에서라도〕 소도시에서 도시로, 도시에서 소도시로 데려갈 수는 없다.

〔남편은 아내를〕 초라한 주택에서 좋은 주택으로 데려갈 수는 있지만, 좋은 주택에서 초라한 주택으로 데려갈 수는 없다. 라반 쉼온 벤 감리엘은 말한다. "초라한 주택에서 좋은 주택으로 데려갈 수 없다. 좋은 주택은 시험대에 올리기 때문이다."

- 아내의 의사에 반하여 함께 이사하자고 강제할 수 있느냐의 사안을 다룬다. 부부가 만일 유다 지방에서 혼인했는데, 남편이 아내더러 갈릴리 지방이나 요단 동편으로 이주하자고 강요할 수 없다(단, 남편이 본디 유다 거주민일 때에 해당한다〔라브〕). 유다 지방 내 비슷한 규모의 다른 도시로 이사할 때는 강요할 수 있다. 그러나 소도시에서 도시, 도시에서 소도시 등 환경이 크게 차이가 나서는 안 된다. 도시는 상업 중심지라 물자조달이 편리하지만(라브; 라쉬), 인구가 밀집되어 있고 공기가 깨끗하지 않을 수 있어, 정원과 과수원, 깨끗한 공기에 익숙한 소도시 사람에게는 적응이 힘들 수 있다(란; 라쉬). 람밤은 도시를 성벽에 둘러싸인 곳으로, 소도시는 그 도시를 둘러싼 마을로 이해한다. 도시는 적의 공격으로부터 안전을 보장할 수 있다는 해석이다.
- 이어지는 미쉬나는 거주지 이전 강요의 문제를 '지역'에서 '주거환경'으로 옮기고 있다. 비슷한 규모의 지역으로 이주한다고 해도, 이

전 동네보다 열악한 동네로 가자고 강요해서는 안 된다는 주장이다. 이에 라반 쉼온 벤 감리엘은 더 나은 동네로 옮겨도 강요해서는 안 된다고 말한다. "좋은 주택은 시험대에 올리기 때문이다"라는 말은 여러 가지로 해석이 가능하다. 체질이 약한 사람이라면 먹는 음식 등 식습관이 바뀌면서 위병(胃病)을 얻을 수 있으니 몸을 시험하게 된다(라브; 메이리). 또는 '좋은 집에 살면 남에게 보여지는 인상 때문에 외모를 치장하는 등' 자기 이미지 관리에 무던히 신경써야 한다(람밤). 할라카는 라반 쉼온 벤 감리엘의 의견을 따른다.

13, 11

הַכֹּל מַעֲלִין לְאֶרֶץ יִשְׂרָאֵל, וְאֵין הַכֹּל מוֹצִיאִין. הַכֹּל מַעֲלִין לִירוּשָׁלַיִם, וְאֵין הַכֹּל מוֹצִיאִין, אֶחָד הָאֲנָשִׁים וְאֶחָד הַנָּשִׁים (וְאֶחָד עֲבָדִים). נָשָׂא אִשָּׁה בְּאֶרֶץ יִשְׂרָאֵל וְגֵרְשָׁהּ בְּאֶרֶץ יִשְׂרָאֵל, נוֹתֵן לָהּ מִמְּעוֹת אֶרֶץ יִשְׂרָאֵל. נָשָׂא אִשָּׁה בְּאֶרֶץ יִשְׂרָאֵל וְגֵרְשָׁהּ בְּקַפּוֹטְקְיָא, נוֹתֵן לָהּ מִמְּעוֹת אֶרֶץ יִשְׂרָאֵל. נָשָׂא אִשָּׁה בְּקַפּוֹטְקְיָא וְגֵרְשָׁהּ בְּאֶרֶץ יִשְׂרָאֵל, נוֹתֵן לָהּ מִמְּעוֹת אֶרֶץ יִשְׂרָאֵל. רַבָּן שִׁמְעוֹן בֶּן גַּמְלִיאֵל אוֹמֵר, נוֹתֵן לָהּ מִמְּעוֹת קַפּוֹטְקְיָא. נָשָׂא אִשָּׁה בְּקַפּוֹטְקְיָא וְגֵרְשָׁהּ בְּקַפּוֹטְקְיָא, נוֹתֵן לָהּ מִמְּעוֹת קַפּוֹטְקְיָא:

누구든지 이스라엘 땅으로 올라가자고 [배우자에게 강권]할 수 있으나, 아무도 [이스라엘 땅에서] 떠나자고 [강권]할 수는 없다. 누구든지 [배우자에게] 예루살렘으로 올라가자고 [강권]할 수는 있으나 아무도 [예루살렘을] 떠나자고 [강권]할 수는 없다. 이는 남자나 여자[91] [모두에게 적용된다].

어떤 남자가 이스라엘 땅에서 혼인하고 이스라엘 땅에서 이혼하는 경우, 그는 이스라엘 땅[에서 통용되는] 화폐로 [배우자의 케투바를] 지급해야 한다. 어떤 남자가 이스라엘 땅에서 혼인하고 카포트키아[92]

---

91) 일부 사본에서는 '노예'까지 포함한다.

에서 이혼하는 경우, 그는 이스라엘 화폐로 지급해야 한다. 어떤 남자가 카포트키아에서 혼인하고 이스라엘 땅에서 이혼하는 경우, 그는 이스라엘 화폐로 지급해야 한다. 그러나 라반 쉼온 벤 감리엘은 말한다. "그는 카포트키아 화폐로 지급해야 한다."

어떤 사람이 카포트키아에서 혼인하고 카포트키아에서 이혼하는 경우, 그는 카포트키아 화폐로 〔케투바를〕 지급해야 한다.

- 누구든 가족과 식솔을 데리고 모국(에레쯔 이스라엘), 또는 예루살렘으로 올라가서 정착하자고 강요할 수는 있어도 그 역은 불가능하다. '누구' 및 '아무'에 유대인 주인에게서 도망친 비유대인 노예나 유대인 노예가 포함되느냐는 토론의 대상이다.
- 카포트키아는 이스라엘 본토보다 통화가치가 더 높은 지역을 대변한다. 혼인한 곳과 이혼하는 곳이 달라서 다른 화폐를 사용할 때, 화폐가치가 높은 곳의 통화를 케투바에 적용할지 낮은 곳의 통화를 적용할지를 논한다. 라반 쉼온 감리엘은 남편에게 엄격하게, 다시 말해 아내에게 유리하게 법을 적용하자는 주장이지만, 할라카는 이를 받아들이지 않았다(라브; 람밤; 블랙먼).
- 마지막 규정에는 모두 동의했다.

---

92) 카포트키아(קפוטקיא 또는 קפודקיא)는 소아시아의 카파도키아를 말한다. 라브(Rav)에 따르면 이스라엘 근처의 땅으로 성서의 갑돌(Caphtor)이다.

נדרים

3

네다림
서원

서원을 통해 그의 동료로부터 유익 얻는 것이 금지된 사람
의 경우, 서원자인 그 동료는 그에게 물건을 빌려주어서도 빌
려서도 안 되며, 그에게 돈을 빌려주어서도 빌려서도 안 된
다. 또한 물건을 그에게서 사서도 그에게 팔아서도 안 된다.
_ 「네다림」4, 6

개요

남편에게 아내의 네데르(서원)를 무효화하는 권한이 있으므로(민 30:2-17) 혼인 관련법인 「케투봇」 다음에 「네다림」이 이어진다.

히브리 성서에는 야곱의 벧엘 서원(창 28:20; 31:13), 서원 제물(레 7: 16; 22:18, 21, 23; 22:23; 23:38), 서원 예물값(레 27:1-29), 나실인 서원(민 6)의 이행과 무효화(민 30:1-16〔히브리 성서 2-17〕) 등 관련 규정이 나오는데, 서원은 크게 두 가지로 나뉜다. 첫째, 성전에 봉헌할 것을 서약하는 '거룩한 서원'(נדרי הקדש, 니드레이 하케데쉬)(레 22:18; 민 29:39; 신 23:22)이다. 둘째, 어떤 일을 행하거나 무엇을 취하는 것을 하지 않겠다는 '금지 서원'(נדרי איסור, 니드레이 이쑤르)(민 30:3)이다. 거룩한 서원은 쎄데르(제5권) 『코다쉼』 「아라킨」에서 자세히 다루며, 여기서는 전적으로 금지 서원에 대해 논의한다.

서원(네데르)과 유사한 개념으로 대표적인 것이 쉬부아(שבעה)다. 민수기 30:3(한글성경 2절)에 네데르와 쉬부아가 함께 나오는데, 이를 우리말로 온전히 번역하기는 어렵다. 영어판에서도 네데르를 vow로, 쉬부아를 oath로 번역하든가, 아니면 그 반대로 하는 경우도 있다. 그만큼 두 단어의 정확한 의미를 구별하기는 쉽지 않다. 이 번역·주해서에서는 개역개정 및 공동번역 등의 용례를 따라(창 24:8; 26:3; 출 22: 11; 레 5:4; 민 5:21; 신 7:8 등) 네데르를 '서원'으로, 쉬부아를 '맹세'로 번역했다.

　기본적으로 서원은 형체가 있는 어떤 객체를 자기 자신에게 금지시 키는 행위다. 마쎄켓「네다림」은 이 서원의 성립에 필요한 관용구를 다른 말로 대치할 때 용인되거나 불허되는 사례들, 여성의 서원을 무 효화하는 법, 그리고 서원을 취소하는 청원 등을 다룬다.

제1장

제1장에서는 서원할 때 쓰는 관용구를 대신하는 이른바 대용어(כִּנּוּי, 키누이)에 대해 다룬다. 이와 관련하여 '야드'(יד)라는 개념이 등장하는데, 이는 '손잡이'라는 뜻이다. 냄비 같은 그릇을 들 때 손잡이만 잡으면 되듯이 정형화된 문구를 다 말하지 않고 일부만 말하는 것을 나타낸다. 일반적으로 '야드'일지라도 정보가 충분해 무엇을 금지하려는지 파악할 수 있다면, 이는 서원으로서 효력을 발휘한다고 본다. 제1장은 어떤 경우에 유효한 '야드'가 되는지를 논한다.

1, 1

כָּל כִּנּוּיֵי נְדָרִים כִּנְדָרִים, וַחֲרָמִים כַּחֲרָמִים, וּשְׁבוּעוֹת כִּשְׁבוּעוֹת, וּנְזִירוּת
כִּנְזִירוּת. הָאוֹמֵר לַחֲבֵרוֹ, מֻדַּרְנִי מִמָּךְ, מֻפְרָשְׁנִי מִמָּךְ, מְרֻחָקְנִי מִמָּךְ, שֶׁאֵינִי
אוֹכֵל לָךְ, שֶׁאֵינִי טוֹעֵם לָךְ, אָסוּר. מְנֻדֶּה אֲנִי לָךְ, רַבִּי עֲקִיבָא הָיָה חוֹכֵךְ בָּזֶה
לְהַחֲמִיר. כְּנִדְרֵי רְשָׁעִים, נָדַר בְּנָזִיר, וּבְקָרְבָּן, וּבִשְׁבוּעָה. כְּנִדְרֵי כְשֵׁרִים, לֹא
אָמַר כְּלוּם. כְּנִדְבוֹתָם, נָדַר בְּנָזִיר וּבְקָרְבָּן:

서원의 대용어는 서원으로서 (효력을), '헤렘'으로 온전히 바친 것의 대용어는 온전히 바친 것으로서 효력을, 맹세의 대용어는 맹세로서 효력을, 나지르 서약의 대용어는 나지르 서약으로서 효력을 지닌다.

어떤 사람이 자기 동료에게 "내가 너에게 맹세되었으므로"[1], "나는 너로부터 분리되기로 했으므로", "나는 너로부터 멀리 떨어지기로 했으므로", (그에 따라) "네 음식을 먹을 수 없고 맛볼 수 없다"라고 말한 경우, (그의 음식을 먹거나 맛보는 것이) 금지된다.[2]

---

1) "서원을 통해 너에게 제한되었으므로" 또는 "너에게서 어떤 이득도 얻지 않겠다고 서원했으므로" 등의 의미다.
2) "금지된다"라는 표현들이 반복해 나오는데, 문맥상 '그러므로 그 서원이 유효

"나는 너에게서 내쳐졌다"[라고 말한 경우에] 랍비 아키바는 엄중
하기 위해 이것에 대해 망설였다.[3]

"악인의 서원처럼"[이라는 어구를 사용하면], 그 서원이 나지르에
관한 것이든 제물이나 맹세에 관한 것이든 [효력을 발휘한다]. "올바
른 자의 서원처럼"[이라는 어구를 사용하면], 그는 아무 말도 하지 않
은 것이다."

[그러나] "그들(올바른 자들)이 자원하여 드린 제물처럼[4]"이라고
말하면, 나지르나 제물에 있어 서원한 것이다.

- 이 미쉬나는 서원과 관련해서 네 가지 유형을 이야기하며, 이때 사용
  하는 관용구 대신, 이를 대치할 만한 대용어를 썼어도 그 서원은 효
  력을 발휘한다고 규정한다. 자세한 사례들은 다음에 오는 미쉬나에
  서 다뤄진다.
  1) 서원(네데르): 어떤 객체를 자기 자신에게 금지시키는 행위로, 신
     에게 스스로 바치는 희생제물(קרבן, 코르반)에 비유된다. 희생제
     물은 신에게 속하고 자신에게는 금지되기 때문이다. 따라서 서원
     할 때 "…은 내게 코르반(희생제물)처럼 금지된다"라는 관용구를
     사용한다.
  2) 온전히 바친 것(헤렘, 하라밈): '헤렘으로 온전히 봉헌하다'는 뜻
     을 지닌다. 제사장이나 성전에 봉헌된 재산을 말하며(레 27:28),

하다'는 의미다.
3) '망설이다'는 동사(חכד)의 본뜻은 '문지르다, 비비다'이며 입술 등을 문대면서
   결정을 망설인다는 의미를 나타낸다(야스트로 사전; 야드 아브라함).
4) כנדבותם(케니드보탐)이라고 하며 직역하면 "그들의 '네다봇'처럼"이다. '네다
   봇'(단수는 '네다바')은 의무나 서원에 의해서가 아니라 자원하여 드리는 제물
   을 말한다(출 35:29; 36:3; 레 7:16; 22:18, 21, 23; 23:38; 민 15:3; 29:39; 신 12:6, 17;
   16:10; 23:24 등).

서원이 '금지'된 객체에 초점을 둔다면, 헤렘은 '신성함'에 초점을 둔다. 서원자가 지목한 사람이나 사물로부터 아무 이익을 누리지 않겠다는 것을 의미한다.

3) 맹세(쉬부아): 스스로 어떤 행위를 삼가거나 의무를 지우는 개념이다. 게마라는 서원과 맹세를 구분하여 서원(네데르)은 자기 자신에게 어떤 대상을 금지시키는 것, 맹세(쉬부아)는 어떤 사물의 이용을 금지하는 것이라고 설명한다(게마라 2b). 즉 같은 의미라도 "이 빵은 내게 코르반(제물)처럼 금지된다"라는 문구를 쓰면 서원(네데르)이고, "나는 이 빵을 먹지 않을 것이다"라고 하면 맹세(쉬부아)로 본다. 그러나 이를 정확하게 구별하기는 쉽지 않다.

4) 나지르 서원(נזירות, 네지롯): 민수기 6:1 이하에서 규정하는 나지르(נזיר, 나실인) 서원으로 자기 몸을 구별하는 기간에 포도주를 마시거나 머리카락을 자르거나 죽은 자 곁에 가까이 가는 것을 금한다. 나지르로서의 표준 기간은 30일이다.

• 서원할 때 형식을 완전히 갖춘 공식 어구는 "너의 음식은 내게 제물(코르반)처럼 금지된다"이다. 1, 1의 첫째 미쉬나에서 논의하는 선언은 '금지된다'는 동사와 '제물처럼'이라는 관용구 또는 그 대용어(키누이)가 생략된 '야드'에 해당한다. 그러나 문맥상 무엇을 금하려는지 그 의도를 유추할 수 있기에 이 서원이 효력을 발휘하는 것으로 인정하여 상대방의 음식을 먹는 것이 금지된다. 또한 이를 어기면 태형에 처해진다('란'[5]의 네다림).

• 일부 랍비들은[6] 서원이 사람이 아닌 객체를 금지 대상으로 정하는

---

5) 란(ר"ן, Ran)은 Rabbenu Nissim ben Reuven의 히브리어 두문자로, 중세 스페인 랍비이자 탈무드 주해가인 니씸 벤 르우벤 헤론디(Nissim ben Reuben Gerondi, 1290-1376)를 가리킨다(이하 '란').

만큼, 본문의 שאיני אוכל לך, שאיני טועם לך(셰에이니 오켈 락, 셰에이니 토엠 락, '[…하여] 네 음식을 먹을 수 없다', '[…하여] 네 음식을 맛볼 수 없다')의 … שאיני가 원래는 … שאני(셰아니)어야지만, '내가 너에게서 먹는/맛보는 음식이 금지된다'가 되어 서원에 적합한 문구가 된다고 주장한다.

- 랍비 아키바는 "나는 너에게서 내쳐졌다(מנדה)"라는 문구를 사용했을 경우 그 효력 여부 결정을 망설였는데, 이는 위 동사가 '제명되다/파문당하다'와 '거리상 멀어지다' 두 의미로 사용될 수 있기 때문이다. 첫 번째 의미로 해석할 경우, 서원자가 자기 자신에게 제명당하는 의무를 지우는 것이 진지한 서원이라기보다 과장된 말일 수 있어 법적 효력을 지니면 안 되지만, 두 번째 의미로 해석할 경우, 바로 전 규정에서 비슷한 용례인 '멀리 떨어뜨려졌다'(מרחקני)가 이미 서원으로 인정된 만큼 여기서도 별 문제가 되지 않는다. 따라서 랍비 아키바는 둘 중 어느 쪽으로 해석할지 결정을 망설였으나, 다른 랍비들은 크게 문제 삼지 않았으며, 결국 서원 효력이 발생하는 것으로 의견을 모았다(댄비; 블랙먼; 야드 아브라함).

- 부주의한 사람들은 말이 지니는 중요성에 무게를 두지 않은 채 종종 다양한 맹세나 서원을 내뱉는 경향이 있다. 신중하지 못하다는 점에서 이러한 서약자들을 '악인'으로 간주하며, 따라서 "악인의 서원처럼"이라고 말한 경우 그의 말에는 구속력이 있어, 자신이 뱉은 말대로 제물 및 봉헌을 하거나 나지르 금령을 지키거나 특정 음식을 삼가야 한다. 이를 지키지 않을 경우 태형에 처한다. 반대로 올바른 사람은 신중하여 섣불리 맹세나 서원을 하지 않는다. 그러므로 '올바른 자들의 서원처럼'이라고 말했다면 아무 서원도 하지 않은 것과

---

6) 로쉬; 토싸폿(「예바못」71a:11).

마찬가지다. 하지만 올바른 이들이 종교적 헌신이나 신심에서 우러나와 자발적으로 나지르가 되기로 선언하거나 희생제물을 바치는 경우가 있는데,[7] 이는 "그들(올바른 자들)이 자원하여 드린 예물처럼"이라는 어구로 대변되며, 이 문구를 취해 서약했을 경우 법적 구속력을 발휘한다. 이 미쉬나는 잦은 서원에 대한 랍비들의 부정적 시각을 드러낸다.

1, 2

הָאוֹמֵר לַחֲבֵרוֹ, קוֹנָם קוֹנָח, קוֹנָס, הֲרֵי אֵלּוּ כִנּוּיִין לְקָרְבָּן. חֵרֶק חֵרֶךְ, חֵרֶף, הֲרֵי אֵלּוּ כִנּוּיִין לְחֵרֶם. נָזִיק נָזִיחַ, פָּזִיחַ, הֲרֵי אֵלּוּ כִנּוּיִין לִנְזִירוּת. שְׁבוּתָה, שְׁקוּקָה, נָדֵר בְּמוֹתָא, הֲרֵי אֵלּוּ כִנּוּיִין לִשְׁבוּעָה:

어떤 사람이 자기 동료에게 '코남'이나 '코낙흐' 또는 '코나스'라고 말하면 이 〔용어〕들은 '코르반'의 대용어다. '헤렉'이나 '헤레크' 또는 '헤레프'〔라고 말했다면〕, 이 〔용어〕들은 '헤렘'으로 온전히 바친 것을 〔가리키는〕 대용어다. '나직'이나 '나지악흐' 또는 '파지악흐'〔라고 말하면〕 이 〔용어〕들은 '네지룻'의 대용어다. '슈부타'나 '슈쿠카' 또는 '모타'를 써서 서원한 경우, 이 〔용어〕들은 '맹세'(쉬부아)의 대용어다.

- 이 미쉬나는 앞에서 언급한 대용어(키누임)를 다룬다. 서원할 때의 관용구는 "~은 내게 코르반(희생제물)처럼 금지된다"인데, 코르반 대신 그 비슷한 음가를 지닌 코남, 코낙흐, 코나스라고 말해도 서원으로 간주한다. 바벨 탈무드에서는 이 대용어에 대하여 두 가능성을 제기한다(게마라 10a).
- 1) 히브리어 코르반의 동의어로 쓰이는 외국어다(랍비 요하난).

---

7) 이 경우 쉬부아(맹세)는 해당하지 않는다.

2) 거룩한 단어를 가능한 입에 올리지 않기 위해 현인들이 만들어낸 완곡어다(랍비 쉼온 벤 라키쉬). 히브리 성서에서 코르반이 하느님의 이름(야훼)과 함께 등장하는 경우가 많으므로(레 1:2; 17:4; 27:9, 11), 신성한 이름을 무심코 남발하지 않고자 코르반이라는 단어를 기피한다.

- '헤렘'으로 온전히 바친 것을 가리켜 헤렉, 헤레크, 헤레프라는 대용어를 쓰거나, '나지르'(나실인) 대신 나직, 나지악흐, 파지악흐 등 대용어를 쓴 경우, 소리의 유사성보다 히브리어 글자 형태의 유사성 때문에 유효성을 인정한다고 본다. 필체가 불분명할 때 이런 글자들 사이에 혼동이 일어날 수 있다는 것이다.[8]

- 슈부타와 슈쿠카는 맹세를 가리키는 '쉬부아'에서 변형된 말이며, '모타'는 맹세에 상응하는 아람어 '모마타'(מומתא)가 변형된 말이다 (댄비; 야스트로 사전).

1, 3

הָאוֹמֵר לֹא חֻלִּין לֹא אֹכַל לָךְ, לֹא כָשֵׁר, וְלֹא דְכֵי, טָהוֹר, וְטָמֵא, נוֹתָר, וּפִגּוּל, אָסוּר. כְּאִמְּרָא, כַּדִּירִין, כָּעֵצִים, כָּאִשִּׁים, כַּמִּזְבֵּחַ, כַּהֵיכָל, כִּירוּשָׁלַיִם, נָדַר בְּאֶחָד מִכָּל מְשַׁמְּשֵׁי הַמִּזְבֵּחַ, אַף עַל פִּי שֶׁלֹּא הִזְכִּיר קָרְבָּן, הֲרֵי זֶה נָדַר בְּקָרְבָּן. רַבִּי יְהוּדָה אוֹמֵר, הָאוֹמֵר יְרוּשָׁלַיִם, לֹא אָמַר כְּלוּם:

어떤 사람이 "속된 것(훌린)이 아니므로, 나는 네 음식을 먹지 않을 것이다", "[네 음식을 먹는 것이] 부적절한 것이다", "[네 음식을 먹는 것이] 불허된 것(로 데키)이다", "[네 음식을 먹는 것이] 정결한 것이 [아니]다"[9], [네 음식을 먹는 것이] 부정해진 [제물]이다", "[네 음식을 먹는 것이] 남은 것(노타르)이다", "[네 음식을 먹는 것이] 혐오스

---

8) 히브리어 ק·ה·ד 사이, ק와 ה 사이, 또는 כ와 ר 사이에 혼동이 있을 수 있다(라쉬 「나지르」 2a).

러운 것(피굴)이다"라고 말할 경우, 그는 〔그 음식을 먹는 것이〕 금지
된다.

만일 '〔제물인〕 양처럼', '〔성전〕 울타리처럼', '〔제단의〕 나무처럼',
'〔제단의〕 불처럼', '제단처럼', '성소처럼', '예루살렘처럼' 〔등의 어구
를 사용할 경우〕, 또는 제단에 사용하는 기구들 중 무엇이라도 언급하
여 서원할 경우, 제물(코르반)을 언급하지 않았다 해도 그는 제물(코
르반)을 걸고 서원한 것이다.

〔그러나〕 랍비 예후다는 말한다. "예루살렘이라고 말한 경우, 그는
아무 말도 하지 않은 것이다."

- 이 미쉬나는 제물(코르반)이란 말을 사용하지 않아도 유효한 서원
  을 할 수 있는 다양한 용례를 보여준다.
- 불허된 것(לא דכי, 로 데키)과 속된 것(חולין, 훌린)은 성별되지 않은
  일반 음식으로 거룩한 것이 아니다. 하지만 '속된 것'(훌린)이 '아니
  므로'라고 부정 형태를 사용했기 때문에 거룩한 것을 의미하게 되
  며, 따라서 서원으로서의 효력을 인정한다. 남은 것(נותר, 노타르)은
  지정된 기한을 지나서도 먹지 않고 남겨진 제물이며, 혐오스러운 것
  (פגול, 피굴)은 지정된 기한 외에 먹으려는 의도로 집전된 제물이다
  (레 7:18; 제물에 관한 자세한 규정은『코다쉼』「제바힘」을 보라). 남
  은 것, 혐오스러운 것도 '금지된 것'이라는 공통분모를 지니기에 서
  원으로서 효력을 인정한다. 부적절한 것, 불허된 것, 정결하지 않은
  것, 부정해진 제물도 모두 '금지된 것'에 속한다.
- '예루살렘'이라고 말한 경우, 성전이 아닌 예루살렘에 있는 다른 것

---

9) 원문에는 '정결한 것'(טהור)이라고 긍정형태로 쓰여 있으나, 문맥상 부정형태
   로 읽어야 한다(라브). 란(Ran)은 앞 문장의 부정부사 לא가 여기에도 이어지는
   것으로 본다. 일부 판본은 לא טהור라고 기록한다.

을 언급했을 수도 있기에 또는 '~처럼'(ᴋ)이라는 비교격조사를 사용하지 않았기에 랍비 예후다는 이를 서원으로 인정하지 않는다고 추정된다(라브; 토쎄펫 욤 토브).

1, 4

הָאוֹמֵר, קָרְבָּן, עוֹלָה, מִנְחָה, חַטָּאת, תּוֹדָה, שְׁלָמִים שֶׁאֵינִי אוֹכֵל לָךָ, אָסוּר. רַבִּי יְהוּדָה מַתִּיר. הַקָּרְבָּן, כְּקָרְבָּן, קָרְבָּן שֶׁאֹכַל לָךָ, אָסוּר. לְקָרְבָּן לֹא אֹכַל לָךָ, רַבִּי מֵאִיר אוֹסֵר. הָאוֹמֵר לַחֲבֵרוֹ, קוֹנָם פִּי הַמְדַבֵּר עִמָּךְ, יָדִי עוֹשָׂה עִמָּךְ, רַגְלִי מְהַלֶּכֶת עִמָּךְ, אָסוּר:

'코르반'(제물), '올라'(번제), '민하'(소제), '속죄제', '감사제', '화목제'〔이므로 따라서〕 "나는 너의 음식을 먹을 수 없다"라고 말하는 이에게,10) 〔그 음식 먹는 것은〕 금지된다. 그러나 랍비 예후다는 〔그 음식 먹는 것을〕 허용한다.

"'그' 제물(하코르반)", "제물과 '마찬가지'(케코르반)", "제물(코르반)"〔이라고 말할 경우〕, 〔그 음식을 먹는 것은〕 금지된다.

"네 음식을 먹지 않는 것은 '제물에게'(레코르반)다"라고 말하는 이에게 랍비 메이르는 그 〔그 음식 먹는 것을〕 금지한다.

어떤 사람이 그의 동료에게 "코남, 당신과 말하는 내 입이", "〔코남,〕 당신과 일하는 내 손이", "〔코남,〕 당신과 함께 걷는 내 다리가"라고 말할 경우, 〔그와 말하거나 일하거나 걷는 것이〕 금지된다.

- "~은 내게 코르반(제물)처럼 금지된다"가 본디 서원에 정형화된 구문이다. 그러나 위 언급된 용례에 서원자의 의도가 분명히 드러나므로 정형구가 아니지만 서원으로 인정해야 한다는 뜻이다. 첫째 미쉬

---

10) 또는 "내가 너의 음식을 먹는 것은 코르반, 올라, 민하, 속죄제, 감사제, 화목제처럼 금지된다."

나에서 음식 먹는 것이 금지된다는 말은, 다시 말해 서원으로서 유효하다는 뜻이다. 그러나 랍비 예후다는 음식 먹는 것을 허용한다. 즉, 그 서원이 무효라고 주장한다. 랍비 예후다는 '~처럼'이라는 비교격 조사가 서원에 필수적이라는 견해를 고수한다(1, 3).

- 만약 '하아 코르반'(הא קרבן, 코르반의 목숨에 걸고)이라고 말했다면 서원이 아닌 맹세 형식이다(라브). 그러나 '그' 제물(הקרבן, 하코르반)이라고 말했다면 '하'가 정관사로 사용되었기에 서원으로서 유효하다. 즉 서원자는 자신이 지정한 그 사람의 음식을 먹지 못한다.

- "네 음식을 먹지 않는 것은 제물에게다": 만일 "제물에게"에 해당하는 부분을 '레코르반'(לקרבן)이라고 말했다면, '로 코르반'(לא קרבן) 즉 '코르반이 아니다'로도 해석할 수 있는데, 이 경우 "내가 너에게서 먹지 않는 음식은 코르반이 아니다"는 이중부정문이 된다. 다시 말해 "내가 너에게서 먹는 음식은 코르반이다"라는 뜻이 되므로, 서원자가 지칭한 이의 음식 먹는 것이 금지된다(서원으로서 효력을 발휘한다(야드 아브라함). 게마라는 '레코르반'을 '레코르반 예해'(יהא לקרבן)로 이해해야 한다고 설명한다. "이것이 코르반(제물)이 되어야 한다"는 뜻이며, 전체를 "[너의 음식이] 코르반이 될 것이다. [그러므로] 네 음식을 먹지 않을 것이다"의 두 문장으로 읽어야 한다고 말한다(게마라 13b).

- '코남'은 1, 2에서 말했던 제물(코르반)의 대용어다. 성서법에서는 형체가 없는 대상을 금지하는 서원은 인정하지 않는다. 입, 손, 다리는 형체가 있기 때문에 그 결과가 보이지 않는 행위(걷는 것, 뛰는 것, 말하는 것)에 영향을 끼쳤다 해도 서원으로 유효하다고 해석한다(cf. 2, 1; 게마라 13b).

제2장

제2장은 원래 허용되던 것이 서원을 통해 금지되어야 한다는 원칙에 중점을 두고 전개된다. '~이 코르반처럼 내게 금지된다'는 서원의 정형화된 구문은 전에 자신에게 허용되던 것이 이제 그 상태가 거룩해졌기 때문에 금지된다는 의미를 부여한다. 즉 객체의 상태가 서원을 통해 일반적인 것에서 거룩한 것으로 변하여 금지된다. 반면, 성서법이 금지하는 것들, 곧 레위기 11장과 민수기 14장에 명시된 부정한 것들은 유대인에게 이미 금지된 것들이다. 이미 금지된 것을 서원을 사용해 다른 대상으로 확장시켜 금지시킬 수 없다(1, 4와 구별).

2, 1

וְאֵלּוּ מֻתָּרִין. חֻלִּין שֶׁאֹכַל לָךְ, כִּבְשַׂר חֲזִיר, כַּעֲבוֹדָה זָרָה, כְּעוֹרוֹת לְבוּבִין,
כִּנְבֵלוֹת, כִּטְרֵפוֹת, כִּשְׁקָצִים, כִּרְמָשִׂים, כְּחַלַּת אַהֲרֹן וְכִתְרוּמָתוֹ, מֻתָּר.
הָאוֹמֵר לְאִשְׁתּוֹ, הֲרֵי אַתְּ עָלַי כְּאִמָּא, פּוֹתְחִין לוֹ פֶּתַח מִמָּקוֹם אַחֵר, שֶׁלֹּא
יָקֵל רֹאשׁוֹ לְכָךְ. קוֹנָם שֶׁאֵינִי יָשֵׁן, שֶׁאֵינִי מְדַבֵּר, שֶׁאֵינִי מְהַלֵּךְ, הָאוֹמֵר
לְאִשְׁתּוֹ, קוֹנָם שֶׁאֵינִי מְשַׁמְּשֵׁךְ, הֲרֵי זֶה בְּלֹא יַחֵל דְּבָרוֹ. שְׁבוּעָה שֶׁאֵינִי יָשֵׁן,
שֶׁאֵינִי מְדַבֵּר, שֶׁאֵינִי מְהַלֵּךְ, אָסוּר:

그리고 이것들은 허용된다.

"네 음식을 먹는 것은 속된 것(훌린)이다", "돼지고기와 마찬가지다", "우상숭배〔한 음식과〕마찬가지다", "심장에 구멍이 뚫린〔동물의〕가죽이나 마찬가지다", "〔죽은 동물의〕썩어가는 고기들(네벨롯)과 마찬가지다", "찢겨 죽은 것(트레폿)과 마찬가지다", "혐오스러운 것들과 마찬가지다", "기는 것들과 마찬가지다", "아론의 반죽과 마찬가지다", "그(아론)의 거제와 마찬가지다"〔라고 말할 경우, 그 음식 먹는 것이〕허용된다.

아내에게 "보라, 당신은 내게 어머니와 같다"라고 말하는 사람의 경우, 그가 이처럼 경솔하게 행동하지 않도록,[11] 다른 곳으로부터 출구를 그에게 열어주어야 한다.

"[내게] 코남[처럼 금지되었으므로] 내가 자지 않을 것이다", "[내게 코남처럼 금지되었으므로] 내가 말하지 않을 것이다", "[내게 코남처럼 금지되었으므로] 내가 걷지 않을 것이다"[라고 말하거나], 자기 아내에게 "코남[처럼 금지되었으므로] 나는 당신과 성관계를 갖지 않을 것이다"[라고 말하는 경우] 그는 "자기 말을 뒤집을 수 없다"(민 30:3)에 해당한다.

어떤 사람이 "맹세[하건대] 내가 자지 않을 것이다", "[맹세하건대] 나는 말하지 않겠다", "[맹세하건대] 나는 걷지 않겠다"라고 말하는 경우 "[잠자는 것, 말하는 것, 걷는 것이] 금지된다."

- "허용된다"는 말은 금지 서원으로서 효력이 없다는 뜻이다. 이 미쉬나는 잘못된 서원 용례들을 제시하고 있다.
- '훌린'(속된 것)은 허용된 음식이다(1, 3). 그러므로 어떤 금지 사항을 만들어내지 못한다. 돼지고기는 유효한(코셔) 음식이 아닌 것, 즉 부정한 음식을 대표한다(레 11:7). 우상숭배(עבודה זרה, 아보다 자라)란 이방 제의에 사용된 음식을 말한다(신 7:26; 「아보다 자라」 2, 3). '심장에 구멍이 뚫린 동물 가죽'이란, 이방 제의에서 살에 구멍을 내어 그 심장을 꺼내 희생제물을 드리는 것을 일컬으며, 이는 우상숭배에 해당하므로 토라가 금지한다. 썩어가는 고기들(네벨롯)은 적절한 제의적 절차에 따라 도살(셰히타)하지 않은 죽은 동물(신 14:21)을 말한다.

---

11) 원문은 "그의 머리를 가볍게 하다"이며 생각을 가볍게 하다는 의미다.

- 찢겨죽은 것(טרפות, 트레폿, 단수는 트레파[טרפה]): 짐승에 찢긴 동물의 고기(출 22:31)를 기본으로, 다치거나 질병이 있는 고기를 말한다. 이런 고기는 제의적으로 도축되었어도 섭취가 금지된다. 혐오스러운 것(שקצים): 레위기 11:11, 20:25에서 금지하는 것, 또는 파충류. 기는 것(רמשים)은 레위기 11:29, 43절에서 먹는 것을 금지한다.

- 아론의 반죽(חלת אהרן, 아론의 할라): 반죽이 만들어졌을 때 이 일부를 떼어 제사장에게 바쳐야 하는데, 이를 '할라'라고 한다(민 15:20). 할라를 구별하기 전의 반죽은 아무도 먹을 수 없다. 할라는 제사장만 먹을 수 있으며, 할라를 떼고 남은 반죽은 누구나 먹을 수 있다. 거제 역시 제사장에게 바치는 곡물로, 이를 구별하기 전에는 그 곡물 섭취가 금지된다. 할라와 거제는 비제사장에게 성서적으로 금지된 것들이다. 따라서 금지 서원으로 효력을 발휘할 수 없다. '아론'은 제사장을 상징한다.

- 아내더러 어머니와 같다 말하는 것은, 아내에게서 혜택을 얻는다면 어머니와 근친상간하는 것이나 마찬가지라는 의미다. 자기 어머니와의 성관계는 토라가 이미 금지하는 것이기에(레 18:7) 그 서원은 성서법상 무효다. 그러나 랍비법은 이를 서원처럼 취급한다. "다른 곳으로부터"란 서원자가 후회나 회개한다 하여 서원이 취소되지 않고, 율법 권위자들이 서원을 취소해주어야 한다는 뜻이다(9, 1). 출구(פתח, 페탁흐)는 적절하지 않거나 본의 아니게 실수로 말한 서원이 취소될 수 있는 길을 열어주는 것을 말한다. 관련 조항은 제9장에서 자세히 다룬다.

- 걷는 것, 자는 것, 말하는 것은 그 형체가 없으므로 성서법상 서원의 대상이 될 수 없다(1, 4 비교).

    아내와 성관계를 안 하겠다고 한 서원에 대해서는 해석이 분분하다. 토라는 남편이 아내와 부부관계를 하도록 명한다. 이 의무를 저버리

면 아내의 법적 권리를 빼앗는 것이 된다. 서원은 자기 자신에게 무
엇인가를 금지시켜야 하는 것이지 다른 누군가의 것(여기서는 아내
의 권리)을 금지시켜서는 안 된다. 이에 게마라는 이 서원이 금하는
것이 물리적인 성행위 그 자체가 아니고 성관계에서 생기는 쾌락이
라고 해석한다. 토라가 쾌락을 명하지는 않기 때문이다(라브〔게마
라 15b〕). 성적 즐거움은 만질 수 있는(형체가 있는) 것이 아니기 때
문에 성서법상 서원으로 부적절하고, 랍비법상으로만 유효한 서원
으로 간주된다(토싸폿의 해석은 다르다). 그 근거로 "자기 말을 뒤
집을 수 없다"라는 성서의 금령(민 30:3)이 제시된다.

- 마지막 조항은 금지 객체가 무형이지만, 서원이라기보다 '맹세'(쉬
부아)로 간주하여 그 효력을 발휘한다.

2, 2

קָרְבָּן לֹא אֹכַל לָךְ, קָרְבָּן שֶׁאֹכַל לָךְ, לֹא קָרְבָּן לֹא אֹכַל לָךְ, מֻתָּר. שְׁבוּעָה
לֹא אֹכַל לָךְ, שְׁבוּעָה שֶׁאֹכַל לָךְ, לֹא שְׁבוּעָה לֹא אֹכַל לָךְ, אָסוּר. זֶה חֹמֶר
בִּשְׁבוּעוֹת מִבַּנְּדָרִים. וְחֹמֶר בַּנְּדָרִים מִבַּשְּׁבוּעוֹת, כֵּיצַד, אָמַר, קוֹנָם סֻכָּה
שֶׁאֲנִי עוֹשֶׂה, לוּלָב שֶׁאֲנִי נוֹטֵל, תְּפִלִּין שֶׁאֲנִי מֵנִיחַ, בַּנְּדָרִים אָסוּר, בַּשְּׁבוּעוֹת
מֻתָּר, שֶׁאֵין נִשְׁבָּעִין לַעֲבֹר עַל הַמִּצְוֹת:

"코르반, 내가 너의 음식을 먹지 않을 것이다", "내가 너의 음식을
먹는 것이 코르반", "로 코르반,[12] 내가 너의 음식을 먹지 않을 것이
다"〔라고 말하는 경우〕, 〔그 음식 먹는 것이〕 허용된다.

"맹세(쉬부아), 내가 너의 음식을 먹지 않을 것이다", "내가 네 음식
을 먹는 것이 맹세(쉬부아)다", "로 쉬부아, 내가 너의 음식을 먹지 않

---

12) '로 코르반'(לא קורבן)이라는 말은 부정어인 '로'(לא)가 앞서면서 '코르반과
〔같지〕 않다'라는 뜻이다. 다음에 이어지는 문장들 중 '로 쉬부아'도 마찬가지
로 맹세를 부정하는 말이 된다.

을 것이다"〔라고 말하는 경우〕, 〔그 음식 먹는 것이〕 금지된다. 이는 맹세가 서원보다 더 엄격하게 〔적용되는 사례들〕이다.

〔그러나〕 서원이 맹세보다 더 엄격하게 〔적용되는 사례〕도 있다. 어떻게 〔그러한가〕? "코남, 내가 세우는 쑤카가", "내가 취하는 룰라브가", "내가 두르는 테필린이"〔라고 말하는 경우〕, 서원이라면 그에게 금지되지만, 맹세라면 〔그에게〕 허용된다. 〔토라의〕 계명을 어기는 맹세는 할 수 없기 때문이다.

- 서원(네데르)과 비슷해보이지만, 예를 든 문장들은 맹세(쉬부아) 유형으로, 이 경우 '코르반'은 아무 의미가 없다. 그러므로 이 진술은 서원으로 효력이 없다. 서원 형식을 갖추려면 너의 음식〔으로부터 유익을 얻는 것〕이 내게 코르반처럼 금지된다로, 형체 있는 대상(음식)을 금지해야 한다.

  "내가 너의 음식을 먹는 것이 코르반"의 경우, 이미 1, 4에서 서원으로 유효하다고 정한 바 있다. 따라서 일부 랍비들은 여기서의 코르반은 '하코르반'(הקרבן, 그 코르반) 또는 '하아 코르반'(הא קורבן, 코르반의 목숨에 걸고)으로 수정되어야 한다고 말한다(야드 아브라함).
- 맹세와 서원의 차이점을 계속 설명한다. 서원과 달리 형체가 없는 것이 맹세에서는 효력을 발휘한다.
- 이 경우 쑤카(סכה, 초막), 룰라브(לולב, 초막절 때 흔드는 종려나무 가지), 테필린(תפלין, 성구함)은 토라가 명하는 계명이다. 이 경우 서원으로서는 효력을 발휘하므로 서원자에게는 서원한 내용대로 그것들이 금지되지만, 맹세로서는 무효다. 따라서 그것들이 맹세자에게 금지되지 않고 여전히 허용된다.

יֵשׁ נֶדֶר בְּתוֹךְ נֶדֶר, וְאֵין שְׁבוּעָה בְּתוֹךְ שְׁבוּעָה. כֵּיצַד, אָמַר הֲרֵינִי נָזִיר אִם
אֹכַל, הֲרֵינִי נָזִיר אִם אֹכַל, וְאָכַל, חַיָּב עַל כָּל אַחַת וְאֶחָת. שְׁבוּעָה שֶׁלֹּא
אֹכַל, שְׁבוּעָה שֶׁלֹּא אֹכַל, וְאָכַל, אֵינוֹ חַיָּב אֶלָּא אֶחָת:

서원 안에 서원이 있으나, 맹세 안에 맹세는 없다.

어떻게 〔그러한가〕? "내가 〔이것을〕 먹는다면 나지르다. 내가 〔이것을〕 먹는다면 나지르다"라 말하고서 먹는다면, 그는 각각〔의 선언〕에 모두 매인다. "내가 먹지 않기로 맹세한다. 내가 먹지 않기로 맹세한다"라고 한 후에 먹었다면, 그는 오직 하나만 〔지킬〕 책임이 있다.

● 두 번 반복해서 말한 경우에 서원은 두 번 책임을 져야 하지만, 맹세는 한 번만 이행하면 된다.

סְתָם נְדָרִים לְהַחְמִיר, וּפֵרוּשָׁם לְהָקֵל. כֵּיצַד, אָמַר הֲרֵי עָלַי כִּבְשַׂר מָלִיחַ,
כְּיֵין נֶסֶךְ, אִם שֶׁל שָׁמַיִם נָדַר, אָסוּר. אִם שֶׁל עֲבוֹדָה זָרָה נָדַר, מֻתָּר. וְאִם
סְתָם, אָסוּר. הֲרֵי עָלַי כְּחֵרֶם, אִם כְּחֵרֶם שֶׁל שָׁמַיִם, אָסוּר. וְאִם כְּחֵרֶם
שֶׁל כֹּהֲנִים, מֻתָּר. וְאִם סְתָם, אָסוּר. הֲרֵי עָלַי כְּמַעֲשֵׂר, אִם כְּמַעְשַׂר בְּהֵמָה
נָדַר, אָסוּר. וְאִם שֶׁל גֹּרֶן, מֻתָּר. וְאִם סְתָם, אָסוּר. הֲרֵי עָלַי כִּתְרוּמָה, אִם
כִּתְרוּמַת הַלִּשְׁכָּה נָדַר, אָסוּר. וְאִם שֶׁל גֹּרֶן, מֻתָּר. וְאִם סְתָם, אָסוּר, דִּבְרֵי
רַבִּי מֵאִיר. רַבִּי יְהוּדָה אוֹמֵר, סְתָם תְּרוּמָה בִּיהוּדָה אֲסוּרָה, בַּגָּלִיל מֻתֶּרֶת,
שֶׁאֵין אַנְשֵׁי גָלִיל מַכִּירִין אֶת תְּרוּמַת הַלִּשְׁכָּה. סְתָם חֲרָמִים, בִּיהוּדָה מֻתָּרִין,
וּבַגָּלִיל אֲסוּרִין, שֶׁאֵין אַנְשֵׁי גָלִיל מַכִּירִין אֶת חֶרְמֵי הַכֹּהֲנִים:

모호한 서원은 엄격하게 〔취급되지만〕 그 해석은 관대하게 〔할 수 있다〕.

어떻게 〔그러한가〕? "〔이것은〕 내게 염장육과 같다", "〔이것은〕 내게 전제로 드린 포도주와 같다"라고 말한 경우, 그가 하늘의 것에 서원했다면 〔그것은〕 금지된다. 〔그러나〕 우상숭배〔와 관련된〕 것에 〔서원했다면〕, 허용된다. 특정하지 않았다면 금지된다.

"〔이것은〕 내게 온전히 바친 것(헤렘)과 같다"〔라고 한 경우〕, 하늘에 온전히 바친 것〔을 뜻하면〕, 〔그것은〕 금지된다. 그러나 제사장에게 온전히 바친 것〔을 뜻하면〕 허용된다. 특정하지 않았다면 금지된다.

"〔이 음식은〕 내게 십일조와 같다"〔라고 한 경우〕, 만일 가축의 십일조처럼 서원했다면 그것은 금지된다. 그러나 타작마당의 것이면 허용된다. 특정하지 않았다면 금지된다.

"〔이것은〕 이로써 내게 거제와 같다"〔라고 한 경우〕, 만일 성전 방의 거제로 서원했다면 〔그것은〕 금지된다. 만일 타작마당의 것이면 허용된다. 특정하지 않았다면 금지된다. 이는 랍비 메이르의 말이다.

〔그러나〕 랍비 예후다는 말한다. "특정하지 않은 거제의 경우, 유다 지역에서는 〔그것이〕 금지된다. 그러나 갈릴리 지역에서는 허용된다. 갈릴리 사람들은 성전 방의 거제를 〔잘〕 모르기 때문이다. 특정하지 않고 온전히 바친 것(헤렘)〔의 경우〕, 유다 지역에서는 허용되지만 갈릴리 지역에서는 금지된다. 갈릴리 사람들은 제사장에게 온전히 바치는 헤렘을 〔잘〕 모르기 때문이다."

- 서원자가 금하겠다고 한 대상이나 행위가 허용된다. 즉 서원이 무효다. 서원자가 금하겠다고 한 대상이나 행위가 금지된다. 즉, 그 서원은 유효하다.
- 염장육, 즉 소금에 절인 고기는 희생제물을(레 2:13), 포도주는 성전 제단에 바치는 헌주(전제)를 언급하는 것일 수 있다.
- 가축의 십일조는 제단에서 희생제물로 신께 바쳐진다. 반면 타작마당에서 구별하는 십일조는 곡물을 의미하는데 이것은 신에게 제물

로 바치지 않고 레위인에게 바치는 것이며, 무르면 누구든 먹을 수 있다(레 27: 30-33)(관련법은 『코다쉼』 「브코롯」, 9, 7). 가축의 십일조는 금지된 거룩한 성물이기에 서원 형식으로 유효하지만, 레위인에게 바치는 곡물 십일조는 성물이 아니기 때문에 서원으로 무효다.

- 성전 방의 거제(תרומת הלשכה, 트루맛 할리쉬카): 성전 방(창고)에 바치는 헌금이며, 이 돈은 희생제물을 사는 데 쓰인다.

- 랍비 예후다는 랍비 메이르의 의견에 더해 지역별 차이를 둔다. 즉 각 지역의 관습을 고려해 법을 적용해야 한다는 주장이다. 유다인들은 보통 특정하지 않은 거제(테루마)를 성전 방의 거제로 이해하므로 이 서원은 유효하다. 반면 성전에서 멀리 떨어진 갈릴리 지역민들은 성전 방의 거제에 대한 이해도가 상대적으로 부족하여, 제사장에게 바치는 곡물 거제를 언급한다고 추정할 수 있다. 비슷한 맥락에서, 제사장들이 많이 거주하는 유다 지역에서는 특정하지 않고 헤렘으로 온전히 바치는 것을, 성전이 아닌 제사장에게 바치는 것으로 생각하여 언급할 것이기에 그 서원이 무효라고 하며, 반면 갈릴리에서는 성전에 온전히 바치는 것을 염두에 두고 언급했을 것이기에 그 서원이 유효라고 본다. 랍비 예후다의 의견이 받아들여졌다.

2, 5

נָדַר בְּחֵרֶם וְאָמַר, לֹא נָדַרְתִּי אֶלָּא בְּחֶרְמוֹ שֶׁל יָם. בְּקָרְבָּן, וְאָמַר, לֹא נָדַרְתִּי אֶלָּא בְּקָרְבְּנוֹת שֶׁל מְלָכִים. הֲרֵי עַצְמִי קָרְבָּן, וְאָמַר, לֹא נָדַרְתִּי אֶלָּא בְּעֶצֶם שֶׁהִנַּחְתִּי לִי לִהְיוֹת נוֹדֵר בּוֹ. קוֹנָם אִשְׁתִּי נֶהֱנֵית לִי, וְאָמַר לֹא נָדַרְתִּי אֶלָּא בְּאִשְׁתִּי הָרִאשׁוֹנָה שֶׁגֵּרַשְׁתִּי, עַל כֻּלָּן אֵין נִשְׁאָלִים לָהֶם. וְאִם נִשְׁאֲלוּ, עוֹנְשִׁין אוֹתָן וּמַחְמִירִין עֲלֵיהֶן, דִּבְרֵי רַבִּי מֵאִיר. וַחֲכָמִים אוֹמְרִים, פּוֹתְחִין לָהֶם פֶּתַח מִמָּקוֹם אַחֵר, וּמְלַמְּדִים אוֹתָן כְּדֵי שֶׁלֹּא יִנְהֲגוּ קַלּוּת רֹאשׁ בַּנְּדָרִים:

헤렘(온전히 바친 것)으로[13] 서원하고 나서 "나는 단지 바다 그물(헤렘)로 서원했을 뿐이다"라고 말하거나, 희생제물(코르반)로 [서원하고 나서] "나는 단지 왕들에게 바치는 선물(코르바놋)로 서원했을 뿐이다"[라고 말하거나], "이로써 내 자신(아쯔미)이 희생제물이다"[라고 서원하고서] "나는 서원에 쓰려고 나를 위해 따로 챙겨놓은 뼈(에쩸)로 서원했을 뿐이다"[라고 말하거나], "내게서 아내가 혜택을 얻는 것이 코남이다"[라고 서원하고 나서] "나와 이혼한 첫 번째 아내를 두고 서원했을 뿐이다"라고 말하면, 이 모든 경우에 있어 [서원 취소를] 요청할 수 없다. 만일 이들이 [취소를] 요청한다면, 이들을 처벌하고, 엄중하게 처리해야 한다. 이는 랍비 메이르의 말이다.

그러나 현인들은 말한다. "우리는 그들에게 다른 곳으로부터 출구를 열어주고 이들이 서원함에 있어 경솔하게 행동하지 못하도록 가르쳐야 한다."

- 유효한 서원을 해놓고서 동음이의어를 이용해 서원이 아니었다고 빠져나가려는 경우들이다. 동음이의어에 관한 내용으로, 히브리어 낱말 '헤렘'은 온전히 바친 것 외에 '물고기 잡는 그물'이라는 뜻도 있다. '코르반'은 희생제물과 함께 '선물'이라는 뜻도 있다. '에쩸'은 '자신'이라는 뜻 이외 '뼈'라는 뜻도 있다. "내 자신이 코르반이다"는 자신의 값을 매겨 그 금액을 성전에 바치겠다는 선언이다(레 27: 2-8). 따라서 이는 유효한 서원 문구로 간주된다.
- 다른 곳으로부터 출구를 열어준다는 것은 서원을 취소할 근거를 마련해준다는 뜻이다(2, 1).

---

13) '헤렘'이라는 용어를 사용하여 서원하는 것.

제3장

당사자에게 자신의 서원이 효력을 발휘하게 하려는 의도가 없었다면, 유효한 문구를 사용했음에도 그 서원이 무효가 되는 경우 등을 다룬다.

3, 1

אַרְבָּעָה נְדָרִים הִתִּירוּ חֲכָמִים, נִדְרֵי זֵרוּזִין, וְנִדְרֵי הֲבַאי, וְנִדְרֵי שְׁגָגוֹת, וְנִדְרֵי
אֳנָסִים. נִדְרֵי זֵרוּזִין, כֵּיצַד. הָיָה מוֹכֵר חֵפֶץ וְאָמַר, קוֹנָם שֶׁאֵינִי פוֹחֵת לְךָ מִן
הַסֶּלַע, וְהַלָּה אוֹמֵר, קוֹנָם שֶׁאֵינִי מוֹסִיף לְךָ עַל הַשֶּׁקֶל, שְׁנֵיהֶן רוֹצִין בִּשְׁלשָׁה
דִינָרִין. רַבִּי אֱלִיעֶזֶר בֶּן יַעֲקֹב אוֹמֵר, אַף הָרוֹצֶה לְהַדִּיר אֶת חֲבֵרוֹ שֶׁיֹּאכַל
אֶצְלוֹ, אוֹמֵר, כָּל נֶדֶר שֶׁאֲנִי עָתִיד לִדֹּר הוּא בָטֵל, וּבִלְבַד שֶׁיְּהֵא זָכוּר בִּשְׁעַת
הַנֶּדֶר:

현인들은 부추기는 서원, 과장용 서원, 실수로 한 서원, 불가항력적 서원, 이 네 가지 〔유형의〕 서원은 효력이 없다고 규정했다.

어떠한 경우가 부추기는 서원인가? 어떤 사람이 물건을 팔면서 말하기를 "〔내게〕 코남〔처럼 금지되었으므로〕 나는 당신에게 1쎌라[14] 밑으로 〔가격을〕 낮춰 팔지 않을 것이다"라고 하고, 다른 한쪽은 "〔내게〕 코남〔처럼 금지되었으므로〕 나는 당신에게 1쉐켈 위로는 〔값을 더〕 얹어주지 않을 것이다"라고 한 경우, 양쪽 모두 3디나르에 〔거래가 성사되기를〕 원하는 것이다.

랍비 엘리에제르 벤 야아콥은 말한다. "어떤 사람이 〔실제 서원 의도 없이〕 그의 친구가 자기와 함께 먹게 하려고 〔혜택 얻는 것을 금지하는〕 서원을 하기 원하면, 그는 〔처음부터〕 '앞으로 내가 할 모든 서원은 무효다'라고 말해야 한다. 단 그가 서원할 때 〔그 진술을〕 기억

---

14) 4디나르에 해당한다.

해야 [그것이 효력을 발휘]한다."

- 부추기는 서원은 자기 자신이나 상대방을 자극 내지 격려, 권고하거
  나 협상을 하기 위한 서원을 말한다. 나머지 세 가지 유형의 서원은
  이어지는 미쉬나에서 다뤄진다.
- 서원하는 자가 실제 그렇게 하려는 의도가 없었을 때는 그 효력을 발
  휘하지 못한다.

3, 2

נִדְרֵי הֲבַאי, אָמַר, קוֹנָם אִם לֹא רָאִיתִי בַּדֶּרֶךְ הַזֶּה כְּיוֹצְאֵי מִצְרַיִם, אִם לֹא
רָאִיתִי נָחָשׁ כְּקוֹרַת בֵּית הַבַּד. נִדְרֵי שְׁגָגוֹת, אִם אָכַלְתִּי וְאִם שָׁתִיתִי, וְנִזְכַּר
שֶׁאָכַל וְשָׁתָה. שֶׁאֲנִי אוֹכֵל וְשֶׁאֲנִי שׁוֹתֶה, וְשָׁכַח וְאָכַל וְשָׁתָה. אָמַר, קוֹנָם
אִשְׁתִּי נֶהֱנֵית לִי, שֶׁגָּנְבָה אֶת כִּיסִי וְשֶׁהִכְּתָה אֶת בְּנִי, וְנוֹדַע שֶׁלֹּא הִכַּתּוּ
וְנוֹדַע שֶׁלֹּא גְּנָבַתּוּ. רָאָה אוֹתָן אוֹכְלִים תְּאֵנִים וְאָמַר, הֲרֵי עֲלֵיכֶם קָרְבָּן,
וְנִמְצְאוּ אָבִיו וְאֶחָיו, וְהָיוּ עִמָּהֶן אֲחֵרִים, בֵּית שַׁמַּאי אוֹמְרִים, הֵן מֻתָּרִין וּמַה
שֶּׁעִמָּהֶן אֲסוּרִין. וּבֵית הִלֵּל אוֹמְרִים, אֵלּוּ וָאֵלּוּ מֻתָּרִין:

과장용 서원이란 [무엇인가]? 어떤 사람이 "코남, 내가 이집트에서
나온 사람들 [수와] 비슷한 [수의 사람들을] 이 길에서 보지 않았다
면" [또는] "[코남,] 올리브 기름틀의 지렛대만큼 큰 뱀을 보지 않았
다면"이라고 말하는 것이다.

실수로 한 서원이란 [무엇인가]? "만일 내가 먹었다면" 또는 "만일
내가 마셨다면"이라고 했는데 그가 먹거나 마셨음을 [이미] 기억하고
있는 것, "만일 내가 먹으면" 또는 "만일 내가 마시면"이라고 했는데
[이후] 이를 잊고 먹거나 마시는 것, "아내가 내 지갑을 훔쳤으므로"
또는 "[아내가] 내 아들을 때렸으므로, 코남, 아내가 내게서 유익 얻
는 것이"라고 말했는데, 그의 아내가 그(아들)를 때리지 않았거나 그
것(지갑)을 훔치지 않았음이 밝혀지는 것이다.

어떤 이가 사람들이 무화과를 먹는 것을 보고 "당신들에게 [무화과가] 코르반[처럼 금지되기를]"이라고 말했는데, [알고 보니 그들이] 자기 아버지나 형제들이며 다른 이들도 함께 있었다면, 샴마이 학파는 말한다. "그들(아버지와 형제들)에게는 [무화과 먹는 것이] 허용되나 함께 있던 다른 이들에게는 금지된다." [그러나] 힐렐 학파는 말한다. "양쪽 모두 [무화과 먹는 것이] 허용된다."

- 토라는 이집트에서 나온 사람들이 남자만 60만이라고 말한다(출 12: 37). 화자는 불가능한 상황을 과장하여 서원의 조건으로 삼고 있다. 이 경우 그의 서원은 무효이므로 금지 대상으로 삼았던 것이 허용된다. 예를 들어 화자는 엄청나게 많은 사람들 또는 괴기한 뱀을 봤는데, 이 말이 사실이 아니라면 앞으로 이 음식을 먹지 않겠다고 말한다. 화자의 실제 의도는 서원이라기보다 자기가 본 것에 대한 강조이므로 문자 그래도 받아들이면 안 된다는 해석이다.
- 실수 또는 잘못된 추정에 의해 이뤄진 서원은 효력이 없다.
- 정황상, 멀리서 자기 과수원의 무화과를 먹고 있는 사람들을 보고 타인이 자기 무화과를 먹는 것을 원치 않아서 금지 서원을 했는데, 알고 보니 그들 무리에 자기 아버지와 형제들이 포함되어 있는 경우다. 샴마이 학파는 자기 아버지와 형제에게까지 이 무화과 먹는 것을 금지하려는 의도는 없었을 테니 함께 있던 다른 이들에게만 서원이 적용되어야 한다고 주장한다. 반면 힐렐 학파는 서원의 일부가 무효라면 그 서원 전체가 무효라고 주장한다(9, 3).

3, 3

נִדְרֵי אֲנָסִים, הִדִּירוֹ חֲבֵרוֹ שֶׁיֹּאכַל אֶצְלוֹ, וְחָלָה הוּא אוֹ שֶׁחָלָה בְנוֹ אוֹ
שֶׁעִכְּבוֹ נָהָר, הֲרֵי אֵלּוּ נִדְרֵי אֲנָסִין:

불가항력적 서원이란 무엇인가? 어떤 사람이 자기 곁에서 먹게 하려고 친구를 대상으로 서원했는데 그(친구)가 아프거나, 그(친구)의 아들이 아픈 것, 또는 강물이 〔불어〕 그를 〔올 수 없도록〕 방해하는 것, 이것들은 불가항력적 서원이다.

- A가 친구인 B를 자기 집에 초대하고 싶어서, 와서 음식을 먹지 않으면 자기(A)로부터 어떤 유익도 얻지 못하리라고 서원한 경우다. 그러나 A는, B가 불가피한 상황에 처해도 반드시 자기 집에 와서 먹어야 한다는 의도로 서원하지는 않았다. 그러므로 그 서원은 효력이 발생하지 않는다.

3, 4

נוֹדְרִין לַהֲרָגִין וְלַחֲרָמִין וְלַמּוֹכְסִין שֶׁהִיא תְרוּמָה אַף עַל פִּי שֶׁאֵינָה תְרוּמָה,
שֶׁהֵן שֶׁל בֵּית הַמֶּלֶךְ אַף עַל פִּי שֶׁאֵינָן שֶׁל בֵּית הַמֶּלֶךְ. בֵּית שַׁמַּאי אוֹמְרִים,
בְּכֹל נוֹדְרִין, חוּץ מִבִּשְׁבוּעָה. וּבֵית הִלֵּל אוֹמְרִים, אַף בִּשְׁבוּעָה. בֵּית שַׁמַּאי
אוֹמְרִים, לֹא יִפְתַּח לוֹ בְּנֶדֶר. וּבֵית הִלֵּל אוֹמְרִים, אַף יִפְתַּח לוֹ. בֵּית שַׁמַּאי
אוֹמְרִים, בַּמֶּה שֶׁהוּא מַדִּירוֹ. וּבֵית הִלֵּל אוֹמְרִים, אַף בַּמֶּה שֶׁאֵינוֹ מַדִּירוֹ.
כֵּיצַד, אָמְרוּ לוֹ, אֱמֹר קוֹנָם אִשְׁתִּי נֶהֱנֵית לִי, וְאָמַר קוֹנָם אִשְׁתִּי וּבָנַי נֶהֱנִין
לִי, בֵּית שַׁמַּאי אוֹמְרִים, אִשְׁתּוֹ מֻתֶּרֶת וּבָנָיו אֲסוּרִין. וּבֵית הִלֵּל אוֹמְרִים, אֵלּוּ
וָאֵלּוּ מֻתָּרִין:

살인자들이나 강도들 혹은 세금[15] 징수원들 〔앞에서〕 어떤 것이 거제가 아닌데도 거제라고, 또는 왕가의 소유물이 아닌데도 왕가의 소유물이라고 서원할 수 있다.

삼마이 학파는 말한다. "맹세〔형태〕를 제외하고, 어떤 서원이든 〔할 수 있다〕." 〔그러나〕 힐렐 학파는 말한다. "맹세〔형태〕여도 〔그렇다〕".

---

15) 불법 또는 과세의.

샴마이 학파는 말한다. "그가 먼저 나서서 서원해서는 안 된다." 〔그러나〕 힐렐 학파는 말한다. "먼저 나설 수도 있다." 샴마이 학파는 "서원하도록 강요된 것에 한해서만 〔그렇다〕"라고 말하지만, 힐렐 학파는 "서원하도록 강요되지 않은 것에도 〔그렇다〕"라고 말한다.

어떻게 〔그러한가?〕 그들이 그에게 "'코남, 내 아내가 나에게서 유익을 취하는 것이'라고 말해라"고 했는데, 그가 "코남, 내 아내와 자식들이 내게서 유익을 취하는 것"이라고 말하는 경우다. 샴마이 학파는 말한다. "그의 아내는 〔유익을 취하는 것이〕 허용되지만 자식들은 금지된다." 〔그러나〕 힐렐 학파는 말한다. "이쪽도 저쪽도 〔유익을 취하는 것이〕 허용된다."

- 어쩔 수 없는 상황에서 자신이나 자신의 소유물을 보호하기 위해 본인의 의도가 아닌 서원을 한 경우에 있어, 샴마이 학파와 힐렐 학파의 의견이 부분적으로 갈리고 있음을 보여준다. 샴마이 학파는 맹세를 서원보다 더 엄중하게 다룬다(출 20:7; 게마라 18a; 2, 2).
- 샴마이 학파는, 강요한 자(살인자, 강도, 세금 징수원 등)가 지시한 내용 외에 스스로 추가한 부분은 서원으로 효력이 있다고 주장한다. 따라서 위 경우, 아내는 그에게서 유익을 얻을 수 있지만 그의 자식은 유익을 얻을 수 없다. 힐렐 학파는 추가한 부분을 포함해 그 서원 전체가 효력이 없다고 주장한다.

3, 5

הֲרֵי נְטִיעוֹת הָאֵלּוּ קׇרְבָּן אִם אֵינָן נִקְצָצוֹת, טַלִּית זוֹ קׇרְבָּן אִם אֵינָהּ נִשְׂרֶפֶת, יֵשׁ לָהֶן פִּדְיוֹן. הֲרֵי נְטִיעוֹת הָאֵלּוּ קׇרְבָּן עַד שֶׁיִּקָּצְצוּ, טַלִּית זוֹ קׇרְבָּן עַד שֶׁתִּשָּׂרֵף, אֵין לָהֶם פִּדְיוֹן:

〔어떤 사람이 서원하기를〕 "이 묘목들이 쓰러지지 않으면, 이것들

은 코르반이다" 또는 "이 겉옷이 불타지 않으면 이것은 코르반이다"
라고 할 경우, 이것들은 [돈으로] 무를 수 있다. [그러나] "이 묘목들
이 쓰러질 때까지 코르반이다" 내지 "이 겉옷이 불탈 때까지 코르반
이다"[라고 서원한다면] 이것들은 [돈으로] 무를 수 없다.

- 가령 폭풍이 와서 묘목이 부러질 위기에 있는데, 만일 그것이 살아남
  으면 코르반(제물)처럼 봉헌하겠다고 서원한 경우다. 마찬가지로
  화재가 났는데, 옷이 타지 않고 화마를 견뎌내면 그것을 봉헌하겠다
  고 서원한 경우로 이해할 수 있다(게마라 28b). 이것은 실수로 한 서
  원으로 볼 수 없기에 효력을 발휘한다. 따라서 묘목이 쓰러지거나 옷
  이 타지 않으면 거룩한 것으로서 서원자에게 금지되며, 서원자는 그
  것을 성전에 봉헌하기 위해 돈으로 바꿔야 한다.
- 위 서원 내용에 시간적 제한을 둔 경우로, 그 특정한 시간이 도달했
  을 때 거룩한 상태가 만료되느냐 갱신되느냐를 쟁점으로 여러 논쟁
  이 있다. 설정한 시간이 지났다면 더는 거룩하지 않기 때문에 돈으로
  무를 수 없다는 내용으로 이해된다(야드 아브라함).

3, 6

הַנּוֹדֵר מִיּוֹרְדֵי הַיָּם, מֻתָּר בְּיוֹשְׁבֵי הַיַּבָּשָׁה. מִיּוֹשְׁבֵי הַיַּבָּשָׁה, אָסוּר בְּיוֹרְדֵי
הַיָּם, שֶׁיּוֹרְדֵי הַיָּם בִּכְלַל יוֹשְׁבֵי הַיַּבָּשָׁה. לֹא כְאֵלּוּ שֶׁהוֹלְכִין מֵעַכּוֹ לְיָפוֹ, אֶלָּא
בְּמִי שֶׁדַּרְכּוֹ לְפָרֵשׁ:

뱃사람들[16]로부터 [유익을 얻지 않겠다고] 서원하는 사람의 경우,
뭍에 거주하는 사람들[17]로부터 [유익을 얻는 것은] 허락된다. [그러

---

16) 직역하면 '바다로 내려가는 사람들'이다.
17) 직역하면 '마른 땅에 거주하는 사람들'이다.

나] 뭍에 거주하는 사람들로부터 [유익을 얻지 않겠다고 서원하면],
뱃사람들로부터 [유익을 얻는 것 역시] 금지된다. 뱃사람들 또한 뭍
에 거주하는 사람들에 포함되기 때문이다. [뱃사람이란] 악코[18]에서
야포[19]까지 [단거리를 가는 사람들이] 아니라, 관례적으로 [먼 거리
를] 항해하는 사람들이다.

3, 7

> הַנּוֹדֵר מֵרוֹאֵי הַחַמָּה, אָסוּר אַף בְּסוּמִין, שֶׁלֹּא נִתְכַּוֵּן זֶה אֶלָּא לְמִי שֶׁהַחַמָּה
> רוֹאָה אוֹתוֹ:

'태양을 보는 사람'으로부터 [유익을 얻지 않겠다고] 서원한 사람
의 경우, 앞을 못보는 사람으로부터 [유익을 얻는 것 역시] 금지된다.
왜냐하면 그는 '태양이 보는 [모든] 사람'을 의미했기 때문이다.

- 태양을 보는 사람("those who see the sun", 즉 앞을 보는 사람)으로
  보통 이해하게 되는 '로에 하하마'(רוֹאֵי הַחַמָּה)는 '태양이 보는 사
  람'을 의미할 수도 있다(블랙먼). 즉 태양에 비추이는 것, 앞을 보는
  사람이든 앞을 보지 못하는 사람이든 태양 아래 살아가는 모든 사
  람을 의미한다는 해석이다.

3, 8

> הַנּוֹדֵר מִשְּׁחוֹרֵי הָרֹאשׁ, אָסוּר בַּקֵּרְחִין וּבְבַעֲלֵי שֵׂיבוֹת, וּמֻתָּר בַּנָּשִׁים
> וּבַקְּטַנִּים, שֶׁאֵין נִקְרָאִין שְׁחוֹרֵי הָרֹאשׁ אֶלָּא אֲנָשִׁים:

---

18) עכו (Acre/Acco/Akko/Akka).
19) יפו (Jaffa/Joppa/Jappo/Yafo/Yafa/Japho).

'머리 검은 사람들'로부터 〔유익을 얻지 않겠다고〕 서원하는 사람의 경우, 대머리나 회색 머리카락을 지닌 사람들에게서도 〔유익을 얻는 것이〕 금지된다. 그러나 여자들과 어린 아이들로부터는 〔유익을 얻는 것이〕 허용된다. 왜냐하면 남자들만 '머리 검은 사람들'로 불리기 때문이다.

- '머리 검은 사람들'(שחורי הראש)이라는 호칭을 어떤 이들에게 적용하느냐가 관건이다.[20] 여기서 '검은 머리'란 실제 검은색 머리카락을 지닌 사람들이라기보다 '남성'을 가리키는 표현으로 해석된다(게마라 30b). 회색 머리카락은 나이 들어 머리가 센 사람들, 즉 연세가 많은 사람들을 가리킨다. 지금 현재 회색 머리든 대머리든, 한때 검은 머리카락을 지녔던 성인 남성을 '검은 머리'로 통칭한다.
- 여자의 경우 보통 머리를 가리기에 '덮은 머리'(מכוסי הראש)로, 아이들은 머리를 가리지 않고 다니기에 '민머리'(מגולי הראש)라고 불렀다. 반면 성인 남성은 머리를 가리기도 하고 드러내기도 하므로, '덮은 머리'나 '민머리'가 아닌 '검은 머리'라는 표현을 사용했다. 미쉬나 시대에는 대부분의 남성들이 흑발이었다고 추정된다(야드 아브라함).

---

20) '머리가 검은 사람들'이라는 호칭은 고대 서아시아 문명권에서 슈메르어와 아카드어 문학작품에 등장하던 전통적인 표현이다(Ignace J. Gelb, Benno Landsberger, A. Leo Oppenheim[eds.], *The Assyrian Dictionary of the Oriental Institute of the University of Chicago*, Vol. 16, Chicago, IL: the Oriental Institute, 1962, pp. 75-76). 히브리 성서에서 사용된 적은 없기 때문에 아람어 문화를 통해 랍비 히브리어로 유입되었으리라 짐작할 수 있다.

הַנּוֹדֵר מִן הַיִּלוֹדִים, מֻתָּר בַּנּוֹלָדִים. מִן הַנּוֹלָדִים, אָסוּר בַּיִּלוֹדִים. רַבִּי מֵאִיר
מַתִּיר אַף בַּיִּלוֹדִים. וַחֲכָמִים אוֹמְרִים, לֹא נִתְכַּוֵּן זֶה אֶלָּא בְמִי שֶׁדַּרְכּוֹ
לְהוֹלִיד:

일로딤을 두고 서원한 사람의 경우, 놀라딤에게서 [유익을 얻는 것
은] 허용된다. 그러나 놀라딤을 두고 [서원한 사람의 경우], 일로딤에
게서 [유익을 얻는 것 역시] 금지된다.

[반면] 랍비 메이르는 일로딤으로부터 [유익을 얻는 것을] 허용한
다. 그러나 현인들은 말한다. "그(서원자)는 다름 아닌 태생성으로 출
산하는 것을 언급한 것이다."

- '일로딤'(ילודים)은 이미 태어난 생명체를(수 5:5)[21], '놀라딤'(נולדים)
  은 앞으로 태어날 생명체를 일컫는다(왕상 13:2).[22] '일로딤'에게서
  유익을 얻지 않겠다고 서원했을 때는 '놀라딤'과 별개로 간주하지
  만, '놀라딤'에게서 유익을 얻지 않겠다고 서원한 경우는 이것이 '일
  로딤'을 포함한다고 간주한다. 따라서 앞으로 태어날 생명체와 이미
  태어난 생명체 양쪽에서 유익을 취하는 것이 금지된다는 주장이다.
- 랍비 메이르는 위 의견에 반대한다. 그는 '놀라딤'이 '일로딤'을 포
  함하지 않는 별개의 용어라고 해석한다. 그러나 현인들은 랍비 메이
  르의 주장에 동의하지 않는다. 이들은 '놀라딤'을 '앞으로 태어날 생
  명체'가 아닌, 태생성 생명체, 즉 새끼를 살아 있는 상태로 출산하는
  포유류[23]의 방식으로 태어난 모든 생명체로 해석하고 있다(라브;
  람밤).

---

21) 출애굽기 1:22에서는 반대 경우로, '태어날' 아들을 가리키는 데 사용된다.
22) 일로딤과 놀라딤은 각각 '일로드'와 '놀라드'의 복수 형태다.
23) 따라서 난생인 물고기나 새는 포함되지 않는다(블랙먼).

הַנּוֹדֵר מְשׁוֹבְתֵי שַׁבָּת, אָסוּר בְּיִשְׂרָאֵל וְאָסוּר בַּכּוּתִים. מֵאוֹכְלֵי שׁוּם, אָסוּר בְּיִשְׂרָאֵל וְאָסוּר בַּכּוּתִים. מֵעוֹלֵי יְרוּשָׁלַיִם, אָסוּר בְּיִשְׂרָאֵל וּמֻתָּר בַּכּוּתִים:

안식일에 쉬는 사람들에게서 [유익을 얻지 않겠다고] 서원하는 사람의 경우, 이스라엘 사람과 쿠타인(사마리아인) 모두로부터 [유익을 얻는 것이] 금지된다. [안식일에] 마늘을 먹는 사람들에게서 [유익을 얻지 않겠다고 서원하는 사람의 경우], 이스라엘 사람과 쿠타인 모두로부터 [유익을 얻는 것이] 금지된다. 예루살렘으로 올라가는 사람들로부터 [유익을 얻지 않겠다고 서원하는 사람의 경우], 이스라엘 사람에게서 [유익을 얻는 것이] 금지되지만, 쿠타인에게서 [유익을 얻는 것은] 허용된다.

- 랍비 유대교 전통은 앗시리아에서 사마리아로 강제 이주된 비유대인(왕하 17)의 후손이 사마리아인들이라고 간주한다. 이들 다수가 쿠타(Cuta)에서 왔다고 추정하여 쿠타인이라 부르는데, 일부는 유대인에 동화된 것으로 보인다.[24] 사마리아인들은 그들의 성전을 예루살렘이 아닌 그리심산에 두었다.
- 앞 두 조항은 이스라엘인과 사마리아인이 토라를 공유하기 때문, 다시 말해 사마리아인도 안식일을 지키기 때문이고, 마지막 조항은 이들의 성전이 있는 곳이 달라서다. 사마리아인은 예루살렘이 아닌 그리심산으로 올라간다.

---

24) 사마리아인들에 관해서는 랍비들 사이에도 견해 차이가 분분하다.

קוֹנָם שֶׁאֵינִי נֶהֱנֶה לִבְנֵי נֹחַ, מֻתָּר בְּיִשְׂרָאֵל וְאָסוּר בְּאֻמּוֹת הָעוֹלָם. שֶׁאֵינִי
נֶהֱנֶה לְזֶרַע אַבְרָהָם, אָסוּר בְּיִשְׂרָאֵל וּמֻתָּר בְּאֻמּוֹת הָעוֹלָם. שֶׁאֵינִי נֶהֱנֶה
לְיִשְׂרָאֵל, לוֹקֵחַ בְּיוֹתֵר וּמוֹכֵר בְּפָחוֹת. שֶׁיִּשְׂרָאֵל נֶהֱנִין לִי, לוֹקֵחַ בְּפָחוֹת
וּמוֹכֵר בְּיוֹתֵר, אִם שׁוֹמְעִין לוֹ. שֶׁאֵינִי נֶהֱנֶה לָהֶן וְהֵן לִי, יְהָנֶה לַנָּכְרִים. קוֹנָם
שֶׁאֵינִי נֶהֱנֶה לָעֲרֵלִים, מֻתָּר בְּעַרְלֵי יִשְׂרָאֵל וְאָסוּר בְּמוּלֵי הַגּוֹיִם. קוֹנָם שֶׁאֵינִי
נֶהֱנֶה לַמּוּלִים, אָסוּר בְּעַרְלֵי יִשְׂרָאֵל וּמֻתָּר בְּמוּלֵי הַגּוֹיִם, שֶׁאֵין הָעָרְלָה
קְרוּיָה אֶלָּא לְשֵׁם הַגּוֹיִם, שֶׁנֶּאֱמַר, כִּי כָל הַגּוֹיִם עֲרֵלִים וְכָל בֵּית יִשְׂרָאֵל
עַרְלֵי לֵב, וְאוֹמֵר, וְהָיָה הַפְּלִשְׁתִּי הֶעָרֵל הַזֶּה, וְאוֹמֵר, פֶּן תִּשְׂמַחְנָה בְּנוֹת
פְּלִשְׁתִּים, פֶּן תַּעֲלֹזְנָה בְּנוֹת הָעֲרֵלִים. רַבִּי אֶלְעָזָר בֶּן עֲזַרְיָה אוֹמֵר, מְאוּסָה
עָרְלָה שֶׁנִּתְגַּנּוּ בָהּ הָרְשָׁעִים, שֶׁנֶּאֱמַר, כִּי כָל הַגּוֹיִם עֲרֵלִים. רַבִּי יִשְׁמָעֵאל
אוֹמֵר, גְּדוֹלָה מִילָה שֶׁנִּכְרְתוּ עָלֶיהָ שָׁלֹשׁ עֶשְׂרֵה בְרִיתוֹת. רַבִּי יוֹסֵי אוֹמֵר,
גְּדוֹלָה מִילָה, שֶׁדּוֹחָה אֶת הַשַּׁבָּת הַחֲמוּרָה. רַבִּי יְהוֹשֻׁעַ בֶּן קָרְחָה אוֹמֵר,
גְּדוֹלָה מִילָה, שֶׁלֹּא נִתְלָה לוֹ לְמֹשֶׁה הַצַּדִּיק עָלֶיהָ מְלֹא שָׁעָה. רַבִּי נְחֶמְיָה
אוֹמֵר, גְּדוֹלָה מִילָה, שֶׁדּוֹחָה אֶת הַנְּגָעִים. רַבִּי אוֹמֵר, גְּדוֹלָה מִילָה, שֶׁכָּל
הַמִּצְוֹת שֶׁעָשָׂה אַבְרָהָם אָבִינוּ לֹא נִקְרָא שָׁלֵם, עַד שֶׁמָּל, שֶׁנֶּאֱמַר, הִתְהַלֵּךְ
לְפָנַי וֶהְיֵה תָמִים. דָּבָר אַחֵר, גְּדוֹלָה מִילָה, שֶׁאִלְמָלֵא הִיא, לֹא בָרָא הַקָּדוֹשׁ
בָּרוּךְ הוּא אֶת עוֹלָמוֹ, שֶׁנֶּאֱמַר, כֹּה אָמַר ה' אִם לֹא בְרִיתִי יוֹמָם וָלָיְלָה,
חֻקּוֹת שָׁמַיִם וָאָרֶץ לֹא שָׂמְתִּי:

"내가 노아의 자손에게서 유익을 얻는 것이 코남"〔이라고 할 경우〕, 그는 유대인들에게서는 〔유익을 얻는 것이〕 허용되지만, 타민족들로부터 〔유익을 얻는 것은〕 금지된다. "아브라함의 자손에게서 유익을 얻는 것이 코남"〔이라고 할 경우〕, 그는 유대인들에게서 〔유익을 얻는 것은〕 금지되지만, 타민족들로부터 〔유익을 얻는 것은〕 허용된다. "유대인들로부터 유익을 얻는 것이 코남"〔이라고 할 경우〕, 그는 〔시가보다〕 높은 값에 〔유대인들로부터 물건을〕 구입하되, 〔값을〕 적게 매겨 〔그들에게〕 팔아야 한다. "유대인들이 내게서 유익을 얻는 것이 코남"〔이라고 할 경우〕, 그들(유대인들)이 그에게 동의하면 그는 〔시가보다〕 적은 값에 〔유대인들로부터 물건을〕 구입하되, 높은 값에

〔그들에게〕 판다. "내가 그들(유대인들)에게서 그들은 내게서, 유익을 얻는 것이 코남"〔이라고 할 경우〕, 그는 이방인에게서는 유익을 얻을 수 있다.

"할례받지 않은 자[25]에게서 내가 어떤 유익이라도 얻는 것이 코남" 〔이라고 할 경우〕, 그는 할례받지 않은 유대인에게서는 〔유익 얻는 것이〕 허용되지만, 할례받은 다른 민족에게서는 〔유익 얻는 것이〕 금지된다. 〔반대로〕 "할례받은 자에게서 내가 어떤 유익이라도 얻는 것이 코남"〔이라고 할 경우〕, 할례받지 않은 유대인에게서는 〔유익 얻는 것이〕 금지되지만, 할례받은 다른 민족에게서는 〔유익 얻는 것이〕 허용된다. "모든 민족은 할례를 받지 못하였고 이스라엘의 집은 마음에 할례를 받지 못하였다"(렘 9:26〔히브리 성서 9:25〕), "이 할례받지 않은 블레셋 사람이 〔그 짐승의 하나와 같이〕 되리이다"(삼상 17:36), "블레셋 사람들의 딸들이 즐거워하지 못하도록, 할례받지 못한 자의 딸들이 승전가를 올리지 못하도록"(삼하 1:20)이라고 일컫듯, '할례받지 않은 자'란 오직 이방인에게만 적용되는 용어이기 때문이다.

랍비 엘아자르 벤 아자리야는 말한다. "'모든 민족은 할례를 받지 못하였고'(렘 9:26〔히브리 성서 9:25〕)라고 일컫듯, 그것('포피'라는 용어)으로 악인들을 모욕하니, '포피'[26]는 역겹다."

랍비 이쉬마엘은 말한다. "열세 개의 언약이 할례를 기반으로 세워졌으니, 할례란 위대하다."

랍비 요쎄는 말한다. "엄격한 안식일 규정보다 우선하니, 할례는 위대하다."[27]

---

25) 할례는 음경의 포피(ערלה, 오를라)를 잘라내는 것이기 때문에 이를 어근으로 한다. 할례받지 않은 사람은 '포피를 가진 자'라는 뜻의 '아렐'(복수는 '아렐림')로 표현한다.
26) 오를라(ערלה)라고 한다.

랍비 예호슈아 벤 코르카[28]는 말한다. "의인 모세에게 〔그의 아들이 할례받지 않은 채로 있을〕 한 시간도 주지 않았으니 할례는 위대하다."(출 4:24-26)

랍비 네헤미야는 말한다. "악성 피부병[29]보다 우선하니, 할례는 위대하다."[30]

랍비[31]는 말한다. "아브라함이 모든 계명을 지켰으나, 그가 '너는 내 앞에서 행하여 완전하라'(창 17:1)라고 말씀한 대로 할례받기 전까지는 '완전하다'고 불리지 않았으니, 할례는 위대하다. 다른 설명〔도 있다〕. '주께서 말씀하시기를 내가 주야와 맺은 언약이 없다든지 천지의 법칙을 내가 정하지 아니하였다면'(렘 33:25)이라고 일컫듯이, 할례가 없었다면 거룩하고 복되신 이[32]께서 그분의 세상을 창조하지 않으셨을 것이므로, 할례는 위대하다."[33]

제4장

서원 내용에 따라 금지되거나 허용되는 행동 및 객체, 서원으로 인해 이웃이 곤란에 빠질 수 있을 때 서원을 어기지 않으면서도 간접적

---

27) 안식일에 노동이 금지되었지만, 아들이 태어난 지 8일이 안식일인 경우 할례는 행해지기 때문이다(「샤밧」19, 1).
28) Yehoshua b. Korha/Joshua b. Karha.
29) 네가임(נגעים)이라고 한다(「네가임」).
30) 유아의 포피에 악성종양이 발견되면 해당 부위를 자르는 것이 보통 금지되어 있지만, 할례 의식을 수행하기 위해서는 허용된다(「네가임」7, 5).
31) '랍비 예후다 한나씨'를 가리킨다.
32) 하카도쉬 바룩 후(הקדוש ברוך הוא).
33) '주야와 맺은 언약'이란 밤낮으로 존재하는 언약을 말하며 그것은 사람의 몸에 늘 징표로 있는 할례라는 해석이다.

으로 도울 수 있는 방법 등을 설명한다.

4, 1

אֵין בֵּין הַמֻּדָּר הֲנָאָה מֵחֲבֵרוֹ לַמֻּדָּר הֵימֶנּוּ מַאֲכָל אֶלָּא דְּרִיסַת הָרֶגֶל וְכֵלִים
שֶׁאֵין עוֹשִׂין בָּהֶן אֹכֶל נֶפֶשׁ. הַמֻּדָּר מַאֲכָל מֵחֲבֵרוֹ, לֹא יַשְׁאִילֶנּוּ נָפָה וּכְבָרָה
וְרֵחַיִם וְתַנּוּר, אֲבָל מַשְׁאִיל לוֹ חָלוּק וְטַבַּעַת וְטַלִּית וּנְזָמִים, וְכָל דָּבָר שֶׁאֵין
עוֹשִׂין בּוֹ אֹכֶל נֶפֶשׁ. מָקוֹם שֶׁמַּשְׂכִּירִין כַּיּוֹצֵא בָהֶן, אָסוּר:

〔서원을 통해〕 동료로부터 〔유익 얻는 것이〕 금지된 사람[34]과 〔동
료의〕 음식으로부터 〔유익 얻는 것이〕 금지된 사람 사이에는, 〔상대
방 소유지에〕 발을 디디는 것과 음식 만드는 데 사용하지 않은 〔상대
방의〕 도구〔를 빌리는 것〕 외에 차이가 없다.

〔어떤 사람이 서원으로〕 그의 동료의 음식으로부터 〔유익 얻는〕 것
이 금지된 경우, 그에게 체, 소쿠리[35], 맷돌, 화덕을 빌려줄 수 없다.
그러나 셔츠나 반지, 겉옷, 〔장식용〕 고리들[36] 등, 음식을 준비하는데
쓰이지 않는 것이라면 빌려줄 수 있다. 이 비슷한 것들을 임대하는 장
소〔에서는〕 위 물건들이 금지된다.

- 서원에 의해 B로부터 어떤 유익도 얻을 수 없는 A는 B의 소유지에
  들어가 걸어다닌다든가 물건을 빌린다든가 하는 모든 행위를 할 수
  없다. 그러나 B의 '음식'으로부터 유익 얻는 것이 금지되었다면 음
  식과 상관없는 B의 소유지에 들어가거나, 음식을 준비하는 데 사용
  하지 않은 B의 도구를 빌리는 것은 가능하다. '동료'는 지인, 친구,

---

34) 동료(친구)의 서원으로 인해 동료에게서 유익 얻는 것이 금지된 이를 말한다.
35) 크바라(כברה, K'barah)는 곡물을 까부르는 데 사용하는 둥근 그릇을 말한다.
36) 네자밈(נזמים)은 몸을 치장하는 고리로 귀걸이(뉴스너; 블랙먼)나 코걸이(댄
비)를 말한다.

타인 등을 포괄하는 개념이다.

- A가 음식을 준비하는 것과 상관없는 도구들을 임대소에서 무료로 빌릴 가능성도 있다. 만일 그곳에 B가 임대한 물건이 있고 A가 그것을 빌린다면, 이 경우 A는 도구 살 비용을 저축한 돈으로 음식을 살 수 있다. 이에 간접적으로 B에게서 음식 유익을 얻게 된다. 따라서 이 행위 또한 금지된다.

4, 2

הַמֻּדָּר הֲנָאָה מֵחֲבֵרוֹ, שׁוֹקֵל אֶת שִׁקְלוֹ, וּפוֹרֵעַ אֶת חוֹבוֹ, וּמַחֲזִיר לוֹ אֶת
אֲבֵדָתוֹ. מְקוֹם שֶׁנּוֹטְלִין עָלֶיהָ שָׂכָר, תִּפֹּל הֲנָאָה לַהֶקְדֵּשׁ:

〔어떤 사람이〕 서원을 통해 그의 동료에게서 유익 얻는 것이 금지된 경우, 그(서원자)는 그(서원자에게서 유익 얻는 것이 금지된 이)의 성전 세를 내주고, 그의 빚을 갚을 수 있으며, 그의 유실물을 찾아줄 수 있다. 〔유실물〕에 대한 사례비를 지불할 경우, 그 유익은 성전 재산으로 귀속된다.

- 성전이 존재하던 시기, 유대인들은 매년 성전 유지를 위한 반 쉐켈을 기한 내에 낼 의무가 있었다(출 30:13 이하). 만일 A가 B(서원자)라는 친구에게서 유익을 취하는 것이 서원에 의해 금지되었다 해도, 성전세의 경우, B는 A의 이름으로 반 쉐켈을 대신 내줄 수 있다. 이는 유익을 주는 것이 아니라 단지 계명을 이행하는 것이며(바르테누라), 성전세의 경우 A에게 직접 돈을 주는 것이 아니다.

- B가 A의 진 빚을 대신 갚아준다 해서 A가 B에게서 유익을 얻는다고 볼 수 없다. 유실물의 경우도 원래 A의 소유물이었으므로, B가 이를 찾아주어도 그것은 유익을 주는 것으로 볼 수 없다. 유실물 반환에 대해 A가 사례할 경우 B는 이를 거절할 수 없다. 사례비를 거

절하면 A는 B로부터 이득을 얻는 셈이기 때문이다. 대신 B는 이를 성전에 봉헌해야 한다.

4, 3

וְתוֹרֵם אֶת תְּרוּמָתוֹ וּמַעַשְׂרוֹתָיו לְדַעְתּוֹ. וּמַקְרִיב עָלָיו קִנֵּי זָבִין, קִנֵּי זָבוֹת,
קִנֵּי יוֹלְדוֹת, חַטָּאוֹת וַאֲשָׁמוֹת, וּמְלַמְּדוֹ מִדְרָשׁ, הֲלָכוֹת וְאַגָּדוֹת, אֲבָל
לֹא יְלַמְּדֶנּוּ מִקְרָא. אֲבָל מְלַמֵּד הוּא אֶת בָּנָיו וְאֶת בְּנוֹתָיו מִקְרָא, וְזָן אֶת
אִשְׁתּוֹ וְאֶת בָּנָיו אַף עַל פִּי שֶׁהוּא חַיָּב בִּמְזוֹנוֹתֵיהֶם. וְלֹא יָזוּן אֶת בְּהֶמְתּוֹ,
בֵּין טְמֵאָה בֵּין טְהוֹרָה. רַבִּי אֱלִיעֶזֶר אוֹמֵר, זָן אֶת הַטְּמֵאָה, וְאֵינוֹ זָן אֶת
הַטְּהוֹרָה. אָמְרוּ לוֹ, מַה בֵּין טְמֵאָה לִטְהוֹרָה. אָמַר לָהֶן, שֶׁהַטְּהוֹרָה נַפְשָׁהּ
לַשָּׁמַיִם וְגוּפָהּ שֶׁלּוֹ, וּטְמֵאָה נַפְשָׁהּ וְגוּפָהּ לַשָּׁמַיִם. אָמְרוּ לוֹ, אַף הַטְּמֵאָה
נַפְשָׁהּ לַשָּׁמַיִם וְגוּפָהּ שֶׁלּוֹ, שֶׁאִם יִרְצֶה, הֲרֵי הוּא מוֹכְרָהּ לַגּוֹיִם אוֹ מַאֲכִילָהּ
לִכְלָבִים:

또한 그(서원자)는 그(유익 얻는 것이 금지된 이)가 알고 있는 한 그의 거제와 십일조를 따로 떼어놓을 수 있다. 그를 위해 남자 유출병자들과 여자 유출병자들을 위한 새 〔제물〕과 산모들을 위한 새 〔제물〕, 속죄제물, 속건제물을 집전할 수 있다.

그(유익 얻는 것이 금지된 이)에게 미드라쉬 및 할라카와 아가다를 가르칠 수는 있으나, 성서를 가르쳐서는 안 된다. 〔단〕 그의 아들들과 그의 딸들에게는 성서를 가르칠 수 있다. 또한 그(유익 얻는 것이 금지된 이)에게 〔부양〕 의무가 있지만 〔그의〕 아내와 자식들을 먹일 수 있다. 그러나 부정하든 정결하든 간에[37] 그의 가축을 먹일 수는 없다.

랍비 엘리에제르는 말한다. "부정한 〔가축은〕 먹일 수 있으나, 정결한 〔가축은〕 먹일 수 없다." 〔그러나 현인들은〕 그에게 말했다. "〔이 법에 있어〕 부정한 〔가축과〕 정결한 〔가축〕의 차이는 무엇인가?" 〔랍비

---

37) 정결법에 의해 지정된, 먹을 수 있는 코셔(정결한) 가축과 먹을 수 없는 비코셔(부정한) 가축을 가리킨다.

엘리에제르가〕 그들에게 대답했다. "정결한 가축의 경우 그 영혼은 하늘에 속하나 몸은 그의 〔주인〕 것이다. 그러나 부정한 가축의 경우, 그 몸과 영혼 〔모두〕 하늘에 속한다." 〔그러자 현인들은 다시〕 그에게 대답했다. "부정한 〔가축의〕 경우에도 그 영혼은 하늘에 속하고 그 몸은 그의 〔주인에게〕 속한다. 왜냐하면 〔그 주인이〕 원할 때 〔몸을〕 비유대인에게 팔거나 자기 개에게 먹일 수 있기 때문이다."

- 4, 2에 이어지는 내용이다.
- 남자 유출병자(זב, 자브)는 남자가 설정을 할 때 그 정액의 색이나 질, 설정 방법이 일반적이지 않은 경우다(레 15:13). 여자 유출병자(זבה, 자바)는 월경 기간이 아닌데도 유출이 지속되는 경우(레 15:25-30)를 말한다(「제바힘」 14, 3; 「모에드 카탄」 3, 2). "새 〔제물〕"에는 "〔새〕 둥지"(קן)라는 단어(복수, 합성명사 형태로)가 쓰였다. 남녀 유출병자용 제물은 레위기 15:13-15, 28-30에, 산모용 제물은 레위기 12:6-8에 기록되어 있다.
- A(B의 서원으로 인해 B에게서 유익 얻는 것이 금지된 이)가 자기 소유에서 거제와 십일조를 따로 떼어놓는 일을 '누군가' 해도 된다고 공식적으로 알려두면, B(서원자)가 자원해서 그 일을 하여도 A는 B에게서 혜택을 얻는 것이 아니다. 대신 A는 B를 '지목'해서는 안 된다(토쎄펫 욤 토브; 람밤; 게마라 36b). 만일 B가 제사장일 경우, A가 바친 제물을 성전에서 희생제사로 드리는 제의를 집전해도 된다. 제사 집행은 사람의 대리인으로서가 아니라 신을 섬기는 행위로 간주되기 때문이다(라브; 람밤).
- 구전 토라의 경우 수업료를 받지 않지만, 성문 토라인 성서를 가르칠 때는 수업료를 받는다. 서원자인 B가 A에게 무료로 성서를 가르치면 A는 수업료를 절약하는 유익을 얻게 된다. 그러나 아버지가 자

식에게 성서를 가르쳐야 하는 것은 계명이기 때문에 예외다. 즉 B가
A의 자식들에게 성서를 가르친다면 이는 A에게 유익을 준다기보다
A가 계명을 지키도록 돕는 것으로 간주된다. B가 A의 아내와 자식
을 부양해주는 것 또한 허용된다. 이 부분을 두고 여러 엇갈리는 해
석이 있다(메이리; 토싸폿 「네다림」 38a-38b; 토쎄펫 욤 토브).

● 가축에 누군가 먹이를 주어 살을 찌우는 등의 행위는 가축 주인의
재산 증식을 돕는 것이 된다. 랍비 엘리에제르는 부정한 가축(비코
셔)의 경우, 사람들이 그 고기를 먹을 수 없으니 그 몸이 하늘에 속
한다고 말한다. 그러므로 B가 먹이를 주어도 주인인 A가 혜택을 입
는 것이 아니라는 주장이다. 이에 반해 현인들은 유대인이 그 고기
를 먹지 않아도 다른 방법으로 이익을 얻을 수 있으니, 그 몸이 주인
에게 속하며, 따라서 B는 A의 부정한 가축에도 먹이를 주어서는 안
된다고 말한다.

4, 4

הַמֻּדָּר הֲנָאָה מֵחֲבֵרוֹ וְנִכְנָס לְבַקְּרוֹ, עוֹמֵד, אֲבָל לֹא יוֹשֵׁב. וּמְרַפְּאֵהוּ
רְפוּאַת נֶפֶשׁ, אֲבָל לֹא רְפוּאַת מָמוֹן. וְרוֹחֵץ עִמּוֹ בְּאַמְבַּטְיָא גְדוֹלָה, אֲבָל
לֹא בִקְטַנָּה. וְיָשֵׁן עִמּוֹ בְמִטָּה. רַבִּי יְהוּדָה אוֹמֵר, בִּימוֹת הַחַמָּה, אֲבָל לֹא
בִּימוֹת הַגְּשָׁמִים, מִפְּנֵי שֶׁהוּא מְהַנֵּהוּ. וּמֵסֵב עִמּוֹ עַל הַמִּטָּה, וְאוֹכֵל עִמּוֹ עַל
הַשֻּׁלְחָן, אֲבָל לֹא מִן הַתַּמְחוּי, אֲבָל אוֹכֵל הוּא עִמּוֹ מִן הַתַּמְחוּי הַחוֹזֵר. לֹא
יֹאכַל עִמּוֹ מִן הָאֵבוּס שֶׁלִּפְנֵי הַפּוֹעֲלִים, וְלֹא יַעֲשֶׂה עִמּוֹ בְאֻמָּן, דִּבְרֵי רַבִּי
מֵאִיר. וַחֲכָמִים אוֹמְרִים, עוֹשֶׂה הוּא בְרָחוּק מִמֶּנּוּ:

어떤 사람이 [서원을 통해] 그의 동료로부터 유익을 얻는 것이 금
지되었는데, [그가 병이 나서 그의 동료가] 방문한 경우, 그 [동료]는
서 있되 앉아서는 안 된다. 영혼의 치료[로써] 그를 치료해줄 수 있지
만, 그의 소유물을 치료해서는 안 된다. 그는 큰 욕장에서 그와 함께
씻을 수 있지만, 작은 욕장에서는 불가하다.

한 침대에서 그와 잘 수 있다. 랍비 예후다는 말한다. "〔한 침대에서 자는 것은〕 더운 여름에는 〔허용되나〕, 겨울에는 그(동료)에게서 유익을 얻는 것일 수 있기에 불가하다." 〔같은〕 침대에 앉아 있을 수 있고 〔같은〕 식탁에서 함께 먹을 수 있지만, 〔같은〕 접시로 먹어서는 안 된다. 그러나 돌아온 접시로는 그와 함께 먹을 수 있다.

일꾼들 앞에 있는 큰 통에서 〔음식을〕 함께 먹어서는 안 되며, 같은 고랑에서 일해서도 안 된다. 이는 랍비 메이르의 말이다. 그러나 현인들은 말한다. "그와 멀리 떨어져 있으면 그렇게 할 수 있다."

- 앉지 말고 서 있으라 함은 짧게 머물다 가라는 의미다. 병문안 가서 오래 앉아 시간을 함께 보내는 이에게 보수를 주는 문화가 있었다. A(B로부터 유익 얻는 것이 금지된 이)가 아파서 B(서원자)가 병문안을 간 경우, B가 보수 받는 것을 거절하면 그것은 A에게 혜택이 된다. 따라서 B는 서서 짧게 방문하고 돌아가라는 뜻이다(라브〔게마라 39a-39b〕).

- 만일 B가 의사인 경우 병을 치료해서 A의 건강을 되찾게 해주는 것은 A가 B로부터 유익을 얻는 것으로 치지 않는다.[38] 이는 4, 2에서 다룬 유실물을 되찾아주는 것처럼 원래 그의 소유였던 건강을 되돌려주는 것으로 간주된다. "소유물"은 동물(가축)을 말하며, B가 수의사일 경우 A 소유의 동물을 치료하면 이는 소유물을 지켜 A에게 금전적 유익을 주는 것과 직결되므로 금지된다. 단 조언을 해주는 것은 가능하다(야드 아브라함). 작은 욕장(또는 욕조)에서는 한 사람만 움직여도 물이 요동하므로 B가 물을 A쪽으로 넘치게 하면 A의

---

38) 약을 주어서는 안 된다는 해석도 있다. 약은 직접적으로 유익을 주는 것이기 때문이다(란「네다림」41b).

유익이 된다. 큰 욕장(욕조)의 경우 별 영향을 받지 않는다(라브).

- 겨울에 한 침대에 있으면 침대를 따뜻하게 데워줄 수 있으므로 유익을 준다고 볼 수 있다.

- 같은 식탁에 앉아 있는 것만으로는 A가 B의 음식에서 이익을 본다고 할 수 없으나, 같은 접시에 담긴 주요리를 먹는다면, B가 의도적으로 A에게 요리를 남겨놓을 가능성이 있다. 돌아온 그릇이란 공동으로 먹도록 음식이 가득 담겨 나오는 그릇을 말한다. 이 경우, 모든 사람이 먹기에 충분한 음식이 있으므로 B가 A를 위해 일부러 음식을 남길 우려가 없다.

- 노동자들은 늘 배가 고프기 때문에 일하면서 함께 먹는 큰 통—가축의 여물통과 비슷한 커다란 음식 그릇(알벡)—의 음식은 남는 일이거의 없다. B가 적게 먹으면 결과적으로 A가 많이 먹게 됨으로 A가 B로부터 유익을 얻게 된다. 같은 밭고랑에서 일할 경우 B가 더 열심히 일하면 결국 A의 유익이 된다는 것이 랍비 메이르의 주장이다. 그러나 현인들은 서로 멀리 떨어져 있는 한 같은 밭고랑에서도 일할 수 있다고 허락했다.

4, 5

הַמֻּדָּר הֲנָאָה מֵחֲבֵרוֹ לִפְנֵי שְׁבִיעִית, לֹא יוֹרֵד לְתוֹךְ שָׂדֵהוּ, וְאֵינוֹ אוֹכֵל מִן
הַנּוֹטוֹת. וּבַשְּׁבִיעִית אֵינוֹ יוֹרֵד לְתוֹךְ שָׂדֵהוּ, אֲבָל אוֹכֵל הוּא מִן הַנּוֹטוֹת.
נָדַר הֵימֶנּוּ מַאֲכָל לִפְנֵי שְׁבִיעִית, יוֹרֵד לְתוֹךְ שָׂדֵהוּ, וְאֵינוֹ אוֹכֵל מִן הַפֵּרוֹת.
וּבַשְּׁבִיעִית, יוֹרֵד וְאוֹכֵל:

그의 동료로부터 유익을 얻지 못하도록 안식년 이전에 서원을 통해 금지된 사람은, 그 (동료의) 밭에 들어갈 수[39] 없음은 물론, (그 밭

---

39) 문자적으로는 '내려갈 수'라는 말이다.

에] 달린 〔소출물도〕 먹을 수 없다. 그러나 안식년에 〔이뤄졌으면〕, 그는 동료의 밭에 들어갈 수는 없으나, 〔그 밭에서〕 자라는 것은 먹을 수 있다. 〔동료의〕 음식〔으로부터〕 〔유익 얻는 것을 금지하는〕 서원을 안식년 이전에 했으면, 그는 그(동료)의 밭에 들어갈 수는 있지만, 〔그곳의〕 과일을 먹을 수는 없다. 그러나 안식년에 〔서원했다면〕 그는 〔동료의 밭에〕 들어가 〔그곳의 과일을〕 먹을 수 있다.

- 유익 얻는 것이 금지되었을 때는 상대방 소유지에 들어가는 것도 그의 소출물을 먹는 것도 불가능하다(4, 1).
  안식년에는 소출물을 타인과 공유하게 되어 있으므로 주인이 없는 것으로 간주한다. 따라서 서원이 안식년에 이뤄졌다면, 상대방 소유지에는 들어갈 수 없어도 그 밭의 열매는 먹을 수 있다.
  음식으로 한정하여 유익 얻는 것을 금지했다면, 상대방 소유지에 들어가는 것은 허용되나 그 열매를 먹는 것은 금지된다. 그 서원이 안식년에 이뤄졌다면, 소유지에 들어가는 것도 거기서 나는 열매를 먹는 것도 허용된다(「슈비잇」).

4, 6

הַמֻּדָּר הֲנָאָה מֵחֲבֵרוֹ, לֹא יַשְׁאִילֶנּוּ וְלֹא יִשְׁאַל מִמֶּנּוּ, לֹא יַלְוֶנּוּ וְלֹא יִלְוֶה מִמֶּנּוּ, וְלֹא יִמְכֹּר לוֹ וְלֹא יִקַּח מִמֶּנּוּ. אָמַר לוֹ, הַשְׁאִילֵנִי פָרָתֶךָ. אָמַר לוֹ, אֵינָהּ פְּנוּיָה. אָמַר קוֹנָם שָׂדִי שֶׁאֲנִי חוֹרֵשׁ בָּהּ לְעוֹלָם, אִם הָיָה דַרְכּוֹ לַחֲרֹשׁ, הוּא אָסוּר וְכָל אָדָם מֻתָּרִין. אִם אֵין דַּרְכּוֹ לַחֲרֹשׁ, הוּא וְכָל אָדָם אֲסוּרִין:

〔서원을 통해〕 그의 동료로부터 유익 얻는 것이 금지된 사람의 경우, 〔서원자인 그 동료는〕 그에게 〔물건을〕 빌려주어서도 빌려서도 안 되며, 그에게 돈을 빌려주어서도 빌려서도 안 된다. 또한 〔물건을〕 그에게서 사서도 그에게 팔아서도 안 된다.

〔어떤 사람이〕 그(동료)에게 "너의 암소를 빌려달라"고 했는데 그 (동료)는 "〔소를 사용 중이므로〕 이용할 수가 없다"라고 말했다. 이에 그가 "〔네 소로〕 내 밭을 쟁기질하는 것은 영원히 코남이다"라고 말하면, 만일 〔스스로〕 쟁기질하는 것이 그의 〔평소〕 방식인 경우, 그는 〔이 동료의 소를 빌려 쟁기질하는 것이〕 금지되지만, 다른 사람들이 〔그 동료의 소를 빌려 서원자의 밭을 쟁기질하는 것은〕 허용된다. 〔그러나〕 〔그의 밭을 스스로〕 쟁기질하는 것이 평소 방법이 아닌 경우, 그도 다른 모든 이들도 〔그 소로 쟁기질하는 것이〕 금지된다.

4, 7

הַמֻּדָּר הֲנָאָה מֵחֲבֵרוֹ וְאֵין לוֹ מַה יֹּאכַל, הוֹלֵךְ אֵצֶל הַחֶנְוָנִי וְאוֹמֵר, אִישׁ פְּלוֹנִי מֻדָּר מִמֶּנִּי הֲנָאָה וְאֵינִי יוֹדֵעַ מָה אֶעֱשֶׂה, וְהוּא נוֹתֵן לוֹ וּבָא וְנוֹטֵל מִזֶּה. הָיָה בֵיתוֹ לִבְנוֹת, גְּדֵרוֹ לִגְדֹּר, שָׂדֵהוּ לִקְצֹר, הוֹלֵךְ אֵצֶל הַפּוֹעֲלִים וְאוֹמֵר, אִישׁ פְּלוֹנִי מֻדָּר מִמֶּנִּי הֲנָאָה וְאֵינִי יוֹדֵעַ מָה אֶעֱשֶׂה. הֵם עוֹשִׂין עִמּוֹ, וּבָאִין וְנוֹטְלִין שָׂכָר מִזֶּה:

어떤 사람이 서원에 의해 그의 동료로부터 유익을 얻는 것이 금지되었는데, 그에게 먹을 것이 없는 경우, 그 〔동료〕는 상점 주인에게 가서 "아무개가 내게서 유익을 얻는 것이 금지되었는데 내가 어찌할 바를 모르겠다"라고 말할 수 있다. 〔그 상점 주인은〕 그(유익 얻는 것이 금지된 이)에게 〔먹을 것을〕 주고, 와서 이 사람으로부터 〔돈을〕 받으면 된다.

〔그가〕 집을 짓거나 울타리를 세우거나 자기 밭의 작물을 거둘 때, 그 〔동료〕는 일꾼들에게 가서 "아무개가 내게서 유익을 얻는 것이 금지되어서 내가 어찌할 바를 모르겠다"라고 말할 수 있다. 〔이 경우〕 그 〔일꾼들이〕 그(유익 얻는 것이 금지된 자)와 함께 일하고, 와서 이 사람으로부터 임금을 지불받으면 된다.

- 서원으로 인해 곤경에 처하지 않도록 제삼자를 이용해 간접적으로 도울 수 있는 길을 제공하고 있다.

4, 8

הָיוּ מְהַלְּכִין בַּדֶּרֶךְ, וְאֵין לוֹ מַה יֹּאכַל, נוֹתֵן לְאַחֵר לְשׁוּם מַתָּנָה וְהַלָּה מֻתָּר
בָּהּ. אִם אֵין עִמָּהֶם אַחֵר, מַנִּיחַ עַל הַסֶּלַע אוֹ עַל הַגָּדֵר וְאוֹמֵר, הֲרֵי הֵן
מֻפְקָרִים לְכָל מִי שֶׁיַּחְפֹּץ, וְהַלָּה נוֹטֵל וְאוֹכֵל. וְרַבִּי יוֹסֵי אוֹסֵר:

만일 이들이 함께 길을 떠났는데, 그에게 먹을 것이 없는 경우, 〔서원한 그 동료가 음식을〕 다른 이에게 선물로 주면, 그(유익 얻는 것이 금지된 이)에게 그것이 허용된다.

만일 그들 곁에 아무도 없다면, 〔그 동료는 음식을〕 바위나 담 위에 놓고 "자! 이것은 주인 없는 〔음식이므로〕, 누구든 원하면 먹어도 좋다"라고 말한다. 〔이렇게 하면 그는 음식을〕 가져가 먹을 수 있다. 그러나 랍비 요쎄는 이를 금지한다.

- 어떤 사람이 상대방으로부터 혜택을 받지 않겠다는 서원에 묶여 있을 때, 특정 상황에서 서원을 깨지 않으면서 간접적으로 그에게 음식을 제공하는 방법을 이야기한다.

제5장

제5장은 소유주가 여럿이거나 소유물이 공공성을 띨 때 벌어질 수 있는 문제에 초점을 맞춘다. 공동 소유주가 서원할 때의 여러 적용 세칙을 비롯하여 서원으로 인해 공공물을 이용할 수 없게 되었을 때의 해결방안 등을 제시한다.

הַשֻּׁתָּפִין שֶׁנָּדְרוּ הֲנָאָה זֶה מִזֶּה, אֲסוּרִין לִכָּנֵס לֶחָצֵר. רַבִּי אֱלִיעֶזֶר בֶּן יַעֲקֹב
אוֹמֵר, זֶה נִכְנָס לְתוֹךְ שֶׁלּוֹ וְזֶה נִכְנָס לְתוֹךְ שֶׁלּוֹ. וּשְׁנֵיהֶם אֲסוּרִים לְהַעֲמִיד
שָׁם רֵחַיִם וְתַנּוּר וּלְגַדֵּל תַּרְנְגוֹלִים. הָיָה אֶחָד מֵהֶם מֻדָּר הֲנָאָה מֵחֲבֵרוֹ, לֹא
יִכָּנֵס לֶחָצֵר. רַבִּי אֱלִיעֶזֶר בֶּן יַעֲקֹב אוֹמֵר, יָכוֹל הוּא לוֹמַר לוֹ, לְתוֹךְ שֶׁלִּי אֲנִי
נִכְנָס וְאֵינִי נִכְנָס לְתוֹךְ שֶׁלָּךְ. וְכוֹפִין אֶת הַנּוֹדֵר לִמְכֹּר אֶת חֶלְקוֹ:

만일 〔안마당의〕 공동 소유주가 서로 상대방에게서 유익을 얻지 않
겠다고 서원할 경우, 그들은 〔공동으로 소유한〕 안마당에 들어가는
것이 금지된다. 〔그러나〕 랍비 엘리에제르 벤 야아콥은 말한다. "이쪽
도 자기 것(구역)에 들어갈 수 있고, 저쪽도 자기 것(구역)에 들어갈
수 있다." 두 사람 다 〔안마당에〕 맷돌이나 화덕을 놓거나 닭을 치는
것이 금지된다.

만일 한쪽 〔소유주만〕 다른 〔한쪽 소유주에게서〕 유익을 얻지 못하
도록 서원에 의해 금지되었다면, 〔그는 공동으로 소유한〕 안마당에
들어갈 수 없다. 그러나 랍비 엘리에제르 벤 야아콥은 말한다. "그는
그 〔상대방〕에게 '나는 내 것(구역)에 들어가는 것이지 너의 것(구역)
에 들어가는 게 아니다'라고 할 수 있다." 그리고 〔법정은〕 이 서원자
에게 자기 공유분을 팔도록 강제한다.

- 랍비 엘리에제르 벤 야아콥은, 이 안마당은 공동 소유이기 때문에 두
  서원자 모두 상대방 소유지가 아닌 자기 소유지에 들어가는 것으로
  봐야 한다고 주장한다. 단, 맷돌이나 화덕을 두거나 닭을 치는 행위
  는 안마당을 함께 사용하는 이들의 허가를 필요로 하기에 금지된다.
- A와 B가 안마당의 공동 소유주인데, B만 서원을 해서 A가 자신으로
  부터 유익 얻는 것을 금한 경우다. 이때 A는 B에게 너의 소유지가 아
  닌 내 소유지에 들어가는 것이니 네게서 유익 얻는 것이 아니라 하

고, 안마당을 쓸 수 있다는 것이 랍비 엘리에제르 벤 야아콥의 주장
이다.

랍비 엘리에제르 벤 야아콥의 의견과 별개로, 법정은 서원을 해서
이 문제를 초래한 B에게 자기 몫의 공유지를 팔도록 강제한다.

5, 2

הָיָה אֶחָד מִן הַשּׁוּק מֻדָּר מֵאֶחָד מֵהֶם הֲנָאָה, לֹא יִכָּנֵס לֶחָצֵר. רַבִּי אֱלִיעֶזֶר
בֶּן יַעֲקֹב אוֹמֵר, יָכוֹל הוּא לוֹמַר לוֹ, לְתוֹךְ שֶׁל חֲבֵרְךָ אֲנִי נִכְנָס, וְאֵינִי נִכְנָס
לְתוֹךְ שֶׁלְּךָ:

만일 거리[40]의 누군가가 이들[41] 중 한 명으로부터 유익을 얻지 못
하도록 서원에 의해 금지된 경우, 그는 〔이들이 공동으로 소유한〕 안
마당에 들어갈 수 없다. 〔그러나〕 랍비 엘리에제르 벤 야아콥은 말한
다. "그는 그에게 '나는 네 동료 소유 〔구역〕에 들어가는 것이지 네 소
유 〔구역〕에 들어가는 것이 아니다'라고 말할 수 있다."

- 5, 1에 이어지는 내용으로, 안마당 공동 소유자 이외 제삼자가 공동
  소유자 중 한 명으로부터 유익 얻는 것이 금지된 경우다. 랍비 엘리
  에제르 벤 야아콥은 5, 1에서와 같은 논리로 이 사람의 안마당 이용
  을 허용하며, 할라카는 그의 의견을 따른다.

5, 3

הַמֻּדָּר הֲנָאָה מֵחֲבֵרוֹ, וְיֶשׁ לוֹ מֶרְחָץ וּבֵית הַבַּד מֻשְׂכָּרִים בָּעִיר, אִם יֶשׁ לוֹ
בָּהֶן תְּפִיסַת יָד, אָסוּר. אֵין לוֹ בָּהֶן תְּפִיסַת יָד, מֻתָּר. הָאוֹמֵר לַחֲבֵרוֹ, קוֹנָם
לְבֵיתְךָ שֶׁאֲנִי נִכְנָס וְשָׂדְךָ שֶׁאֲנִי לוֹקֵחַ, מֵת אוֹ שֶׁמְּכָרוֹ לְאַחֵר, מֻתָּר. קוֹנָם

---

40) 또는 '시장'(marketplace)이다.
41) 5, 1에서 언급한 공동 소유주들이다.

לְבַיִת זֶה שֶׁאֲנִי נִכְנָס, שָׂדֶה זוֹ שֶׁאֲנִי לוֹקֵחַ, מֵת אוֹ שֶׁמְּכָרוֹ לְאַחֵר, אָסוּר:

[어떤 사람이] 서원을 통해 그의 동료로부터 유익을 얻는 것이 [금지되었는데], 도시에 그 [동료] 소유의 목욕탕 내지 [올리브] 기름틀이 [누군가에게] 임대된 경우, 그에게 [여전히] 소유권이 있다면 [이를 이용하는 것이] 금지된다. 소유권이 없다면 [이를 이용하는 것이] 허용된다.

어떤 사람이 그의 동료에게 "내가 너의 집에 들어가는 것은 코남" 또는 "내가 너의 밭을 사는 것은 [코남]"이라고 말했는데, 이후 [동료인 그 소유주가] 죽거나 그것을 다른 이에게 팔았다면, [그 집에 들어가거나 그 밭을 사는 것이] 허용된다.

[그러나] "내가 이 집에 들어가는 것은 코남" 또는 "내가 이 밭을 사는 것은 [코남]"이라고 했다면, [동료인 그 소유주가] 죽거나 그것을 다른 이에게 팔았다 해도 [그 집에 들어가거나 그 밭을 사는 것이] 금지된다.

- 목욕탕과 기름틀을 소유한 B가 임대 후 사용 수익의 일부를 받고 있거나 전체를 임대하지 않은 경우, 목욕탕과 기름틀은 부분적으로나마 여전히 B의 소유로 간주된다. 따라서 B에게서 유익 얻는 것이 금지된 A는 이를 사용할 수 없다.
- 서원자가 "너의" 집과 밭이라고 했기에 소유주가 바뀌면 그 집과 밭에 들어가거나 사는 것이 허용된다. 그러나 "이" 집과 밭이라고 특정한 경우에는 소유주가 누구냐에 상관없이 금지된다.

5, 4

הֲרֵינִי עָלֶיךָ חֵרֶם, הַמֻּדָּר אָסוּר. הֲרֵי אַתְּ עָלַי חֵרֶם, הַנּוֹדֵר אָסוּר. הֲרֵינִי עָלֶיךָ
וְאַתְּ עָלַי, שְׁנֵיהֶם אֲסוּרִין. וּשְׁנֵיהֶם מֻתָּרִין בְּדָבָר שֶׁל עוֹלֵי בָבֶל, וַאֲסוּרִין

〔어떤 사람이 누군가에게〕"나는 너에게 헤렘"이라고 한 경우, 이 서원〔으로 인해 금지〕된 사람이 〔서원자에게서 유익 얻는 것이〕 금지된다. "너는 나에게 헤렘"이라고 한 경우, 그 서원자가 〔상대방에게서 유익 얻는 것이〕 금지된다.

"나는 너에게 그리고 너는 나에게 헤렘"이라고 하면, 둘 다 〔상대방에게서 유익 얻는 것이〕 금지된다. 그러나 바벨에서 〔예루살렘으로〕 올라오는 사람들[42]의 〔공용〕 물건이라면 〔유익 얻는 것이〕 허락되고, 도시 소유물로부터 〔유익 얻는 것은〕 금지된다.

- A가 B에게 "나는 너에게 헤렘〔처럼 금지된다〕"고 하면, A의 서원에 의해 B는 A로부터 유익 얻는 것이 금지된다. 즉 B는 자기가 서원한 것이 아니지만 상대방의 서원에 매이게 된다.

  B가 A에게 "너는 나에게 헤렘〔처럼 금지된다〕"고 하면, 자기가 직접 서원을 하여 스스로 A로부터 유익 얻기를 금지하는 것이다. 두 경우 모두 서원으로 효력을 발휘한다.

  바벨에서 예루살렘으로 순례하러 온 이들에게 공공으로 허가된 물건(종교재산)과 도시 소유물에 관한 것은 5, 5에서 다룬다.

5, 5

וְאֵיזֶהוּ דָבָר שֶׁל עוֹלֵי בָבֶל, כְּגוֹן הַר הַבַּיִת וְהָעֲזָרוֹת וְהַבּוֹר שֶׁבְּאֶמְצַע הַדֶּרֶךְ. וְאֵיזֶהוּ דָבָר שֶׁל אוֹתָהּ הָעִיר, כְּגוֹן הָרְחָבָה וְהַמֶּרְחָץ, וּבֵית הַכְּנֶסֶת וְהַתֵּבָה וְהַסְּפָרִים. וְהַכּוֹתֵב חֶלְקוֹ לַנָּשִׂיא. רַבִּי יְהוּדָה אוֹמֵר, אֶחָד כּוֹתֵב לַנָּשִׂיא וְאֶחָד כּוֹתֵב לְהֶדְיוֹט. מַה בֵּין כּוֹתֵב לַנָּשִׂיא לְכוֹתֵב לְהֶדְיוֹט, שֶׁהַכּוֹתֵב לַנָּשִׂיא אֵינוֹ צָרִיךְ לִזְכּוֹת. וַחֲכָמִים אוֹמְרִים, אֶחָד זֶה וְאֶחָד זֶה צְרִיכִין לִזְכּוֹת. לֹא

---

42) 순례객을 말한다.

דִּבְּרוּ בַנָּשִׂיא אֶלָּא בַהֹוֶה. רַבִּי יְהוּדָה אוֹמֵר, אֵין אַנְשֵׁי גָלִיל צְרִיכִין לִכְתֹּב,
שֶׁכְּבָר כָּתְבוּ אֲבוֹתֵיהֶם עַל יְדֵיהֶם:

바벨에서 올라오는 사람들의 〔공용〕 물건은 어떤 것인가? 성전산,
〔성전〕 안뜰, 도로 가운데 있는 물 저장고들[43]이다. 그 도시 소유의
물건이란 어떤 것인가? 광장, 목욕탕, 회당, 〔토라〕 보관함과, 〔토라〕
두루마리[44] 같은 것들이다.

〔도시 소유 물건의 경우〕 자기 몫을 지도자[45]에게 〔넘긴다고〕 기록
한다.[46] 랍비 예후다는 말한다. "지도자에게 〔자기 몫을 넘긴다고〕 기
록하는 사람과 일반인에게 〔넘긴다고〕 기록하는 사람 〔모두에게 해
당하는 규정이다〕. 그렇다면 지도자에게 〔넘긴다고〕 기록하는 것과
일반인[47]에게 〔넘긴다고〕 기록하는 것 사이에 〔다른 점이〕 무엇인가?
지도자에게 〔넘긴다고〕 기록하는 자는 〔공식적으로〕 소유권〔을 이전
할〕 필요가 없다." 그러나 현인들은 말한다. "양쪽 다 〔공식적으로〕 소
유권〔을 이전할〕 필요가 없다. 그들(이전 현인들)은 단지 〔당시〕 존재
하던 〔관례 때문에〕 지도자를 언급했을 뿐이다."

랍비 예후다는 말한다. "갈릴리 사람들은 〔이미〕 선조들이 그들을
위해 〔모든 공공재산을 지도자에게 넘긴다고〕 기록했으므로 기록할
필요가 없다."

- 이 미쉬나는 5, 4의 연장선이다. 언급된 것들은 주로 종교 재산으로,
  이는 개인 사유물이 될 수 없기에 서원에 적용되지 않는다.

---

43) 또는 우물들이다.
44) 직역하면 '문서들'이다.
45) '지도자'(נשיא, 나씨)란 이스라엘 땅 유대 공동체의 수장이다.
46) 즉, 서명하는 것이다.
47) 도시의 공민인 일반 개인이다.

- 공공시설물 내지 종교물품 등은 도시 소유물에 해당하는데, 이는 이스라엘 사람 전체가 아니라 도시민의 공동 소유다. 그러므로 서로 상대방에게서 유익을 얻지 않겠다고 서원했을 경우 이들은 도시 공동 재산도 이용해서는 안 된다.
- 서원으로 인해 도시 소유물, 즉 공공재산을 이용할 수 없을 때의 해결 방안을 제시한다. 양쪽 다 그들의 지분을 유대 공동체 수장인 지도자(나씨)에게 넘긴다는 문서를 작성하면 된다. 이렇게 할 경우 이들은 서로의 재산이 아닌 지도자의 재산을 사용하는 것이 된다.
- 랍비 예후다의 주장에 따르면, 일반인에게도 위임이 가능하지만 그 경우 공식적으로 소유권 양도 절차를 밟아야 하므로, 초기 할라카는 보다 절차가 수월한 '지도자에게 위임'하는 것만 언급했다. 현인들은 다른 설명을 내놓는다. 초기 할라카가 지도자에게 소유물을 넘기는 것만 언급한 까닭은 당시는 그렇게 하는 것이 관례였기 때문이다.
- 갈릴리 지방에서는 도시 공공물의 공식 소유주가 이미 지도자로 되어 있기에 위 논의한 문제가 발생하지 않았다.

5, 6

הַמֻּדָּר הֲנָאָה מֵחֲבֵרוֹ וְאֵין לוֹ מַה יֹּאכַל, נוֹתְנוֹ לְאַחֵר לְשׁוּם מַתָּנָה, וְהַלָּה מֻתָּר בָּהּ. מַעֲשֶׂה בְּאֶחָד בְּבֵית חוֹרוֹן שֶׁהָיָה אָבִיו מֻדָּר הֵימֶנּוּ הֲנָאָה, וְהָיָה מַשִּׂיא אֶת בְּנוֹ, וְאָמַר לַחֲבֵרוֹ, חָצֵר וּסְעוּדָה נְתוּנִים לְךָ בְמַתָּנָה, וְאֵינָן לְפָנֶיךָ אֶלָּא כְדֵי שֶׁיָּבֹא אַבָּא וְיֹאכַל עִמָּנוּ בַּסְּעוּדָה. אָמַר לוֹ, אִם שֶׁלִּי הֵם, הֲרֵי הֵם מֻקְדָּשִׁין לַשָּׁמָיִם. אָמַר לוֹ, לֹא נָתַתִּי אֶת שֶׁלִּי שֶׁתַּקְדִּישֵׁם לַשָּׁמָיִם. אָמַר לוֹ, לֹא נָתַתָּ לִי אֶת שֶׁלְּךָ אֶלָּא שֶׁתְּהֵא אַתָּה וְאָבִיךָ אוֹכְלִים וְשׁוֹתִים וּמִתְרַצִּים זֶה לָזֶה, וִיהֵא עָוֹן תָּלוּי בְּרֹאשׁוֹ. וּכְשֶׁבָּא דָבָר לִפְנֵי חֲכָמִים, אָמְרוּ, כָּל מַתָּנָה שֶׁאֵינָהּ שֶׁאִם הִקְדִּישָׁהּ אֵינָהּ מֻקְדֶּשֶׁת, אֵינָהּ מַתָּנָה:

[어떤 사람이] 서원을 통해 그의 동료로부터 유익 얻는 것이 금지되었는데, 그에게 먹을 것이 없는 경우, [서원한 그 동료가 음식을] 제

삼자에게 선물로 주면, 그(유익 얻는 것이 금지된 이)에게 그것이 허용된다.

한번은 벳 호론에 어떤 사람이 〔살고〕 있었는데, 그의 아버지가 서원에 의해 그(아들)로부터 유익을 얻는 것이 금지되었다. 〔한편〕 그(아들)가 자기 아들을 결혼시키게 되어 친구에게 말하기를 "안뜰과 연회 음식을 너에게 선물로 주겠다. 단, 내 아버지가 와서 이 연회에서 우리와 함께 드셔야만 너의 것이 된다"라고 했다. 이에 그 친구가 "만일 이것들이 〔정말로〕 내 것이라면, 하늘에 봉헌하겠다"라고 말하자, 〔선물로 주겠다는〕 자는 "〔그렇지만〕 나는 이것들을 하늘에 봉헌하라고 너에게 주는 것이 아니다"라고 대답했다. 이에 그 (친구)가 말했다. "너는 단지 너와 네 아버지가 먹고 마시며 서로 화목하기 위해 네 재산을 내게 준다는 것이다. 그러니 죄는 내가 뒤집어쓰게 될 것이다.[48]"

이 사건이 현인들에게 오자, 그들은 말했다. "어떤 선물이든 〔수령자가 이를〕 봉헌하려고 할 때 봉헌할 수 없다면, 이것은 선물이 아니다."

- 첫 조항은 미쉬나 4, 8의 조항을 서두로 사용하여 예를 들고 있다.
- 벳 호론 일화에서, 서원하는 자세한 이유를 설명하지 않았으나, 어떤 불화가 있어서 부자 사이에 금지 서원을 했고, 부친이 아들의 안뜰에 들어오거나 그의 음식을 먹을 수 없게 되었다. 한편 이 아들이 자기의 아들을 혼인시키며 아버지가 축제에 참여하기를 원하는데, 서원 문제를 해결하기 위해 안뜰과 연회 음식을 제삼자에게 선물하려고 했다. 한데 이 제삼자가 이를 하늘에 봉헌할 경우, 혼인잔치에 사

---

48) 직역하면 '내 머리에 달리다'다.

용할 수 없게 되는 상황이 벌어진다. 현인들은 원 소유주인 아들의 의사에 반하기 때문에 봉헌은 무효라고 판결한다. 서두에 밝힌 바와 같이, 실제로 제삼자에게 주려는 의도가 없었기 때문이다. 그러므로 뜰과 연회 음식은 여전히 아들 소유이고, 아버지는 이를 유익할 수 없으므로 혼인 잔치에 올 수 없다(조슈아 컬프).

제6장

서원을 통해 금지한 음식에 있어, 가리키는 용어가 여러 가지로 해석될 때, '이' 음식이라 특정했을 때와 하지 않았을 때, 다른 음식과 섞였을 때 등 표현법이나 음식 범주 등에 따라 달라지는 법 적용에 대해 논한다.

6, 1

הַנּוֹדֵר מִן הַמְבֻשָּׁל, מֻתָּר בַּצָּלִי וּבַשָּׁלוּק. אָמַר קוֹנָם תַּבְשִׁיל שֶׁאֵינִי טוֹעֵם,
אָסוּר בְּמַעֲשֵׂה קְדֵרָה רָךְ, וּמֻתָּר בְּעָבֶה וּמֻתָּר בְּבֵיצַת טְרֵמִיטָא, וּבִדְלַעַת
הָרְמוּצָה:

조리된 것을 〔먹지 않겠다고〕 서원한 이에게 구운 음식과 너무 오래 익힌 음식은 허용된다. "조리된 음식을 내가 맛보지 않는 것이 코남이다"라고 말하는 경우, 냄비에서 부드럽게 조리한 것은 먹을 수 없다. 그러나 고형은 허용되며, 살짝 익힌 달걀과 뜨거운 재에서 구운 박도 허용된다.

- 원래 히브리 성서에서 '조리/요리하다'(בישל) 용어는 굽거나 삶는 음식도 포함하나, 미쉬나 시대 대중은 구운 음식에는 '조리'라는 말

을 쓰지 않았던 것으로 보인다. 일부 주해가들은 '오래 익힌 음식' 대신 '덜 익힌 음식'으로 읽기도 한다(야드 아브라함).

냄비에서 부드럽게 조리한 것은 빵과 함께 먹기 위해(블랙먼) 수프나 죽처럼 서서히 익혀서 걸쭉하게 만든 음식(토쎄펫 욤 토브)을 가리킨다. 고체 형태의 음식은 빵과 함께 먹지 않으며, 따라서 조리된 음식으로 보지 않는다(라브; 알벡).

박 종류의 채소에서는 쓴 맛이 나는데 뜨거운 재에서 익히면 먹기 좋게 된다고 한다(라브; 람밤).

6, 2

הַנּוֹדֵר מִמַּעֲשֵׂה קְדֵרָה, אֵינוֹ אָסוּר אֶלָּא מִמַּעֲשֵׂה רְתַחְתָּה. אָמַר, קוֹנָם
הַיּוֹרֵד לַקְּדֵרָה שֶׁאֵינִי טוֹעֵם, אָסוּר בְּכָל הַמִּתְבַּשְּׁלִין בַּקְּדֵרָה:

냄비에서 만든 음식을 [먹지 않겠다고] 서원한 이에게는 끓인 음식만 금지된다. "냄비에 들어간 것이 [내게] 코남이므로 내가 맛보지 않을 것이다"라고 말하는 경우, 냄비에서 조리된 모든 음식이 금지된다.

6, 3

מִן הַכָּבוּשׁ, אֵינוֹ אָסוּר אֶלָּא מִן הַכָּבוּשׁ שֶׁל יָרָק. כָּבוּשׁ שֶׁאֵינִי טוֹעֵם, אָסוּר
בְּכָל הַכְּבוּשִׁים. מִן הַשָּׁלוּק, אֵינוֹ אָסוּר אֶלָּא מִן הַשָּׁלוּק שֶׁל בָּשָׂר. שָׁלוּק
שֶׁאֵינִי טוֹעֵם, אָסוּר בְּכָל הַשְּׁלוּקִים. מִן הַצָּלִי, אֵינוֹ אָסוּר אֶלָּא מִן הַצָּלִי
שֶׁל בָּשָׂר, דִּבְרֵי רַבִּי יְהוּדָה. צָלִי שֶׁאֵינִי טוֹעֵם, אָסוּר בְּכָל הַצְּלוּיִים. מִן
הַמָּלִיחַ, אֵינוֹ אָסוּר אֶלָּא מִן הַמָּלִיחַ שֶׁל דָּג. מָלִיחַ שֶׁאֵינִי טוֹעֵם, אָסוּר בְּכָל
הַמְּלוּחִים:

"그 절인 음식"[을 먹지 않겠다고 서원한 이에게는] 절인 채소만 금지된다. [그러나] "절인 음식을 맛보는 것이 [코남이다]"[라고 한 경우〕, 절인 모든 음식이 금지된다.

"그 삶은 음식"〔을 먹지 않겠다고 서원한 이에게는〕, 삶은 고기만 금지된다. 〔그러나〕 "삶은 음식을 맛보는 것이 〔코남이다〕"라고 한 경우, 삶은 모든 음식이 금지된다.

"그 구운 음식"〔을 먹지 않겠다고 서원한 이에게는〕, 구운 고기만 금지된다. 〔이는〕 랍비 예후다의 말이다. 〔그러나〕 "구운 음식을 맛보는 것이 〔코남이다〕"라고 한 경우, 모든 구운 음식이 금지된다.

"그 소금에 절인 음식"〔을 먹지 않겠다고 서원하는 이에게는〕 소금에 절인 물고기만 금지된다. 〔그러나〕 "소금에 절인 음식을 맛보는 것이 〔코남이다〕"라고 한 경우, 소금에 절인 모든 음식이 금지된다.

- '절인 음식'(כבוש)이란 초에 절인 음식을 말한다. '그 절인 음식'이라고 정관사를 통해 한정했기에 가장 일반적인 초절임 음식, 즉 채소를 절인 음식으로 해석한다(라브; 람밤). 그러나 "절인 음식을 맛보는 것이 〔코남이다〕"라고 서원한 경우, 정관사로 특정하지 않았으므로, 고기, 채소 등 모든 종류의 절인 음식을 섭취하는 것이 금지된다.
- 다른 경우에도 역시 '그'라는 정관사를 붙여 한정했느냐 안 했느냐가 관건이 된다. '삶은 음식'(שלוק)은 오래 끓여서 익힌 것으로, '그 삶은 음식'이라고 하면 보통 '삶은 고기'를 가리킨다. 비슷하게, '그 구운 음식'은 보통 '구운 고기'를, '그 소금에 절인 음식'은 보통 '소금에 절인 물고기'(염장어)를 지칭한다.

6, 4

דָּג דָּגִים שֶׁאֵינִי טוֹעֵם, אָסוּר בָּהֶן, בֵּין גְּדוֹלִים בֵּין קְטַנִּים, בֵּין מְלוּחִין בֵּין טְפֵלִין, בֵּין חַיִּין בֵּין מְבֻשָּׁלִין, וּמֻתָּר בִּטְרִית טְרוּפָה וּבְצִיר. הַנּוֹדֵר מִן הַצַּחֲנָה, אָסוּר בִּטְרִית טְרוּפָה, וּמֻתָּר בְּצִיר וּבְמֻרְיָס. הַנּוֹדֵר מִטְּרִית טְרוּפָה, אָסוּר בְּצִיר וּבְמֻרְיָס:

"물고기나 물고기들을 내가 맛보지 않겠다"〔라고 서원한 이에게〕 크든 작든, 소금에 절였든 절이지 않았든, 날것이든 조리한 것이든, 모든 물고기가 금지된다. 그러나 다진 타리트나 소금물은 허용된다.

이어를 〔먹지 않겠다고〕 서원한 이에게 다진 타리트는 금지되나 소금물과 어즙은 허용된다.

다진 타리트를 〔먹지 않겠다고〕 서원한 경우, 소금물도 어즙도 금지된다.

- 물고기의 단수 '다그'(דג)는 보통 마리로 세는 큰 물고기를 가리키며, 물고기의 복수 '다김'(דגים)은 양을 기준으로 무게를 달아 파는 작은 물고기를 가리킨다. 타리트(טרית)는 어떤 생선인지 확인되지 않았다. 미꾸라지, 모래무지 등의 이어(泥魚, צחנה) 및 어즙(מריס) 등은 특별히 이름이 있는 생선종이 아니다.
- 소금물(ציר)은 물고기에서 나온 액체나, 물고기가 들어간 소금물 또는 절인 물 등으로 추정된다.

6, 5

הַנּוֹדֵר מִן הֶחָלָב, מֻתָּר בַּקוּם. וְרַבִּי יוֹסֵי אוֹסֵר. מִן הַקּוּם, מֻתָּר בְּחָלָב. אַבָּא שָׁאוּל אוֹמֵר, הַנּוֹדֵר מִן הַגְּבִינָה, אָסוּר בָּהּ בֵּין מְלוּחָה בֵּין טְפֵלָה:

우유를 〔먹지 않겠다고〕 서원한 이에게 유장은 허용된다. 그러나 랍비 요쎄는 금지한다. 유장을 〔먹지 않겠다고 서원한 사람의 경우〕, 우유는 허용된다. 압바 샤울은 말한다. "치즈를 〔먹지 않겠다고〕 서원한 사람의 경우, 소금을 넣었든 무염이든 〔치즈 먹는 것이〕 금지된다."

- 유장(乳漿, קום)은 젖 성분에서 단백질과 지방 성분을 빼고 남은 맑은 액체이며, 따라서 우유와 구별된다. 할라카는 압바 샤울의 의견을

받아들인다.

6, 6

הַנּוֹדֵר מִן הַבָּשָׂר, מֻתָּר בָּרֹטֶב וּבַקְפָה. וְרַבִּי יְהוּדָה אוֹסֵר. אָמַר רַבִּי יְהוּדָה,
מַעֲשֶׂה וְאָסַר עָלַי רַבִּי טַרְפוֹן בֵּיצִים שֶׁנִּתְבַּשְּׁלוּ עִמּוֹ. אָמְרוּ לוֹ, וְכֵן הַדָּבָר,
אֵימָתַי, בִּזְמַן שֶׁיֹּאמַר בָּשָׂר זֶה עָלַי, שֶׁהַנּוֹדֵר מִן הַדָּבָר וְנִתְעָרֵב בְּאַחֵר, אִם
יֶשׁ בּוֹ בְּנוֹתֵן טַעַם, אָסוּר:

고기를 [먹지 않겠다고] 서원한 이에게 육즙과 고기 앙금은 허용된
다. 그러나 랍비 예후다는 금지한다. [이와 관련하여] 랍비 예후다가
말했다. "랍비 타르폰이 내게 [고기와] 함께 조리된 달걀[을 먹는 것]
도 금지한 적이 있다." [그러자 현인들은] 그에게 말했다. "그것이 사
실이다. [하지만] 언제 [그렇게 해야 하는가]? '이 고기가 내게 [금지
된다]'라고 말하는 때다. 만일 어떤 것(음식)을 [먹지 않겠다는] 서원
을 했는데, [그 음식이] 다른 것과 섞여 있는 경우, [금지된 음식의]
맛이 날 정도면 금지된다."

- 랍비 예후다는 자신의 의견을 뒷받침하기 위해 랍비 타르폰과의 예
  화를 들고 있다. 그러나 다른 랍비들은 오히려 이를 그들 입장에 유
  리하게 해석하며, 두 가지 상황으로 나누어 법 적용을 한다.
  첫째, 랍비 예후다와 랍비 타르폰의 주장이 받아들여지는 상황으로,
  "이 고기가 내게 금지되었다"라고 특정 고기를 지정해서 말했다면,
  조리 과정에서 그 금지된 고기의 맛을 흡수한 어떤 음식도 먹어서는
  안 된다. 따라서 함께 조리한 달걀도 먹을 수 없다. 달걀에서도 그 고
  기맛이 날 정도로 충분한 양의 금지된 고기가 들어갔다는 것이다.
  둘째, 이 미쉬나에서는 생략되었으나 문맥상, "이 고기"라고 특정하
  지 않고 일반적인 고기 섭취가 금지된다고 서원한 경우다. 이때는 고

기라는 호칭으로 불리는 것만 섭취를 금하며(6, 4-5), 처음 규정대로 고기라 불리지 않는 육즙과 고기 앙금(고기를 삶거나 끓인 후 바닥에 가라앉은 침전물이나 젤리)은 먹는 것이 허용된다고 보았다.

6, 7

הַנּוֹדֵר מִן הַיַּיִן, מֻתָּר בְּתַבְשִׁיל שֶׁיֵּשׁ בּוֹ טַעַם יַיִן. אָמַר קוֹנָם יַיִן זֶה שֶׁאֵינִי טוֹעֵם, וְנָפַל לְתַבְשִׁיל, אִם יֶשׁ בּוֹ בְּנוֹתֵן טַעַם, הֲרֵי זֶה אָסוּר. הַנּוֹדֵר מִן הָעֲנָבִים, מֻתָּר בְּיַיִן. מִן הַזֵּיתִים, מֻתָּר בְּשֶׁמֶן. אָמַר קוֹנָם זֵיתִים וַעֲנָבִים אֵלּוּ שֶׁאֵינִי טוֹעֵם, אָסוּר בָּהֶן וּבַיּוֹצֵא מֵהֶן:

포도주를 〔마시지 않겠다고〕 서원한 이에게 포도주맛이 나는 요리는 허용된다. "이 포도주가 〔내게〕 코남이므로 내가 〔그것을〕 맛보지 않을 것이다"라고 말했는데, 요리에 〔그 포도주를〕 흘린 경우, 거기서 포도주 맛이 난다면 그것은 금지된다.

포도를 〔먹지 않겠다고〕 서원한 이에게 포도주는 허용된다. 올리브를 〔먹지 않겠다고〕 서원한 이에게 〔올리브〕 기름은 허용된다.

"이 올리브와 포도가 〔내게〕 코남이므로 내가 〔그것들을〕 맛보지 않을 것이다"라고 말한 경우, 그것들(올리브와 포도)은 물론 거기서 나온 것도 금지된다.

- 6, 6의 논리가 계속 적용된다. '이 올리브와 포도'[49]라고 특정 열매를 지칭했다면 그것으로 만든 기름·포도주·식초 등을 먹는 것도 금지된다.

---

49) 원문은 복수를 사용한다.

הַנּוֹדֵר מִן הַתְּמָרִים, מֻתָּר בִּדְבַשׁ תְּמָרִים. מִסְּתָנִיּוֹת, מֻתָּר בְּחֹמֶץ סְתָנִיּוֹת.
רַבִּי יְהוּדָה בֶּן בְּתֵירָא אוֹמֵר, כָּל שֶׁשֵּׁם תּוֹלַדְתּוֹ קְרוּיָה עָלָיו וְנוֹדֵר הֵימֶנּוּ,
אָסוּר אַף בַּיּוֹצֵא הֵימֶנּוּ. וַחֲכָמִים מַתִּירִין:

대추야자를 [먹지 않겠다고] 서원한 이에게 대추야자꿀은 허용된
다. 겨울포도를 [먹지 않겠다고 서원한 이에게], 겨울포도 식초는 허
용된다.

랍비 예후다 벤 베테라는 말한다. "뭐든 원재료 명칭으로 [붙여 이
름이] 불리고, 그것으로 서원했다면, 거기서 나온 것도 금지된다." 그
러나 현인들은 [이를] 허용한다.

- 겨울포도(סתוניות)란 늦가을에 익는 품종으로 식초를 만드는 데만
  쓴다.
- 랍비 예후다 벤 베테라는 대추야자와 겨울포도의 파생물인 '대추야
  자꿀'과 '겨울포도 식초'라는 식품명에 '대추야자', '겨울포도'라는
  금지된 음식명이 포함되어 있으므로 이것들도 먹으면 안 된다는 주
  장이다. 그의 의견은 받아들여지지 않았다.

הַנּוֹדֵר מִן הַיַּיִן, מֻתָּר בְּיֵין תַּפּוּחִים. מִן הַשֶּׁמֶן, מֻתָּר בְּשֶׁמֶן שֻׁמְשְׁמִין. מִן
הַדְּבַשׁ, מֻתָּר בִּדְבַשׁ תְּמָרִים. מִן הַחֹמֶץ, מֻתָּר בְּחֹמֶץ סְתָנִיּוֹת. מִן הַכְּרֵשִׁין,
מֻתָּר בְּקַפְלוֹטוֹת. מִן הַיָּרָק, מֻתָּר בְּיַרְקוֹת הַשָּׂדֶה, מִפְּנֵי שֶׁהוּא שֵׁם לְוַי:

와인을 [마시지 않겠다고] 서원한 이에게 사과 와인은 허용된다. 기
름을 [먹지 않겠다고 서원한 이에게] 참기름은 허용된다. 꿀을 [먹지
않겠다고 서원한 이에게] 대추야자꿀은 허용된다. 식초를 [먹지 않겠
다고 서원한 이에게] 겨울포도 식초는 허용된다. 리크[50]를 [먹지 않

겠다고 서원한 이에게) 부추종은 허용된다. 채소를 (먹지 않겠다고 서원한 이에게) 야생 야채류는 허용된다. 그것은 한정적(으로 사용된) 명사이기 때문이다.

- 와인은 보통 포도로 만든 술을 가리킨다. '사과 와인'에서 '와인'이라는 명칭은 '포도주'와는 상관없다.
- 특정하지 않았을 때, 보통 '기름'은 올리브 기름을, '꿀'은 벌꿀을, '식초'는 와인으로 만든 식초를 가리킨다.
- 허용된 것들은 수식어가 붙거나 특정한 별명으로 묘사되므로, 일반적 범주나 분류에 속하는 종류의 것이라고 볼 수 없다.

6, 10

מִן הַכְּרוּב, אָסוּר בְּאַסְפְּרָגוֹס. מִן הָאַסְפְּרָגוֹס, מֻתָּר בִּכְרוּב. מִן הַגְּרִיסִין, אָסוּר מִן הַמַּקְפָּה, וְרַבִּי יוֹסֵי מַתִּיר. מִן הַמַּקְפָּה, מֻתָּר בִּגְרִיסִין. מִן הַמַּקְפָּה, אָסוּר בְּשׁוּם, וְרַבִּי יוֹסֵי מַתִּיר. מִן הַשּׁוּם, מֻתָּר בְּמַקְפָּה. מִן הָעֲדָשִׁים, אָסוּר בַּאֲשִׁישִׁין, וְרַבִּי יוֹסֵי מַתִּיר. מִן הָאֲשִׁישִׁים, מֻתָּר בַּעֲדָשִׁים. חִטָּה חִטִּים שֶׁאֵינִי טוֹעֵם, אָסוּר בָּהֶן בֵּין קֶמַח בֵּין פַּת. גְּרִיס גְּרִיסִין שֶׁאֵינִי טוֹעֵם, אָסוּר בָּהֶן בֵּין חַיִּין בֵּין מְבֻשָּׁלִים. רַבִּי יְהוּדָה אוֹמֵר, קוֹנָם גְּרִיס אוֹ חִטָּה שֶׁאֵינִי טוֹעֵם, מֻתָּר לָכוֹס חַיִּים:

양배추를 (먹지 않겠다고 서원한 자에게), 이스파르고스[51]도 금지된다. 이스파르고스를 (먹지 않겠다고 서원한 자에게), 양배추는 허용된다. 찧은 콩을 (먹지 않겠다고 서원한 자에게는), 콩죽[52]도 금지된다. 그러나 랍비 요쎄는 허용한다. 콩죽을 (먹지 않겠다고 서원한

---

50) 크레쉰(כרשין, leek)은 작은 양파의 일종이다.
51) 이스파르고스(אספרגוס)는 배추의 한 종류다.
52) 미크파(מקפה, mikpa)는 찧은 곡식에 기름과 마늘 등을 넣어 만든 스튜다.

자에게), 찧은 콩은 허용된다.

콩죽을 (먹지 않겠다고 서원한 자에게는), 마늘도 금지된다. 그러나 랍비 요쎄는 허용한다. 마늘을 (먹지 않겠다고 서원한 자에게), 콩죽은 허용된다. 편두(렌틸콩)를 (먹지 않겠다고 서원한 자에게는), 아쉬쉼[53]도 금지된다. 그러나 랍비 요쎄는 허용한다. 아쉬쉼을 (먹지 않겠다고 서원한 자에게) 편두는 허용된다.

"밀, 밀들(이 내게 코남이므로) 내가 (그것들을) 먹지 않겠다"(라고 한 자에게는) 밀가루든 빵이든 (다) 금지된다. "찧은 콩, 찧은 콩들(이 내게 코남이므로) 내가 (그것들을) 먹지 않겠다"(라고 한 자에게는) 날것이든 익힌 것이든 (다) 금지된다. 랍비 예후다는 말한다. "그가 '찧은 콩이나 밀이 (내게) 코남(이므로) 내가 (그것들을) 먹지 않겠다'(라고 말했다면), (그것들을) 날로 씹는 것은 허용된다."

- 어느 한 종류의 음식이 다른 한 종류를 포함하지만 그 역은 성립하지 않는 경우를 다룬다. 가령 양배추 종에는 이스파르고스가 포함되지만, 이스파르고스에 양배추가 포함되지는 않는다. 콩죽을 만드는 데 들어가는 마늘, 렌틸로 만든 렌틸 케이크 등에 있어서 랍비 요쎄는 서원자가 마늘과 렌틸 케이크까지 포함할 의도는 없었을 것이라며 반대의견을 보인다(조슈아 컬프).
- 기본 원리는, 먹지 않겠다고 서원한 것이 어떤 요리의 '주재료'이면 그 요리까지 금지되지만, 특정 요리를 지목해서 금지했다면 그 요리와 별개로 주재료를 따로 먹는 것은 허용된다.
- 랍비 예후다는, 밀가루와 찧은 콩의 경우 보통 반가공된 낱알을 지

---

53) 아쉬쉼(אשישים)은 열등한 종류의 렌틸콩, 또는 꿀에 담가 만든 렌틸콩 케이크로 추정된다(블랙먼).

칭하므로 아예 가공되지 않은 날 밀과 날콩은 먹는 것이 허용된다고 주장한다.

제7장

채소 품종이나 건물의 종류, 다양한 서원의 표현 방법에 따른 해석과 적용, 특정한 시기를 조건으로 걸었을 때 발생하는 문제를 다룬다.

7, 1

הַנּוֹדֵר מִן הַיָּרָק, מֻתָּר בִּדְלוּעִין. וְרַבִּי עֲקִיבָא אוֹסֵר. אָמְרוּ לוֹ לְרַבִּי עֲקִיבָא,
וַהֲלֹא אוֹמֵר אָדָם לִשְׁלוּחוֹ קַח לִי יָרָק וְהוּא אוֹמֵר לֹא מָצָאתִי אֶלָּא דְלוּעִין.
אָמַר לָהֶם, כֵּן הַדָּבָר, אוֹ שֶׁמָּא אוֹמֵר הוּא לוֹ לֹא מָצָאתִי אֶלָּא קִטְנִית, אֶלָּא
שֶׁהַדְּלוּעִין בִּכְלַל יָרָק, וְקִטְנִית אֵינָן בִּכְלַל יָרָק. וְאָסוּר בְּפוֹל הַמִּצְרִי לַח,
וּמֻתָּר בַּיָּבֵשׁ:

채소를 [먹지 않겠다고] 서원한 사람에게 박은 허용된다. [그러나] 랍비 아키바는 금지한다. [현인들이] 랍비 아키바에게 말했다. "어떤 사람이 심부름꾼을 보내 '채소를 내게 가져오라'고 했는데, 그가 말하기를 '박밖에 찾지 못했습니다'라고 말한 것이 아닌가?" [그러자 랍비 아키바가] 그들에게 말했다. "바로 그 점이다. 그는 '콩밖에 찾지 못했습니다'라고 말할 수도 있었을 것이다. 오히려 박은 채소에 속하지만 콩은 채소에 속하지 않는다."

[또한 그 서원자는] 부드러운 이집트 콩을 [먹는 것은] 금지되지만, 마른 콩을 [먹는 것은] 허용된다.

● 현인들은 랍비 아키바의 주장에 반대하기 위해 예를 들어 설명한다.

시장에서 채소를 사오라고 사람을 보냈는데, '박밖에 찾지 못했습니다'라고 했다는 것은, 박이 채소에 속하지 않아 빈 손으로 돌아왔다는 말이고, 따라서 채소를 먹지 않겠다고 서원한 사람에게 박을 먹는 것은 허용되어야 한다.

- 반대로 랍비 아키바는 '박밖에 찾지 못했습니다'라는 말은 박이 채소에 속하기에 박을 사와도 괜찮겠냐고 묻는 것이라고 주장한다. 현인들 주장대로라면, 심부름꾼은 채소에 속하지 않는 '콩밖에 찾지 못했습니다'라고 했어야 한다.

- 콩은 채소에 속하지 않지만 물기가 많은 이집트 콩은 채소로 간주한다.

7, 2

הַנּוֹדֵר מִן הַדָּגָן, אָסוּר בְּפוֹל הַמִּצְרִי יָבֵשׁ, דִּבְרֵי רַבִּי מֵאִיר. וַחֲכָמִים אוֹמְרִים, אֵינוֹ אָסוּר אֶלָּא בַחֲמֵשֶׁת הַמִּינִין. רַבִּי מֵאִיר אוֹמֵר, הַנּוֹדֵר מִן הַתְּבוּאָה, אֵינוֹ אָסוּר אֶלָּא מֵחֲמֵשֶׁת הַמִּינִין. אֲבָל הַנּוֹדֵר מִן הַדָּגָן, אָסוּר בַּכֹּל, וּמֻתָּר בְּפֵרוֹת הָאִילָן וּבְיָרָק:

곡물을 〔먹지 않겠다고〕 서원한 사람에게 마른 이집트 콩은 금지된다. 〔이는〕 랍비 메이르의 말이다. 〔그러나〕 현인들은 말한다. "오직 다섯 종류〔의 곡물〕만[54] 그에게 금지된다."

랍비 메이르는 말한다. "농작물을 〔먹지 않겠다고〕 서원한 사람에게는 다섯 종류만 금지되지만, 곡물을 〔먹지 않겠다고〕 서원한 사람에게는 모든 곡물이 금지된다. 그러나 나무열매와 채소는 허용된다."

- 랍비 메이르는 곡물(דגן, 다간)에 마른 이집트 콩이 포함된다고 주장

---

54) 일부 사본에서는 '다섯 종류의 곡물 중'이다(블랙먼).

한다. 현인들은 곡물이란 밀, 보리, 스펠트밀, 호밀, 귀리를 가리킨다고 말한다(「할라」 1, 1-2). 랍비 메이르의 의견은 받아들여지지 않았다(블랙먼).

- 랍비 메이르는 농작물(תבואה, 테부아)이 위의 다섯 종을 가리키며, 곡물(다간)은 이 다섯 종을 제외한 다른 것이라고 주장한다. 그는 과일과 채소는 농작물에 속하지 않는다고 말한다.

7, 3

הַנּוֹדֵר מִן הַכְּסוּת, מֻתָּר בְּשַׂק, בִּירִיעָה, וּבַחֲמִילָה. אָמַר קוֹנָם צֶמֶר עוֹלֶה
עָלַי, מֻתָּר לְהִתְכַּסּוֹת בְּגִזֵּי צֶמֶר. פִּשְׁתָּן עוֹלֶה עָלַי, מֻתָּר לְהִתְכַּסּוֹת בַּאֲנִיצֵי
פִשְׁתָּן. רַבִּי יְהוּדָה אוֹמֵר, הַכֹּל לְפִי הַנּוֹדֵר. טָעַן וְהִזִּיעַ וְהָיָה רֵיחוֹ קָשֶׁה, אָמַר
קוֹנָם צֶמֶר וּפִשְׁתִּים עוֹלֶה עָלַי, מֻתָּר לְהִתְכַּסּוֹת וְאָסוּר לְהַפְשִׁיל לַאֲחוֹרָיו:

의복을 〔입지 않겠다고〕 서원한 사람에게 염소털로 만든 직물, 커튼, 모포는 허용된다. "모직물을 내 몸 위에 걸치는 것이 코남이다"라고 할 경우, 깎은 양털로 〔몸을〕 덮는 것은 허용된다. "아마포를 내 몸 위에 걸치는 것이 〔코남이다〕"라고 할 경우, 아마줄기로 〔몸을〕 덮는 것은 허용된다."

랍비 예후다는 말한다. "모든 것이 그 서원하는 자에게 달려 있다. 〔모직물이나 아마포〕 짐을 지다가 땀이 나고 나쁜 냄새가 풍겨 '모직물이나 아마포를 내 몸 위에 걸치는 것이 코남이다'라고 말했다면 그것을 입는 것은 허용되지만, 뒤에 짊어지는 것은 금지된다."

- 옷으로 제작되었다고 볼 수 없는 것들은 허용된다. 모직물이나 아마포로 직조되기 전의 것들은 허용한다.
- 랍비 예후다는 서원하는 자의 상황을 고려하여 '옷'을 의미하는지, '짐'을 의미하는지 판단해야 한다고 주장한다. 예시된 상황은 후자

에 해당하므로 모직이나 아마포 짐을 등에 짊어지는 것만 금지된다.

7, 4

הַנּוֹדֵר מִן הַבַּיִת, מֻתָּר בָּעֲלִיָּה, דִּבְרֵי רַבִּי מֵאִיר. וַחֲכָמִים אוֹמְרִים, עֲלִיָּה
בִּכְלַל הַבַּיִת. הַנּוֹדֵר מִן הָעֲלִיָּה, מֻתָּר בַּבַּיִת:

집에 〔들어가지 않겠다고〕[55] 서원한 사람에게 위층에 〔들어가는 것〕은 허용된다. 〔이는〕 랍비 메이르의 말이다. 그러나 현인들은 말한다. "위층도 집에 포함된다."

위층에 〔들어가지 않겠다고〕 서원한 사람에게 집에 〔들어가는 것〕은 허용된다.

- 위층은 오늘날의 가옥 구조와 다른 별개의 특별한 공간으로 간주되었다. 따라서 랍비 메이르는 집을 두고 서원한 사람에게 위층은 예외라고 주장한다.
- 위층에 들어가지 않겠다고 서원한 사람은 위층을 제외한, 집 어느 공간이든 들어가거나 사용할 수 있다.

7, 5

הַנּוֹדֵר מִן הַמִּטָּה, מֻתָּר בְּדַרְגָּשׁ, דִּבְרֵי רַבִּי מֵאִיר. וַחֲכָמִים אוֹמְרִים, דַּרְגָּשׁ
בִּכְלַל מִטָּה. הַנּוֹדֵר מִן הַדַּרְגָּשׁ, מֻתָּר בְּמִטָּה. הַנּוֹדֵר מִן הָעִיר, מֻתָּר לִכָּנֵס
לִתְחוּמָהּ שֶׁל עִיר, וְאָסוּר לִכָּנֵס לְעִבּוּרָהּ. אֲבָל הַנּוֹדֵר מִן הַבַּיִת, אָסוּר מִן
הָאֲגָף וְלִפְנִים:

침대를 〔사용하지 않겠다고〕 서원한 자에게 긴 의자[56]는 허용된다.

---

55) '집〔으로부터 유익을 얻지 않겠다고〕'라고 읽을 수도 있다(댄비; 블랙먼; 알벡).
56) 다르가쉬(דרגש)는 침대 앞에 두는 발 받침으로 번역하기도 한다.

〔이는〕 랍비 메이르의 말이다. 그러나 현인들은 말한다. "긴 의자는 침대에 속한다." 긴 의자를 〔사용하지 않겠다고〕 서원한 자에게 침대는 허용된다.

도시로부터 〔유익을 얻지 않겠다고〕 서원한 자에게 도시의 〔안식일〕 경계선 안으로 들어가는 것은 허용되지만, 〔도시〕 외곽지로 들어가는 것은 금지된다. 그러나 집〔으로 들어가지 않겠다고〕 서원한 자의 경우, 문짝[57)에서부터 안으로 〔들어가는 것이〕 금지된다.

- 이전 미쉬나와 마찬가지로 어떤 대상으로 분류하기 애매한 것을 다룬다. 도시로부터 70아마와 40테팍 거리 안에 드는 지역은 외곽지이며, 이 외곽지로부터 다시 2,000아마 내 거리가 안식일에 도시 밖으로 걷는 것이 허용되는 범위다(민 35:5; 「에루빈」5, 7). 안식일 경계를 외곽지가 끝나는 곳에서부터 측정하기 때문에 외곽지는 도시의 일부로 간주된다.
- 도시는 그 외곽부터 진입이 금지되는 반면, 집은 문턱까지는 허용되며 문부터 실제 집에 포함된다고 간주한다(「페싸힘」7, 4).

7, 6

קוֹנָם פֵּרוֹת הָאֵלּוּ עָלַי, קוֹנָם הֵן עַל פִּי, קוֹנָם הֵן לְפִי, אָסוּר בְּחִלּוּפֵיהֶן וּבְגִדּוּלֵיהֶן. שֶׁאֲנִי אוֹכֵל וְשֶׁאֲנִי טוֹעֵם, מֻתָּר בְּחִלּוּפֵיהֶן וּבְגִדּוּלֵיהֶן, בְּדָבָר שֶׁזַּרְעוֹ כָלֶה. אֲבָל בְּדָבָר שֶׁאֵין זַרְעוֹ כָלֶה, אֲפִלּוּ גִדּוּלֵי גִדּוּלִין אֲסוּרִין:

"이 과일들은 내게 코남", "그것들이 내 입 위로 〔오는 것이〕 코남", "그것이 내 입에 코남"이라고 하는 경우, 그것들과 교환한 것 또는 그것들에서 자란 것 모두 금지된다.

---

57) 또는 문설주·문간·문버팀쇠를 말한다.

"〔이 과일을〕 내가 먹거나 맛보는 것이 〔코남이다〕"〔라고 말한 경우〕, 〔그 과일과〕 교환한 것은 허용된다. 만일 씨가 저절로 썩는 것이면 〔거기서〕 자란 것도 허용된다. 그러나 씨가 썩지 않는 것이면, 〔그 씨로부터〕 자란 것에서 〔다시〕 자란 것까지 금지된다.

- 세 가지 표현 모두 특정 과일로부터 어떤 유익을 얻는 것도 금지하겠다는 서원을 했다고 간주하며, 따라서 그 과일과 교환해서 얻은 것, 그 과일을 팔아서 받은 돈을 사용하는 것, 그 씨를 심어서 거기서 자란 것 또한 금지된다. 여기서 쓰인 '입'이라는 표현을 (그 과일을) 먹는 행위로 제한시켜 해석할 수 없다는 것이다. 한편 서원자가 아닌 다른 사람이 그 과일을 팔았다면, 서원자는 그 판매금에서 유익 얻는 것이 가능하다는 의견(라브; 로쉬; 토쎄펫 욤 토브)이 있는 반면, 누가 팔았던 서원자가 이를 유익할 수 없다는 의견(란; 토싸폿 랍비 아키바 아이거)도 있다.
- '먹는 것', '맛보는 것'으로 특정해 서원했으므로 그 과일을 이용해 유익 얻는 것은 가능하다. 그러므로 그 과일과 교환해 얻은 다른 음식은 물론 그 과일의 씨에서 자라난 것도 먹을 수 있다. 그러나 이것은 씨가 썩는 종류일 때로 국한된다. 양파의 경우 본디 뿌리채소이지만 씨채소로 간주하여 예로 든다. 양파를 심어 새 순이 자라난다 해도 본디 서원으로 금지했던 원 양파가 여전히 썩지 않고 남아 있기에 먹거나 유익하는 것이 금지된다. 그 양파에서 자란 것을 심어 거기서 또 자라난 것이라도 금지된다.

7,7

הָאוֹמֵר לְאִשְׁתּוֹ, קוֹנָם מַעֲשֵׂה יָדַיִךְ עָלַי, קוֹנָם הֵן עַל פִּי, קוֹנָם הֵן לְפִי, אָסוּר בְּחִלּוּפֵיהֶן וּבְגִדּוּלֵיהֶן. שֶׁאֵינִי אוֹכֵל, שֶׁאֵינִי טוֹעֵם, מֻתָּר בְּחִלּוּפֵיהֶן וּבְגִדּוּלֵיהֶן,

בְּדָבָר שֶׁזַּרְעוֹ כָלֶה. אֲבָל בְּדָבָר שֶׁאֵין זַרְעוֹ כָלֶה, אֲפִלּוּ גְדוּלֵי גְדוּלִין אֲסוּרִים:

자기 아내에게 "당신이 손으로 만든 것은 내게 코남", "그것들이 내 입 위로 [오는 것이] 코남", "그것들이 내 입에 코남"이라고 말하는 사람에게 그것들과 교환한 것도, 그것들에서 자란 것도 금지된다.

"[당신이 손으로 만든 것들이 내게 코남이므로] 내가 먹지 않고 맛보지 않을 것이다"[라고 말한다면] 교환한 것이 허용된다. 만일 씨가 저절로 썩는 것이면 [거기서] 자란 것도 허용된다. 그러나 씨가 썩지 않는 것이면, [그 씨로부터] 자란 것에서 [다시] 자란 것까지 금지된다.

- 이전 미쉬나와 거의 동일한 내용으로, 여기서는 서원으로 금지한 대상이 아내가 손으로 만든 것이다. 7, 6에서와 같은 원칙이 적용된다. 탈무드에 따르면 이미 만든 것뿐 아니라 앞으로 만들 것까지 포함하여 금지된다(게마라 47a). '[거기서] 자란 것'이란 아내가 심은 나무 등의 경우에 해당한다.

- 마지막 조항의 경우, 먹고 마시는 것이 코남과 같으므로 금지된다고 구체적으로 표현했으므로 아내가 만든 음식에 국한해 금지 서원한 것으로 간주된다. 따라서 아내가 손으로 제작한 물품들을 교환하거나 판 것에서 유익을 얻을 수는 있다. 그러나 이전 미쉬나에서 설명한 바와 같이 원래 금지한 대상물이 남아 있지 않아야 한다. 만일 아내가 나무나 작물을 심었다면, 그 씨가 썩는 종(種)일 때에 한해 유익 취하는 것이 허용된다.

7, 8

שֶׁאַתְּ עוֹשָׂה אֵינִי אוֹכֵל עַד הַפֶּסַח, שֶׁאַתְּ עוֹשָׂה אֵינִי מִתְכַּסֶּה עַד הַפֶּסַח,
עָשְׂתָה לִפְנֵי הַפֶּסַח, מֻתָּר לֶאֱכֹל וּלְהִתְכַּסּוֹת אַחַר הַפֶּסַח. שֶׁאַתְּ עוֹשָׂה

עַד הַפֶּסַח אֵינִי אוֹכֵל, וְשֶׁאַתְּ עוֹשָׂה עַד הַפֶּסַח אֵינִי מִתְכַּסֶּה, עָשְׂתָה לִפְנֵי
הַפֶּסַח, אָסוּר לֶאֱכֹל וּלְהִתְכַּסּוֹת אַחַר הַפֶּסַח:

〔아내에게〕 "당신이 만드는 〔음식을〕, 유월절 때까지 내가 먹는 것
〔이 코남〕", "당신이 만드는 〔옷을〕, 유월절 때까지 내가 입는 것이
〔코남〕"〔이라고 한 경우〕, 〔만일 아내가 그것을〕 유월절 전에 만들었
다면, 그는 〔그것을〕 유월절이 지나서 먹거나 입는 것이 허용된다.

"당신이 유월절 때까지 만드는 〔음식을〕, 내가 먹는 것〔이 코남〕",
"당신이 유월절 때까지 만드는 〔옷을〕, 내가 입는 것〔이 코남〕"〔이라
고 한 경우〕, 〔만일 아내가 그것을〕 유월절 전에 만들었다면, 그는 〔그
것을〕 유월절이 지나도 먹거나 입는 것이 금지된다.

- 7, 8과 7, 9는 어떤 시기를 특정 조건으로 걸어놓은 서원이다. "입다"
  에는 문자적으로 '(자기 자신을) 덮다'라는 동사가 사용되었다.

7, 9

שֶׁאַתְּ נֶהֱנֵית לִי עַד הַפֶּסַח אִם תֵּלְכִי לְבֵית אָבִיךְ עַד הֶחָג, הָלְכָה לִפְנֵי
הַפֶּסַח, אֲסוּרָה בַהֲנָאָתוֹ עַד הַפֶּסַח. אַחַר הַפֶּסַח, בְּלֹא יַחֵל דְּבָרוֹ. שֶׁאַתְּ
נֶהֱנֵית לִי עַד הֶחָג אִם תֵּלְכִי לְבֵית אָבִיךְ עַד הַפֶּסַח, וְהָלְכָה לִפְנֵי הַפֶּסַח,
אֲסוּרָה בַהֲנָאָתוֹ עַד הֶחָג, וּמֻתֶּרֶת לֵילֵךְ אַחַר הַפֶּסַח:

"명절[58]까지 당신이 〔친정〕아버지 집에 간다면, 유월절 때까지 당
신이 내게서 유익 얻는 것〔이 코남〕"〔이라고 아내에게 말했는데〕, 그
(아내)가 유월절 전에 〔자기 아버지 집에〕 가면, 유월절 때까지 남편
에게서 유익 얻는 것이 금지된다. 〔만일〕 유월절 이후〔에 간다면〕, "그
가 입으로 말한 대로 이를 이행해야 한다(민 30:2〔히브리 성서 30:3〕)."

---

58) 원문은 '그 절기'(החג)이며 일반적으로 초막절을 가리킨다.

"[다음] 유월절까지 당신이 [친정]아버지 집에 간다면, 초막절 때까지 당신이 내게서 유익 얻는 것[이 코남][이라고 말했는데], 그(아내)가 유월절 전에 [자기 아버지 집에] 가면, [다음] 명절 때까지 남편에게서 유익 얻는 것이 금지된다. 그러나 유월절 이후에 가는 것은 허용된다.

- 역시 조건부 서원으로, 어떤 특정 시기 전에 아내가 친정에 간다면, 정한 기한 안에 남편에게서 어떤 유익도 얻을 수 없을 것이라고 서원한 경우를 다룬다. 유월절은 유대력 첫째 달인 니싼월에 오며, 초막절은 유대력 일곱째 달인 티슈레월에 온다. 남편은 초막절 절기가 지나고 유월절 절기가 오기 전 불특정한 어느 날, 아내더러 다음 초막절(명절)이 오기 전에는 아버지 집, 즉 친정에 가지 말라고 말한다. 만일 남편의 말을 어기면 그의 서원대로 유월절 기간이 끝날 때까지 남편에게서 아무 유익을 얻을 수 없다. 그러나 이 서원은 아내가 초막절 '전'에 친정아버지 집에 간다는 조건에 부합되어야만 효력이 발생한다. 만일 세 번째 달에 서원이 행해졌고, 아내가 네 번째 달에 친정에 가면, 초막절(일곱째 달) 전이자 유월절 전(이듬해 첫째 달)에 해당한다. 이 경우 유월절 절기가 지날 때까지 남편에게서 유익을 얻지 못한다. 만일 이듬해 유월절이 지난 후에 가면, 이는 여전히 다음 초막절이 오기 전이므로 서원 효력이 발생한다. 문제는 남편이 "유월절 [기간이 끝날] 때까지" 유익을 얻을 수 없다고 시기를 정해놓았으므로, 이것이 소급 적용된다는 것이다. 다시 말해 유월절 전에 아내가 이미 얻어버린 유익은 남편의 서원에 위배되는 결과를 낳는다. 이 경우 남편은 민수기 30:2에서 명한 "사람이 여호와께 서원하였거나 결심하고 서약하였으면 깨뜨리지 말고 그가 입으로 말한 대로 다 이행할 것이니라"라는 율법을 위반하는 죄를 저지르게

된다. 이를 막기 위해 랍비들은 아내가 유월절 전에 이미 남편으로부터 유익을 얻었을 경우, 유월절 후 친정에 가지 못하도록 규정한다.

• 둘째 조항은 초막절(일곱째 달)이 지나고 다음 유월절(이듬해 첫째 달)이 오기 전 불특정한 어느 날 행해진 서원으로, 다음 유월절이 오기 전에 친정에 가지 말라고 한 남편의 말을 어기면, 그의 서원대로 다음 초막절이 지날 때까지 남편에게 유익을 얻는 것이 금지된다.

제8장

서원할 때 어떤 시기가 특정되거나 서원자의 의중을 고려한 해석을 다룬다.

8, 1

קוֹנָם יַיִן שֶׁאֲנִי טוֹעֵם הַיּוֹם, אֵינוֹ אָסוּר אֶלָּא עַד שֶׁתֶּחְשַׁךְ. שַׁבָּת זוֹ, אָסוּר בְּכָל הַשַּׁבָּת, וְשַׁבָּת שֶׁעָבְרָה. חֹדֶשׁ זֶה, אָסוּר בְּכָל הַחֹדֶשׁ, וְרֹאשׁ חֹדֶשׁ לְהַבָּא. שָׁנָה זוֹ, אָסוּר בְּכָל הַשָּׁנָה, וְרֹאשׁ הַשָּׁנָה לֶעָתִיד לָבֹא. שָׁבוּעַ זֶה, אָסוּר בְּכָל הַשָּׁבוּעַ, וּשְׁבִיעִית שֶׁעָבְרָה. וְאִם אָמַר יוֹם אֶחָד, שַׁבָּת אֶחָת, חֹדֶשׁ אֶחָד, שָׁנָה אֶחָת, שָׁבוּעַ אֶחָד, אָסוּר מִיּוֹם לְיוֹם:

"코남! 오늘 내가 맛보는 포도주가"〔라고 서원한 경우〕, 어두워질 때까지만 〔포도주가〕 금지된다. "이번 안식일"〔이라고 하는 경우〕, 그 주 전체에 〔포도주가〕 금지된다. 또한 지나가는 안식일〔이 그 주에 포함된다〕. "이번 달"〔이라고 하는 경우〕, 그 달 전체에 〔포도주가〕 금지된다. 또한 로쉬 호데쉬가 익월〔에 포함된다〕. "올해"라고 하는 경우 그해 전체에 〔포도주가〕 금지된다. 또한 로쉬 하샤나가 익년〔에 포함된다〕. "이 안식년59) 주기"〔라고 하는 경우〕, 안식년 기간 전체에 〔포도주가〕 금지된다. 또한 그 지나가는 〔안식년 주기에〕 안식년〔이 포함된다〕. 그러나 "하루", "안식일 한 번", "한 달", "일 년", "안식년 한 주기"〔라고 말하는 경우〕, 이날에서 저날까지 금지된다.

- 유대법에서 하루는 해질 때 시작하기 때문이다. 따라서 해가 지면 서원자가 말한 '오늘'이 끝나므로 포도주 마시는 것이 허용된다. 안식일(샤밧)은 안식일 당일을 가리키기도 하지만 한 주를 말하기도 한다. 그러므로 '안식일'에 포도주를 마시지 않겠다고 하면 안식일을 포함하여 그 주 전체에 걸쳐 포도주가 금지된다. 한 주는 일요일에서 안식일인 토요일 저녁까지이므로, 만일 화요일에 그 서원을 했다면 당일부터 안식일이 끝날 때까지 포도주가 금지된다.
- 로쉬 호데쉬(ראש חדש)는 월초에 지키는 명절을 말하며 그날부터 다음 달로 간주한다. 그러므로 돌아오는 새달 첫날부터는 포도주 마시는 것이 허용된다. 신년 첫날 명절인 로쉬 하샤나(ראש השנה) 역시 마찬가지로 '내년'으로 간주한다.
- 일곱 번의 안식년 주기(7년씩 총 49년) 후 50년째는 '요벨'(יובל, 희년)로 지킨다(레 25:8-13). 요벨이 지나면 다시 안식년 주기가 시작된다. 한 안식년 주기는 7년째인 안식년(슈미타/슈비잇)에 끝난다(「슈비잇」). 만일 안식년 주기 마지막해(슈미타/슈비잇)에 "이 안식년 주기…"라고 서원했다면, 그해를 포함하여 다음 안식년 주기까지 포도주 마시는 것이 금지된다.
- "이날에서 저날"이란 서원한 당일 그 시간을 기점으로 다음 날 같은 시간까지를 말한다.

---

59) 원문의 샤부아 제(שבוע זה)는 '이번 주'라는 뜻이지만, '안식년을 가리키는 '슈미타'(שמיטה) 또는 '슈비잇'(שביעית)의 오기로 보는 견해가 있다. 역자는 문맥상 후자의 해석에 따라 번역했다.

עַד הַפֶּסַח, אָסוּר עַד שֶׁיַּגִּיעַ. עַד שֶׁיְּהֵא, אָסוּר עַד שֶׁיֵּצֵא. עַד לִפְנֵי הַפֶּסַח,
רַבִּי מֵאִיר אוֹמֵר, אָסוּר עַד שֶׁיַּגִּיעַ. רַבִּי יוֹסֵי אוֹמֵר, אָסוּר עַד שֶׁיֵּצֵא:

"유월절까지"[라고 서원한 경우], [유월절이] 올 때까지 금지된다.
"[유월절이] 있기까지"라고 하면, [유월절 기간이] 끝날 때까지 금지
된다.

"유월절 전까지"[라고 하는 경우], 랍비 메이르는 말한다. "[유월절
이] 올 때까지 금지된다." 그러나 랍비 요쎄는 말한다. "[유월절 기간
이] 끝날 때까지 [금지된다]."

• 유월절은 하루에 끝나는 절기가 아니라 이레 동안 계속된다. 랍비 요
  쎄의 의견이 받아들여졌다. 자세한 내용은 다음 미쉬나에서 다룬다.

עַד הַקָּצִיר, עַד הַבָּצִיר, עַד הַמָּסִיק, אֵינוֹ אָסוּר אֶלָּא עַד שֶׁיַּגִּיעַ. זֶה הַכְּלָל,
כֹּל שֶׁזְּמַנּוֹ קָבוּעַ וְאָמַר עַד שֶׁיַּגִּיעַ, אָסוּר עַד שֶׁיַּגִּיעַ. אָמַר עַד שֶׁיְּהֵא, אָסוּר
עַד שֶׁיֵּצֵא. וְכֹל שֶׁאֵין זְמַנּוֹ קָבוּעַ, בֵּין אָמַר עַד שֶׁיְּהֵא, בֵּין אָמַר עַד שֶׁיַּגִּיעַ,
אֵינוֹ אָסוּר אֶלָּא עַד שֶׁיַּגִּיעַ:

[어떤 것이] "추수까지", "포도 수확까지" [또는] "올리브 수확까지"
[금지된다고 서원하는 경우, 그 추수나 수확날이] 올 때까지만 금지
된다. 원칙은 뭐든 시간이 정해져 있는 경우, "…가 오기까지"라고 하
면, [그 지정한 시기가] 올 때까지 금지된다. "…가 있기까지"라고 하
면, [그 기간이 모두] 끝날 때까지 금지된다. 그러나 뭐든 시간이 정
해져 있지 않은 경우, "…이 있기까지"라고 하든 "…가 오기까지"라
고 하든, [그 지정한 시기가] 올 때까지만 금지된다.

.

● 8, 1과 8, 2의 연장에서 일반적으로 적용되는 규칙을 설명한다.

1) 절기처럼 언제 시작되고 언제 끝나는지 시기가 정해진 것으로 기
한을 두고 금지서원을 했을 때는, 표현형식에 따라 두 가지로 나뉘어
적용된다. 가령 "유월절이 오기까지 …이 금지된다"라고 서원했다
면, 유월절이 시작되는 니싼월 15일에 금지된 것은 풀린다. "유월절
이 있기까지 …이 금지된다"라고 서원했다면 유월절 절기가 지속되
는 7일이 다 지난 후에야 금지된 것이 풀린다.

2) 정확한 날짜나 시간에 일어나지 않는 행사로 기한을 두고 금지서
원을 했을 때는, 위 표현 형식에 상관없이 그 행사 시작과 함께 금지
규정이 풀린다. 첫째 조항에서 언급한 추수나 수확이 그 예다.

8, 4

עַד הַקַּיִץ, עַד שֶׁיְּהֵא הַקַּיִץ, עַד שֶׁיַּתְחִילוּ הָעָם לְהַכְנִיס בַּכַּלְכַּלּוֹת. עַד
שֶׁיַּעֲבֹר הַקַּיִץ, עַד שֶׁיִּקְפְּלוּ הַמַּקְצוּעוֹת. עַד הַקָּצִיר, עַד שֶׁיַּתְחִיל הָעָם לִקְצֹר,
קְצִיר חִטִּין אֲבָל לֹא קְצִיר שְׂעֹרִים. הַכֹּל לְפִי מְקוֹם נִדְרוֹ, אִם הָיָה בָהָר,
בָּהָר, וְאִם הָיָה בַּבִּקְעָה, בַּבִּקְעָה:

"여름까지" [또는] "여름이 있기까지" [라고 하는 경우], 사람들이
[무화과를] 바구니에 [담아 집에] 가져올 때까지 [그 서원은 유효하
다]. "여름이 지날 때까지" [라고 하는 경우], 칼을 접을 때까지 [그 서
원은 유효하다].

"추수까지" [라고 하는 경우], 사람들이 추수를 시작할 때까지 [그
서원은 유효하다]. [그러나 이는] 보리 추수가 아닌 밀 추수 [를 가리
킨다]. 이 [시기들은] 모두 서원 장소에 달려 있다. 산지에서 했다면
산지의 [추수 시기를], 골짜기에서 했다면 골짜기의 [추수 시기를 따
른다].

- 여름은 무화과 추수 시기다. 열매 한두 개가 열리는 정도가 아니라 바구니에 가득 담을 정도로 모든 열매가 익어야 여름이 비로소 도래했음을 알 수 있다. 칼을 접었다(יקפלו)는 것은 무화과 수확이 끝났음을 의미한다.
- '추수'라고 할 경우 대개 '밀 추수'를 일컫는다. '보리 추수'를 염두에 두었다면, 서원자는 '보리 추수'라고 특정했을 것이다.
- 밀 추수 시기는 지역에 따라 다르다. 서원이 이뤄진 장소의 추수 시기를 따라야 한다.

8, 5

עַד הַגְּשָׁמִים, עַד שֶׁיִּהְיוּ הַגְּשָׁמִים, עַד שֶׁתֵּרֵד רְבִיעָה שְׁנִיָּה. רַבָּן שִׁמְעוֹן בֶּן גַּמְלִיאֵל אוֹמֵר, עַד שֶׁיַּגִּיעַ זְמַנָּהּ שֶׁל רְבִיעָה. עַד שֶׁיִּפָּסְקוּ גְשָׁמִים, עַד שֶׁיֵּצֵא נִיסָן כֻּלּוֹ, דִּבְרֵי רַבִּי מֵאִיר. רַבִּי יְהוּדָה אוֹמֵר, עַד שֶׁיַּעֲבֹר הַפָּסַח. קוֹנָם יַיִן שֶׁאֵינִי טוֹעֵם הַשָּׁנָה, נִתְעַבְּרָה הַשָּׁנָה, אָסוּר בָּהּ וּבְעִבּוּרָהּ. עַד רֹאשׁ אֲדָר, עַד רֹאשׁ אֲדָר הָרִאשׁוֹן. עַד סוֹף אֲדָר, עַד סוֹף אֲדָר הָרִאשׁוֹן. רַבִּי יְהוּדָה אוֹמֵר, קוֹנָם יַיִן שֶׁאֵינִי טוֹעֵם עַד שֶׁיְּהֵא הַפֶּסַח, אֵינוֹ אָסוּר אֶלָּא עַד לֵיל הַפֶּסַח, שֶׁלֹּא נִתְכַּוֵּן זֶה אֶלָּא עַד שָׁעָה שֶׁדֶּרֶךְ בְּנֵי אָדָם לִשְׁתּוֹת יָיִן:

"비 때까지"[또는 "비가 있기까지"][라고 한 경우] 두 번째 [가을] 비가 내릴 때까지 [그 서원은 유효하다]. 랍비 쉼온 벤 감리엘은 말한다. "[가을] 비 시기가 오기까지다." "비가 그칠 때까지"[라고 하면] 니싼월 전체가 끝날 때까지 [그 서원은 유효하다]. 이는 랍비 메이르의 말이다. 랍비 예후다는 "유월절이 지나갈 때까지"라고 말한다.

"포도주는 [내게] 코남[이므로] 올해 내가 포도주를 맛보지 않을 것이다"[라고 한 경우], 그해가 연장되었으면(윤년이면), 그해 연장된 기간에도 금지된다. "아다르월 시작까지"[라고 한 경우] 첫 아다르월이 시작될 때까지 [그 서원이 유효하다]. "아다르월 끝까지"[라고 한 경우], 첫 아다르월이 끝날 때까지다.

랍비 예후다는 말한다. "'포도주는 〔내게〕 코남〔이므로〕 유월절이 있기까지 내가 포도주를 맛보지 않을 것이다'〔라고 하는 경우〕, 유월절 밤까지만 금지된다. 그는 사람들이 관례적으로 포도주를 마시는 시간까지만 염두에 두었기 때문이다."

- 관건은 서원 종결 시점을 우기가 시작할 때로 보아야 할 것인가, 우기가 끝날 때로 보아야 할 것인가다. 우기는 보통 가을에서 봄까지로, 초막절(쑤콧, 티슈레 15일)에서 유월절(페싹, 니싼 15일) 사이 기간이다. 늦봄과 여름에는 비가 오지 않는다. 원문에 '비'가 복수형태(גשמים)로 되어 있기에, '두 번째 비'를 지칭한다고 해석한다. 비는 날짜를 정해놓고 오는 것이 아니기 때문에, 물리적으로 두 번째 비가 내리기 시작하면 금지 서원에서 풀린다는 것이 탄나 캄마(첫 번째 말하는 탄나)의 주장이다(8, 3의 논리에 의해). 반면 라반 쉼온 벤 감리엘은 아직 비가 내리지 않았어도, 두 번째 비가 온다고 추정되는 '날짜'가 도래하면 서원이 끝난다고 주장한다. 탈무드에서 랍비들은 이 날짜를 두고 헤슈반(Cheshvan) 7일이다, 17일이다, 23일이다 하며 논쟁을 벌인다(게마라 63a). 라반 쉼온 벤 감리엘의 의견은 받아들여지지 않았다.

- 유대력은 음력을 따르며 12개월로 이뤄지는데, 태양력에 맞추기 위해 3년마다 한 달을 추가해 윤달을 만든다. 이 윤달이 아다르(아달, Adar)월에 이어서 오기 때문에 '두 번째 아다르'월로 불린다. 서원자는 그해가 윤년인 것을 인지하지 못하고 '올해'라 말했을 것이기에, 첫 아다르월 시작 혹은 끝까지만 포도주가 금지된다.

유대력 명칭과 순서와 날수는 다음과 같다.

니싼(ניסן, Nisan, 30일), 이야르(אייר, Iyar, 29일), 시반(סיון, Sivan, 30일), 탐무즈(תמוז, Tammuz, 29일), 아브(אב, Av, 30일), 엘룰(אלול,

Elul, 29일), 티슈레(תשרי, Tishrei, 30일), 헤슈반(חשון, Cheshvan, 29일 또는 30일), 키슬레브(כסלו, Kislev, 29일 또는 30일), 테벳(טבת, Tevet, 29일), 슈밧(שבט, Shevat, 30일), 아다르(אדר, Adar, 29일, 윤년의 경우 첫 아다르월은 29일, 두 번째 아다르월은 30일).

- 8, 2와 8, 3에 따르면 유월절은 날짜가 정해져 있는 절기이므로 "유월절이 있기까지"라고 할 경우, 이레 동안의 유월절 절기가 다 지난 후에야 금지된 것이 풀린다. 반면 이 미쉬나에서 랍비 예후다는 예외적으로 적용하고 있다. 유월절이 있기까지 '포도주'를 금하는 경우, 유월절 밤이 시작되기 바로 전까지만 금지된다는 것이다. 유월절 첫째 날 밤 만찬인 쎄데르(סדר) 때에는 의례 중간중간 성화, 역병, 대속, 찬양 순으로 기념하며 와인 네 컵을 마시는 전통이 있다. 서원자는 이 전통 의례에 참여하여 그동안 금지했던 포도주를 마시겠다는 의도로 이렇게 서원했으리라 보는 해석이다.

8, 6

אָמַר קוֹנָם בָּשָׂר שֶׁאֵינִי טוֹעֵם עַד שֶׁיְּהֵא הַצּוֹם, אֵינוֹ אָסוּר אֶלָּא עַד לֵילֵי
צוֹם, שֶׁלֹּא נִתְכַּוַּן זֶה אֶלָּא עַד שָׁעָה שֶׁדֶּרֶךְ בְּנֵי אָדָם לֶאֱכֹל בָּשָׂר. רַבִּי יוֹסֵי
בְּנוֹ אוֹמֵר, קוֹנָם שׁוּם שֶׁאֵינִי טוֹעֵם עַד שֶׁתְּהֵא שַׁבָּת, אֵינוֹ אָסוּר אֶלָּא עַד
לֵילֵי שַׁבָּת, שֶׁלֹּא נִתְכַּוַּן זֶה אֶלָּא עַד שָׁעָה שֶׁדֶּרֶךְ בְּנֵי אָדָם לֶאֱכֹל שׁוּם:

〔어떤 사람이〕"고기가 〔내게〕 코남이므로 금식이 있기까지 맛보지 않겠다"라고 말한 경우, 금식일 밤까지만 금지된다. 그는 사람들이 관례적으로 고기 먹는 시간까지만을 염두에 두었기 때문이다.

그의 아들인 랍비 요쎄는 말한다. "'마늘이 〔내게〕 코남이므로 안식일이 있기까지 맛보지 않겠다'〔라고 한 경우〕, 안식일 밤(금요일 밤)까지만 금지된다. 그는 사람들이 관례적으로 마늘 먹는 시간까지만 뜻했기 때문이다."

- 8, 5 마지막 미쉬나의 연장선상에 있는 내용으로, 서원 당시 서원자의 의중에 중점을 둔다. 많은 주해자들이 여기서 금식일은 욤 키푸르를 지칭한다고 해석한다(라브; 람밤; 댄비; 조슈아 컬프).

  욤 키푸르 전날에는 큰 잔치상을 차려 함께 먹는 관습이 있었다(게마라 「로쉬 하샤나」 9a; 「훌린」 5, 3). 위 조항에 따르면, 서원자는 금식일 전에 고기를 먹는 관례를 의중에 두고, 그전까지만 서원을 적용하겠다고 생각했으리라는 것이다. 따라서 금식일 전날이 오면 서원이 풀린다는 해석이다.

- '그의 아들인 랍비 요쎄'는 바로 이전 미쉬나(8, 5)에서 언급한 랍비 예후다의 아들인 랍비 요쎄(Yose b. Yehudah/Jose b. Judah)를 말한다. 블랙먼 주해에 따르면, 유배에서 돌아온 후 에스라는 남성의 정력 증진을 위해 안식일 저녁에 마늘을 먹는 관습을 도입했다.

8, 7

הָאוֹמֵר לַחֲבֵרוֹ קוֹנָם שֶׁאֲנִי נֶהֱנֶה לְךָ אִם אֵין אַתָּה בָא וְנוֹטֵל לְבָנֶיךָ כּוֹר
אֶחָד שֶׁל חִטִּין וּשְׁתֵּי חָבִיוֹת שֶׁל יַיִן, הֲרֵי זֶה יָכוֹל לְהָפֵר אֶת נִדְרוֹ שֶׁלֹּא
עַל פִּי חָכָם, וְיֹאמַר לוֹ, כְּלוּם אָמַרְתָּ אֶלָּא מִפְּנֵי כְבוֹדִי, זֶהוּ כְבוֹדִי. וְכֵן
הָאוֹמֵר לַחֲבֵרוֹ קוֹנָם שֶׁאַתָּה נֶהֱנֶה לִי אִם אֵין אַתָּה בָא וְנוֹתֵן לְבָנִי כּוֹר
אֶחָד שֶׁל חִטִּין וּשְׁתֵּי חָבִיוֹת שֶׁל יַיִן, רַבִּי מֵאִיר אוֹמֵר, אָסוּר עַד שֶׁיִּתֵּן.
וַחֲכָמִים אוֹמְרִים, אַף זֶה יָכוֹל לְהָפֵר אֶת נִדְרוֹ שֶׁלֹּא עַל פִּי חָכָם, וְיֹאמַר לוֹ,
הֲרֵי אֲנִי כְאִלּוּ הִתְקַבַּלְתִּי. הָיוּ מְסָרְבִין בּוֹ לָשֵׂאת בַּת אֲחוֹתוֹ וְאָמַר קוֹנָם
שֶׁהִיא נֶהֱנֵית לִי לְעוֹלָם, וְכֵן הַמְגָרֵשׁ אֶת אִשְׁתּוֹ וְאָמַר קוֹנָם אִשְׁתִּי נֶהֱנֵית
לִי לְעוֹלָם, הֲרֵי אֵלּוּ מֻתָּרוֹת לֵהָנוֹת לוֹ, שֶׁלֹּא נִתְכַּוֵּן זֶה אֶלָּא לְשׁוּם אִישׁוּת.
הָיָה מְסָרֵב בַּחֲבֵרוֹ שֶׁיֹּאכַל אֶצְלוֹ, אָמַר קוֹנָם לְבֵיתְךָ שֶׁאֵינִי נִכְנָס, טִפַּת צוֹנֵן
שֶׁאֵינִי טוֹעֵם לָךְ, מֻתָּר לִכָּנֵס לְבֵיתוֹ וְלִשְׁתּוֹת מִמֶּנּוּ צוֹנֵן, שֶׁלֹּא נִתְכַּוֵּן זֶה אֶלָּא
לְשׁוּם אֲכִילָה וּשְׁתִיָּה:

어떤 사람이 그의 동료에게 "네가 와서 네 자식들을 위해 밀 한 코르(כור)와 포도주 두 통을 가져가지 않으면, 내가 네게서 유익을 얻는 것이 코남이다"라고 말하는 경우, 현인들의 입을 통하지 않아도 그의 서원을 폐기할 수 있다. [그의 동료는] "네가 다름 아닌 내 명예를 위해 [그렇게] 말했는가? 이를 [거절하는 것이] 나의 명예다"라고 그(서원자)에게 말하면 된다.

마찬가지로 어떤 사람이 그의 동료에게 "네가 내 아들에게 밀 한 코르와 포도주 두 통을 주지 않는다면, 네가 나로부터 유익을 얻는 것은 코남이다"라고 한 경우, 랍비 메이르는 말한다. "그[의 동료가 그것들을] 줄 때까지 [유익이] 금지된다." 그러나 현인들은 말한다. "그 역시 현인들의 입을 통하지 않아도, '내가 받은 거나 마찬가지로 간주하겠다'라고 그에게 말하면 자기 서원을 폐기할 수 있다."

[어떤 남자가] 자기 여자 형제의 딸과 결혼하기를 거절하며 말하기를, "이 여자가 내게서 유익을 얻는 것이 평생 코남이다"라고 말한 경우, 그리고 [어떤 사람이] 자기 아내와 이혼하면서 "내 아내가 나로부터 유익을 얻는 것이 평생 코남이다"라고 말한 경우, 그들은 그에게서 유익을 얻는 것이 허용된다. 왜냐하면 그는 오직 혼인만을 염두에 두었기 때문이다.

[어떤 사람이] 자기 집에서 함께 먹자고 그의 동료를 조르자 그(동료)가 "코남, 너의 집에 내가 들어가는 것이" 또는 "코남, 내가 네 찬물 한 방울이라도 맛보는 것이"[라고 대답한] 경우, 그는 그의 집에 들어갈 수도, 차가운 물을 마실 수도 있다. 왜냐하면 그(동료)는 일반적인 [식사로서] 먹는 것과 마시는 것만 염두에 두었기 때문이다.

- 첫 조항은 친구에게 선물을 주기 위해 서원을 이용하여 설득하는 경우다. 1코르는 30쎄아로 상당한 양이다. 상대방이 그런 제안을 해준 것만으로도 이미 존중받았다는 식으로 사양하면, 굳이 현인들(랍비 법정의 동의)을 통해 서원을 취소하지 않아도 된다. 반대로 예루

살렘 탈무드는, 서원자가 사실은 자기 명예를 위해 선물을 제안했고, 상대방은 문자 그대로 '거절하는 것도 자기 명예'라고 말하는 상황 이라 해석한다(야드 아브라함).

- 둘째 조항은 반대 상황으로, 동료에게 공짜 선물을 요구하고 있다.
- 셋째 조항에서 '혼인'만을 의미했다는 것은, 여자 형제의 딸과 혼인 하지 않기 위해서, 또는 아내와의 혼인관계를 해소하기 위해 그렇게 서원했을 뿐이니, 여기서의 유익은 '혼인' 그 자체에 국한시켜야 한 다는 해석이다.
- 역시 서원자의 의중에 무게를 둔 경우다. 동료의 집에 들어가는 것 이 코남처럼 그에게 금지된다고 한 말은 정황상 동료의 집에서 식사 를 하지 않겠다는 의미이니만큼 동료의 집에 들어가서 소량의 물을 마시는 것쯤은 괜찮다는 해석이다.

제9장

랍비들이 서원 철회를 허용해주는, 즉 출구를 열어주는 예들 및 서 원 후의 상황이 바뀌었을 때 등을 논한다.

9, 1

רַבִּי אֱלִיעֶזֶר אוֹמֵר, פּוֹתְחִין לָאָדָם בִּכְבוֹד אָבִיו וְאִמּוֹ. וַחֲכָמִים אוֹסְרִין. אָמַר רַבִּי צָדוֹק, עַד שֶׁפּוֹתְחִין לוֹ בִּכְבוֹד אָבִיו וְאִמּוֹ, יִפְתְּחוּ לוֹ בִּכְבוֹד הַמָּקוֹם, אִם כֵּן אֵין נְדָרִים. וּמוֹדִים חֲכָמִים לְרַבִּי אֱלִיעֶזֶר בְּדָבָר שֶׁבֵּינוֹ לְבֵין אָבִיו וְאִמּוֹ, שֶׁפּוֹתְחִין לוֹ בִּכְבוֹד אָבִיו וְאִמּוֹ:

랍비 엘리에제르는 말한다. "[법정은] 그의 아버지와 어머니의 명 예로 [인해 서원에서 벗어날 출구를] 열어줄 수 있다." 그러나 현인들은 [이를] 금지한다. 랍비 짜독은 말한다. "그의 아버지와 어머니의 명예로 [인해 출구를] 열어주기에 앞서 신의 명예로 [인해] 열어주어야 한다. 그렇다면 서원이란 없을 것이다." 그러나 현인들은 [서원이] 그(서원자)와 그의 아버지, 그리고 그의 어머니와 [직접적으로 관련된] 경우에는 랍비 엘리에제르의 말에 동의했고, 부모의 명예로 [인해 서원에서 벗어날 출구를] 열어줄 수 있다[고 결정했다].

- 출구를 열어주는 방법에 따라 현인들은 서원자에게 "이 서원을 함으로써 부모를 욕되게 할 줄 알았다면 그런 서원을 했겠는가?"라 묻고 서원자는 후회를 표하면 된다는 것이 랍비 엘리에제르의 주장이다. 그러나 부모의 명예 실추를 들어 서원 취소의 길을 열어준다면, 너도나도 쉽게 서원에서 풀릴 것이기에 랍비 짜독과 현인들은 랍비 엘리에제르의 의견에 반대했다. 랍비 짜독은 현인들을 지지하면서, 랍비 엘리에제르 말대로라면 부모 명예를 거론하기 앞서 신의 명예를 거론해야 옳고, 그런 식으로 서원이 쉽게 취소된다면 더 이상 서원은 없을 것이라고 이야기한다. 단, 부모의 명예와 직결되는 서원에 한해 '출구를 열어주는 일'에 동의한다.

9, 2

וְעוֹד אָמַר רַבִּי אֱלִיעֶזֶר, פּוֹתְחִין בְּנוֹלָד. וַחֲכָמִים אוֹסְרִין. כֵּיצַד. אָמַר, קוֹנָם שֶׁאֵינִי נֶהֱנֶה לְאִישׁ פְּלוֹנִי, וְנַעֲשָׂה סוֹפֵר, אוֹ שֶׁהָיָה מַשִּׂיא אֶת בְּנוֹ בְקָרוֹב, וְאָמַר, אִלּוּ הָיִיתִי יוֹדֵעַ שֶׁהוּא נַעֲשָׂה סוֹפֵר אוֹ שֶׁהוּא מַשִּׂיא אֶת בְּנוֹ בְקָרוֹב, לֹא הָיִיתִי נוֹדֵר. קוֹנָם לְבַיִת זֶה שֶׁאֵינִי נִכְנָס, וְנַעֲשָׂה בֵית הַכְּנֶסֶת, וְאָמַר, אִלּוּ הָיִיתִי יוֹדֵעַ שֶׁהוּא נַעֲשָׂה בֵית הַכְּנֶסֶת לֹא הָיִיתִי נוֹדֵר, רַבִּי אֱלִיעֶזֶר מַתִּיר, וַחֲכָמִים אוֹסְרִין:

랍비 엘리에제르는 또한 말한다. "[새로운 상황이] 발생하면 [서원에서 벗어날 출구를] 열어준다." 그러나 현인들은 이를 금지한다.

어떻게 〔그러한가〕? "내가 아무개로부터 유익을 얻는 것이 코남이다"라고 말했는데, 그 아무개가 〔나중에〕 서기가 되거나 또는 그의 아들이 곧 혼인하게 되자, "만일 그 사람이 서기가 될 줄 알았거나 그의 아들이 곧 혼인하게 될 줄 알았다면 나는 서원하지 않았을 것이다" 〔라고 하는 경우다〕. "내가 이 집에 들어가는 것이 코남이다"라고 했는데, 〔그 집이〕 회당이 되자 "〔이 집이〕 회당이 될 줄 알았다면 나는 서원하지 않았을 것이다"〔라고 말하는 경우다〕. 랍비 엘리에제르는 〔이 경우 서원 취소를〕 허락하지만, 현인들은 금지한다.

● 새로운 정황이 생겨났을 때 서원 철회가 가능한지 여부를 논의한다.

9, 3

רַבִּי מֵאִיר אוֹמֵר, יֵשׁ דְּבָרִים שֶׁהֵן כְּנוֹלָד וְאֵינָן כְּנוֹלָד, וְאֵין חֲכָמִים מוֹדִים לוֹ. כֵּיצַד. אָמַר, קוֹנָם שֶׁאֵינִי נוֹשֵׂא אֶת פְּלוֹנִית, שֶׁאָבִיהָ רָע. אָמְרוּ לוֹ, מֵת אוֹ שֶׁעָשָׂה תְשׁוּבָה. קוֹנָם לְבַיִת זֶה שֶׁאֵינִי נִכְנָס, שֶׁהַכֶּלֶב רַע בְּתוֹכוֹ אוֹ שֶׁהַנָּחָשׁ בְּתוֹכוֹ. אָמְרוּ לוֹ, מֵת הַכֶּלֶב אוֹ שֶׁנֶּהֱרַג הַנָּחָשׁ, הֲרֵי הֵן כְּנוֹלָד וְאֵינָן כְּנוֹלָד, וְאֵין חֲכָמִים מוֹדִים לוֹ:

랍비 메이르는 말한다. "〔언뜻 보기에〕 〔새로운 상황이〕 발생한 것처럼 〔보이지만〕 〔실제로는 새로운 상황이〕 발생하지 않은 경우들이 있다." 그러나 현인들은 그에게 동의하지 않는다.

어떻게 〔그러한가〕? "내가 아무개라는 여자와 혼인하는 것이 코남이다. 왜냐하면 그 부친이 악인이기 때문이다"〔라고 했는데〕, 사람들이 그에게 "〔그 여자의 부친이〕 사망했다" 또는 "그가 회개했다"라〔고 하는 경우다〕. "이 집에 대형견이 있기 때문에" 〔또는〕 "이 집에 뱀이 있기 때문에 내가 이 집에 들어가는 것이 코남이다"〔라고 했는데〕, 사람들이 "그 개가 죽었다" 또는 "그 뱀을 죽였다"〔라고 말하는 경우다]. 이것들은 〔새롭게〕 발생했지만, 〔사실은〕 발생한 것이 아니다. 그러나 현인들은 그에게 동의하지 않는다.

- '발생하다'로 번역한 '놀라드'는 태어나다는 뜻이다. 즉 없던 정황이 새로 생겨난 것이다. 여기서는 이미 있던 사람 또는 동물이 없어진, 즉 죽어 사라진 것이기 때문에 엄밀히 말해 새로운 상황이 발생했다 (태어났다)고 보기 어렵고, 서원을 취소할 수도 없다는 주장이다.

9, 4

וְעוֹד אָמַר רַבִּי מֵאִיר פּוֹתְחִין לוֹ מִן הַכָּתוּב שֶׁבַּתּוֹרָה וְאוֹמְרִים לוֹ, אִלּוּ הָיִיתָ יוֹדֵעַ שֶׁאַתָּה עוֹבֵר עַל לֹא תִקֹּם וְעַל לֹא תִטֹּר, וְעַל לֹא תִשְׂנָא אֶת אָחִיךָ בִּלְבָבֶךָ, וְאָהַבְתָּ לְרֵעֲךָ כָּמוֹךָ, וְחֵי אָחִיךָ עִמָּךְ, שֶׁמָּא יֵעָנִי וְאֵין אַתָּה יָכוֹל לְפַרְנְסוֹ. אָמַר, אִלּוּ הָיִיתִי יוֹדֵעַ שֶׁהוּא כֵן, לֹא הָיִיתִי נוֹדֵר, הֲרֵי זֶה מֻתָּר:

랍비 메이르는 또한 말한다. "〔현인들은〕 그에게 토라에 적힌 내용을 토대로 〔서원 철회의 출구를〕 열어준다. '복수해서는 안 된다, 원한을 품어서는 안 된다, 마음속으로 네 동족을 미워해서는 안 된다, 네 이웃을 네 자신처럼 사랑하여라, 네 형제가 네 곁에서 살게 하라(레 19:17-18; 25:36-37) 등의 〔율법을〕 어기게 될 줄 〔미리〕 알았더라면, 〔네가 이러한 서원을 했겠는가〕? 〔서원을 통해 네게 금지된 사람이〕 가난해질 수 있는데, 그럼에도 당신은 그를 도울 수 없을 것 아닌가?' 이에 그 사람이 '이렇게 될 줄 〔미리〕 알았다면, 내가 서원하지 않았을 것이다'라고 대답하면 〔그의 서원 철회는〕 허용된다."

9, 5

פּוֹתְחִין לָאָדָם בִּכְתֻבַּת אִשְׁתּוֹ. וּמַעֲשֶׂה בְּאֶחָד שֶׁנָּדַר מֵאִשְׁתּוֹ הֲנָאָה וְהָיְתָה כְתֻבָּתָהּ אַרְבַּע מֵאוֹת דִּינָרִין, וּבָא לִפְנֵי רַבִּי עֲקִיבָא וְחִיְּבוֹ לִתֵּן לָהּ כְּתֻבָּתָהּ.

אָמַר לוֹ, רַבִּי, שְׁמוֹנֶה מֵאוֹת דִּינָרִין הִנִּיחַ אַבָּא, וְנָטַל אָחִי אַרְבַּע מֵאוֹת וַאֲנִי אַרְבַּע מֵאוֹת, לֹא דַיָּה שֶׁתִּטּוֹל הִיא מָאתַיִם, וַאֲנִי מָאתַיִם. אָמַר לוֹ רַבִּי עֲקִיבָא, אֲפִלּוּ אַתָּה מוֹכֵר שְׂעַר רֹאשְׁךָ, אַתָּה נוֹתֵן לָה כְּתֻבָּתָה. אָמַר לוֹ, אִלּוּ הָיִיתִי יוֹדֵעַ שֶׁהוּא כֵן, לֹא הָיִיתִי נוֹדֵר, וְהִתִּירָהּ רַבִּי עֲקִיבָא:

〔현인들은〕 남자에게[60] 아내의 케투바를 〔근거로〕 〔서원 취소의 길을〕 열어줄 수 있다. 한 번은 〔어떤 사람이〕 자기 아내가 〔그에게서〕 유익 얻는 것을 〔금지하는〕 서원을 했는데, 아내의 케투바 금액은 400디나르였다. 그는 랍비 아키바 앞에 왔고, 〔그(아키바)는〕 남편은 아내에게 케투바를 지급할 의무가 있다〔고 판결했다〕. 〔그러자〕 그가 말했다. "랍비여! 내 부친은 800디나르를 내게 남겼고, 그중 내 형제가 400디나르를, 내가 400디나르를 받았습니다. 그렇다면 내 아내가 200디나르, 내가 200디나르를 받는 것으로 충분하지 않겠습니까?" 그러나 랍비 아키바는 "네 머리카락을 팔아서라도 아내에게 케투바를 〔전부〕 지급하라"고 대답했다. 그러자 그는 "이렇게 될 줄 알았더라면 서원하는 일은 없었을 겁니다"라고 말했으며, 이에 랍비 아키바는 〔서원이 취소되도록〕 허락했다.

- 남편은 아내와 성관계를 해야 할 의무가 있으므로 이는 아내에게 혜택을 주는 것과 마찬가지다. 한편 성관계 의무를 거부할 경우 그는 이혼해야 하며, 이혼한다면 케투바를 지불해야 한다. 즉 아내에게 어떤 유익도 주지 않으면서 혼인을 유지할 수 있는 길은 없다. 이혼 시 아내에게 내주어야 할 케투바 금액이 상당하므로 남편은 랍비 아키바에게 가서 감면받기를 요청했고, 랍비 아키바는 이를 기각했다. "이렇게 될 줄 알았더라면 서원하는 일은 없었을 겁니다"라는 말은

---

60) 어떤 사본에는 '그에게'다.

서원한 것을 후회하는 진술이며, 법정은 이를 근거로 서원을 취소하
도록 허락했고, 그는 이혼할 필요가 없었다.

9, 6

פּוֹתְחִין בְּיָמִים טוֹבִים וּבְשַׁבָּתוֹת. בָּרִאשׁוֹנָה הָיוּ אוֹמְרִים, אוֹתָן הַיָּמִים
מֻתָּרִין וּשְׁאָר כָּל הַיָּמִים אֲסוּרִין, עַד שֶׁבָּא רַבִּי עֲקִיבָא וְלִמֵּד, שֶׁהַנֶּדֶר שֶׁהֻתַּר
מִקְצָתוֹ, הֻתַּר כֻּלּוֹ:

[현인들은] 절기와 안식일을 [근거로] [서원 취소의 길을] 열어줄
수 있다. 처음에 현인들은 [서원에 포함시키려고 의도하지 않은] 그
날(안식일과 절기)에는 [먹고 마시는 것이] 허락되지만, 나머지 날들
에는 [먹고 마시는 것이 여전히] 금지된다고 말했다. [그것은] 랍비
아키바가 와서 "부분적으로 [취소가] 허용되는 서원이면 완전히 [취
소가] 허용된다"라고 가르칠 때까지 [계속되었다].

• 현인들은, 서원자가 서원을 말하던 순간에 절기에도 그 서원을 지켜
  야 하는 것을 인지했는지 묻는다. 3, 2의 힐렐 학파의 의견을 참조하
  라. 이어지는 미쉬나에서 자세히 다뤄진다.

9, 7

כֵּיצַד. אָמַר, קוֹנָם שֶׁאֵינִי נֶהֱנֶה לְכֻלְּכֶם, הֻתַּר אֶחָד מֵהֶן, הֻתְּרוּ כֻלָּן. שֶׁאֵינִי
נֶהֱנֶה לָזֶה וְלָזֶה, הֻתַּר הָרִאשׁוֹן, הֻתְּרוּ כֻלָּן. הֻתַּר הָאַחֲרוֹן, הָאַחֲרוֹן מֻתָּר,
וְכֻלָּן אֲסוּרִין. הֻתַּר הָאֶמְצָעִי, הֵימֶנּוּ וּלְמַטָּה מֻתָּר, הֵימֶנּוּ וּלְמַעְלָה אָסוּר.
שֶׁאֵינִי נֶהֱנֶה לָזֶה קָרְבָּן וְלָזֶה קָרְבָּן, צְרִיכִין פֶּתַח לְכָל אֶחָד וְאֶחָד:

어떻게 [그러한가]? 만일 어떤 사람이 "너희 모두에게서 내가 유익
을 얻는 것은 코남이다"라고 말했는데, [서원 대상자들] 중 한 명으로
부터 [유익을 얻는 것이] 허용된다면, 다른 사람들 모두 허용된다. "이

사람과 저 사람에서 유익을 얻는 것이 코남이다"[라고 말했는데], [서원자가 언급한] 첫 번째 사람이 허용되면 모든 사람이 허용된다. 그러나 마지막 사람이 허용된다면, 마지막 사람은 허용된다 하더라도 [다른] 모든 사람은 금지된다. 만일 중간 사람이 허용되면, 그와 다음으로 [언급된] 사람들이 허용된다. 그러나 그보다 앞서 [언급된] 사람들은 금지된다.

"이 사람에게 내가 유익을 얻는 것은 코르반이다. 그리고 저 사람에게 [유익을 얻는 것도] 코르반이다"라고 말한 경우, 각각을 대상으로 따로 [서원을 취소할] 길이 필요하다.

● 바로 전 미쉬나에서 랍비 아키바가 말한 내용에 대한 부연이다. 서원으로 금지한 맨 처음 사람이 허용되는 것으로 판결되면 나머지 사람들도 자연히 허용된다. 그러나 마지막 사람이 허용되는 경우, 나머지 사람들은 각각 따로 서원한 것처럼 간주하여 여전히 금지된다. 중간 사람이 허용되면 그다음 사람들도 함께 허용된다고 보지만, 소급 적용하지는 않는다.

9, 8

קוֹנָם יַיִן שֶׁאֵינִי טוֹעֵם, שֶׁהַיַּיִן רַע לַמֵּעַיִם, אָמְרוּ לוֹ, וַהֲלֹא הַמְיֻשָּׁן יָפֶה לַמֵּעַיִם, הֻתַּר בַּמְיֻשָּׁן. וְלֹא בַמְיֻשָּׁן בִּלְבַד הֻתַּר, אֶלָּא בְכָל הַיַּיִן. קוֹנָם בָּצָל שֶׁאֵינִי טוֹעֵם, שֶׁהַבָּצָל רַע לַלֵּב. אָמְרוּ לוֹ, הֲלֹא הַכֻּפְרִי יָפֶה לַלֵּב, הֻתַּר בַּכֻּפְרִי. וְלֹא בַכֻּפְרִי בִּלְבַד הֻתַּר, אֶלָּא בְכָל הַבְּצָלִים. מַעֲשֶׂה הָיָה, וְהִתִּירוֹ רַבִּי מֵאִיר בְּכָל הַבְּצָלִים:

"포도주가 코남[이므로] 나는 맛보지 않을 것이다. 이 포도주가 장에 나쁘기 때문이다"[라고 했는데], 사람들이 "숙성한 포도주는 장에 좋다"라고 말하면, 숙성한 포도주는 허용된다. [또한] 숙성한 포도주

뿐 아니라 모든 포도주가 허용된다.

"양파는 코남[이므로] 내가 맛보지 않을 것이다. 이 양파가 심장에 나쁘기 때문이다"[라고 했는데], 사람들이 "그러나 마을에서 키운 양파는 심장에 좋다"라고 말하면, 마을[61]에서 [키운 양파는] 허용된다. 마을에서 키운 양파뿐 아니라 모든 양파가 마찬가지다. 이러한 사례가 [실제] 있었고, 랍비 메이르는 모든 양파를 허용했다.

- 포도주가 사람의 장에 좋지 않다고 믿었기 때문에 이를 마시지 않겠다고 서원했지만, 숙성된 포도주는 장에 좋다는 사람들 말을 듣고 자신의 서원을 후회하는 진술을 한 경우다. 이에 숙성된 포도주는 금지 서원에서 풀리는데, 부분적 허용은 완전한 허용을 이끈다는 이전 미쉬나 규정에 따라 모든 포도주가 허용된다(9, 6).
- 랍비 아키바의 제자인 랍비 메이르가 이전 미쉬나의 기본 원리에 따라 적용한 예를 말하고 있다.

9, 9

פּוֹתְחִין לָאָדָם בִּכְבוֹד עַצְמוֹ וּבִכְבוֹד בָּנָיו. אוֹמְרִים לוֹ, אִלּוּ הָיִיתָ יוֹדֵעַ
שֶׁלְּמָחָר אוֹמְרִין עָלֶיךָ כָּךְ הִיא וִסְתּוֹ שֶׁל פְּלוֹנִי, מְגָרֵשׁ אֶת נָשָׁיו, וְעַל בְּנוֹתֶיךָ
יִהְיוּ אוֹמְרִין בְּנוֹת גְּרוּשׁוֹת הֵן, מָה רָאֲתָה אִמָּן שֶׁל אֵלּוּ לְהִתְגָּרֵשׁ, וְאָמַר,
אִלּוּ הָיִיתִי יוֹדֵעַ שֶׁכֵּן, לֹא הָיִיתִי נוֹדֵר, הֲרֵי זֶה מֻתָּר:

[현인들은 서원자] 자신 및 그 자식들의 명예로 [인해] [서원을 취소할 길을] 열어줄 수 있다. "사람들이 내일 너에 대하여 '아무개가 그의 아내와 이혼한 건 습관 [때문]이다'라고 말하거나, 네 딸들에 대하여 '저들은 이혼당한 아내의 딸이다. [대체] 저들의 어머니에게서 어

---

61) '마을' 대신 '키프로스'로 해석하기도 한다(댄비; 블랙먼; 알벡).

떤 〔흠을〕 찾았기에 이혼했을까?'라고 말할 줄 알았다면 〔서원을 했
겠는가〕?"라는 〔현인들의 말을 듣고〕, 그 서원자가 "이렇게 될 줄 알
았다면 서원하지 않았을 것이다"라고 〔그들에게〕 대답할 경우, 그는
〔서원 취소가〕 허락된다.

- 아내와 이혼하겠다고 서원한 자의 경우를 다룬다. 그는 서원 취소를
  위해 현인들을 찾아가고, 현인들은 그가 이혼할 경우 사람들이 뒤에
  서 그와 그 자녀들에 대해 수근거릴 수 있음을 일깨워 서원자에게서
  후회 진술을 이끌어낸다.
- "그의 아내와 이혼한 건 습관"이라는 말은 이혼을 자주 하는 사람이
  라고 흉보는 것을 뜻한다.
- 이혼 성립 요건은 랍비들의 견해마다 다르지만, 샴마이 학파는 여자
  가 부정한 행위를 했을 때만 이혼을 허용하곤 했다. 힐렐 학파나 후
  대에 랍비 아키바 등 대부분의 랍비들은 이혼 사유에 보다 관대했다.

9, 10

קוֹנָם שֶׁאֵינִי נוֹשֵׂא אֶת פְּלוֹנִית כְּעוּרָה, וַהֲרֵי הִיא נָאָה. שְׁחוֹרָה, וַהֲרֵי הִיא
לְבָנָה. קְצָרָה, וַהֲרֵי הִיא אֲרֻכָּה, מֻתָּר בָּהּ. לֹא מִפְּנֵי שֶׁהִיא כְּעוּרָה וְנַעֲשֵׂית
נָאָה, שְׁחוֹרָה וְנַעֲשֵׂית לְבָנָה, קְצָרָה וְנַעֲשֵׂית אֲרֻכָּה, אֶלָּא שֶׁהַנֶּדֶר טָעוּת.
וּמַעֲשֶׂה בְאֶחָד שֶׁנָּדַר מִבַּת אֲחוֹתוֹ הֲנָיָה, וְהִכְנִיסוּהָ לְבֵית רַבִּי יִשְׁמָעֵאל
וְיִפּוּהָ. אָמַר לוֹ רַבִּי יִשְׁמָעֵאל, בְּנִי, לָזוֹ נָדַרְתָּ. אָמַר לוֹ, לָאו. וְהִתִּירוֹ רַבִּי
יִשְׁמָעֵאל. בְּאוֹתָהּ שָׁעָה בָּכָה רַבִּי יִשְׁמָעֵאל וְאָמַר, בְּנוֹת יִשְׂרָאֵל נָאוֹת הֵן,
אֶלָּא שֶׁהָעֲנִיּוּת מְנַוַּלְתָּן. וּכְשֶׁמֵּת רַבִּי יִשְׁמָעֵאל, הָיוּ בְנוֹת יִשְׂרָאֵל נוֹשְׂאוֹת
קִינָה וְאוֹמְרוֹת, בְּנוֹת יִשְׂרָאֵל אֶל רַבִּי יִשְׁמָעֵאל בְּכֶינָה. וְכֵן הוּא אוֹמֵר
בְּשָׁאוּל, בְּנוֹת יִשְׂרָאֵל אֶל שָׁאוּל בְּכֶינָה:

"내가 추녀인 아무개 여자와 혼인하는 것이 코남이다"〔라고 했는
데〕, 〔실은〕 그 여자가 아름다운 경우, "〔피부색이〕 어두운 여자〔와

혼인하는 것이 코남이다"〔라고 했는데〕, 그 여자〔의 피부색이〕 밝은 경우, "〔키가〕 작은 여자〔와 혼인하는 것이〕 코남이다"〔라고 했는데〕, 그 여자〔의 키가〕 큰 경우, 그 여자와 〔혼인하는 것이〕 허용된다. 이는 그 여자가 추했는데 아름다워졌거나, 〔피부가〕 어두웠는데 밝아졌거나, 〔키가〕 작았는데 커진 것이 아니라, 실수로 행한 서원이기 때문이다.

한 번은 여동생의 딸에게서 아무 유익도 얻지 않겠다고 서원한 사람이 있었다. 사람들이 그(서원자의 여동생의 딸)를 랍비 이쉬마엘 집에 데려갔고 그는 이 여성을 아름답게 〔꾸몄다〕. 랍비 이쉬마엘이 그에게 말했다. "내 아들아, 이 여자에게서 〔아무 유익도 얻지 않겠다고〕 서원했는가?" 그러자 그는 "아니오"라고 대답했으며, 랍비 이쉬마엘은 그가 〔그 여자에게서 유익을 얻는 것을〕 허용했다.

당시 랍비 이쉬마엘은 울면서 이렇게 말했다. "이스라엘의 딸들은 아름답지만, 가난이 이들을 흉하게 만드는구나." 랍비 이쉬마엘이 사망했을 때 이스라엘 딸들은 소리 높여 애가를 불렀다. "이스라엘의 딸들이 랍비 이쉬마엘을 위해 애곡하노라." 이것은 샤울(사울)에 대해 기록된 바와 같으니, "이스라엘 딸들아, 샤울을 슬퍼하여 울지어다(삼하 1:24)."

- 고대 팔레스타인에서는 밝은 피부가 어두운 피부보다 더 아름다운 것으로 여겨졌다. 또한 밝은 피부는 야외노동에 노출되지 않았을 때 유지되므로 부의 상징으로 여겨지기도 했다.
- 잘못된 정보에 의해 실수로 행한 서원일 경우 현인들에게 갈 필요 없이 이 서원은 자동 취소된다.
- 랍비 이쉬마엘 집에 있는 사람들이 서원자의 질녀를 아름답게 꾸몄으므로 9, 2에서 언급한, 서원 이후 발생한 '새로운 상황'에 해당된다.

서원자가 자기 서원을 후회하는 진술을 했으므로 랍비들은 서원 철회를 허용한다. 따라서 그는 이 여성(여자 형제의 딸)과 혼인할 수 있다(삼촌과 조카 사이는 혼인이 가능하다).

- 랍비 이쉬마엘은 바르 코크바 전쟁을 경험한 인물이며, 이 미쉬나는 파괴, 황폐, 압제의 상황을 배경으로 삼고 있다. 빈곤과 궁핍은 여자들이 자신을 치장하기 힘든 환경에 놓이게 했다고 볼 수 있다. 이스라엘 딸들이 랍비 이쉬마엘의 사망을 애도한 것은 샤울(사울)왕 사망시 여자들이 애도한 것에 비유되고 있다.

제10장

제9장이 랍비들이 서원을 취소해주는 법에 대해 다뤘다면 제10장과 11장은 딸이나 아내의 서원을 무효화할 수 있는 아버지와 남편의 권한에 대해 논한다(민 30). 랍비들의 서원 취소(출구를 열어주는 것)와 부친/남편의 서원 폐기(무효화)는 차이가 있다. 람밤은 전자를 밧줄의 매듭을 푸는 것으로, 후자를 밧줄을 매듭째 자르는 것에 비유한다. 매듭을 풀었기 때문에 흔적은 남지 않고, 아무것도 하지 않은, 즉 서원하지 않은 원상태로 되돌아간다. 다시 말해 서원을 아예 하지 않은 것으로 간주하며, 랍비들이 서원을 취소하면 그 효력은 소급해서 적용된다. 서원을 하고 난 이후 취소하기 전까지 그 서원을 어겼어도 처벌받지 않는다. 반면 서원 폐기가 매듭째 자르는 것이라는 비유는 잘랐기 때문에 더는 묶여 있지 않지만 매듭 자체는 남아 있음을 가리킨다. 즉 장애는 존재하나 그것을 극복했다는 뜻이다. 남편이나 부친이 서원을 폐기했어도 서원했던 것은 남아 있다. 이 여성이 서원을 하고난 다음 폐기가 이뤄지기 전, 그 사이에 서원을 어겼다면 처벌을 받

는다(야드 아브라함).

이 두 가지 건에 있어 히브리어는 각기 다른 표현(הפרה, התרה)을 사용하는데, 우리말로 정확히 옮기기엔 한계가 있다. 다만 두 경우를 구별하려는 의도로, 역자는 전자(התרה, 매듭을 푸는 것)에 있어 서원 취소/철회를, 후자(הפרה, 매듭째 자르는 것)에 있어 서원 폐기/무효라는 표현을 사용했다.

10, 1

נַעֲרָה הַמְאֹרָסָה, אָבִיהָ וּבַעְלָה מְפֵרִין נְדָרֶיהָ. הֵפֵר הָאָב וְלֹא הֵפֵר הַבַּעַל, הֵפֵר הַבַּעַל וְלֹא הֵפֵר הָאָב, אֵינוֹ מוּפָר, וְאֵין צָרִיךְ לוֹמַר שֶׁקִּיֵּם אֶחָד מֵהֶן:

약혼한 젊은 여성의 경우, 아버지, 그리고 약혼한 남편이 그녀의 서원을 폐기할 수 있다. 만일 아버지가 폐기했는데 남편이 폐기하지 않거나, 남편이 폐기했는데 아버지가 폐기하지 않았다면, 〔그 서원은〕폐기된 것이 아니다. 어느 한쪽이〔서원을〕승인한다면 이는 말할 것도 없〔이 무효화되지 않는〕다.

- '약혼한 젊은 여성'(나아라)은 아직 성년에 이르지 않았고 여전히 아버지 집에 거주하므로, 부분적으로 아버지의 권한 아래 있다. 한편 약혼자는 이미 남편으로 간주되기에 남편 역시 부분적으로 아내에 대한 권한을 지닌다. 따라서 양쪽 모두 서원을 폐기하는 데 동의해야 한다. 승인의 경우, 한쪽만으로도 충분하다.

10, 2

מֵת הָאָב, לֹא נִתְרוֹקְנָה רְשׁוּת לַבַּעַל. מֵת הַבַּעַל, נִתְרוֹקְנָה רְשׁוּת לָאָב. בָּזֶה יָפֶה כֹּחַ הָאָב מִכֹּחַ הַבַּעַל. בְּדָבָר אַחֵר יָפֶה כֹּחַ הַבַּעַל מִכֹּחַ הָאָב, שֶׁהַבַּעַל מֵפֵר בְּבֶגֶר, וְהָאָב אֵינוֹ מֵפֵר בְּבֶגֶר:

만일 [친정]아버지가 사망하면 그가 [행사하던] 권한은 남편에게 이동되지 않는다. 만일 남편이 사망하면 그가 [행사하던] 권한은 [친정]아버지에게로 이동된다. 이러한 면에서 아버지의 힘은 남편의 힘보다 크다.

그러나 다른 면에서 남편의 힘은 아버지의 힘보다 크다. 남편은 성인 여성인 [아내의 서원을] 폐기할 수 있지만, 아버지는 성인 여성인 [딸의 서원을] 폐기할 수 없다.

- 열두 살에서 하루를 넘기고 음모 두 터럭이 자라면 미성년을 벗어나 성년이 되는 중간단계이자 혼인이 가능한 '나아라'(젊은 여성)로 인정된다. 다시 6개월이 지나면 '보게렛'인 성인 여성으로 인정된다.

10, 3

נָדְרָה וְהִיא אֲרוּסָה, נִתְגָּרְשָׁה בּוֹ בַיּוֹם, נִתְאָרְסָה בּוֹ בַיּוֹם, אֲפִלּוּ לְמֵאָה, אָבִיהָ וּבַעְלָהּ הָאַחֲרוֹן מְפֵרִין נְדָרֶיהָ. זֶה הַכְּלָל, כֹּל שֶׁלֹּא יָצְאת לִרְשׁוּת עַצְמָהּ שָׁעָה אֶחָת, אָבִיהָ וּבַעְלָהּ הָאַחֲרוֹן מְפֵרִין נְדָרֶיהָ:

어떤 여자가 약혼한 상태에서 서원을 했는데 그날 이혼하고 또 같은 날에 [다시] 약혼했다면, 백 번이라도 [친정]아버지 및 마지막에 약혼한 남편이 이 여자의 서원을 무효화할 수 있다. 원칙은 이렇다. 스스로 독립적 권한을 행사할 수 있는 상태로 단 한 시간이라도 나와 본 적이 없다면 아버지와 남편이 이 여자의 서원을 무효화할 수 있다.

10, 4

דֶּרֶךְ תַּלְמִידֵי חֲכָמִים, עַד שֶׁלֹּא הָיְתָה בִתּוֹ יוֹצְאָה מֵאֶצְלוֹ, אוֹמֵר לָהּ, כָּל נְדָרִים שֶׁנָּדַרְתְּ בְּתוֹךְ בֵּיתִי, הֲרֵי הֵן מוּפָרִין. וְכֵן הַבַּעַל עַד שֶׁלֹּא תִכָּנֵס לִרְשׁוּתוֹ, אוֹמֵר לָהּ, כָּל נְדָרִים שֶׁנָּדַרְתְּ עַד שֶׁלֹּא תִכָּנְסִי לִרְשׁוּתִי, הֲרֵי הֵן מוּפָרִין, שֶׁמִּשֶּׁתִּכָּנֵס לִרְשׁוּתוֹ אֵינוֹ יָכוֹל לְהָפֵר:

현인들의 제자들은 딸이 출가하기 전에 "네가 내 집에서 한 모든 서원이 폐기된다"라고 말하는 관례가 있다.

마찬가지로 남편도 그의 권한하에 아내가 들어오기 전에 "내 권한하에 들어오기 전에 당신이 한 모든 서원이 폐기된다"라고 말한다. 일단 〔남편의〕 권한하에 들어온 이후에는 〔아내가 이전에 한 서원을〕 그가 폐기할 수 없기 때문이다.

- 약혼한 뒤 혼인을 위해 친정집을 떠나 남편의 집으로 갈 때를 말한다.
- 성인 여성(보게렛)이 되기 전에 약혼한 젊은 여성(나아라)에게는 남편과 아버지에게 공동으로 서원을 폐기할 권리가 있으나, 혼인 후에는 혼인 전 서원을 남편도 아버지도 폐기할 수 없다. 이전에 한 서원이 행여 이혼 사유가 되는 것을 사전에 방지하기 위해(「케투봇」7, 7) 아버지와 남편 양쪽에서 모두 이 여성을 서원에서 해소시킨다.

10, 5

בוֹגֶרֶת שֶׁשָּׁהֲתָה שְׁנֵים עָשָׂר חֹדֶשׁ, וְאַלְמָנָה שְׁלֹשִׁים יוֹם, רַבִּי אֱלִיעֶזֶר אוֹמֵר, הוֹאִיל וּבַעְלָהּ חַיָּב בִּמְזוֹנוֹתֶיהָ, יָפֵר. וַחֲכָמִים אוֹמְרִים, אֵין הַבַּעַל מֵפֵר, עַד שֶׁתִּכָּנֵס לִרְשׁוּתוֹ:

12개월을 기다린 성인 여성 혹은 30일을 〔기다린〕 과부의 경우, 랍비 엘리에제르는 말한다. "남편에게 이 아내를 부양할 의무가 있으므로, 〔그에게 서원을〕 폐기할 권리도 있다." 그러나 현인들은 말한다. "그(아내)가 그의 권한하에 들어가기 전에는 남편이라고 하여 〔아내의 서원을〕 폐기할 수 없다."

- 처녀는 약혼에서 혼인까지 12개월을 준비한다(「케투봇」5, 2). 과부나 이혼녀가 재혼할 때는 30일의 준비 기간이 주어진다. 약혼한 남성

이 이 기간이 지나도 그의 권한, 즉 그의 영역인 집에 들이는 혼인을 하지 않는다면, 그는 약혼녀에게 양식을 공급해야 한다. 이 미쉬나는 이 시기, 즉 약혼은 했으나 그 후 12개월을 넘겨 혼인은 하지 않은 상황일 때, 남편에게 서원을 폐기할 권리가 있는지 논하고 있다.

- 랍비 엘리에제르는 남편이 약혼한 아내의 생계를 재정적으로 지원하는 이상 서원을 폐기할 권리도 있다는 의견이다. 반면 현인들은 이 경우 '양식 공급'은 12개월이라는 기간 안에 혼인하지 않은 데 대한 일종의 처벌로 주어진 의무이므로, 이 남편에게는 아내의 서원을 폐기할 자격이 없다고 주장한다.

10, 6

שׁוֹמֶרֶת יָבָם, בֵּין לְיָבָם אֶחָד בֵּין לִשְׁנֵי יְבָמִין, רַבִּי אֱלִיעֶזֶר אוֹמֵר, יָפֵר. רַבִּי יְהוֹשֻׁעַ אוֹמֵר, לְאֶחָד אֲבָל לֹא לִשְׁנַיִם. רַבִּי עֲקִיבָא אוֹמֵר, לֹא לְאֶחָד וְלֹא לִשְׁנָיִם. אָמַר רַבִּי אֱלִיעֶזֶר, מָה אִם אִשָּׁה, שֶׁקָּנָה הוּא לְעַצְמוֹ, הֲרֵי הוּא מֵפֵר נְדָרֶיהָ, אִשָּׁה שֶׁהִקְנוּ לוֹ מִן הַשָּׁמַיִם, אֵינוֹ דִין שֶׁיָּפֵר נְדָרֶיהָ. אָמַר לוֹ רַבִּי עֲקִיבָא, לֹא, אִם אָמַרְתָּ בְּאִשָּׁה שֶׁקָּנָה הוּא לְעַצְמוֹ, שֶׁאֵין לַאֲחֵרִים בָּהּ רְשׁוּת, תֹּאמַר בְּאִשָּׁה שֶׁהִקְנוּ לוֹ מִן הַשָּׁמַיִם, שֶׁיֵּשׁ לַאֲחֵרִים בָּהּ רְשׁוּת. אָמַר לוֹ רַבִּי יְהוֹשֻׁעַ, עֲקִיבָא, דְּבָרֶיךָ בִּשְׁנֵי יְבָמִים. מָה אַתָּה מֵשִׁיב עַל יָבָם אֶחָד. אָמַר לוֹ, אֵין הַיְבָמָה גְמוּרָה לַיָּבָם כְּשֵׁם שֶׁהָאֲרוּסָה גְמוּרָה לְאִישָׁהּ:

[역연혼을] 기다리는 상배여성(쇼메렛 야밤)이 야밤 한 명 또는 두 명을 대상으로 [할 때], 랍비 엘리에제르는 말한다. "그는 [이 여성의 서원을] 폐기할 수 있다." 랍비 예호슈아는 말한다. "두 명이 아니라 한 명[의 야밤]을 기다릴 때 그렇게 할 수 있다." 랍비 아키바는 말한다. "[야밤이] 한 명이든 두 명이든 그렇게 할 수 없습니다."

[그러자] 랍비 엘리에제르가 "남자가 자기가 취득한[62] 여자의 서원

---

62) '취득'이란 미쉬나에서 여자를 아내로 취하는 것을 일컫는다.

을 폐기할 수 있다면, 하늘이 그에게 주신 여자의 [서원을] 폐기할 수 있어야 적법하지 않겠는가?"라고 말했다. 이에 랍비 아키바가 그에게 말했다. "그렇지 않습니다. 당신이 남자가 스스로 취득한 여성을 말하는 것이라면 그 경우 다른 이들에게는 그 여성에 대한 권리가 없습니다. 그런데 하늘이 주신 여성의 경우 다른 이들에게도 권리가 있는데, [똑같이 취급하겠습니까]?" 랍비 예호슈아가 그에게 말했다. "아키바, 네 말은 야밤이 두 명일 때 [적용된다]. 하지만 야밤이 한 명뿐이라면 어떻게 대답할 것인가?" [이에] 그(랍비 아키바)가 그에게 말했다. "야밤은 예바마를 [아직] 온전히 얻은 것이 아니며, 이는 약혼한 남편이 약혼녀를 온전히 취한 것과 다릅니다."

- 랍비들의 논의는 이렇게 정리할 수 있다. 랍비 엘리에제르는 여러 명의 야밤이 있어도 그중 한 명만 쇼메렛 야밤(역연혼을 기다리는 상배여성)의 서원을 무효화할 수 있다고 본다. 랍비 예호슈아는 야밤이 한 명일 때만 서원 무효화가 가능하다고 주장한다. 랍비 아키바는 야밤에게는 그러한 권리가 아예 없다고 말한다.

- 랍비 엘리에제르가 반론을 제기하며, 쇼메렛 야밤과 야밤의 관계는 야밤의 의지와 상관없이 발생했으므로 하늘의 뜻이나 마찬가지이고, 따라서 약혼녀와 약혼자의 관계보다 더 강하다고 주장한다. 그러나 랍비 아키바는 위 상황은 약혼 관계와 다르다고 간주한다. 약혼이 일대일 관계인데 비해, 야밤이 여러 명일 때는 권리가 한 사람에게만 갈 수 없기 때문이다.

- 랍비 예호슈아도 야밤이 한 명일 때는 일대일 관계가 성립되지 않느냐고 반문한다. 랍비 아키바는 야밤이 한 명이더라도 쇼메렛 야밤과 역연혼 사이 관계는 약혼과 근본적으로 다름을 지적한다. 약혼한 남녀는 이미 부부로 간주되지만, 쇼메렛 야밤은 아직 역연혼을 하기

전이므로 아내로 볼 수 없다는 것이다.

10, 7

הָאוֹמֵר לְאִשְׁתּוֹ, כָּל הַנְּדָרִים שֶׁתִּדְּרִי מִכָּאן עַד שֶׁאָבֹא מִמָּקוֹם פְּלוֹנִי, הֲרֵי
הֵן קַיָּמִין, לֹא אָמַר כְּלוּם. הֲרֵי הֵן מוּפָרִין, רַבִּי אֱלִיעֶזֶר אוֹמֵר, מוּפָר. וַחֲכָמִים
אוֹמְרִים, אֵינוֹ מוּפָר. אָמַר רַבִּי אֱלִיעֶזֶר, אִם הֵפֵר נְדָרִים שֶׁבָּאוּ לִכְלַל אִסּוּר,
לֹא יָפֵר נְדָרִים שֶׁלֹּא בָאוּ לִכְלַל אִסּוּר. אָמְרוּ לוֹ, הֲרֵי הוּא אוֹמֵר, אִישָׁהּ
יְקִימֶנּוּ וְאִישָׁהּ יְפֵרֶנּוּ, אֶת שֶׁבָּא לִכְלַל הָקֵם, בָּא לִכְלַל הָפֵר. לֹא בָא לִכְלַל
הָקֵם, לֹא בָא לִכְלַל הָפֵר:

아내에게 "지금부터 내가 이러이러한 장소에서 돌아올 때까지 당신이 하는 모든 서원은 승인된다"라고 말하는 사람은 아무 말도 하지 않은 것이다. [그러나] "폐기된다"[라고 말하는 경우], 랍비 엘리에제르는 말한다. "[아내의 서원은] 폐기된다." 그러나 현인들은 말한다. "폐기되지 않는다." 랍비 엘리에제르는 말했다. "[이미] 금지 상태에 도달한 서원들[63]을 폐기할 수 있다면, [아직] 금지 상태에 [도달하지 않은] 서원인들 폐기할 수 없겠는가?" [그러자] [현인들이] 그에게 말했다. "[율법에] 이르기를, '남편은 서원을 지키게도 할 수 있고 무효하게도 할 수 있다(민 30:13[히브리 성서 30:14])'고 했다. 이 말은 [그가 서원을] 지키게 할 수 있을 때 [서원을] 폐기할 수 있다는 뜻이지, 지키게 할 수 없을 때도 무효화할 수 있다는 뜻은 아니다."

• 남편은 서원을 미리 승인하거나 미리 폐기할 수 없다.

---

63) 서원이 효력을 발생했다는 뜻이다.

הֲפָרַת נְדָרִים, כָּל הַיּוֹם. יֵשׁ בַּדָּבָר לְהָקֵל וּלְהַחֲמִיר. כֵּיצַד. נָדְרָה בְּלֵילֵי שַׁבָּת,
יָפֵר בְּלֵילֵי שַׁבָּת וּבְיוֹם הַשַּׁבָּת עַד שֶׁתֶּחְשָׁךְ. נָדְרָה עִם חֲשֵׁכָה, מֵפֵר עַד
שֶׁלֹּא תֶחְשָׁךְ. שֶׁאִם חָשְׁכָה וְלֹא הֵפֵר, אֵינוֹ יָכוֹל לְהָפֵר:

서원을 폐기하려면 하루 동안 가능하다. 이는 엄중하게도 관대하게도 적용된다.

어떠한 경우에 그러한가? 만일 〔여성이〕 안식일이 〔시작되는 금요일〕 저녁에 서원했다면, 그는[64] 안식일〔이 시작된 날〕 저녁〔뿐 아니라〕 안식일〔당일〕 해 질 때까지 이를 폐기할 수 있다. 만일 〔안식일인 토요일〕 해 지기 직전에 서원했다면, 그는 해 질 때까지만 〔서원을〕 폐기할 수 있다. 해가 이미 졌는데 폐기하지 않았다면, 그는 더 이상 〔서원을〕 폐기할 수 없다.

- 민수기 30:6-7에 기반하여 서원을 무효로 만들려면 서원을 들은 그 날 하루 동안 해야 한다. '그날'이란 24시간이 아닌 그 당일로 한정한다. 유대인의 하루는 해 질 때 시작하여 다음 날 해 질 때 끝난다. 만일 토요일 오후에 서원했다면 토요일 해 질 때까지 몇 시간 안에 서원 무효화를 해야 한다. 한편 서원을 무효화하는 것이 안식일의 위법 행위에 속하지 않음을 알 수 있다.

---

64) 남편 또는 아버지다.

제11장

제10장에 이어 여성의 서원에 대해 다룬다. 남편이나 아버지가 대신 서원을 폐기해야 하는 경우와 폐기할 수 없는 상황, 서원이 아예 폐기되지 못하는 종류의 여자들을 이야기한다.

11, 1

וְאֵלּוּ נְדָרִים שֶׁהוּא מֵפֵר, דְּבָרִים שֶׁיֵּשׁ בָּהֶם עִנּוּי נֶפֶשׁ, אִם אֶרְחַץ וְאִם לֹא אֶרְחַץ, אִם אֶתְקַשֵּׁט וְאִם לֹא אֶתְקַשֵּׁט. אָמַר רַבִּי יוֹסֵי, אֵין אֵלּוּ נִדְרֵי עִנּוּי נֶפֶשׁ:

다음은 그(남편이나 부친)가 폐기할 수 있는 서원들이다. "내가 목욕을 한다면", "내가 목욕을 하지 않는다면"이나, "나 자신을 꾸민다면", "나 자신을 꾸미지 않는다면"처럼 자신을 괴롭히는 것이 이에 해당한다. 그러나 랍비 요쎄는 "이 같은 서원은 자신을 괴롭히는 것이 아니다"라고 말한다.

● 랍비 요쎄의 의견은 다음 미쉬나에 이어진다.

11, 2

וְאֵלּוּ הֵם נִדְרֵי עִנּוּי נֶפֶשׁ. אָמְרָה, קוֹנָם פֵּרוֹת הָעוֹלָם עָלַי, הֲרֵי זֶה יָכוֹל לְהָפֵר. פֵּרוֹת מְדִינָה עָלַי, יָבִיא לָהּ מִמְּדִינָה אַחֶרֶת. פֵּרוֹת חֶנְוָנִי זֶה עָלַי, אֵינוֹ יָכוֹל לְהָפֵר. וְאִם לֹא הָיְתָה פַרְנָסָתוֹ אֶלָּא מִמֶּנּוּ, הֲרֵי זֶה יָפֵר, דִּבְרֵי רַבִּי יוֹסֵי:

〔오히려〕 다음의 것들이 자신을 괴롭히는 서원이다. 〔예를 들어 어떤 여자가〕 "세상이 〔생산하는 모든〕 산물이 내게 코남이다"라고 하면, 그(남편이나 부친)는 〔이 서원을〕 폐기할 수 있다. "이 나라에서 나는 〔모든〕 산물이 내게 〔코남이다〕"〔라고 말하면〕, 그는 다른 나라에

서 〔위 여자에게〕 산물을 가져 와야 한다. "이 상점주인이 파는 것은 내게 〔코남이다〕"〔라고 하면〕 그는 이를 폐기할 수 없다. 그러나 이 〔상점주인〕 외에 〔달리〕 생필품 얻을 데가 없다면 그는 〔그 서원을〕 폐기할 수 있다." 이는 랍비 요쎄의 말이다.

- 11, 1에서 반론을 제기한 랍비 요쎄의 주장을 다루고 있다. 그의 의견은 받아들여지지 않았다.

11, 3

קוֹנָם שֶׁאֵינִי נֶהֱנָה לַבְּרִיּוֹת, אֵינוֹ יָכוֹל לְהָפֵר, וִיכוֹלָה הִיא לֵהָנוֹת בְּלֶקֶט
וּבְשִׁכְחָה וּבְפֵאָה. קוֹנָם כֹּהֲנִים וּלְוִיִּם נֶהֱנִים לִי, יִטְּלוּ עַל כָּרְחוֹ. כֹּהֲנִים אֵלּוּ
וּלְוִיִּם אֵלּוּ נֶהֱנִים לִי, יִטְּלוּ אֲחֵרִים:

〔어떤 여자가〕 "사람들[65]에게서 유익 얻는 것이 내게 코남이다"라고 하면 그(남편)는 〔이 서원을〕 폐기할 수 없지만, 이 여자는 떨어진 이삭(레 19:9)이나 〔밭에 잊고 놔둔〕 곡식(신 24:19), 밭모퉁이[66]에서 유익을 얻을 수는 있다.

〔어떤 사람이〕 "제사장들이나 레위인들이 내게서 유익 얻는 것이 코남이다"〔라고 하는 경우〕, 그 〔제사장과 레위인들은 이 서원자〕의 의지에 반해 그의 것에서 〔정해진 몫을〕 취한다. 〔그러나 그가 서원하기를〕 "이 제사장들과 이 레위인들이 내게서 유익 얻는 것이 〔코남이다"라고 하는 경우〕, 다른 〔제사장들과 레위인들이 정해진 몫을〕 취한다.

---

65) 문자적으로는 '피조물들'(בריות)이라고 기록했다.
66) 페아(פאה)는 레위기 19:9-10과 『제라임』「페아」를 참조하라.

- 남편은 아내를 부양할 의무가 있으므로 '사람들'에서 제외된다. 레위기와 신명기 율법에 따라 사람들이 손으로 줍다가 떨어뜨린 이삭(לקט, 레켓), 주인이 잊고 밭에 두고 온 곡식묶음(שכחה, 쉬클하), 일부러 남겨놓은 밭모퉁이의 소산물(פאה, 페아) 등은 가난한 사람들을 위한 것이고, 계명을 지키려는 의도이지 누군가에게 혜택을 주려는 것이 아니라고 간주한다. 따라서 서원한 아내는 이런 곡식을 취할 수 있다.

- 제사장에게는 수확물의 1/50에 해당하는 거제를, 레위인에게는 거제를 떼고 남은 것의 첫 1/10을 줄 의무가 있다. 거제와 첫 십일조는 율법이 제사장과 레위인들 몫으로 명했으므로 서원자 소유가 아니라고 간주된다(「예바못」 9, 4-6). 그러나 서원자가 어느 제사장, 어느 레위인이라고 특정 인물을 지목하면 그 지목된 사람들을 제외한 다른 제사장과 레위인들이 거제와 십일조를 떼간다.

11, 4

קוֹנָם שֶׁאֵינִי עוֹשָׂה עַל פִּי אַבָּא, וְעַל פִּי אָבִיךָ, וְעַל פִּי אָחִי, וְעַל פִּי אָחִיךָ, אֵינוֹ יָכוֹל לְהָפֵר. שֶׁאֵינִי עוֹשָׂה עַל פִּיךָ, אֵינוֹ צָרִיךְ לְהָפֵר. רַבִּי עֲקִיבָא אוֹמֵר, יָפֵר, שֶׁמָּא תַעְדִּיף עָלָיו יוֹתֵר מִן הָרָאוּי לוֹ. רַבִּי יוֹחָנָן בֶּן נוּרִי אוֹמֵר, יָפֵר, שֶׁמָּא יְגָרְשֶׁנָּה וּתְהִי אֲסוּרָה עָלָיו:

〔어떤 여자가〕 "내가 〔내〕 아버지를 위해 만드는 것이 코남이다", "당신의 아버지를 위해 〔만드는 것이 코남이다〕", "내 형제를 위해 〔만드는 것이 코남이다〕", "당신의 형제를 위해 〔만드는 것이 코남이다〕"〔라고 서원하는 경우〕, 그 남편은 이를 폐기할 수 없다. 〔아내가〕 "내가 당신을 위해 만드는 것이 〔코남이다〕"〔라고 서원하면〕 그 〔남편은〕 이를 폐기할 필요가 없다. 〔그러나〕 랍비 아키바는 말한다. "그 (남편)에게 마땅한 〔만큼의 양을〕 초과할 수 있기 때문에 〔그는 이 서

원을] 폐기해야 한다." 랍비 요하난 벤 누리는 "[그는 이 서원을] 폐기해야 한다. 그렇지 않으면 [언젠가] 아내와 이혼해야 하며 [이 서원으로 인해 이 아내는] 그에게 금지되기[67] 때문이다."

- "…만드는 것이 코남이다"라는 말은 자기 손으로 만드는 수예품이 코남처럼 금지된다는 뜻이다. 다시 말해 이를 성전에 봉헌한다든지 하여 상대방이 유익을 얻지 못하게 하겠다는 서원이다. 이 내용들은 자기 모순에 속한다거나, 남편과 아내의 관계에 악영향을 미치는 범주의 것이 아니다. 따라서 남편은 이를 무효화할 수 없다. 아직 만들지 않은 것을 미리 금지할 수 있는가의 문제에 대해, 여기서 서원이 그 물품을 만드는 '손'(이미 존재하고 있는)을 대상으로 했다고 해석하기도 한다(게마라 85b; 메이리). 반면 남편을 위해 만드는 수예품은 다르다. 남편이 아내를 부양하는 한, 아내는 남편을 위해 해야 할 의무(「케투봇」 5장)가 정해져 있다. 그러므로 이를 하지 않겠다는 서원은 애초에 성립하지 않는다.
- 랍비 아키바는 만일 아내가 정해진 의무 이상(「케투봇」 5, 9)을 일하면, 즉 남편이 받기에 적합한 양보다 초과해서 만들면 그만큼 남편이 유익을 얻게 되기에 서원이 잠재적 효력을 발생한다고 해석한다. 이를 막기 위해 서원을 폐기해야 한다는 주장이다.
- 랍비 요하난 벤 누리도 서원 무효화(폐기)를 주장하지만, 랍비 아키바와는 다른 이유를 대고 있다. 만일 이혼할 경우, 아내로서 해야 할 의무가 사라지므로 서원의 효력이 발생한다는 해석이다. 이혼하면 남편이 아니기 때문에 더는 서원을 폐기할 권리가 없으며, 그를 위한

---

67) 일부 사본에서는 "그에게 되돌아가는 것이 금지된다"라고 설명한다. 즉 서원으로 인해 남편과 재결합하는 것이 불가능하다는 뜻이다(블랙먼).

유익을 주지 않겠다고 한 이상 재결합은 불가능하다는 것이다. 따라서 이를 막기 위해 서원을 무효화해야 한다고 주장한다. 랍비 요하난 벤 누리의 의견이 받아들여졌다.

11, 5

נָדְרָה אִשְׁתּוֹ וְסָבוּר שֶׁנָּדְרָה בִתּוֹ, נָדְרָה בִתּוֹ וְסָבוּר שֶׁנָּדְרָה אִשְׁתּוֹ, נָדְרָה בְנָזִיר וְסָבוּר שֶׁנָּדְרָה בְקָרְבָּן, נָדְרָה בְקָרְבָּן וְסָבוּר שֶׁנָּדְרָה בְנָזִיר, נָדְרָה מִן הַתְּאֵנִים וְסָבוּר שֶׁנָּדְרָה מִן הָעֲנָבִים, נָדְרָה מִן הָעֲנָבִים וְסָבוּר שֶׁנָּדְרָה מִן הַתְּאֵנִים, הֲרֵי זֶה יַחֲזֹר וְיָפֵר:

아내가 서원했는데 딸이 서원할 줄로 생각하거나, 딸이 서원했는데 아내가 서원한 줄로 생각한 경우, 아내가 나실인 서원을 했는데 아내가 희생제물(코르반)〔을 드리겠다는〕 서원〔을 한 것〕으로 생각하거나, 〔반대로 아내가〕 희생제물(코르반)〔을 드리겠다고〕 서원했는데 나실인 서원〔을 한 것으로〕 생각한 경우, 〔아내가〕 무화과를 〔금하는〕 서원을 했는데 포도를 〔금하는〕 서원〔을 한 것〕으로 생각하거나 〔반대로 아내가〕 포도를 〔금하는〕 서원을 했는데 무화과를 〔금하는〕 서원〔을 한 것〕으로 생각한 경우, 그(남편)는 〔상기 언급한 서원을〕 돌이켜 폐기해야 한다.

11, 6

אָמְרָה, קוֹנָם תְּאֵנִים וַעֲנָבִים אֵלּוּ שֶׁאֵינִי טוֹעֶמֶת, קִיֵּם לַתְּאֵנִים, כֻּלּוֹ קַיָּם. הֵפֵר לַתְּאֵנִים, אֵינוֹ מוּפָר עַד שֶׁיָּפֵר אַף לָעֲנָבִים. אָמְרָה, קוֹנָם תְּאֵנִים שֶׁאֵינִי טוֹעֶמֶת וַעֲנָבִים שֶׁאֵינִי טוֹעֶמֶת, הֲרֵי אֵלּוּ שְׁנֵי נְדָרִים:

〔어떤 여자가〕 "내가 이 무화과와 포도를 맛보는 것이 코남이다"라고 말한 경우, 남편이 무화과에 대한 〔서원만〕 승인했다면, 전체 〔서원이 다〕 성립된다. 만일 남편이 무화과에 대한 〔서원만〕 폐기했다면

포도에 대한 것도 폐기할 때까지 〔서원은〕 폐기되지 않는다. 〔만일 이 여자가〕 "내가 무화과를 맛보고 내가 포도를 맛보는 것이 코남이다" 라고 말했다면, 이는 별개의 서원 두 가지가 된다.

- 부분적으로만 서원을 무효화하는 것은 인정되지 않는다. 즉 서원으로 여전히 효력을 발휘한다. 서원 내용 전체를 다 무효화해야 그 서원은 효력을 상실한다. 9, 6에서 다룬 현인들의 서원 취소 규정에서 랍비 아키바가 주장한 내용(부분적으로 취소가 허용되면 전체가 취소된다)과 반대됨을 볼 수 있다.

11, 7

יוֹדֵעַ אֲנִי שֶׁיֵּשׁ נְדָרִים, אֲבָל אֵינִי יוֹדֵעַ שֶׁיֵּשׁ מְפֵרִין, יָפֵר. יוֹדֵעַ אֲנִי שֶׁיֵּשׁ מְפֵרִין אֲבָל אֵינִי יוֹדֵעַ שֶׁזֶּה נֶדֶר, רַבִּי מֵאִיר אוֹמֵר, לֹא יָפֵר, וַחֲכָמִים אוֹמְרִים, יָפֵר:

"서원한 것이 있는 줄은 알았지만 폐기할 수 있는 줄은 몰랐다"라고 〔주장할 경우〕, 그는 〔서원들을〕 폐기할 수 있다. 〔그러나〕 "폐기할 수 있는 줄은 알았지만 그것이 서원인 줄은 몰랐다"〔라고 하는 경우〕, 랍비 메이르는 "그는 이를 폐기할 수 없다"라고 말한다. 그러나 현인들은 "폐기할 수 있다"고 말한다.

- 어떤 남자가 아내나 딸이 서원을 했는데 그것을 당일에 무효화하지 못했고, 서원을 무효화할 수 있는 방법이 있는 줄 몰랐다는 변명을 하면, 방법을 알게 된 당일에 한해 무효화할 수 있다.
- 두 번째 예는 서원을 무효화할 수 있는 법이 있음은 알았지만 아내나 딸이 말한 것이 서원으로 간주되는지는 몰랐다고 변명하는 경우다. 랍비 메이르는 그 시점에서는 무효화가 불가능하다고 주장하는 반

면, 현인들은 서원임을 깨달은 그 당일에 한해 역시 무효화할 수 있다고 말한다.

11, 8

הַמֻּדָּר הֲנָאָה מֵחֲתָנוֹ וְהוּא רוֹצֶה לָתֵת לְבִתּוֹ מָעוֹת, אוֹמֵר לָהּ, הֲרֵי הַמָּעוֹת הָאֵלוּ נְתוּנִים לָךְ בְּמַתָּנָה וּבִלְבַד שֶׁלֹּא יְהֵא לְבַעֲלֵךְ רְשׁוּת בָּהֶן, אֶלָּא מַה שֶּׁאַתְּ נוֹשֵׂאת וְנוֹתֶנֶת בְּפִיךְ:

〔어떤 사람이〕 서원을 통해 그의 사위가 〔자기에게서〕 유익 얻는 것을 금했는데, 그(장인)가 딸에게 돈을 주고자 한다면, 그는 딸에게 이렇게 말해야 한다. "이 돈은 네 남편이 어떤 권한도 갖지 못한다는 조건하에 너에게 선물로 주는 것이다. 그러므로 네가 〔직접〕 이 돈을 가져가 네 입에 넣는 데 사용해야 한다."

- 문맥상 그의 사위가 자기(장인)에게서 유익 얻는 것을 금한 내용이므로, '그의 사위'에 해당하는 히브리어 '하타노'(חתנו)의 모음을 '호트노'(그의 장인)로 읽는 사본도 있다. 사위에게 어떤 혜택도 주지 않겠다고 서원한 상황에서 딸에게 돈을 주면 서원을 어기게 되는 것이 된다. 아내의 소유물에는 남편도 권리가 있기 때문이다. 이에 딸의 개인적 유익을 위해서만 사용해야 한다는 조건을 달고 있다.

11, 9

וְנֶדֶר אַלְמָנָה וּגְרוּשָׁה יָקוּם עָלֶיהָ, כֵּיצַד. אָמְרָה, הֲרֵינִי נְזִירָה לְאַחַר שְׁלֹשִׁים יוֹם, אַף עַל פִּי שֶׁנִּשֵּׂאת בְּתוֹךְ שְׁלֹשִׁים יוֹם, אֵינוֹ יָכוֹל לְהָפֵר. נָדְרָה וְהִיא בִרְשׁוּת הַבַּעַל, מֵפֵר לָהּ. כֵּיצַד. אָמְרָה, הֲרֵי נְזִירָה לְאַחַר שְׁלֹשִׁים, אַף עַל פִּי שֶׁנִּתְאַלְמְנָה אוֹ נִתְגָּרְשָׁה בְּתוֹךְ שְׁלֹשִׁים, הֲרֵי זֶה מוּפָר. נָדְרָה בוֹ בַיּוֹם, נִתְגָּרְשָׁה בּוֹ בַיּוֹם, הֶחֱזִירָהּ בּוֹ בַיּוֹם, אֵינוֹ יָכוֹל לְהָפֵר. זֶה הַכְּלָל, כֹּל שֶׁיָּצְאָת לִרְשׁוּת עַצְמָהּ שָׁעָה אַחַת, אֵינוֹ יָכוֹל לְהָפֵר:

"과부나 이혼당한 여자의 서원이나 그가 결심한 모든 서약은 지킬 것이니라"(민 30:9). 어떻게 〔그러한가〕? 〔만일 어떤 여자가〕 "30일 후에 나는 나실인이 될 것이다"라고 말했다면, 이 여자가 그 30일 안에 혼인했다 해도, 〔새〕 남편은 그 〔서원을〕 폐기할 수 없다. 〔그러나〕 남편의 권한 아래 있을 때 서원했다면 그는 아내를 위해 〔이 서원을〕 폐기할 수 있다. 어떻게 〔그러한가〕? 만일 어떤 여자가 "30일 후에 나는 나실인이 될 것이다"라고 말했는데, 〔남편이 이를 폐기하면〕 그 30일 안에 과부가 되거나 이혼을 당해도 그 〔서원은〕 폐기가 된다. 〔어떤 여자가〕 어느 날 서원을 했는데, 〔서원〕 당일에 이혼하고 당일에 다시 재결합해도 〔남편은 그 서원을〕 폐기할 수 없다.

원칙은 이렇다. 비록 단 한 시간이라도 〔아내가〕 〔남편을〕 떠나 스스로의 권한 〔행사〕에 〔들어서면〕 그(남편)는 첫 결혼에서 발효된 아내의 서원을 폐기할 수 없다.

- 남편을 떠나 스스로의 권한 행사에 들어선다는 것은, 이혼하여 남편 권한이 아닌 자기 스스로 법적 권한을 지니는 상태가 되었다는 뜻이다. 한 시간 후 남편과 다시 재결합했다 해도 그는 이전 혼인에서 아내가 서원한 것을 무효화할 수 없다.

11, 10

תֵּשַׁע נְעָרוֹת, נִדְרֵיהֶן קַיָּמִין. בּוֹגֶרֶת וְהִיא יְתוֹמָה, נַעֲרָה וּבוֹגֶרֶת וְהִיא יְתוֹמָה, נַעֲרָה שֶׁלֹּא בָגְרָה וְהִיא יְתוֹמָה, בּוֹגֶרֶת וּמֵת אָבִיהָ, נַעֲרָה בוֹגֶרֶת וּמֵת אָבִיהָ, נַעֲרָה שֶׁלֹּא בָגְרָה וּמֵת אָבִיהָ, נַעֲרָה שֶׁמֵּת אָבִיהָ וּמִשֶּׁמֵּת אָבִיהָ בָּגְרָה, בּוֹגֶרֶת וְאָבִיהָ קַיָּם, נַעֲרָה בוֹגֶרֶת וְאָבִיהָ קַיָּם. רַבִּי יְהוּדָה אוֹמֵר, אַף הַמַּשִּׂיא בִּתּוֹ הַקְּטַנָּה, וְנִתְאַלְמְנָה אוֹ נִתְגָּרְשָׁה וְחָזְרָה אֶצְלוֹ, עֲדַיִן הִיא נַעֲרָה:

서원이 유효한 〔따라서 폐기될 수 없는〕 젊은 여성(나아라)이 아홉 부류가 있다. 보게렛(다 자란 여성)이자 부친을 여읜 〔것과 마찬가지인〕 경우, 나아라(젊은 여성)〔일 때 서원하〕였는데 보게렛이 되어 부친을 여읜 〔것과 마찬가지인〕 경우, 나아라〔일 때 서원하〕였는데 〔아직〕 보게렛이 안 되었고 부친을 여읜 〔것과 마찬가지인〕 경우, 보게렛〔일 때의 서원〕이었고 〔이후〕 부친이 사망한 경우, 나아라〔일 때 서원하〕였고 보게렛이 되었는데 〔이후〕 부친이 사망한 경우, 나아라〔일 때 서원하〕였고 〔아직〕 보게렛이 안 되었는데, 〔이후〕 부친이 사망한 경우, 나아라〔일 때 서원하〕였고 〔이후〕 부친이 사망한 다음 보게렛이 된 경우, 보게렛〔일 때의 서원〕이었고 부친이 〔여전히〕 살아 있는 경우, 나아라〔일 때 서원하〕였고 성인 여성(보게렛)이 되었는데, 부친이 〔여전히〕 살아 있는 경우다.

랍비 예후다는 말한다. "아직 여자아이(크타나)일 때 딸을 혼인시켰는데 과부가 되거나 이혼한 후 다시 그(남편)에게 되돌아갔다면, 〔나 이상〕 그 딸은 여전히 젊은 여성〔범주에 속한〕다."

- 딸의 서원을 부친이 무효화할 수 있는 권리는, 딸이 보게렛(다 자란 성인 여성)이 되거나, 혼인(니쑤인)까지 완성하거나, 부친이 사망하면 상실된다. 12세가 되어 음모 두 터럭(여성 신체 징후)이 자라면 나아라(젊은 여성)가 되어 혼인이 가능하다. 나아라에서 6개월이 지나면 성인 여성인 보게렛이 된다.
- 만일 어떤 여성이 약혼만 한 중에 보게렛이 되면 그 서원은 폐기될 수 없다. 약혼 중에는 부친과 남편(신랑) 양쪽 모두 폐기선언을 해야 하는데, 보게렛이 되면서 부친이 무효화할 권리를 상실하기 때문이다(10, 2). 혼인(니쑤인)까지 한 상태에서 남편과 사별하거나 이혼하면 여성은 독립적 권한을 지닌다(11, 9). 미성년 여성의 서원은 효력을 발휘하지 못하므로 무효화할 필요가 없다.

- 이론상 아버지가 딸의 서원을 무효화할 수 있는 기간은 나아라에서 보게렛까지의 약 6개월로 제한된다고 볼 수 있지만, 미성년으로서의 마지막 기간은 예외 규정을 적용하는 것으로 보인다. 서원에 대한 이해력이 충분하다면 11세에서 12세 사이의 여아라도 그 서원은 효력을 발휘한다고 간주하며, 12세 이후 음모 두 터럭이 자라 나아라가 된 경우에도 그러하다는 것이다(게마라 「닛다」 45b; 람밤 및 요레 데아 233:1f). 따라서 이 두 경우 부친은 딸의 서원을 폐기할 수 있는 권한을 지닌다.

- 이 미쉬나는 서두에 '나아라'의 예를 제시한다고 하면서 '보게렛'을 그 범주에 포함시키고 있다. 여기서는 젊은 여성(나아라)의 범주를 느슨하게 확대하여 적용하고 있는 것으로 보인다(토쎄펫 욤 토브). 아홉 가지 부류는 다음과 같이 정리할 수 있다(야드 아브라함).

  1) 나아라일 때 약혼하고 혼인(니쑤인)을 했는데 이혼하거나 사별했고, 이후 보게렛이 되어 서원한 경우. 이미 니쑤인까지 했고 성인이 되었으므로 부친의 권한을 벗어난다. '부친 살아생전이지만 부친을 여읜 것과 마찬가지의 상태'가 된다(「예바못」 13, 6; 람밤).

  2) 나아라일 때 서원했으며 약혼과 혼인을 했고, 이혼하거나 사별한 다음 다시 약혼한 후에 보게렛이 된 경우. 첫 결혼을 니쑤인까지 했고, 이미 성인이 되어 부친의 권한을 벗어났기 때문에 '부친 살아생전이지만 부친을 여읜 것과 마찬가지의 상태'가 된다. 재혼을 위해 약혼까지만 한 남편은 혼자서는 서원을 무효화할 수 없다.

  3) 아직 보게렛이 되지 않은 것을 빼고는 2와 동일한 상황이다.

  4) 나아라로서 약혼한 다음에 보게렛이 되었고, 이후 아버지가 사망한 경우. 보게렛이 된 이후에 서원했다면 약혼자 혼자 서원을 폐기할 수 없다. 또는 약혼하지 않았다 해도 서원을 무효화해줄 사

람이 없기 때문에 이 서원은 계속 유효할 수밖에 없다.

5) 나아라일 때 서원했고 이후 보게렛이 되었는데 아버지가 사망했으며, 약혼한 남편이 서원에 대해 알았을 때는 아내가 이미 보게렛이 되었고 부친(장인)도 사망하고 없는 상황이다.

6) 나아라로서 약혼했고 서원한 다음 보게렛이 되기 전에 아버지가 사망한 경우. 약혼까지만 했을 때는 남편과 부친 양쪽의 서원 폐기가 모두 필요한데 부친(장인)이 사망하고 없는 상황이다.

7) 나아라로서 약혼했고 서원했으며, 이후 부친이 사망하고 나서 보게렛이 된 경우. 보게렛이 되기 전에 부친이 사망했다는 것 외에는 5와 동일한 상황이다.

8) 나아라로서 약혼하고 보게렛이 된 다음 서원했고 부친이 살아 있는 경우. 약혼까지만 했을 때는 남편과 부친 양쪽의 서원 폐기가 모두 필요하지만 보게렛이 된 후 서원을 했기 때문에 부친이 생존해 있어도 이미 딸에 대한 서원 무효화 권한을 잃은 상태다.

9) 나아라일 때 약혼하고 서원한 다음 보게렛이 되었고 부친이 살아 있는 경우. 보게렛이 된 이후에야 남편과 부친이 서원에 대해 알게 된 상황으로 추정된다. 8과 비슷한 상황이며 동일한 이유로 서원은 폐기될 수 없다.

- 랍비 예후다의 주장에 대해서는 그 해석이 분분하지만, 여러 주해가들은 미성년일 때 부친이 혼인시켰고 이혼이나 사별을 했지만 아직 보게렛이 되기 전인 경우, 이미 혼인을 한 이상 아직 나아라(젊은 여성)임에도 불구하고 아버지는 딸의 서원을 무효화할 권한을 잃는다고 해석한다(라브; 란; 야드 아브라함).

קוֹנָם שֶׁאֵינִי נֶהֱנֵית לְאַבָּא וּלְאָבִיךְ אִם עוֹשָׂה אֲנִי עַל פִּיךָ, שֶׁאֵינִי נֶהֱנֵית לָךְ
אִם עוֹשָׂה אֲנִי עַל פִּי אַבָּא, וְעַל פִּי אָבִיךָ, הֲרֵי זֶה יָפֵר:

[만일 아내가] "내가 당신을 위해 일을 하면, [나의] 아버지나 당신의 아버지에게서 유익을 얻는 것이 코남이다"[라고 하거나], "내가 [나의] 아버지나 당신의 아버지를 위해 일을 하면, 내가 당신에게서 유익을 얻는 것이 코남이다"[라고 한 경우], 그 [남편은] 이를 폐기할 수 있다.

- 아내가 조건부 서원으로 장인 또는 시아버지를 연루시켰으므로, 부부 상호관계에 악영향을 끼칠 수 있다. 이러한 경우 남편은 아내의 서원을 폐기할 수 있다.

בָּרִאשׁוֹנָה הָיוּ אוֹמְרִים, שָׁלֹשׁ נָשִׁים יוֹצְאוֹת וְנוֹטְלוֹת כְּתֻבָּה, הָאוֹמֶרֶת
טְמֵאָה אֲנִי לָךְ, שָׁמַיִם בֵּינִי לְבֵינֶךְ, נְטוּלָה אֲנִי מִן הַיְּהוּדִים. חָזְרוּ לוֹמַר, שֶׁלֹּא
תְהֵא אִשָּׁה נוֹתֶנֶת עֵינֶיהָ בְּאַחֵר וּמְקַלְקֶלֶת עַל בַּעְלָהּ. אֶלָּא הָאוֹמֶרֶת טְמֵאָה
אֲנִי לָךְ, תָּבִיא רְאָיָה לִדְבָרֶיהָ. שָׁמַיִם בֵּינִי לְבֵינֶךְ, יַעֲשׂוּ דֶרֶךְ בַּקָּשָׁה. נְטוּלָה
אֲנִי מִן הַיְּהוּדִים, יָפֵר חֶלְקוֹ, וּתְהֵא מְשַׁמַּשְׁתּוֹ, וּתְהֵא נְטוּלָה מִן הַיְּהוּדִים:

처음에는 [다음과 같은] 여성 세 부류는 이혼하면 각각 자기 케투바를 받는다고 말하곤 했다. "내가 당신에게 부정하다", "하늘이 당신과 나 사이에 있다", "나는 유대인들과 사귀지 않겠다"[68][라고 말하는 경우다]. [그러나 이후 위 규정들을] 철회했는데, 이는 여성이 다른 남

---

68) 직역하면 "나는 유대인들로부터 떨어질 것이다"라는 뜻이다. 표현 형식으로 미루어 서원을 한 것이다.

자에게 한눈을 팔아 남편[과의 관계]를 훼손하지 않도록[69] 하기 위함이다. "내가 당신에게 부정하다"라고 하는 여성은 그 증거를 제시해야 한다. "하늘이 나와 당신 사이에 있다"라고 하는 여성에게 [법정은] 설득을 통해 [중재하도록] 한다. "나는 유대인들과 사귀지 않겠다"라고 하는 여성의 경우, 그 [남편은] 자기[가 연루된] 부분을 폐기하여 아내가 그(남편)와 [성관계]할 수 있도록 한다. 그러나 이 여성은 [이혼할 경우 다른] 유대인 [남성]과 사귈 수 없다.

- 과거 규정에 따르면 남편의 의지에 반해 이혼할지라도 (불충실한 아내와는 이혼해야 하므로) 혼인계약서대로 자기 몫의 케투바를 수령할 수 있는 세 부류의 여성이 있었다.

  "내가 당신에게 부정하다"라고 하는 첫째 부류는 제사장의 아내로 강간을 당해 부정해진 경우로 추정된다(「케투봇」 2, 9; 「쏘타」 1, 3). 제사장의 아내인데 자의로 불륜을 저질렀다면 케투바를 수령할 수 없고, 일반인과 결혼한 여성이 강간당했다면 혼인생활이 계속 유지되기 때문이다. 둘째는 남편의 성기능 장애를 주장하는 경우인데, "하늘이 당신과 나 사이에 있다"라는 말은 남편의 장애를 뒷받침할 수 있는 증거는 없되 오직 신만이 알 뿐이라는 표현이다. 이 여성은 노년에 자신을 부양하고 사후 장례를 치러줄 자녀를 낳고 싶다는 이유를 제기할 수 있으며, 이 진술을 믿고 법정은 이들을 이혼시킬 수 있었다(라브).

  셋째, 유대인들과 사귀지 않겠다는 서원의 경우, 이 여성은 유대 남성과의 성관계도 금지된다. 부부의 성생활은 의무이기 때문에 법정

---

69) 또는 "남편에게 부도덕하게 행동하지 않도록"이라는 뜻이다(야드 아브라함; 블랙먼).

은 이혼을 강제한다. 남편이 이 서원을 폐기할 수 없는 이유에 대해, 메이리는 부부 '상호관계'에 영향을 끼칠 때는 남편이 서원을 무효로 할 수 있지만, 이 경우에는 자신뿐 아니라 다른 유대인 모두가 서원 대상에 포함되기 때문이라고 말한다.

- 기존에는 위 세 경우에 모두 아내의 진술을 신뢰하여 이혼할 때 케투바도 챙길 수 있게 했지만, 이를 악용하여 위증하는 여성들이 생기자 랍비들은 이혼을 강제하지 않는 방향으로 수정하여 적용했다.

"남편〔과의 관계〕를 훼손하지 않도록"은 남편과 이혼하고 다른 남자와 결혼하기 위해 거짓 증언하는 등의 행동을 가리킨다.

랍비들은, 혹 있을지 모를 아내의 저의를 의심하여 강간당했음을 주장할 경우 그 증거를 제시하게 하고, 남편의 성기능 장애를 주장하면 이를 철회하도록 설득한다(라브〔게마라 91a〕). 예루살렘 탈무드는 아내를 달래 부부가 화해할 수 있게끔 연회를 주선한다고 설명한다. 서원의 경우, 이혼 대신 자기 자신에게 영향을 끼치는 부분만 남편이 무효화할 수 있게끔 한다. 이 경우 다른 유대인과의 관계 금지는 여전히 유효하기 때문에, 나중에 이혼할 때 다른 유대인 남성과 재혼이 금지된다.

נזיר

4

나지르
나실인

"내게 아들이 태어나면 나는 나지르다"라고 서원한 후 그에
게 아들이 태어났다면, 그는 나지르다. 만약 태어난 아이가
딸이거나 외성기이상자거나 남녀추니인 경우, 그는 나지르
가 아니다. _「나지르」2, 7

개요

나지르법은 민수기 6:1-21에 근거한다. 서원(네데르)을 통해 자신을 성별하고 '나지르'(나실인)로 헌신할 수 있는데, 일종의 금지 서원으로 간주한다는(게마라 「쏘타」 2a) 점에서 마쎄켓 「나지르」가 「네다림」 다음에 나온다. 예루살렘 탈무드에서는 「기틴」 다음에 배치했다.

여자도 나지르 서원을 할 수 있으며, 이때 그 여성을 '네지라'라고 부른다. 나지르 신분인 상태를 '네지룻'이라고 한다. 이 서원에는 각종 부정명령과 두 가지 긍정명령이 수반된다. 후자는 나지르 기간에 머리카락을 기르는 것, 네지룻을 종결할 때 머리카락을 자르는 것이다. 부정명령에 속하는 규정으로는 머리카락 자르지 않기(6, 3),[1] 포도주와 포도에서 난 것 등을 먹지 않기, 시체와 접촉하여 부정해지지 않기 등이 있다. 부정해지면 서원 기간을 갱신해야 하며 이때 희생제물을 바친다.

사람은 여러 가지 요인들 때문에 제의적으로 부정해지는데, 나지르는 그중 시체와 접촉하는 행위만 금지된다. 만약 시체와 접촉하여 부

---

[1] 수염은 자를 수 있다.

정해지면 정결 절차(민 19)를 밟고 다시 서원을 갱신한다. 이전에 지킨 나지르 기간은 무효가 된다. 정결 기간 중 7일째에 머리를 완전히 밀고 다음 날 세 가지 희생제물을 드려야 한다. 즉 새 두 마리(멧비둘기나 어린 비둘기) 중 하나는 번제물로, 하나는 속죄제물로, 그리고 어린 양 한 마리를 속건제물로 바친다.

일반적으로 네지룻 기간은 30일이며(1, 3; 6, 3), 이 기간이 끝날 때 종료하는 의식으로 머리카락을 자르고 희생제물을 바치면 나지르 맹세에서 해소된다. 종료 의식을 행하기 전까지는 여전히 나지르로 남고 나지르 관련 모든 규정을 지켜야 한다. 나지르 서원은 여러 차례 행할 수 있다. 일생 동안 유지하는 네지룻은 '평생 나지르'와 '삼손과 같은 나지르' 두 유형이 있다(1, 2).

서원과 마찬가지로 나지르도 현인들이나 법정이 취소해줄 수 있다. 아내의 나지르 서원은 남편이 무효화할 수 있다. 나지르는 서원의 한 유형이기 때문에 이전 마쎄켓 「네다림」의 기본 원칙들이 적용된다.

제1장

네지룻(나지르 신분)의 대용어, 서원 형식, 지켜야 할 금지규정과
의무, 나지르의 두 종류, 서원이 적용되는 기간 등을 설명한다.

1, 1

כָּל כִּנּוּיֵי נְזִירוֹת כִּנְזִירוּת. הָאוֹמֵר אֱהֵא, הֲרֵי זֶה נָזִיר. אוֹ אֱהֵא נָוֶה, נָזִיר.
נָזִיק, נָזִיחַ, פָּזִיחַ, הֲרֵי זֶה נָזִיר. הֲרֵינִי כָּזֶה, הֲרֵינִי מְסַלְסֵל, הֲרֵינִי מְכַלְכֵּל,
הֲרֵי עָלַי לְשַׁלֵּחַ פֶּרַע, הֲרֵי זֶה נָזִיר. הֲרֵי עָלַי צִפֳּרִים, רַבִּי מֵאִיר אוֹמֵר, נָזִיר.
וַחֲכָמִים אוֹמְרִים, אֵינוֹ נָזִיר:

네지룻의 모든 대용어는 네지룻으로서 〔효력을 발휘한다〕. "내가
〔이같이〕 될 것이다"라고 말하는 사람〔의 경우〕, 그는 나지르다. "나
는 아름다워질 것이다"〔라고 말하면〕 그는 나지르다. "나직", "나지
악흐", "파지악흐"이라고 하면 그는 나지르다. "내가 이처럼 될 것이
다", "내가 〔내 머리카락을〕 말 것이다", "나는 〔내 머리카락이〕 자라
게 둘 것이다", "나는 〔의무로서 내 머리카락이〕 길게 자라도록 해야
한다"[2]〔라고 말하면〕 그는 나지르다.

"나는 새를 〔바칠 의무가〕 있다"〔라고 말하는 경우〕, 랍비 메이르는
"그는 나지르다"라고 말한다. 그러나 현인들은 "그는 나지르가 아니
다"라고 말한다.

- 나지르가 되기 위해 나지르의 서원 형식을 완전히 갖출 필요는 없
  다. 「네다림」에서도 다뤘듯이 생략된 형태의 서원, 즉 '야드'로도 서
  원의 효력이 발휘된다. 가령 나지르가 옆에서 걸어가고 있을 때 "내

---

2) "땋을 것이다"라고도 말한다(댄비).

가 이같이 될 것이다"라고 말한다면 자신도 나지르가 되겠다는 의도를 표현하는 것이며(게마라 2b), 나지르 서원으로서 유효하다. 머리카락을 길게 기른 나지르는 아름답다고 간주되므로 "나는 아름다워질 것이다"라고 말해도 역시 네지룻의 대용어가 될 수 있다. 나직, 나지악흐, 파지악흐 등 나지르와 소리값이 충분히 비슷한 대용어를 썼을 때, 나지르 서원을 의도했다고 받아들인다(「네다림」 1, 1-2).

- 민수기 6: 9-10에 따르면, 부정해진 나지르는 새 두 마리를 바쳐야 한다. 랍비 메이르는 새 [두 마리]를 바치겠다는 말 속에 나지르가 되겠다는 의지가 내포되어 있다고 해석한다. 하지만 현인들은 '새를 바치겠다'는 것이 반드시 나지르 서원을 의미하지는 않는다고 본다. 그러나 새를 바치는 것이 의무라고 선언한 만큼 그는 자발적 헌물로서의 새를 바쳐야 한다.

1, 2

הֲרֵינִי נָזִיר מִן הַחַרְצַנִּים, וּמִן הַזַּגִּים, וּמִן הַתִּגְלַחַת, וּמִן הַטֻּמְאָה, הֲרֵי זֶה נָזִיר וְכָל דִּקְדּוּקֵי נְזִירוּת עָלָיו. הֲרֵינִי כְּשִׁמְשׁוֹן, כְּבֶן מָנוֹחַ, כְּבַעַל דְּלִילָה, כְּמִי שֶׁעָקַר דַּלְתוֹת עַזָּה, כְּמִי שֶׁנִּקְּרוּ פְלִשְׁתִּים אֶת עֵינָיו, הֲרֵי זֶה נְזִיר שִׁמְשׁוֹן. מַה בֵּין נְזִיר עוֹלָם לִנְזִיר שִׁמְשׁוֹן. נְזִיר עוֹלָם, הִכְבִּיד שְׂעָרוֹ, מֵקֵל בְּתַעַר וּמֵבִיא שָׁלֹשׁ בְּהֵמוֹת. וְאִם נִטְמָא, מֵבִיא קָרְבַּן טֻמְאָה. נְזִיר שִׁמְשׁוֹן, הִכְבִּיד שְׂעָרוֹ, אֵינוֹ מֵקֵל. וְאִם נִטְמָא, אֵינוֹ מֵבִיא קָרְבַּן טֻמְאָה:

"나는 포도씨, 포도껍질, 머리 깎기, 부정한 것을 [삼가는] 나지르이다"[라고 말하는 사람의 경우], 그는 나지르이며 모든 나지르 규율이 그에게 적용된다. "나는 삼손과 같다", "마노아의 아들과 같다", "들릴라의 남편과 같다", "가자의 문을 뽑은 자와 같다", "블레셋 사람들에게 눈이 뽑힌 자와 같다"[라고 말하면], 그는 삼손과 같은 나지르다.

평생 나지르와 삼손과 같은 나지르의 차이는 무엇인가? 평생 나지르의 경우 그의 머리카락이 [너무] 무거우면 삭도를 대어 가볍게 할 수 있으며, 가축 세 마리를 [희생제물로] 바쳐야 한다. 만일 부정해지면 부정에 대한 희생제물을 바쳐야 한다. 삼손과 같은 나지르의 경우, 그의 머리카락이 [너무] 무거워도 깎을 수 없고, 부정해져도 부정에 대한 희생제물을 바치지 않는다.

- 포도와 관련한 금령은 민수기 6:4 내용에 기인한다. 나실인이 지켜야 할 금지사항 중 일부를 받아들이면 모든 나지르 규정을 준수해야 한다.
- 사사기 13-16장에 기록된 삼손은 대표적인 나지르다. 삼손은 마노아의 아들이고, 가자의 성문을 뽑아 헤브론까지 들쳐매고 갔으며, 들릴라와 사랑에 빠졌고, 힘을 잃고 블레셋 사람들에게 붙잡혔을 때 두 눈이 뽑혔으므로, 열거된 진술은 삼손을 지칭하기에 충분하다.
- 탈무드는 압살롬이 긴 머리(삼하 14:26)를 지녔던 것으로 미루어 그가 평생의 나지르였다고 해석한다(랍비 예후다 한나씨 [게마라 4b]). 압살롬 유형의 나지르와 삼손 유형의 나지르 사이에는 차이점이 있다. 전자는 머리카락이 너무 긴 경우 이를 자를 수 있는데, 이는 압살롬이 일 년에 한 번 그 머리카락을 잘랐던 데서 기인한다(삼하 14: 26). 단, 머리카락을 자르기로 한다면, 그는 속죄제물, 번제물, 화목제물로 가축 세 마리를(민 6:14) 바쳐야 한다. 후자는, 삼손은 머리카락을 자의로 깎은 적이 없으므로 머리카락이 너무 자라 무거워져도 깎을 수 없다. 한편 삼손이 부정해졌을 때 희생제물을 바치지는 않은 것처럼, 삼손과 같은 나지르가 되기로 서원한 자도 부정해졌을 때 희생제물을 바치지 않는다.

סְתָם נְזִירוּת שְׁלֹשִׁים יוֹם. אָמַר הֲרֵינִי נָזִיר אַחַת גְּדוֹלָה, הֲרֵינִי נָזִיר אַחַת
קְטַנָּה, אֲפִלּוּ מִכָּאן וְעַד סוֹף הָעוֹלָם, נָזִיר שְׁלֹשִׁים יוֹם. הֲרֵינִי נָזִיר וְיוֹם אֶחָד,
הֲרֵינִי נָזִיר וְשָׁעָה אֶחָת, הֲרֵינִי נָזִיר אַחַת וּמֶחֱצָה, הֲרֵי זֶה נָזִיר שְׁתַּיִם. הֲרֵינִי
נָזִיר שְׁלֹשִׁים יוֹם וְשָׁעָה אֶחָת, נָזִיר שְׁלֹשִׁים וְאֶחָד יוֹם, שֶׁאֵין נוֹזְרִים לְשָׁעוֹת:

〔기간을〕 명시하지 않은 네지룻은 30일이다. "나는 길게 한 번 나지
르다", "나는 짧게 한 번 나지르다", "여기서 이 세상 끝까지 〔가는 데
걸리는 시간만큼 나지르다〕"라고 말한다 해도 그는 30일 동안 나지
르다.

"나는 나지르이며 하루 더 〔그러할 것〕이다", "나는 나지르이며 한
시간 더 〔그러할 것〕이다", "나는 한 번 그리고 절반 더 나지르다"〔라
고 말하면〕, 그는 두 번 나지르다.

"나는 30일과 한 시간 동안 나지르다"〔라고 말하면〕 그는 31일 동
안 나지르가 된다. 시간제로 나지르가 될 수는 없기 때문이다.

- 네지룻 기간을 명확히 지정하지 않았을 때는 표준 30일 동안 나지르
  가 되는 것으로 규정한다.
- 하루나 한 시간 등 기간을 추가할 경우, 나지르 서원을 두 번 한 것으
  로 간주한다. 따라서 그는 60일간 나지르가 되어야 한다.
- '30일과 한 시간'이라고 기간을 특정했지만, 시간 단위로 나지르가
  될 수는 없기 때문에 이 경우 31일을 네지룻 기간으로 정한다.

הֲרֵינִי נָזִיר כִּשְׂעַר רֹאשִׁי, וּכַעֲפַר הָאָרֶץ, וּכְחוֹל הַיָּם, הֲרֵי זֶה נָזִיר עוֹלָם
וּמְגַלֵּחַ אַחַת לִשְׁלֹשִׁים יוֹם. רַבִּי אוֹמֵר, אֵין זֶה מְגַלֵּחַ אַחַת לִשְׁלֹשִׁים יוֹם.
וְאֵיזֶהוּ שֶׁמְּגַלֵּחַ אַחַת לִשְׁלֹשִׁים יוֹם, הָאוֹמֵר הֲרֵי עָלַי נְזִירוֹת כִּשְׂעַר רֹאשִׁי,
וְכַעֲפַר הָאָרֶץ, וּכְחוֹל הַיָּם:

"내 머리카락만큼 나지르다", "땅의 먼지만큼 나지르다", "바다의 모래만큼 나지르다"〔라고 말하는 경우〕, 그것은 평생 나지르이고, 30일마다 머리카락을 자른다. 그러나 랍비[3]는 말한다. "이 사람은 30일마다 머리카락을 자르지 않는다. 그렇다면 어떤 사람이 30일마다 한 번 머리카락을 자르는가? '내 머리카락만큼', '땅의 먼지만큼', '바다의 모래만큼' 내게 네지룻이 부여된다고 말하는 사람이다."

• 머리카락, 땅의 먼지, 바다의 모래는 셀 수 없는 무수한 것이기에, 이 경우 평생 네지룻(나지르 신분)을 되풀이해야 한다는 것이 랍비들의 의견이다. 반면 랍비 예후다 한나씨는 반복이 아닌, 장기간 한 번 나지르가 되는 것이라고 말한다. 그러나 '나지르' 대신 '네지룻'(이 경우, 나지르의 복수 개념으로)이라고 말했다면 평생 되풀이되는 나지르 신분으로 봐야 한다는 주장이다.

1, 5

הֲרֵינִי נָזִיר מְלֹא הַבַּיִת אוֹ מְלֹא הַקֻּפָּה, בּוֹדְקִין אוֹתוֹ, אִם אָמַר אַחַת גְּדוֹלָה נָזַרְתִּי, נָזִיר שְׁלֹשִׁים יוֹם. וְאִם אָמַר סְתָם נָזַרְתִּי, רוֹאִין אֶת הַקֻּפָּה כְּאִלּוּ הִיא מְלֵאָה חַרְדָּל, וְנָזִיר כָּל יָמָיו:

"이 집을 채울 만큼 나는 나지르다", "이 바구니를 채울 만큼 〔나는 나지르다〕"〔라고 말하면〕, 그들(법정)은 그를 조사한다. "나는 길게 한 번 나지르 서원을 한 것이다"라고 말하면, 그는 30일 동안 나지르다. 그러나 "나는 기간을 명시하지 않고 나지르 서원을 했다"라고 말하면, 그들은 그 바구니가 〔마치〕 겨자씨로 가득한 것처럼 간주한다. 따라서 그는 평생 나지르다.

---

3) 랍비 예후다 한나씨를 가리킨다.

• "이 집을 채울 만큼" 또는 "이 바구니를 채울 만큼"이라고만 했을 뿐 안에 무엇이 들어 있는지 특정하지 않았으며 기한 또한 명확하게 말하지 않았다. 이에 서원자의 의도를 파악하여 그가 장기간 나지르를 의미했다면 표준 네지룻인 30일을 지켜야 한다(1, 3). 그러나 조사한 결과 얼마나 오래 나지르로 있을지 모른다고 대답하거나 서원자 자신도 자기 의중을 모른다면, '집이나 바구니'를 겨자씨로 채울 만큼, 즉 헤아릴 수 없는 무수한 기간 나지르가 되어야 한다. 따라서 그는 평생 동안 나지르가 된다(1, 4).

1, 6

הֲרֵינִי נָזִיר מִכָּאן עַד מָקוֹם פְּלוֹנִי, אוֹמְדִין כַּמָּה יָמִים מִכָּאן עַד מָקוֹם פְּלוֹנִי, אִם פָּחוֹת מִשְּׁלֹשִׁים יוֹם, נָזִיר שְׁלֹשִׁים יוֹם, וְאִם לָאו, נָזִיר כְּמִנְיַן הַיָּמִים:

"여기서 이러이러한 장소까지 [걸리는 시간만큼] 나는 나지르다" [라고 말하면], 그들은 여기서 그가 언급한 장소까지 가는 데 걸리는 날을 계산한다. 만일 30일보다 덜 걸리면 그는 30일간 나지르다. 그렇지 않다면(30일보다 더 걸리면) 그 걸리는 날수만큼 나지르다.

1, 7

הֲרֵינִי נָזִיר כְּמִנְיַן יְמוֹת הַחַמָּה, מוֹנֶה נְזִירוּת כְּמִנְיַן יְמוֹת הַחַמָּה. אָמַר רַבִּי יְהוּדָה, מַעֲשֶׂה הָיָה, כֵּיוָן שֶׁהִשְׁלִים מֵת:

"나는 태양력 날수만큼 나지르다"[라고 말하면], 그는 태양력 날수만큼 나지르 횟수를 계산한다. 랍비 예후다는 말한다. "한번은 [이러한] 사례가 있었는데, [어떤 사람이 이 나지르 기간을 모두] 끝마치고 나서 사망했다."

- '태양력 날들'만큼이라고 했다면, 365일 동안 나지르가 되었을 텐데, '수'(כמנין)를 불필요하게 덧붙였으므로 문제가 발생한 경우다. 즉 태양력 날수인 365회 나지르를 수행해야 하고, 나지르 기간 30일이 365회이므로 30년이라는 기간에 걸쳐 나지르를 계속해야 한다. 탈무드(게마라 8b)는 바라이타에 기록된 랍비 예후다 한나씨(이 경우 평생 나지르가 되어야 한다고 주장하는)를 인용하면서, 랍비 예후다가 이에 반박하는 것으로 설명한다. 랍비 예후다는, 랍비 예후다 한나씨가 1, 4에서 펼쳤던 논리를 적용해서 길게 일회성 나지르로 간주해야 한다고 주장한다. 이 미쉬나의 마지막 조항은 이를 위한 실례를 든 것으로써, 만일 이 사람이 평생 나지르나 매해 갱신되는 나지르였다면, 죽기 전에 나지르직을 어떻게 완료했겠느냐는 논리다.

제2장

나실인 서원으로 유효 또는 무효하다고 인정되는 진술 문구, 별난 문구를 사용해서 서원하는 경우, 금지규정을 부분적으로만 이행하려고 하거나 그 규정에 대한 이해가 부족한 상태에서 서원한 경우, 특정한 의무나 조건을 내건 경우 등에 대해 논한다.

2, 1

הֲרֵינִי נָזִיר מִן הַגְּרוֹגָרוֹת וּמִן הַדְּבֵלָה, בֵּית שַׁמַּאי אוֹמְרִים, נָזִיר, וּבֵית הֶלֵּל אוֹמְרִים, אֵינוֹ נָזִיר. אָמַר רַבִּי יְהוּדָה, אַף כְּשֶׁאָמְרוּ בֵית שַׁמַּאי, לֹא אָמְרוּ אֶלָּא בְאוֹמֵר הֲרֵי הֵן עָלַי קָרְבָּן:

"나는 말린 무화과로부터 그리고 무화과 뭉치로부터 〔금지되는〕 나지르다"〔라고 말하는 경우〕, 샴마이 학파는 말한다. "그는 나지르다."

그러나 힐렐 학파는 말한다. "그는 나지르가 아니다."

랍비 예후다는 말한다. "샴마이 학파가 〔그렇게〕 말했을 때조차 '그 것들(무화과)이 내게 희생제물(코르반)처럼 〔금지되기를〕'〔이라고〕 말한 사람을 〔가리켜〕 말했을 뿐이다."

- 나실인에게는 포도와 포도 소산물의 섭취가 금지되지 무화과가 금지되지는 않으므로 문제가 되는 서원이다. 위 서원의 실효성을 두고 샴마이 학파와 힐렐 학파의 의견이 갈린다. 샴마이 학파는 서원자가 아무 의미 없는 말을 했을 리 없다고 해석한다. 즉 당사자는 무화과가 나실인에게 금지되지 않는 것을 인지하고 있었으며, "나지르다" 라고 말한 것을 후회하여 이를 돌이키기 위해 일부러 포도 대신 무화과를 언급했다는 것이다. 그러나 실수로 성별된 대상이라 하더라도 여전히 거룩한 상태를 유지한다는 것이 샴마이 학파의 의견이다 (5, 1). 반면 힐렐 학파는 위 서원을 두 개로 분리하지 않고 하나의 진술로 간주한다. 무화과 섭취는 나실인 금령에 해당하지 않으므로 상기 진술을 유효한 나실인 서원으로 인정할 수 없다는 것이다.[4]
- 랍비 예후다는 샴마이 학파와 힐렐 학파의 논쟁이 불명확하며, 실제 쟁점은 나실인 서원의 실효성이 아니라 무화과 섭취를 금하느냐 아니냐라고 보고 있다. 두 학파 모두, 무화과를 금하여 나실인이 되겠다는 서원은 인정하지 않았을 것이며 이에 샴마이 학파의 말을 재해석한다. 샴마이 학파는 "나는 나지르이며, 무화과가 내게 코르반처럼 금지되기를"이라고 진술한 사람을 염두에 두고 서원으로 인정했

---

4) 나실인이 아니더라도 이 서원으로 인해 무화과 섭취가 금지된다는 것이 힐렐 학파의 의견이라는 주장도 있다(람밤; 메이리). 한편 "내게 있어 무화과가 코남 이다"라는 정형 문구를 사용하지 않았으므로 무화과 섭취가 금지되지 않는다는 주장도 있다(토싸폿).

다는 주장이다. 즉 앞절은 나지르 서원이고, 뒷절의 무화과 관련 진술은 나실인 서원과 별개로, 정형화된 문구를 제대로 사용한 '서원'으로서 효력을 발휘하여 무화과 섭취가 금지된다는 것이다.

2, 2

אָמַר, אָמְרָה פָרָה זוֹ הֲרֵינִי נְזִירָה אִם עוֹמֶדֶת אָנִי. אָמַר, הַדֶּלֶת הַזֶּה הֲרֵינִי נָזִיר אִם נִפְתַּחַת אָנִי. בֵּית שַׁמַּאי אוֹמְרִים, נָזִיר, וּבֵית הִלֵּל אוֹמְרִים, אֵינוֹ נָזִיר. אָמַר רַבִּי יְהוּדָה, אַף כְּשֶׁאָמְרוּ בֵית שַׁמַּאי, לֹא אָמְרוּ אֶלָּא בְאוֹמֵר הֲרֵי פָרָה זוֹ עָלַי קָרְבָּן אִם עוֹמֶדֶת הִיא:

"이 암소가 '내가 일어서면 나는 네지라다'라고 말했다", "이 문이 '내가 열리면 나는 나지르다'라고 말했다"라고 할 경우, 샴마이 학파는 말한다. "그는 나지르다." 그러나 힐렐 학파는 말한다. "그는 나지르가 아니다."

랍비 예후다는 말한다. "샴마이 학파가 〔그렇게〕 말했을 때조차 '만일 이 암소가 일어선다면 내게 코르반이다'라고 말한 사람을 〔가리켜〕 말했을 뿐이다."

- 자기가 소유한 암소를 일어나게 하는 것이나 집 문을 여는 것이 너무나 힘든 나머지, 암소와 문이 일부러 일어서거나 열리기 원치 않는다고 생각하는 경우다. 주인은 마치 암소나 문이 화자가 되어 나지르 서원을 하는 것처럼 이야기하고 있다. 그렇다 해도 샴마이 학파는 실제 이 말을 한 주인이 나지르 서원의 주체가 된다고 본다. 반면 힐렐 학파는 이전 미쉬나에서와 마찬가지로 이 사람은 나지르가 되지 않는다는 의견을 고수한다.
- 랍비 예후다는 2, 1에서처럼 샴마이 학파의 견해를 재해석한다. 샴마이 학파는 위 진술자가 "그 대상(문, 암소)이 내게 코르반처럼 금

지된다"라는 서원을 한 것으로 이해하고, 이에 나지르 서원이 아닌
일반 서원으로서 인정했다는 것이다.

2, 3

מָזְגוּ לוֹ אֶת הַכּוֹס, וְאָמַר הֲרֵינִי נָזִיר מִמֶּנּוּ, הֲרֵי זֶה נָזִיר. מַעֲשֶׂה בְאִשָּׁה
אַחַת שֶׁהָיְתָה שְׁכּוֹרָה וּמָזְגוּ לָהּ אֶת הַכּוֹס, וְאָמְרָה הֲרֵינִי נְזִירָה מִמֶּנּוּ, אָמְרוּ
חֲכָמִים, לֹא נִתְכַּוְּנָה אֶלָּא לוֹמַר הֲרֵי הוּא עָלַי קָרְבָּן:

〔사람들이〕 그의 잔에 〔포도주를〕 섞어주었는데,[5] 그가 말하기를
"이 〔포도주〕로부터 나는 나지르다"라고 하면 그는 나지르다.

한 번은 술에 취한 여성의 잔에 사람들이 〔포도주를〕 섞어주자, 이
여성은 "이것으로부터 나는 네지라다"라고 말했다. 현인들은 이 여성
이 〔나실인이 되고자〕 의도하지 않았으며, 단지 "그것이 내게 코르반
처럼 〔금지된다〕"라고 했을 뿐이라 말했다.

- 서원 형식을 완전히 갖추지 않았어도(1, 1) 서원자의 의사가 명확한
  경우다. 이 사람의 나지르 서원은 유효하며, 포도주에만 국한하지 않
  고 나지르가 지켜야 할 모든 금지 규정을 지켜야 한다.
- 첫 번째 규정과 반대되는 사례로, 술 취한 상태로는 나지르가 되겠
  다는 의도가 분명했는지 판단할 수 없다는 것이다. 정황상 포도주
  한 잔을 특정해 이제 더 마시지 않겠다는 의사를 표현한 것이지, 실
  제 나지르가 되겠다고 한 것은 아니라고 보아야 한다(블랙먼).

---

5) 또는 '희석해주다.' 도수가 매우 높은 휴대용 와인을 물에 섞어 마시는 문화를
   의미하는 것으로 보인다(「샤밧」 8, 1).

הֲרֵינִי נָזִיר עַל מְנָת שֶׁאֱהֵא שׁוֹתֶה יַיִן וּמִטַּמֵּא לְמֵתִים, הֲרֵי זֶה נָזִיר וְאָסוּר
בְּכֻלָּן. יוֹדֵעַ אֲנִי שֶׁיֵּשׁ נְזִירוּת אֲבָל אֵינִי יוֹדֵעַ שֶׁהַנָּזִיר אָסוּר בַּיַּיִן, הֲרֵי זֶה
אָסוּר. וְרַבִּי שִׁמְעוֹן מַתִּיר. יוֹדֵעַ אֲנִי שֶׁהַנָּזִיר אָסוּר בַּיַּיִן אֲבָל סָבוּר הָיִיתִי
שֶׁחֲכָמִים מַתִּירִים לִי מִפְּנֵי שֶׁאֵין אֲנִי יָכוֹל לִחְיוֹת אֶלָּא בַּיַּיִן, אוֹ מִפְּנֵי שֶׁאֲנִי
קוֹבֵר אֶת הַמֵּתִים, הֲרֵי זֶה מֻתָּר. וְרַבִּי שִׁמְעוֹן אוֹסֵר:

"나는 포도주를 마실 수 있고 시체 때문에 부정해질 수 있다는 조
건하에서 나지르다"[라고 말하면] 그는 나지르다. 그리고 [나지르에
금지되는] 모든 것에 금지된다.

"네지룻(나지르 신분)이 있는 것은 알았지만 나지르에게 포도주가
금지되어 있는 줄은 몰랐다"[라고 말하면 포도주는 그에게] 금지된
다. 그러나 랍비 쉼온은 [이를] 허용한다.

"나지르에게 포도주가 금지되어 있는 줄은 알았지만, 나는 포도주
없이 살 수 없기 때문에 현인들이 내게 이를 허용해주리라 생각했다",
"나는 시신을 매장하기 때문에 [현인들이 사체 접촉으로 부정해지는
것을 허락하리라 생각했다]"[라고 말하면], [포도주 마시는 것 또는
시신과 접촉하는 것이] 허용된다. 그러나 랍비 쉼온은 [이를] 금한다.

- 스스로 제어할 수 없는 상황일 경우 일부 금령을 유연하게 적용할 수
  있는지 논의한다.
- "시신을 매장하기 때문에"라는 말은, 시신 매장을 직업으로 하는 사
  람의 진술로 추정된다. 다른 생계수단이 없으므로 사체 접촉 금령을
  지키는 것이 불가능하다(메이리).

הֲרֵינִי נָזִיר וְעָלַי לְגַלֵּחַ נָזִיר, וְשָׁמַע חֲבֵרוֹ וְאָמַר וַאֲנִי וְעָלַי לְגַלֵּחַ נָזִיר, אִם הָיוּ
פִּקְחִים, מְגַלְּחִים זֶה אֶת זֶה. וְאִם לָאו, מְגַלְּחִים נְזִירִים אֲחֵרִים:

〔어떤 사람이〕 "나는 나지르이며, 〔다른〕 나지르의 머리를 깎을 의무가 내게 있다"라고 말하자, 그의 친구가 이를 듣고 "나도 그렇다. 또한 〔다른〕 나지르의 머리를 깎을 의무가 내게 있다"라고 한 경우, 이들이 현명하다면 서로의 머리를 깎을 것이나, 그렇지 않다면 다른 나지르들의 머리를 깎아 봉헌해야 한다.

- 민수기 6:13-18에 따르면 나지르 서원 기간이 끝날 때 세 가지 제물(속죄제, 번제, 화목제)을 드리고 그의 머리카락을 잘라야 한다. '나지르의 머리를 깎을 의무가 있다'라는 말은 나지르 기간이 끝날 때 바치는 제물을 내겠다는 뜻이다(6, 7). 네지롯 종결 의례 시 제물을 드리면서 머리카락을 밀기 때문이다. 이 미쉬나의 서원자들은 나지르가 되겠다는 서원, 그리고 다른 나지르의 제물을 바치겠다, 즉 제물값을 내겠다는 서원 두 가지를 했기 때문에 제물 비용이 두 배로 들게 된다. 하지만 두 서원자가 서로 상대방이 머리카락을 밀 때 바쳐야 하는 제물값을 내주면 결과적으로 1회 제물 비용만 들므로 비용을 줄일 수 있다.

2, 6

הֲרֵי עָלַי לְגַלֵּחַ חֲצִי נָזִיר, וְשָׁמַע חֲבֵרוֹ וְאָמַר וַאֲנִי עָלַי לְגַלֵּחַ חֲצִי נָזִיר, זֶה מְגַלֵּחַ נָזִיר שָׁלֵם וְזֶה מְגַלֵּחַ נָזִיר שָׁלֵם, דִּבְרֵי רַבִּי מֵאִיר. וַחֲכָמִים אוֹמְרִים, זֶה מְגַלֵּחַ חֲצִי נָזִיר וְזֶה מְגַלֵּחַ חֲצִי נָזִיר:

〔어떤 사람이〕 "나는 〔다른〕 나지르의 절반 머리를 깎을 의무가 있다"라고 말하자, 그의 친구가 이를 듣고 "나도 그렇다. 또한 〔다른〕 나지르의 절반 머리를 깎을 의무가 있다"라고 말하는 경우, 이쪽도 전부 나지르의 머리카락을 깎고, 저쪽도 전부 나지르의 머리카락을 깎아야 한다." 이는 랍비 메이르의 말이다. 그러나 현인들은 말한다. "각각 절

반씩 머리카락 깎을 때 바치는 제물을 봉헌하면 된다."

- 위 진술자들이 말한 '나지르의 절반'은 머리털을 미는 의례를 할 때 제물 비용을 절반만 내겠다는 의미로 해석된다. 랍비 메이르는 제물 비용을 전부가 아닌 절반만 낼 수는 없다는 견해를 보인다(그의 의견은 받아들여지지 않았다). 반면 현인들은 서로 상대방의 봉헌 비용 절반씩 부담하고 나머지를 각자 책임지면 된다고 말한다.

2, 7

הֲרֵינִי נָזִיר לִכְשֶׁיִּהְיֶה לִי בֵן, וְנוֹלַד לוֹ בֵן, הֲרֵי זֶה נָזִיר. נוֹלַד לוֹ בַת, טֻמְטוֹם, וְאַנְדְּרוֹגִינוֹס, אֵינוֹ נָזִיר. אִם אָמַר, כְּשֶׁאֶרְאֶה, כְּשֶׁיִּהְיֶה לִי וָלָד, אֲפִלּוּ נוֹלַד לוֹ בַת, טֻמְטוֹם, וְאַנְדְּרוֹגִינוֹס, הֲרֵי זֶה נָזִיר:

"내게 아들이 태어나면 나는 나지르다"〔라고 서원한 후〕 그에게 아들이 태어났다면, 그는 나지르다. 만약 태어난 아이가 딸이거나 외성기이상자[6]거나, 남녀추니[7]인 경우, 그는 나지르가 아니다. 만일 그가 "내게 아이가 태어나면 〔나지르가 될 것이다〕"라고 말했다면, 태어난 아이가 딸이든 외성기이상자든 남녀추니든, 그는 나지르다.

2, 8

הִפִּילָה אִשְׁתּוֹ, אֵינוֹ נָזִיר. רַבִּי שִׁמְעוֹן אוֹמֵר, יֹאמַר, אִם הָיָה בֶן קָיָמָא, הֲרֵי אֲנִי נָזִיר חוֹבָה. וְאִם לָאו, הֲרֵי אֲנִי נָזִיר נְדָבָה. חָזְרָה וְיָלְדָה, הֲרֵי זֶה נָזִיר. רַבִּי שִׁמְעוֹן אוֹמֵר, יֹאמַר, אִם הָרִאשׁוֹן בֶּן קָיָמָא, הָרִאשׁוֹן חוֹבָה וְזוֹ נְדָבָה. וְאִם לָאו, הָרִאשׁוֹן נְדָבָה וְזוֹ חוֹבָה:

---

6) 툼툼(טמטום)이라고 한다.
7) 안드로구노스(אנדרוגינוס)라고 한다. 남녀 성기를 모두 지닌 사람이다. 외성기 이상자와 남녀추니에 대해서는 「예바못」 8, 6을 참조하라.

〔만일〕 그의 아내가 유산할 경우 그는 나지르가 아니다. 랍비 쉼온은 말한다. "〔이 경우〕 그는 '생존 가능한 아들이었다면 나는 의무적 나지르이지만, 그렇지 않다면 자발적 나지르다'라고 말해야 한다."

〔아내가〕 다시 아이를 낳으면, 그는 나지르다. 랍비 쉼온은 말한다. "그는 '만일 처음이 생존 가능한 아들이었다면, 처음 것은 의무〔적 나지르〕이며 지금 것은 자발〔적 나지르〕다. 그렇지 않다면, 처음 것이 자발〔적 나지르〕이고 지금 것이 의무〔적 나지르〕다'라고 말해야 한다."

- 2, 7의 "내게 아들이 태어나면 나는 나지르가 될 것이다"라는 서원에 이어지는 내용이다. 개월수를 다 채워 태어난 아이나 조산아로 태어나도 30일을 넘긴 아이는 '생존 가능한 아이'로 간주한다(「예바못」 4, 1). 전자의 경우, 아이가 과연 임신 개월수를 확실하게 다 채운 상태로 태어났는지 정확히 가늠하기는 어렵다. 즉 미숙아로 태어났을 가능성이 있다. 이처럼 나지르 서원의 실효성이 의심될 때, 이는 나지르라는 신분뿐 아니라 나지르 기간을 끝낼 때 행하는 의례 시 성전에 봉헌하는 제물이 적합한지 아닌지의 문제를 수반한다.

게마라에 따르면 "그의 아내가 유산하면 그는 나지르가 아니다"라고 판결한 이는 랍비 예후다다(게마라 13a). 판결의 핵심은 서원 성립 조건이 의심스럽다면 나지르가 될 수 없다는 것이다.

랍비 쉼온은 '생존 가능한 아이'로 판단하기에 의심스러운 정황이라 할지라도, 그럼에도 만에 하나 '생존 가능한 아이'였을 경우를 우려하여 어떻게 이 난제를 해결할 수 있는지 방법을 제안한다. 유산된 아이가 본디 발달 측면에서 생존 가능했으나 다른 원인으로 인해 사망한 아들이었다면 "내게 아들이 태어나면 나는 나지르다"라고 한 서원이 그 조건을 충족했으므로, 그는 의무적으로 이 나실인 서원을 이행해야 한다. 한편 "생존 가능한 아들이 아니었다면 나는 자발적

으로 나지르가 되겠다"라고 추가 언급하여, 그는 이전 서원과 상관
없이 현재 나실인 서원을 이행하고 확실하게 그 기간을 끝내면 된다.

- 아내가 다시 임신하여 아이를 낳은 경우, 또는 쌍둥이 중 하나를 유
산하고 뒤에 나온 아들이 생존 가능한 경우, 랍비 예후다의 판결에
따른다면 처음 유산으로 인해 서원 조건이 충족되지 않아 나지르가
되지 못했다. 하지만 서원한 것은 여전히 남아 있기 때문에, 다시 (생
존 가능한) 아들이 태어난 이상 그는 이전 서원에 의해 나실인직을
이행해야 한다.

랍비 쉼온은, 먼저 서원에 따라 나실인 의무를 이행했을 가능성이 있
으므로 무턱대고 다시 나실인직을 이행해서는 안 된다는 입장이다.
그러나 이미 행한 나실인직이 서원과 관련 없는 자발적인 것이었다
면 본디 서원은 여전히 유효하다. 그러므로 다시 일정한 조건을 덧붙
여서 이 난제를 해결한다. 만일 앞서 이행한 나실인직이 생존 가능한
아들이었다는 가정에 따라 의무적으로 한 것이라면, 지금은 다시 자
발적으로 나실인직을 추가 이행한다. 반대로 만일 앞서 이행한 나실
인직이 생존 가능하지 않은 아들이었다는 가정에 따라 자발적으로
한 것이라면, 지금은 서원에 따라 의무적으로 나실인직을 수행한다.

2, 9

הֲרֵינִי נָזִיר, וְנָזִיר כְּשֶׁיִּהְיֶה לִי בֵן, הִתְחִיל מוֹנֶה אֶת שֶׁלּוֹ וְאַחַר כָּךְ נוֹלַד לוֹ
בֵן, מַשְׁלִים אֶת שֶׁלּוֹ וְאַחַר כָּךְ מוֹנֶה אֶת שֶׁל בְּנוֹ. הֲרֵינִי נָזִיר כְּשֶׁיִּהְיֶה לִי בֵן
וְנָזִיר, הִתְחִיל מוֹנֶה אֶת שֶׁלּוֹ וְאַחַר כָּךְ נוֹלַד לוֹ בֵן, מַנִּיחַ אֶת שֶׁלּוֹ וּמוֹנֶה אֶת
שֶׁל בְּנוֹ, וְאַחַר כָּךְ מַשְׁלִים אֶת שֶׁלּוֹ:

"나는 나지르다. 그리고 내게 아들이 태어나면 나는 나지르다"[라
고 말하는 경우], 그의 것을 세기 시작했는데 [그 중간에] 아들이 태
어나면, [먼저] 그의 것을 끝마치고 나서 그의 아들 것을 세야 한다.

"내게 아들이 태어나면 나는 나지르다. 그리고 〔나는〕 나지르다"〔라고 말하고 나서〕 그의 것을 세기 시작했는데 〔그 중간에〕 그에게 아들이 태어나면, 그의 것을 중단하고서 그의 아들 것을 센다. 이후 그의 것을 끝마친다.

- 나지르가 되겠다는 서원, 아들이 태어나면 나지르가 되겠다는 서원 두 가지를 동시에 했는데 이 두 네지룻 기간이 겹칠 때의 이행순서를 논한다. 서원할 때 말한 순서에 따라 이행의 우선순위가 바뀐다.
- 여기서 '그의 것'이란 조건 없이 한 네지룻을, '그의 아들 것'이란 아들 출산을 조건으로 걸고 한 네지룻을 가리킨다.

2, 10

הֲרֵינִי נָזִיר לִכְשֶׁיִּהְיֶה לִי בֵן, וְנָזִיר מֵאָה יוֹם. נוֹלַד לוֹ בֵן עַד שִׁבְעִים, לֹא הִפְסִיד כְּלוּם. לְאַחַר שִׁבְעִים, סוֹתֵר שִׁבְעִים, שֶׁאֵין תִּגְלַחַת פְּחוֹת מִשְּׁלֹשִׁים יוֹם:

"내게 아들이 태어나면 나는 나지르다. 그리고 나는 100일간 나지르다"〔라고 말하는 경우〕, 70일이 지나기 전 아들이 태어나면 그는 아무것도 잃지 않는다. 70일이 지난 후 〔아들이 태어나면〕 70일 〔이후에 준수한 날들은〕 무효가 된다. 30일에 못 미치는 기간이 남았을 때 머리를 깎을 수는 없기 때문이다.

- 위 서원자는 100일 더하기 30일, 총 130일 네지룻을 지켜야 하며, 각 네지룻을 끝마칠 때마다 머리를 깎고 희생제물을 바쳐야 한다. 100일 네지룻을 세기 시작한 중간에 아들이 태어나면 기존 것을 멈추고, 아들 출산에 따른 나지르를 시작해서 이를 완료한 다음에야 다시 기존의 네지룻으로 돌아가야 한다(2, 9 두 번째 규정에 따라).

요점은 나지르 종결 의례로 머리를 깎으려면 적어도 30일은 머리카락을 길러야 한다는 것이다.

70일 안에 아들이 태어나 아들 것을 먼저 이행하는 경우, 그의 것은 적어도 30일 이상이 남기 때문에 문제가 되지 않는다. 예를 들어 100일 중 60일까지 준수하던 중 아들이 태어나면, 아들용 30일 네지룻 수행 후 머리를 깎고, 다시 머리카락을 기르면서 남은 40일을 채운 다음 종결 시 머리를 밀면 된다. 그러나 80일을 지킨 다음 아들이 태어날 경우, 그의 것은 20일이 남으므로 최소 기준치 30일에서 열흘이 모자란다. 그러므로 다시 열흘을 더 나지르로 보내야 한다. 결과적으로 80일 중 70일 이후에 준수했던 열흘은 무효가 된 셈이다.

제3장

나지르 기간을 정확하게 명시하지 않고 서원했을 때 발생할 수 있는 사례들, 나지르를 두 번 연이어 서원했을 때 등 나지르 서원 기간 및 종결 의례에 관해 다룬다.

3, 1

מִי שֶׁאָמַר הֲרֵינִי נָזִיר, מְגַלֵּחַ יוֹם שְׁלֹשִׁים וְאֶחָד. וְאִם גִּלֵּחַ לְיוֹם שְׁלֹשִׁים, יָצָא. הֲרֵינִי נָזִיר שְׁלֹשִׁים יוֹם, אִם גִּלֵּחַ לְיוֹם שְׁלֹשִׁים לֹא יָצָא:

어떤 사람이 "나는 나지르다"라고 말할 경우, 그는 31일째 날 머리를 깎아야 한다. 그러나 만일 30일째 날 머리를 밀었다면, 그는 [그의 의무를] 이행한 것이다.[8] "나는 30일 동안 나지르다"[라고 했는데]

---

8) 직역하면 "나온다"(יָצָא)로, 나지르로서의 기간을 다 채워 그 의무에서 벗어나

30일째 날 머리를 밀었다면 그는 〔의무를〕 이행하지 못한 것이다.

- 기간을 특정하지 않았을 경우, 기본 30일 나지르 서원을 한 것으로 간주한다. '30일'이라고 특정한 사람의 경우 만 30일을 다 채우겠다고 서원한 것으로 간주한다.

3, 2

מִי שֶׁנָּזַר שְׁתֵּי נְזִירִיּוֹת, מְגַלֵּחַ אֶת הָרִאשׁוֹנָה יוֹם שְׁלֹשִׁים וְאֶחָד, וְאֶת הַשְּׁנִיָּה
יוֹם שִׁשִּׁים וְאֶחָד. וְאִם גִּלַּח אֶת הָרִאשׁוֹנָה יוֹם שְׁלֹשִׁים, מְגַלֵּחַ אֶת הַשְּׁנִיָּה
יוֹם שִׁשִּׁים. וְאִם גִּלַּח יוֹם שִׁשִּׁים חָסֵר אֶחָד, יָצָא. וְזוֹ עֵדוּת הֵעִיד רַבִּי פַּפְיַס
עַל מִי שֶׁנָּזַר שְׁתֵּי נְזִירִיּוֹת, שֶׁאִם גִּלַּח אֶת הָרִאשׁוֹנָה שְׁלֹשִׁים יוֹם, מְגַלֵּחַ אֶת
הַשְּׁנִיָּה יוֹם שִׁשִּׁים. וְאִם גִּלַּח לְיוֹם שִׁשִּׁים חָסֵר אֶחָד, יָצָא, שֶׁיּוֹם שְׁלֹשִׁים
עוֹלֶה לוֹ מִן הַמִּנְיָן:

어떤 사람이 나지르 서원을 〔연이어〕 두 번 할 경우, 첫 번째 〔서원 종결을 위해〕 31일째에 머리를 깎고, 두 번째 〔서원 종결을 위해〕 61일째에 머리를 깎는다. 만일 첫 번째 〔서원 종결〕용으로 30일째 머리를 깎았다면 두 번째 〔서원 종결〕용으로 60일째 머리를 깎아야 한다. 60일에서 하루 모자란 날에 머리를 깎았다면 그는 〔의무를〕 이행한 것이다. 그리고 이 증언은 랍비 팝프야스가 입증했는데, 나지르 서원을 두 번 한 사람에 있어, 그가 만일 첫 번째 〔서원 종결을 위해〕 30일째 머리를 깎았다면 두 번째 〔서원 종결용으로〕 60일째 머리를 깎아야 한다. 만일 60일에서 하루 모자란 날 머리를 밀었다면 그는 의무를 이행한 것이니, 〔첫째 서원의 마지막 날인〕 30일째 날을 〔두 번째 서원 기간 첫째 날로도〕 셈하기 때문이다.[9]

고 금지규정에서도 해제되는 것을 뜻한다.

9) 랍비 팝프야스(פפיס, Pappeyas)가 두 번 나지르 서원을 한 사람에 대해 증언한

מִי שֶׁאָמַר הֲרֵינִי נָזִיר, נִטְמָא יוֹם שְׁלֹשִׁים, סוֹתֵר אֶת הַכֹּל. רַבִּי אֱלִיעֶזֶר
אוֹמֵר, אֵינוֹ סוֹתֵר אֶלָּא שִׁבְעָה. הֲרֵינִי נָזִיר שְׁלֹשִׁים יוֹם, נִטְמָא יוֹם שְׁלֹשִׁים,
סוֹתֵר אֶת הַכֹּל:

어떤 사람이 "나는 나지르다"[라고 말했는데], 30일째 되는 날 부정
해졌다면, [지나간 기간은] 모두 무효가 된다. [그러나] 랍비 엘리에
제르는 7일만 무효라고 말한다.

[어떤 사람이] "나는 30일 동안 나지르다"[라고 말했는데] 30일째
날 부정해졌다면, [지나간 기간은] 모두 무효가 된다.

- 기간을 명기하지 않은 상태에서 나지르 서원을 한 경우다. 아직 네
  지릇 종결 의례인 희생제물을 바치지 않은 상태에서 부정해졌기 때
  문에 그동안 지켜온 나지르 기간이 모두 무효가 되며, 종결 의례를
  마친 후에 처음부터 다시 나지르 기간을 세야 한다. 랍비 엘리에제
  르는 30일이 시작되는 순간 나지르 기간인 30일이 완료되었고 이후
  에 부정해진 것으로 간주한다. 7일은 정결법상 부정해진 사람이 정
  결해지는 데 걸리는 기간이다. 이 7일이 지나 나지르 종결 의례를 해
  야 한다는 주장이다. 그의 의견은 받아들여지지 않았다.
- 두 번째 규정은, 기간을 30일로 정확히 한정했기 때문에 지나간 날을
  모두 무효 처리한다.

הֲרֵינִי נָזִיר מֵאָה יוֹם, נִטְמָא יוֹם מֵאָה, סוֹתֵר אֶת הַכֹּל. רַבִּי אֱלִיעֶזֶר אוֹמֵר,
אֵינוֹ סוֹתֵר אֶלָּא שְׁלֹשִׁים. נִטְמָא יוֹם מֵאָה וְאֶחָד, סוֹתֵר שְׁלֹשִׁים יוֹם. רַבִּי

이 내용은 「에두욧」 7, 5에도 등장한다.

"나는 100일 동안 나지르다"라고 말했는데 100일째 날 부정해졌다면, [지나간 기간은] 모두 무효가 된다. [그러나] 랍비 엘리에제르는 30일만 무효라고 말한다.

[만일] 그가 101일째 날 부정해졌다면, 30일이 무효다. [그러나] 랍비 엘리에제르는 7일만 무효라고 말한다.

- 랍비 엘리에제르는 네지룻 마지막 날 부정해진 것은 다르게 취급해야 한다는 견해를 보인다.
- 101일째 날은 종결 의례를 하는 날로, 이날 부정해졌다면 30일을 무효로 해야 한다는 것이 랍비들 의견이며, 랍비 엘리에제르는 3, 4에서처럼 7일만 무효라고 주장한다. 그의 의견은 받아들여지지 않았다.

3, 5

מִי שֶׁנָּזַר וְהוּא בְּבֵית הַקְּבָרוֹת, אֲפִלּוּ הָיָה שָׁם שְׁלֹשִׁים יוֹם, אֵין עוֹלִין לוֹ מִן הַמִּנְיָן וְאֵינוֹ מֵבִיא קָרְבַּן טֻמְאָה. יָצָא וְנִכְנַס, עוֹלִין לוֹ מִן הַמִּנְיָן וּמֵבִיא קָרְבַּן טֻמְאָה. רַבִּי אֱלִיעֶזֶר אוֹמֵר, לֹא בוֹ בַיּוֹם, שֶׁנֶּאֱמַר, וְהַיָּמִים הָרִאשֹׁנִים יִפְּלוּ, עַד שֶׁיִּהְיוּ לוֹ יָמִים רִאשׁוֹנִים:

어떤 사람이 묘지에서 나지르 서원을 했다면, 그곳에 30일 머물렀다 해도 [그 기간은 네지룻으로] 계산하지 않으며, 그는 부정해진 데 대한 희생제물을 바칠 필요가 없다.

[만일] 그가 [묘지를] 떠났다가 다시 돌아오면 [떠나 있던 기간은 네지룻으로] 계산하며, 그는 부정에 대한 희생제물을 바쳐야 한다. 랍비 엘리에제르는 말한다. "당일에는 그렇지 않다. '지나간 기간은 무효니라'(민 6:12)라고 일컫는바 지나간 기간이 존재하지 않기 때문이다."

- 나지르는 사체와 접촉이 금지된다. 제의적으로 부정한 장소에서 나지르 서원을 했다면 그곳에 있는 한 아직 나지르가 되지 않았기에 네지룻 기간으로 세지 않는다. 그러므로 나지르가 부정해졌을 때 바쳐야 할 제물 의무에서도 면제된다.

- 부정한 장소인 묘지를 떠난 순간 네지룻이 시작되므로 떠나 있던 기간은 나지르 기간으로 계산된다. 묘지로 돌아오면 이 사람은 다시 부정해지므로 그에 적용되는 희생제물을 바쳐야 한다. 랍비 엘리에제르는 정결해진 당일에 다시 부정해진 경우, 즉 묘지를 떠났다가 같은 날 다시 묘지로 돌아오거나 네지룻이 시작된 당일에 부정해진 경우는 예외라고 주장하며, 그의 의견이 받아들여졌다.

3, 6

מִי שֶׁנָּדַר נְזִירוּת הַרְבֵּה וְהִשְׁלִים אֶת נְזִירוּתוֹ, וְאַחַר כָּךְ בָּא לָאָרֶץ, בֵּית שַׁמַּאי אוֹמְרִים, נָזִיר שְׁלֹשִׁים יוֹם, וּבֵית הִלֵּל אוֹמְרִים, נָזִיר בַּתְּחִלָּה. מַעֲשֶׂה בְּהִילְנִי הַמַּלְכָּה, שֶׁהָלַךְ בְּנָהּ לַמִּלְחָמָה, וְאָמְרָה, אִם יָבֹא בְנִי מִן הַמִּלְחָמָה בְשָׁלוֹם אֱהֵא נְזִירָה שֶׁבַע שָׁנִים, וּבָא בְנָהּ מִן הַמִּלְחָמָה, וְהָיְתָה נְזִירָה שֶׁבַע שָׁנִים. וּבְסוֹף שֶׁבַע שָׁנִים עָלְתָה לָאָרֶץ, וְהוֹרוּהָ בֵית הִלֵּל שֶׁתְּהֵא נְזִירָה עוֹד שֶׁבַע שָׁנִים אֲחֵרוֹת. וּבְסוֹף שֶׁבַע שָׁנִים נִטְמֵאת, וְנִמְצֵאת נְזִירָה עֶשְׂרִים וְאַחַת שָׁנָה. אָמַר רַבִּי יְהוּדָה, לֹא הָיְתָה נְזִירָה אֶלָּא אַרְבַּע עֶשְׂרֵה שָׁנָה:

어떤 사람이 장기간의 네지룻을 서원하고 그의 네지룻을 채운 후에 〔이스라엘〕 땅에 온 경우, 샴마이 학파는 말한다. "그는 30일간 나지르다." 그러나 힐렐 학파는 말한다. "처음부터 〔다시〕 나지르다."

한 번은 헬레네 여왕이, 아들이 전장에 나가자 이렇게 말했다. "내 아들이 전장에서 무사히 돌아오면 나는 7년 동안 네지라가 되겠다." 전장에서 아들이 돌아오자 여왕은 7년 동안 네지라로 있었다. 7년 말에 〔헬레네가 이스라엘〕 땅으로 올라갔을 때 힐렐 학파는 7년 더 네지라가 되라고 지시했다. 한데 7년이 거의 끝날 무렵 부정하게 되자 결국 여왕은 총 21년 네지라로 있었다. 〔그러나〕 랍비 예후다는 "〔헬레네가〕 14년만 네지라였다"라고 말한다.

- 유대인이 이스라엘 땅 밖에서 나지르 서원을 했어도 그 이행은 이스라엘 땅에 와서 해야 한다. 또한 희생제물을 드리는 종결 의례를 행하려면 어쨌든 이스라엘로 올 수밖에 없다. 이 미쉬나는 국외에서 이미 네지룻을 끝마치고 난 후에야 이스라엘로 온 경우를 다룬다.
  힐렐 학파는 디아스포라 유대인의 나지르 서원을 무덤에서 서원한 것과 마찬가지로 여긴다. 즉, 오염된 곳에서 나지르로 준수한 날들은 무효며 이스라엘 땅으로 돌아와야 한다.
- 소아시아 아디아베네(Adiabene) 사람으로 문바즈(Munbaz) 왕의 모친인 헬레네(Helena)는 아들과 함께 유대교로 개종했다(요세푸스, 『유대 고대사』, 20:17-96). 정황상 개종 후에 나지르 서원을 하였고 여전히 이스라엘 밖에서 거주한 것으로 보인다. 이스라엘 밖에서 네지라('나지르'의 여성형)로 지킨 7년과 이것이 무효처리되어 이스라엘로 온 후 다시 지킨 7년, 부정해졌기 때문에 다시 반복한 7년, 도합 21년이 추산된다. 랍비 예후다의 의견에는 두 가지 해석이 뒤따른다. 헬레나 여왕이 부정해진 적이 없다는 것, 또는 부정해진 후 30일만 무효로 계산(총 14년과 30일)했다는 것이다(3, 4).

3, 7

מִי שֶׁהָיוּ שְׁתֵּי כִתֵּי עֵדִים מְעִידוֹת אוֹתוֹ, אֵלּוּ מְעִידִים שֶׁנָּזַר שְׁתַּיִם, וְאֵלּוּ מְעִידִים שֶׁנָּזַר חָמֵשׁ, בֵּית שַׁמַּאי אוֹמְרִים, נֶחְלְקָה הָעֵדוּת וְאֵין כָּאן נְזִירוּת. וּבֵית הִלֵּל אוֹמְרִים, יֵשׁ בִּכְלַל חָמֵשׁ שְׁתַּיִם, שֶׁיְּהֵא נָזִיר שְׁתַּיִם:

어떤 사람에 대해 증언하는 두 증인 집단이 있는데, 한 〔집단은〕 그에 대해 증언하기를, 그가 두 번 나지르 서원을 했다고 하고, 다른 한

〔집단은〕 그가 다섯 번 나지르 서원을 했다고 하는 경우, 샴마이 학파는 말한다. "증언이 상충되므로 네지룻이 성립하지 않는다." 그러나 힐렐 학파는 말한다. "둘이 다섯에 포함되므로 그는 두 번 나지르가 되어야 한다."

제4장

즉흥적으로 나실인 서원을 하게 된 경우, 남편이 아내의 서원을 무효화했을 때의 여러 변수에 따른 실효성 여부, 나실인 서원에 있어 남자와 여자의 차이 등을 논한다.

4, 1

מִי שֶׁאָמַר הֲרֵינִי נָזִיר, וְשָׁמַע חֲבֵרוֹ וְאָמַר וָאָנִי, וָאָנִי, כֻּלָּם נְזִירִין. הֻתַּר הָרִאשׁוֹן, הֻתְּרוּ כֻלָּן. הֻתַּר הָאַחֲרוֹן, הָאַחֲרוֹן מֻתָּר וְכֻלָּם אֲסוּרִין. אָמַר הֲרֵינִי נָזִיר, וְשָׁמַע חֲבֵרוֹ וְאָמַר, פִּי כְּפִיו וּשְׂעָרִי כִּשְׂעָרוֹ, הֲרֵי זֶה נָזִיר. הֲרֵינִי נָזִיר, וְשָׁמְעָה אִשְׁתּוֹ וְאָמְרָה, וָאָנִי, מֵפֵר אֶת שֶׁלָּהּ, וְשֶׁלּוֹ קַיָּם. הֲרֵינִי נְזִירָה, וְשָׁמַע בַּעְלָהּ וְאָמַר, וָאָנִי, אֵינוֹ יָכוֹל לְהָפֵר:

어떤 사람이 "나는 나지르다"라고 말했는데 그의 친구가 이를 듣고 "나도 〔그렇다〕" 하고, 〔또 다른 이가〕 "나도 〔그렇다〕"라고 하는 경우, 이들 모두 나지르다. 만일 첫 번째 〔서원한 이가 나지르 신분에서 자유로워지도록〕 허락을 받으면 〔위 서원한 이들〕 모두 허락을 받는다. 〔그러나〕 마지막에 〔서원한 이가 나지르 신분에서 자유로워지도록〕 허가를 받으면 〔다른 이들은 여전히 서원에〕 매인다.

"나는 나지르다"라고 말했는데 그의 친구가 이를 듣고 "내 입이 그의 입처럼, 내 머리카락이 그의 머리카락처럼 되기를"이라고 하면, 그

[친구]도 나지르다.

"나는 나지르다"[라고 말했는데] 그의 아내가 이를 듣고 "나도 [그렇다]"라고 말하는 경우, 그는 아내의 [나지르 서원을] 무효화할 수 있다. 그러나 그의 것(서원)은 유효하다. [아내가] "나는 네지라다"라고 했는데 남편이 이를 듣고 "나도 [그렇다]"라고 말하는 경우, 그는 [아내의 나지르 서원을] 무효화할 수 없다.

4, 2

הֲרֵינִי נָזִיר, וְאַתְּ, וְאָמְרָה אָמֵן, מֵפֶר אֶת שֶׁלָּהּ, וְשֶׁלּוֹ קַיָּם. הֲרֵינִי נְזִירָה,
וְאַתָּה, וְאָמַר אָמֵן, אֵינוֹ יָכוֹל לְהָפֵר:

[남편이] "나는 나지르다. 당신은 [어떠한가?]"라고 묻고 아내가 "아멘"이라고 답하면, 그는 [아내의 나지르 서원을] 무효화할 수 있다. 그러나 그의 것은 유효하다.

[아내가] "나는 네지라다. 당신은 [어떠한가?]"[라고 묻고, 남편이] "아멘"이라고 답하면, 그는 [아내의 서원을] 무효화할 수 없다.

- 4, 1과 4, 2는 확실한 의중을 가지고 자발적 나지르 서원을 한 자와 그 서원자에 동조하다가 즉흥적으로 서원하게 된 자의 연대관계가 주안점이다.
- 이 미쉬나에서 남편이 아내를 따라 나지르 서원자가 되었는데, 아내의 서원을 무효화하면 본인의 서원도 같이 무효가 된다. 자기 서원을 스스로 무효화할 수는 없기 때문에 애초에 아내의 서원을 무효화해서는 안 된다.

4, 3

הָאִשָּׁה שֶׁנָּדְרָה בְנָזִיר, וְהָיְתָה שׁוֹתָה בַיַּיִן וּמִטַּמְּאָה לְמֵתִים, הֲרֵי זוֹ סוֹפֶגֶת
אֶת הָאַרְבָּעִים. הֵפֵר לָהּ בַּעְלָהּ וְהִיא לֹא יָדְעָה שֶׁהֵפֵר לָהּ בַּעְלָהּ, וְהָיְתָה
שׁוֹתָה בַיַּיִן וּמִטַּמְּאָה לְמֵתִים, אֵינָהּ סוֹפֶגֶת אֶת הָאַרְבָּעִים. רַבִּי יְהוּדָה אוֹמֵר,
אִם אֵינָהּ סוֹפֶגֶת אֶת הָאַרְבָּעִים, תִּסְפֹּג מַכַּת מַרְדּוּת:

만일 어떤 여성이 나지르 서원을 한 후 포도주를 마시거나 시체와
〔접촉하여〕 부정해지면, 〔태형〕 40대를 맞는다. 만일 그 〔남편이〕 이
여자의 〔서원을〕 무효화했는데, 아내는 자기 남편이 그 〔서원을〕 무효
화한지 모른 채 포도주를 마시거나 시체와 〔접촉하여〕 부정해지면, 그
40대를 맞지 않는다. 〔그러나〕 랍비 예후다는 말한다. "그 40대를 맞
지 않는다 해도 반항에 대한 태형에 처해야 한다."

- 랍비 예후다에 따르면 아내는 자기 남편이 서원을 무효화한 것을 몰
  랐으니 나지르 금령을 지켰어야 한다. 그러나 이를 어긴 만큼 별도
  로 반항/불순종에 대한 태형을 받아야 한다고 주장한다.

4, 4

הָאִשָּׁה שֶׁנָּדְרָה בְנָזִיר וְהִפְרִישָׁה אֶת בְּהֶמְתָּהּ וְאַחַר כָּךְ הֵפֵר לָהּ בַּעְלָהּ,
אִם שֶׁלּוֹ הָיְתָה בְהֶמְתָּהּ, תֵּצֵא וְתִרְעֶה בָעֵדֶר. וְאִם שֶׁלָּהּ הָיְתָה בְהֶמְתָּהּ,
הַחַטָּאת תָּמוּת, וְעוֹלָה תִּקְרַב עוֹלָה, וְהַשְּׁלָמִים יִקְרְבוּ שְׁלָמִים, וְנֶאֱכָלִין
לְיוֹם אֶחָד, וְאֵינָן טְעוּנִין לָחֶם. הָיוּ לָהּ מָעוֹת סְתוּמִים, יִפְּלוּ לִנְדָבָה. מָעוֹת
מְפֹרָשִׁים, דְּמֵי חַטָּאת, יֵלְכוּ לְיָם הַמֶּלַח, לֹא נֶהֱנִין וְלֹא מוֹעֲלִים בָּהֶן. דְּמֵי
עוֹלָה, יָבִיאוּ עוֹלָה, וּמוֹעֲלִים בָּהֶן. דְּמֵי שְׁלָמִים, יָבִיאוּ שְׁלָמִים, וְנֶאֱכָלִין לְיוֹם
אֶחָד, וְאֵינָן טְעוּנִין לָחֶם:

어떤 여성이 나지르 서원을 하고 〔희생제물로〕 가축을 따로 떼어두
었는데 이후 그 남편이 〔서원을〕 폐기한 경우, 만일 그 가축이 남편 것
이었다면 〔다른〕 가축떼와 더불어 목초지로 나가도 된다. 〔그러나〕 이

여자 소유였다면, 그 속죄제물은 죽어야 하고, 번제제물은 번제제로, 화목제물은 화목제로 바쳐야 하며, 〔그것들을〕 당일에 먹되 빵 제물을 바칠 필요는 없다.

만일 이 여자에게 〔위 제물들을 사기 위해 따로 떼어놓은〕 특정하지 않은 돈이 있다면, 자발적인 제물에 사용해야 한다. 특정한 돈인 경우, 속죄제를 위한 돈은 사해로 가져가야 하고, 이익을 취하지 않으며, 전용 관련법을 적용하지 않는다. 번제제를 위한 돈으로는 번제를 드리되 전용 관련법을 적용한다. 화목제를 위한 돈으로는 화목제를 드리되 당일에 먹어야 하며 빵 제물을 바칠 필요는 없다.

- 일반적으로 아내가 바쳐야 하는 제물은 남편이 공급해야 한다(「네가임」14, 12). 나지르 서원을 무효화하는 경우, 애초에 성별된 적이 없는 것으로 여긴다. 만일 남편이 권한을 행사할 수 없는 자기 재산에서(「네다림」11, 8) 제물로 바칠 가축을 구별한 경우, 그 가축은 제물로만 사용해야 한다. 빵 제물은 무교전병으로 드리는 소제를 가리킨다(민 6:15 이하).

- 특정하지 않은 돈이란, 번제제물용인지 속죄제물용인지 화목제물용인지 아직 정해지지 않은 돈이다. 사해로 가져간다는 것은 바다에 던지든가 하여 폐기하라는 뜻이다. 전용 관련법이란 신성한 물건(מעילה)을 잘못 사용했을 때 적용되는 법이다.

4, 5

נִזְרַק עָלֶיהָ אֶחָד מִן הַדָּמִים, אֵינוֹ יָכוֹל לְהָפֵר. רַבִּי עֲקִיבָא אוֹמֵר, אֲפִלּוּ נִשְׁחֲטָה עָלֶיהָ אַחַת מִכָּל הַבְּהֵמוֹת, אֵינוֹ יָכוֹל לְהָפֵר. בַּמֶּה דְבָרִים אֲמוּרִים, בְּתִגְלַחַת הַטָּהֳרָה. אֲבָל בְּתִגְלַחַת הַטֻּמְאָה, יָפֵר, שֶׁהוּא יָכוֹל לוֹמַר אִי אֶפְשִׁי בְּאִשָּׁה מְנֻוֶּלֶת. רַבִּי אוֹמֵר, אַף בְּתִגְלַחַת הַטָּהֳרָה יָפֵר, שֶׁהוּא יָכוֹל לוֹמַר אִי אֶפְשִׁי בְּאִשָּׁה מְגֻלַּחַת:

만일 이 여자를 위해 [뿌려야 할] 피들 중 한 가지라도 [제단에] 뿌렸다면 [그 남편은 아내의 나지르 서원을] 무효화할 수 없다. 랍비 아키바는 말한다. "심지어 (피를 뿌리기 전이라도) 이 여자를 위해 가축 가운데 하나를 도살했다면 그 [남편은 아내의 서원을] 무효화할 수 없다."

[위 규정은] 어떠한 경우에 해당되는가? 이 여성이 [네지룻을 완료한 후] 정결의례로 머리를 깎을 때 [적용된다]. 그러나 제의적 부정으로 머리를 밀면 그 [남편은 여전히 아내의 나지르 서원을] 무효화할 수 있다. 왜냐하면 그가 "수치스러운[10] 아내는 원치 않는다"라고 말할 수 있기 때문이다.

랍비[11]는 [이 여성이 네지룻을 완료한 후] 정결의례로 머리를 깎는다 해도 남편은 [그 아내의 서원을] 무효화할 수 있다고 말한다. 왜냐하면 그가 "머리를 민 아내는 원치 않는다"라고 말할 수 있기 때문이다.

- 나지르 서원을 종결할 때 희생제물 세 가지를 드리고 피를 뿌리는데, 그중 한 종류의 피라도 이미 뿌렸을 때를 의미한다. 제의적 부정으로 머리를 민다는 것은 나지르 규정을 어겨 부정해졌기 때문에 머리를 밀고 네지룻을 반복해야 함을 가리킨다.

4, 6

הָאִישׁ מַדִּיר אֶת בְּנוֹ בְּנָזִיר, וְאֵין הָאִשָּׁה מַדֶּרֶת אֶת בְּנָהּ בְּנָזִיר. כֵּיצַד, גִּלַּח
אוֹ שֶׁגִּלְּחוּהוּ קְרוֹבָיו, מִחָה אוֹ שֶׁמִּחוּ קְרוֹבָיו, הָיְתָה לוֹ בְּהֵמָה מֻפְרֶשֶׁת,

---

10) מנולת (메누빨렛). 문자적으로는 '추한', '결핍된'을 의미하지만 정확히 어떤 의미인지는 알 수 없다. 블랙먼은 '단정치 못한'으로 번역한다.
11) 게마라에 따르면 랍비 메이르다.

הַחַטָּאת תָּמוּת וְעוֹלָה תִּקְרַב עוֹלָה וְהַשְּׁלָמִים יִקְרְבוּ שְׁלָמִים, וְנֶאֱכָלִין לְיוֹם אֶחָד, וְאֵינָן טְעוּנִין לָחֶם. הָיוּ לוֹ מָעוֹת סְתוּמִין, יִפְּלוּ לִנְדָבָה. מָעוֹת מְפֹרָשִׁין, דְּמֵי חַטָּאת יֵלְכוּ לְיָם הַמֶּלַח, לֹא נֶהֱנִין וְלֹא מוֹעֲלִין. דְּמֵי עוֹלָה, יָבִיאוּ עוֹלָה וּמוֹעֲלִין בָּהֶן. דְּמֵי שְׁלָמִים, יָבִיאוּ שְׁלָמִים, וְנֶאֱכָלִין לְיוֹם אֶחָד, וְאֵינָן טְעוּנִין לָחֶם:

남자는 자기 아들에게 나지르 서원을 시킬 수 있으나, 그 아내는 자기 아들에게 나지르 서원을 시킬 수 없다. 〔만일 그 아들이〕 스스로 머리를 밀거나 친척들이 그의 머리를 미는 경우, 또는 그(아들)가 항의하거나 친척들이 〔그를 대신해서〕 항의하는 경우, 〔제물은〕 어떻게 되는가? 〔만일 그가 희생제물을 위해〕 가축을 따로 구별한 경우, 그 속죄제물은 죽어야 하고, 번제제물은 번제제로, 화목제물은 화목제로 바쳐야 하며, 〔그것들을〕 당일에 먹되 빵 제물은 필요 없다.

만일 그에게 〔위 제물들을 위한〕 특정하지 않은 돈이 얼마간 있다면, 자발적인 제물에 써야 한다. 특정한 돈이 〔있는〕 경우, 속죄제를 위한 돈은 사해로 가야 하며, 그 〔돈으로〕 유익을 얻지 않고, 전용 관련법은 적용하지 않는다. 번제제를 위한 돈으로는 번제제를 드리되 전용 관련법을 적용한다. 화목제를 위한 돈으로는 화목제를 드리되 당일에 먹어야 하며 빵 제물은 필요 없다.

- 아들이 미성년자(13세 미만)이거나 13세가 넘었지만 아직 음모가 나지 않은 경우 부친은 그 아들을 나지르로 만드는 서원을 할 수 있다.
- 부친이 한 위 서원에 반대하는 뜻으로 아들이 직접, 또는 친척이 머리를 밀어버리거나 항의하여, 나지르 서원을 이행할 수 없게 되면 제물은 어떻게 해야 하는지를 논하고 있다(4, 4).

הָאִישׁ מְגַלֵּחַ עַל נְזִירוּת אָבִיו וְאֵין הָאִשָּׁה מְגַלַּחַת עַל נְזִירוּת אָבִיהָ. כֵּיצַד.
מִי שֶׁהָיָה אָבִיו נָזִיר וְהִפְרִישׁ מָעוֹת סְתוּמִים עַל נְזִירוּתוֹ וּמֵת, וְאָמַר הֲרֵינִי
נָזִיר עַל מְנָת שֶׁאֲגַלֵּחַ עַל מְעוֹת אַבָּא, אָמַר רַבִּי יוֹסֵי, הֲרֵי אֵלּוּ יִפְּלוּ לִנְדָבָה,
אֵין זֶה מְגַלֵּחַ עַל נְזִירוּת אָבִיו. אֵיזֶהוּ שֶׁמְּגַלֵּחַ עַל נְזִירוּת אָבִיו, מִי שֶׁהָיָה הוּא
וְאָבִיו נְזִירִים וְהִפְרִישׁ אָבִיו מָעוֹת סְתוּמִים לִנְזִירוּתוֹ וּמֵת, זֶהוּ שֶׁמְּגַלֵּחַ עַל
נְזִירוּת אָבִיו:

남자는 자기 부친의 네지룻 [자금을 사용해] 자기 머리를 밀 수 있다. 그러나 여자는 자기 부친의 네지룻 [자금을 사용해] 자기 머리를 밀 수 없다.

어떻게 [그러한가]? 만일 남자의 부친이 나지르였고 그의 네지룻에 따른 [희생제물을 위해] 특정하지 않은 돈을 따로 떼어두었다가 사망했다면, [그 아들은] "내 부친의 돈으로 내 머리를 민다는 조건하에 나는 나지르다"라고 말한다. [그러나] 랍비 요쎄는 말한다. "그 돈은 자발적인 제물에 사용해야 한다. 그는 자기 아버지가 네지룻을 위해 [따로 떼어둔 것으로] 머리를 밀 수 없다."

[그렇다면] 누가 부친이 네지룻을 위해 [따로 떼어둔 것으로] 머리를 밀 수 있는가? 자기 부친과 함께 나지르가 되었던 사람으로, 부친이 네지룻에 따른 [희생제물을 위해] 특정하지 않은 돈을 따로 떼어놓고 사망한 경우다. 이 사람은 자기 부친이 네지룻을 위해 [따로 떼어둔 것으로] 머리를 밀 수 있다.

- 아버지 살아생전 아버지와 함께 나지르 상태에 있었던 사람만 부친이 네지룻을 위해 구별해놓은 돈을 사용할 수 있다. 떼어둔 돈으로 머리를 민다는 것은, 머리를 밀 때 바쳐야 하는 희생제물을 그 돈으로 구입한다는 뜻이다.

제5장

제5장의 전반부는 가축이나 물건을 성별하겠다고 (성전에 봉헌하기 위해) 서원하는 데 있어, 실수로 했을 경우의 효력발생 여부를 이야기한다. 이 주제는 자신을 성별하는 나지르 서원으로 이어져, 후반부에서는 잘못된 전제에 기반해 실수로 나지르 서원을 했을 때 어떻게 해야 하는지가 논의된다.

5, 1

בֵּית שַׁמַּאי אוֹמְרִים, הֶקְדֵּשׁ טָעוּת הֶקְדֵּשׁ. וּבֵית הִלֵּל אוֹמְרִים, אֵינוֹ הֶקְדֵּשׁ.
כֵּיצַד. אָמַר, שׁוֹר שָׁחוֹר שֶׁיֵּצֵא מִבֵּיתִי רִאשׁוֹן הֲרֵי הוּא הֶקְדֵּשׁ, וְיָצָא לָבָן,
בֵּית שַׁמַּאי אוֹמְרִים הֶקְדֵּשׁ, וּבֵית הִלֵּל אוֹמְרִים אֵינוֹ הֶקְדֵּשׁ:

샴마이 학파는 말한다. "실수로 성별한 것이라 해도 성별된다." 그러나 힐렐 학파는 말한다. "성별되지 않는다."

어떻게 〔그러한가〕? 만일 어떤 사람이 "내 집에서 제일 먼저 나오는 검은 황소가 성별될 것이다"라고 말했는데 흰색(흰 황소)이 〔제일 먼저〕 나온 경우, 샴마이 학파는 말한다. "〔그 흰 황소는〕 성별된다." 그러나 힐렐 학파는 말한다. "〔그 흰 황소는〕 성별되지 않는다."

- 검은 황소가 제일 먼저 나올 거라 생각하며 말했는데 흰 황소가 나왔다면, 잘못된 추정에 의한 성별이다. 샴마이 학파는 실수로 검은 황소라 특정했어도 성별자의 의중은 '제일 먼저 나오는 소'를 바치는 데 있었다고 보고 이 성별이 유효하다고 본다.

5, 2

דִּינָר זָהָב שֶׁיַּעֲלֶה בְיָדִי רִאשׁוֹן הֲרֵי הוּא הַקְּדֵשׁ, וְעָלָה שֶׁל כֶּסֶף, בֵּית שַׁמַּאי אוֹמְרִים הֶקְדֵּשׁ, וּבֵית הֶלֵּל אוֹמְרִים אֵינוֹ הֶקְדֵּשׁ. חָבִית שֶׁל יַיִן שֶׁתַּעֲלֶה בְיָדִי רִאשׁוֹנָה הֲרֵי הִיא הֶקְדֵּשׁ, וְעָלְתָה שֶׁל שֶׁמֶן, בֵּית שַׁמַּאי אוֹמְרִים הֶקְדֵּשׁ, וּבֵית הֶלֵּל אוֹמְרִים אֵינוֹ הֶקְדֵּשׁ:

[어떤 사람이] "내 손에 처음 들어오는 디나르 금화가 성별될 것이다"라고 했는데, [디나르] 은화가 [처음 그의 손에] 들어온 경우, 샴마이 학파는 "[그 디나르 은화는] 성별된다"라고 말하고, 힐렐 학파는 "성별되지 않는다"라고 말한다.

[만일 그가] "내 손에 처음 들어오는 포도주 한 통이 성별될 것이다"라고 했는데, 기름 [한 통이 처음 그의 손에] 들어온 경우, 샴마이 학파는 "[그 기름 한 통은] 성별된다"라고 말하고, 힐렐 학파는 "성별되지 않는다"라고 말한다.

5, 3

מִי שֶׁנָּדַר בְּנָזִיר וְנִשְׁאַל לְחָכָם וַאֲסָרוֹ, מוֹנֶה מִשָּׁעָה שֶׁנָּדַר. נִשְׁאַל לְחָכָם וְהִתִּירוֹ, הָיְתָה לוֹ בְהֵמָה מֻפְרֶשֶׁת, תֵּצֵא וְתִרְעֶה בָעֵדֶר. אָמְרוּ בֵּית הֶלֵּל לְבֵית שַׁמַּאי, אִי אַתֶּם מוֹדִים בָּזֶה שֶׁהוּא הֶקְדֵּשׁ טָעוּת שֶׁתֵּצֵא וְתִרְעֶה בָעֵדֶר. אָמְרוּ לָהֶן בֵּית שַׁמַּאי, אִי אַתֶּם מוֹדִים בְּמִי שֶׁטָּעָה וְקָרָא לַתְּשִׁיעִי עֲשִׂירִי וְלָעֲשִׂירִי תְּשִׁיעִי וְלָאַחַד עָשָׂר עֲשִׂירִי שֶׁהוּא מְקֻדָּשׁ. אָמְרוּ לָהֶם בֵּית הֶלֵּל, לֹא הַשֵּׁבֶט קִדְּשׁוֹ. וּמָה אִלּוּ טָעָה וְהִנִּיחַ אֶת הַשֵּׁבֶט עַל שְׁמִינִי וְעַל שְׁנֵים עָשָׂר, שֶׁמָּא עָשָׂה כְלוּם. אֶלָּא כָּתוּב שֶׁקִּדֵּשׁ אֶת הָעֲשִׂירִי, הוּא קִדֵּשׁ אֶת הַתְּשִׁיעִי וְאֶת אַחַד עָשָׂר:

만일 어떤 사람이 나지르 서원을 한 후 현인에게 [이를 취소해달라고] 요청했으나 거부될 경우 그는 서원한 시간부터 [나지릇을] 계산한다. 그가 현인에게 [취소해달라고] 요청했고, 그들이 허락했는데, 그가 이미 [희생제물로] 가축을 따로 구별해두었다면, [그것은 다른]

가축떼와 더불어 목초지로 나가도 된다.

힐렐 학파는 샴마이 학파에게 말한다. "당신들은 이 경우 실수로 성별한 것이고 그래서 [다른] 가축떼와 더불어 목초지로 나가야 한다고 인정하지 않는가?" 그러자 샴마이 학파는 그들에게 말했다. "만일 어떤 사람이 [가축의 십일조를 세는데] 실수로 아홉째를 열째라 부르고, 열째를 아홉째라 부르거나, 열한째를 열째라 불러도 그것(각각)이 성별된다고 인정하지 않는가?" 힐렐 학파가 [다시] 그들에게 말했다. "막대기가 그것을 성별하는 것이 아니다. 막대기를 실수로 여덟째나 열둘째에 놓았다고 하면 이것이 무슨 효력을 발휘하겠는가! 열째를 성별하라는 것은 성서이며, 그것이 아홉째와 열한째 [또한] 성별한다."

- 샴마이 학파와 힐렐 학파는 레위기 27:32의 가축 십일조를 예로 들며 설명한다. 힐렐 학파는 실수로 성별한 동물은 성별된 것이 아니라고 주장한다. 막대기(목자의 지팡이)로 가축에 순서를 매기듯이 성별하는 게 아니며, 토라가 이들을 성별한다고 주장한다.

5, 4

מִי שֶׁנָּדַר בְּנָזִיר וְהָלַךְ לְהָבִיא אֶת בְּהֶמְתּוֹ וּמְצָאָהּ שֶׁנִּגְנְבָה, אִם עַד שֶׁלֹּא
נִגְנְבָה בְּהֶמְתּוֹ נָזַר, הֲרֵי זֶה נָזִיר. וְאִם מִשֶּׁנִּגְנְבָה בְּהֶמְתּוֹ נָזַר, אֵינוֹ נָזִיר. וְזוֹ
טָעוּת טָעָה נַחוּם הַמָּדִי כְּשֶׁעָלוּ נְזִירִים מִן הַגּוֹלָה וּמָצְאוּ בֵית הַמִּקְדָּשׁ חָרֵב,
אָמַר לָהֶם נַחוּם הַמָּדִי, אִלּוּ הֱיִיתֶם יוֹדְעִים שֶׁבֵּית הַמִּקְדָּשׁ חָרֵב הֱיִיתֶם
נוֹזְרִים. אָמְרוּ לוֹ לֹא, וְהִתִּירָן נַחוּם הַמָּדִי. וּכְשֶׁבָּא הַדָּבָר אֵצֶל חֲכָמִים,
אָמְרוּ לוֹ, כֹּל שֶׁנָּזַר עַד שֶׁלֹּא חָרַב בֵּית הַמִּקְדָּשׁ, נָזִיר. וּמִשֶּׁחָרַב בֵּית
הַמִּקְדָּשׁ, אֵינוֹ נָזִיר:

어떤 사람이 나지르 서원을 하고 [희생제물을 위해] 그의 가축을 가지러 갔는데 누군가 이를 훔쳐간 경우, 도둑맞기 전에 나지르 서원을 했다면 그는 [여전히] 나지르다. 그러나 도둑맞은 후에 나지르 서원을 했다면 그는 나지르가 아니다.

[이와 관련하여] 메데 사람 나훔이 이 실수를 범했는데, 유배지로부터 [예루살렘에] 올라온 나지르들이 성전이 파괴된 것을 알게 되자, 메데 사람 나훔이 그들에게 말했다. "성전이 파괴될 줄 알았더라면 당신들은 나지르가 되었겠는가?" 그들은 아니라고 대답했고, 이에 메데 사람 나훔은 그들을 [나지르 의무로부터] 자유롭게 해주었다. 이 일이 현인들에게 오자 그들은 그에게 말했다. "누구든 성전이 파괴되기 전에 나지르 서원을 했다면 나지르다. 그러나 성전이 파괴된 후에 했다면 그는 나지르가 아니다."

• 나지르 종결 의례로 드려야 하는 제물용 가축을 도둑맞은 경우, 서원할 당시 '절도'라는 변수를 예상 못했다는 이유로 서원 취소를 요청했을 때의 판결을 다룬다. 서원이 이뤄진 시기가 도둑맞기 전이냐 후냐에 따라 판결이 달라진다. 서원 당시에는 아직 절도가 일어나지 않았는데, 나중에 벌어지는 사건을 이유로 들어 해제할 수는 없다. 반면 절도 이후에 서원했다면 처음부터 잘못 서원한 것으로 본다.

메데 사람 나훔의 판결 사례는, 성전 멸망으로 나지르 종결 의례를 드리지 못하는 바람에 서원자가 평생 나지르가 될 수밖에 없는 상황에 봉착했을 때를 다룬다. 나훔은 미래 벌어질 일을 충분히 예상하지 못한 상태로 서원했음을 이유로 이를 취소해주었으나(「네다림」9, 2), 현인들은 성전 멸망이 예상 가능한 범주에 있는 일이 아니므로 취소의 근거가 될 수 없다고 주장한다. 이 경우 가축이 도둑맞았을 때처럼 서원 당시를 기준으로 성전이 파괴되어 있었느냐 아니냐로 나누어 판결한다.

הָיוּ מְהַלְּכִין בַּדֶּרֶךְ וְאֶחָד בָּא כְּנֶגְדָּן, אָמַר אֶחָד מֵהֶן הֲרֵינִי נָזִיר שֶׁזֶּה פְּלוֹנִי, וְאֶחָד אָמַר הֲרֵינִי נָזִיר שֶׁאֵין זֶה פְּלוֹנִי, הֲרֵינִי נָזִיר שֶׁאֶחָד מִכֶּם נָזִיר, שֶׁאֵין אֶחָד מִכֶּם נָזִיר, שֶׁשְּׁנֵיכֶם נְזִירִים, שֶׁכֻּלְּכֶם נְזִירִים, בֵּית שַׁמַּאי אוֹמְרִים כֻּלָּם נְזִירִים. וּבֵית הִלֵּל אוֹמְרִים, אֵינוֹ נָזִיר אֶלָּא מִי שֶׁלֹּא נִתְקַיְּמוּ דְבָרָיו. וְרַבִּי טַרְפוֹן אוֹמֵר, אֵין אֶחָד מֵהֶם נָזִיר:

〔여섯 사람이〕 길을 가는데 어떤 사람이 〔저만치서〕 그들에게 다가오는 것을 보고 그들(일행) 중 한 사람은 "저 사람이 아무개라면 나는 나지르가 될 것이다"라고 말하고, 또 한 사람은 "저 사람이 아무개가 아니면 나는 나지르가 될 것이다"라고 말하고, 〔세 번째 사람은〕 "너희 둘 중 하나가 나지르가 되면 나도 나지르가 될 것이다", 〔네 번째 사람은〕 "너희 중 하나가 나지르가 되지 않으면 〔나도 나지르가 되지 않을 것이다〕", 〔다섯 번째 사람은〕 너희 둘 모두 나지르가 되면 〔나도 나지르가 될 것이다〕", 〔여섯 번째 사람은〕 "너희들 모두 나지르가 되면 〔나도 나지르가 될 것이다〕"라고 말한 경우, 샴마이 학파는 말한다. "그들 모두 나지르가 되어야 한다." 그러나 힐렐 학파는 "자기 진술이 충족되지 않은 사람만 나지르다"라고 말한다. 랍비 타르폰은 "그들 중 아무도 나지르가 되지 않는다"라고 말한다.

- 정황상 길을 가는 일행은 여섯 명이다. 거리상 이들을 향해 오고 있는 사람의 신원파악이 불분명한 상태에서, 일행 중 두 명은 이 사람이 아무개냐 아니냐를 맞추는 것에 나지르 서원을 걸고 있다. 일행 중 세 번째에서 다섯 번째 사람은 먼저 말을 시작했던 첫 번째와 두 번째 사람이 둘 다 나지르가 되느냐 되지 않느냐, 한쪽만 나지르가 되느냐를 두고 다시 나지르 서원을 건다. 여섯 번째 사람은 일행 모두 나지르가 될 경우 자신도 나지르가 될 것이라고 서원한다. 이들

이 언급한 나실인이 되는 조건을 정리하면 아래와 같다.

1) 맞은편에 오고 있는 사람이 예를 들어 '레위'인 경우.

2) 맞은편에 오고 있는 사람이 '레위'가 아닌 경우.

3) 1)~2)를 말한 사람 중 하나가 나실인이 되는 경우.

4) 1)~2)를 말한 사람 중 하나가 나실인이 되지 않는 경우.

5) 1)~2)를 말한 사람 모두 나실인이 되는 경우.

6) 1)~5)가 모두 나실인이 되는 경우.

- 만일 1)의 말대로 맞은편에 오는 이가 레위이면, 1)의 말이 옳으므로 1)은 나실인이 되며, 3)과 4)도 나실인이 된다.[12] 레위가 아니라면, 2)의 말이 옳으므로 2)는 나실인이 되며, 3)과 4)도 나실인이 된다. 1)과 2)의 말이 동시에 맞거나 동시에 틀릴 수는 없으므로 5)와 6)이 나실인이 될 확률은 없다.

- 샴마이 학파는 실수로 행한 나실인 서원도 유효하다는 주장을 견지한다. 그러므로 이들이 건 조건의 성립 여부와 상관없이 "나는 나지르가 될 것이다"라는 선언에 의해 모두 나실인이 되어야 한다.

- 힐렐 학파의 주장에서, "자기 진술이 충족되지 않은 사람"이라는 말은 논리에 맞지 않는다. 따라서 바벨 탈무드에서 랍비 예후다는 이를 "충족된 사람"으로 정정하고 있다(게마라 32b). 반면 아바예 (Abaye)는 문장을 수정하는 대신 보충하여 이를 설명한다. 예를 들어 일행 중 누군가는 "저 사람이 레위가 아니라 하더라도 나는 나지르가 될 것이다"라고 덧붙였다고 추정한다. 이 경우 처음에 한 말은 성립되지 않았으나, 나중에 한 말에 의해 나지르가 된다는 것이다 (게마라 33a).[13]

---

12) 3)과 4)의 설정 조건은 말만 다를 뿐 동일하다.

13) 메이리는 아바예의 말을 다시 이렇게 설명한다. 1)은 "저 사람이 시므온이면 나는 나지르가 될 것이다"라고 하고, 2)는 "저 사람이 르우벤이지 시므온이 아

- 랍비 타르폰은 불명확한 나실인 서원은 유효하지 않다고 보고 있다. 서원을 하는 순간 이들 중 아무도 맞은편에서 오는 이의 신원을 알지 못했고, 이 같은 불확실한 상황에서 건 조건적 서원이 효력을 발휘해서는 안 된다. 타르폰의 의견은 받아들여지지 않았다.

5, 6

> הִרְתִּיעַ לַאֲחוֹרָיו, אֵינוֹ נָזִיר. רַבִּי שִׁמְעוֹן אוֹמֵר, יֹאמַר, אִם הָיָה כִּדְבָרַי, הֲרֵינִי
> נָזִיר חוֹבָה. וְאִם לָאו, הֲרֵינִי נָזִיר נְדָבָה:

만일 그 [다가오던 자]가 갑자기 돌아간다면 [나지르 서원을 한 여섯 사람은] 나지르가 되지 않는다. 랍비 쉼온은 말한다. "그는 '만일 내가 말한 대로라면 나는 의무적 나지르가 되어야 하지만, 그렇지 않다면 나는 자발적 나지르가 될 것이다'라고 말해야 한다."

- 5, 5에 이어지는 조항으로 2, 8과 같은 논리를 펴고 있다.

5, 7

> רָאָה אֶת הַכּוֹי וְאָמַר, הֲרֵינִי נָזִיר שֶׁזֶּה חַיָּה, הֲרֵינִי נָזִיר שֶׁזֶּה אֵינוֹ חַיָּה, הֲרֵינִי
> נָזִיר שֶׁזֶּה בְהֵמָה, הֲרֵינִי נָזִיר שֶׁאֵין זֶה בְהֵמָה, הֲרֵינִי נָזִיר שֶׁזֶּה חַיָּה וּבְהֵמָה,
> הֲרֵינִי נָזִיר שֶׁאֵין זֶה לֹא חַיָּה וְלֹא בְהֵמָה, הֲרֵינִי נָזִיר שֶׁאֶחָד מִכֶּם נָזִיר, הֲרֵינִי
> נָזִיר שֶׁאֵין אֶחָד מִכֶּם נָזִיר, הֲרֵינִי נָזִיר שֶׁכֻּלְּכֶם נְזִירִים, הֲרֵי כֻלָּם נְזִירִים:

[어떤] 사람이 코이를 보고 "저것이 짐승이라면 나는 나지르다"라 말하고, [또 한 사람은] "저것이 짐승이 아니면 나는 나지르다", [세

니면 나는 나지르가 될 것이다'라고 말했다. 만일 다가오는 사람이 레위로 밝혀지면, 힐렐 학파의 결정은 다음과 같이 해석 가능하다. 2)의 "르우벤이다"라는 말은 성립되지 않았으나, "시므온이 아니다"라는 말은 성립되었기에 2)는 나지르가 된다는 것이다(야드 아브라함).

번째 사람은〕 "저것이 가축이면 나는 나지르다", 〔네 번째 사람은〕
"저것이 가축이 아니면 나는 나지르다", 〔다섯 번째 사람은〕 "저것이
짐승이자 가축이라면 나는 나지르다", 〔여섯 번째 사람은〕 "저것이 짐
승도 가축도 아니면 나는 나지르다", 〔일곱 번째 사람은〕 "당신들 중
하나가 나지르면 나는 나지르다", 〔여덟 번째 사람은〕 "당신들 중 아
무도 나지르가 아니면 나는 나지르다", 〔아홉 번째 사람은〕 "당신들
모두 나지르면 나는 나지르다"라고 말할 경우, 그들 모두 나지르가
된다.

- 코이(כוי)는 황소와 양 또는 영양과 염소의 교배종이거나, 사슴과 비
  슷하지만 가축인지 짐승인지 분류하기 어려운 어떤 알려지지 않은
  종류의 동물로 추정된다(알벡; 야스트로 사전). 5, 5-6의 경우, 다가
  오던 사람은 정체성이 확인되지만, '코이'는 진짜 정체성을 확인할
  수가 없다. 이 건에 있어 힐렐 학파는 '모두 나지르가 된다'는 샴마
  이 학파(5, 6)와 의견을 같이하는 것으로 보인다.

제6장

나지르가 지켜야 할 금령 세 가지를 중심으로, 이를 어겼을 때의 처
벌 등을 다룬다. 또한 나지르 서원을 다 수행했을 때 세 가지 제물을
바치고 머리를 깎는 의식, 시신과 접촉하여 부정해진 나지르가 다시
정결해지기 위해 제물을 드리고 머리를 미는 의식 두 가지를 구별하
여 여러 상황별 의례 및 제물의 효력발생 여부 등을 자세히 논한다.

שְׁלֹשָׁה מִינִין אֲסוּרִין בַּנָּזִיר, הַטֻּמְאָה וְהַתִּגְלַחַת וְהַיּוֹצֵא מִן הַגָּפֶן. וְכָל הַיּוֹצֵא
מִן הַגָּפֶן מִצְטָרְפִין זֶה עִם זֶה. וְאֵינוֹ חַיָּב עַד שֶׁיּאַכַל מִן הָעֲנָבִים כַּזָּיִת. מִשְׁנָה
רִאשׁוֹנָה, עַד שֶׁיִּשְׁתֶּה רְבִיעִית יַיִן. רַבִּי עֲקִיבָא אוֹמֵר, אֲפִלּוּ שָׁרָה פִתּוֹ בְּיַיִן
וְיֶשׁ בָּהּ כְּדֵי לְצָרֵף כַּזָּיִת, חַיָּב:

나지르에게 금지된 것은 부정함, 이발, 포도 생산물[14] [섭취] 세 가
지다. 포도에서 난 모든 생산물은 서로 합친다. 포도 생산물을 올리브
한 알 [크기] 이상 먹으면 [처벌]받아야 한다. [그러나] 이전 미쉬나
에 [따르면] 1/4[로그] 이상 마셔야 [처벌받는다].

랍비 아키바는 말한다. "빵을 포도주에 적셨고 합치면 올리브 한 알
만큼이 되었다면, 그는 [처벌]받아야 한다."

- '부정함'(טמאה, 투마)은 제의적으로 부정해진 상태를 말하며, '정결
  함'(טהרה, 토호라)의 반대 개념이다. 나지르와 관련된 '부정함'은 시
  체와 접촉할 때이며, 부정이 전이되면 기존에 지킨 네지룻은 무효가
  된다(관련 부정에 대해서는 「켈림」 1장).
- 나지르 서원을 한 사람이 처벌로 태형 40대를 받게 되는 경우는 포도
  생산물을 최소 올리브 한 알 정도 먹었을 때다. "포도에서 난 모든 생
  산물은 서로 합친다"는 말은, 포도껍질, 건포도, 포도씨 등을 다 합
  쳐 그 총 섭취량이 올리브 한 알만큼 되면 처벌받는다는 것이다.[15]
  반면 '이전 미쉬나'는 1/4로그(약 1/8리터)의 포도주를 마셨을 때 처
  벌한다고 언급한다. 이전 미쉬나가 무엇을 가리키는지는 확실하지
  않으나, 이 미쉬나보다 먼저 편집한 미쉬나 또는 상기 조항에 대한

---

14) 문자적으로는 '포도에서 나온 것'이다.
15) 올리브 한 알만큼의 양은 먹어도 된다고 허용하는 것이 아니라 처벌 기준을
    제시할 뿐이다.

이전 가르침이나 판결로 추정된다(블랙먼).

- 이에 반해 랍비 아키바는 고형이든 액체형이든 '올리브 한 알' 기준이 적용된다고 주장한다. 아키바는 또한 금지식품인 포도주를 허용 식품인 빵에 적셔 먹었다 해도 그 총량이 올리브 한 알을 넘어가면 처벌받아야 한다고 주장한다. 예를 들어 올리브 반 알 분량의 포도주를 마시고 같은 양의 포도주를 빵에 적셔 먹었다면 섭취한 포도주 총량이 올리브 한 알분이 된다는 것이다. 랍비 아키바의 의견은 받아들여지지 않았다.

6, 2

וְחַיָּב עַל הַיַּיִן בִּפְנֵי עַצְמוֹ, וְעַל הָעֲנָבִים בִּפְנֵי עַצְמָן, וְעַל הַחַרְצַנִּים בִּפְנֵי עַצְמָן, וְעַל הַזַּגִּים בִּפְנֵי עַצְמָן. רַבִּי אֶלְעָזָר בֶּן עֲזַרְיָה אוֹמֵר, אֵינוֹ חַיָּב עַד שֶׁיֹּאכַל שְׁנֵי חַרְצַנִּים וְזָגָּן. אֵלּוּ הֵן חַרְצַנִּים וְאֵלּוּ הֵן זַגִּים, הַחַרְצַנִּים אֵלּוּ הַחִיצוֹנִים, הַזַּגִּים אֵלּוּ הַפְּנִימִים, דִּבְרֵי רַבִּי יְהוּדָה. רַבִּי יוֹסֵי אוֹמֵר, שֶׁלֹּא תִטְעֶה, כְּזוֹג שֶׁל בְּהֵמָה, הַחִיצוֹן זוֹג וְהַפְּנִימִי עִנְבָּל:

〔나지르는〕 포도주, 포도, 씨(하르짠님), 껍질(작김)을 〔먹었을 때〕 각각 개별적으로 처벌받는다. 랍비 엘아자르 벤 아자르야는 말한다. "포도 씨 두 개와 껍질 하나를 먹어야 처벌받는다."

'하르짠님'은 무엇이고 '작김'은 무엇인가? '하르짠님'은 밖에 있는 것이고, '작김'은 안에 있는 것이다. 이는 랍비 예후다의 말이다. 〔그러나〕 랍비 요쎄는 말한다. "실수하지 않으려면 가축의 방울 같은 것을 〔생각하라〕. 바깥 부분은 덮개(조그)라고 부르고, 안쪽 것은 추(인발)라고 부른다."

- 이 미쉬나에는 '하르짠님'(חרצנים)과 '작김'(זגים)이 정확하게 무엇인지에 대한 랍비들의 논의가 등장한다. 민수기 6:4을 보면 하르짠님

은 복수로, 작김은 단수인 '자그'(זֵג)로 나오기 때문에 랍비 엘아자르
벤 아자르야(אֱלְעָזָר בֶּן עֲזַרְיָה, Elazar b. Azaryah)는 하르짠님을 씨, 작
김을 껍질로 추정한다. 대개 포도알 하나에 씨가 두 개 이상 들어 있
고, 껍질은 하나이기 때문이다. 반면 랍비 예후다는 '밖에 있는 것'
(חִיצוֹנִים, 히쪼님)과 '하르짠님'이 비슷한 소리를 내기 때문에 하르짠
님이 껍질, 작김이 씨라고 주장한다. 랍비 요쎄는 랍비 엘아자르 벤
아자르야와 동일한 의견을 보인다. 그는 가축의 방울을 떠올리면 두
단어를 헷갈리지 않고 기억할 수 있을 거라 말한다. 방울의 안쪽인
추를 인발(עֵנְבָּל)로, 바깥 부분을 '자그'와 소리값이 비슷한 '조그'라
고 부르는 데서 착안하여, '자그'만 포도알을 싸고 있는 바깥 부분인
'껍질'이라 기억하면, 하르짠님은 자동적으로 안쪽 부분인 씨를 의미
하게 된다는 것이다.

6, 3

סְתָם נְזִירוּת שְׁלֹשִׁים יוֹם. גִּלַּח אוֹ שֶׁגִּלְּחוּהוּ לִסְטִים, סוֹתֵר שְׁלֹשִׁים יוֹם. נָזִיר
שֶׁגִּלַּח בֵּין בְּזוּג בֵּין בְּתַעַר אוֹ שֶׁסִּפְסֵף כָּל שֶׁהוּא, חַיָּב. נָזִיר חוֹפֵף וּמְפַסְפֵּס,
אֲבָל לֹא סוֹרֵק. רַבִּי יִשְׁמָעֵאל אוֹמֵר, לֹא יָחוֹף בַּאֲדָמָה, מִפְּנֵי שֶׁמַּשֶּׁרֶת אֶת
הַשֵּׂעָר:

[특정 기간을 정하지 않았을 때] 일반 네지룻의 [최소 기간은] 30일
이다. [만일 스스로 머리를] 깎거나 강도들이 그[의 머리]를 깎는다
면, 30일을 [처음부터] 다시 세어야 한다.[16] 가위나 삭도로 머리를 깎
거나 한 터럭이라도 뽑은 나지르는[17] 처벌받아야 한다.

　나지르는 [손으로 머리를] 문지를 수 있고 가를 수 있으나, 빗어서
는 안 된다. 랍비 이쉬마엘은 말한다. "그는 흙으로 머리를 문질러서

---

16) 문자적으로는 '30일을 무효화한다'다.
17) 또는 머리카락을 뿌리째 뽑는 것이다.

는 안 된다. 〔그러한 행동은〕 머리카락을 **빠**지게 만들기 때문이다."

- 자의로 머리를 깎든 강압적으로 깎이든 어떤 도구로 깎든, 이미 지
  나간 네지룻 기간이 무효화되므로 다시 30일을 나지르로 보내야 한
  다. 처벌은 40대 태형을 말한다.
- 머리를 문지르고(חוֹפֵף) 가르는(מְפַסְפֵּס) 행위가 정확히 무엇을 의미
  하는지는 알 수 없다. 전자를 손으로, 후자를 손톱 내지 도구를 사용
  해 문지르는 것으로 해석하기도 하고(라브; 람밤), 전자를 비누나 진
  흙 등으로 감는 것, 후자를 가르마 타는 것으로 해석하기도 한다(라
  쉬; 로쉬). 흙으로 머리를 문지른다는 행위는 특정한 점토나 진흙 등
  을 사용해 머리를 관리하는 것을 말한다. 랍비 이쉬마엘의 의견이
  받아들여졌다.

6, 4

נָזִיר שֶׁהָיָה שׁוֹתֶה יַיִן כָּל הַיּוֹם, אֵינוֹ חַיָּב אֶלָּא אֶחָת. אָמְרוּ לוֹ אַל תִּשְׁתֶּה
אַל תִּשְׁתֶּה, וְהוּא שׁוֹתֶה, חַיָּב עַל כָּל אַחַת וְאֶחָת. הָיָה מְגַלֵּחַ כָּל הַיּוֹם, אֵינוֹ
חַיָּב אֶלָּא אֶחָת. אָמְרוּ לוֹ אַל תְּגַלֵּחַ אַל תְּגַלֵּחַ, וְהוּא מְגַלֵּחַ, חַיָּב עַל כָּל
אַחַת וְאֶחָת. הָיָה מִטַּמֵּא לְמֵתִים כָּל הַיּוֹם, אֵינוֹ חַיָּב אֶלָּא אֶחָת. אָמְרוּ לוֹ
אַל תִּטַּמֵּא אַל תִּטַּמֵּא, וְהוּא מִטַּמֵּא, חַיָּב עַל כָּל אַחַת וְאֶחָת:

나지르가 포도주를 종일 마신 경우, 1회만 처벌받는다. 그러나 사람
들이 그에게 "마시지 마라", "마시지 마라"고 말했음에도 〔포도주를〕
마셨다면, 그는 〔사람들이 경고한 횟수만큼〕 하나하나마다 처벌받는
다. 나지르가 종일 머리를 깎은 경우, 1회만 처벌받는다. 그러나 사람
들이 그에게 "깎지 마라", "깎지 마라"고 말했음에도 머리를 깎았다면,
그는 〔사람들이 경고한 횟수만큼〕 하나하나마다 처벌받는다. 나지르
가 시신과 종일 〔접촉하여〕 부정해진 경우, 1회만 처벌받는다. 그러나

사람들이 그에게 "부정해지지 마라", "부정해지지 마라"고 말했음에도 부정해졌다면, 그는 [사람들이 경고한 횟수만큼] 하나하나마다 처벌받는다.

6, 5

שְׁלֹשָׁה מִינִין אֲסוּרִין בַּנָּזִיר, הַטֻּמְאָה וְהַתִּגְלַחַת וְהַיּוֹצֵא מִן הַגֶּפֶן. חֹמֶר בַּטֻּמְאָה וּבַתִּגְלַחַת מִבַּיּוֹצֵא מִן הַגֶּפֶן, שֶׁהַטֻּמְאָה וְהַתִּגְלַחַת סוֹתְרִין, וְהַיּוֹצֵא מִן הַגֶּפֶן אֵינוֹ סוֹתֵר. חֹמֶר בַּיּוֹצֵא מִן הַגֶּפֶן מִבַּטֻּמְאָה וּבַתִּגְלַחַת, שֶׁהַיּוֹצֵא מִן הַגֶּפֶן לֹא הֻתַּר מִכְּלָלוֹ, וְטֻמְאָה וְתִגְלַחַת הֻתְּרוּ מִכְּלָלָן בְּתִגְלַחַת מִצְוָה וּבְמֵת מִצְוָה. וְחֹמֶר בַּטֻּמְאָה מִבַּתִּגְלַחַת, שֶׁהַטֻּמְאָה סוֹתֶרֶת אֶת הַכֹּל וְחַיָּבִין עָלֶיהָ קָרְבָּן, וְתִגְלַחַת אֵינָהּ סוֹתֶרֶת אֶלָּא שְׁלֹשִׁים יוֹם וְאֵין חַיָּבִין עָלֶיהָ קָרְבָּן:

부정, 이발, 포도 생산물, 이 세 가지는 나지르에게 금지된다. 부정과 이발은 포도 생산물보다 엄격한 면이 있으니, 부정과 이발은 [이미 지킨 네지룻 날들을] 무효화하지만 포도 생산물은 무효화하지 않는다. 부정과 이발보다 포도 생산물이 엄격한 면도 있는데 포도 생산물에는 예외가 없다는 것이다. 그러나 부정과 이발은 예외가 적용되니 머리를 깎는 것이 계명일 때, [무연고자의] 시신이 있을 때가 그러하다. 부정이 이발보다 엄격한 면도 있으니, 부정해지면 [지나간 네지룻 기간이] 모두 무효화되며 희생제물을 바쳐야 한다는 것이다. 그러나 이발은 [지나간 네지룻 기간 중] 30일만 무효화하고 희생제물은 바치지 않는다.

- 6, 1에서 소개했던 나지르가 지켜야 할 금령 세 가지를 비교한다.
- 시신접촉 부정, 이발 금지를 어기면 이미 지킨 네지룻은 전자의 경우 무효고 후자의 경우 30일 무효다. 포도 금령의 경우 무효가 되지는 않으나 예외 규정 적용이 없다. 시신접촉 부정은 무연고자의 시신을 접했을 때 예외가 된다(7, 1; 7, 3). 악성 피부병자(메쪼라)이면서 나

지르일 경우 제의적 정화 절차에 따라 머리를 미는 것이 허락된다
(레 14:9).

6, 6

תִּגְלַחַת הַטֻּמְאָה כֵּיצַד, הָיָה מַזֶּה בַּשְּׁלִישִׁי וּבַשְּׁבִיעִי, וּמְגַלֵּחַ בַּשְּׁבִיעִי, וּמֵבִיא
קָרְבְּנוֹתָיו בַּשְּׁמִינִי. וְאִם גִּלַּח בַּשְּׁמִינִי, מֵבִיא קָרְבְּנוֹתָיו בּוֹ בַיּוֹם, דִּבְרֵי רַבִּי
עֲקִיבָא. אָמַר לוֹ רַבִּי טַרְפוֹן, מַה בֵּין זֶה לַמְצֹרָע. אָמַר לוֹ, זֶה טָהֳרָתוֹ תְלוּיָה
בְיָמָיו, וּמְצֹרָע טָהֳרָתוֹ תְלוּיָה בְתִגְלַחְתּוֹ, וְאֵינוֹ מֵבִיא קָרְבָּן אֶלָּא אִם כֵּן הָיָה
מְעֹרַב שָׁמֶשׁ:

부정[으로 인한] 머리 밀기는 어떻게 [진행하는가]? 3일째와 7일째
되는 날 [속죄의 물을] 뿌리고, 7일째에 머리를 민 다음 8일째 희생제
물을 바친다. 만일 8일째 머리를 밀었으면 당일에 희생제물을 드려
야 한다. 이는 랍비 아키바의 말이다. [그러자] 랍비 타르폰이 그에게
말했다. "이 사람과 악성 피부병자 사이에 [차이는] 무엇인가?"[이에
랍비 아키바가] 그에게 대답했다. "이 사람의 정결함은 그가 [지킨]
날에 달려 있지만, 악성 피부병자의 정결함은 이발에 달려 있으며,
[정화 후] 해가 지기까지 희생제물을 바칠 수 없다."

- 시체와 접촉하여 부정해진 나지르가 행해야 할 절차에 대해 논한다
  (민 6:9-12).
- 속죄의 물이란 민수기 19:11-13에 따라 뿌리는 붉은 암소의 잿물이
  다(「파라」).
- 희생제물은 민수기 6:10 이하에 따라 속죄제물, 번제물, 속건제물을
  가리킨다.
- 랍비 타르폰이 아닌 랍비 아키바의 의견이 받아들여졌다.

תִּגְלַחַת הַטָּהֳרָה כֵּיצַד, הָיָה מֵבִיא שָׁלֹשׁ בְּהֵמוֹת, חַטָּאת עוֹלָה וּשְׁלָמִים,

וְשׁוֹחֵט אֶת הַשְּׁלָמִים, וּמְגַלֵּחַ עֲלֵיהֶם, דִּבְרֵי רַבִּי יְהוּדָה. רַבִּי אֶלְעָזָר אוֹמֵר,

לֹא הָיָה מְגַלֵּחַ אֶלָּא עַל הַחַטָּאת, שֶׁהַחַטָּאת קוֹדֶמֶת בְּכָל מָקוֹם. וְאִם גִּלַּח

עַל אַחַת מִשְּׁלָשְׁתָּן, יָצָא:

정결례[로서의] 머리 밀기는 어떻게 [진행하는가]? 그는 가축 세 마리를 [각기] 속죄제물과 번제와 화목제로 가지고 오고, 화목제물을 도살한 다음 머리를 밀어야 한다. 이는 랍비 예후다의 말이다. 그러나 랍비 엘아자르는 말한다. "속죄제물을 [도살한] 다음에 머리를 밀어야 한다. 어떤 경우든 속죄제물이 우선하기 때문이다. 하지만 세 가지 제물 중 어떤 하나를 도살한 이후에 머리를 밀었다면 그가 [의무를] 다한 것으로 간주한다."

● 앞서 논의한 부정해지는 경우 외에도, 나지르가 제의적인 의무로 머리를 밀어야 하는 경우가 있다. 나지르 서원을 하여 자기 몸을 구별한 기간이 다 차면, 나지르는 속죄제·번제·화목제 제물을 바친 후 회막 문[18] 옆에서 자기 머리털을 밀어야 한다. 따라서 랍비 예후다는 화목제 도살 이후, 즉 세 가지 제물을 모두 바친 후 머리를 깎아야 한다고 말한다. 반면 랍비 엘아자르는 속죄제물 다음 번제와 화목제를 바치기 전 머리를 깎아야 한다고 주장한다. 이는 레위기 5:8에 속죄제물을 다른 제물보다 먼저 드리라고 기록되어 있기 때문이다(게마라 「제바힘」 90a). 두 랍비 모두 어떤 제물 다음이든 이미 머리를 밀었다면 그가 나지르 의무를 다한 것으로 간주한다. 이 결정은 추후에 인정한 개념이다.

---

18) 게마라는 '회막 문'을 문자적으로 읽는 대신 화목제물을 회막 앞에서 잡으라는 레위기 3:2, 8, 13을 언급하는 것으로 이해한다(게마라 45a).

רַבָּן שִׁמְעוֹן בֶּן גַּמְלִיאֵל אוֹמֵר, הֵבִיא שָׁלֹשׁ בְּהֵמוֹת וְלֹא פֵּרֵשׁ, הָרְאוּיָה
לְחַטָּאת תִּקְרַב חַטָּאת, לְעוֹלָה תִּקְרַב עוֹלָה, לִשְׁלָמִים תִּקְרַב שְׁלָמִים. הָיָה
נוֹטֵל שְׂעַר רֹאשׁ נִזְרוֹ וּמְשַׁלֵּחַ תַּחַת הַדּוּד. וְאִם גִּלַּח בַּמְּדִינָה הָיָה מְשַׁלֵּחַ
תַּחַת הַדּוּד. בַּמֶּה דְּבָרִים אֲמוּרִים, בְּתִגְלַחַת הַטְּהָרָה. אֲבָל בְּתִגְלַחַת
הַטֻּמְאָה, לֹא הָיָה מְשַׁלֵּחַ תַּחַת הַדּוּד. רַבִּי מֵאִיר אוֹמֵר, הַכֹּל מְשַׁלְּחִין תַּחַת
הַדּוּד, חוּץ מִן הַטָּמֵא שֶׁבַּמְּדִינָה בִּלְבָד:

라반 쉼온 벤 감리엘은 말한다. "만일 특정하지 않은 세 가축을 가져오면 속죄제에 적합한 것은 속죄제물로, 번제에 적합한 것은 번제물로, 화목제에 적합한 것은 화목제물로 희생하여 바친다. 그러고 나서 나지르의 머리에서 머리카락을 취해 솥 아래로 던져야 한다. 지방에서 머리를 민 경우에도 솥 아래로 던져야 한다." 이는 어떤 [경우를] 말하는 것인가? 정결[례로서의] 이발을 말하며, 부정[으로 인한] 이발의 경우 솥 아래로 그것을 던지지 않는다.

랍비 메이르는 말한다. "부정해진 자(나지르)가 지방에서 머리를 민 경우가 아니면 모든 [나지르는] 솥 아래로 [머리카락을] 던져야 한다."

- 민수기 6:16에 따르면, "자기의 몸을 구별한 나실인은 회막 문에서 자기의 머리털을 밀고 그것을 화목제물 밑에 있는 불에" 두어야 한다. '회막 문'은 제의적으로 이상적인 장소가 예루살렘 성전임을 나타내는 표현으로 보인다(야드 아브라함). 한 예로 『코다쉼』「미돗」2, 5는 여자들의 뜰(Women's courtyard) 남동쪽 모퉁이에 나지르들이 화목제를 익히고 그 솥 아래로 머리털을 던지는 나지르들의 방(לשכת הנזירים)이 있었다고 기록한다.

- 머리카락을 솥 아래 던지라는 것은, 화목제물을 익히고 있는 솥 아래 불에 머리카락을 던지라는 뜻으로, 나지르 서원을 끝내며 머리 미

는 행위와 그것을 태우는 행위가 같은 장소에서 이뤄져야 함을 시사한다. 람밤은 성전 외의 곳에서 머리를 밀었어도 화목제 아래 불에 던져야 한다고 말한다.

- '지방'이 어느 곳을 지칭하는지는 확실치 않다. 예루살렘이라는 의견(라브; 메이리), 예루살렘 바깥이라는 의견(토싸폿 45b) 등이 있다.
- 머리카락을 화목제를 익히는 솥 아래 있는 불에 던지는 것은 나지르 서원을 마치는 의례, 즉 정결한 자의 이발에만 해당되는 사항이다. 랍비 메이르는 어디에서 머리를 밀었든지 간에 화목제물을 익히는 불에 그 머리카락을 던지라고 말한다. 단 부정해진 나지르는 머리를 성전에서 밀었을 때만 화목제를 드린다. 화목제를 드리지 않으면 화목제 불에 머리카락을 태울 일도 없다.[19]

6, 9

הָיָה מְבַשֵּׁל אֶת הַשְּׁלָמִים אוֹ שׁוֹלְקָן. הַכֹּהֵן נוֹטֵל אֶת הַזְּרוֹעַ בְּשֵׁלָה מִן הָאַיִל,
וְחַלַּת מַצָּה אַחַת מִן הַסַּל, וּרְקִיק מַצָּה אֶחָד, וְנוֹתֵן עַל כַּפֵּי הַנָּזִיר וּמֵנִיפָן,
וְאַחַר כָּךְ הֻתַּר הַנָּזִיר לִשְׁתּוֹת יַיִן וּלְהִטַּמֵּא לְמֵתִים. רַבִּי שִׁמְעוֹן אוֹמֵר, כֵּיוָן
שֶׁנִּזְרַק עָלָיו אֶחָד מִן הַדָּמִים, הֻתַּר הַנָּזִיר לִשְׁתּוֹת בַּיַּיִן וּלְהִטַּמֵּא לְמֵתִים:

〔나지르는〕 화목제물을 삶거나 푹 삶는다. 제사장은 그 삶은 숫양의 앞다리를 취하고, 광주리에서 누룩 없이 구운 빵 하나와 누룩 없이 지진 과자를 취해 나지르의 두 손바닥에 놓고 이를 흔들어야 한다. 그러고 나서야 나지르에게 포도주를 마시고 시체와 〔접촉해서〕 부정해지는 것이 허용된다. 랍비 쉼온은 말한다. "피 한 가지를 그 나지르 위에 뿌렸으니, 그는 포도주를 마시거나 시체와 〔접촉해서〕 부정해지는 것이 허용된다."

---

19) 랍비 메이르는, 태우지 않아도 나지르의 머리카락을 어떤 목적으로 악용하는 것을 방지하고자 땅에 묻어야 한다고 말한다(게마라 45b).

- 이 미쉬나는 민수기 6:17-20에 근거하고 있다.
- 토라에는 나오지 않지만, 랍비들은 고기가 뼈에서 쉽게 발라질 수 있게 완전히 익히도록 권장하는 내용을 추가했다.
- 랍비 쉼온은 아직 머리를 밀지 않았거나 다른 제물이 남았다 해도, 세 가지 종류의 제물 중 하나라도 제단에 피가 흩뿌려졌으면 나지르 서원이 완료된 것으로 간주한다.

6, 10

גִּלַּח עַל הַזֶּבַח וְנִמְצָא פָסוּל, תִּגְלַחְתּוֹ פְסוּלָה, וּזְבָחָיו לֹא עָלוּ לוֹ. גִּלַּח עַל הַחַטָּאת שֶׁלֹּא לִשְׁמָהּ וְאַחַר כָּךְ הֵבִיא קָרְבְּנוֹתָיו לִשְׁמָן, תִּגְלַחְתּוֹ פְסוּלָה, וּזְבָחָיו לֹא עָלוּ לוֹ. גִּלַּח עַל הָעוֹלָה אוֹ עַל הַשְּׁלָמִים שֶׁלֹּא לִשְׁמָן וְאַחַר כָּךְ הֵבִיא קָרְבְּנוֹתָיו לִשְׁמָן, תִּגְלַחְתּוֹ פְסוּלָה, וּזְבָחָיו לֹא עָלוּ לוֹ. רַבִּי שִׁמְעוֹן אוֹמֵר, אוֹתוֹ הַזֶּבַח לֹא עָלָה לוֹ, אֲבָל שְׁאָר זְבָחִים עָלוּ לוֹ. וְאִם גִּלַּח עַל שְׁלָשְׁתָּן וְנִמְצָא אֶחָד מֵהֶן כָּשֵׁר, תִּגְלַחְתּוֹ כְשֵׁרָה, וְיָבִיא שְׁאָר הַזְּבָחִים:

만일 제물 중 하나를 바치고 나서 머리를 밀었는데 그 제물이 부적합하다고 판명되면, 머리를 민 것 역시 무효고 〔드린〕 제물도 소용이 없다. 잘못된 이름으로 드린 속죄제 다음에 머리를 밀었고, 이후 제 이름으로 〔나머지〕 희생제물을 가져왔을 경우, 그의 머리 민 것은 무효고 〔그가 바친〕 제물들도 소용이 없다. 잘못된 이름으로 드린 번제나 화목제 다음에 머리를 밀었고, 이후 제 이름으로 〔나머지〕 희생제물을 가져왔을 경우, 그의 머리 민 것은 무효고 〔그가 바친〕 희생제물도 소용이 없다.

랍비 쉼온은 말한다. "특정하여 바친 제물은 소용이 없으나, 〔다른〕 나머지 제물들은 유효하다."

만일 세 가지 제물을 모두 바친 후 머리를 밀었는데 그중 하나만 유효하다면, 머리 민 것은 유효하며 나머지 제물만 가져오면 된다.

מִי שֶׁנִּזְרַק עָלָיו אֶחָד מִן הַדָּמִים וְנִטְמָא, רַבִּי אֱלִיעֶזֶר אוֹמֵר, סוֹתֵר אֶת הַכֹּל. וַחֲכָמִים אוֹמְרִים, יָבִיא שְׁאָר קָרְבְּנוֹתָיו וְיִטְהָר. אָמְרוּ לוֹ, מַעֲשֶׂה בְמִרְיָם הַתַּרְמוֹדִית שֶׁנִּזְרַק עָלֶיהָ אֶחָד מִן הַדָּמִים, וּבָאוּ וְאָמְרוּ לָהּ עַל בִּתָּהּ שֶׁהָיְתָה מְסֻכֶּנֶת, וְהָלְכָה וּמְצָאַתָּה שֶׁמֵּתָה, וְאָמְרוּ חֲכָמִים, תָּבִיא שְׁאָר קָרְבְּנוֹתֶיהָ וְתִטְהָר:

그(나지르)를 위해 이 피들 중 하나를 뿌렸는데 그가 부정해진 경우, 랍비 엘리에제르는 말한다. "전부 무효다." 그러나 현인들은 말한다. "나머지 희생제물을 가져오면 그는 정결해진다." 그들(현인들)이 그(랍비 엘리에제르)에게 말했다. "한 번은 타르모드[20] 사람 미리암을 위해 피 한 종류를 뿌렸는데, 사람들이 와서 이 여자에게 '당신의 딸이 위중하다'고 말했다. 이에 그 여자가 가서 자기 딸이 사망한 것을 발견했다. 그러자 현인들은 '이 여자가 나머지 제물을 가져오면 정결해진다'고 말했다."

- 현인들은 랍비 엘리에제르의 주장에 반대하며 미리암을 예화로 소개한다. 미리암이 나실인으로 자신을 구별한 기간을 채운 후 종결의례로 희생제물 중 하나를 바쳤는데 아직 제물 두 가지가 남은 상태에서 딸이 사망했다. 미리암이 시신과 접촉하여 부정해졌지만, 현인들은 이미 드린 제물은 유효한 것으로 간주하여 남은 제물을 마저 드리도록 했다. 할라카는 현인들의 의견을 받아들였다.

---

20) 사본에 따라 '타드모드' 또는 '타드모르'라고도 한다.

제7장

나지르가 부정해지는 다양한 경우와 이에 따른 정화의례 적용, 네 지룻 기간 계산, 처벌 등에 대한 내용을 다룬다.

7, 1

כֹּהֵן גָּדוֹל וְנָזִיר אֵינָן מִטַּמְּאִין לִקְרוֹבֵיהֶן, אֲבָל מִטַּמְּאִין לְמֵת מִצְוָה. הָיוּ מְהַלְּכִין בַּדֶּרֶךְ וּמָצְאוּ מֵת מִצְוָה, רַבִּי אֱלִיעֶזֶר אוֹמֵר, יִטַּמֵּא כֹהֵן גָּדוֹל וְאַל יִטַּמֵּא נָזִיר. וַחֲכָמִים אוֹמְרִים, יִטַּמֵּא נָזִיר וְאַל יִטַּמֵּא כֹהֵן גָּדוֹל. אָמַר לָהֶם רַבִּי אֱלִיעֶזֶר, יִטַּמֵּא כֹהֵן שֶׁאֵינוֹ מֵבִיא קָרְבָּן עַל טֻמְאָתוֹ, וְאַל יִטַּמֵּא נָזִיר שֶׁהוּא מֵבִיא קָרְבָּן עַל טֻמְאָתוֹ. אָמְרוּ לוֹ, יִטַּמֵּא נָזִיר שֶׁאֵין קְדֻשָּׁתוֹ קְדֻשַּׁת עוֹלָם, וְאַל יִטַּמֵּא כֹהֵן שֶׁקְּדֻשָּׁתוֹ קְדֻשַּׁת עוֹלָם:

대제사장과 나지르는 그들의 친지〔의 시신에 접촉하는 것으〕로 인해 부정해져서는 안 되지만, 무연고자의 시신일 경우에는 부정해질 수 있다. 만일 〔대제사장과 나지르가 함께〕 길을 걷다 무연고자의 시신을 발견할 경우, 랍비 엘리에제르는 말한다. "대제사장이 부정해져야 되고, 나지르는 부정해지면 안 된다." 그러나 현인들은 말한다. "나지르가 부정해져야 되고, 대제사장은 부정해지면 안 된다."〔그러자〕 랍비 엘리에제르는 그들에게 "제사장은 자신의 〔제의적〕 부정으로 인한 희생제물을 바치지 않으므로 부정해져도 되지만, 나지르는 〔제의적〕 부정에 대한 희생제물을 바쳐야 하므로 부정해지면 안 된다"라고 말했다. 〔현인들이 다시〕 그에게 말했다. "나지르의 거룩함은 영원한 거룩함이 아니기 때문에 부정해져도 되지만, 제사장의 거룩함은 영원한 거룩함이기 때문에 부정해져서는 안 된다."

● 시신과 접촉하면 안 되는 대상인 대제사장과 나지르가 아무도 묻어 줄 이가 없는 시신(מת מצוה, 메트 미쯔바)을 보았을 때(6, 5) 어느 쪽

이 이 무연고자를 매장해야 하는지를 논한다.

● 위 규정은 대제사장뿐 아니라 일반 제사장에게도 적용된다.

7, 2

עַל אֵלּוּ טֻמְאוֹת הַנָּזִיר מְגַלֵּחַ, עַל הַמֵּת, וְעַל כַּזַּיִת מִן הַמֵּת, וְעַל כַּזַּיִת נֶצֶל
וְעַל מְלֹא תַרְוָד רָקָב, עַל הַשִּׁדְרָה וְעַל הַגֻּלְגֹּלֶת וְעַל אֵבֶר מִן הַמֵּת וְעַל אֵבֶר
מִן הַחַי שֶׁיֵּשׁ עָלָיו בָּשָׂר כָּרָאוּי, וְעַל חֲצִי קַב עֲצָמוֹת וְעַל חֲצִי לֹג דָּם, עַל
מַגָּעָן וְעַל מַשָּׂאָן וְעַל אָהֳלָן, וְעַל עֶצֶם כַּשְּׂעֹרָה, עַל מַגָּעוֹ וְעַל מַשָּׂאוֹ. עַל אֵלּוּ
הַנָּזִיר מְגַלֵּחַ וּמַזֶּה בַּשְּׁלִישִׁי וּבַשְּׁבִיעִי, וְסוֹתֵר אֶת הַקּוֹדְמִין, וְאֵינוֹ מַתְחִיל
לִמְנוֹת אֶלָּא עַד שֶׁיִּטְהַר וּמֵבִיא אֶת קָרְבְּנוֹתָיו:

어떤 종류의 부정일 때 나지르는 머리를 밀어야 하는가? 시신, 또는
올리브 한 알만큼의 시신, 올리브 한 알만 한 [시신의] [응고된] 체액,
큰 숟가락[21] 하나의 부패[한 시신과 섞인] 흙(רקב),[22] 척추나 두개골,
시신의 수족,[23] 살아 있는 사람에게서 [떨어져나온] 살이 충분히 붙
어 있는 수족, 뼈 1/2카브,[24] 피 1/2로그 때문이다. [나지르는] 이런 것
들과 접촉하기, 옮기기, 덮기를 통해 [부정해진다]. 타작한 보리 하나
정도의 뼈의 경우, 접촉과 옮기기를 통해 [부정해진다]. 위 언급한 것
들 때문에 [부정해진] 나지르는 머리를 밀고 제3일과 제7일에 피를
뿌려야 한다. 이러한 [부정]은 이미 지나간 [네지룻 기간을] 무효화하
며, 정화되어 희생제물을 가져올 때까지 [새 네지룻 기간]을 세지 않
는다.

---

21) 타르봐드(תרוד)는 의사들이 사용하던 큰 숟가락으로 두 줌에 해당한다.
22) 부패한 인체의 일부를 포함하는, 무덤에서 나온 흙 덩어리를 가리킨다.
23) 또는 장기나 신체기관이다.
24) 1카브는 4로그 또는 1/6쎄아에 해당한다(손치노 편Soncino Press 바벨 탈무드
   수록 용어사전).

אֲבָל הַסְּכָכוֹת, וְהַפְּרָעוֹת, וּבֵית הַפְּרָס, וְאֶרֶץ הָעַמִּים, וְהַגּוֹלֵל, וְהַדּוֹפֵק,
וּרְבִיעִית דָּם, וְאֹהֶל, וְרֹבַע עֲצָמוֹת, וְכֵלִים הַנּוֹגְעִים בְּמֵת, וִימֵי סָפְרוֹ, וִימֵי
גָמְרוֹ, עַל אֵלּוּ אֵין הַנָּזִיר מְגַלֵּחַ, וּמַזֶּה בַּשְּׁלִישִׁי וּבַשְּׁבִיעִי, וְאֵינוֹ סוֹתֵר אֶת
הַקּוֹדְמִין, וּמַתְחִיל וּמוֹנֶה מִיָּד, וְקָרְבָּן אֵין לוֹ. בֶּאֱמֶת אָמְרוּ, יְמֵי הַזָּב וְהַזָּבָה
וִימֵי הֶסְגֵּרוֹ שֶׁל מְצֹרָע, הֲרֵי אֵלּוּ עוֹלִין לוֹ:

그러나 돌출된 나뭇가지나[25] 튀어나온 돌, [무덤을] 깨뜨린 밭, 이 방인의 땅, 무덤을 봉하는 돌,[26] 무덤을 받치는 돌,[27] 피 1/4[로그], [시신을 두었던] 장막, 뼈 1/4[카브], 시신과 접촉한 그릇들, 또한 [악성 피부병을] 세는 기간 및 나았다고 [인정받는] 기간 때문에 나지르가 머리를 밀지는 않는다. 그러나 제3일과 제7일에 그에게 피를 뿌려야 한다. [네지룻의] 지나간 기간을 무효로 간주하지는 않지만, 그 즉시 [남은 네지룻 기간을 다시] 세기 시작해야 한다. [이 경우] 희생제물은 바칠 필요가 없다.

실제로 [현인들은] 말했다. "남녀 유출병자가 [부정해진] 기간[28] 및 악성 피부병으로 격리되는 기간은 [네지룻으로서] 유효하다."

---

25) 또는 꼬인 나뭇가지나 뒤얽힌 나뭇잎 등 그 아래 시신이 놓여 있어 부정을 초래할 수 있는 것이다.

26) 이 낱말 '골렐'(גולל)은 묘실 입구를 막는 관석을 가리키며, '굴리다'에서 유래했다. 매장굴의 입구를 큰 돌을 굴려 막은 데서 유래한 것으로 보인다(야스트로 사전; 「오홀롯」 2, 4).

27) '튀어나온 돌'과 관련해서는 「오홀롯」 8, 2를, '[무덤을] 깨뜨린 밭'과 관련해서는 「오홀롯」 17, 1을 참조하라. '무덤을 봉하는 돌'에 쓰인 '도펙'(דופק)은 '~에 부딪치다', '쩗다' 등에서 유래했고, 무덤의 돌이 움직이지 않도록 받쳐 고정시키는 돌을 가리킨다. 이것은 '골렐'의 반대개념이다(야스트로 사전; 「오홀롯」 2, 4).

28) 개역개정은 '유출병'으로, 가톨릭 성경은 '그곳에서 고름이 흐르는 것'으로 번역했다(레 15:2, 25, 28). 『토호롯』 「자빔」을 참조하라.

● 바로 전 미쉬나와 달리 부정해지긴 했으나 머리를 밀 필요가 없고, 지나간 나지르 기간을 무효화하지 않으며 희생제물을 바칠 필요가 없는 경우를 상술한다. 이는 시신과 간접적으로 접촉했을 때로, 나지르는 정결례를 치르고 다시 네지룻 기간을 세기 시작한다. 또한 유출병자와 접촉하거나 악성 피부병에 걸려도 나지르로 지킨 지나간 기간은 여전히 유효하다. 뿐만 아니라 이 시기에도 여전히 그는 나지르로 구별된다. 나지르 금령은 '시신'과의 접촉으로 한정되기 때문이다. 관련 부정은 「오홀롯」에서 자세히 다룬다. 시신과 접촉한 그릇 관련해서는 민수기 19:14-15을, 악성 피부병 관련해서는 레위기 13-14장을 참조하라.

7, 4

אָמַר רַבִּי אֱלִיעֶזֶר מִשּׁוּם רַבִּי יְהוֹשֻׁעַ, כָּל טֻמְאָה מִן הַמֵּת שֶׁהַנָּזִיר מְגַלֵּחַ
עָלֶיהָ, חַיָּבִין עָלֶיהָ עַל בִּיאַת מִקְדָּשׁ. וְכָל טֻמְאָה מִן הַמֵּת שֶׁאֵין הַנָּזִיר מְגַלֵּחַ
עָלֶיהָ, אֵין חַיָּבִין עָלֶיהָ עַל בִּיאַת מִקְדָּשׁ. אָמַר רַבִּי מֵאִיר, לֹא תְהֵא זוֹ קַלָּה
מִן הַשֶּׁרֶץ. אָמַר רַבִּי עֲקִיבָא, דָּנְתִּי לִפְנֵי רַבִּי אֱלִיעֶזֶר, מָה אִם עֶצֶם כַּשְּׂעֹרָה
שֶׁאֵינוֹ מְטַמֵּא אָדָם בְּאֹהֶל, הַנָּזִיר מְגַלֵּחַ עַל מַגָּעוֹ וְעַל מַשָּׂאוֹ. רְבִיעִית דָּם
שֶׁהוּא מְטַמֵּא אָדָם בְּאֹהֶל, אֵינוֹ דִין שֶׁיְּהֵא הַנָּזִיר מְגַלֵּחַ עַל מַגָּעָהּ וְעַל
מַשָּׂאָהּ. אָמַר לִי, מַה זֶה עֲקִיבָא, אֵין דָּנִין כָּאן מִקַּל וָחֹמֶר. וּכְשֶׁבָּאתִי
וְהִרְצֵיתִי אֶת הַדְּבָרִים לִפְנֵי רַבִּי יְהוֹשֻׁעַ, אָמַר לִי, יָפֶה אָמַרְתָּ, אֶלָּא כֵּן אָמְרוּ
הֲלָכָה:

랍비 엘리에제르는 랍비 예호슈아의 이름으로 말한다. "〔접촉했을 때〕나지르가 머리를 깎아야 하는 시신접촉 부정의 경우, 〔접촉자는〕성전에 들어가면 처벌받는다. 〔그러나〕〔접촉했을 때〕나지르가 머리를 깎지 않아도 되는 시신접촉 부정의 경우, 〔접촉자는〕성전에 들어가도 처벌받지 않는다." 그러자 랍비 메이르는 말했다. "〔시신접촉 부정이〕기는 것〔과 접촉해서 부정해진 것〕보다 더 관대해서는 안 됩니다."

랍비 아키바가 말했다. "랍비 엘리에제르 앞에서 나는 이 문제에 대해 다음과 같이 논했다. '보리 한 알만큼 뼈가 이 장막에 있는 사람을 부정하게 만들지 못함에도 접촉과 옮기기 부정 때문에 나지르가 머리를 밀어야 한다면, 장막에 있는 사람을 부정하게 만드는 피 1/4로 그와 접촉하거나 운반한 경우, 더더욱 그렇게 [29] 해야 일리가 있지 않겠습니까?' 그러자 그(랍비 엘리에제르)가 내게 '아키바, 그게 무슨 말인가! 여기서 우리는 칼 바호메르[30]를 논쟁할 수가 없다'라고 말했다. 그러나 내가 랍비 예호슈아에게 가서 다시 이 [규정에 관해] 언급했을 때, 그(랍비 예호슈아)는 내게 말했다. '잘 말했다. 하지만 [현인들은] 할라카[31]를 그렇게 결정했다.'"

- 위 규정상 7, 2에 열거된 것들과 접촉한 이는 성전에 들어갈 경우 신의 처벌인 카렛 형벌을 받는다. 반면 7, 3에 열거된 것들과 접촉한 사람은 성전에 들어가도 카렛 형벌을 받지 않는다. 랍비 메이르는 이에 반대한다.
- 보리알 한 알큼의 뼈는 너무 작은 양으로, 부정하게 만든다고 보기 어렵다. 그럼에도 불구하고 나지르가 그것과 접촉했을 때 머리를 밀고 희생제물을 바치고 다시 네지룻을 세어야 한다면(7, 2; 7, 3), 1/4로그 피와 접촉했을 경우 훨씬 더 부정한 사례인만큼 더더욱 머리를 밀어야 한다는 주장이다.

---

29) 즉, 머리를 밀어야 한다.

30) 칼 봐호메르(קל וחומר) 논법. 더 엄격한 것이 받아들여졌다면, 이보다 덜 엄격한 것은 당연히 받아들여져야 한다는 논법이다. 「예바못」 8, 3; 「쏘타」 6, 3.

31) 모세가 시나이산에서 받은 구전법이므로 논쟁의 여지없이 받아들여야 한다 (랍비 아키바의 추론이 논리적으로 옳더라도).

제8장

나실인 두 명 중 한 명만 금령을 어겨 부정해졌는데 둘 중 누구인지 불명확한 경우 발생하는 문제, 즉 누가 부정해진 데 대한 희생제물을 바치고 누가 나실인 기간 완수용 정결한 희생제물을 바쳐야 하는가를 논한다. 부정해진 것이 의심되는 나실인이라는 주제는 8, 2에서 악성 피부병이 의심되는 사람에 대한 논의로 함께 묶여 다뤄진다.

8, 1

שְׁנֵי נְזִירִים שֶׁאָמַר לָהֶן אֶחָד, רָאִיתִי אֶחָד מִכֶּם שֶׁנִּטְמָא וְאֵינִי יוֹדֵעַ אֵיזֶה מִכֶּם, מְגַלְּחִין וּמְבִיאִין קָרְבַּן טֻמְאָה וְקָרְבַּן טָהֳרָה, וְאוֹמֵר, אִם אֲנִי הוּא הַטָּמֵא, קָרְבַּן טֻמְאָה שֶׁלִּי וְקָרְבַּן טָהֳרָה שֶׁלָּךְ. וְאִם אֲנִי הוּא הַטָּהוֹר, קָרְבַּן טָהֳרָה שֶׁלִּי וְקָרְבַּן טֻמְאָה שֶׁלָּךְ. וְסוֹפְרִין שְׁלֹשִׁים יוֹם, וּמְבִיאִין קָרְבַּן טָהֳרָה, וְאוֹמֵר, אִם אֲנִי הוּא הַטָּמֵא, קָרְבַּן טֻמְאָה שֶׁלִּי וְקָרְבַּן טָהֳרָה שֶׁלָּךְ וְזֶה קָרְבָּנִי. וְאִם אֲנִי הוּא הַטָּהוֹר, קָרְבַּן טָהֳרָה שֶׁלִּי וְקָרְבַּן טֻמְאָה שֶׁלָּךְ וְזֶה קָרְבַּן טָהֳרָתָךְ. מֵת אֶחָד מֵהֶן, אָמַר רַבִּי יְהוֹשֻׁעַ, יְבַקֵּשׁ אֶחָד מִן הַשּׁוּק שֶׁיִּדֹּר כְּנֶגְדּוֹ בְּנָזִיר, וְאוֹמֵר, אִם טָמֵא הָיִיתִי, הֲרֵי אַתָּה נָזִיר מִיָּד. וְאִם טָהוֹר הָיִיתִי, הֲרֵי אַתָּה נָזִיר אַחַר שְׁלֹשִׁים יוֹם. וְסוֹפְרִין שְׁלֹשִׁים יוֹם, וּמְבִיאִין קָרְבַּן טֻמְאָה וְקָרְבַּן טָהֳרָה, וְאוֹמֵר, אִם אֲנִי הוּא הַטָּמֵא, קָרְבַּן טֻמְאָה שֶׁלִּי וְקָרְבַּן טָהֳרָה שֶׁלָּךְ. וְאִם אֲנִי הוּא הַטָּהוֹר, קָרְבַּן טָהֳרָה שֶׁלִּי וְקָרְבַּן טֻמְאָה בְּסָפֵק. וְסוֹפְרִין שְׁלֹשִׁים יוֹם וּמְבִיאִין קָרְבַּן טָהֳרָה, וְאוֹמֵר, אִם אֲנִי הוּא הַטָּמֵא, קָרְבַּן טֻמְאָה שֶׁלִּי וְקָרְבַּן טָהֳרָה שֶׁלָּךְ וְזֶה קָרְבַּן טָהֳרָתִי. וְאִם אֲנִי הוּא הַטָּהוֹר, קָרְבַּן טָהֳרָה שֶׁלִּי וְקָרְבַּן טֻמְאָה בְּסָפֵק וְזֶהוּ קָרְבַּן טָהֳרָתָךְ. אָמַר לוֹ בֶן זוֹמָא, וּמִי שׁוֹמֵעַ לוֹ שֶׁיִּדֹּר כְּנֶגְדּוֹ בְּנָזִיר. אֶלָּא מֵבִיא חַטַּאת הָעוֹף וְעוֹלַת בְּהֵמָה, וְאוֹמֵר, אִם טָמֵא הָיִיתִי, הַחַטָּאת מֵחוֹבָתִי וְהָעוֹלָה נְדָבָה. וְאִם טָהוֹר הָיִיתִי, הָעוֹלָה מֵחוֹבָתִי וְהַחַטָּאת בְּסָפֵק. וְסוֹפֵר שְׁלֹשִׁים יוֹם וּמֵבִיא קָרְבַּן טָהֳרָה, וְאוֹמֵר, אִם טָמֵא הָיִיתִי, הָעוֹלָה הָרִאשׁוֹנָה נְדָבָה וְזוֹ חוֹבָה. וְאִם טָהוֹר הָיִיתִי, הָעוֹלָה הָרִאשׁוֹנָה חוֹבָה וְזוֹ נְדָבָה, וְזֶה שְׁאָר קָרְבָּנִי. אָמַר רַבִּי יְהוֹשֻׁעַ, נִמְצָא זֶה מֵבִיא קָרְבְּנוֹתָיו לַחֲצָאִים. אֲבָל הוֹדוּ לוֹ חֲכָמִים לְבֶן זוֹמָא:

어떤 사람이 나지르 두 사람에게 "당신 중 하나가 부정해진 것을 보았지만 어느 쪽이 그랬는지 모르겠다"라고 하면, 〔양쪽 모두 네지룻을 이행하고〕 머리를 밀고 부정해진 데 대한 희생제물과 〔네지룻을 마칠 때 바치는〕 정결한 희생제물을 드려야 한다. 그리고 〔둘 중 한 명은〕 "만일 내가 부정한 사람이면 부정해진 데 대한 희생제물은 내 것이며, 정결한 희생제물은 너의 것이다. 그러나 내가 정결한 사람이면 정결한 희생제물은 내 것이며 부정해진 데 대한 희생제물은 너의 것이다"라고 말해야 한다. 이후 두 명 모두 30일을 세고 정결한 희생제물을 바친 후 〔둘 중 한 명은〕 "만일 내가 부정한 사람이었다면 부정해진 데 대한 희생제물은 내 것이며, 정결한 희생제물은 너의 것이었다. 〔지금〕 이것은 나의 정결한 희생제물이다. 만일 내가 정결한 사람이었다면 정결한 희생제물은 내 것이었으며 부정해진 데 대한 희생제물은 너의 것이었고, 〔지금〕 이것은 너의 정결한 희생제물이다"라고 말한다.

만일 그들 중 하나가 〔희생제물을 드리기 전에〕 사망한 경우, 랍비 예호슈아는 〔나머지 한 명이〕 시장에서 누군가에게 자신에게 맞추어 나지르 서원을 하도록 요청하고, "만일 내가 부정한 사람이었다면 당신은 즉시 나지르다. 그러나 만일 내가 정결한 사람이었다면 당신은 30일 후에 나지르다"라고 말하도록 한다. 그러고 나서 이들은 30일을 세고 부정해진 데 대한 희생제물과 정결한 희생제물을 드린다. 그리고 〔위 사람은〕 이렇게 말해야 한다. "만일 내가 부정한 사람이면 부정해진 데 대한 희생제물은 내 것이고, 정결한 희생제물은 너의 것이다. 그러나 만일 내가 정결한 사람이면 정결한 희생제물은 내 것이고 부정해진 데 대한 희생제물은 의심〔되는 상황〕 때문에 〔바친다〕." 이후 그들은 〔다시〕 30일을 세고 정결한 희생제물을 가져오고 〔위의 사람이 이렇게〕 말한다. "만일 내가 부정해졌었던 사람이면 〔앞서 드린] 부정해진 데 대한 희생제물은 내 것, 정결한 희생제물은 너의 것이다. 〔지금〕 이것은 나의 정결한 희생제물이다. 하지만 만일 내가 정결했던 사람이면 〔앞서 드린〕 정결한 희생제물은 내 것이고, 부정해진 데 대한 희생제물은 의심〔되는 상황〕 때문에 〔바친 것이다〕. 그리고 〔지금〕 이것은 너의 정결한 희생제물이다."

벤 조마[32]는 그에게 다음과 같이 말했다. "누가 그의 말을 듣고 그에게 맞추어 나지르 서원을 할 것인가? 차라리 그는 새를 속죄제로, 동물을 번제물로 바치고, '만일 내가 부정해졌었다면 이 속죄제는 나의 의무이며, 이 번제제는 내가 자원하여 드리는 제물이다. 그러나 만일 내가 정결한 자였다면 이 번제제는 내 의무이고 속죄제는 의심〔되는 상황〕 때문에 드린다'라고 말해야 한다. 그리고 나서 그는 30일을 세고 정결한 희생제물을 드린 다음 '만일 내가 부정해졌었던 사람이면, 앞서 드린 번제물은 자원〔하여 드리는 제물〕이고, 〔지금〕 이 〔제물은〕 의무〔로 드리는 것〕이다. 그러나 만일 내가 정결한 사람이었다면, 앞서 드린 번제물은 의무〔로 드리는 것〕이며 〔지금〕 이것은 자원〔하여 드리는 것〕이다. 이것들은 내 나머지 제물이다'라고 말해야 한다."

랍비 예호슈아가 말했다. "〔그렇다면〕 결국 그는 〔한 번에〕 희생제물을 절반씩만 드린 것 아닌가?" 그러나 현인들은 벤 조마의 말에 동의했다.

8. 2

נָזִיר שֶׁהָיָה טָמֵא בְסָפֵק וּמֻחְלָט בְסָפֵק, אוֹכֵל בַּקֳדָשִׁים אַחַר שִׁשִּׁים יוֹם,
וְשׁוֹתֶה יַיִן וּמִטַּמֵּא לְמֵתִים אַחַר מֵאָה וְעֶשְׂרִים יוֹם, שֶׁתִּגְלַחַת הַנֶּגַע דּוֹחָה
תִגְלַחַת הַנָּזִיר בִּזְמַן שֶׁהוּא וַדַּאי, אֲבָל בִּזְמַן שֶׁהוּא סָפֵק אֵינָהּ דּוֹחָה:

---

32) 또는 쉼온 벤 조마(בן זומא, [Shimon] b. Zoma)로도 불린다.

부정해졌는지 의심스럽거나, 〔악성 피부병으로〕 판명되었는지 의심스러운 나지르는 60일이 지난 후 거룩한 음식을 먹을 수 있으며, 120일이 지난 후에 포도주를 마시거나, 죽은 자〔와 접촉으〕로 인해 부정해져도 된다. 악성 피부병으로 인한 이발은 오직 그 병이 확실할 때만 나지르의 이발에 우선하며, 의심만 되는 경우에는 우선하지 않는다.

제9장

9, 1은 사회 주변인 계층으로 여겨지는 이방인, 여자, 노예 가운데 이방인은 불가하나 여자와 노예는 나실인 서원이 가능함을 밝힌 다음 노예와 여자의 나실인 서원을 비교한다. 9, 2-4는 '추론 근거'에 기반하여 부정과 정결 여부, 또는 책임 유무를 판단하는 경우들을 다룬다. 이후 사무엘이 나지르인가 아닌가를 논하는 아가다(Aggadah, 비법률적 이야기식 주석)로 마쎄켓 「나지르」를 매듭짓는다(9, 5).

9, 1

הַגּוֹיִם אֵין לָהֶם נְזִירוּת. נָשִׁים וַעֲבָדִים יֵשׁ לָהֶם נְזִירוּת. חֹמֶר בַּנָּשִׁים
מִבָּעֲבָדִים, שֶׁהוּא כּוֹפֶה אֶת עַבְדּוֹ וְאֵינוֹ כּוֹפֶה אֶת אִשְׁתּוֹ. חֹמֶר בָּעֲבָדִים
מִבַּנָּשִׁים, שֶׁהוּא מֵפֵר נִדְרֵי אִשְׁתּוֹ וְאֵינוֹ מֵפֵר נִדְרֵי עַבְדּוֹ. הֵפֵר לְאִשְׁתּוֹ, הֵפֵר
עוֹלָמִית. הֵפֵר לְעַבְדּוֹ, יָצָא לְחֵרוּת מַשְׁלִים נְזִירוּתוֹ. עָבַר מִכְּנֶגֶד פָּנָיו, רַבִּי
מֵאִיר אוֹמֵר, לֹא יִשְׁתֶּה, וְרַבִּי יוֹסֵי אוֹמֵר, יִשְׁתֶּה:

이방인들에게는 네지룻이 없다.

여자와 노예들[33]에게는 네지룻이 있다. 자기 노예에게 〔나지르 서

---

33) 구체적으로 유대인이 소유한 비유대인 노예(야드 아브라함) 또는 가나안 노

원을 깨도록] 강제할 수 있지만 자기 아내에게는 강제할 수 없다는 점에서, 〔나지르 서원은〕 노예보다 여자에게 더 엄격하다. 남자가 자기 아내의 서원을 무효화할 수 있으나 자기 노예의 서원은 무효화할 수 없다는 점에서, 〔나지르 서원은〕 여자보다 노예에게 더 엄격하다.

남자가 자기 아내의 서원을 무효화하면, 그 서원은 영원히 무효가 된다. 그러나 그가 자기 노예의 서원을 〔깨도록 강제하여〕 무효화했는데 그 노예가 자유민이 되면, 그 〔해방노예는〕 나지르 서원을 이행해야 한다. 그 노예가 〔주인〕 앞에서 도망갈 경우, 랍비 메이르는 말한다. "그는 〔포도주를〕 마실 수 없다." 그러나 랍비 요쎄는 "그는 〔포도주를〕 마실 수 있다"라고 말한다.

- 아내가 이미 나지르가 된 상태에서 남편이 서원을 폐기하려고 포도 소산물을 먹이거나, 머리를 밀거나, 시신과 접촉하도록 강요할 수 없다. 아내가 나지르 서원을 하고 하루가 지나기 전에는 남편이 그 서원을 무효화할 수 있다.

- 어떤 노예가 나지르 서원을 했는데 주인이 그에게 포도 소산물을 먹이거나 머리를 자르게 하거나, 시신과 접촉케 하는 등 부정하게 만들어 서원을 어기게 만든 경우, 이 노예가 자유의 몸이 되면 그는 다시 나지르 서원을 이행해야 한다. 동일한 상황에서 해방이 아니라 도망친 노예의 경우, 랍비 메이르는 마찬가지로 나지르 서원을 이행하라고 주장한다. 따라서 도망친 노예는 여전히 나지르이며 포도주를 마실 수 없다. 반대로 랍비 요쎄는 주인이 해방시키지 않고 스스로 도망친 노예는 여전히 노예이며, 이에 주인이 나지르 서원을 못 지키게 하는 것 역시 유효하기 때문에 그는 나지르가 아니고, 따라서 포도주

예(블랙먼)라고 보기도 한다.

를 마실 수 있다고 주장한다.

9, 2

נָזִיר שֶׁגִּלַּח וְנוֹדַע לוֹ שֶׁהוּא טָמֵא, אִם טֻמְאָה יְדוּעָה, סוֹתֵר. וְאִם טֻמְאַת
הַתְּהוֹם, אֵינוֹ סוֹתֵר. אִם עַד שֶׁלֹּא גִלַּח, בֵּין כָּךְ וּבֵין כָּךְ סוֹתֵר. כֵּיצַד, יָרַד
לִטְבֹּל בִּמְעָרָה וְנִמְצָא מֵת צָף עַל פִּי הַמְּעָרָה, טָמֵא. נִמְצָא מֻשְׁקָע בְּקַרְקַע
הַמְּעָרָה, יָרַד לְהָקֵר, טָהוֹר. לְטַהֵר מִטֻּמְאַת מֵת, טָמֵא, שֶׁחֶזְקַת טָמֵא טָמֵא
וְחֶזְקַת טָהוֹר טָהוֹר, שֶׁרַגְלַיִם לַדָּבָר:

나지르가 〔종결 의례로〕 머리를 밀고 나서 〔나중에〕 자기가 부정해
졌었던 것을 깨달은 경우, 그것이 알려진 (인지 가능한) 부정이면 〔그
의 네지룻은〕 취소된다. 그러나 깊음의 부정[34]이면, 그의 네지룻은
취소되지 않는다. 머리를 밀기 전에 〔자기가 부정해졌음을〕 깨달은
경우, 어느 쪽〔부정〕이든 〔그의 네지룻은〕 취소된다.

〔깊음의 부정에는〕 어떤 경우가 있는가? 〔어떤 나지르가 물에 몸
을〕 담그기 위해 동굴에 내려갔는데, 동굴 입구에 떠다니는 시신이
있다면, 그는 부정하다. 〔그러나 시신이〕 동굴 바닥에 가라앉아 있고,
〔단지 몸을〕 식히기 위해 내려간 것이면, 그는 정결하다. 〔반면〕 시신
과 접촉하여 부정해진 후에 자신을 정화하고자 내려갔다면, 그는 부
정하다. 이 사안에 〔있어 그렇게 추정할〕 근거[35]가 있을 때, 원래 상
태가 부정했던 사람은 여전히 부정한 것으로, 정결했던 사람은 여전
히 정결한 것으로 간주하기 때문이다.

---

34) '투마앗 하테홈'(טומאת התהום)은 깊은 곳에 있는 무덤 때문에 전이된 제의적
부정을 말하는 것으로 보인다. 즉 지표면에는 아무런 표시가 없는 버려진 묘
지를 지나간 경우를 가리킨다. '알려진 부정'(인지 가능한 부정)의 반대개념으
로 볼 수 있다.
35) '라글라임 라다봐르'(רגלים לדבר, the matter has legs)는 9, 3-4에 계속 등장하는
표현이다(「산헤드린」 9, 1; 「자빔」 2, 2; 「오홀롯」 16, 3 등).

הַמּוֹצֵא מֵת בַּתְּחִלָּה מֻשְׁכָּב כְּדַרְכּוֹ, נוֹטְלוֹ וְאֶת תְּבוּסָתוֹ. מָצָא שְׁנַיִם, נוֹטְלָן
וְאֶת תְּבוּסָתָן. מָצָא שְׁלֹשָׁה, אִם יֵשׁ בֵּין זֶה לָזֶה מֵאַרְבַּע אַמּוֹת וְעַד שְׁמֹנֶה,
הֲרֵי זוֹ שְׁכוּנַת קְבָרוֹת. בּוֹדֵק הֵימֶנּוּ וּלְהַלָּן עֶשְׂרִים אַמָּה. מָצָא אֶחָד בְּסוֹף
עֶשְׂרִים אַמָּה, בּוֹדֵק הֵימֶנּוּ וּלְהַלָּן עֶשְׂרִים אַמָּה, שֶׁרַגְלַיִם לַדָּבָר, שֶׁאִלּוּ
מִתְּחִלָּה מְצָאוֹ, נוֹטְלוֹ וְאֶת תְּבוּסָתוֹ:

만일 일반적인 매장 방식대로 누워 있는 시신 한 구를 묘지로 지정되지 않은 〔어떤 장소에서〕 처음 발견하면, 그 〔발견자는 그 시신을 시신이 누워 있던〕 흙과 함께 옮겨야 한다. 〔만일 시신〕 두 구를 발견했다면, 그 〔시신들과 그들이 누워 있던〕 흙을 함께 옮겨야 한다. 만일 〔시신〕 세 구를 발견했는데, 시신과 시신 사이 간격이 4에서 8아마면, 그곳은 무덤 용지[36]다. 그 〔발견자〕는 그 지점에서부터 사방 20아마를 검사해야 한다. 만일 시신 한 구를 20아마 떨어진 곳에서 발견하면, 이는 예측 가능한 근거가 되므로, 최초에 시신 한 구만 찾았더라면 주위 흙과 함께 그것을 옮겼겠지만 〔이제 그렇게 할 수 없으며〕, 그 〔발견자는〕 거기서부터 다시 20아마를 검사해야 한다.

- 「오홀롯」 16, 3에 거의 유사한 미쉬나가 기록되어 있다.
- 시신과 무덤은 나지르와의 접촉이 금지된 부정한 것이므로 매장지를 파악하는 일은 상당히 중요하다. 한 번도 시신이 발견되지 않았던 곳에서 누군가 유대 관습대로 매장한 시신을 발견한 경우, 그 주위의 흙과 시신을 함께 다른 곳으로 옮겨 매장해야 한다. 주위의 흙도 시신과 접촉한 결과 부정하다고 판단되기 때문이다. 시신이 발견된 곳 주변에서 또 다른 시신이 세 구 이상 놓인 묘실을 찾는다면, 고대 분묘지로 추정하여 시신을 옮기지 않는다.

---

36) 문자적으로는 지역·구역(שכונה)을 말한다.

כָּל סְפֵק נְגָעִים בַּתְּחִלָּה, טָהוֹר עַד שֶׁלֹּא נִזְקָק לַטֻּמְאָה. מִשֶּׁנִּזְקַק לַטֻּמְאָה,
סְפֵקוֹ טָמֵא. בְּשִׁבְעָה דְרָכִים בּוֹדְקִין אֶת הַזָּב עַד שֶׁלֹּא נִזְקַק לַזִּיבָה.
בְּמַאֲכָל, וּבְמִשְׁתֶּה, בְּמַשָּׂא, וּבִקְפִיצָה, וּבְחֹלִי, וּבְמַרְאֶה, וּבְהִרְהוּר. מִשֶּׁנִּזְקַק
לַזִּיבָה, אֵין בּוֹדְקִין אוֹתוֹ. אָנְסוֹ וּסְפֵקוֹ וְשִׁכְבַת זַרְעוֹ, טְמֵאִין, שֶׁרַגְלַיִם לַדָּבָר.
הַמַּכֶּה אֶת חֲבֵרוֹ וַאֲמָדוּהוּ לְמִיתָה, וְהֵקֵל מִמַּה שֶׁהָיָה, לְאַחַר מִכָּאן הִכְבִּיד
וּמֵת, חַיָּב. רַבִּי נְחֶמְיָה אוֹמֵר, פָּטוּר, שֶׁרַגְלַיִם לַדָּבָר:

처음에 피부병으로 의심되더라도 부정하다고 판정되기 전까지는 정결하다고 간주한다. 그러나 일단 부정하다고 판정되면 의심스럽다 해도 부정하다고 간주한다. 유출병으로 판정되기 전에 유출병을 검사하는 방법은 일곱 가지이며, 그가 먹은 것, 마신 것, 운반한 것, 도약 상태, 병력, 그가 본 것, 불순한 생각이 그것이다. 유출병으로〔부정하 다고〕판정이 나면 더 이상 그를 검진하지 않는다. 이 사안에〔있어 그렇게 추정할〕근거가 있으므로, 어쩔 수 없이〔유출한 분비물과〕의 심스러운〔분비물과〕그의 정액은 부정하다.

어떤 사람이 동료를 쳤고 그가 죽을 것처럼 보였으나, 부분적으로 회복했다가 다시 상태가 악화하여 사망한 경우,〔그 가해자는 살인죄 의〕책임이 있다. 랍비 네헤미야는 그를〔책임에서〕면제하는데,〔사 망에 이르게 한 다른 이유가 있었다고 추론할〕근거가 있기 때문이다.

- 「네가임」5, 4-5; 「자빔」2, 2; 「산헤드린」9, 1.
- 환자는 제사장이 악성 피부병이라고 확진하기까지는 깨끗하다고 간 주된다. 두 발로 도약하는지 한 발로 도약하는지 등 몸 상태를 점검 한다.
- 유출병자(זב)는 남자의 성기에서 일반적인 정액과 다른 것이 유출되 는 것(레 15:2-15)으로, 임질로 고름을 흘리거나 정액과 유사한 분 비물이 유출되는 자를 말한다.『토호롯』「자빔」에서 자세히 다룬다.

- 상해 치사 사건에 있어, 피해자의 상태가 중간에 회복된 적이 있다 하더라도 결국 사망하면 가해자가 살인죄로 처벌받는다고 판정한 다. 그러나 랍비 네헤미야는 가해자의 폭력 외에 다른 사인이 있었 을 가능성을 배제할 수 없다고 주장한다.

9, 5

נָזִיר הָיָה שְׁמוּאֵל, כְּדִבְרֵי רַבִּי נְהוֹרַאי, שֶׁנֶּאֱמַר, וּמוֹרָה לֹא יַעֲלֶה עַל רֹאשׁוֹ,
נֶאֱמַר בְּשִׁמְשׁוֹן, וּמוֹרָה, וְנֶאֱמַר בִּשְׁמוּאֵל וּמוֹרָה, מַה מּוֹרָה הָאֲמוּרָה
בְּשִׁמְשׁוֹן, נָזִיר, אַף מוֹרָה הָאֲמוּרָה בִּשְׁמוּאֵל נָזִיר. אָמַר רַבִּי יוֹסֵי, וַהֲלֹא אֵין
מוֹרָה אֶלָּא שֶׁל בָּשָׂר וָדָם. אָמַר לוֹ רַבִּי נְהוֹרַאי, וַהֲלֹא כְבָר נֶאֱמַר, וַיֹּאמֶר
שְׁמוּאֵל אֵיךְ אֵלֵךְ וְשָׁמַע שָׁאוּל וַהֲרָגָנִי, שֶׁכְּבָר הָיָה עָלָיו מוֹרָה שֶׁל בָּשָׂר
וָדָם:

랍비 네호라이에 따르면 "그 머리에 삭도(모라)를 올리지 않을 것 이다"(삼상 1:11)라고 말했으므로 사무엘은 나지르다. 삼손에 대해 "삭도를 〔올리지 않을 것이다〕"(삿 13:5)라고 하였고, 사무엘에 관해 서도 "삭도를 〔올리지 않을 것이다〕"라고 했다. 삼손에 관해 말했던 '삭도'(모라)는 무슨 〔뜻인가〕? 그가 나지르라는 〔뜻이다〕. 사무엘에 관해 말했던 '삭도'도 그가 나지르라는 〔뜻이다〕.

랍비 요쎄는 말한다. "그러나 두려움(모라)이란 인간(בשר ודם)의[37] 〔두려움이라는 뜻〕 아니겠는가?" 그러나 랍비 네호라이가 그에게 말했다. "이미 '사무엘이 말하길 내가 어찌 가겠나이까? 사울이 이를 들으면 나를 죽일 것입니다'(삼상 16:2)라고도 말하지 않았는가? 따 라서 그가 이미 인간을 두려워했다는 것 아니겠는가?"

- 사무엘의 경우 나지르인가 아닌가를 논한다. 사무엘의 어머니 한나

---

37) 문자적으로는 '피와 살', 즉 혈육(血肉)이 있는 존재로서의 인간을 가리킨다.

가 기도할 때 아들을 주시면 '삭도'(מורה, 모라)를 머리에 올리지 않
겠다고 한 구절이 나오고, 동일한 표현이 삼손의 모친에게 내린 수태
고지에 등장하므로, 사무엘도 삼손처럼 평생 머리카락을 자를 수 없
는 나지르로 봐야 한다는 것이 랍비 네호라이(נהוראי, Nehorai)의 주
장이다. 그러나 삼손과 달리 사체 접촉 금지와 포도 소산물 섭취를
금하는 규정이 사무엘에게 해당하지 않기에 과연 그를 나지르로 봐
야 하는지 의문을 낳았다. 이에 랍비 요쎄는 사사기에서 '삭도'로 번
역된 히브리어 '모라'(מורה)를 사무엘의 경우 동음이의어인 '두려
움'으로 해석한다. 그러나 랍비 네호라이는 사무엘의 생애로 미루어
랍비 요쎄의 해석은 비논리적이라는 주장이다. 그가 인용한 사무엘
상 16:2에 따르면 사무엘은 확실히 사울을 두려워했기 때문이다. 따
라서 랍비 네호라이는 사무엘의 경우에도 '모라'를 '삭도'로 해석하
여 사무엘 역시 나지르라는 견해를 보인다.

סוטה

5

쏘타

간음

제사장의 아내가 쓴 물을 마시고 결백함이 밝혀지면 그 남편
에게 돌아가는 것이 허락된다. 고자의 아내도 쓴 물을 마셔
야 한다. 상대방이 미성년인 경우와 사람이 아닌 경우를 제
외하고는, 아내는 금지 관계에 해당하는 모든 남자와 외따로
있지 말라고 경고받을 수 있다. _「쏘타」4, 4

개요

쏘타법은 민수기 5:11-31을 기반으로 한다. 토라는 남편이 질투하여 외도가 의심되는 아내를 신성재판에 세울 수 있다고 간단하게 설명한다. 랍비법은 여기에 법적 절차를 강화하여 아내가 섣불리 질투의 희생양이 되지 않도록 법을 보완하는 한편, 신성재판에 섰을 때는 대중 앞에서 강한 수치심을 느낄 수 있게 했다.

신성재판에 선 여성에게는 유·무죄를 판가름하는 쓴 물을 마시지 않겠다고 거부할 권리가 주어진다. 다만 이 경우 케투바를 받지 못하고 이혼해야 하며, 남편은 그 아내가 쓴 물을 마시도록 강제할 수 없다.

'쏘타'는 간통이 의심되는 아내, 불충실한 아내 등을 의미하며, '정도에서 벗어나다', '의무의 길에서 이탈하다" 등의 뜻을 지닌 아람어 동사 쓰테(סטי) 또는 싸타(שטה)에서 유래했다. 의미상 우리말의 '외도하다'에 상응한다. 아내가 간통하면 남편은 그 아내와 이혼해야 한다. 만일 증인 두 명 앞에서 특정 남성과 외도하지 말라고 미리 경고했는데도 이를 어겼으며, 증인 두 명 이상이 외도 장면을 목격하여 증거가 확실하면 그 아내는 간통한 남성과 함께 사형(투석형)에 처해질 수 있다. 이처럼 법적 증거가 확실하여 쏘타로 확정되는 경우 외에 간통을 저질렀다는 결정적 증거 없이 쏘타로 의심되는 상태, 즉 잠정적 쏘타가 존재한다. 마쎄켓 「쏘타」는 이 후자의 경우를 다룬다.

잠정적 쏘타로 간주하기 위해서는 몇 가지 단계적 절차가 필요하다. 먼저 외도가 의심되는 특정 남자와 따로 있지 말라고 두 증인 앞에서 아내에게 경고해야 하고, 그 남자와 따로 있는 것을 목격한 증인이 있어야 아내를 거주지 랍비 법정에 세울 수 있다. 따로 있는 것은 성관계와는 다르기 때문에 증거가 확실한 쏘타와 구별된다.

잠정적 쏘타의 유·무죄는 하느님이 판가름할 수 있기에 이를 쏘타 신성재판이라고 하며 예루살렘 대법정에서 이뤄진다. 자백하면 쓴 물을 마시지 않고 이혼하게 되지만, 결백을 주장하며 남편과 이혼하지 않겠다고 할 경우, 의심의 소제를 바친 다음 거룩한 물과 성막 바닥의 티끌을 섞고 두루마리에 쓴 저주의 말을 빨아 만든 쓴 물을 마셔야 한다. 쓴 물을 마시고도 몸에 해가 없어 살아 있다면 결백이 입증되었다고 보아 자식을 낳으라 축복하고 남편에게 되돌려보낸다. 쏘타 신성재판은 제2차 성전 멸망 이후 요하난 벤 자카이에 의해 더는 실행되지 않았다.

제1장

아내를 잠정적 쏘타로 간주하고 신성재판에 세워 쓴 물을 마시게 하기까지의 과정과 절차, 쏘타 의례의 전체적 개요를 제시한다.

1, 1

הַמְקַנֵּא לְאִשְׁתּוֹ, רַבִּי אֱלִיעֶזֶר אוֹמֵר, מְקַנֵּא לָהּ עַל פִּי שְׁנַיִם, וּמַשְׁקָהּ עַל פִּי עֵד אֶחָד אוֹ עַל פִּי עַצְמוֹ. רַבִּי יְהוֹשֻׁעַ אוֹמֵר, מְקַנֵּא לָהּ עַל פִּי שְׁנַיִם וּמַשְׁקָהּ עַל פִּי שְׁנַיִם

자기 아내를 의심하는 남편의 경우, 랍비 엘리에제르는 말한다. "그는 두 명의 증인을 근거로 아내에게 경고하고, 한 명의 증인 또는 자기 자신을 증인으로 하여 [쓴 물을] 마시게 한다."

랍비 예호슈아는 말한다. "그는 두 명의 증인을 근거로 아내에게 경고하고, 두 명의 증인을 근거로 [쓴 물을] 마시게 한다."

- '의심하는', '경고하고'에는 모두 קנא/קני 동사가 쓰였다. 일차적으로 '질투하다', '의심하다'의 의미에서 파생했고, 이차적으로는 아내가 다른 남자와 외도한다고 질투하고 의심하는 남편이 아내에게 이에 대해 경고할 때 사용한다.
- 아내의 정절을 의심한다 하여 쏘타 신성재판을 바로 집행할 수 있는 것은 아니고 '쏘타로 추정'하기 위한 적법한 절차들이 선행되어야 한다. 첫째, 남편은 증인 두 명 앞에서 그 아내에게 외도가 의심되는 남자와 외따로 있지 말라고 경고한다. 둘째, 그 경고를 어기고 특정 했던 그 남자와 따로 있었다면, 이를 본 증인과 경고 당시의 증인을 대동하고 지역 랍비 법정에 아내를 세운다. 이후에야 예루살렘 대법 정인 산헤드린으로 아내를 데려가 신성재판을 받게 할 수 있다. 랍비

엘리에제르는, 경고에는 두 명의 증인이 필요하지만 따로 있었다는 것을 입증하는 데는 증인 하나로 충분하다고 주장한다.

- 랍비 예호슈아는 원칙적으로 두 절차 모두에 두 명 이상의 증인이 필요하다는 의견이다. 간통 현장은 증인 한 명만으로도 입증이 되어 이혼이 가능하지만, 신성재판을 위한 잠정적 쏘타로 간주하려면 경고했던 남성과 따로 있는 것을 적어도 증인 두 명이 보아야 한다는 것이다. 설령 남편이 직접 아내와 그 특정 남자가 외따로 있는 것을 보았다 해도 증인이 한 명이기에 신성재판을 청구할 수 없다. 여기서는 랍비 예호슈아의 의견이 받아들여졌다.

1, 2

כֵּיצַד מְקַנֵּא לָהּ. אָמַר לָהּ בִּפְנֵי שְׁנַיִם, אַל תְּדַבְּרִי עִם אִישׁ פְּלוֹנִי, וְדִבְּרָה עִמּוֹ, עֲדַיִן הִיא מֻתֶּרֶת לְבֵיתָהּ וּמֻתֶּרֶת לֶאֱכֹל בַּתְּרוּמָה. נִכְנְסָה עִמּוֹ לְבֵית הַסֵּתֶר וְשָׁהֲתָה עִמּוֹ כְּדֵי טֻמְאָה, אֲסוּרָה לְבֵיתָהּ וַאֲסוּרָה לֶאֱכֹל בַּתְּרוּמָה. וְאִם מֵת, חוֹלֶצֶת וְלֹא מִתְיַבֶּמֶת.

어떻게 그(아내)에게 경고하는가?

두 〔증인〕 앞에서 그(아내)에게 "아무개 남성과 이야기하지 말라"고 했는데, 〔이를 어기고〕 그와 이야기를 나누었다면, 아내는 여전히 자기 집[1]에 허용되고 거제도 먹을 수 있다.

만일 한적한 집에 따로 그 남자와 들어가서 부정해지기 충분한 시간만큼 함께 머물렀다면, 그 여성은 자기 집에 금지되며 거제 먹는 것 또한 금지된다. 만일 〔남편〕이 사망하면 신 벗는 예식을 하되 역연혼은 할 수 없다.

---

1) 직역하면 '그녀의 집'이다. '집'은 물리적인 집을 가리킬 수도 있지만, 남편과 함께 배우자로 사는 것, 또는 남편과의 성관계를 의미할 수 있다(뉴스너; 블랙먼).

- 이 미쉬나는 아내가 경고를 어겼고 신성재판은 아직 하지 않았을 때, 부부관계, 제사장과 그 가족에게만 허용되는 거제 먹을 자격, 역연혼 등을 어떻게 적용해야 하는지를 논한다.
- 앞 미쉬나에서 언급했듯이, 의심 가는 남자와 단둘이 '외따로' 있지 말라고 경고해야 적법하다. 그러므로 '이야기하지 말라'고 경고했을 경우 이를 어겼다 해도 잠정적 쏘타로 간주하지 않는다.
- 한적한 집에 따로 들어갔다는 것은 성관계를 가질 수 있는 상황에 놓여짐을 의미한다. 이 경우 적법한 절차에 따른 잠정적 쏘타로 간주되어 신성재판 결과가 나올 때까지 아내와 잠자리를 할 수 없다. 제사장 아내일 경우 조나로 간주되어(「예바못」 6, 5) 신성재판을 할 때까지 거제 먹을 자격이 한시적으로 박탈된다. 한편, 한적한 집에 따로 들어갔고 증인도 있으나 그전에 경고하지 않았다면, 적법절차에 위배되기 때문에 잠정적 쏘타로 간주할 수 없다.
- 신성재판을 하기 전에 남편이 사망하면, 잠정적 쏘타인 그 아내는 역연혼을 할 수 없고 역연혼을 해소하는 의례인 신 벗는 예식을 한다.

1, 3

וְאֵלּוּ אֲסוּרוֹת מִלֶּאֱכֹל בַּתְּרוּמָה, הָאוֹמֶרֶת טְמֵאָה אֲנִי לָךְ, וְשֶׁבָּאוּ עֵדִים שֶׁהִיא טְמֵאָה, וְהָאוֹמֶרֶת אֵינִי שׁוֹתָה, וְשֶׁבַּעְלָהּ אֵינוֹ רוֹצֶה לְהַשְׁקוֹתָהּ, וְשֶׁבַּעְלָהּ בָּא עָלֶיהָ בַדֶּרֶךְ.
כֵּיצַד עוֹשֶׂה לָהּ, מוֹלִיכָהּ לְבֵית דִּין שֶׁבְּאוֹתוֹ מָקוֹם, וּמוֹסְרִין לוֹ שְׁנֵי תַלְמִידֵי חֲכָמִים, שֶׁמָּא יָבֹא עָלֶיהָ בַדֶּרֶךְ. רַבִּי יְהוּדָה אוֹמֵר, בַּעְלָהּ נֶאֱמָן עָלֶיהָ

다음의 경우 [아내는] 거제 먹는 것이 금지된다.

[아내가] "내가 당신에게 부정하다"라고 [자백]하거나, 증인들이 와서 이 여성이 부정하다고 증언하는 경우. [아내 쪽에서 쓴 물을] "마시지 않겠다"라고 하거나 남편이 아내가 [쓴 물] 마시는 것을 원하지

않는 경우, [예루살렘으로 가는] 도중에 [쏘타인] 아내와 [남편이] 성관계를 한 경우다.

[남편은] 아내에게 어떻게 해야 하는가? 그가 거주하는 곳의 법정에 아내를 데려가고, [예루살렘으로 가는] 도중에 성관계를 하지 못하도록 두 명의 학식 있는 자를 대동해야 한다. 랍비 예후다는 말한다. "아내와 관련하여 그 남편을 믿어야 한다."

- 바로 전 미쉬나는 잠정적 쏘타로서 신성재판을 할 때까지 한시적으로 거제 먹는 것이 금지되는 경우를 다뤘지만, 이 미쉬나는 영구적으로 거제 먹을 자격이 박탈되는 경우를 다룬다. 제사장의 아내로 상정하여 거제 먹는 것이 금지되는 경우를 예로 들고 있으나, 남편에게 영원히 금지되는 이 규정들은 이스라엘 일반 남성의 아내에게도 동일하게 적용된다.
- 남편에게 영원히 금지되고 따라서 거제 먹을 자격을 영원히 박탈하는 경우는 다음과 같다.
  1) 경고받았던 아내가 상대 남성과 부정한 관계를 가졌다고 자백했을 때다.
  2) 쏘타 신성재판에서 쓴 물을 마시고 결백하다는 판결을 받아 남편에게 돌아갔는데, 이후에 증인들이 와서 사실은 이 여성이 부정한 짓을 했다고 증언할 때다.
  3) 아내가 쓴 물 마시는 것, 즉 신성재판을 거부할 때다. 이 경우 그 외도 여부를 판가름할 방법이 없기 때문이다.
  4) 신성재판의 청구권은 남편에게 있는데 남편이 이를 거부할 때다. 이 경우 그 아내는 자진하여 쓴 물을 마실 수 없다. 또한 3)과 마찬가지로 아내의 외도 여부를 확인하는 것이 불가능하다.
  5) 신성재판은 남편 역시 부도덕한 행위를 하지 않을 때 그 효력을

발휘한다고 간주한다. 따라서 잠정적 쏘타이며 아직 신성재판 전
인 아내와 예루살렘으로 가는 도중에 성관계를 한 경우, 금지된
관계를 가진 남편은 도덕적으로 유죄이므로 신성재판을 청구할
자격이 사라진다. 따라서 아내의 외도 여부를 판가름할 방법도
사라진다.

- 아내가 경고를 어겼을 때, 그 남편은 아내에게 경고했다는 것과 그럼
  에도 그 남자와 따로 있었음을 입증할 증인들을 대동하여 거주 지역
  법정에 아내를 데려간다. 지역 법정은 쏘타법에 능통한 학식 있는 두
  사람을 이 부부에게 붙여 신성재판을 받으러 예루살렘으로 가는 길
  에 동행하게 한다. 랍비 예후다는 법정이 동행자 두 명을 보낼 필요
  가 없다고 주장한다. 아내가 월경할 때 잠자리를 금하는 닛다법이 자
  발적 준수에 입각하듯, 남편이 도중에 성관계를 하지 않을 것으로 믿
  어야 한다는 것이다. 쏘타법의 기초가 되는 민수기에 "그의 아내를
  데리고 제사장에게로 가서"라고만 기록될 뿐(민 5:15) 다른 누군가
  를 대동하라는 말이 없음을 이유로 든다(4, 2; 토쎄펫 욤 토브; 게마
  라 7a).

1, 4

הָיוּ מַעֲלִין אוֹתָהּ לְבֵית דִּין הַגָּדוֹל שֶׁבִּירוּשָׁלַיִם, וּמְאַיְמִין עָלֶיהָ כְּדֶרֶךְ
שֶׁמְּאַיְמִין עַל עֵדֵי נְפָשׁוֹת. וְאוֹמְרִים לָהּ, בִּתִּי, הַרְבֵּה יַיִן עוֹשֶׂה, הַרְבֵּה שְׂחוֹק
עוֹשֶׂה, הַרְבֵּה יַלְדוּת עוֹשָׂה, הַרְבֵּה שְׁכֵנִים הָרָעִים עוֹשִׂים. עֲשִׂי לִשְׁמוֹ הַגָּדוֹל
שֶׁנִּכְתַּב בִּקְדֻשָּׁה, שֶׁלֹּא יִמָּחֶה עַל הַמָּיִם. וְאוֹמְרִים לְפָנֶיהָ דְּבָרִים שֶׁאֵינָהּ
כְּדַאי לְשׁוֹמְעָן, הִיא וְכָל מִשְׁפַּחַת בֵּית אָבִיהָ

그들은 이 여자를 예루살렘의 대법정으로 올려 보내고, 〔거기서 판
관들은〕 사형〔선고를 내릴 만한〕 사건의 증인들에게 하듯이[2] 그에게
두려움을 심어준다. 다음으로 "나의 딸아, 포도주와 경솔함과 치기(稚

氣)와 악한 이웃들이 〔부적절한 행동을〕 많이 빚어낸다. 거룩함으로 적힌 그 분의 위대한 이름, 〔그 이름이〕 물에 지워지지 않도록 하라(민 5:23)"고 말한 후, 이 여자 앞에서 당사자와 부친의 가족이 듣지 않는 것이 나은 〔사건〕 내용을 들려준다.

- 신성재판은 예루살렘 대법정인 산헤드린에서 진행한다.
- 쓴 물을 마시면 죽을 수도 있다는 가정 아래 가급적 이를 피하도록 쏘타에게 자백을 권한다.
- 피고의 가족이 법정에 함께 할 수 있음을 시사한다. 예루살렘 탈무드 는 금지된 성관계를 했던 유다와 타마르, 르우벤과 빌하 이야기 등을 들려준다고 해석한다.

1, 5

אִם אָמְרָה טְמֵאָה אָנִי, שׁוֹבֶרֶת כְּתֻבָּתָהּ וְיוֹצֵאת. וְאִם אָמְרָה טְהוֹרָה
אָנִי, מַעֲלִין אוֹתָהּ לְשַׁעַר הַמִּזְרָח שֶׁעַל פֶּתַח שַׁעַר נִקָּנוֹר, שֶׁשָּׁם מַשְׁקִין
אֶת הַסּוֹטוֹת, וּמְטַהֲרִין אֶת הַיּוֹלְדוֹת, וּמְטַהֲרִין אֶת הַמְּצֹרָעִים. וְכֹהֵן אוֹחֵז
בִּבְגָדֶיהָ, אִם נִקְרְעוּ נִקְרָעוּ, אִם נִפְרְמוּ נִפְרָמוּ, עַד שֶׁהוּא מְגַלֶּה אֶת לִבָּהּ,
וְסוֹתֵר אֶת שְׂעָרָהּ. רַבִּי יְהוּדָה אוֹמֵר, אִם הָיָה לִבָּהּ נָאֶה, לֹא הָיָה מְגַלֵּהוּ.
וְאִם הָיָה שְׂעָרָהּ נָאֶה, לֹא הָיָה סוֹתְרוֹ

만일 〔그 아내가〕 "나는 부정하다"라고 말하면, 케투바 〔받을 권리 가〕 소멸〔되었다는 증서를 쓰고〕 나간다. 그러나 "나는 깨끗하다"라 고 말하면 법정은 이 여성을 니카노르문[3] 입구 맞은편에 있는 동쪽 문으로 데리고 올라가는데, 거기는 쏘타들에게 〔쓴 물을〕 마시게 하

---

2) 사형집행 여부가 갈리는 재판에서 증인이 법정에 섰을 때 재판관들은 그의 위 증으로 인해 무고한 사람이 사형에 처해질 수 있으므로 엄중하게 이를 일깨운 다(「산헤드린」4, 5).

3) 니카노르문에 대해서는 「미돗」1, 4; 2, 3; 2, 6; 「요마」3, 10을 보라.

고, 출산한 여성을 정결하게 하며, 악성 피부병자들을 정결하게 하는
곳이다.

제사장은 〔쏘타의〕 옷을 찢어졌으면 찢어진 대로, 솔기가 풀렸으면
풀린 대로 잡고 가슴께까지 벗기며, 땋은 머리를 풀어야 한다. 랍비
예후다는 말한다. "만일 여자의 가슴이 아름다우면 〔옷을〕 벗기지 말
며, 머리카락이 아름다우면 풀지 않는다."

- 자백한 경우 쓴 물을 마시지 않고, "내가 외도했으므로 케투바를 잃
  었다"라는 증서를 쓰고 나간다. 즉 이혼하며 케투바를 받지 못한다.
  결백을 주장할 경우 성전산 기슭의 동문으로 데려간다. 탈무드는 쏘
  타를 이곳저곳으로 오르락 내리락 끌고 다녀 심신을 지치게 만드는
  것은 자백을 이끌어내기 위해서라고 설명한다(게마라 8a).
- 신성재판은 간음이 의심되는 쏘타에게 수치심을 주기 위해 의복과
  머리를 엉망으로(민 5:18) 해놓아야 하지만, 랍비 예후다는 젊은 제
  사장이 외모를 보고 음욕을 품을 수도 있기에 아름다운 여성일 경우
  이 절차를 생략하라고 말한다.

1, 6

הָיְתָה מִתְכַּסָּה בִלְבָנִים, מְכַסָּה בִשְׁחוֹרִים. הָיוּ עָלֶיהָ כְּלֵי זָהָב וְקַטְלִיָאוֹת,
נְזָמִים וְטַבָּעוֹת, מַעֲבִירִים מִמֶּנָּה כְּדֵי לְנַוְּלָהּ.
וְאַחַר כָּךְ מֵבִיא חֶבֶל מִצְרִי וְקוֹשְׁרוֹ לְמַעְלָה מִדַּדֶּיהָ. וְכָל הָרוֹצֶה לִרְאוֹת בָּא
לִרְאוֹת, חוּץ מֵעֲבָדֶיהָ וְשִׁפְחוֹתֶיהָ, מִפְּנֵי שֶׁלִּבָּהּ גַּס בָּהֶן. וְכָל הַנָּשִׁים מֻתָּרוֹת
לִרְאוֹתָהּ, שֶׁנֶּאֱמַר וְנִוַּסְּרוּ כָּל הַנָּשִׁים וְלֹא תַעֲשֶׂינָה כְּזִמַּתְכֶנָה.

〔쏘타가〕 걸친 옷이 흰색이면 검은 옷을 입힌다. 금으로 된 장신구
나 목걸이,4) 귀걸이5)나 반지를 착용했다면 그 여자에게서 거두어 수

---

4) 또는 장식용 사슬이다.

치심을 느끼게 한다. 그러고 나서 이집트 밧줄[6]을 가져와 가슴 위에
서 묶는다.

누구든 원하면 와서 볼 수 있지만 이 여성에게 속한 남녀 노예는 제
외하는데, 노예 앞에서는 수치심을 느끼지 않을 것[7]이기 때문이다.
"모든 여자가 이를 보고 배워야 네 음란한 행위를 따라하지 않을 것
이다"(겔 23:48)라고 기록된바, [쏘타를] 구경하는 것이 모든 여자에
게 허락된다.

● 검은 옷이 이 여성을 더 아름답게 보이도록 하면 추한 옷을 입힌다.

1, 7

בַּמִּדָּה שֶׁאָדָם מוֹדֵד, בָּהּ מוֹדְדִין לוֹ. הִיא קִשְּׁטָה אֶת עַצְמָהּ לַעֲבֵרָה, הַמָּקוֹם
נִוְּלָהּ. הִיא גִלְּתָה אֶת עַצְמָהּ לַעֲבֵרָה, הַמָּקוֹם גִּלָּה עָלֶיהָ. בַּיָּרֵךְ הִתְחִילָה
בָעֲבֵרָה תְּחִלָּה וְאַחַר כָּךְ הַבֶּטֶן, לְפִיכָךְ תִּלְקֶה הַיָּרֵךְ תְּחִלָּה וְאַחַר כָּךְ הַבֶּטֶן.
וּשְׁאָר כָּל הַגּוּף לֹא פָלֵט.

사람이 [다른 사람에게 가한] 잣대대로 [법정은] 그 사람을 재단해
야 한다.[8] 이 여자는 범죄를 저지르기 위해 자신을 치장했으니, 그분
께서[9] 그녀를 수치스럽게 만드신다. 이 여자는 범죄를 저지르기 위
해 자신을 노출했으니, 그분께서 그녀의 [몸을 사람들 앞에] 드러내
신다. 범죄는 먼저 허벅지에서 시작했고, 다음에 배로 그리했으니, 따

---

5) 또는 코걸이다.
6) 골풀이나 잔가지, 야자나무 가지 등을 엮어 만든 밧줄로 간통이 의심스러운 여
   성임을 나타내는 표식이다.
7) 라쉬는 노예 앞에서는 자존심을 지키기 위해 자백하지 않을 것으로 해석한다.
8) 야스트로 사전.
9) 문자적으로는 '하-마콤'(הַמָּקוֹם, 그 장소)이다. 신의 이름을 직접 부르는 것을
   피하는 한편, 신의 편재성을 나타내는 표현이다.

라서 먼저 넓적다리에 벌을 내리고, 이후 배에 그렇게 하며, 나머지 몸
도 [처벌을] 피할 수 없다.

- '눈에는 눈, 이에는 이'의 원칙대로 처벌받는 원리를 설명한다. 간음
  을 저지르기 위해 몸을 치장했으니, 몸에 두른 장식품을 모두 거두고
  머리칼을 풀어헤치고 옷을 찢어 흉하게 만드는 것이며, 정부(情夫)
  에게 몸을 드러냈으니 다른 사람들에게도 몸을 드러내라는 것이다.
- 토라에는 쏘타가 유죄임을 밝히면, 넓적다리 그리고 배 차례로 벌을
  받는다고 기록되어 있다(민 5: 21-25). 간음을 저지를 때 사용되는
  신체 부위이기 때문이다. 넓적다리는 외음부를, 배는 남성의 성기를
  받아들이는 자궁으로 이해된다. 이 미쉬나는 넓적다리와 배뿐 아니
  라 나머지 몸도 처벌받는다고 말한다.

1, 8

שִׁמְשׁוֹן הָלַךְ אַחַר עֵינָיו, לְפִיכָךְ נִקְּרוּ פְלִשְׁתִּים אֶת עֵינָיו, שֶׁנֶּאֱמַר
וַיֹּאחֲזוּהוּ פְלִשְׁתִּים וַיְנַקְּרוּ אֶת עֵינָיו.
אַבְשָׁלוֹם נִתְגָּאָה בִשְׂעָרוֹ, לְפִיכָךְ נִתְלָה בִשְׂעָרוֹ. וּלְפִי שֶׁבָּא עַל עֶשֶׂר פִּילַגְשֵׁי
אָבִיו, לְפִיכָךְ נִתְּנוּ בוֹ עֶשֶׂר לוֹנְבָיוֹת, שֶׁנֶּאֱמַר וַיָּסֹבּוּ עֲשָׂרָה אֲנָשִׁים נֹשְׂאֵי
כְּלֵי יוֹאָב. וּלְפִי שֶׁגָּנַב שְׁלֹשָׁה לְבָבוֹת, לֵב אָבִיו, וְלֵב בֵּית דִּין, וְלֵב יִשְׂרָאֵל,
שֶׁנֶּאֱמַר וַיְגַנֵּב אַבְשָׁלוֹם אֶת לֵב אַנְשֵׁי יִשְׂרָאֵל, לְפִיכָךְ נִתְקְעוּ בוֹ שְׁלֹשָׁה
שְׁבָטִים, שֶׁנֶּאֱמַר וַיִּקַּח שְׁלֹשָׁה שְׁבָטִים בְּכַפּוֹ וַיִּתְקָעֵם בְּלֵב אַבְשָׁלוֹם.

삼손이 자기 눈이 [이끄는 대로] 따라갔고, 그래서 블레셋 사람들
이 그의 눈을 뽑았으니, 기록된 바 "블레셋 사람들이 그를 붙잡아 그의
눈을 빼었다"(삿 16:21).

압살롬이 자기 머리카락을 자랑스러워했고, 그래서 그는 머리카락
이 [나무에 감겨] 매달렸다. 그가 자기 아버지의 후궁 열 명과 관계를
가졌기 때문에 그들이 창으로 열 번 그를 [찔렀으니]. 기록된 바 "요

압의 무기를 든 청년 열 명이 압살롬을 에워싸고 쳐죽이니라"(삼하
18:15). 또한 그가 아버지의 마음, 법정의 마음, 이스라엘의 마음 등 세
마음을 훔쳤으니, 기록된 바 "압살롬이 이스라엘 사람의 마음을 훔쳤
느니라"(16:22). 그러므로 그가 투창 세 개에 찔렸으니, 기록된 바 "그
가 손에 투창 세 개를 들고 압살롬의 심장을 찔렀다"(15:6).

● 자기 죄에 합당한 벌을 받게 되는 예들을 소개하고 있다.

1, 9

וְכֵן לְעִנְיַן הַטּוֹבָה. מִרְיָם הִמְתִּינָה לְמֹשֶׁה שָׁעָה אַחַת, שֶׁנֶּאֱמַר וַתֵּתַצַּב אֲחֹתוֹ
מֵרָחֹק, לְפִיכָךְ נִתְעַכְּבוּ לָהּ יִשְׂרָאֵל שִׁבְעָה יָמִים בַּמִּדְבָּר, שֶׁנֶּאֱמַר וְהָעָם לֹא
נָסַע עַד הֵאָסֵף מִרְיָם.

יוֹסֵף זָכָה לִקְבֹּר אֶת אָבִיו, וְאֵין בְּאֶחָיו גָּדוֹל מִמֶּנּוּ, שֶׁנֶּאֱמַר וַיַּעַל יוֹסֵף לִקְבֹּר
אֶת אָבִיו, וַיַּעַל עִמּוֹ גַם רֶכֶב גַּם פָּרָשִׁים. מִי לָנוּ גָּדוֹל מִיּוֹסֵף, שֶׁלֹּא נִתְעַסֵּק
בּוֹ אֶלָּא מֹשֶׁה.

מֹשֶׁה זָכָה בְּעַצְמוֹת יוֹסֵף, וְאֵין בְּיִשְׂרָאֵל גָּדוֹל מִמֶּנּוּ, שֶׁנֶּאֱמַר וַיִּקַּח מֹשֶׁה אֶת
עַצְמוֹת יוֹסֵף עִמּוֹ. מִי גָּדוֹל מִמֹּשֶׁה, שֶׁלֹּא נִתְעַסֵּק בּוֹ אֶלָּא הַמָּקוֹם, שֶׁנֶּאֱמַר
וַיִּקְבֹּר אֹתוֹ בַגַּיְא. לֹא עַל מֹשֶׁה בִּלְבַד אָמְרוּ, אֶלָּא עַל כָּל הַצַּדִּיקִים, שֶׁנֶּאֱמַר
וְהָלַךְ לְפָנֶיךָ צִדְקֶךָ כְּבוֹד ה' יַאַסְפֶךָ.

선한 일[에 대한 보상]도 마찬가지다. "그의 누이가 멀찍이 섰더
니"(출 2:4)라고 기록된 바, 미리암은 한 시간 동안 모세를 기다렸다.
그러므로 이스라엘도 미리암을 위해 이레를 광야에서 기다렸으니, 기
록된 바 "백성은 미리암이 돌아올 때까지 행군하지 않았다"(민 12:15
[새번역]).

요셉이 자기 아버지를 장사할 권리를 얻었으니 형제 중에 그보다
더 큰 이가 없었다. 기록된 바 "요셉이 자기 아버지를 장사하러 올라가
니… 병거와 기병이 그를 따라 올라갔다"(창 50:7, 9). 다름 아닌 모세

가 〔그 관을 옮기는 데〕 참여했으니, 우리에게 요셉보다 큰 이가 〔과연〕 누구일까?

모세가 요셉의 유골을 〔옮길〕 권리를 얻었으니 "모세가 요셉의 유골을 모시고 함께 〔나왔다〕"(출 13:19)라고 기록된 바, 이스라엘에 그보다 더 큰 자가 없었다. "주께서 그를 골짜기에 묻으셨다"(신 34:6)라고 기록된 바 다름 아닌 주께서 〔그를 매장하는 데〕 참여하셨을진대, 우리에게 모세보다 큰 이가 〔과연〕 누구일까? 그들(현인들)은 또한 모세뿐 아니라 모든 의인에 있어서도 그렇게 말하는데, 이는 기록된 바 "네 의가 네 앞에 나아가고 야훼의 영광이 네 뒤에서 호위하리니"(사 58:8)라고 하기 때문이다.

● 1, 8과는 반대로, 선한 행위에 합당한 보상을 받는 예들을 소개한다.

제2장

쓴 물 의례와 관련된 제의적 절차를 설명한다.

2, 1

הָיָה מֵבִיא אֶת מִנְחָתָה בְּתוֹךְ כְּפִיפָה מִצְרִית וְנוֹתְנָה עַל יָדֶיהָ כְּדֵי לְיַגְּעָהּ.
כָּל הַמְּנָחוֹת תְּחִלָּתָן וְסוֹפָן בִּכְלֵי שָׁרֵת, וְזוֹ תְּחִלָּתָהּ בִּכְפִיפָה מִצְרִית וְסוֹפָהּ בִּכְלֵי שָׁרֵת.
כָּל הַמְּנָחוֹת טְעוּנוֹת שֶׁמֶן וּלְבֹנָה, וְזוֹ אֵינָהּ טְעוּנָה לֹא שֶׁמֶן וְלֹא לְבֹנָה.
כָּל הַמְּנָחוֹת בָּאוֹת מִן הַחִטִּין, וְזוֹ בָּאָה מִן הַשְּׂעוֹרִין.
מִנְחַת הָעֹמֶר אַף עַל פִּי שֶׁבָּאָה מִן הַשְּׂעוֹרִין הִיא הָיְתָה בָאָה גֶּרֶשׂ, וְזוֹ בָּאָה קֶמַח.
רַבָּן גַּמְלִיאֵל אוֹמֵר, כְּשֵׁם שֶׁמַּעֲשֶׂיהָ מַעֲשֵׂה בְהֵמָה, כָּךְ קָרְבָּנָהּ מַאֲכַל בְּהֵמָה.

〔남편은〕이집트 바구니[10)에 그녀의 소제를 담아 〔간통이 의심되는 아내〕에게 가져온 다음 그 손에 두어 지치게 만든다.

모든 소제는 시작부터 끝까지[11) 제의 용기에 담겨야 한다. 그러나 이 〔소제〕는 시작할 때는 이집트 바구니에, 끝날 때는 제의 용기에 담겨야 한다.

모든 〔다른〕 소제는 기름과 유향을 필요로 하지만 이것은 기름도 유향도 필요 없다.

모든 〔다른〕 소제는 밀에서 나오지만, 이것은 보리에서 나온다.

오메르 소제〔의 경우〕 보리에서 나오긴 하지만, 그것은 체로 친 가루 〔형태〕였다. 그러나 이것은 〔체로 치지 않은〕 가루다.

라반 감리엘은 말한다. "이 여자의 행위가 가축의 행위였던 것처럼, 그 제물은 가축의 사료〔에서 나온다〕.

- 민수기 5:15와 레위기 2:1-2에 기초한다. 보통 소제물은 제의 시작, 즉 준비 과정에서부터 봉헌의 마무리까지 제의용 용기에 담겨 있어야 한다. 금이나 은으로 된 이 제기는 성전에 봉헌된다(블랙먼). 오메르 소제(מנחת העמר, 레 23:10) 및 기타 소제 유형과 봉헌 방법에 대한 자세한 설명은 「메나홋」 5, 3에 등장한다.

  보리는 밀보다 알갱이가 굵다. 쏘타 제의에 보리가 사용되는 이유는 보리가 가축의 사료로 더 적당하기 때문이라는 것이 라반 감리엘의 해석이다.

---

10) 야자나무 잔가지(야드 아브라함)나 골풀(댄비; 블랙먼)로 만든 바구니다.
11) 문자적으로는 '그 시작과 끝'이다.

הָיָה מֵבִיא פְּיָלֵי שֶׁל חֶרֶס חֲדָשָׁה, וְנוֹתֵן לְתוֹכָהּ חֲצִי לֹג מַיִם מִן הַכִּיּוֹר. רַבִּי
יְהוּדָה אוֹמֵר, רְבִיעִית. כְּשֵׁם שֶׁמְּמַעֵט בַּכְּתָב, כָּךְ מְמַעֵט בַּמַּיִם.
נִכְנַס לַהֵיכָל וּפָנָה לִימִינוֹ, וּמָקוֹם הָיָה שָׁם אַמָּה עַל אַמָּה, וְטַבְלָא שֶׁל שַׁיִשׁ,
וְטַבַּעַת הָיְתָה קְבוּעָה בָהּ. וּכְשֶׁהוּא מַגְבִּיהָהּ, נוֹטֵל עָפָר מִתַּחְתֶּיהָ וְנוֹתֵן כְּדֵי
שֶׁיֵּרָאֶה עַל הַמַּיִם, שֶׁנֶּאֱמַר
וּמִן הֶעָפָר אֲשֶׁר יִהְיֶה בְּקַרְקַע הַמִּשְׁכָּן יִקַּח הַכֹּהֵן וְנָתַן אֶל הַמָּיִם

〔제사장은〕 새 토기 사발을 취하고 놋대야[12]로부터 〔거룩한〕 물 1/2
로그를 그 안에 붓는다. 랍비 예후다는 말한다. "1/4〔로그다〕." 그[13]
는 〔두루마리에 적는〕 기록을 축소한 것처럼[14] 물의 양도 줄인다.

〔다음으로 제사장이〕 성소[15]에 들어와 그의 우측을 향하는데, 거기
에는 고리가 달리고 길이 1아마, 너비 1아마[16]인 대리석 판석이 있다.
"제사장은 성막 바닥의 먼지를 취해 그 물에 넣어야 한다"(민 5:17)라
고 기록된바, 〔제사장이〕 그 〔판석〕을 들어올리고 그 밑의 먼지를 취
하여 〔토기 안에〕 담아 물 위에 그 먼지가 보이도록 한다.

בָּא לוֹ לִכְתֹּב אֶת הַמְּגִלָּה, מֵאֵיזֶה מָקוֹם הוּא כוֹתֵב
מֵאִם לֹא שָׁכַב אִישׁ וְגוֹ', וְאַתְּ כִּי שָׂטִית תַּחַת אִישֵׁךְ וְגוֹ'.
וְאֵינוֹ כוֹתֵב וְהִשְׁבִּיעַ הַכֹּהֵן אֶת הָאִשָּׁה וְגוֹ'.
וְכוֹתֵב יִתֵּן ה' אוֹתָךְ לְאָלָה וְלִשְׁבֻעָה וְגוֹ', וּבָאוּ הַמַּיִם הַמְאָרְרִים הָאֵלֶּה
בְּמֵעַיִךְ לַצְבּוֹת בֶּטֶן וְלַנְפִּל יָרֵךְ. וְאֵינוֹ כוֹתֵב וְאָמְרָה הָאִשָּׁה אָמֵן אָמֵן.

---

12) **כִּיּוֹר**(키요르). 출 30:18; 「미돗」 3, 7.

13) 랍비 예후다를 말한다.

14) 바로 다음에 이어지는 2, 3의 관련 내용을 보라.

15) **הֵיכָל**(헤칼). 「미돗」 4, 1.

16) 문자적으로는 '아마 위의 아마'라는 말이다. 아마는 1평방큐빗으로 약 22.1인
치 또는 51.6센티미터다(블랙먼).

רַבִּי יוֹסֵי אוֹמֵר, לֹא הָיָה מַפְסִיק.

רַבִּי יְהוּדָה אוֹמֵר, כָּל עַצְמוֹ אֵינוֹ כוֹתֵב, אֶלָּא יִתֵּן ה' אוֹתָךְ לְאָלָה וְלִשְׁבֻעָה
וְגוֹ' וּבָאוּ הַמַּיִם הַמְאָרְרִים הָאֵלֶּה בְּמֵעַיִךְ וְגוֹ'. וְאֵינוֹ כוֹתֵב וְאָמְרָה הָאִשָּׁה
אָמֵן אָמֵן.

〔제사장이〕 와서 두루마리에 적을 때 어느 부분부터 기록하는가?

"만일 〔그〕 남자가 너와 동침하지 않았다면… 그러나 네가 네 남편을 두고 탈선했다면"[17]부터다. 그러나 "제사장이 그 여자에게 저주의 맹세를 하게 하고 그 여자에게 말할지니라"(민 5:21)는 적지 않는다.

그(제사장)는 또한 "주님께서 네 넓적다리가 마르고 네 배가 부어서 네가 네 백성 중에 저줏거리, 맹셋거리가 되게 하실지라. 이 저주가 되게 하는 이 물이 네 창자에 들어가서 네 배를 붓게 하고 네 넓적다리를 마르게 하리라 할 것이요"(민 5:21중-22상)는 적되, "여자는 아멘 아멘 할지니라"(민 5:22 하)는 적지 않는다.

랍비 요쎄는 말한다. "어느 부분도 누락해서는 안 된다."

랍비 예후다는 말한다. "전체가 아니라 '주께서 너를 저줏거리, 맹셋거리가 되게 하실지라. 이 저주가 되게 하는 이 물이 네 창자에 들어가서…'[18]만 기록하며, '여자는 아멘 아멘 할지니라'는 적지 않는다."

- 첫 번째는 랍비 메이르의 주장으로 민수기 5:19-22 중 지시사항에 해당하는 부분을 빼고 모두 기록해야 한다는 의견이다. 두 번째, 랍

---

17) 민 5:18. 히브리어 문장의 어순은 한글 번역본과 다름에 유의하라. 개역개정 상으로는 19절 가운데 "네가 네 남편을 두고~"부터다.

18) 개역개정 민수기 5:21-22 중 다음 구절에 해당한다. "여호와께서 네 넓적다리가 마르고 네 배가 부어서 네가 네 백성 중에 저줏거리, 맹셋거리가 되게 하실지라. 이 저주가 되게 하는 이 물이 네 창자에 들어가서 네 배를 붓게 하고 네 넓적다리를 마르게 하리라 할 것이요."

비 요쎄는 지시사항까지 모두 포함해서 기록해야 한다고 주장하며, 세 번째로 랍비 예호슈아는 민수기 19-20은 23절에서 말하는 '저주 내용'에 해당하지 않으므로 적지 않고 민수기 5:21-22 중 실제 맹세 와 저주에 해당하는 부분만 기록한다고 말한다. 할라카는 첫 번째 의 견을 따른다.

2, 4

אֵינוֹ כוֹתֵב לֹא עַל הַלּוּחַ וְלֹא עַל הַנְּיָר וְלֹא עַל הַדִּפְתְּרָא, אֶלָּא עַל הַמְּגִלָּה, שֶׁנֶּאֱמַר בַּסֵּפֶר. וְאֵינוֹ כוֹתֵב לֹא בְקוֹמוֹס וְלֹא בְקַנְקַנְתּוֹם וְלֹא בְכָל דָּבָר שֶׁרוֹשֵׁם, אֶלָּא בִדְיוֹ, שֶׁנֶּאֱמַר וּמָחָה, כְּתָב שֶׁיָּכוֹל לִהְמָּחֵק.

"책에"[19](민 5:23)라고 기록된 바, 나무판이나 [파피루스] 종이나 마 감이 덜 된 양피지가 아니라 [마감된 양피지] 두루마리에 적어야 한 다. "[그것을] 씻어내야 한다"(민 5:23)라고 기록된 바, 그 적은 내용이 지워질 수 있도록, 고무나 황산구리 내지 영구적 자국을 남기는 그 어 떤 것으로도 적지 말고, 잉크로만 적어야 한다.

● 마감이 덜 된 양피지(디프테라, דפתרא)에 대해서는 「기틴」 2, 4 해석 에서 자세히 다루었다.

2, 5

עַל מַה הִיא אוֹמֶרֶת אָמֵן אָמֵן. אָמֵן עַל הָאָלָה, אָמֵן עַל הַשְּׁבוּעָה. אָמֵן מֵאִישׁ זֶה, אָמֵן מֵאִישׁ אַחֵר. אָמֵן שֶׁלֹּא שָׂטִיתִי אֲרוּסָה וּנְשׂוּאָה וְשׁוֹמֶרֶת יָבָם וּכְנוּסָה, אָמֵן שֶׁלֹּא נִטְמֵאתִי. וְאִם נִטְמֵאתִי, יָבֹאוּ בִי. רַבִּי מֵאִיר אוֹמֵר, אָמֵן שֶׁלֹּא נִטְמֵאתִי, אָמֵן שֶׁלֹּא אֶטָּמֵא.

---

19) 두루마리 책을 말한다.

무엇에 "아멘, 아멘"이라고 대답하는가? '저주'에 있어 "아멘"이요, '맹세'에 있어 "아멘"이다. 이 남자로부터 "아멘"이고, 다른 남자로부터 "아멘"이다. "내가 약혼이나 혼인, 쇼메렛 야밤이나 [역연혼으로] 혼인한 상태에서 탈선하지 않았다"는 '아멘'이며, 나는 부정해지지 않았으니 만일 부정해졌다면 [저주가] 내게 임하리라는 '아멘'이다.

그러나 랍비 메이르는 말한다. '내가 부정해지지 않았다'는 '아멘'이요, '내가 [앞으로도] 부정해지지 않으리라'는 '아멘'이다."

- 바로 앞의 미쉬나에서 말한 "여자는 아멘 아멘 할지니라"는 기록(민 5:22)에 대한 논의다.

2, 6

הַכֹּל שָׁוִין שֶׁאֵינוֹ מַתְנֶה עִמָּהּ לֹא עַל קֹדֶם שֶׁתִּתְאָרֵס וְלֹא עַל מֵאַחַר שֶׁתִּתְגָּרֵשׁ. נִסְתְּרָה לְאַחֵר וְנִטְמֵאת וְאַחַר כָּךְ הֶחֱזִירָהּ, לֹא הָיָה מַתְנֶה עִמָּהּ. זֶה הַכְּלָל, כֹּל שֶׁתִּבָּעֵל וְלֹא הָיְתָה אֲסוּרָה לוֹ, לֹא הָיָה מַתְנֶה עִמָּהּ.

약혼하기 이전이나 이혼한 후의 시간은 그(아내)와 조건을 걸지 않는다는 데 모두 동의한다. 만일 [어떤 여성이 이혼] 후에 [다른 남자와] 외따로 있어 부정해졌는데, 이후 [남편이] 그 아내를 다시 데려왔다면 그(아내)와 [이 건에 있어] 조건을 걸지 않는다.

원칙은 이렇다. 어떤 남자와 성관계를 한 당시에 [그 여성이 상대] 남자에게 금지되지 않았다면, 남편은 그(아내)와 조건을 걸지 않는다.

- 민수기 5:19에 "그 여자에게 다음과 같이 말하면서 맹세를 시킨다. '어떤 남자와도 동침한 일이 없고, 지금의 남편과 결혼한 이래 그를 배반하여 몸을 더럽힌 일이 없으면, 저주를 내리는 이 쓴 물이 네게 아무런 해가 되지 않을 것이다'"라고 쓰여져 있다. 그러므로 약혼하

기 전이나 이혼한 후에 다른 남자와 관계했는지 맹세를 시킬 수 없다는 내용이다. 약혼한 이후부터 이혼 전까지만 혼인 관계로 인정하기 때문이다.

제3장

쓴 물 의례 중 소제와 관련된 절차를 자세히 다루며, 신의 처벌이 보류되는 상황에 대해 논한다. 3, 7에서는 '제사장의 소제'라는 주제가 확대되어 제사장 가문에 속한 남자와 여자의 차이점으로 이어지고, 더 나아가 3, 8에서는 법 적용에 있어 남녀의 차이를 설명한다.

3, 1

הָיָה נוֹטֵל אֶת מִנְחָתָהּ מִתּוֹךְ כְּפִיפָה מִצְרִית וְנוֹתְנָהּ לְתוֹךְ כְּלִי שָׁרֵת, וְנוֹתְנָהּ עַל יָדָהּ. וְכֹהֵן מֵנִיחַ יָדוֹ מִתַּחְתֶּיהָ וּמְנִיפָהּ.

〔제사장은〕 이 여자의 소제를 이집트 바구니에서 꺼내 제의 용기에 담고 그것을 여자의 손에 준다. 그리고 제사장은 자기 손을 〔쏘타의〕 손 아래 놓고 〔함께〕 그것을 흔든다.

3, 2

הֵנִיף וְהִגִּישׁ, קָמַץ וְהִקְטִיר, וְהַשְּׁאָר נֶאֱכָל לַכֹּהֲנִים. הָיָה מַשְׁקָהּ וְאַחַר כָּךְ מַקְרִיב אֶת מִנְחָתָהּ. רַבִּי שִׁמְעוֹן אוֹמֵר, מַקְרִיב אֶת מִנְחָתָהּ וְאַחַר כָּךְ הָיָה מַשְׁקָהּ, שֶׁנֶּאֱמַר, וְאַחַר יַשְׁקֶה אֶת הָאִשָּׁה אֶת הַמָּיִם. אִם הִשְׁקָהּ וְאַחַר כָּךְ הִקְרִיב אֶת מִנְחָתָהּ, כְּשֵׁרָה.

〔제사장은 용기를〕 흔들고, 〔제단〕 가까이[20] 가져간 다음 한 움큼 집어 〔제단에서〕 불사른다. 그 남은 것은 제사장들이 먹는다. 〔제사장

은 준비된 물을] 이 여성에게 마시게 한 다음 그 소제를 바치게 한다.

랍비 쉼온은 말한다. "'그 후에 그(제사장)는 여자에게 그 물을 마시도록 한다(민 5:26)'라고 기록된 바, 제사장은 [먼저] 소제를 바친 다음 이 여성에게 [쓴 물을] 마시게 한다. 그러나 [쓴 물을] 먼저 마시게 하고 소제를 바쳤다면 이는 [여전히] 유효[한 것으로 간주]한다."

3, 3

עַד שֶׁלֹּא נִמְחֲקָה הַמְּגִלָּה אָמְרָה אֵינִי שׁוֹתָה, מְגִלָּתָה נִגְנֶזֶת, וּמִנְחָתָהּ מִתְפַּזֶּרֶת עַל הַדֶּשֶׁן. וְאֵין מְגִלָּתָהּ כְּשֵׁרָה לְהַשְׁקוֹת בָּהּ סוֹטָה אַחֶרֶת. נִמְחֲקָה הַמְּגִלָּה וְאָמְרָה טְמֵאָה אָנִי, הַמַּיִם נִשְׁפָּכִין וּמִנְחָתָהּ מִתְפַּזֶּרֶת עַל הַדֶּשֶׁן. נִמְחֲקָה הַמְּגִלָּה וְאָמְרָה אֵינִי שׁוֹתָה, מְעַרְעֲרִים אוֹתָהּ וּמַשְׁקִין אוֹתָהּ בְּעַל כָּרְחָהּ.

두루마리에 [쓴 것]이 지워지기 전에 [쏘타가] "나는 [쓴 물을] 마시지 않겠다"라고 말하면, 그 두루마리를 숨기고[21] 그 소제는 재 위에 흩뿌린다. 그 두루마리는 다른 쏘타가 [쓴 물을] 마시는 [용도로] 유효하지 않다. [그러나] 두루마리에 [적은 것]이 지워진 다음에 "나는 부정하다"라고 말하면 그 [쓴] 물은 쏟아버리고 그 소제는 재 위에 흩뿌린다. 두루마리에 [적은 것]이 지워진 다음에 "나는 [쓴 물을] 마시지 않겠다"라고 말하면, 그 [제사장들]은 이 여자의 입을 벌려 강제로 [쓴 물을] 마시게 한다.

- 쓴 물을 마시기 직전, 두루마리에 적은 내용이 지워지기 전이라면, 쓴 물 의례를 거부하거나 죄를 자백할 마지막 기회가 쏘타에게 주어

---

20) 제단의 남서쪽 모퉁이를 말한다.
21) 성소 옆 지정된 곳에 따로 보관하도록 되어 있다. 예루살렘 탈무드는 성소 출입구 돌쩌귀 아래 두었다고 말한다.

진다.

3, 4

אֵינָהּ מַסְפֶּקֶת לִשְׁתּוֹת עַד שֶׁפָּנֶיהָ מוֹרִיקוֹת וְעֵינֶיהָ בּוֹלְטוֹת וְהִיא מִתְמַלֵּאת
גִידִין, וְהֵם אוֹמְרִים הוֹצִיאוּהָ הוֹצִיאוּהָ, שֶׁלֹּא תְטַמֵּא הָעֲזָרָה.
אִם יֶשׁ לָהּ זְכוּת, הָיְתָה תוֹלָה לָהּ. יֵשׁ זְכוּת תוֹלָה שָׁנָה אַחַת, יֵשׁ זְכוּת
תּוֹלָה שְׁתֵּי שָׁנִים, יֵשׁ זְכוּת תּוֹלָה שָׁלֹשׁ שָׁנִים.
מִכָּאן אוֹמֵר בֶּן עַזַּאי, חַיָּב אָדָם לְלַמֵּד אֶת בִּתּוֹ תוֹרָה, שֶׁאִם תִּשְׁתֶּה, תֵּדַע
שֶׁהַזְּכוּת תּוֹלָה לָהּ.
רַבִּי אֱלִיעֶזֶר אוֹמֵר, כָּל הַמְלַמֵּד אֶת בִּתּוֹ תוֹרָה, כְּאִלּוּ מְלַמְּדָהּ תִּפְלוּת. רַבִּי
יְהוֹשֻׁעַ אוֹמֵר, רוֹצָה אִשָּׁה בְקַב וְתִפְלוּת מִתִּשְׁעָה קַבִּין וּפְרִישׁוּת. הוּא הָיָה
אוֹמֵר, חָסִיד שׁוֹטֶה, וְרָשָׁע עָרוּם, וְאִשָּׁה פְרוּשָׁה, וּמַכּוֹת פְּרוּשִׁין, הֲרֵי אֵלּוּ
מְכַלֵּי עוֹלָם.

〔쏘타의〕얼굴이 노란빛이 되고 눈이 돌출되며 혈관이 부풀어야
〔쓴 물을〕충분히 마신 것이다. 그러고 나면 그들은 "이 여자를 끌어내
라! 이 여자를 끌어내어 성전 뜰이 부정해지지 않게 하라"고 외친다.

그러나 이 여자에게 〔어떤〕공로[22]가 있다면, 그것이 〔벌을〕보류시
킬 것이다. 어떤 공로는 1년을 보류시키고, 어떤 공로는 2년을 보류시
키며, 또 어떤 공로는 3년을 보류시킨다.

그러므로 벤 아자이는 말한다. "사람마다 자기 딸에게 토라를 가르
쳐, 딸이 〔쓴 물을〕마셔야 할 때 어떤 공로가 있다면 〔그 벌이〕보류됨
을 알게 해야 한다." 그러나 랍비 엘리에제르는 말한다. "누구든 자기
딸에게 토라를 가르친다면 이는 음탕함[23]을 가르치는 것이나 마찬

---

22) זכות(즈쿳)은 이 여성에게 유리한 토라 학습 관련 공로를 가리킨다. 여자에게
토라를 배우라고 명하지 않지만, 남편과 자식에게 토라를 공부하도록 독려하
는 등의 장점을 지녔다면 신의 처벌이 보류될 수 있다(라쉬의 「브라홋」 17a).
23) 또는 '성적 만족'이다(뉴스너).

가지다."

랍비 예호슈아는 말한다. "여자는 9카브의 정숙함[24]보다 1카브의 음탕함을 더 원한다." 그(랍비 예호슈아)는 또한 "어리석은 현인과 교활한 악인, 위선적인 여자 및 위선자들[25]이 스스로 입히는 부상[26]은 세상을 망친다"라고 말하곤 했다.

- 공로가 있다면 쓴 물을 마셔도 바로 죽지 않고 신의 처벌이 보류된다는 주장이다. 랍비 엘리에제르는 여자에게 토라를 가르치면 안 된다고 주장한다. 토라에서 얻은 통찰력 등을 이용해 자신의 부도덕함을 감추거나(라쉬) 토라를 이용해 남자를 유혹할 수 있기 때문이다(야드 아브라함). 랍비 예호슈아의 진술이 앞 탄나들의 주장(여자에게 토라를 가르치느냐 마느냐)과 어떤 연결고리가 있는지 불명확하다.

3, 5

רַבִּי שִׁמְעוֹן אוֹמֵר, אֵין זְכוּת תּוֹלָה בַּמַּיִם הַמָּרִים. וְאִם אַתָּה אוֹמֵר, הַזְּכוּת תּוֹלָה בַּמַּיִם הַמָּרִים, מַדְהֶה אַתָּה אֶת הַמַּיִם בִּפְנֵי כָל הַנָּשִׁים הַשּׁוֹתוֹת, וּמוֹצִיא אַתָּה שֵׁם רַע עַל הַטְּהוֹרוֹת שֶׁשָּׁתוּ, שֶׁאוֹמְרִים טְמֵאוֹת הֵן אֶלָּא שֶׁתְּלְתָה לָהֶן זְכוּת.

רַבִּי אוֹמֵר, הַזְּכוּת תּוֹלָה בַּמַּיִם הַמָּרִים, וְאֵינָהּ יוֹלֶדֶת וְאֵינָהּ מַשְׁבַּחַת, אֶלָּא מִתְנַוְּנָה וְהוֹלֶכֶת, לְסוֹף הִיא מֵתָה בְּאוֹתָהּ מִיתָה.

랍비 쉼온은 말한다. "공로가 쓴 물 [제의로 인한 형벌을] 보류시키지 않는다. 만일 당신이 '공로가 쓴 물 [제의로 인한 형벌을] 보류시킨다'라고 할 경우, 당신은 [쓴] 물을 마셔야 하는 모든 여성에게 그

---

24) 또는 '성의 절제'다(블랙먼).
25) '위선자들'(פְּרוּשִׁין)은 바리새인(Pharisees)이라고 읽을 수도 있다(블랙먼).
26) 금욕과 절제의 모습을 남에게 보이기 위해 스스로 때려서 입은 부상이다.

물의 효력을 약화시키는 한편, 그것을 〔이미〕 마시고 〔살아남은〕 더럽혀지지 않은 여성에게까지 나쁜 평판을 안기는 것이다. 사람들이 '저들이 실제는 부정하지만 공로로 인해 〔신의 벌이〕 보류되었다'라고 말할 것이기 때문이다."

랍비[27]는 말한다. "공로는 쓴 물 〔제의로 인한 형벌〕만을 보류시킬 뿐, 〔실제 부정한〕 여성이라면 〔벌이 보류되었더라도〕 아이를 낳지 못하고 번창하지 못하며,[28] 결국 점점 쇠약해지고 마침내 똑같은 죽음을 맞이할 것이다."

- 랍비 쉼온에 따르면 쓴 물을 마셔야 하는 여성은, 공로가 자신을 신의 벌로부터 구해주리라 믿고 더는 두려워하지 않을 것이다. 쓴 물을 마시고도 무사하여 부정한 행위를 저지르지 않았다고 판결이 난 여성은, 간음을 하고도 공로 때문에 살았다는 오해를 살 수 있다.
- 랍비 예후다 한나씨는, 공로로 벌이 보류된 여성도 종국에는 쓴 물을 마시고 즉시 죽은 여자와 마찬가지로 사망하리라고 주장한다.

3, 6

נִטְמֵאת מִנְחָתָהּ עַד שֶׁלֹּא קָדְשָׁה בַכְּלִי, הֲרֵי הִיא כְּכָל הַמְּנָחוֹת וְתִפָּדֶה, וְאִם מִשֶּׁקָּדְשָׁה בַכְּלִי, הֲרֵי הִיא כְּכָל הַמְּנָחוֹת וְתִשָּׂרֵף. וְאֵלּוּ שֶׁמִּנְחוֹתֵיהֶן נִשְׂרָפוֹת, הָאוֹמֶרֶת טְמֵאָה אֲנִי לָךְ, וְשֶׁבָּאוּ לָהּ עֵדִים שֶׁהִיא טְמֵאָה, וְהָאוֹמֶרֶת אֵינִי שׁוֹתָה, וְשֶׁבַּעְלָהּ אֵינוֹ רוֹצֶה לְהַשְׁקוֹתָהּ, וְשֶׁבַּעְלָהּ בָּא עָלֶיהָ בַדֶּרֶךְ. וְכָל הַנְּשׂוּאוֹת לַכֹּהֲנִים, מִנְחוֹתֵיהֶן נִשְׂרָפוֹת.

만일 그(쏘타)의 소제를 〔제의〕 용기에 담아 성별하기 전에, 〔그 소제가〕 부정해졌다면, 〔다른〕 모든 소제처럼 물러야[29] 한다. 그러나

27) 랍비 예후다 한나씨를 말한다.
28) 뉴스너와 댄비는 '번창하지 못하며' 대신 '계속 아름답지 못하며'로 번역한다.

[제의] 용기에 담아 성별한 후에 그 소제가 부정해졌다면, [다른] 모든 소제처럼 불살라야 한다[30].

다음의 경우 이들의 [의심의] 소제[31]를 불살라야 한다. [자백하여] "내가 당신에게 부정해졌다"라고 말하는 경우, 증인들이 와서 "이 여성이 부정하다"라고 하는 경우, "나는 [쓴 물을] 마시지 않겠다"라고 말하는 경우, 남편이 [마음을 바꿔 이 아내가 쓴 물을] 마시는 것을 원하지 않는 경우, [예루살렘으로 가는] 도중에 남편이 [이 아내와] 성관계를 한 경우다.

한편 제사장과 혼인한 모든 여성은 그들의 소제를 불사른다.

- 성별 전에 부정해진 소제는 현금화하여 그 돈을 다시 다른 소제를 구입하는 데 사용한다(라브; 라쉬).
- 이미 물리적으로 성별된 소제는 무를 수 없다. 제단에 바칠 수도 없으므로 불살라야 한다(라브; 라쉬).
- 언급된 사례들의 경우 쏘타는 쓴 물 의례를 하지 않는다(1, 3). 따라서 소제를 제단에 바칠 수 없으며 불살라버려야 한다(제의 용기에 담아[3, 1] 이미 성별된 소제이기에 무를 수 없는 상황으로 추정된다).
- 마지막 규정은 레위기 6:22-23에 기반한다. 보통 소제는 고운 가루 한 움큼(코메쯔)을 제하고 나서 제단에 바친 후 남은 것을 제사장에게 주고 먹게 하지만(3, 2; 레 2:1-16), 제사장이 바치는 소제의 경우

---

29) 이미 납부한 제물의 값을 지불하고 무른다(פדה)는 뜻이며, 이 미쉬나에서는 값을 내고 그 부정해진 소제를 다시 채우는 것을 말한다.
30) 『코다쉼』 「메나홋」 12, 1를 참조하라.
31) 원문은 '그녀들의 소제'며, 즉 남편에게 간통을 의심받는 모든 여자들이 바치게 되는 의심의 소제를 말한다.

온전히 불사르고, 먹어서는 안 된다(레 6:23).

3, 7

בַּת יִשְׂרָאֵל שֶׁנִּשֵּׂאת לְכֹהֵן, מִנְחָתָהּ נִשְׂרָפֶת. וְכֹהֶנֶת שֶׁנִּשֵּׂאת לְיִשְׂרָאֵל,
מִנְחָתָהּ נֶאֱכֶלֶת.
מַה בֵּין כֹּהֵן לְכֹהֶנֶת, מִנְחַת כֹּהֶנֶת נֶאֱכֶלֶת, מִנְחַת כֹּהֵן אֵינָהּ נֶאֱכֶלֶת. כֹּהֶנֶת
מִתְחַלֶּלֶת, וְכֹהֵן אֵין מִתְחַלֵּל. כֹּהֶנֶת מִטַּמְּאָה לְמֵתִים, וְאֵין כֹּהֵן מִטַּמֵּא
לְמֵתִים. כֹּהֵן אוֹכֵל בְּקָדְשֵׁי קָדָשִׁים, וְאֵין כֹּהֶנֶת אוֹכֶלֶת בְּקָדְשֵׁי קָדָשִׁים.

제사장과 혼인한 이스라엘 딸의 소제는 〔남은 것을 먹지 않고〕 불
사른다. 그러나 제사장의 딸로서 이스라엘 일반인과 혼인한 여자의
소제는 〔남은 것을 제사장이〕 먹는다.

〔법을 적용할 때〕 제사장과 제사장의 딸 사이에 무슨 〔차이가〕 있는
가? 제사장 딸의 소제는 〔제사장들이〕 먹지만, 제사장의 소제는 먹지
않는다. 제사장의 딸은 속화(俗化)할 수 있지만, 제사장은 속화할 수
없다. 제사장의 딸은 시신〔과 접촉하여〕 부정해져도 되지만, 제사장은
시신〔과 접촉하여〕 부정해져서는 안 된다. 제사장은 가장 거룩한 것
을 먹지만 제사장의 딸은 가장 거룩한 것을 먹지 않는다.

- 3, 6 마지막 조항의 연장에 있는 미쉬나다. '이스라엘 딸'은 제사장
  딸이 아닌 이스라엘 일반 여성을 말한다. 제사장이 바치는 소제는
  온전히 불살라지므로 남는 것이 있어서는 안 되고, 따라서 아무도
  먹을 수 없다(레 6:23; 3, 6).
- 속화란 금지혼을 하여 부정해져서 테루마를 먹을 수 없거나 제사장
  과 혼인이 금지되는 것을 가리킨다.
- 가장 거룩한 것은 속죄제·속건제 등의 제물이다(블랙먼).

מַה בֵּין אִישׁ לְאִשָּׁה. הָאִישׁ פּוֹרֵעַ וּפוֹרֵם, וְאֵין הָאִשָּׁה פּוֹרַעַת וּפוֹרֶמֶת.
הָאִישׁ מַדִּיר אֶת בְּנוֹ בְּנָזִיר, וְאֵין הָאִשָּׁה מַדֶּרֶת אֶת בְּנָהּ בְּנָזִיר.
הָאִישׁ מְגַלֵּחַ עַל נְזִירוּת אָבִיו, וְאֵין הָאִשָּׁה מְגַלַּחַת עַל נְזִירוּת אָבִיהָ.
הָאִישׁ מוֹכֵר אֶת בִּתּוֹ, וְאֵין הָאִשָּׁה מוֹכֶרֶת אֶת בִּתָּהּ.
הָאִישׁ מְקַדֵּשׁ אֶת בִּתּוֹ, וְאֵין הָאִשָּׁה מְקַדֶּשֶׁת אֶת בִּתָּהּ.
הָאִישׁ נִסְקָל עָרֹם, וְאֵין הָאִשָּׁה נִסְקֶלֶת עֲרֻמָּה. הָאִישׁ נִתְלֶה, וְאֵין הָאִשָּׁה
נִתְלֵית.
הָאִישׁ נִמְכָּר בִּגְנֵבָתוֹ, וְאֵין הָאִשָּׁה נִמְכֶּרֶת בִּגְנֵבָתָהּ.

〔법을 적용할 때〕 남녀 간에 무슨 〔차이가〕 있는가? 〔악성 피부병자
의 경우〕 남자는 옷을 찢고 그 머리칼을 풀 수[32] 있지만, 여자는 옷을
찢거나 머리칼을 풀지 않는다. 남자는 자기 아들이 나지르가 되도록
서원할 수 있지만, 여자는 자기 아들이 나지르가 되도록 서원할 수 없
다. 남자는 아버지의 네지룻〔자금을 가지고〕 〔자기 머리칼을〕 밀 수
있지만 여자는 자기 아버지의 네지룻〔자금을 가지고〕 〔자기 머리칼
을〕 밀 수 없다. 남자는 자기 딸을 팔 수 있지만, 여자는 자기 딸을 팔
수 없다. 남자는 자기 딸을 약혼시킬 수 있지만, 여자는 자기 딸을 약
혼시킬 수 없다. 남자는 알몸으로 투석형을 받을 수 있지만, 여자는
알몸으로 투석형을 받을 수 없다. 남자는 교수형을 당할 수 있지만,
여자는 교수형을 당할 수 없다. 남자는 도둑질한 것을 〔배상하기〕 위
해 자기를 팔 수 있지만, 여자는 도둑질한 것을 〔배상하기〕 위해 자기
를 팔 수 없다.

---

32) 또는 '기를 수' 있다(야드 아브라함).

제4장

쏘타 신성재판(쓴 물 의례)에서 제외되는 여성과 이때 케투바 수령
여부의 문제, 쓴 물을 마시고 결백이 입증되었을 때 혼인을 유지하는
문제 등을 설명한다.

4, 1

אֲרוּסָה וְשׁוֹמֶרֶת יָבָם, לֹא שׁוֹתוֹת וְלֹא נוֹטְלוֹת כְּתֻבָּה, שֶׁנֶּאֱמַר, אֲשֶׁר תִּשְׂטֶה
אִשָּׁה תַּחַת אִישָׁהּ, פְּרָט לַאֲרוּסָה וְשׁוֹמֶרֶת יָבָם. אַלְמָנָה לְכֹהֵן גָּדוֹל, גְּרוּשָׁה
וַחֲלוּצָה לְכֹהֵן הֶדְיוֹט, מַמְזֶרֶת וּנְתִינָה לְיִשְׂרָאֵל, וּבַת יִשְׂרָאֵל לְמַמְזֵר וּלְנָתִין,
לֹא שׁוֹתוֹת וְלֹא נוֹטְלוֹת כְּתֻבָּה:

약혼한 여성과 쇼메렛 야밤은 〔쓴 물을〕 마시지 않으며 케투바를 수
령하지 못하는데 "아내가 그의 남편하에 있는데 탈선한 때(민 5:29)"
라고 기록된 바, 약혼한 여성과 쇼메렛 야밤을 제외시키기 때문이다.

대제사장과 혼인한 과부, 일반 제사장과 혼인한 이혼녀나 신 벗긴
여자, 이스라엘의 일반 남성과 혼인한 여자 사생아나 네티나, 사생아
나 나틴과 혼인한 일반 이스라엘인의 딸도 〔쓴 물을〕 마시지 않으며,
케투바를 수령하지 못한다.

- 이 미쉬나는 쏘타 신성재판을 받지 않는 여자들을 소개한다. 약혼
  (에루씬)만 한 여성은 아직 남편의 집으로 들어가지 않은, 즉 혼인
  (니쑤인)을 완성하지 않은 상태다. 쇼메렛 야밤은 역연혼을 기다리
  고 있으므로 역시 아직 남편의 집에 들지 않았다. 이들이 남편의 경
  고를 어기고 다른 남자와 따로 있었다면 쏘타 신성재판을 받지 않는
  다. 그러나 케투바를 받지 못하고 이혼해야 한다.
- 둘째 조항에 열거된 여성들은 금지된 혼인을 한 사람들이다(금지혼

은 「예바못」 「케투봇」 참조). 람밤에 따르면, 남편 역시 금지된 혼인을 하는 죄를 저질렀으므로 쓴 물이 효력을 발휘하지 못한다.

4, 2

וְאֵלּוּ לֹא שׁוֹתוֹת וְלֹא נוֹטְלוֹת כְּתֻבָּה. הָאוֹמֶרֶת טְמֵאָה אָנִי, וְשֶׁבָּאוּ לָהּ עֵדִים שֶׁהִיא טְמֵאָה, וְהָאוֹמֶרֶת אֵינִי שׁוֹתָה. אָמַר בַּעְלָהּ אֵינִי מַשְׁקָהּ, וְשֶׁבְּעָלָהּ בָּא עָלֶיהָ בַּדֶּרֶךְ, נוֹטֶלֶת כְּתֻבָּתָהּ וְלֹא שׁוֹתָה. מֵתוּ בַעְלֵיהֶן עַד שֶׁלֹּא שָׁתוּ, בֵּית שַׁמַּאי אוֹמְרִים, נוֹטְלוֹת כְּתֻבָּה וְלֹא שׁוֹתוֹת. וּבֵית הִלֵּל אוֹמְרִים, לֹא שׁוֹתוֹת וְלֹא נוֹטְלוֹת כְּתֻבָּה.

다음〔의 여성들〕은 〔쓴 물을〕 마시지 않으며, 케투바를 수령하지 못한다. "나는 부정하다"라고 말하는 여자, 증인들이 와서 "이 여성이 부정하다"라고 하는 여자, "나는 〔쓴 물을〕 마시지 않겠다"라고 말하는 여자〔가 그러하다〕.

그러나 남편이 "나는 〔내 아내에게 쓴 물을〕 마시도록 하지 않겠다"라고 하거나, 〔신성재판을 위해 예루살렘으로 가는〕 도중 그 남편이 아내와 성관계를 한 경우, 〔쏘타는〕 케투바를 수령하되 〔쓴 물은〕 마시지 않는다.

만일 〔쏘타 여성들이 쓴 물을〕 마시기 전에 그 남편들이 사망할 경우, 샴마이 학파는 말한다. "〔해당 여성들은〕 케투바를 수령하고 〔쓴 물을〕 마시지 않는다." 그러나 힐렐 학파는 말한다. "〔해당 여성들은 쓴 물을〕 마시지 않으며, 케투바를 수령하지 못한다."

- 의심의 소제를 불살라야 하는 여성들(3, 6)이 다시 언급된다. 위 여성들은 쏘타가 되었으나 쓴 물을 마시지 않는다. 케투바의 경우, 스스로 쓴 물 마시기를 거부하거나 간통한 것이 자명한 여성은 수령하지 못하지만, 남편이 이유가 되어 쓴 물 의례를 못하게 되었다면 케

투바를 수령한다.

- 어떤 남자와 따로 있지 못하게 경고했는데 아내가 이를 어겼고, 쓴
  물 의례를 하기 전에 남편이 사망하는 경우, 이 여성이 쓴 물을 마시
  지 않는다는 데 모두 동의하지만, 케투바 수령 여부에 있어서는 샴
  마이 학파와 힐렐 학파의 의견이 갈린다.

4, 3

מְעֻבֶּרֶת חֲבֵרוֹ וּמֵינֶקֶת חֲבֵרוֹ, לֹא שׁוֹתוֹת וְלֹא נוֹטְלוֹת כְּתֻבָּה, דִּבְרֵי רַבִּי
מֵאִיר. וַחֲכָמִים אוֹמְרִים, יָכוֹל הוּא לְהַפְרִישָׁהּ וּלְהַחֲזִירָהּ לְאַחַר זְמָן. אַיְלוֹנִית
וּזְקֵנָה וְשֶׁאֵינָהּ רְאוּיָה לֵילֵד, לֹא שׁוֹתוֹת וְלֹא נוֹטְלוֹת כְּתֻבָּה. רַבִּי אֱלִיעֶזֶר
אוֹמֵר, יָכוֹל הוּא לִשָּׂא אִשָּׁה אַחֶרֶת וְלִפְרוֹת וְלִרְבּוֹת הֵימֶנָּה. וּשְׁאָר כָּל
הַנָּשִׁים, אוֹ שׁוֹתוֹת אוֹ לֹא נוֹטְלוֹת כְּתֻבָּה.

전남편의 [아이를] 임신했거나 전남편의 [아이에게] 젖을 먹이고
있다면 [쓴 물을] 마시지 않으며, 케투바를 수령하지 못한다. 이는 랍
비 메이르의 말이다. 그러나 현인들은 말한다. "[남편은] 아내와 떨어
져 있다가 [일정] 기간이 지난 후 다시 취할 수 있다."

아일로닛, 나이 많은 여성, 아이를 낳을 수 없는 여성은 [쓴 물을] 마
시지 않으며, 케투바를 수령하지 못한다. [그러나] 랍비 엘리에제르는
말한다. "[남편은] 다른 아내를 맞이하여 [새] 아내를 통해 열매 맺고
번성할 수 있다."

그 외 다른 여성은 [쓴 물을] 마시고, [마시기를 거부한다면] 케투
바를 수령하지 못한다.

- 사망 또는 이혼한 전남편의 아이를 임신하고 있거나 젖 먹이고 있는
  상태로 재혼한 경우다. 전남편의 아이가 두 살이 될 때까지는 재혼
  을 금하는데, 아직 젖먹이 아이가 있는 상태에서 재혼하여 새 남편

의 아이를 낳으면 젖이 모자라거나, 전남편의 아이에게 대체유를 제대로 공급하지 못할 것이 우려되기 때문이다(게마라 26a). 임산부는 곧 출산하여 수유를 하게 되므로 마찬가지다. 만일 아이가 아직 두 살이 안 되었을 때 재혼한 상태에서 새 남편이 외도를 경고하고 아내가 이를 어겼다면, 결백이 입증된다 해도 어차피 이혼해야 하기에 쓴 물을 마실 필요가 없다는 것이 랍비 메이르의 의견이다.

현인들은 재혼했더라도 떨어져 있다가 전남편 아이가 두 살이 넘었을 때 성관계를 할 수 있기에 금지된 결혼이 아니라고 본다. 따라서 이 여성은 쏘타가 될 수 있고 쓴 물도 마실 수 있다.

- 2차 성징 징후가 나타나지 않는 아일로닛, 가임기가 지난 여성, 기타 이유로 임신할 수 없는 여성과는 혼인할 수 없다. 열매 맺고 번성하라는 율법 때문이다.[33] 금지혼이기 때문에 어차피 이혼해야 하니 쓴 물을 마실 필요가 없다. 그러나 랍비 엘리에제르는 새 아내를 얻어서 자식을 낳을 수 있으니 쓴 물을 마시게 해야 한다고 주장한다. 랍비 엘리에제르의 의견은 받아들여지지 않았다.

- 그 외 쏘타는 쓴 물을 마셔야 하며, 마시기를 거부하면 케투바를 받지 못한 채 이혼당한다.

4, 4

אֵשֶׁת כֹּהֵן שׁוֹתָה וּמֻתֶּרֶת לְבַעֲלָהּ. אֵשֶׁת סָרִיס שׁוֹתָה.
עַל יְדֵי כָל עֲרָיוֹת מְקַנִּין, חוּץ מִן הַקָּטָן, וּמִמִּי שֶׁאֵינוֹ אִישׁ.

제사장의 아내가 [쓴 물을] 마시고 [결백함이 밝혀지면] 그 남편에게 [돌아가는 것이] 허락된다. 고자[34]의 아내도 [쓴 물을] 마셔야 한

---

33) 「예바못」6, 5에 따르면 남자 쪽에 이미 아이가 있는 경우 이 여성들과도 혼인이 가능하다.

다. 상대방이 미성년인 경우와 사람이 아닌 경우를 제외하고는, 아내는 금지 관계[에 해당하는] 모든 [남자와 외따로 있지 말라고] 경고받을 수 있다.

- 제사장의 아내에게는 더 엄격한 규정이 적용된다. 가령 일반인의 아내가 강간당했을 경우 남편과의 혼인이 유지되지만, 제사장의 아내가 강간을 당하면 이혼해야 한다. 그러나 쏘타로서 쓴 물을 마셨는데 죽지 않은 결과 결백이 입증되면, 남편과의 혼인 관계가 유지된다.
- 고자가 아이를 낳을 수 없다 해도 남편이므로, 그 아내는 일반 쏘타와 마찬가지로 법정에 서고 쓴 물을 마셔야 한다.
- 상대가 할라카 의무에서 면제되는 미성년 남자(라브에 따르면 13세 미만; 람밤 및 메이리 주해에 따르면 9세 미만)이거나 동물(수간을 의심하는 상황)일 때를 제외하고는, 외간 남자뿐 아니라 에르바(에르바 관련 규정은 「예바못」을 보라), 즉 근친혼 관계에 있는 남자와도 거리를 두도록 경고할 수 있다.

4, 5

וְאֵלּוּ שֶׁבֵּית דִּין מְקַנִּין לָהֶן, מִי שֶׁנִּתְחָרֵשׁ בַּעְלָהּ אוֹ נִשְׁתַּטָּה, אוֹ שֶׁהָיָה חָבוּשׁ
בְּבֵית הָאֲסוּרִין.
לֹא לְהַשְׁקוֹתָהּ אָמְרוּ, אֶלָּא לְפָסְלָהּ מִכְּתֻבָּתָהּ.
רַבִּי יוֹסֵי אוֹמֵר, אַף לְהַשְׁקוֹתָהּ, לִכְשֶׁיֵּצֵא בַעְלָהּ מִבֵּית הָאֲסוּרִין יַשְׁקֶנָּה.

다음의 경우는 법정이 [남편을 대신하여] 여자들에게 경고한다. 남편이 청각언어장애인 또는 지적장애인이 된 경우, 또는 감옥에 갇힌 경우다. [어겼을 경우 쓴 물을] 마시게 하기 위함이 아니라 케투바 [받

---

34) 일부 권위자들은 '싸리스 하마'(나면서부터 고자)에만 적용된다고 해석한다.

을 자격을] 박탈하기 위해서 [경고하는 것이라고 현인들은] 말한다.

[그러나] 랍비 요쎄는 말한다. "[쓴 물을] 마시도록 하기 위함이기도 [하다]. 남편이 감옥에서 풀려나면 그는 아내에게 [쓴 물을] 마시게해야 한다."

제5장

5, 1은 쏘타와 외도한 것으로 여겨지는 상대 남성에게 적용되는 규정을 설명한다. 5, 2는 이를 '부정'의 접촉과 연결하여, 랍비 엘아자르 벤 아자르야가 산헤드린 수장으로 임명된 날에 있었던 관련 미드라쉬를 소개한다. 같은 날 논했던 미드라쉬들이 나머지 미쉬나에서 소개된다.

5, 1

כְּשֵׁם שֶׁהַמַּיִם בּוֹדְקִין אוֹתָהּ, כָּךְ הַמַּיִם בּוֹדְקִין אוֹתוֹ, שֶׁנֶּאֱמַר וּבָאוּ, וּבָאוּ. כְּשֵׁם שֶׁאֲסוּרָה לַבַּעַל, כָּךְ אֲסוּרָה לַבּוֹעֵל, שֶׁנֶּאֱמַר נִטְמָאָה, וְנִטְמָאָה, דִּבְרֵי רַבִּי עֲקִיבָא. אָמַר רַבִּי יְהוֹשֻׁעַ, כָּךְ הָיָה דוֹרֵשׁ זְכַרְיָה בֶּן הַקַּצָּב. רַבִּי אוֹמֵר, שְׁנֵי פְעָמִים הָאֲמוּרִים בַּפָּרָשָׁה אִם נִטְמְאָה נִטְמָאָה, אֶחָד לַבַּעַל וְאֶחָד לַבּוֹעֵל.

"[저주가 되게 하는 이 물이] 들어가서… 들어가서"[35]라고 [두 번] 기록된 바, [쓴] 물이 이 [쏘타를] 시험하는 것처럼, [간통한 상대 남자도] 시험한다. "'이 여성이 부정해졌다, 부정해졌다'(민 5:27, 29). [두 번] 기록된 바, 이 [쏘타가] 남편에게 금지되는 것처럼 그 정부(情夫)

---

35) 민수기 5: 22, 24에 두 번 기록되어 있다.

에게도 금지된다." 이는 랍비 아키바의 말이다. 랍비 예호슈아는 이렇게 말한다. "즈카리야 벤 하카짜브가 그렇게 강해하였다."

랍비[36]는 말한다. "이 구절에서 '이 여성이 부정해졌다, 부정해졌다' 두 번 언급된 것은, 하나는 남편에게, 다른 하나는 정부에게 [부정해짐을 가리킨다]."

- 이 미쉬나는 쓴 물이 쏘타뿐 아니라 이 여성(쏘타)과의 외도가 의심되는 남성의 유·무죄도 시험하여, 유죄라면 그도 고통을 겪고 죽음에 이르게 되리라고 가르친다.
- 쏘타가 남편에게 돌아가는 것이 금지되면 외도가 의심되는 남자에게도 금지된다.

5, 2

בוֹ בַיּוֹם דָּרַשׁ רַבִּי עֲקִיבָא, וְכָל כְּלִי חֶרֶשׂ אֲשֶׁר יִפֹּל מֵהֶם אֶל תּוֹכוֹ כֹּל אֲשֶׁר בְּתוֹכוֹ יִטְמָא, אֵינוֹ אוֹמֵר
טָמֵא אֶלָּא יִטְמָא, לְטַמֵּא אֲחֵרִים, לִמֵּד עַל כִּכָּר שֵׁנִי שֶׁמְּטַמֵּא אֶת הַשְּׁלִישִׁי.
אָמַר רַבִּי יְהוֹשֻׁעַ, מִי יְגַלֶּה עָפָר מֵעֵינֶיךָ, רַבָּן יוֹחָנָן בֶּן זַכַּאי, שֶׁהָיִיתָ אוֹמֵר,
עָתִיד דּוֹר אַחֵר לְטַהֵר
כִּכָּר שְׁלִישִׁי, שֶׁאֵין לוֹ מִקְרָא מִן הַתּוֹרָה שֶׁהוּא טָמֵא. וַהֲלֹא עֲקִיבָא תַּלְמִידְךָ
מֵבִיא לוֹ מִקְרָא מִן הַתּוֹרָה שֶׁהוּא טָמֵא, שֶׁנֶּאֱמַר, כֹּל אֲשֶׁר בְּתוֹכוֹ יִטְמָא.

그날에 랍비 아키바는 [이렇게] 강해하였다. "'그 [기는 것 중 어떤 것이] 어느 질그릇 안에 떨어지면 그 속에 있는 것이 다 부정해질 것이다'(레 11:33)[라는 구절을 보면], '부정하다'가 아니라 '부정해질 것이다'라고 말하고 있다.[37] 즉 [부정한 어떤 것이] 다른 것들을 부정하게 만든다. 이는 이차적으로 [부정해진] 빵 덩어리가 [그것과 접촉

---

36) 랍비 예후다 한나씨를 말한다.

한 것들을] 삼차적으로 부정하게 만든다고 가르친다."

랍비 예호슈아는 말한다. "오, 라반 요하난 벤 자카이! 누가 당신 눈에서 흙먼지를 제거할 것인가? 당신은 그것이 부정하다고 [입증할] 구절이 토라에 없다는 이유로, 미래 다른 세대는 제3차 감염자인 빵을 정결하다고 [선언할 것이라] 말하곤 했다.[38] 그런데 지금 당신의 제자[39]인 랍비 아키바가 '그 속에 있는 것이 다 부정해질 것이다'(레 11:33)라고 기록한 구절을 인용하면서 그것이 부정하다고 [말하고 있지] 않은가?"

- 이하 5장에서 말하는 '그날'은 랍비 엘아자르 벤 아자르야가 산헤드린 수장으로 임명된 날(게마라 「브라홋」 27b, 28a)을 말한다. 정확히 어떤 음식을 논하는지는 불분명하나, 부정한 음식 또는 음료를 대상으로 하는 듯하다(라쉬). "누가 당신 눈에서 흙먼지를 제거할 것인가?"는 이미 무덤에 잠들어 있는 라반 요하난 벤 자카이의 눈에서 누군가 흙먼지를 치워줄 수만 있다면, 그가 랍비 아키바가 입증하는 이 멋진 내용을 보고 무척이나 기뻐했으리라는 의미다(5, 5 비교).

- 가령 '기는 것'(שרץ)은 부정하다. 이것이 흙으로 만든 화덕에 접촉하면 그 화덕은 제1차 감염자로 부정해진다. 그 화덕과 접촉한 빵은 제2차 감염자로 부정해지며, 그 빵이 다시 다른 것과 접촉하면 그것

---

37) 마쏘라 텍스트는 칼(Qal) 동사인 '이트마'(shall be unclean)로 읽지만, 랍비 아키바는 피엘(Piel)인 '예타메'(shall convey uncleanness)로 읽고 있다.

38) 라반 요하난 벤 자카이는, 몇 세대 후에는 제3차 감염자로 부정해지는 상태가 없다는 판결이 확정될 것으로 기대했다고 알려진다(게마라 「쏘타」 29a, b에 대한 토쎄펫 욤 토브).

39) 랍비 아키바는 랍비 엘리에제르와 랍비 예호슈아의 제자이며, 또한 이들은 랍비 요하난 벤 자카이의 제자들이다. 결국 랍비 아키바도 랍비 요하난 벤 자카이의 제자와 다름없다(토쎄펫 욤 토브).

은 제3차 감염자로 부정해진다. 부정의 단계 및 제1~3차 감염자에
대해서는 「토호롯」 1, 5-9; 2, 1-3에서 논한다.

5, 3

בֹּו בַיֹּום דָּרַשׁ רַבִּי עֲקִיבָא וּמַדֹּתֶם מִחוּץ לָעִיר אֶת פְּאַת קֵדְמָה אַלְפַּיִם

בָּאַמָּה וְגֹו', וּמִקְרָא אַחֵר אֹומֵר מִקִּיר הָעִיר וָחוּצָה אֶלֶף אַמָּה סָבִיב.

אִי אֶפְשָׁר לֹומַר אֶלֶף אַמָּה, שֶׁכְּבָר נֶאֱמַר אַלְפַּיִם אַמָּה, וְאִי אֶפְשָׁר לֹומַר

אַלְפַּיִם אַמָּה, שֶׁכְּבָר נֶאֱמַר אֶלֶף אַמָּה.

הָא כֵיצַד, אֶלֶף אַמָּה מִגְרָשׁ, וְאַלְפַּיִם אַמָּה תְּחוּם שַׁבָּת.

רַבִּי אֱלִיעֶזֶר בְּנֹו שֶׁל רַבִּי יֹוסֵי הַגְּלִילִי אֹומֵר, אֶלֶף אַמָּה מִגְרָשׁ, וְאַלְפַּיִם אַמָּה

שָׂדֹות וּכְרָמִים.

그날에 랍비 아키바는 〔다음과 같이〕 강해하였다. "'성 밖 동쪽으로
2,000아마를 측량해야 한다.' 그러나 다른 성구는 '성벽에서부터 밖
으로 사방 1,000아마'라고 말한다(민 35:4-5). 이미 2,000아마라고 말
한 이상 1,000아마는 불가능하다. 또한 이미 1,000아마라고 말한 이상,
2,000아마는 불가능하다. 한데, 어떻게 그럴 수 있는가? 1,000아마는
성을 둘러싼 들판을, 2,000아마는 안식일 경계를 가리킨다."

랍비 요쎄 하갈릴리의 아들 랍비 엘리에제르는 말한다. "1,000아마
는 성을 둘러싼 들판을, 2,000아마는 들판과 포도원을 가리킨다."

- 이스라엘 자손이 받은 기업 중 레위인들이 거주할 수 있도록 떼어주
  는 성읍의 규모를 측량하는 내용을 논의한다(민 35:2-5).
- 안식일 경계(תחום שבת): 안식일에 만나를 거두려고 진영을 떠나지
  말라는 모세법에 기초하여(출 16:29), 안식일에 걸어다닐 수 있는 범
  위를 제한하는 법이다. 바벨 탈무드에 따르면 안식일 경계는 랍비법
  으로, 이 구절은 그 출처가 되는 자료라기보다 근거만을 제시하는
  '근거 본문'(אסמכתא, 입법을 위해 인용하는 성서 본문)이다. 그러나

예루살렘 탈무드에서는 2,000아마 이상 금지하는 것은 랍비법이다. 보통은 바벨 탈무드 규정을 따른다.

- 랍비 엘리에제르의 의견이 받아들여졌다.

5, 4

> בוֹ בַיוֹם דָרַשׁ רַבִּי עֲקִיבָא אָז יָשִׁיר מֹשֶׁה וּבְנֵי יִשְׂרָאֵל אֶת הַשִּׁירָה הַזּאֹת לַה'
> וַיֹאמְרוּ לֵאמֹר, שֶׁאֵין תַּלְמוּד לוֹמַר לֵאמֹר, וּמַה תַּלְמוּד לוֹמַר לֵאמֹר, מְלַמֵּד
> שֶׁהָיוּ יִשְׂרָאֵל עוֹנִין אַחֲרָיו שֶׁל מֹשֶׁה עַל כָּל דָבָר וְדָבָר,
> כְּקוֹרִין אֶת הַהַלֵּל, לְכָךְ נֶאֱמַר לֵאמֹר. רַבִּי נְחֶמְיָה אוֹמֵר, כְּקוֹרִין אֶת שְׁמַע
> וְלֹא כְקוֹרִין אֶת הַהַלֵּל.

그날에 랍비 아키바는 [이렇게] 강해하였다. "'이때에 모세와 이스라엘 자손이 이 노래로 여호와께 노래하니 일렀으되'(출 15:1)라고 했다. [본문은] '일렀으되'라고 말할 필요가 없는데, 왜 '일렀으되'라는 말을 썼을까? 이것은 이스라엘 자손이 모세가 하는 말마다 대답했음을 가르친다. '할렐'[40]을 낭송할 때와 마찬가지로 '일렀으되'라고 말하는 것이다."[41]

랍비 네헤미야는 말한다. "'할렐'이 아니라 '쉐마'[42]를 낭송할 때처럼 [말한 것이다]."

- 할렐을 낭송할 때처럼이면, "내가 그 영화로운 분을 찬송하리니"(출 15:1)라고 회중이 후렴구를 화답하고, 쉐마를 낭송할 때처럼이면, 선창자가 앞부분을 말하고 나서 회중이 나머지를 다함께 낭송한다.

---

40) 시편 113-118. 회중은 후렴구로 화답한다.
41) 일부 권위자들은 "'일렀으되'라고 하는 것이다" 부분을 생략한다(블랙먼).
42) 문자적으로는 '들으라'는 뜻으로, "들으라 이스라엘아~"로 시작되는 성구의 앞부분을 따서 만든 표현이다(신 6:4-9; 11:13-21; 민 15:37-41의 구절).

בּוֹ בַּיּוֹם דָּרַשׁ רַבִּי יְהוֹשֻׁעַ בֶּן הוּרְקְנוֹס, לֹא עָבַד אִיּוֹב אֶת הַקָּדוֹשׁ בָּרוּךְ הוּא אֶלָּא מֵאַהֲבָה, שֶׁנֶּאֱמַר הֵן יִקְטְלֵנִי לוֹ אֲיַחֵל.
וַעֲדַיִן הַדָּבָר שָׁקוּל, לוֹ אֲנִי מְצַפֶּה אוֹ אֵינִי מְצַפֶּה, תַּלְמוּד לוֹמַר עַד אֶגְוָע לֹא אָסִיר תֻּמָּתִי מִמֶּנִּי, מְלַמֵּד שֶׁמֵּאַהֲבָה עָשָׂה. אָמַר רַבִּי יְהוֹשֻׁעַ, מִי יְגַלֶּה עָפָר מֵעֵינֶיךָ, רַבָּן יוֹחָנָן בֶּן זַכַּאי, שֶׁהָיִיתָ דוֹרֵשׁ כָּל יָמֶיךָ שֶׁלֹּא עָבַד אִיּוֹב אֶת הַמָּקוֹם אֶלָּא מִיִּרְאָה, שֶׁנֶּאֱמַר אִישׁ תָּם וְיָשָׁר יְרֵא אֱלֹהִים וְסָר מֵרָע, וַהֲלֹא יְהוֹשֻׁעַ תַּלְמִיד תַּלְמִידְךָ לִמֵּד שֶׁמֵּאַהֲבָה עָשָׂה.

그날에 랍비 예호슈아 벤 호르카노스는 [이렇게] 강해하였다. "'그가 나를 죽이신다 해도 내가 그를 신뢰하겠다'[43](욥 13:15)라고 기록된 바, 욥은 거룩하고 복된 분만을 사랑으로 섬겼다. 그러나 '내가 그를 기다리겠다'는 [말로 읽어야 할지 아니면] '내가 [그를] 기다리지 않겠다'는 [말로 읽어야 할지] 여전히 의문을 낳는다. [한데 본문의 다른 구절은] '나는 죽기까지 내 온전함을 버리지 않을 것이다'(욥 27:5) [라고 하므로], 이는 그(욥)가 사랑으로 그리하였음을 가르친다."

랍비 예호슈아[44]는 말한다. "라반 요하난 벤 자카이여! 누가 당신 눈에서 흙먼지를 제거할 것인가?[45] 그대는 '그 사람은 하나님을 두려워하는 온전하고 정직한 자로, 악을 멀리하였다'(욥 1:1)라고 기록된 바, 욥이 전능하신 주님을 다름 아닌 두려움으로 섬겼다고 한평생 강해하였다. 한데 당신의 제자의 제자인 예호슈아[46]는 그가 사랑으로 그리하였다고 가르치지 않는가?"

• "내가 그를 신뢰하겠다"로 번역한 히브리어의 '로 아약헬'(לו איחל)

---

43) 또는 '내가 그를 기다리겠다'.
44) 예호슈아 벤 호르카노스(Yehoshua b. Hyrcanus)가 아니라 예호슈아 벤 하나니야(Yehoshua ben Hananiah)를 말한다.
45) 5, 2를 참조하라.

에서, '로'를 부정부사인 '로'(לא)로 읽을 것인지, 전치사 -ל에 대명사 접미사(3인칭 남성 단수)가 결합된 형태로 간접목적어 기능을 하는 '로'(לו)로 읽을 것인지에 대한 의견이다. 랍비 아키바의 스승 중 하나인 랍비 예호슈아(벤 하나니야)는, 라반 요하난 벤 자카이가 살아 있었다면 욥이 하느님을 두려움 때문이 아닌 사랑 때문에 숭배했다는 이 미드라쉬 해석을 듣고 기뻐했을 것이라 말한다(5, 2).

제6장

남편이 아내에게 어떤 남자와 따로 있지 말라고 경고했는데 이를 어겼다는 소문이 돌 때, 과연 증인 없이도 쏘타가 되는지 논한다.

6, 1

מִי שֶׁקִּנֵּא לְאִשְׁתּוֹ וְנִסְתְּרָה, אֲפִלּוּ שָׁמַע מֵעוֹף הַפּוֹרֵחַ, יוֹצִיא וְיִתֵּן כְּתֻבָּה, דִּבְרֵי רַבִּי אֱלִיעֶזֶר. רַבִּי יְהוֹשֻׁעַ אוֹמֵר, עַד שֶׁיִּשְׂאוּ וְיִתְּנוּ בָהּ מוֹזְרוֹת בַּלְּבָנָה

어떤 사람이 자기 아내에게 경고했는데도 아내가 [그 외간 남자와] 따로 있었다면, [이를] 날아다니는 새 한 마리에게서 들었다 해도 그는 아내와 이혼하고[47] 케투바를 주어야 한다. 이는 랍비 엘리에제르의 말이다. 그러나 랍비 예호슈아는 말한다. "달빛에 실 잣는 여자들이 그 [아내의 외도에 대해] 말할 때만 그렇게 한다."

- "날아다니는 새 한 마리에게서 들었다"는 것은 증인으로 채택할 수

---

46) 예호슈아 벤 호르카노스를 말한다.
47) 문자적으로는 '[집에서] 내보내고'다.

없는 사람에게서 들었다는 의미다(라브; 라쉬). 랍비 예호슈아는 예를 들어 노예라 하더라도 외도의 증인이 될 수 있다고 주장한다. 따라서 이 아내는 쏘타로 간주되며, 남편이 이 아내를 신성재판에 세우기를 거절한다면 이혼하되, 재판 청구를 하지 않았으므로 케투바는 지급한다(4, 2). 랍비 엘리에제르의 주장은 1, 1에 언급된 의견과 일관되나 받아들여지지 않았다(6, 2).

- 랍비 예호슈아 역시 1, 1에서 밝힌 대로, 외도를 이유로 랍비 법정에 세우려면 법적 효력이 있는 증인 두 명 이상이 필요하다는 의견을 고수한다. 그러나 랍비 예호슈아조차 밤에 동네 여자들이 한데 모여 아내의 외도를 입방아에 올릴 때는, 증거가 없더라도 아내로 계속 두기에 부적합하다는 데 동의한다. 이때는 법적 쏘타로 확정할 수 없는 상태에서의 이혼이므로 케투바를 지급해야 한다고 주장한다.

6, 2

אָמַר עֵד אֶחָד, אֲנִי רְאִיתִיהָ שֶׁנִּטְמֵאת, לֹא הָיְתָה שׁוֹתָה. וְלֹא עוֹד אֶלָּא
אֲפִלּוּ עֶבֶד, אֲפִלּוּ שִׁפְחָה, הֲרֵי אֵלּוּ נֶאֱמָנִין אַף לְפָסְלָהּ מִכְּתֻבָּתָהּ. חֲמוֹתָהּ
וּבַת חֲמוֹתָהּ וְצָרָתָהּ וִיבִמְתָּהּ וּבַת בַּעְלָהּ, הֲרֵי אֵלּוּ נֶאֱמָנוֹת, וְלֹא לְפָסְלָהּ
מִכְּתֻבָּתָהּ, אֶלָּא שֶׁלֹּא תִשְׁתֶּה

만일 증인 한 명이 "이 여성이 부정해진 것을 보았다"라고 말하면, 〔그 여성은 쓴 물을〕 마시지 않는다. 그뿐 아니라 심지어 남자 노예나 여종도 〔증인이 될 수 있으니〕, 이 여성의 케투바 〔받을 자격을〕 박탈하는 데 있어 〔이들의 증언을〕 신뢰할 수 있다. 시모, 시모의 딸, 동료 아내, 동서, 남편의 딸의 〔증언은〕 신뢰할 수 있지만, 이 여성의 케투바 〔받을 자격을〕 박탈할 수 없으며 〔쓴 물을〕 마시지 않게만 한다.

- 남편의 경고가 있은 후(1, 1)에 벌어진 상황을 논의한다.

- 일반적으로 두 명의 증인이 있어야 법적 효력을 발휘하지만, 외도를 목격하는 데는 한 명의 증인으로 쏘타로 간주되기에 충분하다. 따라서 잠정적 쏘타가 아니므로 쓴 물을 마시는 신성재판이 필요 없다. 그러나 이 한 명의 증인은 혼인 지위와 케투바 관련해서만 유효하다 (게마라 2b).[48]
- 언급된 다섯 명의 여성은 부정을 의심받는 여성과 이해관계가 얽혀 있을 수 있다(「예바못」 15, 4). 따라서 외도를 목격한 증언만 인정한다. 이들의 증언으로 인해 외도가 의심되는 정황에 있던 쏘타는 이제 외도가 확실하다고 간주되기에, 쓴 물 신성재판이 필요 없다(1, 3). 해당 여성은 이혼을 해야 하나 케투바는 수령한다.

6, 3

שֶׁהָיָה בְדִין, וּמָה אִם עֵדוּת רִאשׁוֹנָה שֶׁאֵין אוֹסְרַתָּה אִסוּר עוֹלָם, אֵינָהּ
מִתְקַיֶּמֶת בְּפָחוֹת מִשְּׁנַיִם, עֵדוּת אַחֲרוֹנָה שֶׁאוֹסְרַתָּה אִסוּר עוֹלָם, אֵינוֹ דִין
שֶׁלֹא תִתְקַיֵּם בְּפָחוֹת מִשְּׁנַיִם, תַּלְמוּד לוֹמַר וְעֵד אֵין בָּהּ, כָּל עֵדוּת שֶׁיֵּשׁ בָּהּ.
קַל וָחֹמֶר לָעֵדוּת הָרִאשׁוֹנָה מֵעַתָּה, וּמָה אִם עֵדוּת אַחֲרוֹנָה שֶׁאוֹסְרַתָּה
אִסוּר עוֹלָם, הֲרֵי הִיא מִתְקַיֶּמֶת בְּעֵד אֶחָד, עֵדוּת הָרִאשׁוֹנָה שֶׁאֵין אוֹסְרַתָּה
אִסוּר עוֹלָם, אֵינוֹ דִין שֶׁתִּתְקַיֵּם בְּעֵד אֶחָד, תַּלְמוּד לוֹמַר כִּי מָצָא בָהּ עֶרְוַת
דָּבָר, וּלְהַלָּן הוּא אוֹמֵר עַל פִּי שְׁנֵי עֵדִים יָקוּם דָּבָר, מַה לְּהַלָּן עַל פִּי שְׁנַיִם
עֵדִים, אַף כָּאן עַל פִּי שְׁנַיִם עֵדִים

[이에 대한][49] 논리는 다음과 같을 것이다. [의심가는] 아내를 [남편에게] 영원히 금지시키지 않는 처음 증언[50]이 두 명 미만의 [증인으로는] 성립될 수 없으므로, 영원히 금지시키는 마지막 증언[51] 또한

---

48) 한 명의 증인만으로는 간통죄에 대한 투석형 집행은 불가하다.
49) 6, 2의 판결에 대한 부연설명이다.
50) 어떤 남자와 외따로 있지 말라는 경고를 말한다. 쏘타 신성재판 이후에야 남편에게 영원히 금지된다.

두 명 미만의 증인으로는 성립될 수 없다는 것이다.

그러나 본문은 "그 여자의 일에 증인도 없고"(민 5:13)라고 말하니, 이는 그 여자에 대한 [부정행위의] 증거 중 어떤 것이든 [무방하다는 뜻으로 보아야 한다]. 이를 근거로 처음 증언에 있어 칼 바호메르[52]가 적용될 수 있다. 그 여자를 [남편에게] 영원히 금지시키는 마지막 증언이 증인 한 명에 의해 성립된다면, 그 여자를 [남편에게] 영원히 금지시키지 않는 첫 증언도 증인 한 명에 의해 성립될 수 있어야 한다. 그러나 [토라의] 가르침은 "그에게 수치가 되는 일이 있음을 발견하고"(신 24:1)라고 말하며, 또 "증인 두 사람의 입으로나… 그 사건을 확정할 것이며"(신 19:15)라고 말한다. [사건의 성립이] 두 증인의 증언에 기반하기 때문에 여기(이혼)서도 두 증인의 증언에 기반해야 한다.[53]

6, 4

עֵד אוֹמֵר נִטְמֵאת וְעֵד אוֹמֵר לֹא נִטְמֵאת, אִשָּׁה אוֹמֶרֶת נִטְמֵאת וְאִשָּׁה אוֹמֶרֶת לֹא נִטְמֵאת, הָיְתָה שׁוֹתָה. אֶחָד אוֹמֵר נִטְמֵאת וּשְׁנַיִם אוֹמְרִים לֹא נִטְמֵאת, הָיְתָה שׁוֹתָה. שְׁנַיִם אוֹמְרִים נִטְמֵאת וְאֶחָד אוֹמֵר לֹא נִטְמֵאת, לֹא הָיְתָה שׁוֹתָה

한 증인은 그 여성이 부정해졌다 하고 [다른] 한 증인은 부정해지지 않았다 하는 경우, 또는 한 여성은 그 여성이 부정해졌다 하고 [다른] 한 여성은 부정해지지 않았다 하는 경우, [기소된 여성은 쓴 물을] 마셔야 한다. 한 증인은 그 여성이 부정해졌다 하고 [다른] 증인 두 명은

---

51) 여자가 실제로 부정하다는 진술이다.
52) '칼 바호메르'에 대해서는 「예바못」 8, 3을 참조하라.
53) 인용 본문은 이혼에 관한 것이나, 문맥상 외도가 의심되는 남자와 외따로 있지 말라고 경고할 때 필요한 증인 두 명(1, 1)과 관련된 내용으로 추정된다.

부정해지지 않았다 하는 경우, [쓴 물을] 마셔야 한다. [세 증인 중] 두
명은 이 여성이 부정해졌다 하고, 한 명은 그렇지 않다 하면, [쓴 물을]
마시지 않는다.

- 증인들의 증언이 서로 상반될 때 결정하는 방법을 설명한다.

제7장

쏘타 의례 문구 낭독(2, 3-4)이라는 주제에서 연결되어, 정형화된 다
양한 특정 문구를 구두로 음송할 때 어떤 언어를 사용해야 하느냐를
논한다.

7, 1

אֵלּוּ נֶאֱמָרִין בְּכָל לָשׁוֹן, פָּרָשַׁת סוֹטָה, וּוִדּוּי מַעֲשֵׂר, קְרִיאַת שְׁמַע, וּתְפִלָּה,
וּבִרְכַּת הַמָּזוֹן, וּשְׁבוּעַת הָעֵדוּת, וּשְׁבוּעַת הַפִּקָּדוֹן

쏘타 구절, 십일조 공언, 쉐마 낭독, 기도문, 음식 축성, 증언 맹세,
보증금 맹세는 어떤 언어로든 말할 수 있다.

- 쏘타 구절이란 민수기 5:19-22에 기록된 맹세문을 가리킨다(2, 3-4).
- 이스라엘 땅에서 나는 작물은 십일조를 떼기 전에 먹을 수 없다. 7년
  째를 제외하고 매해 제사장에게 거제를 바친다(신 18:4). 남은 것의
  십분의 일을 매해(7년째를 제외하고) 레위인에게 바친다. 이것이 첫
  번째 십일조(마아쎄르 리숀, 민 18:24)다. 작물 소유주는 남은 소출
  물에서 다시 십분의 일을 떼어 예루살렘으로 가져가 거기서 먹는다.
  이것이 두 번째 십일조(마아쎄르 쉐니, 신 14:22)이며, 7년 주기 중

첫째 해, 둘째 해, 넷째 해, 그리고 다섯째 해에 바친다. 셋째 해와 여섯째 해에는 두 번째 십일조와 같은 양을 가난한 자에게 베푸는데, 이를 가난한 자를 위한 십일조(마아쎄르 아니, 신 14:28-29)라고 부른다. 7년째에는 땅의 소출물을 주인 없는 '헤프케르'(הפקר)로 간주하고, 십일조를 거두지 않는다(출 23:11). 보통은 십일조를 미리 떼어 저장해두었다면 그것이 아직 수령자에게 전달되지 않았더라도 작물 섭취가 허용되었다. 그러나 넷째 해와 일곱째 해 유월절 축제가 지나기까지 자기 저장고에서 성별된 작물을 모두 없애야 한다. 즉 거제는 제사장에게, 첫째 십일조는 레위인에게, 가난한 자를 위한 십일조는 가난한 이들에게 전달을 마쳐야 한다. 둘째 십일조와 거둬들인 첫 소산물은 제거한다(「마아쎄르 쉐니」 5, 6). 유월절 축제 기간 마지막 날, 성별된 작물을 집에서 모두 제거했음을 공언하며 의례로 신명기 26:13-15를 낭송해야 한다. 이 미쉬나에 언급된 기도문, 맹세 등은 히브리어로 하지 않아도 된다.

7, 2

וְאֵלּוּ נֶאֱמָרִין בִּלְשׁוֹן הַקֹּדֶשׁ. מִקְרָא בִכּוּרִים, וַחֲלִיצָה, בְּרָכוֹת וּקְלָלוֹת,
בִּרְכַּת כֹּהֲנִים, וּבִרְכַּת כֹּהֵן גָּדוֹל, וּפָרָשַׁת הַמֶּלֶךְ, וּפָרָשַׁת עֶגְלָה עֲרוּפָה,
וּמְשׁוּחַ מִלְחָמָה בְּשָׁעָה שֶׁמְּדַבֵּר אֶל הָעָם

다음은 거룩한 언어로만 말해야 한다. 첫 열매와 신 벗는 예식 〔관련〕 낭독, 축복과 저주, 제사장들의 축복, 대제사장의 축복, 왕의 성구, 목 꺾인 암송아지 〔관련〕 낭독, 전쟁 시 기름부음 받은 자가 그 백성에게 〔전하는 메시지〕 등이다.

• 거둬들인 첫 열매(빅쿠림)를 바칠 때 성전에서 음송하는 내용(7, 3; 신 26:5-10).

- 신 벗는 예식(7, 4; 신 25:7-9).
- 축복과 저주: 레위인들이 그리짐산과 에발산에서 낭독하는 축복과 저주(7, 5; 신 27:15).
- 제사장의 축복(민 6:24-26): 아미다 기도의 일부로 아침기도 때 낭송 (7, 6).
- 대제사장의 축복: 속죄일에 대제사장이 지성소에서 나와 낭송하는 축복문(7, 7).
- 왕의 성구: 7년마다 초막절에 회중이 모였을 때 왕이 읽는 토라 구절 (7, 8).
- 목 꺾인 암송아지(עגלה ערופה, 에글라 아루파): 피살된 시신이 발견 되었으나 누가 저질렀는지 알 수 없을 때 그 죄를 속량하기 위해 암 송아지의 목을 꺾고 장로들이 낭송하는 성구(8장; 신 21:1-9).
- 전쟁이 일어났을 때 기름부음 받은 제사장이 전장에 나가는 군인들 에게 전하는 메시지(8장; 신 20:2-4).

7, 3

מִקְרָא בִכּוּרִים כֵּיצַד וְעָנִיתָ וְאָמַרְתָּ לִפְנֵי ה' אֱלֹהֶיךָ, וּלְהַלָּן הוּא אוֹמֵר
וְעָנוּ הַלְוִיִּם וְאָמְרוּ, מָה עֲנִיָּה הָאֲמוּרָה לְהַלָּן בִּלְשׁוֹן הַקֹּדֶשׁ, אַף כָּאן בִּלְשׁוֹן
הַקֹּדֶשׁ

첫 열매 [관련] 낭독을 [거룩한 언어로 하는 것은] 어떤 이유인가? [이 계명과 관련하여] "너는 너의 하나님 앞에서 답하고 말하기를"(신 26:5), 더 나아가 "레위 사람들은 답하고 말하기를"(27:14)이라고 말한다. 이어지는 대답을 거룩한 언어로 했을 것이므로, 여기서도 거룩한 언어로 [낭독]해야 한다.

- 7, 3-9는 7, 2에서 제시한 예들이 왜 거룩한 언어인 히브리어로 낭독

되어야 하는지를 설명한다.

- 신명기 27:14에서 레위 사람이 이스라엘 사람에게 말할 때 히브리어, 즉 거룩한 언어를 사용했을 것이다. 그러므로 첫 열매 계명과 관련된 낭독(신 26:5-10)에도 거룩한 언어를 써야 한다고 주장한다.

7, 4

חֲלִיצָה כֵּיצַד וְעָנְתָה וְאָמְרָה, וּלְהַלָן הוּא אוֹמֵר וְעָנוּ הַלְוִיִּם וְאָמְרוּ, מַה עֲנִיָּה הָאֲמוּרָה לְהַלָן בִּלְשׁוֹן הַקֹּדֶשׁ,
אַף כָּאן בִּלְשׁוֹן הַקֹּדֶשׁ.
רַבִּי יְהוּדָה אוֹמֵר, וְעָנְתָה וְאָמְרָה כָּכָה, עַד שֶׁתֹּאמַר בַּלְּשׁוֹן הַזֶּה

신 벗는 예식 [낭독을 거룩한 언어로 해야 함은] 어떤 이유인가? "[이 계명과 관련하여] 그 여성이 답하고 말하기를"(신 25:9)[54]이라 [기록되어 있고] 나아가 "레위 사람들은 답하고 말하기를"(신 27:14)이라 [기록되어 있다]. 이어지는 대답을 거룩한 언어로 했을 것이므로, 여기서도 거룩한 언어로 [낭독]해야 한다. 랍비 예후다는 말한다. "그 여자가 이처럼 답하고 말하기를"이라 했으니, 이 언어로만 말해야만 한다."

- "그 여성이 답하여 말하기를 '그의 형제의 집을 세우기를 즐겨 아니하는 자에게는 이같이 할 것이라 하고'(신 25:9) 부분에 해당하는 히브리어 본문 어순은 다음과 같다.

---

54) 다음의 굵은 서체 부분에 해당한다. "그의 형제의 아내가 장로들 앞에서 그에게 나아가서 그의 발에서 신을 벗기고 그의 얼굴에 침을 뱉으며 이르기를 그의 형제의 집을 세우기를 즐겨 아니하는 자에게는 이같이 할 것이라 하고."

וְעָנְתָה֙ וְאָמְרָ֔ה כָּ֚כָה יֵעָשֶׂ֣ה לָאִ֔ישׁ אֲשֶׁ֥ר לֹא־יִבְנֶ֖ה אֶת־בֵּ֥ית אָחִֽיו

she shall answer and say, 'So (ככה) shall it be done to the man who will not build up his brother's house'(NKJV).

랍비 예후다는 보통 뒷절("이같이 할 것이라…"[כֹּכָה יֵעָשֶׂה לָאִישׁ]) 의 처음 시작 부분으로 간주되는 'So'(ככה)를 앞절 끝부분에 붙여 "She shall answer and say so"(וְעָנְתָה וְאָמְרָה ככה)로 읽고 있다.

7, 5

בְּרָכוֹת וּקְלָלוֹת כֵּיצַד.

כֵּיוָן שֶׁעָבְרוּ יִשְׂרָאֵל אֶת הַיַּרְדֵּן וּבָאוּ אֶל הַר גְּרִזִים וְאֶל הַר עֵיבָל שֶׁבְּשׁוֹמְרוֹן

שֶׁבְּצַד שְׁכֶם שֶׁבְּאֵצֶל אֵלוֹנֵי מֹרֶה, שֶׁנֶּאֱמַר הֲלֹא הֵמָּה בְּעֵבֶר הַיַּרְדֵּן וְגוֹ',

וּלְהַלָּן הוּא אוֹמֵר וַיַּעֲבֹר אַבְרָם בָּאָרֶץ

עַד מְקוֹם שְׁכֶם עַד אֵלוֹן מוֹרֶה, מָה אֵלוֹן מוֹרֶה הָאָמוּר לְהַלָּן שְׁכֶם, אַף אֵלוֹן מוֹרֶה הָאָמוּר כָּאן שְׁכֶם.

שִׁשָּׁה שְׁבָטִים עָלוּ לְרֹאשׁ הַר גְּרִזִים וְשִׁשָּׁה שְׁבָטִים עָלוּ לְרֹאשׁ הַר עֵיבָל,

וְהַכֹּהֲנִים וְהַלְוִיִּם וְהָאָרוֹן עוֹמְדִים לְמַטָּה בָּאֶמְצַע, הַכֹּהֲנִים מַקִּיפִין אֶת

הָאָרוֹן, וְהַלְוִיִּם אֶת הַכֹּהֲנִים, וְכָל יִשְׂרָאֵל מִכָּאן וּמִכָּאן, שֶׁנֶּאֱמַר וְכָל יִשְׂרָאֵל

וּזְקֵנָיו וְשֹׁטְרָיו וְשֹׁפְטָיו עֹמְדִים מִזֶּה וּמִזֶּה לָאָרוֹן וְגוֹ'.

הָפְכוּ פְנֵיהֶם כְּלַפֵּי הַר גְּרִזִים וּפָתְחוּ בַבְּרָכָה, בָּרוּךְ הָאִישׁ אֲשֶׁר לֹא יַעֲשֶׂה

פֶסֶל וּמַסֵּכָה, וְאֵלּוּ וָאֵלּוּ עוֹנִין אָמֵן. הָפְכוּ פְנֵיהֶם כְּלַפֵּי הַר עֵיבָל וּפָתְחוּ

בַקְּלָלָה אָרוּר הָאִישׁ אֲשֶׁר יַעֲשֶׂה פֶסֶל וּמַסֵּכָה,

וְאֵלּוּ וָאֵלּוּ עוֹנִין אָמֵן, עַד שֶׁגּוֹמְרִין בְּרָכוֹת וּקְלָלוֹת.

וְאַחַר כָּךְ הֵבִיאוּ אֶת הָאֲבָנִים וּבָנוּ אֶת הַמִּזְבֵּחַ וְסָדוּהוּ בְסִיד, וְכָתְבוּ עָלָיו

אֶת כָּל דִּבְרֵי הַתּוֹרָה בְּשִׁבְעִים לָשׁוֹן, שֶׁנֶּאֱמַר בַּאֵר הֵיטֵב, וְנָטְלוּ אֶת

הָאֲבָנִים וּבָאוּ וְלָנוּ בִמְקוֹמָן.

축복과 저주문을 어떻게 [낭독]하는가? "이 두 산은 요단강 저쪽에 있지 아니하냐"(신 11:30)라고 기록된 바, 이스라엘은 요단강을 넘자 마자 엘론 모레 근처, 세겜과 가까운 사마리아 부근 그리짐산과 에발

산에 왔다. 나아가 "아브람이 그 땅을 지나 세겜 땅 엘론 모레에 이르니 그 때에 가나안 사람이 그 땅에 거주하였더라"(창 12:6)고 한다. 거기에 엘론 모레가 세겜으로 언급된 것처럼 여기서도 엘론 모레는 세겜이다.

여섯 부족이 그리짐산 꼭대기에, 여섯 부족이 에발산 꼭대기에 올라갔고, 제사장들과 레위인들은 언약궤와 함께 중간인 아래에 섰는데, "온 이스라엘이 그 장로들과 관리들과 재판장들과 함께 언약궤 이편과 저편에 섰다"(수 8:33)라고 기록된 바, 제사장들이 법궤를, 레위인은 제사장을 둘러쌌으며, 온 이스라엘이 [언약궤] 이편과 저편에 [서] 있었다.

그들은 얼굴을 그리짐산으로 향하고 축복문으로 시작했다.[55] "새기거나 부어 형상을 만들지 않은 모든 이에게 축복 있으라"(신 27:15) 그러면 이쪽과 저쪽의 사람들은 아멘으로 화답한다. 그러고 나서 얼굴을 에발산으로 향하고 저주문을 시작했다. "새기거나 부어 형상을 만든 모든 이에게 저주 있으라"(신 27:15) 그러면 이쪽과 저쪽 사람들은 아멘으로 화답한다. 그들은 축복과 저주를 마칠 때까지 [이렇게 계속했다]. 그들은 돌을 가져온 후 제단을 세우고 "분명하고 정확하게"(신 27:8)[56]라고 일컫는 바, 그 위에 70개 언어[57]로 토라의 모든 단어를 새겼다. 이후 그들은 돌들을 가지고 가서 자기 처소에서 묵었다(수 4:8).

---

55) '시작하다'로 번역한 동사는 פתח이며 직역하면 '열었다'다.

56) 바에르 헤텝(באר היטב, bea'er hetev, 신 27:8)이라고 하며 한글성경은 '분명하게' (가톨릭 공용) 또는 '똑똑히'(공동번역)라고 번역했다.

57) 랍비 민간 전승은 세상에 존재하는 나라 및 언어를 70개로 본다(이븐 에즈라 [Ibn Ezra, 1089-1164, 중세 에스파냐의 토라 주해가이자 철학자·시인·문법학자]의 창 11:10:1; 라쉬의 창 50:6:1; 라닥[Radak: David Kimhi, 1160-1235]의 창 11:9:1).

- 신명기 11:30을 근거로 그리짐산과 에발산의 위치를 추정한다. 두 번째 인용한 구절의 출처는 창세기 12:6이다. 세겜의 위치는 알려져 있지만 그리짐산과 에발산의 위치를 가늠케 하는 모레 상수리나무 위치는 알려져 있지 않으므로, 랍비들은 세겜이 두 산의 위치를 파악하는 데 중요하다고 보았다. 이들은 신명기 11장, 신명기 27:12-13에 묘사된 것과 여호수아 8:33의 내용을 비교하여 일치시키려 한다.

7, 6

בִּרְכַּת כֹּהֲנִים כֵּיצַד, בַּמְּדִינָה אוֹמְרִים אוֹתָהּ שָׁלשׁ בְּרָכוֹת, וּבַמִּקְדָּשׁ בְּרָכָה אֶחָת.

בַּמִּקְדָּשׁ אוֹמֵר אֶת הַשֵּׁם כִּכְתָבוֹ, וּבַמְּדִינָה בְכִנּוּיוֹ.

בַּמְּדִינָה כֹּהֲנִים נוֹשְׂאִים אֶת יְדֵיהֶן כְּנֶגֶד כִּתְפֵיהֶן, וּבַמִּקְדָּשׁ עַל גַּבֵּי רָאשֵׁיהֶן, חוּץ מִכֹּהֵן גָּדוֹל שֶׁאֵינוֹ מַגְבִּיהַּ אֶת יָדָיו לְמַעְלָה מִן הַצִּיץ. רַבִּי יְהוּדָה אוֹמֵר, אַף כֹּהֵן גָּדוֹל מַגְבִּיהַּ יָדָיו לְמַעְלָה מִן הַצִּיץ, שֶׁנֶּאֱמַר וַיִּשָּׂא אַהֲרֹן אֶת יָדָיו אֶל הָעָם וַיְבָרְכֵם

제사장들의 축복을 어떻게 [낭독]하는가? 지방에서는 세 가지 축복으로 낭독하고, 성전에서는 하나의 축복으로 낭독한다.

성전에서는 [신의] 이름을 [토라에] 쓰인 대로 말하되, 지방에서는 대용어[58]로 말한다.

지방에서 제사장은 어깨 높이까지 그들의 두 손을 들어 올린다. 그러나 성전에서는 머리 위로 [그들의 두 손을] 들며, 대제사장만 [이마의] 패보다 손을 위로 올리지 않는다. [그러나] 랍비 예후다는 말한다. " '아론이 백성을 향하여 그의 두 손을 들어 그들을 축복하였다'(레 9: 22)라고 기록된 바, 대제사장도 [이마의] 패보다 높이 그 두 손을 들어 올려야 한다."

---

58) 대신할 수 있는 별칭이다.

- 지방에서는 축복문 세 구절 사이마다 일시 중지하여 이 구절들(민 6: 24-26)을 세 가지 축복처럼 낭독하지만, 성전에서는 쉼 없이 하나의 축복처럼 낭독한다.

- 대제사장이 이마에 하는 패(צִיץ, 찌쯔)는 출애굽기 28:36-38, 39:30-31에 기록되어 있다.

7, 7

בִּרְכוֹת כֹּהֵן גָּדוֹל כֵּיצַד. חַזַּן הַכְּנֶסֶת נוֹטֵל סֵפֶר תּוֹרָה וְנוֹתְנָהּ לְרֹאשׁ הַכְּנֶסֶת,
וְרֹאשׁ הַכְּנֶסֶת נוֹתְנָהּ לַסְּגָן, וְהַסְּגָן נוֹתְנָהּ לְכֹהֵן גָּדוֹל, וְכֹהֵן גָּדוֹל עוֹמֵד וּמְקַבֵּל
וְקוֹרֵא עוֹמֵד, וְקוֹרֵא אַחֲרֵי מוֹת וְאַךְ בֶּעָשׂוֹר וְגוֹלֵל
אֶת הַתּוֹרָה וּמַנִּיחָהּ בְּחֵיקוֹ וְאוֹמֵר, יוֹתֵר מִמַּה שֶּׁקָּרִיתִי לִפְנֵיכֶם כָּתוּב כָּאן.
וּבֶעָשׂוֹר שֶׁבְּחֻמַּשׁ הַפְּקוּדִים
קוֹרֵא עַל פֶּה, וּמְבָרֵךְ עָלֶיהָ שְׁמֹנֶה בְרָכוֹת, עַל הַתּוֹרָה, וְעַל הָעֲבוֹדָה, וְעַל
הַהוֹדָיָה, וְעַל מְחִילַת הֶעָוֹן, וְעַל הַמִּקְדָּשׁ, וְעַל יִשְׂרָאֵל, וְעַל הַכֹּהֲנִים, וְעַל
שְׁאָר הַתְּפִלָּה.

대제사장의 축복을 어떻게 [낭독]하는가? 회당 관리인[59]은 토라 두루마리를 취해 회당장[60]에게 이를 건넨다. 회당장은 그것을 대제사장 대리에게 건네고, 대제사장 대리는 그것을 대제사장에게 건네며, 대제사장은 서서 [두루마리를] 받고, "죽은 후에"(레 16:1)[로 시작되는 구절]부터 읽은 다음, "그러나 열흘째 날은"[61][으로 시작되는 구절을

---

59) 회당지기(חזן, 하잔)는 회당에서 일어나는 일에 책임을 지는 관리직을 말한다. 오늘날의 샤마쉬(שמש)와 비슷하다.

60) 회당장(ראש הכנסת)은 회당일을 결정하는 책임자로 선창을 하거나 토라를 낭독하며 각종 의례를 주관한다. 오늘날의 가바이(גבאי)와 비슷하다.

61) "일곱째 달 열흘 날은 속죄일이니⋯"(레 23:27 이하). 레위기 16장과 23장은 서로 가까운 본문이므로, 이때 대제사장은 토라 두루마리를 마는 것이 허락된다. 탈무드 시대 대중 앞에서 읽을 때 모든 구절은 아람어로 번역되었다(「메길라」4, 4). 이에 대제사장은 레위기 16장에서 23장이 번역되는 동안 두루마리

읽는다]. [다음으로] 토라 [두루마리]를 말아 그것을 가슴팍에 대고 선언한다. "너희에게 낭독한 것보다 더 많은 [내용이] 여기 적혀 있다." [이후] 그는 "열흘째에"로 시작하는 민수기 구간[62]을 암송한다. 그리고 여덟 개의 축복문을 낭송하는데, 토라를 위한,[63] 성전 제의를 위한,[64] 감사를 위한,[65] 죄의 용서를 위한, 성전을 위한,[66] 이스라엘을 위한,[67] 제사장들을 위한[68] 축복문과 기타 기도문이다.

- 속죄일에 대제사장이 의례를 마치고 낭독하는 축복문에 대해 다룬다.
- 라쉬에 따르면 성전 뜰 근처 성전산에 회당이 있었다.
- 대제사장 대리(סגן)는 속죄일 제의 때 대제사장이 부정해지는 것을 막기 위해 대신하는 제사장을 가리킨다.
- 레위기 16:1은, 히브리어 어순으로 "야훼께서 모세에게 말씀하셨다"라는 문장이 문두에 온 다음, "죽은 후에…"로 시작되는 문장이 뒤따른다. 이 "죽은 후에…"부터 34절까지 낭독한다.
- 대제사장은 속죄일과 관련된 레위기 두 구간을 낭독한다. 민수기의 속죄일 관련 구절들은 두루마리를 보면서 읽는 대신, 외워서 낭독한다. 회중 낭독은 일반적으로 토라 두루마리를 펼치고 읽지만, 레위

를 말 수 있었다(게마라 41a).
62) "일곱째 달 열흘날에는 너희가 성회로 모일 것이요…"(민 29:7-11)에 해당한다.
63) 토라 낭독 전후에 드리는 기도문이다.
64) 성전 희생제의를 위한 축복문이다.
65) 시 50:23에 기반하는, 또는 감사제의를 위한 축복문이다.
66) 성전이 계속 굳건히 서기를 바라는 내용이다.
67) 신의 임재하심이 이스라엘 백성을 떠나지 마시라는 내용으로 이스라엘의 번영을 바라는 축복 기도다.
68) 제사장이 집전한 예배를 받아달라는 내용이다. 일부 사본에는 이어 "예루살렘을 위한"이 추가되어 있다(랜비; 게마라 40b). 예루살렘 탈무드, 람밤 주해, 이 번역·주해서가 참조한 알벡판에는 생략되어 있다.

기 23장에서 민수기 29장에 이르려면 두루마리를 펼치는데 시간이 오래 걸리므로, 기다릴 회중을 고려하여 이 부분은 암송한다.

7, 8

פָּרָשַׁת הַמֶּלֶךְ כֵּיצַד. מוֹצָאֵי יוֹם טוֹב הָרִאשׁוֹן שֶׁל חַג, בַּשְּׁמִינִי בְּמוֹצָאֵי
שְׁבִיעִית, עוֹשִׂין לוֹ בִּימָה שֶׁל עֵץ בָּעֲזָרָה, וְהוּא יוֹשֵׁב עָלֶיהָ, שֶׁנֶּאֱמַר מִקֵּץ
שֶׁבַע שָׁנִים בְּמֹעֵד וְגוֹ'.
חַזַּן הַכְּנֶסֶת נוֹטֵל סֵפֶר תּוֹרָה וְנוֹתְנָהּ לְרֹאשׁ הַכְּנֶסֶת, וְרֹאשׁ הַכְּנֶסֶת נוֹתְנָהּ
לַסְּגָן, וְהַסְּגָן נוֹתְנָהּ לְכֹהֵן גָּדוֹל, וְכֹהֵן גָּדוֹל נוֹתְנָהּ לַמֶּלֶךְ, וְהַמֶּלֶךְ עוֹמֵד וּמְקַבֵּל
וְקוֹרֵא יוֹשֵׁב.
אַגְרִיפַּס הַמֶּלֶךְ עָמַד וְקִבֵּל וְקָרָא עוֹמֵד, וְשִׁבְּחוּהוּ חֲכָמִים. וּכְשֶׁהִגִּיעַ לְלֹא
תוּכַל לָתֵת עָלֶיךָ אִישׁ נָכְרִי, זָלְגוּ עֵינָיו דְּמָעוֹת. אָמְרוּ לוֹ, אַל תִּתְיָרֵא
אַגְרִיפַּס, אָחִינוּ אָתָּה, אָחִינוּ אָתָּה, אָחִינוּ אָתָּה.
וְקוֹרֵא מִתְּחִלַּת אֵלֶּה הַדְּבָרִים עַד שְׁמַע, וּשְׁמַע וְהָיָה אִם שָׁמֹעַ עַשֵּׂר תְּעַשֵּׂר
כִּי תְכַלֶּה לַעְשֵׂר וּפָרָשַׁת הַמֶּלֶךְ
וּבְרָכוֹת וּקְלָלוֹת עַד שֶׁגּוֹמֵר כָּל הַפָּרָשָׁה.
בְּרָכוֹת שֶׁכֹּהֵן גָּדוֹל מְבָרֵךְ אוֹתָן, הַמֶּלֶךְ מְבָרֵךְ אוֹתָן, אֶלָּא שֶׁנּוֹתֵן שֶׁל רְגָלִים
תַּחַת מְחִילַת הֶעָוֹן

왕의 성구를 어떻게 [낭독]하는가? "칠 년 끝 면제년 초막절에…" 라고 기록된 바, 안식년이 끝[난 후] 제8년에, [초막절] 명절의 첫날이 끝나는 날(신 31:10) 성전 뜰에 나무로 된 단을 세우면[69] 그(왕)가 거기에 앉는다.

회당 관리인은 토라 두루마리를 취해 회당장에게 이를 건넨다. 회당장은 이를 대제사장 대리에게 건네고, 대제사장 대리는 그것을 대제사장에게 건네며,[70] 대제사장은 이를 왕에게 건넨다. 왕은 서서 [두루마리를] 받지만 앉아서 [해당 구절을] 읽는다.

---

69) 회중에게 왕의 목소리가 들리도록 성전에 나무단(בימה, 비마)을 세웠다.
70) 앞 미쉬나 7, 7을 참조하라.

아그리파 왕은 서서 [두루마리를] 받고 서서 읽었기에, 현인들은 그를 칭찬했다. "외부인을 네 위에 세우지 말 것이며"(신 17:15)라는 대목에 이르렀을 때, 그는 눈에서 눈물을 떨구었다. 그들은 "두려워 마오, 아그리파여! 당신은 우리의 형제요. 당신은 우리의 형제요. 당신은 우리의 형제요"라고 그에게 말했다.

그(왕)는 "이는 말씀이니라"(신 1:1)부터 "들으라, [오 이스라엘](쉐마)"(쉐마 성구, 신 6:4)까지 읽는다. 그러고 나서 "들으라…"(신 6:4-9), "만일 너희가 들으면…"(신 11:13-21) "너는 반드시 십일조를 드릴 것이며…"(신 14:22-29), "네가 십일조 내기를 마친 후에…"(신 26:12-15)[로 시작되는 성구들], 그리고 왕[임명] 관련 성구(신 17:14-20) [를 읽고], 축복과 저주문 부분이 다 끝날 때까지 읽어야 한다.

대제사장이 축복한 같은 내용으로 왕도 그들을 축복한다. 단 죄의 용서를 위한 축복은 절기를 위한 축복으로 대체한다.[71]

- 왕이 전하는 성구는 신명기 31:10-12에 기록된 대로 7년마다 초막절에 회중이 모였을 때 왕이 읽는 토라 구절들을 가리킨다.
- 전 미쉬나에서 말한 속죄일 때 대제사장이 토라를 낭독하는 과정과 동일하게 진행한다. 단, 대제사장이 서서 낭독하는 데 비해 왕은 앉아서 낭독한다. 반면, 아그리파(אגריפס, Herod Agrippa) 왕이 앉지 않고 서서 낭독한 일화를 전한다. 아그리파는 헤롯의 자손, 즉 이두매(에돔) 혈통이다. 그가 낭독 중에, 왕을 세우는 것에 관한 율법을 다룬 신명기 17:15의 "타국인을 네 위에 세우지 말 것이며"라는 부분에 이르자, 자신이 이스라엘 율법상 적법하지 않은 이방인 왕임을 인지하며 울기 시작했다. 현인들은 그를 존중하여 아그리파에게 그가

---

71) 속죄일이 아닌 초막절이기 때문이다.

이스라엘과 한 핏줄이라고 말한다.

제8장

거룩한 언어인 히브리어로 낭독해야만 하는 여러 성구들(7, 2) 관련, 그것이 낭독되는 의례들에 대해 설명한다.

8, 1

מְשׁוּחַ מִלְחָמָה, בְּשָׁעָה שֶׁמְּדַבֵּר אֶל הָעָם, בִּלְשׁוֹן הַקֹּדֶשׁ הָיָה מְדַבֵּר,
שֶׁנֶּאֱמַר, וְהָיָה כְּקָרָבְכֶם אֶל הַמִּלְחָמָה וְנִגַּשׁ הַכֹּהֵן, זֶה כֹּהֵן מְשׁוּחַ מִלְחָמָה,
וְדִבֶּר אֶל הָעָם, בִּלְשׁוֹן הַקֹּדֶשׁ. וְאָמַר אֲלֵיהֶם, שְׁמַע יִשְׂרָאֵל אַתֶּם קְרֵבִים
הַיּוֹם לַמִּלְחָמָה עַל אֹיְבֵיכֶם, וְלֹא עַל אֲחֵיכֶם, לֹא יְהוּדָה עַל שִׁמְעוֹן, וְלֹא
שִׁמְעוֹן עַל בִּנְיָמִין, שֶׁאִם תִּפְּלוּ בְיָדָם יְרַחֲמוּ עֲלֵיכֶם, כְּמָה שֶׁנֶּאֱמַר, וַיָּקֻמוּ
הָאֲנָשִׁים אֲשֶׁר נִקְּבוּ בְשֵׁמוֹת וַיַּחֲזִיקוּ בַשִּׁבְיָה וְכָל מַעֲרֻמֵּיהֶם הִלְבִּישׁוּ מִן
הַשָּׁלָל וַיַּלְבִּשׁוּם וַיַּנְעִלוּם וַיַּאֲכִלוּם וַיַּשְׁקוּם וַיְסֻכוּם וַיְנַהֲלוּם בַּחֲמֹרִים לְכָל
כּוֹשֵׁל וַיְבִיאוּם יְרֵחוֹ עִיר הַתְּמָרִים אֵצֶל אֲחֵיהֶם וַיָּשׁוּבוּ שֹׁמְרוֹן. עַל אוֹיְבֵיכֶם
אַתֶּם הוֹלְכִים, שֶׁאִם תִּפְּלוּ בְיָדָם אֵין מְרַחֲמִין עֲלֵיכֶם. אַל יֵרַךְ לְבַבְכֶם
אַל תִּירְאוּ וְאַל תַּחְפְּזוּ וְגוֹ', אַל יֵרַךְ לְבַבְכֶם, מִפְּנֵי צָהֳלַת סוּסִים וְצִחְצוּחַ
חֲרָבוֹת. אַל תִּירְאוּ, מִפְּנֵי הֲגָפַת תְּרִיסִין וְשִׁפְעַת הַקַּלְגַּסִּין. אַל תַּחְפְּזוּ, מִקּוֹל
קְרָנוֹת. אַל תַּעַרְצוּ, מִפְּנֵי קוֹל צְוָחוֹת. כִּי ה' אֱלֹהֵיכֶם הַהֹלֵךְ עִמָּכֶם, הֵן בָּאִין
בְּנִצְחוֹנוֹ שֶׁל בָּשָׂר וָדָם, וְאַתֶּם בָּאִים בְּנִצְחוֹנוֹ שֶׁל מָקוֹם. פְּלִשְׁתִּים בָּאוּ
בְּנִצְחוֹנוֹ שֶׁל גָּלְיָת, מֶה הָיָה סוֹפוֹ, לְסוֹף נָפַל בַּחֶרֶב וְנָפְלוּ עִמּוֹ. בְּנֵי עַמּוֹן בָּאוּ
בְּנִצְחוֹנוֹ שֶׁל שׁוֹבָךְ, מֶה הָיָה סוֹפוֹ, לְסוֹף נָפַל בַּחֶרֶב וְנָפְלוּ עִמּוֹ. וְאַתֶּם אִי
אַתֶּם כֵּן. כִּי ה' אֱלֹהֵיכֶם הַהֹלֵךְ עִמָּכֶם לְהִלָּחֵם לָכֶם וְגוֹ', זֶה מַחֲנֵה הָאָרוֹן:

전쟁을 위해 기름부음 받은 자[72]는 백성에게 연설할 때 거룩한 언어로 이야기해야 한다. "너희가 싸울 곳에 가까이 가면 제사장은 백

---

72) 제사장을 말한다.

성에게 나아가서…"(신 20:2)라고 기록했으니, 이는 전쟁을 위해 기름 부음 받은 제사장을 가리킨다. 제사장은 백성에게 "이스라엘아 들으라 너희가 오늘…"이라고 거룩한 언어로 고하는데, "너희 형제"가 아닌, "너희의 대적과 싸우려고 나아왔으니…"(신 20:3)〔라고 한다〕. 즉 유다가 시몬에게, 시몬이 베냐민에게 대항하는 것이 아니다. 만일 너희가 이들[73] 수중에 들어가면, 그들은 너희에게 자비를 베풀 것이다. 기록된바 "이 위에 이름이 기록된 자들이 일어나서 포로를 맞고 노략하여 온 것 중에서 옷을 가져다가 벗은 자들에게 입히며 신을 신기며 먹이고 마시게 하며 기름을 바르고 그 약한 자들은 모두 나귀에 태워 데리고 종려나무 성 여리고에 이르러 그의 형제에게 돌려준 후에 사마리아로 돌아갔더라"(대하 28:15)라고 하기 때문이다. 〔그러나〕 너희는 대적에게 나아가는 것이니, 만일 너희가 그들[74] 수중에 넘어가면 그들은 자비를 베풀지 않을 것이다.

　"마음에 겁내지 말며 두려워하지 말며 떨지 말라"(신 20:3). "마음에 겁내지 말며"는 말 울음 소리와 검의 번쩍임〔을 겁내지 말라는 것이다〕. "두려워하지 말며"는 방패가 맞붙는 것과 징을 박은 군홧발 소리〔를 두려워하지 말라는 것이다〕. "떨지 말며"는 트럼펫 소리에 〔떨지 말라는 것이다〕. "그들로 말미암아 놀라지 말라"는 전장의 함성으로부터 〔놀라지 말라는 것이다〕.

　"주[75] 너희 하느님께서 너희와 함께 나가시니"(신 20:4)는 사람들은 육신[76]의 승리를 〔신뢰하며〕 나아가나, 너희는 전능자의 승리를

---

73) '너희 형제들'을 말한다.
74) 적들을 말한다.
75) 신의 이름을 함부로 부르지 않기 위해 보통 '그 이름'(하 셈)으로 대신해 부른다.
76) בשר ודם(바싸르 봐담)은 직역하면 '살과 피', 즉 육체를 가진 인간을 말한다.

〔신뢰하며〕 나아간다는 것이다. 블레셋 사람들은 골리앗의 승리를 〔의지해〕 나아갔다. 그의 손에 무엇이 있었는가? 결국 그는 검 앞에 쓰러졌고 그들도 그와 함께 고꾸라졌다. 암몬 사람들은 소박[77]의 힘을 〔의지해〕 나아갔으나, 결국 그의 마지막이 어떠했는가? 종국에 그는 검에 쓰러졌고 그들도 그와 함께 고꾸라졌다. 그러나 너희는 다르다. 〔왜냐하면〕 "주 너희 하느님께서 너희와 함께 나가시니" 이것(구절)은 그 진에 언약궤〔가 함께 한다는 것을 말하기〕 때문이다.

8, 2

וְדִבְּרוּ הַשֹּׁטְרִים אֶל הָעָם לֵאמֹר מִי הָאִישׁ אֲשֶׁר בָּנָה בַיִת חָדָשׁ וְלֹא חֲנָכוֹ יֵלֵךְ וְיָשֹׁב לְבֵיתוֹ וְגוֹ'. אֶחָד הַבּוֹנֶה בֵּית הַתֶּבֶן, בֵּית הַבָּקָר, בֵּית הָעֵצִים, בֵּית הָאוֹצָרוֹת. אֶחָד הַבּוֹנֶה, וְאֶחָד הַלּוֹקֵחַ, וְאֶחָד הַיּוֹרֵשׁ, וְאֶחָד שֶׁנִּתַּן לוֹ מַתָּנָה. וּמִי הָאִישׁ אֲשֶׁר נָטַע כֶּרֶם וְלֹא חִלְּלוֹ וְגוֹ'. אֶחָד הַנּוֹטֵעַ הַכֶּרֶם וְאֶחָד הַנּוֹטֵעַ חֲמִשָּׁה אִילָנֵי מַאֲכָל, וַאֲפִלּוּ מֵחֲמֵשֶׁת מִינִין. אֶחָד הַנּוֹטֵעַ, וְאֶחָד הַמַּבְרִיךְ, וְאֶחָד הַמַּרְכִּיב, וְאֶחָד הַלּוֹקֵחַ, וְאֶחָד הַיּוֹרֵשׁ, וְאֶחָד שֶׁנִּתַּן לוֹ מַתָּנָה. וּמִי הָאִישׁ אֲשֶׁר אֵרַשׂ אִשָּׁה וְגוֹ'. אֶחָד הַמְאָרֵס אֶת הַבְּתוּלָה, וְאֶחָד הַמְאָרֵס אֶת הָאַלְמָנָה, אֲפִלּוּ שׁוֹמֶרֶת יָבָם, וַאֲפִלּוּ שָׁמַע שֶׁמֵּת אָחִיו בַּמִּלְחָמָה, חוֹזֵר וּבָא לוֹ.

כֹּל אֵלּוּ שׁוֹמְעִין דִּבְרֵי כֹהֵן מֵעָרְכֵי מִלְחָמָה וְחוֹזְרִין, וּמְסַפְּקִין מַיִם וּמָזוֹן וּמְתַקְּנִין אֶת הַדְּרָכִים

"장교들은 백성에게 말하여 이르기를 '새 집을 건축하고 낙성식을 행하지 못한 자가 있느냐 그는 집으로 돌아갈지니'"(신 20:5).

이는 짚을 위한 곳간, 축사, 장작을 보관하는 헛간, 저장고 등을 지은 사람 모두에 해당한다. 그가 그 집을 지었든, 샀든, 물려받았든, 〔누군가〕 그에게 선물로 주었든 마찬가지다.

〔또〕 "포도원을 만들고 그 과실을 먹지 못한 자가 있느냐"(신 20:6)

---

77) 쇼박(שׁוֹבָךְ, Shobach)은 사무엘하 10:16-18에 나오는 하닷에셀의 군사령관.

라고 [말한다]. 포도원을 지었든, 과실나무 다섯 그루[78]를 심었든, 심지어 그 나무가 다섯 종류이더라도 마찬가지다. 그가 심었든, 휘묻이[79]를 했든, 접붙이기를 했든 마찬가지다. 또한 그가 구매했든, 물려받았든, [누군가] 그에게 선물로 주었든 마찬가지다.

그리고 "여자와 약혼하고 그와 결혼하지 못한 자가 있느냐(신 20: 7)"라고 [말한다]. 이는 그가 처녀와 약혼을 했든, 과부와 약혼을 했든, 쇼메렛 야밤[과 약혼했더라도 마찬가지고], 그의 형제가 사망했음을 전장에서 들었다 해도 집으로 돌아가야 한다.

이들은 모두 전장 수칙과 관련한 제사장의 말[80]을 듣고 나서 [집으로] 돌아가 물과 식량을 공급하고, 길을 수리한다.

8, 3

וְאֵלּוּ שֶׁאֵינָן חוֹזְרִין. הַבּוֹנֶה בֵית שַׁעַר, אַכְסַדְרָה, מִרְפֶּסֶת. הַנּוֹטֵעַ אַרְבָּעָה אִילָנֵי מַאֲכָל, וַחֲמִשָּׁה אִילָנֵי סְרָק. הַמַּחֲזִיר אֶת גְּרוּשָׁתוֹ. אַלְמָנָה לְכֹהֵן גָּדוֹל, גְּרוּשָׁה וַחֲלוּצָה לְכֹהֵן הֶדְיוֹט, מַמְזֶרֶת וּנְתִינָה לְיִשְׂרָאֵל, בַּת יִשְׂרָאֵל לְמַמְזֵר וּלְנָתִין, לֹא הָיָה חוֹזֵר. רַבִּי יְהוּדָה אוֹמֵר, אַף הַבּוֹנֶה בַיִת עַל מְכוֹנוֹ, לֹא הָיָה חוֹזֵר. רַבִּי אֱלִיעֶזֶר אוֹמֵר, אַף הַבּוֹנֶה בֵית לְבֵנִים בַּשָּׁרוֹן, לֹא הָיָה חוֹזֵר

다음의 경우에는 집으로 돌아가지 않는다. 문지기 집, 주랑[81]이나 회랑을 지은 사람, 과일나무 네 그루[82]를 심었거나 과실을 맺지 않는 나무 다섯 그루를 심은 사람, 이혼한 아내를 다시 취한 사람, 과부[와

---

78) 포도원으로 인정받는 법적 요건으로, 포도원을 구성하는 포도나무의 최소 개수는 5개다.
79) 휘묻이(מבריד)는 가지를 구부려 땅에 묻은 후 그곳에서 뿌리를 내려 독자적으로 새롭게 번식하도록 하는 것을 말한다.
80) 또는 전투 전에 고시한 병역면제 사유에 관한 규정을 말한다(블랙먼).
81) 또는 '현관'이다.
82) 앞 미쉬나 8, 2의 '포도원'과는 구별된다.

약혼한〕대제사장, 이혼녀나 신 벗긴 여자〔와 약혼한〕일반 제사장,
여자 사생아나 네티나와 약혼한 이스라엘인 또는 이스라엘 여성〔과
약혼한〕사생아나 나틴은〔집으로〕돌아가지 않는다.

랍비 예후다는 말한다. "〔본래 있던〕기초 위에 집을 개축한 사람이
라도〔집으로〕돌아가지 않는다." 랍비 엘리에제르는 말한다. "샤론에
벽돌집을 지은 사람이라도 돌아가지 않는다."

- 「예바못」2, 4를 참조하라.
- 샤론은 이스라엘 땅에서 지진에 취약한 지역으로, 주민들은 7년마다
  두 번 정도 개축하고 벽돌로 집을 지었다(조슈아 컬프; 옥스퍼드).

8, 4

וְאֵלּוּ שֶׁאֵין זָזִין מִמְּקוֹמָן. בָּנָה בַיִת וַחֲנָכוֹ, נָטַע כֶּרֶם וְחִלְּלוֹ, הַנּוֹשֵׂא אֶת
אֲרוּסָתוֹ, הַכּוֹנֵס אֶת יְבִמְתּוֹ, שֶׁנֶּאֱמַר
נָקִי יִהְיֶה לְבֵיתוֹ שָׁנָה אֶחָת. לְבֵיתוֹ, זֶה בֵּיתוֹ. יִהְיֶה, זֶה כַּרְמוֹ. וְשִׂמַּח אֶת
אִשְׁתּוֹ, זוֹ אִשְׁתּוֹ. אֲשֶׁר לָקָח, לְהָבִיא אֶת יְבִמְתּוֹ. אֵינָן מַסְפִּיקִין מַיִם וּמָזוֹן
וְאֵינָן מְתַקְּנִין אֶת הַדְּרָכִים

다음의 경우에는 그가 있는 곳에서 이동하지 않는다. 새 집을 짓고
그것을 봉헌한 자, 포도원을 짓고 수확한 자, 약혼자와 혼인한 자와
예바마를 들인 자. "그는 그의 집을 위해 한 해 동안 자유롭게 있을 것
이다…"(신 24:5)라고 기록되었기 때문이다. "그의 집을 위해"는 '그
의 집'을, "~있을 것이다"는 '그의 포도원'을〔가리킨다〕. "아내를 즐
겁게 할지니라"는 '그의 아내'를, "그가 맞이한"은 '그의 예바마를 데
려오는 것'을〔가리킨다〕. 이들은 물이나 식량을 공급하거나 길을 수
리할 필요가 없다.

וְיָסְפוּ הַשֹּׁטְרִים לְדַבֵּר אֶל הָעָם וְאָמְרוּ מִי הָאִישׁ הַיָּרֵא וְרַךְ הַלֵּבָב יֵלֵךְ וְיָשֹׁב לְבֵיתוֹ.

רַבִּי עֲקִיבָא אוֹמֵר, הַיָּרֵא וְרַךְ הַלֵּבָב, כְּמַשְׁמָעוֹ, שֶׁאֵינוֹ יָכוֹל לַעֲמֹד בְּקִשְׁרֵי הַמִּלְחָמָה וְלִרְאוֹת חֶרֶב שְׁלוּפָה. רַבִּי יוֹסֵי הַגְּלִילִי אוֹמֵר, הַיָּרֵא וְרַךְ הַלֵּבָב זֶהוּ הַמִּתְיָרֵא מִן הָעֲבֵרוֹת שֶׁבְּיָדוֹ, לְפִיכָךְ תָּלְתָה לוֹ הַתּוֹרָה אֶת כָּל אֵלּוּ, שֶׁיַּחֲזֹר בִּגְלָלָן. רַבִּי יוֹסֵי אוֹמֵר, אַלְמָנָה לְכֹהֵן גָּדוֹל, גְּרוּשָׁה וַחֲלוּצָה לְכֹהֵן הֶדְיוֹט, מַמְזֶרֶת וּנְתִינָה לְיִשְׂרָאֵל, בַּת יִשְׂרָאֵל לְמַמְזֵר וּלְנָתִין, הֲרֵי הוּא הַיָּרֵא וְרַךְ הַלֵּבָב.

"다음으로 장교들은 백성에게 말하여 이르기를 두려워서 마음이 약해진 자가 있느냐 그는 집으로 돌아가라"(신 20:8).

랍비 아키바는 말한다. "'두려워서 마음이 약해진 자'는 문자 그대로[83] 전선에 서서 뺀 검을 쳐다볼 수 없는 사람이다." 랍비 요쎄 하 갈릴리는 말한다. "'두려워서 마음이 약해진 자'는 자기 손으로〔저지른 죄〕 때문에 두려워하는 사람이다. 그러므로 토라는 이 사람이 그 것[84] 때문에 돌아갈 수 있도록 이 모든 것[85]을 설명하였다[86]."

랍비 요쎄는 말한다. "과부〔와 약혼한〕 대제사장, 이혼녀나 신 벗긴 여자〔와 약혼한〕 일반 제사장, 여자 사생아나 네티나와 약혼한 이스 라엘인 또는 이스라엘 여성〔과 약혼한〕 사생아나 나틴, 이 같은 사람 이 '두려워서 마음이 약해진 자'다.

---

83) 직역하면 '그 의미처럼'이다.
84) 그의 죄를 말한다.
85) 「쏘타」 8, 4에서 말한 새 집을 지은 사람, 포도원을 지은 사람, 혼인한 사람 등 이다.
86) 문자적으로는 '유보했다'(תלתה)라는 말이다. 댄비는 그의 죄에 대한 처벌을 유보했다고 번역한다.

- 전장에 나간 자가 두려움에 떨면 함께한 이들의 사기를 떨어뜨리므로 참여하지 않는 것이 낫다.
- 랍비 갈릴리 사람 요쎄는 위 언급한 두려움 외에도 지은 죄로 인해 전장에서 신의 가호가 없을까 봐 두려워하는 자도 돌아갈 수 있으며, 이때 귀환하는 일로 인해 수치심을 느끼지 않게끔 토라는 8, 4에서 언급한 사유(새 집 또는 포도원을 지었거나 혼인했다는)를 구실로 삼을 수 있게 해준다고 설명한다(알벡).
- 랍비 요쎄는 위 의견들에 대부분 동의하나, '죄'는 일시적 죄가 아닌 금지혼처럼 지속적인 죄여야 한다고 주장한다. 그는 금지혼의 예를 나열한다.

8, 6

וְהָיָה כְּכַלֹּת הַשֹּׁטְרִים לְדַבֵּר אֶל הָעָם וּפָקְדוּ שָׂרֵי צְבָאוֹת בְּרֹאשׁ הָעָם,
וּבַעֲקֵבוֹ שֶׁל עָם. מַעֲמִידִין זְקִיפִין לִפְנֵיהֶם, וַאֲחֵרִים מֵאֲחוֹרֵיהֶם, וְכַשִּׁילִין שֶׁל
בַּרְזֶל בִּידֵיהֶן, וְכָל הַמְבַקֵּשׁ לַחֲזֹר, הָרְשׁוּת בְּיָדוֹ לְקַפֵּחַ אֶת שׁוֹקָיו, שֶׁתְּחִלַּת
נִיסָה נְפִילָה, שֶׁנֶּאֱמַר נָס יִשְׂרָאֵל לִפְנֵי פְלִשְׁתִּים וְגַם מַגֵּפָה גְדוֹלָה הָיְתָה
בָעָם, וּלְהַלָּן הוּא אוֹמֵר
וַיָּנֻסוּ אַנְשֵׁי יִשְׂרָאֵל מִפְּנֵי פְלִשְׁתִּים וַיִּפְּלוּ חֲלָלִים וְגוֹ

"장교들이 백성에게 말하기를 마친 후에 지휘관들을 백성 앞에 세워 그들을 거느리게 하라"(신 20:9).

백성들 뒤에도 〔세운다〕. 그들 앞쪽과 뒤쪽으로 쇠도끼를 손에 쥔 경비대를 세운다. 누구든 도망치려고 하면 그 넓적다리를 칠 권한이 이들에게 있으니, "이스라엘이 블레셋 사람들 앞에서 도망하였고 백성 중에는 큰 살육이 있었다"(삼상 4:17)라고 했으며, 또 "이스라엘 사람들이 블레셋 사람들 앞에서 도망하여 엎드러져 죽으니라"(삼상 31:1)라고 기록된 바, 도주는 〔전투의〕 패배와 〔직결되기〕 때문이다.

בַּמֶּה דְבָרִים אֲמוּרִים? בְּמִלְחֶמֶת הָרְשׁוּת, אֲבָל בְּמִלְחֶמֶת מִצְוָה הַכֹּל יוֹצְאִין,
אֲפִלּוּ חָתָן מֵחֶדְרוֹ וְכַלָּה מֵחֻפָּתָהּ.
אָמַר רַבִּי יְהוּדָה: בַּמֶּה דְבָרִים אֲמוּרִים? בְּמִלְחֶמֶת מִצְוָה, אֲבָל בְּמִלְחֶמֶת
חוֹבָה הַכֹּל יוֹצְאִין, אֲפִלּוּ חָתָן מֵחֶדְרוֹ וְכַלָּה מֵחֻפָּתָהּ.

어떤 경우에 그러한가? 자유재량에 따른 전쟁[87]에 해당한다. 그러
나 계명에 〔따른〕 전쟁에는 모두 〔전장에〕 나가야 하니, 신랑도 신방
에서, 신부도 후파에서 〔나와 그렇게 한다〕.

랍비 예후다는 말한다. "어떤 경우에 그러한가? 계명에 〔따른〕 전쟁
의 경우다. 반면 의무적인 전쟁에는 모두 〔전장에〕 나가야 하니, 신랑
도 신방에서, 신부도 후파에서 〔나와 그렇게 한다〕."

- 바로 앞에서 다룬 면제의 경우가 어떤 전쟁 때 적용되는가에 대한 논
  의다. 첫 조항에서 현인들이 말한 자유재량에 따른 전쟁의 예로, 라
  쉬는 다윗왕이 영토확장을 위해 아람 소바와 치른 전쟁을 든다. 보통
  신랑은 8, 4가 말하듯이 결혼 첫해 전쟁에 나서거나 물과 식량을 공
  급하는 일에서도 제외된다. 여성은 전투에 직접 참여한다기보다 물
  과 식량 공급하는 일을 맡는다. 그러나 토라가 명한 전쟁일 경우 모
  든 이가 참전해야 한다. 람밤은 아말렉과의 전쟁, 나라와 백성을 지
  켜내야 하는 전쟁이 여기에 속한다고 해석한다(알벡).
- 랍비 예후다의 주장이 어떤 점에서 현인들의 주장과 상치되는지 불
  명확하다. 게마라는, 랍비 예후다가 현인들의 의견에 반박한다기보
  다 토라가 명하는 전쟁이라면 누구나 예외 없다는 의견에 동의한다
  고 설명한다(게마라 45b). 그러나 현인들은 이를 '계명〔에 의한〕 전

---

87) מלחמת הרשות는 자발적 전쟁(댄비), 정치적 전쟁(블랙먼), 선택적 전쟁(뉴스
너)이라고 번역된다.

쟁'으로 칭하고, 랍비 예후다는 '의무적인 전쟁'이라 칭하고 있어 여전히 의문은 남는다.

제9장

제9장은 암송아지의 목을 꺾는 의례에 대해 자세히 논하며, 이 의례 및 쏘타 의례가 더는 행해지지 않는다는(9, 9) 점에서 나아가 9, 10-15는 유대 전통에서 사라진 것들을 이야기한다.

9, 1

עֶגְלָה עֲרוּפָה, בִּלְשׁוֹן הַקֹּדֶשׁ, שֶׁנֶּאֱמַר כִּי יִמָּצֵא חָלָל בָּאֲדָמָה וְגוֹ' וְיָצְאוּ
זְקֵנֶיךָ וְשֹׁפְטֶיךָ, שְׁלֹשָׁה מִבֵּית דִּין הַגָּדוֹל שֶׁבִּירוּשָׁלַיִם הָיוּ יוֹצְאִין.
רַבִּי יְהוּדָה אוֹמֵר חֲמִשָּׁה, שֶׁנֶּאֱמַר זְקֵנֶיךָ, שְׁנַיִם, וְשֹׁפְטֶיךָ, שְׁנַיִם, וְאֵין בֵּית דִּין
שָׁקוּל, מוֹסִיפִין עֲלֵיהֶן עוֹד אֶחָד.

암송아지의 목을 꺾을 때 [성구는] 거룩한 언어로 [낭독해야 한다]. "… 땅에서 피살된 시체를 발견하면… 너희의 장로들과 재판장들은 나가서…"(신 21:1-2)라고 기록했으니, 예루살렘 대법정에서 세 명이 나가곤 했다.

[그러나] 랍비 예후다는 말한다. "다섯 명이다. '너희 장로들'이라고 기록되었기에, [장로가] 두 명 [이상이어야 하며], '너희 재판장들' [이라고 기록되었기에], [재판장이] 두 명 [이상이어야 한다]. 법정은 짝수로 구성될 수 없으므로 그들[88]에 한 명을 더 추가한다."

---

88) 장로와 재판장을 합한 네 명을 말한다.

- 피살된 시신이 발견되었으나 누가 저질렀는지 알 수 없을 때, 그 죄를 속량하기 위해 암송아지의 목을 꺾는 의례는 신명기 21:1-9에 기록되어 있다.
- 랍비 예후다는, 의견이 반반으로 갈릴 경우 결정을 내릴 수 없기 때문에 재판관 수는 홀수, 즉 다섯 명이어야 한다고 주장한다. 랍비 예후다의 의견이 채택되었다. 법정 구성 재판관 수에 대해서는 「산헤드린」 1, 3; 11, 2를 참조하라.

9, 2

נִמְצָא טָמוּן בְּגַל, אוֹ תָלוּי בְּאִילָן, אוֹ צָף עַל פְּנֵי הַמַּיִם, לֹא הָיוּ עוֹרְפִין,
שֶׁנֶּאֱמַר בָּאֲדָמָה, וְלֹא טָמוּן בְּגַל. נֹפֵל, וְלֹא תָלוּי בְּאִילָן. בַּשָּׂדֶה, וְלֹא צָף עַל
פְּנֵי הַמָּיִם.
נִמְצָא סָמוּךְ לַסְּפָר, אוֹ לְעִיר שֶׁרֻבָּהּ נָכְרִים, אוֹ לְעִיר שֶׁאֵין בָּהּ בֵּית דִּין, לֹא
הָיוּ עוֹרְפִין. אֵין מוֹדְדִין אֶלָּא מֵעִיר שֶׁיֵּשׁ בָּהּ בֵּית דִּין. נִמְצָא מְכֻוָּן בֵּין שְׁתֵּי
עֲיָרוֹת, שְׁתֵּיהֶן מְבִיאוֹת שְׁתֵּי עֲגָלוֹת, דִּבְרֵי רַבִּי אֱלִיעֶזֶר.
וְאֵין יְרוּשָׁלַיִם מְבִיאָה עֶגְלָה עֲרוּפָה

만일 [시신이] 돌무더기 속에 숨겨진 채 발견되거나 나무에 걸린 상태 또는 수면에 뜬 상태로 발견되는 경우, [암송아지의 목을] 꺾지 않는다. 기록된 바 '땅에서'이지 '돌무더기 속'에 숨겨진 것이 아니고, 엎드러진 것이지 '나무에 매달린 [상태]'는 아니며, [또한] '들에서'이지 '수면에 뜬 상태'는 아니기 때문이다.

[시신이] 국경 근처에서 발견되거나, 인구 대부분이 외부인인 성읍에서 발견되거나, 법정이 없는 도시에서 발견되는 경우, [암송아지의 목을] 꺾지 않는다.

오직 법정이 있는 성읍에서부터만 그 거리를 측정한다.[89] 만일 [시

---

89) "피살된 곳에서 제일 가까운 성읍의 장로들이…"(신 21:3).

신이〕 정확히 두 도시 중간에서 발견되었다면, 〔두 도시에서〕 각각 암송아지 한 마리씩 총 두 마리를 가져온다. 이는 랍비 엘리에제르의 말이다.[90] 〔그러나〕 예루살렘은 목이 꺾이는 암송아지를 가져오지 않는다.[91]

9, 3

נִמְצָא רֹאשׁוֹ בְּמָקוֹם אֶחָד וְגוּפוֹ בְּמָקוֹם אַחֵר, מוֹלִיכִין הָרֹאשׁ אֵצֶל הַגּוּף,
דִּבְרֵי רַבִּי אֱלִיעֶזֶר. רַבִּי עֲקִיבָא אוֹמֵר, הַגּוּף אֵצֶל הָרֹאשׁ

만일 〔시신의〕 머리는 한 장소에서, 몸은 다른 장소에서 발견되는 경우, 머리를 몸 곁으로 가져온다. 이는 랍비 엘리에제르의 말이다. 그러나 랍비 아키바는 말한다. "몸을 머리 곁으로 가져온다."

9, 4

מֵאַיִן הָיוּ מוֹדְדִין. רַבִּי אֱלִיעֶזֶר אוֹמֵר, מִטַּבּוּרוֹ. רַבִּי עֲקִיבָא אוֹמֵר, מֵחָטְמוֹ.
רַבִּי אֱלִיעֶזֶר בֶּן יַעֲקֹב אוֹמֵר, מִמְּקוֹם שֶׁנַּעֲשָׂה חָלָל, מִצַּוָּארוֹ

〔몸의〕 어떤 부분에서부터 〔거리를〕 측정하는가? 랍비 엘리에제르는 말한다. "배꼽부터다." 〔그러나〕 랍비 아키바는 "코부터다"라고 말한다.[92] 랍비 엘리에제르 벤 야아콥은 "시신이 된 곳, 즉 〔시신의〕 목[93]에서부터다"라고 말한다.

---

90) 랍비 엘리에제르의 주장은 받아들여지지 않았다.
91) 예루살렘은 지파들에게 분배된 성읍이 아니므로(신 21:1) 제외된다.
92) 할라카는 랍비 아키바의 의견을 따랐다.
93) 에스겔 21:29에서 도출된 의견이다. 에스겔은 "중상당한 악인의 목"이라는 표현을 통해 시신을 목과 동일시하고 있다.

נִפְטְרוּ זִקְנֵי יְרוּשָׁלַיִם וְהָלְכוּ לָהֶן. זִקְנֵי אוֹתָהּ הָעִיר מְבִיאִין עֶגְלַת בָּקָר אֲשֶׁר
לֹא עֻבַּד בָּהּ אֲשֶׁר לֹא מָשְׁכָה בְּעֹל, וְאֵין הַמּוּם פּוֹסֵל בָּהּ.
וּמוֹרִידִין אוֹתָהּ לְנַחַל אֵיתָן. וְאֵיתָן כְּמַשְׁמָעוֹ, קָשֶׁה. אַף עַל פִּי שֶׁאֵינוֹ אֵיתָן,
כָּשֵׁר. וְעוֹרְפִין אוֹתָהּ בְּקוֹפִיץ מֵאֲחוֹרֶיהָ. וּמְקוֹמָהּ אָסוּר מִלִּזְרֹעַ וּמִלַּעֲבֹד,
וּמֻתָּר לִסְרֹק שָׁם פִּשְׁתָּן וּלְנַקֵּר שָׁם אֲבָנִים

〔측정이 끝나면〕예루살렘 장로들은 〔그곳을〕떠나 돌아간다. 그 성
읍 장로들은 '아직 부리지 아니하고 멍에를 메지 않은 암송아지를 취
한다'(신 21:3). 흠이 있어도 그것을 무효화하지 않는다.

그들은 이것을 '에탄' 계곡으로 몰고 내려간다. 에탄은 거칠다는 뜻
이다. 거칠지 않다 해도 〔의례에〕유효하다. 그러고 나서 그 목을 뒤
에서 손도끼로 친다. 그 〔의례〕 장소에서는 씨를 뿌리거나 경작할 수
없다. 단, 거기서 아마를 훑거나[94] 채석[95]하는 것은 허용된다.

זִקְנֵי אוֹתָהּ הָעִיר רוֹחֲצִין אֶת יְדֵיהֶן בַּמַּיִם בִּמְקוֹם עֲרִיפָתָהּ שֶׁלָּעֶגְלָה,
וְאוֹמְרִים: 'יָדֵינוּ לֹא שָׁפְכָה אֶת-הַדָּם הַזֶּה וְעֵינֵינוּ לֹא רָאוּ'.
וְכִי עַל דַּעְתֵּנוּ עָלְתָה, שֶׁזִּקְנֵי בֵּית דִּין שׁוֹפְכֵי דָמִים הֵן? אֶלָּא: שֶׁלֹּא בָא
לְיָדֵינוּ וּפְטַרְנוּהוּ בְּלֹא מָזוֹן, וְלֹא רְאִינוּהוּ וְהִנַּחְנוּהוּ בְּלֹא לְוָיָה.
וְהַכֹּהֲנִים אוֹמְרִים: 'כַּפֵּר לְעַמְּךָ יִשְׂרָאֵל אֲשֶׁר- פָּדִיתָ ה' וְאַל- תִּתֵּן דָּם נָקִי
בְּקֶרֶב עַמְּךָ יִשְׂרָאֵל'.
לֹא הָיוּ צְרִיכִים לוֹמַר: 'וְנִכַּפֵּר לָהֶם הַדָּם', אֶלָּא רוּחַ הַקֹּדֶשׁ מְבַשַּׂרְתָּן:
אֵימָתַי שֶׁתַּעֲשׂוּ כָּכָה, הַדָּם מִתְכַּפֵּר לָכֶם.

그 도시 장로들은 암송아지 목을 꺾은 장소에서 손을 씻고 이렇게
말한다. "우리의 손이 이 피를 흘리지 아니하였고 우리의 눈이 이것을

---

94) 아마 섬유를 빗질하는 것을 말한다.
95) 또는 새기거나 문질러 닦는 것을 말한다.

보지도 못하였나이다"(신 21:7). 그러나 우리 생각에 '법정의 장로들이 [과연] 피를 흘렸는가'라는 [의문이] 들지 않는가? 오히려 [이들의 말은] '그가 우리 손에 들어왔었는데 우리가 음식도 주지 않고 그를 보내버린 것이 아닙니다. 우리는 그를 보지 못했기에 아무 보호 없이 그를 내버린 것이 아닙니다'[라는 뜻이다].

이후 제사장은 말한다. "오, 주님! 당신께서 속량하신 주의 백성 이스라엘을 사하시고 무죄한 피를 당신의 백성 이스라엘 중에 머물러 두지 마옵소서"(신 21:8).

이들은 "그 피 [흘린 죄가] 사함을 받으리니"(신 21:8)라고 말할 필요가 없었다. 왜냐하면 거룩한 영이 이들에게 '이처럼 [이 의례를] 행할 때마다 그 피가 너희에게 용서를 받는다'고 알리기 때문이다.

● 이 미쉬나는 신명기 21:7-8을 세 부분으로 나누어 설명한다. 첫 부분은 장로들이, 두 번째 부분은 제사장들이 음송하는데, 마지막 부분 "그 피 흘린 죄가 사함을 받으리니"는 성령이 대답하며 선포하는 말이라 이해하고 있다.

9, 7

נִמְצָא הַהוֹרֵג עַד שֶׁלֹּא נֶעֶרְפָה הָעֶגְלָה- תֵּצֵא וְתִרְעֶה בָעֵדֶר; מִשֶּׁנֶּעֶרְפָה הָעֶגְלָה- תִּקָּבֵר בִּמְקוֹמָהּ,
שֶׁעַל סָפֵק בָּאתָה מִתְּחִלָּתָהּ- כִּפְּרָה סְפֵקָהּ וְהָלְכָה לָהּ.
נֶעֶרְפָה הָעֶגְלָה וְאַחַר כָּךְ נִמְצָא הַהוֹרֵג, הֲרֵי זֶה יֵהָרֵג.

암송아지의 목이 부러지기 전에 살인자가 밝혀지면, 그것(암송아지)은 나가서 [다른] 가축 떼와 더불어 풀을 뜯는다. 암송아지의 목이 부러진 다음에 [살인자가 밝혀지면], 그것은 그 장소에 묻힌다. 애초에 의심 때문에 [데려]왔기 때문이니, 그것(암송아지)은 그 의심을 속죄했고, 그 목적을 달성했다.

만일 암송아지의 목이 부러진 다음 살인자가 발견되면, 그 사람은
처형된다.

- 암송아지의 목을 부러뜨리기 전에 살인자가 발견되면, 암송아지를
  자유롭게 풀어주어 다시 무리에 섞일 수 있게 하지만, 목을 부러뜨린
  후에 발견되면 이미 죽어버린 암송아지를 그 자리에 묻어 아무도 그
  것으로 유익을 얻지 못하게 한다.

- 암송아지 목을 꺾는 의례는 살인자가 밝혀지지 않았을 때만 행한다.
  살인을 저지른 자가 누구인지 알지 못하는 의심과 불확실함의 상황
  에서, 지역 법정과 그 거주민들이 무죄한 피에 대해 속죄를 얻는 것
  을 그 목적으로 한다. 아직 살인자가 밝혀지지 않았을 때 이 의례를
  거행한 만큼 소기의 목적을 달성했다고 보지만, 속죄는 살인이 일어
  난 지역 인근 거주자들이 받았을 뿐 살인자가 받은 것은 아니라는
  해석이다. 따라서 그는 처형되어야 한다.

9, 8

עֵד אֶחָד אוֹמֵר רָאִיתִי אֶת הַהוֹרֵג, וְעֵד אֶחָד אוֹמֵר לֹא רָאִית, אִשָּׁה אוֹמֶרֶת
רָאִיתִי וְאִשָּׁה אוֹמֶרֶת לֹא רָאִית, הָיוּ עוֹרְפִין. עֵד אֶחָד אוֹמֵר רָאִיתִי, וּשְׁנַיִם
אוֹמְרִים לֹא רָאִית, הָיוּ עוֹרְפִין. שְׁנַיִם אוֹמְרִים רָאִינוּ וְאֶחָד אוֹמֵר לָהֶן לֹא
רְאִיתֶם, לֹא הָיוּ עוֹרְפִין

어떤 증인이 "내가 살인자를 보았다"라고 말하는데 다른 증인은
"네가 [살인자를] 보지 못했다"라고 말하거나, 어떤 여성이 "내가 [살
인자를] 보았다"라고 말하는데 다른 여성은 "네가 [살인자를] 보지
못했다"라고 말하는 경우, 그들은 [암송아지의] 목을 꺾는다.

어떤 증인 한 명이 "내가 [살인자를] 보았다"라고 말하는데 다른 증

인 두 명은 "네가 〔살인자를〕 보지 못했다"라고 말하면, 〔암송아지의〕 목을 꺾는다.

두 사람이 "우리가 〔살인자를〕 보았다"라고 말하는데 다른 사람은 그들에게 "너희들은 〔살인자를〕 보지 못했다"라고 말하면, 〔암송아지의〕 목을 꺾지 않는다.

● 살인 목격에 있어 첫 번째 증언자와 두 번째 증언자의 진술이 상충하는 경우, 두 증인이 모두 여자인 경우, 목격자 한 명의 진술이 다른 두 사람의 증언에 의해 부정되는 경우는 살인자를 밝혀낼 수 없다. 그러므로 여전히 암송아지 목을 꺾는 의례가 필요하다. 반면 두 사람이 살인자를 목격했다고 증언하고 다른 한 명이 그것을 부정할 때는 그 두 증인의 진술을 받아들인다. 살인자가 밝혀졌기에 암송아지 목을 꺾는 의례를 하지 않는다.

9, 9

מִשֶּׁרַבּוּ הָרַצְחָנִין, בָּטְלָה עֶגְלָה עֲרוּפָה- מִשֶּׁבָּא אֶלְעָזֶר בֶּן דִּינַאי; וּתְחִינָה בֶּן
פְּרִישָׁה הָיָה נִקְרָא, חָזְרוּ לִקְרוֹתוֹ בֶּן הָרַצְחָן.
מִשֶּׁרַבּוּ הַמְּנָאֲפִים, פָּסְקוּ הַמַּיִם הַמָּרִים, וְרַבָּן יוֹחָנָן בֶּן זַכַּאי הִפְסִיקָן,
שֶׁנֶּאֱמַר: 'לֹא אֶפְקוֹד עַל- בְּנוֹתֵיכֶם כִּי תִזְנֶינָה וְעַל- כַּלּוֹתֵיכֶם כִּי תְנָאַפְנָה כִּי
הֵם' וְגוֹ'.
מִשֶּׁמֵּת יוֹסֵי בֶּן יוֹעֶזֶר אִישׁ צְרֵדָה וְיוֹסֵי בֶּן יוֹחָנָן אִישׁ יְרוּשָׁלַיִם בָּטְלוּ
הָאֶשְׁכּוֹלוֹת, שֶׁנֶּאֱמַר: 'אֵין- אֶשְׁכּוֹל לֶאֱכוֹל בִּכּוּרָה אִוְּתָה נַפְשִׁי'.

살인자 수가 증가함에 따라 암송아지의 목을 꺾는 의례는 폐지되었으니, '엘아자르[96] 벤 디나이' 그리고 '테키나 벤 페리샤'가 왔을 때부터. 사람들은 그 〔테키나 벤 페리샤〕를 '살인자의 아들'[97]로 바

---

96) 일부 사본에서는 '엘리에제르'다.

꿔 불렀다.

간통하는 자가 증가함에 따라 쓴 물을 〔마시는 의례가〕 폐지되었다. 라반 요하난 벤 자카이가 이를 폐지했으니, "너희 딸들이 음행하며 너희 며느리들이 간음하여도 내가 벌하지 아니하리니 이는 남자들도 창기와 함께 나가며…"(호 4:14)라고 기록한 대로다.

쯔레다 사람 요쎄 벤 요에제르와 예루살렘 사람 요쎄 벤 요하난이 죽었을 때 포도송이[98]도 그쳤으니, 이는 "먹을 포도송이가 없고 내 마음에 사모하는 처음 익은 무화과가 없도다"(미 7:1)라고 기록한 대로다.

- 암송아지 목을 꺾는 의례는 살인자의 신원이 밝혀지지 않았을 때 시행한다. 그러나 이스라엘 땅에서 살인자가 넘쳐난 시기(게마라 「로쉬 하샤나」 31a; 「산헤드린」 41a에 따르면 제2차 성전 멸망 40여 년 전)에 누가 살인을 저질렀는지 파악할 수 있어서, 이 의례는 의미를 잃게 되었다. 그 예로 엘아자르 벤 디나이(אלעזר בן דינאי, Eliezer ben Dinai)와 테키나 벤 페리샤(תחינה בן פרישה, Tehina ben Perisha)라는 악명 높은 살인자 두 명을 들고 있다. '벤 디나이'의 경우, '디나이'(דינאי)가 '딘'(דין, 법)에서 유래한다고 볼 때는 '소송 당사자'로, '마돈'(מדון, 갈등·불화)에서 유래한다고 볼 때는 '호전적인'으로 해석되어 살인자의 이름으로 적합하다고 보았다. 그러나 테키나 벤 페리샤의 경우, '테키나'는 '탄원'이라는 뜻이며, '페리샤'는 '자제·금욕'의 뜻이기에 살인자의 이름으로 어울리지 않는다고 보고, '살인자의 아들'(벤 하라쯔칸)로 바꿔 불렀다(야드 아브라함).
- 1, 3에서 설명했듯이 쏘타 신성재판은 남편 역시 부도덕한 행위를 하

<hr>

97) '벤 하라쯔칸'(בן הרצחן)이라고 한다.
98) 블랙먼은 '명망 있는 학자들'로 번역했다.

지 않았을 때 그 효력을 발휘한다고 믿는다. 남편들이 간통하는 경우도 증가하자 결국 쓴 물 마시는 제의는 그 효력을 잃게 되었다. 제2차 성전시대 라반 요하난 벤 자카이는 쓴 물 의례법을 폐지하면서 호세아 4:14을 근거로 제시했다.

- 기원전 260년부터 2세기 반에 걸쳐 가장 명망 있는 현인들 중에서 임명된 두 유대 지도자가 짝을 이루어 대표로 공직을 수행한 시기를 '주곳'(זוגות)시대라 부른다. '주곳'은 한 쌍이라는 뜻이며, 정치력을 행사하는 산헤드린(סנהדרין)의 대표 나씨(נשיא)와 유대 종교법인 할라카를 다루는 아브 베이트 딘(אב בית דין)의 수장이 '주곳'이 된다. 요쎄 벤 요에제르(Yose ben Yoezer)는 전자의, 요쎄 벤 요하난(Yose ben Yochanan)은 후자의 대표로서, 마카비 전쟁 시대에 첫 주곳을 구성했다(야드 아브라함; 유대 백과사전; 「아봇」 1, 4; 「하기가」 2, 2). 헤롯왕 시대 힐렐과 샴마이를 끝으로 다섯 쌍의 주곳이 끝나고 탄나임(תנאים) 시대로 넘어간다. '포도송이도 그쳤다'는 말에서 '[포도]송이'를 칭하는 히브리어 '에슈콜'(אשכול)은 언어유희다. '에슈콜'을 '이쉬 셰하콜 보'(איש שהכל בו), 즉 '그 안에 모든 것이 들어 있는 사람'의 축약형으로 해석한다(야스트로 사전; 게마라 47b). 다시 말해 모든 지혜에 능한 박식한 학자들이 사라졌다는 뜻이다. 인용한 미가서 7:1의 후속 구절이 "경건한 자가 세상에서 끊어졌고 정직한 자가 사람들 가운데 없도다"이므로, '에슈콜'(포도송이)과 토라에 능한 지혜로운 학자들과의 연결고리를 추측할 수 있다.

9, 10

יוֹחָנָן כֹּהֵן גָּדוֹל הֶעֱבִיר הוֹדָיַת הַמַּעֲשֵׂר. אַף הוּא בִּטֵּל אֶת הַמְעוֹרְרִין וְאֶת הַנּוֹקְפִין. עַד יָמָיו הָיָה פַּטִּישׁ מַכֶּה בִירוּשָׁלַיִם. וּבְיָמָיו אֵין אָדָם צָרִיךְ לִשְׁאוֹל עַל הַדְּמַאי

대제사장 요하난[99]은 십일조 공언을 폐지했다. 그는 또한 깨우는 자와 치는 자를 폐지했다. 그의 시대까지 예루살렘에 망치로 두드리는 자가 있었다. 또한 그의 시대에는 사람들이 드마이에 대해 질문해야 할 필요가 없었다.

- 이 미쉬나는 「마아쎄르 쉐니」 5, 15에도 등장한다. 유대인은 7년 주기 동안 두 번 십일조를 떼어 바치고(7, 1), 더 드려야 할 십일조가 없음을 성전에서 고백해야 한다. 이 공언이 폐지된 이유에 대해 두 가지 설명이 있다. 첫째는 사람들이 십일조를 구분하지 않고 테루마만 구분하게 되었기 때문이고, 둘째는 바빌론에서 귀환할 때 레위인들이 에즈라와 함께 하지 않은 것에 대한 벌로 그들의 십일조 받을 권리를 빼앗아 제사장에게 주었기 때문이라는 것이다(조슈아 컬프; 야드 아브라함 주해).

- 깨우는 자: 레위인들이 매일 잠에서 깨도록 음송하는 의례. 레위인들은 아침에 성전으로 올라가며 "주여 깨소서 어찌하여 주무시나이까…"(시 44:24, 개역개정 44:23)라고 음송하는 전통이 있었다. 이에 이들은 '깨우는 자들'로 불렸다. 그러나 이 전통은 시편 121:4의 "이스라엘을 지키시는 이는 졸지도 주무시지도 아니하신다"는 내용에 어긋나므로 폐지되었다(게마라 48a; 토쎕타 13:9; 티페렛 이스라엘의 야킨[100] 9:33; 조슈아 컬프).

---

99) 요하난 호르카노스(יוחנן הורקנוס, John Hyrcanus)를 말한다.

100) 티페렛 이스라엘(תפארת ישראל, Tiferet Yisrael, '이스라엘의 아름다움'이라는 뜻)은 랍비 이스라엘 리프쉬쯔(Israel Lipschitz, 1782-1860)가 저술한 미쉬나 주해서다. 리프쉬쯔는 랍비 아키바 아이거(Akiva Eiger)의 제자로, 독일 데사우(Dessau), 단치히(Danzig/Gdańsk) 등에서 랍비로 활동한 저명한 아쉬케나지 학자다. 티페렛 이스라엘은 예루살렘 성전 두 기둥의 이름을 딴 야킨(Yachin)과 보아즈(Boaz) 두 부분으로 구성되어 있기에, 종종 미쉬나욧 야킨

- 치는 자: 제물로 드린 소의 뿔 사이를 쳐서 피가 눈으로 흐르게 하여 소가 앞을 못 보면 굽히고 도살에 용이하게 만들곤 했다. 이때 소에 상처가 생길 수 있으므로 요하난은 이를 금했다(블랙먼; 바르테누라).

- 망치로 두드리는 자: 대장장이는 명절 중간에 낀 평일(חול המועד, 홀하-모에드), 즉 유월절과 초막절 사이의 평일에 급한 일을 마무리하는 것이 허락되곤 했는데, 대제사장 요하난은 지나친 소음이 명절에 결례가 된다는 이유로(티페렛 이스라엘의 야킨 9:35) 이를 금했다.

- 드마이(דמאי)란 십일조를 적법하게 떼었는지 의심스러운 농업 생산물이다. 암 하아레쯔(עם הארץ)에게서 구입한 산물은 드마이로 간주되었다. 암 하아레쯔는 문맹이거나 교양이 부족해서 정결법 등에 무지하여 이를 준수하는 데 부주의한 사람들을 가리킨다. 따라서 이들에게서 산물을 구매할 때는 십일조가 올바르게 분리되었는지 물어보고 그의 말이 신뢰할 만한지 여부를 판단해야 했다. 그러나 대제사장 요하난은 암 하아레쯔에게서 산물을 사면 반드시 십일조를 분리해야 한다고 입법했다. 이에 (잠정적) 구매자들은 자기 비용을 들여 십일조를 떼야 하므로 이들로부터 구매하기를 꺼리게 되었다. 그러자 대제사장 요하난은 십일조를 떼되, 제사장에게 바치는 테루마를 제외한 첫 번째 십일조(레위인을 위한)와 두 번째 십일조(가난한 자를 위한)는 구매자 스스로 가질 수 있도록 바로잡았다. 이러한 규정의 근거는 다음과 같다. 일단 십일조를 분리하고 나면 그 농산물은 섭취할 수 있다. 테루마와 달리 첫 번째 십일조와 두 번째 십일조는 일반인도 먹을 수 있다. 만일 암 하아레쯔가 산물을 팔기 전에 이미

우보아즈(משניות יכין ובועז, Mishnayot Yachin uBoaz)로 불린다. 야킨에서는 본문에 대한 일반적인 해설을, 보아즈에서는 보다 자세한 분석적 해설을 제공한다.

십일조를 분리해 레위인과 가난한 자에게 주었다고 주장하더라도
이를 입증해야 할 책임은 레위인과 가난한 자에게 있다. 하지만 이를
입증하는 것이 불가능하기 때문에, 구매자는 떼어낸 십일조를 이들
에게 주지 않고 자신이 보유하면 된다(라브; 야드 아브라함).

9, 11

מִשֶּׁבָּטְלָה סַנְהֶדְרִין, בָּטְלָה הַשִּׁיר מִבֵּית הַמִּשְׁתָּאוֹת, שֶׁנֶּאֱמַר בַּשִּׁיר לֹא
יִשְׁתּוּ יָיִן וְגוֹ'

산헤드린이 〔그 기능을〕 멈췄을 때, "노래하면서 포도주를 마시지
못하고"(사 24:9)라고 기록한 것처럼 연회장으로부터 노래도 멈추
었다.

● 산헤드린의 기능이 활발했을 때는, 축제에 참여한 이들이 포도주잔
  을 들고 노래할 때 적절한 가사인지 등을 감독할 수 있었다.

9, 12

מִשֶּׁמֵּתוּ נְבִיאִים הָרִאשׁוֹנִים, בָּטְלוּ אוּרִים וְתֻמִּים. מִשֶּׁחָרַב בֵּית הַמִּקְדָּשׁ,
בָּטֵל הַשָּׁמִיר וְנֹפֶת צוּפִים. וּפָסְקוּ אַנְשֵׁי אֲמָנָה, שֶׁנֶּאֱמַר הוֹשִׁיעָה ה' כִּי גָמַר
חָסִיד וְגוֹ'.
רַבָּן שִׁמְעוֹן בֶּן גַּמְלִיאֵל אוֹמֵר מִשּׁוּם רַבִּי יְהוֹשֻׁעַ, מִיּוֹם שֶׁחָרַב בֵּית הַמִּקְדָּשׁ,
אֵין יוֹם שֶׁאֵין בּוֹ קְלָלָה, וְלֹא יָרַד הַטַּל לִבְרָכָה, וְנִטַּל טַעַם הַפֵּרוֹת. רַבִּי יוֹסֵי
אוֹמֵר, אַף נִטַּל שֹׁמֶן הַפֵּרוֹת

초기 선지자들이 사망했을 때, 우림과 툼밈[101]이 그쳤다. 성전이 멸

---

101) 출 28:30; 레 8:8; 민 27:21; 신 33:8; 삼상 28:6; 스 2:63; 느 7:65. 우림과 툼밈
    (Urim and Thummim)은 대제사장의 가슴 흉패 안에 들어 있던 것으로, 어원
    과 기원, 재료나 모양, 목적에 대해 알려진 정보가 거의 없으나, 판결을 위한

망했을 때, 샤미르[102]와 쭈핌 꿀[103]도 그쳤다. 또한 "주여, 도우소서. 경건한 자가 끊어지며…"(시 12:1〔히브리어 성서 12:2〕)라고 기록한 것처럼 믿음의 사람들이 그쳤다.

라반 쉼온 벤 감리엘은 랍비 예호슈아의 이름으로 말한다. "성전이 멸망한 날부터 저주 없는 날이 없었고, 축복을 위한 이슬이 내려오지 않았으며, 소산물[104]의 맛이 없어졌다." 랍비 요쎄는 말한다. "소산물의 기름짐[105]도 없어졌다."

9, 13

רַבִּי שִׁמְעוֹן בֶּן אֶלְעָזָר אוֹמֵר, הַטׇּהֳרָה נָטְלָה אֶת הַטַּעַם וְאֶת הָרֵיחַ. הַמַּעַשְׂרוֹת נָטְלוּ אֶת שֹׁמֶן הַדָּגָן. וַחֲכָמִים אוֹמְרִים, הַזְּנוּת וְהַכְּשָׁפִים כִּלּוּ אֶת הַכֹּל

랍비 쉼온 벤 엘아자르는 말한다. "정결함〔상실〕이 맛과 향을 앗아갔다. 십일조〔상실〕이 곡물의 풍요함을 앗아갔다." 그러나 현인들은 말한다. "음행과 주술이 이 모든 것을 멈추게 했다."

점술에 사용된 도구로 유추할 수 있다.

102) 「아봇」 5, 6. 샤미르(שמיר)는 전설에 등장하는 벌레로, 그 광휘로 돌을 쪼갠다고 한다. 솔로몬은 샤미르를 이용하여 성전 건축에 쓸 돌을 자르고, 이스라엘 열두 지파 이름을 에봇(אפוד, Ephod, 출 28:6-14)의 열두 보석에 새길 때도 사용했다고 전한다(블랙먼).

103) 또는 쪼핌. 예루살렘 북쪽 고지대의 이름으로 이 지역에서 나는 꿀은 품질이 좋기로 유명했다.

104) 또는 '과일/열매'를 가리킨다.

105) 셰멘 하페롯(שמן הפרות)은 '풍요로운 열매를 맺는 것'을 뜻한다고 추정된다.

בַּפֻּלְמוֹס שֶׁל אַסְפַּסְיָנוֹס גָּזְרוּ עַל עַטְרוֹת חֲתָנִים, וְעַל הָאֵרוֹס.
בַּפֻּלְמוֹס שֶׁל טִיטוֹס גָּזְרוּ עַל עַטְרוֹת כַּלּוֹת, וְשֶׁלֹּא יְלַמֵּד אָדָם אֶת בְּנוֹ יְוָנִית.
בַּפֻּלְמוֹס הָאַחֲרוֹן גָּזְרוּ שֶׁלֹּא תֵצֵא הַכַּלָּה בָּאַפִּרְיוֹן בְּתוֹךְ הָעִיר, וְרַבּוֹתֵינוּ
הִתִּירוּ שֶׁתֵּצֵא הַכַּלָּה בָּאַפִּרְיוֹן בְּתוֹךְ הָעִיר.

베스파시아누스 전쟁 기간, 그들은 신랑이 쓰는 관과 〔혼인예식에 연주하는〕북을 금하는 법령을 내렸다. 티투스 전쟁 기간, 그들은 신부가 쓰는 관을 금하는 법령을 내렸고, 아무도 아들에게 헬라어를 가르치지 못하게 했다. 마지막 전쟁 기간, 그들은 신부가 성읍에서 가마를 타고 나가지 못하게 하는 법령을 내렸다. 그러나 우리 랍비들은 신부가 성읍에서 가마를 타고 나가는 것을 허가했다.

- 제2차 성전 멸망 시기에 랍비들이 내린 금령을 다룬다.
- 마지막 전쟁은 바르 코크바 반란(132-135)을 말한다. 람밤은 이를 허가한 랍비들이 미쉬나를 집대성한 랍비 예후다 한나씨와 그의 법정이라고 말한다.

מִשֶּׁמֵּת רַבִּי מֵאִיר, בָּטְלוּ מוֹשְׁלֵי מְשָׁלִים.
מִשֶּׁמֵּת בֶּן עַזַּאי, בָּטְלוּ הַשַּׁקְדָּנִים.
מִשֶּׁמֵּת בֶּן זוֹמָא, בָּטְלוּ הַדַּרְשָׁנִים.
מִשֶּׁמֵּת רַבִּי יְהוֹשֻׁעַ, פָּסְקָה טוֹבָה מִן הָעוֹלָם.
מִשֶּׁמֵּת רַבָּן שִׁמְעוֹן בֶּן גַּמְלִיאֵל, בָּא גוֹבַי וְרַבּוּ צָרוֹת.
מִשֶּׁמֵּת רַבִּי אֶלְעָזָר בֶּן עֲזַרְיָה, פָּסַק הָעֹשֶׁר מִן הַחֲכָמִים.
מִשֶּׁמֵּת רַבִּי עֲקִיבָא, בָּטַל כְּבוֹד הַתּוֹרָה.
מִשֶּׁמֵּת רַבִּי חֲנִינָא בֶּן דּוֹסָא, בָּטְלוּ אַנְשֵׁי מַעֲשֶׂה.
מִשֶּׁמֵּת רַבִּי יוֹסֵי קַטְנוּתָא, פָּסְקוּ חֲסִידִים. וְלָמָּה נִקְרָא שְׁמוֹ קַטְנוּתָא, שֶׁהָיָה
קַטְנוּתָן שֶׁל חֲסִידִים.

מִשֶּׁמֵּת רַבָּן יוֹחָנָן בֶּן זַכַּאי, בָּטֵל זִיו הַחָכְמָה.

מִשֶּׁמֵּת רַבָּן גַּמְלִיאֵל הַזָּקֵן, בָּטֵל כְּבוֹד הַתּוֹרָה וּמֵתָה טָהֳרָה וּפְרִישׁוּת.

מִשֶּׁמֵּת רַבִּי יִשְׁמָעֵאל בֶּן פָּאבִי, בָּטֵל זִיו הַכְּהֻנָּה.

מִשֶּׁמֵּת רַבִּי, בָּטְלָה עֲנָוָה וְיִרְאַת חֵטְא.

רַבִּי פִּנְחָס בֶּן יָאִיר אוֹמֵר, מִשֶּׁחָרַב בֵּית הַמִּקְדָּשׁ, בּוֹשׁוּ חֲבֵרִים וּבְנֵי חוֹרִין, וְחָפוּ רֹאשָׁם, וְנִדַּלְדְּלוּ אַנְשֵׁי מַעֲשֶׂה, וְגָבְרוּ בַעֲלֵי זְרוֹעַ וּבַעֲלֵי לָשׁוֹן, וְאֵין דּוֹרֵשׁ וְאֵין מְבַקֵּשׁ, וְאֵין שׁוֹאֵל, עַל מִי לָנוּ לְהִשָּׁעֵן, עַל אָבִינוּ שֶׁבַּשָּׁמָיִם.

רַבִּי אֱלִיעֶזֶר הַגָּדוֹל אוֹמֵר, מִיּוֹם שֶׁחָרַב בֵּית הַמִּקְדָּשׁ, שָׁרוּ חַכִּימַיָּא לְמֶהֱוֵי כְסָפְרַיָּא, וְסָפְרַיָּא כְּחַזָּנָא, וְחַזָּנָא כְּעַמָּא דְאַרְעָא, וְעַמָּא דְאַרְעָא אָזְלָא וְדַלְדְּלָה, וְאֵין מְבַקֵּשׁ, עַל מִי יֵשׁ לְהִשָּׁעֵן, עַל אָבִינוּ שֶׁבַּשָּׁמָיִם.

בְּעִקְּבוֹת מְשִׁיחָא חֻצְפָּא יִסְגֵּא, וְיֹקֶר יַאֲמִיר, הַגֶּפֶן תִּתֵּן פִּרְיָהּ וְהַיַּיִן בְּיֹקֶר, וְהַמַּלְכוּת תֵּהָפֵךְ לְמִינוּת, וְאֵין תּוֹכֵחָה, בֵּית וַעַד יִהְיֶה לִזְנוּת, וְהַגָּלִיל יֶחֱרַב, וְהַגַּבְלָן יִשּׁוֹם, וְאַנְשֵׁי הַגְּבוּל יְסוֹבְבוּ מֵעִיר לְעִיר וְלֹא יְחוֹנָּנוּ, וְחָכְמַת סוֹפְרִים תִּסְרַח, וְיִרְאֵי חֵטְא יִמָּאֵסוּ, וְהָאֱמֶת תְּהֵא נֶעְדֶּרֶת.

נְעָרִים פְּנֵי זְקֵנִים יַלְבִּינוּ, זְקֵנִים יַעַמְדוּ מִפְּנֵי קְטַנִּים. בֵּן מְנַבֵּל אָב, בַּת קָמָה בְאִמָּהּ, כַּלָּה בַּחֲמֹתָהּ, אֹיְבֵי אִישׁ אַנְשֵׁי בֵיתוֹ. פְּנֵי הַדּוֹר כִּפְנֵי הַכֶּלֶב, הַבֵּן אֵינוֹ מִתְבַּיֵּשׁ מֵאָבִיו. וְעַל מִי יֵשׁ לָנוּ לְהִשָּׁעֵן, עַל אָבִינוּ שֶׁבַּשָּׁמָיִם.

רַבִּי פִּנְחָס בֶּן יָאִיר אוֹמֵר, זְרִיזוּת מְבִיאָה לִידֵי נְקִיּוּת, וּנְקִיּוּת מְבִיאָה לִידֵי טָהֳרָה, וְטָהֳרָה מְבִיאָה לִידֵי פְרִישׁוּת, וּפְרִישׁוּת מְבִיאָה לִידֵי קְדֻשָּׁה, וּקְדֻשָּׁה מְבִיאָה לִידֵי עֲנָוָה, וַעֲנָוָה מְבִיאָה לִידֵי יִרְאַת חֵטְא, וְיִרְאַת חֵטְא מְבִיאָה לִידֵי חֲסִידוּת, וַחֲסִידוּת מְבִיאָה לִידֵי רוּחַ הַקֹּדֶשׁ, וְרוּחַ הַקֹּדֶשׁ מְבִיאָה לִידֵי תְחִיַּת הַמֵּתִים, וּתְחִיַּת הַמֵּתִים בָּא עַל יְדֵי אֵלִיָּהוּ זָכוּר לַטּוֹב, אָמֵן

랍비 메이르가 사망했을 때, 우화를 짓는 이들도 끝이 났다.

벤 아자이가 사망했을 때, 성실한 학생들도 끝이 났다.

벤 조마가 사망했을 때, 해석자들도 끝이 났다.

랍비 예호슈아가 사망했을 때, 선함이 세상에서 그쳤다.

라반 쉼온 벤 감리엘이 사망했을 때 메뚜기 떼가 오고 근심은 늘었다.

랍비 엘아자르 벤 아자르야가 사망했을 때, 부유함도 현인들에게서 멈추었다.

랍비 아키바가 사망했을 때, 토라의 영광도 끝이 났다.

랍비 하니나 벤 도싸[106]가 사망했을 때, 이적을 행하는 이들도 끝이 났다.

랍비 작은 자 요쎄가 사망했을 때, 경건한 이들도 없어졌다. 왜 그의 이름이 작은 자로 불렸는가? 그가 경건한 자들 중 가장 작은 이였기 때문이다.

라반 요하난 벤 자카이가 사망했을 때, 지혜의 광휘도 끝이 났다.

라반 감리엘 연장자가 사망했을 때, 토라의 영광이 끝나고, 정결과 구별도 죽어버렸다.

랍비 이쉬마엘 벤 파아비[107]가 사망했을 때, 제사장직의 영광도 끝이 났다.

랍비[108]가 사망했을 때, 겸손과 죄에 대한 두려움도 끝이 났다.

랍비 핀카스 벤 야이르[109]는 말한다. "성전이 멸망했을 때, 동료들과 자유민은 수치심으로 그들의 머리를 덮었다(얼굴을 가렸다). 이적을 행하는 이들은 업신여김을 당했으며, 폭력적인 이들과 말 많은 자들만 힘이 커졌으되, 아무도 [자세히] 설명하지 않고, 아무도 청하지 않고, 아무도 질문하지 않았다. 우리가 누구를 의지해야 할 것인가? [오직] 하늘에 계신 우리 아버지로다."

위대한 랍비 엘리에제르는 말한다. "성전이 멸망한 날부터 현인들은[110] 서기들처럼 되기 시작했고, 서기들은 회당 관리인들처럼, 회당

---

106) חנינא בן דוסא(Hanina b. Dosa).

107) ישמעאל בן פאבי(Yishmael b. Pavi).

108) 랍비 예후다 한나씨를 말한다.

109) פנחס בן יאיר(Pinchas b. Yair).

110) 이어지는 문장은 "~더욱 미약해졌다"까지 아람어로 기록되어 있다.

관리인들은 일반인들처럼 되었으며, 일반인들은 더욱 미약해졌으되 아무도 청하지 않는다. 우리가 누구를 의지해야 할 것인가? 〔오직〕 하늘에 계신 우리 아버지로다.”

메시아의 발자취를 따라[111] 건방짐은 늘고 생계비가 치솟고, 포도는 열매를 맺되 포도주 값이 비싸며, 위정자[112]는 이단으로 향하나 아무도 책망하지 않으리라. 집회소[113]는 음행의 장이 되며, 갈릴리는 파괴되고, 가블란[114]은 황폐해질 것이다. 국경의 거주자들은 이곳저곳으로 〔거지처럼〕 떠돌지만 아무도 그들을 동정하지 않을 것이다. 서기들의 지혜는 썩고, 죄를 두려워하는 이들은 경멸받으며, 진실은 자취를 감추리라. 젊은이들은 노인들을 부끄럽게 여기고, 노인들은 젊은이들 앞에서 일어설 것이다. “아들이 아버지를 멸시하며 딸이 어머니를 대적하며 며느리가 시어머니를 대적하리니 사람의 원수가 곧 자기의 집안 사람이리로다”(미 7:6). 그 세대의 〔얼굴은〕 개의 면상 같을 것이요 〔또한〕 아들이 자기 아버지 앞에서 부끄러움을 모를 것이다. 우리가 누구를 의지할 것인가? 〔오직〕 하늘에 계신 우리 아버지로다.

랍비 핀카스 벤 야이르는 말한다. “주의(注意)깊음은 청결로, 청결은 정결로, 정결은 구별(자제/금욕)로, 구별은 거룩함으로, 거룩함은 겸손으로, 겸손은 죄를 두려워함으로, 죄를 두려워함은 경건함으로, 경건함은 거룩한 영(רוח הקדש)으로 이끈다. 거룩한 영은 죽은 자의 부활로 이끌며, 죽은 자의 부활은 엘리야에 의해 오나니, 복되도다 그를 기억함이여 아멘”.

---

111) “메시아의 발자취를 따라…”는 현재의 큰 고통이 메시아 도래 직전에 겪는 징표라고 믿는 것을 가리킨다.
112) 또는 그 땅을 통치하는 이교도들이다.
113) 학자들(현인들)이 배움을 위해 모이는 곳이다.
114) 가블란(גבל, Gablan)은 팔레스타인 남동부의 가발레나(Gabalena, 야스트로 사전)를 가리킨다.

- '작은 자 요쎄'(יוסי קטנותא, Yose Katnuta)는 랍비 요쎄 벤 할라프타 (약 135-170)이며 랍비 아키바의 수제자 가운데 하나였다.
- '랍비'는 미쉬나의 최종 편집자인 랍비 예후다 한나씨를 가리킨다. 사망한 인물이 미쉬나를 문서화했을 리가 없기 때문에 원문에는 없었던 후대 삽입으로 보인다.
- 마지막에 삽입된 랍비 핀카스 벤 야이르 부분은 '바라이타'(「아보다 자라」 20b)에서 인용된 것이다.

גיטין

—6—
기틴
이혼증서

이혼증서의 골자는 "당신은 어떤 사람에게든 허락된다"라
는 문장이다. 랍비 예후다는 말한다. "'이것이 내가 당신에
게 주는 이혼장이자 포기증, 방출 문서가 될 것이니, 이것을
통해 당신은 가서 어떤 남자하고든 결혼할 수 있다'라는 문
장 또한 그렇다." 해방문서의 골자는 "자, 당신은 자유여성이
다" 또는 "이제 당신은 자기 자신에게 속한다"라는 문장이다.
_「기틴」9, 3

개요

'기틴'(גיטין)은 '게트'(גט)의 복수 형태다. '기틴'은 아람어로 본디 법률 문서를 의미하는 용어이지만, 특별한 설명이 없을 때에는 일반적으로 이혼증서를 가리키는 말로 쓰인다. 이혼은 남편이 자의에 따라 이혼증서를 써서 아내에게 전달해야 그 효력을 발휘하며(「예바못」14, 1), 원칙적으로 아내의 동의를 필요로 하지 않는다.

이혼증서 관련법은 신명기 24:1-4에 기반한다. 그중 1-2절을 보자.

> 사람이 아내를 맞이하여 데려온 후에 그에게 수치되는 일이 있음을 발견하고 그를 기뻐하지 아니하면 이혼 증서를 써서 그의 손에 주고 그를 자기 집에서 내보낼 것이요. 그 여자는 그의 집에서 나가서 다른 사람의 아내가 되려니와(개역개정).

이 구절에서 '내보낸다'(שלח)는 표현을 사용하기 때문에 미쉬나에서는 이혼을 이야기할 때 '내보내다'라는 동사를 사용한다. 한편 '내보내다'(שלחה, to send her)에서 '그녀'는 3인칭 직접목적어 '그녀를' 대신 3인칭 간접목적어 '그녀에게'로도 읽을 수 있기에, 랍비들은 남편이 제삼자를 통해 이혼증서(게트)를 '그녀(아내)에게' 보낼 수 있다고 추론했다. 적법한 이혼증서를 받고 이혼한 여성은 재혼이 가능하다.

이혼증서는 보통 전문적으로 서기들이 작성했다. 법적으로 이혼증서는 어느 언어로든 작성할 수 있으나, 관습적으로 아람어를 택한다. 이혼증서는 토레프(טרף, toref)와 토페쓰(טפס, tofes)로 나뉜다. 토레프에는 날짜, 이혼 당사자인 남녀 배우자의 성명, 작성 장소를 기입한다. 토페쓰는 그리스어 *typos*에서 왔으며, 유형·종류·견본 등의 의미를 지닌다. 모든 문서에 일반적으로 통용되는 표준 문서형식을 가리킨다. 토페쓰에는 이혼 발생 시 효력 등 기타 내용을 명기한다.

금전적 보상이나 처벌 등이 관련된 경우 통상 증인 두 명이 필요하다(신 19:15). 이혼증서를 작성할 때도 증인 두 명을 세워야 하는데, 이 해석을 놓고 랍비 메이르와 랍비 엘아자르의 의견이 대립한다. 랍비 메이르는 이혼증서가 효력이 있기 위해서는 증인 두 명이 문서에 서명하는 것이 중요하다고 보았다. 반면 랍비 엘아자르는 서명보다 이혼증서의 송달을 참관하는 증인 두 명에 더 무게를 두었다.[1] 할라카는 랍비 엘아자르의 견해를 따랐다(게마라 86b).

남편이 대리인을 통해 이혼증서를 전달할 수 있듯이, 아내도 대리인을 통해 이혼증서를 수령할 수 있다(6, 1). 기타 어떻게 이혼증서가 작성되고 전달되어야 하는지 등이 마쎄켓 「기틴」에서 다뤄진다.

---

1) 이들의 이견은 "이혼증서를 써서"의 '쓰다'(כתב)라는 행위를 어떻게 보느냐에서 갈린다. 랍비 메이르는 서명을 하는 것, 랍비 엘아자르는 이혼증서 문서 자체를 작성하는 것을 '쓰다'의 골자로 보았다.

제1장

대리인이 이혼문서를 외국에서 이스라엘 본토로 가져오거나 이스라엘 내에서 전달할 때의 다양한 세칙들을 논한다. 이후 이혼문서와 노예해방 문서의 유사성 면에서 이 둘을 비교한다. 이 문서들을 전달하는 대리인에게 증언이 필요한지 여부, 작성된 장소가 비유대 법정일 때 문서의 효력 여부, 당사자가 이혼과 노예해방 결정의사를 번복할 때 규정 등을 자세히 논한다.

1, 1

הַמֵּבִיא גֵט מִמְּדִינַת הַיָּם צָרִיךְ שֶׁיֹּאמַר: בְּפָנַי נִכְתַּב וּבְפָנַי נֶחְתָּם.
רַבָּן גַּמְלִיאֵל אוֹמֵר: אַף הַמֵּבִיא מִן הָרֶקֶם וּמִן הַחֶגֶר.
רַבִּי אֱלִיעֶזֶר אוֹמֵר: אֲפִלּוּ מִכְּפַר לוּדִים לְלוֹד.
וַחֲכָמִים אוֹמְרִים: אֵינוֹ צָרִיךְ שֶׁיֹּאמַר: בְּפָנַי נִכְתַּב וּבְפָנַי נֶחְתָּם, אֶלָּא הַמֵּבִיא מִמְּדִינַת הַיָּם וְהַמּוֹלִיךְ.
וְהַמֵּבִיא מִמְּדִינָה לִמְדִינָה בִּמְדִינַת הַיָּם צָרִיךְ שֶׁיֹּאמַר: בְּפָנַי נִכְתַּב וּבְפָנַי נֶחְתָּם.
רַבָּן שִׁמְעוֹן בֶּן גַּמְלִיאֵל אוֹמֵר: אֲפִלּוּ מֵהֶגְמוֹנְיָא לְהֶגְמוֹנְיָא.

외국[2)]에서 이혼증서를 [이스라엘 땅으로] 가져오는 사람은 "이것을 내 앞에서 썼고 서명하였다"라고 말해야 한다.

라반 감리엘은 말한다. "레켐이나 헤게르[3)]에서 [이혼증서를] 가져오는 사람일지라도 [그렇게 말한다]." 랍비 엘리에제르는 말한다. "크파르 루딤에서 루드로 [이혼증서를 가져오는 사람일지라도 그렇게 말한다]."

---

2) 메디나트 하얌(מדינת הים). 이스라엘 땅(에레쯔 이스라엘) 바깥 지역이다.
3) 헤게르(חגר)는 카데쉬(קדש)와 베레드(ברד)(창16:14)의 아람어 지명이다(라쉬).

그러나 현인들은 말한다. "외국에서 [본토로] 이혼증서를 가져오는 자 또는 그것을 거기(외국)에서 [본토로] 가져오는 자가 아니면, '이 것을 내 앞에서 썼고 서명하였다'라고 말할 필요가 없다. 외국의 한 지역에서 다른 지역으로 [이혼증서를] 가져오는 사람도 '이것을 내 앞에서 썼고 서명하였다'라고 말해야 한다."

라반 쉼온 벤 감리엘은 말한다. "한 통치지역[4]에서 다른 통치지역 으로 [이혼증서를 가져오는 사람도 그렇게 말한다]."

- 외국에 있는 남편이 이스라엘 본토에 있는 아내에게 이혼증서를 보 내는 경우다. 이혼증서를 가져오는 사람은 이 서류의 작성과 서명을 목도했음을 두 사람 앞에서 증언해야 한다. 성서법에 따르면 두 증인 의 서명이 있는 경우 전적으로 유효하나, 랍비법은 문서의 서명이 위 조인지 아닌지도 확인한다. 이는 후에 남편이 이혼증서가 위조되었 다고 주장하는 것을 미연에 방지하기 위함이다. 이혼증서를 받고 이 혼한 여성이 재혼을 하고 재혼한 남편 사이에 자식을 낳았는데, 전남 편이 돌아와 이혼증서가 위조되었음을 호소한다고 하자. 만일 그 이 혼증서가 법적 효력을 상실하면 이혼은 무효다. 따라서 재혼한 남편 사이에 낳은 자식은 적법하지 않은 관계에서 태어났기에 사생아가 되고 만다. 외국에서 이혼증서가 작성되었다면 원래 증인을 찾아내 기가 더욱 어렵기에 대리인이 보는 앞에서 이혼증서를 작성하고 서 명해야 한다. 또한 외국의 경우 이스라엘 본토에 비해 이혼증서에 대 한 지식이 부족하므로 대리인은 이것이 적법한 절차로 작성했음을 필히 증언해야 한다.
- 라반 감리엘은 레켐(רקם)과 헤게르(חגר)처럼 국경도시에서 이혼증

---

4) 문자적으로 '헤게모니'(הגמוניא)를 말한다.

서를 가져올 때도 이 법규를 적용해야 한다고 주장한다. 국경도시도 증인 송환이 용이하지 않거나 그 거주민들이 이혼증서를 제대로 작성하는 법을 모를 수 있기 때문이다. 랍비 엘리에제르는 이에 더하여 국경선이 고르지 못해 영토 일부가 국경 밖으로 연장되어 있을 때를 이야기한다. 예를 들어 크파르 루딤(כפר לודים)과 루드(לוד, 로드/릿다)는 인접한 두 도시인데, 크파르 루딤은 외국이 아니지만 국경상으로는 본토 밖에, 루드는 본토 안에 위치하는 경우다.

- 그러나 현인들은 외국에서 본토로, 또는 본토에서 외국으로 이혼증서를 송달하는 자만 그 서류의 작성과 서명을 목도했음을 증언해야 한다고 말한다. 외국의 한 지역에서 다른 한 지역으로 송달하는 경우도, 외국에서 본토로 가져오는 것과 비슷한 상황으로 간주한다.

- 라반 쉼온 벤 감리엘은 두 도시가 동일한 주에 속해 있어도 다른 통치자가 다스린다면, 이혼증서 전달자는 "이것을 내 앞에서 썼고 서명하였다"라는 공식문구를 말해야 한다고 주장한다.

1, 2

רַבִּי יְהוּדָה אוֹמֵר: מֵרֶקֶם לַמִּזְרָח, וְרֶקֶם כַּמִּזְרָח; מֵאַשְׁקְלוֹן לַדָּרוֹם, וְאַשְׁקְלוֹן כַּדָּרוֹם; מֵעַכּוֹ לַצָּפוֹן וְעַכּוֹ כַּצָּפוֹן. רַבִּי מֵאִיר אוֹמֵר, עַכּוֹ כְּאֶרֶץ יִשְׂרָאֵל לְגִטִּין.

랍비 예후다는 말한다. "레켐으로부터 동쪽[을 외국으로 간주하니], 레켐은 [이스라엘의] 동부 지방과 같다. 아쉬켈론으로부터 남쪽[을 외국으로 간주하니], 아쉬켈론은 [이스라엘의] 남부 지방과 같다. 악코로부터 북쪽[을 외국으로 간주하니], 악코는 [이스라엘의] 북부 지방과 같다." 랍비 메이르는 말한다. "기틴법에 있어, 악코는 이스라엘 땅으로 간주한다."

- 라반 감리엘과 랍비 엘리에제르(1, 1)로부터 두 세대 후의 랍비 예후다와 랍비 메이르는 외국과 이스라엘 땅을 어떻게 규정하느냐에 관해 논한다.
- 랍비 예후다는 팔레스타인 반도의 레켐을 동쪽, 아쉬켈론을 남쪽, 악코를 북쪽으로 상정하여 이 세 도시를 포함해 동쪽·남쪽·북쪽으로 더 가면 외국이라고 보았다. 서쪽이 언급되지 않은 까닭은 지중해가 국경선 역할을 하기 때문이다(라쉬).[5] 랍비 메이르는 악코는 외국이지만 이혼증서 관련법에 있어서만 이스라엘 땅으로 간주한다.[6]

1, 3

הַמֵּבִיא גֵט בְּאֶרֶץ יִשְׂרָאֵל אֵינוֹ צָרִיךְ שֶׁיֹּאמַר: בְּפָנַי נִכְתַּב וּבְפָנַי נֶחְתָּם.
אִם יֵשׁ עָלָיו עוֹרְרִים- יִתְקַיֵּם בְּחוֹתְמָיו.
הַמֵּבִיא גֵט מִמְּדִינַת הַיָּם וְאֵינוֹ יָכוֹל לוֹמַר: בְּפָנַי נִכְתַּב וּבְפָנַי נֶחְתָּם- אִם יֵשׁ
עָלָיו עֵדִים יִתְקַיֵּם בְּחוֹתְמָיו.

이스라엘 영토 내 [한 곳에서 다른 한 곳으로] 이혼증서를 가져오는 사람은 "이것을 내 앞에서 썼고 서명하였다"라고 말할 필요가 없다. [이혼증서의 유효성에] 이의를 제기하는 자들이 있으면 서명을 가지고 확인한다.

만일 외국에서 이혼증서를 가지고 온 이가 "이것을 내 앞에서 썼고 서명하였다"라고 말할 수 없는 경우, 그 [서류에] 증인이 [적혀] 있다면 서명을 가지고 확인한다.

---

5) 이스라엘 땅에 인접한 해안도시 거주인들은 대개 헬라어를 사용한 반면 유대인들은 주로 아람어를 쓰며 내륙에 거주했다. 랍비들은 해안 거주인들이 이혼증서를 제대로 작성할 수 있는지 염려했다(조슈아 컬프).
6) 악코를 포함한 이유는 설명하지 않았다.

- 이스라엘 본토 내에서 이혼증서를 전달할 때는 앞서 언급한 공식문구를 말할 필요가 없다. 이 경우 서명을 확인하는 절차 없이 이혼증서를 받은 여성은 재혼할 수 있다. 만일 누군가 이혼증서가 위조되었다고 진술하면 법정은 그 문서에 서명한 증인들을 소환하여 그 적법성을 확인한다.
- 증인 소환이 용이하지 않고 이혼증서 작성법에 능통하지 않은 외국에서 이혼증서를 쓰고 송달할 때만 정해진 문구를 말할 필요가 있다. 전달자가 직접 목도하지 않은 까닭에 이 문구를 말할 수 없다면, 그 서명한 증인을 소환한다. 이 경우 이혼증서의 적법성이 확인될 때까지 이혼증서를 받은 여성은 재혼할 수 없다.

1, 4

אֶחָד גִּטֵּי נָשִׁים וְאֶחָד שִׁחְרוּרֵי עֲבָדִים שָׁווּ לַמּוֹלִיךְ וְלַמֵּבִיא.
וְזוֹ אַחַד מִן הַדְּרָכִים שֶׁשָּׁווּ גִּטֵּי נָשִׁים לְשִׁחְרוּרֵי עֲבָדִים.

이혼증서와 노예해방 문서는 그 문서를 받아 전달하는 데 있어 유사하다. 그리고 이것이 이혼증서가 노예해방 문서에 상응하는 방식 중 하나다.

- '이혼증서'는 본래 법률 문서를 의미했기 때문에 원칙적으로는 이혼증서, 노예해방 문서, 다른 법적 문서들을 다 지칭할 수 있다. 이 미쉬나에서는 특정하지 않는 경우 통상 이혼증서를 가리킨다. 이혼증서와 노예해방 문서는 외국에서 작성하여 이스라엘 본토로 송달하거나 이스라엘 본토에서 작성하여 외국으로 송달할 수 있다. 전달자는 "이것을 내 앞에서 썼고 서명하였다"라고 증언해야 한다.

כָּל גֵּט שֶׁיֵּשׁ עָלָיו עֵד כּוּתִי פָּסוּל, חוּץ מִגִּטֵּי נָשִׁים וְשִׁחְרוּרֵי עֲבָדִים.

מַעֲשֶׂה, שֶׁהֵבִיאוּ לִפְנֵי רַבָּן גַּמְלִיאֵל לִכְפַר עוֹתְנַאי גֵּט אִשָּׁה, וְהָיוּ עֵדָיו עֵדֵי כוּתִים, וְהִכְשִׁיר.

כָּל הַשְּׁטָרוֹת הָעוֹלִים בְּעַרְכָּאוֹת שֶׁל גּוֹיִם, אַף עַל פִּי שֶׁחוֹתְמֵיהֶם גּוֹיִם, כְּשֵׁרִים, חוּץ מִגִּטֵּי נָשִׁים וְשִׁחְרוּרֵי עֲבָדִים.

רַבִּי שִׁמְעוֹן אוֹמֵר: אַף אֵלּוּ כְשֵׁרִין; לֹא הֻזְכְּרוּ אֶלָּא בִזְמַן שֶׁנַּעֲשׂוּ בְהֶדְיוֹט.

사마리아인이 증인으로 선 모든 문서는 무효다. 단 이혼증서와 노예해방 문서는 예외다. 한 번은 크파르 오트나이[7]에서 라반 감리엘 앞에 이혼증서를 가져왔는데 증인들이 사마리아인이었고, 그는 이것이 유효하다고 했다.

이방인의 법정에서 인정된 모든 문서는 비록 그 문서에 서명한 이가 이방인이라 할지라도 유효하다. 다만 이혼증서와 노예해방 문서는 예외다. [그러나] 랍비 쉼온은 말한다. "이 문서들도 유효하며, 비전문가가 주재했을 때만 [무효로] 간주한다."

- 미쉬나는 사마리아인[8]이 서명한 문서는 무효로 간주하지만 이혼증서와 노예해방 문서는 예외로 한다. 대출이나 구매 등 금전 관련법에서는 사마리아인의 거짓 진술이 의심되지만(알벡), 토라를 인정하는 사마리아인들이 이혼이나 노예해방 문서에 관해 위증할 이유가 없기 때문이다. 한편 게마라는 랍비 엘아자르가 "사마리아인이 증인으로 선 모든 이혼증서는 무효다"라고 말했다고 한다. 랍비 엘아자르는

---

7) 크파르 오트나이(כפר עותנאי)는 갈릴리 남부에 있는 성읍이다.

8) 사마리아인에 대해서는 「네다림」 3, 10 참조하라. 사마리아인들이 랍비들의 토라 해석을 인정하지 않기 때문에 그들의 진술을 신뢰하기 어렵다고 보았다(게마라 10a). 탄나들은 사마리아인의 개종이 유효한가를 논의하기도 했다(게마라 「키두쉰」 75b; 「닛다」 66; 토쎕타 「홀린」 3b).

사마리아인이 유대법 세칙에 익숙하지 않음을 들어 그들이 만든 무교병 섭취를 금했고, 비슷한 맥락에서 사마리아인의 증언 또한 신뢰하지 못하도록 했으리라는 것이다. 반대 의견으로 랍비들은 사마리아인이 유대인보다 더 꼼꼼하게 세칙들을 받아들였다는 라반 쉼온 벤 감리엘의 주장을 소개한다(게마라 10a).

- 앞에서 소개한 본문의 '사마리아인'은 복수가 아니라 단수로 표기되어 있다. 이혼증서나 노예해방 문서에 진술한 증인 두 명 중 한 명이 사마리아 사람인 경우에만 법적 효력을 인정한다는 이야기다. 반면 2세대 탄나인 라반 감리엘은 이혼증서에 서명한 증인 두 명이 모두 사마리아인이었음에도 그 유효성을 인정한 바 있다. 사마리아인의 법적 지식에 대한 신뢰 측면에서 라반 쉼온 벤 감리엘(4세대 탄나)과 라반 감리엘의 관점은 서로 비슷하다. 이 미쉬나에서 라반 감리엘은 이혼증서와 노예해방 문서의 경우 사마리아인의 진술을 전적으로 신뢰한다(이 두 문서를 제외한 다른 문서에서는 사마리아인을 신뢰하지 않았다).

- 비유대 법정에서 작성되거나 비유대인이 서명한 문서는 이혼증서와 노예해방 문서를 제외하고 유효하다고 간주한다. 미쉬나 시대에 로마 법정은 그 법제도가 발달되어 있었기에 매매나 기증(게마라 10b) 등 일반 법문서와 관련하여 충분히 신뢰할 수 있다고 판단했음을 보여준다. 그러나 이혼 및 노예해방을 다루는 유대법에는 숙련된 지식이 필요하므로 비유대 법정의 판결과 비유대인의 서명을 인정하지 않는다. 반면 랍비 쉼온은 비유대 법정이라도 유대 이혼법과 노예해방법에 관한 전문지식을 지녔다면 이를 인정해야 한다고 주장한다.

הָאוֹמֵר: תֵּן גֵּט זֶה לְאִשְׁתִּי וּשְׁטָר שִׁחְרוּר זֶה לְעַבְדִּי- אִם רָצָה לַחֲזֹר בִּשְׁנֵיהֶן,
יַחֲזֹר; דִּבְרֵי רַבִּי מֵאִיר.

וַחֲכָמִים אוֹמְרִים: בְּגִטֵּי נָשִׁים, אֲבָל לֹא בְּשִׁחְרוּרֵי עֲבָדִים, לְפִי שֶׁזָּכִין לָאָדָם
שֶׁלֹּא בְּפָנָיו, וְאֵין חָבִין לוֹ אֶלָּא בְּפָנָיו; שֶׁאִם יִרְצֶה שֶׁלֹּא לָזוּן אֶת עַבְדּוֹ-
רַשַּׁאי, וְשֶׁלֹּא לָזוּן אֶת אִשְׁתּוֹ- אֵינוֹ רַשַּׁאי.

אָמַר לָהֶם: וַהֲרֵי הוּא פּוֹסֵל אֶת עַבְדּוֹ מִן הַתְּרוּמָה כְּשֵׁם שֶׁהוּא פּוֹסֵל אֶת
אִשְׁתּוֹ!

אָמְרוּ לוֹ: מִפְּנֵי שֶׁהוּא קִנְיָנוֹ.

הָאוֹמֵר: תְּנוּ גֵּט זֶה לְאִשְׁתִּי, וּשְׁטָר שִׁחְרוּר זֶה לְעַבְדִּי, וּמֵת- לֹא יִתְּנוּ לְאַחַר
מִיתָה.

תְּנוּ מָנֶה לְאִישׁ פְּלוֹנִי, וּמֵת- יִתְּנוּ לְאַחַר מִיתָה.

어떤 사람이 "이 이혼증서를 내 아내에게, 이 해방문서를 내 노예에게 주어라"고 말했지만, 그가 〔자기 결정을〕 번복하고자 한다면 번복할 수 있다. 이는 랍비 메이르의 말이다. 그러나 현인들은 말한다. "이혼증서의 경우〔에만 그러하고〕, 노예해방 문서의 경우는 불가하다. 이는 사람이 부재할 때, 혜택은 입을 수 있어도 피해를 입어서는 안 된다는 〔원칙에〕 근거한다. 만약 〔주인이〕 자기 노예 부양하기를 원치 않으면 그렇게 할 수 있어도, 〔남편이〕 아내 부양하기를 원치 않는다면 그렇게 할 수 없기 때문이다."

그러자 그(랍비 메이르)가 그들에게 말했다. "자, 〔아내와 이혼함으로〕 자기 아내로부터 〔거제 먹을 자격을〕 박탈하듯이 그는 노예를 〔해방시킴으로써〕 거제 먹을 자격을 박탈한다." 이에 그들(현인들)이 그(랍비 메이르)에게 말했다. "〔노예의 경우〕 그가 제사장의 재산이기 때문이다."

"이 이혼증서를 내 아내에게, 이 해방문서를 내 노예에게 주어라"고 말한 사람이 〔그 문서가 전달되기 전〕 사망한다면, 그의 사후 〔이 문서들을] 전달하지 않는다. "1마네[9]를 아무개에게 주어라"라고 말한 후 죽었을 경우, 그의 사후에도 그 돈은 전달된다.

- 랍비 메이르는 이혼을 결정한 남편, 노예를 해방하기로 한 주인은 아직 문서가 전달되기 전이라면 결정을 철회해도 괜찮다고 주장한다.
- 반면 현인들은 이혼증서의 경우에만 가능하다고 주장한다. 이는 상대방이 부재할 때 그에게 혜택을 줄 수는 있지만, 그의 불이익을 도모해서는 안 된다는 원리에 입각한다. 즉 상대방의 유익을 위한 일이면 그가 부재 시에도 제삼자를 지명하여 문서를 작성할 수 있고 이는 그 효력을 발휘하는데, 이혼은 아내에게 불익으로, 해방은 노예에게 이익으로 간주된다.
- 주인이 노예의 생계를 책임지기 때문에 해방이 노예에게 불이익이라는 의견도 있을 수 있지만, 현인들은 주인이 꼭 노예의 생계를 보장해야 하는 것은 아니라고 설명한다. 가령 남편은 아내를 부양하는 대신 아내가 지은 옷 등을 받게 되어 있다. 한편 여성의 수예품(마아쎄 야드) 제작만으로는 스스로 생계를 책임지기에 부족하다. 따라서 이혼할 시 아내에게는 수입원을 잃는다는 불이익이 발생한다(라브). 이에 랍비법은 아내의 수입원이 충분하지 않을 경우 남편이 아내를 부양하지 않는다면 이혼할 수 없다는 장치를 둔다(게마라 12a). 반면 노예의 경우 주인은 노예를 부양하지 않으면서도 여전히 자기를 위해 일하라고 명할 수 있다(게마라 12a). 주인이 노예의 생계를 보장하지 않기 때문에 해방된 노예는 딱히 불이익을 당하지 않는다. 즉 노예의 해방은 유익으로 작용한다. 따라서 주인은 제삼자를 지정하여 해방 문서를 작성해놓고 다시 이를 철회해서는 안 된다.

---

9) 1마네는 화폐 단위로 100주즈에 해당한다.

- 랍비 메이르는 노예를 놓아주는 것은 노예에게 일종의 불이익이며, 이를 철회할 수 있는 것과 마찬가지로 이혼도 철회할 수 있다고 주장한다. 그는 노예가 얻는 불이익을 거제를 빌려 설명한다. 제사장이 소유한 노예는 거제를 먹을 수 있지만 해방이 되면 거제 먹을 자격이 박탈된다. 이에 반해 현인들은 거제 먹는 것은 혜택이라기보다 제사장이 그를 '소유'한 데서 발생하는 자격이라고 응답한다. 제사장은 그 노예를 해방시키는 대신 이스라엘인에게 팔아 거제 먹을 자격을 박탈할 수도 있기 때문이다. 따라서 거제 먹을 자격이 박탈되는 것을 불이익으로 볼 수는 없다.
- 사망한 자는 이혼을 할 수도 노예를 해방할 수도 없다는 논리에 따라 미쉬나는 주인이나 남편이 문서가 송달되기 전에 사망할 경우 이를 전달해서는 안 된다고 가르친다. 또한 이들이 사망하면 생전에 송달을 목적으로 지정한 대리인도 그 자격을 상실한다. 그러나 마지막 조항은, 대리인을 통해 유증/기증 의사를 밝혔지만 이행 전에 사망한 경우다. 고인의 유지를 이행하는 것이기 때문에 이혼증서, 노예 해방 문서 송달과는 다르게 취급된다.

제2장

이혼문서 작성 참관 및 서명 증언에 있어 결격사유가 있을 때, 작성과 서명이 같은 날에 이뤄지지 않았을 때 문서의 효력 여부를 논한다. 이혼증서 작성 도구, 즉 어디에 무엇으로 기록해야 하는지에 대한 논의 및 작성인과 송달인의 자격에 대한 설명이 이어진다.

הַמֵּבִיא גֵט מִמְּדִינַת הַיָּם, וְאָמַר: בְּפָנַי נִכְתַּב, אֲבָל לֹא: בְּפָנַי נֶחְתַּם; בְּפָנַי
נֶחְתַּם, אֲבָל לֹא: בְּפָנַי נִכְתַּב; בְּפָנַי נִכְתַּב כֻּלּוֹ, וּבְפָנַי נֶחְתַּם חֶצְיוֹ; בְּפָנַי
נִכְתַּב חֶצְיוֹ, וּבְפָנַי נֶחְתַּם כֻּלּוֹ- פָּסוּל.
אֶחָד אוֹמֵר: בְּפָנַי נִכְתַּב, וְאֶחָד אוֹמֵר: בְּפָנַי נֶחְתַּם- פָּסוּל.
שְׁנַיִם אוֹמְרִים: בְּפָנֵינוּ נִכְתַּב, וְאֶחָד אוֹמֵר: בְּפָנַי נֶחְתַּם- פָּסוּל.
וְרַבִּי יְהוּדָה מַכְשִׁיר.
אֶחָד אוֹמֵר: בְּפָנַי נִכְתַּב, וּשְׁנַיִם אוֹמְרִים: בְּפָנֵינוּ נֶחְתַּם- כָּשֵׁר.

어떤 사람이 외국에서 이혼증서를 가져오며 "내 앞에서 기록되었지만 내 앞에서 서명되지는 않았다"라고 말하는 경우, "내 앞에서 서명되었지만 내 앞에서 기록되지는 않았다"라고 말하는 경우, "전부 내 앞에서 기록되었지만 절반만 내 앞에서 서명되었다"라고 하는 경우, "절반만 내 앞에서 기록되었지만 전부 내 앞에서 서명되었다"라고 하는 경우, [그 이혼증서들은 전부] 무효다.

어떤 사람이 "이것이 내 앞에서 작성되었다"라고 하고, 다른 사람이 "이것이 내 앞에서 서명되었다"라고 하면, [그 이혼증서는] 무효다. 두 사람이 "이것이 우리 앞에서 작성되었다"라고 하고, [다른] 한 사람이 "이것이 내 앞에서 서명되었다"라고 하면, [그 이혼증서는] 무효다. 그러나 랍비 예후다는 이것이 유효하다고 했다.

한 사람이 "이것이 내 앞에서 작성되었다"라고 하고, [다른] 두 사람이 "이것이 우리 앞에서 서명되었다"라고 하면, [그 이혼증서는] 유효하다.

- 서명 절반이란 한 사람의 서명만을 말한다. 기록 절반이란 토레프 작성은 보지 못하고 토페쓰 작성만 보았음을 말한다(「기틴」 개요).
- 한 명은 작성하는 과정에 직접 참관하고, 다른 한 명은 서명을 직접 봤는데, 이 중 한 명만 대리인으로 지정되어 이혼 서류를 가지고 오

면, 서명과 작성 모두를 입증하기에 불충분하다.

- 대리인 한 명이 외국에서 이혼서류를 가지고 오면서 서명만 직접 보았다 하고, 다른 증인 두 명은 작성하는 데 참관했다고 하면, 서명 증언을 해야 하는 대리인이 작성 증언은 하지 못하기에 문서로서 효력을 발휘하지 못한다. 랍비 예후다는 서명 및 작성에 증인이 있는 것이기에 유효하다고 주장한다(랍비 예후다의 의견은 받아들여지지 않았다).

- 두 증인이 이혼증서를 가지고 온 대리인이면, 따로 증언이 필요 없기에 유효하다. 대리인이 작성을 참관한 한 명이면, 서명 증언을 다른 증인 두 사람이 해주기 때문에 역시 유효하다.

2, 2

נִכְתַּב בַּיּוֹם וְנֶחְתַּם בַּיּוֹם, בַּלַּיְלָה וְנֶחְתַּם בַּלַּיְלָה, בַּלַּיְלָה וְנֶחְתַּם בַּיּוֹם- כָּשֵׁר. בַּיּוֹם וְנֶחְתַּם בַּלַּיְלָה, פָּסוּל.
רַבִּי שִׁמְעוֹן מַכְשִׁיר, שֶׁהָיָה רַבִּי שִׁמְעוֹן אוֹמֵר: כָּל הַגִּטִּין שֶׁנִּכְתְּבוּ בַּיּוֹם וְנֶחְתְּמוּ בַּלַּיְלָה- פְּסוּלִין, חוּץ מִגִּטֵּי נָשִׁים.

낮에 쓰고 낮에 서명한 경우, 밤에 [쓰고] 밤에 서명한 경우, 밤에 [쓰고] 낮에 서명한 경우, [그 이혼증서는] 유효하다.

낮에 쓰고 밤에 서명한 경우 [그 이혼증서는] 무효다. 그러나 랍비 쉼온은 이를 유효하다고 본다. 랍비 쉼온은 낮에 쓰고 그 다음 밤에 서명한 모든 문서는 여성의 이혼증서 외에 [모두] 무효라고 말하곤 했기 때문이다.

- 유대 관습은 밤(저녁)에서 시작해 낮으로 하루가 끝난다. 낮에 또는 밤에 작성하고 바로 서명한 문서는 문제가 없으나, 밤에 작성하고 뒤이은 낮에 서명한 경우 또는 낮에 작성하고 뒤이은 밤에 서명

한 경우, 당일로 보느냐 아니냐를 논한다. 밤에 작성하고 뒤이은 낮에 서명되었다면 하루, 즉 동일한 날짜에 이뤄진 것이지만, 낮에 작성하고 뒤이은 밤에 서명하면 다음 날로 넘어가므로 날짜가 바뀐다. 작성과 서명은 같은 날에 이뤄져야 한다. 랍비 쉼온은 이혼증서(게트)의 경우에는 허용된다고 주장한다.

2, 3

בַּכֹּל כּוֹתְבִין: בִּדְיוֹ, בְּסַם, בְּסִקְרָא, וּבְקוֹמוֹס, וּבְקַנְקַנְתּוֹם, וּבְכָל דָּבָר שֶׁהוּא שֶׁל קַיָּמָא.

אֵין כּוֹתְבִין לֹא בְמַשְׁקִים, וְלֹא בְמֵי פֵרוֹת, וְלֹא בְכָל דָּבָר שֶׁאֵינוֹ מִתְקַיֵּם.

עַל הַכֹּל כּוֹתְבִין: עַל הֶעָלֶה שֶׁל זַיִת; וְעַל הַקֶּרֶן שֶׁל פָּרָה, וְנוֹתֵן לָהּ אֶת הַפָּרָה; עַל יַד שֶׁל עֶבֶד, וְנוֹתֵן לָהּ אֶת הָעָבֶד.

רַבִּי יוֹסֵי הַגְּלִילִי אוֹמֵר: אֵין כּוֹתְבִין לֹא עַל דָּבָר שֶׁיֵּשׁ בּוֹ רוּחַ חַיִּים, וְלֹא עַל הָאֳכָלִים.

이혼증서는 어떤 것으로든 적을 수 있다. 잉크, 웅황, 붉은 안료,[10] 고무나 황산철 등 지속되는 무엇으로든 [적을 수 있다]. [그러나] 음료수나 과일즙 등 지속되지 않는 것이면 무엇으로든 적을 수 없다.

이혼증서는 어떤 것 위에도 적을 수 있고, 올리브 잎 위에도 [적을 수 있다]. 암소의 뿔에 적었다면 암소를 그[아내]에게 준다. 노예의 손에 적었다면 그[아내]에게 노예를 준다. [그러나] 랍비 갈릴리 사람 요쎄는 말한다. "살아 있는 무엇[11]이나 음식에는 적을 수 없다."

- 비슷한 주제가 「샤밧」 12, 4와 「메길라」 2, 2에 나온다.
- 랍비 갈릴리 사람 요쎄의 의견은 거부되었다.

---

10) 또는 푹신(fuchsire, 자홍색의 아닐린 염료)이다. 당홍(唐紅)을 말한다.
11) 직역하면 "그 안에 생령이 있는 무엇"(דבר שיש בו רוח חיים)이다.

אֵין כּוֹתְבִין בִּמְחֻבָּר לַקַּרְקַע.
כְּתָבוֹ בִּמְחֻבָּר, תְּלָשׁוֹ וַחֲתָמוֹ, וּנְתָנוֹ לָה-כָּשֵׁר.
רַבִּי יְהוּדָה פּוֹסֵל, עַד שֶׁתְּהֵא כְּתִיבָתוֹ וַחֲתִימָתוֹ בִּתָלוּשׁ.
רַבִּי יְהוּדָה בֶּן בְּתֵירָא אוֹמֵר: אֵין כּוֹתְבִין לֹא עַל הַנְּיָר הַמָּחוּק, וְלֹא עַל
הַדִּפְתְּרָא, מִפְּנֵי שֶׁהוּא יָכוֹל לְהִזְדַיֵּף; וַחֲכָמִים מַכְשִׁירִין.

땅에 연결되어 있는 것에는 〔이혼증서를〕 적지 않는다. 땅에 연결된
무엇인가에 적은 다음 그것을 떼어 서명하고 아내에게 주면 이는 유
효하다. 〔그러나〕 랍비 예후다는 〔먼저〕 땅으로부터 떼어낸 다음 거기
에 적고 서명하지 않는 한 이는 무효라고 본다.

랍비 예후다 벤 베테라는 말한다. "〔적힌 것이〕 지워진 종이나 마감
이 덜 된 양피지는 위조가 〔용이〕하므로 그 위에 〔이혼증서를〕 적어서
는 안 된다." 그러나 현인들은 〔이러한 이혼증서도〕 인정한다.

- 농산물처럼 땅에 연결되어 있는 물건 위에 이혼증서를 쓸 때 랍비 예
  후다는 먼저 그것을 땅에서 분리한 다음 거기에 서류를 작성하고 서
  명해야 한다고 주장한다.
- 마감이 덜 된 양피지, 즉 '디프테라'란 양피지 제조과정에서 소금과
  가루처리는 하였으되 오배자(伍倍子, gallnut)[12] 처리를 거치지 않
  은 양피지를 말한다(게마라 22a; 야스트로 사전; 「쏘타」 2, 4). 당시
  양피지의 값이 비쌌으므로 거친 표면을 긁어내어 재활용하는 일이
  잦았는데, 완전한 제조과정을 거치지 않은 양피지의 경우 기존 서명
  을 지우거나 내용을 고치는 등 위조가 더 용이한 까닭에 랍비 예후
  다 벤 베테라는 이 디프테라 사용을 반대했다. 그러나 현인들은 굳

---

12) 붉나무에 생긴 혹모양의 벌레집. 타닌이 들어 있어 기침, 설사, 출혈증의 약재
로 쓰거나 잉크, 염료 따위의 재료로 쓴다(표준국어대사전).

이 디프테라가 아니더라도 마음만 먹으면 이혼증서를 위조할 수 있고, 날조가 의심되면 증인을 소환하면 되기에 디프테라에 적은 이혼증서도 유효하다고 인정했다.

2, 5

הַכֹּל כְּשֵׁרִין לִכְתֹּב אֶת הַגֵּט, אֲפִלּוּ חֵרֵשׁ, שׁוֹטֶה, וְקָטָן.
הָאִשָּׁה כוֹתֶבֶת אֶת גִּטָּהּ, וְהָאִישׁ כּוֹתֵב אֶת שׁוֹבְרוֹ, שֶׁאֵין קִיּוּם הַגֵּט אֶלָּא בְחוֹתְמָיו.
הַכֹּל כְּשֵׁרִין לְהָבִיא אֶת הַגֵּט, חוּץ מֵחֵרֵשׁ, שׁוֹטֶה, וְקָטָן, וְסוּמָא, וְנָכְרִי.

청각언어장애인, 지적장애인, 미성년자라 할지라도 누구든 이혼증서[13]를 작성할 수 있다.

이혼증서는 서명으로 [효력이] 확인되므로, 여성은 스스로 자기 이혼증서를 작성할 수 있고 남성은 스스로 [이혼한 아내의 케투봇 수령에 대한] 영수증을 작성할 수 있다. 이혼증서는 오직 거기 서명한 사람들에 의해 효력을 발휘하기 때문이다.

청각언어장애인, 지적장애인, 미성년자, 시각장애인, 이방인을 제외한 누구라도 이혼증서를 가져올 수 있다.

- 이혼 서류의 문서 효력 발생은 작성자가 아닌, 유효한 증인과 적법한 서명을 통해서 가능하다. 여성이 스스로 자기 이혼증서를 작성할 수 있다는 것은, 자기 이혼증서를 직접 써서 그것을 남편에게 주면 다시 남편이 그것을 아내에게 줄 수 있음을 말한다.
- 이혼증서를 가져온다는 것은, 대리인으로서 문서 전달 임무를 맡는다는 의미다.

---

13) 토페쓰만을 의미한다(블랙먼).

קִבֵּל הַקָּטָן, וְהִגְדִּיל; חֵרֵשׁ, וְנִתְפַּקֵּחַ; סוּמָא, וְנִתְפַּתֵּחַ; שׁוֹטֶה, וְנִשְׁתַּפָּה;
נָכְרִי, וְנִתְגַּיֵּר- פָּסוּל.

אֲבָל פִּקֵּחַ, וְנִתְחָרֵשׁ, וְחָזַר וְנִתְפַּקֵּחַ; פָּתַח וְנִסְתַּמֵּא, וְחָזַר וְנִתְפַּתֵּחַ; שָׁפוּי,
וְנִשְׁתַּטָּה, וְחָזַר וְנִשְׁתַּפָּה- כָּשֵׁר. זֶה הַכְּלָל: כָּל שֶׁתְּחִלָּתוֹ וְסוֹפוֹ בְּדַעַת- כָּשֵׁר.

미성년자가 〔송달임무를 위해〕 이혼증서를 받은 후 〔그것을 전달하기 전에〕 성인이 되거나, 청각언어장애자가 〔이혼증서를 받은 후 그것을 전달하기 전에〕 말문이 열리거나, 시각장애인이 〔이혼증서를 받은 후 그것을 전달하기 전에〕 눈을 뜨거나, 지적장애인이 〔이혼증서를 받은 후 그것을 전달하기 전에〕 분별력이 생기거나, 이방인이 〔이혼증서를 받은 후 그것을 전달하기 전에〕 개종하는 경우, 그는 〔전달자로〕 부적합하다.

그러나 듣는 이가 〔이혼증서를 받은 후〕 청각언어장애자가 되었다가 〔그것을 전달하기 전에〕 다시 말문이 열리거나, 시력이 있는 이가 〔이혼증서를 받은 후〕 시각장애인이 되고 나서 〔그것을 전달하기 전에〕 다시 눈을 뜨거나, 분별력 있는 이가 〔이혼증서를 받은 후〕 지적장애인이 되었다가 〔그것을 전달하기 전에〕 분별력이 되돌아오는 경우, 그는 〔전달자로〕 적합하다.

원칙은 이렇다. 누구든 〔임무〕 시작 시점과 종료 시점에 지적 능력이 있는 상태이면 〔중간에 부적합한 시기가 있었다 해도 전달자로〕 적합하다.

אַף הַנָּשִׁים שֶׁאֵינָן נֶאֱמָנוֹת לוֹמַר מֵת בַּעְלָהּ נֶאֱמָנוֹת לְהָבִיא אֶת גִּטָּהּ:
חֲמוֹתָהּ, וּבַת חֲמוֹתָהּ, וְצָרָתָהּ, וִיבִמְתָּהּ, וּבַת בַּעְלָהּ.
מַה בֵּין גֵּט לְמִיתָה? שֶׁהַכְּתָב מוֹכִיחַ.

הָאִשָּׁה עַצְמָהּ מְבִיאָה אֶת גִּטָּהּ, וּבִלְבַד שֶׁהִיא צְרִיכָה לוֹמַר: בְּפָנַי נִכְתַּב
וּבְפָנַי נֶחְתָּם.

"이 여자의 남편이 사망했다"라고 말할 때는 신뢰할 수 없지만 이혼증서를 가져올 때는 신뢰할 수 있는 여자들이 있는데, 시모, 시모의 딸, 동료 아내, 예바마(시형제의 아내), 남편의 딸[14]이 여기에 해당한다.

이혼증서와 사망의 차이는 무엇인가? 서면 문서는 〔그 자체로〕 증거가 된다는 점이다.

여성이 직접 자기 이혼증서를 가져올 수 있지만 반드시 "이것이 내 앞에서 작성되고 내 앞에서 서명되었다"라고 말해야 한다.

- 「예바못」 15, 4와 「쏘타」 6, 2.
- 언급된 여성들 손에 문서(이혼증서)가 이미 증거로 들려 있는 이상, 이들의 증언은 이를 보완할 뿐이며 신빙성이 있다고 간주한다.

제3장

이혼증서 작성 당시 특정인과 이혼하겠다는 의중의 중요성, 이혼증서 작성법, 사전 작성 허용 여부 등을 설명한다. 이혼증서를 일시적으로 분실했을 때, 송달인(이혼증서를 보내는 남편)이 고령이거나 환자일 때, 대리인이 병에 걸려 의무이행이 불가할 때 등의 상황에 대한 논의와 더불어, 어떤 사람의 생사 여부를 확신할 수 없을 때 그가 아직 살아 있다고 가정하는 상황을 다룬다.

---

14) 다른 아내에게서 낳은 딸을 말한다.

כָּל גֵּט שֶׁנִּכְתַּב שֶׁלֹּא לְשׁוּם אִשָּׁה- פָּסוּל.

כֵּיצַד?

הָיָה עוֹבֵר בַּשּׁוּק וְשָׁמַע קוֹל סוֹפְרִים מַקְרִין: אִישׁ פְּלוֹנִי מְגָרֵשׁ אֶת פְּלוֹנִית מִמָּקוֹם פְּלוֹנִי, וְאָמַר: זֶה שְׁמִי וְזֶה שֵׁם אִשְׁתִּי- פָּסוּל לְגָרֵשׁ בּוֹ.

יָתֵר מִכֵּן, כָּתַב לְגָרֵשׁ בּוֹ אֶת אִשְׁתּוֹ, וְנִמְלַךְ; מְצָאוֹ בֶּן עִירוֹ וְאָמַר לוֹ: שְׁמִי כִּשְׁמֶךָ, וְשֵׁם אִשְׁתִּי כְּשֵׁם אִשְׁתֶּךָ- פָּסוּל לְגָרֵשׁ בּוֹ.

יָתֵר מִכֵּן, הָיוּ לוֹ שְׁתֵּי נָשִׁים וּשְׁמוֹתֵיהֶן שָׁוִים; כָּתַב לְגָרֵשׁ בּוֹ אֶת הַגְּדוֹלָה- לֹא יְגָרֵשׁ בּוֹ אֶת הַקְּטַנָּה.

יָתֵר מִכֵּן, אָמַר לַלַּבְלָר: כְּתֹב; לְאֵיזוֹ שֶׁאֶרְצֶה אֲגָרֵשׁ- פָּסוּל לְגָרֵשׁ בּוֹ.

특정 여자를 [의중에 두지] 않고 작성된 이혼증서는 무효다.

어떻게 [그러한가]? 어떤 남자가 길을 가는데 서기들이 "아무개가 어떤 장소에서 아무개와 이혼한다"라고 소리내어 말하는 것을 듣고, "그것은 내 이름이고 내 아내 이름이다"라고 하는 경우, [그 지나가던 이가] 이 [이혼증서를] 가지고 이혼하는 것은 무효다.

나아가 자기 아내와 이혼하겠다는 [이혼증서]를 썼다가 마음을 바꿨는데, 어떤 사람이 그를 보고 말하기를 "내 이름이 당신 이름과 같고 내 아내 이름이 당신 아내의 이름과 같다"라고 하는 경우, 그것을 가지고 이혼하는 것은 무효다.

나아가 어떤 사람에게 같은 이름을 지닌 아내 두 명이 있고 손윗아내[15)와 이혼하기 위해 [이혼증서를] 썼다면, 그것을 가지고 손아랫아내와 이혼하는 것은 무효다.

나아가 이 사람이 서기에게 "[일단 이혼증서를] 작성하라. [그러면] 이후에 내가 고르는 쪽과 이혼하겠다"라고 말하는 경우, 그것을 가지고 이혼하는 것은 무효다.

---

15) 두 아내 중 나이가 더 많은 쪽이다.

- 이혼증서 작성 당시에, 이 문서를 가지고 특정 여성과 이혼해야겠다는 명확한 의사가 있어야 하며, 반드시 그 여성에게만 그 문서가 전달되어야 한다.

3, 2

הַכּוֹתֵב טָפְסֵי גִטִּין- צָרִיךְ שֶׁיַּנִּיחַ מְקוֹם הָאִישׁ, וּמְקוֹם הָאִשָּׁה, וּמְקוֹם הַזְּמַן;
שִׁטְרֵי מִלְוֶה- צָרִיךְ שֶׁיַּנִּיחַ מְקוֹם הַמַּלְוֶה, מְקוֹם הַלֹּוֶה, מְקוֹם הַמָּעוֹת, וּמְקוֹם הַזְּמַן;
שִׁטְרֵי מִקָּח- צָרִיךְ שֶׁיַּנִּיחַ מְקוֹם הַלּוֹקֵחַ, וּמְקוֹם הַמּוֹכֵר, וּמְקוֹם הַמָּעוֹת, וּמְקוֹם הַשָּׂדֶה, וּמְקוֹם הַזְּמַן, מִפְּנֵי הַתַּקָּנָה.
רַבִּי יְהוּדָה פּוֹסֵל בְּכֻלָּן.
רַבִּי אֶלְעָזָר מַכְשִׁיר בְּכֻלָּן, חוּץ מִגִּטֵּי נָשִׁים, שֶׁנֶּאֱמַר: וְכָתַב לָהּ, לִשְׁמָהּ.

이혼증서의 토페쓰[16]를 쓸 때 [서기관은] 남편 이름을 기입할 자리, 아내 이름을 기입할 자리, 날짜를 기입할 자리를 남겨두어야 한다. 대출 문서의 경우, 채권자의 이름, 차용인의 이름, 액수와 날짜를 [기입할] 자리를 남겨두어야 한다. [토지] 매입 문서의 경우, 매도자의 이름, 매수자의 이름, 액수, 땅[의 정확한 위치] 및 날짜를 [기입할] 자리를 남겨두어야 한다. 이는 준비[17]를 위해서다.

랍비 예후다는 [미리 작성해두었다면] 모두 무효라고 한다. 랍비 엘아자르는 이혼증서를 제외하고는 모두 유효하다고 본다. "남편은 아내에게 써야 한다"(신 24:1)라고 [토라에] 기록되어 있기 때문이다.

- 미리 형식을 작성해놓는 것이 유효한지에 대한 논의다. 바로 전 미

---

16) 「기틴」 개요와 9,5.
17) 이 낱말(תקנה, 타카나)이 정확히 무엇을 의미하는지는 알 수 없다. 미리 사본을 준비해놓아 필요할 때 바로 사용하여 시간을 절약할 수 있다는 내용으로 추정된다(댄비; 블랙먼).

쉬나에 따르면 이혼 상대인 배우자를 미리 염두에 두고 이혼증서를 작성해야 한다. 그러나 이름, 날짜, 장소 즉 '토레프'는 나중에 기입할 수도 있다는 주장이다.

● 랍비 예후다는 이혼증서의 '토페스' 형식을 사전에 작성할 수 없다고 주장한다. 보다 안전한 장치를 위해 대출과 매매 문서도 미리 써두는 것을 금지하며 이혼증서의 세부사항을 미리 적는 것도 금지한다.

● 랍비 엘아자르는 부분적으로 랍비 예후다의 의견에 동의한다. 신명기 24:1을 들어, 토페쓰뿐 아니라 이혼증서 전체가 특정 배우자를 염두에 두고 작성되어야 하기에 미리 작성해서는 안 된다는 것이다. 단 다른 문서들은 미리 작성해도 좋다고 주장한다.

3, 3

הַמֵּבִיא גֵט וְאָבַד הֵימֶנּוּ, מְצָאוֹ לְאַלְתַּר- כָּשֵׁר; וְאִם לָאו- פָּסוּל.
מְצָאוֹ בַחֲפִיסָה אוֹ בִדְלֻסְקְמָא, אִם מַכִּירוֹ- כָּשֵׁר.
הַמֵּבִיא גֵט וְהִנִּיחוֹ זָקֵן אוֹ חוֹלֶה- נוֹתְנוֹ לָהּ בְּחֶזְקַת שֶׁהוּא קַיָּם.
בַּת יִשְׂרָאֵל הַנְּשׂוּאָה לְכֹהֵן וְהָלַךְ בַּעְלָהּ לִמְדִינַת הַיָּם- אוֹכֶלֶת בַּתְּרוּמָה בְּחֶזְקַת שֶׁהוּא קַיָּם.
הַשּׁוֹלֵחַ חַטָּאתוֹ מִמְּדִינַת הַיָּם- מַקְרִיבִין אוֹתָהּ בְּחֶזְקַת שֶׁהוּא קַיָּם.

이혼증서를 가져오는 이가 이를 분실한 경우, 즉시 찾으면 [그 이혼증서는] 유효하다. 그렇지 않다면 [그 이혼증서는] 무효다. 만일 작은 주머니나 상자[18]에서 발견하고 그것을 알아본다면 [그 이혼증서는] 유효하다. [대리인이] 이혼증서를 가져오는 경우 그가 떠나올 때 [남편이] 늙었거나 아픈 [상태였다면], 그가 여전히 살아 있다는 전제하에 그 아내에게 이를 전달한다.

---

18) דלסקמא(들루스크마)는 헬라어에서 차용한 말로 글로스콤(גלסקום), 글로스쿠마(גלסקמא) 등으로 기록되었다. 상자, 함, 통을 말한다(야스트로 사전).

[비슷하게] 이스라엘 일반 여성이 제사장과 결혼했는데 그 남편이 외국에 간 경우, 이 아내는 [제사장인] 남편이 여전히 살아 있다는 전제하에 거제를 계속 먹을 수 있다. 어떤 사람이 외국에서 속죄제물을 보낸다면 그가 여전히 살아 있다는 전제하에 이를 제물로 바칠 수 있다.

3, 4

שְׁלֹשָׁה דְבָרִים אָמַר רַבִּי אֶלְעָזָר בֶּן פַּרְטָא לִפְנֵי חֲכָמִים, וְקִיְּמוּ אֶת דְּבָרָיו
עַל עִיר שֶׁהִקִּיפָהּ כְּרְקוֹם, וְעַל הַסְּפִינָה הַמִּטָּרֶפֶת בַּיָּם, וְעַל הַיּוֹצֵא לִדּוֹן-
שֶׁהֵן בְּחֶזְקַת קַיָּמִין.
אֲבָל עִיר שֶׁכְּבָשָׁהּ כְּרְקוֹם, וּסְפִינָה שֶׁאָבְדָה בַיָּם, וְהַיּוֹצֵא לֵהָרֵג- נוֹתְנִין
עֲלֵיהֶן חֻמְרֵי חַיִּים וְחֻמְרֵי מֵתִים:
בַּת יִשְׂרָאֵל לְכֹהֵן, וּבַת כֹּהֵן לְיִשְׂרָאֵל- לֹא תֹאכַל בַּתְּרוּמָה.

랍비 엘아자르 벤 파르타[19]는 현인들 앞에서 세 가지를 말했고 그들은 이 세 가지를 인정했다.

포위병력이 에워싼 성읍 [안의 사람들], 바다에서 기울어진 배에 [탄 사람들], [살인사건으로] 법정에 인도된 자의 경우, 이들은 살아 있다고 간주된다.

[그러나 성읍이] 포위병력에 점령당하거나, 바다에서 배가 난파하거나, 사형을 집행하러 나간 경우, 살아 있든 죽었든 엄격한 기준으로 법을 적용한다. 따라서 제사장과 결혼한 이스라엘 일반 여성이나 이스라엘 일반인과 결혼한 제사장의 딸은 거제를 먹을 수 없다.

- 포위된 성읍 가운데 있거나 기운 배에 탑승한 사람들, 사형에 처해질 수 있는 법정에 선 이들은 생사의 기로에는 놓여 있지만 아직은 위

---

19) אלעזר בן פרטא (Elazar b. Parta/Perata).

기 상황일 뿐 살아 있다고 간주한다.

● 생사를 확인하기 어렵고 죽었을 확률이 더 높은 상황이라면, 더 엄격한 잣대로 법을 적용한다. 원칙상 제사장과 결혼한 이스라엘 일반 여성은 남편으로 인해 거제 먹는 것이 허용된다. 위 예시된 경우, 제사장인 남편이 살아 있을 가능성을 배제할 수 없지만 사망했다고 간주하고 그 아내로부터 거제 먹을 자격을 박탈한다. 반면 제사장의 딸이 이스라엘 일반인과 결혼하면 거제를 먹을 수 없고 남편이 사망하면 다시 제사장인 부친에 귀속되어 거제 먹는 것이 허용된다. 그러나 이 미쉬나의 경우, 남편이 여전히 살아 있을 수 있다는 기준을 적용하여 거제 먹는 것을 금한다.

3, 5

הַמֵּבִיא גֵט בְּאֶרֶץ יִשְׂרָאֵל וְחָלָה- הֲרֵי זֶה מְשַׁלְּחוֹ בְּיַד אַחֵר.
וְאִם אָמַר לוֹ: טֹל לִי הֵימֶנָּה חֵפֶץ פְּלוֹנִי- לֹא יְשַׁלְּחֶנּוּ בְּיַד אַחֵר, שֶׁאֵין רְצוֹנוֹ
שֶׁיְּהֵא פִקְדוֹנוֹ בְּיַד אַחֵר.

이스라엘 땅 안에서 이혼증서를 가져오던 중 병에 걸린 사람은 다른 사람을 통해 그것을 전달할 수 있다. 그러나 만일 그(남편)가 "나를 위해 아내에게서 이러이러한 물건을 취해오라"고 말했다면 그(대리인)는 다른 사람을 보낼 수 없다. 자기가 맡긴 물품[20]이 〔자신이 대리인으로 지정하지 않은〕 다른 이의 수중에 있는 것은 그(남편)가 바라는 바가 아니기 때문이다.

---

20) פקדונו(피크도노)는 직역하면 '그의 보증금'이다.

3, 6[21]

הַמֵּבִיא גֵט מִמְּדִינַת הַיָּם וְחָלָה- עוֹשֶׂה בֵית דִּין וּמְשַׁלְּחוֹ, וְאוֹמֵר לִפְנֵיהֶם:
בְּפָנַי נִכְתַּב וּבְפָנַי נֶחְתָּם.
וְאֵין הַשָּׁלִיחַ הָאַחֲרוֹן צָרִיךְ שֶׁיֹּאמַר: בְּפָנַי נִכְתַּב וּבְפָנַי נֶחְתָּם, אֶלָּא אוֹמֵר:
שָׁלִיחַ בֵּית דִּין אָנִי.

외국에서 이혼증서를 가져오다가 병에 걸리면 법정은 〔다른 이를〕 지정해 그를 보내고, 그(최초 대리인)는 그들 앞에서 "이것이 내 앞에서 작성되고 내 앞에서 서명되었다"라고 말해야 한다. 최종 대리인은 "이것이 내 앞에서 작성되고 내 앞에서 서명되었다"라고 말할 필요는 없으나, 대신 "나는 법정의 대리인이다"라고 말해야 한다.

3, 7[22]

הַמַּלְוֶה מָעוֹת אֶת הַכֹּהֵן, וְאֶת הַלֵּוִי, וְאֶת הֶעָנִי, לִהְיוֹת מַפְרִישׁ עֲלֵיהֶן
מֵחֶלְקָן- מַפְרִישׁ עֲלֵיהֶן בְּחֶזְקַת שֶׁהֵן קַיָּמִין, וְאֵינוֹ חוֹשֵׁשׁ שֶׁמָּא מֵת הַכֹּהֵן אוֹ
הַלֵּוִי, אוֹ הֶעֱשִׁיר הֶעָנִי.
מֵתוּ- צָרִיךְ לִטוֹל רְשׁוּת מִן הַיּוֹרְשִׁין.
אִם הִלְוָן בִּפְנֵי בֵית דִּין- אֵינוֹ צָרִיךְ לִטוֹל רְשׁוּת מִן הַיּוֹרְשִׁין.

그들(차용인) 몫의 〔거제나 십일조를〕 대신 떼어놓는다는 조건으로 제사장이나 레위인 또는 가난한 사람에게 돈을 빌려주는 경우, 그들이 살아 있다는 전제하에 그들 몫을 떼어놓는다. 그 제사장이나 레위인이 죽을까, 가난한 이가 부유해질까 염려할 필요가 없다.

만일 이들이 사망하면, 그는 상속자들의 허락을 얻어야 한다. 만일 법정 앞에서 그들에게 대출해주었다면 상속자들의 허락을 얻을 필요가 없다.

---

21) 일부 사본에서는 3, 6 내용이 3, 5의 일부로 포함되어 있다.
22) 일부 사본에서는 3, 7 내용이 3, 6으로 되어 있다.

- 보통 자기 소출물에서 일부를 떼어 제사장에게는 거제를, 레위인과 가난한 이에게는 십일조를 내야 한다(「쏘타」7, 1; 7, 3; 7, 8). 차용인이 제사장, 레위인, 가난한 이이면, 빌려준 이(채권자)는 이들이 꿔 간 돈의 액수만큼 제하고 거제와 십일조를 내겠다는 내용을 대출조건으로 걸 수 있다. 이 채권자는 자기 소출물에서 거제와 십일조를 떼어놓았다가, 만일의 경우 제사장의 빚은 거제(테루마)에서, 레위인의 빚은 첫 십일조(마아쎄르 리숀)에서, 가난한 이의 빚은 둘째 십일조(마아쎄르 쉐니)에서 상환받으면 된다. 거제의 경우 일반인이 먹는 것이 금지되므로 다른 제사장에게 팔아야 한다. 이러한 합의는 채무자가 살아 있다는 전제하에 이뤄진다. 채무자인 제사장이나 레위인이 사망하거나 가난한 이가 부자가 되면 거제 및 십일조를 받을 자격이 사라지므로 채권자는 그것으로 부채를 상환받을 수 없게 된다.
- 이들이 사망하면 그 떼어놓은 거제와 십일조로 부채를 상환받아도 되는지 상속인들에게 허락을 구해야 한다. 상속인들이 거제와 십일조를 챙기고 대신 다른 방법으로 채권자에게 빚을 갚고자 할 수도 있기 때문이다.

3, 8

הַמַּנִּיחַ פֵּרוֹת לִהְיוֹת מַפְרִישׁ עֲלֵיהֶן תְּרוּמָה וּמַעַשְׂרוֹת, מָעוֹת לִהְיוֹת מַפְרִישׁ עֲלֵיהֶן מַעֲשֵׂר שֵׁנִי- מַפְרִישׁ עֲלֵיהֶן בְּחֶזְקַת שֶׁהֵן קַיָּמִין.
אִם אָבְדוּ- הֲרֵי זֶה חוֹשֵׁשׁ מֵעֵת לְעֵת; דִּבְרֵי רַבִּי אֶלְעָזָר בֶּן שָׁמוּעַ.
רַבִּי יְהוּדָה אוֹמֵר: בִּשְׁלֹשָׁה פְרָקִים בּוֹדְקִין אֶת הַיַּיִן: בִּקְדִים שֶׁל מוֹצָאֵי הֶחָג, וּבְהוֹצָאַת סְמָדַר, וּבְשָׁעַת כְּנִיסַת מַיִם בַּבֹּסֶר.

거제나 십일조를 내기 위해 소출물을 따로 떼어두거나 둘째 십일조를 내기 위해 돈을 따로 떼어두는 사람은 그것들이 계속 존재한다는 가정하에 떼어둔다. "그것들을 잃어버린 경우 지난 24시간[23] 〔사이에 일어난 것〕으로 여긴다." 이는 랍비 엘아자르 벤 샤무아[24]의 말이다.

랍비 예후다는 말한다. "포도주는 세 계절마다 검사해야 한다. 〔초막절〕 명절이 끝날 무렵 동풍이 부는 시기, 새싹이 트는 시기, 그리고 풋과일에 즙이 드는 시기다."

- 십일조에는 첫째 십일조(מעשר ראשון, 마아쎄르 리숀), 즉 매년 바치는 토지 소산의 십분의 일이 있고, 둘째 십일조(מעשר שני, 마아쎄르 쉐니), 즉 매 3년 끝에 소산의 십분의 일을 가난한 이를 위해 내는 것이 있다(「쏘타」 7, 1).
- 거제나 십일조를 떼어놓을 때는 썩거나 잃어버려서 없어질 수 있다는 가정을 하지 않는다. 랍비 엘아자르 벤 샤무아에 따르면, 떼어놓은 돈이나 소출물을 잃어버렸거나 그것이 상해서 더 이상 존재하지 않는 경우, 지난 24시간 안에 벌어진 일로 간주한다. 그 기간 자기도 모르게 십일조를 떼지 않은 소출물을 먹었다고 보고 이를 제사장들에게 다시 갚는다.
- 한편 미쉬나에서 그냥 절기라고 부를 때는 보통 초막절(쑤콧)을 가리킨다. 랍비 예후다는 거제와 십일조를 위해 떼어둔 포도주는 혹여 초로 변하지는 않았나 시기마다 확인해야 한다고 주장하며, 그의 의견이 채택되었다.

---

23) מעת לעת (메에트 레에트)는 직역하면 '이 시간에서 [동일한] 시간까지'다.
24) Eleazar ben Shammua. 일부 사본에는 엘리에제르(Eliezer)로 기록되어 있다.

제4장

대리인에게 이혼증서를 보낸 후에 이를 철회할 수 있는가에 대한
논의, 문제되는 상황을 개선하기 위한 랍비들의 수정 법령, 노예 속량
과 포로 속환 관련법, 이혼한 아내와의 재결합 가능 여부 등을 다룬다.

4, 1

הַשׁוֹלֵחַ גֵּט לְאִשְׁתּוֹ, וְהִגִּיעַ בַּשָּׁלִיחַ, אוֹ שֶׁשָּׁלַח אַחֲרָיו שָׁלִיחַ, וְאָמַר לוֹ: גֵּט
שֶׁנָּתַתִּי לָךְ בָּטֵל הוּא- הֲרֵי זֶה בָּטֵל.
קָדַם אֵצֶל אִשְׁתּוֹ אוֹ שֶׁשָּׁלַח אֶצְלָהּ שָׁלִיחַ, וְאָמַר לָהּ: גֵּט שֶׁשָּׁלַחְתִּי לִיךְ בָּטֵל
הוּא- הֲרֵי זֶה בָּטֵל.
אִם מִשֶּׁהִגִּיעַ גֵּט לְיָדָהּ- שׁוּב אֵינוֹ יָכוֹל לְבַטְּלוֹ.

어떤 사람이 아내에게 이혼증서를 보낸 후에 그 대리인을 따라잡거
나, [대리인을 보낸] 다음 다시 [다른] 대리인을 보내어, "내가 당신에게
보낸 이혼증서는 취소되었다"라고 하면, 그 [이혼증서를] 취소한다.

[남편이 대리인보다] 앞서 아내에게 도착하거나 [다른] 대리인을
그(아내)에게 보내어, "내가 당신에게 보낸 이혼증서는 취소되었다"
라고 하는 경우, 그 [이혼증서를] 취소한다.

일단 이혼증서가 아내에게 도착하면 남편은 그것을 취소할 수 없다.

4, 2

בָּרִאשׁוֹנָה הָיָה עוֹשֶׂה בֵית דִּין בְּמָקוֹם אַחֵר וּמְבַטְּלוֹ. הִתְקִין רַבָּן גַּמְלִיאֵל
הַזָּקֵן שֶׁלֹּא יְהוּ עוֹשִׂין כֵּן, מִפְּנֵי תִקּוּן הָעוֹלָם. בָּרִאשׁוֹנָה הָיָה מְשַׁנֶּה שְׁמוֹ
וּשְׁמָהּ, שֵׁם עִירוֹ וְשֵׁם עִירָהּ. וְהִתְקִין רַבָּן גַּמְלִיאֵל הַזָּקֵן שֶׁיְּהֵא כוֹתֵב, אִישׁ
פְּלוֹנִי וְכָל שֵׁם שֶׁיֵּשׁ לוֹ, אִשָּׁה פְּלוֹנִית וְכָל שׁוּם שֶׁיֵּשׁ לָהּ, מִפְּנֵי תִקּוּן הָעוֹלָם:

원래는 남편이 다른 곳에서 법정을 소집하고 이를 취소해야 했다.
라반 감리엘 연장자는 그렇게 하지 않도록 입법했으니 이는 더 나은

세상[25]을 위함이다.

원래는 남편이 [이혼증서의] 자기 이름이나 아내의 이름 또는 자기 거주지명이나 아내의 거주지명을 변경할 수 있었다. 라반 감리엘 연장자는 "아무개 남성, 그리고 그에게 있는 [다른] 모든 이름", "아무개 여성, 그리고 그에게 있는 [다른] 모든 이름"이라고 기입할 수 있게 입법했으니 이는 더 나은 세상을 위함이다.

- 타지에 있는 남편이 대리인편으로 아내에게 이혼증서를 송달했다가 이를 취소하기 원하면, 이혼증서가 아내에게 도달하기 전에 다른 곳(아내와 대리인이 부재하는) 법원에서 이를 무효화하겠다고 선언해야 했다.
- 이전에 살았던 거주지에서 알려진 이름을 이혼증서가 작성된 장소에서 알려진 이름으로 변경 가능했다.
- 별명 등 통용되는 이름이 지역별로 여러 개일 수 있다. 그 이름들을 함께 기입하지 않는다면, 타도시 사람들은 이혼증서에 적힌 이름을 알아보지 못하고 이 이혼증서가 이 여성 것이 아니라고 주장할 수 있다.

4, 3

אֵין אַלְמָנָה נִפְרַעַת מִנִּכְסֵי יְתוֹמִים אֶלָּא בִשְׁבוּעָה.
נִמְנְעוּ מִלְּהַשְׁבִּיעָהּ, הִתְקִין רַבָּן גַּמְלִיאֵל הַזָּקֵן שֶׁתְּהֵא נוֹדֶרֶת לַיְתוֹמִים כָּל מַה שֶּׁיִּרְצוּ, וְגוֹבָה כְּתֻבָּתָהּ.
הָעֵדִים חוֹתְמִין עַל הַגֵּט מִפְּנֵי תִקּוּן הָעוֹלָם.

---

25) "더 나은 세상"으로 번역한 티쿤 하올람(תקון העולם, Tikkun Olam)을 직역하면 '세상을 수정하는 것', '세상을 고치는 것'이다. 공적인 이익을 위해 개선하고 향상시킨다는 의미로 이해할 수 있다. 이하 '더 나은 세상'으로 번역한다. 기타 영어본은 public welfare(옥스퍼드), public weal(블랙먼), general good(댄비; 야드 아브라함), the good order of the world(뉴스너) 등으로 번역하고 있다.

과부는 맹세를 하지 않으면 부친을 여읜 자들의 재산에서 〔케투바를〕 수령하지 못한다.

그들(법정)이 맹세를 삼가토록 했으나, 라반 감리엘 연장자는 이 여성이 부친을 여읜 자들에게 그들이 원하는 것은 뭐든 서원하고서 케투바를 수령할 수 있다고 입법했다.

증인들은 더 나은 세상을 위해 그 이혼증서에 그들의 이름을 서명해야 한다.

힐렐은 더 나은 세상을 위해 프로즈불[26]을 입법했다.

- '부친을 여읜 자들'은 상속자가 된 남편의 아들들을 가리킨다. 남편의 살아생전 케투바를 수령하지 않았다는 맹세를 해야만, 상배여성은 남편의 상속자 재산에서 케투바를 받아갈 수 있었다. 이미 케투바를 수령해놓고는 거짓 맹세를 하고 다시 받아갈까 우려하여, 랍비들은 과부가 "케투바를 수령하지 않았다"라고 맹세하는 것을 그만두게 했고, 이에 과부들이 케투바를 수령할 수 없게 되었다(게마라 35a). 그러자 라반 감리엘 연장자는 맹세 대신 서원(예를 들어, "내가 이미 케투바를 수령했었다면, 이러이러한 것이 내게 금지될 것이다"라는)을 하고서 케투바를 수령할 수 있도록 다시 법을 만들었다.
- 서명 진위를 확인하는 증인들은, 그들의 서명 없이도 이혼증서가 유효함에도 불구하고, 이혼증서에 서명하도록 권고받았다. 만에 하나 송달 참관 서명자 중 하나가 사망하거나 너무 먼 곳에 있다면 문서의 진위성 여부가 의심받을 수 있기 때문이다.

---

26) 프로즈불은 안식년에도 대출금을 탕감하지 않는다고 법정이 인정하는 면제 증서다(신 15:2; 「케투봇」 9, 9).

עֶבֶד שֶׁנִּשְׁבָּה וּפְדָאוּהוּ אִם לְשׁוּם עֶבֶד- יִשְׁתַּעְבֵּד; אִם לְשׁוּם בֶּן חוֹרִין-לֹא יִשְׁתַּעְבֵּד.

רַבָּן שִׁמְעוֹן בֶּן גַּמְלִיאֵל אוֹמֵר: בֵּין כָּךְ וּבֵין כָּךְ- יִשְׁתַּעְבֵּד.

עֶבֶד שֶׁעֲשָׂאוֹ רַבּוֹ אַפּוֹתִיקִי לַאֲחֵרִים וְשִׁחְרְרוֹ- שׁוּרַת הַדִּין, אֵין הָעֶבֶד חַיָּב כְּלוּם; אֶלָּא, מִפְּנֵי תִקּוּן הָעוֹלָם, כּוֹפִין אֶת רַבּוֹ וְעוֹשֶׂה אוֹתוֹ בֶן חוֹרִין, וְכוֹתֵב שְׁטָר עַל דָּמָיו.

רַבָּן שִׁמְעוֹן בֶּן גַּמְלִיאֵל אוֹמֵר: אֵינוֹ כוֹתֵב; אֶלָּא מְשַׁחְרֵר.

노예가 포로로 잡혔다가 속환된 경우, 노예로 [속환되었다면] 노예로 돌아가며, 자유인으로 [속환되었다면] 노예로 돌아가지 않는다. [그러나] 라반 쉼온 벤 감리엘은 말한다. "이 경우든 저 경우든 노예로 돌아간다."

어떤 사람이 다른 이에게 자기 노예를 [대출을 위해] 담보했는데 그가 이 노예를 해방시키면 법에 따라 엄격히 그 노예는 [빚에 대한] 아무런 책임이 없다. 그러나 더 나은 세상을 위해, 우리는 그의 [두 번째] 주인(채권자)에게 그를 해방하도록 강제하며, 그(담보되었던 해방된 노예)는 [채권자에게] 자기 몸값에 대한 문서[27]를 써야 한다.

[그러나] 라반 쉼온 벤 감리엘은 말한다. "그는 [아무것도] 쓰지 않는다. 그러나 그를 해방하는 자가 [그렇게 한다]."

- (비유대인인) 노예가 포로로 잡혀갔는데 주인이 아닌 제삼자가 몸값을 지불해서 풀려난 경우다. 탄나 캄마는 몸값을 낸 사람의 의사에 따라 다시 노예로 돌아가거나 자유인이 된다고 주장한다. 라반 쉼온 벤 감리엘은 어떤 경우든 원주인에게 돌아가야 한다고 주장한다.

---

27) שטר(슈타르)라고 하며 노예시장에서 저당 잡힌 그의 '원래' 몸값을 기록한 문서를 가리킨다.

- 가령 르우벤이 레위의 노예를 담보로 하여 레위에게 돈을 빌려주었다 하자. 레위(채무자)는 여전히 노예를 소유하고 있으므로 담보에도 불구하고 그를 속량할 수 있다. 이 경우 법에 의해 노예는 해방되며 그 노예는 채권자의 유치권이 소멸된 이상, 채권자에게 속박되지 않는다. 다만 르우벤(채권자)의 화가 노예에게 미치는 것을 막기 위해 법정은 르우벤에게도 노예해방 문서를 작성하게끔 강제한다. 이에 노예는 그의 몸값을 문서로 기록하며, 이것을 가지고 르우벤은 레위(채무자)를 상대로 대출금 상환을 시도할 수 있다.
- 라반 감리엘의 주장은 다음과 같다. 노예의 원주인인 레위(채무자)가, '자신이 노예를 해방시킴으로 인해 돈을 빌려준 이의 자산인 담보에 해를 입혔다'는 문서를 작성해야 한다.

4, 5

מִי שֶׁחֶצְיוֹ עֶבֶד וְחֶצְיוֹ בֶּן חוֹרִין- עוֹבֵד אֶת רַבּוֹ יוֹם אֶחָד וְאֶת עַצְמוֹ יוֹם אֶחָד; דִּבְרֵי בֵית הִלֵּל.

אָמְרוּ לָהֶם בֵּית שַׁמַּאי, תִּקַּנְתֶּם אֶת רַבּוֹ, וְאֶת עַצְמוֹ לֹא תִקַּנְתֶּם.

לִשָּׂא שִׁפְחָה אִי אֶפְשָׁר, שֶׁכְּבָר חֶצְיוֹ בֶּן חוֹרִין; בַּת חוֹרִין אִי אֶפְשָׁר, שֶׁכְּבָר חֶצְיוֹ עֶבֶד; יִבָּטֵל?

וַהֲלֹא לֹא נִבְרָא הָעוֹלָם אֶלָּא לִפְרִיָּה וְלִרְבִיָּה, שֶׁנֶּאֱמַר: לֹא תֹהוּ בְרָאָהּ; לָשֶׁבֶת יְצָרָהּ.

אֶלָּא, מִפְּנֵי תִקּוּן הָעוֹלָם, כּוֹפִין אֶת רַבּוֹ וְעוֹשֶׂה אוֹתוֹ בֶן חוֹרִין, וְכוֹתֵב שְׁטָר עַל חֲצִי דָמָיו.

וְחָזְרוּ בֵית הִלֵּל לְהוֹרוֹת כְּדִבְרֵי בֵית שַׁמַּאי.

반은 노예고 반은 자유민인 자는, 하루는 주인을 위해, 하루는 자신을 위해 일한다. 이는 힐렐 학파의 말이다.

삼마이 학파는 그들에게 말했다. "그대들은 주인에게 유리하도록 판결했다. 그러나 노예에게 유리하도록 판결하지는 않았다. 이미 반은 자유인이기 때문에 그는 노예와 결혼할 수 없다. 또한 아직 반은 노예이므로 자유인과도 결혼할 수 없다. 그렇다면 그는 〔결혼을〕 삼가야하는가? 그러나 '그가 혼돈하게 창조하지 않으시고 〔사람이〕 거주하게 창조하셨다'(사 45:18)라고 기록된 바 이 세상이 오직 생육하고 번성하기 위해서 창조되지 않았는가? 오히려 더 나은 세상을 위해 우리는 그 주인에게는 이 사람을 속량하도록 강제하고, 〔반은 노예, 반은자유민인〕 그 남성에게는 몸값 절반에 대한 문서를 쓰게 해야 한다."

이에 힐렐 학파는 〔그들의 주장을〕 철회하고 샴마이 학파처럼 판결했다.

- 노예에게 주인이 두 명인데 주인 한 명만 그를 해방시켜주었다면, 그는 반은 노예이고 반은 자유민인 상태다. 반은 노예고 반은 자유민이므로 결혼을 못 하게 되면 그는 자식 없이 죽게 되고, 이는 생육하고 번성하라는 창조 목적에 어긋난다. '몸값 절반에 대한 문서'는 남은 몸값을 주인에게 갚겠다고 약속하는 문서를 말한다.

4, 6

הַמּוֹכֵר עַבְדּוֹ לְגוֹי אוֹ לְחוּצָה לָאָרֶץ, יָצָא בֶן חוֹרִין.
אֵין פּוֹדִין אֶת הַשְּׁבוּיִים יוֹתֵר עַל כְּדֵי דְמֵיהֶן, מִפְּנֵי תִקּוּן הָעוֹלָם.
וְאֵין מַבְרִיחִין אֶת הַשְּׁבוּיִין, מִפְּנֵי תִקּוּן הָעוֹלָם.
רַבָּן שִׁמְעוֹן בֶּן גַּמְלִיאֵל אוֹמֵר: מִפְּנֵי תַקָּנַת הַשְּׁבוּיִין.
וְאֵין לוֹקְחִים סְפָרִים, תְּפִלִּין, וּמְזוּזוֹת מִן הַגּוֹיִם יוֹתֵר עַל כְּדֵי דְמֵיהֶן, מִפְּנֵי תִקּוּן הָעוֹלָם.

어떤 사람이 자기 노예를 이방인에게 팔거나 타지[28]로 팔면 그는 자유인이 된다.

---

28) 이스라엘 땅 밖의 유대인에게 파는 것을 말한다.

원래 [몸]값보다 더 받고 포로를 속환해서는 안 된다. 이는 더 나은
세상을 위함이다.

포로가 탈출하도록 도와서는 안 된다. 이는 더 나은 세상을 위함
이다.

라반 쉼온 벤 감리엘은 말한다. "이는 [같이 잡혀 있는] 포로들의 유
익을 위해서다."

토라 두루마리, 성구함, 그리고 메주자[29]를 값을 더 내고 이방인으
로부터 구입해서는 안 된다. 이는 더 나은 세상을 위함이다.

- 이방인이 주인이 되거나 이스라엘 땅을 떠나게 되면, 그 노예는 계
  명을 준수하는 데 제한이 생긴다. 따라서 현인들은 원주인에 대한 벌
  로, 그 노예를 해방시켜 자유민이 되게끔 한다.

4, 7

הַמּוֹצִיא אֶת אִשְׁתּוֹ מִשּׁוּם שֵׁם רָע- לֹא יַחֲזִיר; מִשּׁוּם נֶדֶר- לֹא יַחֲזִיר.

רַבִּי יְהוּדָה אוֹמֵר: כָּל נֶדֶר שֶׁיָּדְעוּ בוֹ רַבִּים-לֹא יַחֲזִיר, וְשֶׁלֹּא יָדְעוּ בוֹ רַבִּים-
יַחֲזִיר.

רַבִּי מֵאִיר אוֹמֵר: כָּל נֶדֶר שֶׁצָּרִיךְ חֲקִירַת חָכָם- לֹא יַחֲזִיר, וְשֶׁאֵינוֹ צָרִיךְ
חֲקִירַת חָכָם- יַחֲזִיר.

אָמַר רַבִּי אֱלִיעֶזֶר: לֹא אָסְרוּ זֶה אֶלָּא מִפְּנֵי זֶה.

אָמַר רַבִּי יוֹסֵי בְּרַבִּי יְהוּדָה: מַעֲשֶׂה בְצִידָן בְּאֶחָד שֶׁאָמַר לְאִשְׁתּוֹ: קוֹנָם אִם
אֵינִי מְגָרְשֵׁךְ, וְגֵרְשָׁהּ, וְהִתִּירוּ לוֹ חֲכָמִים שֶׁיַּחֲזִירֶנָּה, מִפְּנֵי תִּקּוּן הָעוֹלָם.

나쁜 평판[30] 때문에 아내와 이혼하는 사람은 그 아내와 재결합할
수 없다. 서원 때문에 [아내와 이혼한 사람도] 재결합할 수 없다.

---

29) 문설주에 부착하는 작은 함으로, 안에는 신 6:4-9, 11:13-21 성구가 기록된 양
   피지가 들어 있다. 원문은 복수로 מזוזות(메주좃)이다.
30) 간통과 같은 소문을 말한다.

랍비 예후다는 말한다. "그 서원이 무엇이든 여러 사람에게 알려졌다면 재결합할 수 없지만, 여러 사람에게 알려지지 않았다면 재결합할 수 있다." 랍비 메이르는 말한다. "그 서원이 무엇이든 현인의 조사를 요하는 것이면[31] 그는 재결합할 수 없다. 그러나 현인의 조사를 요하지 않는 서원이면 재결합할 수 있다." 랍비 엘리에제르[32]는 말한다. "단지 이것(후자) 때문에 이것(전자)을 금했다."

랍비 예후다의 아들 랍비 요쎄는 말한다. "한 번은 시돈에서 어떤 사람이 자기 아내에게 '내가 당신과 이혼하지 않는다면 [이것은] 코남 [처럼 내게 금지될 것이다]'라고 하여 그와 이혼했는데, 현인들이 더 나은 세상을 위해 그가 아내와 재결합하는 것을 허락했다."

- 여러 사람에게 알려진 서원이란 아내가 대중 앞에서 서원한 것을 가리킨다.
- 랍비 메이르에 따르면, 취소하는데 현인들의 조사가 필요 없는 서원, 즉 실수로 한 서원이나 남편이 무효화할 수 있는 서원의 경우에는 재결합이 가능하다. 이 경우 남편은 "만일 이 서원이 쉽게 취소될 수 있다는 걸 알았다면 나는 아내와 이혼하지 않았을 것이다"라며 문제를 제기할 수 없을 것이기 때문이다. 랍비 엘리에제르는 정반대의 주장을 한다. 현인들의 조사가 필요한 서원에 있어 재결합을 반대한 까닭은, 현인들의 조사를 요구하지 않는 서원 때문에 아내와 이혼한 것을 후회할 수 있기 때문이다(조슈아 컬프).

---

31) 남편이 무효화할 수 있는 것이 아니라 현인들의 조사로 취소되는 서원이다.
32) 어떤 사본에서는 '엘아자르'다.

הַמּוֹצִיא אֶת אִשְׁתּוֹ מִשּׁוּם אַיְלוֹנִית- רַבִּי יְהוּדָה אוֹמֵר: לֹא יַחֲזִיר, וַחֲכָמִים
אוֹמְרִים: יַחֲזִיר.
נִשֵּׂאת לְאַחֵר וְהָיוּ לָהּ בָּנִים הֵימֶנּוּ, וְהִיא תּוֹבַעַת כְּתֻבָּתָהּ- אָמַר רַבִּי יְהוּדָה:
אוֹמְרִים לָהּ: שְׁתִיקוּתִיךְ יָפָה לִיךְ מִדְּבוּרִיךְ.

아내가 아일로닛이기 때문에 이혼한 남자의 경우, 랍비 예후다는
"그는 그 아내와 재결합할 수 없다"라고 말한다. 그러나 현인들은 "재
결합할 수 있다"라고 말한다.

이 여성이 다른 사람과 결혼하여 그에게서 자녀를 낳은 후 [전남
편에게] 케투바를 요구한다면, 랍비 예후다는 말한다. "그(전남편)는
이 여성에게 '침묵하는 것이 말하는 것보다 아름답다'라고 말해야[33]
한다."

- 불임인 줄 알고 이혼당했는데 재혼한 남편 사이에서 아이가 생겼다
  면, 이 여성은 실제는 불임이 아니었던 것이 된다. 이에 케투바를 요
  구하면 랍비 예후다는 그 소송을 철회하는 것이 바람직하다고 말
  한다.

הַמּוֹכֵר אֶת עַצְמוֹ וְאֶת בָּנָיו לְגּוֹי- אֵין פּוֹדִין אוֹתוֹ, אֲבָל פּוֹדִין אֶת הַבָּנִים
לְאַחַר מִיתַת אֲבִיהֶן.
הַמּוֹכֵר אֶת שָׂדֵהוּ לְגוֹי- וְחָזַר וּלְקָחָהּ מִמֶּנּוּ יִשְׂרָאֵל, הַלּוֹקֵחַ מֵבִיא מִמֶּנּוּ
בִּכּוּרִים, מִפְּנֵי תִּקּוּן הָעוֹלָם.

어떤 사람이 자신 및 자기 자녀를 이방인에게 판 경우, 그를 속량해

---

33) '말한다' 동사는 알벡판에는 복수형으로, 다른 사본들에는 단수형으로 나온
다. 문맥상 전남편이 아내에게 하는 말이므로 후자를 취해 번역했다.

서는 안 된다. 그러나 부친이 사망하면 그 자녀를 속량할 수 있다.[34]

자기 밭을 이방인에게 팔았는데 이스라엘 사람이 그에게서 되산 경우, 매수자는 그 밭에서 난 첫 열매를[35] 바쳐야 하니, 이는 더 나은 세상을 위함이다.

- 속량을 믿고 자신과 자녀를 이방인에게 노예로 파는 일이 지속될 수 있기 때문에 불허하며(게마라 46b), 그 대신 생명이 위태로운 상황이라면 속량 가능하다고 해석한다(게마라 47a).

제5장

채무상환, 케투바 지급, 과부나 딸의 부양 등에 어떤 종류의 땅과 재산이 사용되어야 하는지를 설명한다. 또한 앞 장 '티쿤 올람'(4, 2 각주)의 연속선상에서 사회적 요구를 수용함으로써 사람들 사이 평화를 유지하고자 제정된 여러 규정들을 논한다.

5, 1

הַנִּזָקִין- שָׁמִין לָהֶם בְּעִדִּית; וּבַעַל חוֹב- בְּבֵינוֹנִית; וּכְתֻבַּת אִשָּׁה- בְּזִבּוּרִית.
רַבִּי מֵאִיר אוֹמֵר: אַף כְּתֻבַּת אִשָּׁה, בְּבֵינוֹנִית

손해를 입은 사람에게는 최상의 땅에서, 채권자에게는 중질의 땅에서, 여성의 케투바의 경우 최하품의 땅에서 값을 매겨 지급한다.

랍비 메이르는 말한다. "여성의 케투바도 중질의 땅에서 지급한다."

---

34) 살아생전 속량하면 그 부친은 자녀를 또다시 노예로 팔 수 있기 때문이다.
35) 첫 열매(빅쿠림) 관련법은 신 26:2과 『제라임』「빅쿠림」을 참조하라.

5, 2

אֵין נִפְרָעִין מִנְּכָסִים מְשֻׁעְבָּדִים בְּמָקוֹם שֶׁיֵּשׁ נְכָסִים בְּנֵי חוֹרִין, וַאֲפִלּוּ הֵן זִבּוּרִית.
אֵין נִפְרָעִין מִנְּכְסֵי יְתוֹמִים, אֶלָּא מִן הַזִּבּוּרִית

〔채무자에게〕 최저 품질일지언정 가능한 저당 잡히지 않은 재산이
있는 경우, 〔그것을 두고〕 저당 잡힌 재산에서 지급하지 않는다.
부친을 잃은 자의 재산에서는 최저 품질에서만 지급한다.

• 5, 1에서 언급한 지급 방법의 연속선상에 있는 미쉬나다. 채무자가
다른 재산을 소유하고 있는 한, 채권자는 유치권이 있는 재산에서
채무를 회수할 수 없다. 채무자가 사망하여 그 자식들이 재산을 물
려받았다면, 부친의 빚은 가장 질이 나쁜 토지에서만 갚을 수 있다.

5, 3

אֵין מוֹצִיאִין לַאֲכִילַת פֵּרוֹת, וּלְשֶׁבַח קַרְקָעוֹת, וְלִמְזוֹן הָאִשָּׁה וְהַבָּנוֹת
מִנְּכָסִים מְשֻׁעְבָּדִים, מִפְּנֵי תִקּוּן הָעוֹלָם. וְהַמּוֹצֵא מְצִיאָה, לֹא יִשָּׁבַע, מִפְּנֵי
תִקּוּן הָעוֹלָם.

소비된 소출물이나 재산 증식, 과부나 딸의 부양에 있어 저당 잡힌
재산에서는 지급할 수 없다. 이는 더 나은 세상을 위함이다.
분실물을 발견한 자는 맹세할 필요가 없다. 이는 더 나은 세상을 위
함이다.

• 담보를 잡혔다 해도 그 재산은 기본적으로 채무자 소유다. 불법으로
취한 땅에서 난 소출물을 소비하고 다시 그 땅을 누군가에게 팔았
는데 원 소유주가 나타나 이 땅과 소출물을 함께 요구할 경우, 매도
인은 매수인이 땅값으로 지급했던 돈을 원주인에게 상환해야 하며,

이미 소비한 소출물 값도 상환해야 한다. 이 경우 불법취득자가 이미 타인에게 팔거나 양도한 재산이 아닌, 저당 잡히지 않은 재산으로부터 지급받을 수 있다.

- 재산증식: 불법취득임을 모른 채 땅을 산 매수자가 재산증식을 위해 이 땅에 들인 돈이 있다면, 이 역시 판매자의 저당 잡히지 않은 재산에서 지급받는다. 케투바에 따르면, 남편 사망 후, 그 과부가 재혼하거나 딸이 결혼할 때까지는 사망한 남편의 재산에서 양식비를 지급받게 되어 있다(「케투봇」 12, 1; 12, 2). 이때도 역시 저당 잡히지 않은 재산에서만 부양이 가능하다.

- 분실물을 돌려준 이에게, 찾은 것 전부를 돌려준 것이 맞는지 맹세하라고 강요하면, 사람들은 분실물을 발견해도 이를 돌려주려 하지 않을 것이기 때문에 맹세할 필요가 없다.

5, 4

יְתוֹמִים שֶׁסָּמְכוּ אֵצֶל בַּעַל הַבַּיִת, אוֹ שֶׁמִּנָּה לָהֶן אֲבִיהֶן אַפּוֹטְרוֹפּוֹס- חַיָּב לְעַשֵּׂר פֵּרוֹתֵיהֶן.
אַפּוֹטְרוֹפּוֹס שֶׁמִּנָּהוּ אֲבִי יְתוֹמִים- יִשָּׁבֵעַ; מִנָּהוּ בֵּית דִּין- לֹא יִשָּׁבֵעַ.
אַבָּא שָׁאוּל אוֹמֵר: חִלּוּף הַדְּבָרִים.
הַמְטַמֵּא, וְהַמְדַמֵּעַ, וְהַמְנַסֵּךְ: בְּשׁוֹגֵג- פָּטוּר; בְּמֵזִיד- חַיָּב.
הַכֹּהֲנִים שֶׁפִּגְּלוּ בַמִּקְדָּשׁ מְזִידִין חַיָּבִין.

부친을 여읜 자들이 집주인에 의존해 살고 있거나, 부친이 [생전에] 그들[36]에게 후견인[37]을 지정했을 경우, 그[38]는 그들의 소출물의 십일조를 내야 한다.

---

36) 부친을 여읜 자녀들을 말한다.
37) אפוטרופוס(아포트로포스)로 법정후견인 또는 재정관리인을 가리킨다
38) 세대주나 후견인을 가리킨다.

부친을 잃은 자녀를 위해 부친이 〔생전에〕 후견인을 지정한 경우, 그 〔후견인은〕 맹세해야 한다. 법정이 지정한 〔후견인은〕 맹세할 필요가 없다. 압바 샤울은 이 규정은 정반대라고 말한다.

〔누군가의 정결한 음식을〕 부정하게 만들거나, 거제를 〔거룩하지 않은 농산물과〕 섞거나, 〔다른 사람의 포도주를 우상에 헌주로〕 부은 경우, 과실로 그리했다면 〔배상의무가〕 면제되지만, 그렇지 않은 경우 〔배상할〕 책임이 있다. 성전에서 누군가의 희생제물을 고의로 혐오스러운 것(피굴)으로 만든 제사장은 〔배상할〕 책임이 있다.

- 법적 후견인과, 법정이나 부친이 법적으로 지정한 후견인이 아니지만 부친을 여읜 이(미성년)와 함께 살며 돌봐주는 집주인은 이들이 먹을 식량에서 십일조를 떼야 한다.
- 후견인은 성년이 된 피후견인에게 모든 재산을 돌려줄 때, 자신을 위해 아무것도 취하지 않았다는 맹세를 해야 한다. 압바 샤울은 법정이 지정한 후견인도 마찬가지라고 주장하며, 할라카는 압바 샤울의 의견을 따른다(게마라 52b).

5, 5

הֵעִיד רַבִּי יוֹחָנָן בֶּן גֻּדְגְּדָה עַל הַחֵרֶשֶׁת שֶׁהִשִּׂיאָהּ אָבִיהָ; שֶׁהִיא יוֹצְאָה בְגֵט;
וְעַל קְטַנָּה בַת יִשְׂרָאֵל שֶׁנִּשֵּׂאת לְכֹהֵן, שֶׁאוֹכֶלֶת בַּתְּרוּמָה; וְאִם מֵתָה- בַּעְלָהּ יוֹרְשָׁהּ;
וְעַל הַמָּרִישׁ הַגָּזוּל שֶׁבְּנָאוֹ בַבִּירָה, שֶׁיִּטֹּל אֶת דָּמָיו, מִפְּנֵי תַּקָּנַת הַשָּׁבִים;
וְעַל חַטָּאת הַגְּזוּלָה שֶׁלֹּא נוֹדְעָה לָרַבִּים, שֶׁהִיא מְכַפֶּרֶת, מִפְּנֵי תִקּוּן הַמִּזְבֵּח.

랍비 요하난 벤 구드게다는 〔현인들 앞에서 다음과 같이〕 진술했다. 부친이 혼인시킨 청각언어장애 여성의 경우 이혼증서를 통해 이혼할 수 있고, 미성년자인 이스라엘 일반 여성이 제사장과 결혼하면 거제를 먹을 수 있으며, 만일 이 여성이 사망하면 그 남편이 재산을 물려받는다.

어떤 사람이 훔친 서까래를 가져다 〔그대로〕 큰 건물에 올린 경우, 주인은 그 값을 받는다. 이는 참회자를 위함이다.

대중에게 알려지지 않은 훔친 속죄제물의 경우, 그것이 속죄한다. 이는 제단을 위함이다.

- 「예바못」 14, 2과 『네지킨』 「에두욧」 7, 9에도 일부 동일한 내용이 나오는데, 랍비 요하난 벤 구드게다 대신 네후니야 벤 구드게다(Nehunia ben Gudgada)로 등장한다. 일반적으로 청각언어장애인, 지적장애인, 미성년자 등은 그 인지력이 부족하기 때문에 계약 체결이 불가하다. 미성년자인 딸을 부친이 혼인시킨 것은 성서법에 의해 유효하지만, 그 딸이 청각언어장애인인 경우에는 이혼이 가능하다(「예바못」 14, 1). 이어지는 두 내용 역시 랍비 요하난 벤 구드게다의 진술이다. 큰 서까래를 훔쳐 그것을 변형시키지 않은 채 대형 건물을 짓는 데 사용했다면, 도둑은 주인에게 서까래를 되돌려주는 대신 서까래 값을 상환한다. 건물을 부술 필요가 없기 때문에 죄를 인정하고 회개하도록 독려할 수 있다.
- 도둑맞은 동물인 줄 모르고 그것을 속죄제로 드린 경우, 속죄제로서 유효하다.

5, 6

לֹא הָיָה סִיקָרִיקוֹן בִּיהוּדָה בַהֲרוּגֵי הַמִּלְחָמָה. מֵהֲרוּגֵי הַמִּלְחָמָה וְאֵילָךְ, יֵשׁ בָּהּ סִיקָרִיקוֹן.
כֵּיצַד?
לָקַח מִסִּיקָרִיקוֹן, וְחָזַר וְלָקַח מִבַּעַל הַבַּיִת- מִקָּחוֹ בָּטֵל; מִבַּעַל הַבַּיִת, וְחָזַר

וְלָקַח מִסִּיקְרִיקוֹן-- מִקָּחוֹ קַיָּם.

לָקַח מִן הָאִישׁ, וְחָזַר וְלָקַח מִן הָאִשָּׁה- מִקָּחוֹ בָּטֵל; מִן הָאִשָּׁה, וְחָזַר וְלָקַח מִן הָאִישׁ- מִקָּחוֹ קַיָּם.

זוֹ מִשְׁנָה רִאשׁוֹנָה.

בֵּית דִּין שֶׁל אַחֲרֵיהֶם אָמְרוּ: הַלּוֹקֵחַ מִסִּיקְרִיקוֹן נוֹתֵן לַבְּעָלִים רְבִיעַ. אֵימָתַי?

בִּזְמַן שֶׁאֵין בְּיָדָן לִקַּח.

אֲבָל יֵשׁ בְּיָדָן לִקַּח- הֵן קוֹדְמִין לְכָל אָדָם.

רַבִּי הוֹשִׁיב בֵּית דִּין, וְנִמְנוּ, שֶׁאִם שָׁהֲתָה בִּפְנֵי סִיקְרִיקוֹן שְׁנֵים עָשָׂר חֹדֶשׁ- כָּל הַקּוֹדֵם לִקַּח זוֹכֶה, אֲבָל נוֹתֵן לַבְּעָלִים רְבִיעַ.

전쟁[39]에서 사람들이 살해되던 〔시기에〕 유다에는 씨카리콘법[40]이 없었다. 전쟁에서 사람들[41]이 살해되던 시기〔가 끝나고〕부터 씨카리콘법이 적용되었다.

어떻게 〔적용되는가〕? 어떤 사람이 〔처음〕 씨카리콘으로부터 〔땅을〕[42] 산 다음 그것을 되돌려주고 다시 〔원〕 소유주에게서 사면, 그 매수는 취소된다. 그러나 〔원〕 소유주로부터 사고 나서 되돌려준 후 다시 씨카리콘에게서 사면 이는 유효하다.

어떤 사람이 어떤 남자에게서 〔그의 아내 소유의 땅을〕 사고 되돌려준 후 다시 그의 아내에게서 사면,[43] 그 매수는 취소된다. 그러나 그의 아내로부터 먼저 사고 되돌려준 후 다시 그녀의 남편에게서 사면 이는 유효하다. 이것이 초기의 미쉬나였다.

---

39) 아마도 바르 코크바 봉기에서부터 티투스에 대항하던 유대-로마 전쟁 시기 (67-70)를 말한다(블랙먼).
40) 씨카리콘(סיקריקון)은 카이사릭시온의 은어로 (1) 로마 정부가 몰수한 재산, (2) 몰수 재산 관련법, (3) 몰수 재산을 소유한 자 등을 의미한다(블랙먼). 「빅쿠림」1, 2-3을 참조하라.
41) 이스라엘인 땅주인을 가리킨다.
42) 씨카리콘이 원 소유주를 위협하여 빼앗은 땅이다.
43) 그 땅을 되돌려준 다음 그 아내에게서 재차 그 땅을 구매함을 말한다.

그들(위 법을 적용했던 현인들) 이후의 법정은 말했다. "만일 어떤 사람이 씨카리콘으로부터 [재산을] 사면 그는 [원] 소유주에게 [매수가의] 1/4을 주어야 한다."

언제 그러한가? 그들(원 소유주들) 손에 [그 땅을 되]살 [방도가] 없을 때다. 그러나 그들(원 소유주들) 손에 [그 땅을 되]살 [방도가] 있다면, 그는 다른 모든 이들보다 우선한다.

랍비[44]는 법정을 소집했고 그들은 투표로 만일 씨카리콘이 [재산을] 12개월 동안 소유했다면, 누구든 먼저 산 자에게 소유권이 있되, [원] 소유주에게 [매수가의] 1/4을 주어야 한다고 결정했다.

● 제2차 성전시대 및 미쉬나 시대에 로마인들에게 빼앗긴 유대인의 땅에 대해 다루고 있다. 블랙먼 주해에 따르면, 유대인을 상대로 한 전쟁에서 가해자 집단인 비유대인인 A가 유대인 B의 재산을 약탈하여 유대인 C에게 판 경우, B는 C에게 토지반환 청구소송을 할 수 없다. B가 A에게 목숨을 살려달라는 명목으로 이를 주었을 가능성이 있으므로 A가 법적 소유주로 인정된다. 그러나 유대인을 향한 위협이 완화된 시기에 A가 B에게서 땅을 착복하여 C에게 팔았다면 씨카리콘법을 적용하며, B는 C에게 토지반환 소송을 할 수 있다(「빅쿠림」 1, 2; 2, 3 비교).

랍비 예후다 한나씨의 수정 입법은 원 소유주의 토지반환 소송을 우려하여 토지 매수를 망설이는 유대인들을 위해 에레쯔 이스라엘 내 토지가 이방인 소유로 남아 있지 못하게 하려는 의도다.

---

44) 랍비 예후다 한나씨를 말한다.

חֵרֵשׁ- רוֹמֵז וְנִרְמָז; וּבֶן בְּתֵירָא אוֹמֵר: קוֹפֵץ וְנִקְפָּץ בְּמִטַּלְטְלִין.
הַפְּעוּטוֹת- מִקְחָן מִקָּח וּמִמְכָּרָן מִמְכָּר בְּמִטַּלְטְלִין.

청각언어장애인이 몸짓을 취할 수 있고 몸짓을 인지할 수도 있는 경우, 벤 베테라는 말한다. "동산에 있어 그는 입술을 움직이거나 움직인 입술을 [읽어] 의사소통할 수 있다."

동산에 있어 아동들[45]이 구매한 것도 구매로, 판매한 것도 판매로 [인정한다].

וְאֵלּוּ דְבָרִים אָמְרוּ מִפְּנֵי דַרְכֵי שָׁלוֹם: כֹּהֵן קוֹרֵא רִאשׁוֹן, וְאַחֲרָיו לֵוִי, וְאַחֲרָיו
יִשְׂרָאֵל, מִפְּנֵי דַרְכֵי שָׁלוֹם.
מְעָרְבִין בְּבַיִת יָשָׁן, מִפְּנֵי דַרְכֵי שָׁלוֹם.
בּוֹר שֶׁהוּא קָרוֹב לָאַמָּה מִתְמַלֵּא רִאשׁוֹן, מִפְּנֵי דַרְכֵי שָׁלוֹם.
מְצוּדוֹת חַיָּה, וְעוֹפוֹת, וְדָגִים יֵשׁ בָּהֶם מִשּׁוּם גָּזֵל, מִפְּנֵי דַרְכֵי שָׁלוֹם. רַבִּי יוֹסֵי
אוֹמֵר: גָּזֵל גָּמוּר.
מְצִיאַת חֵרֵשׁ, שׁוֹטֶה, וְקָטָן יֵשׁ בָּהֶן מִשּׁוּם גָּזֵל, מִפְּנֵי דַרְכֵי שָׁלוֹם. רַבִּי יוֹסֵי
אוֹמֵר: גָּזֵל גָּמוּר.
עָנִי הַמְנַקֵּף בְּרֹאשׁ הַזַּיִת- מַה שֶּׁתַּחְתָּיו גָּזֵל, מִפְּנֵי דַרְכֵי שָׁלוֹם. רַבִּי יוֹסֵי
אוֹמֵר: גָּזֵל גָּמוּר.
אֵין מְמַחִין בְּיַד עֲנִיֵּי גוֹיִם בְּלֶקֶט, וּבְשִׁכְחָה וּבְפֵאָה, מִפְּנֵי דַרְכֵי שָׁלוֹם.

다음은 평화를 도모하기 위한 입법이다.

[토라를 낭독할 때] 제사장이 제일 먼저 읽고 다음으로 레위인, 그 이후 이스라엘 사람이 [읽는데], 이는 평화를 도모하기 위해서다.

에루브는 본디 있던 장소[46]에 설치하는데, 이는 평화를 도모하기

---

45) 파오톳(פְּעוּטוֹת)은 6~7세인 아이들을 말한다(야스트로 사전).
46) 원문은 '옛 집'이다. 에루브(עֵירוּב)는 노동이 금지된 안식일에 물건 운반 내지

위해서다.

수로 근처에 있는 웅덩이(물 저장소)를 먼저 채우는데, 이는 평화를 도모하기 위해서다.

〔타인이 놓은〕 덫에 걸린 짐승, 새, 물고기〔를 취하는 것은〕 절도법에 〔저촉을 받으며〕, 이는 평화를 도모하기 위해서다. 랍비 요쎄는 말한다. "〔그것은〕 확실한 절도다."

청각언어장애인, 지적장애인, 미성년이 습득한 것〔을 취하는 것은〕 절도법에 〔저촉을 받으며〕, 이는 평화를 도모하기 위해서다. 랍비 요쎄는 말한다. "〔그것은〕 확실한 절도다."

〔어떤〕 가난한 사람이 올리브나무 머리를 쳐서 그 아래 〔떨어진〕 것〔을 취할 경우〕 〔이는〕 절도〔로 간주한〕다. 랍비 요쎄는 말한다. "〔그것은〕 확실한 절도다."

가난한 이방인들이 〔곡식 다발 중〕 떨어뜨린 것, 잊어버린 것, 페아[47]를 주워가면 이를 금하지 않는다. 이는 평화를 도모하기 위해서다.

5, 9

מַשְׁאֶלֶת אִשָּׁה לַחֲבֶרְתָּהּ הַחֲשׁוּדָה עַל הַשְּׁבִיעִית נָפָה, וּכְבָרָה, וְרֵחַיִם,
וְתַנּוּר; אֲבָל לֹא תָבֹר וְלֹא תִטְחַן עִמָּהּ.
אֵשֶׁת חָבֵר מַשְׁאֶלֶת לְאֵשֶׁת עַם הָאָרֶץ נָפָה וּכְבָרָה; וּבוֹרֶרֶת, וְטוֹחֶנֶת,
וּמַרְקֶדֶת עִמָּהּ.
אֲבָל מִשֶּׁתַּטִּיל הַמַּיִם- לֹא תִגַּע עִמָּהּ, לְפִי שֶׁאֵין מַחֲזִיקִין יְדֵי עוֹבְרֵי עֲבֵרָה.
וְכֻלָּן לֹא אָמְרוּ אֶלָּא מִפְּנֵי דַרְכֵי שָׁלוֹם.

이동에 있어 한계를 정하기 위해 고안한 공동 공간 등을 말한다. 자세한 내용은 『모에드』 「에루빈」을 보라.
47) 페아(פאה)란 수확할 때 가난한 이들을 위해 밭모퉁이에 남겨두는 작물을 가리킨다(레 19:9 이하; 『제라임』 「페아」).

וּמְחַזְּקִין יְדֵי גוֹיִם בַּשְּׁבִיעִית- אֲבָל לֹא יְדֵי יִשְׂרָאֵל- וְשׁוֹאֲלִין בִּשְׁלוֹמָן, מִפְּנֵי
דַּרְכֵי שָׁלוֹם.

한 여성이 안식년을 준수하지 않는 것으로 의심되는 다른 여성에
게 냄비나 체, 손맷돌 또는 화덕을 빌려줄 수 있으나, 함께 체를 치거
나 갈아서는 안 된다. 하베르[48]의 아내가 암 하아레쯔의 아내에게 냄
비나 체를 빌려줄 수 있고, 함께 키질하거나 체를 치거나 갈 수 있다.
그러나 일단 [밀가루에] 물을 붓고 나면 [그 반죽을] 함께 만져서는
안 된다. 죄 짓는 손을 돕지 않아야 하기 때문이다. 이것들(허용된 것
들)은 오직 평화를 도모하기 위해 언급되었다.

안식년에 [일하는] 이방인[49]을 도울 수 있으나 이스라엘인을 [도와
서는] 안 된다. 이방인에게 안부를 물을 수는 있다. 이는 평화를 도모
하기 위한 방법이기 때문이다.

제6장

남편과 아내가 대리인에게 위임해 이혼증서를 전달하거나 수령할
때의 규정들, 서기나 대리인에게 부탁해 이혼증서를 작성하고 전달할
때 필요한 명확한 의사와 어구, 또는 예외적 상황, 대리인을 법정으로
삼아 서기를 임명하여 이혼증서를 작성하는 예 등을 다룬다.

---

48) 직역하면 '동료'로, 정결제의를 잘 준수하는 사람을 이른다. 이를 준수하지 못
하는 암 하아레쯔에 대조되는 그룹의 사람이다.
49) 이방인은 히브리어로 '고임'(גוים)이라 부르며 일부 사본에는 우상숭배자
(עובדי אלילים)로 기록되어 있다.

הָאוֹמֵר: הִתְקַבֵּל גֵּט זֶה לְאִשְׁתִּי אוֹ: הוֹלֵךְ גֵּט זֶה לְאִשְׁתִּי- אִם רָצָה לַחֲזֹר- יַחֲזֹר.

הָאִשָּׁה שֶׁאָמְרָה: הִתְקַבֵּל לִי גִטִּי- אִם רָצָה לַחֲזֹר לֹא יַחֲזֹר.

לְפִיכָךְ, אִם אָמַר לוֹ הַבַּעַל: אִי אֶפְשִׁי שֶׁתְּקַבֵּל לָהּ אֶלָּא הוֹלֵךְ וְתֵן לָהּ- אִם רָצָה לַחֲזֹר, יַחֲזֹר.

רַבָּן שִׁמְעוֹן בֶּן גַּמְלִיאֵל אוֹמֵר: אַף הָאוֹמֶרֶת: טֹל לִי גִטִּי- אִם רָצָה לַחֲזֹר, לֹא יַחֲזֹר

"내 아내 대신 이혼증서를 받아달라, 내 아내에게 이 이혼증서를 전해달라"고 말하는 남자의 경우, 만일 〔아내가 받기 전에〕 그(남편)가 철회하기 원한다면 철회할 수 있다.

"나 대신 이혼증서를 받아달라"고 말하는 여자의 경우, 그(남편)가 철회하기 원해도 철회할 수 없다.

그러므로 남편이 그(대리인)에게 "나는 당신이 아내 대신 이혼증서를 받지 말고, 직접 가서 전해주기를 원한다"라고 말하는 경우, 그(남편)가 철회하기 원한다면 철회할 수 있다. 〔그러나〕 라반 쉼온 벤 감리엘은 말한다. "'나 대신 〔이혼증서를〕 받아달라'고 말하는 여자의 경우일지라도, 그(남편)는 〔이를〕 철회하고 싶어도 철회할 수 없다."

הָאִשָּׁה שֶׁאָמְרָה: הִתְקַבֵּל לִי גִטִּי- צְרִיכָה שְׁתֵּי כִתֵּי עֵדִים: שְׁנַיִם שֶׁאוֹמְרִים: בְּפָנֵינוּ אָמְרָה, וּשְׁנַיִם שֶׁאוֹמְרִים: בְּפָנֵינוּ קִבֵּל, וְקָרַע, אֲפִלּוּ הֵן הָרִאשׁוֹנִים וְהֵן הָאַחֲרוֹנִים, אוֹ אֶחָד מִן הָרִאשׁוֹנִים וְאֶחָד מִן הָאַחֲרוֹנִים וְאֶחָד מִצְטָרֵף עִמָּהֶן.

נַעֲרָה הַמְאֹרָסָה- הִיא וְאָבִיהָ מְקַבְּלִין אֶת גִּטָּהּ.

אָמַר רַבִּי יְהוּדָה: אֵין שְׁתֵּי יָדַיִם זוֹכוֹת כְּאַחַת; אֶלָּא, אָבִיהָ מְקַבֵּל אֶת גִּטָּהּ בִּלְבָד.

וְכֹל שֶׁאֵינָהּ יְכוֹלָה לִשְׁמֹר אֶת גִּטָּהּ- אֵינָהּ יְכוֹלָה לְהִתְגָּרֵשׁ.

어떤 여성이 〔대리인에게〕 "나 대신 이혼증서를 받아달라"고 하는 경우 "이 여자는 우리 앞에서 〔대신 이혼증서를 받아달라고〕 했다"라고 말할 두 명, "그(대리인)가 우리 앞에서 〔이혼증서를〕 받고 〔그것을〕 찢었다"라고 말할 두 명, 〔이렇게〕 증인들 두 쌍이 필요하다. 처음 두 증인과 나중 두 증인이 동일하거나, 처음 두 증인 중 하나가 나중 두 증인 중 하나와 동일하고 증인 하나가 그들에게 〔각각〕 추가된다 해도 〔그 증언은 유효하다〕.

젊은 여성(나아라)이 약혼한 경우, 이 여성과 부친이 이혼증서를 받을 수 있다. 랍비 예후다는 말한다. "손 두 개가 마치 하나인 양 〔소유물을〕 취할 수 없다. 따라서 부친 홀로 〔딸의〕 이혼증서를 받아야 한다." 이혼증서를 간수할 줄 모르는 여성은 이혼할 수 없다.

- 이혼증서를 '찢는' 관습은 유대인 박해로 인해 유대 의례가 금지되던 시절에 있었다. 즉 효력을 발휘하고 난 후에는 증거가 되는 문서를 남겨두지 않는 것이 관례였다.
- 이혼증서와 다른 문서를 구별할 줄 모르거나 이혼에 대한 개념이 없거나 하는 젊은 여성(나아라)의 경우, 부친이 대신 이혼증서를 받는다 해도 유효하다.

6, 3

קְטַנָּה שֶׁאָמְרָה: הִתְקַבֵּל לִי גִטִּי- אֵינוֹ גֵט עַד שֶׁיַּגִּיעַ גֵט לְיָדָהּ.
לְפִיכָךְ, אִם רָצָה הַבַּעַל לַחֲזֹר- יַחֲזֹר, שֶׁאֵין קָטָן עוֹשֶׂה שָׁלִיחַ.
אֲבָל אִם אָמַר לוֹ אָבִיהָ: צֵא וְהִתְקַבֵּל לְבִתִּי גִטָּהּ- אִם רָצָה לְהַחֲזִיר, לֹא
יַחֲזִיר.
הָאוֹמֵר: תֵּן גֵט זֶה לְאִשְׁתִּי בְּמָקוֹם פְּלוֹנִי, וּנְתָנוֹ לָהּ בְּמָקוֹם אַחֵר- פָּסוּל; הֲרֵי
הִיא בְּמָקוֹם פְּלוֹנִי, וּנְתָנוֹ לָהּ בְּמָקוֹם אַחֵר- כָּשֵׁר.
הָאִשָּׁה שֶׁאָמְרָה: הִתְקַבֵּל לִי גִטִּי בְּמָקוֹם פְּלוֹנִי, וְקִבְּלוֹ לָהּ בְּמָקוֹם אַחֵר-

〔미성년자인〕 여자아이(크타나)가 "나 대신 이혼증서를 받아달라"
고 하면 그 손에 도달하기 전까지는 이혼증서가 아니다. 따라서 그
〔남편이 이혼증서를〕 철회하기 원하면 철회할 수 있다. 여자아이(크
타나)는 대리인을 지정할 수 없기 때문이다. 그러나 부친이 〔대리인
을 지정하여〕 그에게 "가서 내 딸을 위해 이혼증서를 받아오라"고 했
을 때는 그 〔남편이 이혼증서를〕 철회하고자 해도 철회할 수 없다.

어떤 남자가 "이 이혼증서를 어떤 장소에서 내 아내에게 주라"고 말
했는데 그 〔위임받은 자가〕 다른 장소에서 이혼증서를 주면, 이는 무
효다. 〔어떤 남자가〕 "자, 그 여자(아내)가 이러이러한 장소에 있다"
라고 말했는데 그[50] 〔대리인이〕 다른 장소에서 그 여자에게 이혼증서
를 준다면, 이는 유효하다.

어떤 여자가 "이러이러한 장소에서 내 이혼증서를 받아달라"고 했
는데 그 〔대리인〕이 다른 장소에서 그것을 받았다면 이는 무효다. 〔그
러나〕 랍비 엘리에제르는 유효하다고 했다.[51]

"이러이러한 장소에서 내게 이혼증서를 가져다 달라"고 했는데 대
리인이 그것을 다른 장소에서 가져오면 이는 유효하다.

6, 4

הָבֵא לִי גִטִּי- אוֹכֶלֶת בַּתְּרוּמָה עַד שֶׁיַּגִּיעַ גֵט לְיָדָהּ.
הִתְקַבֵּל לִי גִטִּי- אֲסוּרָה לֶאֱכָל בַּתְּרוּמָה מִיָּד.
הִתְקַבֵּל לִי גִטִּי בְּמָקוֹם פְּלוֹנִי- אוֹכֶלֶת בַּתְּרוּמָה עַד שֶׁיַּגִּיעַ גֵט לְאוֹתוֹ מָקוֹם.
רַבִּי אֱלִיעֶזֶר אוֹסֵר מִיָּד.

---

50) 일부 사본에서는 '그들이'라고 되어 있다.
51) 랍비 엘리에제르의 의견은 채택되지 않았다.

"내 이혼증서를 가져오라"고 〔말한 여성은〕 그 손에 이혼증서가 도
달할 때까지는 거제를 먹을 수 있다. "이혼증서를 나 대신 받아달라"
고 〔말했다면〕 그 즉시 거제 먹는 것이 금지된다.

"이러이러한 장소에서 이혼증서를 나 대신 받아달라"고 하면, 그 장
소에 이혼증서가 도달할 때까지는 거제를 먹을 수 있다. 〔그러나〕 랍
비 엘리에제르는 즉시 금지된다고 말한다.

6, 5

הָאוֹמֵר: כִּתְבוּ גֵט וּתְנוּ לְאִשְׁתִּי, גָּרְשׁוּהָ, כִּתְבוּ אִגֶּרֶת וּתְנוּ לָהּ- הֲרֵי אֵלּוּ
יִכְתְּבוּ וְיִתֵּנוּ.

פַּטְרוּהָ, פַּרְנְסוּהָ, עֲשׂוּ לָהּ כַּנָּמוֹס, עֲשׂוּ לָהּ כָּרָאוּי- לֹא אָמַר כְּלוּם.

בָּרִאשׁוֹנָה הָיוּ אוֹמְרִים: הַיּוֹצֵא בְקוֹלָר וְאָמַר: כִּתְבוּ גֵט לְאִשְׁתִּי- הֲרֵי אֵלּוּ
יִכְתְּבוּ וְיִתֵּנוּ.

חָזְרוּ לוֹמַר: אַף הַמְפָרֵשׁ וְהַיּוֹצֵא בִשְׁיָרָא.

רַבִּי שִׁמְעוֹן שְׁזוּרִי אוֹמֵר: אַף הַמְסֻכָּן.

어떤 남자가 "이혼증서를 써서 그것을 내 아내에게 주라", "아내를
이혼시켜라", "편지를 써서 아내에게 주라"고 하는 경우, 그들은 그것
을 적어 그 〔아내〕에게 준다. 〔그러나〕 "자유롭게 놓아주라", "그에게
양식을 공급하라", "법이 〔정한〕 대로 그에게 하라", "그녀에게 적절하
게 대하라"고 했다면 그는 아무 말도 하지 않은 것과 같다.

처음에는 〔현인들이〕 이렇게 말하곤 했다. "사슬에 묶여 〔형장으
로〕 끌려가는 남자가 '내 아내를 위해 이혼증서를 써달라'고 하면 그
들은 이혼증서를 적어 〔그 아내에게〕 이를 주어야 한다." 이후에 그들
은 〔이렇게〕 말했다. "항해하는 자나 대상을 타고 떠나는 자도 〔그렇
게 한다〕." 랍비 쉼온 쉐주리[52]는 말한다. "중병을 앓고 있는 남자도

---

52) שמעון שזורי(Simeon/Shimon Shezuri).

〔그렇게 한다〕.”

- 이혼증서(게트) 작성과 전달을 서기나 대리인에게 위임하는 경우, 이혼 의사가 명확히 드러나는 표현을 사용해야 하며, 아내에게 그것을 ‘전달’하라는 지시를 내려야 한다. 그러나 예외적인 상황에서는 작성해달라는 말만으로도 전달 권한까지 부여할 수 있다.

6, 6

מִי שֶׁהָיָה מֻשְׁלָךְ לַבּוֹר, וְאָמַר כָּל הַשּׁוֹמֵעַ אֶת קוֹלוֹ יִכְתֹּב גֵּט לְאִשְׁתּוֹ- הֲרֵי אֵלּוּ יִכְתְּבוּ וְיִתְּנוּ.

הַבָּרִיא שֶׁאָמַר, כִּתְבוּ גֵט לְאִשְׁתִּי, רָצָה לְשַׂחֵק בָּהּ. מַעֲשֶׂה בְּבָרִיא אֶחָד שֶׁאָמַר, כִּתְבוּ גֵט לְאִשְׁתִּי, וְעָלָה לְרֹאשׁ הַגַּג וְנָפַל וּמֵת. אָמַר רַבָּן שִׁמְעוֹן בֶּן גַּמְלִיאֵל, אָמְרוּ חֲכָמִים, אִם מֵעַצְמוֹ נָפַל, הֲרֵי זֶה גֵט. אִם הָרוּחַ דְּחָאַתּוּ, אֵינוֹ גֵט

어떤 남자가 구덩이에 떨어졌는데 누구든 그의 목소리를 듣는 사람이 그[53]의 아내를 위한 이혼증서를 써달라고 말할 경우,[54] 그들은 〔이혼증서를〕 써서 그 아내에게 주어야 한다.

만일 어떤 건강한 남자가 “내 아내를 위한 이혼증서를 쓰라”고 한다면, 이는 아내를 놀리는 것이다. 한번은 이런 일이 있었다. 어떤 건강한 남자가 “내 아내를 위한 이혼증서를 쓰라”고 하고는 지붕으로 올라갔는데 떨어져 죽었다. 라반 쉼온 벤 감리엘은 말한다. “현인들은 말했다. ‘그가 스스로 떨어졌다면 이는 이혼증서이지만, 바람이 그를 불어 날렸다면 이는 이혼증서가 아니다.’”

---

53) 구덩이에 떨어진 사람이다.
54) 그는 자기 이름과 사는 지명을 말해야 한다.

אָמַר לִשְׁנַיִם: תְּנוּ גֵט לְאִשְׁתִּי, אוֹ לִשְׁלֹשָׁה: כִּתְבוּ גֵט וּתְנוּ לְאִשְׁתִּי, הֲרֵי אֵלּוּ
יִכְתְּבוּ וְיִתְּנוּ.

אָמַר לִשְׁלֹשָׁה: תְּנוּ גֵט לְאִשְׁתִּי- הֲרֵי אֵלּוּ יֹאמְרוּ לַאֲחֵרִים וְיִכְתְּבוּ, מִפְּנֵי
שֶׁעֲשָׂאָן בֵּית דִּין; דִּבְרֵי רַבִּי מֵאִיר.

וְזוֹ הֲלָכָה הֶעֶלָה רַבִּי חֲנִינָא אִישׁ אוֹנוֹ מִבֵּית הָאֲסוּרִין: מְקֻבָּל אֲנִי בְּאוֹמֵר
לִשְׁלֹשָׁה: תְּנוּ גֵט לְאִשְׁתִּי, שֶׁיֹּאמְרוּ לַאֲחֵרִים וְיִכְתְּבוּ, מִפְּנֵי שֶׁעֲשָׂאָן בֵּית דִּין.

אָמַר רַבִּי יוֹסֵי: נוֹמִינוּ לַשָּׁלִיחַ: אַף אָנוּ מְקֻבָּלִין, שֶׁאֲפִלּוּ אָמַר לְבֵית דִּין
הַגָּדוֹל שֶׁבִּירוּשָׁלַיִם: תְּנוּ גֵט לְאִשְׁתִּי, שֶׁיִּלְמְדוּ, וְיִכְתְּבוּ, וְיִתְּנוּ.

אָמַר לַעֲשָׂרָה: כִּתְבוּ גֵט לְאִשְׁתִּי- אֶחָד כּוֹתֵב וּשְׁנַיִם חוֹתְמִין.

כֻּלְּכֶם כְּתֹבוּ- אֶחָד כּוֹתֵב וְכֻלָּם חוֹתְמִין.

לְפִיכָךְ, אִם מֵת אֶחָד מֵהֶן- הֲרֵי זֶה גֵט בָּטֵל.

어떤 남자가 두 사람에게 "내 아내에게 이혼증서를 주라"고 하거나, 세 사람에게 "이혼증서를 써서 그것을 내 아내에게 주라"고 하면, 그들은 〔이혼증서를〕 쓰고 전달해야 한다.

"〔만일〕 그가 세 사람에게 '내 아내에게 이혼증서를 주라'고 하면, 그들은 다른 이들에게 말해 이혼증서를 쓰게 한다. 왜냐하면 그는 이 사람들을 법정으로 지정했기 때문이다."[55] 이는 랍비 메이르의 말이다.

다음은 오노[56] 사람 랍비 하니나[57]가 감옥으로부터 전해온 할라카다. "내가 전승받은 바로는, 어떤 남자가 세 사람더러 '내 아내에게 이혼증서를 주라'고 하면, 그들은 다른 이들에게 말해 〔이혼증서〕를 적도록 해야 한다. 왜냐하면 그는 이 사람들을 법정으로 지정했기 때문이다."

---

55) 이혼증서가 효력을 발휘할 수 있게끔 법정의 역할을 하도록 이들을 지정했다는 뜻이다. 그러므로 기록·서명·송달을 직접 할 필요는 없다.
56) 오노(אונו)는 티그리스 강 연안의 도시로 아바나(אונה)라고도 한다.
57) 일부 사본에서는 하나니야(חנניה)로 표기되어 있다.

〔그러나〕 랍비 요쎄는 말한다. "우리는 이 전달자[58]에게 말했다. '우리 또한 〔다음과 같은 전승을〕 받은 바 있다. 어떤 사람이 예루살렘 대법정[59]더러 '이혼증서를 내 아내에게 주라'고 말했다 해도, 그들은 〔이혼증서 작성법을〕 배워서 〔그것을〕 작성하고 전달해야 한다."

만일 어떤 남자가 열 사람에게 "이혼증서를 쓰라"고 하면, 〔이들 중〕 한 사람은 쓰고, 두 사람은 증인으로 서명한다. "당신들 모두 쓰라"고 하면, 한 사람이 그것을 적고 모두 서명한다. 따라서 그들[60] 중 한 사람이 죽으면, 이혼증서는 무효다.

- 지시를 들은 이들 모두가 이혼증서를 써야 하는지, 일부만 써야 하는지가 관건이다. 만일 어떤 남자가 세 명의 남자에게 자기 아내에게 이혼증서를 주라고만 했을 뿐 직접 쓰라고 하지는 않았다면, 그 세 명은 법정처럼 구성되어 서기관을 지정해 이혼증서를 쓰게 할 권한을 지닌다는 것이 랍비 메이르의 견해다. 이는 랍비 하니나가 전해온 전승으로 뒷받침된다. 랍비 하니나는 로마에 저항해 토라를 가르치다 투옥된 랍비 아키바로부터 이 법안을 전해들었다(게마라 66b).
- 랍비 요쎄는 다른 판례를 들어 위 의견에 반대한다. 서기관을 지정해 이혼증서를 작성하라고 특정하지 않는 이상, 최고 권위의 예루살렘 법정도 그 구성원들이 직접 이혼증서를 작성해야 한다는 것이다.

---

58) 이 판례를 들고서 본 논쟁이 이뤄지고 있는 벳 미드라쉬(בית מדרש)에 온 랍비 하니나를 말한다.
59) 산헤드린을 말한다(「산헤드린」11, 2).
60) 이혼증서 작성을 부탁받은 열 사람이다.

제7장

 판단이나 의사 전달에 문제가 있는 남편이 이혼증서를 작성하거나 철회하고자 할 때, 또는 이혼증서 작성 때 명시한 조건이 충족되지 않았을 때 어떻게 해야 하는지 등을 논한다.

7, 1

מִי שֶׁאֲחָזוֹ קַרְדְּיָקוֹס, וְאָמַר: כִּתְבוּ גֵט לְאִשְׁתִּי- לֹא אָמַר כְּלוּם.
אָמַר, כִּתְבוּ גֵט לְאִשְׁתִּי, וַאֲחָזוֹ קַרְדְּיָקוֹס, וְחָזַר וְאָמַר: אַל תִּכְתֹּבוּ, אֵין
דְּבָרָיו הָאַחֲרוֹנִים כְּלוּם.
נִשְׁתַּתֵּק, וְאָמְרוּ לוֹ: נִכְתֹּב גֵט לְאִשְׁתֶּךָ? וְהִרְכִּין בְּרֹאשׁוֹ- בּוֹדְקִין אוֹתוֹ
שְׁלֹשָׁה פְעָמִים: אִם אָמַר עַל לָאו לָאו וְעַל הֵן הֵן- הֲרֵי אֵלּוּ יִכְתְּבוּ וְיִתֵּנוּ.

 어떤 남자가 섬망증[61]에 걸려 "내 아내를 위한 이혼증서를 쓰라"고 하는 경우, 그는 아무 말도 하지 않은 것과 같다. "내 아내를 위한 이혼증서를 쓰라"고 말한 다음에 섬망증에 걸려 "그것을 쓰지 말라"고 하면, 그가 나중에 한 말은 아무것도 아니다.

 어떤 남자가 말을 못하게 되었고 사람들이 그에게 "우리가 네 아내를 위해 이혼증서를 쓰랴?"고 하자 그가 고개를 끄덕였으면, 세 번에 걸쳐 그를 확인한다. 그가 "아니다"에는 "아니다", "그렇다"에는 "그렇다" 말하면, 그들은 이혼증서를 써서 주어야 한다.

- 이혼을 결정하거나 철회할 당시 남편이 올바른 판단력이 있었는지가 관건이다. 정신질환이 있는 남편의 이혼 결정은 받아들여지지 않는다. 정신이 온전한 상태에서 이혼을 결정하고, 이후 정신질환에 걸

---

61) 섬망증(קרדיקוס, 쿠르디야코스)은 망상·헛소리·환각 등의 증상이 온 경우로 그의 의사 전달력을 확인해야 한다(게마라 67b).

려 이혼을 철회하면 그 철회 의사는 받아들여지지 않는다.

- 언어장애가 있는 사람의 경우 판단력이 아닌 의사 전달의 문제이기
  때문에, 몸동작으로 이혼의사를 반복 확인하여 이를 받아들인다.

7, 2

אָמְרוּ לוֹ, נִכְתֹּב גֵּט לְאִשְׁתְּךָ? וְאָמַר לָהֶם: כְּתֹבוּ; אָמְרוּ לַסּוֹפֵר, וְכָתַב,
וְלָעֵדִים וְחָתְמוּ; אַף עַל פִּי שֶׁכְּתָבוּהוּ וַחֲתָמוּהוּ וּנְתָנוּהוּ לוֹ, וְחָזַר וּנְתָנוֹ לָהּ-
הֲרֵי הַגֵּט בָּטֵל, עַד שֶׁיֹּאמַר לַסּוֹפֵר: כְּתֹב, וְלָעֵדִים חֲתֹמוּ.

사람들이 그에게 "우리가 네 아내에게 이혼증서를 쓰랴?" 하여 그
가 "써다오!"라고 대답한 경우, 그들이 서기에게 말해 그(서기)가 〔이
혼증서를〕 작성하고 증인들에게 〔지시하여〕 서명하면, 그들이 〔이혼
증서를〕 작성하고 서명하고 그 남자에게 가져와 그 남자가 다시 그것
을 그(아내)에게 주었다 해도 〔당사자인〕 그가 직접 서기에게 "쓰라"
고 하거나 증인들에게 "서명하라"고 하지 않은 이상 그 이혼증서는
무효다.

- 6, 7에서 다룬 내용으로 돌아가고 있다. 대화 당사자인 '그들'에게 쓰
  라고 했지 서기에게 쓰라고 하지 않았으므로 무효다. 즉 남편이 직
  접 지정한 사람만 이혼증서를 작성·서명하고 전달할 수 있다.
- 서기가 작성한 이혼증서를 그들이 남편에게 가져오고 그 남편이 다
  시 그것을 아내에게 전한다면, 남편이 암묵적으로 그들의 행위에 동
  의한 것이 된다. 그럼에도 불구하고 남편이 사전에 그들에게 서기를
  고용해 이혼증서를 작성해도 좋다고 말하지 않았기 때문에 그 이혼
  증서는 무효다.

זֶה גִּטֵּךְ אִם מַתִּי, זֶה גִטֵּךְ אִם מַתִּי מֵחֹלִי זֶה, זֶה גִּטֵּךְ לְאַחַר מִיתָה- לֹא אָמַר
כְּלוּם.

מֵהַיּוֹם אִם מַתִּי, מֵעַכְשָׁיו אִם מַתִּי- הֲרֵי זֶה גֵט; מֵהַיּוֹם וּלְאַחַר מִיתָה, גֵט
וְאֵינוֹ גֵט.

אִם מֵת- חוֹלֶצֶת, וְלֹא מִתְיַבֶּמֶת.

זֶה גִּטֵּךְ מֵהַיּוֹם אִם מַתִּי מֵחֹלִי זֶה, וְעָמַד וְהִלֵּךְ בַּשּׁוּק, וְחָלָה וּמֵת- אוֹמְדִין
אוֹתוֹ: אִם מֵחֲמַת חֹלִי הָרִאשׁוֹן מֵת- הֲרֵי זֶה גֵט; וְאִם לָאו- אֵינוֹ גֵט.

[어떤 남편이] "만일 내가 죽으면 이것이 당신의 이혼증서다", "이
병으로 인해 내가 죽는다면 이것이 당신의 이혼증서다", "나의 사후
이것이 당신의 이혼증서다"[라고 한 경우], 그는 아무 말도 하지 않은
것[과 같다].

"내가 죽으면 오늘부터 [이것이 당신의 이혼증서다]", "내가 죽으면
지금부터 [이것이 당신의 이혼증서다]"[라고 하는 경우], 그 이혼증
서는 유효하다. 만일 "오늘부터 그리고 [나의] 사후에 [이것은 당신의
이혼증서다]"라고 하는 경우, 이것은 이혼증서이기도 하고 아니기도
하다.[62]

만일 그가 [자식 없이] 사망하면, 아내는 신 벗는 예식을 하되 역연
혼은 하지 않는다.[63]

어떤 사람이 "내가 나의 이 병으로 사망하면 오늘부터 이것이 당신
의 이혼증서다"라고 말한 후 일어나(회복되어) 시장으로 나갔는데 다
시 병에 걸려 사망했다면, 우리는 [그의 사인을] 추정한다. 그가 처음
[앓던] 병으로 사망했을 경우 그 이혼증서는 유효하지만, 그렇지 않
을 경우 무효다.

---

62) 특정 측면에서만 이혼증서로 유효할 뿐이지 대부분은 불명확하다.
63) 신 벗는 예식과 역연혼에 대해서는 「예바못」을 참조하라.

לֹא תִתְיַחֵד עִמּוֹ אֶלָּא בִפְנֵי עֵדִים, אֲפִלוּ עֶבֶד, אֲפִלוּ שִׁפְחָה, חוּץ מִשִּׁפְחָתָה,
מִפְּנֵי שֶׁלִּבָּהּ גַּס בָּהּ בְּשִׁפְחָתָהּ.
מַה הִיא בְאוֹתָן הַיָּמִים? רַבִּי יְהוּדָה אוֹמֵר: כְּאֵשֶׁת אִישׁ לְכָל דְּבָרֶיהָ.
רַבִּי יוֹסֵי אוֹמֵר: מְגֹרֶשֶׁת וְאֵינָהּ מְגֹרֶשֶׁת.

자기 여종이 아니라면, 노예나 여종을 포함하여 두 증인들 앞에서
만 [아내는] 그 남편과 함께 있을 수 있다. 자기 소유의 여종 앞에서
는 이 여성이 부끄러움을 느끼지 않을 것이기 때문이다.

이 기간 이 여성의 [지위는] 어떻게 되는가? 랍비 예후다는 말한다.
"모든 점에서 결혼한 여성으로 간주된다." [그러나] 랍비 예후다는 말
한다. "이혼한 여성이면서 이혼하지 않은 여성이다."

- 7, 3 마지막 규정에 이어지는 내용이다. 어떤 여자의 병든 남편이 이
  혼증서를 주면서, 그가 병으로 죽으면 오늘부터 그 효력이 발생하기
  로 조건을 붙였다면, 남편과 성관계를 하지 못하도록 증인 두 명을
  대동해야만 남편과 함께 있을 수 있다. 이 경우 보통 증인으로 인정
  되지 않는 노예나 여종도 증인이 될 수 있다. 단 자기 개인 여종은 그
  친밀도나 익숙함으로 인해 그 앞에서 잠자리가 가능할 수 있으므로
  증인에서 제외된다.

הֲרֵי זֶה גִטֵּךְ עַל מְנָת שֶׁתִּתְּנִי לִי מָאתַיִם זוּז- הֲרֵי זוֹ מְגֹרֶשֶׁת, וְתִתֵּן.
עַל מְנָת שֶׁתִּתְּנִי לִי מִכָּאן וְעַד שְׁלֹשִׁים יוֹם: אִם נָתְנָה לוֹ בְּתוֹךְ שְׁלֹשִׁים יוֹם-
מְגֹרֶשֶׁת; וְאִם לָאו- אֵינָהּ מְגֹרֶשֶׁת.
אָמַר רַבָּן שִׁמְעוֹן בֶּן גַּמְלִיאֵל: מַעֲשֶׂה בְּצַיְדָן בְּאֶחָד שֶׁאָמַר לְאִשְׁתּוֹ: הֲרֵי זֶה
גִטֵּךְ עַל מְנָת שֶׁתִּתְּנִי לִי אִצְטְלִיתִי, וְאָבְדָה אִצְטְלִיתוֹ, וְאָמְרוּ חֲכָמִים: תִּתֵּן לוֹ
אֶת דָּמֶיהָ.

〔남편이 아내에게〕"내게 200주즈를 준다는 조건하에 이것은 당신의 이혼증서다"라고 했다면 아내는 이혼하고 〔그에게 그 돈을〕 주어야 한다. "지금부터 삼십 일 안에 내게 〔그 돈을〕 준다는 조건하에 이것은 당신의 이혼증서다"라고 말한 경우, 30일 안에 그에게 돈을 주면 아내는 이혼이 되나 그렇지 않을 경우 이혼이 되지 않는다.

라반 쉼온 벤 감리엘은 말한다. "한번은 시돈에서 어떤 남자가 자기 아내에게 '내 외투를 내게 준다는 조건하에 이것은 당신의 이혼증서다'라고 말했다. 〔그러나 아내는〕 그 옷을 분실했고, 이에 현인들은 〔그 잃어버린 옷의〕 가치만큼 아내는 그에게 돈을 주어야 한다고 말했다."

- 조건이 성립되는 순간 효력을 발휘한다. 마지막 조항의 경우, 잃어버린 외투값을 남편에게 돈으로 주면 이혼 조건이 성립되는 것으로 간주한다.

7, 6

הֲרֵי זֶה גִטֵּךְ עַל מְנָת שֶׁתְּשַׁמְּשִׁי אֶת אַבָּא, עַל מְנָת שֶׁתֵּינִיקִי אֶת בְּנִי, כַּמָּה הִיא מֵינִיקָתוֹ, שְׁתֵּי שָׁנִים. רַבִּי יְהוּדָה אוֹמֵר, שְׁמוֹנָה עָשָׂר חֹדֶשׁ. מֵת הַבֵּן אוֹ שֶׁמֵּת הָאָב, הֲרֵי זֶה גֵט. הֲרֵי זֶה גִטֵּךְ עַל מְנָת שֶׁתְּשַׁמְּשִׁי אֶת אַבָּא שְׁתֵּי שָׁנִים, עַל מְנָת שֶׁתֵּינִיקִי אֶת בְּנִי שְׁתֵּי שָׁנִים, מֵת הַבֵּן אוֹ שֶׁמֵּת הָאָב אוֹ שֶׁאָמַר הָאָב אִי אֶפְשִׁי שֶׁתְּשַׁמְּשֵׁנִי, שֶׁלֹּא בְהַקְפָּדָה, אֵינוֹ גֵט. רַבָּן שִׁמְעוֹן בֶּן גַּמְלִיאֵל אוֹמֵר, כָּזֶה גֵט. כְּלָל אָמַר רַבָּן שִׁמְעוֹן בֶּן גַּמְלִיאֵל, כָּל עַכָּבָה שֶׁאֵינָהּ הֵימֶנָּה, הֲרֵי זֶה גֵט:

"내 아버지를 돌본다는 조건하에 이것은 당신의 이혼증서다", "내 아들에게 젖을 먹인다는 조건하에 이것은 당신의 이혼증서다"〔라고 말하는 경우〕, 얼마나 오래 젖을 먹여야 하는가? 2년이다. 반면 랍비 예후다는 "18개월"이라고 말한다. 만약 그 〔젖먹이〕 아들이 죽거나 그

부친이 사망하면 그것은 이혼증서다.[64]

"내 아버지를 2년 동안 돌본다는 조건하에 이것은 당신의 이혼증서다" 또는 "내 아들에게 젖을 2년 동안 먹인다는 조건하에 〔이것은 당신의 이혼증서다〕"라고 말하는 경우, 〔2년이 지나기 전에〕 그 아들이 사망하거나 부친이 사망하거나,[65] 혹은 그 부친이 화가 난 것이 아님에도 "네가 나를 돌보기를 원치 않는다"라고 할 경우, 그 이혼증서는 무효다. 라반 쉼온 벤 감리엘은 말한다. "이 같은 〔경우에도〕 이혼증서다."

라반 쉼온 벤 감리엘은 원칙에 있어 〔이렇게〕 말했다. "장애되는 요소가 여자 쪽에서 촉발되지 않았다면 그것은 이혼증서다."

7, 7

הֲרֵי זֶה גִטֵּךְ אִם לֹא בָאתִי מִכָּאן וְעַד שְׁלֹשִׁים יוֹם, וְהָיָה הוֹלֵךְ מִיהוּדָה לַגָּלִיל: הִגִּיעַ לְאַנְטִיפַטְרֶס וְחָזַר- בָּטֵל תְּנָאוֹ.
הֲרֵי זֶה גִטֵּךְ אִם לֹא בָאתִי מִכָּאן עַד שְׁלֹשִׁים יוֹם, וְהָיָה הוֹלֵךְ מִגָּלִיל לִיהוּדָה, וְהִגִּיעַ לִכְפַר עוֹתְנַאי וְחָזַר- בָּטֵל תְּנָאוֹ.
הֲרֵי זֶה גִטֵּךְ אִם לֹא בָאתִי מִכָּאן עַד שְׁלֹשִׁים יוֹם, וְהָיָה הוֹלֵךְ לִמְדִינַת הַיָּם, וְהִגִּיעַ לְעַכּוֹ וְחָזַר- בָּטֵל תְּנָאוֹ.
הֲרֵי זֶה גִטֵּךְ כָּל זְמַן שֶׁאֶעֱבֹר מִכְּנֶגֶד פָּנַיִךְ שְׁלֹשִׁים יוֹם: הָיָה הוֹלֵךְ וּבָא, הוֹלֵךְ וּבָא- הוֹאִיל וְלֹא נִתְיַחֵד עִמָּהּ, הֲרֵי זֶה גֵט.

"내가 30일 안에 돌아오지 않으면 이것이 당신의 이혼증서다"〔라고 말한 후〕 유다에서 갈릴리를 향해 갔는데, 만일 그가 안티파트라스[66]까지 간 다음 〔곧장〕 돌아왔다면, 그의 조건은 무효가 된다.

"내가 30일 안에 돌아오지 않으면 이것이 당신의 이혼증서다"〔라

---

64) "그것은 이혼증서다"라는 말은 이혼증서로서 유효하다는 뜻이다.
65) 일부 사본에는 '부친이 사망하거나'가 생략되어 있다.
66) 유다와 갈릴리의 국경으로 유다 영토다.

고 말한 후] 갈릴리에서 유다로 갔는데, 만일 그가 크파르 오트나이 까지 갔다가 [곧장] 돌아왔다면, 그의 조건은 무효다.

"내가 30일 안에 돌아오지 않으면 이것이 당신이 이혼증서다"[라고 말한 후] 외국으로 나갔는데, 만일 그가 악코까지 갔다가 [곧장] 돌아왔다면, 그의 조건은 무효다.

"당신 앞에서 30일간 떨어져 있다면 이것이 당신이 이혼증서다" [라고 말한 후] 계속 왔다가 갔다가 하는 경우, 그 [아내]와 단둘이 있지 않았기 때문에[67] 그것은 이혼증서다.

- 목적지에 도착했는데 돌아오지 않았다면 처음부터 돌아올 생각이 없었거나 어떤 일이 생겨 돌아오지 못하게 되었을 것이므로, 조건을 충족시키고 따라서 이혼증서는 유효하다. 안티파트라스는 유다와 갈릴리 경계에 있지만 유다 영토다. 그러므로 남편은 갈릴리까지 가기 전에 돌아온 셈이다. 크파르 오트나이는 갈릴리 영토이므로 유다까지 가기 전에 돌아온 것이고, 악코는 보통 외국으로 여기지만 이혼증서 관련해서는 이스라엘 땅으로 간주하므로(「기틴」1, 2) 남편은 외국에 가지 않고 돌아온 셈이다. 세 가지 사례에서 남편은 모두 목적지까지 가기 전 30일 안에 돌아왔으므로 조건은 충족되지 않는다.
- 탈무드에서 라브 후나(Rav Huna)는 '당신 앞에서'를 '성관계'를 완곡하게 표현한 것으로 이해한다. 30일 연속으로 떨어져 있지 않고 오가며 드나들었어도 둘만 따로 있으면서 성관계를 하지 않은 이상 이혼증서는 유효하고 이혼이 성립된다는 것이다(게마라 76b).

---

67) 성관계를 하지 않았기 때문이라는 뜻이기도 하다.

7, 8

הֲרֵי זֶה גִטֵּךְ אִם לֹא בָאתִי מִכָּאן וְעַד שְׁנֵים עָשָׂר חֹדֶשׁ, וּמֵת בְּתוֹךְ שְׁנֵים עָשָׂר חֹדֶשׁ- אֵינוֹ גֵט.

הֲרֵי זֶה גִטֵּךְ מֵעַכְשָׁיו אִם לֹא בָאתִי מִכָּאן וְעַד שְׁנֵים עָשָׂר חֹדֶשׁ, וּמֵת בְּתוֹךְ שְׁנֵים עָשָׂר חֹדֶשׁ- הֲרֵי זֶה גֵט.

"내가 지금부터 12개월 안에 돌아오지 않으면 이것이 당신의 이혼증서다"[라고 말한 후] 12개월 안에 그가 사망했다면, 그것은 이혼증서가 아니다. "내가 12개월 안에 돌아오지 않으면 여기 이것이 지금부터 당신의 이혼증서다"[라고 말한 후] 12개월 안에 그가 사망했다면, 그것은 이혼증서다.

- 이혼증서가 남편의 사망 이후부터 효력을 발휘할 수는 없다. 두 번째 경우는 조건 성립 후 그 효력을 소급적용해 이혼증서로 인정된다.

7, 9

אִם לֹא בָאתִי מִכָּאן עַד שְׁנֵים עָשָׂר חֹדֶשׁ- כִּתְבוּ וּתְנוּ גֵט לְאִשְׁתִּי, כִּתְבוּ גֵט בְּתוֹךְ שְׁנֵים עָשָׂר חֹדֶשׁ, וְנָתְנוּ לְאַחַר שְׁנֵים עָשָׂר חֹדֶשׁ- אֵינוֹ גֵט.

כִּתְבוּ וּתְנוּ גֵט לְאִשְׁתִּי אִם לֹא בָאתִי מִכָּאן וְעַד שְׁנֵים עָשָׂר חֹדֶשׁ; כִּתְבוּ בְּתוֹךְ שְׁנֵים עָשָׂר חֹדֶשׁ וְנָתְנוּ לְאַחַר שְׁנֵים עָשָׂר חֹדֶשׁ- אֵינוֹ גֵט.

רַבִּי יוֹסֵי אוֹמֵר: כָּזֶה גֵט.

כָּתְבוּ לְאַחַר שְׁנֵים עָשָׂר חֹדֶשׁ וְנָתְנוּ לְאַחַר שְׁנֵים עָשָׂר חֹדֶשׁ, וּמֵת, אִם הַגֵּט קָדַם לַמִּיתָה- הֲרֵי זֶה גֵט;

וְאִם מִיתָה קָדְמָה לַגֵּט- אֵינוֹ גֵט.

וְאִם אֵין יָדוּעַ- זוֹ הִיא שֶׁאָמְרוּ: מְגֹרֶשֶׁת וְאֵינָהּ מְגֹרֶשֶׁת.

[어떤 남자가] "내가 지금부터 12개월 안에 돌아오지 않으면 이혼증서를 써서 내 아내에게 주라"고 했는데, 12개월이 지나기 전 그들이 이혼증서를 써서 12개월 후 그의 아내에게 주었다면, 그것은 이혼

제7장 693

증서가 아니다.

"이혼증서를 쓰고, 내가 지금부터 12개월 안에 돌아오지 않으면 그것을 내 아내에게 주라"고 했는데, 그들이 12개월이 지나기 전에 [이혼증서를] 써서 12개월 후 그의 아내에게 주었다면, 그것은 이혼증서가 아니다.

[그러나] 랍비 요쎄는 말한다. "이 같은 [경우에도] 이혼증서다." 만일 그들이 12개월 후에 [이혼증서를] 쓰고 12개월 후에 전달했는데 그가 [중간에] 사망한 경우, 이혼증서가 그 사람의 사망보다 앞서면 그것은 이혼증서이지만, 그의 사망이 이혼증서보다 앞서면 그것은 이혼증서가 아니다.

[무엇이 앞섰는지] 알려진 바가 없다면, [이러한 사례에 있어] 그들은 이렇게 말했다. "이혼한 여성이면서 이혼하지 않은 여성이다."

제8장

"이혼증서를 써서 그의 손에 주고"를 어떻게 해석하느냐에 중점을 두고, 남편이 이혼증서를 아내에게 던질 때, 다양한 상황에 따른 법률적 효력 발생 여부를 논한다. 기타 결함 있는 이혼증서, 이혼이 강제되는 상황 등이 다뤄진다.

8, 1

הַזּוֹרֵק גֵּט לְאִשְׁתּוֹ, וְהִיא בְתוֹךְ בֵּיתָהּ אוֹ בְתוֹךְ חֲצֵרָהּ- הֲרֵי זוֹ מְגֹרֶשֶׁת. זְרָקוֹ לָהּ בְּתוֹךְ בֵּיתוֹ אוֹ בְתוֹךְ חֲצֵרוֹ, אֲפִלּוּ הוּא עִמָּהּ בַּמִּטָּה- אֵינָהּ מְגֹרֶשֶׁת. לְתוֹךְ חֵיקָהּ אוֹ לְתוֹךְ קַלְתָּהּ- הֲרֵי זוֹ מְגֹרֶשֶׁת.

어떤 남자가 아내에게 이혼증서를 던졌는데 그곳이 아내의 집이나 뜰이라면 그 여자는 이혼한 것이다. 아내에게 이혼증서를 던졌는데, 그곳이 남편의 집이나 뜰이라면, 그것(이혼증서)이 침대에 아내와 함께 있어도 그 여자는 이혼한 것이 아니다.

만일 그가 이혼증서를 아내의 무릎이나 바구니에 던졌다면, 그 여자는 이혼한 것이다.

- 랍비들은 이혼증서 관련법의 근간이 되는 신명기 24:1의 "이혼증서를 써서 그의 손에 주고"에서 '그의 손'이라는 말을 확장 해석했다. 반드시 아내의 손이 아니라 아내의 소유물에 두어도 된다는 것이다.
- 아내가 남편 소유의 집에 있는 경우 아내의 손에 이혼증서를 준 것으로 인정하지 않는다. 게마라에 따르면 만일 남편 집이지만 침대가 아내 소유이고 그 높이가 10아마라면, 분리된 아내의 영역으로 간주하여 거기 던진 이혼증서는 유효하고 이혼이 성립된다(게마라 78a).
- 아내의 무릎이고 아내의 바구니이므로, 아내의 영역에 이혼증서를 던진 것으로 간주해 이혼이 성립된다.

8, 2

אָמַר לָהּ: כִּנְסִי שְׁטָר חוֹב זֶה, אוֹ שֶׁמְּצָאַתּוּ מֵאֲחוֹרָיו, קוֹרְאָה וַהֲרֵי הוּא
גִטָּהּ- אֵינוֹ גֵט, עַד שֶׁיֹּאמַר לָהּ: הֵא גִטֵּךְ.
נָתַן בְּיָדָהּ וְהִיא יְשֵׁנָה; נֶעוֹרָה, קוֹרְאָה וַהֲרֵי הוּא גִטָּהּ- אֵינוֹ גֵט, עַד שֶׁיֹּאמַר
לָהּ: הֵא זֶה גִטֵּךְ.
הָיְתָה עוֹמֶדֶת בִּרְשׁוּת הָרַבִּים, וּזְרָקוֹ לָהּ: קָרוֹב לָהּ- מְגֹרֶשֶׁת; קָרוֹב לוֹ-
אֵינָהּ מְגֹרֶשֶׁת; מֶחֱצָה עַל מֶחֱצָה- מְגֹרֶשֶׁת וְאֵינָהּ מְגֹרֶשֶׁת.

어떤 남자가 아내에게 "이 채무증서를 수령하라"고 하거나, 〔이 아내가〕 그(남편)의 뒤에서 무언가를 발견해 읽었는데 그것이 자기 이혼증서인 경우, 그가 "이것이 당신의 이혼증서다"라고 말하기 전까지 그것은 이혼증서가 아니다.

만일 남편이 잠든 아내의 손에 〔무언가를〕 놓아두었고, 아내가 잠에서 깨어 읽어보니 그것이 자기 이혼증서라면, 그가 "이것이 당신의 이혼증서다"라고 말하기 전까지 그것은 이혼증서가 아니다.

아내가 공공장소에 서 있는데 남편이 아내를 향해 이혼증서를 던진 경우, 그것이 아내 가까이 떨어지면 이혼이 성립되고 남편 가까이 떨어지면 이혼이 성립되지 않는다.

만일 딱 중간에 떨어지면 이혼한 여성이면서 이혼하지 않은 여성이다.

- 남편이 이혼증서를 몰래 전달하려고 시도하는 사례들을 다루고 있다. "이것이 당신의 이혼증서다"라고 확실히 말해야만 이혼증서로서 효력이 발생한다.
- 남편의 영역도 아내의 영역도 아닌 중간지대에 이혼증서를 던진 경우, 아내 가까이 떨어져야 이혼증서를 받았다고 인정한다. 탈무드에 따르면 아내 위치에서 4아마(큐빗) 이내를 '아내 가까이'로 간주한다(게마라 78b; 「예바못」3, 8).

8, 3

וְכֵן לְעִנְיַן קִדּוּשִׁין, וְכֵן לְעִנְיַן הַחוֹב.
אָמַר לוֹ בַּעַל חוֹבוֹ: זְרֹק לִי חוֹבִי, וּזְרָקוֹ לוֹ: קָרוֹב לַמַּלְוֶה- זָכָה הַלֹּוֶה; קָרוֹב לַלֹּוֶה- הַלֹּוֶה חַיָּב; מֶחֱצָה עַל מֶחֱצָה- שְׁנֵיהֶם יַחֲלֹקוּ.
הָיְתָה עוֹמֶדֶת עַל רֹאשׁ הַגַּג, וּזְרָקוֹ לָהּ- כֵּיוָן שֶׁהִגִּיעַ לַאֲוִיר הַגַּג, הֲרֵי זוֹ מְגֹרֶשֶׁת.
הוּא מִלְמַעְלָה וְהִיא מִלְמַטָּה, וּזְרָקוֹ לָהּ- כֵּיוָן שֶׁיָּצָא מֵרְשׁוּת הַגַּג, נִמְחַק אוֹ נִשְׂרַף, הֲרֵי זוֹ מְגֹרֶשֶׁת.

이는 약혼과 관련하여, 그리고 부채와 관련하여 동일하게 〔적용된다〕.

채권자가 그(채무자)에게 "내게 진 빚을 내게 던져라"고 말하여 그(채무자)가 그것을 던진 경우, 채권자 가까이 떨어지면 채무자는 〔그 빚을〕 갚은 것이 된다. 채무자 가까이에 떨어지면 그 채무자는 〔여전히 빚〕 갚아야 한다. 중간에 떨어지면 이를 양분한다.

〔아내가〕 지붕 위에 서 있는데 〔남편이〕 그를 향해 〔이혼증서를〕 던져올렸다면, 그것이 지붕의 공기층에 닿자마자 이혼이 성립된다.

남편이 〔지붕〕 위에, 아내는 그 아래에 있는데 남편이 아내에게 이혼증서를 던진 경우, 그것이 지붕의 공기층을 벗어나자마자, 〔혹〕 지워지거나 타버린다 해도 이혼이 성립된다.

- 이 규정은 빚진 것을 던졌는데 분실되는 경우에 있어 중요하다. 예를 들어 채권자 가까이로 떨어졌다면 중간에 도둑맞거나 분실되었다고 해도 채무자는 변제할 책임이 없다. 반대로 채무자 가까이 떨어졌는데 도둑맞거나 분실된 경우, 이는 채무자의 손실이며 여전히 그 채무를 변제해야 한다.
- 남편이 아래서 위로 던진 이혼증서가 지붕 높이까지 도달하지 않으면 효력이 없다. 아내의 영역은 지붕 높이에서 시작된다.
- 남편이 지붕 위에서 이혼증서를 던질 때, 아내의 영역은 지붕 바로 밑에서부터다. 지붕 높이를 벗어나는 순간 이혼증서는 아내의 영역에 들어온다. 불이나 물에 떨어져 지워지거나 타도 마찬가지다.

8, 4

בֵּית שַׁמַּאי אוֹמְרִים: פּוֹטֵר אָדָם אֶת אִשְׁתּוֹ בְּגֵט יָשָׁן; וּבֵית הִלֵּל אוֹסְרִין.
וְאֵיזֶהוּ גֵט יָשָׁן? כֹּל שֶׁנִּתְיַחֵד עִמָּהּ אַחַר שֶׁכְּתָבוֹ לָהּ.

샴마이 학파는 말한다. "남편은 오래된 이혼증서로 아내와 이혼할 수 있다." 그러나 힐렐 학파는 이를 금한다. 오래된 이혼증서란 무엇

인가? 이혼증서를 쓰고 나서 아내와 단둘이 있는 모든 경우에 해당
한다.

- 이혼증서를 작성한 남편이 그것을 아내에게 바로 전달하지 않고 일
  정 기간 같이 살았다면 그 이혼증서는 유효한가의 여부를 두고 샴마
  이 학파와 힐렐 학파의 의견이 갈린다. 샴마이 학파는 그 이혼증서를
  여전히 사용할 수 있다고 주장한다. 힐렐 학파는 그 사이 성관계를
  갖고 임신할 우려가 있어 이를 반대한다. 예를 들어 만일 10월에 남
  편이 이혼증서를 작성했는데 여전히 한집에 사는 동안인 1월에 아내
  가 임신하고 2월에야 이혼증서를 주었다 하자. 사람들은 이혼증서가
  작성된 시점인 10월에 전달까지 이뤄졌으리라 여길 것이며, 따라서
  여자가 이혼 후 방탕한 생활로 임신했다고 생각할 것이다. 반면 샴마
  이 학파는 이혼증서 작성 후 남편이 그것을 주기 전까지 함께 산다
  하여 꼭 성관계를 가질 거라고 추정하지 않는다(게마라 79b; 바르테
  누라; 조슈아 컬프). 힐렐 학파의 의견이 받아들여졌다.

8, 5

כָּתַב לְשׁוּם מַלְכוּת שֶׁאֵינָהּ הוֹגֶנֶת, לְשׁוּם מַלְכוּת מָדַי, לְשׁוּם מַלְכוּת יָוָן,
לְבִנְיַן הַבַּיִת, לְחֻרְבַּן הַבַּיִת; הָיָה בַמִּזְרָח, וְכָתַב: בַּמִּזְרָח, בַּמַּעֲרָב, וְכָתַב:
בַּמִּזְרָח- תֵּצֵא מִזֶּה וּמִזֶּה, וּצְרִיכָה גֵט מִזֶּה וּמִזֶּה.
וְאֵין לָהּ לֹא כְתֻבָּה, וְלֹא פֵרוֹת, וְלֹא מְזוֹנוֹת, וְלֹא בְלָאוֹת, לֹא עַל זֶה וְלֹא עַל
זֶה; אִם נָטְלָה מִזֶּה וּמִזֶּה- תַּחֲזִיר.
וְהַוָּלָד מַמְזֵר מִזֶּה וּמִזֶּה.
וְלֹא זֶה וָזֶה מִטַּמְּאִין לָהּ, וְלֹא זֶה וָזֶה זַכָּאִין לֹא בִמְצִיאָתָהּ, וְלֹא בְמַעֲשֵׂה
יָדֶיהָ, וְלֹא בַהֲפָרַת נְדָרֶיהָ.
הָיְתָה בַת יִשְׂרָאֵל- נִפְסֶלֶת מִן הַכְּהֻנָּה; בַּת לֵוִי- מִן הַמַּעֲשֵׂר; בַּת כֹּהֵן- מִן
הַתְּרוּמָה.
וְאֵין יוֹרְשָׁיו שֶׁל זֶה וְיוֹרְשָׁיו שֶׁל זֶה יוֹרְשִׁין כְּתֻבָּתָהּ.

וְאִם מֵתוּ- אָחִיו שֶׁל זֶה וְאָחִיו שֶׁל זֶה חוֹלְצִין וְלֹא מְיַבְּמִין.

שִׁנָּה שְׁמוֹ וּשְׁמָהּ, שֵׁם עִירוֹ וְשֵׁם עִירָהּ- תֵּצֵא מִזֶּה וּמִזֶּה, וְכָל הַדְּרָכִים הָאֵלוּ בָּהּ.

부적합한[68] 타국의 통치연도, 즉 메데 제국이나 헬라 제국 〔체계를 따라 이혼증서를〕 쓴 경우, 성전 건축일이나 성전 멸망일에 따라 〔날짜를 쓴 경우〕, 또는 그가 동쪽에 있는데 "서쪽에서"라고 적거나, 서쪽에 있는데 "동쪽에서"라고 적은 경우, 해당 여성은 이 남자와 저 남자[69] 모두를 떠나야 하며, 양쪽 모두에게서 이혼증서를 받아야 한다.

그 여성에게는 이 남자에게서든 저 남자에게서든 케투바가 없고, 열매〔상환〕이 없고, 부양비가 없고, 해진 것〔에 대한 권한〕이 없다.[70] 만일 이쪽에서든 저쪽에서든 받은 것이 있다면 돌려주어야 한다. 이 쪽에서든 저쪽에서든 태어난 아이는 사생아다.

〔이들이 제사장이라면〕 이쪽이든 저쪽이든 〔위〕 여성〔이 사망했을 때 접촉하여 제의적으로〕 부정해져서는 안 된다. 이쪽이든 저쪽이든 위 여성의 습득물 및 손으로 직접 만든 물품에 대한 권리를 주장할 수 없으며, 서원도 무효화할 수 없다.

이스라엘 일반 여성[71]인 경우 제사장과 혼인할 자격을, 레위 집안의 딸인 경우 십일조 먹을 자격을, 제사장의 딸인 경우 거제 먹을 자격을 상실한다.

이 남자의 상속자도 저 남자의 상속자도 위 여자의 케투바를 상속하지 못한다.

---

68) 현재 자신이 살고 있는 곳에서는 통용되지 않으나 다른 곳에서는 통용되는 연력이나 날짜 체계를 말한다.

69) 전남편 및 재혼한 남편을 말한다.

70) 케투바, 열매(재산 용익에 대한 상환), 양식 부양비 및 해진 것(지참금 훼손)에 대한 배상청구권 내용은 「예바못」 9, 3; 10, 1과 「케투봇」 11, 6을 참조하라.

71) 직역하면 '이스라엘의 딸'이다.

〔남편이〕 사망하면, 이쪽의 형제 또는 다른 쪽의 형제가 신 벗는 예식을 해야 하며 역연혼은 하지 않는다.

만일 그가 자기 이름이나 아내 이름, 자기 거주지명이나 아내의 거주지명을 〔이혼증서에서〕 고쳤다면, 이 여자는 이 남자와 저 남자 모두를 떠나야 하며 앞서 말한 모든 규정이 이 여성에게 적용된다.

8, 6

כָּל הָעֲרָיוֹת שֶׁאָמְרוּ צָרוֹתֵיהֶן מֻתָּרוֹת, הָלְכוּ הַצָּרוֹת הָאֵלּוּ וְנִשְּׂאוּ, וְנִמְצְאוּ אֵלּוּ אַיְלוֹנִיוֹת- תֵּצֵא מִזֶּה וּמִזֶּה, וְכָל הַדְּרָכִים הָאֵלּוּ בָהּ.

동료 아내들에게 〔신 벗는 예식 없이 재혼이〕 허용된다고 말한 모든 근친혼에서, 만일 동료 아내들이 가서 결혼했는데 〔예바마가〕 아일로닛[72]인 것이 밝혀지면, 그 〔재혼한 동료 아내는〕 이 남자와 저 남자 모두를 떠나야 하며 앞서 말한 모든 규정[73]이 이 여성에게 적용된다.

• 근친혼에 관해서는 「예바못」1, 1에서 다뤘다. 예바마였으나 근친혼 규정에 걸려 역연혼 의무에서 해소되었고, 따라서 그 동료 아내들도 역연혼과 신 벗는 예식으로부터 면제시킨 여성이 아일로닛으로 밝혀지면, 이 여성의 결혼(사망한 남편과의) 자체가 무효가 되므로, 아일로닛의 동료 아내들은 역연혼 의무에서 벗어날 수 없다. 그런데 신 벗는 예식을 하지 않은 채 재혼을 해버렸으므로 이 재혼은 무효가 된다. 이 동료 아내들은 야밤 및 재혼한 남자 모두에게 금지된다.

---

72) 아이를 낳을 수 없는 불임여성을 가리키는 말이다.
73) 8, 5에 언급된 규정을 말한다.

הַכּוֹנֵס אֶת יְבִמְתּוֹ, וְהָלְכָה צָרָתָהּ וְנִשֵּׂאת לְאַחֵר, וְנִמְצְאָה זֹאת שֶׁהִיא אַיְלוֹנִית- תֵּצֵא מִזֶּה וּמִזֶּה, וְכָל הַדְּרָכִים הָאֵלּוּ בָהּ.

어떤 남자가 그의 예바마와 혼인했고 그 예바마의 동료 아내는 다른 남자와 재혼했는데, [역연혼으로 결혼한 예바마가] 아일로닛인 경우, [동료 아내는] 이 남자와 저 남자 모두를 떠나야 하며 앞서 말한 모든 규정이 이 여성에게 적용된다.

- 시므온이 자녀 없이 죽자 그의 형제인 레위가 시므온의 아내인 레아와 역연혼으로 결혼했다고 하자. 시므온에게는 또 다른 아내 라헬이 있었는데, 라헬은 레아가 역연혼으로 결혼했기에 역연혼이나 신 벗는 예식(역연혼을 면해주는 의례) 없이 외부인과 재혼했다(「예바못」1, 1). 만일 레아가 아일로닛으로 밝혀지면, 레위와 레아의 역연혼은 무효가 되고, 그렇다면 동료 아내인 라헬은 역연혼으로 결혼하던가, 신 벗는 예식을 하고 난 후 외부인과 재혼했어야 한다. 따라서 라헬의 재혼도 무효고, '이쪽' 즉 역연혼을 통해 결혼했어야 하는 야밤(시형제)과 '저쪽' 즉 재혼한 남편 모두에게서 떠나야 한다.

כָּתַב סוֹפֵר גֵּט לָאִישׁ וְשׁוֹבֵר לָאִשָּׁה, וְטָעָה וְנָתַן גֵּט לָאִשָּׁה וְשׁוֹבֵר לָאִישׁ, וְנָתְנוּ זֶה לָזֶה, וּלְאַחַר זְמַן הֲרֵי הַגֵּט יוֹצֵא מִיַּד הָאִישׁ וְשׁוֹבֵר מִיַּד הָאִשָּׁה- תֵּצֵא מִזֶּה וּמִזֶּה, וְכָל הַדְּרָכִים הָאֵלּוּ בָהּ.
רַבִּי אֱלִיעֶזֶר אוֹמֵר: אִם לְאַלְתַּר יָצָא- אֵין זֶה גֵט; אִם לְאַחַר זְמַן יָצָא- הֲרֵי זֶה גֵט, לֹא כָל הֵימֶנּוּ מִן הָרִאשׁוֹן לְאַבֵּד זְכוּתוֹ שֶׁל שֵׁנִי.
כָּתַב לְגָרֵשׁ אֶת אִשְׁתּוֹ וְנִמְלַךְ- בֵּית שַׁמַּאי אוֹמְרִים: פְּסָלָהּ מִן הַכְּהֻנָּה; וּבֵית הִלֵּל אוֹמְרִים: אַף עַל פִּי שֶׁנְּתָנוֹ לָהּ עַל תְּנַאי, וְלֹא נַעֲשָׂה הַתְּנַאי- לֹא פְּסָלָהּ מִן הַכְּהֻנָּה.

만일 서기가 남편에게 이혼증서를, 그 아내에게는 수령증을 썼는데, 실수로 이혼증서를 아내에게, 수령증을 남편에게 주었고, 이들(남편과 아내)이 그 문서들을 교환한 후 시간이 지나 이혼증서는 남편의 손에서 수령증은 아내의 손에서 나왔다면, 아내는 이 남자와 저 남자 모두를 떠나야 하며 앞서 말한 모든 규정이 이 여성에게 적용된다.

랍비 엘리에제르는 말한다. "즉시 [발견한 것이]라면,[74] 그것은 이혼증서가 아니다. 그러나 시간이 지난 후 [발견했다면][75] 그것은 이혼증서다. 첫 번째 남자가 두 번째 남자의 권리를 앗아가려 했다고 믿기는 어렵기 때문이다."

만일 어떤 남자가 아내와 이혼하려고 이혼증서를 썼는데 마음을 바꾸었다면,[76] 샴마이 학파는 말한다. "그는 아내로부터 제사장과 결혼할 자격을 박탈했다." [그러나] 힐렐 학파는 말한다. "조건을 달아서 아내에게 그것(이혼증서)을 주었다 해도 그 조건이 충족되지 않았다.[77] [그러므로] 그는 아내가 제사장과 [결혼할 자격을] 박탈하지 않았다."

- 랍비 엘리에제르의 의견이 받아들여졌다.
- "두 번째 남자의 권리를 앗아가려 했다": 서기의 실수가 아니라, 남편과 아내가 짜고 일부러 두 문서를 바꾼 다음 재혼한 나중 남편을 떠나 전남편과 재결합하려고 의도했을 가능성을 가리킨다(블랙먼).
- 이혼녀는 제사장과 결혼할 수 없다. 샴마이 학파는 남편이 이혼증서를 작성한 순간 그것을 주지 않아도 이미 이 아내를 제사장과 재

---

74) 여자가 재혼하기 전에 발견한 경우를 말한다.
75) 여자가 재혼한 후에 발견한 경우를 말한다.
76) 즉 이혼증서를 주지 않았다. 블랙먼은 마음을 바꾼 후에 사망했다고 주해한다.
77) 즉 이혼증서로 효력을 발휘하지 못한다.

혼할 자격이 없는 상태로 만들었다고 주장한다. 이에 반해 힐렐 학파는 남편이 조건부로 이혼증서를 주고 조건이 충족되지 않아 이혼증서가 무효가 되어도 아내로부터 제사장과 재혼할 자격을 박탈하지 않는다고 주장한다.

8, 9

הַמְגָרֵשׁ אֶת אִשְׁתּוֹ וְלָנָה עִמּוֹ בְּפֻנְדְּקִי- בֵּית שַׁמַּאי אוֹמְרִים: אֵינָהּ צְרִיכָה הֵימֶנּוּ גֵט שֵׁנִי; וּבֵית הִלֵּל אוֹמְרִים: צְרִיכָה הֵימֶנּוּ גֵט שֵׁנִי.

אֵימָתַי?

בִּזְמַן שֶׁנִּתְגָּרְשָׁה מִן הַנִּשּׂוּאִין.

וּמוֹדִים בְּנִתְגָּרְשָׁה מִן הָאֵרוּסִין שֶׁאֵינָהּ צְרִיכָה הֵימֶנּוּ גֵט שֵׁנִי, מִפְּנֵי שֶׁאֵין לִבּוֹ גַס בָּהּ.

כְּנָסָהּ בְּגֵט קֵרֵחַ- תֵּצֵא מִזֶּה וּמִזֶּה, וְכָל הַדְּרָכִים הָאֵלּוּ בָהּ.

어떤 남자가 아내와 이혼하고 나서 여관에서 함께 묵은 경우, 샴마이 학파는 말한다. "아내는 남편에게서 두 번째 이혼증서를 받을 필요가 없다." [그러나] 힐렐 학파는 말한다. "그에게서 두 번째 이혼증서를 받아야 한다." 언제 그러한가? "혼인(니쑤인) 후에 이혼했을 때다."

[그러나 힐렐 학파도] 약혼(에루씬) 후 이혼했을 때는 남편에게서 두 번째 이혼증서를 받을 필요가 없다는 데 동의한다. 아직 이들이 친밀한 관계를 맺지 않았기 때문이다.[78]

어떤 사람이 결함 있는 이혼증서를 가지고 이혼녀와 재혼한 경우, 그 여자는 이 남자와 저 남자 모두를 떠나야 하며 앞서 말한 모든 규정이 그 여자에게 적용된다.

- 이혼증서를 주고 나서 아내와 성관계를 하면 그 이혼은 무효가 된다.

---

78) 아직 성관계를 하지 않았다는 의미다.

샴마이 학파는 이들이 여관에서 함께 묵는 것만으로 반드시 성관계를 한다고 보지 않는다. 반면 힐렐 학파는 이들이 성관계를 가졌으리라 의심한다(8, 4). '결함 있는 이혼증서'란 직역하면 '대머리(קרח) 이혼증서'라고 하며 증인 서명이 모자란 것을 말한다. 일부 문서는 내용을 적은 후 내용이 보이지 않게 접은 다음 그 접은 자리를 꿰매었는데, 이는 위조를 막기 위함이다. 서명은 접은 자리의 뒷면, 즉 문서 바깥에 하게 되어 있으며(「바바 바트라」 10, 1-2), 접힌 자리 하나마다 서명 하나가 들어가게 된다. 증인 서명이 두 개가 있으면 문서로서 효력이 발생되어야 하나, 만일 접힌 부분이 서명 숫자보다 많은 세 개라면, 이는 대머리 이혼증서, 즉 결함 있는 이혼증서가 되며 문서로서의 효력이 없다(8, 10). 본디 증인 숫자를 계산하여 접었는데 증인이 서명을 거부했다고 짐작할 수 있기 때문이다. 결함 있는 이혼증서로 남편과 이혼하고 재혼했다면 이혼증서 자체가 무효이므로 이혼이 성립될 수 없으며, 따라서 재혼 또한 무효다. 이 경우 당사자인 여성은 전남편 및 재혼한 남편 모두를 떠나야 한다.

8, 10

גֵּט קֵרֵחַ- הַכֹּל מַשְׁלִימִין עָלָיו; דִּבְרֵי בֶן נַנָּס.
רַבִּי עֲקִיבָא אוֹמֵר: אֵין מַשְׁלִימִין עָלָיו אֶלָּא קְרוֹבִים, הָרְאוּיִין לְהָעִיד בְּמָקוֹם אַחֵר.
וְאֵיזֶהוּ גֵּט קֵרֵחַ? כֹּל שֶׁקְּשָׁרָיו מְרֻבִּין מֵעֵדָיו.

결함 있는 이혼증서[79)]의 경우, 누구든 그것을 완성[80)]할 수 있다. 이는 벤 난나스의 말이다.

---

79) 8, 9에서 말한 '대머리 이혼증서'다.
80) 증인으로서 서명하는 것 등을 의미한다.

〔그러나〕 랍비 아키바는 말한다. "다른 사안에 〔있어〕 증인으로 인정받을 수 있는 친지만 그것을 완성할 수 있다."

결함 있는 이혼증서란 무엇인가? 증인들의 〔서명보다〕 접힌 곳이 더 많은 문서다.

- 바로 이전 8, 9에서 설명한 대로 이혼증서는 접은 곳 위에 서명하게 되어 있다. 접힌 곳이 더 많다는 것은 증인들의 서명이 부족하다는 뜻이며, 이 결함 있는 이혼증서에 모자란 서명을 채워 완성시킬 수 있다는 말이다. 이미 두 증인의 서명이 확보된 이상, 보완하는 차원의 추가 서명은 일반적 상황에서 자질이 부족해 증인으로 채택되지 않는 사람, 즉 범죄자나 노예라고 해도 가능하다는 것이 벤 난나스의 견해이며 그의 주장이 받아들여졌다.
- 랍비 아키바는 이 추가 서명을 친지만 할 수 있다고 주장한다. 범죄자, 노예 등은 증인으로 부적합하지만, 친지는 이혼증서가 아닌 다른 사안에서는 보통 증인으로서 자격이 있다. 따라서 증인이 부족한 경우 이들만 서명할 수 있다고 주장한다.

제9장

이혼증서를 주면서 어떤 제약을 걸었을 때 법적 효력 여부, 무효가 되는 이혼증서의 종류와 그때 태어난 아이의 법적 지위, 분실이나 오배송, 또는 기타 서류상 서명 기입 문제가 있을 때의 유효성 여부 등을 이야기한다. 9, 9는 증거 없이 소문만 있을 때 이혼 또는 약혼을 했다는 판단 근거가 되는 합리적 이유, 9, 10은 남편이 아내에게 이혼을 요구할 수 있는 여러 사유에 대해 논하고 있다.

הַמְגָרֵשׁ אֶת אִשְׁתּוֹ וְאָמַר לָהּ: הֲרֵי אַתְּ מֻתֶּרֶת לְכָל אָדָם, אֶלָּא לִפְלוֹנִי- רַבִּי
אֱלִיעֶזֶר מַתִּיר, וַחֲכָמִים אוֹסְרִין. כֵּיצַד יַעֲשֶׂה?
יִטְּלֶנּוּ הֵימֶנָּה וְיַחֲזֹר וְיִתְּנֶנּוּ לָהּ, וְיֹאמַר לָהּ: הֲרֵי אַתְּ מֻתֶּרֶת לְכָל אָדָם.
וְאִם כְּתָבוֹ בְתוֹכוֹ- אַף עַל פִּי שֶׁחֲזַר וּמְחָקוֹ, פָּסוּל.

어떤 남자가 아내와 이혼하며 "아무개만 제외하면 당신은 어떤 남
자에게든 허락된다"라고 하는 경우, 랍비 엘리에제르는 〔그 이혼증서
로 재혼하는 것을〕 허용하지만, 랍비들은 이를 불허한다.

그는 어떻게 해야 하는가? 그 〔아내로부터 이혼증서를〕 가져와 다
시 주면서 "당신은 어떤 남자에게든 허락된다"라고 말해야 한다. 그
안에 〔어떤 제약 조건을〕 적었다면, 그것을 가져가 지운다고 해도 이
는 무효다.

הֲרֵי אַתְּ מֻתֶּרֶת לְכָל אָדָם אֶלָּא לְאַבָּא וּלְאָבִיךְ, לְאָחִי וּלְאָחִיךְ, לְעֶבֶד וּלְנָכְרִי,
וּלְכָל מִי שֶׁאֵין לָהּ עָלָיו קִדּוּשִׁין- כָּשֵׁר.
הֲרֵי אַתְּ מֻתֶּרֶת לְכָל אָדָם, אֶלָּא אַלְמָנָה, לְכֹהֵן גָּדוֹל; גְּרוּשָׁה וַחֲלוּצָה, לְכֹהֵן
הֶדְיוֹט; מַמְזֶרֶת וּנְתִינָה, לְיִשְׂרָאֵל; בַּת יִשְׂרָאֵל, לְמַמְזֵר וּלְנָתִין; וּלְכָל מִי שֶׁיֵּשׁ
לָהּ עָלָיו קִדּוּשִׁין, אֲפִלּוּ בַעֲבֵרָה- פָּסוּל.

〔만일 그가〕 이 여성에게 약혼이 금지된 이들, 즉 "내 아버지와 당
신의 아버지, 내 형제와 당신의 형제, 노예, 이방인 등을 제외하면 어
떤 남자에게든 허락된다"라고 한 경우, 〔그 이혼증서는〕 유효하다.

〔만일 그가〕 "당신은 누구에게든 허락되지만, 당신이 과부이면 대
제사장에게, 이혼녀나 신 벗긴 여자면 일반 제사장에게, 여자 사생아
나 네티나면 이스라엘 일반 남성에게,[81] 이스라엘 일반 여성이면 사

---

81) 제사장이나 레위인이 아닌 일반 남자를 말한다.

생아나 네틴에게 불허된다"라고 하거나, 또는 "비록 죄일지라도 약혼
이 가능한 어떤 남자에게든 불허된다"라고 하는 경우, 〔그 이혼증서
는〕무효다.

- 어차피 혼인이 금지되어 있는 사람들을 언급하여 다시 제약을 두는
  경우이므로 그 제약은 유효하다.
- 예를 들어 그의 아내가 여자 사생아인데 "이스라엘 일반 남성을 제
  외한 누구에게든 재혼이 허락된다"라는 조건을 남편이 걸었다고 하
  자. 여자 사생아가 이스라엘 일반 남성과 결혼하는 것은 죄로 간주되
  지만 결혼 자체는 가능하다. 그런데 이것을 불가한 것으로 제약을 걸
  었기에 그 이혼증서는 무효가 된다.

9, 3

גּוּפוֹ שֶׁל גֵּט: הֲרֵי אַתְּ מֻתֶּרֶת לְכָל אָדָם. רַבִּי יְהוּדָה אוֹמֵר: וְדֵין דְּיֶהֱוֵי לִיכִי
מִנַּאי, סֵפֶר תֵּרוּכִין, וְאִגֶּרֶת שִׁבּוּקִין, וְגֵט פְּטוּרִין, לִמְהַדְּ לְהִתְנַסְבָא לְכָל גְּבַר
דְּתִצְבַּיְיִן.
גּוּפוֹ שֶׁל גֵּט שִׁחְרוּר: הֲרֵי אַתְּ בַּת חוֹרִין, הֲרֵי אַתְּ לְעַצְמֵךְ.

이혼증서의 골자[82]는 "당신은 어떤 사람에게든 허락된다"〔라는 문
장이다〕. 랍비 예후다는 말한다. " '이것이 내가 당신에게 〔주는〕 이혼
장이자 포기증, 방출 문서가 될 것이니, 〔이것을 통해〕 당신은 가서 어
떤 남자하고든 결혼할 수 있다'〔라는 문장 또한 그렇다〕."

해방문서의 골자는 "자, 당신은 자유여성이다" 또는 "이제 당신은
자기 자신에게 속한다"[83]〔라는 문장이다〕.

---

82) 직역하면 '몸통'이다.
83) 또는 '스스로 책임진다', '스스로 감수한다'는 의미다.

- 이 미쉬나는 이혼증서의 표준 문서양식으로 필수적이고 기본이 되는 문장이 무엇인지를 이야기한다. 랍비 예후다가 추가로 덧붙여야 한다고 주장하는 문장은 아람어로 되어 있다. 당시 팔레스타인 공용 어였던 아람어(또는 헬라어)로 이혼증서가 작성되었기 때문이다. 이혼증서와 노예해방 문서의 유사성으로 인해(1, 4; 1, 5; 1, 6) (여자) 노예해방 문서를 작성하는 데 필수적인 문장이 함께 언급된다.

9, 4

שְׁלֹשָׁה גִטִּין פְּסוּלִין; וְאִם נִשֵּׂאת- הַוָּלָד כָּשֵׁר: כָּתַב בִּכְתַב יָדוֹ, וְאֵין עָלָיו עֵדִים; יֵשׁ עָלָיו עֵדִים, וְאֵין בּוֹ זְמַן; יֵשׁ בּוֹ זְמַן, וְאֵין בּוֹ אֶלָּא עֵד אֶחָד. הֲרֵי אֵלּוּ שְׁלֹשָׁה גִטִּין פְּסוּלִין; וְאִם נִשֵּׂאת- הַוָּלָד כָּשֵׁר. רַבִּי אֶלְעָזָר אוֹמֵר: אַף עַל פִּי שֶׁאֵין עָלָיו עֵדִים, אֶלָּא שֶׁנְּתָנוֹ לָהּ בִּפְנֵי עֵדִים- כָּשֵׁר, וְגוֹבָה מִנְּכָסִים מְשֻׁעְבָּדִים, שֶׁאֵין הָעֵדִים חוֹתְמִין עַל הַגֵּט אֶלָּא מִפְּנֵי תִקּוּן הָעוֹלָם.

무효가 되는 이혼증서가 세 가지 있으나, 그 재혼한 여성의 아이는 적법하다. 〔첫째〕, 남편이 직접 이혼증서를 작성했으나 증인이 없는 경우. 〔둘째〕, 증인은 있으나 날짜가 없는 경우. 〔셋째〕, 날짜는 있으나 증인이 한 명인 경우. 이 세 가지 이혼증서는 무효이지만, 그 재혼한 여성의 아이는 적법하다.

랍비 엘아자르는 말한다. "비록 증인 〔서명은〕 없지만 〔두〕 증인 앞에서 그것이 아내에게 전달되었다면 이는 유효하다. 〔이 이혼증서를 가지고〕 그 여성은 저당 잡힌 재산에서라도 케투바를 수령할 수 있다. 증인들은 단지 더 나은 세상을 위해 이혼증서에 서명하기 때문이다."

- 위에 예시된 이혼증서들은 무효이지만 그것을 근거로 재혼한 경우, 재혼한 남편 사이에서 태어난 자식은 혈통상 결함이 없는, 즉 맘제

르가 아닌 것으로 인정한다. 랍비 엘아자르는 더 나아가 이혼 과정에서 필수적인 증인은 게트(이혼증서)에 서명하는 이가 아니라 게트가 아내에게 전달되는 것을 목격하는 증인들이라고 주장한다. 따라서 증인 서명이 없는 게트를 가지고도 이혼이 성립되며, 케투바를 합법적으로 수령할 수 있다는 것이다. 게마라는 랍비 엘아자르의 의견을 따른다(게마라 86b).

9, 5

שְׁנַיִם שֶׁשָּׁלְחוּ שְׁנֵי גִטִּין שָׁוִין, וְנִתְעָרְבוּ- נוֹתֵן שְׁנֵיהֶם לָזוֹ וּשְׁנֵיהֶם לָזוֹ; לְפִיכָךְ, אָבַד אֶחָד מֵהֶן- הֲרֵי הַשֵּׁנִי בָּטֵל.
חֲמִשָּׁה שֶׁכָּתְבוּ כְּלָל בְּתוֹךְ הַגֵּט: אִישׁ פְּלוֹנִי מְגָרֵשׁ פְּלוֹנִית, וּפְלוֹנִי פְּלוֹנִית, וְהָעֵדִים מִלְמַטָּה- כֻּלָּן כְּשֵׁרִין, וְיִנָּתֵן לְכָל אַחַת וְאֶחָת.
הָיָה כָתוּב טֹפֶס לְכָל אַחַת וְאֶחָת, וְהָעֵדִים מִלְמַטָּה- אֶת שֶׁהָעֵדִים נִקְרִין עִמּוֹ כָּשֵׁר.

두 사람이 동일한 두 이혼증서를 〔각자의 아내에게〕 보냈는데, 그것들이 섞여 한쪽에 이것을, 다른 한쪽에 저것을 준 경우, 그들 중 하나를 잃어버리면 다른 하나는 취소된다.

만일 다섯 남자가 공동으로 이혼증서 안에 "아무개가 아무개와 이혼하고 아무개가 아무개와 이혼한다…"라고 적고, 그 아래 증인들이 〔서명한〕 경우 모두 유효하며, 이 이혼증서를 각 여성 모두에게 주어야 한다.

만일 각 사람마다 토페쓰가 기록되고 아래로 증인들 〔서명〕이 있는 경우, 그 증인들의 〔서명이〕 함께 읽히는 것만 유효하다.

- 이름이 같은 두 명의 남자가 역시 이름이 같은 아내에게 이혼증서를 보낸 경우다. 이혼증서가 유효하려면 처음 작성 시부터 이미 특정 배우자를 염두에 두고 써야 한다(3, 1). 그러나 이처럼 뒤섞여버

린 이혼증서의 경우 어떤 것이 누구의 것인지 알 수 없다. 따라서 한 쪽 이혼증서가 정확히 전달되었는지 불분명한 상태로 다른 쪽 이혼증서가 분실되면 어느 쪽도 그 이혼증서로 이혼할 수 없다.

- 여러 사람이 동일한 이혼증서를 가지고 이혼할 수 있다. 단, 이 문서에 이혼 당사자 남녀의 이름을 "~가 ~와 이혼한다"라는 형식으로 다섯 번 모두 적고, 증인 서명이 따라야 하며, 각 아내가 모두 그 이혼증서를 수령해야 한다.
- 만일 각각 분리된 이혼증서처럼 사람마다 토페쓰를 따로 썼다면, 맨 아래 증인 서명은 가장 마지막에 적힌 사람에게만 적용되는 듯하므로, 그 서명과 함께 기록된 사람에게만 유효한 이혼증서가 된다.

9, 6

שְׁנֵי גִטִּין שֶׁכְּתָבָן זֶה בְצַד זֶה, וּשְׁנַיִם עֵדִים עִבְרִים בָּאִים מִתַּחַת זֶה לְתַחַת זֶה, וּשְׁנַיִם עֵדִים יְוָנִים בָּאִים מִתַּחַת זֶה לְתַחַת זֶה- אֶת שֶׁהָעֵדִים הָרִאשׁוֹנִים נִקְרָאִין עִמּוֹ כָּשֵׁר.

עֵד אֶחָד עִבְרִי וְעֵד אֶחָד יְוָנִי, עֵד אֶחָד עִבְרִי וְעֵד אֶחָד יְוָנִי בָּאִין מִתַּחַת זֶה לְתַחַת זֶה- שְׁנֵיהֶן פְּסוּלִין.

만일 〔하나의 종이에〕 이혼증서 두 개를 나란히 작성했는데[84] 이쪽 아래와 저쪽 아래에 히브리어 증인 〔서명〕 두 개가 오고, 이쪽 아래와 저쪽 아래에 그리스어 증인 〔서명〕[85] 두 개가 오는 경우, 함께 읽는 처음 서명 두 개가 유효하다.

히브리어 증인 〔서명〕 하나와 그리스어 증인 〔서명〕 하나, 또 히브리어 증인 〔서명〕 하나와 그리스어 증인 〔서명〕 하나가 이쪽 아래와 저쪽 아래에 오는 경우, 양쪽 〔서명〕 다 무효다.

---

84) 같은 양피지 한 장에 두 열로 각각 나란히 기재했다는 의미다.
85) 유대인이 그리스어로 서명한 경우를 말한다.

- 히브리어는 오른쪽에서 왼쪽으로 적는다. 또한 이름이 성보다 앞에 온다. 만일 '증인, 야곱의 아들 르우벤'이라고 적을 경우, 히브리어로는 '르우벤 벤 야곱, 에드(증인)'가 되며, 오른쪽에서 왼쪽으로 적기 때문에 자기 이름인 르우벤이 양피지의 우측에, 아버지 이름이 좌측에 오게 된다. 바로 그 아래 다른 증인이 서명하여, 두 증인의 실제 이름(아버지 이름이 아닌)이 우측 열에 적혔으므로, 우측 열에 적힌 이혼증서만 유효하다. 만일 두 증인의 그리스어 서명이 먼저 적혔다면 반대 논리가 적용되어 왼쪽 열에 적힌 이혼증서만 유효하다.
- 히브리어 서명과 그리스어 서명이 번갈아되었다면, 처음 서명이 히브리어이면 우측 열의 이혼증서가 유효한데, 그 한 짝인 그리스어 서명은 좌측 열의 이혼증서에 가 있으므로 짝이 안 맞게 된다.

9, 7

שִׁיֵּר מִקְצָת הַגֵּט וּכְתָבוֹ בַּדַּף הַשֵּׁנִי, וְהָעֵדִים מִלְמַטָּה- כָּשֵׁר.
חָתְמוּ עֵדִים בְּרֹאשׁ הַדַּף, מִן הַצַּד, אוֹ מֵאַחֲרָיו בְּגֵט פָּשׁוּט- פָּסוּל.
הִקִּיף רֹאשׁוֹ שֶׁל זֶה בְּצַד רֹאשׁוֹ שֶׁל זֶה, וְהָעֵדִים בָּאֶמְצַע- שְׁנֵיהֶם פְּסוּלִין.
סוֹפוֹ שֶׁל זֶה בְּצַד סוֹפוֹ שֶׁל זֶה, וְהָעֵדִים בָּאֶמְצַע- אֶת שֶׁהָעֵדִים נִקְרִין עִמּוֹ כָּשֵׁר.
רֹאשׁוֹ שֶׁל זֶה בְּצַד סוֹפוֹ שֶׁל זֶה, וְהָעֵדִים בָּאֶמְצַע- אֶת שֶׁהָעֵדִים נִקְרִין בְּסוֹפוֹ כָּשֵׁר.

만일 〔첫째 열에 쓰던〕 이혼증서 약간을 남겨둔 채 다음 열에 나머지를 적고[86] 그 아래 서명했다면, 〔그 이혼증서는〕 유효하다.

만일 증인들이 열 맨 위[87]나 옆, 또는 접지 않은 이혼증서[88] 뒤에

---

86) 열 하나에 이혼증서 내용을 적다가 공란을 남긴 채 다음 열로 옮겨가 적은 것을 말한다.
87) 우측 또는 좌측이다.
88) 단순한 이혼증서(גט פשוט, 게트 파슈트)는 접지 않은 것이고, 접은 이혼증서

서명했다면 이는 무효다.

〔한 양피지에 이혼증서 두 개를 쓰면서〕, 만일 〔한 이혼증서〕 위쪽을 다른 〔이혼증서〕 위쪽과 연결하고, 그 사이에 증인 서명을 했다면 둘 다 무효다. 만일 〔한 이혼증서〕 끝을 다른 〔이혼증서〕 끝과 연결하고 그 사이에 증인 서명을 했다면, 서명과 〔함께〕 읽는 쪽이 유효하다.

만일 〔한 이혼증서〕 위쪽을 다른 〔이혼증서〕 끝과 연결하고 그 사이에 증인 서명을 했다면, 서명과 〔함께〕 읽는 쪽이 유효하다.

- 양피지를 절반 접어 우측 세로단에 먼저 적다가 칸이 부족해 왼쪽 세로단 위에 계속해서 적고, 그 왼쪽 세로단 아래 서명했다면 유효한 것으로 인정한다. 이 규정을 통해 보통 우측 세로단도 증명이 필요함을 추정할 수 있다(조슈아 컬프).
- 접지 않은 이혼증서의 경우, 그 내용 바로 아래 서명해야 하며, 내용과 증인들의 서명을 함께 읽을 수 있어야 한다. 이는 서명 부분을 찢거나 하여 위조하는 것을 막기 위함이다.
- 양피지 하나에 이혼증서 두 개를 적었는데, 서명을 어느 쪽 내용과도 함께 읽을 수 없다면 이는 무효가 된다. 두 이혼증서의 끝과 끝을 이어 적었다면 같은 방향으로 적은 쪽 서명만 유효하다. 한 이혼증서 위쪽과 다른 이혼증서 끝을 연결했다는 것은, 한 방향으로 이어 적고 그 중간에 서명했다는 것으로, 내용이 연결되어 읽을 수 있는 서명 바로 위의 이혼증서만 유효한 것으로 인정된다.

(קשור וג, 게트 카슈르)의 반대 개념이다. 접은 이혼증서일 때 접은 면 뒤에 서명해야 하며, 접지 않은 이혼증서는 바깥이 아닌 안에 서명한다.

גֵּט שֶׁכְּתָבוֹ עִבְרִית וְעֵדָיו יְוָנִית, יְוָנִית, וְעֵדָיו עִבְרִית; עֵד אֶחָד עִבְרִי, וְעֵד
אֶחָד יְוָנִי; כָּתַב סוֹפֵר וְעֵד כָּשֵׁר. אִישׁ פְּלוֹנִי עֵד- כָּשֵׁר.
בֶּן אִישׁ פְּלוֹנִי, עֵד- כָּשֵׁר.
אִישׁ פְּלוֹנִי, בֶּן אִישׁ פְּלוֹנִי, וְלֹא כָתַב: עֵד- כָּשֵׁר.
וְכָךְ הָיוּ נְקִיֵּי הַדַּעַת שֶׁבִּירוּשָׁלַיִם עוֹשִׂין.
כָּתַב חֲנִיכָתוֹ וַחֲנִיכָתָהּ- כָּשֵׁר.
גֵּט מְעֻשֶּׂה: בְּיִשְׂרָאֵל- כָּשֵׁר; וּבְגוֹיִם- פָּסוּל; וּבְגוֹיִם, חוֹבְטִין אוֹתוֹ וְאוֹמְרִים
לוֹ: עֲשֵׂה מַה שֶּׁיִּשְׂרָאֵל אוֹמְרִים לָךְ, וְכָשֵׁר.

이혼증서에 있어 히브리어로 쓰고 그리스어로 서명하거나 그리스
어로 쓰고 히브리어로 서명한 것, 또는 히브리어 서명 하나와 그리스
어 서명 하나로 된 것, 또는 서기가 작성했고 증인 한 명〔의 서명〕이
있는 것은 유효하다.

"아무개, 증인"이라고 〔서명한 것은〕 유효하다.

"아무개의 아들, 증인"이라고 〔서명한 것은〕 유효하다.

"아무개의 아들, 아무개"〔라고 쓰고〕 "증인"을 적지 않은 것은 유효
하다.

〔규정을〕 제대로 이해하는[89] 예루살렘 사람들은 이렇게 행한다.

자기 성과 아내의 성을 적었다면 〔그 이혼증서는〕 유효하다.

〔법정이〕 강제한 이혼증서의 경우, 이스라엘 〔법정〕에 의해서면 유
효하다. 이방 〔법정〕에 의해서면 무효다.

〔그러나〕 이방 〔법정〕이 그를 때리며 그에게 "이스라엘 〔법정〕이 네
게 명하는 대로 행하라"고 했다면, 이는 유효하다.[90]

---

89) 여기 쓰인 표현 נקיי הדעת(네키예 하다앗, 직역하면 '정신/지식이 깨끗한')은 세
　　부적인 것에 주의를 기울이는 꼼꼼한, 제대로 된, 정확한, 전례 규칙을 준수하
　　는 태도를 가리킨다.
90) 마지막 문장 "이는 유효하다"(וכשר)가 여러 사본에서 생략되어 있다.

9, 9

יָצָא שְׁמָהּ בָּעִיר מְקֻדֶּשֶׁת- הֲרֵי זוֹ מְקֻדֶּשֶׁת; מְגֹרֶשֶׁת- הֲרֵי זוֹ מְגֹרֶשֶׁת; וּבִלְבַד
שֶׁלֹּא יְהֵא שָׁם אֲמַתְלָא.
אֵיזוֹ הִיא אֲמַתְלָא?
גֵּרֵשׁ אִישׁ פְּלוֹנִי אֶת אִשְׁתּוֹ עַל תְּנַאי, זָרַק לָהּ קִדּוּשֶׁיהָ, סָפֵק קָרוֹב לָהּ סָפֵק
קָרוֹב לוֹ- זוֹ הִיא אֲמַתְלָא.

[어떤] 여자의 이름이 약혼했다고 성읍 [사람들 입에] 오르내리는
경우, 약혼이 되었다[고 간주한다]. 이혼했다고 [오르내리는 경우],
[이를 부정할] 합리적 이유[91]가 없는 한 이혼했다[고 간주한다]. 합리
적 이유란 어떠한 것인가? [그 오르내리는 말이] "아무개 남자가 그
의 아내와 조건부 이혼했다", "그가 약조물[92]을 그 여자에게 던졌는
데 여자 쪽으로 가까이 떨어졌는지 남자 쪽으로 가까이 떨어졌는지
불분명하다" [등이면] 그것은 합리적 이유[가 된]다.

9, 10

בֵּית שַׁמַּאי אוֹמְרִים: לֹא יְגָרֵשׁ אָדָם אֶת אִשְׁתּוֹ אֶלָּא אִם כֵּן מָצָא בָהּ דְּבַר
עֶרְוָה, שֶׁנֶּאֱמַר:
כִּי מָצָא בָהּ עֶרְוַת דָּבָר.
וּבֵית הִלֵּל אוֹמְרִים: אֲפִלּוּ הִקְדִּיחָה תַבְשִׁילוֹ, שֶׁנֶּאֱמַר: כִּי מָצָא בָהּ עֶרְוַת
דָּבָר.
רַבִּי עֲקִיבָא אוֹמֵר: אֲפִלּוּ מָצָא אַחֶרֶת נָאָה הֵימֶנָּה, שֶׁנֶּאֱמַר: וְהָיָה אִם לֹא
תִמְצָא חֵן בְּעֵינָיו.

샴마이 학파는 말한다. "부적절한 것[93]을 발견하지 않는 이상, 자기

---

91) **אמתלא**(아마틀라)는 진술과 증언을 수정하거나 철회할 타당한 이유를 가리
키는 용어다(야스트로 사전).
92) 약혼하겠다는 증서나 선물을 말한다(「키두쉰」1.1).
93) 드바르 에르봐(דבר ערוה).

아내와 이혼해서는 안 된다. 이는 "아내로부터 어떤 부적절한 것을 발견하면"(신 24:1)[94]이라고 기록했기 때문이다."

〔그러나〕힐렐 학파는 말한다. "〔아내가〕그〔남편〕의 음식을 태운다 해도〔이혼할 수 있다〕. 이는 "아내로부터 어떤 부적절한 것[95]을 발견하면"이라고 기록했기 때문이다."

랍비 아키바는 말한다. "그〔아내〕보다 아름다운 여자를 발견하면 〔이혼할 수 있다〕. 이는 '그를 기뻐하지 아니하면'(신 24:1)이라고 기록했기 때문이다."

- 신명기 24:1의 히브리어 '에르봣 다바르'(ערות דבר)를 어떻게 해석 하느냐에 따라 샴마이 학파와 힐렐 학파의 의견이 갈린다. 샴마이 학파는 행실이 나쁜 부정한 행위, 부적절한 행위, 간통 등 아내가 남편에 대한 정절의무를 어겼을 때를 일컫는 것으로 축소 해석한 반면, 힐렐 학파는 이를 상당히 확대 해석하고 있다.[96]
- 랍비 아키바는 신명기 24:1 후반(히브리어 본문에서는 전반)을 토대로, 딱히 잘못한 것이 없어도 아름다움으로 남편을 즐겁게 해주지 못한 것조차 아내의 덕목으로 부적절하다고 보고 있다.

---

94) '수치스러운 일'(공동번역, 새번역), '수치되는 일'(개역한글, 개역개정), '부정한 일'(현대인) 등 성경·판본에 따라 조금씩 달리 번역된다.
95) 에르봣 다바르(ערות דבר)
96) 힐렐 학파는 율법 해석에 보다 유연한 자세를 견지한다. 엄격한 샴마이 학파보다 힐렐 학파에 가까운 입장을 보이던 예수는 이혼 문제에서만큼은 샴마이 학파와 비슷한 견해를 보였다.

קידושין

7

키두쉰
약혼

어떤 남자가 어떤 여자에게 "이 포도주가 담긴 컵으로 나와 약혼하자"라고 했는데 알고 보니 꿀이 있었다면, 또는 "꿀"이라 했는데 포도주가 있었다면, "은 디나르"라고 했는데 금 디나르이거나, "금 디나르"라고 했는데 은 디나르가 있었다면, "내가 부자라는 조건하에 약혼하자"라고 했는데, 알고 보니 가난하거나, "가난하다"라고 했는데 부자인 것이 밝혀지면, 그 여자의 약혼은 성립되지 않는다. _「키두쉰」2, 2

개요

혼인은 에루씬과 니쑤인 두 단계로 이뤄진다. 전자는 신랑이 신부에게 금전이나 약조물을 주고 케투바를 작성하는 것으로 이뤄지며, 후자는 후파 아래에서 혼인예식을 치르고 신랑의 집에 신부를 정식으로 들이는 것으로 완성된다. 에루씬에 상응할 만한 마땅한 번역이 없어 영어본 등에서 '약혼'으로 옮기곤 하지만, 우리가 일반적으로 이해하는 약혼과는 차이가 있다. 가령 신랑·신부는 에루씬 단계에서 이미 법적 효력이 있는 부부로 간주된다. 따라서 에루씬 상태에서 혼인계약이 소멸될 경우, 아직 니쑤인 전이라 해도 이혼이나 사별이 된다. 단, 에루씬 기간에는 성관계가 허용되지 않으며, 혼인이 완전히 이뤄진 니쑤인과 차이를 두어 세부 법규가 적용된다. 에루씬과 니쑤인 사이에는 초혼의 경우 1년, 재혼의 경우 30일의 시간차를 둔다. '에루씬'을 다른 말로 '키두쉰'(קידושין)이라고 부른다.

키두쉰은 '성화하다'라는 뜻의 카다쉬 동사에서 유래한다. 약혼(에루씬/키두쉰)은 남성이 혼인(니쑤인)을 위해 아내를 취득하는 행위로 간주된다. 따라서 성스러운 취득이라는 의미로 '키두쉰'을 이해할 수 있겠다(신 24:2).

혼인의 순서상 약혼을 다루는 마쎄켓 「키두쉰」이 쎄데르 『나쉼』의 가장 앞에 나와야 자연스러워 보인다. 그러나 이러한 예상을 뒤엎듯, 『나쉼』은 「키두쉰」으로 마무리된다. 아마도 이혼(기틴)이 다시 재혼, 즉 새로운 약혼으로 이어지기 때문이라 해석할 수 있겠다.

「키두쉰」은 약혼 성립을 위한 방법(돈, 문서, 성관계)과 절차 등을 다룬다. 예를 들어 남자는 여자에게 적어도 1페루타의 유효한 약조물을 주어야 한다. 당사자들이 직접 또는 대리인을 통해 약혼할 수 있다. 대리인은 약혼을 위임한 이의 세부지침 사항을 지켜야 하고, 약혼을 위해 제시된 정보는 진실되어야 하며, 조건을 걸었다면 그 조건이 성립되어야 약혼으로 인정된다. 또한 서로간에 혼인(약혼)이 허용되는 계보가 따로 있다.

한편 약혼이 취득하는 행위라는 점에서 남자 노예, 여종, 부동산, 동산 등 기타 다양한 취득의 행위가 「키두쉰」에서 함께 다뤄진다.

제1장

남자는 어떻게 혼인을 통해 여자를 아내로 취득하고, 또 여자는 어떻게 혼인 이후 자기 자신을 취득하게 되는지 그 원칙을 설명한 다음, 노예·동산·부동산 취득과 관련된 규정을 다룬다. 1장 후반부는 계명과 제의의 집행이 남자·여자에게 어떻게 달리 적용되는지 논한다.

1, 1

הָאִשָּׁה נִקְנֵית בְּשָׁלֹשׁ דְּרָכִים, וְקוֹנָה אֶת עַצְמָהּ בִּשְׁתֵּי דְרָכִים.
נִקְנֵית בְּכֶסֶף, בִּשְׁטָר, וּבְבִיאָה.
בְּכֶסֶף- בֵּית שַׁמַּאי אוֹמְרִים: בְּדִינָר, וּבְשָׁוֶה דִינָר.
וּבֵית הִלֵּל אוֹמְרִים: בִּפְרוּטָה, וּבְשָׁוֶה פְרוּטָה.
וְכַמָּה הִיא פְרוּטָה? אֶחָד מִשְּׁמֹנָה בְּאִסָּר הָאִיטַלְקִי.
וְקוֹנָה אֶת עַצְמָהּ בְּגֵט, וּבְמִיתַת הַבַּעַל.
הַיְבָמָה נִקְנֵית בְּבִיאָה.
וְקוֹנָה אֶת עַצְמָהּ בַּחֲלִיצָה, וּבְמִיתַת הַיָּבָם.

〔아내는〕 세 가지 방법으로 취득되며, 두 가지 방법으로 자기 자신을 취한다.[1] 돈, 문서, 성관계 세 가지 〔방법으로 아내가〕 취득된다. 돈에 〔있어〕 샴마이 학파는 말한다. "1디나르 또는 1디나르에 상응하는 것으로 〔취득된다〕." 〔그러나〕 힐렐 학파는 말한다. "1페루타 또는 1페루타에 상응하는 것으로 〔취득된다〕." 1페루타는 얼마인가? 이탈리아 이싸르[2]의 1/8이다.

〔아내는〕 이혼증서나 남편의 사망으로 자기 자신을 취한다. 예바마는 성관계를 통해 취득되고 신 벗는 예식 또는 야밤의 죽음을 통해 자기 자신을 취한다.

---

1) 문자적으로는 '스스로 자신을 산다'다.
2) 이싸르(אסר, Issar)는 로마의 화폐 단위로 작은 구리 동전이다.

- "자기 자신을 취한다(산다)"라는 표현은 혼인으로 얻은 아내에 대한 남편의 권리가 소멸되어, 여성 자신이 법적 활동의 주체가 된다는 뜻이다. 이 문구는 이어지는 1, 2와 1, 3의 노예해방 조건에서도 반복된다. 남편과의 이혼 또는 남편의 사망으로 자신을 취하게 된 여성은 다른 이와 재혼하기에 자유로운 상태가 된다(라쉬).
- 「에두욧」 4, 7에도 샴마이 학파와 힐렐 학파의 이 상반된 의견이 실려 있다. 1디나르나 1페루타는 여자의 실제 가치를 반영한다기보다 계약의 효력을 발생시키는 데 필요한 화폐로서의 상징적 의미를 갖는다. 할라카는 힐렐 학파의 의견을 받아들인다.
- 1페루타는 구리 동전으로 화폐 중 최소단위이며, 작은 은전인 이싸르(앗사리온)의 1/8에 해당한다. 이싸르가 보리 네 알 무게의 은전이므로, 1페루타를 은 가치로 환산하면 보리 반 알 무게의 은이 된다. 1페루타는 그리스 동전 2렙돈(마 12:41-44; 눅 21:1-4)에 상응한다. '디나르'의 가치는 잘 알려져 있으므로 페루타의 가치에 대해서만 언급하고 있다.

1, 2

עֶבֶד עִבְרִי נִקְנֶה בְּכֶסֶף, וּבִשְׁטָר. וְקוֹנֶה אֶת עַצְמוֹ בַּשָּׁנִים, וּבַיּוֹבֵל, וּבְגִרְעוֹן כֶּסֶף.
יְתֵרָה עָלָיו אָמָה הָעִבְרִיָּה, שֶׁקּוֹנָה אֶת עַצְמָהּ בְּסִימָנִין.
הַנִּרְצָע נִקְנֶה בִּרְצִיעָה.
וְקוֹנֶה אֶת עַצְמוֹ בַּיּוֹבֵל וּבְמִיתַת הָאָדוֹן.

히브리 노예는 돈과 문서로 취득되며 그는 〔근로〕연수, 희년, 〔잔여 채무〕액 변제[3]를 통해 자기 자신을 취한다.[4]

---

3) 몸값을 속량하는 것을 말한다.
4) 즉, 자유를 얻는다는 말이다(레 25:50-51).

히브리 여종에게는 유리한 점이 더 있으니 [신체적 성숙] 징후를 통해서도 자기 자신을 취한다는 것이다.

[귀] 뚫린 자는 [귀] 뚫는 행위를 통해 취득하며, 그는 희년이나 주인이 죽으면 자기 자신을 취한다.

- 히브리 노예(עבד עברי, 에베드 이브리)는 이방인 노예와는 개념이 다르다. 이방인 노예가 주인의 소유인 것과 달리, '에베드 이브리'는 물건을 훔쳤는데 상환할 능력이 없는 자를 법정이 팔아 빚을 갚도록 하는 것이다(출 21:1-6; 22:3[히브리 성서 22:2]; 신 15:12-18). 그 외 경제적 이유로 직접 자신을 종으로 파는 경우(레 25:39), 12세 아래의 여아를 부친이 파는 경우(출 21:7-11), 이방인에게 자신을 파는 경우(레 25:47-55)가 있다. 마지막 경우는 여기서 다루지 않는다.

- 문서는 자유민이 되는 해방문서로, 제삼자가 주인에게 금액을 지불하면 얻을 수 있다. 그렇지 않을 경우 법정이 정한 근로연수는 6년이다(출 21:2). 또한 희년인 49년 다음 50년째에 이들을 놓아주게 되어 있으므로 근로 기간은 줄어들 수 있다. '[잔여 채무]액 변제'란 6년 노동 기간 중 매년 일한 것을 돈으로 환산하고 남은 금액을 주인에게 지불하여 자유를 얻는 것을 말한다.

- 부친에게 팔려온 어린 여종(유대인)은 12세 하루가 되는 젊은 여성(나아라)이 될 때, 또는 음모 두 터럭으로 표현되는 신체적 징후가 나타날 때 종에서 해방된다. 따라서 남자보다 해방 조건이 하나 더 있는 셈이다.

- 6년 계약 기간이 끝나고도 계속 종으로 있기를 원하는 자는 그 징표로 귀를 뚫는다(출 21:6). 그러나 주인이 죽으면 그 아들에게 상속되지 않고 해방된다.

עֶבֶד כְּנַעֲנִי נִקְנֶה בְכֶסֶף, וּבִשְׁטָר, וּבַחֲזָקָה.
וְקוֹנֶה אֶת עַצְמוֹ בְכֶסֶף עַל יְדֵי אֲחֵרִים, וּבִשְׁטָר עַל יְדֵי עַצְמוֹ; דִּבְרֵי רַבִּי
מֵאִיר.
וַחֲכָמִים אוֹמְרִים: בְּכֶסֶף עַל יְדֵי עַצְמוֹ, וּבִשְׁטָר עַל יְדֵי אֲחֵרִים.
וּבִלְבַד שֶׁיְּהֵא הַכֶּסֶף מִשֶּׁל אֲחֵרִים.

가나안 노예는 돈, 문서, 또는 소유행위에 의해 취득된다. 그리고
그는 다른 이들이 지불한 돈과 자신이 수령한 〔해방〕문서로 자기 자
신을 취한다. 이는 랍비 메이르의 말이다. 그러나 현인들은 말한다.
"자기가 지불한 돈과 다른 이들이 수령한 〔해방〕문서로도 〔자기 자신
을 취한다〕. 이때 그 돈은 다른 사람들로부터 나온 것이어야 한다."

- 랍비 메이르는 가나안 노예는 자기 소유라는 것이 없기 때문에 타인
  이 그의 자유를 사주어야 하며, 해방문서의 경우 노예가 직접 수령
  해야 한다고 주장한다. 그러나 현인들은 이에 반대한다. 노예가 모
  르게, 또는 그의 의사와 상관없이 제삼자에게 해방문서를 전할 수도
  있다는 것이다. 해방은 노예의 유익이기 때문이다. 다만 노예가 직
  접 몸값을 지불할 때 그 돈은 타인 소유여야 한다. 노예는 재산을 소
  유할 수 없고, 재산이 있다면 그것은 주인 것으로 간주되기 때문이
  다. '소유행위'(חזקה, 하자카)는 손에 넣는 행위를 가리키며, '소유
  권 추정'(조슈아 컬프), '사용취득'(블랙먼)으로도 번역 가능하다
  (소유권 취득에 대해서는 「바바 바트라」 제3장을 참고하라).

בְּהֵמָה גַסָּה נִקְנֵית בִּמְסִירָה, וְהַדַּקָּה בְּהַגְבָּהָה; דִּבְרֵי רַבִּי מֵאִיר וְרַבִּי
אֱלִיעֶזֶר.
וַחֲכָמִים אוֹמְרִים: בְּהֵמָה דַקָּה נִקְנֵית בִּמְשִׁיכָה.

몸집이 큰 동물은 건네면서 얻고, 몸집이 작은 동물은 들어올려 취한다. 이는 랍비 메이르와 랍비 엘리에제르의 말이다. 〔그러나〕 현인들은 말한다. "몸집이 작은 동물은 끌어서 취한다."

- 동산(動産) 취득법을 설명한다. 물리적 접촉을 통한 취득은 세 가지 방법으로 압축된다(게마라 「바바 바트라」 86b).
- 건네기(מסירה, 메씨라)는 고삐나 끈 등으로 묶은 채, 또는 동물의 털을 잡고 건네는 행위다(라브; 람밤; 라쉬).
- 들어 올리기(הגבהה, 하그바하)는 작은 동물을 안아 올리는 행위로 설명된다.
- 끌어당기기(משיכה, 메쉬카)는 당겨서 가축이 직접 움직여 이동하게 하는 행위로 설명된다.

1, 5

נְכָסִים שֶׁיֵּשׁ לָהֶם אַחֲרָיוּת נִקְנִין בְּכֶסֶף, וּבִשְׁטָר, וּבַחֲזָקָה; וְשֶׁאֵין לָהֶם
אַחֲרָיוּת אֵין נִקְנִין אֶלָּא בִמְשִׁיכָה.
נְכָסִים שֶׁאֵין לָהֶם אַחֲרָיוּת, נִקְנִין עִם נְכָסִים שֶׁיֵּשׁ לָהֶם אַחֲרָיוּת בְּכֶסֶף,
וּבִשְׁטָר, וּבַחֲזָקָה.
וְזוֹקְקִין נְכָסִים שֶׁאֵין לָהֶם אַחֲרָיוּת אֶת הַנְּכָסִים שֶׁיֵּשׁ לָהֶם אַחֲרָיוּת לִשָּׁבַע
עֲלֵיהֶן.

담보물로 사용가능한 재산(부동산)[5]은 돈, 문서, 또는 소유행위에 의해 취득된다. 담보물로 사용되지 않는 재산(동산)은 끌어당기기로 취득 가능하다.

담보물로 사용되지 않는 재산(동산)[6]은 돈, 문서, 또는 소유행위에

---

5) 직역하면 '보장(אחריות, 아하라이웃)이 있는 재산'이다. 여기서 보장이 있다는 말은 움직이지 않는 것이기 때문에 담보나 압류가 가능함을 의미한다.

의해 담보물로 사용가능한 재산(부동산)과 같이 묶어 취득될 수 있다. 담보물로 사용가능한 재산(부동산)을 취득할 때는 담보물로 사용되지 않는 재산(동산)을 걸고서 맹세하게 할 수 있다.

1, 6

כָּל הַנַּעֲשֶׂה דָמִים בְּאַחֵר, כֵּיוָן שֶׁזָּכָה זֶה- נִתְחַיֵּב זֶה בַּחֲלִיפָיו.
כֵּיצַד? הֶחֱלִיף שׁוֹר בְּפָרָה, אוֹ חֲמוֹר בְּשׁוֹר, כֵּיוָן שֶׁזָּכָה זֶה- נִתְחַיֵּב זֶה בַּחֲלִיפָיו.
רְשׁוּת הַגָּבוֹהַּ בְּכֶסֶף, וּרְשׁוּת הַהֶדְיוֹט, בַּחֲזָקָה.
אֲמִירָתוֹ לַגָּבוֹהַּ כִּמְסִירָתוֹ לַהֶדְיוֹט.

다른 것의 통화[가치]로 사용되는 모든 것에 있어, 한쪽 [당사자]가 [물건을] 취하면, [다른] 한쪽은 그것을 교환해야 한다.

어떻게 [그러한가]? 어떤 사람이 황소를 암소와 교환하거나, 나귀를 황소와 교환하면 한쪽 [당사자]가 [이를] 취하는 순간 [다른] 한쪽은 [이것을] 교환해야 한다. 성전 금고의 [소유] 권한은 돈으로, 일반인의 [소유] 권한은 취하는 행위로 [가능하다]. 성전 금고에 바칠 때의 구두행위는 일반인에게 [물품을] 건네는 행위와 같다.

- 랍비법으로는 화폐를 제외한 동산은 등가물로 평가되는 것과 교환함으로써 취득이 이루어지는데, 이때 '끌어당기기'(메쉬카)로 표현되는 물품 인수행위에 의해 교환거래가 성립된다(1, 5). 한쪽 거래자가 물품 인수를 하면 다른 한쪽 거래자도 자동으로 그 교환물에 대한 소유권(그것이 훼손되거나 그것을 분실한다 해도)을 갖는다. 탈무드에서는 화폐로도 교환이 성립되어야 한다고 논의한다(게마라 28a, 28b).

---

6) 직역하면 '보장(אחריות, 아하라이웃)이 없는 재산'이다.

- 성전 재산의 경우, 동산이더라도 화폐를 지불하여 취득할 수 있는데, 이때는 취득을 위한 별도의 행위가 수반될 필요가 없다. 예를 들어 성전 금고용으로 쓸 소를 구매하기 위해 성전 재무담당자가 판매자에게 돈을 내면 그것으로 성전은 소의 소유권을 취득한다. 일반인의 경우, 돈만 지불하고 물품 인수(끌어당기기)를 하지 않으면 소유권 취득이 완료되지 않으므로, 이때는 환불하고 거래를 무를 수 있다 (「바바 메찌아」4, 2; 바르테누라). 단, 성전에 무엇을 봉헌할 때는 구두선언만으로도 충분하다. 가령 "이 소는 성전에 속한다"라는 선언은 소 주인(봉헌자)이 물품(소)을 구매자(성전)에 인계('건네기'. 1, 4의 '메씨라')하는 것과 같은 역할을 하며, 구두선언과 동시에 그 소의 소유권은 성전에 이전된다.

1, 7

כָּל מִצְוֹת הַבֵּן עַל הָאָב- הָאֲנָשִׁים חַיָּבִין, וְהַנָּשִׁים פְּטוּרוֹת.
וְכָל מִצְוֹת הָאָב עַל הַבֵּן- אֶחָד אֲנָשִׁים וְאֶחָד נָשִׁים חַיָּבִין.
וְכָל מִצְוֹת עֲשֵׂה שֶׁהַזְּמָן גְּרָמָה-הָאֲנָשִׁים חַיָּבִין וְהַנָּשִׁים פְּטוּרוֹת.
וְכָל מִצְוֹת עֲשֵׂה שֶׁלֹּא הַזְּמָן גְּרָמָן- אֶחָד אֲנָשִׁים וְאֶחָד נָשִׁים חַיָּבִין.
וְכָל מִצְוֹת לֹא תַעֲשֶׂה, בֵּין שֶׁהַזְּמָן גְּרָמָה, בֵּין שֶׁלֹּא הַזְּמָן גְּרָמָה- אֶחָד אֲנָשִׁים וְאֶחָד נָשִׁים חַיָּבִין, חוּץ מִבַּל תַּשְׁחִית, וּבַל תַּקִּיף, וּבַל תִּטַּמָּא לְמֵתִים.

아버지에게 부과된 아들 〔관련〕 계명은 남성의 의무이며 여성은 면제된다. 그러나 아들에게 주어진 아버지 〔관련〕 계명은 남성과 여성 모두의 의무다.

시간에 구애받는[7] 모든 긍정계명은 남성의 의무이며 여성은 면제된다. 시간에 구애받지 않는 모든 긍정계명은 남성의 의무이자 여성의 의무다.

---

7) 직역하면 '야기하는'이다.

모든 부정계명은 시간에 구애받든 구애받지 않든 남성과 여성 모두의 의무다. 단 〔머리 가를〕 둥글게 깎는 것 금지, 〔수염 끝을〕 손상하는 것 금지, 죽은 자와의 접촉으로 〔제사장이〕 부정해지는 것 금지 규정은 예외다.

- 아들과 관련해 아버지에게 부과된 계명에는, 할례,[8] 맏아들 대속, 토라 교육, 상거래하는 법과 헤엄치는 법을 가르치는 일, 혼인시키는 일 등이 속한다(게마라 29a; 29b).
- 아버지와 관련해 아들에게 부과된 계명에는, 경외하고(레 19:3) 존중하는 것(출 20:12), 가령 아버지 자리에 앉지 않는 것, 아버지의 말에 반박하거나 논쟁하지 않는 것, 공양하고 의복을 입히고 건강을 살피며 봉양하는 일 등이 속한다. 레위기 19:3의 "너희 각 사람은 부모를 경외하고"가 복수 명령으로 되어 있기 때문에 아들과 딸 모두의 의무라고 해석한다(게마라 30b).
- "하라"는 긍정명령에 있어, 절기 관련법 등은 시간에 구애받으며, 이는 남성의 의무다. 단 유월절에 무교병을 먹는 것이나 절기 때 즐거워하는 것은, 7년 끝 면제년 초막절에 성전 뜰에 모여 토라 회중 낭독을 듣는 일 등은 여성에게도 해당한다(람밤).
- 시간에 구애받지 않는 긍정계명은 문설주에 성구함(메주자)을 설치하는 것(신 6:9), 새 보금자리의 어미 새와 새끼 가운데 어미는 놓아주는 것(신 22:7), 새 집을 지을 때 지붕에 난간을 만드는 것(신 22: 8) 등으로 남녀 모두 지켜야 한다. 단 토라를 공부하는 것, 자손을 낳아 번식하는 것, 맏배를 대속하는 것 등은 특정 시간을 정해놓고 하는

---

8) 탈무드에 따르면, 창세기 21:4에 하느님이 할례를 '그'에게 명령했다고 나오므로 어머니는 이 의무에서 면제된다(게마라 29a).

일이 아니지만 예외적으로 남자의 의무다(게마라 34a).

- "머리 가를 둥글게 깎지 말며 수염 끝을 손상하지 말며"라는 구절 (레 19:27)은 남자에게 내려진 명령으로 해석한다.
- "아론의 자손 제사장들에게 말하여 이르라. 그의 백성 중에서 죽은 자를 만짐으로 말미암아 스스로를 더럽히지 말려니와"라는 명령(레 21:1)은 제사장들에게 내려진 것이며, 제사장 직분은 남자만 맡는다.

1, 8

הַסְּמִיכוֹת, וְהַתְּנוּפוֹת, וְהַהַגָּשׁוֹת, וְהַקְּמִיצוֹת, וְהַהַקְטָרוֹת, וְהַמְּלִיקוֹת,
וְהַהַזָּאוֹת, וְהַקַּבָּלוֹת, נוֹהֲגוֹת בָּאֲנָשִׁים וְלֹא בַנָּשִׁים חוּץ מִמִּנְחַת סוֹטָה
וּנְזִירָה, שֶׁהֵן מְנִיפוֹת.

〔번제물의 머리에〕 안수하는 것,[9] 〔화목제물을〕 흔드는 것, 〔소제를 제단으로〕 가져가는 것, 한 움큼을 떼는 것, 〔제물을 제단에서〕 불사르는 것, 〔새를 제물로 바칠 때 목을〕 비틀어 끊는 것, 〔피를〕 흩뿌리고 받는 〔제의〕는 여성이 아닌 남성만 집행할 수 있다. 의심받는 여성과 나지르 여성이 제물로 바치는 소제는 예외로, 이들은 〔그 제물을〕 흔들 수 있다.

- 속죄물을 도살하기 전에 그 머리에 안수한다(레 1:4).
- 제사장은 화목제물로 가져온 것 중 가슴 부위를 흔들어야 한다(레 7:30).
- 소제를 정해진 그릇에 담아 제사장에게 가져오면 그는 남서쪽 모퉁이의 제단으로 이것을 가져간다(레 6:6-7).
- 제사장은 소제 중 한 움큼을 기름과 유향과 함께 제단에서 불살라야

---

9) 직역하면 '〔손을〕 내려놓는 것'이다.

한다(레 2:2). 소제에 대해서는 「메나홋」을 보라.

- 모든 제물은 제사장만 제단에서 불사를 수 있다(레 3:5).

- 제사장은 번제용 새를 "제단으로 가져다가 그것의 머리를 비틀어 끊고 제단 위에서 불사르고 피는 제단 곁에" 흘린다(레 1:15; 5:8).

- 제단에서 번제로 바치는 동물에 있어 취혈하고 피를 뿌리는 것은 제사장만 할 수 있다(레 1:5, 11). 관련 내용은 「페싸힘」 5, 6을 보라.

- 쏘타 재판을 받는 여성은 소제물을 그의 두 손에 두고 흔들고 제단으로 가져간다(민 5:18-25). 여자도 나실인 서원을 할 수 있다. 나실인은 성별 기간이 끝난 후 제의를 통해 이를 완성하며 제물을 요제로 흔든다(민 6:13-20).[10)]

1, 9

כָּל מִצְוָה שֶׁהִיא תְלוּיָה בָאָרֶץ; אֵינָהּ נוֹהֶגֶת אֶלָּא בָאָרֶץ. וְשֶׁאֵינָהּ תְּלוּיָה בָאָרֶץ, נוֹהֶגֶת בֵּין בָּאָרֶץ בֵּין בְּחוּצָה לָאָרֶץ, חוּץ מִן הָעָרְלָה וְכִלְאָיִם. רַבִּי אֱלִיעֶזֶר אוֹמֵר, אַף מִן הֶחָדָשׁ.

〔이스라엘〕 땅에 관련된 모든 계명은 오직 〔이스라엘〕 땅에만 적용된다. 〔이스라엘〕 땅에 관련되지 않은 모든 계명은 〔이스라엘〕 땅 안팎에 모두 통용된다. 단 오를라와 킬아임 관련법은 예외다. 랍비 엘리에제르는 새 소출물 〔금지규정〕[11)]도 해당한다고 말한다.

- 십일조와 안식년 등의 의무는 이스라엘 땅과 관련이 있다. 안식일 준수, 할례, 절기 준수, 개인의 행실 등은 이스라엘 땅과 상관없이 어디서나 지켜야 할 계명이다.

---

10) 더 자세한 내용은 「쏘타」 「나지르」를 보라.
11) 하다쉬(חדש). 니싼월 16일에 오메르를 바치기 전까지는 새 작물 먹는 것을 금지하는 법이다(레 23:14).

- 오를라(Orlah, עָרְלָה)는 '할례받지 않은 것'이라는 뜻이다. 새로 심은 나무의 경우 첫 3년 동안은 그 열매 먹는 것이 금지되는 법이다(레 19:23, '오를라'에 대해서는 「오를라」와 「트루못」11, 3을 보라). 킬아임(כְּלְאַיִם)은 씨를 뿌리거나 작물을 심을 때 종류가 다른 식물의 혼작을 금하는 법이다(레 19:19; 신 22:9-11, '킬아임'에 대해서는 「킬아임」과 「트루못」2, 4; 2, 6을 보라).[12] 이들은 땅과 관련되지만 굳이 이스라엘 땅이 아니더라도 외국에서도 지킬 수 있는 법이다.

1, 10

כָּל הָעוֹשֶׂה מִצְוָה אֶחָת, מְטִיבִין לוֹ, וּמַאֲרִיכִין לוֹ יָמָיו, וְנוֹחֵל אֶת הָאָרֶץ.
וְכָל שֶׁאֵינוֹ עוֹשֶׂה מִצְוָה אֶחָת, אֵין מְטִיבִין לוֹ, וְאֵין מַאֲרִיכִין לוֹ יָמָיו, וְאֵינוֹ נוֹחֵל אֶת הָאָרֶץ.
כָּל שֶׁיֶּשְׁנוֹ בַמִּקְרָא וּבַמִּשְׁנָה וּבְדֶרֶךְ אֶרֶץ, לֹא בִמְהֵרָה הוּא חוֹטֵא, שֶׁנֶּאֱמַר:
'וְהַחוּט הַמְשֻׁלָּשׁ לֹא בִמְהֵרָה יִנָּתֵק'.
וְכָל שֶׁאֵינוֹ לֹא בַמִּקְרָא וְלֹא בַמִּשְׁנָה וְלֹא בְדֶרֶךְ אֶרֶץ, אֵינוֹ מִן הַיִּשׁוּב.

계명 하나를 준수하는 이는 복을 받을 것이니, 그의 날들이 길어질 것이며 그가 땅을 상속받을 것이다. 그러나 계명 하나를 준수하지 않는 이는 복을 받지 못하며, 그의 날들도 길어지지 않을 것이고 땅을 상속받지 못할 것이다. 성서와 미쉬나, 세상의 도리[13]에 정통한 이는 쉽게 죄를 저지르지 않을 것이니, 이는 "세 겹 줄은 쉽게 끊어지지 아니하느니라"(전 4:12〔개역개정〕)고 기록된 대로다. 그러나 성서에도 미쉬나에도 세상의 도리에도 정통하지 않은 이는, 사회에 속하지 않는다.[14]

---

12) 동물들의 이종교배, 양모와 리넨 직물 섞는 것을 금하는 법도 킬아임에 속한다(「킬아임」; 「트루못」2, 4; 2, 6).
13) 직역하면 '세상의 길'(דֶּרֶךְ אֶרֶץ, 데렉 에레쯔)이며 마땅히 행해야 할 올바른 행실을 가리킨다.

제2장

약혼을 주선하는 주체(자기 자신, 대리인, 부친), 약혼 성립을 위한 약조금과 약조물, 위임 및 약혼 성사에 내건 조건 등에 대해 다룬다.

2, 1

הָאִישׁ מְקַדֵּשׁ בּוֹ וּבִשְׁלוּחוֹ.

הָאִשָּׁה מִתְקַדֶּשֶׁת בָּהּ, וּבִשְׁלוּחָהּ.

הָאִישׁ מְקַדֵּשׁ אֶת בִּתּוֹ כְּשֶׁהִיא נַעֲרָה בּוֹ, וּבִשְׁלוּחוֹ.

הָאוֹמֵר לְאִשָּׁה: הִתְקַדְּשִׁי לִי בִּתְמָרָה זוֹ, הִתְקַדְּשִׁי לִי בְזוֹ: אִם יֵשׁ בְּאַחַת מֵהֶן שָׁוֶה פְרוּטָה- מְקֻדֶּשֶׁת,

וְאִם לָאו- אֵינָהּ מְקֻדֶּשֶׁת.

בְּזוֹ, וּבְזוֹ, וּבְזוֹ: אִם יֵשׁ שָׁוֶה פְרוּטָה בְּכֻלָּן- מְקֻדֶּשֶׁת, וְאִם לָאו- אֵינָהּ מְקֻדֶּשֶׁת.

הָיְתָה אוֹכֶלֶת רִאשׁוֹנָה רִאשׁוֹנָה- אֵינָהּ מְקֻדֶּשֶׁת, עַד שֶׁיְּהֵא בְאַחַת מֵהֶן שָׁוֶה פְרוּטָה.

남자는 직접 또는 그의 대리인을 통해 약혼한다. 여자도 직접 또는 그의 대리인을 통해 약혼한다. 남자는 그의 딸이 젊은 여성(나아라)일 때, 직접 또는 그의 대리인을 통해 약혼시킨다.

어떤 남자가 여자에게 "이 대추야자로 나와 약혼하자, 이것으로 나와 약혼하자"라고 말한다면, 그중 어느 것이든 1페루타에 상응해야 약혼이 성립된다. 그렇지 않다면 약혼은 성립되지 않는다.[15]

[어떤 남자가 여자에게] "이것과 이것과 이것으로 [나와 약혼하자]" [라고 말하면], 그것을 모두 [합친 가격이] 1페루타에 상응해야 약혼이 성립된다. 그렇지 않다면 그 약혼은 성립되지 않는다.

---

14) 즉 문명인으로 간주하지 않는다.

15) 직역하면 "그녀는 약혼이 되지 않는다".

만일 그 여자가 그 [대추야자를] 하나씩하나씩 먹어버리면, 그중 하나가 1페루타에 상응하는 경우에만 약혼은 성립되지 않는다.

- 1페루타는 약혼(키두쉰)에 필요한 최소 금액이다(1, 1).
- "여자는 직접 또는 그의 대리인을 통해 약혼한다"라는 말은 남자의 약혼 요청에 대해 여자가 수락하는 것을 말한다.
- 젊은 여성(נערה, 나아라)은 만 12세에서 6개월까지의 시기이며, 12세 6개월에서 하루가 지나면 성인 여성(בוגרת, 보게렛)이다. 미성년자 인 여자아이(크타나)도 아버지가 약혼시킬 수 있으나 성인이 되기 전 이를 거부할 수 있다. 이 조항으로 미루어볼 때 원래는 젊은 여성 (나아라)이 된 뒤에야 약혼이 허용되었음을 추정할 수 있다.
- 대추야자 한 알을 주고 나서 약혼하자고 하고, 또 한 알을 주며 그것 으로 약혼하자고 했기 때문에 각각 별개의 약혼 제안으로 간주한다.
- "이것과 이것과 이것으로" 약혼하자는 말은 열거된 각각의 열매(품 목)를 따로 제안한 것이 아니다. 따라서 제시한 물품의 가치 총액이 1페루타 이상이면 약혼이 된다.
- 약혼을 제안하며 건넨 열매를 하나씩 먹어버렸다면, 남아 있는 열매 의 가치를 계산해야 한다. 게마라에 따르면 이미 먹어버린 열매에 1페루타의 가치가 있고, 남은 열매에는 없는 경우, 아직 약혼 절차가 끝나지 않은 상태이기에 그 먹은 열매의 가치만큼 여자 쪽에 부채가 발생한다. 여자 쪽에서 그것을 갚는다 하여 약혼이 되는 것은 아니다 (라브[게마라 46a]). 한편 약혼이 성립되지 않을 시 약혼용으로 준 돈이나 물품은 반환 또는 변상해야 한다(게마라 46b; 라쉬).

2, 2

הִתְקַדְּשִׁי לִי בְכוֹס זֶה שֶׁלַּיַּיִן, וְנִמְצָא שֶׁלִּדְבַשׁ; שֶׁלִּדְבַשׁ, וְנִמְצָא שֶׁלַּיַּיִן; בְּדִינָר
זֶה שֶׁלַּכֶּסֶף, וְנִמְצָא שֶׁלְּזָהָב;
שֶׁל זָהָב, וְנִמְצָא שֶׁלַּכֶּסֶף; עַל מְנָת שֶׁאֲנִי עָשִׁיר, וְנִמְצָא עָנִי; עָנִי, וְנִמְצָא
עָשִׁיר- אֵינָהּ מְקֻדֶּשֶׁת.
רַבִּי שִׁמְעוֹן אוֹמֵר: אִם הִטְעָהּ לְשֶׁבַח- מְקֻדֶּשֶׁת.

〔어떤 남자가 어떤 여자에게〕 "이 포도주〔가 담긴〕 컵으로 나와 약혼하자"〔라고 했는데〕 알고 보니 꿀이 있었다면, 또는 "꿀"〔이라 했는데〕 포도주가 있었다면, "은 디나르"〔라고 했는데〕 금 〔디나르〕이거나, "금 〔디나르〕"〔라고 했는데〕 은 〔디나르가〕 있었다면, "내가 부자라는 조건하에 〔약혼하자〕"〔라고 했는데〕, 알고 보니 가난하거나, "가난하다"〔라고 했는데〕 부자인 것이 밝혀지면, 그 여자의 약혼은 성립되지 않는다.

랍비 쉼온은 말한다. "만일 그 〔여자의 금전적〕 이득을 위해 속인 것이라면,[16] 약혼은 성립된다."

2, 3

עַל מְנָת שֶׁאֲנִי כֹהֵן, וְנִמְצָא לֵוִי. לֵוִי, וְנִמְצָא כֹהֵן. נָתִין, וְנִמְצָא מַמְזֵר. מַמְזֵר,
וְנִמְצָא נָתִין. בֶּן עִיר, וְנִמְצָא בֶן כְּרָךְ. בֶּן כְּרָךְ, וְנִמְצָא בֶן עִיר. עַל מְנָת שֶׁבֵּיתִי
קָרוֹב לַמֶּרְחָץ, וְנִמְצָא רָחוֹק. רָחוֹק, וְנִמְצָא קָרוֹב. עַל מְנָת שֶׁיֵּשׁ לִי בַת אוֹ
שִׁפְחָה גַדֶּלֶת, וְאֵין לוֹ. אוֹ עַל מְנָת שֶׁאֵין לִי, וְיֵשׁ לוֹ. עַל מְנָת שֶׁאֵין לִי בָנִים,
וְיֵשׁ לוֹ. אוֹ עַל מְנָת שֶׁיֵּשׁ לִי, וְאֵין לוֹ. וּבְכֻלָּם, אַף עַל פִּי שֶׁאָמְרָה, בְּלִבִּי הָיָה
לְהִתְקַדֵּשׁ לוֹ, אַף עַל פִּי כֵן, אֵינָהּ מְקֻדֶּשֶׁת. וְכֵן הִיא שֶׁהִטְעַתּוּ:

〔어떤 남자가 어떤 여자에게〕 "내가 제사장이라는 조건하에 〔나와

---

16) 진술한 내용보다 더 좋은 것을 주거나 진술한 내용보다 더 나은 지위라면 여자에게 유리하기 때문이다.

약혼하자]〔라고 했는데〕 알고 보니 "레위인"〔이거나, 레위인이라 했는데〕 제사장이거나, "나틴"〔이라 했는데〕 사생아였거나, "사생아"〔라 했는데〕 나틴이었거나, "소읍 사람"〔이라 했는데〕 도시 사람이거나, "도시 사람"〔이라 했는데〕 소읍 사람인 경우, "나의 집은 목욕탕 근처에 있다"라는 조건으로 〔약혼하자 했는데〕 알고 보니 〔목욕탕에서〕 멀거나, "멀다"〔라고 했는데〕 알고 보니 가까운 경우, "내게 딸이 하나 있다", "내게 미용사 여종〔이 있다〕"17)〔라는 조건으로 약혼하자 했는데〕 알고 보니 〔딸 또는 그러한 여종이〕 그에게 없거나, "그런 이가 없다"〔라고 했는데〕 있는 것이 밝혀지는 경우, "내게 아들들이 없다"라는 조건으로 〔약혼하자 했는데〕 그에게 〔아들들이 있거나〕, "〔아들들이〕 있다"〔라고 했는데〕 그에게 없는 경우, 이 모든 경우에 있어 그 여자가 "그렇다 해도 나는 그와 약혼할 작정이다"라고 말해도 그 약혼은 성립되지 않는다. 여자가 남자에게 거짓말을 했어도 마찬가지다.

- 여성이 약혼을 허락한 것이 잘못된 정보에 기반해 이루어졌을 때 그 약혼은 무효다.
- 사생아는 다른 사생아, 개종자, 해방노예와만 혼인할 수 있다(3, 12). 사생아가 나틴보다 사회적으로 상위층에 있지만, 사람에 따라 나틴과의 혼인을 더 선호할 수도 있다. 가령, 나틴인 남성은 우월감을 덜 느낄 것이기 때문이다. '아들들'은 '자식'으로도 번역 가능하다.
- 여자 쪽에서 약혼자가 어떤 조건이어도 상관없다는 말을 약혼 시에 명확히 했어야 효력이 있다(라브; 토싸폿 49a).

---

17) גדלת(가델렛)이 땋은 머리를 뜻하는 '가딜'(גדיל)에서 왔으리라는 추론에서 '쉬프하 가델렛'(שפחה גדלת)을 머리를 땋는 여종, 즉 미용사로 번역한다.

2, 4

הָאוֹמֵר לִשְׁלוּחוֹ: צֵא וְקַדֵּשׁ לִי אִשָּׁה פְּלוֹנִית בְּמָקוֹם פְּלוֹנִי, וְהָלַךְ וְקִדְּשָׁהּ
בְּמָקוֹם אַחֵר- אֵינָהּ מְקֻדֶּשֶׁת; הֲרֵי הִיא בְּמָקוֹם פְּלוֹנִי, וְקִדְּשָׁהּ בְּמָקוֹם אַחֵר-
הֲרֵי זוֹ מְקֻדֶּשֶׁת.

어떤 사람이 그의 대리인에게 "가서 나를 아무개 장소에서 아무개
와 약혼시켜달라"고 말했는데, 그가 다른 장소로 가서 그 여자와 약
혼시키면, 그 약혼은 성립되지 않는다. "그 여자가 아무개 장소에 있
다"라고 했는데 다른 장소에서 그 여자와 약혼시키는 경우, 그 약혼
은 성립된다.

- 대리인은 위임자가 지시한 세부사항을 지켜야 한다. 이혼증서에 적
  용된 비슷한 내용을 「기틴」 6, 3에서 볼 수 있다.
- 약혼 상대자의 위치만 말했을 뿐 그곳이 약혼이 거행되어야 할 장소
  라고 언급한 바 없다.

2, 5

הַמְקַדֵּשׁ אֶת הָאִשָּׁה עַל מְנָת שֶׁאֵין עָלֶיהָ נְדָרִים, וְנִמְצְאוּ עָלֶיהָ נְדָרִים- אֵינָהּ
מְקֻדֶּשֶׁת.
כְּנָסָהּ סְתָם, וְנִמְצְאוּ עָלֶיהָ נְדָרִים- תֵּצֵא שֶׁלֹּא בִכְתֻבָּה.
עַל מְנָת שֶׁאֵין עָלֶיהָ מוּמִין, וְנִמְצְאוּ בָהּ מוּמִין- אֵינָהּ מְקֻדֶּשֶׁת.
כְּנָסָהּ סְתָם וְנִמְצְאוּ בָהּ מוּמִין- תֵּצֵא שֶׁלֹּא בִכְתֻבָּה.
כָּל הַמּוּמִין הַפּוֹסְלִים בַּכֹּהֲנִים, פּוֹסְלִים בַּנָּשִׁים.

[신부될 여성이] 아무런 서원도 하지 않았다는 조건하에 어떤 남자
가 약혼을 했는데, 그 여자에게 서원한 것이 있음이 밝혀지면, 그 여자
는 약혼되지 않는다. 그가 그냥 (아무 조건을 두지 않고) 혼인했는데,
여자에게서 서원한 것이 발견되는 경우, 그 여자는 케투바 없이 나가
야(이혼해야) 한다.

〔신체에〕 흠이 없다는 조건하에 약혼했는데 여자에게서 흠이 발견되면, 그 여자는 약혼되지 않는다. 그가 그냥 혼인했는데, 여자에게서 〔신체적〕 흠이 있는 것이 발견되는 경우, 그 여자는 케투바 없이 나가야 한다.

제사장을 부적격하게 만드는 모든 흠은 여성〔의 혼인〕도 부적격하게 만든다.

- 동일한 내용이 「케투봇」7, 7에 실려 있다. '그냥' 혼인했다는 것은 조건 등을 명기하지 않고 혼인했다는 말이다.

2, 6

הַמְקַדֵּשׁ שְׁתֵּי נָשִׁים בְּשָׁוֶה פְרוּטָה, אוֹ אִשָּׁה אַחַת בְּפָחוֹת מִשָּׁוֶה פְרוּטָה,
אַף עַל פִּי שֶׁשָּׁלַח סִבְלוֹנוֹת לְאַחַר מִכָּאן- אֵינָהּ מְקֻדֶּשֶׁת, שֶׁמֵּחֲמַת קִדּוּשִׁין הָרִאשׁוֹנִים שָׁלַח.
וְכֵן קָטָן שֶׁקִּדֵּשׁ.

어떤 남자가 1페루타 상당의 〔값으로〕 두 여성과 약혼하거나, 또는 한 여성과 1페루타 아래로 약혼하면, 이후에 선물을 보낸다 하여도 그 약혼은 성립되지 않는다. 왜냐하면 그는 원래 약혼(키두쉰)할 때 〔마땅히 보내야 하는 선물을〕 보낸 것이기 때문이다. 이는 〔미성년〕 남자 아이가 〔여자와〕 약혼할 때도 마찬가지로 적용된다.

- 각 여성에게 최소 1페루타를 지급해야 한다. 본문의 남자는 키두쉰이 이미 성립되었다 생각하고 전통적인 약혼 선물을 보냈을 뿐이지, 키두쉰 성사용으로 생각하고 보냈을 리 없다. 미성년 남자는 법적 행위에 대한 인식이 부족하다고 간주되므로 약혼할 수 없다. 그가 특정한 여자와 약혼을 시도하며, 나중에 선물을 보내더라도 그 선물

이 약혼을 성립시키지 못한다. 약혼행위 자체가 아니라 무효인 첫 번째 약혼시도 때문에 보낸 것이기 때문이다.

2, 7

הַמְקַדֵּשׁ אִשָּׁה וּבִתָּהּ, אוֹ אִשָּׁה וַאֲחוֹתָהּ כְּאַחַת, אֵינָן מְקֻדָּשׁוֹת.
וּמַעֲשֶׂה בְחָמֵשׁ נָשִׁים, וּבָהֶן שְׁתֵּי אֲחָיוֹת, וְלִקֵּט אֶחָד כַּלְכַּלָּה שֶׁלִּתְאֵנִים,
וְשֶׁלָּהֶן הָיְתָה, וְשֶׁלִּשְׁבִיעִית הָיְתָה, וְאָמַר: הֲרֵי כֻלְּכֶם מְקֻדָּשׁוֹת לִי בְכַלְכַּלָּה
זוֹ, וְקִבְּלָה אַחַת מֵהֶן עַל יְדֵי כֻלָּן- וְאָמְרוּ חֲכָמִים: אֵין הָאֲחָיוֹת מְקֻדָּשׁוֹת.

어떤 남자가 어떤 여자 그리고 그 여자의 딸, 또는 어떤 여자 그리고 그 여자의 자매와 동시에 약혼했다면, 이들은 약혼되지 않는다.

한 번은 두 자매를 포함해 다섯 명의 여자가 있었는데, 어떤 남자가 이 여자들의 〔밭에 속한〕 것이자 안식년 〔소출물인〕 무화과를 광주리에 거두고 이렇게 말했다. "이 광주리로 당신들 모두 나와 약혼하자." 그러자 이들 중 한 명이 모두를 대신하여 〔그것을〕 받았다. 〔그러나〕 현인들은 말한다. "그 자매들은 약혼되지 않는다."

- 근친혼 금지(에르바) 규정에 걸리는 약혼은 성립되지 않는다.
- 안식년에 있었던 한 사례를 들고 있다. 안식년에는 밭의 소산물을 소유주 이외 모든 이들이 취할 수 있다(레 25:4-7). 원래는 이 다섯 여성이 무화과밭 주인이지만, 안식년에 그 열매는 공공재산이므로 이 남자는 그것을 수확한 뒤 약혼을 신청할 수 있다. 원칙상 하나의 약혼행위로 여러 명의 여자와 약혼하는 것도 법적으로 가능하며, 여자 한 명이 대표로 약혼을 수락할 수 있다. 그러나 자매와는 한꺼번에 약혼할 수는 없다.
- 탈무드에는 다섯 명 모두와의 약혼이 무효인지, 자매를 제외한 이들과의 약혼은 유효인지에 대한 논쟁이 기록되어 있다(게마라 51a-52b).

הַמִּקְדָּשׁ בְּחֶלְקוֹ, בֵּין קׇדְשֵׁי קׇדָשִׁים, בֵּין קׇדָשִׁים קַלִּים- אֵינָהּ מְקֻדֶּשֶׁת.
בְּמַעֲשֵׂר שֵׁנִי, בֵּין שׁוֹגֵג, בֵּין מֵזִיד- לֹא קִדֵּשׁ; דִּבְרֵי רַבִּי מֵאִיר.
רַבִּי יְהוּדָה אוֹמֵר: בְּשׁוֹגֵג לֹא קִדֵּשׁ, בְּמֵזִיד קִדֵּשׁ.
וּבְהֶקְדֵּשׁ- בְּמֵזִיד קִדֵּשׁ, וּבְשׁוֹגֵג לֹא קִדֵּשׁ; דִּבְרֵי רַבִּי מֵאִיר.
רַבִּי יְהוּדָה אוֹמֵר: בְּשׁוֹגֵג קִדֵּשׁ, בְּמֵזִיד לֹא קִדֵּשׁ.

〔제사장인〕남자가 그의 몫을 가지고 〔어떤 여자와〕약혼할 경우, 그것이 지극히 거룩한 것이든 덜 거룩한 것이든 그 약혼은 성립되지 않는다.

〔만일 어떤 남자가〕둘째 십일조를 가지고 〔어떤 여자와 약혼할 경우〕, 그것이 실수든 의도적이든 그 약혼은 성립되지 않는다. 이는 랍비 메이르의 말이다. 랍비 예후다는 말한다. "실수라면 그 약혼은 성립되지 않는다. 의도적이라면 그 약혼은 성립된다."

"헤크데쉬[18]〔인 경우〕, 의도적이라면 그 약혼은 성립된다. 그러나 실수라면 그 약혼은 성립되지 않는다." 이는 랍비 메이르의 말이다. 랍비 예후다는 말한다. "실수라면 그 약혼은 성립된다. 〔그러나〕의도적이라면 그 약혼은 성립되지 않는다."

- 성물을 약혼하는 데 사용할 수 있느냐 없느냐에 대한 논의다.
- 제사장이 받는 몫 중에서 지극히 거룩한 것은 속죄제물과 속건제물을 지칭하는 것으로 보이며(민 18:9), 이 제물들은 성전 뜰 북쪽에서 도살하고 제사장들만 그곳에서 먹을 수 있다(관련법은 「제바힘」을 참조하라). 이보다 덜 거룩한 것은 화목제물로(「제바힘」5:6-8) 성전 뜰 어느 곳에서든 도살할 수 있는데, 제사장에게 주고 남은 고기(제단 위에서 태우지 않는 고기)는 제주, 즉 제사를 바친 제물의 원주인

18) 헤크데쉬(הקדש)는 성전 운영에 필요한 예산으로 바친 것을 가리킨다.

에게 돌아간다. 화목제물로 드린 고기는 예루살렘 성벽 안 어디서든 먹을 수 있다. 제사장에게 허용된 고기라도 이것들은 신에게 바쳐진 것이며, 제사장은 다만 '하느님의 식탁'에서 이를 먹는 것으로 해석한다. 따라서 이를 거래에 사용해서는 안 된다(게마라 52b).

- 이스라엘 백성들이 십일조로 바친 둘째 십일조는 안식년 주기의 제 1, 2, 4, 5년에 떼어 예루살렘으로 가져가서 먹거나, 돈으로 무른다. 첫째 십일조와 둘째 십일조는 레위인 몫이다(민 18:25-32. 관련법은 「트루못」을 참조하라). 랍비 메이르는 둘째 십일조를 하느님의 소유로 간주하여 키두쉰(약혼)에 사용하는 것을 반대한다. 할라카는 랍비 메이르의 의견을 받아들였다.

- 둘째 십일조는 예루살렘까지 가져와서 먹어야 하므로, 이를 키두쉰 용으로 받은 여자에게 부담을 초래한다. 이에 랍비 예후다는 여자가 이것이 둘째 십일조인 줄 알았다면 받지 않았을 것이므로 약혼은 무효라고 주장한다. 여자가 이를 인지했다면 약혼은 유효하다. 랍비 예후다는 랍비 메이르와 달리 둘째 십일조를 남자의 재산으로 본다.

- '헤크데쉬'는 성전의 필요를 위해 바친 봉헌물을 말한다. 탈무드는 랍비 메이르의 주장에 대해, 알면서도 약혼에 사용한 경우, 이미 그 성물은 성전 재산에서 제외된다고 해석한다. 실수인 경우, 만일 성전에 바쳐진 것인 줄 인지했다면 약혼을 위해 사용하지 않았을 것이기에 착오에서 비롯된 그 약혼은 성립되지 않는다(라브; 게마라 53b)는 것이다.

- 랍비 예후다는 랍비 메이르와 정반대로 해석한다. 성전에 바쳐진 것인 줄 모르고 약혼을 위해 여자에게 주었을 때 그 물건은 성물 자격을 잃는다. 따라서 약혼은 유효하다. 반대로 성전 재산임을 인지한 상태에서 약혼에 사용한 경우에 그 물건은 여전히 성물이다. 이것을 받은 여자 소유가 아니라 여전히 성전 재산이고, 따라서 그 약혼은

무효다(라브; 게마라 54b). 할라카는 랍비 예후다 의견을 따른다.

2, 9

הַמְקַדֵּשׁ בְּעָרְלָה, בְּכִלְאֵי הַכֶּרֶם, בְּשׁוֹר הַנִּסְקָל, וּבְעֶגְלָה עֲרוּפָה, בְּצִפֳּרֵי
מְצֹרָע, וּבִשְׂעַר נָזִיר, וּפֶטֶר חֲמוֹר, וּבָשָׂר בְּחָלָב, וּבְחֻלִּין שֶׁנִּשְׁחֲטוּ בָּעֲזָרָה-
אֵינָהּ מְקֻדֶּשֶׁת.
מְכָרָן וְקִדֵּשׁ בִּדְמֵיהֶן- מְקֻדֶּשֶׁת.

어떤 남자가 오를라, 포도원의 킬아임, 투석형에 〔처할〕 황소, 목을
꺾을 암소, 악성 피부병자의 새 제물, 나지르의 머리카락, 나귀의 초
태생, 우유에 〔끓인〕 고기, 성전 뜰에서 잡은 속된 고기 등으로 약혼
하면, 그 여자의 약혼은 성립되지 않는다.

만일 그것들을 팔고서 그 돈으로 약혼하는 경우, 그 여자의 약혼은
성립된다.

- 2, 8에 이어서 역시 약혼에 사용할 수 없는 품목에 대해 논한다.
- 오를라와 킬아임은 1, 9에서 다루었다. 사람을 받아 죽인 소는 투석
  형에 처하게 되어 있고(출 21:28), 살인으로 시신이 발견되었는데 살
  인자를 알 수 없을 때 시신이 발견된 곳에서 가장 가까운 성읍의 장
  로들이 대속제물로 암소의 목을 꺾는다(신 21:1-4). 탈무드는 "주의
  백성 이스라엘을 사하시고"(신 21: 8)라는 구절이 희생제물을 바칠
  때도 쓰이므로, 희생제물과 마찬가지로 이 암소로도 유익을 얻어서
  는 안 된다고 기록한다(게마라 57a).
- 악성 피부병자(메쪼라)는 치유된 후 정화의례를 거쳐야 하며 그 첫
  과정으로 새 두 마리를 바쳐야 한다(레 13-14〔특히 14:4-7〕; 게마
  라 57a).
- 나지르(나실인)는 그 서원 기간에 머리카락을 자를 수 없으나, 그 기

간을 채웠을 때 이를 마치는 의례로서 머리카락을 밀고 제물을 바친
다(민 6장). 서원 중이든 서원 후든 나지르의 머리카락을 가지고 어
떤 유익도 얻어서는 안 된다.

- 나귀의 초태생은 어린 양으로 대속하며, 그렇지 않을 경우 그 목을
  꺾어야 한다(출 13:13; 34:20).
- 우유에 끓인 고기는 "염소 새끼를 그 어미의 젖으로 삶지 말라"는 법
  규정에 따라 금지된다(출 23:19; 34:26; 신 14:21). 육류와 유제품을
  함께 섭취해서는 안 된다.
- 속된 고기(훌린)는 성전 바깥에서 도축해야 한다. 신명기 12:21에
  "여호와께서 자기 이름을 두시려고 택하신 곳이 네게서 멀거든 내가
  네게 명령한 대로 너는 여호와께서 주신 소와 양을 잡아 네 각 성에
  서 네가 마음에 원하는 모든 것을 먹되"라고 기록되어 있는데, 이 구
  절의 '먼 곳'을 성전에서 멀리 떨어진 곳이라 해석한다. 속된 고기를
  '가까운 곳'인 성전에서 도살해서는 안 된다(게마라 57b〔바라이타
  를 인용하며〕; 자세한 내용은 「훌린」).
- 위에 언급한 금지된 것들로부터 금전적 이익을 취해서도 안 된다.
- 마지막 규정에 있어, 금지물을 팔아서도 안 되며 팔았다면 그 돈을
  돌려주어야 하기 때문에, 이러한 금지조항이 적용되지 않는 이방인
  에게 팔았다고 해석하기도 한다(라쉬; 야드 아브라함).

2, 10

הַמְקַדֵּשׁ בִּתְרוּמוֹת, וּבְמַעַשְׂרוֹת, וּבְמַתְּנוֹת, וּבְמֵי חַטָּאת, וּבְאֵפֶר חַטָּאת-
הֲרֵי זוֹ מְקֻדֶּשֶׁת, וַאֲפִלּוּ יִשְׂרָאֵל.

어떤 남자가 거제(트루못), 십일조, 제사장에 바칠 선물, 속죄의 물,[19]
속죄제물의 재 등으로 약혼하면, 그가 이스라엘 〔일반〕 남성일지라
도 그 여자의 약혼은 성립된다.

- 언급된 성물들은 유용이 금지되어 있지 않으므로 약혼하는 데 사용 가능하다(제사장에 바칠 선물은 신명기 18:3, 속죄제물의 재는 민수기 19:9를 참조하라).
- 이스라엘 일반 남성이란 제사장이 아닌 이스라엘 남성을 말하며, 위 언급된 성물들을 상속 등으로 소유했을 수도 있기에 적법한 약혼으로 간주한다.

제3장

약혼이 어떤 조건하에서 이뤄졌을 때의 성립 여부, 약혼한 대상이 누구인지 불명확할 때 또는 약혼 여부에 대해 서로 진술이 엇갈릴 때 등에 대해 논한다. 3, 12-13은 혼인으로 태어난 자식이 누구의 혈통과 계보를 따르는지를 설명하는데, 이 주제는 4장으로 이어진다.

3, 1

הָאוֹמֵר לַחֲבֵרוֹ: צֵא וְקַדֵּשׁ לִי אִשָּׁה פְלוֹנִית, וְהָלַךְ וְקִדְּשָׁהּ לְעַצְמוֹ- מְקֻדֶּשֶׁת.
וְכֵן הָאוֹמֵר לְאִשָּׁה: הֲרֵי אַתְּ מְקֻדֶּשֶׁת לִי לְאַחַר שְׁלֹשִׁים יוֹם, וּבָא אַחֵר
וְקִדְּשָׁהּ בְּתוֹךְ שְׁלֹשִׁים - מְקֻדֶּשֶׁת לַשֵּׁנִי.
בַּת יִשְׂרָאֵל לְכֹהֵן- תֹּאכַל בַּתְּרוּמָה.
מֵעַכְשָׁיו וּלְאַחַר שְׁלֹשִׁים יוֹם, וּבָא אַחֵר וְקִדְּשָׁהּ בְּתוֹךְ שְׁלֹשִׁים יוֹם- מְקֻדֶּשֶׁת
וְאֵינָהּ מְקֻדֶּשֶׁת:
בַּת יִשְׂרָאֵל לְכֹהֵן אוֹ בַת כֹּהֵן לְיִשְׂרָאֵל לֹא תֹאכַל בַּתְּרוּמָה.

---

19) 붉은 암소의 재를 섞어 뿌리는 물이다(민 19:1-10). 붉은 암소 의례에 관한 자세한 내용은 『토호롯』 「파라」를 참조하라.

어떤 남자가 자기 동료에게 "가서 아무개와 나를 약혼시켜달라"고 말했는데, 그 친구가 가서 자기가 그 여자와 약혼하는 경우, 그 약혼은 성립된다.

마찬가지로, 어떤 남자가 어떤 여자에게 "30일 후에 당신은 나와 약혼이 된다"라고 했는데, 30일 안에 다른 사람이 와서 그 여자와 약혼한 경우, 두 번째 남자와 약혼이 성립된다. [이 경우] 제사장과 약혼한 이스라엘 일반 여성은 거제를 먹을 수 있다.

"지금부터 그리고 30일 후에 [당신은 나와 약혼이 된다]" [라고 했는데], 다른 남자가 와서 그 30일 안에 그 여자와 약혼한 경우, [어느 한쪽과] 약혼이 되거나 [어느 쪽과도] 약혼이 되지 않는다. [이 경우] 제사장과 약혼한 이스라엘 일반 여성 또는 이스라엘 일반 남성과 약혼한 제사장의 딸은 [그 30일 안에는] 거제를 먹을 수 없다.

- 전반부에 있는 내용은 약혼 중개를 부탁받은 친구가 속이고 대신 약혼했다는 의견(게마라 59b), 여자에게 사실을 이야기하고 자신이 약혼했다는 의견 등으로 갈린다(토싸폿 58b).
- 약조금을 주며 적법 절차를 밟았지만 약혼 효력이 발생하기까지 30일이라는 기한을 두었기 때문에, 그 안에 여자가 동의를 철회하면 약혼은 무효가 된다. 물론 이 여자는 남자로부터 받은 돈을 반납해야 한다. 처음 남자와 약혼이 완성되지 않은 상태에서 두 번째 남자와 이미 약혼했기 때문에, 30일이 지나도 첫 번째 남자와의 약혼은 효력을 발휘하지 못한다. 약혼한 두 번째 남자가 사망하고 첫 번째 남자가 지정한 효력 발생 기일이 온다면 그것은 유효한가 아닌가에 대한 논쟁이 있다(야드 아브라함).
- 만일 두 번째 남자가 제사장이라면, 적법한 혼인이기 때문에 이 여성은 그의 아내로서 거제를 먹을 수 있다. 첫 번째 남자가 제사장인 경

우, 혼인이 성립되지 않은 이상 그 30일 동안 이 여성은 거제를 먹을 수 없다. 일부 사본(티페렛 이스라엘의 야킨 「키두쉰」 3:5)은 "제사장과 약혼한 이스라엘 일반 여성(בת ישראל לכהן)은 거제를 먹을 수 있다"(알벡판과 Yachin U'Boaz판) 대신 "이스라엘 일반 남성과 약혼한 제사장의 딸(בת כהן לישראל)은 거제를 먹을 수 있다"로 읽는다. 즉 30일이라는 기한을 둔 남자가 이스라엘 일반인(비제사장)이고 약혼녀가 제사장 딸이라면, 그 여성은 약혼의 효력이 발생하기 전인 30일 안에는 여전히 거제를 먹을 수 있는 것이다(거제 먹을 자격에 대한 설명은 「예바못」 3, 10을 보라).

- 세 번째 사례는 "지금부터"라고 말한 것을 철회하는 의미로 "30일 이후"라는 말을 덧붙인 것인지, 아니면 지금부터 약혼을 진행하여 30일 이후에 마무리짓자(게마라 59b)는 이야기인지 그 의미가 불분명하다. 따라서 첫 번째 남자 및 두 번째 남자 어느 쪽과의 약혼도 문제가 되며, 둘 중 하나와 다시 약혼하려거든 다른 한쪽으로부터 이혼증서를 받아야 한다. 이 둘이 아닌 제삼자와 약혼하려면 둘 다에게서 이혼증서를 받아야 한다.

- 약혼자가 제사장이고 약혼녀가 이스라엘 일반 여성이면, 30일이 지나 약혼이 완전히 이뤄지기까지 거제를 먹을 수 없다. 그러나 여자가 제사장 딸이고 남자가 일반 이스라엘 남성인 경우, 당일에 약혼이 이미 효력을 발휘할 수도 있다는 가정하에 즉시 거제 섭취 자격을 상실한다. 한편 랍비법상으로는 니쑤인(혼인)까지 완전히 이뤄지기 전에는 제사장과 약혼(키두쉰)만 한 상태에서 거제 먹는 것이 허용되지 않기 때문에, 30일이 경과해도 거제 먹는 것이 가능한가에 대한 논박이 있다(게마라 5a).

הָאוֹמֵר לְאִשָּׁה: הֲרֵי אַתְּ מְקֻדֶּשֶׁת לִי, עַל מְנָת שֶׁאֶתֵּן לָךְ מָאתַיִם זוּז- הֲרֵי זוֹ
מְקֻדֶּשֶׁת, וְהוּא יִתֵּן.

עַל מְנָת שֶׁאֶתֵּן לָךְ מִכָּאן וְעַד שְׁלֹשִׁים יוֹם, נָתַן לָהּ בְּתוֹךְ שְׁלֹשִׁים- מְקֻדֶּשֶׁת.
וְאִם לָאו- אֵינָהּ מְקֻדֶּשֶׁת.

עַל מְנָת שֶׁיֶּשׁ לִי מָאתַיִם זוּז- הֲרֵי זוֹ מְקֻדֶּשֶׁת וְיֶשׁ לוֹ.

עַל מְנָת שֶׁאַרְאֵךְ מָאתַיִם זוּז- הֲרֵי זוֹ מְקֻדֶּשֶׁת וְיַרְאֶה לָהּ. וְאִם הֶרְאָהּ עַל
הַשֻּׁלְחָן, אֵינָהּ מְקֻדֶּשֶׁת.

〔어떤 남자가〕 "내가 당신에게 200주즈를 주는 조건으로 당신은 나와 약혼한다"라고 하는 경우 그 여자의 약혼은 성립되며, 그 남자는 〔그 돈을〕 주어야 한다.

"당신에게 〔200주즈를〕 지금부터 30일 이내 주는 조건"이라고 한 경우, 30일 이내 〔그 돈을〕 그 여자에게 주면 약혼이 성립된다. 그렇지 않을 경우 그 약혼은 성립되지 않는다.

"내게 200주즈가 있다는 조건"이라고 한 경우, 그에게 〔그 돈이〕 있으면 그 약혼은 성립된다.

"내가 당신에게 200주즈를 보여주는 조건"이라고 한 경우, 그 여자의 약혼은 성립되며, 그는 〔그 돈을〕 그 여자에게 보여주어야 한다. 그러나 탁자 위에 〔돈이〕 있는 것을 보여준다면, 그 약혼은 성립되지 않는다.

- 200주즈는 1년간 식비와 의복비에 드는 충분한 액수를 대표한다 (「페아」 8, 8).
- 1페루타를 주면서 합법적으로 약혼하고 그것과 별도로 200주즈를 다시 약속한 경우다. 그 동안에 여자가 만일 다른 남자와 약혼했다면, 200주즈를 받는 순간 그 두 번째 약혼은 취소된다(게마라 60b). 이는 약속한 금액을 주어서 처음 말했던 조건이 이행될 때, 남자가

약혼을 말한 시기로 소급하여 효력을 발휘한다는 이야기다.

소급 적용을 반대하는 의견에 따르면, 이미 두 번째 남자와 약혼하여 법적 효력이 발생했기 때문에 첫 번째 남자와의 약혼은 취소된다.

- 탁자 위의 돈이란 계산대나 환전상 탁자 위에 놓인, 자기 소유가 아닌 돈을 말한다.

3, 3

עַל מְנָת שֶׁיֵּשׁ לִי בֵית כּוֹר עָפָר- הֲרֵי זוֹ מְקֻדֶּשֶׁת וְיֵשׁ לוֹ.
עַל מְנָת שֶׁיֵּשׁ לִי בְמָקוֹם פְּלוֹנִי, אִם יֵשׁ לוֹ בְּאוֹתוֹ מָקוֹם- מְקֻדֶּשֶׁת.
וְאִם לָאו, אֵינָהּ מְקֻדֶּשֶׁת.
עַל מְנָת שֶׁאַרְאֵךְ בֵּית כּוֹר עָפָר- הֲרֵי זוֹ מְקֻדֶּשֶׁת וְיַרְאֶנָּה.
וְאִם הֶרְאָהּ בַּבִּקְעָה- אֵינָהּ מְקֻדֶּשֶׁת.

"내게 [씨앗] 1코르를 [뿌릴 수 있는] 밭이 있다는 조건으로 [내가 당신과 약혼한다]"라고 말한 경우, 그에게 [그것이] 있다면 그 여자는 약혼이 된다.

"내가 어느 지역에 [땅을] 소유하고 있다는 조건"이라고 말한 경우, 그 장소에 그가 [땅을] 소유하고 있다면 그 여자의 약혼이 성립된다. [그 땅이] 없다면 그 여자는 약혼한 것이 아니다.

"당신에게 [씨앗] 1코르를 [뿌릴 수 있는] 밭을 보여준다는 조건" 이라고 말한 경우, 그 여자는 약혼이 되며, 그는 그것을 보여주어야 한다. 만일 [그의 소유가 아닌] 골짜기[20]에서 그것을 보여준다면, 그 여자는 약혼한 것이 아니다.

- 씨앗을 부피 1코르 정도 뿌릴 수 있는 밭(בית כור)의 면적을 도량형 처럼 사용한다. 1코르는 30쎄아로, 약 7만 5,000평방아마다.

---

20) 골짜기(בקעה)란 밭이 모여 있는 저지대를 가리킨다(야스트로 사전).

- 임대한 밭이어도 그가 땅주인이 아니라면 약혼은 성립되지 않는다.

3, 4

רַבִּי מֵאִיר אוֹמֵר: כָּל תְּנַאי שֶׁאֵינוֹ כִּתְנַאי בְּנֵי גָד וּבְנֵי רְאוּבֵן- אֵינוֹ תְּנַאי,
שֶׁנֶּאֱמַר: ' וַיֹּאמֶר מֹשֶׁה אֲלֵהֶם
אִם יַעַבְרוּ בְנֵי גָד וּבְנֵי רְאוּבֵן' וּכְתִיב: 'וְאִם- לֹא יַעַבְרוּ חֲלוּצִים'.
רַבִּי חֲנַנְיָה בֶּן גַּמְלִיאֵל אוֹמֵר: צָרִיךְ הָיָה הַדָּבָר לְאָמְרוֹ, שֶׁאִלְמָלֵא כֵן יֵשׁ
בְּמַשְׁמָע שֶׁאֲפִלּוּ בְּאֶרֶץ כְּנַעַן לֹא יִנְחָלוּ.

랍비 메이르는 말한다. "갓 자손과 르우벤 자손의 조건처럼 〔명시되지〕 않은 조건은 모두 조건이 아니다. '모세가 그들에게 이르되 갓 자손과 르우벤 자손이 만일 각각 무장하고 〔너희와 함께 요단을 건너가면… 길르앗 땅을 그들의 소유로 줄 것이니라'(민 32:29)고 했고, 또 '그러나 만일 그들이 너희와 함께 무장하고 건너지 아니하면 〔그들은 가나안 땅에서 너희와 함께 땅을 소유할 것이니라〕'(민 32:30)고 하기 때문이다."

랍비 하나니야 벤 감리엘은 말한다. "그 사안은 명시될 필요가 있었다. 그렇지 않았다면 가나안 땅에서조차 그들이 땅을 상속받지 못한다는 의미〔로 이해되었을 것〕이다."

- '갓 자손과 르우벤 자손의 조건'이란 부정과 긍정으로 구성된 이중의 정형구를 말한다. 성서에서 긍정의 조건을 충족할 경우와 부정의 조건을 충족할 경우 두 가지를 다 기록했기 때문에 어떤 조건을 걸 때는 양쪽 다 명시해야 한다.

הַמְקַדֵּשׁ אֶת הָאִשָּׁה וְאָמַר: כְּסָבוּר הָיִיתִי שֶׁהִיא כֹּהֶנֶת, וַהֲרֵי הִיא לְוִיָּה;
לְוִיָּה, וַהֲרֵי הִיא כֹהֶנֶת; עֲנִיָּה, וַהֲרֵי הִיא עֲשִׁירָה; עֲשִׁירָה, וַהֲרֵי הִיא עֲנִיָּה-
הֲרֵי זוֹ מְקֻדֶּשֶׁת, מִפְּנֵי שֶׁלֹּא הִטְעַתּוּ.
הָאוֹמֵר לְאִשָּׁה: הֲרֵי אַתְּ מְקֻדֶּשֶׁת לִי לְאַחַר שֶׁאֶתְגַּיֵּר, אוֹ לְאַחַר שֶׁתִּתְגַּיְּרִי,
לְאַחַר שֶׁאֶשְׁתַּחְרֵר, אוֹ לְאַחַר שֶׁתִּשְׁתַּחְרְרִי, לְאַחַר שֶׁיָּמוּת בַּעְלִיךְ, אוֹ לְאַחַר
שֶׁתָּמוּת אֲחוֹתִיךְ, לְאַחַר שֶׁיַּחֲלֹץ לִיךְ יְבָמֵךְ- אֵינָהּ מְקֻדֶּשֶׁת. וְכֵן הָאוֹמֵר
לַחֲבֵרוֹ: אִם יָלְדָה אִשְׁתְּךָ נְקֵבָה הֲרֵי הִיא מְקֻדֶּשֶׁת לִי- אֵינָהּ מְקֻדֶּשֶׁת.
אִם הָיְתָה אֵשֶׁת חֲבֵרוֹ מְעֻבֶּרֶת וְהֻכַּר עֻבָּרָהּ- דְּבָרָיו קַיָּמִין; וְאִם יָלְדָה נְקֵבָה,
מְקֻדֶּשֶׁת.

〔어떤 남자가〕 어떤 여자와 약혼하고 "제사장의 딸이라고 생각했는
데 알고보니 레위인 딸이다"라고 말하거나, "레위인 딸이라고 〔생각
했는데〕 알고보니 제사장 딸이다"라고 하는 경우, "가난하다고 〔생각
했는데〕 부자다" 또는 "부자라고 〔생각했는데〕 가난하다"라고 하는
경우, 그 약혼은 성립된다. 여자가 그를 속인 것이 아니기 때문이다.

〔어떤 남자가〕 어떤 여자에게 "내가 개종한 다음 당신은 나와 약혼
할 것이다" 또는 "당신이 개종한 다음 〔나와 약혼할 것이다〕", "내가
노예에서 해방된 후 〔나와 약혼할 것이다〕" 또는 "당신이 노예에서 해
방된 후 〔나와 약혼할 것이다〕", "당신의 남편이 사망한 후에 〔나와 약
혼할 것이다〕" 또는 "당신의 자매가 사망한 후에 〔나와 약혼할 것이
다〕", "당신의 야밤이 신 벗는 예식을 한 후에 〔나와 약혼할 것이다〕"
라고 하는 경우, 그 여자는 약혼이 되지 않는다.

마찬가지로 〔어떤 남자가〕 자기 동료에게 "당신의 아내가 딸을 낳
으면 〔그 딸은〕 나와 약혼할 것이다"라고 하는 경우, 〔딸이 태어나도〕
그 여자는 약혼이 되지 않는다. 만일 그 친구의 아내가 임신 중인데
태아로 알려지면 그의 말은 유효하며, 따라서 그 여자가 딸을 낳으면
〔그 태어난 딸과〕 약혼이 성립된다.

- 앞의 미쉬나 2, 2-3을 참조하라.
- 남자의 현재 상황에서는 약혼이 불가능하므로 그 약혼은 성립되지 않는다.
- '태아로 알려지다'는 임신이 분명하다는 것을 뜻한다. 일부 주해(메이리)는 이 경우에도 약혼은 무효라고 해석한다. 일부 사본(토쎄펫 욤 토브)에는 마지막 조항이 생략되어 있다.

3, 6

הָאוֹמֵר לְאִשָּׁה: הֲרֵי אַתְּ מְקֻדֶּשֶׁת לִי עַל מְנָת שֶׁאֲדַבֵּר עָלַיִךְ לַשִּׁלְטוֹן,
וְאֶעֱשֶׂה עִמָּךְ כְּפוֹעֵל- דִּבֶּר עָלֶיהָ לַשִּׁלְטוֹן, וְעָשָׂה עִמָּהּ כְּפוֹעֵל, מְקֻדֶּשֶׁת;
וְאִם לָאו- אֵינָהּ מְקֻדֶּשֶׁת.
עַל מְנָת שֶׁיִּרְצֶה אַבָּא- רָצָה הָאָב, מְקֻדֶּשֶׁת; וְאִם לָאו- אֵינָהּ מְקֻדֶּשֶׁת.
מֵת הָאָב- הֲרֵי זוֹ מְקֻדֶּשֶׁת.
מֵת הַבֵּן- מְלַמְּדִין אֶת הָאָב לוֹמַר שֶׁאֵינוֹ רוֹצֶה.

〔어떤 남자가〕 어떤 여자에게 말하기를 "당신을 위해 내가 통치자에게 말한다는 조건으로 내가 당신과 약혼한다"라고 하거나 "내가 일꾼처럼 당신과 함께 일하겠다"라는 조건을 거는 경우, 그가 통치자에게 말을 하거나 여자를 위해 일꾼처럼 일하면 그 여자와 약혼이 성립된다. 그렇지 않을 경우 그 여자는 약혼이 되지 않는다.

"〔나의〕 아버지께서 원한다는 조건"이라고 말하는 경우, 그의 아버지가 원하면 그 여자와 약혼이 성립된다. 그렇지 않을 경우 그 여자는 약혼이 되지 않는다. 그 아버지가 사망한다면 그 여자와 약혼이 성립된다. 그 아들이 사망한다면, 그 아버지에게 "〔그 약혼을〕 원하지 않는다"라고 말하도록 지시한다.

- 법률 문제 등 어떤 일과 관련해서 여자에게 유리하도록 통치자에게 잘 말해주겠다는 조건을 말한다.

- 일정 기한을 정해두고 그 부친의 동의를 구해야 한다. 만일 부친이 그 기한 내에 사망해버리면, 부친의 이의 제기가 불가능해지므로 약혼은 성립된다.

- 약혼 당사자인 남자가 기한 안에 사망해버리면, 그 부친으로부터 약혼 반대 의사를 이끌어내어 약혼 조건이 성립하지 않도록 유도한다. 그렇지 않다면 약혼 성립과 함께 여자는 과부가 되어 역연혼을 이행할 의무를 지게 된다.

3, 7

קִדַּשְׁתִּי אֶת בִּתִּי וְאֵינִי יוֹדֵעַ לְמִי קִדַּשְׁתִּיהָ, וּבָא אֶחָד וְאָמַר: אֲנִי קִדַּשְׁתִּיהָ- נֶאֱמָן.

זֶה אָמַר: אֲנִי קִדַּשְׁתִּיהָ, וְזֶה אָמַר: אֲנִי קִדַּשְׁתִּיהָ- שְׁנֵיהֶם נוֹתְנִים גֵּט.

וְאִם רָצוּ- אֶחָד נוֹתֵן גֵּט, וְאֶחָד כּוֹנֵס.

〔어떤 남자가〕"내가 딸을 약혼시켰는데 누구에게 약혼시켰는지 모른다"라고 하는 경우, 어떤 이가 와서 말하기를 "내가 그 여자와 약혼했다"라고 하면, 그를 신뢰한다.

어떤 남자가 와서 "내가 그 여자와 약혼했다"라고 하고, 다른 남자도 와서 "내가 그 여자와 약혼했다"라고 하면, 둘 다 이혼증서를 주어야 한다.

만일 그들이 동의하면 한 사람은 이혼증서를 주고 〔다른〕 한 사람은 혼인(니쑤인)을 한다.

- 여자의 아버지와 증언이 상충될지도 모르는데 그 앞에서 거짓말을 할 리는 없다고 간주한 것이다(라브; 게마라 63b). 한편 여자가 혼인하기 위해서는 보통 두 명의 증인이 필요하지만, 이 증언으로 인해 여자의 신분이 이혼녀나 과부로 바뀌는 것이 아니므로 비록 한 명이

지만 유효한 증언으로 받아들인다.

- 어느 쪽이 약혼 상대자인지 알 수 없는 상태에서 이 여자는 양쪽 모두에게서 이혼증서를 받아야 제삼자와 혼인할 수 있다.
- 그 두 남자가 동의한다면, 한 명과는 이혼증서를 통해 이혼하고 다른 한 명과는 이미 약혼이 성립되었다고 보아 혼인(니쑤인)한다.

3, 8

קִדַּשְׁתִּי אֶת בִּתִּי, קִדַּשְׁתִּיהָ וְגֵרַשְׁתִּיהָ כְּשֶׁהִיא קְטַנָּה, וַהֲרֵי הִיא קְטַנָּה- נֶאֱמָן.

קִדַּשְׁתִּיהָ וְגֵרַשְׁתִּיהָ כְּשֶׁהִיא קְטַנָּה, וַהֲרֵי הִיא גְדוֹלָה- אֵינוֹ נֶאֱמָן.

נִשְׁבֵּית וּפְדִיתִיהָ, בֵּין שֶׁהִיא קְטַנָּה בֵּין שֶׁהִיא גְדוֹלָה- אֵינוֹ נֶאֱמָן.

מִי שֶׁאָמַר בִּשְׁעַת מִיתָתוֹ: יֶשׁ לִי בָנִים- נֶאֱמָן; יֶשׁ לִי אַחִים- אֵינוֹ נֶאֱמָן.

הַמְקַדֵּשׁ אֶת בִּתּוֹ סְתָם, אֵין הַבּוֹגְרוֹת בִּכְלָל.

〔어떤 사람이〕 "내 딸을 약혼시켰다", "내 딸이 아직 〔미성년〕 여자아이(크타나)일 때 약혼시켰다가 이혼시켰다"〔라고 말했는데 이 진술 당시〕 그 딸이 여자아이(크타나)인 경우, 그를 신뢰한다.

"내 딸이 여자아이(크타나)일 때 약혼시켰다가 이혼시켰다"〔라고 말했는데〕 그 딸이 〔이 진술 당시〕 성인인 경우, 그를 신뢰하지 않는다.

"〔내 딸이〕 포로로 잡혀갔었는데 내가 그 몸값을 지불했다"〔라고 하면〕, 그 딸이 여자아이(크타나)든 성인이든, 그를 신뢰하지 않는다.

어떤 남자가 임종 시에 "내게 아들들(자식)이 있다"〔라고 하면〕, 그를 신뢰한다. "내게 형제들이 있다"〔라고 하면〕 그를 신뢰하지 않는다.

어떤 사람이 자기 딸 〔중 하나를〕 특정하지 않고 약혼시키는 경우, 성인 여성(보게렛)〔인 딸〕은 포함되지 않는다.

- 이혼시켰다는 것은 딸이 미성년인 여자아이(크타나)라서, 이혼증서를 대신 받았다는 의미다. 미성년인 크타나의 혼인과 이혼에 대한 법적 권한은 부친에게 있으므로 그 진술을 받아들인다.
- 딸이 성인인 보게렛이 되면 부친은 더 이상 그 딸의 혼인과 이혼에 대한 법적 권한을 지니지 않는다. 이에 그 진술을 사실로 받아들이지 않는다.
- 정황상 제사장과의 혼인을 막기 위해 하는 거짓말일 수 있다. 포로로 잡혀간 여자는 이방인에게 강간당했을 가능성이 있기 때문에 제사장과의 혼인이 금지된다.
- 가령 자식이 있다고 거짓말하여 아내가 역연혼 의무를 지지 않게 할 수 있다. 그러나 아내의 역연혼 면제가 목적이라면 자식이 있다는 거짓말을 하기보다 이혼을 하면 되었기에 그의 진술을 받아들인다. 반대로 형제가 있다는 진술은 아내에게 역연혼 의무를 지우려는 거짓말일 수 있다.
- 여러 딸들 중 어떤 딸을 약혼시키는 것인지 명시하지 않았을 때, 성인(12세 6개월을 넘긴) 딸은 그 약혼에서 제외된다. 부친은 다 성장한 딸에게 권리 행사를 할 수 없기 때문이다.

3, 9

מִי שֶׁיֶּשׁ לוֹ שְׁתֵּי כִתֵּי בָנוֹת מִשְׁתֵּי נָשִׁים, וְאָמַר: קִדַּשְׁתִּי אֶת בִּתִּי הַגְּדוֹלָה,
וְאֵינִי יוֹדֵעַ אִם גְּדוֹלָה שֶׁבַּגְּדוֹלוֹת, אוֹ גְּדוֹלָה שֶׁבַּקְּטַנּוֹת, אוֹ קְטַנָּה
שֶׁבַּגְּדוֹלוֹת, שֶׁהִיא גְדוֹלָה מִן הַגְּדוֹלָה שֶׁבַּקְּטַנּוֹת- כֻּלָּן אֲסוּרוֹת, חוּץ מִן
הַקְּטַנָּה שֶׁבַּקְּטַנּוֹת; דִּבְרֵי רַבִּי מֵאִיר.
רַבִּי יוֹסֵי אוֹמֵר: כֻּלָּן מֻתָּרוֹת, חוּץ מִן הַגְּדוֹלָה שֶׁבַּגְּדוֹלוֹת.
קִדַּשְׁתִּי אֶת בִּתִּי הַקְּטַנָּה, וְאֵינִי יוֹדֵעַ אִם קְטַנָּה שֶׁבַּקְּטַנּוֹת, אוֹ קְטַנָּה
שֶׁבַּגְּדוֹלוֹת, אוֹ גְּדוֹלָה שֶׁבַּקְּטַנּוֹת, שֶׁהִיא קְטַנָּה מִן הַקְּטַנּוֹת שֶׁבַּגְּדוֹלוֹת- כֻּלָּן
אֲסוּרוֹת, חוּץ מִן הַגְּדוֹלָה שֶׁבַּגְּדוֹלוֹת; דִּבְרֵי רַבִּי מֵאִיר.
רַבִּי יוֹסֵי אוֹמֵר: כֻּלָּן מֻתָּרוֹת, חוּץ מִן הַקְּטַנָּה שֶׁבַּקְּטַנּוֹת.

어떤 남자에게 두 명의 아내로부터 〔낳은〕 딸들 두 무리가 있는데 "내 큰딸을 약혼시켰는데, 큰딸들 무리 중 가장 큰딸인지, 작은 딸들 무리 중 가장 큰딸인지, 큰딸들 무리 중 가장 어린 딸인데 작은 딸들 무리 중 가장 큰딸보다는 나이가 많은 딸인지 모르겠다"라고 하는 경우, 작은 딸들 무리 중 가장 어린 딸을 제외하고 모두 금지된다. 이는 랍비 메이르의 말이다. 〔그러나〕 랍비 요쎄는 "큰딸들 무리 중 가장 큰딸을 제외하고 모두 허락된다"라고 말한다.

"내 작은딸을 약혼시켰는데, 작은딸들 무리 중 가장 어린 딸인지, 큰딸들 무리 중 가장 어린 딸인지, 작은딸들 무리 중 가장 큰딸인데 큰딸들 무리 중 가장 어린 딸보다는 나이가 어린 딸인지 모르겠다"라고 하는 경우, 큰딸들 〔무리〕 중 가장 큰 이를 제외하고 모두 금지된다. 이는 랍비 메이르의 말이다. 그러나 랍비 요쎄는 "작은딸들 무리 중 가장 어린 딸을 제외하고 모두 〔약혼이〕 허락된다"라고 말한다."

- 3, 8 마지막 조항에서처럼, 아버지가 딸을 약혼시키면서 어떤 딸을 약혼시키는지 특정하지 않은 사례를 다룬다. 정황상 첫 번째 아내가 딸들을 낳고 사망하여 재혼했는데, 두 번째 아내 역시 딸들을 낳은 경우이며, 이 딸들은 다 성인(보게렛)이 아니다.
- 아버지는 '큰딸'을 약혼시켰는데, 두 그룹의 딸 가운데 누가 그 딸이고 누구에게 약혼시켰는지를 기억하지 못하고 있다. 랍비 메이르에 따르면 여동생이 있는 딸은 모두 '큰딸'로 불릴 수 있기에 나이 어린 그룹의 막내딸만 여기 해당되지 않는다. 이에 나머지 딸 모두 이혼 증서를 받지 않는 이상 어느 누구와도 혼인할 수 없다는 것이다. 반면 랍비 요쎄는 나이 많은 그룹의 장녀만 '큰딸'이라 불릴 수 있으니 이 딸만 어느 누구와도 혼인할 수 없다고 주장한다. 랍비 요쎄의 의견이 받아들여졌다.

- 위 대상이 '작은딸'인 경우에도 마찬가지 논리가 적용된다. 랍비 메이르는 나이 많은 그룹의 장녀만 '작은딸'에 해당이 되지 않기에, 이 딸을 제외한 나머지 딸 모두 어느 누구와도 혼인할 수 없다고 말한다. 반면 랍비 요쎄는 나이 어린 그룹의 막내딸만 '작은딸'로 간주하여 이 딸만 어느 누구와도 혼인할 수 없다고 주장한다. 역시 랍비 요쎄의 의견이 받아들여졌다.

3, 10

הָאוֹמֵר לְאִשָּׁה: קִדַּשְׁתִּיךְ, וְהִיא אוֹמֶרֶת: לֹא קִדַּשְׁתָּנִי - הוּא אָסוּר
בִּקְרוֹבוֹתֶיהָ, וְהִיא מֻתֶּרֶת בִּקְרוֹבָיו.
הִיא אוֹמֶרֶת: קִדַּשְׁתָּנִי, וְהוּא אוֹמֵר: לֹא קִדַּשְׁתִּיךְ - הוּא מֻתָּר בִּקְרוֹבוֹתֶיהָ,
וְהִיא אֲסוּרָה בִּקְרוֹבָיו.
קִדַּשְׁתִּיךְ, וְהִיא אוֹמֶרֶת: לֹא קִדַּשְׁתָּ אֶלָּא בִּתִּי - הוּא אָסוּר בִּקְרוֹבוֹת
גְּדוֹלָה, וּגְדוֹלָה מֻתֶּרֶת בִּקְרוֹבָיו; הוּא מֻתָּר בִּקְרוֹבוֹת קְטַנָּה, וּקְטַנָּה מֻתֶּרֶת
בִּקְרוֹבָיו::

[어떤 남자가 어떤] 여자에게 "내가 당신과 약혼했다"[라고 하고], 여자는 "당신은 나와 약혼하지 않았다"[라고 하는 경우], 그는 여자의 친척과 [혼인이] 금지되지만, 여자는 남자의 친척과 [혼인이] 허용된다.

[어떤 여자가] "당신이 나와 약혼했다"[라고 말하고], 그 남자는 "나는 당신과 약혼하지 않았다"[라고 말하는 경우], 그는 여자의 친척과 [혼인이] 허용되지만 여자는 남자의 친척과 [혼인이] 금지된다.

[어떤 남자가] "내가 당신과 약혼했다"[라고 말하고] 그 여자는 "당신은 내 딸과 약혼했다"[라고 하면], 그는 나이가 많은 쪽 여성의[21] 친척과 [혼인이] 금지되지만 나이가 많은 쪽 여성은 그의 친척과 [혼

---

21) 나이 많은 쪽 여성은 어머니를 말하고 나이 어린 쪽 여성은 딸을 말한다.

인이] 허용된다. 그는 나이가 어린 쪽 여성의 친척과 〔혼인이〕 허용되고, 어린 쪽 여성도 그의 친척과 〔혼인이〕 허용된다.

- 서로 상반되게 진술할 경우에 자기가 말한 진술의 결과에만 책임을 진다. 약혼을 주장하는 사람은 그 약혼자의 친척과 혼인이 금지된다. 이어지는 미쉬나(3, 11)에도 동일한 원리가 적용된다.

3, 11

קִדַּשְׁתִּי אֶת בִּתֵּךְ, וְהִיא אוֹמֶרֶת: לֹא קִדַּשְׁתָּ אֶלָּא אוֹתִי- הוּא אָסוּר בִּקְרוֹבוֹת
קְטַנָּה, וּקְטַנָּה מֻתֶּרֶת בִּקְרוֹבָיו; הוּא מֻתָּר בִּקְרוֹבוֹת גְּדוֹלָה, וּגְדוֹלָה אֲסוּרָה
בִּקְרוֹבָיו.

〔어떤 남자가 어떤 여자에게〕 "내가 당신의 딸과 약혼했다"〔라고 하고〕, 그 여자는 "당신은 〔내 딸이 아니라〕 나와 약혼했다"〔라고 말하는 경우〕, 그는 나이가 어린 쪽 여성의 친척과 〔혼인이〕 금지되지만, 어린 쪽 여성은 그의 친척과 〔혼인이〕 허용된다. 그는 나이가 많은 쪽 여성의 친척과 〔혼인이〕 허용되지만, 나이가 많은 쪽 여성은 그의 친척과 〔혼인이〕 금지된다.

3, 12

כָּל מָקוֹם שֶׁיֵּשׁ קִדּוּשִׁין וְאֵין עֲבֵרָה- הַוָּלָד הוֹלֵךְ אַחַר הַזָּכָר.
וְאֵיזוֹ זוֹ? זוֹ כֹהֶנֶת, לְוִיָּה וְיִשְׂרְאֵלִית שֶׁנִּשְּׂאוּ לְכֹהֵן, וּלְלֵוִי, וּלְיִשְׂרָאֵל.
וְכָל מָקוֹם שֶׁיֵּשׁ קִדּוּשִׁין וְיֵשׁ עֲבֵרָה- הַוָּלָד הוֹלֵךְ אַחַר הַפָּגוּם.
וְאֵיזוֹ זוֹ?, זוֹ אַלְמָנָה לְכֹהֵן גָּדוֹל, גְּרוּשָׁה וַחֲלוּצָה לְכֹהֵן הֶדְיוֹט, מַמְזֶרֶת וּנְתִינָה
לְיִשְׂרָאֵל, בַּת יִשְׂרָאֵל לְמַמְזֵר וּלְנָתִין.
וְכָל מִי שֶׁאֵין לָהּ עָלָיו קִדּוּשִׁין, אֲבָל יֵשׁ לָהּ עַל אֲחֵרִים קִדּוּשִׁין- הַוָּלָד מַמְזֵר.
וְאֵיזֶה זֶה? זֶה שֶׁבָּא עַל אַחַת מִכָּל הָעֲרָיוֹת שֶׁבַּתּוֹרָה.
וְכָל מִי שֶׁאֵין לָהּ עָלָיו וְלֹא עַל אֲחֵרִים קִדּוּשִׁין- הַוָּלָד כְּמוֹתָהּ.
וְאֵיזֶה זֶה? זֶה וָלָד שִׁפְחָה וְנָכְרִית.

약혼이 있고[22] 죄가 없는[23] 모든 경우에, 자식은 남자[의 신분]을 따른다. 어떠한 경우가 그러한가? 제사장[의 딸]이나 레위인[의 딸] 또는 이스라엘 일반인의 딸이 제사장이나 레위인 또는 이스라엘 일반인과 혼인한 경우다.

약혼이 있으나 죄가 있는 모든 경우에, 자식은 결함 있는 쪽 부모[의 신분]을 따른다. 어떠한 경우가 그러한가? 과부가 대제사장과 혼인하거나, 이혼한 여성이나 신 벗긴 여자가 일반 제사장과 혼인한 경우, 여자 사생아나 네티나가 이스라엘 일반 남성과 혼인한 경우, 이스라엘 일반 여성이 사생아나 나틴과 혼인한 경우다.

누구든 특정인과는 약혼할 수 없지만 다른 이들과는 할 수 있는 여성이 있다면, 그 [태어난] 자식은 사생아다. 어떠한 경우가 그러한가? 토라에 금지된 성관계를 맺은 경우다. 특정인 및 다른 이와 약혼 계약을 할 수 없는 어떤 여성이 [키두쉰을 하면] 그 자식은 여자의 신분을 따른다. 어떠한 경우가 그러한가? 여종 또는 이방 여성의 자식인 경우다.

- 이 미쉬나부터 「키두쉰」의 나머지 미쉬나에서는 계보에 대한 논의가 이어진다.

3, 13

רַבִּי טַרְפוֹן אוֹמֵר: יְכוֹלִין מַמְזֵרִים לְטַהֵר.
כֵּיצַד? מַמְזֵר שֶׁנָּשָׂא שִׁפְחָה, הַוָּלָד עֶבֶד; שִׁחְרְרוֹ- נִמְצָא הַבֵּן בֶּן חוֹרִין.
רַבִּי אֱלִיעֶזֶר אוֹמֵר: הֲרֵי זֶה עֶבֶד מַמְזֵר.

---

22) 약혼이 합법적으로 성사된 것을 말한다.
23) 율법을 어기는 금지혼이 아닌 결혼을 말한다.

랍비 타르폰은 말한다. "사생아들도 정화될 수 있다. 어떻게〔그러한가〕? 사생아가〔가나안〕여종과 결혼하면, 그 자식은 노예다. 그를 해방시키면, 그 아들은 자유민이 된다." 랍비 엘리에제르는 말한다. "그(자식)는 그저 사생아인 노예일 뿐이다."

- '정화된다'는 것은 적법하게 인정되어 그의 자식이 사생아로 간주 되지 않음을 의미한다.
- 자유 유대인이 되면 유대 여성과의 결혼이 가능해진다.
- 랍비 타르폰의 의견이 받아들여졌다.

제4장

유대인의 계보 종류, 혈통, 서로 혼인이 가능한 부류 및 이를 위한 혈통 검증 등을 자세히 다룬다. 뒷부분에서는 성적으로 부적절한 관계를 초래할 수 있는 직업과 그 밖의 다양한 직업—권장되거나 권장되지 않는—을 논한다.

4, 1

עֲשָׂרָה יוֹחֲסִין עָלוּ מִבָּבֶל: כַּהֲנֵי, לְוִיֵּי, יִשְׂרְאֵלֵי, חֲלָלֵי, גֵּרֵי, וַחֲרוּרֵי, מַמְזֵרֵי,
נְתִינֵי, שְׁתוּקֵי, וַאֲסוּפֵי.
כַּהֲנֵי, לְוִיֵּי, וְיִשְׂרְאֵלֵי- מֻתָּרִים לָבֹא זֶה בָזֶה.
לְוִיֵּי, יִשְׂרְאֵלֵי, חֲלָלֵי, גֵּרֵי, וַחֲרוּרֵי- מֻתָּרִים לָבֹא זֶה בָזֶה.
גֵּרֵי, וַחֲרוּרֵי, מַמְזֵרֵי, וּנְתִינֵי, שְׁתוּקֵי, וַאֲסוּפֵי- (כֻּלָּם) מֻתָּרִין לָבֹא זֶה בָזֶה.

바벨에서 올라온〔사람들에게〕계보 열 개가 있으니, 제사장, 레위인, 이스라엘인, 할랄리, 개종자, 해방노예, 사생아, 나틴, 슈투키, 그리고 아쑤피다. 제사장, 레위인, 이스라엘인은 서로간에 혼인할 수 있다.

〔제사장이 아닌〕 레위인, 이스라엘인, 할랄리, 개종자, 해방노예는
서로간에 혼인할 수 있다.

개종자, 해방노예, 사생아, 나틴, 슈투키, 아쑤피는 서로간에 혼인할
수 있다.

- 에즈라와 네헤미야 시대에 바벨 디아스포라에서 이스라엘로 귀환해
  온 이들을 말한다.
- 할랄리(חלל)는 결함 있는 혈통으로 인해 자격이 박탈된 제사장을
  말한다(4, 6). 슈투키(שתוקי, 복수는 슈투킴)와 아쑤피(אסופי, asufi)
  에 대해서는 다음 미쉬나를 보라.

4, 2

וְאֵלוּ הֵם שְׁתוּקֵי? כֹּל שֶׁהוּא מַכִּיר אֶת אִמוֹ וְאֵינוֹ מַכִּיר אֶת אָבִיו.
אֲסוּפִי? כֹּל שֶׁנֶּאֱסַף מִן הַשּׁוּק וְאֵינוֹ מַכִּיר לֹא אֶת אָבִיו וְלֹא אֶת אִמוֹ.
אַבָּא שָׁאוּל הָיָה קוֹרֵא לִשְׁתוּקֵי: בְּדוּקֵי.

슈투키는 어떤 사람들인가? 어머니가 누구인지 알지만 아버지가
누구인지는 모르는 사람이다. 아쑤피는 〔어떤 사람들인가〕? 시장에
모인 자들로 아버지가 누구인지 어머니가 누구인지 모르는 사람이
다. 압바 샤울은 슈투키를 브두키라 부르기도 했다.

- 슈투키는 '침묵하다'(שתק) 동사의 피동형에서 왔다. 특정 인물을 아
  버지라 부르지 못하게 침묵을 강요받는 자라는 의미로 추정된다.
- 아쑤피는 '모으다'(אסף) 동사의 피동형에서 왔다. 부모를 알 수 없
  는, 거리에서 데려온 아이들을 가리킨다. 슈투키와 아쑤피는 혈통과
  계통이 확인되지 않기 때문에 이스라엘 총회에 들어오지 못하는 이

들과만 혼인이 가능하다.

4, 3

כָּל הָאֲסוּרִים לָבֹא בַקָּהָל, מֻתָּרִים לָבֹא זֶה בָזֶה; רַבִּי יְהוּדָה אוֹסֵר.
רַבִּי אֱלִיעֶזֶר אוֹמֵר: וַדָּאָן בְּוַדָּאָן- מֻתָּר; וַדָּאָן בִּסְפֵקָן, וּסְפֵקָן בְּוַדָּאָן, וּסְפֵקָן
בִּסְפֵקָן- אָסוּר.
וְאֵלּוּ הֵן הַסְּפֵקוֹת? שְׁתוּקִי, אֲסוּפִי, וְכוּתִי.

총회에 들어오는 것이 불허된 이들은 누구든 서로 간에 혼인할 수 있다. 〔그러나〕 랍비 예후다는 이를 금한다.

랍비 엘리에제르는 말한다. "〔계통적 결함이〕 확실하면 〔서로 혼인이〕 허용된다. 그러나 〔결함이〕 확실한 자와 의심되는 자, 의심되는 자와 확실한 자, 의심되는 자와 의심되는 자 사이는 〔혼인이〕 금지된다."

의심되는 자란 누구인가? 슈투키, 아쑤피 그리고 쿠타인(사마리아인)이다.

- 할라카는 랍비 엘리에제르의 의견을 따른다(라브〔게마라 75a〕). 이 원리대로라면 계통적 결함이 의심스러운 슈투키와 아쑤피는 어느 누구와도 혼인할 수 없게 된다. 랍비들은 쿠타인(사마리아인)의 경우 아예 이방인으로 간주한다.

4, 4

הַנּוֹשֵׂא אִשָּׁה כֹהֶנֶת צָרִיךְ לִבְדֹּק אַחֲרֶיהָ אַרְבַּע אִמָּהוֹת, שֶׁהֵן שְׁמֹנֶה: אִמָּהּ,
וְאֵם אִמָּהּ, וְאֵם אֲבִי אִמָּהּ וְאִמָּהּ, וְאֵם אָבִיהָ וְאִמָּהּ, וְאֵם אֲבִי אָבִיהָ וְאִמָּהּ.
לְוִיָּה וְיִשְׂרְאֵלִית- מוֹסִיפִין עֲלֵיהֶן עוֹד אֶחָת.

제사장의 딸과 혼인하는 남자(제사장)는 여자〔의 계보〕를 네 명의 어머니, 즉 여덟 명을 조사해야 한다. 〔즉 배우자의〕 어머니, 어머니의 어머니, 어머니의 아버지의 어머니, 그리고 그녀의 어머니, 〔배우자의〕 아버지의 어머니와 그녀의 어머니, 그리고 아버지의 아버지의 어머니와 그녀의 어머니다.

레위인과 일반 이스라엘인의 딸은 〔어머니〕 한 명을 추가한다.

- 제사장의 딸과 혼인하는 제사장을 말하며, 혈통의 순수성 보전을 위해 혼인할 여성의 조상 계보를 검증해야 한다.
- 아버지 쪽으로 4대, 어머니 쪽으로 4대이므로 총 8명이 된다. (1) 어머니, (2) 외할머니, (3) 외할아버지의 어머니, (4) 외할아버지의 어머니의 어머니, (5) 친할머니, (6) 친할머니의 어머니, (7) 친할아버지의 어머니, (8) 친할아버지의 어머니의 어머니를 말한다.

4, 5

אֵין בּוֹדְקִין לֹא מִן הַמִּזְבֵּחַ וּלְמַעְלָה, וְלֹא מִן הַדּוּכָן וּלְמַעְלָה, וְלֹא מִסַּנְהֶדְרִין וּלְמָעְלָה.

וְכֹל שֶׁהֶחְזְקוּ אֲבוֹתָיו מְשׁוֹטְרֵי הָרַבִּים, וְגַבָּאֵי צְדָקָה- מַשִּׂיאִין לַכְּהֻנָּה וְאֵינוֹ צָרִיךְ לִבְדּוֹק אַחֲרֵיהֶן.

רַבִּי יוֹסֵי אוֹמֵר: אַף מִי שֶׁהָיָה חָתוּם עֵד בָּעֲרְכֵי הַיְשָׁנָה שֶׁלְּצִפּוֹרִי.

רַבִּי חֲנִינָא בֶּן אַנְטִיגְנוֹס אוֹמֵר: אַף מִי שֶׁהָיָה מֻכְתָּב בְּאִסְטְרַטְיָא שֶׁלְּמֶלֶךְ.

제단〔에서 섬긴 이로부터〕 위로는 조사하지 않는다. 연단〔에서 섬긴 이로부터〕 위로, 또 산헤드린〔에서 일한 이로부터〕 위로는 조사하지 않는다.

조상이 공직에 있었거나 기금 징수관[24]이었다면 〔그들의 딸들은〕 제사장에게 적격하며, 그 〔혈통〕을 조사할 필요가 없다.

---

24) 또는 의료 관련직이라고도 한다(댄비; 블랙먼).

랍비 요쎄는 말한다. "찌포리의 옛 기록보관소에서 증인으로 서명한 이도 마찬가지다."

랍비 하니나 벤 안티그노스는 말한다. "왕의 군대에 기록되어 있는 자도 마찬가지다."

- 성전 제단에서 일하는 제사장과 성전 연단에서 일하는 레위인, 산헤드린에서 일하는 23명의 판관들은 이미 그 계보를 검증받았기 때문에 그 위로 혈통을 조사할 필요가 없다(게마라 76b).
- '공직'은 예루살렘에서 금전과 관련된 판결을 내리던 업무를 말한다(블랙먼).
- 찌포리의 옛 기록보관소: '옛'(ישנה, 예샤나)이라는 뜻을 지닌 형용사 대신 지역명 고유명사, 즉 '찌포리의 예샤나' 기록보관소로 읽기도 한다.
- 다윗의 군대는 계보대로 검증되었다(대상 7:40).

4, 6

בַּת חָלָל זָכָר פְּסוּלָה מִן הַכְּהֻנָּה לְעוֹלָם.
יִשְׂרָאֵל שֶׁנָּשָׂא חֲלָלָה, בִּתּוֹ כְּשֵׁרָה לַכְּהֻנָּה.
חָלָל שֶׁנָּשָׂא בַת יִשְׂרָאֵל, בִּתּוֹ פְּסוּלָה לַכְּהֻנָּה.
רַבִּי יְהוּדָה אוֹמֵר: בַּת גֵּר זָכָר כְּבַת חָלָל זָכָר.

할랄 남성의 딸은 제사장[과의 혼인]에 평생 부적격하다.

이스라엘 일반 남성이 할랄 여성(할랄라)과 혼인하면, 그의 딸은 제사장[과의 혼인]에 적격하다.

할랄이 이스라엘 일반인의 딸과 혼인하면, 그의 딸은 제사장[과 혼인]에 부적격하다.

랍비 예후다는 말한다. "남성 개종자의 딸은 할랄 남성의 딸과 같다."

- 제사장이 제사장과의 혼인이 금지된 여자(창녀, 신 벗긴 여자, 이혼녀 등)와 혼인하면 그 사이에 태어난 자식을 할랄(여자는 할랄라 חֲלָלָה)이라고 부른다.
- 할랄의 딸은 신분상 제사장과 혼인할 수 없다. 개종자의 딸도 할랄의 딸처럼 취급되어 제사장과의 혼인이 금지된다.

4, 7

רַבִּי אֱלִיעֶזֶר בֶּן יַעֲקֹב אוֹמֵר: יִשְׂרָאֵל שֶׁנָּשָׂא גִיּוֹרֶת, בִּתּוֹ כְּשֵׁרָה לַכְּהֻנָּה.
וְגֵר שֶׁנָּשָׂא בַת יִשְׂרָאֵל, בִּתּוֹ כְּשֵׁרָה לַכְּהֻנָּה.
אֲבָל גֵּר שֶׁנָּשָׂא גִיּוֹרֶת, בִּתּוֹ פְסוּלָה לַכְּהֻנָּה.
אֶחָד גֵּר וְאֶחָד עֲבָדִים מְשֻׁחְרָרִים, אֲפִלּוּ עַד עֲשָׂרָה דוֹרוֹת- עַד שֶׁתְּהֵא אִמּוֹ מִיִּשְׂרָאֵל.
רַבִּי יוֹסֵי אוֹמֵר: אַף גֵּר שֶׁנָּשָׂא גִיּוֹרֶת, בִּתּוֹ כְּשֵׁרָה לַכְּהֻנָּה.

랍비 엘리에제르 벤 야아콥은 말한다. "이스라엘 일반 남성이 개종한 여성과 혼인하면, 그의 딸은 제사장〔과의 혼인〕에 적격하다. 남성 개종자가 이스라엘 일반 여성과 혼인하면 그 딸은 제사장〔과의 혼인〕에 적격하다. 그러나 남성 개종자가 여성 개종자와 혼인하면 그 딸은 제사장〔과의 혼인〕에 부적격하다."

〔이 규정은〕 개종자나 해방노예에게도 〔마찬가지며〕, 그의 어머니가 이스라엘(유대인) 출신이 아닌 한 열 세대까지라도 〔그러하다〕.

랍비 요쎄는 말한다. "남성 개종자가 여성 개종자와 혼인한다고 해도, 그의 딸은 제사장〔과의 혼인〕에 적격하다."

- 4, 6의 논의에 이어지는 내용이다. 랍비 요쎄의 의견이 받아들여졌다.

הָאוֹמֵר: בְּנִי זֶה מַמְזֵר- אֵינוֹ נֶאֱמָן.
וַאֲפִלּוּ שְׁנֵיהֶם אוֹמְרִים עַל הָעֻבָּר שֶׁבְּמֵעֶיהָ: מַמְזֵר הוּא- אֵינָם נֶאֱמָנִים.
רַבִּי יְהוּדָה אוֹמֵר: נֶאֱמָנִים.

〔어떤 남자가〕 "내 아들은 사생아다"라고 말하는 경우, 그를 신뢰하지 않는다. 두 사람 모두 배 속의 태아에 대해 "사생아다"라고 말해도 그들을 신뢰하지 않는다. 〔그러나〕 랍비 예후다는 말한다. "그들을 신뢰한다."

● 두 사람이란 남편과 그 아내를 말한다. 랍비 예후다의 의견이 받아들여졌다.

4, 9

מִי שֶׁנָּתַן רְשׁוּת לִשְׁלוּחוֹ לְקַדֵּשׁ אֶת בִּתּוֹ, וְהָלַךְ הוּא וְקִדְּשָׁהּ: אִם שֶׁלּוֹ
קָדְמוּ- קִדּוּשָׁיו קִדּוּשִׁין; וְאִם שֶׁלִּשְׁלוּחוֹ קָדְמוּ- קִדּוּשֵׁי שְׁלוּחוֹ קִדּוּשִׁין; וְאִם אֵינוֹ
יָדוּעַ- שְׁנֵיהֶם נוֹתְנִים גֵּט.
וְאִם רָצוּ- אֶחָד נוֹתֵן גֵּט, וְאֶחָד כּוֹנֵס.
וְכֵן הָאִשָּׁה שֶׁנָּתְנָה רְשׁוּת לִשְׁלוּחָהּ לְקַדְּשָׁהּ, וְהָלְכָה וְקִדְּשָׁה אֶת עַצְמָהּ:
אִם שֶׁלָּהּ קָדְמוּ- קִדּוּשֶׁיהָ קִדּוּשִׁין; וְאִם שֶׁלִּשְׁלוּחָהּ קָדְמוּ- קִדּוּשָׁיו קִדּוּשִׁין;
וְאִם אֵינוֹ יָדוּעַ- שְׁנֵיהֶם נוֹתְנִין לָהּ גֵּט.
וְאִם רָצוּ, אֶחָד נוֹתֵן לָהּ גֵּט, וְאֶחָד כּוֹנֵס.

어떤 사람이 그의 대리인에게 자기 딸을 약혼시킬 권한을 줘놓고 직접 가서 다른 이와 약혼시키는 경우, 그의 것이 앞선다면 그〔가 주선한〕 약혼(키두쉰)이 〔적법한〕 약혼이다. 그러나 대리인의 것이 앞선다면, 대리인〔이 주선한〕 것이 〔적법한〕 약혼이다. 〔누구의 것이 앞서는지〕 알지 못한다면 두 남자 다 이혼증서를 주어야 한다. 만일 그들이 동의한다면, 한 사람은 이혼증서를 주고 다른 한 사람은 혼인을 한다.

마찬가지로, 어떤 여자가 자기 약혼(을 주선하도록) 대리인에게 권한을 주고 나서, 직접 가서 (다른 이와) 약혼하는 경우, 이 여자의 것이 앞선다면, 이 여자의 약혼이 (적법한) 약혼이다. 그러나 대리인의 것이 앞선다면, 대리인(이 주선한) 것이 (적법한) 약혼이다. (누구의 것이 앞서는지) 알지 못한다면 두 남자 다 이 여자에게 이혼증서를 주어야 한다. 만일 그들이 동의한다면, 한 사람은 이 여자에게 이혼증서를 주고 다른 한 사람은 혼인을 한다.

4, 10

מִי שֶׁיָּצָא הוּא וְאִשְׁתּוֹ לִמְדִינַת הַיָּם, וּבָא הוּא וְאִשְׁתּוֹ וּבָנָיו, וְאָמַר: אִשָּׁה
שֶׁיָּצֵאת עִמּוֹ לִמְדִינַת הַיָּם, הֲרֵי הִיא זוֹ וְאֵלּוּ בָנֶיהָ- אֵינוֹ צָרִיךְ לְהָבִיא רְאָיָה
לֹא עַל הָאִשָּׁה וְלֹא עַל הַבָּנִים.
מֵתָה וְאֵלּוּ בָנֶיהָ- מֵבִיא רְאָיָה עַל הַבָּנִים, וְאֵינוֹ מֵבִיא רְאָיָה עַל הָאִשָּׁה.

어떤 사람이 자기 아내와 외국으로 나갔다가, 아내와 자식들과 함께 돌아와서 말하기를 "자, 이 사람이 (나와 혼인해서) 외국으로 간 그 여자고 이들이 그 자식들이다"(라고 하는 경우), 그는 아내와 자식들에 대한 증명을 가져올 필요가 없다.

"(아내는) 사망했고, 이들이 그 자식들이다"라고 (말하는 경우), 자식들에 대한 증명은 가져오되, 아내에 대한 증명은 가져올 필요가 없다.

● 외국 나가기 전 혼인할 때 이미 아내의 계통을 증명했기 때문이다.

4, 11

אִשָּׁה נָשָׂאתִי בִּמְדִינַת הַיָּם, הֲרֵי הִיא זוֹ וְאֵלּוּ בָנֶיהָ- מֵבִיא רְאָיָה עַל הָאִשָּׁה,
וְאֵינוֹ צָרִיךְ לְהָבִיא רְאָיָה עַל הַבָּנִים.
מֵתָה וְאֵלּוּ בָנֶיהָ- צָרִיךְ לְהָבִיא רְאָיָה עַל הָאִשָּׁה וְעַל הַבָּנִים.

"내가 외국에서 혼인했는데, 자, 이 사람이 〔나와 혼인한〕 여자고, 이들이 그 자식들이다"라고 하는 경우, 그는 아내에 대한 증명은 가져오되, 자식들에 대한 증명은 가져올 필요가 없다.

"〔아내는〕 사망했고, 이들이 그 자식들이다"라고 하는 경우, 그는 아내와 자식들에 대한 증명[25]을 가져와야 한다.

● 혼인을 외국에서 했기 때문에 아내의 계통 증명(금지혼이 아니라는)이 필요하며, 이후 자식에 대한 계통 증명은 불필요하다. 그러나 외국에서 혼인한 아내가 사망하고 자식만 데리고 돌아오는 경우 사망한 아내의 계통 증명과 함께 자식들이 그 소생이라는 사실 역시 증명해야 한다.

4, 12

לֹא יִתְיַחֵד אָדָם עִם שְׁתֵּי נָשִׁים, אֲבָל אִשָּׁה אַחַת מִתְיַחֶדֶת עִם שְׁנֵי אֲנָשִׁים.
רַבִּי שִׁמְעוֹן אוֹמֵר: אַף אִישׁ אֶחָד מִתְיַחֵד עִם שְׁתֵּי נָשִׁים, בִּזְמַן שֶׁאִשְׁתּוֹ עִמּוֹ,
וְיָשֵׁן עִמָּהֶם בְּפֻנְדָּקִי, מִפְּנֵי שֶׁאִשְׁתּוֹ מְשַׁמַּרְתּוֹ.
מִתְיַחֵד אָדָם עִם אִמּוֹ וְעִם בִּתּוֹ, וְיָשֵׁן עִמָּהֶם בְּקָרוּב בָּשָׂר.
וְאִם הִגְדִּילוּ- זוֹ יְשֵׁנָה בִּכְסוּתָהּ, וְזֶה יָשֵׁן בִּכְסוּתוֹ.

남자 한 명이 여자 두 명과 외따로 있어서는 안 된다. 그러나 여자는 남자 두 명과 외따로 있을 수 있다. 랍비 쉼온은 말한다. "만일 아내가 함께 있다면 한 남자가 두 여자와 외따로 있을 수 있고, 그들과 함께 여인숙에서 묵을 수 있다. 아내가 그를 감시할 것이기 때문이다."

남자 한 명이 그의 어머니 및 딸과 외따로 있을 수 있고, 그들과 살갗을 맞대고 잘 수도 있다. 그러나 그들이 성장하면 여자는 자기 옷

---

25) 이들이 사망한 아내의 자식이라는 사실을 증명해야 한다. 자식들을 다른 유대인과 혼인시키려면 계통 증명이 필요하다.

을, 남자는 자기 옷을 〔입고〕 자야 한다.

- 남자와 여자가 한방에 있는 것을 금지하는 '익후드'(יחוד, yihud) 규정을 다루고 있다.
- 남자 한 명과 여자 한 명도 마찬가지다. 여자와 외따로 있을 때 남성은 성적 욕망에 빠지기 쉽다. 여자 한 명이 남자 두 명과 외따로 있는 것은 허용되는데, 그들이 타인 앞에서 성욕에 빠지는 것을 수치스러워할 것이기 때문이라는 해석이다. 그러나 이것은 높은 도덕성을 가진 이들에게만 적용된다고 말한다(게마라 80b).
- 아들이 13세에서 하루가 지났을 때, 그리고 딸이 12세에서 하루가 지났을 때부터는 아들이 어머니와, 딸이 아버지와 한방에서 잘 때 옷으로 가림으로써 신체 접촉을 방지해야 한다.

4, 13

לֹא יְלַמֵּד (אָדָם)[26] רַוָּק סוֹפְרִים, וְלֹא תְלַמֵּד אִשָּׁה סוֹפְרִים.
רַבִּי אֱלִיעֶזֶר אוֹמֵר: אַף מִי שֶׁאֵין לוֹ אִשָּׁה לֹא יְלַמֵּד סוֹפְרִים.

혼인하지 않은 남성[27]은 서기들을 교육해서는 안 된다. 여성은 서기들을 교육해서는 안 된다.

랍비 엘리에제르는 말한다. "아내가 없는 자는 서기들을 교육해서는 안 된다."

- "서기들을 교육해서는 안 된다"라는 말은 아이들을 가르치는 일에 종사하는 것을 의미한다. 혼인하지 않은 남성이 학생들의 어머니들

---

26) 일부 사본에서는 괄호 안에 쓴 '남성'(아담)이 생략되어 있다.
27) 독신남(블랙먼)이나 한 번도 아내가 없었던 사람(알벡)으로 보는 견해도 있다.

과, 여성이 학생들의 아버지와 외따로 있게 되는 것을 금한다.

4, 14

רַבִּי יְהוּדָה אוֹמֵר: לֹא יִרְעֶה רַוָּק בְּהֵמָה, וְלֹא יִישְׁנוּ שְׁנֵי רַוָּקִים בְּטַלִּית אֶחָת; וַחֲכָמִים מַתִּירִין.

כָּל שֶׁעִסְקוֹ עִם הַנָּשִׁים לֹא יִתְיַחֵד עִם הַנָּשִׁים. וְלֹא יְלַמֵּד אָדָם אֶת בְּנוֹ אֻמָּנוּת בֵּין הַנָּשִׁים.

רַבִּי מֵאִיר אוֹמֵר: לְעוֹלָם יְלַמֵּד אָדָם אֶת בְּנוֹ אֻמָּנוּת נְקִיָּה וְקַלָּה, וְיִתְפַּלֵּל לְמִישֶׁהָעשֶׁר וְהַנְּכָסִים שֶׁלּוֹ; שֶׁאֵין אֻמָּנוּת שֶׁאֵין בָּהּ עֲנִיּוּת וַעֲשִׁירוּת, שֶׁלֹּא עֲנִיּוּת מִן הָאֻמָּנוּת, וְלֹא עֲשִׁירוּת מִן הָאֻמָּנוּת, אֶלָּא הַכֹּל לְפִי זְכוּתוֹ.

רַבִּי שִׁמְעוֹן בֶּן אֶלְעָזָר אוֹמֵר: רָאִיתָ מִיָּמֶיךָ חַיָּה וָעוֹף שֶׁיֵּשׁ לָהֶם אֻמָּנוּת? וְהֵן מִתְפַּרְנְסִין שֶׁלֹּא בְצַעַר; וַהֲלֹא לֹא נִבְרְאוּ אֶלָּא לְשַׁמְּשֵׁנִי, וַאֲנִי נִבְרֵאתִי לְשַׁמֵּשׁ אֶת קוֹנִי- אֵינוֹ דִין

שֶׁאֶתְפַּרְנֵס שֶׁלֹּא בְצַעַר? אֶלָּא שֶׁהֲרֵעוֹתִי מַעֲשַׂי וְקִפַּחְתִּי אֶת פַּרְנָסָתִי.

אַבָּא גֻרְיָן אִישׁ צַדְיָן אוֹמֵר מִשּׁוּם אַבָּא גֻרְיָא: לֹא יְלַמֵּד אָדָם אֶת בְּנוֹ חַמָּר, גַּמָּל, סַפָּר, סַפָּן, רוֹעֶה, וְחֶנְוָנִי, שֶׁאֻמָּנוּתָן אֻמָּנוּת לִסְטִים.

רַבִּי יְהוּדָה אוֹמֵר מִשְּׁמוֹ: הַחַמָּרִין רֻבָּן רְשָׁעִים, וְהַגַּמָּלִין רֻבָּן כְּשֵׁרִים, הַסַּפָּנִין, רֻבָּן חֲסִידִים; טוֹב שֶׁבָּרוֹפְאִים לְגֵיהִנָּם, וְהַכָּשֵׁר שֶׁבַּטַּבָּחִים שֻׁתָּפוֹ שֶׁלַּעֲמָלֵק.

רַבִּי נְהוֹרַאי אוֹמֵר: מַנִּיחַ אֲנִי כָּל אֻמָּנִיּוֹת שֶׁבָּעוֹלָם וְאֵינִי מְלַמֵּד אֶת בְּנִי אֶלָּא תּוֹרָה, שֶׁאָדָם אוֹכֵל מִשְּׂכָרָהּ בָּעוֹלָם הַזֶּה, וְקֶרֶן קַיֶּמֶת לָעוֹלָם הַבָּא, וּשְׁאָר כָּל אֻמָּנִיּוֹת אֵינָן כֵּן.

כְּשֶׁאָדָם בָּא לִידֵי חֹלִי, אוֹ לִידֵי זִקְנָה, אוֹ לִידֵי יִסּוּרִין, וְאֵינוֹ יָכוֹל לַעֲסוֹק בִּמְלַאכְתּוֹ, הֲרֵי הוּא מֵת בְּרָעָב, אֲבָל הַתּוֹרָה אֵינָהּ כֵּן, אֶלָּא מְשַׁמַּרְתּוֹ מִכָּל רַע בְּנַעֲרוּתוֹ, וְנוֹתֶנֶת לוֹ אַחֲרִית וְתִקְוָה בְּזִקְנוּתוֹ.

בְּנַעֲרוּתוֹ, מַה הוּא אוֹמֵר? 'וְקוֹוֵי ה' יַחֲלִיפוּ כֹחַ'. בְּזִקְנוּתוֹ, מַהוּ אוֹמֵר? 'עוֹד יְנוּבוּן בְּשֵׂיבָה'.

וְכֵן הוּא אוֹמֵר בְּאַבְרָהָם אָבִינוּ עָלָיו הַשָּׁלוֹם: 'וְאַבְרָהָם זָקֵן... וַה' בֵּרַךְ אֶת אַבְרָהָם בַּכֹּל'.

מָצִינוּ שֶׁעָשָׂה אַבְרָהָם אָבִינוּ אֶת כָּל הַתּוֹרָה כֻּלָּהּ עַד שֶׁלֹּא נִתְּנָה, שֶׁנֶּאֱמַר: 'עֵקֶב אֲשֶׁר שָׁמַע אַבְרָהָם בְּקֹלִי וַיִּשְׁמֹר מִשְׁמַרְתִּי מִצְוֹתַי חֻקּוֹתַי וְתוֹרֹתָי'.

랍비 예후다는 말한다. "혼인하지 않은 남성은 가축을 몰아서는 안 되며, 혼인하지 않은 두 남성이 한 이불 아래 자서도 안 된다." 그러나 현인들은 이를 허용한다.

사업[28]을 하면서 여자들과 함께 일하는 남성은 누구든 그 여자들과 외따로 있어서는 안 된다. 남자는 자기 아들에게 여자들 사이에서 일하는 직업[29]을 가르쳐서는 안 된다.

랍비 메이르는 말한다. "항상 깨끗하고 손쉬운 직업을 가르쳐야 하며 신께 기도하도록 해야 하니, 부와 재산은 그분께 속한다. 가난과 부를 동반하지 않는 직업이란 없으니, 가난도 부도 사람의 직업에서 비롯하는 것이 아니라 모두 그의 자질에 달려 있기 때문이다."

랍비 쉼온 벤 엘아자르[30]는 말한다. "직업이 있는 짐승이나 새를 본적 있는가? 그럼에도 이들은 어려움 없이 살아간다. 이들은 오직 나를 섬기기 위해 창조되지 않았는가? 나 역시 내 주인을 섬기기 위해 창조되었다. 그렇다면 나 또한 어려움 없이 살아가야 하는 것이 당연한 이치 아니겠는가? 그러나 내가 악한 행동을 함으로써 내 생계를 망친 것이다."

짜드얀의 압바 구르얀[31]은 압바 구르얀의 이름으로 말한다. "사람은 그의 아들에게 나귀 모는 자, 낙타 모는 자, 이발사, 선원, 목동이나 상점주인이 되도록 가르쳐서는 안 된다. 이러한 직업은 도둑질과 〔같은〕 직업이기 때문이다."

---

28) 일부 사본에서는 '그의 사업'(עסקו)을 '그의 사업들'(עסקיו)로, 또는 사업 대신 '그의 직업'(אומנתו)이라고 기록한다.
29) 또는 거래·사업 등을 말하기도 한다.
30) שמעון בן אלעזר(Rab. Shimon b. Elazar).
31) 짜드얀의 압바 구르얀(Abba Guryan of Tzadyan)을 '시돈 사람 압바 구르얀' (Abba Guryan of Sidon)이라고도 번역한다. 블랙먼은 Abba Gorion of Zaidan 으로, 옥스퍼드 미쉬나 주해는 Abba Gurion of Sidon으로 번역한다.

랍비 예후다는 그[32)]의 이름으로 말한다. "나귀 모는 자가 대부분 악한 반면, 낙타 모는 자는 대부분 도덕적이다. 선원들은 대개 경건하다. 최고의 의사는 게힌놈[33)]에 갈 것이다. 도축업자 중 가장 의로운 자일지라도 아말렉[34)]과 한 패다."

랍비 네호라이는 말한다. "나는 세상의 모든 직업을 버리고 내 아들에게 토라만을 가르칠 것이다. 사람은 이 세상에서 그 유익을 누리지만[35)] 주된 [보상은] 다가올 세상에 남아 있기 때문이다. 반면 다른 직종들은 그렇지가 않아서, 사람이 병에 걸리거나 늙거나 고통으로 직업에 종사할 수 없으면 굶주림으로 죽기 마련이다. 하지만 토라는 그렇지 않다. [토라는] 오히려 모든 악으로부터 그의 젊은 시절을 보호하고 노년에 그에게 미래와 희망을 선사한다. 젊은 시절에 대해 무엇이라 하는가? '주를 기다리는 자들은 새 힘을 얻는다'(사 40:31)[라고 한다]. 노년에 대해 무엇이라 하는가? '그들은 늙어도 여전히 결실한다'(시 92:14[히브리 성서 92:15])[라고 한다]. 우리의 조상 아브라함에 대해서는 또한 이렇게 말한다. '아브라함이 늙었고 주께서 아브라함에게 범사에 복을 주셨다'(창 24:1). 우리는 우리 조상 아브라함이 모든 토라를, 그것이 주어지기도 전에 준수했음을 안다. 기록된 바, '아브라함이 내 말을 순종하고 내 명령과 내 계명과 내 율례와 내 법도를 지켰다'(창 26:5)라고 하기 때문이다."

---

32) 압바 구르얀을 인용하고 있다.
33) 이 지명은 헬라어 게헨나에 상응하고, 예루살렘 서쪽과 남쪽에 있는 '힌놈의 골짜기'에서 유래했으며 지옥을 일컫는 표현으로 사용한다.
34) 가나안 땅에 살던 족속으로 이집트에서 탈출한 이스라엘을 가장 먼저 공격했다. 성서는 아말렉을 이스라엘의 대표적인 적이자 약탈자로 표현한다(출 17:8-16; 신 25:17-19; 삼상 15:2; 30:1-5).
35) 직역하면 '열매를 먹는'이다.

- 4, 14는 「키두쉰」뿐 아니라 『나쉼』을 마무리하는 미쉬나로, 많은 부분이 후대에 삽입된 것으로 추정된다. 4, 13의 주제에 이어 성적 불건전함을 초래할 수 있는 직업에 대해 논하며, 나아가 다양한 생계 수단으로서의 직업과 그에 대한 평가가 이어진다.

- 혼인하지 않은 남자가 가축을 몰면 수간할 우려가 있고, 혼인하지 않은 두 남성이 한 지붕 아래 자면 동성애에 빠질 우려가 있기 때문이다. 할라카는 현인들의 의견을 따른다.

- 4, 12에서 다룬 것처럼 생계와 관련된 일이더라도 여자들과 외따로 있으면 유혹에 빠질 수 있으므로 금지한다. 아내가 함께 한다면 가능하다는 의견도 있다. 여자들과 친밀하게 지내는 데 익숙해질 수 있기 때문에 여자들 사이에서 일하는 직업을 피해야 한다.

- "깨끗하고 손쉬운 직업"에 대하여 전자는 남들이 비하할 만한 일 또는 사람을 속이는 등의 부정한 짓에 연루되지 않는 직업으로, 후자는 중노동 또는 토라 학습에 방해가 될 정도로 시간을 많이 빼앗지 않는 일 등으로 해석한다. 블랙먼은 깨끗한 직업을 여자들과 떨어져서 하는 일로 해석한다.

- 짐승이나 새가 그러하듯 인간은 생계 걱정 없이 신을 섬기며 편히 살 수 있는 특권을, 죄를 지음으로써 잃어버렸다는 뜻이다.

- 압바 구르얀은 그가 열거한 위 직업들이 대부분 사람을 속이는 것과 관련 있다고 주장한다.

- 랍비 예후다는 압바 구르얀의 일부 의견에 찬성하고 일부 의견에 반대하는 한편, 의사와 도축업자에 대한 견해를 추가한다. 라쉬에 따르면, 낙타 모는 자는 사막을 주로 다니며 위험에 직면하기 때문에 두려움에 봉착할 때가 많아 신 앞에 겸허하고, 선원들은 항해하며 맞닥뜨리는 위기가 한층 더 크기에 신을 두려워한다. 즉, 이들은 신의 가호가 일반인보다 더 많이 필요한 사람들이다. 의사는 병을 두려워하

지 않음은 물론, 돈을 내지 않으면 가난한 사람 치료하기를 거부하기 때문에(라쉬), 또는 전문가를 자처하다 환자를 위험에 빠뜨리기에 (블랙먼), 지옥에나 갈 사람으로 표현하고 있다. 도축업자는 늘 정결법 절차에 따라야 하는데, 자신의 재정적 요구에 따라 그 결정이 좌우되곤 한다(라쉬; 야드 아브라함). 또는 계속되는 도축 행위로 인해 아말렉족처럼 잔인해질 수 있다(토쎄펫 욤 토브).

● 토라를 가르치면 이생과 내세에서 보상을 받는다.

늦깎이 공부의 괴로움과 즐거움을 안겨준 『미쉬나』

• 옮긴이의 말

2017년, 나이 마흔을 넘어 성서학 박사학위에 다시 도전했다. 출산과 육아로 학업을 중단한 지 오랜 시간이 지난 터라 늦깎이 공부가 결코 쉬울 리 없었다. 게다가 『미쉬나』 번역·주해서 발간사업에 참여한 시점과 학위 논문을 쓰던 시기가 겹쳐 녹슨 머리를 부여잡고 고군분투했다. 두 임무를 모두 완수하고자 나는 내 체질도 아닌 '작업 전환'(task-switching)형 인간으로 거듭나야만 했다. 한편으로는 오랜 학업 단절을 보상받기라도 하듯 공부복이 터졌으니 즐거운 비명을 질렀던 것 같다.

프로젝트 첫해의 일이다. 한국을 방문하고 돌아가는 비행기 안에서 우연히 앞 좌석에 앉은 이스라엘 부부를 위해 히브리어 통역을 해줄 일이 생겼고, 이에 잠시 이야기를 나누었다. 아내는 거동이 불편해 보였는데, 주기적으로 병원 치료를 받기 위해 한국을 찾는다고 했다. 그런 아내를 극진히 살피는 남편은 정통 유대 종교인으로 비행 내내 기도문을 암송하며 파라샤(Parasha, 주간 토라 부분)를 읽고 있었다.

『미쉬나』 번역을 시작한 지 얼마 안 된 나는, '율법에 능통'한 이 유대 종교인 앞에서 패기 넘치게 현재 「예바못」을 번역하고 있노라 말했다. 그러자 그는 당황한 표정을 지으며 "「예바못」은 몹시 어려운 텍스트"임을 연거푸 강조했다(물론 모든 미쉬나는 어렵다). 그의 그런 반응을 이해하기까지는 오랜 시간이 걸리지 않았다. 사실 처지를 바꿔 생각하면, 중동 어느 나라의 한 연구자가 우리의 『용비어천가』, 아니 『경국대전』을 번역하고 주해하는 일과 다를 바 없는 게 아닌가.

　내용을 파악하지 못하면 번역 자체가 불가능한데, 생략과 압축으로 가득한 『미쉬나』 문장들을 이해하기란 녹록한 일이 아니었다. 「예바못」의 첫 페이지부터 전문용어가 빈번하게 등장한다. 복잡한 가족관계는 물론이고, 많은 내용이 'A가 B라면~' 'A가 B가 아니라면~' 등의 조건명제식 논리 추론으로 전개된다. 때문에, 공책을 옆에 두고 일일이 관계 도표를 그리며 머리를 쥐어짜듯 집중해야 했다. 여섯 권의 역본들과 대조하는 것은 기본이고, 맥락 없이 툭 던져놓은 듯한 난해한 본문의 의미를 파헤치려면 『미쉬나』를 해석하고 토론한 『탈무드』까지 펼쳐보는 수밖에 없었다.

　번역 초반에는 잘 읽히게 하고 싶어서 의역에 초점을 두었지만, 번역해나갈수록 점점 『미쉬나』 특유의 문체를 훼손하는 것은 아닌지, 이 거대하고 깊은 랍비문학의 보고에 족쇄를 채우는 것은 아닌지 하는 두려움이 일었다. 고심 끝에 문장이 좀 매끄럽지 않더라도 직역을 원칙으로 하되 주해로 이해를 돕는 쪽으로 정하고 기존의 번역을 처음부터 다시 뜯어고쳤다. 그렇게 5년 넘게 텍스트와 씨름하고 나니, 학위 논문을 두 편이나 쓴 듯 몸과 정신이 탈진한 느낌이 들었다.

　여섯 개의 쎄데르 가운데 세 번째 『나쉼』이 내게 주어진 것은 작업 팀 내에서 내가 유일한 여성이었기 때문이 아닌가 싶다. 여성의 입장과 시각으로 남성 중심의 유대 사회에서 형성된 무수한 여성 관련법을 들여다보는 일은 매우 흥미롭고 의미 있는 일이었다. 억압과 보호, 엄중함과 관대함이라는 상반된 가치관을 마주하는 동안 화가 나 흥분하다가도 고개를 끄덕이며 수긍하는 등 감정이 수시로 널을 뛰곤 했다. 결과적으로 관련 문헌을 더 자세히 들여다보고 학문적 시야를 넓히는 계기가 되었다.

학자로서 과거의 문헌을 연구하여 세상에 내놓을 때는, 그것을 단순히 소개만 하는 것이 아니라 시대정신에 맞는 비판적 태도를 지녀야 할 책임도 있다. 이를테면 오늘날 바뀐 시대 환경에 따라 번역 용어 하나도 세심히 살펴야 한다. 『나쉼』에는 사회적 약자와 소수자들을 다루는 주제들이 많이 나온다. 이를 번역하는 과정에서 나 역시 장애인을 비하하거나 여성 차별을 드러내는 표현을 무심코 쓰고 있음을 깨달았다. 여러 번에 걸쳐 수정하며 맹인, 벙어리, 귀머거리, 미망인 등의 단어를 시각장애인, 언어장애인, 청각장애인, 상배여성 등으로 바꾸는 한편, '남인'(男人)이라는 말을 쓰지 않는데 별 문제의식 없이 써온 '여인'(女人)이라는 말도 새삼 재고했다. 비록 이런 것이 그리 눈에 띄지 않는 작은 시도일 수 있으나, 언어 표현을 통한 인식의 개선 또는 우리 사회에 여전히 둔감한 성인지 감수성을 높이는 차원에서는 중요한 시도라 믿는다.

편집된 교정지를 보며 한창 교열하던 2022년에 옥스퍼드대학 출판사에서 '『미쉬나』 번역·주해서'가 출간되었다. 번역을 끝낸 시점이라 번거로웠지만, 또 하나의 권위 있는 판본을 참고하면 한국어 번역과 주해의 질이 높아질 수 있으리라 판단해, 늦게나마 책을 구해 2차 교열 단계에서 대조하는 작업을 거쳤다. 옥스퍼드판 『미쉬나』 번역·주해 작업에 참여한 학자들은 출간에 큰 의미를 부여하며 지금도 다양한 기념세미나를 열고 있다. 영어로 여러 차례 번역되었는데도 세계적인 출판사가 다시 한 번 새로운 판본을 내놓는다는 것은, 그만큼 『미쉬나』가 무궁무진한 매력을 지녔고 연구할 가치가 높다는 점을 말해준다. 그렇다면 동양권에서 우리가 최초로 '『미쉬나』 번역·주해서'를 발간한다는 사실은 더더욱 기념비적인 성과라 할 수 있다.

물론 선구적인 도전이니만큼 아직은 전문성에 한계가 있고 번역에도 아쉬움이 있을 것이다. 그렇지만 이번 작업이 유대 고전문헌 연구 분야의 학문적 발판을 마련했다는 데 의미를 두고자 한다. 나아가 대중과의 접점을 찾아 『미쉬나』를 "종교, 여성, 정치, 사상 등 현재 한국 사회와 관련된 다양한 주제"*와 연결해 지평을 넓히는 노력, 그것이 '『미쉬나』 번역·주해서 프로젝트'를 이끌던 중 갑작스러운 병환으로 세상을 떠난 최창모 소장님의 바람이셨음을 꼭 언급하고 싶다.

이 지면을 빌려 초고를 감수해주신 윤성덕 박사님께 깊이 감사드린다. 아울러 학문의 길을 밝혀준 은사이자 은인이셨던 고 최창모 교수님께 이 책을 바친다.

2024년 5월
이영길

---

* 『매일경제』 2018년 6월 22일자에 실린 건국대 중동연구소장 최창모 교수 인터뷰.